REVISÃO FINAL TRT - MS

Com base no Edital nº 1 - TRT 24ª Região, de 05.12.2016

• Revisão ponto a ponto •

Analista Judiciário - Área Judiciária

Analista Judiciário - Área Judiciária - Especialidade Oficial de Justiça Avaliador Federal

Técnico Judiciário - Área Administrativa

REVISÃO FINAL TRT - MS

Com base no Edital nº 1 - TRT 24ª Região, de 05.12.2016
• Revisão ponto a ponto •

Analista Judiciário - Área Judiciária
Analista Judiciário - Área Judiciária - Especialidade Oficial de Justiça Avaliador Federal
Técnico Judiciário - Área Administrativa

COORDENAÇÃO

Henrique Correia

AUTORES

Duda Nogueira, Edem Nápoli, Élisson Miessa, Emannuelle Gouveia, Henrique Correia, Luciano Alves Rossato, Marcelo Sbicca, Marco Aurélio Prata, Paulo Henrique Boldrin, Plínio Moura, Rodolfo Gracioli e Tiago Bockie.

2017

EDITORA JusPODIVM
www.editorajuspodivm.com.br

EDITORA *Jus*PODIVM
www.editorajuspodivm.com.br

Rua Mato Grosso, 175 – Pituba, CEP: 41830-151 – Salvador – Bahia
Tel: (71) 3363-8617 / Fax: (71) 3363-5050 • E-mail: fale@editorajuspodivm.com.br

Diagramação: Linotec Fotocomposição e Fotolito Ltda. *(www.linotec.com.br)*

Capa: Ana Caquetti

Apresentação do REVISÃO FINAL - TRT-MS

Há tempos os alunos procuram livros específicos a determinado concurso para que possam seguir, estritamente, aquilo que é exigido no edital.

A Coleção ***REVISÃO FINAL*** nasceu para atender a essa demanda de preparação direcionada a determinado concurso público nos meses que antecedem a realização da prova. Até então, só havia apostilas de cursinhos que tratavam dessas matérias específicas, entretanto havia muitos erros e, na maior parte dos casos, não seguiam estritamente o edital.

O candidato encontrará neste livro as matérias exigidas no edital do concurso do **TRT-MS**, especialmente para os cargos de Analista Judiciário – Área Judiciária, Analista Judiciário – Área Judiciária – Especialidade Oficial de Justiça Avaliador Federal e de Técnico Judiciário – Área Administrativa. Aliás, os autores escolhidos são autores e professores conhecidos nacionalmente e adequaram as dicas de acordo com o perfil exigido nas últimas provas realizadas pela Fundação Carlos Chagas (FCC).

Como o próprio nome sugere, o livro tentará oferecer uma revisão total das matérias, com dicas, esquemas e quadrinhos, aprofundando os pontos principais, sem deixar de abordar outros temas acessórios e correlatos ao conteúdo programático do edital.

Neste livro específico para Analista Judiciário – Área Judiciária, Analista Judiciário – Área Judiciária – Especialidade Oficial de Justiça Avaliador Federal e de Técnico Judiciário – Área Administrativa do TRT-MS, houve separação entre a **parte de conhecimentos gerais**, com matérias comuns aos três cargos do concurso, e a **parte de conhecimentos específicos**.

Em resumo, a obra foi organizada da seguinte forma:

Disciplinas de conhecimentos gerais dos cargos de Analista Judiciário - Área Judiciária, Analista Judiciária - Oficial de Justiça Avaliador Federal e Técnico Judiciáro - Área Administrativa TRT-MS	
Disciplina	**Autor(a)**
Língua Portuguesa	Duda Nogueira
Raciocínio Lógico-Matemático	Marcelo Sbicca
Noções sobre Direitos das pessoas com deficiência	Paulo Henrique Boldrin
Noções de Informática	Emannuelle Gouveia
Temas de redação (EXCLUSIVO PARA ANALISTA JUDICIÁRIO E OFICIAL DE JUSTIÇA)[1]	Rodolfo Gracioli

1 A prova de redação do TRT-MS somente é exigida para os cargos de Analista Judiciário – Área Judiciária e Analista Judiciário – Área Judiciária – Especialidade Oficial de Justiça Avaliador Federal. Se estiver estudando para o concurso de Técnico Judiciário – Área Administrativa **não** é necessária a leitura dessa disciplina.

Disciplinas de conhecimentos específicos dos cargos de Analista Judiciário – Área Judiciária, Analista Judiciário – Área Judiciária – Especialidade Oficial de Justiça Avaliador Federal e Técnico Judiciário – Área Administrativa TRT-MS	
Disciplina	**Autor(a)**
Direito Constitucional	Edem Nápoli
Direito Administrativo	Tiago Bockie e Marco Aurélio Prata
Direito do Trabalho	Henrique Correia
Direito Processual do Trabalho	Élisson Miessa
Direito Civil[2]	Plínio Moura
Direito Processual Civil[3]	Luciano Alves Rossato

O ideal é que o candidato possa se organizar nessa reta final de preparação, de modo a revisar toda a matéria exigida. Abaixo, colocaremos duas sugestões de planilha de estudos. As planilhas e a organização dos estudos são ferramentas indispensáveis para um bom desempenho nas provas. Saber o que vai estudar durante a semana ou, ainda, nos fins de semana é imprescindível.

Tão importante quanto fazer essa organização e delimitação do tempo é também estar consciente de que não somos máquinas ou robôs programados para iniciar os estudos, pontualmente, às 8h e terminar às 23h, e assim por diante. Somos flexíveis, temos nossos problemas externos e internos, e essas planilhas devem ser utilizadas como norte e direção à nossa rotina, para que não percamos tempo. Não podem ser instrumentos de escravidão e tortura psíquica. Lembre-se de que a melhor planilha é aquela que você consegue cumprir. Portanto, adeque aos seus dias, horários e preferências de estudo.

A planilha de estudos serve para que você não fique distante de algumas matérias por muitos dias, ou gaste tempo pensando em qual matéria deve ser estudada. E outro ponto importantíssimo: planilhas complexas, com muitos detalhes, mais atrapalham do que ajudam.

2 Disciplina exclusiva para os cargos de Analista Judiciário - Área Judiciária e Analista Judiciário - Área Judiciária - Especialidade Oficial de Justiça Avaliador Federal. Se estiver estudando para o cargo de Técnico Judiciário - Área Administrativa, não é necessária a leitura dessa disciplina.

3 Disciplina exclusiva para os cargos de Analista Judiciário - Área Judiciária e Analista Judiciário - Área Judiciária - Especialidade Oficial de Justiça Avaliador Federal. Se estiver estudando para o cargo de Técnico Judiciário - Área Administrativa, não é necessária a leitura dessa disciplina.

Sugestão de organização de Estudos 01 – Dedicação exclusiva aos estudos

Dedicação exclusiva aos estudos (O ideal seria estudar, no mínimo, 6 horas por dia)							
‡	**Segunda**	**Terça**	**Quarta**	**Quinta**	**Sexta**	**Sábado**	**Domingo**
8h às 11h	Direito Constitucional (3 horas)	Direito Administrativo (3 horas)	Direito do Trabalho (3 horas)	Português (3 horas)	Direito Civil (3 horas)	Processo Civil (3 horas)	**Dia livre Ou** Revisão Final -TRT (Livro de Dicas)
11h às 13h	**Almoço e descanso (2 horas)**						
13h às 16h	Direito Processual do Trabalho (3 horas)	Direito das Pessoas com Deficiência (3 horas)	Raciocínio Lógico-Matemático (3 horas)	Português (3 horas)	Direito do Trabalho / Redação (Analista) (3 horas)	Noções de Informática (3 horas)	
16h às 18h	**Academia, TV ou descanso (2 horas)**						
18h às 20h	Revisão Final -TRT (Livro de Dicas) (1 a 2 horas)	Revisão Final -TRT (Livro de Dicas) (1 a 2 horas)	Revisão Final -TRT (Livro de Dicas) (1 a 2 horas)	Revisão Final -TRT (Livro de Dicas) (1 a 2 horas)	Revisão Final -TRT (Livro de Dicas) (1 a 2 horas)	Revisão Final -TRT (Livro de Dicas) (1 a 2 horas)	

Obs. 1: Se estiver estudando para o concurso de Técnico Judiciário – Área Administrativa, você deve substituir a disciplina de Redação, Direito Civil e Direito Processual Civil por outras exigidas apenas para seu concurso.

Obs. 2: Os estudos devem ser encarados como trabalho, ou seja, em turnos fixos. Ideal é tentar, sempre, manter a rotina diária.

Obs. 3: Não deixe de praticar, pelo menos duas vezes por semana, alguma atividade física. Essa tática evitará problemas físicos e psíquicos.

Obs. 4: A desconexão, em 1 dia por semana, é muito interessante. Caso resolva estudar, pegue uma matéria com que tenha mais afinidade ou aquela que não pôde se dedicar durante a semana.

Obs. 5: Lembre-se de que você trabalha com a mente. Portanto, descanso/sono/TV são tão importantes quanto o estudo. Descanso não pode ser encarado, por você e muito menos por outras pessoas, como preguiça!

Obs. 6: Faça a sua planilha e deixe em um local sempre visível para poder verificar se está mesmo sendo cumprido ou se precisa de ajustes. Repito, a melhor de todas as planilhas é aquela fácil de ser executada.

Obs. 7: Livros específicos ao TRT – Coleção Tribunais – Ed. Juspodivm. Link: http://www.editorajuspodivm.com.br/categorias/colecao-tribunais/44

Obs. 8: O melhor livro de português para seu TRT: Língua Portuguesa para Concursos – Duda Nogueira – 3ª ed./2016 – Editora Juspodivm.

Obs. 9: O Revisaço TRT é, sem dúvida, uma excelente ferramenta para o seu TRT 24ª Região.

Obs. 10: Atividades do dia a dia, aquelas de "pessoas normais", como consulta médica, ir ao banco, dentista etc., devem ser encaradas sem desespero ou estresse. Deixar de fazê-las poderá gerar problemas muito maiores.

Obs. 11: Os períodos de almoço e descanso você poderá utilizar para as atividades pessoais – levar filho à escola, ir ao banco etc.

Sugestão de organização de Estudos 02 – Divisão do tempo entre trabalho e estudos

Divisão do tempo entre trabalho e estudos (O ideal seria de 3 a 5 horas diárias)							
‡	**Segunda**	**Terça**	**Quarta**	**Quinta**	**Sexta**	**Sábado**	**Domingo**
6h às 8h	Português (2 horas)	Direito Constitucional (2 horas)	Direito Administrativo (2 horas)	Direito do Trabalho (2 horas)	Processo Civil (2 horas)	Direito Processual do Trabalho (2 horas)	Revisão Final -TRT (Livro de Dicas)
8h30 às 18h	**Trabalho**						
19h às 22h	Revisão Final -TRT (Livro de Dicas) + Noções de Informática / (2 horas)	Revisão Final -TRT (Livro de Dicas) + Direito das Pessoas com Deficiência (3 horas)	Revisão Final -TRT (Livro de Dicas) + Direito Civil (3 horas)	Revisão Final -TRT (Livro de Dicas) + Raciocínio Lógico-Matemático (3 horas)	Revisão Final -TRT (Livro de Dicas) + Redação (3 horas)	Revisão Final -TRT (Livro de Dicas) + Português (3 horas)	

Obs. 1: Se estiver estudando para o concurso de Técnico Judiciário – Área Administrativa, você deve substituir a disciplina de Redação, Direito Civil e Direito Processual Civil por outras exigidas apenas para seu concurso.

Obs. 2: Os candidatos que dividem o tempo de estudos com o trabalho devem aproveitar cada minuto! Cada minuto mesmo – seja organizado!

Obs. 3: As mesmas observações da planilha 1 valem para essa rotina de estudos.

Obs. 4: Ideal seria acordar cedo e estudar, antes de ir ao trabalho.

Obs. 5: Pessoas com dificuldades de acordar de madrugada devem "forçar" estudo à noite ou em intervalos durante o trabalho.

Obs. 6: O **Revisaço TRT** é, sem dúvida, a excelente ferramenta para o seu TRT-MS. Use-o o máximo que puder!

Obs. 7: Fins de semana, feriados e férias devem ser aproveitados ao máximo.

Obs. 8: Deixe o domingo para resolver provas ou matérias que você não teve condições de estudar durante a semana.

Além disso, foi deixado um espaço abaixo para que você possa organizar seus estudos para o TRT-MS de forma personalizada:

	Planilha de estudos personalizada						
‡	Segunda	Terça	Quarta	Quinta	Sexta	Sábado	Domingo
8h às 11h							
11h às 13h							
13h às 16h							
16h às 18h							
18h às 20h							
20h às 22h							

Obs. 1: Lembre-se de verificar, após 1 semana de estudos, se está conseguindo cumprir suas metas. Caso não esteja, faça as adequações necessárias para que a planilha seja viável para você.

Obs. 2: Deixe essa planilha em um local sempre visível. Repito, a melhor de todas as planilhas é aquela fácil de ser executada.

Obs. 3: O ser humano não é uma máquina, portanto eventuais descumprimentos e oscilações de horários são totalmente naturais na preparação ao concurso.

Esperamos que este livro possa ajudá-lo a conquistar a tão sonhada vaga ao cargo do TRT-MS. Caso queira fazer alguma sugestão ou crítica às matérias, estamos sempre à disposição.

Novembro/2016.

HENRIQUE CORREIA

Coordenador

Sobre os Autores

COORDENADOR: HENRIQUE CORREIA

Procurador do Trabalho. Professor de Direito do Trabalho do CERS *on-line* (www.renatosaraiva.com.br). Autor e Coordenador de diversos livros para concursos públicos pela Editora Juspodivm.

Site: www.henriquecorreia.com.br

Twitter: @profcorreia

Instagram: Prof_correia

Periscope: @henrique_correia

DUDA NOGUEIRA

Professora de Língua Portuguesa para concursos públicos. Pós-graduada em Linguística e Graduada em Letras. Autora de vários livros das Coleções Tribunais e MPU, Revisaço, Simulaço e Sinopses para carreiras fiscais. Coordenadora Editorial JusPodivm. Docente no Curso Ênfase e no curso EuVouPassar.

Grupo de estudos Facebook - Duda Nogueira Língua Portuguesa para concursos.

Twitter, Instagram e Periscope - @DudaProfe

Contato - professoraduda@gmail.com

EDEM NÁPOLI

Professor de Direito Constitucional do CERS Cursos *on-line*. Diretor Executivo da Múltipla e do CERS Salvador. Professor dos Cursos de Especialização da Faculdade Baiana de Direito e da Estácio/CERS. Pós-Graduado em Direito - Faculdade Baiana de Direito. Membro do Instituto de Direito Constitucional da Bahia – IDCB. Advogado

E-mail - professoredem@gmail.com

Instagram: @edemnapoli

Facebook: Edem Nápoli

Periscope: edemnapoli

Snapchat: edemnapoli

Twitter: @edemnapoli

ÉLISSON MIESSA

Procurador do Trabalho. Professor de Direito Processual do Trabalho do Curso CERS *on-line*. Autor e coordenador de livros publicados pela Editora Juspodivm.

www.elissonmiessa.com.br

elissonmiessa@hotmail.com

Facebook: elisson.miessa

Twitter: @ElissonMiessa

Instagram: @elissonmiessa

Periscope: @ElissonMiessa

EMANNUELLE GOUVEIA

Bacharel em Ciência da Computação. Especialista em Gerência de Projetos e em Criptografia e Segurança da Informação. Servidora Pública. Atua na área acadêmica, em cursos de Graduação em Ciência da Computação e em cursinhos para concursos em vários estados do país. Professora do CERS cursos *on-line*.

Facebook: Emannuelle Gouveia

Instagram: @emannuellegouveia

Periscope: @emannuellegouveia

Twitter: @manurolimf

Email: manurolim@yahoo.com

LUCIANO ALVES ROSSATO

Doutor em Direito pela PUC/SP. Professor de cursos de pós-graduação *lato sensu*. Professor do Complexo de Ensino Renato Saraiva. Procurador do Estado de São Paulo. Autor de livros e artigos jurídicos.

Site: www.lucianorossato.pro.br.

Instagram: @lucianorossato1.

Periscope: lucianorossato.

Youtube: professorlucianorossato

MARCELO SBICCA

Agente Fiscal de Rendas do Estado de São Paulo. Graduado em Administração de Empresas com especializações em Marketing e Auditoria em Organizações do Setor Público. Professor de curso preparatório para concursos nas disciplinas de Matemática e Raciocínio Lógico. Autor de várias obras publicadas pela Editora Juspodivm.

prof.sbicca@gmail.com

Facebook: Professor.MarceloSbicca

MARCO AURÉLIO PRATA

Servidor Público. Pós-graduado em Direito do Estado. Professor de Direito Administrativo e de Direito Constitucional de cursos preparatórios para concursos públicos. Coordenador acadêmico da CICLO/CERS Aracaju.

E-mail: marco53aurelio@yahoo.com.br

Instagram: @marcoaurelioprata

Facebook: Marco Aurélio Prata

PAULO HENRIQUE BOLDRIN

Advogado. Mestrando em Direito pela Faculdade de Direito de Ribeirão Preto da USP. Graduado pela mesma faculdade.

E-mail: paulomboldrin@gmail.com

PLÍNIO REBOUÇAS DE MOURA

Advogado concursado do Banco do Nordeste do Brasil S.A. Especialista em Direito Civil. Especialista em Direito Processual Civil. Especialista em Metodologia do Ensino Superior. Professor Universitário e de Cursos Preparatórios para concursos desde 2007.

E-mail: pliniormoura@yahoo.com.br

Facebook: Plínio Rebouças de Moura

Instagram: @professorpliniomoura

RODOLFO MUNIZ ALVES GRACIOLI

Graduado em Ciências Sociais (Bacharel e Licenciatura) pela Universidade Estadual Paulista "Júlio de Mesquita Filho" (UNESP). Pós-graduado em "Política, Gestão Educacional e Novas Tecnologias de Informação e Comunicação" (UNESP). Professor de Sociologia, Filosofia e Atualidades de redes particulares de ensino e cursos preparatórios para concursos públicos (*on-line* e presencial).

Facebook: https://www.facebook.com/rodolfo.gracioli

Site: www.rodolfogracioli.com.br

Contato: rodolfogracioli@uol.com.br / rodolfogracioli@gmail.com

TIAGO BOCKIE

Procurador do Estado de Sergipe. Mestre e Doutor em Direito pela UFBA. Professor de Direito Administrativo de cursos de graduação, pós-graduação e cursos preparatórios. Diretor pedagógico da CICLO/CERS Aracaju.

E-mail: tiagobockie@yahoo.com.br

Instagram: @professortiagobockie

Facebook (Página): Professortiagobockie

Periscope: @professortiagobockie

Sumário

CONHECIMENTOS GERAIS

Analista Judiciário - Área Judiciária
Analista Judiciário – Área Judiciária – Oficial de Justiça Avaliador Federal
Técnico Judiciário - Área Administrativa

GRAMÁTICA E INTERPRETAÇÃO DE TEXTO DA LÍNGUA PORTUGUESA

Duda Nogueira

RACIOCÍNIO LÓGICO-MATEMÁTICO

Marcelo Sbicca

NOÇÕES SOBRE DIREITOS DAS PESSOAS COM DEFICIÊNCIA

Paulo Henrique Boldrin

CONHECIMENTOS ESPECÍFICOS

Analista Judiciário – Área Judiciária
Analista Judiciário – Área Judiciária – Especialidade Oficial de Justiça Avaliador Federal
Técnico Judiciário – Área Administrativa

DIREITO CONSTITUCIONAL

Edem Nápoli

DIREITO ADMINISTRATIVO

Tiago Bockie e Marco Aurélio Prata

DIREITO DO TRABALHO

Henrique Correia

DIREITO PROCESSUAL DO TRABALHO

Élisson Miessa

DIREITO CIVIL

Somente para Analista Judiciário

Plínio Moura

DIREITO PROCESSUAL CIVIL

Somente para Analista Judiciário

Luciano Alves Rossato

Conhecimentos Gerais

Analista Judiciário - Área Judiciária
Analista Judiciário – Área Judiciária – Oficial de Justiça Avaliador Federal
Técnico Judiciário - Área Administrativa

Gramática e Interpretação de Texto da Língua Portuguesa

Duda Nogueira

PARTE I – APRESENTAÇÃO E EDITAL SISTEMATIZADO

1. APRESENTAÇÃO

Olá, leitor(a).

Neste capítulo, abordaremos todos os assuntos de Língua Portuguesa exigidos pela banca Fundação Carlos Chagas nas provas de Analista Judiciário - Área Judiciária; Analista Judiciário - Área Judiciária - Especialidade Oficial de Justiça Avaliador Federal; Técnico Judiciário - Área Administrativa.

Por ser tratar de um livro teórico de revisão final e o edital já ter sido publicado, o conteúdo está inteiramente direcionado aos pontos mais exigidos pela banca. O fato de alguns assuntos não estarem no edital e terem sido inseridos aqui, é por um simples motivo: dentro de reescritura de frases, tudo de gramática pode (ou poderá) ser exigido.

Sugiro que siga a ordem dos assuntos tratados porque um conteúdo depende de outro. Para entender melhor, o edital foi sistematizado.

Saliento que é de suma importância aplicar a teoria, isto é, resolver questões para fixar a matéria. Estude, por exemplo, pronome e faça várias questões de pronome da banca. Perceberá, então, que a língua portuguesa não é tão difícil assim, mas é fundamental estudar de forma correta para obter um bom desempenho na avaliação iminente.

Excelsos estudos!

2. EDITAL SISTEMATIZADO

Cargos: Analista Judiciário - Área Judiciária, Oficial de Justiça Avaliador Federal e Técnico Judiciário		
ITENS DO EDITAL	**NO LIVRO**	**ONDE ENCONTRAR**
Ortografia oficial	Ortografia oficial Reforma ortográfica	PARTE II – 1 PARTE II – 3
Acentuação gráfica	Acentuação gráfica Reforma ortográfica	PARTE II – 2 PARTE II – 3
Flexão nominal e verbal	Flexão nominal e verbal	PARTE III – 1
Pronomes: emprego, formas de tratamento e colocação	Pronome	PARTE III – 2.1
Emprego de tempos, modos e aspectos verbais	Verbo	PARTE III – 2.2

Cargos: Analista Judiciário - Área Judiciária, Oficial de Justiça Avaliador Federal e Técnico Judiciário		
ITENS DO EDITAL	**NO LIVRO**	**ONDE ENCONTRAR**
Vozes do verbo	Verbo	PARTE III – 2.2
Classes de palavras: substantivo, adjetivo, artigo, numeral, pronome, verbo, advérbio, preposição, conjunção: emprego e sentido que imprimem às relações que estabelecem.	Classes gramaticais	PARTE III – 1 e 2
Concordância nominal e verbal	Concordância	PARTE IV - 5
Regência nominal e verbal	Regência	PARTE IV - 6
Ocorrência de crase	Crase	PARTE IV - 7
Sintaxe: coordenação e subordinação.	Termos essenciais, integrantes e acessórios da oração Período composto	PARTE IV - 1, 2, 3 PARTE IV - 4
Pontuação	Pontuação	PARTE IV - 8
Redação (confronto e reconhecimento de frases corretas e incorretas)	Coesão e coerência Reescritura de frases	PARTE V - 1
Compreensão e interpretação de texto	Interpretação de texto	PARTE VI - 1

Parte II – Fonologia

Capítulo 1. Ortografia

1. INTRODUÇÃO

Ortografia deriva das palavras gregas *ortho* que significa "correto" e *graphos* que significa "escrita". Assim sendo, trata-se da **escrita correta das palavras.**

Torna-se importante seu estudo por ser um tópico pedido em concursos. **Dicas** para facilitar o estudo, já que não é aconselhável ler todas as regras:

1) Ao se deparar com **palavras novas**, ou seja, desconhecidas, procure o significado no dicionário e anote para que fixe melhor.

2) **Faça muitos testes de concursos**, pois as palavras exigidas pelas bancas repetem.

2. O ALFABETO

O alfabeto da língua portuguesa é formado por 26 letras (21 consoantes e 5 vogais). Cada letra apresenta uma forma minúscula e outra maiúscula. Veja:

a A (á)	**g G** (gê ou guê)	**m M**(eme)	**s S** (esse)	**y Y** (ípsilon)
b B (bê)	**h H** (agá)	**n N** (ene)	**t T** (tê)	**z Z**(zê)
c C (cê)	**i I**(i)	**o O** (ó)	**u U** (u)	
d D (dê)	**j J** (jota)	**p P** (pê)	**v V** (vê)	
e E (é)	**k K** (cá)	**q Q**(quê)	**w W** (dáblio)	
f F (efe)	**l L** (ele)	**r R** (erre)	**x X** (xis)	

Observação: emprega-se também o **ç,** que representa o fonema /s/ diante das letras: ***a, o,*** **e** ***u*** em determinadas palavras.

3. EMPREGO DAS LETRAS K, W E Y

REGRA	EXEMPLO
Em nomes de pessoas originários de outras línguas e seus derivados.	Kant, kantismo; Darwin, darwinismo; Taylor, taylorista.
Em nomes próprios de lugar originários de outras línguas e seus derivados.	Kuwait, kuwaitiano.
Em siglas, símbolos, e mesmo em palavras adotadas como unidades de medida de curso internacional.	K (Potássio), W (West), kg (quilograma), km (quilômetro), Watt.

4. EMPREGO DE X E CH

4.1. Emprega-se o X

REGRA	EXEMPLO	EXCEÇÃO
Após um ditongo.	cai**x**a, frou**x**o, pei**x**e	**recauchutar** e seus derivados gua**ch**e, cau**ch**o
Após a sílaba inicial "en".	en**x**ame, en**x**ada, en**x**aqueca	palavras iniciadas por **ch** que recebem o prefixo **en-:** encharcar (de charco), enchiqueirar (de chiqueiro), encher e seus derivados (enchente, enchimento, preencher)
Após a sílaba inicial "me-".	me**x**er, me**x**erica, me**x**icano, me**x**ilhão	mecha
Em vocábulos de origem indígena ou africana e nas palavras inglesas aportuguesadas.	abaca**x**i, **x**avante, ori**x**á, **x**ará, **x**erife, **x**ampu	**ch**apecó, alca**ch**ofra, **ch**afariz, ca**ch**aça, co**ch**i**ch**o, co**ch**ilar
Nas seguintes palavras	be**x**iga, bru**x**a, coa**x**ar, fa**x**ina, gra**x**a, lagarti**x**a, li**x**a, li**x**o, pu**x**ar, ri**x**a, o**x**alá, pra**x**e, ro**x**o, ve**x**ame, **x**adrez, **x**arope, **x**a**x**im, **x**ícara, **x**ale, **x**ingar, etc.	

4.2. Emprega-se o dígrafo CH

REGRA	EXEMPLO
Ao passar do latim para o português, as sequências "cl", "pl" e "fl", transformaram-se em "**ch**"	• *afflare* → a**ch**ar • *clamare* → **ch**amar • *planus* → **ch**ão
Em palavras com origem francesa.	• Avalan**ch**e (Avalón**ch**), Ca**ch**ê (Ca**ch**et) • Ca**ch**ecol (Ca**ch**er), **Ch**alé (**Ch**alet) • **Ch**assi (**Ch**ânssis), **Ch**ampanhe (**Ch**ampagne) • **Ch**ampignon (**Ch**ampignon), **Ch**antilly (**Ch**antilly) • **Ch**ance (**Ch**ance), **Ch**apéu (**Ch**apeau) • **Ch**antagem (**Ch**antage)

5. EMPREGA-SE O G

REGRA	EXEMPLO	EXCEÇÃO
Nos substantivos terminados em *-agem, -igem, -ugem*	barra**g**em, mira**g**em, via**g**em, ori**g**em, ferru**g**em	pajem
Nas palavras terminadas em *-ágio, -égio, -ígio, -ógio, -úgio*	est**ágio**, privil**égio**, pres**tígio**, rel**ógio**, ref**úgio**	
Nas palavras derivadas de outras que se grafam com *g*	en**g**essar (de gesso), massa**g**ista (de massagem), verti**g**inoso (de vertigem)	
Nos vocábulos	al**g**ema, au**g**e, be**g**e, estran**g**eiro, **g**eada, **g**en**g**iva, **g**ibi, **g**ilete, he**g**emonia, here**g**e, me**g**era, mon**g**e, rabu**g**ento, va**g**em.	

6. EMPREGA-SE O J

REGRA	EXEMPLO
Nas formas dos verbos terminados em ***-jar*** **ou** ***–jear***	• arran**jar** – arran**j**o, arran**j**e, arran**j**em • despe**jar**– despe**j**o, despe**j**e, despe**j**em • gor**jear**– gor**j**eie, gor**j**eiam, gor**j**eando • enferru**jar**– enferru**j**e, enferru**j**em • via**jar**– via**j**o, via**j**e, via**j**em
Nas palavras de **origem tupi, africana, árabe ou exótica**	bi**j**u, **j**iboia, can**j**ica, pa**j**é, **j**erico, man**j**ericão, Mo**j**i
Nas palavras derivadas de outras que já apresentam ***j***	laranja- laran**j**eira, loja- lo**j**ista, lisonja- lison**j**eador, nojo- no**j**eira, cereja- cere**j**eira, varejo- vare**j**ista, rijo- enri**j**ecer, jeito- a**j**eitar.
Nos vocábulos	berin**j**ela, cafa**j**este, **j**eca, **j**egue, ma**j**estade, **j**eito, **j**e**j**um, la**j**e, tra**j**e, pega**j**ento

7. EMPREGO DAS LETRAS S E Z

7.1. Emprega-se o S

REGRA	EXEMPLO
Nas palavras derivadas de outras que já apresentam ***s*** no radical	análi**s**e- anali**s**ar, catáli**s**e- catali**s**ador, ca**s**a- ca**s**inha, ca**s**ebre, li**s**o- ali**s**ar
Nos sufixos ***-ês*** e ***-esa****, ao indicarem nacionalidade, título ou origem*	burgu**ês**- burgu**esa,** ingl**ês**- ingl**esa,** chin**ês**- chin**esa,** milan**ês**- milan**esa**
Nos sufixos formadores de adjetivos ***-ense, -oso*** e ***–osa***	catarin**ense,** gost**oso**- gost**osa,** amor**oso**- amor**osa,** palmeir**ense,** gas**oso**- gas**osa,** teim**oso**- teim**osa**
Nos sufixos gregos ***-ese, -isa, -osa***	catequ**ese**, dioc**ese**, poet**isa**, profet**isa**, sacerdot**isa**, glic**ose**, metamorf**ose**, vir**ose**
Após **ditongos**	coi**s**a, pou**s**o, lou**s**a, náu**s**ea
Nas formas dos verbos ***pôr*** e ***querer***, bem como em seus derivados	pu**s**, pô**s**, pu**s**emos, pu**s**eram, pu**s**era, pu**s**esse, pu**s**éssemos qui**s**, qui**s**emos, qui**s**eram, qui**s**er, qui**s**era, qui**s**éssemos repu**s**, repu**s**era, repu**s**esse, repu**s**éssemos
Em nomes próprios personativos (de pessoas)	Balta**s**ar, Heloí**s**a, Inê**s**, I**s**abel, Luí**s**, Luí**s**a, Re**s**ende, Sou**s**a, Tere**s**a, Tere**s**inha, Tomá**s**
Nos vocábulos	abu**s**o, a**s**ilo, atravé**s**, avi**s**o, be**s**ouro, bra**s**a, corte**s**ia, deci**s**ão, despe**s**a, empre**s**a, fregue**s**ia, fu**s**ível, mai**s**ena, me**s**ada, pai**s**agem, parai**s**o, pê**s**ames, pre**s**épio, pre**s**ídio, quero**s**ene, rapo**s**a, surpre**s**a, te**s**oura, u**s**ura, va**s**o, vigé**s**imo, vi**s**ita, etc.

7.2. Emprega-se o Z

REGRA	EXEMPLO
Nas palavras derivadas de outras que já apresentam ***z*** no radical	deslize- desli**z**ar, razão- ra**z**oável, vazio- esva**z**iar, raiz- enrai**z**ar, cruz-cru**z**eiro
Nos sufixos ***-ez, -eza,*** ao formarem substantivos abstratos a partir de adjetivos	inválido- invalid**ez,** limpo-limp**eza,** macio- maci**ez,** rígido- rigid**ez,** frio- fri**eza,** nobre- nobr**eza,** pobre-pobr**eza,** surdo- surd**ez**

REGRA	EXEMPLO
Nos sufixos *-izar*, ao formar verbos e *-ização*, ao formar substantivos	civil**izar**- civilização, hospital**izar**- hospital**ização,** colon**izar**- colonização, real**izar**- real**ização**
Nos derivados em *-zal, -zeiro, -zinho, -zinha, -zito, -zita*	cafe**zal,** cafe**zeiro,** cafe**zinho,** arvore**zinha,** cão**zito,** ave**zita**
Nos vocábulos	a**z**ar, a**z**eite, a**z**edo, ami**z**ade, bu**z**ina, ba**z**ar, catequi**z**ar, chafari**z**, cicatri**z**, coali**z**ão, cuscu**z**, proe**z**a, vi**z**inho, xadre**z**, verni**z**, etc.
Nos **vocábulos homófonos** (mesmo som), estabelecendo distinção no contraste entre o ***S*** e o ***Z***	co**z**er (cozinhar) e co**s**er (costurar) pre**z**ar (ter em consideração) e pre**s**ar (prender) tra**z** (forma do verbo trazer) e trá**s** (parte posterior)

Observação: em muitas palavras, a letra ***X*** soa como ***Z***: exame, exato, exausto, exemplo, existir, exótico, inexorável.

8. EMPREGO DE S, Ç, X E DOS DÍGRAFOS SC, SÇ, SS, XC, XS

8.1. Emprega-se o S

REGRA	EXEMPLO
Nos substantivos derivados de verbos terminados em ***"andir", "ender", "verter"*** e ***"pelir"***	exp**andir** – expan**s**ão, pret**ender** – preten**s**ão, **verter** – ver**s**ão, ex**pelir** – expul**s**ão, est**ender** – exten**s**ão, susp**ender** – suspen**s**ão, con**verter** – conver**s**ão, re**pelir** - repul**s**ão

8.2. Emprega-se Ç

REGRA	EXEMPLO
Nos substantivos derivados dos verbos **ter** e **torcer**	a**ter** – aten**ç**ão, **torcer** – tor**ç**ão, de**ter** – deten**ç**ão, dis**torcer** -distor**ç**ão, man**ter** – manuten**ç**ão, con**torcer** – contor**ç**ão

8.3. Emprega-se o X

REGRA	EXEMPLO
Em alguns casos, a letra **X** soa como **Ss**	au**x**ílio, e**x**pectativa, e**x**perto, e**x**troversão, se**x**ta, sinta**x**e, te**x**to, trou**x**e

8.4. Emprega-se SC

REGRA	EXEMPLO
Nos **termos eruditos**	acré**sc**imo, a**sc**ensorista, con**sc**iência, de**sc**ender, di**sc**ente, fa**sc**ículo, fa**sc**ínio, impre**sc**indível, mi**sc**igenação, mi**sc**ível, plebi**sc**ito, re**sc**isão, sei**sc**entos, tran**sc**ender, etc.

8.5. Emprega-se SÇ

REGRA	EXEMPLO
Na conjugação de alguns verbos	• nascer → na**sç**o, na**sç**a • crescer → cre**sç**o, cre**sç**a • descer → de**sç**o, de**sç**a

8.6. Emprega-se SS

REGRA	EXEMPLO
Nos substantivos derivados de verbos terminados em ***gredir, mitir, ceder*** e ***cutir***	a**gredir** – agre**ss**ão, de**mitir** – demi**ss**ão, **ceder** – ce**ss**ão, dis**cutir** – discu**ss**ão, pro**gredir** – progre**ss**ão, trans**mitir** – transmi**ss**ão, ex**ceder** – exce**ss**o, reper**cutir** – repercu**ss**ão

8.7. Emprega-se o XC e o XS

REGRA	EXEMPLO
Em dígrafos que soam como ***Ss***	e**xc**eção, e**xc**êntrico, e**xc**edente, e**xc**epcional, e**xs**udar

Observações sobre o uso da letra *X*

REGRA	EXEMPLO
O **X** pode representar os seguintes fonemas	/ch/ – **x**arope, ve**x**ame /cs/ – a**x**ila, ne**x**o /z/ – e**x**ame, e**x**ílio /ss/ – má**x**imo, pró**x**imo /s/ – te**x**to, e**x**tenso
Não soa nos grupos internos ***-xce-*** e ***-xci-***	e**xc**elente, e**xc**itar

9. EMPREGO DAS LETRAS E E I

9.1. Emprega-se o E

REGRA	EXEMPLO
Em sílabas finais dos verbos terminados em ***-oar, -uar***	mag**oar** - mago**e**, mago**e**s contin**uar**- continu**e**, continu**e**s
Em palavras formadas com o prefixo ***ante-* (antes, anterior)**	ant**e**braço, ant**e**cipar
Nos vocábulos	cad**e**ado, confet**e**, dis**e**nteria, **e**mpecilho, irr**e**quieto, m**e**xerico, orquíd**e**a, etc.

9.2. Emprega-se o I

REGRA	EXEMPLO
Em sílabas finais dos verbos terminados em ***-air, -oer, -uir****	c**air**- cai d**oer**- dói infl**uir**- influi*
Em palavras formadas com o prefixo ***anti-* (contra)**	Ant**i**cristo, ant**i**tetânico
Nos vocábulos	abor**í**gine, art**i**manha, chef**i**ar, d**i**gladiar, penic**i**lina, privil**é**gio, etc.

***Regra MUITO pedida em provas da Fundação Carlos Chagas.**

10. EMPREGO DAS LETRAS O E U

REGRA	EXEMPLO
A oposição **o/u** é responsável pela diferença de significado de algumas palavras.	c**o**mprimento (extensão) e c**u**mprimento (saudação, realização) s**o**ar (emitir som) e s**u**ar (transpirar)
Grafam-se com a letra ***O***	*b**o**lacha, búss**o**la, c**o**stume, m**o**leque.*
Grafam-se com a letra ***U***	*cam**u**ndongo, jab**u**ti, Man**u**el, táb**u**a*

11. EMPREGO DA LETRA H

Esta letra, em início ou fim de palavras, não tem valor fonético. Conservou-se apenas como símbolo, por força da etimologia e da tradição escrita. A palavra ***hoje,*** por exemplo, grafa-se desta forma devido a sua origem na forma latina ***hodie.***

11.1. Emprega-se o H

REGRA	EXEMPLO
Inicial, quando etimológico	**h**ábito**, h**esitar**, h**omologar**, H**orácio
Medial, como integrante dos dígrafos ***ch, lh, nh***	fle**ch**a, te**lh**a, compa**nh**ia
Final* e *inicial, em certas interjeições	a**h**!, i**h**!, e**h**!, o**h**!, **h**em?, **h**um!, etc.
Em **compostos unidos por *hífen***, no início do segundo elemento, se etimológico	anti-**h**igiênico, pré-**h**istórico, super-**h**omem, etc.
Observações:	
1) No substantivo ***Bahia***, o ***h*** sobrevive por tradição. 2) Os vocábulos ***erva, Espanha*** e ***inverno*** não possuem a letra **h** na sua composição. No entanto, seus derivados eruditos sempre são grafados com ***h***.	1) Note que nos substantivos derivados como ***baiano, baianada* ou *baianinha* ele não é utilizado.** 2) ***herbívoro, hispânico, hibernal. herbívoro, hispânico, hibernal.***

12. EM CONCURSOS

12.1. Emprego dos porquês

	Regras	Exemplos
Por que	equivale a **pelo qual**	Este é o caminho **por que** passo.
	vem acompanhado pela palavra **razão***(mesmo que subentendida)*	**Por que** você foi embora logo?
Porque	é uma explicação, equivale a **pois.**	Fui embora logo **porque** estava muito cansado.
Porquê	é um substantivo, ou seja, nomeia.	Não sei o **porquê** de sua demora.
	Admite PLURAL	O estudo da palavra **porquê.**
Por quê	Segue a regra da palavra **que**: quando utilizada no fim de uma frase, será sempre acentuada.	Ele faltou, mas não sei **por quê.**

Em concurso:

Faltou ontem e não sabemos **por quê.** Regra: final de frase.

Faltou ontem e não sabemos o **porquê**. Regra: admite plural = não sabemos **os porquês.**

12.2. Mal e mau

	Regras	Exemplos
Mal	**substantivo** (nomeia)	O **mal** que a televisão me fez.
	advérbio (indica circunstância)	Dormi **mal** a semana toda.
Mau	é um **adjetivo** (qualifica)	Ele é um **mau** aluno.

Facilitando: em provas fáceis, pode pensar na antiga dica de antônimos.

Mal	**x**	**Bem**
Mau	**x**	**Bom**

12.3. Viagem e viajem

	Regras	Exemplos
Viagem	**substantivo** (nomeia)	A **viagem** que farão.
Viajem	**verbo** (pode ser conjugado)	Que eles **viajem** bem.

12.4. Cessão, sessão e seção (ou secção)

	Regras	Exemplos
Cessão	Ato de **ceder**	A **cessão** de terras não será feita pelo governo.
Sessão	reunião	A **sessão** de cinema começará às oito horas.
Seção ou secção	parte, divisão	Li a notícia na **seção** (ou **secção**) de esportes.

12.5. Onde e aonde

	Regras	Exemplos
Onde	Significa **no lugar** e equivale a em que, no(a) qual	O bairro **onde** fica a editora. = A editora fica **no** bairro.
Aonde	Significa **ao lugar**	A casa **aonde** iremos. = Iremos a casa.

12.6. Se não e senão

	Regras	Exemplos
Se não	Equivale a **caso não, quando não** ou no caso de o **se** ser conjunção integrante.	**Se não** fossem meus amigos, não seria quem sou. Perguntei aos alunos **se não** gostariam de estudar.
Senão	Equivale a **caso contrário, do contrário, de outro modo, a não ser, mas sim**	Estude bastante, **senão** não conseguirá aprender o suficiente.

12.7. Tão pouco e tampouco

	Regras	Exemplos
Tão pouco	muito pouco, curto, pouca coisa, algo pequeno, escasso	Estudei **tão pouco** que nem vou fazer a prova.
Tampouco	**também não** ou **nem**	Não estudou, **tampouco** trabalhou.

12.8. De encontro a e ao encontro de

	Regras	Exemplos
De encontro a	contra, em oposição a, para chocar-se com	A decisão foi **de encontro a** nossos ideais.
Ao encontro de	estar de acordo com, em direção a, favorável a, para junto de	Minha nota veio **ao encontro do** que desejava.

12.9. Em vez de e ao invés de

	Regras	Exemplos
Em vez de	Em lugar de	**Em vez de** estudar, foi ao cinema.
Ao invés de	**Ao contrário de, lado oposto**. Utilizada para indicar ideias opostas, ideias contrárias.	**Ao invés de** rir, chorou muito.

12.10. Acerca de, a cerca de e há cerca de

	Regras	Exemplos
Acerca de	**a respeito de** ou **sobre**	**Acerca do** fato, não darei minha opinião.
A cerca de	perto de, aproximadamente, próximo de	O mar fica **a cerca de** 50 metros da pousada.
Há cerca de	tempo decorrido	**Há cerca de** 10 anos, foi aprovado.

12.11. Mas e mais

	Regras	Exemplos
Mas	• **substantivo comum** = um defeito, um senão • **conjunção** = adversativa tem sentido de uma oposição ou limitação, podendo ser substituído por porém, todavia, contudo • **advérbio** = enfatiza uma afirmação	• Nem **mas** nem meio mas, faça já o que mandaram. • Não estudou, **mas** foi aprovado. • Ele é bom aluno, **mas** tão bom aluno que tem sempre nota máxima nas provas.
Mais	Pode ser **substantivo, conjunção, advérbio de intensidade, preposição, pronome indefinido** indicando noção de maior quantidade ou intensidade. Significa também **ainda os outros, os demais, os restantes**.	• Ela é a menina **mais** inteligente da turma. • Dois **mais** dois são quatro. • Isto é o **mais** que ele consegue fazer. • Não faço **mais** nada do que pensar. • Vou embora, os **mais** que se decidam.

12.12. A fim e afim

	Regras	Exemplos
A fim	Locução de finalidade, equivale a **para**	Estudou **a fim de** ter salário fixo.
Afim	**Semelhante**, que tem afinidade	Nossos valores sempre foram **afins**.

12.13. Se quer e sequer

	Regras	Exemplos
Se quer	Conjunção **se** + verbo **querer** = se desejar	**Se quer** ter sucesso, trabalhe.
Sequer	Ao menos = advérbio	Estava doente e **sequer** tinha remédio em casa.

Capítulo 2. Acentuação

1. INTRODUÇÃO

Acentuação gráfica é a aplicação de sinais gráficos nas palavras e entre esses sinais estão os acentos gráficos (acento agudo, acento circunflexo, acento grave, til, apóstrofo, cedilha e hífen).

2. REGRAS DE ACENTUAÇÃO GRÁFICA

Em concursos, alguns verbos são pedidos como acento diferencial (singular e plural) e palavras que são acentuadas pela mesma regra (oxítona, paroxítona, proparoxítona, ditongo aberto, hiato etc.

Iniciemos com exemplo de uma simples tabela pra facilitar a classificação dos vocábulos.

1) Separe as sílabas. Lembre-se de que em cada sílaba, há **uma vogal**.

2) A última coluna deve estar sempre preenchida (como o exemplo da palavra **hífen**).

3) Não colocar na tabela: hiato, monossílabo e ditongos abertos (eu, oi, ei), por não seguirem as classificações mencionadas a seguir.

Proparoxítona	Paroxítona	Oxítona
crí	ti	co
	hí	fen
	ca	**fé**

Facilitou?

- **Crítica** é uma proparoxítona; **hífen** é paroxítona e **café é oxítona.**

2.1. Proparoxítonas

Sílaba tônica: antepenúltima.

As proparoxítonas são **todas** acentuadas graficamente: **trá**gico, pa**té**tico, **ár**vore

2.2. Paroxítonas

Sílaba tônica: penúltima

Acentuam-se as PAROXÍTONAS terminadas em	EXEMPLO
l	**fá**cil
n	**pó**len
r	ca**dá**ver
ps	**bí**ceps
x	**tó**rax
us	**ví**rus
i, is	**jú**ri, **lá**pis
om, ons	**iân**dom, **í**ons
um, uns	**ál**bum, **ál**buns
ã(s), ão(s)	**ór**fã, **ór**fãs, **ór**fão, **ór**fãos
ditongo oral (seguido ou não de s)	**jó**quei, **tú**neis

2.2.1. Observações

As paroxítonas terminadas em ***n*** são acentuadas (hífen), mas as que terminam em ***ens***, não.	hifens, jovens
Não são acentuados os prefixos terminados em ***i*** e ***r***.	semi, super
Acentuam-se as paroxítonas terminadas em ditongos crescentes: ***ea(s), oa(s), eo(s), ua(s), ia(s), ue(s), ie(s), uo(s),io(s).***	várzea, mágoa, **óleo, régua, férias, tênue,** cárie, ingê-nuo, início

2.3. Oxítonas

Sílaba tônica: última

Acentuam-se as OXÍTONAS terminadas em	EXEMPLO
a(s)	sof**á**, sof**ás**
e(s)	jacar**é**, voc**ês**
o(s)	palet**ó**, av**ós**
em, ens	ningu**ém**, armaz**éns**

2.4. Monossílabos

2.4.1. Monossílabos Tônicos

Possuem **uma sílaba** e são pronunciados fortemente.

Acentuam-se os MONOSSÍLABOS terminados em	EXEMPLO
a(s)	lá, cá
e(s)	pé, mês
o(s)	só, pó, nós, pôs

2.4.2. *Monossílabos Átonos*

Não possuem autonomia fonética, sendo proferidos **fracamente,** como se fossem sílabas átonas do vocábulo a que se apoiam: o(s), a(s), um, uns, me, te, se, lhe nos, de, em, e, que, etc.

2.4.3. *Observações*

Os monossílabos átonos são palavras vazias de sentido, vindos representados por artigos, pronomes oblíquos, elementos de ligação (preposições, conjunções).	
Há monossílabos que são tônicos numa frase e átonos em outras.	Você trouxe sua mochila para ***quê***? (tônico) ***Que*** tem dentro da sua mochila? (átono) Há sempre um ***mas*** para questionar. (tônico) Eu sei seu nome, ***mas*** não me recordo agora. (átono)
Muitos verbos, ao se combinarem com pronomes oblíquos, produzem formas oxítonas ou monossilábicas que devem ser acentuadas por acabarem assumindo alguma das terminações contidas nas regras.	beijar + a = beijá-la fez + o = fê-lo dar + as = dá-las fazer + o = fazê-lo

2.5. Regras Especiais

Estas regras não podem ser encaixadas na tabela de dica mencionada no início do capítulo.

2.5.1. *Ditongos abertos*

Os ditongos **éi, éu** e **ói**, sempre que tiverem pronúncia aberta em palavras **oxítonas** (éi e não êi), são acentuados.	***éi (s):*** an**éi**s, fi**éi**s, pap**éi**s ***éu (s):*** trof**éu**, **céu**s ***ói (s):*** **herói,** constr**ói**, caub**ói**s
Os ditongos abertos ocorridos em palavras paroxítonas NÃO são acentuados.	assembleia, boia, colmeia, Coreia, estreia, heroico, ideia, jiboia, joia, paranoia, plateia, etc.
A palavra destróier é acentuada por ser uma paroxítona terminada em "r" (e não por possuir ditongo aberto **oi).**	–

2.5.2. *Hiatos*

REGRA	EXEMPLO
Acentuam-se o **i** e **u** tônicos quando formam hiato com a vogal anterior, estando eles sozinhos na sílaba ou acompanhados apenas de **"s"**, desde que não sejam seguidos por **-nh.**	sa **– í** – da e – go **– ís** –mo sa **– ú** – de
Não se acentuam, portanto, hiatos como os das palavras seguintes	ju -**iz**, ra – **iz**, ru – **im**, ca – **ir**
Motivo: **-i** ou **-u** não estão sozinhos nem acompanhados de **-s** na sílaba.	
Cabe esclarecer que existem hiatos acentuados não por serem hiatos, mas por outras razões	po-é-ti-co: proparoxítona bo-ê-mio: paroxítona terminada em ditongo crescente. ja-ó: oxítona terminada em "o".

2.5.3. *Verbos TER e VIR*

REGRA	EXEMPLO
Acentua-se com circunflexo a 3ª pessoa do plural do presente do indicativo dos verbos **ter** e **vir**, bem como nos seus compostos (*deter, conter, reter, advir, convir, intervir*, etc.).	Ele tem – Eles têm Ele vem – Eles vêm Ele retém – Eles retêm Ele intervém – Eles intervêm
• Nos verbos compostos de ter e vir, o acento ocorre obrigatoriamente, mesmo no singular. Distingue-se o plural do singular mudando o acento de agudo para circunflexo	ele *detém* -eles *detêm* ele *advém* -eles *advêm*

Capítulo 3. Reforma Ortográfica

1. MUDANÇAS NO ALFABETO

O alfabeto passa a ter 26 letras. Foram reintroduzidas as letras **k**, **w** e **y**:

A B C D E F G H I J **K** L M N O P Q R S T U V **W** X **Y** Z

Usadas em	Exemplos
símbolos de unidades de medida	km (quilômetro), kg (quilograma), W (watt)
palavras e nomes estrangeiros (e seus derivados)	show, playboy, playground, windsurf, kung fu, yin, yang, William, kaiser, Kafka, kafkiano

2. TREMA

Não se usa mais o trema (¨), sinal colocado sobre a letra **u** para indicar que ela deve ser pronunciada nos grupos **gue, gui, que, qui**.

Em provas, a exceção	o trema permanece apenas nas palavras estrangeiras e em suas derivadas: Müller, mülleriano.

3. MUDANÇAS NAS REGRAS DE ACENTUAÇÃO

	O que mudou	Exemplos	Exceções
1	Não se usa mais o acento dos **ditongos abertos éi** e **ói** das palavras paroxítonas (palavras que têm acento tônico na penúltima sílaba).	alcaloide, alcateia, androide, apoia (verbo apoiar), apoio (verbo apoiar), asteroide, boia, celuloide, claraboia, colmeia, Coreia	Essa regra é válida somente para palavras paroxítonas. Continuam a ser acentuadas as palavras oxítonas e os monossílabos tônicos terminados em **éis** e **ói(s)**: papéis, herói, heróis, dói (verbo doer), sóis.
2	Nas palavras **paroxítonas**, não se usa mais o acento no **i** e no **u** tônicos quando vierem depois de um ditongo.	baiuca, bocaiuva (tipo de palmeira), cauila (avarento).	1. se a palavra for oxítona e o **i** ou o **u** estiverem em posição final (ou seguidos de **s**), o acento permanece: tuiuiú, tuiuiús, Piauí. 2. se o **i** ou o **u** forem precedidos de ditongo crescente, o acento permanece: guaíba, Guaíra.

	O que mudou	Exemplos	Exceções
3	Não se usa mais o acento das palavras terminadas em **êem** e **ôo(s)**.	abençoo, creem, deem, doo, enjoo.	
4	Não se usa mais o **acento diferencial** os pares pára – para, péla(s) – pela(s), pêlo(s) – pelo(s), pólo(s) – polo(s) e pêra – pera.	Ele não para de falar. Foram para Londres.	1. Permanece o acento diferencial em **pôde** e **pode**: Ontem, ele não **pôde** sair mais cedo, mas hoje ele **pode**. 2. Permanece o acento diferencial em **pôr**(verbo) e **por**(preposição): Vou **pôr** o livro na estante que foi feita **por** mim. 3. Permanecem os acentos que diferenciam o singular do plural dos verbos **ter** e **vir**, assim como de seus derivados (manter, deter, reter, conter, convir, intervir, advir etc.): Ele **tem** – Eles **têm;** Ele **vem** – Eles **vêm;** Ele **mantém** – Eles **mantêm;** Ele **convém** – Eles **convêm.** 4. Acento facultativo – o uso do acento circunflexo para diferenciar as palavras **forma** e **fôrma**. Em alguns casos, o uso do acento deixa a frase mais clara: Qual é a **forma** da **fôrma** do bolo?
5	Não se usa mais o acento agudo no u tônico das formas (tu) arguis, (ele) argui, (eles) arguem, do presente do indicativo dos verbos arguir e redarguir.	*João argui Pedro sobre sua ausência na reunião. Pedro redargui: Por acaso isso te interessa?*	
6	Há uma variação na pronúncia dos verbos terminados em **guar**, **quar** e **quir**, como aguar, averiguar, apaziguar, desaguar, enxaguar, obliquar, delinquir etc. Esses verbos admitem duas pronúncias em algumas formas do presente do indicativo, do presente do subjuntivo e também do imperativo. 1. se forem pronunciadas com **a** ou **i** tônicos, essas formas devem ser acentuadas. 2. se forem pronunciadas com **u** tônico, essas formas deixam de ser acentuadas.	1. verbo enxaguar: enxáguo, enxáguas, enxágua, enxáguam; enxágue, enxágues, enxáguem. verbo delinquir: delínquo, delínques, delínque, delínquem; delínqua, delínquas, delínquam. 2. (a vogal sublinhada é tônica, isto é, deve ser pronunciada mais fortemente que as outras): verbo enxaguar: enxaguo, enxaguas, enxagua, enxaguam; enxague, enxagues, enxaguem. verbo delinquir: delinquo, delinques, delinque, delinquem; delinqua, delinquas, delinquam.	No Brasil, a pronúncia mais corrente é a primeira, aquela com **a** e **i** tônicos.

4 USO DO HÍFEN COM COMPOSTOS

	Usa-se hífen	Exemplos	Exceções
1	nas palavras compostas que não apresentam elementos de ligação.	guarda-chuva, arco-íris, boa-fé, segunda-feira, mesa-redonda, vaga-lume, joão-ninguém, porta-malas, porta-bandeira, pão-duro, bate-boca	Não se usa o hífen em certas palavras que perderam a noção de composição, como girassol, madressilva, mandachuva, pontapé, paraquedas, paraquedista, paraquedismo.
2	em compostos que têm palavras iguais ou quase iguais, sem elementos de ligação.	reco-reco, blá-blá-blá, zum-zum, tico-tico, tique-taque, cri-cri, glu-glu, rom-rom, pingue-pongue, zigue-zague, esconde-esconde, pega-pega, corre-corre	
3	nos compostos entre cujos elementos há o emprego do apóstrofo.	gota-d'água, pé-d'água	
4	nas palavras compostas derivadas de topônimos (nomes próprios de lugares), com ou sem elementos de ligação.	belo-horizontino, porto-alegrense, mato-grossense-do-sul, rio-grandense-do-norte, sul-africano	
5	nos compostos que designam espécies animais e botânicas (nomes de plantas, flores, frutos, raízes, sementes), tenham ou não elementos de ligação.	bem-te-vi, peixe-espada, peixe-do-paraíso, mico-leão-dourado, andorinha-da-serra, lebre-da-patagônia, erva-doce, ervilha-de-cheiro, pimenta-do-reino, peroba-do-campo, cravo-da-índia.	não se usa o hífen, quando os compostos que designam espécies botânicas e zoológicas são empregados fora de seu sentido original. Observe a diferença de sentido entre os pares: a) bico-de-papagaio (espécie de planta ornamental) – bico de papagaio (deformação nas vértebras). b) olho-de-boi (espécie de peixe) – olho de boi (espécie de selo postal).

Não se usa hífen	Exemplos	Exceções
em compostos que apresentam elementos de ligação.	pé de moleque, pé de vento, pai de todos, dia a dia, fim de semana, cor de vinho, ponto e vírgula, camisa de força, cara de pau, olho de sogra.	água-de-colônia, arco-da-velha, cor-de-rosa, mais-que-perfeito, pé-de-meia, ao deus-dará, à queima-roupa.
Complemento: incluem-se nesse caso os compostos de base oracional.	maria vai com as outras, leva e traz, diz que diz que, deus me livre, deus nos acuda, cor de burro quando foge, bicho de sete cabeças, faz de conta.	

5. USO DO HÍFEN COM PREFIXOS

As observações a seguir referem-se ao uso do hífen em palavras formadas por prefixos (anti, super, ultra, sub etc.) ou por elementos que podem funcionar como prefixos (aero, agro, auto, eletro, geo, hidro, macro, micro, mini, multi, neo etc.).

	Casos gerais	Exemplos	Exceções
1	Usa-se o hífen diante de palavra iniciada por **h**.	anti-higiênico, anti-histórico, macro-história, mini-hotel, proto-história, sobre-humano, super-homem, ultra-humano	Quando o segundo elemento perdeu o H inicial: desumano, desumidificar, inábil.
2	Usa-se o hífen se o prefixo terminar com a mesma letra com que se inicia a outra palavra. micro-ondas, anti-inflacionário, sub-bibliotecário, inter-regional		Prefixo CO-: coordenar, cooperar, cooperação, cooptar, coocupante. Prefixo RE-: reeleger, reenviar, reescrever
3	Não se usa o hífen se o prefixo terminar com letra diferente daquela com que se inicia a outra palavra.	autoescola, antiaéreo, intermunicipal, supersônico, superinteressante, agroindustrial, aeroespacial, semicírculo	Prefixos que sempre levam hífen: sota-, soto-, vice-, vizo-. **Observação**: Se o prefixo terminar por vogal e a outra palavra começar por r ou s, dobram-se essas letras: minissaia, antirracismo, ultrassom, semirreta

5.1. Casos particulares

	Casos particulares	Exemplos
1	Com os prefixos sub e sob, usa-se o hífen também diante de palavra iniciada por r.	sub-região, sub-reitor, sub-regional, sob-roda
2	Com os prefixos circum e pan, usa-se o hífen diante de palavra iniciada por m, n e vogal.	circum-murado, circum-navegação, pan-americano
3	Usa-se o hífen com os prefixos **ex, sem, além, aquém, recém, vice.**	além-mar, além-túmulo, aquém-mar, ex-aluno, ex-diretor, ex-hospedeiro, ex-prefeito, ex-presidente, recém-casado, recém-nascido, sem-terra, vice-rei
4	Usa-se o hífen com os prefixos **pós, pré, pró.**	pós-graduação, pré-história, pré-vestibular, pró-europeu. **Observação**: Se os prefixos não forem autônomos, não haverá hífen: predeterminado, pressupor, pospor, propor.
5	O prefixo co junta-se com o segundo elemento, mesmo quando este se inicia por o ou h. Neste último caso, corta-se o h. Se a palavra seguinte começar com r ou s, dobram-se essas letras.	coobrigação, coedição, coeducar, cofundador, coabitação, coerdeiro, corréu, corresponsável, cosseno
6	Com o prefixo re, não se usa o hífen, mesmo diante de palavras começadas por e.	reescrever, reedição
7	Na formação de palavras com ab, ob e ad, usa-se o hífen diante de palavra começada por b, d ou r.	ad-digital, ad-renal, ob-rogar, ab-rogar

5.2. Outros casos do uso do hífen

	Outros casos do uso do hífen	Exemplos
1	Não se usa o hífen na formação de palavras com não e quase.	(acordo de) não agressão, (isto é um) quase delito

	Outros casos do uso do hífen	Exemplos
2	Com mal*, usa-se o hífen quando a palavra seguinte começar por vogal, h ou l.	mal-entendido, mal-estar, mal-humorado, mal-limpo **Observação:** Quando mal significa doença, usa-se o hífen se não houver elemento de ligação. Exemplo: mal-francês. Se houver elemento de ligação, escreve-se sem o hífen. Exemplos: mal de lázaro, mal de sete dias.
3	Usa-se o hífen com sufixos de origem tupi-guarani que representam formas adjetivas, como açu, guaçu, mirim.	capim-açu, amoré-guaçu, anajá-mirim
4	Usa-se o hífen para ligar duas ou mais palavras que ocasionalmente se combinam, formando não propriamente vocábulos, mas encadeamentos vocabulares.	ponte Rio-Niterói, eixo Rio-São Paulo
5	Para clareza gráfica, se no final da linha a partição de uma palavra ou combinação de palavras coincidir com o hífen, ele deve ser repetido na linha seguinte.	Na cidade, conta--se que ele foi viajar. O diretor foi receber os ex--alunos.

Pesquisa realizada em: Guia Nova Ortografia Michaelis e umportugues.com.

PARTE III – MORFOLOGIA

Capítulo 1. Flexão Nominal

1. INTRODUÇÃO

A flexão nominal em Fundação Carlos Chagas pode ser exigida como plural e grau de substantivo e adjetivo. Quanto ao número (plural), normalmente é exigido em questões de concordância.

2. CLASSIFICAÇÃO E FLEXÃO DAS PALAVRAS

Antes de aprofundar o estudo da flexão das palavras, é necessário entender cada classe gramatical. São divididas em variáveis e invariáveis. Importante saber para entender a análise sintática, assunto abordado no próximo capítulo.

2.1. Classes gramaticais variáveis

Em português, existem dez classes gramaticais, ou classes morfológicas, ou ainda classes de palavras. Seis são variáveis, isto é, flexionam-se, indo ao plural, ou feminino, ou superlativo, e quatro são invariáveis.

As classes variáveis são: artigo, adjetivo, pronome, numeral, substantivo e verbo.

Existem também as <u>classes sintáticas</u>, que são outra divisão das palavras, de acordo com sua função na frase. Veja, a seguir, a função das classes de palavras variáveis:

<table>
<tr><th>Classes gramaticais</th><th colspan="2">Função ou sentido</th></tr>
<tr><td rowspan="4">Substantivo</td><td colspan="2">Palavra que serve para designar os seres, atos ou conceitos; nome.</td></tr>
<tr><td>Substantivos de dois números</td><td>Substantivo que tem a mesma forma para o singular e o plural: lápis, vírus, ônibus, mil folhas.</td></tr>
<tr><td>Substantivos de dois gêneros</td><td>São substantivos que têm a mesma forma para seres de ambos os sexos, sendo o gênero marcado pelo artigo que os precede. Exemplos: o/a colega, o/a agente, o/a lojista.</td></tr>
<tr><td>Substantivos sobrecomuns</td><td>Têm a mesma forma para o masculino e o feminino, não variando sequer o artigo ou o adjetivo que os acompanha. Exemplos: a pessoa, a vítima, a criança, o cônjuge, o monstro.</td></tr>
</table>

<table>
<tr><th>Classes gramaticais</th><th colspan="2">Função ou sentido</th></tr>
<tr><td>Verbo</td><td colspan="2">Palavra que expressa ação, estado ou fenômeno. É a classe gramatical mais rica em variação de formas, podendo mudar para exprimir modo, tempo, pessoa, número e voz. No dicionário, são encontrados no modo infinitivo, que é, por assim dizer, o nome do verbo. Exemplos: Fugir, estar, chover, comprar, ser, anoitecer.</td></tr>
<tr><td rowspan="3">Adjetivo</td><td colspan="2">Palavra que se relaciona com o substantivo para lhe atribuir uma qualidade. Exemplos: mulher linda, livro divertido, árvore alta, olhos azuis.</td></tr>
<tr><td>Adjetivo de dois gêneros</td><td>É um adjetivo que mantém a mesma forma tanto quando se refere a substantivos masculinos quanto a femininos. Exemplos: Sugestão aceitável, convite aceitável, obra incrível, livro incrível, rapaz adorável, moça adorável.</td></tr>
<tr><td>Adjetivo de dois gêneros e substantivo de dois gêneros</td><td>Trata-se de palavra que pode ser classificada como adjetivo ou como substantivo e mantêm a mesma forma para os dois gêneros. Exemplos: Um jovem rebelde (neste caso, jovem é o substantivo e rebelde, sua qualidade, o adjetivo). Um rebelde jovem (neste caso, ocorre exatamente o contrário)</td></tr>
<tr><td rowspan="2">Artigo:</td><td>Artigo definido</td><td rowspan="2">Palavra que se coloca antes do substantivo, determinando-o e indicando seu gênero e número (artigo definido: a, as, o, os) ou (artigo indefinido: um, uma, uns, umas).</td></tr>
<tr><td>Artigo indefinido</td></tr>
<tr><td>Numeral</td><td colspan="2">Palavra que designa os números ou sua ordem de sucessão. Exemplos: Cardinais: quatro, vinte, trinta. Ordinais: quarto, vigésimo, trigésimo. Fracionários: meio, um terço, um quinto. Multiplicativos: duplo, triplo, quádruplo.</td></tr>
<tr><td rowspan="7">Pronome</td><td colspan="2">Palavra que substitui o nome ou que o acompanha tornar claro o seu significado. Os pronomes se dividem nas seis grandes classes a seguir:</td></tr>
<tr><td>Pronomes pessoais</td><td>Designam as três pessoas do discurso (no singular ou no plural). Eu, tu, ele, ela, nós, vós, eles, elas. Me, te, se, lhe, o, a, nos, vos, se, lhes, os, as. Mim, comigo, ti, contigo, si, consigo, conosco, convosco. Também são pessoais os pronomes de tratamento: você, o senhor, a senhora, vossa senhoria, vossa Excelência, etc.</td></tr>
<tr><td>Pronomes possessivos</td><td>Indicam a posse em relação às pessoas do discurso: Meu, minha, meus, minhas, nosso, nossa, nossos, nossas, teu, tua, teus, tuas, vosso, vossa, vossos, vossas, seu, sua, seus, suas.</td></tr>
<tr><td>Pronomes demonstrativos</td><td>Indicam o lugar ou a posição dos seres em relação às pessoas do discurso. 1ª. Pessoa: Este, esta, estes, estas, isto. 2ª. Pessoa: Esse, essa, esses, essas, isso. 3ª. Pessoa: Aquele, aquela, aqueles, aquelas, aquilo.</td></tr>
<tr><td>Pronomes relativos</td><td>Representam numa oração os nomes mencionados na oração anterior. Exemplo: O livro que comprei é muito bom. São pronomes relativos: Que, quem, quanto(s), quanta(s), cujo(s), cuja(s), o qual, a qual, os quais, as quais.</td></tr>
<tr><td>Pronomes indefinidos</td><td>Referem-se à terceira pessoa do discurso num sentido vago ou exprimido quantidade indeterminada. Exemplos: Quem espera sempre alcança. São pronomes indefinidos: algum, nenhum, qualquer, ninguém, onde, etc.</td></tr>
<tr><td>Pronomes interrogativos</td><td>Os pronomes interrogativos que, quem, qual, quanto, quando são usados para formular uma pergunta.</td></tr>
</table>

2.2. Classes gramaticais invariáveis

São invariáveis: advérbio, conjunção, interjeição e preposição.

Veja a tabela abaixo com as funções destas palavras.

Classes gramaticais	Função ou sentido	Exemplos
Advérbio	Palavra que modifica o verbo, o adjetivo ou outro advérbio, expressando uma circunstância.	**Ali**: lá, naquele lugar. **Não**: expressa negação. **Logo**: prontamente, imediatamente.
Preposição	Termo que subordina uma palavra a outra.	Livro **de** João, peso **sobre** o papel, espaço **entre** as árvores, morava **em** Belo Horizonte.
Conjunção	Termo que liga duas palavras, dois membros de uma oração ou duas orações.	**E**: exprime ideia de adição (aditiva). **Mas**: relaciona pensamentos em contraste ou oposição. **Quando**: conjunção temporal. **Se**: conjunção que exprime condição.
Interjeição	Vocábulo que traduz uma impressão súbita, como dor, susto, alívio, admiração.	**Oba**!: alegria, satisfação. **Ah**!: alívio, alegria. **Psiu**!: Ordena silêncio.

3. FLEXÃO DO SUBSTANTIVO

3.1. Flexão de Número do substantivo

3.1.1. Plural dos Substantivos Simples

<table>
<tr><td rowspan="13">Os substantivos terminados em</td><td>vogal, ditongo oral e n fazem o plural pelo acréscimo de s.</td><td colspan="2">pai – pais / ímã – ímãs
hífen – hifens (sem acento, no plural)
Exceção: cânon – cânones.</td></tr>
<tr><td>m fazem o plural em ns.</td><td colspan="2">homem – homens</td></tr>
<tr><td>r e z fazem o plural pelo acréscimo de es.</td><td colspan="2">revólver – revólveres / raiz – raízes
Atenção: O plural de caráter é caracteres.</td></tr>
<tr><td>al, el, ol, ul flexionam-se no plural, trocando o l por is.</td><td colspan="2">quintal – quintais / caracol – caracóis / hotel – hotéis
Exceções: mal e males, cônsul e cônsules.</td></tr>
<tr><td rowspan="3">il fazem o plural de duas maneiras:</td><td>Quando oxítonos, em is.</td><td>canil – canis</td></tr>
<tr><td>Quando paroxítonos, em eis.</td><td>míssil – mísseis.</td></tr>
<tr><td colspan="2">Obs.: a palavra réptil pode formar seu plural de duas maneiras: répteis ou reptis (pouco usada).</td></tr>
<tr><td rowspan="2">s fazem o plural de duas maneiras:</td><td>Quando monossilábicos ou oxítonos, mediante o acréscimo de es.</td><td>ás – ases
retrós – retroses</td></tr>
<tr><td>Quando paroxítonos ou proparoxítonos, ficam invariáveis.</td><td>o lápis – os lápis
o ônibus – os ônibus.</td></tr>
<tr><td rowspan="3">ão fazem o plural de três maneiras.</td><td>substituindo o –ão por –ões</td><td>ação – ações</td></tr>
<tr><td>substituindo o –ão por –ães</td><td>cão – cães</td></tr>
<tr><td>substituindo o –ão por –ãos</td><td>grão – grãos</td></tr>
<tr><td>x ficam invariáveis.</td><td colspan="2">o látex – os látex.</td></tr>
</table>

3.1.2. Plural dos Substantivos Compostos

A formação do plural dos substantivos compostos depende da forma como são grafados, do tipo de palavras que formam o composto e da relação que estabelecem entre si. Aqueles que são grafados sem hífen comportam-se como os substantivos simples

aguardente e aguardentes	pontapé e pontapés	girassol e girassóis	malmequer e malmequeres

O plural dos substantivos compostos cujos elementos são ligados por hífen costuma provocar muitas dúvidas e discussões. Vamos a elas.

1. Flexionam-se os dois elementos, quando formados de	substantivo + substantivo	couve**s**-flor**es**
	substantivo + adjetivo	amor-perfeito e amor**es**-perfeito**s**
	adjetivo + substantivo	gentil-homem e genti**s**-home**ns**
	numeral + substantivo	quinta-feira e quinta**s**-feira**s**
2. Flexiona-se somente o segundo elemento, quando formados de	verbo + substantivo	guarda-roupa e guarda-roupa**s**
	palavra invariável + palavra variável	alto-falante e alto-falante**s**
	palavras repetidas ou imitativas	reco-reco e reco-reco**s**
3. Flexiona-se somente o primeiro elemento, quando formados de	substantivo + preposição clara + substantivo	água-de-colônia e águas-de-colônia
	substantivo + preposição oculta + substantivo	cavalo-vapor e cavalo**s**-vapor
	substantivo + substantivo que funciona como determinante do primeiro, ou seja, especifica a função ou o tipo do termo anterior.	palavra-chave – palavras-chave bomba-relógio – bombas-relógio notícia-bomba – notícias-bomba homem-rã – homens-rã peixe-espada – peixes-espada
4. Permanecem invariáveis, quando formados de	verbo + advérbio	o bota-fora e os bota-fora
	verbo + substantivo no plural	o saca-rolhas e os saca-rolhas

5. Casos Especiais	o louva-a-deus e os louva-a-deus o bem-te-vi e os bem-te-vis o bem-me-quer e os bem-me-queres o joão-ninguém e os joões-ninguém

3.1.3. Plural das Palavras Substantivadas

As palavras substantivadas, isto é, palavras de outras classes gramaticais usadas como substantivo, apresentam, no plural, as flexões próprias dos substantivos.

os **prós**	os contras	prova dos **noves**	os **sins**	os **nãos**

3.1.4. Plural dos Diminutivos

Flexiona-se o substantivo no plural, retira-se o s final e acrescenta-se o sufixo diminutivo.

pãe(s) + zinhos	pãezinhos	**colhere(s) + zinhas**	colherezinhas	**túnei(s) + zinhos**	tuneizinhos
animai(s) + zinhos	animaizinhos	**flore(s) + zinhas**	florezinhas	**pai(s) + zinhos**	paizinhos
botõe(s) + zinhos	botõezinhos	**mão(s) + zinhas**	mãozinhas	**pé(s) + zinhos**	pezinhos
chapéu(s) + zinhos	chapeuzinhos	**papéi(s) + zinhos**	papeizinhos	**pé(s) + zitos**	pezitos
farói(s) + zinhos	faroizinhos	**nuven(s) + zinhas**	nuvenzinhas		
tren(s) + zinhos	trenzinhos	**funi(s) + zinhos**	funizinhos		

3.2. Flexão de Grau do Substantivo

Grau é a propriedade que as palavras têm de exprimir as variações de tamanho dos seres.

Grau		**Definição**	**Exemplo**
Neutro		Indica um ser de tamanho considerado natural.	rocha, papel, lápis
Aumentativo	–	Indica o aumento do tamanho do ser.	bocarra (boca) muralha (muro) pedrona (pedra)
	Analítico	o substantivo é acompanhado de um adjetivo que indica grandeza.	casa grande
	Sintético	é acrescido ao substantivo um sufixo indicador de aumento. Fácil: **S**intético = **S**ufixo.	casarão
Diminutivo	–	Indica a diminuição do tamanho do ser.	gatinho (gato) bigodinho (bigode) vidro (vidrinho)
	Analítico	substantivo acompanhado de um adjetivo que indica pequenez.	casa pequena
	Sintético	é acrescido ao substantivo um sufixo indicador de diminuição. Fácil: **S**intético = **S**ufixo.	casinha

4. FLEXÕES DO ADJETIVO

4.1. Flexão de Número

4.1.1. Plural dos Adjetivos Simples

Os adjetivos simples flexionam-se no plural de acordo com as regras estabelecidas para a flexão numérica dos substantivos simples.

mau e maus	feliz e felizes	ruim e ruins	boa e boas

4.1.1.1. Em concursos

Caso o adjetivo seja uma palavra que também exerça função de substantivo, ficará invariável, ou seja, se a palavra que estiver qualificando um elemento for, originalmente, um substantivo, ela manterá sua forma primitiva.

A palavra **violeta** é um substantivo, porém, se estiver qualificando um elemento, funcionará como adjetivo. Ficará invariável. Ex.: camisas **violeta**, ternos **violeta**.

Comparando	
Blusas **vinho** – substantivo adjetivado = singular	Blusas **verdes** – adjetivo = plural
Tetos **musgo** – substantivo adjetivado = singular	Tetos **azuis** – adjetivo = plural
Livros **monstro** – substantivo adjetivado = singular	Livros **grandiosos** – adjetivo = plural

4.1.2. Plural dos Adjetivos Compostos

Adjetivo composto é aquele formado por dois ou mais elementos. Normalmente, esses elementos são ligados por hífen.

Regra: apenas o último elemento concorda com o substantivo a que se refere; os demais ficam na forma masculina, singular.	camisas **verde-claras**

4.1.2.1. Em concursos

Caso um dos elementos que forma o adjetivo composto seja um substantivo adjetivado, todo o adjetivo composto ficará invariável.

As palavras **ouro e café** são originalmente substantivos, porém, se estiverem qualificando um elemento, funcionarão como adjetivos. Caso se ligue a outra palavra por hífen, formará um adjetivo composto; como é um substantivo adjetivado, o adjetivo composto inteiro ficará invariável. Ex.: 1) Camisas **amarelo-ouro.** 2) Telhados **marrom-café**

Observações importantes	**Azul-marinho, azul-celeste, ultravioleta e qualquer adjetivo composto iniciado por cor-de-...** são sempre invariáveis.	Blusas **azul-marinho** Blusas **azul-celeste** Blusas **cor-de-rosa**
	Os adjetivos compostos **surdo-mudo e pele-vermelha** têm os dois elementos flexionados.	Meninos **surdos-mudos** Crianças **peles-vermelhas**

4.2. Flexão de Grau

Os adjetivos flexionam-se em grau para indicar a intensidade da qualidade do ser. São dois os graus do adjetivo: o **comparativo** e o **superlativo**.

4.2.1. Grau comparativo

Igualdade	...	tão	...	como (quanto)	...
Superioridade	...	mais	...	(do que)	...
Inferioridade	...	menos	...	(do que)	...

4.2.1.1. Em concursos

Na comparação, a preposição é facultativa**: mais que** ou **mais do que, menos que** ou **menos do que.**

4.3.2. Grau superlativo

O superlativo expressa qualidades num grau muito elevado ou em grau máximo. O grau superlativo pode ser **absoluto** ou **relativo.**

<table>
<tr><th colspan="2">Absoluto</th><th colspan="2">Relativo</th></tr>
<tr><td colspan="2">ocorre quando a qualidade de um ser é intensificada, sem relação com outros seres.</td><td colspan="2">ocorre quando a qualidade de um ser é intensificada em relação a um conjunto de seres.</td></tr>
<tr><th>Analítico</th><th>Sintético</th><th>Superioridade</th><th>Inferioridade</th></tr>
<tr><td>a intensificação se faz com o auxílio de palavras que dão ideia de intensidade (advérbios.
O secretário é muito inteligente.</td><td>a intensificação se faz por meio do acréscimo de sufixos.
O secretário é inteligentíssimo.</td><td>Clara é a mais bela da sala.</td><td>Clara é a menos bela da sala.</td></tr>
</table>

Capítulo 2. Classes Gramaticais

Como já vimos a lista de classes gramaticais variáveis e invariáveis, neste capítulo aprofundaremos o estudo dos assuntos exigidos por FCC: pronome e verbo. Foram, também, inseridas as relações das preposições. Esclareço que *conjunção* será vista em *período composto* e *advérbio*, em *análise sintática* – adjunto adverbial.

PRONOME

1. INTRODUÇÃO

Os pronomes mais pedidos em provas são: pessoais, demonstrativos e relativos.

2. DEFINIÇÃO

Pronome é a palavra usada no lugar do nome, pode referir-se ao nome ou simplesmente o acompanhar dando-lhe uma qualidade.

3. PRONOME ADJETIVO E SUBSTANTIVO

Pronome adjetivo: acompanha o substantivo.

Pronome substantivo: substitui o nome (substantivo).

Exemplos:

- **Nós** viajaremos em **seu** carro.
- **Nós**: pronome substantivo
- **Seu**: pronome adjetivo

4. CLASSIFICAÇÃO DOS PRONOMES

4.1. Pronome pessoal

Substitui os substantivos, indicando diretamente as pessoas do discurso. O emissor (quem fala ou escreve) assume os pronomes **eu** ou **nós**, usam-se os pronomes **tu, vós, você** ou **vocês** para designar o receptor (a quem se dirige) e **ele, ela, eles** ou **elas** para designar o referente (pessoa ou pessoas de quem fala).

RETOS	OBLÍQUOS	
	Átonos	Tônicos
EU	me	mim, comigo
TU	te	ti, contigo
ELE	o, a, lhe, se	si, consigo, ele, ela
NÓS	nos	conosco, nós
VÓS	vos	convosco, vós
ELES	os, as, lhes, se	si, consigo, eles, elas

Pessoas do discurso		
Emissor	quem fala	eu, nós
Receptor	com quem se fala	tu, vós
Referente	de quem se fala	ele, ela, eles, elas

4.1.1. Em Concursos

Cuidado com o emprego dos pronomes nas frases a seguir:

Ana, preciso falar **com você.**

Estás calado demais hoje, quero falar **contigo** depois.

No primeiro caso, usa-se **com você**, já que não há referência da 2ª pessoa. No segundo caso, há referência do sujeito tu, usa-se **contigo.**

4.1.2. Emprego dos Pronomes Pessoais

Pronomes	Funções	Exemplos	Perguntas	Respostas
Retos	sujeito	**Nós** viajaremos no fim de semana.	quem?	Nós
		Eles estudaram para a prova.	quem?	Eles

Pronomes	Funções	Quando é usado	Dica	São eles
Oblíquos	Objeto Direto	vem após um verbo transitivo direto, ou seja, não pede preposição.	**sem** preposição	o, a, os, as
	Objeto Indireto	vem após verbo transitivo indireto, ou seja, pede preposição.	**com** preposição	lhe, lhes

Objeto Direto:

Eles	compraram	alguns livros.	*quem compra, compra algo*
	↓ V.T.D.	↓ O.D.	

Objeto Indireto:

Todos	necessitam	de felicidade.	*quem necessita, necessita de algo*
	↓ V.T.I.	↓ O.I.	

Entregaram	o prêmio	ao vencedor.	*entregaram algo a alguém*
↓ V.T.D.I	↓ O.D	↓ O.I.	

Sendo assim, teremos:

- **O.D: o(s), a(s)**
- **O.I: lhe(s)**

Convidei	-o	para jantar.	quem convida, convida alguém
↓ V.T.D	↓ O.D.		

O filho	obedece	-lhe.	*quem obedece, obedece a alguém*
	↓ V.T.I.	↓ O.I.	

Verbos terminados em	r, s, z	+ o, a	= lo, la	Quis + o Fiz + a Amar + o	= qui-lo = fi-la = amá-lo
	m, ão, õe	+ o, a	= no, na	fizeram + o põe + a dão + o	= fizeram-no = põe- na = dão-no

Uso de MIM e EU

Usa-se EU apenas quando o pronome possuir função de SUJEITO.

Para que isso aconteça, é necessário haver um verbo posposto ao pronome:

- Este exercício é para MIM.
- Este exercício é para EU resolver.
- quem irá resolver? <u>Eu ***é***</u> o sujeito do verbo posposto.
- Assim sendo, usamos a forma reta.
- Não houve intrigas entre MIM e TI (você, ele, ela).
- <u>É</u> difícil para mim <u>acreditar</u> no Brasil.
- Temos aqui um caso típico de inversão e uma grande "pegadinha" de concurso.
- Oração iniciada por VERBO SER (ou qualquer verbo de ligação) + _____ + PARA = MIM.

SE, SI, CONSIGO: usamos em voz reflexiva, ou seja, quando o sujeito praticar e sofrer a ação. Exemplos:

- Ele feriu-se com a faca.
- O aluno trouxe o livro consigo.

- Pense em ele MESMO
- ele PRÓPRIO

4.2. Pronomes de tratamento

Chamados também de segunda pessoa indireta. O pronome de tratamento faz parte da divisão dos pronomes pessoais por fazerem referência a pessoas que são consideradas como autoridades.

EMPREGO DOS PRONOMES DE TRATAMENTO – PODER EXECUTIVO				
Destinatário	**Tratamento**	**Abrev.**	**Vocativo**	**Envelope**
Presidente da República	Vossa Excelência	Não se usa	Excelentíssimo Senhor Presidente da República,	Excelentíssimo Senhor Fulano de Tal Presidente da República Endereço
Vice-Presidente da República	Vossa Excelência	V.Exa.	Senhor Vice-Presidente,	Excelentíssimo Senhor Fulano de Tal Vice-Presidente da República
Ministros de Estado	Vossa Excelência	V.Exa.	Senhor Ministro,	Excelentíssimo Senhor Fulano de Tal Ministro...
Secretário-Geral da Presidência da República	Vossa Excelência	V.Exa.	Senhor Secretário,	Excelentíssimo Senhor Fulano de Tal Secretário-Geral da Presidência
Consultor-Geral da República	Vossa Excelência	V.Exa.	Senhor Consultor,	Excelentíssimo Senhor Fulano de Tal Consultor-Geral da República
Chefe do Estado-Maior das Três Armas	Vossa Excelência	V.Exa.	Senhor Chefe,	Excelentíssimo Senhor Fulano de Tal Chefe do Estado-Maior das Três Armas
Oficiais-Generais das Forças Armadas	Vossa Excelência	V.Exa.	Senhor + Cargo respectivo,	Excelentíssimo Senhor Fulano de Tal Oficial-General das Forças Armadas
Chefe do Gabinete Militar da Presidência da República	Vossa Excelência	V.Exa.	Senhor Chefe,	Excelentíssimo Senhor Fulano de Tal Chefe do Gabinete Militar da Presidência da República
Chefe do Gabinete Pessoal da Presidência da República	Vossa Excelência	V.Exa.	Senhor Chefe,	Excelentíssimo Senhor Fulano de Tal Chefe do Gabinete Pessoal da Presidência da República
Secretários da Presidência da República	Vossa Excelência	V.Exa.	Senhor Secretário	Excelentíssimo Senhor Fulano de Tal Secretário da Presidência da República
Secretário Executivo e Secretário Nacional de Ministérios	Vossa Excelência	V.Exa.	Senhor Secretário	Excelentíssimo Senhor Fulano de Tal Secretário Executivo ou Secretário Nacional de Ministérios
Procurador-Geral da República	Vossa Excelência	V.Exa.	Senhor Procurador,	Excelentíssimo Senhor Fulano de Tal Procurador-Geral da República
Governador de Estado	Vossa Excelência	V.Exa.	Senhor Governador,	Excelentíssimo Senhor Fulano de Tal Governador do Estado

EMPREGO DOS PRONOMES DE TRATAMENTO – PODER EXECUTIVO				
Destinatário	**Tratamento**	**Abrev.**	**Vocativo**	**Envelope**
Vice-Governador de Estado	Vossa Excelência	V.Exa.	Senhor Vice-Governador,	Excelentíssimo Senhor Fulano de Tal Vice-Governador do...
Secretário de Estado dos Gover-nos Estaduais	Vossa Excelência	V.Exa.	Senhor Secretário,	Excelentíssimo Senhor Fulano de Tal Secretário de Estado de
Prefeitos Municipais	Vossa Excelência	V.Exa.	Senhor Prefeito,	Excelentíssimo Senhor Fulano de Tal Prefeito do Município
Embaixador	Vossa Excelência	V.Exa.	Senhor Embaixador,	Excelentíssimo Senhor Fulano de Tal Embaixador do...

EMPREGO DOS PRONOMES DE TRATAMENTO – PODER LEGISLATIVO				
Destinatário	**Tratamento**	**Abrev.**	**Vocativo**	**Envelope**
Presidente do Congresso Nacional	Vossa Excelência	Não se usa	Excelentíssimo Senhor Presidente do Congresso Nacional,	Excelentíssimo Senhor Fulano de Tal Presidente do Congresso Nacional
Presidente da Câmara	Vossa Excelência	V.Exa.	Senhor Presidente,	Excelentíssimo Senhor Fulano de Tal Presidente da Câmara
Vice-Presidente da Câmara	Vossa Excelência	V.Exa.	Senhor Vice-Presidente,	Excelentíssimo Senhor Fulano de Tal Vice-Presidente da Câmara
Membros da Câmara dos Deputados	Vossa Excelência	V.Exa.	Senhor Deputado,	Excelentíssimo Senhor Fulano de Tal Deputado
Membros do Senado Federal	Vossa Excelência	V.Exa.	Senhor Senador,	Excelentíssimo Senhor Senador Fulano de Tal Senado Federal endereço
Presidente e Mem-bros do Tribunal de Contas da União e dos Tri-bunais de Contas Estaduais	Vossa Excelência	V.Exa.	Senhor + cargo respectivo,	Excelentíssimo Senhor Fulano de Tal cargo respectivo,
Presidente e Mem-bros das Assem-bleias Legislativas Estaduais	Vossa Excelência	V.Exa.	Senhor + cargo respectivo,	Excelentíssimo Senhor Fulano de Tal cargo respectivo,
Presidentes das Câmaras Municipais	Vossa Excelência	V.Exa.	Senhor + cargo respectivo,	Excelentíssimo Senhor Fulano de Tal cargo respectivo,

EMPREGO DOS PRONOMES DE TRATAMENTO – PODER JUDICIÁRIO				
Destinatário	**Tratamento**	**Abrev.**	**Vocativo**	**Envelope**
Presidente do Supremo Tribunal Federal	Vossa Excelência	Não se usa	Excelentíssimo Senhor Presidente do Supremo Tribunal Federal	Excelentíssimo Senhor Fulano de Tal Presidente Supremo Tribunal Federal

EMPREGO DOS PRONOMES DE TRATAMENTO – PODER JUDICIÁRIO				
Destinatário	**Tratamento**	**Abrev.**	**Vocativo**	**Envelope**
Membros do Supremo Tribunal Federal	Vossa Excelência	V.Exa.	Senhor + cargo respectivo,	Excelentíssimo Senhor Fulano de Tal Cargo respectivo
Presidente e Membros do Superior Tribunal de Justiça	Vossa Excelência	V.Exa.	Senhor + cargo respectivo,	Excelentíssimo Senhor Fulano de Tal Cargo respectivo
Presidente e Membros do Tribunal Superior Militar	Vossa Excelência	V.Exa.	Senhor + cargo respectivo,	Excelentíssimo Senhor Fulano de Tal Cargo respectivo
Presidente e Membros do Tribunal Superior Eleitoral	Vossa Excelência	V.Exa.	Senhor + Cargo respectivo,	Excelentíssimo Senhor Fulano de Tal Cargo respectivo
Presidente e Membros do Tribunal Superior do Trabalho	Vossa Excelência	V.Exa.	Senhor + Cargo respectivo,	Excelentíssimo Senhor Fulano de Tal Cargo respectivo
Presidente e Membros dos Tribunais de Justiça	Vossa Excelência	V.Exa.	Senhor + Cargo respectivo,	Excelentíssimo Senhor Fulano de Tal Cargo respectivo
Presidente e Membros dos Tribunais Regionais Federais	Vossa Excelência	V.Exa.	Senhor + Cargo respectivo,	Excelentíssimo Senhor Fulano de Tal Cargo respectivo
Presidente e Membros dos Tribunais Regionais Eleitorais	Vossa Excelência	V.Exa.	Senhor + Cargo respectivo,	Excelentíssimo Senhor Fulano de Tal Cargo respectivo
Presidentes e Membros dos Tribunais Regionais do Trabalho	Vossa Excelência	V.Exa.	Senhor + Cargo respectivo,	Excelentíssimo Senhor Fulano de Tal Cargo respectivo
Juízes	Vossa Excelência	V.Exa.	Senhor Juiz,	Excelentíssimo Senhor Fulano de Tal Cargo respectivo
Desembargadores	Vossa Excelência	V.Exa.	Senhor Desembargador,	Excelentíssimo Senhor Fulano de Tal Cargo respectivo
Auditores da Justiça Militar	Vossa Excelência	V.Exa.	Senhor + cargo respectivo,	Excelentíssimo Senhor Fulano de Tal Cargo respectivo

EMPREGO DOS PRONOMES DE TRATAMENTO – OUTROS CASOS				
Destinatário	**Tratamento**	**Abrev.**	**Vocativo**	**Envelope**
Reitor de Universidade	Vossa Magnificência	Não se usa	Magnífico Reitor,	A vossa Magnificência o Senhor Fulano de Tal Reitor da Universidade
Presidentes e diretores de empresas	Vossa Senhoria	V.Sa.	Senhor Fulano de Tal ou Senhor + cargo respectivo,	Ao Senhor Fulano de Tal Cargo Respectivo

EMPREGO DOS PRONOMES DE TRATAMENTO – OUTROS CASOS				
Destinatário	**Tratamento**	**Abrev.**	**Vocativo**	**Envelope**
Cônsul	Vossa Senhoria	V.Sa.	Senhor Cônsul,	Ao Senhor Fulano de Tal Cônsul da Embaixada Local
Outras autoridades	Vossa Senhoria	V.Sa.	Senhor + cargo respectivo,	Ao Senhor Fulano de Tal Cargo respectivo Endereço

EMPREGO DOS PRONOMES DE TRATAMENTO – HIERARQUIA ECLESIÁSTICA				
Destinatário	**Tratamento**	**Abrev.**	**Vocativo**	**Envelope**
Papa	Vossa Santidade	Não existe	Santíssimo Padre,	Santíssimo Padre Fulano de Tal Endereço
Cardeais	Vossa Eminência ou Vossa Eminência Reverendíssima	Não existe	Eminentíssimo Senhor Cardeal, ou Eminentíssimo e Reverendíssimo Senhor Cardeal,	Senhor Cardeal Fulano de Tal Endereço
Arcebispos e Bispos	Vossa Excelência Reverendíssima	Não existe	Excelentíssimo e Reverendíssimo Senhor Arcebispo (ou Bispo),	Senhor Arcebispo (ou Bispo) Fulano de Tal Endereço
Monsenhores, Cônegos e superiores religiosos	Vossa Reverendíssima ou Vossa Senhoria Reverendíssima	Não existe	Reverendíssimo Monsenhor (ou Cônegos, etc.), ou Reverendíssimo Senhor Cônego,	Senhor Monsenhor (ou Cônego, etc.) Fulano de Tal Endereço
Sacerdotes, Clérigos e demais religiosos	Vossa Reverência	Não existe	Reverendo Sacerdote (ou Clérigo etc.),	Senhor Sacerdote (ou Clérigo etc.) Fulano de Tal Endereço

Fonte: <http://www.casacivil.pr.gov.br/modules/conteudo/>.

4.2.1. Em concursos

O senhor, a senhora e você, vocês são pronomes de tratamento. "O senhor" e **"a senhora"** são empregados no tratamento cerimonioso; **"você"** e **"vocês"**, no tratamento familiar. **Você** e **vocês** são empregados no português do Brasil; em algumas regiões, a forma **tu** é de uso frequente, em outras, é muito pouco empregada. Já a forma **vós** tem uso restrito à linguagem litúrgica, ultraformal ou literária.

Vossa Excelência e **Sua Excelência:** os pronomes de tratamento que possuem "Vossa (s)" são empregados em relação à pessoa **a quem** nos dirigimos.

3ª pessoa: a concordância deve ser feita com a 3ª pessoa. Assim, os verbos, os pronomes possessivos e os pronomes oblíquos empregados em relação a eles devem ficar na 3ª pessoa.

Uniformidade de Tratamento: quando escrevemos ou nos dirigimos a alguém, não é permitido mudar, ao longo do texto, a pessoa do tratamento escolhida inicialmente. Se usa a terceira pessoa (você), não pode usar oblíquos **te, ti, contigo**, nem os possessivos **teu, tua**, por exemplo.

4.3. Pronome possessivo

Indica posse das pessoas do discurso.

Pessoa	Número	Pronome
Primeira	singular	meu(s), minha(s)
	plural	nosso(s), nossa(s)
Segunda	singular	teu(s), tua(s)
	plural	vosso(a), vossos(as)
Terceira	singular	seu(s), sua(s)
	plural	seu(s), sua(s)

4.3.1. Morfossintaxe do Pronome Possessivo

O pronome possessivo, quando adjetivo, ou seja, acompanhado por substantivo, exerce função de adjunto adnominal.

Entregou **seu** gabarito ao fiscal.

- Morfologia: pronome adjetivo (acompanha o substantivo **gabarito**).
- Sintaxe: adjunto adnominal do objeto direto **seu gabarito.**

Pode possuir função sintática de: núcleo do sujeito, do complemento verbal, do predicativo, etc. Normalmente ocorre em estruturas paralelísticas – o substantivo representado já foi mencionado anteriormente, acompanhado por um pronome possessivo adjetivo.

Este é o **meu** concurso. O **seu**, o edital nem foi publicado.

4.3.2. Em Concursos

Pronomes possessivos que possuem outros valores	Afetividade	Não faça assim, **minha** criança.
	Proximidade	Ele tem **seus** quarenta anos.
	Hábito	Vai começar com **sua** tosse?
	Desprezo	Ela está namorando **aquilo**?
	Surpresa	Esta é **aquela**?
	Intensidade	Aonde você vai com **essa** pose?
Não é pronome possessivo quando possui sentido de Senhor	Obrigada, **Seu** Jorge. = Obrigada, Senhor Jorge.	
Em frases com pronome de tratamento, o pronome possessivo concorda com a terceira pessoa.	Vossa Excelência leu todo o **seu** livro?	
Pronomes pessoais oblíquos podem assumir valor de posse.	Ajeitou-**lhe** a coberta. = Ajeitou **sua** coberta.	

4.4. Pronome Demonstrativo

O pronome demonstrativo é utilizado em três situações. Pode se referir a espaço, ideias ou elementos. São eles:

Pessoa	Variáveis	Invariáveis
primeira	este, esta, estes, estas	isto
segunda	esse, essa, esses, essas	isso
terceira	aquele, aquela, aqueles, aquelas	aquilo

4.4.1. Emprego do Pronome Demonstrativo

Para demonstrar no espaço		
pronome	**usado para**	**dica**
Este(s), esta(s), isto	o que está próximo a mim	AQUI
Esse(s), essa(s), isso	o que está próximo a você	AÍ
Aquele(s), aquela(s), aquilo	o que está distante	LÁ

Exemplos:

Este livro em minhas mãos foi escrito por **aquele** autor sentado na sexta fileira.

Essa aliança é de qual casamento seu?

Para retomar elementos (pessoas ou coisas)	
pronome	**usado para**
Este(s), esta(s)	retomar o elemento mais próximo do pronome
Aquele(s), aquela(s)	retomar o elemento mais distante do pronome

Exemplo:

Matemática e **literatura** me agradam: **esta** desenvolve a sensibilidade; **aquela**, o raciocínio.

Percebam que, se caso a ordem for alterada, os pronomes, obrigatoriamente, serão alterados também. Dependerá sempre do contexto. Exemplo:

Literatura e **matemática** me agradam: **aquela** desenvolve a sensibilidade; **esta**, o raciocínio.

Para ideias		
pronome	**usado para**	**dica**
Esse (a), isso	para retomar ideia	anáfora
Este (a), isto	para citar ideia	catáfora

Pronome anafórico: retoma ideia do período anterior ou do parágrafo anterior.

Pronome catafórico: cita ideia. Associe o **c** no início dos dois vocábulos.

Exemplos:

Espero sinceramente **isto**: que se procedam as reformas.

Que as reformas sejam efetuadas logo; é **isso** que desejo.

4.5. Pronome Relativo

Representa nomes já mencionados anteriormente e com os quais se relaciona. Inicia as orações subordinadas adjetivas. São eles:

Variáveis	Invariáveis
o qual, a qual, os quais, as quais	que
cujo, cuja, cujos, cujas	quem
quanto, quanta, quantos, quantas	onde

Observações importantes:

- Os vocábulos **como** e **quanto**, quando retomam termos anteriormente mencionados, possuem função de pronome relativo.
- Para evitar erros, ao aparecer a palavra **que**, tente substituí-la por **o qual, a qual, os quais, as quais**.

4.5.1. Emprego do Pronome Relativo

Um dos tópicos mais pedidos em concursos por fazer, também, de regência. Muitas teorias não valem a pena ser mencionadas porque as instituições pedem o emprego da mesma forma.

Atenção, em primeiro lugar, ao quadro-resumo a seguir.

Quem	Cujo	Onde
usado apenas para pessoas.	concorda com o termo posterior e indica posse da anterior e não admite artigo, apenas preposição.	usado para retomar lugar e pode ser substituído por **em que, na qual, no qual, nas quais, nos quais.**

Siga o passo a passo:

1) Encontre o pronome relativo;
2) Veja a qual termo o pronome relativo se refere.
3) Construa outra oração com os termos posteriores ao pronome relativo e encaixe o vocábulo que o relativo retoma.

Sempre mantenha a informação, atente-se aos exemplos a seguir.

- **Não conheço o lugar onde você mora.**

1) Onde	2) Retoma **lugar**	3) Você mora **no** lugar

*Quem mora, mora **em** algum lugar.*

A preposição **em *é pedida.***

Assim, teremos:

Não conheço o lugar **em que** você mora.

Não conheço o lugar **no qual** você mora.

- **Conheço a garota de quem você falou.**

1) Quem	2) Retoma **garota**	3) Você falou **da** garota

Quem fala, fala **de** alguém.

A preposição **de *é pedida.***

Assim, teremos:

Conheço a garota **da qual** você falou.

Conheço a garota **de que** você falou.

- **Este é o autor a cuja obra me referi.**

1) Cuja	2) Refere-se a **autor**	3) Eu me referi à obra do autor (posse do anterior)

Quem se refere, refere-se **a** algo.

A preposição **a** foi pedida.

Atenção:!

Não existem as formas cujo o, cuja a e o cuja, mas a cujo(a) existe = preposição e não artigo.

- **Estas são as pessoas com cujas ideias concordo.**

1) Cujas	2) Refere-se a **ideias**	3) Eu concordo **com** as ideias do autor

Quem concorda, concorda **com** algo.

A preposição **com** foi pedida.

4.6. Pronome Indefinido

Designa o referente, isto é, a terceira pessoa do discurso e possui sentido vago.

Classificam-se em:

- **Pronomes Indefinidos Substantivos:** assumem o lugar do ser ou da quantidade aproximada de seres na frase. São eles: algo, alguém, fulano, sicrano, beltrano, nada, ninguém, outrem, quem, tudo.
- **Pronomes Indefinidos Adjetivos:** qualificam um ser expresso na frase, conferindo-lhe a noção de quantidade aproximada. São eles: cada, certo(s), certa(s).

Variáveis				Invariáveis
Singular		Plural		
Masculino	Feminino	Masculino	Feminino	
algum	alguma	alguns	algumas	alguém
nenhum	nenhuma	nenhuns	nenhumas	ninguém
todo	toda	todos	todas	outrem
muito	muita	muitos	muitas	tudo
pouco	pouca	poucos	poucas	nada
vário	vária	vários	várias	algo
tanto	tanta	tantos	tantas	cada
outro	outra	outros	outras	
quanto	quanta	quantos	quantas	
qualquer		quaisquer		

- **Locuções pronominais indefinidas**: cada qual, cada um, qualquer um, quantos quer(que), quem quer(que),seja quem for, seja qual for, todo aquele(que),tal qual(= certo),tal e qual, tal ou qual, um ou outro, uma ou outra, etc.

4.6.1. Em concursos

Sentido negativo	nenhum, ninguém, nada
Sentido afirmativo	algum, alguém, algo
Totalidade negativa	nenhum, nada
Totalidade afirmativa	todo, tudo
Particulariza	certo
Generaliza	qualquer
Pessoa	alguém, ninguém
Coisa	algo, nada

4.7. Pronome Interrogativo

Os pronomes **que, quem, qual e quanto**, na teoria indefinidos, são classificados particularmente como interrogativos porque são empregados para formular interrogações diretas ou indiretas:

Que *foi isso?*

Quero saber que foi isso.

Quem é esse rapaz?

5. COLOCAÇÃO PRONOMINAL

Os pronomes oblíquos átonos (**o, a, os, as, lhe, lhes, me, te, se, nos, vos**) podem ocupar três posições diferentes em relação ao verbo: **próclise, mesóclise e ênclise.**

Dica: a fonética (a sonoridade) ajuda a resolver as questões. Pronuncie e perceba se a dicção está perfeita. Em casos de colocação errada, a fala soa mal.

5.1. Próclise

O pronome oblíquo surge **antes do verbo**, isto é, **proclítico**.

Ocorre em orações nas quais antes do verbo haja:

Palavra ou expressão de **valor negativo**.	**Nunca me** revelaram os motivos. **Não me** conte seus problemas.
Advérbios e pronomes indefinidos, sem que haja pontuação.	**Tudo se** acaba um dia. **Assim se** resolveram as questões. Havendo pontuação, ocorrerá ênclise: Assim, **resolvem-se** os problemas.
Pronomes e advérbios interrogativos.	**Quem te** chamou aqui? **Por que a** avisaram apenas agora?
Orações exclamativas e optativas (indicam desejo).	**Deus te** abençoe. **Como a** admiro!
Conjunções subordinativas.	**É necessário que se** faça a reforma. Comprei o livro **que me** será útil.
Gerúndio + em (preposição)	**Em se tratando** de provas, é melhor fazer muitos exercícios.
Advérbio <u>só</u> e **conjunção coordenada alternativa.**	**Só me** lembrou disso hoje. = só: somente **Ou se** afaste, **ou me** ame.
Pronome relativo	Foi o seu irmão **que me** ensinou a matéria.

5.2. Mesóclise

O pronome oblíquo surge **no meio do verbo**, ou seja, **mesoclítico**. É empregada, exclusivamente na linguagem culta ou literária.

Ocorrências:

Verbo no futuro do presente ou futuro do pretérito do indicativo.	**Convidar-me-ão** para a festa. **Convidar-te-ia** para a reunião.
NÃO OCORRERÁ se houver justificativa para próclise, como estudamos no tópico anterior:	**Amanhã o** convidarão para a festa. **Todos te** convidariam para a reunião.

5.3. Ênclise

O pronome oblíquo surge **depois do verbo**, isto é, **enclítico**. É a colocação básica do pronome, a mais utilizada e ocorre quando não há palavras que atraem o oblíquo. Utilizada em:

Verbo no início da frase.	Comenta-se que ele foi aprovado.
Verbo no imperativo afirmativo.	Alunos, apressem-se.
Verbo no gerúndio.	Mudou o texto, acrescentando-lhe explicação.
Verbo no infinitivo impessoal.	Leia os testes antes de resolvê-los.

6. EM LOCUÇÕES VERBAIS

<table>
<tr><td rowspan="4">Verbo principal no infinitivo ou gerúndio</td><td>Pronome depois do verbo auxiliar ou do verbo principal</td><td>Quero-lhe apresentar a meus amigos.
Quero apresentar-lhe a meus amigos.
Ia-lhe dizendo o gabarito inteiro.
Ia dizendo-lhe o gabarito inteiro.</td></tr>
<tr><td>Com palavra que exija próclise: pronome antes do verbo auxiliar ou depois do principal</td><td>Não lhe quero apresentar a meus amigos.
Não quero apresentar-lhe a meus amigos.
Alguém lhe ia dizendo o gabarito.
Alguém ia dizendo-lhe o gabarito.</td></tr>
<tr><td>Preposição entre o verbo auxiliar e o infinitivo: duas formas.</td><td>Seu artigo há de encontrar-se no jornal de ontem.
Seu artigo há de se encontrar no jornal de ontem.</td></tr>
<tr><td>Preposição a e o pronome oblíquo o = pronome depois do infinitivo.</td><td>Voltou a cumprimentá-los pela aprovação.</td></tr>
<tr><td rowspan="2">Verbo Principal no Particípio</td><td>O pronome oblíquo átono não poderá vir depois dele.</td><td>Os poemas tinham-se perdido no vazio do tempo.</td></tr>
<tr><td>Havendo fator que justifique a próclise, o pronome ficará antes da locução.</td><td>Não me haviam consultado sobre a data da prova.</td></tr>
</table>

VERBO

1. INTRODUÇÃO

Verbo, além de ser um tópico extenso, é o mais pedido nas provas de concursos. Iniciaremos do zero para que não fique dúvida, pois não se trata de um assunto difícil, mas sim repleto de detalhes. Mais uma vez, a teoria vem seguida de exercícios para fixar e, no final do capítulo, há acréscimo das últimas questões de provas, comentadas item a item.

2. DEFINIÇÃO

Verbo é palavra variável que indica ação (caminhar), estado (ser), fenômeno da natureza (amanhecer), processos naturais (morrer), processos mentais (estudar) etc.

3. CLASSIFICAÇÃO VERBAL

Regulares	possuem as desinências normais de sua conjugação e cuja **flexão não provoca alterações no radical.**	**cant**o, **cant**ei, **cant**arei, **cant**ava, **cant**asse.
Irregulares	a **flexão provoca alterações no radical** ou nas desinências.	faço, fiz, farei, fizesse.
Anômalos	incluem **mais de um radical** em sua conjugação.	Ir, pôr, ser, saber.
Defectivos	**não** apresentam **conjugação completa**.	colorir, computar, falir.
Auxiliares	fazem parte da formação dos tempos compostos e das locuções verbais.	ser, estar, ter e haver.

Abundantes	possuem **mais de uma forma com o mesmo valor**. Geralmente, esse fenômeno costuma ocorrer no particípio, em que, além das formas regulares terminadas em **-ado** ou **-ido**, surgem as chamadas **formas curtas** (particípio irregular).	fritar: frito, fritado; prender: preso, prendido
Pronominais	São aqueles verbos que **se conjugam com os pronomes oblíquos átonos me, te, se, nos, vos, se**, na mesma pessoa do sujeito, expressando reflexibilidade.	abster-se, ater-se, apiedar-se, atrever-se, dignar-se, arrepender-se.

3.1. Defectivos

Verbos que não apresentam conjugação completa. Classificam-se em **impessoais**, **unipessoais** e **pessoais**.

IMPESSOAIS	Não possuem sujeito. Normalmente, são usados na terceira pessoa do singular.	Os principais são: • **haver**, quando sinônimo de existir, acontecer, realizar-se ou fazer (em orações temporais). • **fazer, ser e estar** (quando indicam tempo) • Todos os verbos que indicam fenômenos da natureza são impessoais: **chover, ventar, nevar, gear, trovejar, amanhecer, escurecer,** etc. **Outros verbos impessoais** • o verbo **passar** (seguido de preposição), indicando tempo. • os verbos **bastar e chegar**, seguidos da preposição **de**, indicando suficiência. • os verbos **estar e ficar** em orações tais como **Está bem, Está muito bem assim, Não fica bem, Fica mal,** sem referência a sujeito expresso anteriormente. • o verbo **deu + para** da língua popular, equivalente de **"ser possível"**.
UNIPESSOAIS	Possuem sujeito e são conjugados apenas nas terceiras pessoas, do singular e do plural.	Entre os unipessoais estão os verbos que significam vozes de animais**: bramar**: tigre; **bramir**: crocodilo; **cacareja**r: galinha; **coaxar**: sapo; **cricrilar**: grilo **Outros verbos unipessoais** **1) cumprir, importar, convir, doer, aprazer, parecer, ser** (preciso, necessário, etc.). **2) fazer** e **ir**, em orações que dão ideia de tempo, seguidos da conjunção **que.**
PESSOAIS	Não apresentam algumas flexões por motivos morfológicos ou eufônicos.	Exemplo: **falir, computar.**

3.2. Abundantes

São verbos que possuem duas formas no particípio: formas regulares (terminação): **-ado** e -**ido**: formas longas) e formas irregulares (curtas).

INFINITIVO	PARTICÍPIO REGULAR	PARTICÍPIO IRREGULAR
Anexar	Anexado	Anexo
Dispersar	Dispersado	Disperso
Eleger	Elegido	Eleito
Envolver	Envolvido	Envolto
Imprimir	Imprimido	Impresso
Matar	Matado	Morto
Morrer	Morrido	Morto
Pegar	Pegado	Pego
Soltar	Soltado	Solto

Como utilizá-las?

1) **Ao lado de SER ou ESTAR,** usamos as formas **curtas(irregulares).**

2) **Ao lado de TER ou HAVER,** usamos as formas **longas(regulares).**

Exemplos:

- O vereador **estava (ou foi) eleito** pelo povo.
- O ladrão **foi** (ou **estava) preso** pelo policial.
- Alguém **havia (ou tinha) fritado** o bife.
- Ele **tinha** (ou **havia) prendido** o corrupto.

VERBOS QUE EXIGEM MUITA ATENÇÃO:

1) Ao lado de TER e HAVER admitem as duas formas (regular e irregular).

	PAGAR	GASTAR	GANHAR
TER	Tinha pago	Tinha gasto	Tinha ganho
	Tinha pagado	Tinha gastado	Tinha ganhado
HAVER	Havia pago	Havia gasto	Havia ganho
	Havia pagado	Havia gastado	Havia ganhado

2) **PEGAR passou a ser aceito como abundante**

Ele foi pego.

Alguém tinha pegado o sujeito.

3) **CHEGAR:** não existe a forma chego!

3.3. Anômalos

São aqueles que incluem mais de um radical em sua conjugação. Os clássicos são os verbos SER e IR, acrescentemos o PÔR e SABER

Ir	Pôr	Ser	Saber
vou	ponho	sou	sei
vais	pus	és	sabes
ides	pôs	fui	soube
fui	punha	foste	saiba
foste	–	seja	–

3.3.1. Em concursos

Os verbos **ir** e **ser** possuem a mesma conjugação no pretérito perfeito do indicativo: fui, foste, foi, fomos, fostes, foram. Exemplos:

Eu **fui** aluna. = ser.

Eu **fui à Grécia.** = ir.

3.4. Auxiliares

São aqueles que entram na formação dos tempos compostos e das locuções verbais. O verbo principal, quando acompanhado de verbo auxiliar, é expresso numa das formas nominais: **infinitivo, gerúndio** ou **particípio.**

Dica: os dois verbos podem ser substituídos por um e o verbo que desaparece é o auxiliar.

Exemplos:

Farei		prova
Vou	**fazer**	prova.
verbo auxiliar	*verbo principal no infinitivo*	

Chega		a hora da aula.
Está	**chegando**	a hora da aula.
verbo auxiliar	*verbo principal no gerúndio*	

Nós	cumprimentamos		os aprovados
Os aprovados	**foram**	**cumprimentados**	por nós.
	verbo auxiliar	*verbo principal no particípio*	

No último exemplo, há voz passiva analítica (ser + particípio) e na ativa equivale a: Nós cumprimentamos os aprovados.

3.5. Pronominais

São aqueles verbos que se conjugam com os pronomes oblíquos átonos **me, te, se, nos, vos, se**, na mesma pessoa do sujeito, expressando reflexibilidade (pronominais acidentais) ou apenas reforçando a ideia já implícita no próprio sentido do verbo (reflexivos essenciais).

Essenciais	sempre se conjugam com os pronomes oblíquos me, te, se, nos, vos, se.	abster-se, ater-se, apiedar-se, atrever-se, dignar-se, arrepender-se, etc.
Acidentais	verbos transitivos diretos em que a ação exercida pelo sujeito recai sobre o objeto representado por pronome oblíquo da mesma pessoa do sujeito; assim, o sujeito faz uma ação que recai sobre ele mesmo. Em geral, forma a voz reflexiva.	eu me arrependo; tu te arrependes; ele se arrepende; nós nos arrependemos; vós vos arrependeis; eles se arrependem.
	Observação: A reflexibilidade se diz acidental, pois a ação reflexiva pode ser exercida também sobre outra pessoa.	Ele se penteava. Ele me penteou.

3.5.1. Conjugação

Pessoas	Presente do indicativo	Pretérito Imperfeito do indicativo	Futuro do presente do indicativo
EU	eu ME sento	Me sentava	ME sentarei
TU	tu TE sentas	TE sentavas	TE sentarás
ELE	ele SE senta	SE sentava	SE sentará
NÓS	NOS sentamos	NOS sentávamos	NOS sentaremos
VÓS	VOS sentais	VOS sentáveis	VOS sentareis
ELES	SE sentam	SE sentavam	SE sentarão

3.5.2. Em concursos

- Os pronomes oblíquos átonos dos verbos pronominais não possuem função sintática, pois são parte integrante do verbo.
- Verbos reflexivos não são essencialmente pronominais e os pronomes possuem função sintática: Ele se feriu. O verbo ferir é transitivo direto e o objeto direto é o pronome **se**.

4. MODO VERBAL

Modo são as formas assumidas pelo verbo na expressão de um fato. Há três:

Indicativo	certeza	estudo, estudei, estudarei.
Subjuntivo	dúvida, hipótese	que eu estude, se ele estudasse, quando você estudar.
Imperativo	ordem, desejo	estuda tu, estude você, estudemos nós, estudai vós, estudem vocês.

4.1. Formas Nominais

São formas que não possuem noção de tempo, mas sim de nomes – substantivo, adjetivo e advérbio.

Infinitivo	exprime a significação do verbo de modo vago e indefinido, podendo ter valor e função de **substantivo**.	cantar, fazer, partir

Gerúndio	o gerúndio pode funcionar como adjetivo ou **advérbio**.	**Saindo** da escola, encontrei alguns amigos. (função de advérbio) No parque, havia crianças **vendendo** doces. (função adjetivo)
Particípio	se não for empregado na formação dos tempos compostos, o particípio indicará ação terminada.	cantado, feito, partido

4.1.1. Em concursos

O **infinitivo impessoal** não possui sujeito. O **infinitivo pessoal** possui sujeito e assume a forma do impessoal. Flexiona-se assim:

2ª pessoa do singular: Radical + ES	cantares(tu)
1ª pessoa do plural: Radical + MOS	cantarmos (nós)
2ª pessoa do plural: Radical + DES	cantardes (vós)
3ª pessoa do plural: Radical + EM	cantarem (eles)

Na primeira e terceira pessoas do singular, assumem a forma do impessoal: cantar (sem desinência).

O **gerúndio**, na forma simples, expressa uma ação em curso; na forma composta, uma ação concluída: **Estudando**, entenderá o valor da vida. **Tendo estudado**, entendeu o valor da vida.

O **particípio** pode exprimir somente estado, sem nenhuma relação temporal, e assumir verdadeiramente a função de adjetivo (adjetivo verbal): Ele foi o estudante **escolhido** para organizar a palestra.

5. TEMPO VERBAL

Antes de nos aprofundarmos nas conjugações dos tempos, vamos às dicas do que indica cada tempo. O intuito é tornar o verbo uma matéria prazerosa de ser estudada, já que é a classe gramatical mais usada em nosso dia a dia. Relembrando os modos: indicativo = certeza; subjuntivo = dúvida, hipótese.

Dica

1) PRESENTE

- **do indicativo**: indica ação que acontece no momento da fala; hábito.

  Ele estuda de manhã e trabalha à tarde.

  Canto, cantas, canta, cantamos, cantais, cantam

- **do subjuntivo**: indica hipótese, dúvida.

  Que nós estudemos todas as manhãs.

  Que eu cante, cantes, cante, cantemos, canteis, cantem

2) **FUTURO**

- **do presente do indicativo**: ação futura certa (amanhã)

  Estarei no local marcado à tarde.

  Cantarei, cantarás, cantará, cantaremos, cantareis, cantarão

- **do pretérito do indicativo**: tempo condicional

  Nós *cantaríamos* se houvesse público.

  Cantaria, cantarias, cantaria, cantaríamos, cantaríeis, cantariam

- **do subjuntivo**: ação futura duvidosa

  Quando *fizer* o trabalho, darei os parabéns.

  (quando/se) eu cantar, cantares, cantar, cantarmos, cantardes, cantarem

3) **PRETÉRITO**

- **Perfeito do indicativo**: ação concluída (ontem)

  Fizemos tudo certo naquele dia.

  Cantei, cantaste, cantou, cantamos, cantastes, cantaram

- **Imperfeito do indicativo**: ação prolongada, contínua

  Passeava de moto quando o guarda o multou.

  Cantava, cantavas, cantava, cantávamos, cantáveis, cantavam

- **Mais-que-perfeito do indicativo**: ação passada em relação a outra ação também passada.

  Fez os exercícios e <u>aprendera</u> toda a matéria.

  Cantara, cantaras, cantara, cantáramos, cantáreis, cantaram

  Perceba que para ter o mais- que- perfeito é necessário o perfeito.

- **Imperfeito do subjuntivo**: tempo condicional

  Se fizesse todas as tarefas, poderia viajar.

  Se cantasse, cantasses, cantasse, cantássemos, cantásseis, cantassem

  Normalmente usado junto com o futuro do pretérito para enfatizar a condição.

5.1. Tempos Primitivos

Presente do Indicativo

1ª conjugação	2ª conjugação	3ª conjugação	Desinência pessoal
CANTAR	VENDER	PARTIR	
cantO	vendO	partO	O

1ª conjugação	2ª conjugação	3ª conjugação	Desinência pessoal
cantaS	vendeS	parteS	S
canta	vende	parte	-
cantaMOS	vendeMOS	partiMOS	MOS
cantaIS	vendeIS	partIS	IS
cantaM	vendeM	parteM	M

Pretérito Perfeito do Indicativo

1ª conjugação	2ª conjugação	3ª conjugação	Desinência pessoal
CANTAR	VENDER	PARTIR	
cantei	vendI	partI	I
cantaSTE	vendeSTE	partISTE	STE
cantoU	vendeU	partiU	U
cantaMOS	vendeMOS	partiMOS	MOS
cantaSTES	vendeSTES	partISTES	STES
cantaRAM	vendeRAM	partiRAM	RAM

Infinitivo Impessoal

Não indica tempo e não possui sujeito.

1ª conjugação	2ª conjugação	3ª conjugação
CANTAR	VENDER	PARTIR

5.2. Tempos Derivados do Presente do Indicativo

Presente do Subjuntivo

Substitui-se a desinência -**o** da primeira pessoa do singular do presente do indicativo pela desinência -**e** (nos verbos de 1ª conjugação) ou pela desinência -**a** (nos verbos de 2ª e 3ª conjugação).

1ª conjugação	2ª conjugação	3ª conjugação	Des. temporal	Des. temporal	Desinência pessoal
			1ª conj.	2ª/3ª conj.	
CANTAR	VENDER	PARTIR			
cantE	vendA	partA	E	A	Ø
cantES	vendAS	partaAS	E	A	S
cantE	vendA	partaA	E	A	Ø
cantEMOS	vendAMOS	partAMOS	E	A	MOS
cantEIS	vendAIS	partAIS	E	A	IS
cantEM	vendAM	partAM	E	A	M

IMPERATIVO

Imperativo Afirmativo

Tira-se do presente do indicativo a 2ª pessoa do singular (tu) e a segunda pessoa do plural (vós) eliminando-se o "S" final. As demais pessoas são retiradas, sem alteração, do presente do subjuntivo.

Presente do Indicativo	Imperativo Afirmativo	Presente do Subjuntivo
Eu canto	–	Que eu cante
Tu cantas	**CantA tu**	Que tu cantes
Ele canta	Cante você	Que ele cante
Nós cantamos	Cantemos nós	Que nós cantemos
Vós cantais	**CantAI vós**	Que vós canteis
Eles cantam	Cantem vocês	Que eles cantem

Imperativo Negativo

Forma-se o imperativo negativo, inserindo a negação às formas do presente do subjuntivo. Muito simples.

Presente do Subjuntivo	Imperativo Negativo
Que eu cante	–
Que tu cantes	Não cantes tu
Que ele cante	Não cante você
Que nós cantemos	Não cantemos nós
Que vós canteis	Não canteis vós
Que eles cantem	Não cantem eles

IMPORTANTE
O verbo SER, no imperativo (segundas pessoas) = sê (tu), sede (vós).

5.3. Tempos Derivados do Pretérito Perfeito do Indicativo

Pretérito mais-que-perfeito

Formação: elimina-se a desinência **-STE** da 2ª pessoa do singular do pretérito perfeito, acrescenta-se a esse tema a desinência temporal **-RA** mais a desinência de número e pessoa correspondente.

1ª conjugação	2ª conjugação	3ª conjugação	Des. temporal	Desinência pessoal
			1ª/2ª e 3ª conj.	
CANTAR	VENDER	PARTIR		
cantaRA	vendeRA	partiRA	RA	Ø
cantaRAS	vendeRAS	partiRAS	RA	S

1ª conjugação	2ª conjugação	3ª conjugação	Des. temporal	Desinência pessoal
			1ª/2ª e 3ª conj.	
cantaRA	vendeRA	partiRA	RA	Ø
cantáRAMOS	vendêRAMOS	partíRAMOS	RA	MOS
cantáREIS	vendêREIS	partíREIS	RE	IS
cantaRAM	vendeRAM	partiRAM	RA	M

Pretérito Imperfeito do Subjuntivo

Formação: tema + **-sse, -sses, -sse, -ssemos, -sseis, -ssem** (1ª, 2ª e 3ª conj.)

1ª conjugação	2ª conjugação	3ª conjugação	Des. temporal	Desinência pessoal
			1ª /2ª e 3ª conj.	
CANTAR	VENDER	PARTIR		
cantaSSE	vendeSSE	partiSSE	SSE	Ø
cantaSSES	vendeSSES	partiSSES	SSE	S
cantaSSE	vendeSSE	partiSSE	SSE	Ø
cantáSSEMOS	vendêSSEMOS	partíSSEMOS	SSE	MOS
cantáSSEIS	vendêSSEIS	partíSSEIS	SSE	IS
cantaSSEM	vendeSSEM	partiSSEM	SSE	M

Futuro do Subjuntivo

Formação: tema + **-r, -res, -r, -rmos, -rdes, -rem** (1ª, 2ª e 3ª conj.)

1ª conjugação	2ª conjugação	3ª conjugação	Des. temporal	Desinência pessoal
			1ª /2ª e 3ª conj.	
CANTAR	VENDER	PARTIR		
cantaR	vendeR	partiR	Ø	
cantaRES	vendeRES	partiRES	R	ES
cantaR	vendeR	partiR	R	Ø
cantaRMOS	vendeRMOS	partiRMOS	R	MOS
cantaRDES	vendeRDES	partiRDES	R	DES
cantaREM	VendeREM	PartiREM	R	EM

5.4. Tempos Derivados do Infinitivo Impessoal

Futuro do Presente do Indicativo

Formação: Infinitivo Impessoal + **-ei**, **-ás**, **-á**, **-emos**, **-eis**, **-ão** (1ª,2ª e 3ª conj.)

1ª conjugação	2ª conjugação	3ª conjugação
CANTAR	VENDER	PARTIR
cantar ei	vender ei	partir ei

1ª conjugação	2ª conjugação	3ª conjugação
cantar ás	vender ás	partir ás
cantar á	vender á	partir á
cantar emos	vender emos	partir emos
cantar eis	vender eis	partir eis
cantar ão	vender ão	partir ão

Futuro do Pretérito do Indicativo

Formação: Infinitivo Impessoal + **-ia, -ias, -ia, -íamos, -íeis, -iam** (1ª, 2ª e 3ª conj.)

1ª conjugação	2ª conjugação	3ª conjugação
CANTAR	VENDER	PARTIR
cantarIA	venderIA	partirIA
cantarIAS	venderIAS	partirIAS
cantarIA	venderIA	partirIA
cantarÍAMOS	venderÍAMOS	partirÍAMOS
cantarÍEIS	venderÍEIS	partirÍEIS
cantarIAM	venderIAM	partirIAM

Infinitivo Pessoal

Formação: Infinitivo Impessoal + **-es** (2ª pessoa do singular), **-mos** (1ª pessoa do plural), **-des** (2ª pessoa do plural), **-em** (3ª pessoa do plural) (1ª, 2ª e 3ª conj.)

1ª conjugação	2ª conjugação	3ª conjugação
CANTAR	VENDER	PARTIR
cantar	vender	partir
cantarES	venderES	partirES
cantar	vender	partir
cantarMOS	venderMOS	partirMOS
cantarDES	venderDES	partirDES
cantarEM	venderEM	partirEM

5.5. Tempos Compostos

Composto por haver mais de um verbo. Os tempos compostos são formados por locuções verbais: verbo auxiliar **ter** ou **haver + verbo principal** (particípio). Vamos, agora, aos tempos.

TEMPO	FORMAÇÃO	EXEMPLO	VALOR
Pretérito Perfeito Composto do Indicativo	auxiliar **ter** ou **haver** no Presente do Indicativo e o principal no particípio,	tenho estudado	indica uma ação repetida que tem ocorrido no passado, prolongando-se até ao presente.

TEMPO	FORMAÇÃO	EXEMPLO	VALOR
Pretérito Perfeito Composto do Subjuntivo	auxiliar **ter** ou **haver** no **Presente do Subjuntivo** e o principal no particípio	tenha estudado	indica uma ação anterior já concluída, podendo se referir a um fato passado ou futuro.
Pretérito Mais-que-perfeito Composto do Indicativo	auxiliar **ter** ou **haver** no **Pretérito Imperfeito do Indicativo** e o principal no particípio	tinha estudado	indica uma ação que ocorreu antes de outra ação passada. Pode indicar também um acontecimento situado de forma incerta no passado.
Pretérito Mais-que-perfeito Composto do Subjuntivo	auxiliar **ter** ou **haver** no **Pretérito Imperfeito do Subjuntivo** e o principal no particípio	tivesse estudado	indica um fato anterior a outro fato passado. Pode se referir também a acontecimentos irreais do passado.
Futuro do Presente Composto do Indicativo	auxiliar **ter** ou **haver** no **Futuro do Presente simples do Indicativo** e o principal no particípio	terei estudado	refere-se a um fato futuro que estará terminado antes de outro fato futuro. Pode expressar tanto certeza como incerteza.
Futuro do Pretérito Composto do Indicativo	auxiliar **ter** ou **haver** no **Futuro do Pretérito simples do Indicativo** e o principal no particípio	teria estudado	indica uma ação que poderia ter acontecido posteriormente a uma situação passada, encontrando-se condicionada. Indica também a possibilidade de uma ação passada e transmite incerteza, surpresa e indignação.
Futuro Composto do Subjuntivo	auxiliar **ter** ou **haver** no **Futuro do Subjuntivo simples** e o principal no particípio	tiver estudado	ação futura que estará terminada antes de outra ação futura.
Infinitivo Pessoal Composto	auxiliar **ter** ou **haver** no **Infinitivo Pessoal simples** e o principal no particípio	ter estudado	fato passado já concluído.

Em Concursos

Há locuções formadas por verbos auxiliares + gerúndio ou infinitivo. Dica: os dois verbos poderão, sempre, ser substituído por um verbo.

Estou viajando = viajo.

Correlação de tempos verbais

Por ser um assunto comum em várias provas, segue a lista das correlações mais exigidas.

- Presente do indicativo + Presente do subjuntivo
- Pretérito perfeito do indicativo + Pretérito imperfeito do subjuntivo
- Presente do indicativo + Pretérito perfeito composto do subjuntivo
- Pretérito imperfeito do indicativo + Mais-que-perfeito composto do subjuntivo

- Futuro do subjuntivo + Futuro do presente do indicativo
- Pretérito imperfeito do subjuntivo + Futuro do pretérito do indicativo
- Pretérito mais-que-perfeito composto do subjuntivo + Futuro do pretérito composto do indicativo
- Futuro do subjuntivo + Futuro do presente do indicativo
- Futuro do subjuntivo + Futuro do presente composto do indicativo

6. ASPECTO VERBAL

É a referência ao desenrolar da ação, marcando-se o início, a **duração**, a **conclusão** ou o resultado de desenvolvimento processual.

COMPLETAMENTO DO PROCESSO		
Aspecto perfectivo	O processo é apresentado em sua totalidade, com começo, meio e fim. Pode ser **durativo** ou **pontual**.	Estudou a matéria em duas horas = durativo. Correu ontem na competição = pontual.
Aspecto imperfectivo	O processo verbal é incompleto, prolongando-se por tempo não determinado. Não há enfoque do processo todo.	Ele era engraçado desde criança. Permanece a indisciplina naquela classe.
DURAÇÃO DO PROCESSO		
Aspecto durativo	O processo de duração contínua.	A nota de corte é 8. Estava estudando desde as 6 horas.
Aspecto pontual ou momentâneo	Não é apresentada a duração.	Viu o filme e devolveu ao dono. O aluno estuda a matéria e faz os testes.
Aspecto iterativo	Há uma ideia de repetição.	A primeira coisa que o professor de literatura faz é a chamada. = iteração pontual. Ela me beijou duas vezes. = iteração pontual. Tem evitado álcool. = iteração durativa.
DESENVOLVIMENTO DO PROCESSO		
Aspecto inceptivo	O processo é apresentado no seu início.	Ao tocar o sinal, os alunos entraram.
Aspecto cursivo	O processo é apresentado durante o seu desenvolvimento.	Durante a aula, dividia a atenção entre os alunos novos e antigos.
Aspecto terminativo ou cessativo	O processo é apresentado no seu término.	Enfim, o que os "concurseiros" mais esperavam: a aprovação e o começo do trabalho.

7. INFINITIVO PESSOAL E IMPESSOAL

Verbo no infinitivo significa que apresenta sentido genérico ou indefinido. O infinitivo impessoal não se relaciona à pessoa – não possui sujeito e sua forma é invariável. Considera-se apenas o processo verbal. O infinitivo pessoal apresenta desinências de número e pessoa.

	–	Eu
cantar	-es	Tu
oferecer	–	Ele
partir	-mos	Nós
	-des	Vós
	-em	Eles

7.1. Emprego do Infinitivo impessoal

O infinitivo impessoal é usado:

Quando apresenta uma ideia vaga, genérica, sem haver sujeito.	**Beber** prejudica o fígado. É desnecessário **reclamar.**
Quando tiver o valor de Imperativo.	Alunos, **estudar**! = Estudem!
Quando é regido de preposição e funciona como complemento de um substantivo, adjetivo ou verbo da oração anterior.	Ele não os convenceu **a aceitar**. Eles não têm o direito **de chorar** assim. Os candidatos foram impedidos **de participar** do jogo.
Importante: na voz passiva dos verbos **contentar**, **tomar** e **ouvir**, o infinitivo (verbo auxiliar) deve ser flexionado.	Aqueles refrigerantes não são ruins de **serem** tomados. Eram leitores difíceis de **serem** contentados. Os MP3 que ela me emprestou são agradáveis de **serem** ouvidos.
Nas locuções verbais.	Precisamos **dormir** bem cedo amanhã. Podiam **reclamar** da instituição. Vou **pensar** em você sempre.
Quando o sujeito do infinitivo é o mesmo do verbo da oração anterior.	Devemos sorrir ao invés de **chorar**. Tenho ainda alguns livros por (para) **publicar**. Eles foram condenados a **pagar** pesadas multas.
Importante: quando o infinitivo preposicionado, ou não, preceder ou estiver distante do verbo da oração principal (verbo regente), pode ser flexionado para melhor clareza do período e também para se enfatizar o sujeito (agente) da ação verbal.	Foram dois amigos à casa de outro, a fim **de jogarem** basquete. Na esperança **de sermos** aprovados, estudaremos. **Para estudarmos**, estaremos sempre atentos.
Com os verbos causativos "deixar", "mandar" e "fazer" e seus sinônimos que não formam locução verbal com o infinitivo que os segue.	Mandei-os **sair** cedo hoje.
Com os verbos sensitivos "ver", "ouvir", "sentir" e sinônimos, deve-se também deixar o infinitivo sem flexão.	Vi-os **entrar**. Ouvi-as **dizer** que iriam à aula.
Importante: É inadequado o emprego da preposição **para** antes dos objetos diretos de verbos como **pedir**, **dizer**, **falar** e sinônimos.	Pediu **para** Fernanda entrar. = errado Pediu **para** que Fernanda entrasse. = errado Pediu que Fernanda entrasse. = correto

7.2. Emprego do Infinitivo pessoal

O infinitivo deve ser flexionado:

Quando o sujeito da oração estiver claramente expresso.	Se tu **perceberes** isto... Convém vocês **irem** depois. O bom é sempre **lembrarmos** desta matéria. = sujeito desinencial, sujeito implícito = nós
Quando tiver sujeito diferente daquele da oração principal.	O professor deu um prazo para os alunos **estudarem** bastante para a prova. Perdoo-te por me **traíres**. O hotel preparou tudo para os turistas **ficarem** à vontade.
Quando se quiser indeterminar o sujeito (utilizado na terceira pessoa do plural).	Têm de agir assim para se **promoverem**. Ela não sai sozinha à noite a fim de não **falarem** mal da sua conduta.
Quando apresentar reciprocidade ou reflexibilidade de ação.	Fizemos os adversários **cumprimentarem-se**. Mandei os homens **olharem-se** no espelho do banheiro.

8. VOZ VERBAL

Refere-se à forma como o agente e o paciente de uma oração são enquadrados nas funções gramaticais – sujeito e complementos verbais (especialmente o objeto direto).

Há duas vozes verbais principais, **voz ativa** e **voz passiva**. A diferença principal é que o sujeito da voz passiva tem o mesmo papel em relação ao verbo principal que o objeto da voz ativa. Há algumas variantes dessas duas vozes principais, como a **voz (ativa) reflexiva** (Eles se prepararam) e a **voz passiva sintética**. Há ainda uma outra voz na Língua Portuguesa, a **voz reflexiva**, na qual o sujeito sofre e efetua a ação ao mesmo tempo.

8.1. Voz Ativa

O sujeito pratica a ação. Exemplo:

V.A. =	**Todos os alunos**	ouviram	aquela música
	sujeito	*V.T.D.*	*objeto direto*

Para passar uma oração da voz ativa para a passiva, o objeto direto é obrigatório.

8.2. Voz Passiva

O sujeito sofre a ação.

Há dois tipos de voz passiva:

8.2.1. Passiva Analítica

SER + PARTICÍPIO

V.P. =	**Aquela música**	**foi ouvida**	**por todos os alunos**
	sujeito paciente	*Ser + particípio*	*agente da passiva*

Dica 1: transpondo a oração da voz ativa para a passiva. Siga a numeração.

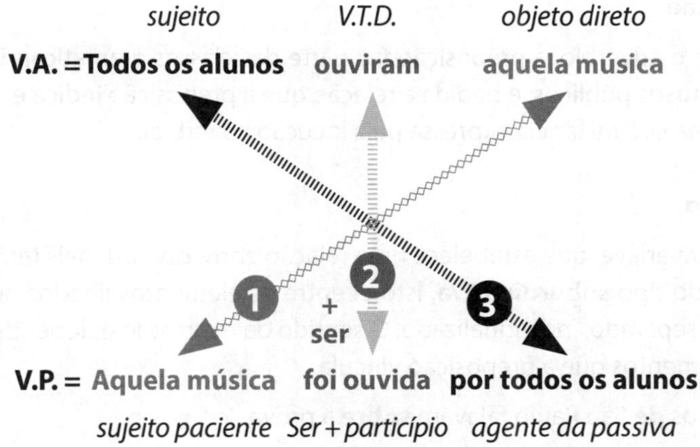

8.2.2. Passiva Sintética

V.T.D.(I.) + SE = V.P. (sujeito)

Verbo transitivo direto ou transitivo direto e indireto + se = voz passiva e possui sujeito. O **se** é pronome aPASSIVAdor.

Vende- se livro. = V.P. sintética

V.T.D. + se = VP sujeito

Entregou-se o prêmio ao vencedor. = V.P. sintética

V.T.D.I. + se = VP sujeito O.I.

Equivalem a:

- Livro é vendido. = V.P. analítica
- O prêmio foi entregue ao vencedor. = V.P. analítica

Por isso, as formas corretas são:

- Vendem- se livros.
- Entregaram-se os prêmios aos vencedores.

Dica 1: Sujeito no plural = verbo no plural

Dica 2: Atente-se ao número de verbo.

Voz Ativa	Voz Passiva = + SER
1 verbo	1 verbo + SER = 2 verbos
2 verbos	2 verbos + SER = 3 verbos

Voz Passiva	Voz Ativa = – SER
2 verbos	2 verbos – SER = 1 verbos
3 verbos	3 verbos – SER = 2 verbos

9. PREPOSIÇÃO

9.1. Introdução

Assim como o advérbio, a preposição faz parte das classes gramaticais invariáveis. Em provas de concursos públicos, é pedida a relação que a preposição indica e, na maioria das vezes, é a mesma circunstância expressa pela locução adverbial.

9.2. Definição

É a palavra invariável que estabelece uma relação entre dois ou mais termos da oração. Essa relação é do tipo **subordinativa**, isto é, entre os elementos ligados pela preposição não há sentido separado, individualizado. O sentido da expressão é dependente da junção de todos os elementos que a preposição vincula.

Os candidatos **de** São Paulo falavam **sobre** a prova.

As preposições ligam termos, subordinam-nos. O termo que antecede a preposição é chamado de **regente** e o termo posposto é chamado de **regido**.

As preposições são palavras **invariáveis**, pois não sofrem flexão de gênero, número ou variação em grau como os nomes, nem de pessoa, número, tempo, modo, aspecto e voz como os verbos. Em diversas situações as preposições se **combinam** a outras palavras da língua (fenômeno da **contração**) e, assim, estabelecem uma relação de concordância em gênero e número com essas palavras às quais se ligam. Mesmo assim, não se trata de uma variação própria da preposição, mas sim da palavra com a qual ela se funde.

Combinação	não ocorre perda de som	
a	+ o (artigo)	ao
a	+ onde (advérbio ou pronome)	aonde
a	+ os (artigo)	aos

Contração	ocorre perda de som	
em	+ o (artigo)	no
por	+ a (artigo)	pela
de	+ isto (pronome)	disto

9.3. Classificação das Preposições

Essenciais	desempenham apenas o papel de preposição	a, ante, após, até, com, contra, de, desde, em, entre, para, per, perante, por, sem, sob, sobre, trás
Acidentais	palavras de outras classes gramaticais que são usadas como preposição	• como (= na qualidade de), • conforme (= de acordo com), • segundo (= conforme), • consoante (= conforme), • durante, salvo, fora, mediante, tirante, exceto, senão, • visto (=por)

9.4. Locução Prepositiva

Como já visto em capítulos anteriores, locução é o conjunto de palavras. Assim, locução prepositiva é mais de uma palavra que possui a função de subordinar termos, ou seja, de ligar palavras. Facilitando: **p**reposição liga **p**alavras e conjunção liga orações.

abaixo de	acima de	acerca de
a fim de	além de	a par de
apesar de	antes de	depois de
ao invés de	diante de	em fase de
em vez de	graças a	junto a
junto com	junto de	à custa de
defronte de	através de	em via de
de encontro a	em frente de	em frente a
sob pena de	a respeito de	ao encontro de

9.5. Relações das Preposições

As preposições podem indicar relações. Faça, como no advérbio, a pergunta e encontre a relação.

Atenção: se estiver ligada ao verbo, a relação da preposição será a mesma circunstância da locução adverbial. A diferença entre preposição e locução adverbial é o fato de poder haver preposição que não faça parte da locução adverbial.

Caneta **de** Maria	posse	de quem?
Ver **de** perto	lugar	de onde?
Mesa **de** trabalho	finalidade	para que a mesa?
Morreu **de** felicidade	causa	morreu de quê?
Falava **de** amor	assunto	falava de quê?
Saiu **com** os amigos	companhia	saiu com quem?
Sou **de** Ribeirão	lugar (origem)	de onde?
Bola **de** couro	matéria	de que é feita a bola?
A música é **de** Caetano Veloso	autoria	de quem?
A escolha será **por** sorteio	modo ou conformidade	como?
Andaremos **a** cavalo	meio	de quê?
Palmeiras jogou **contra** Corinthians	oposição	contra quem?
Tomei um copo **de** vinho	conteúdo	de quê?
Vendeu o livro **(a)por** R$ 50,00	preço	por quanto?
Formou-se **em** medicina	especialidade	em quê?
Olhe **para** frente sempre	destino ou direção	para onde?
Foi **até** o fim	limite	
Está **sem** paciência	ausência, falta	
Saiu do palco **sob** muitos aplausos	**lugar conotativo** (sentido figurado)	

PARTE IV – SINTAXE

Capítulo 1. Termos essenciais da Oração

1. INTRODUÇÃO

Sintaxe é o cerne da língua portuguesa, o âmago do estudo para todas as provas de concursos públicos.

Para fazer a análise, precisa-se da morfologia – substantivo, adjetivo, pronome, verbo e outras classes gramaticais. Para entender os tópicos nela contidos, é necessário seguir o passo a passo.

2. DEFINIÇÃO

A sintaxe estuda a relação lógica das palavras na frase, no período e no texto. É preciso haver coerência para que uma mensagem seja compreendida; a combinação dos vocábulos e das orações nada mais é do que a sintaxe.

3. SINTAXE DE ORAÇÃO – TERMOS ESSENCIAIS

3.1. Frase, oração e período

3.1.1. Frase

Frase é uma informação que possui sentido completo. Pode ser representada por uma palavra ou várias e o verbo não é obrigatório. Exprime ideias, emoções, ordens ou apelos.

3.1.1.1. Tipos de frase

Interrogativas	Uma pergunta é feita e se deseja obter alguma informação. A interrogação pode ser direta ou indireta.	Você estuda comigo domingo? = Interrogação direta Desejo saber se você estuda comigo domingo. = Interrogação indireta
Imperativas	O emissor da mensagem dá uma ordem, um conselho ou faz um pedido, utilizando o verbo no modo imperativo (afirmativo ou negativo).	Faça-o entrar no carro! = Afirmativa Não faça isso. = Negativa

Exclamativas	Possuem estado afetivo e apresentam entoação ligeiramente prolongada.	Que prova difícil! É uma delícia esse sanduíche!
Declarativas	É a constatação um fato. Informa ou declara alguma coisa. Podem ser afirmativas ou negativas.	Obrigaram o aluno a sair. = Afirmativa Ela não está na escola. = Negativa
Optativas	Usadas para exprimir um desejo.	Deus te abençoe! Bons ventos o tragam!

3.1.1.2. Construção da frase

Frase Nominal	Não há verbo.	Socorro! Cuidado! Belo quadro o seu!
Frase Verbal	Possui verbo.	A lua ilumina a cidade e inspira os poetas. Os músicos saíram para o show.

3.1.2. Oração

Oração possui estrutura sintática, ou seja, possui verbo.

Se a frase (precisa ter sentido completo) possuir verbo, será também uma oração.

A lua ilumina a cidade e inspira os poetas.	Oração = possui verbo.
	Frase = possui sentido.

3.1.3. Período

O período é formado por oração e pode ser classificado em simples ou composto.

Período Simples	Uma oração, um verbo.	A lua ilumina a cidade.
Período Composto	Mais de uma oração, mais de um verbo	A lua ilumina a cidade e inspira os poetas.

3.2. Termos essenciais da oração

São termos essenciais da oração: sujeito e predicado.

Sujeito é o ser de quem se declara algo e predicado é a declaração feita do sujeito.

3.2.1. Sujeito

Para encontrar o sujeito faz-se a pergunta **o quê?** (para coisa) e **quem?** (para pessoa).

Atente-se: se há voz ativa, voz passiva e voz reflexiva, o sujeito não é apenas o ser que pratica ação. Pode praticar, sofrer ou praticar e sofrer a ação.

Classificam-se em:

<table>
<tr><td>Simples</td><td>um núcleo</td><td colspan="2">Muitos fatos estranhos ocorriam naquela situação.
= o que ocorriam?</td></tr>
<tr><td>Composto</td><td>mais de um núcleo</td><td colspan="2">Música e literatura fazem bem à alma.
= o que fazem bem?</td></tr>
<tr><td>Simples e implícito ou elíptico ou desinencial ou oculto</td><td>não está explícito na oração</td><td colspan="2">Fez o texto ontem.
= quem fez? Ele, mas o pronome não está explícito.</td></tr>
<tr><td>Indeterminado</td><td>não se sabe quem é o sujeito. Pode ocorrer em duas situações:</td><td>1. Verbo na terceira pessoa do plural;
2. Verbo na terceira pessoa do singular + se (índice de indeterminação do sujeito)</td><td>Fizeram ótima prova.
= quem fizeram? Não se sabe.
Necessita-se de silêncio.
= quem necessita, necessita de algo (V.T.I.) – de silêncio é O.I.</td></tr>
<tr><td>Oração sem sujeito</td><td>não há sujeito e pode ocorrer em três situações:</td><td>1. Verbo haver no sentido de existir ou ocorrer;
2. Verbos ser, estar e fazer indicando tempo ou fenômeno meteorológico;
3. Verbos que indicam fenômenos da natureza.</td><td>Havia pessoas.
= existiam
São duas horas.
= ser indicando tempo
Está muito calor.
= estar indicando fenômeno meteorológico
Faz três anos que não a vejo.
= fazer indicando tempo decorrido
Ontem choveu demais.
= fenômeno da natureza</td></tr>
</table>

3.2.1.1. Em concursos

O que é pedido em concursos e pode gerar dúvidas:

• **Simples**: retirando o núcleo, o(s) termo(s) que resta(m) possui (possuem) função de adjunto adnominal.

Muitos **fatos** estranhos ocorriam naquela situação

A.A. núcleo A.A.

- **Composto**: o termo que liga os núcleos é chamado de conjunção ou conectivo.

  Música e **literatura** fazem bem à alma.

  E = conectivo ou conjunção

- **Simples e implícito ou elíptico** ou **desinencial** ou **oculto:** No singular, sujeito = ele; no plural, sujeito = indeterminado.

  – Fez o texto ontem. = sujeito simples e implícito (ele) – Fora de contexto.

  – Fizeram o texto ontem. = sujeito indeterminado (verbo no plural).

- **Indeterminado:** Sempre muito pedida a diferença do **SE**.

Índice de indeterminação do sujeito	Verbo no singular + se.	Intransitivo, transitivo indireto e verbo de ligação.	Dormiu-se bem. Precisa-se de livros.
Pronome apassivador	Verbo no singular ou no plural + se. Admite plural porque possui sujeito.	transitivo direto + se ou transitivo direto e indireto + se	Encontrou-se o local da prova = encontraram-se os locais da prova. Dão-se aulas aos necessitados = aulas são dadas aos necessitados.

- **Oração sem sujeito:** Há pouco tempo, acrescentou-se o verbo **bastar** seguido da preposição **de** = Basta de problemas: oração sem sujeito.

Fixando a concordância:

ORAÇÃO SEM SUJEITO **verbo no singular**	**SUJEITO** **verbo admite plural**
Havia alunos.	**Existiam** alunos.
Devia haver alunos.	**Deviam** existir alunos.
Havia de haver alunos.	**Haviam** de existir alunos.
Alunos: **objeto direto**	Alunos: **sujeito** *Por isso o verbo admite plural

Verbo **FAZER** indicando tempo decorrido: singular.

Faz dois anos. **Vai** fazer dois anos.

Em: **O dia amanheceu calmo**, embora o verbo indique fenômeno da natureza, **o dia** possui função de sujeito.

3.2.2. Predicado

Predicado é a declaração feita do sujeito, isto é, retirando-se o sujeito obtém-se o predicado. Pode haver oração sem sujeito, mas não há como existir oração sem predicado. São classificados em **verbal, nominal e verbo-nominal.**

Para classificá-lo, é necessário estudarmos os termos que fazem parte do predicado. Siga o passo a passo para evitar erros.

3.2.2.1. Predicação verbal

Predicação é a classificação do verbo. Vamos aprofundar:

Classificação	Teoria	Exemplo	Dica
Intransitivo	o verbo não exige complemento, por isso o prefixo IN.	O vulto desapareceu na planície.	Nunca caberão as palavras *algo* e *alguém* após o intransitivo.
Transitivo direto	o verbo exige complemento SEM preposição.	"Tenho duas mãos e o sentimento do mundo."	quem tem, tem **algo**
Transitivo indireto	o verbo exige complemento COM preposição.	Todos precisam de felicidade.	quem precisa, precisa **DE algo**

Classificação	Teoria	Exemplo	Dica
Transitivo direto e indireto	o verbo exige dois complementos: com e sem preposição	Alguém ofereceu flor à Iemanjá.	quem oferece, oferece **algo a alguém**
Verbo de ligação	liga o sujeito ao predicativo (termo que qualifica) e **não indica ação. Indica estado.**	Todos ficaram felizes.	Para haver verbo de ligação, é preciso haver **predicativo.**

3.2.2.1.1. Estados do verbo de ligação

Por não indicar ação (movimento), o verbo de ligação pode expressar diferentes estados.

Estado	Verbo	Exemplo
permanente	ser, viver	Ele é alegre. Ele vive alegre.
transitório	estar, andar, achar-se, encontrar-se	Nós estamos felizes. Eles andam felizes.
mutatório	ficar, virar, tornar-se, fazer-se	Ficaram cansados. Tornaram-se exaustos.
continuidade de estado	continuar, permanecer	Todos continuam desconfiados. Alguém permanece desatento.
estado aparente	parecer	Ela parece satisfeita.

3.2.2.1.2. Em concursos

Note a diferença entre as orações abaixo.

Lembre-se de que para haver verbo de ligação é preciso haver predicativo!

Eles estavam	exaustos.
V.L.	predicativo sujeito

Eles estavam	em Londres.
intransitivo	adjunto adverbial de lugar

Elas ficaram	nervosas.
V.L.	predicativo sujeito

Elas ficaram	na escola.
intransitivo	adjunto adverbial de lugar

3.2.2.3. Predicativo

Predicativo é o termo que qualifica o sujeito ou o objeto.

Muito importante: para haver predicativo é necessário o verbo de ligação e para haver verbo de ligação é necessário o predicativo.

Fácil assim:

- **Predicativo** → Verbo de ligação
- **Verbo de ligação** → Predicativo

Predicativo do sujeito	**A plateia** aplaudiu o espetáculo **emocionada.**
A plateia (sujeito) aplaudiu o espetáculo (e estava = V.L.) emocionada.	

Predicativo do objeto	Encontrei **mortos os soldados.**
Encontrei (transitivo direto) os soldados (objeto direto) (e eles estavam) mortos.	

3.2.2.3.1. Morfossintaxe dos predicativos

Predicativo do sujeito	**adjetivos ou locuções adjetivas**	A lua é branca.
	substantivos	Ele é engenheiro.
	pronomes substantivos	Para Vinícius de Moraes, a beleza era tudo.
	numerais substantivos	Os irresponsáveis eram cinco.
	palavra substantivada	A vida é um querer sem fim.
	oração subordinada substantiva	A verdade é que ele foi aprovado.
Predicativo do objeto	**adjetivo**	Todos consideraram a prova difícil.
	substantivo	Nomearam-no síndico.

3.2.2.4. Classificação do predicado

PREDICADO	Teoria	Exemplo	Dica
Verbal	o núcleo é o verbo	Todos CAMINHAVAM tranquilamente pela praia.	menos o verbo de ligação
Nominal	o núcleo é o predicativo	Alguns estavam FELIZES.	há verbo de ligação
Verbo-nominal	há dois núcleos: verbo e predicativo	Todos CAMINHAVAM FELIZES pela praia.	verbo (+ V.L. oculto) + predicativo
	Todos CAMINHAVAM (e estavam) FELIZES pela praia.		

Facilitando:

predicados	verbo significativo	verbo de ligação	predicativo
P.V.	sim	não	não
P.N.	não	sim	sim
P.V.N.	sim	não explícito	sim

- Verbos significativos são os intransitivos, transitivos diretos, transitivos indiretos, transitivos diretos e indiretos.

Capítulo 2. Termos Integrantes da Oração

1. INTRODUÇÃO

Termos integrantes, como o próprio nome diz, integram o sentido de outros termos, completam. São eles: complementos verbais – objeto direto e objeto indireto –, complemento nominal e agente da passiva.

2. OBJETO DIRETO

Completa a significação de verbos transitivos diretos sem acompanhamento de preposição obrigatória.

Importante notar que dentro do objeto direto pode haver, também, o adjunto adnominal.

As mãos cálidas	encontram	**o estático olhar.**
sujeito	V.T.D.	**O.D.**

O estático olhar: objeto direto.

Núcleo: olhar (substantivo)

Adjunto Adnominal: o, estático.

Abriu	**os longos braços**	ao chegar.
V.T.D.	**O.D.**	

Os longos braços: objeto direto

Núcleo: braços (substantivo)

Adjunto adnominal: os, longos.

2.1. Em Concursos

Verbos intransitivos aparecem, frequentemente, como verbos transitivos diretos. Facilite: verbos não são intransitivos, apenas estão, pois no contexto podem sofrer alterações na predicação.

"... me sorri **um sorriso** pontual..."

Viveu **uma vida** tranquila.

2.2. Objeto Direto Preposicionado

Completa o sentido de um verbo transitivo direto (não exige preposição) e a preposição pode ser retirada sem que prejudique a estrutura. Pode ser preposicionado em algumas situações:

O pronome pessoal oblíquo tônico é objeto direto.	Ela amava **a si** mesma. Enganaram **a ti**.
Pronome relativo quem.	Era a moça **a quem** amava.
Evitar ambiguidade.	**Ao dono**, nenhum cão abandona.
Numeral ambos.	Aprovou **a ambos**.
Nomes próprios ou comuns.	Ele traiu **ao pai**.
Pronomes substantivos indefinidos ou demonstrativos.	Aprecio **a este**.
Reciprocidade.	Todos se odiavam uns **aos outros**.
Ênfase.	Pegou **da viola**. Bebeu **do vinho**. Comeu **do bolo**.

2.3. Objeto Direto Pleonástico

Ocorre repetição do objeto direto através de um pronome oblíquo átono. O pronome tem de se referir ao objeto direto.

Estes livros,	**já**	**os**	**li.**
O.D.		**O.D. pleonástico**	V.T.D.

A mim,	ninguém	**me**	engana.
O.I. (tônico)		**O.I. pleonástico (átono)**	

3. OBJETO INDIRETO

Completa a significação de verbos transitivos indiretos, com acompanhamento de preposição obrigatória.

Importante notar que dentro do objeto direto pode haver, também, o adjunto adnominal e, claro, a preposição.

Desobedeço	**a meus patrões.**
V.T.I. a: preposição meus: adjunto adnominal	**O.I.**

- Desobedece A alguém.

Precisamos	**de silêncio**	para estudar.
V.T.I.	**O.I.**	

- Precisamos DE algo.

Enviou	lhe	o livro.
V.T.D.I.	**O.I.**	O.D.

- Enviou algo A alguém.

3.1. Objeto Indireto Pleonástico

Ocorre repetição do objeto indireto através de um pronome oblíquo átono. O pronome tem de se referir ao objeto indireto.

Aos pobres,	nega	**-lhes**	tudo.
O.I.	V.T.D.I.	**O.I. pleonástico**	O.D.

Ao estudante relapso,	nenhuma disciplina	**lhes**	interessa.
O.I.	SUJEITO	**O.I. pleonástico**	V.T.I.

4. MORFOSSINTAXE DOS COMPLEMENTOS VERBAIS

Os objetos podem ser representados por:

Substantivo	Leu **bons livros.** Gosta de **bons livros**.
Pronome Substantivo	Nunca li **aquilo**. Confiam **em mim**.
Numeral substantivo	• Quantos irmãos você tem? • Tenho **três**.
Palavra substantivada	Disse um sonoro "**sim**".
Oração subordinada	Espero **que você seja aprovado.**

5. AGENTE DA PASSIVA

É o termo da oração que pratica a ação verbal na voz passiva, sempre introduzido por preposição, com a finalidade de indicar o ser que pratica a ação verbal sofrida pelo sujeito.

Quanto à transposição da voz ativa para a passiva analítica (ser + particípio), já aprofundamos os estudos no capítulo 7 – Verbo.

A prova	foi adiada	**pela banca.**
sujeito paciente	*ser + particípio*	***agente da passiva***

Note que o agente da passiva passa a ser sujeito na voz ativa e que o sujeito paciente passa a objeto direto:

A banca	adiou	a prova.
sujeito ativo	*V.T.D.*	*O.D.*

Por isso é necessário o objeto direto para haver transposição da voz ativa para a passiva.

Exemplo com três verbos:

Os gabaritos	tinham sido encontrados	no pátio da escola	**pelos candidatos.**
sujeito paciente	ser particípio	adj. adverbial de lugar	**agente da passiva**

Se na voz passiva há três verbos, na ativa haverá dois: retira-se o **ser**.

Os candidatos	tinham encontrado	no pátio da escola	os gabaritos.
sujeito	= encontraram: V.T.D.	adj. adverbial de lugar	O.D.

5.1. Em concursos

Em provas recentes, a pegadinha das bancas é retirar o verbo **ser**, deixando explícito apenas o particípio.

Dica: tente transpor a oração para a voz ativa:

A passeata	feita	**por estudantes.**
sujeito paciente	(ser implícito) particípio	**agente da passiva**

Estudantes	fizeram	a passeata.
sujeito ativo	V.T.D.	objeto direto

5.2. Morfossintaxe do agente da passiva

O agente da passiva é representado por um substantivo ou por uma palavra ou oração com valor de substantivo.

O poema	foi escrito	por um grande poeta.	núcleo: **poeta = substantivo**
O poema	foi escrito	**por ele.**	núcleo: **ele = pronome substantivado**
O poema	foi feito	**pelos três.**	núcleo: **três = numeral substantivado**

6. COMPLEMENTO NOMINAL

É o termo da oração que se liga a um nome – substantivo, adjetivo ou advérbio – sempre por meio de uma preposição. Possui a função de completar o sentido do nome.

O novo projeto	é	acessível	**aos membros do grupo.**
sujeito	V.L.	predicativo do sujeito	**C.N.**

Faz-se a pergunta ao nome (regência nominal): é <u>acessível</u> **a algo** = completa adjetivo.

Alguns	tinham	medo	**do futuro.**
sujeito	V.T.D.	O.D.	**C.N.**

Quem tem medo, tem <u>medo</u> **de algo** = completa substantivo.

Agiu	contrariamente	**ao esperado.**
I.	adj. adverbial de modo	**C.N.**

Agiu <u>contrariamente</u> **a algo** = completa advérbio

6.1. Morfossintaxe do complemento nominal

O complemento nominal possui função substantiva, isto é, será representado por um substantivo ou palavra ou oração com valor de substantivo.

A obediência às **leis**	é necessária.
Leis: substantivo	
A necessidade **dela**	era a mesma dos outros.
Ela: pronome substantivo	
A confiança **nos dois**	é fundamental para o futuro.
Dois: numeral substantivado	
Tinha necessidade	**de que o ajudassem.**
De que o ajudasse: oração subordinada substantiva	
Caminhar a pé **lhe** era necessário.	
Lhe: pronome oblíquo = saudável a ele	
O remédio **nos** era prejudicial.	
Nos: pronome oblíquo = prejudicial a nós	

7. DIFERENÇA ENTRE COMPLEMENTO NOMINAL E OBJETO INDIRETO

Muito fácil se pensar assim:

1) Os dois termos são preposicionados;
2) O objeto indireto vem após o verbo;
3) O complemento nominal vem após um nome (não pode ser conjugado).

Todos	gostaram	**do resumo.**
sujeito	V.T.I.	**O.I.**

- Quem gosta, gosta de algo = complementa o verbo.

Todos	tinham	receio	**da reprovação.**
sujeito	V.T.D.	O.D.	**C.N.**

- Quem tem receio, tem receio de algo = completa o substantivo.

E como diferenciar os dois termos em outra situação? Mais fácil ainda! Vamos lá:

Entregaram	o prêmio	**ao vencedor.**
V.T.D.I.	O.D.	**O.I.**

Retire o objeto direto: Entregaram ao vencedor.

- Retirou-se o objeto direto e manteve o sentido. Significa que o termo preposicionado está ligado ao verbo, ou seja, é objeto indireto.

Tinham	medo	**da reprovação.**
V.T.D.	O.D.	**C.N.**

Não é possível retirar o objeto direto e continuar correta oração.

- Se retirar o objeto direto e a frase ficar incoerente, significa que o termo preposicionado está ligado ao nome, isto é, trata-se de um complemento nominal.

8. DIFERENÇA ENTRE COMPLEMENTO NOMINAL E AGENTE DA PASSIVA

A dica é tentar transpor a oração para a voz ativa. Simples, não é?

Candidatos	foram inscritos	**pelos agentes.**
Sujeito paciente	ser + particípio	**agente da passiva**

Voz ativa = Os agentes inscreveram os candidatos.

Candidatos	ficaram atentos	**ao resultado.**
sujeito	V.L + predicativo do sujeito	**complemento nominal**

A oração já se encontra na voz ativa!

9. DIFERENÇA ENTRE COMPLEMENTO NOMINAL E ADJUNTO ADNOMINAL

Para que haja diferença entre os dois termos é necessário atentar-se a três itens:

1. O termo deve estar dentro do sujeito;
2. O termo é preposicionado;
3. O termo vem ligado a um substantivo.

Feitas as três análises, passemos ao segundo passo:

Sentido Ativo	**Adjunto Adnominal**
A resposta **DO ALUNO**	convenceu a classe.
O aluno respondeu: sentido ativo	
Sentido Passivo	**Complemento Nominal**
A resposta **AO ALUNO**	convenceu a classe.
O aluno recebeu a resposta: sentido passivo	

A crítica **DO TÉCNICO AOS JOGADORES** foi severa.
O técnico criticou: do técnico = adjunto adnominal
Os jogadores foram criticados: aos jogadores = complemento nominal

Capítulo 3. Termos Acessórios da Oração

1. INTRODUÇÃO

Termos acessórios são dispensáveis na estrutura básica da oração, mas são importantes para a compreensão do enunciado. Podem caracterizar o ser, determinar os substantivos e exprimirem circunstâncias. São eles: adjunto adnominal, adjunto adverbial e aposto.

2. ADJUNTO ADNOMINAL

É o termo que **determina**, **especifica** ou **explica** um substantivo. Possui função adjetiva na oração, a qual pode ser desempenhada por adjetivos, locuções adjetivas, artigos, pronomes adjetivos enumerais adjetivos.

Agrupam-se ao redor dos substantivos dentro de qualquer termo da oração – essencial, integrante ou mesmo acessório (adjunto adverbial).

Aqueles dois rapazes **interessados**	estudaram	**toda a** matéria.
Sujeito. Núcleo: rapazes (substantivo)	V.T.D.	O.D. Núcleo: matéria
Aqueles, dois e interessados: adjunto adnominal		**Toda e a:** adjunto adnominal

2.1. Morfossintaxe do adjunto adnominal

Artigo	**A** prova foi aplicada
Numeral adjetivo	**Três** candidatos chegaram.
Pronome adjetivo	**Aqueles** candidatos fizeram boa prova.
Pronome pessoal oblíquo (equivalendo a possessivo)	Roubaram-**me** a prova. = roubaram a minha prova. Não **te** reconheci a voz. = a tua voz.
Adjetivo	Candidatos **insatisfeitos** faltaram.
Locução adjetiva	Candidatos **da capital** chegaram.
Oração subordinada	O aluno **que estuda** é aprovado.
	O aluno estudioso = oração subordinada adjetiva.

2.2. Em concursos

Predicativo e Adjunto Adnominal: para haver predicativo, obrigatoriamente haverá verbo de ligação (mesmo que implícito, como estudamos na parte I – termos essenciais da oração). O adjunto adnominal vem dentro de um termo da oração e não exige verbo de ligação.

3. ADJUNTO ADVERBIAL

É o termo da oração que indica **circunstância.** Pode modificar o sentido de um verbo (faz-se uma pergunta), de um adjetivo (intensidade) ou de um advérbio (intensidade).

Facilitando: indica circunstância do verbo e pode intensificar o sentido do adjetivo ou do próprio advérbio.

O verão	chegou	**cedo.**
	quando?	**tempo**

Leram	o livro	**na biblioteca.**
onde?		**lugar**

O verão	chegou	**muito**	**cedo.**
	quando?	**intensidade**	**tempo**

Ele	estava	**muito**	atrasado.
		intensidade	predicativo (adjetivo)

3.1. Diferença entre adjunto adverbial e predicativo

Para ser predicativo, precisa-se do verbo de ligação (mesmo que implícito) e para ser adjunto adverbial, deve-se fazer pergunta ao verbo para saber a circunstância ou deve indicar intensidade do adjetivo ou advérbio.

Facilitando:

predicativo	varia
adjunto adverbial	não varia

Ele estava muito **atrasado** = Ela estava muito **atrasada.**

3.2. Classificação do adjunto adverbial

Circunstância	Exemplo	Dica
Acréscimo	**Além da alegria**, sentia cansaço.	+
Afirmação	**Certamente** será aprovado.	Não é necessário fazer pergunta.
Assunto	Falávamos **sobre política**.	Sobre o quê?
Causa	**Com o frio**, os animais morreram.	Por quê?
Companhia	**Com quem** você saiu ontem?	Com quem?
Concessão	**Apesar do nervosismo**, fez boa prova.	Embora, apesar de.
Condição	**Sem a autorização do fiscal**, você não poderá sair.	Se, caso.
Conformidade	Fez tudo **conforme o combinado.**	Regra.
Dúvida	**Quiçá** acertemos todas as questões.	Não é necessário fazer pergunta.

Circunstância	Exemplo	Dica
Fim, finalidade	Eles vivem **para estudar.**	Para quê?
Frequência	**Sempre** vêm aqui.	Quando?
Instrumento	Desenhava **a lápis.**	Com o quê?
Intensidade	Todos corriam **bastante.**	Não é necessário fazer pergunta.
Limite	Estudava **até cansar.**	Até.
Lugar	Nasceu **em Ribeirão Preto.**	Onde?
Matéria	Era feito **de ferro.**	De quê?
Meio	Foi **de avião.**	De quê?
Modo	Ficamos **à vontade.**	Como?
Negação	**Não** pode haver enganos.	Não é necessário fazer pergunta.
Preço	Os livros são vendidos **a preços baixos.**	Quanto?
Substituição ou troca	Abandonou os estudos **por trabalhos rentáveis.**	Por o quê?
Tempo	**Ontem à noite** saiu com amigos.	Quando?

3.3. Morfossintaxe do adjunto adverbial

O adjunto adverbial é representado por um advérbio (invariável) ou por uma locução adverbial (variável).

4. APOSTO

É o termo explica ou especifica os substantivos e os pronomes. Pode vir separado dos demais termos da oração por vírgula, dois-pontos ou travessão.

Recentemente, o mais pedido em provas é o aposto especificativo – não possui sinal de pontuação. Compare:

Carlos Drummond de Andrade	**, grande poeta mineiro,**	escrevia sobre a arte de escrever.
	Aposto explicativo = com pontuação	

O poeta **Carlos Drummond de Andrade**	escrevia sobre a arte de escrever.
Aposto especificativo = sem pontuação	

4.1. Morfossintaxe do aposto

O aposto possui função substantiva na oração. Seu núcleo é representado por um substantivo ou palavra substantivada.

4.2. Classificação do aposto

Explicativo	Traduz, ou seja, dá significado a uma frase, geralmente vem entre vírgulas, dois pontos ou parênteses.	Foi aqui, **neste lugar tranquilo**, que o encontrei.

Enumerativo	É representado por dois pontos, e estabelece uma sequência de elementos que são usados para complementar a ideia fundamental da frase.	À tarde, irei à casa de dois amigos: **Fernando e Júnior**.
Resumidor ou Recapitulativo	É representado por um pronome que resume tudo o que foi expresso anteriormente.	Henrique, Adilson, Sten, Paulo, **todos** foram aprovados.
Comparativo	É usado para comparar.	Seus olhos, **lindos oceanos**, fazem-me acreditar no amor.
Distributivo	Distribui as informações de termos separadamente.	Marcelo e Adriano são amigos. **Este** é um baiano divertido, **aquele**, carioca.
Aposto de Oração	Usado para resumir termos anteriores.	Ele tem um único desejo: **que todos os candidatos sejam aprovados no concurso.**
Especificativo	Individualiza um substantivo de sentido genérico.	A rua **Garibaldi** está muito longe do bairro **Irajá**.

4.3. Em concursos

Não confunda aposto especificativo com adjunto adnominal.

A obra **de Machado de Assis** é símbolo da literatura brasileira.

- Obra de Machado de Assis = obra **machadiana** (adjetivo). Se possui função de adjetivo, é adjunto adnominal.

5. VOCATIVO

O vocativo é um termo independente dentro da oração. Não faz parte do sujeito, nem do predicado, nem dos termos integrantes ou acessórios da oração.

Possui função de chamar ou interpelar o interlocutor (é com quem se fala). Vem, sempre, separado por sinal de pontuação.

"**Pai**, afasta de mim esse cálice." (Chico Buarque de Holanda e Milton Nascimento).

Dica: o vocativo não pode ser confundido com o sujeito.

1) A pontuação é obrigatória no vocativo;

2) A pontuação nunca poderá separar o sujeito.

No exemplo citado anteriormente:

- Pai: vocativo
- Sujeito: tu, pois o verbo está no imperativo afirmativo (afasta tu).

5.1. Morfossintaxe do vocativo

Por se referir a um ser, o vocativo é representado por um substantivo ou por um pronome substantivo.

Capítulo 4. Período Composto

1. INTRODUÇÃO

Estudamos o período simples nos capítulos anteriores, ou seja, as relações que os termos (vocábulos) possuem dentro da oração. Agora estudaremos as relações estabelecidas entre as orações, é a vez da conjunção – termo que liga orações.

2. CONCEITOS

Período Simples	Possui uma oração.
Período Composto	Possui mais de uma oração.

Período Composto		
Coordenação	São orações que possuem independência sintática.	Ele estudou /e foi aprovado.
Subordinação	Há dependência sintática entre as orações, isto é, uma oração se subordina à outra.	Já que estudou, /foi aprovado.

3. COORDENAÇÃO

3.1. Assindéticas

As orações coordenadas assindéticas não possuem conjunção.

Importante: é preciso haver verbo em toda oração.

Acordou,	estudou,	viajou depois.
assindética	assindética	Assindética

3.2. Sindéticas

Possuem conjunção e são classificadas em:

Aditivas	Expressam ideia de **adição, acrescentamento**.	e, nem, não só… mas também, não só… como, assim… como.	Não só cantou como também dançou. Nem comprei o livro, nem estudei.

Adversativas	Exprimem fatos ou conceitos que se opõem ao que se declara na oração coordenada anterior, estabelecendo **contraste** ou **compensação**.	mas, contudo, todavia, entretanto, porém, no entanto, ainda, assim, senão.	Ficou muito cansada, contudo se divertiu. Não comprei o estudei, mas trabalhei.
Alternativas	Expressam ideia de **alternância de fatos** ou **escolha**.	ou... ou; ora...ora; quer...quer; seja... seja.	Ou usa o protetor solar, ou usa o óleo bronzeador. Quer eu durma quer eu fique acordada, estarei no quarto.
Conclusivas	Exprimem **conclusão** ou **consequência** referentes à oração anterior.	logo, portanto, por fim, por conseguinte, consequentemente.	Passou no concurso, portanto irá comemorar. Tomou muito sol, consequentemente ficou adoentado.
Explicativas	Indicam uma **justificativa** ou uma **explicação** referente ao fato expresso na declaração anterior.	que, porque, pois, isto é, ou seja, a saber, na verdade.	Passei na prova porque me esforcei. Não fui à aula pois merecia uma folga à noite.

3.3. Em concursos

- A conjunção **e** pode indicar oposição. A vírgula é obrigatória, mas é claro que as bancas a retiram: Exemplo: Estudou e não foi aprovado = conjunção adversativa.
- Embora algumas gramáticas abominem, em concursos é pedido: **mas também** indica adição. Exemplo: Estudou mas também foi aprovado.
- **Pois**: no sentido de porque = explicação; no sentido de logo = conclusão.
- **Explicação** e **causa**: Explicação é coordenada - orações independentes; causa é subordinada (estudaremos a seguir).

Explicação: O candidato devia estar doente, porque chorava muito.

O choro do candidato não poderia ser a causa de sua doença.

Causa: Ele está triste porque foi reprovado.

A reprovação é a causa da tristeza dele.

4. SUBORDINAÇÃO

4.1. Introdução

As orações subordinadas possuem estrutura distinta das orações coordenadas -assindética e sindética. Veja:

Todos sabem	que é necessário ter coragem.
Oração principal	*Oração subordinada*

A oração principal rege a oração subordinada (possui conjunção ou verbo na forma nominal).

As orações subordinadas são divididas em três tipos:

Tipos	Definição	Dica
Substantivas	Possuem valor de **substantivo** e vêm introduzidas por conjunção integrante.	Encaixa-se **isto** ou **disto** antes da conjunção.
Adjetivas	Possui valor e função de **adjetivo** e vêm introduzidas por pronome relativo.	Que = **o qual** Cujo
Adverbiais	Exercem função de **adjunto adverbial** do verbo da oração principal e exprimem circunstâncias. São introduzidas por conjunções subordinativas – exceto as integrantes.	Indicam circunstâncias.

4.2. Subordinada substantiva

A oração substantiva possui função de substantivo e dependendo da função sintática que exerce, classifica-se em:

<table>
<tr><td rowspan="4">Subjetiva</td><td colspan="2">Exerce a função sintática de sujeito do verbo da oração principal.</td></tr>
<tr><td>É preciso</td><td>que o grupo estude.</td></tr>
<tr><td>V.L. + predicativo</td><td>sujeito</td></tr>
<tr><td>Oração principal</td><td>oração subordinada substantiva subjetiva</td></tr>
<tr><td rowspan="4">Objetiva Direta</td><td colspan="2">Exerce função de objeto direto do verbo da oração principal
• que termina com V.T.D.</td></tr>
<tr><td>Os candidatos pediram</td><td>que a prova fosse adiada.</td></tr>
<tr><td>Sujeito + V.T.D</td><td>objeto direto</td></tr>
<tr><td>Oração principal</td><td>oração subordinada substantiva objetiva direta</td></tr>
<tr><td rowspan="4">Objetiva Indireta</td><td colspan="2">É objeto indireto do verbo da oração principal e vem precedida de preposição.
• a oração principal termina em V.T.I.</td></tr>
<tr><td>O autor precisa</td><td>de que alguém a ajude.</td></tr>
<tr><td>Sujeito + V.T.I.</td><td>Objeto indireto</td></tr>
<tr><td>Oração principal</td><td>oração subordinada substantiva objetiva indireta</td></tr>
<tr><td rowspan="4">Completiva Nominal</td><td colspan="2">Completa um nome que pertence à oração principal e possui preposição.
• a oração principal termina em NOME.</td></tr>
<tr><td>Tenho vontade</td><td>de que aconteça algo inesperado.</td></tr>
<tr><td>(eu) + V.T.D. + O.D.</td><td>Complemento nominal</td></tr>
<tr><td>Oração principal</td><td>oração subordinada substantiva completiva nominal</td></tr>
<tr><td rowspan="4">Predicativa</td><td colspan="2">Exerce papel de predicativo do sujeito do verbo da oração principal.
• a oração principal termina em VERBO DE LIGAÇÃO.</td></tr>
<tr><td>A verdade é</td><td>que você não virá.</td></tr>
<tr><td>Sujeito + V.L.</td><td>Predicativo do sujeito</td></tr>
<tr><td>Oração principal</td><td>oração subordinada substantiva predicativa</td></tr>
</table>

<table>
<tr><td rowspan="3">Apositiva</td><td colspan="2">Exerce função de aposto de algum termo da oração principal.
• normalmente há dois-pontos.</td></tr>
<tr><td>Toda a turma tem o mesmo objetivo:</td><td>que ele seja aprovado.</td></tr>
<tr><td>Oração principal</td><td>oração subordinada substantiva apositiva</td></tr>
</table>

4.2.1. *Em concursos*

- Certifique-se de que a oração é subordinada substantiva apenas encaixando o pronome demonstrativo **isto**. A conjunção que liga as orações é **conjunção integrante.**
- Expressões na voz passiva na oração principal = oração subjetiva: **Sabe-se – Soube-se – Conta-se – Diz-se – Comenta-se – É sabido – Foi anunciado – Ficou provado.**

4.3. Subordinada adjetiva

As orações adjetivas exercem função sintática de adjunto adnominal do adjetivo. Relacionam-se a um nome da oração principal e são introduzidas por pronome relativo. Tópico muito exigido em questões de pontuação.

<table>
<tr><th>Conversei ontem com alunos</th><th>que estudam português.</th></tr>
<tr><td rowspan="3">Oração Principal</td><td>que = os quais</td></tr>
<tr><td>que estudam = estudiosos – adjetivo</td></tr>
<tr><td>oração subordinada adjetiva</td></tr>
</table>

<table>
<tr><th>Os escritores</th><th>que fizeram um ótimo trabalho</th><th>serão homenageados.</th></tr>
<tr><td rowspan="2">Oração Principal</td><td>que = os quais</td><td rowspan="2">Oração Principal</td></tr>
<tr><td>oração subordinada adjetiva</td></tr>
</table>

4.3.1. *Classificação das subordinadas adjetivas*

Classificação	Teoria	Dica
Explicativa	Explica, isto é, atribui característica própria e pode ser retirada do período sem que haja alteração no sentido.	Atente-se ao SENTIDO. Possui pontuação.
Restritiva	Restringe, ou seja, limita a significação do nome a que se refere e se retirada do período, altera o sentido, perde-se informação.	Atente-se ao SENTIDO. Não possui pontuação.

<table>
<tr><td rowspan="2">Explicativa</td><td>Capitu, que é uma personagem de Machado de Assis, tinha olhos de ressaca.</td><td>= a qual
A informação generaliza (Capitu é personagem) e pode ser retirada, explica.</td></tr>
<tr><td>O irmão dela, que era advogado, prestou <u>serviços</u> ao réu.</td><td>= o qual
A informação generaliza (o irmão era advogado) e pode ser retirada, explica.</td></tr>
</table>

Restritiva	Você é um dos poucos autores **que conheço**.	= os quais Conheço alguns autores e não todos. Não se pode retirar a informação da oração adjetiva.
	Eles são um dos alunos **que falaram conosco ontem**.	= os quais Conversamos com alguns alunos e não com todos. Não se pode retirar a informação da oração adjetiva.

4.3.2. Em concursos

A pontuação, nas orações adjetivas explicativas, pode ser através de vírgula(s), travessão (final de frase) ou travessões (no meio da oração principal), ou parênteses.

4.3.3. Funções sintáticas do pronome relativo

Nas orações adjetivas, o pronome relativo desempenha função sintática. Vamos às dicas.

SUJEITO	Os políticos **que** representaram o Brasil. = **Os políticos** representaram o Brasil: sujeito
OBJETO DIRETO	Entreguei o material **que** você pediu. Você pediu **o material** = O.D. Fernanda, a **quem** admiro, influenciou-me na decisão. Admiro **Fernanda**: a preposição pode ser retirada = objeto direto preposicionado.
OBJETO INDIRETO	O livro de **que** necessito hoje é este. Necessito **do livro** = O.I.
COMPLEMENTO NOMINAL	Eis as informações de **que** tem necessidade. Tem necessidade **das informações**. = C.N.
PREDICATIVO DO SUJEITO	Ele é o funcionário público **que** a maioria quer ser. A maioria quer ser **funcionário público**. = predicativo
AGENTE DA PASSIVA	Ele é o diretor por **quem** fui criticado. Fui criticado **pelo diretor**. = agente da passiva
ADJUNTO ADVERBIAL	Os fatos aconteceram no mês em **que** fez aniversário. Fez aniversário **no mês**. = adj. adverbial de tempo
ADJUNTO ADNOMINAL	Apenas o relativo **cujo** e suas variações podem possuir função de adjunto adnominal. Ele não consegue conviver com chefes **cujas** aspirações sejam apenas materiais. = Não conseguem conviver com chefes = As aspirações dos chefes são apenas materiais.

4.4. Subordinada adverbial

A oração subordinada adverbial exerce a função de **adjunto adverbial** do verbo da oração principal. Indica circunstância.

4.4.1. *Classificação*

Iniciam-se pelas conjunções subordinativas, exceto as integrantes, que fazem parte apenas das orações subordinadas substantivas. São elas:

	Definição	Conjunções	Exemplo	Dica
Causal	É a causa, o motivo da oração principal.	**porque, como, pois, pois que, já que, uma vez que, visto que.**	Ela foi aprovada **porque se dedicou aos estudos.**	Faz-se a pergunta **por quê?** À oração principal
Consecutiva	Indica a consequência da oração principal	**que, de forma que, de sorte que, tanto que,** etc., e pelas estruturas **tão...que, tanto... que, tamanho...que.**	Fiz o trabalho tão concentrada **que nem percebi sua presença.**	Encaixa-se sempre a expressão **de modo que.**
Condicional	Algo que se impõe como necessário para a realização ou não de um fato.	**se, caso, contanto que, desde que, salvo se, exceto se, a não ser que, a menos que, sem que, uma vez que** – acompanhada de verbo no subjuntivo.	**Caso não se prepare com antecedência**, será difícil ser aprovado.	Substitua por **caso** e **se**.
Concessiva	Indica concessão em relação à oração principal, contraste, ideias opostas.	embora, conquanto, ainda que, ainda quando, mesmo que, se bem que, posto que, apesar de que.	**Embora a prova estivesse dificílima**, fui aprovado e convocado.	Encaixe **embora** e **apesar de**.
Comparativa	É uma comparação.	**como, tão...como** (quanto), **mais** (do) **que, menos** (do) **que.**	Estudou **como um louco.**	Normalmente há verbo implícito. No exemplo citado: como um louco (estuda).
Conformativa	Indica conformidade, regra.	**conforme, como, consoante** e **segundo**	**Conforme foi previsto**, houve atraso na entrega dos documentos.	Encaixe **conforme.**
Final	Indica finalidade da oração principal.	**a fim de que, que, porque** (= para que) e **para que.**	Estudaram de manhã **para depois irem ao cinema.**	Pergunta: **para quê?**
Proporcional	Indica proporcionalidade, ações simultâneas, acontecem ao mesmo tempo.	à proporção que, **à medida que, ao passo que, quanto maior...**(maior), **quanto maior...**(menor), **quanto menor...**(maior), **quanto menor...**(menor), **quanto mais...**(mais), **quanto mais...**(menos), **quanto menos...**(mais), **quanto menos...**(menos).	À medida que estuda, aprende mais.	Encaixe: à medida que.
Temporal	Indica o tempo da oração principal.	**quando, enquanto, mal, assim que, logo que, todas as vezes que, antes que, depois que, sempre que, desde que,** etc.	"**Quando você foi embora**, fez-se noite em meu viver..."	Pergunta: **quando?**

4.4.2. Em concursos

Observações importantes:

1. Onde há causa, há consequência. Associe assim:

Já que você não vai,	eu não vou
causa	por quê?
	consequência

A oração para que fazemos a pergunta **por quê?** indica a consequência, o efeito; enquanto a reposta indica causa.

2. À medida que indica proporção; **na medida em que** indica causa. Muito cuidado porque sempre é pedida a diferença.
3. As orações subordinadas e coordenadas podem vir mescladas. Resolva as questões de concursos para saber como está sendo exigido o assunto nos últimos concursos.

4.5. Orações reduzidas

Orações reduzidas, como o próprio nome indica, são menores. Possuem duas características:

1. Apresentam o verbo em uma forma nominal.	gerúndio, particípio, infinitivo.
2. Não possuem conectivo.	conectivos: conjunções subordinativas ou pronomes relativas.

4.5.1. Classificação

1. Subordinada Reduzida de Infinitivo	2. Subordinada Reduzida de Gerúndio	3. Subordinada Reduzida de Particípio

ORAÇÕES REDUZIDAS		
1 INFINITIVO	É necessário **estudar todas as matérias.** = que estude todas as matérias.	**Oração subordinada substantiva** (isto) **subjetiva** (possui função de sujeito) **reduzida de infinitivo**
	Ele assegurou **serem de boa qualidade as máquinas.** = que eram de boa qualidade as máquinas.	**Oração subordinada substantiva** (isto) **objetiva direta reduzida de infinitivo**
	Gosto **de estudar sozinha.** = que eu estude sozinha.	**Oração subordinada substantiva** (disto) **objetiva indireta reduzida de infinitivo**
	O melhor seria **fazerem a prova logo.** = que fizessem a prova logo.	**Oração subordinada substantiva** (isto) **predicativa reduzida de infinitivo**
	Ele estava disposto **a vender tudo.** = que ele vendesse tudo.	**Oração subordinada substantiva** (isto) **completiva nominal reduzida de infinitivo**
	Ela nos fez um convite: **comparecermos à sua formatura.** = que comparecêssemos à sua formatura.	**Oração subordinada substantiva apositiva reduzida de infinitivo**
	Aquele, **a dançar**, é meu irmão. = que dança – o qual dança.	**Oração subordinada adjetiva** (cabe pronome relativo) **explicativa** (com pontuação) **reduzida de infinitivo**

ORAÇÕES REDUZIDAS		
	Ela foi a <u>primeira</u> **a reclamar**. = que reclamou – a qual reclamou.	**Oração subordinada adjetiva** (cabe pronome relativo) **restritiva** (sem pontuação) **reduzida de infinitivo**
	Lamentou **por ter chegado muito cedo**. = porque chegou muito cedo.	**Oração subordinada adverbial causal** (por quê?) **reduzida de infinitivo**
	Ao rever os pais, deu-lhes vários beijos. = quando viu os pais.	**Oração subordinada adverbial temporal** (quando?) **reduzida de infinitivo**
	Fiz um empréstimo **para pagar a faculdade**. = para que pagasse a faculdade.	**Oração subordinada adverbial final** (para quê?) **reduzida de infinitivo**
	Apesar de estar triste, sorri. = apesar de que esteja triste.	Oração subordinada adverbial concessiva reduzida de infinitivo
	Se cumprirem a promessa eu cumpro a minha. = caso cumpram a promessa.	Oração subordinada adverbial condicional reduzida de infinitivo
	Ela se distraiu tanto **a ponto de esquecer a briga**. = que esqueceu a briga.	Oração subordinada adverbial consecutiva reduzida de infinitivo
2 GERÚNDIO	Encontrei Fernanda, **saindo do hotel**. = que saía do hotel – a qual saía.	**Oração subordinada adjetiva** (cabe pronome relativo) **explicativa** (com pontuação) **reduzida de gerúndio**
	Gosto de bichos **correndo pelo quintal**. = que correm pelo quinta.	**Oração subordinada adjetiva** (cabe pronome relativo) **restritiva** (sem pontuação) **reduzida de gerúndio**
	Não cumprindo a promessa, sentiu remorsos. = porque não cumpriu a promessa	**Oração subordinada adverbial causal** (por quê?) **reduzida de gerúndio**
	Faltando alguns minutos para o final da avaliação, todos terminaram. = quando faltavam alguns minutos para o final da avaliação.	**Oração subordinada adverbial temporal** (quando?) **reduzida de gerúndio**
	Mesmo estando doente fiz a prova. = mesmo que estivesse doente	**Oração subordinada adverbial concessiva reduzida de gerúndio**
	Mentindo assim será pior. = caso minta assim.	**Oração subordinada adverbial condicional reduzida de gerúndio**
3 PARTICÍPIO	Fiquei surpresa com a escultura, **pintada de amarelo**. = que pintaram de amarelo – a qual	**Oração subordinada adjetiva** (cabe pronome relativo) **explicativa** (com pontuação) **reduzida de particípio**
	Têm apenas um livro **comprado**. = que comprou – que comprou	**Oração subordinada adjetiva** (cabe pronome relativo) **restritiva** (sem pontuação) **reduzida de particípio**
	Ferido no rosto, ele não pode mais trabalhar. = porque se feriu no rosto	**Oração subordinada adverbial causal** (por quê?) **reduzida de particípio**
	Concluída a prova, foi comemorar. = quando concluiu a prova	**Oração subordinada adverbial temporal** (quando?) **reduzida de particípio**
	Vencido o campeonato, permanecerão treinando. = mesmo que vençam o campeonato	**Oração subordinada adverbial concessiva reduzida de particípio**
	Excluídas as doações, como funcionaremos? =caso excluam as doações	**Oração subordinada adverbial condicional reduzida de particípio**

Capítulo 5. Concordância

1. INTRODUÇÃO

Concordância é a correspondência de flexões existentes entre dois termos – ou mais – de uma oração, como entre verbo e sujeito, entre substantivo e adjetivo.

2. CONCORDÂNCIA VERBAL

REGRA GERAL

O verbo concorda com o sujeito em número e pessoa.

"Você	me	faz	feliz."
sujeito		*verbo*	
pronome terceira pessoa singular		***verbo terceira pessoa singular***	

Música e literatura	fazem	bem à alma.
sujeito composto	*verbo*	
dois núcleos: terceira pessoa do plural	***verbo terceira pessoa plural***	

2.1. Casos particulares

<table>
<tr><td rowspan="2">Expressão partitiva
= parte de, uma porção de, o grosso de, metade de, a maioria de, a maior parte de, grande parte de...
+ substantivo ou pronome no plural</td><td>o verbo pode ficar no singular ou no plural.</td><td>A maioria dos alunos aprovou (aprovaram) a equipe.</td></tr>
<tr><td colspan="2">Coletivos: Um bando de vândalos destruiu (destruíram) o jardim.</td></tr>
<tr><td rowspan="2">Expressão que indica quantidade aproximada
= cerca de, mais de, menos de, perto de...
+ numeral e substantivo</td><td>o verbo concorda com o substantivo.</td><td>Cerca de mil pessoas participaram da manifestação.</td></tr>
<tr><td colspan="2">mais de um + verbos que exprimem reciprocidade, o plural é obrigatório: Mais de um colega se abraçaram.</td></tr>
<tr><td>Nomes que só existem no plural, o artigo manda na concordância</td><td>Sem artigo: verbo no singular. Com artigo no plural: verbo no plural.</td><td>As Minas Gerais fazem sonhos.
Minas Gerais faz poesia e bons sons.</td></tr>
</table>

Pronome interrogativo ou indefinido plural **= quais, quantos, alguns, poucos, muitos, quaisquer, vários** **+ de nós ou de vós**	verbo concorda com o **primeiro pronome** -na terceira pessoa do plural- ou com o **pronome pessoal**.	**Quais** de **vós são (sois)** capazes?
	Interrogativo ou **indefinido estiver no singular:** verbo no **singular: Qual de nós é capaz?**	
Expressão que indica porcentagem + substantivo	**Sem modificador** da porcentagem: facultativamente o verbo pode concordar com o **substantivo** ou com o **número** referente à porcentagem.	30% do **orçamento** da empresa **deve (ou devem)** destinar-se à Educação. 1% dos alunos **faltaram (ou faltou)** à prova.
	Com modificador da porcentagem: o verbo concorda com o **modificador** que pode ser pronome demonstrativo, possessivo ou artigo.	**Os** 10% da classe estudam muito. **Este** 1% dos alunos estuda mais.
	Expressão que indica porcentagem não é seguida de substantivo = verbo concorda com o número: 40% precisam de mudança.	
Pronome relativo QUE	concordância em número e pessoa com o **antecedente do pronome**.	Fui **eu** que **paguei** o livro. És **tu** que me fazes ver o sentido da vida.
Um dos que	verbo **plural**.	Você é **um dos que admiram** o livro.
	Ele foi **um dos** escritores **que** mais **fez** sucesso. Ela é **uma das** alunas mais **brilhante** da sala.	
Quem	verbo na terceira pessoa do singular ou concordando com o antecedente do pronome.	Fui eu **quem pagou** o livro. Fui **eu** quem **paguei** o livro.
Pronome de tratamento	verbo na 3ª pessoa do singular ou plural.	Vossa Excelência **é** casado? Vossas Excelências vão escrever?
Bater, dar e soar	verbo concorda com o numeral.	**Deu uma** hora no relógio da sala. Deram cinco horas no relógio da sala.
	sujeito da oração = relógio, sino, torre, etc., o verbo concorda com o sujeito: O tradicional relógio da praça matriz dá nove horas.	
Verbos Impessoais: **Haver no sentido de existir;** **Fazer indicando tempo;** **Indicam fenômenos da natureza.**	verbo na 3ª pessoa do singular	**Havia** muitos alunos na sala. **Faz** três anos que não viajamos. **Chovia** ontem à tarde.

2.2. Sujeito composto

Sujeito é composto e **anteposto** ao verbo	verbo **plural** **Pai e filho conversavam.**
Sujeitos compostos formados por **pessoas gramaticais diferentes**: a primeira pessoa do plural prevalece sobre a segunda pessoa, que por sua vez, prevalece sobre a terceira.	Teus irmãos, tu e eu **tomaremos** a decisão. = nós Tu e teus irmãos **tomareis (tomarão)** a decisão. = vós (ou vocês)* *sujeito é composto, formado por um elemento da segunda pessoa e um da terceira, é possível empregar o verbo na terceira pessoa do plural. Pais e filhos **precisam** respeitar-se. = eles

Sujeito composto **posposto** ao verbo: em vez de concordar no plural com a totalidade do sujeito, o verbo pode estabelecer concordância com o **núcleo do sujeito mais próximo**. É uma opção, e não uma obrigação.	**Faltaram coragem e competência.** **Faltou coragem** e competência.
Quando ocorre ideia de **reciprocidade**, no entanto, a concordância é feita obrigatoriamente no **plural**.	Abraçaram-**se** vencedor e vencido. **Ofenderam-se** o jogador e o árbitro.

2.2.1. Casos particulares

Sujeito composto por **núcleos sinônimos** ou quase sinônimos	verbo no **plural** ou no **singular**.	Descaso e desprezo **marcam (marca)** seu comportamento.
Sujeito composto por **núcleos dispostos em gradação**	verbo no **plural** ou concorda com o **último núcleo do sujeito**.	Com você, meu amor, uma hora, um minuto, um segundo me **satisfazem (satisfaz).**
Núcleos do sujeito composto são unidos por **ou** ou **nem**	verbo no **plural** se a declaração contida no predicado puder ser atribuída a todos os núcleos.	Drummond **ou** Bandeira **representam** a essência da poesia brasileira. **Nem** o professor **nem** o aluno **acertaram** a resposta.
	núcleos excludentes: verbo **singular**.	Roma ou Buenos Aires será a sede da próxima Olimpíada. Você ou ele será escolhido.
Um e outro	verbo no singular ou no plural.	Um e outro **compareceu (compareceram)** à festa. Nem um nem outro **saiu (saíram)** do colégio.
Núcleos do sujeito são unidos por **com**	o verbo pode ficar no **plural:** com = e.	O pai **com** o filho **montaram** o brinquedo. O governador **com** o secretariado **traçaram** os planos para o próximo semestre.
Núcleos do sujeito são unidos por **expressões correlativas**: **não só...mas ainda, não somente...**, **não apenas...mas também, tanto...quanto**	verbo no **plural**.	**Não só** a seca, **mas também** o pouco caso **castigam** o Nordeste. **Tanto** a mãe **quanto** o filho **ficaram** surpresos com a notícia.
Elementos do sujeito composto resumidos por **aposto recapitulativo**	a concordância é feita com o termo resumidor.	Filmes, novelas, boas conversas, **nada** o **tirava** da apatia. Trabalho, diversão, descanso, **tudo é** muito importante na vida das pessoas.

2.2.2. Verbo + SE

Precisa-se de funcionários.

Alugam-se apartamentos à beira-mar.

Índice de indeterminação do sujeito	o **"se"** acompanha os verbos **intransitivos, transitivos indiretos** e de **ligação** = singular.	**Precisa-se** de governantes interessados em civilizar o país. **Confia-se** em teses absurdas. **Era-se** mais feliz no passado.

Pronome apassivador	acompanha verbos **transitivos diretos** e **indiretos** na formação da voz passiva sintética. O verbo deve concordar com o sujeito da oração.	**Construiu-se um posto** de saúde. **Construíram-se novos postos** de saúde. **Não se pouparam** esforços para despoluir o rio. **Não se devem poupar** esforços para despoluir o rio.

2.3. Verbo SER

O futuro	**é**	esperanças.
Sujeito	*Verbo **ser** concorda com o sujeito*	

O futuro	**são**	**esperanças.**
	*Verbo **ser** concorda com o predicativo do sujeito.*	*predicativo*

O VERBO SER CONCORDA COM O PREDICATIVO DO SUJEITO	
Sujeito representado pelos pronomes – isto, isso, aquilo, tudo, o – e o predicativo estiver no plural.	**Isso são lembranças** inesquecíveis. **Aquilo eram problemas** gravíssimos. **O** que eu admiro em você **são** os seus **cabelos** compridos.
Sujeito no singular – referindo-se a coisas – e o predicativo substantivo no plural.	**Nosso piquenique foram** só **guloseimas.** **Sua rotina eram só alegrias.**
Sujeito indicar pessoa, o verbo concorda com o sujeito.	Gustavo era só decepções. Minhas alegrias é esta criança. Admite-se a **concordância no singular** quando se deseja fazer prevalecer um elemento sobre o outro: **A vida é** ilusões.
Sujeito for pronome interrogativo que ou quem.	**Que são** esses papéis? **Quem são** aquelas crianças?
Impessoal na indicação de horas, dias e distâncias, o verbo ser concorda com o numeral.	**É uma** hora. **São três** da manhã. **Eram 25** de julho quando partimos. Daqui até a padaria **são dois** quarteirões. Hoje **é dia** quatro de março. Hoje **são quatro** de março.
Sujeito indicando peso, medida, quantidade + pouco, muito, menos de, mais de, etc. = verbo ser no singular.	Cinco quilos de açúcar **é mais do** que preciso. Três metros de tecido **é pouco** para fazer seu vestido. Duas semanas de férias **é muito** para mim.
Sujeito ou predicativo for pronome pessoal do caso reto, com este concordará o verbo.	No meu setor, **eu sou** a única mulher. Aqui os adultos **somos nós**.
	Ambos os termos representados por pronomes pessoais = verbo concorda com o pronome sujeito: Eu não sou ela. Ela não é eu.

O VERBO SER CONCORDA COM O PREDICATIVO DO SUJEITO	
Sujeito com sentido partitivo ou coletivo e o predicativo no plural = verbo ser concorda com o predicativo.	A grande maioria no protesto **eram jovens**. O resto **foram atitudes** imaturas.

2.4. Verbo PARECER

Ocorre variação do verbo parecer e não se flexiona o infinitivo.	Alguns colegas **pareciam chorar** naquele momento.
A variação do verbo parecer não ocorre, o infinitivo sofre flexão.	Alguns colegas **parecia chorarem** naquele momento.

2.5. Haja vista

A expressão é invariável.	**Haja vista** as lições dadas por ele. = tendo em vista **Haja vista** aos fatos explicados por esta teoria. = tendo em vista
O verbo haver pode variar **= se não seguido de preposição, considerando-se o termo posposto como sujeito.**	**Hajam vista** os exemplos de sua dedicação. = vejam-se

3. CONCORDÂNCIA NOMINAL

<table>
<tr><th colspan="4">Regras gerais</th></tr>
<tr><td>O adjetivo concorda em gênero e número com o substantivo.</td><td colspan="3">As mãos trêmulas denunciavam o que sentia.</td></tr>
<tr><td rowspan="2">Adjetivo referindo-se a vários substantivos, a concordância varia</td><td rowspan="2">Adjetivo anteposto aos substantivos:</td><td>O adjetivo concorda em gênero e número com o substantivo mais próximo.</td><td>Encontramos caídas as roupas e os prendedores.
Encontramos caída a roupa e os prendedores.
Encontramos caído o prendedor e a roupa.</td></tr>
<tr><td>Substantivos como nomes próprios, adjetivo plural.</td><td>As adoráveis Fernanda e Cláudia vieram me visitar.
Encontrei os divertidos primos e primas na festa.</td></tr>
<tr><td rowspan="2">Adjetivo posposto aos substantivos</td><td colspan="2">O adjetivo concorda com o substantivo mais próximo ou com todos eles.</td><td>A indústria oferece localização e atendimento perfeito.
A indústria oferece atendimento e localização perfeita.
A indústria oferece atendimento e localização perfeitos.</td></tr>
<tr><td colspan="2">Substantivos possuindo mesmo gênero, adjetivo no singular ou plural.</td><td>A beleza e a inteligência feminina(s).
O carro e o iate novo(s).</td></tr>
</table>

<table>
<tr><th colspan="3">Regras gerais</th></tr>
<tr><td rowspan="2">Expressões formadas pelo verbo SER + adjetivo</td><td>O adjetivo fica no masculino singular, se o substantivo não for acompanhado de nenhum modificador.</td><td>Água é bom para saúde.</td></tr>
<tr><td>O adjetivo concorda com o substantivo, se este for modificado por um artigo ou qualquer outro determinativo.</td><td>Esta água é boa para saúde.</td></tr>
<tr><td>O adjetivo concorda em gênero e número com os pronomes pessoais a que se refere.</td><td colspan="2">Juliana as viu ontem muito felizes.</td></tr>
<tr><td>Nas expressões formadas por pronome indefinido neutro (nada, algo, muito, tanto, etc.) + preposição DE + adjetivo = adjetivo masculino singular.</td><td colspan="2">Os jovens tinham algo de misterioso.</td></tr>
<tr><td rowspan="2">A palavra só, quando equivale a “sozinho”, tem função adjetiva e concorda com o nome a que se refere.</td><td colspan="2">Cristina saiu só.
Cristina e Débora saíram sós.</td></tr>
<tr><td colspan="2">só = somente ou apenas – função adverbial: invariável.
Eles só desejam uma palavra.</td></tr>
<tr><td rowspan="2">Um único substantivo modificado por dois ou mais adjetivos no singular</td><td>O substantivo permanece no singular e coloca-se o artigo antes do último adjetivo.</td><td>Admiro a cultura espanhola e a portuguesa.</td></tr>
<tr><td>O substantivo vai para o plural e o artigo antes do adjetivo é omitido.</td><td>Admiro as culturas espanhola e portuguesa.</td></tr>
</table>

3.1. Casos particulares

<table>
<tr><th colspan="2">É proibido – É necessário – É bom – É preciso – É permitido</th></tr>
<tr><td>Formadas por verbo + adjetivo, ficam invariáveis se o substantivo a que se referem possuir sentido genérico (não vier precedido de artigo).</td><td>É proibido entrada de crianças.
Em certos momentos, é necessário atenção.
No verão, melancia é bom.
É preciso cidadania.
Não é permitido saída pelas portas laterais.</td></tr>
<tr><td>Sujeito dessas expressões estiver determinado por artigos, pronomes ou adjetivos, tanto o verbo como o adjetivo concordam com ele.</td><td>É proibida a entrada de crianças.
Esta salada é ótima.
A educação é necessária.
São precisas várias medidas na educação.</td></tr>
<tr><th colspan="2">Anexo – Obrigado – Mesmo – Próprio – Incluso – Quite</th></tr>
<tr><td>Concordam em gênero e número com o substantivo ou pronome a que se referem.

São expressões adjetivas.</td><td>Seguem anexas as documentações requeridas.
A menina agradeceu:
• Muito obrigada.
Muito obrigadas, disseram as senhoras, nós mesmas faremos isso.
Seguem inclusos os papéis solicitados.
Já lhe paguei o que estava devendo: estamos quites.</td></tr>
</table>

<table>
<tr><th colspan="2">Bastante - Caro - Barato - Longe</th></tr>
<tr><td>Invariáveis quando advérbios.

Concordam com o nome a que se referem quando funcionam como adjetivos, pronomes adjetivos, ou numerais.</td><td>As jogadoras estavam bastante cansadas. = advérbio
Há bastantes pessoas insatisfeitas com o trabalho. = pronome adjetivo (muitos)
Nunca pensei que o estudo fosse tão caro. = advérbio
As casas estão caras. = adjetivo
Achei barato este casaco. = advérbio
Hoje as frutas estão baratas. = adjetivo
"Vais ficando longe de mim como o sono, nas alvoradas." (Cecília Meireles) = advérbio
"Levai-me a esses longes verdes, cavalos de vento!" (Cecília Meireles) = adjetivo)</td></tr>
<tr><th colspan="2">Meio - Meia</th></tr>
<tr><td>Quando adjetivo (metade), concorda com o nome a que se refere.</td><td>Pedi meia cerveja e meia porção de polentas.</td></tr>
<tr><td>Quando advérbio (modificando um adjetivo, sentido de um pouco) permanece invariável.</td><td>A noiva está meio nervosa.</td></tr>
<tr><th colspan="2">Alerta - Menos</th></tr>
<tr><td>Essas palavras, normalmente, são advérbios e permanecem invariáveis.</td><td>Os escoteiros estão sempre alerta.
Carolina tem menos bonecas que sua amiga.</td></tr>
</table>

Capítulo 6. Regência

1. INTRODUÇÃO

Regência trata das relações entre os termos da frase, estabelecendo a dependência entre eles.

Regente é o termo que exige complemento e **regido** é o termo complementar.

Ninguém	**assistiu**	**à palestra.**
	termo regente	**termo regido**

Necessidade	**de ser fera.**
termo regente	**termo regido**

Regência	
Verbal	**Nominal**
• V.T.D. • V.T.I. • V.T.D.I. • I.	• admiração a, por • doutor em • diferente de • suspeito de • longe de

2. REGÊNCIA VERBAL

Com o intuito de facilitar, vamos dividir o estudo de regência em:

1. Verbos que apresentam uso popular em desacordo com a norma culta;
2. Verbos que possuem mais de uma regência;
3. Lista de verbos notáveis.

2.1. Verbos que apresentam uso popular em desacordo com a norma culta

Verbo	Sentido	Regência	Exemplo
Custar	ser difícil	V.T.I.	Custou **a**o candidato aceitar a nota.
Implicar	acarretar	V.T.D.	Sua atitude implicará demissão.

Verbo	Sentido	Regência	Exemplo
Namorar	–	V.T.D.	Ela namora o advogado há alguns meses.
Obedecer e desobedecer	–	V.T.I.	Ele obedece **a**o patrão. Ela desobedece **a**o pai.
Admitem voz passiva, embora sejam transitivos indiretos: O patrão é obedecido por ele. O pai era desobedecido por ela.			
Pedir	–	V.T.D. (coisa) V.T.I. (pessoa)	Pediu licença e saiu. Pediu **a**o professor que lhe entregasse o gabarito.
Pede a preposição para quando subentendida a palavra licença		V.T.D.	Pediu (licença) para sair.
Preferir	–	V.T.D.I. (algo a algo)	Prefere cinema **a** teatro.
Responder	quando declaração da resposta	V.T.D.	Respondeu que não sabia o segredo.
	quando nomeia a coisa ou a pessoa a quem se dá a resposta	V.T.I.	Ele respondeu **a** todas as perguntas.
Simpatizar e antipatizar	–	V.T.I.	Simpatiza **com** ela.
Não admite o pronome oblíquo, por não ser pronominal.			

2.2. Verbos que possuem mais de uma regência

Verbo	Sentido	Regência	Exemplo
Aspirar	respirar, sorver (perfume, ar)	V.T.D.	Aspirou um ar venenoso.
	pretender/ desejar	V.T.I. (a)	Os candidatos aspiram **a** aprovações.
	O verbo aspirar **não aceita os pronomes lhe, lhes** como objeto indireto, por isso devemos substituí-los por a ele, a ela, a eles, a elas.		
Assistir	ver	V.T.I. (a)	Assistiu **a**o jogo.
	Usado nesse sentido, "assistir" não aceita lhe, lhes, como objeto indireto; por isso, quando necessário, deveremos trocá-lo por a ele, a ela, a eles, a elas.		
	socorrer, ajudar	V.T.D.	O amigo assistiu o doente.
	caber, pertencer	V.T.I. (a)	O poder de resolver assiste **a** ele apenas.
Chamar	mandar vir, solicitar a presença	V.T.D.	A professora chamou os alunos.
	chamar pelo nome, apelidar	há quatro construções	Chamaram a menina de balão. Chamaram a menina balão. Chamaram à menina de balão. Chamaram à menina balão.
Esquecer e lembrar	não pronominais: sem preposição	Esqueceu o caderno.	
	pronominais: com preposição (de)	Ele **se** esqueceu **do** caderno.	
	Se a coisa esquecida possuir função de sujeito, sofre alteração: Esqueceu-me o ocorrido. Lembrou-me o assunto.		

Verbo	Sentido	Regência	Exemplo
Informar	Admite duas construções	V.T.D.I.	Informei a data **a**o aluno (algo a alguém). Informei o aluno **d**a data (alguém de algo).
Pagar e perdoar	Para coisa	V.T.D.	Paguei o DVD. Perdoei seus erros.
	Para pessoa	V.T.I.	Paguei **a** você. Perdoei **a** você.
Proceder	ter fundamento	I.	Os boatos não procediam.
	executar	V.T.I. (a)	Procederemos **a**o inquérito.
Querer	desejar	V.T.D.	"A gente quer dinheiro e felicidade."
	estimar	V.T.I. (a)	Quero **a** meus amigos.
Visar	mirar	V.T.D.	Visou o alvo.
	vistar	V.T.D.	Visou o cheque.
	ter em vista	V.T.I. (a)	Visam **a** aprovações.
	O verbo visar **não aceita os pronomes lhe, lhes** como objeto indireto, por isso devemos substituí-los por a ele, a ela, a eles, a elas.		

2.3. Lista de verbos notáveis

Verbo	Sentido	Regência	Exemplo
Abraçar	cingir com os braços, *ocupar-se de*, seguir	V.T.D.	Muitos abraçam as ideias comunistas.
	adotar como sua	V.T.D.	Abraçou nossa causa.
Agradar	fazer agrados, *mimar*, acaricia	V.T.D.	Ele agrada seu cão.
	ser agradável, *contentar*, satisfazer, sendo o sujeito da oração nome de **coisa**.	V.T.I. (a)	A música agradou **a**o público.
	ser agradável, *contentar*, satisfazer, quando o sujeito é nome de **pessoa**.	V.T.D.	Ela não consegue agradar o chefe.
	ser agradável, *contentar*, satisfazer	I.	A apresentação não agradou.
	gostar: pronominal	V.T.I. (de)	Agradou-**se** muito **d**o rapaz.
Agradecer	objeto direto de coisa e indireto de pessoa	V.T.I. (a)	Agradeci o presente **a** meu pai.
Ajudar	transitivo direto ou indireto	V.T.D. ou V.T.I. (a)	Ajudei este homem nos seus estudos. Ajudei **a** este homem nos seus estudos.
	Seguido de infinitivo	V.T.D.I.	Ajudei este homem **a** estudar.
Atender	acolher ou receber alguém com atenção, responder a alguém que se dirige a nós, ouvir, conceder, deferir um pedido	V.T.D.	O diretor atendeu os alunos. Deus atendeu a súplica de seu servo.
	dar atenção a alguém, ouvir-lhe os conselhos, levar em consideração, atentar, prestar atenção a, satisfazer	V.T.I. (a)	A mãe não atendia **a**os apelos do filho. Atenderemos **a**o chamado do cliente.

Verbo	Sentido	Regência	Exemplo
Chegar	aparece modificado por adjunto adverbial de lugar (rege a preposição **a**)	I.	Chegamos **a** São Paulo pela manhã.
Ensinar	objeto direto de coisa e indireto de pessoa ou objeto direto de pessoa e indireto no infinitivo (rege a preposição **a**)	V.T.D.I.	Ensino a dança **a** João. Ensina-o a converter cada espinho em flor.
Residir	aparece modificado por adjunto. Rege a preposição **em**	I.	Reside **n**a rua Garibaldi.

3. REGÊNCIA NOMINAL

É a relação existente entre um **nome** (substantivo, adjetivo ou advérbio) e os termos regidos por esse nome. Essa relação é sempre intermediada por uma **preposição**.

- alheio **a, de**	- liberal **com**
- ambicioso **de**	- apto **a, para**
- análogo **a**	- grato **a**
- bacharel **em**	- indeciso **em**
- capacidade **de, para**	- natural **de**
- contemporâneo **a, de**	- nocivo **a**
- contíguo **a**	- paralelo **a**
- curioso **a, de**	- propício **a**
- falto **de**	- sensível **a**
- incompatível **com**	- próximo **a, de**
- inepto **para**	- satisfeito **com, de, em, por**
- misericordioso **com, para com**	- suspeito **de**
- preferível **a**	- longe **de**
- propenso **a, para**	- perto **de**
- hábil **em**	

Capítulo 7. Crase

1. INTRODUÇÃO

A palavra *crase* significa fusão, junção, mistura. Ocorre com vogais idênticas e o primeiro **a** sempre será uma preposição.

2. REGRA GERAL

Haverá crase quando o termo regente exigir a preposição **a** e o tremo regido admitir o artigo **a** ou **as.**

Referi-me	**à autora.**
Referi-me **a** (preposição)	+ **a** (artigo) = **à**

Ficou insensível	**à dor.**
Insensível **a** algo (preposição)	+ **a** (artigo) = **à**

Chegamos	**às sete horas.**
Chegamos **a** (preposição)	+ **as** (artigo) = **às**

Dica: Nos casos mencionados, basta trocar a o regido por um masculino correlato, ou seja, que pertença à mesma classe gramatical. Se obtiver a combinação **ao (preposição a + artigo o)**, haverá crase.

Referi-me	à autora. (substantivo feminino)
	ao autor. (substantivo masculino) = à

Ficou insensível	à dor. (substantivo feminino)
	ao sofrimento. (substantivo masculino) = à

Chegamos	à**s** sete horas. (numeral indicando hora)
	ao meio-dia. (substitua por meio-dia)= às

3. CASOS EM QUE SEMPRE HAVERÁ CRASE

Diante de palavras femininas – Substitua sempre por uma masculina	
• Sou grata **à** aluna. • Álcool é prejudicial **à** saúde. • Este texto é posterior **à** invenção do conto.	• Sou grata **ao aluno.** • Álcool é prejudicial **ao organismo.** • Este texto é posterior **ao problema** do conto.

Diante da palavra moda = à moda de (mesmo que a expressão moda defique subentendida)
• O jogador fez um gol **à** (moda de) Romarinho. • Usava sapatos **à** (moda de) Luís XV.
Na indicação de horas
• Acordamos **às** seis horas. = **ao** meio-dia • Elas chegaram **às** dez horas. = **ao** meio-dia • Foram dormir **à** meia-noite. = **ao** meio-dia
Em locuções adverbiais, prepositivas e conjuntivas formadas por palavras femininas.
• à tarde, às ocultas, às pressas, à medida que, • à noite, às claras, às escondidas, à força, • à vontade, à beça, à larga, à escuta, às avessas, à revelia, à exceção de, à imitação de, à esquerda, às turras, às vezes, à chave, • à direita, à procura, à deriva, à toa, à luz, • à sombra de, à frente de, à proporção que, • à semelhança de, às ordens, à beira de

4. DIANTE DE NOMES DE LUGAR

Substitua o termo regente por um verbo que peça a preposição **de.**

Resultando na contração **da** significa que esse nome de lugar aceita o artigo e haverá crase.

- Vou **à** França. = Vim **da** França.
- Cheguei **à** Grécia. = Vim **da** Grécia.
- Retornarei **à** Itália. = Vim **da** Itália.

Observação: **Se especificar o nome do lugar, haverá crase**.

- Retornarei **à** São Paulo dos bandeirantes. = Vim **da** São Paulo dos bandeirantes.
- Irei **à** Salvador de Jorge Amado. = Vim **da** Salvador de Jorge Amado.

5. DIANTE DE PRONOME DEMONSTRATIVO

Haverá crase diante desses pronomes sempre que o termo regente exigir a preposição a.

Refiro-me	**a aquele**	livro
	Preposição a + pronome demonstrativo aquele = àquele	
Dediquei	**a aquele**	aluno o meu livro.

Dediquei algo	**a alguém**
	Preposição a + pronome demonstrativo aquele = à alguém

Não haverá crase	
Se o termo regente não pedir preposição	Aluguei aquele apartamento. = Aluguei algo

6. COM PRONOME RELATIVO

A QUAL	
Dependerá da regência do verbo – se exige ou não a preposição –, mas trabalharemos com dicas para que não ocorra erro.	A apostila **à qual** me referi. 1. O relativo retoma um substantivo feminino (apostila); 2. Substitua-o por um substantivo masculino: O livro **ao qual** me referi. Resultou em ao, há crase.
	A sessão à qual assisti foi muito rápida. 1. O relativo retoma um substantivo feminino (sessão); 2. Substitua-o por um substantivo masculino: O filme **ao qual** assisti. Resultou em ao, há crase.
Não resultando em **ao**, não há crase.	A propaganda **a qual** vi. = O filme **o qual** vi.

QUE	
Algumas gramáticas alegam não haver o acento indicativo de crase antes do **que**, mas há exceção e é pedido em concursos (comparação que está ligada ao pronome demonstrativo – estudaremos abaixo).	Sua caneta é igual à que comprei. 1. O relativo retoma um substantivo feminino (caneta); 2. Substitua-o por um substantivo masculino: Seu lápis é igual **ao que comprei**. Resultou em ao, há crase.

QUEM e CUJO	
Não há crase anteposta a quem e cujo por repelirem o artigo. Em caso de dúvida, substitua.	A mulher **a quem** obedeço. = O homem a quem obedeço. A autora **a cuja** obra me referi. = A autora a cujo livro me referi. *O **a** que acompanha o relativo *cujo* é preposição e não artigo: refiro-me à obra.

7. COM PRONOME DEMONSTRATIVO

Façamos, mais uma vez a substituição.

Sua ideia é ligada **à** de seus professores.	= Sua ideia é ligada àquela. = Seu dever é ligado **ao** de seus professores.

8. ANTES DA PALAVRA DISTÂNCIA

Se especificada, haverá crase.	A rua fica **à** distância de 50 km daqui. Fiquem **à** distância de 100 metros do palco.	= Determina-se a distância. = A palavra distância está especificada.
Sem especificar = sem crase.	Ficaram a distância. Ensinou a distância. Foi reconhecido a distância.	
Observação: para evitar ambiguidade, pode-se usar a crase. Ensinou à distância. Ela o curou à distância.		

9. CRASE FACULTATIVA

Diante de nomes próprios femininos	Enviei o e-mail **a** Fernanda. Enviei o e-mail à Fernanda.	Facultativo porque o artigo pode ou não acompanhar o nome próprio.
Diante de pronome possessivo feminino	Referi-me **a** sua ideia. Referi-me à sua ideia.	Facultativo porque o artigo pode ou não acompanhar o pronome possessivo.
Após preposição até	Fui até **a** esquina. Fui até à esquina. O curso vai até **as** oito horas. O curso vai até à**s** oito horas.	

10. NÃO SE USA CRASE

Diante de substantivos masculinos	Fizeram o teste **a** lápis. Comprei o carro **a** prazo.
Diante de verbos	Estavam **a** estudar. Nada tem **a** dizer.
Diante de pronomes e das expressões de tratamento	Fez referência **a** Vossa Excelência. Peço **a** Vossa Senhoria que entenda.
	Exceção: diante de pronomes de tratamento que se referem à mulher: **senhora, dona, senhorita e madame**. Entregou o livro à senhorita (à madame) (à senhora) (à dona)
Diante de numerais cardinais	Chegou a cinquenta o número de aprovados. Daqui **a** duas semanas será a avaliação.
Singular + plural	Não vou **a** festas. Não se pode usar crase porque o **a** é apenas uma preposição.
Entre palavras repetidas dentro do adjunto adverbial	Ficaram frente **a** frente. Exceção: em palavras que façam parte de complemento verbal (objeto indireto) = Prefere guerra à guerra.

Capítulo 8. Pontuação

1. INTRODUÇÃO

São sinais gráficos da linguagem escrita que indicam a entoação da leitura. Servem para compor a coesão e a coerência textual além de ressaltar especificidades semânticas e pragmáticas.

2. VÍRGULA

A vírgula é empregada para separar termos de uma oração, ou orações de um período. É uma questão de sintaxe – período simples e período composto – e por esse motivo separaremos nosso estudo em dois tópicos: vírgula dentro da oração e vírgula entre as orações.

O poder da vírgula

"Se o homem soubesse o valor
que tem a mulher andaria
de quatro a sua procura"

Se você for mulher, certamente colocou
a vírgula depois de mulher.
Se for homem, certamente colocou
a vírgula depois de tem.

2.1. Vírgula no interior da oração

Iniciemos pela **ordem direta** da oração: **sujeito + verbo + complemento verbal + adjunto adverbial ou predicativo ou complemento nominal**.

Se a oração estiver na ordem apresentada, não se usa a vírgula.

Os poetas	escreveram	os textos	com entusiasmo.
sujeito	*V.T.D.*	*O.D.*	*adj. adv. modo*

A vírgula é usada para separar:

	Exemplo	Dica
Termos intercalados	Trabalharam muito**, logo,** merecem descansar.	Intercala conjunção
	Nossos alunos**, certamente,** serão aprovados.	Intercala adjunto adverbial
	Estudem, concurseiros, pois chegou a hora.	Intercala vocativo
	Mary**, aluna da turma top,** foi empossada.	Intercala aposto
	A música**, isto é,** o alimento da alma encanta a humanidade há séculos.	Intercala expressões explicativas: **isto é, a saber, por exemplo, ou melhor, ou antes, etc.**

	Exemplo	Dica
Termos deslocados = normalmente, a oração não se inicia com o sujeito.	**Naquele dia,** muitos faltaram.	Adjunto adverbial anteposto. Em locução adverbial, a vírgula é obrigatória.
	Hoje, muitos faltaram.	Em advérbio anteposto, a vírgula é dispensável.
	Este assunto, já o li em uma revista.	Objeto direto pleonástico anteposto.
Palavras omitidas	A turma 1 estudou português e a turma 2**,** informática.	Zeugma ou elipse
Vocativo = a quem se dirige	**Alunos**, estudem mais. "**Deus! ó Deus!** onde estás que não respondes?" (Castro Alves)	Pode estar no início, meio ou final da frase.
Termos coordenados ligados por e, ou, nem	E o namorado**, e** os amigos**, e** os irmãos magoaram-no. Não andou por montanhas**, ou** florestas**, ou** cavernas.	Repetindo a conjunção coordenada indica ênfase (polissíndeto).
Datas	**Ribeirão Preto,** 26 de janeiro de 2014.	Separa o local.
Advérbios sim ou não	– Você leu o livro? – **Sim,** inteiro.	Usados como resposta.
Saudação	Com muito amor, Respeitosamente,	Em correspondência comercial ou social.
Termos de mesma função sintática	Leu os livros**, a apostila, os contos** e as poesias.	Objeto direto
Elementos paralelos	Tal pai, tal filho.	Em provérbios.

Para **FGV**, a inversão só exigirá vírgula se houver mais de três palavras na locução adverbial. Atente-se a esse detalhe.

2.2. Vírgula entre as orações

As orações, compondo um período, podem possuir vírgula ou não. Estudemos os casos.

	Exemplo	Dica
Orações subordinadas adjetivas explicativas	O homem**, que é um ser racional,** aprende com os erros.	Sempre possuirão vírgula, ou travessão ou parênteses.
Orações subordinadas adjetivas restritivas	O aluno **que estuda** é aprovado.	Restringe (apenas o que estuda): sem pontuação.
	Observação: com verbos seguidos, pode-se inserir a vírgula. O homem que **fuma, adoece** rápido.	
Orações subordinadas adverbiais	**Quando entrou na sala de aula,** todos aplaudiram.	Oração deslocada: não se inicia com a oração principal.
Orações subordinadas substantivas	Espero **que me telefone logo**. O remédio era **esperar**.	Não se separa da principal, exceto a apositiva.

	Exemplo	Dica
Orações coordenadas	**Chegou, ficou em silêncio, aguardou alguns minutos** e aplicou a prova.	Separam-se por vírgula. Exceto as aditivas.
	Os ignorantes falam muito**, e os sábios** se calam.	Sujeitos distintos: com vírgula.
	E estuda, e enlouquece**, e** fica bravo**, e** será aprovado.	Polissíndeto (a conjunção indica ênfase): com vírgula.
	Não estudou**, e foi aprovado.**	Conjunção **e** com valor adversativo: com vírgula.
Orações intercaladas	Eu**, disse o candidato,** preciso do voto de vocês.	Sempre serão separadas por vírgulas, travessões ou parênteses.

3. PONTO E VÍRGULA

É um sinal intermediário entre a vírgula e o ponto e não indica o término do período. Usa-se para separar:

- **Orações coordenadas não unidas por conjunção.**

  Ex.: Ele saiu tarde; chegou atrasado.

- **Orações coordenadas, quando pelo menos uma delas possui elementos separados por vírgula.**

  Ex.: O resultado foi: dois alunos foram a favor; quinze, contra.

- **Itens de uma enumeração.**

  Ex.: Considerando: 1) A alta taxa de desemprego; 2) A elevação da taxa de juros; 3) A recessão; solicitamos atenção.

- **Substituir a vírgula em conjunções adversativas.**

  Ex.: Gostaria de encontrar você hoje**;** todavia, a vida impede.

- **Orações coordenadas adversativas quando a conjunção aparecer no meio da oração**

  Ex.: Esperava receber todos os livros**;** recebi, porém, apenas dois.

4. DOIS-PONTOS

Introduzem algo importante. Utilizam-se:

para anunciar a fala de personagens nas histórias de ficção	"A porta abriu-se, um brado ressoou: – Até que enfim, meu rapaz!" (Eça de Queirós)
para anunciar uma citação	Assim escreveu Vinícius de Moraes**:** "Tristeza não tem fim, Felicidade sim."
para anunciar uma enumeração	Os alunos aprovados são**:** Júlia, Renata, Paulo e Marcos.

antes de orações apositivas	Só aceito com esta condição**:** *Irá casar comigo.*
para indicar um esclarecimento, resultado ou resumo do que se disse	Em síntese**:** estudou, foi aprovado e viajou em férias.
em invocação das correspondências	Prezados Senhores**:**

5. PONTO FINAL

Usado para fechar o período de frases declarativas e imperativas e em abreviaturas.

6. PONTO DE INTERROGAÇÃO

O ponto de interrogação é usado ao final de qualquer interrogação direta, ainda que a pergunta não exija resposta. Exemplos:

- Onde você comprou este curso**?**
- Quais seriam as causas de tantas discussões**?**

7. PONTO DE EXCLAMAÇÃO

O ponto de exclamação é utilizado após as interjeições, frases exclamativas e imperativas. Pode exprimir surpresa, espanto, susto, indignação, piedade, ordem, súplica, etc. Possui entoação descendente. Exemplos:

- "Como as mulheres são lindas**!**" (Manuel Bandeira)
- Pare, por favor**!**

8. RETICÊNCIAS

As reticências marcam uma interrupção da sequência lógica da frase. Podem ser usadas para:

indicar continuidade de uma ação ou fato	A vida passa...
indicar suspensão ou interrupção do pensamento	Acreditei que...
representar, na escrita, hesitações comuns na língua falada	Não vou estudar agora...porque...porque não consigo pensar.
realçar uma palavra ou expressão	Para que tanto...desespero?
realizar citações incompletas	"No meio do caminho tinha uma pedra, tinha..."
transmitir mais emoção e subjetividade para quem lê	(...) 'Stamos em pleno mar... Dois infinitos Ali se estreitam num abraço insano, Azuis, dourados, plácidos, sublimes... Qual dos dous é o céu? qual o oceano?... 'Stamos em pleno mar.. . Abrindo as velas Ao quente arfar das virações marinhas, Veleiro brigue corre à flor dos mares, Como roçam na vaga as andorinhas... (...) (Navio Negreiro – Castro Alves)

9. PARÊNTESES

Isolam explicações, indicações, orações de caráter explicativo, palavras ou comentários acessórios.

Podem ser substituídos por vírgulas ou travessões.

10. TRAVESSÃO

O travessão simples (–) serve para dar início à fala de um personagem; indicar mudança do interlocutor nos diálogos; unir grupos de palavras que indicam itinerário.

O duplo travessão (– –) pode substituir dupla vírgula ou parênteses.

11. ASPAS

Destacam uma parte do texto. São usadas:

antes e depois de citações ou transcrições textuais	para representar nomes de livros ou legendas	para assinalar estrangeirismos, neologismos, gírias, expressões populares, ironia	para realçar uma palavra ou expressão
"Ia viajar! Viajei. Trinta e quatro vezes, às pressas, bufando, com todo o sangue na face, desfiz e refiz a mala". *(O prazer de viajar – Eça de Queirós)*	*Machado escreveu "Dom Casmurro".*	*Conversando com meu superior, dei a ele um "feedback" do serviço a mim requerido.*	*Você foi o "esperto" que respondeu a questão?*

12. COLCHETES

Os colchetes, assim como os parênteses, isolam explicações, indicações, orações de caráter explicativo, palavras ou comentários acessórios. Seu uso normalmente se restringe aos escritos de cunho didático, filológico, científico.

13. ASTERISCO

O asterisco (*) é usado nas remissões a notas ou explicações contidas em pé de páginas ou ao final de capítulos e nas substituições de nomes próprios não mencionados.

Parte V – Coesão e Coerência – Reescritura de Frases

Capítulo 1 – Coesão e Coerência – Reescritura de Frases

1. INTRODUÇÃO

Coesão relaciona-se com o microtexto, ou seja, com as palavras que estabelecem as ligações das ideias. É importante para estabelecer a coerência do texto.

Coerência textual é a relação lógica entre as ideias, pois essas devem se complementar, é o resultado da não contradição entre as partes do texto. Inclui fatores como o conhecimento que o produtor e o receptor têm do assunto abordado no texto, conhecimento de mundo, o conhecimento que esses têm da língua que usam e intertextualidade. Por isso, refere-se ao nível semântico e cognitivo, isto é, as informações de um texto possuem um fundo de verdade em relação ao próprio texto e em relação ao mundo real.

Em provas de FCC, ocorre junção de toda a teoria gramatical que até aqui estudamos mais noções das teorias a seguir. As questões exigem várias avalições. Fundamental saber as funções das palavras QUE, SE e COMO.

2. COESÃO REFERENCIAL

Ocorre quando determinado elemento textual se remete a outro, substituindo-o. A **referência**, inicialmente, pode ser em relação a um dado **externo** ou **interno** ao texto.

Coesão por Referência exofórica	Refere-se a um elemento *fora do texto.*
Coesão por Referência endofórica	Faz referência a algo *dentro do texto.*

Exemplo de coesão por referência **exofórica**:

> *"A gente era pequena **naquele** tempo. E **aquele** era um tempo em que ainda se apregoava nas ruas. Não em todas as ruas, mas **naquela** onde vivíamos. **Naquela** rua, que tinha por nome a data de um santo, o tempo passava mais lentamente do que no resto da cidade de Porto Alegre."*
>
> *(Trecho inicial de uma crônica, postada no site http://revistagloborural.globo.com, por Letícia Wierzchowski)*

A coesão por referência **endofórica** ocorre por intermédio de: pronomes (pessoais, possessivos, demonstrativos, indefinidos, interrogativos e relativos), numerais (ambos, primeiro, segundo), advérbios pronominais (lá, aí, aqui, onde, aqui), elipse (omissão de um termo facilmente perceptível), sinonímia (substituição lexical) e metonímia (parte pelo todo).

3. COESÃO SEQUENCIAL

É obtida por meio dos elementos de ligação que proporcionam as relações necessárias à integração harmoniosa de orações e parágrafos em torno de um mesmo assunto. Elementos de coesão mais utilizados:

Prioridade, relevância	principalmente, primordialmente, sobretudo, em primeiro lugar, antes de mais nada, primeiramente, acima de tudo.
Tempo (ordem, sucessão, anterioridade, posterioridade)	finalmente, agora, atualmente, hoje, frequentemente, constantemente, às vezes, eventualmente, por vezes, ocasionalmente, sempre, raramente, não raro, ao mesmo tempo, simultaneamente, a princípio, pouco antes, pouco depois, anteriormente, posteriormente, em seguida, afinal, por fim.
Semelhança, comparação	igualmente, da mesma forma, assim também, do mesmo modo, similarmente, analogamente, por analogia, de maneira idêntica.
Conformidade	conformidade com, de acordo com, segundo, conforme, sob o mesmo ponto de vista, tal qual, tanto quanto, como, assim como, bem como.
Condição, hipótese	se, caso, salvo se, contanto que, desde que, a menos que, a não ser que etc.
Adição, continuação	e, além disso, ademais, por sua vez, outro ponto, mais (grave) ainda, ainda mais, também, mas também, constata-se também, vale frisar ainda, vale lembrar também.
Dúvida	provavelmente, possivelmente, é provável.
Certeza, ênfase	de fato, por certo, certamente, indubitavelmente, inquestionavelmente, sem dúvida, obviamente.
Ilustração, exemplificação, esclarecimento	por exemplo, isto é, em outras palavras, ou por outra, a saber, haja vista.
Propósito, intenção, finalidade	com o fim de, a fim de, com o propósito de, para que, afim de que.
Resumo, recapitulação, conclusão	em suma, em síntese, enfim, em resumo, portanto, assim, dessa forma, dessa maneira, logo, afinal, está claro que.
Causa	em virtude de, por causa de, devido a, é resultado de.
Consequência	consequentemente, por consequência, como resultado, por isso, assim, como efeito, de sorte que, de modo que, de forma que, de maneira que.
Explicação	porque, porquanto, pois, já que, uma vez que, visto que.
Contraste, oposição	por outro lado, paradoxalmente, pelo contrário, caso contrário, em contraste com, mas, porém, contudo, todavia, entretanto, no entanto.
Restrição, ressalva	embora, apesar de, ainda que, mesmo que, posto que, conquanto, se bem que, por mais que, por menos que, não obstante.

3.1. Paráfrase

A Paráfrase é um texto que procura tornar mais claro e objetivo aquilo que se disse em outro texto. Portanto, é sempre a reescritura de um texto já existente, uma espécie de *tradução* dentro da própria língua.

O autor da paráfrase deve demonstrar que entendeu claramente a ideia do texto. Além disso, são exigências de uma boa paráfrase:

1) Utilizar a mesma ordem de ideias que aparece no texto original.
2) Não omitir nenhuma informação essencial.
3) Não fazer qualquer comentário acerca do que se diz no texto original.
4) Utilizar construções que não sejam uma simples repetição daquelas que estão no original e, sempre que possível, um vocabulário também diferente.

3.2. Perífrase

Trata-se de uma expressão que designa um ser através de alguma de suas características ou atributos, ou de um fato que o celebrizou.

Exemplo: A Cidade Maravilhosa (= Rio de Janeiro) continua atraindo visitantes do mundo todo.

Observação: quando a perífrase indica uma pessoa, recebe o nome de *antonomásia*. Exemplos:

- O Divino Mestre (= Jesus Cristo) passou a vida praticando o bem.
- O Poeta dos Escravos (= Castro Alves) morreu muito jovem.
- O Poeta da Vila (= Noel Rosa) compôs lindas canções.

4. TIPOS DE INCOERÊNCIA

Semântica	O significado das palavras não se completam.	"A televisão **transmite** lazer." O verbo transmitir significa "fazer passar de um lugar a outro, comunicar". Nesse sentido, o lazer não é algo que venha de um ponto para outro, mas algo que é "proporcionado".
Sintática	Não são utilizados corretamente os meios sintáticos para expressar a coerência semântica, ou seja, empregam-se conectivos, pronomes (etc.) inadequadamente.	Pessoas ricas procuram o ensino particular. **Onde** os métodos, equipamentos e professores são melhores.
Incoerência Estilística	Ocorre quando se misturam registros linguísticos.	Observe a mudança "de tom" no discurso que se segue: "Venho diante de vossa Magnificência manifestar meu repúdio ao fato de uma instituição pública querer subtrair da população um espaço de lazer. Francamente, achei *a* **maior sujeira, sacanagem, nada a ver**."

Pragmática	O sentido de uma sequência de atos de fala é quebrado.	A: "Achei difícil compreender o tópico dois do capítulo três." B: "**O céu está maravilhoso com as nuvens escuras de chuva**."

5. ESTUDO DOS VOCÁBULOS QUE, SE E COMO

5.1. A Palavra Que

Interjeição	exprime espanto, admiração, surpresa	**Quê!** Você ainda não está pronto?
Substantivo	equivale a **alguma coisa**	Ele tem certo **quê** misterioso.
Preposição	liga dois verbos de uma locução verbal em que o auxiliar é o verbo **ter**. Equivale a **de**	Tenho **que** sair agora. = Tenho de sair.
Partícula expletiva ou de realce	pode ser retirada da frase, sem prejuízo algum para o sentido.	Quase **que** não consigo chegar a tempo.
Advérbio	modifica um adjetivo ou um advérbio. Equivale a **quão**.	**Que** lindas flores!
Pronome	pronome relativo	retoma um termo e **o qual** e flexões. Não encontramos as pessoas **que** saíram.
	pronome indefinido	pode funcionar como pronome substantivo ou pronome adjetivo.
	pronome substantivo	equivale a **que coisa.** **Que** aconteceu com você?
	pronome adjetivo	determina um substantivo • função sintática: adjunto adnominal. **Que** vida é essa?
Conjunção	relaciona entre si duas orações	Quando funciona como conjunção coordenativa ou subordinativa, a palavra **que** recebe o nome da oração que introduz. Venha logo, **que** é tarde. = conjunção coordenativa explicativa Falou tanto **que** ficou rouco. = conjunção subordinativa consecutiva
		Quando inicia uma oração subordinada substantiva, a palavra **que** recebe o nome de **conjunção subordinativa integrante**. Desejo **que** você venha logo.

5.1.1. Funções Sintáticas da palavra Que

O pronome relativo [que] se refere a um termo da oração anterior (antecedente) projetando-o na oração seguinte, subordinada a esse antecedente. Veja:

- Mudei para *a casa* / que eu mesmo construí.

Na frase acima, a palavra [que] se relaciona com o antecedente [a casa]. A oração que se subordina a esse antecedente é: *que eu mesmo construí.* Para melhor compreendermos qual o papel desempenhado pelo pronome relativo [que], vamos desdobrar o período composto em duas orações: Mudei para a casa. Eu mesmo construí a casa.

Não é difícil perceber, agora, que o relativo [que], introduz a segunda oração e, ao mesmo tempo, substitui [casa] na segunda oração. Observe que [casa], na segunda oração, exerce a função sintática de objeto direto. Como [que] a substitui, essa será a função sintática do pronome [que]. Portanto, [que] cumpre uma dupla função: substitui, na segunda oração, o termo antecedente (a casa) e ao mesmo tempo introduz a oração subordinada adjetiva.

O pronome relativo que pode ter *por antecedente* o demonstrativo [o, a, os, as]: Olha o (= isto) que esse menino fez na prova!

- Falo o (= aquilo) que sinto.

Lembro-lhe que é fundamental diferenciar o relativo [que] da conjunção integrante [que], que introduz uma oração subordinada substantiva. Para reconhecer o relativo [que] substitua-o por *o/a qual, os/as quais:*

- Comprei a casa que você indicou => [...] a qual você indicou.
- Você me deu um presente que me agradou => o qual me agradou.

O pronome relativo, que sempre tem uma função na oração adjetiva, a saber: *sujeito, predicativo do sujeito, objeto direto, objeto indireto, complemento nominal, agente da passiva e adjunto adverbial.*

Conscientemente falando, não é tão simples descobrir essas funções sem a ajuda de um "macete". Um muito usado é este:

1º Substitua o pronome relativo pelo seu antecedente;

2º Observe a função sintática do antecedente na nova posição que assumiu no lugar do pronome relativo.

3° A função do antecedente, em sua nova posição, será a mesma do pronome relativo [que] (substituído).

4° Em muitos casos, será necessário colocar a nova frase em ordem direta para maior clareza da função do antecedente.

Exemplos:

- O povo chorou os soldados que morreram em combate.

  Substituindo: os soldados morreram em combate.

  Função sintática: os soldados = objeto direto = que.

- Aqui está o livro que lerei nas férias.

  Substituindo: o livro lerei nas férias. => lerei o livro nas férias.

  Função Sintática: o livro = objeto direto = que.

- Comprei a casa a que você se referiu.

  Substituindo: a casa você se referiu => você se referiu a casa.

  Função sintática: a casa = objeto indireto = que.

- Este é o remédio de que tenho necessidade.

  Substituindo: do remédio tenho necessidade => Tenho necessidade do remédio.

  Função sintática: do remédio = complemento nominal = que.

- A casa em que moro é bem cuidada.

  Substituindo: Na casa moro é bem cuidada. => moro na casa...

  Função Sintática: na casa = adjunto adverbial = que.

- Ignoras o cínico que ele é.

  Substituindo: o cínico ele é. => ele é o cínico.

  Função Sintática: o cínico = predicativo do sujeito = que.

- Era venenosa a aranha por que você foi picado.

  Substituindo: Era venenosa pela aranha você foi picado. => você foi picado pela aranha.

  Função Sintática: foi picado pela aranha = agente da passiva = que.

  Os Pronomes Relativos **onde, como e cujo** exercem sempre as funções sintáticas de: adjunto adverbial de lugar, de modo e adjunto adnominal, respectivamente:

- O salão do clube onde passamos o réveillon estava repleto

  Substituindo: passamos o réveillon no salão do clube (adj. adv. de lugar)

- A foto cujo negativo lhe enviei ficou ótima.

  Substituindo: o negativo da foto (adjunto adnominal) ficou ótima.

- A maneira firme como defendeu o rapaz causou admiração.

  Substituindo: defendeu de maneira firme (adj. adv. de modo) o rapaz.[1]

5.2. A Palavra Se

Conjunção	a conjunção relaciona entre si duas orações.	
	conjunção subordinativa integrante: inicia uma oração subordinada substantiva.	Perguntei **se** ele estava feliz.
	conjunção subordinativa condicional: inicia uma oração adverbial condicional (equivale a **caso**).	**Se** todos tivessem estudado, as notas seriam boas.

1 Fonte: RECANTO DAS LETRAS. Escrito por Ricardo Sérgio. Disponível em <http://www.recantodasletras.com.br/gramatica/2530513>

<table>
<tr><td>Partícula expletiva ou de realce</td><td>pode ser retirada da frase sem prejuízo algum para o sentido.</td><td>Passavam-se os dias e nada acontecia.</td></tr>
<tr><td>Pronome apassivador</td><td>ligada a verbo que pede objeto direto, caracteriza as orações que estão na voz passiva sintética. É também chamada de pronome apassivador.</td><td>Vendem-se livros.
Aluga-se piano.</td></tr>
<tr><td>Índice de indeterminação do sujeito</td><td>vem ligando a um verbo que não é transitivo direto ou transitivo direto e indireto, tornando o sujeito indeterminado. O verbo deverá estar na terceira pessoa do singular.</td><td>Trabalha-se de dia.
Precisa-se se apoio.</td></tr>
<tr><td rowspan="4">Pronome reflexivo</td><td colspan="2">quando a palavra se é pronome pessoal, ela deverá estar sempre na mesma pessoa do sujeito da oração de que faz parte. Por isso o pronome oblíquo se sempre será reflexivo (equivalendo a a si mesmo), podendo assumir as seguintes funções sintáticas:</td></tr>
<tr><td>objeto direto</td><td>Ele cortou-se com o facão.</td></tr>
<tr><td>objeto indireto</td><td>Ele se atribui muito valor.</td></tr>
<tr><td>sujeito de um infinitivo</td><td>“Sofia deixou-se estar à janela.”</td></tr>
</table>

5.3. A Palavra Como

<table>
<tr><td>Substantivo</td><td>aparece antecedido de um determinante ou especificando outro termo.</td><td>Estamos analisando a palavra “como”.</td></tr>
<tr><td>Interjeição</td><td>expressa um espanto ou admiração.</td><td>Como! Não sabia que iríamos viajar?!</td></tr>
<tr><td>Preposição</td><td>Ocorre quando houver a possibilidade de se subentender o gerúndio (sendo) depois do termo em estudo, ou ainda se puder ser substituído pela locução “na qualidade de”.</td><td>Na maioria dos concursos, ele atua como fiscal.
= na qualidade de</td></tr>
<tr><td>Advérbio</td><td>Relaciona-se a um verbo ou a um adjetivo, exprimindo circunstância de intensidade ou modo.
Sintaticamente: adjunto adverbial de intensidade ou modo.</td><td>Como suporta conviver com essa angústia?</td></tr>
<tr><td rowspan="4">Conjunção</td><td colspan="2">introduz uma oração subordinada adverbial, levando-se em conta as respectivas circunstâncias expressas pelo fato verbal. Assim classificadas:</td></tr>
<tr><td>Causal – equivale-se a “porque”, “já que”, “uma vez que”.</td><td>Como não tinha interesse, nem olhou a mercadoria.</td></tr>
<tr><td>Conformativa – apresenta-se passível de ser substituída por “conforme”, “segundo”.</td><td>Como já imaginávamos, não concluiu o trabalho.</td></tr>
<tr><td>Comparativa – pode ser substituída pela expressão “tal qual”, representando o segundo elemento da comparação.</td><td>Dormia como um anjo. = tal qual um anjo</td></tr>
<tr><td>Pronome relativo</td><td>Assumindo tal função, aparece sempre antecedida de um substantivo, equivalendo-se a “com o(a) qual, pelo(a) qual” e demais variações. Nesse caso, exerce a função de adjunto adverbial de modo.</td><td>Esse foi o modo como fui recebido.
= pelo qual</td></tr>
</table>

PARTE VI – INTERPRETAÇÃO DE TEXTO

Capítulo 1. Interpretação de Texto

1. INTRODUÇÃO

Teoria aprofundada mais **785 questões separadas** por níveis (fácil, médio e difícil) e por bancas está disponível no livro **INTERPRETAÇÃO DE TEXTO** para **CONCURSOS** – Editora JusPodivm.

A maioria dos candidatos possui dificuldade ao interpretar texto. Por quê? Simplesmente porque você não está habituado a ler. Para se criar o gosto pela leitura e eliminar a palavra medo, comece a ler revistas e jornais; assim, estará se preparando para duas matérias ao mesmo tempo: português e atualidades. Leia um texto, feche a revista e tente resumi-lo mentalmente. Analise: para que o autor escreveu? Qual o objetivo? Qual o tema (assunto) do texto? Note que o tema se repete na introdução (primeiro parágrafo) e na conclusão (último parágrafo).

Para obter domínio sobre a leitura, precisamos aprofundar, ou melhor, esclarecer alguns importantes tópicos. Vamos a eles:

Texto	É um **conjunto de palavras e frases** encadeadas que permitem interpretação e **transmitem uma mensagem**. É qualquer obra escrita em versão original e que constitui um livro ou um documento escrito. Um texto é uma unidade linguística de extensão superior à frase.
Contexto	É a relação entre o texto e a situação em que ele ocorre dentro do texto. É o conjunto de circunstâncias em que se produz a mensagem que se deseja emitir- lugar e tempo, cultura do emissor e do receptor etc. – e que permitem sua correta compreensão.
Intertexto	Os textos podem apresentar referências diretas ou indiretas a outros autores através de citações. É um texto dentro de outro texto.
Interpretação de texto	A primeira leitura deve ser feita cuidadosamente por ser o primeiro contato com o texto, extraindo-se informações e se preparando para a leitura interpretativa. Sublinhe palavras-chave e ideias importantes; encontre a ideia central de cada parágrafo. O segundo nível de leitura concentra-se nas perguntas e opções de respostas. Atente-se às palavras NÃO, EXCETO, RESPECTIVAMENTE, INCORRETO, SEMPRE, TODOS, NUNCA etc., pois fazem diferença na escolha adequada. Retorne ao texto sempre que necessário. Leia a frase anterior e posterior para ter ideia do sentido global proposto pelo autor. A banca nos oferece um texto completo e, nas questões, extrai uma parte do texto para pedir a análise. O segredo é voltar ao texto e ler as informações anteriores e posteriores à parte mencionada. Se fosse para analisar apenas o trecho, não haveria motivo para mencionar o texto completo. Aqui mora o grande segredo.

2. TIPOLOGIA TEXTUAL

TIPOS	DEFINIÇÃO	EXEMPLOS
Narração	Modalidade em que se conta um fato, fictício ou não, que ocorreu num determinado tempo e lugar, envolvendo certos personagens. Refere-se a objetos do mundo real. Há uma relação de anterioridade e posterioridade. **O tempo verbal predominante é o passado**.	Conto, fábula, crônica, romance, novela, depoimento, piada, relato etc.
Descrição	Um texto em que se faz um retrato por escrito de um lugar, uma pessoa, um animal ou um objeto. **A classe de palavras mais utilizada nessa produção é o adjetivo**, pela sua função caracterizadora. Numa abordagem mais abstrata, pode-se até descrever sensações ou sentimentos. Não há relação de anterioridade e posterioridade. Significa "criar" com palavras a imagem do objeto descrito. É fazer uma descrição minuciosa do objeto ou da personagem a que o texto se Pega. É um tipo textual que se agrega facilmente aos outros tipos em diversos gêneros textuais.	Cardápio, folheto turístico, anúncio classificado etc.
Dissertação	Dissertar é o mesmo que **desenvolver ou explicar um assunto**, discorrer sobre ele. Dependendo do objetivo do autor, pode ter caráter expositivo ou argumentativo.	
	Dissertação-Exposição: Apresenta um saber já construído e legitimado, ou um saber teórico. Apresenta informações sobre assuntos, expõe, reflete, explica e avalia ideias de modo objetivo. O texto expositivo apenas expõe ideias sobre um determinado assunto. A intenção é informar, esclarecer.	Aula, resumo, textos científicos, enciclopédia, textos expositivos de revistas e jornais, etc.
	Dissertação-Argumentação: Um texto dissertativo-argumentativo faz a defesa de ideias ou um ponto de vista do autor. O texto, além de explicar, também persuade o interlocutor, objetivando convencê-lo de algo. Caracteriza-se pela progressão lógica de ideias. Geralmente utiliza linguagem denotativa.	Sermão, ensaio, monografia, dissertação, tese, ensaio, manifesto, crítica, editorial de jornais e revistas.
Outros Tipos Textuais	Dialogal / Conversacional	Entrevista, conversa telefônica, chat etc.
	Injunção/Instrucional	Ordens; pedidos; súplica; desejo; manuais e instruções para montagem ou uso de aparelhos e instrumentos; textos com regras de comportamento; textos de orientação; receitas, cartões com votos e desejos.
	Predição	Previsões astrológicas, previsões meteorológicas, previsões escatológicas/apocalípticas.

3. GÊNEROS TEXTUAIS

Os Gêneros textuais são as estruturas com que se compõem os textos, sejam orais ou escritos. Essas estruturas são muito parecidas, com características comuns, procuram atingir intenções comunicativas semelhantes e ocorrem em situações específicas. São variadas formas de linguagem que circulam na sociedade, formais ou informais. Cada gênero textual tem seu estilo próprio, podendo ser identificado e diferenciado dos demais através de suas características.

Notícia	Possui características narrativas: o fato ocorrido que se deu em um determinado momento e em um determinado lugar, envolvendo determinadas personagens. Características do lugar, bem como dos personagens envolvidos são, muitas vezes, minuciosamente descritos.
Reportagem	Gênero textual jornalístico de caráter dissertativo-expositivo. A reportagem tem, por objetivo, informar e levar os fatos ao leitor de uma maneira clara, com linguagem direta.
Carta ao leitor	Gênero dissertativo-argumentativo e possui linguagem pessoal e leve.
Propaganda	Gênero textual dissertativo-expositivo. Há o intuito de propagar informações sobre algo, buscando sempre atingir e influenciar o leitor apresentando, na maioria das vezes, mensagens que despertam as emoções e a sensibilidade do mesmo.
Bula de remédio	Gênero textual descritivo, dissertativo-expositivo e injuntivo. Fornece as informações necessárias para o correto uso do medicamento.
Receita	Gênero textual descritivo e injuntivo. Objetivo: informar a fórmula para preparar tal comida, descrevendo os ingredientes e o preparo destes, com verbos no imperativo, dado o sentido de ordem, para que o leitor siga corretamente as instruções.
Editorial	Gênero textual dissertativo-argumentativo. Expressa o posicionamento da empresa sobre determinado assunto, sem a obrigação da presença da objetividade.
Tutorial	Gênero injuntivo. É um guia que tem por finalidade explicar ao leitor, passo a passo e de maneira simplificada, como fazer algo.
Entrevista	Gênero textual dialogal e dissertativo-expositivo. Representado pela conversação de duas ou mais pessoas, o entrevistador e o(s) entrevistado(s), para obter informações sobre ou do entrevistado ou de algum outro assunto.
História em quadrinhos	Gênero narrativo. Consiste em enredos contados em pequenos quadros através de diálogos diretos entre seus personagens, gerando uma espécie de conversação.
Charge	Gênero textual narrativo onde se faz uma espécie de ilustração cômica, através de caricaturas, com o objetivo de realizar uma sátira, crítica ou comentário sobre algum acontecimento atual, em sua grande maioria.

3.1. Gêneros literários

<table>
<tr><td rowspan="3">Gênero Narrativo</td><td colspan="2">Na Antiguidade Clássica: épico, lírico e dramático.
Épico passou a ser considerado apenas uma variante do gênero literário narrativo, devido ao surgimento de concepções de prosa com características diferentes: o romance, a novela, o conto, a crônica, a fábula. Todas as obras narrativas possuem elementos estruturais e estilísticos em comum e devem responder a questionamentos, como: quem? o quê? quando? onde? por quê?</td></tr>
<tr><td>Épico (ou Epopeia)</td><td>Textos épicos são longos e narram histórias de um povo ou de uma nação, envolvem aventuras, guerras, viagens, gestos heroicos, etc. Apresentam um tom de exaltação, valorização de seus heróis e seus feitos.</td></tr>
<tr><td>Romance</td><td>É um texto completo, com tempo, espaço e personagens bem definidos e de caráter mais verossímil. Conta as façanhas de um herói, mas principalmente uma história de amor vivida por ele e uma mulher, muitas vezes, "proibida" para ele. Apesar dos obstáculos que o separam, o casal vive sua paixão proibida, física, adúltera, pecaminosa e, por isso, costuma ser punido no final. É o tipo de narrativa mais comum na Idade Média.</td></tr>
</table>

	Novela	Texto caracterizado por ser intermediário entre a longevidade do romance e a brevidade do conto. O Alienista, de Machado de Assis, e A Metamorfose, de Kafka são exemplos.
	Conto	Texto narrativo breve, e de ficção, geralmente em prosa, que conta situações rotineiras, anedotas e até folclores (conto popular). Caracteriza-se por personagens previamente retratados.
	Fábula	Texto de caráter fantástico que busca ser inverossímil. As personagens principais são não humanos e a finalidade é transmitir alguma lição de moral.
	Crônica	Narrativa informal, breve, ligada à **vida cotidiana**, com linguagem coloquial. Pode ter um tom humorístico ou um toque de crítica indireta.
	Crônica narrativo-descritiva	Há alternância entre os momentos narrativos e manifestos descritivos.
	Ensaio	Texto literário breve, situado entre o poético e o didático, expondo ideias, críticas e reflexões morais e filosóficas a respeito de certo tema. É menos formal e mais flexível que o tratado. Há defesa de um ponto de vista pessoal e subjetivo sobre um tema sem que se paute em formalidades.

3.2. Gêneros dramáticos

Por serem pouco exigidos em concursos, apenas citaremos os tipos: tragédia, farsa, comédia, tragicomédia e poesia de cordel.

3.3. Gêneros líricos

Outro tópico pouco pedido. São eles: elegia, epitalâmia, ode, idílio, sátira, acalanto, acróstico, balada, canção, gazal, haicai, soneto, vilancete.

4. DICAS PARA INTERPRETAR

As dicas abaixo devem ser seguidas para treinar, para exercitar em questões de concursos. Treine a fim de que, no dia da prova, consiga não perder muito tempo.

1	Ler todo o texto: tenha uma visão geral do assunto;
2	se encontrar palavras desconhecidas, não interrompa a leitura;
3	ler, ler bem, ler profundamente, ou seja, ler o texto pelo menos duas vezes;
4	inferir (concluir ou deduzir a partir de exame dos fatos e de raciocínio);
5	voltar ao texto tantas quantas vezes precisar;
6	não permitir que prevaleçam suas ideias sobre as do autor;
7	fragmentar o texto (parágrafos, partes) para melhor compreensão;
8	verificar, com atenção e cuidado, o enunciado de cada questão;
9	o autor defende ideias e você deve percebê-las.

REFERÊNCIAS

CONTEÚDO GRAMATICAL

ALI, M. Said. Gramática secundária da língua portuguesa. 7.ª ed. São Paulo: Editora Melhoramentos, 1966.

ALMEIDA, Napoleão Mendes de. Gramática metódica da língua portuguesa. 46.ª ed. revista. São Paulo: Saraiva, 2009.

BAGNO, Marcos. A norma oculta: língua e poder na sociedade brasileira. São Paulo: Parábola Editorial, 2003.

BECHARA, Evanildo. Moderna Gramática Portuguesa. 32ª edição, São Paulo, Companhia Editora Nacional, 1988.

BECHARA, Evanildo. Lições de Português pela Análise Sintática. Editora Lucema. Rio de Janeiro, RJ. 2001.

CARVALHO, José Augusto. Gramática superior da língua portuguesa. 2.ª ed. Brasília: Centro Editorial / Thesaurus, 2011.

CEGALLA, Domingos Paschoal. Novíssima Gramática da Língua Portuguesa. 48.ª ed. São Paulo: Companhia Editora Nacional, 2008.

CIPRO NETO, Pasquale e INFANTE, Ulisses. Gramática da Língua Portuguesa. Editora Scipione. São Paulo, SP. 2003.

CUNHA, Celso e CINTRA, Luiz F. Lingley. Nova Gramática do Português Contemporâneo. Editora Nova Fronteira. Rio de Janeiro, RJ. 2001.

FARACO&MOURA. Gramática Nova. São Paulo: Ática, 1993.

GARCIA, Othon M. Comunicação em prosa moderna: aprenda a escrever, aprendendo a pensar. 13ª edição, Rio de Janeiro, Ed. da Fundação Getúlio Vargas, 1986.

HENRIQUES, Claudio Cezar. Morfologia: usos, normas e exercícios com respostas. 2.ª ed. Rio de Janeiro: Elsevier, 2007 – 2.ª reimpressão.

HILDEBRANDO, André A de. Gramática ilustrada. 4. ed. São Paulo: Moderna, 1990.

INFANTE, Ulisses. Curso de gramática aplicadas aos textos. São Paulo: Ed. Scipione, 1997.

INFANTE, Ulisses; CIPRO Neto, Pasquale. Gramática da Língua Portuguesa. São Paulo: Ed. Scipione, 2010.

JORDÃO, Rose e OLIVEIRA, Clenir Bellezi de. Linguagens, estrutura e arte. São Paulo: Moderna, 1999.

KOCH, Ingedore G.V.. A coesão textual. 2ª edição. São Paulo, Contexto, 1990.

KOCH, Ingedore G. V. e TRAVAGLIA, Luiz C.. Texto e coerência. São Paulo, Cortex, 1989.

KURY, Adriano da Gama. Novas lições de análise sintática. 9.ª ed. São Paulo: Editora Ática, 2000.

LIMA, Carlos Henrique da Rocha. Gramática normativa da língua portuguesa. 42ªed. Rio de Janeiro, José Olympio, 2002.

LUFT, Celso Pedro. Grande manual de ortografia globo. 5ª edição, São Paulo, Globo, 1997.

MOREIRA, A., ARAÚJO, D, 1977, *Português e Literatura – Visão Atual*, 2 ed., Record Cultural, Rio de Janeiro, RJ

NOGUEIRA, Duda. Língua Portuguesa para concursos. 3ª ed. Salvador, Editora Juspodivm, 2016.

PERINI, A. Mário. Sofrendo a gramática. São Paulo: Ática, 1997.

ROCHA LIMA, C. H., 1999, *Gramática Normativa da Língua Portuguesa*, 37 ed., José Olympio Editora, Rio de Janeiro, RJ

TERRA, Ernani. Gramática de Hoje /Ernani&Nicola. São Paulo: Scipione, 1999.

TRAVAGLIA, Luiz Carlos. Gramática e interação: uma proposta para o ensino de gramática. 9.ª ed. revista. São Paulo: Cortez Editora, 2003.

TUFANO, Douglas. Estudos da Língua Portuguesa: Gramática – São Paulo: Moderna, 1995.

VASCONCELOS, Viveiros de. Verbos portugueses e rudimentos de análise léxica. 113ª ed. Rio de Janeiro: Editores e Distribuidores, 1994.

DICIONÁRIOS

HOLANDA, A. B., 1988, *Dicionário Aurélio Escolar da Língua Portuguesa*, 1. ed., Editora Nova Fronteira, Rio de Janeiro, RJ

NASCENTES, Antenor. Dicionário Etimológico da Língua Portuguesa. Rio de Janeiro, Francisco Alves, Acadêmicos, São José e Livros de Portugal, 1955.

SARAIVA, F. R. dos Santos. Novíssimo Dicionário Latino-Português. 10ª edição, Rio de Janeiro, Livraria Garnier, 1993.

FERREIRA, Aurélio Buarque de Holanda. Novo dicionário da língua portuguesa. 2. ed. Rio de Janeiro: Nova Fronteira, 1986.

HOUAISS, Antônio. Dicionário Houaiss da língua portuguesa. Rio de Janeiro: Objetiva, 2001l 1. ed.

SITES – TEORIA E DICIONÁRIO

Acessos: de janeiro de 2011 a setembro de 2016

BRASIL ESCOLA Exercício. Disponível em <http://exercicios.brasilescola.com>

BRASIL ESCOLA. Disponível em <http://www.brasilescola.com>

CASA CIVIL. Disponível em <http://www.casacivil.pr.gov.br/modules/conteudo >

DICIONÁRIO AULETE. Disponível em <http://aulete.uol.com.br>

EDUCAÇÃO UOL. Disponível em <http://educacao.uol.com.br>

FATIMA LP. Disponível em <http://fatimalp.blogspot.com.br>

INFO ESCOLA. Disponível em <http://www.infoescola.com>

NA LÍNGUA PORTUGUESA. Disponível em <http://nalinguaportuguesa.wordpress.com>

PORTAL 3. Disponível em <http://www.portal3.com.br>

PORTUGUÊS CONCURSO. Disponível em <http://www.portuguesconcurso.com>

PORTUGUÊS X CONCURSOS. Disponível em <http://portuguesxconcursos.blogspot.com.br>

PRIBERAM. Disponível em <http://www.priberam.pt>

RECANTO DAS LETRAS. Disponível em <http://www.recantodasletras.com.br>

SIMPLESMENTE PORTUGUÊS. Disponível em <http://www.simplesmenteportugues.com.br>

SÓ LINGUAGEM. Disponível em <http://solinguagem.blogspot.com.br>

SÓ PORTUGUÊS. Disponível em <http://www.soportugues.com.br>

TUDO DE CONCURSOS E VESTIBULARES. Disponível em <http://tudodeconcursosevestibulares.blogspot.com.br>

UM PORTUGUÊS. Disponível em <http://umportugues.com>

WIKIPEDIA. Disponível em <https://pt.wikipedia.org/wiki/Wikipédia:Página_principal>

Raciocínio Lógico-Matemático

Marcelo Sbicca

Raciocínio Lógico-Matemático

EDITAL SISTEMATIZADO

<table>
<tr><th colspan="4">Analista Judiciário – Área Judiciária
Analista Judiciário – Área Judiciária – Especialidade Oficial de Justiça Avaliador Federal
Técnico Judiciário – Área Administrativa</th></tr>
<tr><th colspan="2">Itens do edital</th><th>No livro</th><th>Onde encontrar</th></tr>
<tr><td rowspan="5">Números inteiros e racionais</td><td>Operações (adição, subtração, multiplicação, divisão, potenciação)</td><td>Operações numéricas</td><td>1.1.</td></tr>
<tr><td>Expressões numéricas</td><td>Expressões numéricas</td><td>1.2.</td></tr>
<tr><td>Múltiplos de números naturais</td><td>Múltiplos</td><td>1.3.</td></tr>
<tr><td>Divisores de números naturais</td><td>Divisores</td><td>1.4.</td></tr>
<tr><td>Problemas</td><td>Problemas</td><td>1.5.</td></tr>
<tr><td rowspan="2">Frações e operações com frações</td><td>Frações</td><td>Frações</td><td>2.1.</td></tr>
<tr><td>Operações com frações</td><td>Operações com frações</td><td>2.2.</td></tr>
<tr><td rowspan="5">Números e grandezas proporcionais</td><td>Razão e proporção</td><td>Razão e proporção</td><td>3.1.</td></tr>
<tr><td>Divisão em partes proporcionais</td><td>Divisão proporcional</td><td>3.2.</td></tr>
<tr><td>Regra de três</td><td>Regra de três</td><td>3.3.</td></tr>
<tr><td>Porcentagem</td><td>Porcentagem</td><td>3.4.</td></tr>
<tr><td>Problemas</td><td>Problemas</td><td>3.5.</td></tr>
<tr><td colspan="2" rowspan="3">Estrutura lógica de relações arbitrárias entre pessoas, lugares, objetos ou eventos fictícios; deduzir novas informações das relações fornecidas e avaliar as condições usadas para estabelecer a estrutura daquelas relações.</td><td>Argumento</td><td>5.1.</td></tr>
<tr><td>Proposições categóricas</td><td>5.2.</td></tr>
<tr><td>Estruturas lógicas</td><td>5.3.</td></tr>
<tr><td colspan="2" rowspan="4">Compreensão e elaboração da lógica das situações por meio de: raciocínio verbal, raciocínio matemático, raciocínio sequencial, orientação espacial e temporal, formação de conceitos, discriminação de elementos.</td><td>Ordenação</td><td>6.1.</td></tr>
<tr><td>Dedução</td><td>6.2.</td></tr>
<tr><td>Hipóteses</td><td>6.3.</td></tr>
<tr><td>Problemas</td><td>6.4.</td></tr>
</table>

<table>
<tr><th colspan="3">Analista Judiciário – Área Judiciária
Analista Judiciário – Área Judiciária – Especialidade Oficial de Justiça Avaliador Federal
Técnico Judiciário – Área Administrativa</th></tr>
<tr><th>Itens do edital</th><th>No livro</th><th>Onde encontrar</th></tr>
<tr><td rowspan="5">Compreensão do processo lógico que, a partir de um conjunto de hipóteses, conduz, de forma válida, a conclusões determinadas.</td><td>Proposições</td><td>4.1.</td></tr>
<tr><td>Conectivos</td><td>4.2.</td></tr>
<tr><td>Negação das proposições</td><td>4.3.</td></tr>
<tr><td>Equivalência das Proposições compostas</td><td>4.4.</td></tr>
<tr><td>Fórmulas proposicionais</td><td>4.5.</td></tr>
</table>

1. NÚMEROS INTEIROS E RACIONAIS

Os números podem ser segmentados por suas características, formando conjuntos. São eles: conjunto dos números naturais, inteiros, racionais, irracionais e reais.

Esquematizado temos:

CONJUNTO DOS NÚMEROS REAIS

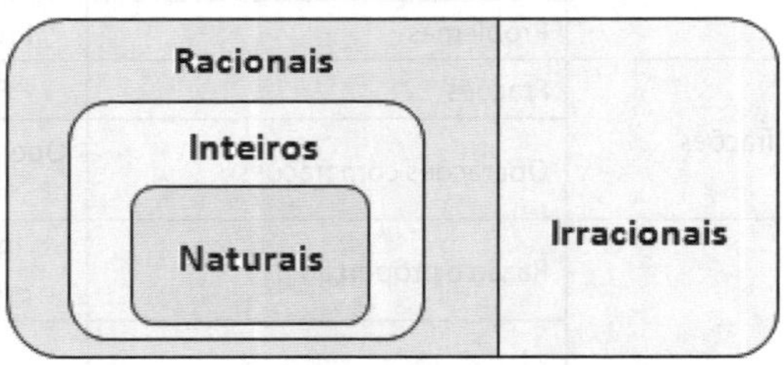

Números Inteiros:

O conjunto dos números inteiros, que compreende os naturais, é representado pela letra $\mathbb{Z}$ e abrange todos os números inteiros, sejam eles positivos ou negativos.

Números inteiros
$\mathbb{Z} = \{..., -5, -4, -3, -2, -1, 0, 1, 2, 3, 4, 5, ...\}$

Observe que o conjunto dos números naturais faz parte do conjunto dos números inteiros e diferencia-se deste pela exclusão dos números negativos.

Números Racionais:

Conjunto representado pela letra $\mathbb{Q}$ e composto pelos números inteiros, pelos números decimais finitos e pelos números decimais infinitos (dízimas periódicas).

Número decimal finito: 3,5

Número decimal infinito (dízima periódica): 7,33333...

1.1. Operações numéricas

O conjunto dos números naturais possibilita a execução de apenas uma das operações numéricas: a adição.

A adição é a primeira das operações e significa somar, juntar, agregar uma quantidade à outra.

A soma de dois números naturais resulta, sempre, em outro número natural.

A operação de subtração requer uma maior abrangência em relação aos conjuntos numéricos, uma vez que podemos encontrar operações que resultam em números negativos, ou seja, fora do conjunto dos números naturais.

O conjunto dos números inteiros (números positivos e negativos) comporta, além da adição, outras duas operações numéricas: subtração (retirada de uma quantidade de outra) e multiplicação (permite a soma de um mesmo número repetidas vezes).

Por fim, a divisão é a operação contrária à multiplicação e significa fracionar um número em partes iguais.

LEMBRE-SE

Tanto na multiplicação quanto na divisão, quando os termos tiverem o mesmo sinal, o resultado será positivo. Quando os termos tiverem sinais diferentes, o resultado será negativo.

Sinais Iguais	Sinais Diferentes
$(+) \times (+) = +$	$(+) \times (-) = -$
$(+) \div (+) = +$	$(+) \div (-) = -$
$(-) \times (-) = +$	$(-) \times (+) = -$
$(-) \div (-) = +$	$(-) \div (+) = -$

O interessante é que operações de divisão podem resultar em números decimais finitos ou infinitos, portanto, a operação é possível quando considerado o conjunto dos números racionais.

IMPORTANTE!

A divisão é uma operação explorada em vários itens do edital (divisores de números naturais, frações, razão e proporção, regra de três e porcentagem) e é um tanto quanto traiçoeira.

Você tem certeza que domina a operação de divisão? Você sabe fazer divisão com números decimais e ou fracionários?

Se não tem convicção em responder afirmativamente, sugiro muito treino para que não perca pontos por causa de detalhes.

DICA

Exclua a calculadora no dia a dia até que atinja seu objetivo, ou seja, até o dia em que seu nome figure na lista dos aprovados. Pelo menos, não a utilize durante o tempo dedicado aos estudos.

Potenciação:

A última operação que analisaremos, essa com um maior detalhamento, é a potenciação.

A potenciação ou exponenciação implica multiplicar a base (número real) por ela mesma tantas vezes quanto for o valor da potência.

LEMBRE-SE

$x^1 = x$

$x^0 = 1$ (desde que $x \neq 0$)

$1^x = 1$

Multiplicação e divisão:

Nos casos da multiplicação e divisão, a potência do produto (ou quociente) é igual ao produto (ou quociente) das potências.

Ficou complicada a explicação? Então, veja como vai clarear bastante com a exemplificação:

A potência do produto é igual ao produto das potências.	$(a \cdot b)^x = a^x \cdot b^x$
A potência do quociente é igual ao quociente das potências.	$\left(\frac{a}{b}\right)^x = \frac{a^x}{b^x}$

Propriedades da potenciação:

Propriedade	Regra	Exemplo
Multiplicação de potências com mesma base.	Manter a base e somar os expoentes.	$a^x \cdot a^y = a^{x+y}$
Divisão de potências com mesma base.	Manter a base e subtrair os expoentes.	$\frac{a^x}{a^y} = a^{x-y}$
Potência da potência.	Manter a base e multiplicar os expoentes.	$(a^x)^y = a^{x \cdot y}$

Observe a potenciação a seguir.

a^{x^y}	Não se trata de potência da potência. Nesse caso, primeiro calcula-se *x* elevado à potência *y* para, na sequência, calcular a potenciação da base *a*.

Potenciação com base negativa:

O sinal negativo somente integra a operação de potenciação quando estiver delimitado por parênteses. Veja os exemplos:

$(-2)^3 = (-2) \cdot (-2) \cdot (-2) = -8$ $(-2)^4 = (-2) \cdot (-2) \cdot (-2) \cdot (-2) = 16$	**O sinal faz parte da base.**

Caso não existam os parênteses indicando que o sinal negativo faz parte da operação, a potenciação inclui apenas o número.

$-2^4 = -(2 \cdot 2 \cdot 2 \cdot 2) = -16$	**O sinal não faz parte da base.**

Potenciação com expoente negativo:

O número da base deve ser invertido e o expoente passa de negativo para positivo.

Veja os exemplos:	$3^{-4} = \frac{1}{3^4} = \frac{1}{81}$ $\left(\frac{2}{3}\right)^{-3} = \left(\frac{3}{2}\right)^3 = \frac{3^3}{2^3} = \frac{27}{8}$

Potenciação com expoente fracionário:

O expoente fracionário transforma-se em um radical.

MNEMÔNICO

"Aquele que está por cima está por dentro e aquele que está por baixo está por fora".

Exemplo:	$4^{\frac{3}{2}} = \sqrt[2]{4^3}$

O numerador do expoente fracionário, número 3, está "por cima", logo, encontra-se "por dentro" da raiz.

Já o número 2, denominador do expoente fracionário, está "por baixo" quando o referencial é a fração e, conforme o mnemônico, "por fora" em relação à raiz.

Potenciação da raiz:

Na potenciação do radical, o índice da potência (expoente) passa a ser o índice do radicando:

Exemplo:	$(\sqrt[3]{4})^2 = \sqrt[3]{4^2}$

1.2. Expressões numéricas

Convenhamos, é bem improvável questão de concurso apresentar uma expressão numérica e solicitar a sua resolução. Mesmo assim, dominar o assunto é de suma importância, pois será a matéria prima para praticamente a totalidade das questões de matemática.

O que se deve guardar é, simplesmente, a ordem em que serão efetivadas as operações.

Ordem das operações matemáticas.	Primeiro: resolver as potências e raízes. Após: resolver os produtos e quocientes. Por fim: resolver as adições e subtrações.

A ordem das operações será alterada com a inclusão dos símbolos de operação, os quais também seguem determinada ordem:

Ordem dos símbolos de operações.	Primeiro: operações entre parênteses ( ). Após: operações entre colchetes [ ]. Por fim: operações entre chaves { }.

Ah! Professor Sbicca! Esse negócio de operações e expressões numéricas é muito fácil!

Sim, concordo com você! Entretanto, perceba que se não prestar atenção nos detalhes, como por exemplo, o uso dos parênteses, uma questão simples pode roubar-lhe pontos preciosos.

A Fundação Carlos Chagas cobrou, em prova recente para Analista Judiciário do TRF – 3º Região, uma questão simples sobre esses assuntos.

"As letras da expressão x – (w – y) – (z – h), representam números diferentes e serão substituídas, uma a uma e para efeito de cálculo, pelos números naturais 9; 12; 13; 15 e 17, não necessariamente nessa ordem. Opere apenas no conjunto dos números naturais. Para que o resultado da expressão seja 8, as letras w e h devem ser substituídas, respectivamente, por"

Você identificou, na questão acima, apenas operações de subtração?

Se sua resposta foi sim, há indícios de possível problema na resolução!

O sinal negativo antes de cada conjunto de parênteses está indicando operação de multiplicação. Houve a supressão do elemento neutro da multiplicação: o número 1. Para entender, a expressão ficaria:	$x - 1\,(w - y) - 1\,(z - h)$

Desenvolvendo a expressão numérica, ficamos com:

A multiplicação do elemento neutro negativo faz com que os sinais das incógnitas que estão nos parênteses sejam alterados. Aproveitamos para igualar a expressão a 8 conforme indica o enunciado da questão.	$x - (w - y) - (z - h) = 8$ $x - w + y - z + h = 8$

Podemos agrupar os números positivos e os negativos:

A soma dos três primeiros números menos a soma dos dois últimos é igual a 8.	$x - w + y - z + h = 8$ $x + y + h - w - z = 8$

DICA

Para expressões com vários números positivos e negativos, separe-os, faça o somatório dos positivos, o somatório dos negativos para, finalmente, fazer a subtração.

Esse procedimento facilita as operações e minimiza a possibilidade de cometer erros nas contas.

Retomando a resolução da questão, foram dados cinco números (*9; 12; 13; 15 e 17*) para substituir as incógnitas, cuja soma é igual a 66.

Tomando por base o total 66, dividindo por dois de modo que a diferença seja igual a 8, teremos um grupo de soma igual a 37 e outro de soma igual a 29:

Foram substituídas as incógnitas positivas (x, y, h) por 37 e as incógnitas negativas (w, z) por 29.	$x + y + h - w - z = 8$ $37 - 29 = 8$

Para chegar à soma 37 (x, y, h) foram usados os números: 9, 13 e 15.

Para chegar à soma 29 (w, z) foram usados os números: 12 e 17.

Concluímos que w é igual a 12 ou 17 e que h é igual a 9 ou 13 ou 15.

Resposta correta: as letras w e h devem ser substituídas, respectivamente, por 17 e 9.

1.3. Múltiplos

O múltiplo de um número natural é o produto desse número por outro número natural qualquer.

A sequência de múltiplos de um número natural é infinita e forma uma progressão aritmética da qual sempre faz parte o número 0.

Exemplo: números múltiplos de 4.	M = {0, 4, 8, 12, 16, 20, 24, ...}

Inerente ao item "múltiplos de um número natural" existe o conceito de mínimo múltiplo comum, ou simplesmente mmc.

O mínimo múltiplo comum de dois ou mais números inteiros é o menor múltiplo comum a eles, diferente de zero.

O mmc pode ser calculado através do produto dos fatores primos.

O mmc entre os números 8, 9 e 10 é assim calculado:	8, 9, 10 | 2 4, 9, 5 | 2 2, 9, 5 | 2 1, 9, 5 | 3 1, 3, 5 | 3 1, 1, 5 | 5 1, 1, 1 | $2^3 . 3^2 . 5 = 360$

1.4. Divisores

Dizemos que um número é divisor de outro número natural se o resto da operação de divisão, entre eles, for igual a zero.

Vejam algumas regras de divisibilidade que eliminam a necessidade de testar, efetivamente, por meio da operação de divisão.

Divisor	Regra
2	Todos os números pares.
3	Quando a soma dos algarismos resultar em um número divisível por 3.
4	Quando terminados em "00" ou os dois últimos algarismos formarem um número divisível por 4.
5	Todos os números terminados em "0" ou "5".
6	Quando for simultaneamente divisível por 2 e 3.
8	Quando terminados em "000" ou os três últimos algarismos formarem um número divisível por 8.
9	Quando a soma dos algarismos resultar em um número divisível por 9.
10	Todos os números terminados em "0".
12	Quando for simultaneamente divisível por 3 e 4.
15	Quando for simultaneamente divisível por 3 e 5.

Quantidade de divisores:

O conjunto dos divisores de um número inteiro é finito e dele sempre estarão presentes o próprio número e o número 1.

Para determinar a quantidade de divisores que possui um número inteiro, faz-se o produto dos expoentes dos fatores primos acrescido, cada, de uma unidade:

600 | 2 300 | 2 150 | 2 75 | 3 25 | 5 5 | 5 1 | $2^3 . 3 . 5^2$	Q de Divisores = (3 + 1) . (1 + 1) . (2 + 1) Q de Divisores = 4 . 2 . 3 Q de Divisores = 24

O número 600 tem 24 números naturais que são seus divisores, entre eles, o próprio número 600 e o número 1.

Máximo divisor comum:

O máximo divisor comum de dois ou mais números inteiros é o maior divisor comum a eles.

Da mesma forma como o mmc, o mdc pode ser calculado com a decomposição dos números em seus fatores primos. Entretanto, no caso do mdc, faz-se o produto dos fatores que são comuns a todos os números.

Cálculo do mdc entre os números 48, 60 e 72:	48, 60, 72 | (2) 24, 30, 36 | (2) 12, 15, 18 | 2 6, 15, 9 | 2 3, 15, 9 | (3) 1, 5, 3 | 3 1, 5, 1 | 5 1, 1, 1 | $2^2 . 3 = 12$

Os fatores primos assinalados são aqueles que dividem os três números simultaneamente. O mdc é o produto apenas desses fatores.

O máximo divisor comum entre os números 48, 60 e 72 é igual a 12.

1.5. Problemas

Chegou a hora de você verificar se assimilou todo o conteúdo apresentado até agora e aproveitar para praticar. Todavia, existe um fator importante a ser acrescentado: Interpretação de texto.

O examinador vai elaborar questões contextualizadas relativas aos assuntos abordados neste primeiro capítulo, ou seja, será criada uma breve história e nela estará inserido um conteúdo matemático a ser identificado.

Como trabalhar com as questões problema?

Em primeiro lugar, evite a perda de tempo com duas ou mais leituras do enunciado da questão.

DICA

Leia trechos do texto, identifique os dados disponibilizados e faça a conversão daquilo que foi disponibilizado na linguagem escrita em expressões matemáticas.

Veja, por exemplo, como tratamos a "questão problema" proposta pela Fundação Carlos Chagas, em 2015, para Oficial de Defensoria Pública do Estado de São Paulo e que trata de assunto do nosso edital.

PROBLEMA:

"Ao efetuar a conta de multiplicação de 13 por um número natural de dois algarismos, ambos diferentes de zero, por engano Rafael inverteu a ordem dos dois algarismos desse número. Apenas com esses dados é correto afirmar que a maior diferença possível entre o resul-

tado obtido por Rafael e o resultado que ele teria obtido se a conta tivesse sido feita com a ordem correta dos algarismos seria de".

Vamos ver a resolução conforme proposto, trecho a trecho:

"Ao efetuar a conta de multiplicação de 13 por um número natural de dois algarismos..."	$x = 13 . ab$	Existe uma operação representada por x que equivale ao produto de 13 por outro de dois algarismos (a e b são os algarismos).
"... ambos diferentes de zero..."	$a \neq 0$ $b \neq 0$	
"... por engano Rafael inverteu a ordem dos dois algarismos desse número..."	$x = 13 . ba$	O número de dois algarismos, *ab*, foi invertido para *ba*.

Estes foram os dados disponibilizados. A partir de então foi questionado:

"Apenas com esses dados é correto afirmar que a maior diferença possível entre o resultado obtido por Rafael e o resultado que ele teria obtido se a conta tivesse sido feita com a ordem correta dos algarismos seria de".

Precisamos descobrir a maior diferença possível entre a operação realizada e a que deveria ter sido realizada.

A maior diferença é o resultado da operação levando em consideração o menor e o maior número (número de dois algarismos). Excluído o algarismo zero, temos, então, os algarismos um e nove.

Utilizando os algarismos um e nove, o menor número é o 19.	$x = 13 . ab$ $x = 13 . 19$ $x = 247$
Utilizando os algarismos um e nove, o maior número é o 91.	$x = 13 . ba$ $x = 13 . 91$ $x = 1183$
A diferença é igual a:	$D = 1183 - 247$ $D = 936$

Resposta correta: a maior diferença possível é igual a 936.

2. FRAÇÕES E OPERAÇÕES COM FRAÇÕES

2.1. Frações

A fração é uma representação numérica de uma determinada quantidade de partes de um todo. Ainda, podemos dizer que é, simplesmente, uma divisão.

A fração $\frac{x}{y}$ significa a divisão de *x* por *y*, sendo que *y* deve ser diferente de zero.

<u>Propriedades</u>:

O produto do numerador e do denominar por um mesmo número natural resulta em uma fração equivalente.	$\frac{5}{2} = \frac{5 . 3}{2 . 3} = \frac{15}{6}$

Quando for possível a divisão do numerador e do denominador por um mesmo número natural, o resultado será uma fração equivalente.	$\frac{20}{8} = \frac{20:4}{8:4} = \frac{5}{2}$

Fração própria, imprópria e mista:

As frações podem ser tratadas como próprias, impróprias e mistas.

- Fração própria: o numerador é menor que o denominador. Por exemplo: $\frac{3}{4}$.
- Fração imprópria: o numerador é maior que o denominador. Por exemplo: $\frac{4}{3}$.
- Fração mista: possui uma parte inteira e outra fracionária. Por exemplo: $2\frac{3}{5}$.

A fração imprópria pode ser convertida em fração mista com a divisão do numerador pelo denominador. O resultado da divisão (quociente) é a parte inteira e o resto da operação é o numerador da parte fracionária. O denominador permanece inalterado.

Exemplos:

$\frac{4}{3} = 1\frac{1}{3}$	A divisão de 4 por 3 tem resultado igual a 1 (parte inteira da fração mista) e o resto também igual a 1 (numerador da fração).
$\frac{13}{5} = 2\frac{3}{5}$	O quociente da divisão é igual a 2 (parte inteira da fração mista) e o resto é igual a 3 (numerador da fração). O denominador, 5, permanece inalterado.

Como a Fundação Carlos Chagas cobra este assunto em prova?

Vejamos a prova para Analista Judiciário do TRF – 3ª Região, realizada no ano de 2016.

"Um bibliotecário irá guardar certo número de livros em três prateleiras vazias (A, B e C). Na prateleira A ele começa guardando 28 livros e, em seguida, a quinta parte dos livros restantes. Depois, na prateleira B, ele guarda 30 livros e, logo em seguida, a metade dos livros restantes. Finalmente, ele guarda na prateleira C os livros que sobraram. Se as prateleiras A e B ficaram com a mesma quantidade de livros ao final da tarefa, então a prateleira C ficou com um total de livros igual a".

"Na prateleira A ele começa guardando 28 livros..."	$A = 28$
"... e, em seguida, a quinta parte dos livros restantes."	$A = 28 + \frac{T-28}{5}$

Onde:

T = Total de livros.

A = Número de livros na prateleira A.

B = Número de livros na prateleira B.

"Na prateleira B, ele guarda 30 livros..."	$B = 30$
"...e, logo em seguida, a metade dos livros restantes."	$B = 30 + \left(\dfrac{T - 28 - \left(\frac{T-28}{5}\right) - 30}{2}\right)$

O enunciado ainda completa, sobre as prateleiras *A* e *B*, que:

Se as prateleiras A e B ficaram com a mesma quantidade de livros ao final da tarefa.	$A = B$

Se *A* é igual a *B*, iguala-se as duas expressões:

Igualar as duas expressões.	$28 + \dfrac{T-28}{5} = 30 + \dfrac{T - 28 - \left(\frac{T-28}{5}\right) - 30}{2}$
Eliminar as frações. Calcular o mmc entre 5 e 2.	$280 + 2T - 56 = 300 + 5T - 140 - \dfrac{5T - 140}{5} - 150$
Desenvolver a equação.	$224 + 2T = 10 + 5T - T + 28$ $2T = 186$ $T = 93$

Descobrimos que no total são 93 livros.

Seguimos calculando a quantidade que foi acomodada em cada prateleira.

Quantidade na prateleira *A*.	$A = 28 + \dfrac{T-28}{5}$ $A = 41$
Quantidade na prateleira *B*.	$B = 30 + \left(\dfrac{T - 28 - \left(\frac{T-28}{5}\right) - 30}{2}\right)$ $B = 41$
Quantidade na prateleira *C*..	$C = T - A - B$ $C = 93 - 41 - 41$ $C = 11$

Resposta correta: a prateleira *C* ficou com um total de livros igual a 11.

2.2. Operações com frações

Adição e subtração:

Adição e subtração de frações com mesmos denominadores	
Manter o denominador e somar (ou subtrair) os numeradores.	$\dfrac{4}{7} + \dfrac{5}{7} - \dfrac{3}{7} = \dfrac{4+5-3}{7} = \dfrac{6}{7}$

Caso as frações apresentem diferentes denominadores, é necessário que elas sejam convertidas em suas equivalentes com denominadores iguais.

Adição e subtração de frações com diferentes denominadores	
As frações são convertidas em suas equivalentes, com a utilização do mmc, de modo que os denominadores fiquem iguais.	$\frac{1}{2}+\frac{6}{4}-\frac{5}{7}=\frac{(28:2.1)}{28}+\frac{(28:4.6)}{28}-\frac{(28:7.5)}{28}$
Resolver como frações de mesmo denominador.	$\frac{14}{28}+\frac{42}{28}-\frac{20}{28}=\frac{14+42-20}{28}=\frac{36}{28}=\frac{9}{7}$

Multiplicação de frações:

A multiplicação de números fracionários independe da igualdade dos denominadores.

Multiplicar os numeradores entre si e os denominadores entre si.	$\frac{9}{4}.\frac{3}{5}=\frac{9.3}{4.5}=\frac{27}{20}$

Divisão de frações:

Na divisão de números fracionários, o que encontramos, na realidade, é uma razão entre frações (fração de frações).

Para a resolução:

Manter o numerador, inverter a fração que se encontra no denominador e transformar a operação de divisão em multiplicação.	$\frac{9}{4}\Big/\frac{3}{5}=\frac{9}{4}.\frac{5}{3}$
Resolver a multiplicação.	$\frac{9}{4}\Big/\frac{3}{5}=\frac{9.5}{4.3}=\frac{45}{12}=\frac{15}{4}$

3. NÚMEROS E GRANDEZAS PROPORCIONAIS

3.1. Razão e Proporção

Razão:

A razão é o quociente entre dois números que tem por finalidade a comparação relativa entre eles.

Ao fazer a divisão de uma grandeza por outra, na mesma unidade de medida, o resultado indica o quanto a primeira representa em relação à segunda, por exemplo: uma adega tem 120 garrafas de vinho tinto e 80 de vinho branco. Podemos considerar as seguintes razões em relação às quantidades de vinho:

Razão de garrafas de vinho tinto em relação às garrafas de vinho branco.	$\frac{Tinto}{Branco}=\frac{120}{80}=1{,}5$	Significa que existe a quantidade de 1,5 garrafa de vinho tinto para cada de vinho branco. Ainda, a quantidade de garrafas de vinho tinto representa 150% das de vinho branco.
Razão de garrafas de vinho branco em relação às garrafas de vinho tinto.	$\frac{Branco}{Tinto}=\frac{80}{120}=0{,}667$	Significa que existe a quantidade de 0,667 garrafa de vinho branco para cada vinho tinto. Ainda, a quantidade de garrafas de vinho branco representa 66,7% das de vinho tinto.

Proporção:

A igualdade entre duas frações é a chamada proporção.

$\frac{a}{b} = \frac{c}{d}$	A razão "*a* para *b*" é igual à razão "*c* para *d*", ou seja, as razões (frações) são proporcionais.

Propriedade da proporção:

O produto dos extremos é igual ao produto dos meios.	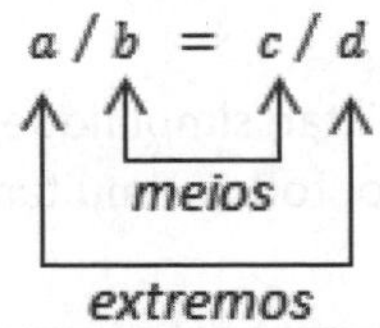

Temos que o produto dos extremos (*a* e *d*) é igual ao produto dos meios (*b* e *c*):

$$a/b = c/d$$

$$a \,.\, d = b \,.\, c$$

Exemplo numérico:	1,5/4 = 6/16 1,5 . 16 = 4 . 6 24 = 24

3.2. Divisão proporcional

A divisão proporcional é uma aplicabilidade do que foi visto no item anterior, razão e proporção.

A melhor forma de abordarmos esse assunto é por meio da resolução de questões.

QUESTÃO:

"Ao fazer o planejamento das obras de infraestrutura em uma cidade, a prefeitura decidiu que a verba de 6 milhões de reais será repartida para os três bairros com maior necessidade. A repartição da verba, para esses três bairros, será realizada de modo diretamente proporcional ao número de habitantes de cada bairro. O bairro P possui 130 mil habitantes, o bairro Q possui 150 mil habitantes e o bairro R possui 120 mil habitantes. Distribuída a verba dessa maneira, o bairro P receberá um valor, em relação ao bairro R, que é um número" (Copergás-PE – FCC – 2016).

Os enunciados são claros quando é esse o assunto a ser tratado.

Nesta questão: "*A repartição da verba, para esses três bairros, será realizada de modo diretamente proporcional*".

A variação que encontraremos será quanto à forma: direta ou inversamente proporcional.

Quando a divisão é diretamente proporcional, trabalhe com a seguinte estrutura: construa um quadro com as informações conhecidas e resolva por meio da regra de três.

Bairros	Habitantes (mil)	Verba (milhões)
Bairro *P*	130	?
Bairro *Q*	150	?
Bairro *R*	120	?
Total	**400**	**6**

Acrescentamos o total de habitantes ao quadro (única informação não mencionada na questão).

E, para facilitar, simplifique, quando possível, os números de uma mesma coluna do demonstrativo, todos simultaneamente (as quantidades de habitantes foram divididas por 10).

Bairros	Habitantes (mil)	Verba (milhões)
Bairro *P*	13	
Bairro *Q*	15	
Bairro *R*	12	
Total	**40**	**6**

Com o auxílio da regra de três, usaremos a linha "Total" como referência para, junto com cada uma das linhas acima, achar quanto da verba cabe a cada bairro.

Por exemplo, para o bairro *P*, ignoramos as linhas referentes aos bairros *Q* e *R*.

Bairros	Habitantes (mil)	Verba (milhões)
Bairro *P*	13	*P*
Total	**40**	**6**

Cálculo:	$40 . P = 13 . 6$ $P = 78 / 40$ $P = 1,95$

Para o cálculo da verba a ser destinada ao bairro *R*, ignoramos as linhas dos outros dois bairros e procedemos conforme o anterior.

Bairros	Habitantes (mil)	Verba (milhões)
Bairro *R*	12	*R*
Total	**40**	**6**

Cálculo:	$40 . R = 12 . 6$ $R = 72 / 40$ $R = 1,8$

Sabemos que ao bairro *P* cabe a verba de 1,95 milhão e ao bairro *R* a verba de 1,8 milhão. Ou seja, *P* deve receber 0,15 milhão a mais que *R*.

Porcentualmente, a diferença corresponde a:	Dif = 0,15 / *R* Dif = 0,15 / 1,8 Dif = 0,08333 = 8,3%

Resposta correta: O bairro *P* receberá um valor, em relação ao bairro *R*, que é um número entre 5% e 10% a mais.

3.3. Regra de três

Regra de três simples:

A regra de três é uma importante ferramenta para resolver as questões que abordam grandezas proporcionais.

Usando um termo mais técnico, denominamos a regra de três por "quarta proporcional", onde são conhecidos três valores de uma sequência de quatro e, mantida a proporção, descobrimos o quarto valor.

$$\frac{a}{b} = \frac{c}{X}$$

Para resolver e achar o valor de *X*, multiplica-se em cruz ou, como dito anteriormente, no item proporção, o produto dos extremos é igual ao produto dos meios.

$$\frac{a}{b} = \frac{c}{X}$$

$$aX = bc$$

$$X = \frac{bc}{a}$$

Como o estudo de raciocínio lógico-matemático requer mais prática que teoria, veja como a FCC abordou esse tópico na prova para Analista Judiciário do TRF da 3º Região, realizada em abril de 2016.

"A bula de um suplemento alimentar indica que a dosagem correta não deve exceder semanalmente 2 onças de suplemento por cada 11 libras de massa do usuário. Adotando nos cálculos que 1 onça equivale a 28 g, e que 2,2 libras equivalem a 1 kg, se uma pessoa de 60 kg consumir a dosagem máxima semanal, distribuída em doses diárias iguais, ela irá ingerir diariamente uma quantidade de suplemento, em gramas, igual a".

Dosagem semanal	2 onças para cada 11 libras

Onças em gramas	**Libras em quilos**
1 onça = 28 g 2 onças = x	2,2 libras = 1 kg 11 libras = y
x = 28 . 2 x = 56 g	2,2y = 11 y = 5

Cálculo da dosagem de uma pessoa de 60 kg:

Dosagem semanal 56 g de suplemento para 5 kg de peso corporal
56 → 5 x → 60
5x = 56 . 60 x = 672 g

Dosagem diária
Dia = 672 / 7 Dia = 96 g

Resposta correta: deverá ingerir diariamente uma quantidade de suplemento, em gramas, igual a 96.

Relação Diretamente Proporcional.

A proporção é direta quando são comparadas duas grandezas e a variação de uma provoca a variação proporcional da outra no mesmo sentido.

Por exemplo, para fazer uma receita de bolo usamos vários ingredientes, entre eles ovos e farinha de trigo. Se o desejo é fazer uma receita maior, aumentamos a quantidade de ovos e a quantidade de farinha. Por outro lado, para um bolo menor, ambos os ingredientes devem ser reduzidos, mantendo-se a mesma proporção.

É importante esta análise para a resolução da regra de três porque, apesar de não ter implicação alguma quando a relação é direta, a relação inversa exige que seja feito um procedimento antes de efetivamente resolvermos a regra de três.

Relação Inversamente Proporcional.

Diferente da proporção direta, na relação inversa há variação entre as grandezas comparadas em sentidos contrários.

Por exemplo, uma pessoa dedica meia hora por dia para fazer a leitura de determinado livro e, assim, a leitura estará concluída em 12 dias. Se essa mesma pessoa passar a dedicar três horas por dia, vai acabar a leitura do livro em um prazo menor. Assim, aumenta-se o tempo diário de leitura e o prazo para o término do livro reduz (aumenta uma grandeza enquanto a outra reduz).

Ao resolver problemas de regra de três em que a relação seja inversamente proporcional é necessário a alteração da posição dos valores de uma das grandezas. Aproveitando o exemplo citado temos:

Horas por dia	Tempo para a conclusão
½ ou 0,5	12
3	*X*

Como a relação é inversamente proporcional, faz-se a inversão das posições dos valores de uma das grandezas.

Horas por dia	Tempo para a conclusão
3	12
0,5	X

Após a alteração (Horas por dia), a resolução é feita normalmente com a multiplicação cruzada.	$3X = 0{,}5 . 12$ $X = \frac{6}{3}$ $X = 2$

Conclui-se que passando o tempo de leitura diária de meia hora para três horas, o livro será lido em dois dias.

Regra de três composta:

Para a resolução dos problemas que apresentam mais de duas grandezas lança-se mão da regra de três composta, cujo desenvolvimento obedece ao seguinte regramento:

- Posicionar as grandezas em linhas e colunas.
- Analisar se as relações são direta ou inversamente proporcionais.
- Alterar as posições das grandezas inversamente proporcionais.
- Isolar a coluna na qual se encontra a variável e fazer o produto das demais.
- Resolver como uma regra de três simples.

Exemplo:

A linha de produção de uma indústria trabalhando 12 horas por dia, durante 5 dias da semana é capaz de produzir 60 geradores de energia. Se a indústria passar a trabalhar 7 dias na semana, qual será a carga horária de trabalho para produzir 140 geradores?

Resolvendo passo a passo:

- Posicionar as grandezas em linhas e colunas.

Horas por dia	Dias trabalhados	Quantidade de geradores
12	5	60
X	7	140

- Analisar se as relações são direta ou inversamente proporcionais.

A análise da proporcionalidade das grandezas é feita duas a duas. Compara-se aquela que contém a variável X com cada uma das demais.

"Horas por dia" em relação a "Dias trabalhados".

Quando comparamos duas grandezas, as demais são consideradas constantes, assim, na comparação de "Horas por dia" e "Dias trabalhados", a terceira deve ser ignorada (como se a "Quantidade de geradores" permanecesse inalterada).

Imaginando o aumento das horas de trabalho por dia, para produzir a mesma quantidade de geradores, os dias de trabalho serão reduzidos. Nesse caso a relação é inversamente proporcional (aumento das "Horas por dia" e redução dos "Dias trabalhados").

Horas por dia	Dias trabalhados	Quantidade de geradores
↑	↓	

"Horas por dia" em relação a "Quantidade de geradores".

Agora, os "Dias trabalhados", que não faz parte da relação, deve ser considerado uma grandeza fixa.

Aumentando as horas de trabalho diário, durante o mesmo período de dias, a quantidade de geradores produzidos também será proporcionalmente aumentada. A relação entre "Horas por dia" e "Quantidade de geradores" é diretamente proporcional.

Horas por dia	Dias trabalhados	Quantidade de geradores
↑	↓	↑

- Alterar as posições das grandezas inversamente proporcionais.

No caso, altera-se a posição dos valores da grandeza "Dias trabalhados" (tem a seta invertida). O mesmo resultado será obtido caso a alteração das posições seja feita conjuntamente nas grandezas "Horas por dia" e "Quantidade de geradores".

Horas por dia	Dias trabalhados	Quantidade de geradores
12	7	60
X	5	140

- Isolar a coluna na qual se encontra a variável e fazer o produto das demais.

Horas por dia	Produto: "Dias trabalhados" por "Quantidade de geradores"
12	7 . 60
X	5 . 140

- Resolver como uma regra de três simples.

Multiplicação cruzada.	$(7.60)X = 12(5.140)$ $X = \frac{8400}{420}$ $X = 20$

A resolução da regra de três torna-se mais fácil fazendo as simplificações (mesma linha ou mesma coluna) antes de iniciar as operações.

A resolução do problema demonstra que são necessárias 20 horas de trabalho por dia para produzir 140 geradores em 7 dias.

IMPORTANTE!

Tanto para a regra de três simples como para a composta, lembre-se de analisar se as grandezas são direta ou inversamente proporcionais.

3.4. Porcentagem

A porcentagem é uma razão, ou seja, é uma fração que tem como característica a base 100. Quando escrito de modo formal, o número é acompanhado pelo símbolo da porcentagem "%".

Como se trata de uma razão, é possível que seja efetuada a divisão e, nesse caso, a porcentagem é apresentada na forma de número decimal.

Razão centesimal:

A razão centesimal ou fração de base 100 tem o denominador com esse valor. Assim, a porcentagem pode ser representada:

Razão centesimal	Número decimal	Porcentagem
0,5/100	0,005	0,5%
1/100	0,01	1%
4,3/100	0,043	4,3%
25/100	0,25	25%
100/100	1	100%
650/100	6,5	650%
1200/100	12	1200%

Para as provas de concursos, especificamente para as questões que tratam de aumento ou redução percentual, um recurso bastante interessante é o fator de multiplicação.

Fator de multiplicação:

O fator de multiplicação é um número decimal que permite o cálculo, de forma direta, do valor resultante de um acréscimo percentual ou desconto percentual.

IMPORTANTE!

Fator de multiplicação para aumento percentual:

FM = 1 + Porcentagem

Fator de multiplicação para desconto percentual:

FM = 1 – Porcentagem

Onde:

FM = fator de multiplicação

A porcentagem deve ser representada pelo número decimal.

Veja alguns exemplos de fator de multiplicação.

Porcentagem	Número decimal	Fator para acréscimo	Fator para desconto
0,2%	0,002	1,002	0,998
5%	0,05	1,05	0,95
36%	0,36	1,36	0,64
89%	0,89	1,89	0,11

Uma questão de porcentagem.

"Determinada mercadoria é classificada em dois tipos de categorias de acordo com o seu índice de impureza: médio (M) e baixo (B). A mercadoria do tipo M é vendida ao preço de "três por R$ 99,00", e a do tipo B ao preço de "duas por R$ 99,00". Em determinada época do ano o fabricante da mercadoria vendeu um lote, contendo a mesma quantidade de mercadorias dos tipos M e B, ao preço de "cinco por R$ 198,00". Na venda desse lote o fabricante" (TRF 3ª R – FCC – 2016).

Iniciamos com o levantamento dos dados dispostos no enunciado da questão.

Informações dadas	Valores unitários
M: 3 unidades por R$ 99,00 *B*: 2 unidades por R$ 99,00 Venda (mesmas quantidades. para *A* e *B*): 5 unidades por R$ 198,00	$M = 99 / 3 = 33,00$ $B = 99 / 2 = 49,50$ $V = 198 / 5 = 39,60$

O fabricante fez uma venda contendo as mesmas quantidades de mercadorias dos tipos *M* e *B*. Motivo pelo qual faremos uma simulação de venda de duas unidades, assim, teremos quantidades iguais (uma de cada).

Você poderia, por hipótese, considerar a venda de 20 unidades, 10 do tipo *M* e outras 10 do tipo *B*.

Venda efetivada	Venda pelos valores corretos
$VE = 2 \times V$ $VE = 2 \times 39,60$ $VE = 79,20$	$VC = M + B$ $VC = 33,00 + 49,50$ $VC = 82,50$
VE: venda efetivada	*VC*: venda correta

Houve uma perda de R$ 3,30.

Calculo do % sobre a perda
$P = 3,30 / 82,50$ $P = 0,04$

O resultado está em número decimal, o qual corresponde a 4%.

Resposta correta: na venda desse lote o fabricante perdeu 4%.

Observação:

O cálculo do percentual é realizado pelo valor trabalhado (no caso: valor da perda), ou seja, R$ 3,30. Este valor é dividido pelo valor de referência (valor correto de venda), ou seja, R$ 82,50.

3.5. Problemas

O item "problemas", conforme mencionado no item 1.5., aparece em questões contextualizadas e cobra todo o conteúdo, no caso, números e grandezas proporcionais.

Tão importante como o conhecimento do conteúdo matemático é a capacidade de interpretação e conversão da linguagem escrita em linguagem numérica para, na sequência, desenvolver e chegar à resposta para o problema.

DICA

A leitura do enunciado das questões de raciocínio lógico-matemático deve ser feita em partes e, concomitantemente, separando os dados disponibilizados e os transformando em expressões matemáticas.

Não há nada além disso, senão praticar e praticar!

<u>Problema</u>:

"Um comerciante compra certa mercadoria por R$ 149,50 e estabelece o preço de venda levando em consideração que ele quer obter um lucro de 20% sobre o preço de venda, e que ele deverá pagar um imposto de 15% sobre o mesmo preço de venda. Nas condições dadas, o preço de venda da mercadoria deverá ser, em R$, de" (TRT 14ª R – FCC – 2016).

Resolução passo a passo:

"Um comerciante compra certa mercadoria por R$ 149,50..."	Custo = 149,50 $C = 149{,}50$
"... e estabelece o preço de venda levando em consideração que ele quer obter um lucro de 20% sobre o preço de venda..."	Lucro = 0,2 . Preço de Venda $L = 0{,}2V$
"e que ele deverá pagar um imposto de 15% sobre o mesmo preço de venda."	Imposto = 0,15 . Preço de Venda $I = 0{,}15V$

Fizemos uma única leitura e separamos todas as informações dadas no enunciado. Seguimos com a resolução para descobrir o que a questão nos solicita: valor pelo qual a mercadoria deverá ser vendida.

O preço de venda é composto, no caso apresentado, pelo custo da mercadoria acrescido do imposto devido mais o lucro desejado.

Preço de venda	$V = C + I + L$ $V = 149{,}50 + 0{,}15V + 0{,}2V$ $V - 0{,}35V = 149{,}50$ $0{,}65V = 149{,}50$ $V = 230{,}00$

Resposta correta: o preço de venda da mercadoria deverá ser de R$ 230,00.

IMPORTANTE

A porcentagem sempre é calculada sobre uma base que é o seu referencial. A base corresponde a 100% e sobre ela são calculadas as demais porcentagens.

Preste atenção, o examinador vai dizer: "desconto <u>sobre o valor de vendas</u>", "lucro <u>sobre o custo</u>", "quanto representa <u>sobre o total</u>", "qual a perda <u>em relação ao produto *A*</u>".

Por exemplo, nesta questão foram utilizadas as expressões:

- Lucro de 20% <u>sobre o preço de venda</u>.
- Imposto de 15% <u>sobre o preço de vendas</u>.

Portanto, a base para o cálculo da porcentagem é o preço de venda.

Caso a questão tivesse mencionado Lucro sobre o valor da compra, alteraríamos a forma de calcular e o referencial passaria a ser o custo da mercadoria.

4. LÓGICA PROPOSICIONAL

4.1. Proposição

Proposição é qualquer conjunto de palavras ou símbolos que expressam uma ideia com sentido completo.

Para facilitar a compreensão, saiba que a sentença possível de ser classificada como verdadeira ou falsa é uma proposição. A esta classificação chamamos de valor lógico da proposição.

IMPORTANTE!
Uma sentença é considerada proposição quando puder ser classificada como verdadeira ou falsa.

Não são consideradas proposições:

- Sentenças imperativas: "Vai estudar".
- Sentenças interrogativas: "Vai estudar?".
- Sentenças exclamativas: "Estude!".
- Sentenças abertas: "Saiu o edital".
- Conjunto de palavras sem sentido completo: "Concurso, edital, estudar".

Nas sentenças abertas, a informação não é clara. Exemplo: "Saiu o edital".

Não sabemos a que edital se refere. Pode ser edital de compras para uma prefeitura, edital de leilão de automóveis do Detran ou mesmo um edital de determinado concurso público.

4.2. Conectivos

As proposições simples unem-se por meio de operadores lógicos, ou conectivos, para formar as proposições compostas.

Passaremos, então, à revisão de cada um dos conectivos.

4.2.1. Conjunção

A conjunção representa adição de proposições simples por meio do conectivo "e" ou simbolicamente representado por "∧".

A proposição composta conjuntiva é válida quando ambas as sentenças são verdadeiras.

p	*q*	$p \wedge q$
V	V	V
V	F	F
F	V	F
F	F	F

Exemplo:

"*Carlos é engenheiro e Eliane não é secretária*" (TRF 3ª R – FCC – 2016).

A sentença é uma proposição composta que, na simbologia lógica, é representada por "$p \wedge q$", sendo:

p	∧	*q*
Carlos é engenheiro	e	Eliane não é secretária

p = Carlos é engenheiro.

q = Eliane não é secretária.

∧ = Conectivo "e".

Em se tratando de uma proposição composta conjuntiva, para que ela seja verdadeira, é necessário que as duas proposições simples, p e q, sejam verdadeiras (primeira linha da tabela verdade). Assim, basta que uma das informações (a respeito de Carlos ou a respeito de Eliana) seja falsa para que a proposição composta seja falsa também.

MEMORIZAR

A conjunção só será verdadeira quando ambas as proposições simples que a compõem tiverem valor lógico verdade. Será falsa nos demais casos.

4.2.2. Disjunção

A disjunção é o conectivo que constrói uma sentença com uma ideia de escolha, de opção. Basta que apenas uma das orações (proposições simples) seja correta para que a sentença (proposição composta) também seja.

Na proposição composta disjuntiva está presente o conectivo "ou", cuja representação simbólica é o "V".

p	*q*	*p* V *q*
V	V	V
V	F	V
F	V	V
F	F	F

Reparem que, na tabela do "ou", o importante é que a única linha em que encontramos o resultado falso é a última, as demais são verdadeiras. Só estaremos diante de uma sentença falsa se ambas as proposições simples, separadamente, apresentarem valor lógico falso.

MEMORIZAR

A disjunção só será falsa quando ambas as proposições simples que a compõem forem falsas. Será verdadeira nos demais casos.

Exemplo: "*Comprei frango ou não comprei farinha*" (TCE-CE – FCC – 2015).

p	V	*q*
Comprei frango	ou	não comprei farinha

Na situação definida pela proposição composta disjuntiva (conectivo "ou"), se apenas uma das proposições simples for verdadeira, toda a informação será verdadeira também. Ou seja, se realmente eu "comprei frango", toda a sentença está correta, mesmo que a outra proposição simples "não comprei farinha" seja falsa.

4.2.3. Disjunção exclusiva

Também é uma disjunção, porém exclusiva, com pequena diferença se comparado com a proposição anterior.

Veja o exemplo: "*Ou Bruno é médico, ou Carlos não é engenheiro*" (TRF 3ª R – FCC – 2016).

A diferença é sutil, mas importante. O fato é que o "ou" que inicia a frase faz parte do conectivo e restringe a escolha em apenas uma das proposições simples.

No exemplo, se a primeira proposição simples for verdadeira, a segunda deve ser falsa, e vice versa.

Outro detalhe que a diferencia da disjunção é quanto ao símbolo. O sinal que representa o conectivo da disjunção exclusiva é sublinhado: "$\underline{V}$".

	p	$\underline{V}$	*q*
ou	Bruno é médico	ou	Carlos não é engenheiro

Lembre-se, o primeiro "ou" faz parte do conectivo cuja leitura é: "ou... ou".

As proposições são mutuamente excludentes. Assim, apenas uma delas pode ser verdadeira, consequentemente, a outra será necessariamente falsa. Ambas nunca poderão ser, ao mesmo tempo, verdadeiras e nunca poderão ser, ao mesmo tempo, falsas.

A tabela verdade para a disjunção exclusiva é a seguinte:

p	*q*	$p \underline{V} q$
V	V	F
V	F	V
F	V	V
F	F	F

MEMORIZAR

A disjunção exclusiva será verdadeira quando as duas partes tiverem valores lógicos distintos, uma verdadeira e outra falsa. E será falsa quando ambas as proposições simples que a compõem forem verdadeiras ou ambas forem falsas.

4.2.4. *Condicional*

A condicional é a proposição composta mais cobrada em concursos públicos, portanto a mais importante. É representada pela seta "→", cuja leitura é "se... então...".

Exemplo: "*Se Alberto for à festa, então Bernardo também irá*" (DPE-RR – FCC – 2015).

É imprescindível que você saiba que a proposição composta condicional será falsa em apenas uma situação: quando a primeira proposição simples for verdadeira e a segunda proposição simples for falsa.

No exemplo, se é verdade a primeira parte, ou seja, Alberto realmente foi à festa, implica a verdade da segunda parte. Caso contrário, se a segunda parte for falsa, Bernardo não foi à festa, concluímos que a proposição composta é falsa.

MEMORIZAR

A condicional somente será falsa quando a primeira parte for verdadeira e a segunda for falsa. Para as outras três combinações, a proposição composta será verdadeira.

Os termos da condicional possuem ainda outra característica: são classificados como suficiente e necessário o primeiro e o segundo termo, respectivamente.

Suficiente:

Aproveitando o exemplo, é correto dizer que: "Alberto ir à festa" é condição suficiente para "Bernardo também ir".

O primeiro termo da proposição composta condicional é condição suficiente para o segundo.

Necessária:

Por outro lado, "Bernardo ter ido à festa" é condição necessária para "Alberto também ter ido à festa".

O segundo termo da proposição composta condicional é condição necessária para o primeiro.

A representação do que foi explicado está sintetizada na tabela verdade da condicional:

p	*q*	$p \to q$
V	V	V
V	F	F
F	V	V
F	F	V

As seguintes expressões podem ser empregadas como equivalentes à condicional "se *p*, então *q*":

- Se *p*, *q*.
- *q*, se *p*.
- *p* é condição suficiente para *q*.

- *q* é condição necessária para *p*.
- Quando *p*, *q*.
- *p* implica *q*.

Então, podemos encontrar a mesma proposição escrita de diversas formas distintas. Veja as variações para a proposição condicional *"Se Alberto for à festa, então Bernardo também irá"*.

Se *p*, *q*	Se Alberto for à festa, Bernardo também irá.
q, se *p*	Bernardo também irá, se Alberto for à festa.
p é condição suficiente para *q*	Alberto ir à festa é condição suficiente para Bernardo também ir.
q é condição necessária para *p*	Bernardo também ir é condição necessária para Alberto ir à festa.
Quando *p*, *q*	Quando Alberto for à festa, Bernardo também irá.
p implica *q*	Alberto ir à festa implica que Bernardo também irá.

4.2.5. *Bicondicional*

A bicondicional é formada a partir da proposição condicional cujos termos são, ao mesmo tempo, suficientes e necessários, ou seja, "$p \rightarrow q$ e $q \rightarrow p$". É representada pelo conectivo $\leftrightarrow$, lê-se "se, e somente se".

Exemplo: *"Pedro gosta de comida japonesa se e somente se Raquel não gosta de comida italiana"* (IF-BA – FUNRIO – 2016).

p	$\leftrightarrow$	*q*
Pedro gosta de comida japonesa	se e somente se	Raquel não gosta de comida italiana

A informação é equivalente a duas proposições condicionais simultâneas:

"Se Pedro gosta de comida japonesa, então Raquel não gosta de comida italiana e se Raquel não gosta de comida italiana, então Pedro gosta de comida japonesa".

Conclusão, a proposição bicondicional "*p* se, e somente se, *q*" equivale à proposição composta: "se *p* então *q* e se *q* então *p*", ou seja, $p \leftrightarrow q$ é equivalente à proposição "$(p \rightarrow q) \wedge (q \rightarrow p)$".

Sabendo que a frase "*p* se, e somente se, *q*" é representada por "$p \leftrightarrow q$", então nossa tabela verdade será a seguinte:

p	*q*	$p \leftrightarrow q$
V	V	V
V	F	F
F	V	F
F	F	V

MEMORIZAR

A bicondicional será verdadeira quando os valores lógicos das duas proposições simples que a compõem forem iguais. Por outro lado, será falsa quando ambas as proposições simples forem diferentes, uma verdadeira e a outra falsa.

4.2.6. *Resumo esquematizado*

Podemos resumir as principais informações sobre os conectivos no seguinte quadro:

Conectivo	Estrutura lógica	A proposição composta é verdadeira quando:	A proposição composta é falsa quando:
Conjunção	$p \wedge q$	Ambas as proposições simples forem verdadeiras.	Pelo menos uma das proposições simples for falsa.
Disjunção	$p \vee q$	Pelo menos uma proposição simples for verdadeira.	Ambas as proposições simples forem falsas.
Disjunção exclusiva	$p \underline{\vee} q$	Os valores lógicos das proposições simples forem diferentes.	Os valores lógicos das proposições simples forem iguais.
Condicional	$p \rightarrow q$	Em todas as situações, exceto quando: o primeiro termo for verdadeiro e o segundo for falso.	O primeiro termo for verdadeiro e o segundo for falso.
Bicondicional	$p \leftrightarrow q$	Os valores lógicos das proposições simples forem iguais.	Os valores lógicos das proposições simples forem diferentes.

4.3. Negação das proposições

A negação da proposição simples faz-se com a inversão do valor lógico.

Proposição simples	Negação da proposição simples
p	$\sim p$
$\sim p$	p

Para as proposições compostas existem as seguintes regras:

<u>Conjunção</u>:

Fórmula lógica	Negação	Regra
$p \wedge q$	$\sim p \vee \sim q$	Negar ambas as proposições simples e alterar o conectivo para disjunção.

<u>Disjunção</u>:

Fórmula lógica	Negação	Regra
$p \vee q$	$\sim p \wedge \sim q$	Negar ambas as proposições simples e alterar o conectivo para conjunção.

<u>Condicional</u>:

Fórmula lógica	Negação	Regra
$p \rightarrow q$	$p \wedge \sim q$	Manter o primeiro termo inalterado, negar o segundo termo e alterar o conectivo para conjunção.

<u>Bicondicional</u>:

Fórmula lógica	Negação	Regra
$p \leftrightarrow q$	$p \underline{\vee} q$	Alterar o conectivo de bicondicional para disjunção exclusiva.

A negação da bicondicional não é comumente solicitada, mesmo porque esta não é uma classificação adotada por todas as bancas.

As tabelas verdade da bicondicional e da disjunção exclusiva são uma o inverso da outra, por isso, a associação de que uma é a "negação" da outra.

Exemplo:

Proposição composta bicondicional	Negação
Carlos é aprovado no concurso **se, e somente se,** estudar muito.	Carlos **ou** foi aprovado no concurso **ou** estudou muito.

Na prática, trabalhamos assim com a negação das proposições:

"*Considere, abaixo, as afirmações e o valor lógico atribuído a cada uma delas entre parênteses.*

– *Ou Júlio é pintor, ou Bruno não é cozinheiro (afirmação FALSA).*

– *Se Carlos é marceneiro, então Júlio não é pintor (afirmação FALSA).*

– *Bruno é cozinheiro ou Antônio não é pedreiro (afirmação VERDADEIRA).*

A partir dessas afirmações" (TRF 3º R – FCC – 2016).

Dizer que uma afirmação é falsa significa que tal afirmação traz uma informação mentirosa.

Para a resolução de questões que trazem uma sequência de proposições (estrutura lógica), devemos trabalhar com informações verdadeiras.

Por isso, antes de iniciarmos a resolução propriamente dita, devemos proceder a negação das afirmações falsas, transformando-as em informações verdadeiras.

Vejamos na questão.

Proposição composta	Negação
Ou Júlio é pintor, ou Bruno não é cozinheiro.	*Júlio é pintor se, e somente se, Bruno não é cozinheiro.*

A negação da disjunção exclusiva (ou... ou) é sua transformação em bicondicional.

Proposição composta	Negação
Se Carlos é marceneiro, então Júlio não é pintor.	*Carlos é marceneiro e Júlio é pintor.*

Recordando, a negação da condicional faz-se com a manutenção do valor lógico do primeiro termo, alteração do valor lógico do segundo termo e substituição do conectivo pela conjunção "e".

Fizemos a negação, portanto, a informação que era falsa passa a ser verdadeira. Logo, concluímos que Carlos é marceneiro e Júlio é pintor.

Usamos essas informações na estrutura lógica abaixo, já com as negações das proposições compostas.

Estrutura apresentada	Estrutura a ser trabalhada Todas as afirmações são verdadeiras.
– *Ou Júlio é pintor, ou Bruno não é cozinheiro (afirmação FALSA).* – *Se Carlos é marceneiro, então Júlio não é pintor (afirmação FALSA).* – *Bruno é cozinheiro ou Antônio não é pedreiro (afirmação VERDADEIRA).*	– *Júlio é pintor se, e somente se, Bruno não é cozinheiro (afirmação VERDADEIRA).* – *Carlos é marceneiro e Júlio é pintor (afirmação VERDADEIRA).* – *Bruno é cozinheiro ou Antônio não é pedreiro (afirmação VERDADEIRA).*

Começamos definindo os valores lógicos das proposições simples (as verdadeiras sublinhadas e as falsas riscadas).

Júlio é pintor	↔	*Bruno não é cozinheiro*
Carlos é marceneiro	∧	*Júlio é pintor*
Bruno é cozinheiro	∨	*Antônio não é pedreiro*

Na primeira linha, como sabemos que na bicondicional os dois termos têm que ter o mesmo valor lógico, concluímos que Bruno não é cozinheiro.

Júlio é pintor	↔	*Bruno não é cozinheiro*
Carlos é marceneiro	∧	*Júlio é pintor*
~~*Bruno é cozinheiro*~~	∨	*Antônio não é pedreiro*

Para encerrar, terceira linha, na disjunção, pelo menos um termo deve ser verdadeiro. Como o primeiro é falso, o segundo, obrigatoriamente, é verdadeiro.

Júlio é pintor	↔	*Bruno não é cozinheiro*
Carlos é marceneiro	∧	*Júlio é pintor*
~~*Bruno é cozinheiro*~~	∨	*Antônio não é pedreiro*

Conclusão: Júlio é pintor, Bruno não é cozinheiro, Carlos é marceneiro e Antônio não é pedreiro.

Resposta correta: Carlos é marceneiro e Antônio não é pedreiro.

4.4. Equivalência das proposições compostas

São quatro as proposições que admitem a simples troca de posição das proposições simples sem a perda de informação: conjunção, disjunção, disjunção exclusiva e bicondicional.

Fórmula lógica	Equivalência	Regra
$p \wedge q$	$q \wedge p$	A equivalência faz-se com a alteração das posições dos termos antecedente e consequente.
$p \vee q$	$q \vee p$	
$p \underline{\vee} q$	$q \underline{\vee} p$	
$p \leftrightarrow q$	$q \leftrightarrow p$	

O mais importante para a sua prova são as seguintes regras, em especial a que trata da proposição composta condicional.

Bicondicional:

A equivalência da bicondicional, além da alteração das posições (como acabamos de ver), pode ser feita com a repetição de sua principal característica: duas vezes a condicional.

Fórmula lógica	Equivalência	Regra
$p \leftrightarrow q$	$(p \rightarrow q) \wedge (q \rightarrow p)$	A bicondicional transforma-se em duas condicionais (em uma delas altera-se a posição das proposições simples) ligadas pela conjunção "e".

Condicional:

São duas as equivalências da proposição condicional. Um dos itens mais cobrados em lógica proposicional.

Fórmula lógica	Equivalência	Regra
$p \rightarrow q$	$\sim p \vee q$	Negar o primeiro termo, alterar o conectivo para disjunção "ou" e manter o valor lógico do segundo termo.

Ou

Fórmula lógica	Equivalência	Regra
$p \rightarrow q$	$\sim q \rightarrow \sim p$	Alterar a posição dos termos, negar as duas proposições simples e manter o mesmo conectivo "se... então".

Outras equivalências:

Fórmula lógica	Equivalência
$(p \rightarrow r) \wedge (q \rightarrow r)$	$(p \vee q) \rightarrow r$
$(p \rightarrow r) \vee (q \rightarrow r)$	$(p \wedge q) \rightarrow r$

4.5. Fórmulas proposicionais

Tautologia:

A proposição composta é uma tautologia quando for verdadeira para todas as possíveis combinações de valores lógicos das proposições simples que a compõem.

Contradição:

Contrária à tautologia, a proposição composta é uma contradição quando o resultado é sempre falso para todas as combinações entre os valores lógicos das proposições simples que a compõem.

Contingência:

Por exclusão, quando a proposição composta não for tautologia nem contradição, então será uma contingência.

5. ESTRUTURAS LÓGICAS

5.1. Argumento

Usamos a argumentação, baseada no raciocínio, para conquistar o convencimento do outro.

O raciocínio envolve juízos existentes, objetivando chegar a conclusões adequadas. Já a argumentação faz uso de raciocínio baseado em lastros sólidos e argumentações aceitáveis.

Para o raciocínio lógico, objeto de concursos públicos, argumento é a relação entre um conjunto de proposições (sentenças declarativas) com uma proposição conclusiva. Nessa relação, denominam-se premissas as primeiras, que resultam em uma sentença declarativa denominada "conclusão".

A representação do argumento é:

Premissa 1 Premissa 2 Premissa 3 Premissa *n*
Conclusão

Silogismo:

O silogismo é uma construção especial de argumentação na qual estarão presentes duas, e somente duas, premissas e a conclusão. Muito explorado em provas, principalmente com a inserção dos termos: todo, algum e nenhum.

Validade do argumento:

É importante não confundir valor lógico de cada uma das premissas (verdadeira ou falsa) com o valor lógico da argumentação (validade do argumento). O argumento poderá ter premissas verdadeiras, conclusão verdadeira, mas a relação entre premissas e conclusão não foi o que garantiu a verdade da última. Então, estamos diante de um argumento inválido.

Ainda, encontraremos argumentação válida para uma conclusão com valor lógico falso. Ou seja, a estrutura está correta, porém a falsidade de uma das premissas resultou em uma conclusão falsa. O resultado foi totalmente deduzido das premissas, a estrutura está correta, o argumento é válido.

ATENÇÃO!

As premissas e a conclusão são classificadas por seus valores lógicos (verdadeiros e falsos). A estrutura ou argumentação é classificada como válida ou inválida. Será válida quando a conclusão estiver totalmente fundamentada nas premissas que a antecedem.

5.2. Proposições categóricas

Diagramas lógicos:

Os diagramas lógicos são representações gráficas a serem utilizados na resolução das questões de raciocínio lógico que envolvem proposições associadas aos termos: todo, algum e nenhum. São as ditas "proposições categóricas".

Proposição categórica é composta por um quantificador (todo, algum e nenhum) e está associada a uma oração com sujeito e predicado, como por exemplo:

"Algumas provas são difíceis".	Quantificador: algumas Sujeito: provas Predicado: são difíceis

Os conjuntos ou diagrama de *Venn* serão a base para o estudo dos diagramas lógicos.

<u>Classificação das proposições</u>:

Quanto à quantidade	**Universal**	Todo, nenhum
	Particular	Algum, este
	Singular	Sujeito unitário
	Indeterminada	Não há referências quanto ao sujeito
Quanto à qualidade	**Afirmativa**	Não existe partícula negativa
	Negativa	Não, nem, nenhum

Os quantificadores explorados nas provas são: todo, algum e nenhum.

<u>Todo</u>:

"Todo *A* é *B*".

São duas proposições simples ligadas pelo conectivo "todo". O conjunto *A* está contido no conjunto *B* (*A* é um subconjunto de *B*).

Graficamente:

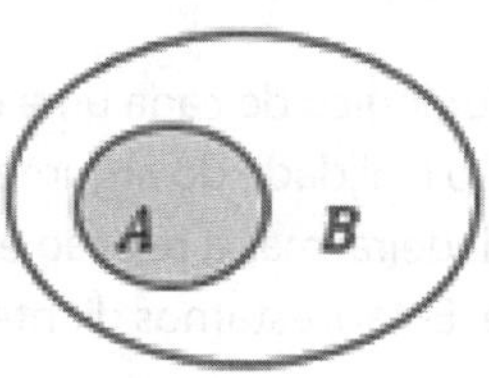

<u>Algum</u>:

"Algum *A* é *B*".

Para o quantificador "algum", consideram-se como sinônimos as expressões "pelo menos um" ou simplesmente "existem".

Independente da forma como se apresenta na questão: "algum", "alguns", "existe", "existem" ou "pelo menos um", a interpretação é a mesma.

Graficamente:

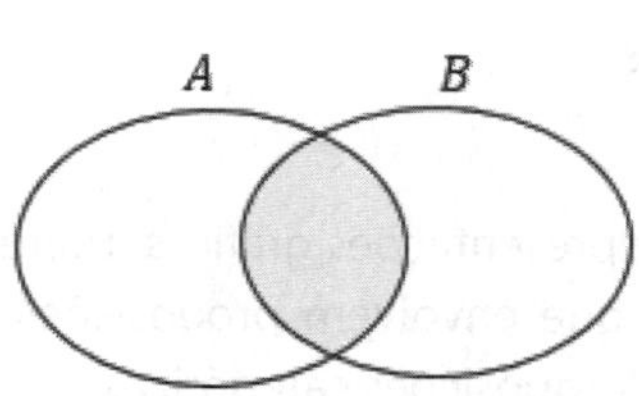

O termo que melhor explica essa situação é "pelo menos um", ou seja, pelo menos um elemento do conjunto *A* pertence ao conjunto *B*.

Esse mesmo diagrama também representa a proposição "algum *A* não é *B*":

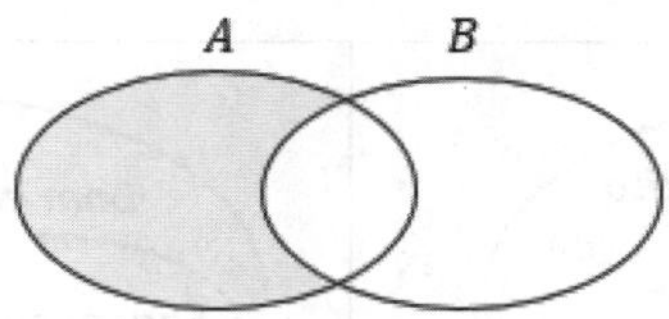

Nenhum:

Para a expressão "nenhum *A* é *B*" não há intersecção entre os conjuntos, pois os elementos do conjunto *A* são totalmente distintos dos elementos do conjunto *B*.

Graficamente:

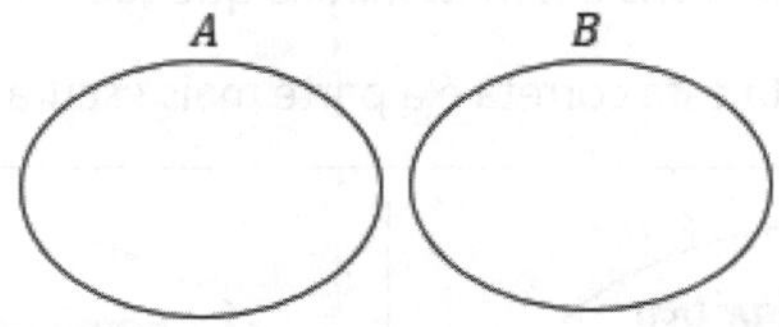

As representações gráficas, por meio dos diagramas de *Venn*, serão a ferramenta para a resolução de questões que trazem as proposições categóricas.

Veja o exemplo:

"Se 'todo engenheiro é bom em matemática' e 'algum engenheiro é físico', conclui-se corretamente que:" (TRF 3ª R – FCC – 2016).

Analisando as duas proposições, temos:

Todo engenheiro é bom em matemática.	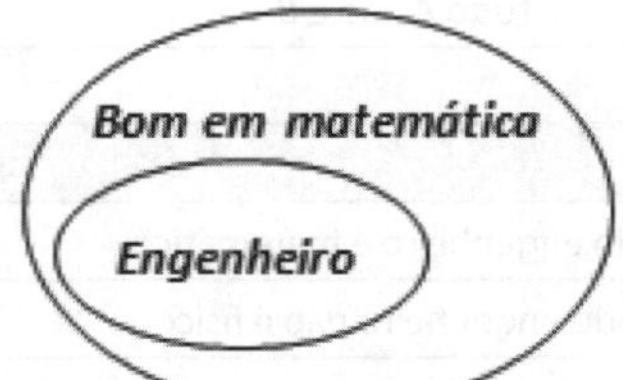

Algum engenheiro é físico.	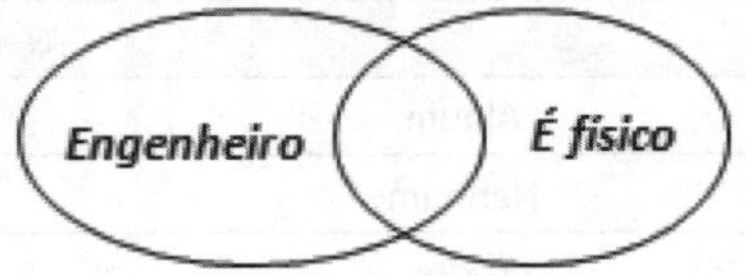

Considerando apenas as informações dadas, juntando as representações gráficas, ficamos com duas combinações possíveis:

Não há informação suficiente para saber se os "físicos" são todos "bom em matemática" ou se alguns não são.	
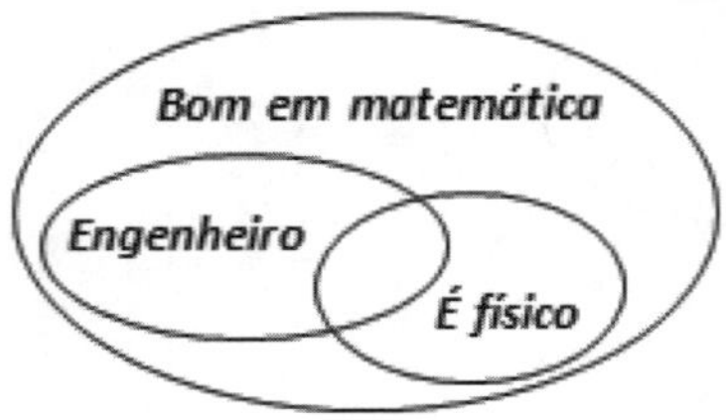	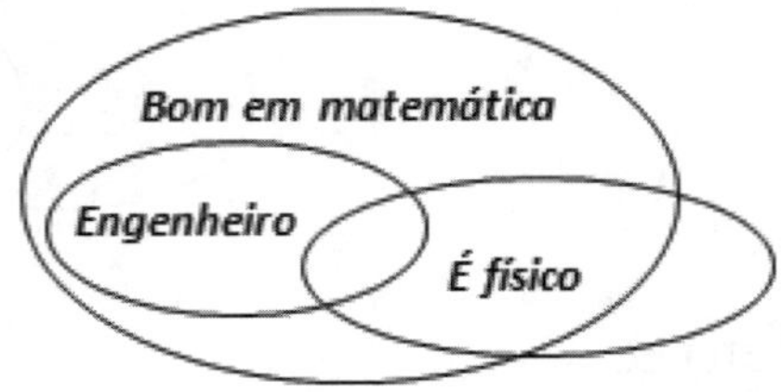

Assim, procuramos uma resposta entre as alternativas que não seja contrária a nenhum dos dois diagramas possíveis.

Resposta correta: existem bons em matemática que são físicos.

A garantia que a resposta está correta é a parte mais escura do desenho.

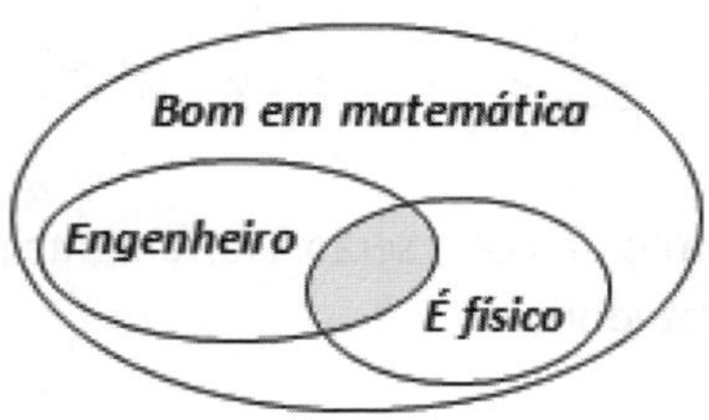	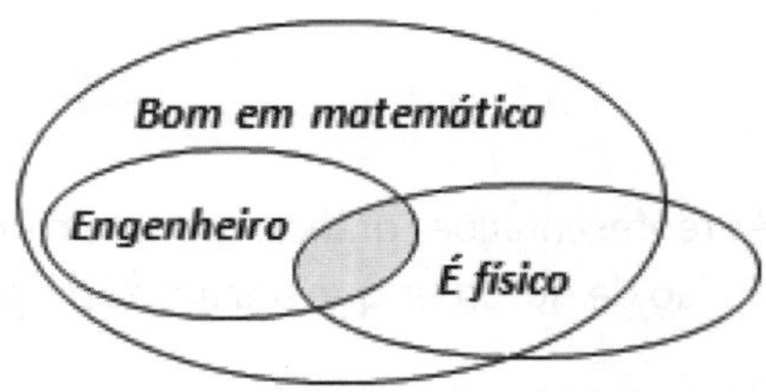

<u>Equivalência das proposições categóricas</u>:

Equivalência	
Todo *A* é *B*	Nenhum *A* não é *B*
Todo *A* não é *B*	Nenhum *A* é *B*

Exemplos	
Todo engenheiro é matemático	Nenhum engenheiro não é matemático
Todo engenheiro não é físico	Nenhum engenheiro é físico

<u>Negação das proposições categóricas</u>:

Negação	
Algum	Nenhum
Nenhum	Algum
Todos	Algum... não

Exemplos	
Algum engenheiro é matemático	Nenhum engenheiro é matemático
Nenhum engenheiro é físico	Algum engenheiro é físico
Todo engenheiro é arquiteto	Algum engenheiro não é arquiteto

5.3. Estruturas lógicas

Os principais autores e professores de Raciocínio Lógico apresentam quatro ou cinco diferentes formas para resolver as questões de estrutura lógica. Inclusive, há aqueles que ensinam e deixam à disposição do concursando todas elas.

Optamos por um único caminho: considerar todas as proposições verdadeiras.

Mesmo entre os autores e professores que trabalham com mais de uma forma para resolução de questões de argumentação, ainda assim, eles indicam esta (considerar todas as proposições verdadeiras) como primeira escolha.

Considerar todas as proposições verdadeiras:

A estrutura lógica é composta de premissas e conclusão, ou seja, uma sequência de proposições, sendo a maioria composta.

IMPORTANTE!

Na resolução da estrutura lógica, o objetivo é definir os valores lógicos de cada uma das proposições simples, de tal forma que as proposições compostas sejam todas verdadeiras.

Para as estruturas que têm entre as proposições uma que seja simples, basta considerar esta proposição verdadeira e, a partir dela, valorar as demais proposições simples.

Caso exista entre as proposições uma composta conjuntiva, basta considerar verdadeiras as proposições simples que a compõem e, a partir delas, valorar as demais proposições simples.

Para os demais casos, há autores que apresentam outros métodos. Porém, optamos por manter o mesmo. Assim, o concursando evita ter que memorizar outro item, entre tantos que são necessários para fazer uma prova de concurso público.

Um dos métodos utilizados, por exemplo, é considerar a conclusão falsa e testar a veracidade das premissas.

Mas, ficamos com o nosso único método.

Caso não exista uma proposição simples de que tenhamos a certeza de ser verdadeira, escolhemos uma (de preferência a que apareça mais vezes) e lhe atribuímos um valor lógico, verdadeiro ou falso.

Efetivamos o teste da veracidade de todas as proposições compostas.

Feito o teste, se não houver nenhuma incompatibilidade entre as proposições, assumimos os valores lógicos definidos. Caso contrário, se encontrarmos alguma contradição, voltamos naquela proposição simples inicial e testamos com o outro valor lógico.

Assim, resolvemos todas as questões de argumentação.

Difícil? Sim, eu concordo. Tem horas que somente a prática vai explicar a teoria.

QUESTÃO:

"Considere verdadeiras as afirmações abaixo.

I. Ou Bruno é médico, ou Carlos não é engenheiro.

II. Se Durval é administrador, então Eliane não é secretária.

III. Se Bruno é médico, então Eliane é secretária.

IV. Carlos é engenheiro.

A partir dessas afirmações, pode-se concluir corretamente que" (TRF 3ª R – FCC – 2016).

Dispomos de quatro proposições, sendo que a última delas é uma proposição simples. Como dito anteriormente, é por ela que começamos, pois sabemos que a informação é verdadeira.

Bruno é médico	$\underline{\vee}$	~~*Carlos não é engenheiro*~~
Durval é administrador	→	*Eliana não é secretária*
Bruno é médico	→	*Eliana é secretária*
	Carlos é engenheiro	

O enunciado da questão nos diz que as afirmações são verdadeiras, logo, Carlos é engenheiro.

Por outro lado, na primeira linha, a informação de que Carlos não é engenheiro é uma proposição falsa.

Deixaremos as proposições verdadeiras sublinhadas e as proposições falsas riscadas.

Ainda, na primeira linha, a disjunção exclusiva implica que uma, e apenas uma, das proposições simples que compõe a proposição composta é verdadeira. Sabendo que uma delas é falsa, a outra, "Bruno é médico", é verdadeira.

A mesma informação repete-se na terceira linha.

Bruno é médico	$\underline{\vee}$	~~*Carlos não é engenheiro*~~
Durval é administrador	→	*Eliana não é secretária*
Bruno é médico	→	*Eliana é secretária*
	Carlos é engenheiro	

Na terceira linha, sabendo que a primeira parte da condicional é verdadeira, concluímos que a segunda parte também é, uma vez que a condicional é falsa somente quando apresenta o termo antecedente verdadeiro e o consequente falso.

Então, Eliana é secretária e a informação é verdadeira. Já, na segunda linha, quando diz que não é secretária, a informação é falsa.

Bruno é médico	V	~~*Carlos não é engenheiro*~~
Durval é administrador	→	~~*Eliana não é secretária*~~
Bruno é médico	→	*Eliana é secretária*
Carlos é engenheiro		

Finalmente, na segunda linha, a segunda parte da condicional é falsa, logo, a primeira parte também é falsa. Caso contrário, teríamos a condicional com primeiro termo verdadeiro e segundo termo falso (único caso em que a condicional é falsa).

Bruno é médico	V	~~*Carlos não é engenheiro*~~
~~*Durval é administrador*~~	→	~~*Eliana não é secretária*~~
Bruno é médico	→	*Eliana é secretária*
Carlos é engenheiro		

Conclusão:

- Bruno é médico;
- Carlos é engenheiro;
- Durval não é administrador;
- Eliana é secretária.

Resposta correta: se Eliane não é secretária, então Bruno não é médico.

Observe que a parte mais difícil da questão foi localizar a resposta correta entre as alternativas. Isso aconteceu porque as alternativas também são proposições composta, portanto, devem ser analisada integralmente e não apenas as proposições simples de forma isolada.

Veja a resposta:

~~Eliana não é secretária~~	→	~~Bruno não é médico~~

Cada uma das proposições simples é falsa, entretanto, a proposição composta condicional é verdadeira. A condicional é verdadeira quando ambas as proposições simples que a compõem são falsas (ver tabela verdade – item 4.2.).

6. CORRELACIONAMENTO LÓGICO

O correlacionamento lógico, que veremos neste item, é uma modalidade de argumentação na qual trabalhamos com a estrutura lógica.

A estrutura é composta de informações (aquelas definidas no enunciado da questão) e, baseados nelas, buscamos determinada conclusão, que servirá de resposta para a questão.

Classificações:

Não existe regra definida para a resolução de questões de correlacionamento. Será preciso muita atenção naquelas informações que o examinador está disponibilizando para poder esquematizá-las, geralmente com o auxílio de diagramas ou planilhas, na busca da conclusão lógica adequada.

Contudo, mesmo sem uma regra única, podemos classificar as questões de argumentação (ou correlacionamento lógico) para facilitar sua resolução.

Se partirmos das premissas, seja usando o processo de indução ou dedução, e chegarmos a uma conclusão, podemos então dizer que a argumentação é uma estruturação de informação que produz novas informações. É uma construção de conhecimento.

O processo de produção de novas informações, para as questões de raciocínio lógico em provas de concursos públicos, pode ser dividido em três classes de argumentação: ordenação, dedução e hipóteses.

6.1. Ordenação

A ordenação é o mecanismo de reestruturação do ordenamento das informações para, enfim, chegar à conclusão. Todas as informações são conhecidas, porém estão fora de ordem.

Esse tipo de questão apresenta informações relacionadas a uma situação de ordenamento sequencial, por exemplo: pessoas na fila do caixa bancário, espectadores sentados lado a lado nas cadeiras do cinema, alunos em ordem de acordo com as notas das provas, fila organizada pela altura dos jogadores de basquete, ordem de emissoras de TV conforme pontos em pesquisa de audiência e assim por diante.

A resolução dessas questões, consideradas fáceis na maior parte das vezes, faz-se com a leitura atenta das informações e alocação dos elementos identificados na sequência correta, em conformidade com o que está sendo interpretado.

QUESTÃO:

"*Alice, Bianca, Clara, Débora* e Érica *são amigas e sentam-se juntas e lado a lado no meio de uma fileira vazia do cinema com 15 lugares. Depois que todos se acomodam, verifica-se que:*

– Bianca não se senta ao lado de Débora, mas em cada um dos seus lados está sentada uma das suas amigas.

– Ao lado de Érica *há uma poltrona vazia.*

– Sentada, Clara está na terceira poltrona à esquerda da poltrona de Érica.

– Há apenas duas poltronas ocupadas entre Alice e uma poltrona vazia.

Nas condições descritas, é correto afirmar que" (Eletrobras – FCC – 2016).

Sabemos que: as amigas sentaram-se juntas e lado a lado numa fileira do cinema. Sabemos também:

- Bianca não se senta ao lado de Débora, mas em cada um dos seus lados está sentada uma das suas amigas.	~~D~~ B ~~D~~

Bianca está entre amigas que não a Débora.

- Ao lado de Érica *há uma poltrona vazia.*	**E** ___ ___ ___ **E**

Érica sentou-se em um desses dois lugares (na extremidade da direita ou da esquerda) entre os cinco lugares ocupados pelas amigas.

- Sentada, Clara está na terceira poltrona à esquerda da poltrona de Érica.	___ ___ **C** ___ ___ **E** ___

Analisando esta informação, em conjunto com a anterior, concluímos qual a cadeira que Érica ocupa e que a cadeira a sua direita está vazia. Ainda, que Clara está na terceira poltrona à esquerda de Érica.

- Há apenas duas poltronas ocupadas entre Alice e uma poltrona vazia.	___ ___ **C** **A** ___ **E** ___

Alice está na posição central, assim, são duas poltronas com amigas a sua direita e outras duas com amigas a sua esquerda.

Retomando a primeira informação, como Bianca está sentada entre duas amigas, ela ocupa a poltrona à direita de Alice.

E, claro, como só restou um lugar, Débora está mais à esquerda entre as amigas.

As amigas estão sentadas nessa ordem: Débora, Clara, Alice, Bianca e Érica.	___ **D** **C** **A** **B** **E** ___

Resposta correta: é correto afirmar que Alice está sentada ao lado de Clara.

6.2. Dedução

A análise das informações disponíveis serve de parâmetro para deduzirmos novas informações que são necessariamente consequências das existentes.

São os casos em que o examinador disponibiliza alguns dados relacionados a grandezas diferentes e que se relacionam entre si.

Por exemplo, a questão diz que três irmãs usam vestidos de cores diferentes. Então, são dadas algumas dicas iniciais e, finalmente, é solicitada qual a cor do vestido que cada uma das irmãs está usando.

O padrão para a resolução é com o auxílio de planilha com cruzamentos de linhas e colunas. As linhas são identificadas por uma das grandezas e as colunas são identificadas pela outra grandeza.

As células que representam o cruzamento de linha e coluna são preenchidas com "sins" e "nãos", considerando se a relação está correta ou errada, respectivamente.

Imagine que uma das informações da questão diz que, entre as irmãs, Maria veste casaco amarelo e outra informação diz que Silvia não veste casaco verde:

	Maria	Silvia	Raquel
Azul			
Verde		Não	
Amarelo	Sim		

Repete-se o processo para cada informação até que se conclua qual a cor do casaco de cada uma das irmãs.

Veja se não é exatamente assim que a FCC cobrou para prova de Técnico Judiciário.

"Amanda, Brenda e Carmen são médica, engenheira e biblioteconomista, não necessariamente nessa ordem. Comparando a altura das três, a biblioteconomista, que é a melhor amiga de Brenda, é a mais baixa. Sabendo-se também que a engenheira é mais baixa do que Carmen, é necessariamente correto afirmar que" (TRF 3º R – FCC – 2016).

Começamos com a análise das informações disponibilizadas:

"Amanda, Brenda e Carmen são médica, engenheira e biblioteconomista, não necessariamente nessa ordem".

Com esses dados podemos montar a planilha.

	Amanda	Brenda	Carmen
Médica			
Engenheira			
Biblioteconomista			

"Comparando a altura das três, a biblioteconomista, que é a melhor amiga de Brenda, é a mais baixa".

Desse trecho tiramos duas informações: a biblioteconomista não é a Brenda e é a mais baixa das três.

	Amanda	Brenda	Carmen
Médica			
Engenheira			
Biblioteconomista (Mais baixa)		Não	

"Sabendo-se também que a engenheira é mais baixa do que Carmen".

Aqui tiramos outras duas informações: a engenheira não é a Carmem e é mais baixa que esta.

	Amanda	Brenda	Carmen
Médica			
Engenheira (Mais baixa que Carmen)			Não
Biblioteconomista (Mais baixa)		Não	

A partir das informações dadas, passaremos a deduzir outras que sejam resultado dessas.

Como a engenheira é mais baixa que Carmen e sabemos que a biblioteconomista é a mais baixa de todas, logo, a engenheira tem estatura mediana (entre as três) e a médica é a mais alta.

	Amanda	**Brenda**	**Carmen**
Médica (Mais alta)			
Engenheira (Mediana)			Não
Biblioteconomista (Mais baixa)		Não	

Também, considerando que a engenheira tem estatura mediana e sabendo que é mais baixa que Carmen, concluímos que a Carmen é a mais alta, portanto, é médica.

	Amanda	**Brenda**	**Carmen**
Médica (Mais alta)			Sim
Engenheira (Mediana)			Não
Biblioteconomista (Mais baixa)		Não	

Detalhe: sempre que colocar um "sim" na planilha (para esse tipo de questão), complete as demais células da mesma coluna e mesma linha com "não".

	Amanda	**Brenda**	**Carmen**
Médica (Mais alta)	Não	Não	Sim
Engenheira (Mediana)			Não
Biblioteconomista (Mais baixa)		Não	Não

Observe que, para Brenda, só resta uma célula para completar com "sim", ou seja, Brenda é engenheira.

	Amanda	**Brenda**	**Carmen**
Médica (Mais alta)	Não	Não	Sim
Engenheira (Mediana)	Não	Sim	Não
Biblioteconomista (Mais baixa)		Não	Não

Por fim, infere-se que Amanda é biblioteconomista. Foi essa informação a que encontramos entre as alternativas da questão.

	Amanda	Brenda	Carmen
Médica (Mais alta)	Não	Não	Sim
Engenheira (Mediana)	Não	Sim	Não
Biblioteconomista (Mais baixa)	Sim	Não	Não

Resposta correta: Amanda é biblioteconomista.

6.3. Hipóteses

Por fim, nos casos de questões que envolvam verdades e mentiras, as hipóteses serão utilizadas. O desenvolvimento e a resolução do problema passam pela criação de hipóteses, considerando situações ora verdadeiras, ora mentirosas.

O objetivo é testar cada uma das situações hipotéticas até chegar a uma conclusão sem que haja contradições entre premissas e conclusão.

Por exemplo: são dadas três afirmativas e a questão informa que duas delas são falsas e a outra é verdadeira, porém, não se sabe qual. Logo, é preciso formular as possíveis situações e testar cada uma delas:

	Hipótese 1	Hipótese 2	Hipótese 3
Afirmativa 1	Verdade	Falsa	Falsa
Afirmativa 2	Falsa	Verdade	Falsa
Afirmativa 3	Falsa	Falsa	Verdade

Então, para as informações falsas, faz-se a negação. Finalmente, identifica-se a hipótese que não apresenta contradição e dela se retira a resposta para a questão.

<u>QUESTÃO:</u>

Veja que a banca FCC cobrou esse assunto na prova Auditor Fiscal da Receita Estadual do Maranhão, aplicada em 11/09/2016, ou seja, bem recente.

"Quatro meninos têm 5, 7, 9 e 11 carrinhos cada um. A respeito da quantidade de carrinhos que cada um tem, eles afirmaram:

– Antônio: Eu tenho 5 carrinhos;

– Bruno: Eu tenho 11 carrinhos;

– Cássio: Antônio tem 9 carrinhos;

– Danilo: Eu tenho 9 carrinhos.

Se apenas um deles mentiu, tendo os outros dito a verdade, então é correto concluir que a soma do número de carrinhos de Antônio, Bruno e Cássio é igual a"

Conforme a teoria, faríamos o seguinte quadro com as hipóteses possíveis:

	Hipótese 1	Hipótese 2	Hipótese 3	Hipótese 4
Antônio tem 5 carrinhos	**Mentira**	Verdade	Verdade	Verdade
Bruno tem 11 carrinhos	Verdade	**Mentira**	Verdade	Verdade
Antônio tem 9 carrinhos	Verdade	Verdade	**Mentira**	Verdade
Danilo tem 9 carrinhos	Verdade	Verdade	Verdade	**Mentira**

Como o tempo é escasso para resolução de prova de concurso, evite trabalhar com todas as hipóteses.

Procure informações contraditórias, pois uma será verdadeira e outra mentirosa. Isso pode eliminar alguma ou algumas das hipóteses.

Vamos lá!

Observe essas duas afirmações:

– Antônio: Eu tenho 5 carrinhos. *– Cássio: Antônio tem 9 carrinhos.*	Se fossem consideradas as duas afirmativas, Antônio teria 5 e 9 carrinhos, ou seja, uma das duas informações é mentirosa. Antônio ou Cássio mente.

Agora, ainda aproveitando o que afirmou Cássio, compare com a afirmativa do Danilo.

– Cássio: Antônio tem 9 carrinhos. *– Danilo: Eu tenho 9 carrinhos.*	De acordo com as informações, Antônio teria 9 carrinhos e Danilo também teria 9 carrinhos. O enunciado diz que cada um dos meninos tem uma quantidade diferente de carrinhos. Logo, um deles mente.

Como existe apenas um mentiroso, concluímos que é o menino Cássio (é quem figura nas duas contradições apresentadas anteriormente). Portanto, Antônio não tem 9 carrinhos.

No quadro das hipóteses, no início da resolução da questão, a terceira delas (hipótese 3) é que estaria correta em relação a quem mente.

Esse é o raciocínio para a resolução desse tipo de questão. A partir daí é possível saber qual a quantidade de carrinhos de cada um: Antônio tem 5 carrinhos, Bruno tem 11 carrinhos, Cássio tem 7 carrinhos e Danilo tem 9 carrinhos.

Resposta correta: a soma do número de carrinhos de Antônio, Bruno e Cássio é igual a 23.

DICA

Encontre as afirmativas contraditórias para iniciar a resolução de questões que trazem informações verdadeiras e mentirosas.

6.4. Problemas

Além das questões de correlacionamento que seguem um determinado padrão, as quais podem ser resolvidas de acordo com o estudado nos itens anteriores, as bancas, inclusive a Carlos Chagas, abusam da criatividade e apresentam questões que fogem do modelo.

Estamos falando de questões estruturadas a partir de uma determinada lógica, muitas vezes inédita, e que você, concursando, terá que identificar no momento em que estiver resolvendo a prova.

QUESTÃO 1:

Vejamos a prova para Analista Judiciário, TRF – 3ª Região, aplicada pela FCC no ano de 2016.

"A diferença entre o 12° e o 13°, nessa ordem, termos da sequência lógica matemática (20; 20; 15; 30; 20; 60; 40; 160; 120; 600; 520; ...) é igual a".

A questão apresenta uma sequência numérica com onze números e solicita a diferença entre os dois números seguintes, 12º e 13º.

Não existe "a regra" para resolver a questão.

A solução passa pela análise da situação e na identificação de qual foi a lógica que o examinador utilizou para, então, resolver a questão.

O interessante, quando trabalhamos com sequências, é observar as possíveis combinações, por exemplo: associar o primeiro com o último elemento, verificar a sequência na ordem inversa, analisar os elementos alternadamente, aplicar as operações aritméticas entre os elementos e assim por diante.

Voltando para a resolução da questão, temos:

Sequência dada:	*20; 20; 15; 30; 20; 60; 40; 160; 120; 600; 520; ...*

Nesse caso, a lógica para a sequência está no agrupamento dos elementos dois a dois.

20 20 (x1) *15 30* (x2) *20 60* (x3) *40 160* (x4) *120 600* (x5) *520*

O próximo número da sequência é:

20 20 (x1) *15 30* (x2) *20 60* (x3) *40 160* (x4) *120 600* (x5) *520 3120* (x6)

Existe outra lógica nessa mesma sequência:

20 20 (x1) *15 30* (x2) *20 60* (x3) *40 160* (x4) *120 600* (x5) *520 3120* (x6)

20 → 15: -5; 30 → 20: -10; 60 → 40: -20; 160 → 120: -40; 600 → 520: -80

Logo, o 13º elemento é o número:

-5 -10 -20 -40 -80 -160

20 20 15 30 20 60 40 160 120 600 520 3120 2960

x1 x2 x3 x4 x5 x6

Resposta correta: a diferença entre o 12º e o 13º termos da sequência é igual a 160 (3120 – 2960 = 160).

> **DICA**
>
> Não gaste mais do que um minuto para identificar a lógica da questão. Após a leitura do enunciado, não fique debruçado sobre a mesma questão por vários minutos tentando adivinhar qual a lógica de uma sequência ou como estruturar a questão para poder resolvê-la. Descobriu a lógica, vá em frente e resolva a questão. Não descobriu a lógica, pule para a próxima questão e, depois de resolver as demais, retome a resolução desta que pulou.

QUESTÃO 2:

"Helena acha que seu relógio está 3 minutos atrasado, quando na verdade ele está 12 minutos adiantado. Ontem Helena compareceu ao trabalho julgando que estava 8 minutos atrasada, porém, na realidade ela estava" (TRF 3º R – FCC – 2016).

Quer saber de uma coisa?

Tem um recurso ótimo para resolver questões de raciocínio lógico, é o "formato desenho".

Confesso, eu uso!

Pra que fazer contas se eu posso desenhar um relógio.

"Helena acha que seu relógio está 3 minutos atrasado, quando na verdade ele está 12 minutos adiantado".

Quando na verdade ele está 12 minutos adiantado.	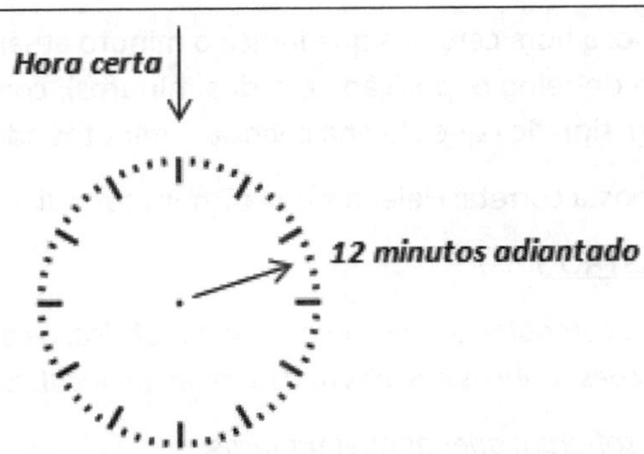

Considerando que estamos em uma hora fechada, o ponteiro dos minutos deveria apontar para o topo do relógio (Hora certa). Entretanto, a questão afirma que o relógio está 12 minutos adiantado, logo, o ponteiro dos minutos está apontando para essa quantidade de minutos.

Helena acha que seu relógio está 3 minutos atrasado.	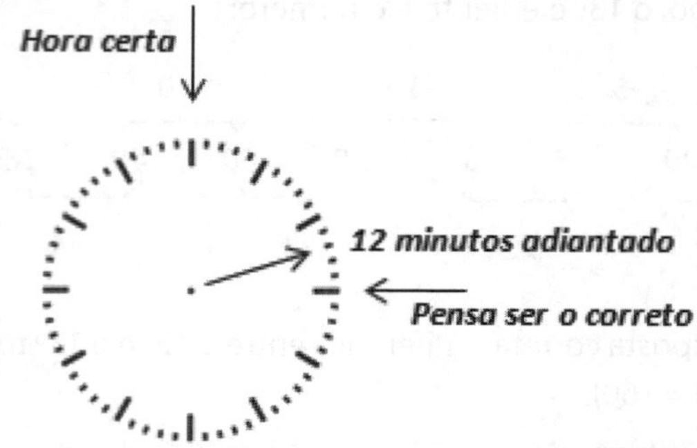

O ponteiro aponta para doze minutos, mas Helena acha que o relógio está 3 minutos atrasado. Por isso, Helena acredita que o ponteiro deveria apontar para 15 minutos (é o que ela acha).

Ontem Helena compareceu ao trabalho julgando que estava 8 minutos atrasada.	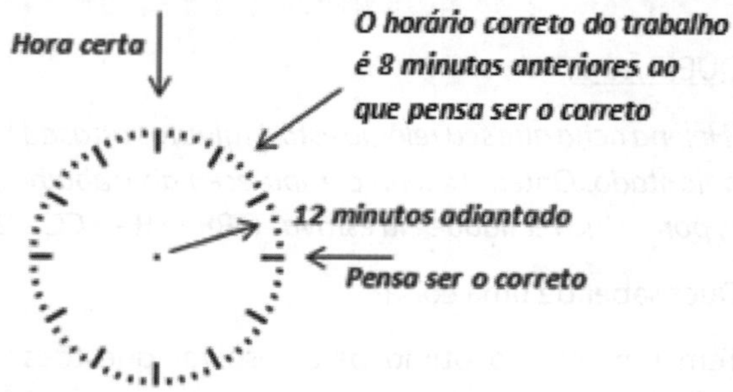

A informação parte daquilo que Helena julga ser o certo. Se ela acredita (pensa ser o correto) que está no minuto 15 e se acha que está 8 minutos atrasada, é porque deveria ter chegado ao trabalho 8 minutos antes.

Esta última seta, que acrescentamos ao desenho, indica qual é o minuto correto para entrada no trabalho, ou seja, a posição 7 dos minutos.

Como, a hora certa é a que indica o minuto atual e correto (está representada pela seta no topo do relógio, posição zero dos minutos), comparada com o horário de entrada no trabalho, significa que Helena chegou 7 minutos adiantada.

Resposta correta: Helena estava 7 minutos adiantada.

QUESTÃO 3:

"Após combater um incêndio em uma fábrica, o corpo de bombeiros totalizou as seguintes informações sobre as pessoas que estavam no local durante o incêndio:

– 28 sofreram apenas queimaduras;

– 45 sofreram intoxicação;

– 13 sofreram queimaduras e intoxicação;

– 7 nada sofreram.

Do total de pessoas que estavam no local durante os acidentes, sofreram apenas intoxicação" (TRT 14º R – FCC – 2016).

Continuamos nos apoiando nos desenhos ou diagramas:

28 sofreram apenas queimaduras	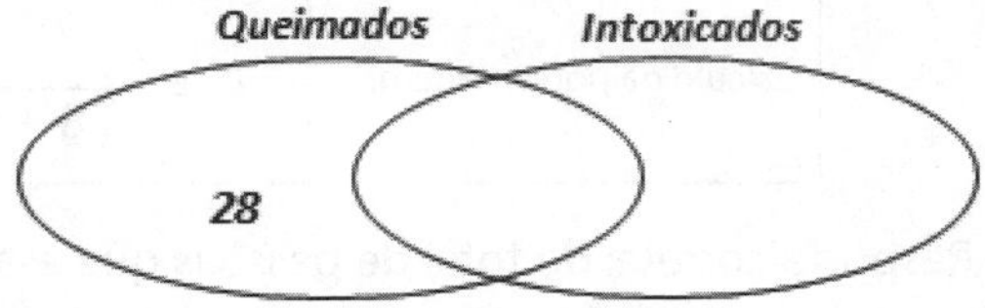
45 sofreram intoxicação	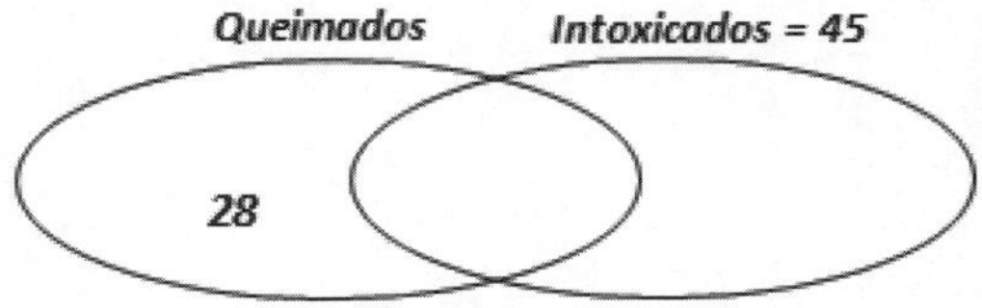
13 sofreram queimaduras e intoxicação	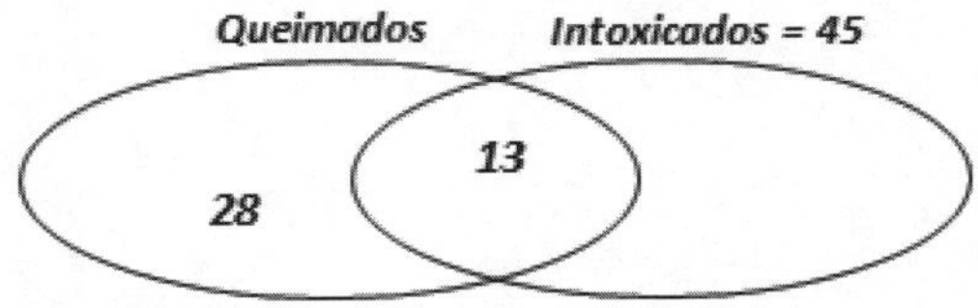
7 nada sofreram	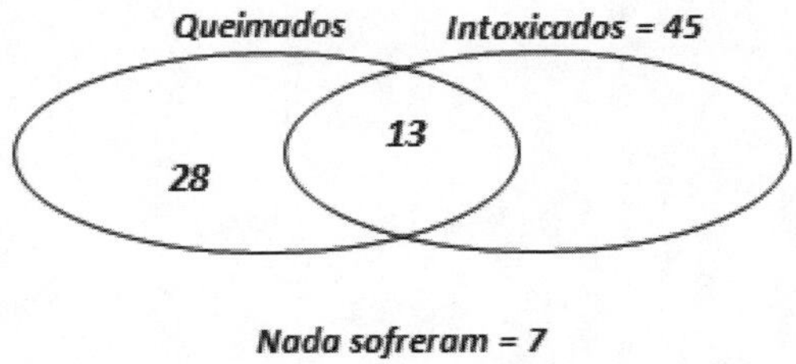

A partir deste último desenho, identificamos a quantidade de pessoas que foram apenas intoxicadas e calculamos a porcentagem para resolver a questão.

Sofreram apenas intoxicação (45 – 13 = 32)	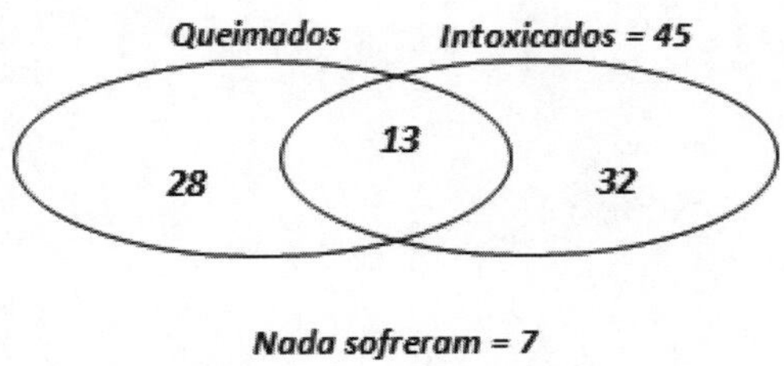

Cálculo da porcentagem:

Porcentagem.	$P = \dfrac{apenas\ intoxicados}{total\ de\ pessoas}$
Cálculo da porcentagem.	$P = \dfrac{32}{28 + 13 + 32 + 7} = \dfrac{32}{80} = 0{,}4$

Resposta correta: do total de pessoas que estavam no local durante os acidentes, 40% sofreram apenas intoxicação.

Noções sobre Direitos das Pessoas com Deficiência

Paulo Henrique Boldrin

Noções sobre Direitos das Pessoas com Deficiência – TRT-MS

1. INTRODUÇÃO

A seguir, selecionamos dicas de Noções sobre Direitos das Pessoas com Deficiência conforme conteúdo programático do edital para o concurso do TRT da 24ª Região para os cargos de Analista judiciário – Área judiciária, Analista Judiciário – Área Judiciária - Especialidade Oficial de Justiça Avaliador Federal e Técnico Judiciário – Área Administrativa (conhecimentos gerais):

NOÇÕES SOBRE DIREITOS DAS PESSOAS COM DEFICIÊNCIA (Resolução CNJ nº 230/2016 - art. 19): 1 Inclusão, direitos e garantias legais e constitucionais das pessoas com deficiência (Lei nº 13.146/2015; Lei nº 11.126/2005 e Constituição Federal). 2 Normas gerais e critérios básicos para a promoção da acessibilidade das pessoas portadoras de deficiência ou com mobilidade reduzida (Lei nº 10.098/2000 e Decreto 5.296/2004). 3 Prioridade de atendimento às pessoas portadoras de deficiência (Lei nº 10.048/2000 e Decreto 5.296/2004). 4 Direitos no sistema de transporte coletivo (Lei nº 8.899/1994) e Decreto 3.691/2000). 5 Símbolo de identificação de pessoas portadoras de deficiência auditiva (Lei nº 8.160/1991). 6 Normas de apoio às pessoas portadoras de deficiência e sua integração social (Lei nº 7.853/1989 e Decreto 3.298/1999).

Edital sistematizado TRT 24ª Região	
Item do edital	**Onde encontrar no livro**
1 Inclusão, direitos e garantias legais e constitucionais das pessoas com deficiência (Lei nº 13.146/2015; Lei nº 11.126/2005 e Constituição Federal).	Tópico 2
2 Normas gerais e critérios básicos para a promoção da acessibilidade das pessoas portadoras de deficiência ou com mobilidade reduzida (Lei nº 10.098/2000 e Decreto 5.296/2004).	Tópico 6
3 Prioridade de atendimento às pessoas portadoras de deficiência (Lei nº 10.048/2000 e Decreto 5.296/2004).	Tópico 3
4 Direitos no sistema de transporte coletivo (Lei nº 8.899/1994) e Decreto 3.691/2000).	Tópico 4
5 Símbolo de identificação de pessoas portadoras de deficiência auditiva (Lei nº 8.160/1991).	Tópico 5
6 Normas de apoio às pessoas portadoras de deficiência e sua integração social (Lei nº 7.853/1989 e Decreto 3.298/1999).	Tópico 7

Ordem das dicas: o material foi disposto conforme orientação prevista no próprio conteúdo programático do edital para o TRT da 24ª Região. Contudo, diante da forte interação entre os assuntos, diversas leis e dispositivos são citados ao longo de vários tópicos. O Estatuto da Pessoa com Deficiência (Lei nº 13.136/2015) constitui o principal diploma legislativo acerca dos direitos da pessoa com deficiência e das normas de acessibilidade. Dessa forma, as remissões a essa lei são estendidas a quase todos os pontos da obra, sempre que pertinentes.

Questão terminológica: Cumpre ressaltar que o termo pessoa portadora de deficiência está em desuso, sendo utilizado o termo mais adequado "pessoa com deficiência". Sempre que possível usaremos o termo adequado ao candidato, ainda que a legislação faça referência à pessoa portadora de deficiência.

2. INCLUSÃO, DIREITOS E GARANTIAS LEGAIS E CONSTITUCIONAIS DAS PESSOAS COM DEFICIÊNCIA

Competência constitucional acerca dos direitos das pessoas com deficiência: De acordo com o art. 23, II, da CF/88, é competência comum entre União, Estados, Distrito Federal e Municípios, cuidar da saúde, assistência pública, da proteção e das garantias da pessoa com deficiência. Além disso, União, Estados e Distrito Federal são concorrentemente competentes para legislar sobre a proteção e integração social das pessoas com deficiência (art. 24, XIV, CF/88).

Estatuto da Pessoa com Deficiência: Em julho de 2015, foi promulgada a **Lei nº 13.146/2015**, que instituiu a **Lei Brasileira de Inclusão da Pessoa com Deficiência - LBI.** Essa legislação também é denominada de **Estatuto da Pessoa com Deficiência** e constitui importante dispositivo normativo que regulamenta os direitos da pessoa com deficiência. A legislação é destinada a assegurar e a promover, em igualdade de condições, o exercício de direitos e liberdades fundamentais da pessoa com deficiência, a fim de garantir a inclusão social e a cidadania (art. 1º, Lei nº 13.146/2015). Ressalta-se que o Estatuto da Pessoa com Deficiência entrou em vigor apenas **180 dias** após a sua publicação (art. 127, Lei Brasileira de Inclusão). Tendo em vista que a lei foi publicada no dia 07 de julho de 2015, as regras previstas somente passaram a ser aplicadas em 03 de janeiro de 2016.

Convenção sobre os Direitos das Pessoas com Deficiência e seu protocolo facultativo: é o diploma normativo que influenciou fortemente o surgimento e o conteúdo das normas do Estatuto da Pessoa com Deficiência. Essa convenção foi o primeiro tratado internacional recepcionado com força de emenda constitucional.

A Convenção da ONU sobre os Direitos das Pessoas com Deficiência foi realizada em Nova York no ano de 2007 e assinada pelo Brasil em 30 de março de 2007. A assinatura do tratado não assegura sua vigência no plano interno e externo, pois o Estado ainda necessita ratificar a convenção.

Equivalente às emendas constitucionais: O ordenamento jurídico brasileiro exige a aprovação prévia pelo Congresso Nacional para que a convenção ou tratado internacional possam ser ratificados no plano externo. Ademais, o art. 5º, § 3º da CF/88 prevê que a convenção ou tratado internacional sobre direitos humanos que venha a ser aprovado, em cada casa do Congresso Nacional, em 2 turnos de votação por 3/5 dos votos de seus membros, será equivalente às emendas constitucionais. Dessa forma, a Convenção sobre os Direitos das Pessoas com Deficiência foi aprovada pelo Congresso Nacional **com "status" de emenda constitucional** por meio da promulgação do Decreto Legislativo nº 186/2008.

Depósito da ratificação e vigência no plano interno: Em 1º de agosto de 2008, o Governo brasileiro depositou o instrumento de ratificação da Convenção e de seu Protocolo Facultativo que passaram a obrigar o Brasil no plano externo em 31/08/2008. Por fim, em 25/08/2009, a Convenção e seu Protocolo facultativo foram promulgados pelo Decreto nº 6.949/2009 e passaram a ser exigidos com força de emenda constitucional no plano interno.

Princípios gerais da Convenção: A Convenção sobre os Direitos das Pessoas com Deficiência estabelece, em seu art. 3º, os princípios gerais que nortearam a elaboração do Estatuto da Pessoa com Deficiência e que devem ser memorizados pelo candidato ao concurso do TRT da 24ª Região:

PRINCÍPIOS DA CONVENÇÃO SOBRE OS DIREITOS DAS PESSOAS COM DEFICIÊNCIA
a) O respeito pela dignidade, a autonomia individual, inclusive a liberdade de fazer as próprias escolhas, e a independência das pessoas;
b) A não discriminação;
c) A plena e efetiva participação e inclusão na sociedade;
d) O respeito pela diferença e pela aceitação das pessoas com deficiência como parte da diversidade humana e da humanidade;
e) A igualdade de oportunidades;
f) A acessibilidade;
g) A igualdade entre o homem e a mulher;
h) O respeito pelo desenvolvimento das capacidades das crianças com deficiência e pelo direito das crianças com deficiência de preservar sua identidade.

Resolução CNJ nº 230/2016: Em 22 de junho de 2016, foi aprovada a Resolução nº 230/2016 do Conselho Nacional de Justiça, que orienta a adequação das atividades dos **órgãos** do Poder Judiciário e de seus serviços auxiliares às determinações da Convenção Internacional sobre os Direitos das Pessoas com Deficiência e seu Protocolo Facultativo e da Lei Brasileira de Inclusão da Pessoa com Deficiência (art. 1º da Resolução CNJ nº 230/2016). Desde que pertinentes, as observações referentes à Resolução CNJ nº 230/2016 foram alocadas juntamente às dicas desse material. Para facilitar a identificação das remissões específicas à Resolução, indicamos no início da dica a informação de que se trata da Resolução CNJ nº 230/2016.

2.1. Pessoa com deficiência

Conceito: O Estatuto da Pessoa com Deficiência traz o conceito de pessoa com deficiência, que foi inspirado naquilo que prevê o art. 1º da Convenção sobre os Direitos das Pessoas com Deficiência. **Atenção! A memorização do conceito de pessoa com deficiência é essencial ao seu concurso:**

> **Art. 2º, Estatuto da Pessoa com Deficiência:** Considera-se pessoa com deficiência aquela que tem impedimento de longo prazo de natureza física, mental, intelectual

> ou sensorial, o qual, **em interação com uma ou mais barreiras**, pode obstruir sua participação plena e efetiva na sociedade em igualdade de condições com as demais pessoas (grifos acrescidos).
>
> **Art. 1º, Convenção sobre os Direitos das Pessoas com Deficiência:** O propósito da presente Convenção é promover, proteger e assegurar o exercício pleno e equitativo de todos os direitos humanos e liberdades fundamentais por todas as pessoas com deficiência e promover o respeito pela sua dignidade inerente.
>
> Pessoas com deficiência são aquelas que têm impedimentos de longo prazo de natureza física, mental, intelectual ou sensorial, os quais, em interação com diversas barreiras, podem obstruir sua participação plena e efetiva na sociedade em igualdades de condições com as demais pessoas.

Observe que o conceito trazido pela legislação ressalta que a deficiência não necessariamente decorre de doença enfrentada pela pessoa e que deverão ser consideradas pessoas com deficiência aqueles que apresentam impedimento intelectual. Portanto, além da deficiência física, é necessário o reconhecimento da **deficiência de ordem psicológica**, que merece atenção especial do Estado[1].

Além disso, o conceito esclarece que não é o próprio impedimento da pessoa com deficiência que obstrui a participação efetiva na sociedade, mas sua **interação com barreiras**. Portanto, a eliminação de barreiras à pessoa com deficiência, especialmente ao se assegurar a acessibilidade e a utilização de tecnologias assistivas, é uma das formas de garantir a plena participação na sociedade em igualdade de condições com as demais pessoas.

Para facilitar a memorização do assunto, segue quadro acerca do conceito de pessoa com deficiência, que, repito, é extremamente importante para seu concurso:

CONCEITO DE PESSOA COM DEFICIÊNCIA
– Pessoa com deficiência é aquela que: a) tem **impedimento de longo prazo**; b) O impedimento pode ser decorrente de **natureza física, mental, intelectual ou sensorial**; c) Esse impedimento, em **interação com um ou mais barreiras**, pode **obstruir a participação plena e efetiva na sociedade em igualdade de condições** com as demais pessoas.

Avaliação da deficiência: A avaliação da deficiência, quando for necessária, será **biopsicossocial**, realizada por equipe multiprofissional e interdisciplinar (art. 2º, § 1º, Estatuto da Pessoa com Deficiência). A avaliação biopsicossocial é aquela que considera os aspectos sociais da pessoa com deficiência além de dados médicos que demonstrem sua incapacidade. Há superação do modelo apenas biológico de análise para acrescentar fatores como nível de escolaridade, profissão, composição familiar, etc.[2]. Ademais, destaca-se:

1 FARIAS, Cristiano Chaves de.; CUNHA, Rogério Sanches; PINTO, Ronaldo Batista. *Estatuto da Pessoa com Deficiência comentado artigo por artigo*. Salvador: JusPodivm, 2016. p. 24.

2 FARIAS, Cristiano Chaves de.; CUNHA, Rogério Sanches; PINTO, Ronaldo Batista. *Estatuto da Pessoa com Deficiência comentado artigo por artigo*. Salvador: JusPodivm, 2016. p. 25.

AVALIAÇÃO BIOPSICOSSOCIAL DA DEFICIÊNCIA
A avaliação deve se atentar para: - impedimentos nas funções e estruturas do corpo; - fatores socioambientais, psicológicos e pessoais; - limitação no desempenho de atividades; - restrição de participação.

ATENÇÃO!

De acordo com o art. 124 do Estatuto da Pessoa com Deficiência, a avaliação da deficiência prevista no art. 2º, § 1º, entrará em **vigor em até 2 anos, contados da entrada em vigor do Estatuto**. Portanto, o prazo de 2 anos para aplicação dessa avaliação iniciou-se em 03 de janeiro de 2016 com a entrada em vigor da Lei Brasileira de Inclusão da Pessoa com Deficiência.

2.2. Conceitos do Estatuto da Pessoa com Deficiência

ATENÇÃO!

Não é comum que os diplomas legislativos tragam as definições legais para os termos utilizados, muitas vezes deixando o trabalho de interpretação das palavras e expressões para a doutrina e jurisprudência. Contudo, o Estatuto da Pessoa com Deficiência traz diversos conceitos que serão utilizados por TODA a lei, que assumem, juntamente com o conceito de pessoa com deficiência, especial relevância para seus estudos. Para facilitar a compreensão dos conceitos legais, segue quadro sistematizado do art. 3º da Lei Brasileira de Inclusão com grifos acrescidos que facilitam a memorização:

CONCEITOS UTILIZADOS NO ESTATUTO DA PESSOA COM DEFICIÊNCIA	
Palavra ou expressão	**Conceito legal**
Acessibilidade	**Possibilidade e condição de alcance para utilização, com segurança e autonomia, de espaços, mobiliários, equipamentos urbanos, edificações, transportes, informação e comunicação**, inclusive seus sistemas e tecnologias, bem como de outros serviços e instalações abertos ao público, de uso público ou privados de uso coletivo, tanto na zona urbana como na rural, **por pessoa com deficiência ou com mobilidade reduzida**. (art. 3º, I, Estatuto da Pessoa com Deficiência e art. 2º, II, Resolução CNJ nº 230/2016)
Desenho universal	Concepção de produtos, ambientes, programas e serviços a serem usados por todas as pessoas, **sem necessidade de adaptação ou de projeto específico, incluindo os recursos de tecnologia assistiva.** (art. 3º, II, Estatuto da Pessoa com Deficiência e art. 2º, V, Resolução CNJ nº 230/2016)
Tecnologia assistiva ou ajuda técnica	Produtos, equipamentos, dispositivos, recursos, metodologias, estratégias, práticas e serviços que objetivem **promover a funcionalidade, relacionada à atividade e à participação** da pessoa com deficiência ou com mobilidade reduzida, visando **à** sua **autonomia, independência, qualidade de vida e inclusão social.** (art. 3º, III, Estatuto da Pessoa com Deficiência e art. 2º, VI, Resolução CNJ nº 230/2016)
Barreiras	Qualquer **entrave, obstáculo, atitude ou comportamento que limite ou impeça a participação social da pessoa**, bem como o gozo, a fruição **e o exercício de seus direitos à acessibilidade, à liberdade de movimento e de expressão, à comunicação, ao acesso à informação, à compreensão, à circulação com segurança,** entre outros, classificadas em: **a) barreiras urbanísticas:** as existentes nas vias e nos **espaços públicos** e privados **abertos ao público** ou de uso coletivo; **b) barreiras arquitetônicas:** as existentes nos **edifícios** públicos e privados;

CONCEITOS UTILIZADOS NO ESTATUTO DA PESSOA COM DEFICIÊNCIA	
Palavra ou expressão	**Conceito legal**
	c) barreiras nos transportes: as existentes nos sistemas e **meios de transportes**; **d) barreiras nas comunicações e na informação:** qualquer entrave, obstáculo, atitude ou comportamento que **dificulte ou impossibilite a expressão ou o recebimento de mensagens e de informações** por intermédio de sistemas de comunicação e de tecnologia da informação; **e) barreiras atitudinais: atitudes ou comportamentos que impeçam ou prejudiquem a participação social** da pessoa com deficiência em igualdade de condições e oportunidades com as demais pessoas; **f) barreiras tecnológicas:** as que **dificultam ou impedem o acesso** da pessoa com deficiência **às tecnologias**; (art. 3º, IV, Estatuto da Pessoa com Deficiência e art. 2º, III, Resolução CNJ nº 230/2016)
Comunicação	Forma de interação dos cidadãos que abrange, entre outras opções, as línguas, inclusive a Língua Brasileira de Sinais (Libras), a visualização de textos, o Braille, o sistema de sinalização ou de comunicação tátil, os caracteres ampliados, os dispositivos multimídia, assim como a linguagem simples, escrita e oral, os sistemas auditivos e os meios de voz digitalizados e os modos, meios e formatos aumentativos e alternativos de comunicação, incluindo as tecnologias da informação e das comunicações. (art. 3º, V, Estatuto da Pessoa com Deficiência e art. 2º, VII, Resolução CNJ nº 230/2016)
Adaptações razoáveis	**Adaptações, modificações e ajustes necessários e adequados que não acarretem ônus desproporcional e indevido**, quando requeridos em cada caso, a fim de assegurar que a pessoa com deficiência possa **gozar ou exercer, em igualdade de condições e oportunidades com as demais pessoas, todos os direitos e liberdades fundamentais.** (art. 3º, VI, Estatuto da Pessoa com Deficiência e art. 2º, IV, Resolução CNJ nº 230/2016)
Elemento de urbanização	Quaisquer componentes de **obras de urbanização**, tais como os referentes a pavimentação, saneamento, encanamento para esgotos, distribuição de energia elétrica e de gás, iluminação pública, serviços de comunicação, abastecimento e distribuição de **água,** paisagismo e os que materializam as indicações do planejamento urbanístico; (art. 3º, VII, Estatuto da Pessoa com Deficiência)
Mobiliário urbano	**Conjunto de objetos existentes nas vias e nos espaços públicos, superpostos ou adicionados aos elementos de urbanização ou de edificação**, de forma que sua modificação ou seu traslado não provoque alterações substanciais nesses elementos, tais como semáforos, postes de sinalização e similares, terminais e pontos de acesso coletivo **às** telecomunicações, fontes de **água,** lixeiras, toldos, marquises, bancos, quiosques e quaisquer outros de natureza análoga. (art. 3º, VIII, Estatuto da Pessoa com Deficiência)
Pessoa com mobilidade reduzida	Aquela que tenha, por qualquer motivo, **dificuldade de movimentação, permanente ou temporária**, gerando redução efetiva da mobilidade, da flexibilidade, da coordenação motora ou da percepção, incluindo idoso, gestante, lactante, pessoa com criança de colo e obeso. (art. 3º, IX, Estatuto da Pessoa com Deficiência)
Residências inclusivas	**Unidades de oferta do Serviço de Acolhimento do Sistema Único de Assistência Social (Suas)** localizadas em **áreas** residenciais da comunidade, com estruturas adequadas, que possam contar com apoio psicossocial para o atendimento das necessidades da pessoa acolhida, **destinadas a jovens e adultos com deficiência, em situação de dependência, que não dispõem de condições de autossustentabilidade e com vínculos familiares fragilizados ou rompidos.** (art. 3º, X, Estatuto da Pessoa com Deficiência)

CONCEITOS UTILIZADOS NO ESTATUTO DA PESSOA COM DEFICIÊNCIA	
Palavra ou expressão	**Conceito legal**
Moradia para a vida independente da pessoa com deficiência	Moradia com estruturas adequadas capazes de proporcionar serviços de apoio coletivos e individualizados que respeitem e ampliem o grau de autonomia de jovens e adultos com deficiência. (art. 3º, XI, Estatuto da Pessoa com Deficiência)
Atendente pessoal	Pessoa, membro ou não da família, que, com ou sem remuneração, assiste ou **presta cuidados básicos e essenciais à pessoa com deficiência no exercício de suas atividades diárias**, excluídas as técnicas ou os procedimentos identificados com profissões legalmente estabelecidas. (art. 3º, XII, Estatuto da Pessoa com Deficiência e art. 2º, VIII, Resolução CNJ nº 230/2016)
Profissional de apoio escolar	Pessoa que exerce atividades de alimentação, higiene e locomoção do estudante com deficiência e atua em todas as atividades escolares nas quais se fizer necessária, em todos os níveis e modalidades de ensino, em instituições públicas e privadas, excluídas as técnicas ou os procedimentos identificados com profissões legalmente estabelecidas. (art. 3º, XIII, Estatuto da Pessoa com Deficiência)
Acompanhante	Aquele que acompanha a pessoa com deficiência, podendo ou não desempenhar as funções de atendente pessoal. (art. 3º, XIV, Estatuto da Pessoa com Deficiência e art. 2º, IX, Resolução CNJ nº 230/2016)

2.3. Direito à igualdade e à não discriminação

Dentre os princípios basilares do Estatuto da Pessoa com Deficiência, encontram-se o respeito **à igualdade de oportunidades** com as demais pessoas e na **não discriminação** (art. 4º, Estatuto da Pessoa com Deficiência).

Discriminação em razão da deficiência: Toda forma de distinção, restrição ou exclusão que prejudique, impeça ou anule o reconhecimento ou exercício de direitos e liberdades fundamentais da pessoa com deficiência é considerada pela Lei Brasileira de Inclusão como discriminação em razão da deficiência. **Atenção!** Tendo em vista que o Estatuto da Pessoa com Deficiência foi pautado pelo princípio da não discriminação, é fundamental a memorização do conceito de discriminação trazido pela legislação:

> **Art. 4º, § 1º, Lei nº 13.146/2015:** Considera-se discriminação em razão da deficiência toda forma de distinção, restrição ou exclusão, por ação ou omissão, que tenha o propósito ou o efeito de prejudicar, impedir ou anular o reconhecimento ou o exercício dos direitos e das liberdades fundamentais de pessoa com deficiência, incluindo a recusa de adaptações razoáveis e de fornecimento de tecnologias assistivas.

No mesmo sentido, a Resolução CNJ nº 230/2016 traz o conceito da discriminação por motivo de deficiência:

> **Art. 2º, I, Resolução CNJ nº 230/2016:** Para fins de aplicação desta Resolução, consideram-se: "discriminação por motivo de deficiência" significa qualquer diferenciação, exclusão ou restrição, por ação ou omissão, baseada em deficiência, com o propósito ou efeito de impedir ou impossibilitar o reconhecimento, o desfrute ou o exercício, em igualdade de oportunidades com as demais pessoas, de direitos humanos e liberdades fundamentais nos **âmbitos** político, econômico, social, cultural, civil ou qualquer outro, incluindo a recusa de adaptações razoáveis e de fornecimento de tecnologias assistivas.

Igualdade e não discriminação do servidor e serventuário extrajudicial (Resolução CNJ 230/2016): O art. 3º e 14 da Resolução CNJ nº 230/2016 estabelecem a necessidade de promover a igualdade às pessoas com deficiência servidores, serventuários extrajudiciais, terceirizados ou não, por meio da eliminação de barreiras, garantindo acessibilidade plena, coibindo qualquer forma de discriminação por motivo de deficiência.

Ações afirmativas: são políticas públicas promovidas pelo Estado ou pela sociedade civil com a finalidade de compensar situações historicamente desiguais e tem como fundamento proporcionar a igualdade de oportunidades entre as pessoas. Nesse sentido, tendo em vista a adoção pelo Estatuto da Pessoa com Deficiência da necessidade de respeito à igualdade de oportunidades, é possível a implementação de ações afirmativas às pessoas com deficiência. Essa igualdade somente é alcançada se proporcionado tratamento jurídico diferenciado às pessoas com deficiência ao assegurar acesso ao mercado de trabalho por exemplo. Contudo, é importante destacar que a lei é expressa ao determinar que a pessoa com deficiência não está obrigada a fruir de benefícios de ação afirmativa (art. 4º, § 2º, LBI). Sobre o assunto, é importante destacar algumas das principais ações afirmativas presentes na legislação nacional:

a) **Relação de emprego:** As empresas com 100 empregados ou mais deverão manter de 2% a 5% de seus cargos com pessoas com deficiência ou empregados reabilitados ao trabalho.

b) **Relação de estágio:** Como formar de integração ao mercado de trabalho, a lei assegura percentual de 10% das vagas de estágio oferecidas a pessoas com deficiência.

c) **Concurso público:** O art. 37 do Decreto nº 3.298/1999, que regulamentou a Lei nº 7.853/1989 (Lei de apoio às pessoas portadoras de deficiência), estabelece a necessidade de se assegurar percentual mínimo de 5% das vagas em concursos públicos ao candidato com deficiência.

Dever de proteção da pessoa com deficiência: É necessária a garantia de proteção da pessoa com deficiência, em especial para aquelas consideradas especialmente vulneráveis: a **criança**, o **adolescente**, a **mulher** e o **idoso**, com deficiência. Ressalta-se que a legislação estabelece as formas de proteção que necessitam as pessoas com deficiência (art. 5º, Lei Brasileira de Inclusão da Pessoa com Deficiência):

PROTEÇÃO DA PESSOA COM DEFICIÊNCIA
– Deve haver proteção contra toda forma de: a) negligência; b) discriminação; c) exploração; d) violência; e) tortura; f) crueldade; g) opressão; e h) tratamento desumano ou degradante.

É dever de **TODOS** a comunicação à autoridade competente quando verificada qualquer forma de ameaça ou de violação aos direitos da pessoa com deficiência (art. 7º, Estatuto da Pessoa com Deficiência).

Deveres do Estado, sociedade e família: Além do dever de comunicação em relação a qualquer forma de ameaça ou violação aos direitos de pessoa com deficiência, a Lei Brasileira de Inclusão estabelece **rol exemplificativo** de direitos das pessoas com deficiência que toda a sociedade, o Estado e também a família devem efetivar com prioridade (art.8º). Ressalta-se que esse rol é complementado pelos demais direitos assegurados na Constituição Federal, na Convenção sobre os Direitos das Pessoas com Deficiências e seu Protocolo Facultativo bem como demais normas que assegurem o **bem-estar pessoal, social e econômico à** pessoa com deficiência:

> **Art. 8º, Lei nº 13.146/2015:** É dever do Estado, da sociedade e da família assegurar à pessoa com deficiência, com prioridade, a efetivação dos direitos referentes à vida, à saúde, à sexualidade, à paternidade e à maternidade, à alimentação, à habitação, à educação, à profissionalização, ao trabalho, à previdência social, à habilitação e à reabilitação, ao transporte, à acessibilidade, à cultura, ao desporto, ao turismo, ao lazer, à informação, à comunicação, aos avanços científicos e tecnológicos, à dignidade, ao respeito, à liberdade, à convivência familiar e comunitária, **entre outros decorrentes da Constituição Federal, da Convenção sobre os Direitos das Pessoas com Deficiência e seu Protocolo Facultativo e das leis e de outras normas que garantam seu bem-estar pessoal, social e econômico.** (grifos acrescidos)

Atribuição do Ministério Público: Os juízes e tribunais têm a obrigação de remeter as peças ao Ministério Público quando tomarem conhecimento de fatos que caracterizem violações ao Estatuto da Pessoa com Deficiência (art. 7º, parágrafo único, Lei nº 13.146/2015). Nesse sentido, o próprio Estatuto estabelece como atribuição do Ministério Público zelar pela correta aplicação de seus dispositivos normativos e, portanto, assegurar o cumprimento dos direitos e garantias das pessoas com deficiência.

Atribuição da Defensoria Pública (art. 3º, Lei nº 7.853/1989): A Defensoria Pública passou a ser legitimada para tutelar os interesses coletivos, difusos, individuais homogêneos e individuais indisponíveis da pessoa com deficiência. Além da Defensoria Pública, a Lei nº 7.853/1989 já previa a legitimidade dos seguintes entes:

LEGITIMADOS
– São legitimados para propor medidas judiciais destinadas à proteção de interesses coletivos, difusos, individuais homogêneos e individuais indisponíveis da pessoa com deficiência: a) Ministério Público; b) Defensoria Pública; c) União; d) Estados; e) Municípios; f) Distrito Federal; g) Autarquia, fundação, empresa pública e sociedade de economia mista que tenham entre suas finalidades institucionais, a proteção dos interesses e a promoção de direitos da pessoa com deficiência; e h) Associação constituída há mais de 1 ano, que tenha entre suas finalidades institucionais, a proteção dos interesses e a promoção de direitos da pessoa com deficiência.

Como forma de sistematizar o assunto abordado nesse tópico, segue quadro de resumo para ser lido e memorizado antes de sua prova:

DIREITO À IGUALDADE E À NÃO DISCRIMINAÇÃO
– **Princípios basilares do Estatuto da Pessoa com deficiência:** igualdade de oportunidades e não discriminação – **Discriminação em razão da deficiência:** Toda forma de distinção, restrição ou exclusão que prejudique, impeça ou anule o reconhecimento ou exercício de direitos e liberdades fundamentais da pessoa com deficiência. – **Ações afirmativas:** políticas públicas cuja finalidade **é** compensar situações historicamente desiguais e tem como fundamento proporcionar a igualdade de oportunidades entre as pessoas. Pessoa com deficiência não está obrigada a fruir de benefícios de ação afirmativa. – **Dever de proteção:** garantia de proteção **à** pessoa com deficiência, em especial para aqueles que são considerados vulneráveis: a) criança b) adolescente c) mulher d) idoso – **Deveres do Estado, sociedade e família**: • Dever de comunicação de ameaça ou violação de direitos da pessoa com deficiência; • Dever de efetivação, com prioridade, dos direitos das pessoas com deficiência. Lei traz rol exemplificativo que pode ser complementado por: a) direitos previstos na CF/88; b) direitos previstos na Convenção sobre os Direitos das Pessoas com Deficiência e Protocolo Facultativo; c) demais normas que assegurem bem-estar pessoal, social e econômico **à** pessoa com deficiência. – **Atribuição do Ministério Público:** Juízes e tribunais devem remeter ao Ministério Público as peças quando tiverem conhecimento de violações ao Estatuto da Pessoa com Deficiência para que sejam tomadas providências.

2.4. Direito à vida

Dignidade da pessoa com deficiência: é dever do poder público assegurar o respeito à dignidade da pessoa com deficiência ao longo de toda sua vida. Lembre-se de que o respeito à dignidade da pessoa humana é fundamento da República Federativa do Brasil (art. 1º, III, CF/88) e deve ser observado em maior intensidade em relação à pessoa com deficiência em razão de sua vulnerabilidade. Em situações de risco**, emergência ou estado de calamidade pública**, a pessoa com deficiência é considerada vulnerável e o poder público deve adotar medidas para sua proteção e segurança (art. 10, Lei nº 13.146/2015). Como já visto, é assegurado atendimento prioritário às pessoas com deficiência na proteção e socorro em quaisquer circunstâncias (art. 9º, I, Estatuto da Pessoa com Deficiência).

Respeito à integridade física e mental do servidor e serventuário extrajudicial do Poder Judiciário (Resolução CNJ 230/2016): De acordo com o art. 15 da Resolução CNJ nº 230/2016, é assegurado a todo servidor e serventuário extrajudicial, terceirizado ou não, o respeito à sua integridade física e mental em igualdade de condições com as demais pessoas.

Liberdade de escolha de tratamento e intervenções: para facilitar a memorização do assunto, segue quadro resumo sobre a liberdade de escolha da pessoa com deficiência a se submeter a tratamentos, intervenções e institucionalização (art. 11, Estatuto da Pessoa com Deficiência):

A pessoa com deficiência **NÃO** pode ser **obrigada** a se submeter a: • Intervenção clínica ou cirúrgica; • Tratamento; e • Institucionalização forçada. **Exceção:** Se a pessoa estiver em situação de curatela, é possível que o consentimento para o tratamento, intervenção ou institucionalização seja suprido judicialmente.

Consentimento livre e esclarecido: Qualquer procedimento, tratamento, hospitalização e pesquisa científica exige o consentimento **prévio, livre e esclarecido** da pessoa com deficiência (art. 12, Lei nº 13.146/2015). Lembre-se de que o consentimento livre e esclarecido compreende não apenas a transmissão das informações referentes aos procedimentos que serão adotados, mas também o conhecimento de todos os riscos envolvidos com o procedimento, tratamento, hospitalização ou pesquisa científica. Mesmo na hipótese de pessoa em situação de curatela, é imprescindível a sua participação, **no maior grau possível**, para a obtenção do consentimento. Essa medida assegura o respeito à vida e à dignidade da pessoa com deficiência que não será submetido a procedimentos contrários à sua vontade ou conhecimento.

Atendimento sem consentimento: o atendimento sem o consentimento prévio, livre e esclarecido de pessoa com deficiência somente é possível em casos de risco de morte e de emergência de saúde, desde que sejam resguardados seus interesses e adotadas todas as salvaguardas legais cabíveis (art. 13, Lei nº 13.146/2015).

Pesquisa científica de pessoa com deficiência em situação de curatela: deve ser realizada apenas em **caráter excepcional** quando preenchidos dois requisitos exigidos pelo art. 12, § 2º do Estatuto da Pessoa com Deficiência:

a) Benefício direto para sua saúde ou para outras pessoas com deficiência; e

b) Não exista outra opção de pesquisa de eficácia similar com participantes que não sejam tutelados ou curatelados.

Como forma de sistematizar o assunto abordado nesse tópico, segue quadro de resumo para ser lido e memorizado antes de sua prova:

DIREITO À VIDA
– **Dever do poder público:** Respeito à dignidade da pessoa com deficiência – **Risco, emergência ou estado de calamidade pública:** pessoas com deficiência são consideradas vulneráveis (medidas de proteção e segurança). – A pessoa com deficiência não pode ser **obrigada** a se submeter a tratamentos, intervenções e institucionalização forçada. **Exceção:** Curatela.

DIREITO À VIDA
- **Consentimento prévio, livre e esclarecido:** necessário para qualquer procedimento, tratamento, hospitalização e pesquisa científica.
- **Atendimento sem consentimento:** risco de morte e emergência de saúde
- **Pesquisa científica de pessoa com deficiência em situação de curatela:** excepcional desde que atende aos requisitos: a) benefício direto para a saúde da pessoa ou para outras pessoas com deficiência; b) Não exista outra opção de pesquisa em pessoas não tuteladas ou curateladas.

2.5. Direito à habilitação e à reabilitação

Direito à habilitação e à reabilitação: De acordo com o art. 203, IV, Constituição Federal, é objetivo da Assistência Social assegurar a habilitação e reabilitação das Pessoas com Deficiência e a promoção de sua integração à vida comunitária. Trata-se de um direito da pessoa com deficiência que se baseia em avaliação multidisciplinar das necessidades, habilidades e potencialidade de cada pessoa (art. 14 e 15, "caput", Lei nº 13.146/2015). A habilitação corresponde ao processo que assegura a aquisição de habilidade e aptidões à pessoa que nunca as teve. Por sua vez, a reabilitação é o processo de recuperação de habilidades e aptidões à pessoa que as perdeu em razão de alguma doença ou acidente. De acordo com o art. 17 do Decreto nº 3.298/1999, a reabilitação é o processo de duração limitada e com o objetivo definido destinado a permitir que a pessoa com deficiência alcance o nível físico, mental ou social funcional ótimo, proporcionando meio de modificar sua vida. Toda pessoa que tenha redução funcional tem direito ao processo de reabilitação necessários para corrigir ou modificar seu estado.

Objetivo do processo de habilitação e da reabilitação: desenvolver as potencialidades, talentos, habilidades e aptidões que contribuam para o alcance da **autonomia da pessoa com deficiência** e de sua **participação social em igualdade de condições e oportunidades** com as demais pessoas. Note-se, novamente, o destaque da lei à necessidade de se assegurar o direito à igualdade de oportunidades à pessoa com deficiência. Confira o texto do art. 14, parágrafo único, do Estatuto da Pessoa com Deficiência:

> **Art. 14, parágrafo único, Lei nº 13.146/2015:** O processo de habilitação e de reabilitação tem por objetivo o desenvolvimento de potencialidades, talentos, habilidades e aptidões físicas, cognitivas, sensoriais, psicossociais, atitudinais, profissionais e artísticas que contribuam para a conquista da autonomia da pessoa com deficiência e de sua participação social em igualdade de condições e oportunidades com as demais pessoas.

Diretrizes do processo de habilitação e de reabilitação: O Estatuto da Pessoa com deficiência traça as diretrizes que devem ser observadas durante o processo de avaliação da pessoa com deficiência:

DIRETRIZES DO PROCESSO DE HABILITAÇÃO E REABILITAÇÃO
- **Diagnóstico e intervenção precoces**;
- Medidas para **compensar perda ou limitação funcional** com a busca pelo desenvolvimento de aptidões;
- Atuação permanente, integrada e articulada de políticas públicas para **plena participação social** da pessoa com deficiência;

DIRETRIZES DO PROCESSO DE HABILITAÇÃO E REABILITAÇÃO
- **Oferta de rede de serviços articulados**, com atuação intersetorial, nos diferentes níveis de complexidade, para atender necessidades da pessoa com deficiência; e
- Prestação de **serviços próxima ao domicílio da pessoa com deficiência**, inclusive na zona rural, respeitadas a organização das Redes de Atenção **à** Saúde (RAS) nos territórios locais e as normas do SUS.

Garantias à pessoa com deficiência nos programas e serviços de habilitação e de reabilitação: Além de traçar as diretrizes que informam a habilitação e a reabilitação, a Lei Brasileira de Inclusão traz as garantias conferidas às pessoas com deficiência nesses programas e serviços (art. 16):

GARANTIAS NA HABILITAÇÃO E REABILITAÇÃO
- Organização, serviços, métodos, técnica e recursos devem atender às características de cada pessoa com deficiência. Evita-se, portanto, a utilização de serviços, métodos e técnicas genéricas;
- Acessibilidade em todos os ambientes e serviços;
- Tecnologia assistiva, de reabilitação, materiais e equipamentos adequados e apoio técnico profissional, de acordo com as especificidades de cada pessoa com deficiência;
- Capacitação continuada de todos os profissionais que participem dos programas e serviços.

Tratamento e orientação psicológica: serão prestados durante todas as fases do processo de reabilitação destinados a contribuir para que a pessoa com deficiência atinja o mais pleno desenvolvimento de sua personalidade. Se necessária, será proporcionada assistência em saúde mental durante o processo de reabilitação com a finalidade de permitir que a pessoa submetida a esta prestação desenvolva o máximo de suas capacidades (art. 21 e 22, Decreto nº 3.298/1999).

Dever de informação: É dever dos Sistema Único de Saúde (SUS) e Sistema Único de Assistência Social (Suas) proporcionar à pessoa com deficiência e sua família o acesso a informações, orientações e formas de acesso às políticas públicas com a finalidade de assegurar a plena participação social. A legislação lista as principais áreas de informações e orientações que podem ser fornecidas às pessoas com deficiência pelo SUS e Suas, mas permite a transmissão de outras informações que possibilitem o exercício de sua cidadania:

> **Art. 17, parágrafo único, Lei nº 13.146/2015:** Os serviços de que trata o caput deste artigo podem fornecer informações e orientações nas áreas de saúde, de educação, de cultura, de esporte, de lazer, de transporte, de previdência social, de assistência social, de habitação, de trabalho, de empreendedorismo, de acesso ao crédito, de promoção, proteção e defesa de direitos e nas demais áreas que possibilitem à pessoa com deficiência exercer sua cidadania.

2.6. Direito à saúde

Atendimento universal e gratuito: A pessoa com deficiência tem direito à atenção integral à saúde por meio do Sistema Único de Saúde – SUS com a garantia do acesso universal e igualitário. Ressalta-se que o direito à saúde gratuita, universal e igualitária é direito assegurado a todas as pessoas conforme previsto no art. 196 da Constituição Federal. Nesse sentido, a Lei Brasileira de Inclusão tem a função de reforçar essa garantia constitucional às pessoas com deficiência:

> **Art. 196, CF/88:** A saúde é direito de todos e dever do Estado, garantido mediante políticas sociais e econômicas que visem à redução do risco de doença e de outros agravos e ao acesso universal e igualitário às ações e serviços para sua promoção, proteção e recuperação.

Políticas públicas de saúde: A pessoa com deficiência tem assegurada sua participação na elaboração das políticas públicas de saúde a elas destinadas (art. 18, § 1º, LBI). Essa medida contribui para o aumento da efetividade das políticas públicas voltadas às pessoas com deficiência, pois é possível a apresentação dos reais problemas enfrentados por essas pessoas no âmbito da saúde pública.

Capacitação profissional: os profissionais que prestam assistência à pessoa com deficiência devem ter asseguradas a capacitação inicial e continuada, especialmente em serviços de habilitação e de reabilitação (art. 18, § 3º, Estatuto da Pessoa com Deficiência). Ademais, o atendimento deve seguir as normas éticas e técnicas que regulamentam a atuação dos profissionais da saúde relacionadas aos direitos das pessoas com deficiência.

Ações e serviços de saúde pública: O Estatuto da Pessoa com Deficiência estabelece as medidas que devem ser asseguradas pelas ações e serviços de saúde pública voltados à pessoa com deficiência (art. 18, § 4º). As instituições privadas que participam de forma complementar do SUS ou que recebem recursos públicos para sua manutenção têm o dever de seguir as diretrizes traçadas às ações e serviços de saúde pública:

AÇÕES E SERVIÇOS DE SAÚDE PÚBLICA
– **Diagnóstico e intervenção precoces**;
– **Serviços de habilitação e de reabilitação** sempre que necessários para a manutenção da melhor condição de saúde e qualidade de vida;
– **Atendimento domiciliar multidisciplinar**, tratamento ambulatorial e internação;
– Campanhas de **vacinação**;
– **Atendimento psicológico** para as pessoas com deficiência e seus familiares e atendentes pessoais;
– Respeito **à identidade de gênero** e **à orientação sexual** da pessoa com deficiência;
– **Atenção sexual e reprodutiva** com o direito **à** fertilização assistida;
– **Informação adequada e acessível** sobre sua condição de saúde. Nesse sentido, o dispositivo coaduna-se com a exigência de consentimento prévio, livre e esclarecido para quaisquer tratamentos e intervenções que a pessoa com deficiência possa se submeter;
– Serviços para **prevenção na ocorrência e desenvolvimento de deficiências** e agravos adicionais;
– **Capacitação permanente** das equipes que atuam no SUS para atendimento **à** pessoa com deficiência e orientação para seus atendentes pessoais;
– **Oferta de órteses, próteses**, meios auxiliares de locomoção, medicamentos, insumos e fórmulas nutricionais. Ressalta-se que o Estatuto da Pessoa com Deficiência incluiu nova hipótese de saque do FGTS para possibilitar a aquisição de **órteses** e próteses para pessoas com deficiência (art. 20, XVIII, Lei nº 8.036/1990 – Lei do FGTS). Nesse mesmo sentido, prevê o art. 18 do Decreto nº 3.298/1999.

Prevenção de deficiências por causas evitáveis: O Estatuto da Pessoa com Deficiência prevê como atribuição do SUS o desenvolvimento de ações destinadas à prevenção de deficiências por causas evitáveis e traça algumas formas de se efetuar essa atuação preventiva (art. 19):

a) **Acompanhamento da gravidez, do parto e do puerpério com garantia de parto humanizado e seguro.** É válido destacar que o parto humanizado deve ser estimulado não somente às pessoas com deficiência, mas em todo o sistema de saúde. O parto humanizado, em geral, é entendido como aquele realizado com a menor quantidade de intervenções médicas e farmacológicas possível, o qual respeita o tempo físico e psíquico de cada mulher para parir, ocorrido em um lugar respeitoso e aconchegante e com o consentimento informado para todos os procedimentos que possam ser realizados, sempre com observância da medicina baseada em evidências e com o respeito à autonomia da mulher[3];

b) **Promoção de práticas alimentares saudáveis e adequadas, vigilância alimentar e nutricional, prevenção e cuidado integral dos agravos causados pela alimentação da nutrição da mulher e da criança.** O desenvolvimento de práticas de alimentação saudáveis é fundamental para a prevenção no desenvolvimento de diversas doenças que podem levar ao surgimento de deficiências. Nesse sentido, a legislação assegura destaque à nutrição da mulher e da criança, uma vez que são consideradas especialmente vulneráveis (art. 5º, parágrafo único, Lei nº 13.146/2015);

c) **Aprimoramento e expansão dos programas de imunização e de triagem neonatal.** Nesse sentido, ganham especiais destaques a necessidade de estímulo às campanhas de vacinação e também a realização do "teste do pezinho" (triagem neonatal) que é capaz de identificar diversas doenças e problemas congênitos e permite o tratamento precoce; e

d) **Identificação e controle da gestação de alto risco.**

Operadoras de planos e seguros privados: devem garantir à pessoa com deficiência, no mínimo, todos os serviços e produtos ofertados aos demais clientes (art. 20, Lei nº 13.146/2015). Além disso, como foram de se evitar a discriminação contra a pessoa com deficiência, é vedada a cobrança de valores diferenciados por planos e seguros privados de saúde em razão da sua condição (art. 23, Lei nº 13.146/2015).

Atendimento domiciliar: Como vimos no quadro de ações e serviços de saúde pública, a pessoa com deficiência tem assegurado o tratamento domiciliar multidisciplinar. Contudo, se forem esgotados os meios de atenção à saúde da pessoa com deficiência no local de residência, será prestado atendimento fora de domicílio desde que garantidos o transporte e a acomodação da pessoa e de seu acompanhante.

Direito a acompanhante ou atendente pessoal: A pessoa com deficiência tem assegurado o direito a acompanhante e atendente pessoal quando estiver internada ou em observação, devendo a instituição de saúde proporcionar condições adequadas para a sua permanência em tempo integral. Se não for possível a permanência, é necessário que o profissional de saúde responsável pelo tratamento justifique as razões dessa impossibilidade por escrito. Trata-se de um importante instrumento que coíbe práticas abusivas

3 CARNEIRO, Rosamaria Giatti. *Cenas de parto e políticas do corpo: uma etnografia de práticas femininas de parto humanizado.* Tese (Doutorado em Ciências Sociais), Universidade Estadual de Campinas, Campinas, 2011.

e arbitrárias que impedem o acompanhamento das pessoas com deficiência. No caso de impossibilidade, o órgão ou instituição de saúde deve adotar as providências cabíveis para suprir a ausência do acompanhante ou atendente pessoal.

CONCEITOS DE ACOMPANHANTE E ATENDENTE PESSOAL
Lembre-se de que o Estatuto da Pessoa com Deficiência traz a definição de acompanhante e atendente pessoal: – **Atendente pessoal** (art. 3º, XII)**:** pessoa, membro ou não da família, que, com ou sem remuneração, assiste ou presta cuidados básicos e essenciais à pessoa com deficiência no exercício de suas atividades diárias, excluídas as técnicas ou procedimentos relacionados às profissões legalmente estabelecidas; – **Acompanhante** (art. 3º, XIV)**:** aquele que acompanha a pessoa com deficiência, podendo ou não desempenhar as funções de atendente pessoal.

Acesso a recursos de tecnologia assistiva: é assegurado à pessoa com deficiência o acesso aos serviços de saúde, públicos e privados, e às informações recebidas por meio de recursos de tecnologia assistivas e de toda forma de comunicação, como o uso da Libras, Braille, sistema de sinalização ou de comunicação tátil, etc. (art. 24, Lei Brasileira de Inclusão).

Remoção de barreiras: os espaços dos serviços públicos e privados de saúde devem garantir o acesso da pessoa com deficiência mediante a remoção de barreiras, por meio de projetos arquitetônicos, de ambientação interior e de comunicação que atendam às pessoas com deficiência física, sensorial, intelectual e mental (art. 25, Estatuto da Pessoa com Deficiência).

Violência contra pessoa com deficiência: é considerada qualquer ação ou omissão, praticada em local público ou privado, que cause à pessoa com deficiência morte ou dano ou sofrimento físico ou psicológico. Qualquer suspeita ou confirmação de violência contra pessoa com deficiência deve ser objeto de **notificação compulsória** pelos serviços de saúde públicos e privados **à autoridade policial e ao Ministério Público**, além dos Conselhos dos Direitos da Pessoa com Deficiência (art. 26, Estatuto da Pessoa com Deficiência).

2.7. Direito à educação

Educação enquanto direito: A educação é direito da pessoa com deficiência sendo assegurado **sistema educacional inclusivo** em todos os níveis de aprendizado ao longo da vida para se alcançar o máximo desenvolvimento possível dos talentos e habilidades da pessoa com deficiência.

Educação enquanto dever: É dever do **Estado**, da **família**, da **comunidade escolar** e da **sociedade** assegurar educação de qualidade à pessoa com deficiência. Além disso, deve ser garantida proteção contra toda forma de violência, negligência e discriminação.

Deveres do Estado: De acordo com o art. 208, II, da Constituição Federal, a efetivação do dever do Estado com a Educação ocorre com o atendimento educacional especializado à Pessoa com Deficiência preferencialmente na rede regular de ensino. O Estatuto da Pessoa com Deficiência traz os deveres do Estado em relação à garantia do direito à educação da pessoa com deficiência (art. 28, Lei nº 13.146/2015). Ressalta-se que, com exceção dos deveres apontados nos itens 4 e 6 da tabela abaixo, as obrigações apontadas a seguir também se aplicam obrigatoriamente às instituições privadas, de qualquer nível e modalidade de ensino, sendo vedada a cobrança de valores adicionais de qualquer natureza em suas mensalidades, anuidades e matrículas no cumprimento dessas determinações (art. 28, §1º, Lei nº 13.146/2015).

DEVERES DO PODER PÚBLICO NA EDUCAÇÃO
– Incumbe ao poder público assegurar, criar, desenvolver, implementar, incentivar, acompanhar e avaliar:
1) Sistema educacional inclusivo em todos os níveis e modalidades, bem como o aprendizado ao longo de toda a vida;
2) Aprimoramento dos sistemas educacionais com o objetivo de garantir condições de acesso, permanência, participação e aprendizagem por meio da **oferta de serviços e de recursos de acessibilidade** que eliminem barreiras e promovam a inclusão plena;
3) Projeto pedagógico que institucionalize o **atendimento educacional especializado** para atender **às** características dos estudantes com deficiência e garantir o acesso ao currículo em condições de igualdade, com a promoção de sua autonomia;
4) Oferta de educação bilíngue, em Libras como primeira língua e na modalidade escrita da língua portuguesa como segunda língua, em escolas e classes bilíngues e em escolas inclusivas; ***Obs.:*** *Essa obrigação acima não se aplica* ***às*** *instituições privadas de ensino.*
5) Maximização do desenvolvimento acadêmico e social dos estudantes com deficiência favorecendo o acesso, a permanência e a aprendizagem em instituições de ensino;
6) Pesquisas para o desenvolvimento de **novos métodos e técnicas pedagógicas**, de materiais didáticos, de equipamentos e de recursos de tecnologia assistiva; ***Obs.:*** *Essa obrigação acima não se aplica às instituições privadas de ensino.*
7) Planejamento de estudo de caso, de elaboração de plano de atendimento educacional especializado, de organização de recursos e serviços de acessibilidade e de disponibilização e usabilidade pedagógica de recursos de tecnologia assistiva;
8) Participação dos estudantes com deficiência e de suas famílias nas diversas instâncias de atuação da comunidade escolar;
9) Estimular o desenvolvimento dos aspectos linguísticos, culturais, vocacionais e profissionais, de acordo com o talento, a criatividade, as habilidades e os interesses do estudante com deficiência;
10) Práticas pedagógicas inclusivas pelos programas de formação inicial e continuada de professores e oferta de formação continuada para atendimento educacional especializado;
11) Formação e disponibilização de professores para o atendimento educacional especializado, de **tradutores e intérpretes de Libras, de guias intérpretes** e de profissionais de apoio.
12) Oferta de ensino da **Libras**, do **Sistema Braille** e de uso de **recursos de tecnologia assistiva**, de forma a ampliar habilidades funcionais dos estudantes, promovendo sua autonomia e participação;
13) Acesso **à educação superior e à educação profissional e tecnológica** em igualdade de oportunidades e condições com as demais pessoas;
14) Inclusão em conteúdos curriculares, em cursos de nível superior e de educação profissional técnica e tecnológica, de **temas relacionados à pessoa com deficiência** nos respectivos campos de conhecimento;
15) Acesso em igualdade de condições a jogos e a atividades recreativas, esportivas e de lazer no sistema escolar;
16) Acessibilidade para todos os estudantes, trabalhadores da educação e demais integrantes da comunidade escolar às edificações, aos ambientes e **às** atividades concernentes a todas as modalidades, etapas e níveis de ensino;
17) Oferta de **profissionais de apoio escolar**;
18) Articulação intersetorial na **implementação de políticas públicas**.

Formação dos tradutores e intérpretes da Libras: O Estatuto da Pessoa com Deficiência estabelece o nível necessário de formação dos tradutores e intérpretes da Língua Brasileira de Sinais para cada área de atuação (art. 28, § 2º, Lei nº 13.146/2015).

ATENÇÃO!

Ressalta-se que essas exigências de formação somente serão aplicadas após 48 meses da entrada em vigor da Lei Brasileira de Inclusão (art. 125, I). Lembre-se de que o Estatuto da Pessoa com Deficiência entrou em vigor apenas 180 dias após a sua publicação, ou seja, em 03 de janeiro de 2016. Somente após esse prazo, é que se iniciou o período de 48 meses acerca da exigência de formação de tradutores e intérpretes da Libras.

FORMAÇÃO EXIGIDA DOS TRADUTORES E INTÉRPRETES DA LIBRAS	
Atuação na **educação básica**	Ensino médio completo + Certificado de proficiência em Libras
Atuação nos cursos de **graduação e pós-graduação**	Nível superior com habilitação, prioritariamente, em Tradução e Interpretação em Libras

Instituições hospitalares e congêneres: deverão assegurar atendimento pedagógico ao educando com deficiência internado nessas unidades por prazo igual ou superior a um ano, com o propósito de sua inclusão ou manutenção no processo educacional (art. 26, Decreto nº 3.298/1999).

Ingresso e permanência no ensino superior e na educação profissional e tecnológica: O Estatuto prevê ainda medidas que devem ser asseguradas à pessoa com deficiência nos processos seletivos para ingresso e permanência nos cursos oferecidos pelas instituições de ensino superior e de educação profissional e tecnológica:

MEDIDAS PARA INGRESSO EM ENSINO SUPERIOR E NA EDUCAÇÃO PROFISSIONAL E TECNOLÓGICA
1) Atendimento preferencial à pessoa com deficiência nas dependências das Instituições de Ensino Superior (IES) e nos serviços;
2) Disponibilização de formulário de inscrição de exames com campos específicos para que o candidato com deficiência informe os **recursos de acessibilidade e de tecnologia assistiva** necessários para sua participação;
3) Disponibilização de provas em formatos acessíveis às necessidades do candidato com deficiência;
4) Disponibilização de recursos de acessibilidade e de tecnologia assistiva adequados, previamente solicitados e escolhidos pelo candidato com deficiência;
5) Dilação de tempo na realização do exame para seleção quanto nas atividades acadêmicas, conforme prévia solicitação e comprovação da necessidade. Nesse mesmo sentido, prevê o art. 27 do Decreto nº 3.298/1999);
6) Adoção de critérios de avaliação das provas escritas, discursivas ou de redação que considerem a singularidade linguística da pessoa com deficiência no domínio da modalidade escrita da língua portuguesa;
7) Tradução completa do edital e de suas retificações em Libras.

Educação profissional: O aluno com deficiência tem direito à educação profissional nos níveis básico, técnico e tecnológico, com o objetivo de obter habilitação profissional que lhe proporcione oportunidades de acesso ao mercado de trabalho. É obrigatório o fornecimento pelas instituições públicas e privadas que ministram educação profissional, de cursos profissionais de nível básico à pessoa com deficiência, condicionando a matrícula à sua capacidade de aproveitamento e não ao seu nível de escolaridade (art. 28, Decreto nº 3.298/1999).

2.8. Direito à moradia

Moradia digna: É assegurado à pessoa com deficiência o direito à moradia digna (art. 31, Lei nº 13.146/2015) que pode ser:

- **No seio da família natural ou substituta**, com seu cônjuge ou companheiro ou desacompanhada; ou
- **Em moradia para a vida independente**. Para isso, o poder público deve adotar programas e ações estratégicas para apoiar a criação e a manutenção dessa moradia para vida independente;
- **Em residência inclusiva**. A proteção integral na modalidade de residência inclusiva será prestada no **âmbito** do SUAS à pessoa com deficiência em situação de dependência que não disponha de condições de autossustentabilidade, com vínculos familiares fragilizados ou rompidos.

CONCEITOS DE RESIDÊNCIAS INCLUSIVAS E DE MORADIA PARA A VIDA INDEPENDENTE
Lembre-se de que o Estatuto da Pessoa com Deficiência traz a definição de residências inclusivas e de moradias para a vida independente: – **Residências inclusivas:** Unidades de oferta do Serviço de Acolhimento do Sistema **Único** de Assistência Social (Suas) localizadas em **áreas** residenciais da comunidade, com estruturas adequadas, que possam contar com apoio psicossocial para o atendimento das necessidades da pessoa acolhida, destinadas a jovens e adultos com deficiência, em situação de dependência, que não dispõem de condições de autossustentabilidade e com vínculos familiares fragilizados ou rompidos. (art. 3º, X, Estatuto da Pessoa com Deficiência) – **Moradia para a vida independente da pessoa com deficiência:** Moradia com estruturas adequadas capazes de proporcionar serviços de apoio coletivos e individualizados que respeitem e ampliem o grau de autonomia de jovens e adultos com deficiência. (art. 3º, XI, Estatuto da Pessoa com Deficiência)

Prioridade na aquisição de moradia própria: A pessoa com deficiência ou o seu responsável gozam de prioridade na aquisição de imóvel para moradia própria em programas habitacionais, públicos ou subsidiados com recursos públicos. Ressalta-se que o direto à prioridade é válido **apenas uma vez**. Portanto, para compra do 2º imóvel, não há prioridade de aquisição para a pessoa com deficiência. Além disso, é necessário observar o seguinte (art. 32, Lei nº 13.146/2015):

PRIORIDADE NA AQUISIÇÃO DE IMÓVEL
– **Reserva** de, no mínimo, **3% das unidades habitacionais** para pessoa com deficiência;
– **Garantia de acessibilidade** nas **áreas** de uso comum e nas unidades habitacionais no piso térreo e de acessibilidade ou adaptação nos demais piso em se tratando de **edificação multifamiliar**;
– Disponibilização de **equipamentos urbanos comunitários acessíveis**;
– Elaboração de especificações técnicas no projeto que permitam a **instalação de elevadores**.

Critérios de financiamento: Nos programas habitacionais públicos, os critérios de financiamento devem ser compatíveis com os rendimentos da pessoa com deficiência ou de sua família.

Ausência de interesse: Se não houver pessoa com deficiência interessada nas unidades habitacionais reservadas (3%), poderão ser disponibilizadas às demais pessoas.

Obrigações do Poder Público: Cabe ao poder público (art. 33, Lei nº 13.146/2015):

- Assegurar o direito à moradia digna da pessoa com deficiência e o atendimento aos requisitos da prioridade na aquisição de moradia própria.
- Divulgar a política habitacional aos agentes interessados e beneficiários com **ênfase** na garantia da acessibilidade.

Habitação de interesse social: Na habitação de interesse social, devem ser asseguradas as condições de acessibilidade dos empreendimentos (art. 28, Decreto nº 5.296/2004):

- Tipologias construtivas livres de barreiras arquitetônicas e urbanísticas;
- No caso de edificação multifamiliar, execução das unidades habitacionais acessíveis no piso térreo e acessíveis ou adaptáveis quando nos demais pisos;
- Execução das partes de uso comum, quando se tratar de edificação multifamiliar, conforme as normas técnicas de acessibilidade da ABNT; e
- Elaboração de especificações técnicas de projeto que facilite a instalação de elevador adaptado para uso das pessoas com deficiência ou com mobilidade reduzida.

2.9. Direito ao trabalho

Direito ao trabalho: De acordo com o art. 6º da Constituição Federal, o direito ao trabalho **é** reconhecido como direito fundamental, enquanto direito social. A pessoa com deficiência tem direito ao trabalho de sua livre escolha e aceitação em ambiente acessível e inclusivo em igualdade de oportunidades com as demais pessoas (art. 34, Lei nº 13.146/2015). Além disso, é proibida qualquer forma de discriminação no tocante ao salário e critérios de admissão do trabalhador com deficiência (art. 7º, XXXI, CF/88).

Equiparação salarial: São asseguradas condições justas e favoráveis de trabalho à pessoa com deficiência com **igual remuneração por trabalho de igual valor**. A equiparação salarial consiste em assegurar ao trabalhador a igualdade salarial no exercício de uma mesma função para determinado empregador em determinada localidade. Dessa forma, o empregado não pode ser discriminado em relação à remuneração quando exercer trabalho de igual valor com os demais trabalhadores. Esse mesmo direito é assegurado aos servidores do Poder Judiciário pelo art. 23, § 2º, Resolução CNJ nº 230/2016.

Empregado readaptado: Ressalta-se que o empregado readaptado não pode ser utilizado como paradigma para pedido de equiparação salarial (art. 461, § 4º, CLT).

Meio ambiente de trabalho: É obrigação das pessoas jurídicas de direito público, privado ou de qualquer natureza assegurar meio ambiente de trabalho acessível e inclusivo (art. 34, § 1º, Lei nº 13.146/2015). Dessa forma, é necessário que o trabalho seja desenvolvido em ambiente que não imponha nenhuma forma de barreira à pessoa com deficiência (acessíveis) e que não ocasione a segregação do trabalhador com deficiência em relação aos demais (inclusivos).

Vedação à discriminação ao trabalho: É proibida a restrição ao trabalho da pessoa com deficiência em razão de sua condição em todas as etapas para contratação de empregado, seja na fase pré-contratual como na execução do contrato de trabalho (art. 34, § 3º, Lei nº 13.146/2015). O mesmo dispositivo é previsto no art. 23, § 3º, da Resolução CNJ nº 230/2016:

PROIBIÇÃO DE DISCRIMINAÇÃO NO TRABALHO
– A vedação à restrição e à discriminação ao trabalho da pessoa com deficiência deve ser aplicada nas seguintes etapas: a) recrutamento; b) seleção; c) contratação; d) admissão; e) exames admissionais e periódico; f) permanência no emprego; g) ascensão profissional; h) reabilitação profissional; e i) aptidão plena.

O trabalhador com deficiência tem direito ao acesso em igualdade de oportunidades com os demais empregados a **cursos, treinamentos, educação continuada, planos de carreira, promoções, bonificações e incentivos profissionais**. Ressalta-se que deve ser assegurada acessibilidade em cursos de formação e de capacitação para o trabalhador com deficiência (art. 34, § 4º e 5º, Lei nº 13.146/2015). Esse mesmo dispositivo é previsto no art. 23, § 4º e 5º da Resolução CNJ nº 230/2016.

Políticas públicas de trabalho e emprego: tem como finalidade primordial promover e garantir condições de acesso e permanência da pessoa com deficiência no campo de trabalho (art. 35, Lei nº 13.146/2015). Assim, impõe-se ao poder público a necessidade de desenvolver programas que assegurem o ingresso e permanência no mercado de trabalho de trabalhadores com deficiência.

Estímulo ao trabalho autônomo, cooperativismo e associativismo: Ainda em relação às políticas públicas, destaca-se que os programas de estímulo ao empreendedorismo e ao trabalho autônomo, inclusive quanto ao cooperativismo e o associativismo, devem prever a participação da pessoa com deficiência e a disponibilização de linhas de crédito, quando necessárias. Note-se, portanto, que as políticas públicas não devem ser voltadas apenas aos empregados (vínculo de emprego), mas também assegurar a participação de pessoas com deficiência em trabalhos autônomos, cooperativas e associações.

2.9.1. Habilitação e reabilitação profissional

Habilitação e reabilitação profissional: É dever do poder público implementar serviços e programas de habilitação e de reabilitação profissional para viabilizar o ingresso, continuação ou retorno ao mercado de trabalho da pessoa com deficiência, sempre devendo respeitar a livre escolha, a vocação e o interesse. Cabe ressaltar que equipe multidisciplinar será responsável por indicar programa de habilitação, para que o trabalhador com deficiência adquira novas capacidades e habilidades de trabalho, e reabilitação profissional para restaurar sua capacidade profissional (art. 36, Lei nº 13.146/2015).

Atenção!
É importante o conhecimento da diferença entre habilitação e reabilitação profissional:

DIFERENÇA ENTRE HABILITAÇÃO E REABILITAÇÃO	
HABILITAÇÃO	**REABILITAÇÃO**
A habilitação profissional corresponde ao processo destinado a **propiciar à pessoa com deficiência aquisição de conhecimentos, habilidades e aptidões para exercício de profissão ou de ocupação**, permitindo o ingresso no mercado de trabalho. Nesse sentido, a pessoa nunca teve capacidade laborativa e necessita de ações do poder público para trabalhar.	É o processo destinado a **recuperar a capacidade laborativa** de trabalhador que a perdeu em razão de alguma doença ou acidente. Nesse sentido, o empregado tinha capacidade para o trabalho e a perdeu posteriormente, sendo necessário processo para o retorno ao campo de trabalho.

Os serviços de habilitação, de reabilitação e de educação profissional devem ser dotados de **recursos necessários para atender a toda pessoa com deficiência**, independentemente de sua característica específica, para que possa obter, conservar e progredir no trabalho. Além disso, devem ser oferecidos em ambientes acessíveis e inclusivos (art. 36, § 3º, Lei nº 13.146/2015 e art. 32 do Decreto nº 3.298/1999).

Orientação profissional: deve ser prestada pelos serviços de habilitação e reabilitação profissional levando em consideração as potencialidades da pessoa com deficiência identificadas com base em relatório de equipe multiprofissional que deve considerar (art. 33, Decreto nº 3.298/1999):

- Educação escolar efetivamente recebida e por receber;
- Expectativas de promoção social;
- Possibilidades de emprego existentes em cada caso;
- Motivações, atitudes e preferências profissionais; e
- Necessidades do mercado de trabalho.

Articulação com redes públicas e privadas: A habilitação e a reabilitação profissional devem ser articuladas com as redes públicas e privadas, especialmente de saúde, de ensino e de assistência social, em entidades de formação profissional ou diretamente com o empregador.

Habilitação profissional e reserva de vagas: Apesar da habilitação profissional ser proporcionada, via de regra, pelo poder público (INSS), é possível que ocorra em empresas por meio de prévia formalização do contrato de trabalho. Nesse caso, a contratação da pessoa com deficiência é considerada no cômputo da reserva de vagas para contratação de pessoa com deficiência prevista no art. 93 da Lei nº 8.213/1991 – 2% a 5% dos empregados da empresa devem ser pessoas com deficiência. Para maiores informações, consulte o tópico referente aos reflexos do Estatuto da Pessoa com Deficiência no Direito do Trabalho.

2.9.2. Inclusão da pessoa com deficiência no trabalho

Colocação competitiva no mercado de trabalho: trata-se de modo de inclusão da pessoa com deficiência no mercado de trabalho em igualdade de oportunidades com as demais pessoas sempre atendidas as regras de acessibilidade, o fornecimento de recursos de tecnologia assistiva e a adaptação razoável no ambiente de trabalho (art. 37, Lei nº 13.146/2015).

Trabalho com apoio: A colocação competitiva da pessoa com deficiência pode ser realizada por meio de trabalho com apoio desde que observe algumas diretrizes traçadas pelo Estatuto da Pessoa com Deficiência:

DIRETRIZES DO TRABALHO COM APOIO
– **Prioridade no atendimento à** pessoa com deficiência **com maior dificuldade de inserção no campo de trabalho**;
– **Suportes individualizados que atendam às necessidades** da pessoa com deficiência, inclusive com a disponibilização de recursos de tecnologia assistiva de agente facilitador e de apoio no ambiente de trabalho;
– Respeito ao **perfil vocacional e ao interesse** da pessoa com deficiência apoiada;
– **Aconselhamento e apoio aos empregadores** para traçar estratégias de inclusão e de superação de barreiras, inclusive de atitudes em relação **à** pessoa com deficiência;
– **Avaliações periódicas**;
– **Articulação intersetorial das políticas públicas**;
– Possibilidade de **participação de organizações da sociedade civil.**

Processo seletivo público ou privado: A entidade contratada para realização de processo seletivo público (concurso público) ou privado para cargo, função ou emprego deve observar todas as normas do Estatuto da Pessoa com Deficiência e as normas vigentes de acessibilidade. Nesse sentido, deve atender às mesmas regras aplicáveis para ingresso em ensino superior e na educação profissional e tecnológica conforme visto no **tópico de Direito à Educação** destas dicas:

MEDIDAS PARA INGRESSO EM ENSINO SUPERIOR E NA EDUCAÇÃO PROFISSIONAL E TECNOLÓGICA
1) Atendimento preferencial à pessoa com deficiência nas dependências das Instituições de Ensino Superior (IES) e nos serviços;
2) Disponibilização de formulário de inscrição de exames com campos específicos para que o candidato com deficiência informe os **recursos de acessibilidade e de tecnologia assistiva** necessários para sua participação;
3) Disponibilização de provas em formatos acessíveis às necessidades do candidato com deficiência;
4) Disponibilização de recursos de acessibilidade e de tecnologia assistiva adequados, previamente solicitados e escolhidos pelo candidato com deficiência;
5) Dilação de tempo na realização do exame para seleção quanto nas atividades acadêmicas, conforme prévia solicitação e comprovação da necessidade;
6) Adoção de critérios de avaliação das provas escritas, discursivas ou de redação que considerem a singularidade linguística da pessoa com deficiência no domínio da modalidade escrita da língua portuguesa;
7) Tradução completa do edital e de suas retificações em Libras.

Oficina protegida terapêutica: compreende a unidade que funciona em relação de dependência com entidade pública ou beneficente de assistência social, que tem como objetivo a integração social por meio de atividades de adaptação e capacitação para o trabalho de adolescente e adulto que devido ao seu grau de deficiência, transitória ou permanente, não possa trabalhar no mercado competitivo de trabalho. O período de adaptação e capacitação para o trabalho em oficina protegida terapêutica não configura vínculo de emprego e está condicionado a processo de avaliação individual que considere o desenvolvimento biopsicossocial da pessoa (art. 35, § 5º e 5º, Decreto nº 3.298/1999).

Ações afirmativas em concursos públicos: Conforme art. 37, VIII, CF/88, é assegurado percentual dos cargos e empregos públicos às pessoas com deficiência desde que previstos em lei. O art. 37 do Decreto nº 3.298/1999, que regulamentou a Lei nº 7.853/1989 (Lei de apoio às pessoas portadores de deficiência), estabelece a necessidade de se assegurar percentual mínimo de 5% das vagas em concursos públicos ao candidato com deficiência. Esse percentual não se aplica para o provimento de cargos em comissão ou função de confiança e cargo ou emprego público integrante de carreira que exija plena aptidão do candidato (art. 38 do Decreto nº 3.298/1999).

Exigências do edital do concurso público: É necessário o atendimento a algumas exigências no edital do concurso público em relação à pessoa com deficiência, que deve conter (art. 39, do Decreto nº 3.298/1999):

- Número de vagas existentes, bem como o total reservado à pessoa com deficiência;
- Atribuições e tarefas dos cargos;
- Previsão de adaptação das provas, do curso de formação e do estágio probatório conforme a deficiência do candidato;
- Exigência de apresentação pelo candidato com deficiência no ato de inscrição de laudo médico atestando a espécie e grau da deficiência com expressa referência ao código da Classificação Internacional de Doença – CID, bem como a provável causa da deficiência.

Tratamento diferenciado: necessidade de requerimento pela pessoa com deficiência no prazo determinado em edital com a indicação das condições diferenciadas de que necessita para a realização das provas. Se for necessário tempo adicional, deve ser requerido com justificativa acompanhada de parecer emitido por especialista na área e entregue no prazo estabelecido no edital do concurso (art. 40, Decreto nº 3.298/1999).

Igualdade de condições em concursos: Resguardadas as condições especiais mencionadas, a pessoa com deficiência participará em igualdade de condições com os demais candidatos no tocante (art. 41, Decreto nº 3.298/1999):

- **Ao conteúdo das provas;**
- **à avaliação e aos critérios de aprovação;**
- Ao horário e ao local de aplicação das provas; e
- **À nota mínima exigida para todos os demais candidatos.**

2.10. Direito à assistência social

Política pública de assistência social: tem como objetivo a garantia da segurança de renda, da acolhida, da habilitação e da reabilitação, do desenvolvimento da autonomia e da convivência familiar e comunitária, para a promoção do acesso a direitos e da plena participação social da pessoa com deficiência (art. 39, Lei nº 13.146/2015).

Proteção Social Básica e da Proteção Social Especial: conjunto articulado de serviços, ofertados pelo SUAS, para a garantia de seguranças fundamentais no **enfrentamento de situações de vulnerabilidade e de risco**, por fragilização de vínculos e ameaça ou violação de direitos.

Cuidadores sociais: serviços socioassistenciais destinados à pessoa com deficiência em situação de dependência devem contar com cuidadores sociais para prestar-lhe cuidados básicos e instrumentais. A legislação não é clara quanto à abrangência da proteção realizada pelos cuidadores sociais. No entanto, é possível sua destinação especial às pessoas com maior grau de vulnerabilidade, como crianças, adolescentes e idosos que se encontrem em situação de dependência.

Benefício de prestação continuada (BPC-LOAS): De acordo com o art. 203, V, da Constituição Federal, é assegurado benefício de prestação continuada ao deficiente e ao idoso que não possuam meios de prover sua subsistência ou de tê-la provido por sua família. A Lei Brasileira de inclusão inseriu dispositivo que assegura à pessoa com deficiência que não possa prover a sua subsistência e nem tê-la provida por sua família o recebimento de 1 salário mínimo mensal (art. 40, Lei nº 13.146/2015). Nesse mesmo sentido, prevê o art. 2º, I, "e" e 20 da Lei nº 8.742/1993 (Lei Orgânica da Assistência Social):

> **Art. 2º, I, "e", da Lei nº 8.742/1993:** A assistência social tem por objetivos: a proteção social, que visa à garantia da vida, à redução de danos e à prevenção da incidência de riscos, especialmente: a garantia de 1 (um) salário-mínimo de benefício mensal à pessoa com deficiência e ao idoso que comprovem não possuir meios de prover a própria manutenção ou de tê-la provida por sua família.
>
> **Art. 20, "caput", Lei nº 8.742/1993:** O benefício de prestação continuada é a garantia de um salário-mínimo mensal à pessoa com deficiência e ao idoso com 65 (sessenta e cinco) anos ou mais que comprovem não possuir meios de prover a própria manutenção nem de tê-la provida por sua família.

Para assegurar o direito ao BPC, é necessário o preenchimento de alguns requisitos previstos na Lei Orgânica da Assistência Social:

REQUISITOS PARA PERCEPÇÃO DO BENEFÍCIO DE PRESTAÇÃO CONTINUADA
– **Pessoa com deficiência;** *Obs.: Lembre-se de que é fundamental o conceito de pessoa com deficiência presente no art. 2º da Lei nº 13.146/2015: "Considera-se pessoa com deficiência aquela que tem impedimento de longo prazo de natureza física, mental, intelectual ou sensorial, o qual, em interação com uma ou mais barreiras, pode obstruir sua participação plena e efetiva na sociedade em igualdade de condições com as demais pessoas."* – **Não possuir meios para prover sua subsistência e de sua família.** – Família é considerada nesse caso somente a pessoa com deficiência, o cônjuge ou companheiro, os pais e, na ausência de um deles, a madrasta ou o padrasto, os irmãos solteiros, os filhos e enteados solteiros e os menores tutelados, desde que vivam sob o mesmo teto. – É considerada incapaz da manutenção da pessoa com deficiência, a família cuja renda mensal *per capita* seja inferior a ¼ do salário mínimo. Nesse cálculo, não é computado o valor recebido em razão de contrato de estágio e de aprendizagem.

REQUISITOS PARA PERCEPÇÃO DO BENEFÍCIO DE PRESTAÇÃO CONTINUADA
– **Benefício não pode ser cumulado com outro** no âmbito da Seguridade Social com exceção para os benefícios da assistência médica e da pensão especial de natureza indenizatória; – Não pode exercer **atividade remunerada**, inclusive na condição de microempreendedor individual. *Obs.: O Benefício pode ser cumulado com a aprendizagem, limitado a 2 anos o período de recebimento concomitante da remuneração e do BPC.*

2.11. Direito à previdência social

Direito à aposentadoria: O art. 201, § 1º, da Constituição Federal assegura a possibilidade de critérios diferenciados para a concessão de aposentadora de pessoas com deficiência desde que previstos em lei complementar. A pessoa com deficiência que for segurada do Regime Geral de Previdência Social (RGPS) tem direito à aposentadoria prevista na Lei Complementar nº 142/2013. Os requisitos para obtenção do benefício previdenciário são:

Aposentadoria por tempo de contribuição	
Tempo de contribuição	**Grau de deficiência**
Homem – 25 anos Mulher – 20 anos	Deficiência grave
Homem – 29 anos Mulher – 24 anos	Deficiência moderada
Homem – 33 anos Mulher – 28 anos	Deficiência leve
Aposentadoria por idade (independentemente do grau de deficiência)	
– 60 anos de idade para o homem; – 55 anos de idade para a mulher; – Tempo mínimo de contribuição: 15 anos e existência de deficiência durante igual período	

Segurado tornar-se pessoa com deficiência ou alterar seu grau de deficiência: terá a contagem do direito à aposentadoria proporcionalmente ajustado, considerando-se o número de anos em que o segurado exerceu atividade laboral sem deficiência e com deficiência, observado o grau de deficiência correspondente.

Renda mensal: A renda mensal devida será calculada sobre o salário de benefício nos seguintes percentuais:

a) 100% do salário de benefício para as hipóteses de aposentadoria por tempo de contribuição;

b) 70% + 1% do salário de benefício por grupo de 12 contribuições mensais até o máximo de 30% no caso de aposentadoria por idade.

Auxílio-inclusão: o art. 94 do Estatuto da Pessoa com Deficiência criou o benefício previdenciário auxílio-inclusão que é devido à pessoa com deficiência moderada ou grave que:

1) Receba o BPC da LOAS e que passe a exercer atividade remunerada que a enquadre como segurado obrigatório do RGPS;

2) Tenha percebido, nos **últimos** 5 anos, o BPC e exerça atividade remunerada que a enquadre como segurado obrigatório do RGPS.

2.12. Direito à cultura, ao esporte, ao turismo e ao lazer

Direito à cultura, ao esporte, ao turismo e ao lazer em igualdade de oportunidades: Nesse sentido, o Estatuto da Pessoa com Deficiência assegura o acesso a (art. 42, Lei nº 13.146/2015):

a) bens culturais em formato acessível;

b) programas de televisão, cinema, teatro e outras atividades culturas e desportivas em forma acessível; e

c) Monumentos e locais de importância cultural e a espaços que ofereçam serviços culturais e esportivos.

Proibição de recusa de obra intelectual em forma acessível: é proibida a recusa de oferta de obra intelectual em formato acessível sob qualquer argumento, inclusive sob a alegação de proteção dos direitos de propriedade intelectual.

Deveres do poder público: eliminação, redução ou superação de barreiras para a promoção do acesso ao patrimônio cultural, observadas as normas de acessibilidade, ambientais e de proteção do patrimônio histórico e artístico nacional.

Participação da pessoa com deficiência: é dever do poder público promover a participação de pessoa com deficiência em atividades artísticas, intelectuais, culturais, esportivas e recreativas, com vistas ao seu protagonismo, devendo atender a algumas exigências (art. 43, Lei nº 13.146/2015):

PARTICIPAÇÃO EM ATIVIDADES ARTÍSTICAS, CULTURAIS, INTELECTUAIS, ESPORTIVAS E RECREATIVAS
– Incentivar a provisão de instrução, de treinamento e de recursos adequados, em igualdade de oportunidades com as demais pessoas; – Assegurar acessibilidade nos locais de eventos e nos serviços prestados nessas atividades; – Assegurar participação da pessoa com deficiência em jogos e atividades recreativas, esportivas, de lazer, culturais e artísticas, inclusive no sistema escolar, em igualdade de condições com as demais pessoas. Nota-se, portanto, que a legislação sempre destaca a necessidade de assegurar a igualdade de oportunidades e condições com as demais pessoas.

Reserva de espaços livres e assentos: É assegurada a reserva de espaços livres e assentos para as pessoas com deficiência de acordo com a capacidade de lotação da edificação nos teatros, cinemas, auditórios, estádios, ginásios de esportes, locais de espetáculos e de conferências (art. 44, Lei nº 13.146/2015). Esses espaços devem atender às normas de acessibilidade. De acordo com o art. 23 do Decreto nº 5.296/2004, é necessário assegurar 2% dos assentos para acomodação de pessoas portadoras de deficiência visual e com mobilidade reduzida, incluindo obesos, em locais de boa recepção de mensagens sonoras. Além disso, o Estatuto estabelece algumas regras para a utilização dos assentos:

DISTRIBUIÇÃO DE ESPAÇOS RESERVADOS
– Os espaços devem ser distribuídos em **locais diversos, de boa visibilidade, em todos os setores, devidamente sinalizados**, evitando a segregação ao público (art. 44, Lei nº 13.146/2015).
– Assentos devem se situar em locais que garantam a **acomodação de, no mínimo, 1 acompanhante** da pessoa com deficiência ou com mobilidade reduzida, resguardado o direito de se acomodar próximo a grupo familiar ou comunitário.
– Obrigatoriedade na presença de **rotas de fuga e saídas de emergência acessíveis;**
– **Salas de cinema:** devem oferecer recursos de acessibilidade. **Atenção!** Esse dispositivo somente passará a ser exigido após 48 meses da entrada em vigor do Estatuto da Pessoa com Deficiência (art. 125, II);
– **Valor do ingresso** não pode ser superior em relação ao cobrado das demais pessoas.

Ausência de procura pelos assentos reservados: Os assentos podem, excepcionalmente, ser ocupados por pessoas sem deficiência ou que não tenham mobilidade reduzida.

Desenho universal em hotéis, pousadas e similares: dever de construção, observados os princípios do desenho universal, além de adotar todos os meios de acessibilidade (art. 45, Lei nº 13.146/2015). **Atenção!** Esse dispositivo somente passará a ser exigido após 24 meses da entrada em vigor do Estatuto da Pessoa com Deficiência (art. 125, III)

Veja como são frequentes as remissões aos conceitos do art. 3º da legislação informados no tópico 2.2. desta obra.

LEMBRE-SE:

O **desenho universal** compreende a concepção de produtos, ambientes, programas e serviços a serem usados por todas as pessoas, **sem necessidade de adaptação ou de projeto específico**, incluindo os recursos de tecnologia assistiva (art. 3º, II, Lei nº 13.146/2015);

Hotéis, pousadas e similares já construídos: Devem disponibilizar, pelo menos, 10% de seus dormitórios acessíveis e em rotas acessíveis, garantida, no mínimo, 1 unidade acessível. Trata-se de regra que flexibiliza a necessidade de dormitórios em desenho universal e acessível para apenas 10% do número total de dormitórios quando o hotel, pousada ou similar já existir.

2.13. Direito de ingressar e permanecer em ambientes de uso coletivo acompanhado de cão-guia

Utilização de cão-guia: A pessoa com deficiência visual tem direito a ingressar e permanecer em todos os meios de transporte e em estabelecimentos abertos ao público acompanhada de cão-guia (art. 1º da Lei nº 11.126/2005). Considera-se deficiência visual apenas a cegueira e a baixa visão. Esse direito é aplicado em todas modalidades de serviços de transporte coletivo de passageiros inclusive em esfera internacional com origem em território brasileiro.

Discriminação em relação ao uso de cão-guia: A tentativa de impedir ou dificultar o exercício do direito ao uso de cão-guia constitui ato de discriminação, que tem como penalidade a interdição e a aplicação de multa.

2.14. Ciência e tecnologia

Fomento da ciência e tecnologia: O poder público deve fomentar o desenvolvimento científico, a pesquisa, a inovação e a capacitação tecnológicas voltadas à melhoria da qualidade de vida e sua inclusão social. O fomento deve priorizar a geração de conhecimentos e técnicas que visem à prevenção e ao tratamento de deficiências e ao desenvolvimento de tecnologias assistiva e social.

Acessibilidade e tecnologias assistiva e social devem ser fomentadas mediante criação de **cursos de pós-graduação**, a formação de recursos humanos e a inclusão do tema nas **diretrizes de áreas do conhecimento**.

Capacitação tecnológica para desenvolvimento de tecnológicas assistiva e social: Essa capacitação deve ser voltada à melhoria da funcionalidade e da participação social da pessoa com deficiência.

Reavaliação periódica das medidas de fomento à ciência e tecnologia: as medidas previstas para desenvolvimento da ciência e tecnologia da pessoa com deficiência devem ser reavaliadas periodicamente pelo poder público para assegurar seu aperfeiçoamento.

Tecnologias da informação e comunicação: estímulo à pesquisa e desenvolvimento das tecnologias da informação e comunicação e às tecnologias sociais (art. 78, Estatuto da Pessoa com Deficiência). Os estímulos devem se concentrar especialmente:

- Emprego de tecnologias da informação e comunicação como **instrumento de superação de limitações funcionais e de barreiras** à comunicação, à informação, à educação e ao entretenimento da pessoa com deficiência;
- **Acessibilidade da pessoa com deficiência à computação e aos sítios da internet**, em especial aos serviços de governo eletrônico.

Para facilitar a memorização do assunto, segue quadro de resumo sobre ciência e tecnologia:

CIÊNCIA E TECNOLOGIA

– **Fomento da ciência e tecnologia à pessoa com deficiência:** assegurar melhoria da qualidade de vida e sua inclusão social;
– **Capacitação tecnológica** para desenvolvimento de tecnológicas assistiva e social;
– **Reavaliação periódica das medidas de fomento à ciência e tecnologia:** assegurar aperfeiçoamento;
– **Tecnologias da informação e comunicação:**
  – Instrumento de superação de limitações funcionais e de barreiras;
  – Acessibilidade da pessoa com deficiência **à** computação e aos sítios da internet;

2.15. Acesso à justiça

Acesso à justiça: poder público deve assegurar o acesso da pessoa com deficiência à justiça, em igualdade de oportunidades com as demais pessoas, garantindo adaptações e recursos de tecnologia assistiva (art. 79, Lei nº 13.146/2015).

Capacitação dos membros e servidores que atuam no processo: Para assegurar a atuação da pessoa com deficiência em todo o processo judicial, é necessária a capacitação quanto aos direitos da pessoa com deficiência dos membros e servidores do Poder Judiciário, no Ministério Público, na Defensoria Pública, nos órgãos de segurança pública e no sistema penitenciário.

Capacitação no âmbito do Poder Judiciário: Nesse sentido, **5% dos servidores, funcionários e terceirizados** devem ser capacitados para uso e interpretação de Libras (art. 4º, § 2º, Resolução CNJ nº 230/2016).

Processo eletrônico (Resolução CNJ nº 230/2016): O art. 7º, "caput", da Resolução CNJ nº 230/2016 prevê a necessidade de instalação, **com urgência**, de processo eletrônico acessível a todos os tipos de deficiência.

Medidas restritivas de liberdade: Devem ser assegurados todos os direitos aos apenados sem deficiência sempre garantida a acessibilidade.

Atuação do Ministério Público e Defensoria Pública: Cabe a esses órgãos adotar as medidas necessárias para assegurar à pessoa com deficiência o cumprimento de todos os direitos previstos no Estatuto da Pessoa com Deficiência.

Recursos de tecnologia assistiva: devem ser assegurados para o acesso à justiça da pessoa com deficiência que atue como (art. 80, Estatuto da Pessoa com Deficiência e art. 7º, § 1º, Resolução CNJ nº 230/2016):

- Parte no processo;
- Testemunha;
- Advogado;
- Defensor público;
- Magistrado;
- Membro do Ministério Público; ou
- Partícipe da lide posta em juízo.

Acesso ao conteúdo dos atos processuais: A pessoa com deficiência tem direito ao acesso ao conteúdo de todos os atos processuais de seu interesse, inclusive no exercício da advocacia (art. 80, parágrafo único). No mesmo sentido, prevê o art. 7º, § 2º, Resolução CNJ nº 230/2016.

Sanções penais: Direitos da pessoa com deficiência devem ser garantidos na aplicação de sanções penais (art. 81).

Serviços notariais e de registro: Não pode negar ou criar óbices ou condições diferenciadas para prestar serviços em razão de deficiência, sob pena de constituir o ato discriminação em razão de deficiência. Deve ser reconhecida capacidade legal plena, garantida a acessibilidade (art. 83). No mesmo sentido, prevê o art. 8º da Resolução CNJ nº 230/2016.

2.16. Reconhecimento igual perante a lei

As pessoas com deficiência têm direito ao exercício da capacidade legal em **igualdade de condições** com as demais pessoas (art. 84, Lei nº 13.146/2015). Na maioria dos casos, a pessoa com deficiência tem capacidade plena para exercício dos atos da vida civil, em especial (art. 6º, Estatuto da Pessoa com Deficiência):

CAPACIDADE CIVIL DA PESSOA COM DEFICIÊNCIA
– A pessoa com deficiência tem capacidade inclusive para: a) Casar-se e constituir união estável; b) Direitos sexuais e reprodutivos; c) Planejamento familiar; d) Conservar fertilidade, sendo veda a esterilização compulsória; e) Direito à família e à convivência familiar e comunitária; f) Direito à guarda, à tutela, à curatela e à adoção, como adotante ou adotando em igualdade de condições com as demais pessoas;

Quando necessário, é possível a instituição da curatela, desde que respeite alguns requisitos previstos no Estatuto:

a) Instituição como medida protetiva **extraordinária**, devendo constar da sentença que a determinar as razões e motivações de sua definição, preservados os interesses do curatelado;

b) Proporcional **às necessidades** da pessoa com deficiência e **às circunstâncias** de cada caso;

c) Duração da curatela pelo **menor tempo** possível.

Curatela no Código Civil: O Estatuto da Pessoa com Deficiência alterou significativa o procedimento de curatela previsto no Código Civil. Tendo em vista o caráter excepcional da curatela, removeu-se as hipóteses que vinculavam a necessidade de curatela à existência de deficiência. Lembre-se de que a pessoa com deficiência tem, em regra, plena capacidade para os atos da vida civil. A curatela somente será possível quando a pessoa não puder exprimir sua vontade por causa transitória ou permanente. Portanto, somente se a pessoa com deficiência não puder exprimir sua vontade, é possível a instituição da curatela. As demais hipóteses de curatela estão previstas no art. 1.767 do CC/02 e não dizem respeito à pessoa com deficiência:

> **Art. 1.767, CC/02:** Estão sujeitos a curatela:
>
> I – aqueles que, por causa transitória ou permanente, não puderem exprimir sua vontade;
>
> II – (Revogado);
>
> III – os **ébrios** habituais e os viciados em tóxico;
>
> IV – (Revogado);
>
> V – os pródigos.

Curatela compartilhada: É possível que a curatela da pessoa com deficiência seja compartilhada (art. 1775-A, CC/02), ou seja, exercida por duas ou mais pessoas com o intuito de assegurar a proteção do curatelado.

Direitos do curatelado: O Estatuto da Pessoa com Deficiência limita a abrangência da curatela quanto aos direitos do curatelado. O candidato deve estar atento, conforme informações da tabela a seguir, para o fato de que os direitos do curatelado permanecem, em sua maioria, livres para seu exercício sem a necessidade de curatela (art. 85, Lei nº 13.146/2015):

Direitos afetados pela curatela	Direitos NÃO afetados pela curatela
– Direitos de natureza patrimonial e negocial	– Direito ao **P**róprio **C**orpo – Direito à **S**exualidade – Direito à **E**ducação – Direito ao **M**atrimônio – Direito à **P**rivacidade – Direito ao **T**rabalho – Direito ao **V**oto – Direito à **S**aúde

Ressalta-se que, para a emissão de documentos oficiais, não será exigida a situação de curatela da pessoa com deficiência (art. 86, Lei nº 13.146/2015).

Curador: É obrigação dos curadores a prestação anual de contas de sua administração ao juiz, apresentando o balanço do respectivo ano (art. 84, § 4º, Lei nº 13.146/2015).

Se a pessoa com deficiência estiver em situação de institucionalização, o juiz deve dar preferência na escolha do curador para aqueles que tenham vínculo de natureza familiar, afetiva ou comunitária com o curatelado (art. 85, § 3º, Lei nº 13.146/2015). Além disso, deve ser assegurado o apoio necessário para ter preservado o direito à convivência familiar e comunitária, sendo evitado o seu recolhimento em estabelecimento que os afaste desse convívio (art. 1.777, CC/02).

Curador provisório: Em casos de relevância e urgência e a fim de proteger os interesses da pessoa com deficiência em situação de curatela, é possível a nomeação de curador provisório pelo juiz, ouvido o Ministério Público, de ofício ou a requerimento do interessado (art. 87, Lei nº 13.146/2015). Essa nomeação constitui medida processual de urgência de natureza antecipatória (art. 300 e seguintes do Código de Processo Civil de 2015). A nomeação de curador provisório pode ser realizada para a prática de atos urgentes de interesse do curatelando, como o pagamento de dívidas, evitar o perecimento de direitos, etc.[4].

Tomada de decisão apoiada: O Estatuto da Pessoa com Deficiência criou modelo de proteção intermediária para a pessoa com deficiência que não determina sua incapaci-

4 FARIAS, Cristiano Chaves de.; CUNHA, Rogério Sanches; PINTO, Ronaldo Batista. *Estatuto da Pessoa com Deficiência comentado artigo por artigo*. Salvador: JusPodivm, 2016. p. 245.

dade relativa ou absoluta. Assim, a plena capacidade civil é garantida, mas verifica-se um auxílio a sua dignidade e igualdade substancial[5]. Trata-se do processo pelo qual a pessoa com deficiência escolhe 2 pessoas idôneas com quem mantenha vínculos e relação de confiança para prestar-lhe apoio na tomada de decisão sobre atos da vida civil, fornecendo elementos e informações necessários para que possa exercer sua capacidade (art. 1783-A, CC/02).

Termo de apoio: Para o exercício da tomada de decisão apoiada, é necessário que a pessoa com deficiência e seus apoiadores apresentem termo que conste as seguintes informações (art. 1783-A, § 1º, CC/02):

- Limites do apoio a ser oferecido;
- Compromissos dos apoiadores;
- Prazo de vigência do acordo; e
- Respeito à vontade, aos direitos e aos interesses da pessoa que devem apoiar.

Procedimento: Antes de se pronunciar, o Juiz deve ser assistido por equipe multidisciplinar e ouvir pessoalmente o requerente e as pessoas que lhe prestarão apoio, ouvido o Ministério Público.

Efeitos da decisão: A decisão tomada por pessoa apoiada tem validade e efeitos sobre terceiros sem restrições desde que esteja inserida nos limites do apoio acordado. Nesse sentido, pode ser solicitado que os apoiadores contra-assinem o contrato ou acordo entre a pessoa com deficiência e o terceiro com quem mantem relação negocial.

Negócio jurídico que traga risco ou prejuízo: Se houver divergência de opinião entre a pessoa apoiada e um dos apoiadores, o juiz deve decidir a questão, ouvido o Ministério Público.

Negligência, pressão indevida ou inadimplemento das obrigações pelo apoiador: Se o apoiador agir com negligência, exercer pressão indevida ou não adimplir as obrigações assumidas, qualquer pessoa, inclusive a pessoa apoiada, pode apresentar denúncia ao Ministério Público ou ao juiz. Se procedente a denúncia, será destituído e nomeada outra pessoa para prestação de apoio.

Término do acordo firmado em processo de tomada de decisão apoiada: pode ser solicitado a qualquer tempo pela pessoa apoiada. É possível ainda que o apoiador solicite sua exclusão do processo de tomada de decisão apoiada, ficando seu desligamento condicionado à manifestação do juiz.

Para mais informações acerca da capacidade civil da pessoa com deficiência, veja o tópico referente aos reflexos do Estatuto da Pessoa com deficiência no Direito Civil.

---

5 FARIAS, Cristiano Chaves de.; CUNHA, Rogério Sanches; PINTO, Ronaldo Batista. *Estatuto da Pessoa com Deficiência comentado artigo por artigo*. Salvador: JusPodivm, 2016. p. 335.

2.17. Crimes

O Título II do Estatuto da Pessoa com Deficiência estabeleceu a criação de crimes e sanções administrativas por violação dos direitos da pessoa com deficiência. Nesse sentido, foram criados 4 tipos penais com diversas causas de aumento de pena. Para facilitar a memorização do assunto, segue quadro dos crimes da Lei Brasileira de Inclusão dispostos de maneira sistematizada:

CRIMES PREVISTOS NO ESTATUTO DA PESSOA COM DEFICIÊNCIA		
Tipo penal	**Pena**	**Causas de aumento de pena e qualificadoras**
Praticar, induzir ou incitar **discriminação de pessoa em razão de deficiência** (art. 88)	Reclusão, de 1 a 3 anos; e Multa	– Aumento de 1/3 se a vítima estiver sob cuidado e responsabilidade do agente. – Se praticado por intermédio de meios de comunicação social ou de publicação de qualquer natureza: Reclusão, de 2 a 5 anos; e Multa *Obs:* Nesse caso, o juiz pode determinar, ouvido o Ministério Público: a) Recolhimento ou busca e apreensão do material discriminatório; b) Interdição das respectivas mensagens ou páginas na internet – Efeito da condenação: destruição do material apreendido
Apropriar-se de ou desviar bens, proventos, pensão, benefícios, remuneração ou qualquer outro rendimento de pessoa com deficiência (art. 89)	Reclusão, de 1 a 4 anos; e Multa	– Aumento de 1/3 se o crime é cometido: a) por tutor, curador, síndico, liquidatário, inventariante, testamenteiro ou depositário judicial; b) por aquele que se apropriou em razão de ofício ou profissão.
Abandonar pessoa com deficiência em hospitais, casas de saúde, entidades de abrigamento ou congêneres (art. 90)	Reclusão, de 6 meses a 3 anos; e Multa	–
Não prover as **necessidades básicas de pessoa com deficiência** quando obrigado por lei ou mandado (art. 90, parágrafo único).	Reclusão, de 6 meses a 3 anos; e Multa	–
Reter ou utilizar cartão magnético, qualquer meio eletrônico ou documento de pessoa com deficiência destinados ao recebimento de benefícios, proventos, pensões ou remuneração ou à realização de operações financeiras, com o fim de obter vantagem indevida para si ou para outrem (art. 91)	Detenção, de 6 meses a 2 anos; e Multa.	– Aumento de 1/3 se o crime é cometido por tutor ou curador.

2.18. Servidores com Deficiência (Resolução CNJ nº 230/2016)

Avaliação biopsicossocial: Assim como prevista no art. 2º, § 1º, do Estatuto da Pessoa com Deficiência, o art. 18 da Resolução CNJ nº 230/2016 prevê a necessidade de avaliação biopsicossocial da deficiência do servidor público por meio de equipe multiprofissional e interdisciplinar, atendendo ao seguinte:

- Impedimentos nas funções e nas estruturas do corpo;
- Fatores socioambientais, psicológicos e pessoais;
- Limitação no desempenho de atividades; e
- Restrição de participação.

2.18.1. Inclusão de pessoa com deficiência no serviço público

Editais de concursos públicos: Os editais para ingresso nos quadros do Poder Judiciário e de seus serviços auxiliares devem prever, nos objetos de avaliação, disciplina que abarque os direitos das pessoas com deficiência (art. 19, Resolução CNJ nº 230/2016). Esse dispositivo foi observado nas provas desse concurso ao exigir como matéria de conhecimentos gerais, as noções sobre Direitos da Pessoa com Deficiência.

Informações sobre direitos dos servidores, serventuários e terceirizados com deficiência: Imediatamente após a posse do servidor público e do serventuário extrajudicial ou da contratação de terceirizado com deficiência, é necessária a informação dos seus direitos, bem como da existência da Resolução CNJ nº 230/2016 (art. 20, Resolução CNJ nº 230/2016).

Cadastro de servidores, serventuários extrajudiciais e terceirizados com deficiência: É obrigação de cada órgão do Poder Judiciário manter cadastro dos servidores, serventuários extrajudiciais e terceirizados com deficiência que trabalham em seu quadro. Esse cadastro, com atualização permanente e revisão detalhada uma vez por ano, deve especificar as deficiências e as necessidades de cada servidor, serventuário e terceirizado. Na revisão anual, cada um deles dever ser questionado sobre possíveis sugestões ou adaptações referentes à sua inclusão no ambiente de trabalho. Para cada sugestão dada, deve haver resposta formal do Poder Judiciário em prazo razoável (art. 21, Resolução CNJ nº 230/2016)

Colocação competitiva: É modo de inclusão da pessoa com deficiência no trabalho a colocação competitiva, em igualdade de oportunidades, sempre atendidas a legislação trabalhista, previdenciária, as normas de acessibilidade, o fornecimento de recursos de tecnologia assistiva e a adaptação razoável no ambiente de trabalho (art. 22).

Trabalho com apoio: A colocação competitiva pode ser realizada por meio de trabalho com apoio desde que observada as seguintes diretrizes (art. 22, parágrafo único, Resolução CNJ nº 230/2016):

DIRETRIZES DO TRABALHO COM APOIO
– Prioridade no atendimento à pessoa com deficiência com maior dificuldade de inserção no campo de trabalho;
– Provisão de suportes individualizados que atendam a necessidades específicas da pessoa com deficiência, inclusive a disponibilização de recursos de tecnologia assistiva, de agente facilitador e de apoio no ambiente de trabalho;

DIRETRIZES DO TRABALHO COM APOIO
– Respeito ao perfil vocacional e ao interesse da pessoa com deficiência apoiada;
– Oferta de aconselhamento e de apoio aos empregadores, com vistas à definição de estratégias de inclusão e de superação de barreiras, inclusive atitudinais;
– Realização de avaliações periódicas;
– Articulação intersetorial das políticas públicas; e
– Possibilidade de participação de organizações da sociedade civil.

Direito ao trabalho: A pessoa com deficiência tem direito ao trabalho de sua livre escolhe e aceitação em ambiente acessível e inclusivo em igualdade de oportunidades com as demais pessoas. Órgãos do Poder Judiciário devem assegurar meio ambiente de trabalho acessível e inclusivo (art. 23 da Resolução CNJ nº 230/2016). É assegurado o direito à equiparação salarial pelo exercício de trabalho de igual valor.

Vaga em estacionamento: Se houver estacionamento interno, será assegurado ao servidor com deficiência que possua comprometimento de mobilidade vaga no local mais próximo ao seu local de trabalho. O percentual aplicável aos estacionamentos externos de 2% do total de vagas não é aplicável ao estacionamento interno, uma vez que **é necessário assegurar vaga para cada servidor com mobilidade comprometida** (art. 25, § 1º, Resolução CNJ nº 230/2016). Além disso, o caminho do estacionamento interno até o local de trabalho não deve conter nenhum barreira ao servidor com mobilidade comprometida (art. 25, § 2º, Resolução CNJ nº 230/2016).

Prioridade no trabalho em sistema "home office": O servidor com mobilidade reduzida tem prioridade no trabalho por meio do sistema "home office", que consiste no trabalho realizado em casa e da não necessidade, portanto, de deslocamento do servidor (art. 26 da Resolução CNJ nº 230/2016). Essa prioridade, contudo, não pode ser imposta ao servidor, ainda que isso gere custos para acessibilidade ao local de trabalho.

Adaptação ergonômica: É assegurada adaptação ergonômica da estação de trabalho do servidor ou terceirizado com deficiência (art. 27 da Resolução CNJ nº 230/2016).

2.18.2. Horário especial de trabalho

Horário Especial: O art. 98, § 2º, da Lei nº 8.112/90 declina que será concedido horário especial ao servidor com deficiência, quando comprovada a necessidade por junta médica oficial, **independentemente de compensação de horário.** A partir do dispositivo, o art. 29 da Resolução CNJ nº 230/2016 não permite que a concessão do horário especial justifique atitudes discriminatórias ao servidor com deficiência. Também não poderá ser negado ou dificultado aos servidores com deficiência o exercício de função de confiança ou de cargo em comissão, de modo que seja colocado em situação de desigualdade com os demais servidores.

Caso os demais servidores do órgão possam acumular banco de horas, essa possibilidade também deverá ser estendida ao servidor com horário especial, mas de **forma proporcional.**

Se a realização de horas extras puder ocasionar qualquer dano à saúde do servidor com horário especial, este não poderá ser obrigado a realiza-las, conforme o interesse da Administração.

Quando o órgão, por sua liberalidade, determinar a diminuição da jornada de trabalho de seus servidores, ainda que por um período curto, este benefício também deverá ser aproveitado de **forma proporcional** pelo servidor com horário especial.

2.18.3. Servidores que tenham cônjuge, filho ou dependente com deficiência

Da facilitação dos cuidados

1) ***Home office:*** Nos termos do art. 30 da Resolução CNJ nº 230/2016, nos órgãos que possibilitem aos seus servidores a realização de trabalho por meio do sistema de *home office*, terão prioridade os servidores que tenham cônjuge, filho ou dependente com deficiência e que manifestem interesse na utilização desse sistema.
2) **Serviço de saúde:** Caso haja no órgão serviço de saúde que atenda o cônjuge, filho ou dependente com deficiência de servidor, será garantido atendimento compatível com as suas deficiências, em conformidade com o art. 31 da Resolução CNJ nº 230/2016.

Horário Especial: O art. 98, § 3º, da Lei nº 8.112/90 estende a garantia do horário especial do servidor com deficiência ao servidor portador de deficiência, que tenha cônjuge, filho ou dependente portador de deficiência física, **exigindo-se, porém, neste caso, compensação de horário**. A partir do dispositivo, o art. 32 da Resolução CNJ nº 230/2016 não permite que a concessão do horário especial justifique atitudes discriminatórias ao servido especial. Também não poderá ser negado ou dificultado aos servidores com horário especial o exercício de função de confiança ou de cargo em comissão, de modo que seja colocado em situação de desigualdade com os demais servidores.

Caso os demais servidores do órgão possam acumular banco de horas, essa possibilidade também deverá ser estendida ao servidor com horário especial, **em igualdade de condições com os demais.**

Se a realização de horas extras puder ocasionar qualquer dano relacionado ao cônjuge, filho ou dependente com deficiência do servidor com horário especial, este não poderá ser obrigado a realizá-las, conforme o interesse da Administração.

Quando o órgão, por sua liberalidade, determinar a diminuição da jornada de trabalho de seus servidores, ainda que por um período curto, este benefício também deverá ser aproveitado pelo servidor com horário especial.

2.18.4. Advertência

Advertência do servidor, terceirizado ou serventuário: O art. 33 da Resolução CNJ nº 230/2016 elenca os atos praticados pelo servidor, terceirizado ou serventuário extrajudicial que implicam em pena de advertência. Dessa forma, serão penalizados os que:

- Apesar de possuir atribuições relacionadas à possível eliminação e prevenção de quaisquer barreiras urbanísticas, arquitetônicas, nos transportes, nas comunicações e na informação, atitudinais ou tecnológicas, não se empenhe, com a máxima celeridade possível, para a supressão e prevenção dessas barreiras;
- Apesar de possuir atribuições relacionadas à promoção de adaptações razoáveis ou ao oferecimento de tecnologias assistivas necessárias à acessibilidade de pessoa com deficiência – servidor, serventuário extrajudicial ou não –, não se empenhe, com a máxima celeridade possível, para estabelecer a condição de acessibilidade;
- No exercício das suas atribuições, tenha qualquer outra espécie de atitude discriminatória por motivo de deficiência ou descumpra qualquer dos termos da Resolução CNJ nº 230/2016.

Também será penalizado com advertência o servidor ou o serventuário extrajudicial que, tendo conhecimento do descumprimento de uma das hipóteses acima elencadas, deixar de comunicá-lo à autoridade competente, para que esta promova a apuração do fato.

ATENÇÃO!

A advertência será aplicada independentemente de as condutas terem sido praticadas em face de usuário ou servidor do mesmo quadro, terceirizado ou serventuário extrajudicial.

Ressalta-se que a grande quantidade de processos a serem concluídos em decorrência da prioridade na tramitação dos processos administrativos destinados à inclusão e à não discriminação de pessoa com deficiência, **não** justifica o afastamento da advertência pelas condutas acima elencadas. Também não justificam o afastamento da advertência as práticas anteriores da Administração Pública.

2.19. Reflexos do estatuto da pessoa com deficiência nos demais ramos do direito

O Estatuto da Pessoa com deficiência alterou diversos dispositivos legais, o que gerou impactos nos direitos e garantias da pessoa com deficiência em outros ramos do Direito. A seguir, sistematizamos as principais alterações realizadas pela Lei Brasileira de Inclusão nas outras disciplinas.

2.19.1. Direito do Trabalho

Aprendizagem: O Estatuto da pessoa com deficiência realizou alterações no texto da CLT no tocante à disciplina jurídica do contrato de aprendizagem. A validade da aprendizagem de aprendiz com deficiência com 18 anos de idade ou mais está condicionada à anotação na CTPS e matrícula e frequência em programa de aprendizagem desenvolvido sob orientação de entidade qualificada em formação técnico-profissional metódica.

Término do contrato de aprendizagem: Diferentemente dos demais empregados que podem ser dispensados a qualquer momento, somente ocorre o término do contrato de trabalho do aprendiz com o decurso do prazo da aprendizagem (2 anos) ou nas hipóteses de rescisão antecipada casos expressamente previstos na CLT:

I. desempenho insuficiente ou inadaptação do aprendiz. No tocante a essa hipótese de término antecipado do contrato de aprendizagem, a Lei nº 13.146/2015 estabelece que o aprendiz com deficiência não pode ser dispensado por desempenho insuficiente ou inaptidão quando desprovido de recursos de acessibilidade, de tecnologias assistivas e de apoio necessário ao desempenho de suas atividades;

II. falta disciplinar grave;

III. ausência injustificada à escola que implique perda do ano letivo;

IV. pedido do aprendiz.

Ações afirmativas – Pessoa com deficiência: O art. 93 da Lei nº 8.213/1991 e o art. 36 do Decreto nº 3.298/1999 preveem ações afirmativas para assegurar o ingresso no mercado de trabalho de pessoas com deficiência e beneficiários reabilitados da Previdência Social. Assim, é necessária a manutenção de percentual de 2% a 5% de seus cargos com trabalhadores reabilitados ou pessoas com deficiência:

AÇÕES AFIRMATIVAS – PESSOAS COM DEFICIÊNCIA E REABILITADOS	
Total de empregados	**Percentual mínimo de empregados reabilitados e pessoas com deficiência**
Até 200 empregados	2%
201 a 500 empregados	3%
501 a 1.000 empregados	4%
1.001 empregados em diante	5%

Caso o trabalhador seja contratado por prazo indeterminado ou por prazo determinado em contratos de mais de 90 dias, a dispensa imotivada de pessoa com deficiência ou de empregado reabilitado fica condicionada à contratação de outro trabalhador com deficiência ou reabilitado. O Estatuto da Pessoa com Deficiência trouxe importante alteração no cálculo do percentual para contratação de pessoas com deficiência, pois a contratação de aprendizes com deficiência não pode entrar no cômputo desse percentual mínimo exigido, devendo ser considerada apenas a contratação direta na condição de empregado.

OBSERVAÇÃO

Cumpre ressaltar que a CLT prevê a necessidade de contratação de aprendizes em percentual equivalente a 5%, no mínimo, e 15%, no máximo, do total de trabalhadores existentes na empresa. Portanto, além da necessidade de contratação dos aprendizes prevista na CLT, é necessária a contratação direta de empregados com deficiência após a alteração trazida pela Lei nº 13.146/2015.

Práticas discriminatórias: A Lei nº 9.029/1995 proíbe a exigência de atestados de gravidez e esterilização, e outras práticas discriminatórias, para efeitos admissionais ou de permanência da relação jurídica de trabalho. Nesse sentido, o Estatuto da Pessoa com Deficiência alterou alguns dispositivos da Lei nº 9.029/1995 para proibir a discriminação motivada por deficiência. Além da possibilidade de tipificação da conduta como crime, a Lei nº 13.146/2015 estabeleceu algumas sanções ao empregador que comete esses atos discriminatórios:

1) Multa administrativa no valor de 10 vezes o valor do maior salário pago ao empregado;
2) Valor da multa é elevado em 50% na hipótese de reincidência;
3) Proibição de obter empréstimo ou financiamento junto a instituições financeiras oficiais.

O término do contrato de trabalho motivado por ato discriminatório, além do direito à reparação pelo dano moral, assegura a opção do empregado (art. 4º, Lei nº 9.029/1995):

- Reintegração com ressarcimento integral de todo o período de afastamento com o pagamento de toda a remuneração devida acrescida de juros e correção monetária; ou
- A percepção, em dobro, da remuneração do período de afastamento corrigida monetariamente e acrescida de juros.

REFLEXOS DO ESTATUTO DA PESSOA COM DEFICIÊNCIA NO DIREITO DO TRABALHO
– **Aprendizagem:** a) Aprendiz com deficiência com 18 anos ou mais: anotação da CTPS e frequência em programa de aprendizagem; b) Não **é** permitido o término antecipado do contrato de aprendizagem do aprendiz com deficiência por inaptidão e insuficiência se desprovido de recursos de acessibilidade, tecnologias assistivas e apoio no desempenho das atividades. – **Ações afirmativas:** percentual mínimo de contratação de pessoas com deficiência (2% a 5%) somente deve considerar os trabalhadores contratos diretamente e não aqueles contratados em aprendizagem. – **Práticas discriminatórias:** a) Proibição de práticas discriminatórias na relação de emprego motivadas por deficiência; b) Sanções ao empregador que comete discriminação por deficiência: – Multa de 10 vezes o salário do empregado; – Aumento em 50% em caso de reincidência; – Proibição de obter empréstimo ou financiamento junto a instituições financeiras oficiais. c) Se houve término do contrato de trabalho por ato discriminatório, o empregado pode optar: – Reintegração com o pagamento de todo o período de afastamento; – Percepção em dobro da remuneração do período de afastamento;

2.19.2. Direito Civil

Incapacidade absoluta: A Lei Brasileira de Inclusão alterou completamente a teoria das incapacidades prevista no Código Civil. Tendo como base que as pessoas com deficiência têm direito ao exercício da capacidade legal em igualdade de condições com as demais pessoas (art. 84), o art. 3º do Código Civil foi alterado para prever como única hipótese de incapacidade absoluta os menos de 16 anos. Portanto, a enfermidade ou deficiência mental relacionada à falta de discernimento para a prática dos atos e aqueles que não puderem exprimir sua vontade, mesmo que por causas transitórias, deixam de ser hipóteses para a configuração da incapacidade civil absoluta. Note-se, portanto, que a deficiência, por si só, não justifica a imposição de incapacidade. Confira a nova redação do art. 3º do CC/02:

> **Art. 3º, CC/02:** São absolutamente incapazes de exercer pessoalmente os atos da vida civil os menores de 16 (dezesseis) anos.

I - (Revogado);

II - (Revogado);

III - (Revogado).

Incapacidade relativa: Mesmo nas hipóteses de incapacidade relativa, o Estatuto da Pessoa com Deficiência desatrelou a incapacidade da deficiência. Portanto, a incapacidade, mesmo que relativa, não pode ser determinada pelo simples fato de que a pessoa apresenta alguma deficiência. Contudo, se, por causa transitória ou permanente, não puder exprimir sua vontade, é possível determinar a incapacidade relativa da pessoa com deficiência. Note-se que essa hipótese também pode ser aplicada às pessoas sem deficiência quando não puderem exprimir sua vontade em razão de um grave acidente por exemplo. Segue nova redação do art. 4º do Código Civil:

> **Art. 4º do CC/02:** São incapazes, relativamente a certos atos ou à maneira de os exercer:
>
> I - os maiores de dezesseis e menores de dezoito anos;
>
> II - os **ébrios** habituais e os viciados em tóxico;
>
> III - aqueles que, por causa transitória ou permanente, não puderem exprimir sua vontade;
>
> IV - os pródigos.
>
> Parágrafo único. A capacidade dos indígenas será regulada por legislação especial.

Críticas ao Estatuto da Pessoa com Deficiência: Com a alteração na disciplina jurídica da incapacidade, o Estatuto da Pessoa com Deficiência recebeu críticas acerca:

a) **Prazo de prescrição para a pessoa com deficiência:** O art. 198 do CC/02 estabelece como uma das hipóteses que o prazo prescricional não correrá a incapacidade absoluta (art. 198, I, CC/02). Portanto, a pessoa com deficiência que não puder exprimir sua vontade terá seu prazo prescricional fluindo normalmente, o que gera críticas da doutrina diante da incapacidade de manifestar os atos da vida civil por aquela pessoa.

b) **Invalidade dos negócios jurídicos celebrados por pessoa com deficiência:** Na mesma linha da crítica acima, o art. 166, I, do CC/02 estabelece que somente os negócios jurídicos celebrados por pessoa absolutamente incapaz são nulos. Portanto, a incapacidade relativa não assegura a nulidade do negócio jurídico celebrado por pessoa com deficiência que não puder exprimir sua vontade. A anulabilidade depende de manifestação da parte e se convalida com o tempo[6].

Pessoa com deficiência como testemunha: O art. 228 estabelecia em seus incisos II e III hipóteses de pessoas com deficiência que não poderiam servir como testemunhas (aqueles que, por enfermidade ou retardamento mental, não tiverem discernimento para a prática dos atos da vida civil e os cegos e surdos, quando a ciência do fato que se quer pro-

6 FARIAS, Cristiano Chaves de.; CUNHA, Rogério Sanches; PINTO, Ronaldo Batista. *Estatuto da Pessoa com Deficiência comentado artigo por artigo*. Salvador: JusPodivm, 2016. p. 314.

var dependa dos sentidos que lhes faltam). O Estatuto da Pessoa com Deficiência revogou esses dispositivos, desatrelando a deficiência da pessoa com sua capacidade para ser testemunha, estabelecendo de forma clara que a pessoa com deficiência pode testemunhas em igualdade de condições com as demais pessoas:

> **Art. 228, § 2º, CC/02:** A pessoa com deficiência poderá testemunhar em igualdade de condições com as demais pessoas, sendo-lhe assegurados todos os recursos de tecnologia assistiva.

Revogação de autorização para casar: A Lei Brasileira de Inclusão alterou a redação do art. 1.518 do CC/02 que previa que o curador poderia revogar a autorização do curatelado para casamento. Contudo, como vimos o direito ao casamento (matrimônio) não é afetado pela curatela, podendo ser livremente exercido. Segue novamente quadrinho com as hipóteses de direitos afetados e não afetados pela curatela:

Direitos afetados pela curatela	Direitos NÃO afetados pela curatela
– Direitos de natureza patrimonial e negocial	– Direito ao Próprio Corpo – Direito à Sexualidade – Direito à Educação – Direito ao Matrimônio – Direito à Privacidade – Direito ao Trabalho – Direito ao Voto – Direito à Saúde

Nulidade do casamento: Da mesma forma que o tópico anterior, a antiga redação do art. 1.548 do CC/02 previa que o casamento de pessoa com enfermidade mental sem o necessário discernimento para os atos da vida civil era nulo. Esse dispositivo foi revogado pela Lei nº 13.146/2015, pois prestigia-se a plena capacidade da pessoa com deficiência para casar-se (art. 6º, I, Estatuto da Pessoa com Deficiência). Nesse sentido, estabelece o art. 1.550, § 2º, CC/02:

> **Art. 1.550, § 2º, CC/02:** A pessoa com deficiência mental ou intelectual em idade núbia poderá contrair matrimônio, expressando sua vontade diretamente ou por meio de seu responsável ou curador.

Erro essencial sobre a pessoa do outro cônjuge: O CC/02 previa que a doença mental grave e o defeito físico irremediável seriam hipóteses para ser considerar erro sobre a pessoa do outro cônjuge que poderia anular o casamento por vício de vontade. O Estatuto da Pessoa com Deficiência removeu a remissão à doença mental grave e, quanto ao defeito físico somente aquele que não constitui deficiência pode ser considerado como erro:

> **Art. 1.557, CC/02:** Considera-se erro essencial sobre a pessoa do outro cônjuge:
>
> III – a ignorância, anterior ao casamento, de **defeito físico irremediável que não caracterize deficiência** ou de moléstia grave e transmissível, por contágio ou por herança, capaz de pôr em risco a saúde do outro cônjuge ou de sua descendência;
>
> IV – (Revogado).

Curatela: O Estatuto da Pessoa com Deficiência alterou significativa as hipóteses previstas de curatela no Código Civil. Tendo em vista o caráter excepcional da curatela, removeu-se as hipóteses que vinculavam a necessidade de curatela à existência de deficiência. Lembre-se de que a pessoa com deficiência tem, em regra, plena capacidade para os atos da vida civil. A curatela somente será possível quando a pessoa não puder exprimir sua vontade por causa transitória ou permanente. Portanto, somente se a pessoa com deficiência não puder exprimir sua vontade, é possível a instituição da curatela. As demais hipóteses de curatela estão previstas no art. 1.767 do CC/02 e não dizem respeito à pessoa com deficiência:

> **Art. 1.767, CC/02:** Estão sujeitos a curatela:
>
> I – aqueles que, por causa transitória ou permanente, não puderem exprimir sua vontade;
>
> II – (Revogado);
>
> III – os ébrios habituais e os viciados em tóxico;
>
> IV – (Revogado);
>
> V – os pródigos.

Curatela compartilhada: É possível que a curatela da pessoa com deficiência seja compartilhada (art. 1775-A, CC/02), ou seja, exercida por duas ou mais pessoas com o intuito de assegurar a proteção do curatelado.

Tomada de decisão apoiada: O Estatuto da Pessoa com Deficiência criou modelo de proteção intermediária para a pessoa com deficiência que não determina sua incapacidade relativa ou absoluta. Assim, a plena capacidade civil é garantida, mas verifica-se um auxílio a sua dignidade e igualdade substancial[7]. Trata-se do processo pelo qual a pessoa com deficiência escolhe 2 pessoas idôneas com quem mantenha vínculos e relação de confiança para prestar-lhe apoio na tomada de decisão sobre atos da vida civil, fornecendo elementos e informações necessários para que possa exercer sua capacidade (art. 1783-A, CC/02).

Termo de apoio: Para o exercício da tomada de decisão apoiada, é necessário que a pessoa com deficiência e seus apoiadores apresentem termo que conste as seguintes informações (art. 1783-A, § 1º, CC/02):

- Limites do apoio a ser oferecido;
- Compromissos dos apoiadores;
- Prazo de vigência do acordo; e
- Respeito à vontade, aos direitos e aos interesses da pessoa que devem apoiar.

Procedimento: Antes de se pronunciar, o Juiz deve ser assistido por equipe multidisciplinar e ouvir pessoalmente o requerente e as pessoas que lhe prestarão apoio, ouvido o Ministério Público.

7 FARIAS, Cristiano Chaves de.; CUNHA, Rogério Sanches; PINTO, Ronaldo Batista. *Estatuto da Pessoa com Deficiência comentado artigo por artigo*. Salvador: JusPodivm, 2016. p. 335.

Efeitos da decisão: A decisão tomada por pessoa apoiada tem validade e efeitos sobre terceiros sem restrições desde que esteja inserida nos limites do apoio acordado. Nesse sentido, pode ser solicitado que os apoiadores contra-assinem o contrato ou acordo entre a pessoa com deficiência e o terceiro com quem mantem relação negocial.

Negócio jurídico que traga risco ou prejuízo: Se houver divergência de opinião entre a pessoa apoiada e um dos apoiadores, o juiz deve decidir a questão, ouvido o Ministério Público.

Negligência, pressão indevida ou inadimplemento das obrigações pelo apoiador: Se o apoiador agir com negligência, exercer pressão indevida ou não adimplir as obrigações assumidas, qualquer pessoa, inclusive a pessoa apoiada, pode apresentar denúncia ao Ministério Público ou ao juiz. Se procedente a denúncia, será destituído e nomeada outra pessoa para prestação de apoio.

Término do acordo firmado em processo de tomada de decisão apoiada: pode ser solicitado a qualquer tempo pela pessoa apoiada. É possível ainda que o apoiador solicite sua exclusão do processo de tomada de decisão apoiada, ficando seu desligamento condicionado à manifestação do juiz.

2.20. Disposições finais e transitórias do Estatuto da Pessoa com Deficiência

Cadastro-Inclusão: O Estatuto da Pessoa com Deficiência criou o Cadastro Nacional de Inclusão da Pessoa com Deficiência, administrado pelo Poder Executivo Federal e constituído por base de dados, instrumentos, procedimentos e sistemas eletrônicos. O Cadastro-Inclusão consiste em registro público eletrônico que tem como finalidade a coleta, o processamento, a sistematização e a disseminação de informações georreferenciadas que permitam a identificação e a caracterização socioeconômica da pessoa com deficiência e das barreiras que impedem a realização de seus direitos (art. 92, Lei nº 13.146/2015).

Os dados constituintes do Cadastro-Inclusão são obtidos a partir da integração dos sistemas de informação e da base de dados de todas as políticas públicas relacionadas aos direitos previstos no Estatuto e pelas informações coletadas em censos nacionais e demais pesquisas, de acordo com os parâmetros estabelecidos pela Convenção sobre os Direitos das Pessoas com Deficiência e seu Protocolo Facultativo. Para a coleta, transmissão e sistematização de dados, é possível a celebração de convênios, acordos, termos de parceria ou contratos com instituições públicas e privadas.

É necessário ressaltar que a utilização das informações constantes no Cadastro-Inclusão deve observar as salvaguardas estabelecidas em lei, de modo que sejam asseguradas a **confidencialidade**, a **privacidade e as liberdades fundamentais da pessoa com deficiência**, bem como os **princípios éticos** que regem a utilização das informações. As informações a que se refere o artigo devem ser disseminadas em formatos acessíveis.

As informações do Cadastro-Inclusão **somente** poderão ser utilizadas com os seguintes objetivos:

a) formulação, gestão, monitoramento e avaliação das políticas públicas para a pessoa com deficiência e para identificar as barreiras que impedem a realização de seus direitos;

b) realização de estudos e pesquisas.

Inspeções e auditorias pelos órgãos de controle interno e externo: As inspeções e auditorias pelos **órgãos** de controle interno e externo devem observar o cumprimento do Estatuto da Pessoa com Deficiência e das normas de acessibilidade vigentes (art. 93, Lei nº 13.146/2015).

Comparecimento da pessoa com deficiência em órgãos públicos: É vedada a exigência do comparecimento da pessoa com deficiência em órgãos públicos quando, em razão de sua limitação funcional e das condições de acessibilidade, impuserem-lhe ônus desproporcional e indevido no deslocamento. Nesses casos, devem ser observados os seguintes procedimentos, conforme os interesses:

- **Interesse do poder público:** o agente promoverá o contato necessário com a pessoa com deficiência em sua residência;
- **Interesse da pessoa com deficiência:** A pessoa com deficiência apresentará solicitação de atendimento domiciliar ou fará representar-se por procurador constituído para essa finalidade.

No caso de perícia médica e social do INSS, serviço público de saúde ou serviço privado de saúde, contratado ou conveniado, que integre o SUS e entidades da rede socioassistencial integrantes do Suas, o atendimento deve ser realizado no domicílio da pessoa com deficiência, quando seu deslocamento, em razão de sua limitação funcional e de condições de acessibilidade, impuser-lhe **ônus** desproporcional e indevido (art. 95, Lei nº 13.146/2015).

Relatórios circunstanciados: Os órgãos competentes, em cada esfera do governo, devem elaborar relatórios circunstanciados sobre o cumprimento dos prazos previstos nas leis nº 10.048/00 e 10.098/00 até um ano após a entrada em vigor do Estatuto da Pessoa com Deficiência, e o seu encaminhamento ao Ministério Público e órgãos de regulação para a adoção das providências cabíveis nos casos de descumprimento (art. 120, Lei nº 13.146/2015).

Direitos, prazos e obrigações: Os direitos, os prazos e as obrigações disciplinados pelo Estatuto da Pessoa com Deficiência devem ser aplicados em conformidade com as demais normas internas e acordos internacionais aprovados e promulgados pelo Congresso Nacional sobre a matéria, prevalecendo sempre a norma mais benéfica à pessoa com deficiência (art. 121, Lei nº 13.146/2015).

Microempresas e empresas de pequeno porte. De acordo com o Estatuto da Pessoa com deficiência, o tratamento diferenciado, simplificado e favorecido às microempresas e às empresas de pequeno porte previsto no art. 1º, § 3º, da Lei Complementar nº 123/06 será previsto em regulamento (art. 122, Lei nº 13.146/2015).

3. PRIORIDADE DE ATENDIMENTO ÀS PESSOAS COM DEFICIÊNCIA

Atendimento prioritário: De acordo com a legislação (art. 9º, Lei nº 13.146/2015), a pessoa com deficiência tem direito ao recebimento de atendimento prioritário, que compreende tratamento diferenciado e atendimento imediato (art. 6º, Decreto nº 5.296/2004). Cumpre ressaltar que, além da pessoa com deficiência, tem direito ao atendimento prioritário (art. 1º, Lei nº 10.048/2000 e art. 5º, Decreto nº 5.296/2004):

- Idosos com idade superior a 60 anos;
- Gestantes;
- Lactantes;
- Pessoas com crianças de colo;
- Obesos

O Estatuto da Pessoa com Deficiência traça as principais hipóteses para esse tratamento diferenciado no atendimento. Da mesma forma, o art. 16 da Resolução CNJ nº 230/2016 traz as hipóteses de atendimento prioritário. Contudo, há hipóteses previstas no Estatuto da Pessoa com Deficiência que não estão presentes na Resolução:

HIPÓTESES DE ATENDIMENTO PRIORITÁRIO
– **Proteção e socorro**: nos serviços de emergência públicos e privados, a prioridade **é** condicionada **à** observância dos protocolos de atendimento médico (art. 9º, I, Estatuto da Pessoa com Deficiência e art. 16, I, Resolução CNJ nº 230/2016);
– **Atendimento ao público:** Atendimento em todas as instituições e serviços de atendimento ao público (art. 9º, II, Estatuto da Pessoa com Deficiência e art. 16, II, Resolução CNJ nº 230/2016);
– **Recursos para igualdade de condições:** Disponibilização de recursos humanos e tecnológicos que assegurem atendimento em igualdade de condições com as demais pessoas (art. 9º, III, Estatuto da Pessoa com Deficiência e art. 16, III, Resolução CNJ nº 230/2016);
– **Transporte acessível e seguro:** Disponibilização de pontos de parada, estações e terminais acessíveis de transporte coletivo de passageiros e garantia de segurança no embarque e desembarque (art. 9º, IV, Estatuto da Pessoa com Deficiência);
– **Acesso a informações e recursos de comunicação acessíveis** (art. 9º, V, Estatuto da Pessoa com Deficiência e art. 16, IV, Resolução CNJ nº 230/2016);
– Recebimento de **restituição de imposto de renda** (art. 9º, VI, Estatuto da Pessoa com Deficiência);
– **Tramitação processual** e procedimentos judiciais e administrativos em que for parte ou interessada, em todos os atos e diligências (art. 9º, VII, Estatuto da Pessoa com Deficiência e art. 16, V, Resolução CNJ nº 230/2016).

Acompanhante e atendente pessoal: os direitos de atendimento prioritário são extensíveis ao acompanhante de pessoa com deficiência ou ao seu atendente pessoal com exceção do atendimento prioritário no recebimento de restituição de imposto de renda e na tramitação processual.

Tratamento diferenciado: O art. 6º, § 1º, Decreto nº 5.296/2004 determina um rol exemplificativo de hipóteses de tratamento diferenciado:

TRATAMENTO DIFERENCIADO
• Assentos de uso preferencial sinalizados, espaços e instalações acessíveis;
• Mobiliário de recepção e atendimento obrigatoriamente adaptado à altura e à condição física de pessoas em cadeira de rodas conforme normas técnicas da ABNT.
• Serviços de atendimento para pessoas com deficiência auditiva, prestado por intérpretes ou pessoas capacitadas em Língua Brasileira de Sinais - LIBRAS e no trato com aquelas que não se comuniquem em LIBRAS, e para pessoas surdocegas, prestado por guias-intérpretes ou pessoas capacitadas neste tipo de atendimento;
• Pessoal capacitado para prestar atendimento às pessoas com deficiência visual, mental e múltipla, bem como às pessoas idosas;
• Área especial para embarque e desembarque de pessoa com deficiência ou mobilidade reduzida;
• Sinalização ambiental para orientação das pessoas com atendimento prioritário;
• Divulgação do direito de atendimento prioritário das pessoas com deficiência ou mobilidade reduzida em local visível;
• Admissão e permanência de cão-guia junto de pessoa com deficiência nos órgãos públicos, concessionárias de serviços públicos, edificações de uso público ou coletivo com a apresentação de carteira de vacina atualizada do animal;
• Local de atendimento específico às pessoas com atendimento prioritário.

Atendimento imediato: As pessoas com atendimento prioritário devem ser atendidas, depois de concluído o atendimento em andamento, antes de qualquer outra (art. 6º, § 2º, Decreto nº 5.296/2004).

4. DIREITOS NO SISTEMA DE TRANSPORTE COLETIVO

Transporte e mobilidade em igualdade de oportunidades: Novamente, a Lei Brasileira de Inclusão da Pessoa com Deficiência ressalta a necessidade de assegurar direito ao transporte e mobilidade em igualdade de oportunidades com as demais pessoas à pessoa com deficiência ou com mobilidade reduzida, por meio de identificação e de **eliminação de obstáculos e barreiras ao acesso** (art. 46, Lei nº 13.146/2015).

Transporte coletivo terrestre, aquaviário e aéreo: Com a finalidade de acessibilidade, consideram-se integrantes desses serviços, os veículos, os terminais, as estações, os pontos de parada, o sistema viário e a prestação do serviço.

Submissão ao Estatuto da Pessoa com Deficiência: Sujeitam-se às disposições do Estatuto da Pessoa com Deficiência, a outorga, a concessão, a permissão, a autorização, a renovação ou a habilitação de linhas e de serviços de transporte coletivo. Além disso, as empresas de transporte de fretamento e de turismo também se sujeitam às disposições do Estatuto quanto à promoção do direito ao transporte e mobilidade da pessoa com deficiência ou com mobilidade reduzida. **Atenção!** Esse dispositivo somente passará a ser exigido após 48 meses da entrada em vigor do Estatuto da Pessoa com Deficiência (art. 125, IV)

Símbolo internacional de acesso: Para colocação do símbolo internacional de acesso nos veículos de empresa de transporte coletivo de passageiros, é necessária a certificação de acessibilidade emitida pelo gestor público responsável pela prestação do serviço.

Vagas em estacionamentos: é necessária a **reserva de 2% das vagas sinalizadas**, sempre garantida 1 vaga, próximas aos acessos de circulação de pedestres para veículos que transportem pessoa com deficiência com comprometimento de mobilidade em todas as áreas de estacionamento abertas ao público, de uso público ou privado de uso coletivo e em vias públicas. Os veículos estacionados nessas vagas devem exibir credencial de beneficiário confeccionada pelos órgãos de trânsito, que será válida em todo território nacional (art. 47, Lei nº 13.146/2015). O art. 7º da Lei nº 10.098/2000 também prevê a reserva de 2% das vagas de estacionamento devidamente sinalizadas e próximas ao acesso de circulação de pedestres.

No mesmo sentido, o art. 4º, § 6º da Resolução CNJ nº 230/2016 estabelece o mesmo percentual de reserva 2% das vagas sinalizadas em áreas de estacionamento abertas ao público. Para a garantia do acesso à pessoa com deficiência, a Administração deve assegurar, na medida do possível, o acesso inclusive às vagas para uso interno do Poder Judiciário (art. 4º, § 7º, Resolução CNJ nº 230/2016). Tendo em vista a previsão desse percentual em diversos diplomas normativos, é imprescindível ao candidato memorizar as vagas em estacionamentos para pessoas com deficiência ou mobilidade reduzida.

Utilização indevida das vagas reservadas às pessoas com deficiência: sujeita o infrator à multa de trânsito de natureza grave conforme art. 181, XVII, do Código de Trânsito Brasileiro.

Acessibilidade no transporte: Os veículos de transporte coletivo terrestre, aquaviário e aéreo, as instalações, estações, portos e terminais devem ser acessíveis para o uso de todas as pessoas. É necessária a disponibilização de informações em comunicação acessível sobre todos os pontos do itinerário (art. 48, Lei nº 13.146/2015). Os sistemas de transporte coletivo são considerados acessíveis quando todos os seus elementos são concebidos, organizados, implantados e adaptados segundo o conceito de desenho universal, garantindo o uso pleno com segurança e autonomia por todas as pessoas (art. 34, Decreto nº 5.296/2004).

Reserva de assentos em transportes coletivos: Deve ser assegurada à pessoa com deficiência a reserva de assentos devidamente identificados por empresas de transporte coletivo de passageiros (art. 3º, Lei nº 10.048/2000).

Prioridade no embarque e desembarque: A pessoa com deficiência tem assegurada prioridade e segurança nos procedimentos de embarque e desembarque nos veículos de transporte coletivo.

Acessibilidade em elementos verticais de sinalização: Os sinais de tráfego, semáforos, postes de iluminação e quaisquer outros elementos verticais de sinalização devem ser dispostos de modo a não dificultar a circulação, assegurando sua utilização com a máxima comodidade (art. 8º, Lei nº 10.098/2000)

Sinal sonoro de orientação para pedestre: Os semáforos para pedestres devem estar equipados com mecanismo que emita sinal sonoro suave ou com outro mecanismo alternativo que viabilize a travessia de pessoas com deficiência visual, se intensidade de fluxo de veículos assim determinar. Será obrigatório o uso desse sinal sonoro em vias públicas de grande circulação ou que deem acesso ao serviço de reabilitação (art. 9º, Lei nº 10.098/2000 e art. 17 do Decreto nº 5.296/2004).

Fabricação de veículos acessíveis: O poder público deve incentivar a fabricação de veículos acessíveis e sua utilização como táxis e vans para permitir seu uso por todas as pessoas (art. 50, Lei nº 13.146/2015). Ademais, todos os veículos de transporte coletivo rodoviário, aquaviário, metroferroviário, ferroviário e aéreo devem ser fabricados acessíveis de forma a garantir o uso de pessoa com deficiência ou mobilidade reduzida (art. 38 a 44 do Decreto nº 5.296/2004)

Isenção de IPI em automóveis: De acordo com o art. 1º, IV, Lei nº 8.989/1995, há isenção de IPI sobre os automóveis para pessoa com deficiência. Destaca-se que o art. 126 do Estatuto da Pessoa com deficiência prorrogou a vigência da Lei nº 8.989/1995 até 31 de dezembro de 2021.

Reserva de táxis acessíveis: Empresas de táxi devem reservar 10% de seus veículos acessíveis à pessoa com deficiência, sendo proibida a cobrança de valores adicionais pelo serviço prestado. Para assegurar o cumprimento da cota de 10%, é possível a instituição de incentivos fiscais pelo poder público (art. 51, Lei nº 13.146/2015).

Reserva de vagas na outorga de táxis: O Estatuto da Pessoa com Deficiência inseriu o art. 12-B à Lei nº 12.587/2012 que prevê a necessidade de se reservar 10% das vagas em outorga de exploração de serviço e táxis à pessoa com deficiência. Para ter direito de concorrer às vagas, o condutor deve atender aos seguintes requisitos quanto ao veículo utilizado, sob pena de deixar sua vaga para os remanescentes:

- Ser o veículo de sua propriedade e por ele conduzido;
- Estar adaptado às suas necessidades.

Locadores de veículos: Obrigação de oferecimento de 1 veículo adaptado para pessoa com deficiência a cada conjunto de 20 veículos de sua frota. Veículo deverá ter, no mínimo, câmbio automático, direção hidráulica, vidros elétricos e comandos manuais de freio e embreagem.

4.1. Passe livre no transporte coletivo interestadual (Lei nº 8.899/1994 e Decreto nº 3.691/2000)

Passe livre: É assegurado à pessoa com deficiência, comprovadamente carente, o passe livre no transporte coletivo interestadual (art. 1º, Lei nº 8.899/1994). Nesse sentido, o art. 1º do Decreto nº 3.691/2000, que regulamenta a Lei nº 8.899/1994, estabelece a necessidade das empresas permissionárias e autorizatárias de transporte interestadual de passageiros a reservar dois assentos de cada veículo para pessoa com deficiência.

Para facilitar a memorização do assunto, segue quadrinho com dicas sobre os direitos da pessoa com deficiência no transporte coletivo:

DIREITO AO TRANSPORTE E À MOBILIDADE
– **Transporte e mobilidade em igualdade de oportunidades:** identificação e de eliminação de obstáculos e barreiras ao acesso;
– **Transporte coletivo terrestre, aquaviário e aéreo:** Também integram os veículos, os terminais, as estações, os pontos de parada, o sistema viário e a prestação do serviço.

DIREITO AO TRANSPORTE E À MOBILIDADE
- **Submissão ao Estatuto da Pessoa com Deficiência:** - A outorga, a concessão, a permissão, a autorização, a renovação ou a habilitação de linhas e de serviços de transporte coletivo; - As empresas de transporte de fretamento e de turismo. **Atenção!** Esse dispositivo somente passará a ser exigido após 48 meses da entrada em vigor do Estatuto da Pessoa com Deficiência (art. 125, IV); - **Símbolo internacional de acesso:** certificação de acessibilidade emitida pelo gestor público responsável; - **Vagas em estacionamentos:** reserva de 2% das vagas sinalizadas com necessidade de utilização de credencial; - **Acessibilidade no transporte:** Veículos de transporte coletivo terrestre, aquaviário e aéreo, as instalações, estações, portos e terminais devem ser acessíveis para o uso de todas as pessoas; - Pessoa com deficiência tem **prioridade no embarque e desembarque** de veículos de transporte coletivo; - **Fabricação de veículos acessíveis:** incentivar a fabricação de veículos acessíveis e sua utilização como táxis e vans; - **Reserva de táxis acessíveis:** 10% da frota com veículos acessíveis. - **Locadores de veículos:** 1 veículo adaptado a cada 20 veículos de sua frota.

5. SÍMBOLO DE IDENTIFICAÇÃO DE PESSOAS COM DEFICIÊNCIA AUDITIVA

Símbolo internacional de surdez: É obrigatória a colocação de modo visível do "Símbolo Internacional de Surdez" em todos os locais que possibilitem acesso, circulação e utilização por pessoas com deficiência auditiva e em todos os serviços que forem postos à sua disposição (art. 1º. Lei nº 8.160/1991).

Local visível ao público: A colocação do símbolo deve ocorrer em local visível ao público, não sendo permitida modificação ou adição ao desenho reproduzido, conforme imagem a seguir:

SÍMBOLO INTERNACIONAL DE ACESSO[8]

(Anexo do art. 2º da Lei nº 8.160/1991)

8 Imagem retirada do seguinte link oficial: https://www.planalto.gov.br/ccivil_03/leis/1989_1994/anexo/ANL8160-1991.pdf

Proibição de uso: é proibido o uso do símbolo internacional de surdez para finalidade diversa que não seja a identificar, assinalar ou indicar local ou serviço habilitado ao uso de pessoas com deficiência. Essa proibição não se aplica à reprodução do símbolo em publicações e outros meios de comunicação relevantes para os interesses do deficiente auditivo, por exemplo, nos adesivos específicos para veículos por ele conduzidos.

6. NORMAS GERAIS E CRITÉRIOS BÁSICOS PARA A PROMOÇÃO DA ACESSIBILIDADE DAS PESSOAS COM DEFICIÊNCIA OU COM MOBILIDADE REDUZIDA

Acessibilidade: É o direito que assegura à pessoa com deficiência ou com mobilidade reduzida **viver de forma independente** e exercer seus **direitos de cidadania e de participação social** (art. 53, Lei nº 13.146/2015). Nesse sentido, é importante destacar o conceito trazido no art. 3º do Estatuto sobre acessibilidade. Ressalta-se novamente a importância dos conceitos trazidos pela Legislação que poderão ser exigidos em seu concurso. Não deixe de conferir nosso quadro com os conceitos no tópico 2.2 dessas dicas:

> **Art. 3º, I, Estatuto da Pessoa com Deficiência:** Para fins de aplicação desta Lei, consideram-se: **acessibilidade**: possibilidade e condição de alcance para utilização, com segurança e autonomia, de espaços, mobiliários, equipamentos urbanos, edificações, transportes, informação e comunicação, inclusive seus sistemas e tecnologias, bem como de outros serviços e instalações abertos ao público, de uso público ou privados de uso coletivo, tanto na zona urbana como na rural, **por pessoa com deficiência ou com mobilidade reduzida**; (grifos acrescidos)

Instrumentos sujeitos ao cumprimento das normas de acessibilidade: A Lei Brasileira de Inclusão da Pessoa com Deficiência traçou os instrumentos que estão **sujeitos** ao respeito da legislação sobre acessibilidade previstas no Estatuto e em outras normas (art. 54, Lei nº 13.146/2015):

OBRIGATORIEDADE NO CUMPRIMENTO DAS NORMAS DE ACESSIBILIDADE
1) Aprovação de **projeto arquitetônico e urbanístico** ou de **comunicação e informação**;
2) Fabricação de **veículos de transporte coletivo** e a prestação do respectivo serviço;
3) Execução de qualquer tipo de **obra**, quando tenham destinação **pública ou coletiva**;
4) Outorga ou renovação de **concessão, permissão, autorização ou habilitação** de qualquer natureza;
5) Aprovação de **financiamento de projeto com utilização de recursos públicos**, por meio de renúncia ou de incentivo fiscal, contrato, convênio ou instrumento congênere. Nesse caso, de acordo com o art. 64 do Estatuto da Pessoa com Deficiência, para a obtenção do financiamento **é** necessário assegurar acessibilidade nos sítios eletrônicos; e
6) Concessão de aval da União para **obtenção de empréstimo e de financiamento internacionais** por entes públicos ou privados.

Atos e legislações orientados pelas regras de acessibilidade: O Estatuto da Pessoa com Deficiência aponta ainda os atos e legislações que devem se **orientar** pelas regras de acessibilidade, sempre observando o disposto nas seguintes leis (art. 60, Lei nº 13.146/2015):

- Lei nº 10.098/2000 (estabelece normas gerais e critérios básicos para a promoção da acessibilidade das pessoas portadoras de deficiência ou com mobilidade reduzida);
- Lei nº 10.257/2001 (estabelece diretrizes gerais da política urbana);
- Lei nº 12.857/2012 (institui as diretrizes da Política Nacional de Mobilidade Urbana)

Obs.: Note a diferença entre o tópico anterior que traz os instrumentos que estão sujeitos às normas de acessibilidade (obrigatoriedade), enquanto que os atos e legislações desse tópico devem ser orientados pelas regras de acessibilidade.

ORIENTAÇÃO PELAS REGRAS DE ACESSIBILIDADE
– Planos diretores municipais;
– Planos diretores de transporte e trânsito;
– Planos de mobilidade urbana;
– Planos de preservação de sítios históricos;
Obs.: Todos os planos listados acima devem se orientar pelas regras de acessibilidade quando elaborados ou atualizados a partir da publicação do Estatuto da Pessoa com deficiência.
– Códigos de obras;
– Código de postura;
– Leis de uso e ocupação do solo;
– Leis do sistema viário;
– Estudos prévios de impacto de vizinhança;
– Atividades de fiscalização e a imposição de sanções;
– Legislação referente à prevenção contra incêndio e pânico.

Concessão e renovação de alvará de funcionamento: condicionada ao cumprimento e certificação das regras de acessibilidade.

Carta de habite-se: A emissão de cara de habite-se, sua habilitação equivalente e renovação, é condicionada à observância e certificação das regras de acessibilidade (art. 60, § 2º, Lei nº 13.146/2015 e art. 13, § 2º, Decreto nº 5.296/2004).

6.1. Princípio do desenho universal

Princípio do desenho universal: Projetos que versem sobre o meio físico, de transporte, de informação e comunicação, inclusive de sistemas e tecnologias da informação e comunicação, e de outros serviços, equipamentos e instalações abertas ao público, devem atender aos princípios do desenho universal, tendo como referência as normas de acessibilidade (art. 55, Lei nº 13.146/2015).

Desenho universal será utilizado como **regra geral**, inclusive desde a etapa de concepção das políticas públicas. **Exceção:** Nas hipóteses que comprovadamente não seja possível utilizar o desenho universal, deve ser adotada **adaptação razoável** (art. 55, § 1º e 2º, Lei nº 13.146/2015). Nesse mesmo sentido, prevê o art. 6º, § 1º e 2º, Resolução CNJ nº 230/2016.

LEMBRE-SE:

O **desenho universal** compreende a concepção de produtos, ambientes, programas e serviços a serem usados por todas as pessoas, **sem necessidade de adaptação ou de projeto específico**, incluindo os recursos de tecnologia assistiva (art. 3º, II);

As **adaptações razoáveis** compreendem as **adaptações, modificações e ajustes necessários e adequados que não acarretem ônus desproporcional e indevido** a fim de assegurar que a pessoa com deficiência possa exercer todos seus direitos fundamentais em igualdade de condições e oportunidades com as demais pessoas (art. 3º, VI).

Diretrizes curriculares e projetos de pesquisa: é dever do poder público incluir conteúdos temáticos referentes ao desenho universal nas diretrizes curriculares da educação profissional e tecnológica e do ensino superior e na formação das carreiras de Estado. Projetos de pesquisa com apoio de organismos públicos de auxílio à pesquisa e de agências de fomento devem incluir temas voltados para o desenho universal (art. 55, § 4º, Lei nº 13.146/2015). Nesse mesmo sentido, prevê o art. 10, § 1º e 2º do Decreto nº 5.296/2004.

6.2. Premissas básicas de acessibilidade

Premissas básicas para ações de acessibilidade: É importante ressaltar que a legislação traça ainda as premissas básicas para a formulação, implementação e manutenção das ações de acessibilidade (art. 61, Lei nº 13.146/2015). Essas premissas também estão previstas no art. 4º, § 5º, Resolução CNJ nº 230/2016 e no art. 9º do Decreto nº 5.296/2004:

PREMISSAS BÁSICAS PARA AÇÕES DE ACESSIBILIDADE
– Eleição de prioridades;
– Elaboração de cronograma;
– Reserva de recursos para implementação de ações;
– Planejamento contínuo e articulado entre os setores envolvidos.

Contas em formato acessível: É direito da pessoa com deficiência, desde que realize a solicitação, o recebimento de contas, boletos, extratos e cobranças de tributos em formato acessível (art. 62, Lei nº 13.146/2015).

6.3. Acessibilidade em edificações, vias e espaços públicos

Previsão constitucional: De acordo com o art. 227, § 2º, da Constituição Federal, a lei deve dispor sobre normas de construção dos logradouros e dos edifícios de uso público, e da fabricação de transporte coletivo a fim de garantir acesso adequado às pessoas com deficiência.

Alterações em edificações abertas ao público: a construção, reforma, ampliação ou mudança de uso de edificações abertas ao público devem ser executadas de modo a serem acessíveis. Entidades de fiscalização profissional de Engenharia, Arquitetura e correlatas devem exigir a responsabilidade profissional declarada de atendimento às regras de acessibilidade ao anotarem a responsabilidade técnica de projetos. Após a certificação de acessibilidade pelo poder público será colocado símbolo internacional de acesso em locais de ampla visibilidade (art. 56, Lei nº 13.146/2015 e art. 11, § 3º, Decreto nº 5.296/2004). Nesse mesmo sentido, o art. 4º da Lei nº 10.048/2000 determina a facilitação do acesso em logradouros e sanitários públicos às pessoas com deficiência.

Também é necessário o atendimento às regras de acessibilidade para:

- Aprovação, licenciamento ou emissão de certificado de projeto executivo arquitetônico, urbanístico e de instalações e equipamentos temporários ou permanentes;
- Licenciamento ou emissão de certificado de conclusão de obra ou serviço.

Requisitos de acessibilidade assegurados na construção, reforma e ampliação de edifícios públicos ou privados de uso coletivo: O art. 11, parágrafo único, Lei nº 10.098/2000 traz requisitos que devem ser observados nas alterações realizadas em edifícios públicos ou de uso coletivo:

- Áreas extras ou internas destinadas a garagem e a estacionamento de uso público devem ser asseguradas vagas próximas aos acessos de circulação de pedestres para veículos que transportam pessoa com deficiência de locomoção;
- Pelo menos um dos acessos ao interior da edificação deve estar livre de barreiras arquitetônicas e de obtáculos que impeçam ou dificultem a acessibilidade de pessoa com deficiência ou com mobilidade reduzida. O art. 19, § 1º, Decreto nº 5.296/2004 assegurou o prazo de 30 meses para essa adaptação a partir da publicação do decreto;
- Pelo menos um dos itinerários que comuniquem horizontal e verticalmente todas as dependências e serviços do edifício devem cumprir os requisito de acessibilidade;
- Edifícios devem dispor de, pelo menos um banheiro acessível.

Edificações já existentes: as edificações públicas e privadas de uso coletivo já existentes devem assegurar o atendimento às normas de acessibilidade à pessoa com deficiência em todas as suas dependências e serviços (art. 57, Lei nº 13.146/2015).

Edificação de uso privado multifamiliar: O projeto e a construção de edificação de uso privado multifamiliar devem atender aos preceitos de acessibilidade (art. 58, Estatuto da Pessoa com Deficiência e art. 18, Decreto nº 5.296/2004). Percentual mínimo das unidades internamente acessíveis deve ser assegurado pelas construtoras e incorporadoras responsáveis pelo projeto e nenhum valor adicional pode ser exigido na aquisição da unidade acessível.

Requisitos de acessibilidade em elevadores: Os elevadores instalados em edifícios de uso privado devem atender aos seguintes requisitos de acessibilidade (art. 13, Lei nº 10.098/2000):

a) percurso acessível que uma as unidades habitacionais com o exterior e com as dependências de uso comum;

b) percurso acessível que uma a edificação à via pública, às edificações e aos serviços anexos de uso comum e aos edifícios vizinhos;

c) cabine de elevador e respectiva porta de entrada acessíveis para pessoas com deficiência.

Planejamento e urbanização de vias públicas, parques e espaços de uso público: De acordo com o art. 3º da Lei nº 10.098/2000, as vias públicas, parques e demais espaços públicos devem ser concebidos de forma acessível a todas as pessoas, inclusive para aquelas com deficiência ou com mobilidade reduzida. Além disso, o passeio público ("calçada") deve ser destinado apenas para a circulação de pedestres e, quando possível, para a implantação de mobiliário urbano e vegetação. De forma excepcional, é possível estabelecer faixa de calçada de largura menor que o estabelecido em normas técnicas de acessibilidade desde que desde que haja justificativa baseada em estudo técnico e que o acesso seja viabilizado de outra forma, garantida a melhor técnica possível (art. 15, § 2º, Decreto nº 5.296/2004).

Vias públicas, parques e demais espaços públicos já existentes: necessidade de adaptação para assegurar a mais ampla acessibilidade às pessoas com deficiência ou mobilidade reduzida (art. 4º, Lei nº 10.098/2000).

Sinalização tátil de alerta no piso: A instalação de mobiliário urbano que ofereça risco de acidente à pessoa com deficiência deve ser indicada mediante sinalização tátil de alerta no piso (art. 10-A, Lei nº 10.098/2000).

Adaptação em parques de diversão: Os parques de diversão, sejam públicos ou privados, devem ter, pelo menos 5% de cada brinquedo adaptado e identifica-lo para o uso da pessoa com deficiência ou com mobilidade reduzida (art. 4º, parágrafo único, Lei nº 10.098/2000).

Banheiros de uso público: Os banheiros de uso público existentes ou a construir em parques, jardins e espaços livres ao público devem ser acessíveis e assegurar pelo menos 1 sanitário e 1 lavatório que atendam às especificações técnicas de acessibilidade da ABNT (Associação Brasileira de Normas Técnicas) (art. 6º, Lei nº 10.098/2000). O art. 22 do Decreto nº 5.296/2004 estabelece as exigências a respeito de sanitários para as pessoas com deficiência ou mobilidade reduzida:

- **Edificações de uso público a serem construídas:** no mínimo 1 cabine destinada ao uso de pessoa com deficiência ou mobilidade reduzida para cada sexo em cada pavimentação da edificação com entrada independente dos sanitários coletivos;
- **Edificações de uso público já existentes:** prazo de 30 meses a partir da data de publicação do Decreto para garantir ao menos 1 banheiro acessível por pavimento com entrada independente;
- **Edificações de uso coletivo a serem construídas, ampliadas ou reformadas:** sanitários para uso de pessoa com deficiência deve ter entrada independente e obedecer às normas técnicas de acessibilidade da ABNT;
- **Edificações de uso coletivo já existentes**: sanitários para uso de pessoas com deficiência deve estar localizado nos pavimentos acessíveis, ter entrada independente e obedecer as normas de acessibilidade da ABNT.

Intervenção nas vias e espaços públicos: dever do poder público e das concessionárias de assegurar a fluidez do trânsito e a livre circulação e acessibilidade das pessoas nas intervenções nas vidas e nos espaços públicos, durante e após sua execução (art. 59, Lei nº 13.146/2015 e art. 12, Decreto nº 5.296/2004).

Cadeiras de roda: Os centros comerciais e os estabelecimentos congêneres devem fornecer carros e cadeiras de rodas, motorizados ou não, para o atendimento da pessoa com deficiência ou com mobilidade reduzida (art. 12-A, Lei nº 10.098/2000)

6.4. Acesso à informação e à comunicação

***Sites* acessíveis:** É obrigatória a acessibilidade à pessoa com deficiência nos sítios eletrônicos (sites) mantidos por empresas com sede ou representação comercial no país ou por **órgãos** de governo. Os *sites* devem conter o símbolo de acessibilidade em destaque (art. 63, Estatuto da Pessoa com Deficiência e art. 47, do Decreto nº 5.296/2004).

Telecentros comunitários e *lan houses*: Os telecentros comunitários que receberem recursos públicos federais e as lan houses devem possuir equipamentos e instalações acessíveis com, no mínimo, 10% de seus computadores com recursos de acessibilidade para pessoa com deficiência visual, garantido pelo menos 1 equipamento, quando o resultado percentual for inferior a 1. Assim, por exemplo, se uma *lan house* tem 5 computadores, ao se aplicar o percentual de 10% leva ao resultado de 0,5 computador, o que obriga a garantia de pelo menos 1 computador, ainda que o resultado seja inferior.

Financiamento público: Para obtenção de financiamento de projeto com utilização de recursos públicos, é necessário assegurar a acessibilidade nos sítios eletrônicos da empresa (art. 64, Lei nº 13.146/2015).

Telecomunicação: As empresas prestadoras de serviços de telecomunicações devem garantir o pleno acesso à pessoa com deficiência conforme regulamentação específica (art. 65, Lei nº 13.146/2015).

Telefones e celulares acessíveis: É dever do poder público incentivar a oferta de aparelhos de telefonia fixa e celulares com acessibilidade que permitam a possibilidade de indicação e de ampliação sonoras de todas as operações e funções disponíveis (art. 66, Lei nº 13.146/2015). Há previsão de garantia de, no mínimo, 2% de Telefones de Uso Público ("orelhão") adaptados às pessoas com deficiência (art. 16, § 2º, Decreto nº 5.296/2004).

Serviços de radiodifusão de sons e imagens: devem permitir o uso dos seguintes recursos (art. 67, Lei nº 13.146/2015):

- Subtitulação por legenda oculta;
- Janela com intérprete de Libras;
- Audiodescrição.

De acordo com o art. 52 do Decreto nº 5.296/2004, cabe ao Poder Público incentivar a oferta de televisores equipados com recursos que permitam o direito de acesso à informação às pessoas com deficiência auditiva ou visual. Nesse sentido, deve ser garantidos recursos de decodificação de legenda oculta, recurso para Programa Secundário de Áudio (SAP) e entradas para fones de ouvido com ou sem fio.

Canais de comercialização virtual e anúncios publicitários veiculados na imprensa escrita, na internet, no rádio, na televisão e nos demais veículos de comunicação devem disponibilizar os recursos de acessibilidade previstos para os serviços de radiodifusão de sons e imagens, observado o disposto no Código de Defesa do Consumidor referente à publicidade (art. 36 a 38 do CDC).

Livros e artigos acessíveis: Incentivo do poder público na produção, edição, difusão, distribuição e comercialização de **livros em formatos acessíveis**, inclusive nas publicações da administração pública ou financiadas com recursos públicos, para garantir à pessoa com deficiência o direito de acesso à leitura, à informação e à comunicação (art. 68, Lei nº 13.146/2015). Além disso, o poder público deve estimular a adaptação e produção de **artigos científicos** em formato acessível, inclusive em Libras;

Impedimento às editoras sem formatos acessíveis: Nas compras de livros para as bibliotecas públicas e de todos os níveis de educação, o poder público deve adotar cláusulas que impeçam a participação de editoras que não oferecem livros em formatos acessíveis. Além disso, seguem os formatos acessíveis estabelecidos pelo Estatuto:

FORMATOS ACESSÍVEIS
– O Estatuto da Pessoa com Deficiência traz os formatos que são considerados acessíveis às pessoas com deficiência: a) *Softwares* leitores de telas ou tecnologias assistivas que permitem leitura de voz sintetizada; b) Ampliação de caracteres; c) Diferentes contrastes; e d) Impressão em Braile.

Informações aos consumidores: É dever do poder público assegurar que as informações disponíveis aos consumidores nos produtos e serviços ofertados sejam corretas e claras, por quaisquer meios de comunicação, inclusive em ambiente virtual, contendo a **especificação correta de quantidade, qualidade, características, composição e preço, bem como sobre os eventuais riscos à saúde e à segurança do consumidor com deficiência** com aplicação no que couber dos arts. 30 a 41 do Código de Defesa do Consumidor nos assuntos referentes à oferta dos produtos e serviços, à publicidade e às práticas abusivas.

Ressalta-se que o Estatuto da Pessoa com Deficiência incluiu o art. 6º, parágrafo único e 43, § 6º ao Código de Defesa do Consumidor para estabelecer a necessidade de que as informações sobre produtos e serviços e também as informações constantes em dados cadastrais sobre o consumidor sejam acessíveis às pessoas com deficiência, o que reforça o que foi apresentado no item anterior (art. 100, Estatuto da Pessoa com Deficiência).

Fornecedores devem disponibilizar exemplares de bulas, prospectos, textos ou qualquer outro tipo de material de divulgação em formato acessível.

Congressos, seminários e oficinas sem dinheiro público: As instituições que promoverem congressos, seminários, oficinas e demais eventos de natureza científico-cultural devem oferecer, no mínimo, recursos de tecnologia assistiva previstos aos serviços de radiodifusão acima mencionados à pessoa com deficiência (art. 70):

- Subtitulação por legenda oculta;
- Janela com intérprete de Libras;
- Audiodescrição.

Congressos seminários e oficinas financiadas pelo poder público: Nesse caso, devem garantir além dos recursos de tecnologia assistiva, as condições de acessibilidade (art. 71, Estatuto da Pessoa com Deficiência). Projetos de pesquisa com apoio de agências de financiamento e de órgãos e entidades integrantes da administração pública que atuem no auxílio à pesquisa devem incluir temas voltados para o desenho universal (art. 72).

Capacitação de tradutores e intérpretes de Libras, profissionais habilitados em Braille: cabe ao poder público, diretamente ou mediante parceria com organizações da sociedade civil, promover a capacitação de tradutores e intérpretes de Libras, de guias intérpretes e profissionais habilitados em Braille, audiodescrição, estenotipia e legendagem (art. 73, da Lei nº 13.146/2015 e art. 18, Lei nº 10.098/2000).

Símbolo internacional de surdez: É obrigatória a colocação de modo visível do "Símbolo Internacional de Surdez" em todos os locais que possibilitem acesso, circulação e utilização por pessoas com deficiência auditiva e em todos os serviços que forem postos à sua disposição (art. 1º. Lei nº 8.160/1991).

6.5. Tecnologia assistiva

Acesso à tecnologia assistiva: A pessoa com deficiência tem assegurado o acesso a produtos, recursos, estratégias, práticas, processos, métodos e serviços de tecnologia assistiva que possibilitem a maximização da autonomia, mobilidade pessoal e qualidade de vida (art. 74, Estatuto da Pessoa com Deficiência). É importante ressaltar que a Lei Brasileira de Inclusão da Pessoa com Deficiência traz o conceito de tecnologia assistiva em seu art. 3º, III:

LEMBRE-SE:

Conceito de tecnologia assistiva: também denominado de ajuda técnica, compreende produtos, equipamentos, dispositivos, recursos, metodologias, estratégias, práticas e serviços que objetivem promover a funcionalidade, relacionada à atividade e à participação da pessoa com deficiência ou com mobilidade reduzida, visando à sua **autonomia, independência, qualidade de vida e inclusão social**;

Plano específico de medidas: Acerca da implementação de tecnologia assistiva, o Estatuto da Pessoa com Deficiência traz plano específico de medidas, que deve ser **renovado a cada 4 anos**. Os procedimentos constantes desse plano específico devem ser avaliados a cada 2 anos para assegurar o acesso à tecnologia assistiva. O plano deve ter as seguintes finalidades (art. 75, Estatuto da Pessoa com Deficiência):

PLANO ESPECÍFICO DE MEDIDAS PARA ACESSO À TECNOLOGIA ASSISTIVA
– Facilitar o acesso a **crédito especializado para aquisição de tecnologia assistiva**;
– Agilizar, simplificar e priorizar procedimentos de **importação de tecnologia assistiva**, especialmente quanto aos procedimentos alfandegários e sanitários;
– Criar mecanismos de **fomento à pesquisa e à produção nacional de tecnologia assistiva**, inclusive por meio de concessão de linhas de crédito subsidiado e de parcerias com institutos de pesquisa;
– **Eliminar o reduzir a tributação** da cadeia produtiva e de importação **de tecnologia assistiva**;
– Facilitar e agilizar o processo de **inclusão de novos recursos de tecnologia assistiva no âmbito do SUS** e outros **órgãos** governamentais.

Diretrizes do Poder Público: Cabe ao Poder Público viabilizar algumas diretrizes acerca das ajudas técnicas (art. 65, Decreto nº 5.296/2004):

DIRETRIZES DO PODER PÚBLICO NO FOMENTO DE AJUDAS TÉCNICAS
– Reconhecimento da área de ajudas técnicas como área de conhecimento;
– Promoção da inclusão de conteúdos relacionados às ajudas técnicas na educação profissional, no ensino médio, na graduação e na pós-graduação;
– Apoio e divulgação de trabalhos técnicos e científicos referentes a ajudas técnicas
– Estabelecimento de parcerias com escolas e centros de educação profissional, centros universitários e de pesquisa para aumentar a formação de profissionais na área de ajudas técnicas;
– Incentivo à formação e treinamento de ortesistas e protesistas.

6.6. Participação na vida pública e política

Exercício de direitos políticos: A pessoa com deficiência deve ter assegurado pelo poder público todos os direitos políticos e a oportunidade de exercê-los em igualdade de condições com as demais pessoas (art. 76, Estatuto da Pessoa com Deficiência).

Direito de votar e ser votado: Deve ser assegurado à pessoa com deficiência o direito de votar e ser votada por meio das seguintes ações (art. 76, § 1º, Lei nº 13.146/2015):

- **Procedimentos, instalações, materiais e equipamentos acessíveis** e de fácil compreensão, sendo vedada a instalação de seções eleitorais exclusivas para a pessoa com deficiência. Essa medida assegura o respeito ao direito à não discriminação e ao exercício do voto em igualdade de condições com as demais pessoas. Ademais, o art. 21, parágrafo único, do Decreto nº 5.296/2004 prevê que as urnas das seções eleitorais devem ser adequadas ao uso com autonomia das pessoas com deficiência ou mobilidade reduzida e instaladas em local de votação acessível e com estacionamento próximo;
- **Incentivo à candidatura da pessoa com deficiência** e ao desemprenho de funções públicas, inclusive com o uso de tecnologias assistivas;
- **Pronunciamentos oficiais, propagando eleitoral gratuita e os debates** transmitidos pelas emissoras de televisão por meio de **recursos de tecnologia assistiva** (subtitulação por legenda oculta, janela com intérprete de Libras e audiodescrição);
- **Livre exercício do direito ao voto** e sempre que necessário e a seu pedido, permissão para que a pessoa com deficiência seja auxiliada na votação por pessoa de sua escolha.

Alteração no art. 135 do Código Eleitoral: Os Tribunais Regionais Eleitorais deverão, a cada eleição, expedir instruções aos Juízes Eleitorais para orientá-los na escolha dos locais de votação, de modo que se assegure a acessibilidade ao eleitor com deficiência ou com mobilidade reduzida (art. 96, Lei nº 13.146/2015).

Participação da pessoa com deficiência: Poder público deve promover a participação da pessoa com deficiência na condução das questões públicas sem discriminação e em igualdade de oportunidades, sempre observado o seguinte:

PARTICIPAÇÃO DA PESSOA COM DEFICIÊNCIA
a) Participação em organizações não governamentais relacionadas à vida pública e à política do país;
b) Participação em atividades e administração de partidos políticos;
c) Formação de organizações para representar a pessoa com deficiência em todos os níveis;
d) Participação da pessoa com deficiência em organizações que a representem.

6.7. Acessibilidade no Poder Judiciário (Resolução CNJ 230/2016)

Medidas de acessibilidade ao usuário e serviços auxiliares do Poder Judiciário: Para promover a acessibilidade dos usuários do Poder Judiciário e de seus serviços auxiliares que tenham deficiência, é necessária a adoção de algumas medidas (art. 4º, Resolução CNJ nº 230/2016):

ACESSIBILIDADE AO USUÁRIO E SERVIÇOS AUXILIARES DO PODER JUDICIÁRIO
– Atendimento ao público por qualquer meio (pessoal, telefônico ou eletrônico) adequado **às** pessoas com deficiência, com o uso de línguas de sinais, braile, comunicação aumentativa e alternativa e de todos os demais meios, modos e formatos acessíveis de comunicação;
– Livre e autônoma circulação desses usuários por meio de adaptações arquitetônicas;
– Acesso facilitado para a circulação de transporte público nos locais mais próximos aos postos de atendimento.

Capacitação dos membros, servidores e terceirizados: Para assegurar a atuação da pessoa com deficiência em processo judicial, é necessária a capacitação dos membros, servidores e terceirizados acerca dos direitos da pessoa com deficiência. Nesse sentido, 5% **dos servidores, funcionários e terceirizados** devem ser capacitados para uso e interpretação de Libras (art. 4º, § 1º e 2º, Resolução CNJ nº 230/2016).

Acessibilidade em edificações: As edificações já existentes, a construção, a reforma, a ampliação ou a mudança de uso devem ser executadas par serem acessíveis à pessoa com deficiência (art. 4º, § 3º e 4º, Resolução CNJ nº 230/2016).

Proibição de custo anormal para acesso aos serviços: O Poder Judiciário e seus serviços auxiliares (cartórios extrajudiciais por exemplo) não podem impor ao usuário com deficiência custo anormal para amplo acesso ao serviço público prestado (art. 5º, Resolução CNJ nº 230/2016).

Licitação no Poder Judiciário: Todos os procedimentos licitatórios do Poder Judiciário devem se ater a produtos acessíveis às pessoas com deficiência, servidores ou não (art. 6º, Resolução CNJ nº 230/2016).

Acessibilidade nos tribunais: Os tribunais e serviços auxiliares devem adotar medidas para remoção de barreiras para promover amplo acesso de pessoas com deficiência às suas carreiras e dependências e o efetivo gozo dos serviços que prestam, promovendo a conscientização de servidores e jurisdicionados sobre a importância da acessibilidade para garantir o pleno exercício de direitos (art. 9º, Resolução CNJ nº 230/2016).

Comissões permanentes de Acessibilidade e Inclusão: O art. 10 da Resolução CNJ nº 230/2016 estabeleceu a necessidade de criação no **âmbito** de cada tribunal no prazo de

45 dias após a entrada em vigor da Resolução, Comissões Permanentes de Acessibilidade e Inclusão, com caráter multidisciplinar, com a participação de magistrados e servidores, com e sem deficiência com o objetivo de fiscalizar, planejar, elaborar e acompanhar projetos arquitetônicos de acessibilidade e projetos "pedagógicos" de treinamento e capacitação dos profissionais e funcionários que trabalhem com as pessoas com deficiência. A Resolução traz ainda as metas anuais que devem ser cumpridas:

METAS DA COMISSÃO PERMANENTE DE ACESSIBILIDADE E INCLUSÃO
– **Construção e/ou reforma para garantir acessibilidade para pessoas com termos da normativa técnica em vigor (ABNT 9050)**, inclusive construção de rampas, adequação de sanitários, instalação de elevadores, reserva de vagas em estacionamento, instalação de piso tátil direcional e de alerta, sinalização sonora para pessoas com deficiência visual, bem como sinalizações visuais acessíveis a pessoas com deficiência auditiva, pessoas com baixa visão e pessoas com deficiência intelectual, adaptação de mobiliário (incluindo púlpitos), portas e corredores em todas as dependências e em toda a extensão (Tribunais, Fóruns, Juizados Especiais etc.);
– **Locação de imóveis ou construções novas** somente devem ser feitas **com acessibilidade**;
– Permissão de entrada e permanência de **cães-guias em todas as dependências dos edifícios** e suas extensões;
– **Habilitação de servidores em cursos oficiais de Libras, custeado pela Administração**, formados por professores oriundos de instituições oficialmente reconhecidas no ensino de Linguagem Brasileira de Sinais para ministrar os cursos internos, a fim de assegurar que as secretarias e cartórios das Varas e Tribunais disponibilizem pessoal capacitado a atender surdos, prestando-lhes informações em Linguagem Brasileira de Sinais;
– **Nomeação de tradutor e intérprete de Linguagem Brasileira de Sinais, sempre que figurar no processo pessoa com deficiência auditiva**, escolhido dentre aqueles devidamente habilitados e aprovados em curso oficial de tradução e interpretação de Linguagem Brasileira de Sinais ou detentores do certificado de proficiência em Linguagem Brasileira de Sinais – PROLIBRAS, o qual deverá prestar compromisso e, em qualquer hipótese, será custeado pela administração dos **órgãos** do Judiciário;
– Sendo a pessoa com deficiência auditiva partícipe do processo oralizado e se assim o preferir, o **Juiz deverá com ela se comunicar por anotações escritas ou por meios eletrônicos, o que inclui a legenda em tempo real, bem como adotar medidas que viabilizem a leitura labial**;
– Nomeação ou permissão de **utilização de guia-intérprete**, sempre que figurar no processo pessoa com deficiência auditiva e visual, o qual deverá prestar compromisso e, em qualquer hipótese, será custeado pela administração dos **órgãos** do Judiciário;
– **Registro da audiência**, caso o Juiz entenda necessário, **por filmagem de todos os atos nela praticados**, sempre que presente pessoa com deficiência auditiva;
– **Aquisição de impressora em Braille, produção e manutenção do material de comunicação acessível**, especialmente o website, que deverá ser compatível com a maioria dos softwares livres e gratuitos de leitura de tela das pessoas com deficiência visual;
– Inclusão, em todos os **editais de concursos públicos, da previsão constitucional de reserva de cargos para pessoas com deficiência**, inclusive nos que tratam do ingresso na magistratura (CF, art. 37, VIII);
– **Anotação na capa dos autos da prioridade concedida à tramitação de processos administrativos cuja parte seja uma pessoa com deficiência** e de processos judiciais se tiver idade igual ou superior a 60 (sessenta) anos ou portadora de doença grave;
– Realização de **oficinas de conscientização** de servidores e magistrados **sobre os direitos das pessoas com deficiência**;
– Utilização de **intérprete de Linguagem Brasileira de Sinais, legenda, audiodescrição e comunicação em linguagem acessível em todas as manifestações públicas**, dentre elas propagandas, pronunciamentos oficiais, vídeos educativos, eventos e reuniões;
– **Disponibilização de equipamentos de autoatendimento para consulta processual acessíveis**, com sistema de voz ou de leitura de tela para pessoas com deficiência visual, bem como, com altura compatível para usuários de cadeira de rodas.

Tribunais devem criar unidades administrativas específicas, responsáveis pela implementação das ações da respectiva Comissão Permanente de Acessibilidade e Inclusão (art. 11 da Resolução CNJ nº 230/2016).

Parecer obrigatório da Comissão: É indispensável parecer da Comissão Permanente de Acessibilidade e Inclusão em questões relacionadas aos direitos das pessoas com deficiência e nos assuntos relacionados à acessibilidade e inclusão nos Tribunais (art. 12 da Resolução CNJ nº 230/2016).

Prazos e despesas da Resolução: Serão definidos pelos tribunais, sempre ouvida a Comissão Permanente de Acessibilidade e o órgão interno responsável pela elaboração do Planejamento estratégico.

7. NORMAS DE APOIO ÀS PESSOAS COM DEFICIÊNCIA E SUA INTEGRAÇÃO SOCIAL

7.1. Apoio às pessoas com deficiência

Pleno exercício de direitos e integração: É necessário assegurar o pleno exercício dos direitos individuais e sociais da pessoa com deficiência e sua efetiva integração social por meios das ações governamentais necessárias ao cumprimento das disposições constitucionais e legais referentes às pessoas com deficiência, afastadas a discriminação e preconceitos de qualquer espécie (art. 1º, Lei nº 7.853/1989).

Para isso, deve-se atender aos seguintes valores básicos:

- Igualdade de tratamento e oportunidade;
- Justiça social;
- Respeito à dignidade da pessoa humana;
- Bem-estar e outros previstos na Consituição ou indicados por princípios gerais do Direito.

Medidas prioritárias que devem ser adotadas pelos órgãos e entidades da Administração Pública: O art. 2º da Lei nº 7.853/1989 estabelece medidas que devem ser asseguradas pelo poder público para a garantia dos direitos das pessoas com deficiência:

MEDIDAS PRIORITÁRIAS DA ADMINISTRAÇÃO PÚBLICA	
Área da educação	– Inclusão da Educação Especial como modalidade exclusiva com currículos, etapas e exigências de diplomação próprios; – Inserção de escolas especiais públicas e privadas; – Oferta obrigatória e gratuita de Educação Especial em estabelecimento público de ensino; – Oferecimento de Educação Especial em hospitais e congêneres nos quais estejam internadas pessoas com deficiência por prazo igual ou superior a 1 ano; – Acesso aos mesmos benefícios conferidos aos demais educandos; – Matrícula compulsória em cursos regulares quando forem capazes de se integrarem no sistema regular.

MEDIDAS PRIORITÁRIAS DA ADMINISTRAÇÃO PÚBLICA	
Área da saúde	– Promoção de ações preventivas; – Desenvolvimento de programas especiais de prevenção de acidente de trabalho e trânsito e de tratamento adequado das vítimas; – Criação de rede de serviços especializados em habilitação e reabilitação; – Garantia de acesso e tratamento adequado em estabelecimentos de saúde públicos e privados; – Garantia de atendimento domiciliar de saúde à pessoa com deficiência grave não internada; – Desenvolvimento de programas de saúde que lhes assegure integração social.
Área de formação profissional e de trabalho	– Apoio governamental à formação profissional, inclusive com a oferta de cursos; – Empenho do poder público em assegurar o surgimento de empregos, inclusive de tempo parcial, às pessoas com deficiência que não tenham acesso aos empregos comuns; – Ações que proporcionem inserção nos setores públicos e privados de pessoas com deficiência; – Legislação que assegure reserva de mercado de trabalho em favor de pessoas com deficiência nas entidades da Administração Pública e no setor privado.
Área de recursos humanos	– Formação de professores de nível médio para Educação Especial, de técnicos de nível médio especializados na habilitação e reabilitação e de instrutores para formação profissional; – Formação e qualificação de recursos humanos que atendam à demanda e às necessidade reais das pessoas com deficiência; – Incentivo à pesquisa e ao desenvolvimento tecnológico em todas as áreas do conhecimento relacionadas com a pessoa com deficiência.
Área de edificações	– Adocação de normas que garantam a funcionalidade das edificações e vias públicas, que evitem ou removam barreiras, permitam o acesso aos edifícios, logradouros e meios de transporte.

Secretaria Especial dos Direitos Humanos da Presidência da República: A coordenação dos assuntos, ações governamentais e medidas referentes a pessoas portadoras de deficiência caberá à Secretaria Especial dos Direitos Humanos da Presidência da República (art. 10, Lei nº 7.853/1989).

7.2. Ação civil pública

Medidas judiciais de proteção à pessoa com deficiência: São asseguradas medidas judiciais de proteção aos direitos difusos, coletivos, individuais homogêneos e indisponíveis da pessoa com deficiência que poderá ser proposta pelos seguintes legitimados (art. 3º, Lei nº 7.853/1989):

LEGITIMADOS
a) Ministério Público; b) Defensoria Pública; c) União; d) Estados; e) Municípios;

LEGITIMADOS
f) Distrito Federal;
g) Autarquia, fundação, empresa pública e sociedade de economia mista que tenham entre suas finalidades institucionais, a proteção dos interesses e a promoção de direitos da pessoa com deficiência; e
h) Associação constituída há mais de 1 ano, que tenha entre suas finalidades institucionais, a proteção dos interesses e a promoção de direitos da pessoa com deficiência.

Certidões e informações: Para instruir a inicial, é permitido ao interessado requerer às autoridades competentes certidões e informações que julgar necessárias, que deverão ser fornecidas no prazo de 15 dias da entrega dos requerimentos e só podem ser usadas para instruir ação civil. Somente nos casos de interesse público, devidamente justificado, é possível impor sigilo e negar a certidão. Nesse caso, cabe ao juiz, após apreciar os motivos do indeferimento, requisitar umas e outras, salvo se se tratar de questão de segurança nacional. Feita a requisição, o processo deve correr em segredo de justiça, que terminará com o trânsito em julgado da sentença.

Litisconsórcio e abandono: fica facultado aos demais legitimados para propor a ação habilitados habilitarem-se como litisconsortes nas ações propostas por qualquer um deles. Se houver desistência ou abandono da ação, qualquer dos co-legitimados pode assumir a titularidade ativa.

Efeitos da sentença: eficácia de coisa julgada "erga omnes", exceto se haver sido a ação julgada improcedente por deficiência de prova, hipótese em que qualquer legitimado pode ingressar com nova ação com mesmo fundamento e novas provas (art. 4º, Lei nº 7.853/1989).

Remessa de ofício: sentença de carência ou improcedência sujeita-se ao duplo grau de jurisdição, somente produzindo efeitos com a confirmação do tribunal.

Recursos: legitimidade para recorrer é estendida a qualquer legitimado ativo.

Intervenção do Ministério Público: é obrigatórias nas ações públicas, coletivas ou individuais em que se discutam interesses relacionados à deficiência (art. 5º, Lei nº 7.853/1989).

Procedimento no Ministério Público (art. 6º, Lei nº 7.853/1989): é possível a instauração de inquérito civil ou requisitar novas diligências no prazo não inferior a 10 dias úteis. Esgotadas as diligências, é possível o arquivamento do inquérito civil ou das peças informativas. Neste caso, deve haver reexame dos autores em 3 dias pelo Conselho Superior do Ministério Público. Se a promoção do arquivamento for reformada, será designado pelo Conselho Superior outro órgão do Ministério Público para o ajuizamento da ação.

Aplicação subsidiária da Lei da Ação Civil Pública (Lei nº 7.347/1985): Sempre que cabível é aplicável os dispositivos da Lei nº 7.347/1985 à ação civil pública prevista para a tutela dos direitos das pessoas com deficiência.

7.3. Crimes

Além dos crimes previstos no Estatuto da Pessoa com Deficiência, mencionados no item 1.17 destas dicas, o art. 8º da Lei nº 7.853/1989 estabeleceu a criação de crimes contra as pessoas com deficiência. Para facilitar a memorização do assunto, segue quadro dos crimes dispostos de maneira sistematizada:

CRIMES PREVISTOS NO ESTATUTO DA PESSOA COM DEFICIÊNCIA		
Tipo penal	**Pena**	**Causas de aumento de pena e qualificadoras**
Recusar, cobrar valores adicionais, suspender, procrastinar, cancelar ou fazer cessar inscrição de aluno em estabelecimento de ensino de qualquer curso ou grau, público ou privado, em razão de sua deficiência (art. 8º, I).	Reclusão, de 2 a 5 anos; e Multa	– Causa de aumento de pena: 1/3 se crime for praticado contra menor de 18 anos;
Obstar inscrição em concurso público ou acesso de alguém a qualquer cargo ou emprego público, em razão de sua deficiência (art. 8º, II).	Reclusão, de 2 a 5 anos; e Multa	– Causa de aumento de pena: 1/3 se crime for praticado contra menor de 18 anos; – Responsabilidade patrimonial pessoal do Administrador Público se adotar critérios subjetivos para indeferir inscrição, aprovação e estágio obrigatório em concursos públicos.
Negar ou obstar emprego, trabalho ou promoção à pessoa em razão de sua deficiência (art. 8º, III).	Reclusão, de 2 a 5 anos; e Multa	– Causa de aumento de pena: 1/3 se crime for praticado contra menor de 18 anos;
Recusar, retardar ou dificultar internação ou deixar de prestar assistência médico-hospitalar e ambulatorial à pessoa com deficiência (art. 8º, IV).	Reclusão, de 2 a 5 anos; e Multa	– Causa de aumento de pena: 1/3 se crime for praticado contra menor de 18 anos;
Deixar de cumprir, retardar ou frustrar execução de ordem judicial expedida na ação civil a que alude esta Lei (art. 8º, V).	Reclusão, de 2 a 5 anos; e Multa	– Causa de aumento de pena: 1/3 se crime for praticado contra menor de 18 anos;
Recusar, retardar ou omitir dados técnicos indispensáveis à propositura da ação civil pública objeto desta Lei, quando requisitados. (art. 8º, VI).	Reclusão, de 2 a 5 anos; e Multa	– Causa de aumento de pena: 1/3 se crime for praticado contra menor de 18 anos;
Impedir ou dificultar o ingresso de pessoa com deficiência em planos privados de assistência à saúde, inclusive com cobrança de valores diferenciados	Reclusão, de 2 a 5 anos; e Multa	– Causa de aumento de pena: Crime praticado em atendimento de urgência e emergência, pena é agravada em 1/3 .

7.4. Política nacional para integração da pessoa portadora de deficiência (Decreto nº 3.298/1999)

Questão terminológica: Inicialmente, cumpre ressaltar que o termo pessoa portadora de deficiência está em desuso, sendo utilizado o termo mais adequado "pessoa com deficiência". Sempre que possível usaremos o termo adequado ao candidato, ainda que a legislação faça referência à pessoa portadora de deficiência.

Política Nacional para Integração da Pessoa Portadora de Deficiência: compreende um conjunto de orientações normativas que objetivam assegurar o pleno exercício dos direitos individuais e sociais das pessoas com deficiência (art. 1º, Decreto nº 3.298/1999). É dever do Poder Público assegurar o pleno exercício dos direitos básicos da pessoa com deficiência, previstos na Constituição e nas leis, que propiciem seu bem-estar pessoal, social e econômico (art. 2º, Decreto nº 3.298/1999).

Princípios: A Política Nacional para Integração da Pessoa Portadora de Deficiência deve aos seguintes princípios (art. 5º, Decreto nº 3.298/1999):

a) Desenvolvimento de ação conjunta do Estado e sociedade civil para assegurar plena integração da pessoa com deficiência.

b) Estabelecimentos de mecanismos e instrumentos legais e operacionais para assegurar o pleno exercício dos direitos das pessoas com deficiência;

c) Respeito às pessoas com deficiência com tratamento em igualdade de oportunidades na sociedade por reconhecimento dos direitos que lhe são assegurados sem privilégios ou paternalismos.

Diretrizes: São consideradas diretrizes da Política Nacional para Integração da Pessoa Portadora de Deficiência (art. 6º, Decreto nº 3.298/1999):

DIRETRIZES DA POLÍTICA NACIONAL PARA INTEGRAÇÃO DA PESSOA PORTADORA DE DEFICIÊNCIA
– Estabelecer mecanismos que acelerem e favoreçam a inclusão social da pessoa com deficiência;
– Adotar estratégias de articulação com órgãos públicos e privados, bem como organizamos internacionais;
– Incluir a pessoa com deficiência, respeitadas as suas peculiaridades, em todas as iniciativas governamentais relacionadas à educação, à saúde, ao trabalho, à edificação pública, à previdência social, à assistência social, ao transporte, à habitação, à cultura, ao esporte e ao lazer.
– Viabilizar a participação da pessoa com deficiência em todas as fases de implementação dessa política por meio de suas entidades representativas.
– Ampliar as alternativas de inserção econômicas da pessoa com deficiência, proporcionando a ela qualificação profissional e incorporação no mercado de trabalho.
– Garantir o efetivo atendimento de suas necessidades, sem cunho paternalista.

Objetivos: São traçados também os objetivos que se pretende alcançar com a implementação dessa política (art. 7º, Decreto nº 3.298/1999):

OBJETIVOS DA POLÍTICA NACIONAL PARA INTEGRAÇÃO DA PESSOA PORTADORA DE DEFICIÊNCIA
– Acesso, o ingresso e a permanência da pessoa portadora de deficiência em todos os serviços oferecidos à comunidade;
– Integração das ações dos órgãos e das entidades públicos e privados nas áreas de saúde, educação, trabalho, transporte, assistência social, edificação pública, previdência social, habitação, cultura, desporto e lazer, visando à prevenção das deficiências, à eliminação de suas múltiplas causas e à inclusão social;
– Desenvolvimento de programas setoriais destinados ao atendimento das necessidades especiais da pessoa com deficiência;
– Formação de recursos humanos para atendimento da pessoa portadora de deficiência; e
– Garantia da efetividade dos programas de prevenção, de atendimento especializado e de inclusão social.

Instrumentos: O art. 8º do Decreto nº 3.298/1999 estabelece ainda instrumentos para a implementação da política nacional:

INSTRUMENTOS DA POLÍTICA NACIONAL PARA INTEGRAÇÃO DA PESSOA PORTADORA DE DEFICIÊNCIA
– Articulação entre entidades governamentais e não-governamentais que tenha responsabilidades quanto ao atendimento de pessoa com deficiência em todos os níveis federativos;
– Fomento à formação de recursos humanos para adequado e eficiente atendimento da pessoa com deficiência;
– Aplicação da legislação específica que disciplina a reserva de mercado de trabalho em favor da pessoa com deficiência no setor público e privado;
– Fomento da tecnologia de bioengenharia voltar para a pessoa com deficiência e a facilitação da importação de equipamentos;
– Fiscalização do cumprimento da legislação pertinente à pessoa com deficiência.

CONADE: Um importante órgão para a implementação da política de integração é o CONADE – Conselho Nacional dos Direitos da Pessoa com Deficiência. Trata-se de um órgão superior de deliberação colegiada, constituído, paritariamente, por representantes de instituições governamentais e da sociedade civil que tem como principal atribuição a implantação da Política Nacional para Integração da Pessoa Portadora de Deficiência (art. 11 e 12 do Decreto nº 3.298/1999).

Outras instâncias deliberativas: É possível a instituição de outras instâncias deliberativas pelos Estados, pelo Distrito Federal e pelos Municípios, que vão integrar sistema descentralizado de defesa dos direitos da pessoa com deficiência (art. 13, do Decreto nº 3.298/1999).

Serviços prestados pela Administração Federal: O art. 15 do Decreto nº 3.298/1999 estabelece alguns serviços que devem ser prestado à pessoa com deficiência, direta ou indiretamente pelos órgão e entidades da Administração Pública Federal:

- Reabilitação integral, que compreende o desenvolvimento das potencialidades da pessoa com deficiência;
- Formação profissional e qualificação para o trabalho;
- Escolarização em estabelecimentos de ensino regular com os recursos necessários;
- Orientação e promoção individual, familiar e social.

Noções de Informática

Emannuelle Gouveia

Atenção!

Este livro oferece dicas para os cargos de Analista Judiciário – Área Judiciária; Analista Judiciário – Área Judiciária – Especialidade Oficial de Justiça Avaliador Federal e Técnico Judiciário – Área Administrativa do edital para o concurso do TRT-MS.

Em cada capítulo apontamos quais pontos do edital foram abrangidos.

Bons estudos!!

Profa. Emannuelle Gouveia

Noções de Informática

EDITAL

Conceitos básicos e modos de utilização de tecnologias, ferramentas, aplicativos e procedimentos associados à internet/intranet. Ferramentas e aplicativos de navegação (Internet Explorer 11, Google Chrome e Firefox) e de correio eletrônico (webmail e Microsoft Outlook 2013. Acesso à distância a computadores, transferência de informação e arquivos. Conceitos de proteção e segurança da informação. Conceitos de hardware e software. Procedimentos, aplicativos e dispositivos para armazenamento de dados e para realização de cópia de segurança (backup). Conceitos de organização e de gerenciamento de arquivos, pastas e programas e funcionamento de periféricos no sistema operacional Windows 7. Aplicativos para edição de textos, apresentações e planilhas eletrônicas utilizando o Microsoft Office 2007.

Capítulo I. Conceitos básicos e modos de utilização de tecnologias, ferramentas, aplicativos e procedimentos associados à internet/intranet. Ferramentas e aplicativos de navegação (Internet Explorer 11, Google Chrome e Firefox) e de correio eletrônico (webmail e Microsoft Outlook 2013. Acesso à distância a computadores, transferência de informação e arquivos

1. CONCEITOS BÁSICOS, FERRAMENTAS, APLICATIVOS E PROCEDIMENTOS DE INTERNET E INTRANET. ACESSO À DISTÂNCIA A COMPUTADORES, TRANSFERÊNCIA DE INFORMAÇÃO E ARQUIVOS.

- Rede de computadores é um conjunto de computadores interligados com o intuito de compartilhar recursos e serviços.
- A máquina na qual o serviço está instalado passa a ser servidora do serviço.
- Toda rede se baseia no trio: usuário, senha e permissão.
- Existem alguns conceitos e equipamentos que costumam aparecer nas questões, nos enunciados e nas alternativas. Os principais deles são:

Equipamento	Definição
Cabos	A maioria das redes utiliza ainda cabo para interligar equipamentos, visto que a rede sem fio ainda é potencialmente insegura. Os principais tipos de cabo são: coaxial, par trançado e fibra óptica.
Conectores	O do cabo coaxial é o BNC, do par trançado o RJ-45 e a fibra óptica não apresenta um padrão único.
Hub	É um concentrador. Atua na camada física da rede. Gerencia apenas uma comunicação por vez e entrega os dados utilizando a difusão.
Switch	Atua na camada de enlace da rede. Gerencia mais de uma comunicação por vez e entrega a mensagem apenas ao destinatário. Há quem diga, e já apareceu em prova, que seria uma evolução do hub, mas isso é uma visão simplista. Na verdade, existem muitas outras diferenças técnicas entre eles.
Repetidor	Regenera o sinal da rede, permitindo sua transmissão com qualidade em uma maior extensão.

Equipamento	Definição
Gateway	Permite a comunicação entre redes com tecnologias distintas.
Banda de passagem	É a taxa de transmissão da rede. Indica a quantidade máxima de dados que uma rede é capaz de transmitir em um determinado tempo. Ex: 1Gbps (a rede poderá transmitir no máximo 1gigabit por segundo)
URL	É o endereço de um recurso em uma rede.

- As redes podem ser classificadas quanto à abrangência física e quanto à abrangência lógica.
- Quanto à abrangência física temos:

Tipo de Rede	Definição
LAN	É a rede local, de pequena abrangência. Apresenta um pequeno raio de acesso.
WAN	É a rede de longa distância. Apresenta um maior raio de acesso.
MAN	É a rede metropolitana. Uma rede que tem a abrangência de uma cidade. Com a expansão do uso da Internet, perderam um pouco o sentido de existir e um exemplo prático que podemos citar é a rede de TV a cabo

- Quanto à abrangência lógica temos:

Tipo de Rede	Definição
Intranet	É a rede coorporativa que oferece serviços típicos de redes públicas, como a Internet. Geralmente apresenta um repositório de dados interno e uma camada de segurança associada a esses dados.
Internet	É a rede mundial de computadores. Utiliza, para transmissão de dados, os backbones de comunicação e exige um provedor de acesso para a interligação com a telefonia.
Extranet	É o acesso à Intranet através da Internet.

- Os meios de acesso são os meios que podem ser utilizados para transmissão de dados em uma rede. Os principais estão listados na tabela abaixo:

Meios de Acesso	Definição
Cabos	Já citados anteriormente
Linha telefônica	Oferece diversos tipos de acesso como: discado –> dial-up (baixa taxa de transmissão e problemas de conexão), dedicado →comunicações diretas entre dois pontos como com o LPCD, canais com alta taxa de transmissão (ADSL, SDSL, VDSL, HDSL)
TV a cabo	Utiliza a estrutura da rede de TV a cabo. Compartilha o meio de transmissão
PLC	Transmissão de dados através da corrente elétrica
Fibra submarina	Fibras ópticas passadas nos rios e mares. Já temos uma vasta malha cobrindo todo o litoral brasileiro e interligando o Brasil a vários outros pontos no mundo.
Wireless	É a comunicação sem fio. Oferece várias opções como o WAP, IRDA, Bluetooth (comunicação através de ondas de rádio. Atinge pequenas distâncias) e o GPRS (comunicação através de ondas de rádio. Atinge longas distâncias e transmite) dados através da rede de telefonia móvel)

O padrão de protocolos adotado na Internet é o TCP/IP, que por consequência também é adotado pelas Intranets. É importante saber quais os protocolos e suas respectivas funções e camadas de atuação.

O modelo TCP/IP divide a rede em cinco camadas:

Camada	Função
Aplicação	É a camada com a qual o homem interage. Os principais protocolos que nela atuam são: HTTP, HTTPS, DNS, DHCP, POP, IMAP, SMTP, SNMP, IRC, NNTP, TELNET, FTP.
Transporte	Divide a mensagem em pedaços menores de tamanho máximo fixo e seqüenciados chamados de pacotes. Os principais protocolos que nela atuam são: UDP e TCP
Rede	É responsável pelo endereçamento, transformar endereço lógico para físico e físico para lógico e por rotear. Os principais protocolos que nela atuam são: IP, ARP, RARP, OSPF e RIP
Enlace	Responsável pela transmissão e recepção de quadros e pelo controle de fluxo de dados
Física	Responsável pela transmissão e recepção do fluxo de bits brutos não estruturados através de um meio físico.

A função básica dos protocolos é:

Protocolo	Função
IP	Leva pacotes de dados da origem ao destino e os identifica com um número de endereço que é o endereço IP.
ARP	Converte endereços lógicos para físicos
RARP	Converte endereços físicos para lógicos
OSPF	Realiza roteamento dinâmico
RIP	Realiza roteamento estático
TCP	Atua na camada de transporte. É confiável e orientado à conexão
UDP	Atua na camada de transporte. É não confiável e não orientado à conexão.
HTTP	É utilizado pelo serviço de web, que é o serviço que permite a transmissão de páginas ou hipertexto entre computadores.
HTTPS	Também é utilizado pelo serviço de web, mas agrega o certificado digital SSL que realiza a criptografia dos dados enviados e os descriptografa na chegada, garantindo sua confidencialidade.
SMTP	Responsável por enviar mensagens de email da máquina do usuário para o servidor de email
POP	Responsável por trazer mensagens de email do servidor de email para a máquina do usuário. Descarrega as mensagens fisicamente e realiza a leitura na máquina do usuário.
IMAP	Responsável por trazer mensagens de email do servidor de email para a máquina do usuário. Traz uma cópia da mensagem, mas a leitura é realizada no servidor.
FTP	Permite a transmissão de arquivos entre computadores. Download e Upload.
TELNET	Permite a emulação de terminais. Muito usado atualmente para realizar suporte à distância.
DNS	Mapeia endereços IP para domínios e vice-versa
DHCP	Fornecer endereços dinâmicos
IRC	Possibilita a troca de mensagens on-line
NNTP	Utilizado em grupos de discussão (Fóruns)

2. FERRAMENTAS E APLICATIVOS DE NAVEGAÇÃO (INTERNET EXPLORER 11, GOOGLE CHROME E FIREFOX) E DE CORREIO ELETRÔNICO (WEBMAIL E MICROSOFT OUTLOOK 2013)

a) **Ferramentas e aplicativos de navegação (Internet Explorer 11, Google Chrome e Firefox)**

O serviço de navegação é um dos mais utilizados nas redes e permite a troca de páginas ou hipertexto entre computadores. A linguagem utilizada para criação desses arquivos é o

HTML e a ligação entre as páginas é o hyperlink. Para a visualização das páginas utilizamos os programas navegadores ou browsers. Os protocolos usados são o HTTP e o HTTPS.

Apesar do edital indicar vários navegadores, o que costuma cair com mais freqüência é o Internet Explorer e as questões podem ser resolvidas por analogia para os demais, pois os conceitos básicos são similares.

O menu mais cobrado é:

Opções da Internet que possui várias guias, onde é feita toda a configuração do navegador. Nelas escolhemos a página inicial, excluímos arquivos temporários, limpamos o histórico, configuramos os recursos de segurança, os recursos para controle de conteúdo, dentre outras. Estudemos as telas a seguir:

Na guia **Geral** é possível:

- Configurar a página inicial que é a primeira página aberta quando o browser é inicializado. A Microsoft traduz como "home-page", apesar de não ser esse o conceito acadêmico para a expressão. Ela pode ser a página padrão, uma página em branco, a escolhida pelo usuário ou até varias páginas, cada uma em uma guia distinta.
- Configurar a área em disco reservada para o histórico de navegação que , por padrão, varia de 50 MB a 250MB e armazena dos últimos 20 dias.
- Excluir o histórico de navegação. Lembrando que a exclusão é feita apenas na máquina local.

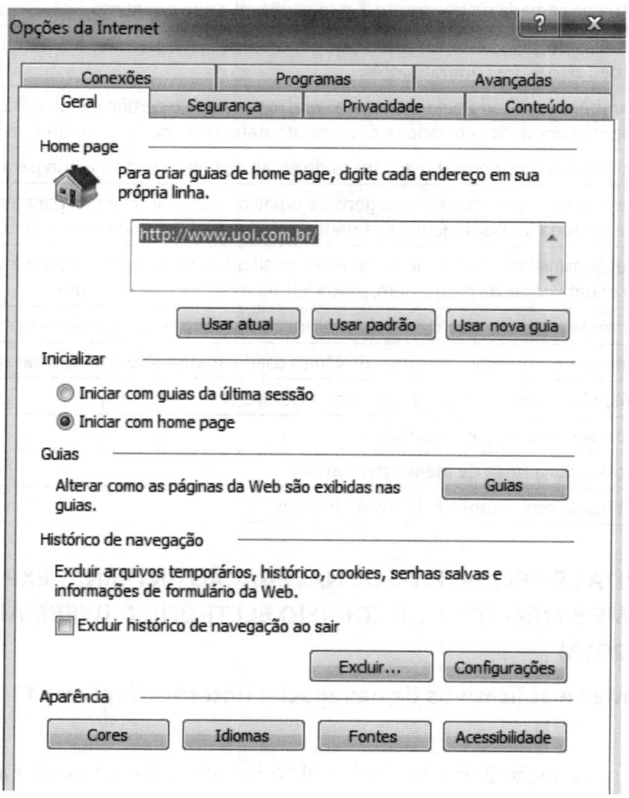

Na guia **Segurança** verifica-se que o IE divide a rede em quatro zonas de segurança: Internet, Intranet Local, Sites Confiáveis e Sites restritos.

Para cada uma delas é possível escolher um nível de personalização pré-definido, ou ainda personalizar os critérios de segurança desejados.

Nos sites confiáveis e Sites Restritos é possível ainda listar os sites desejados em cada grupo.

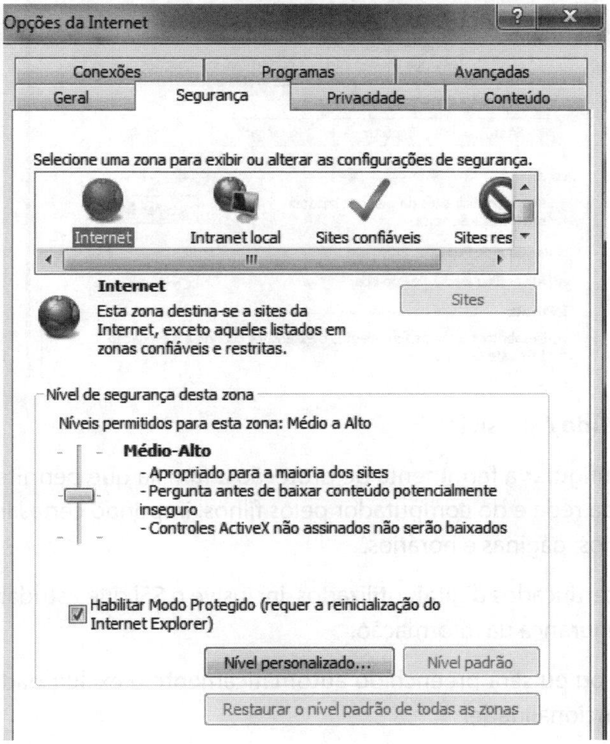

Na guia **Privacidade** pode-se controlar o acesso dos cookies, ativar ou desativar o bloqueador de Pop-Up, inclusive listar os sites para os quais eles estariam liberados ou não através do botão "Configurações" e ainda ativar ou desativar o modo de navegação InPrivate.

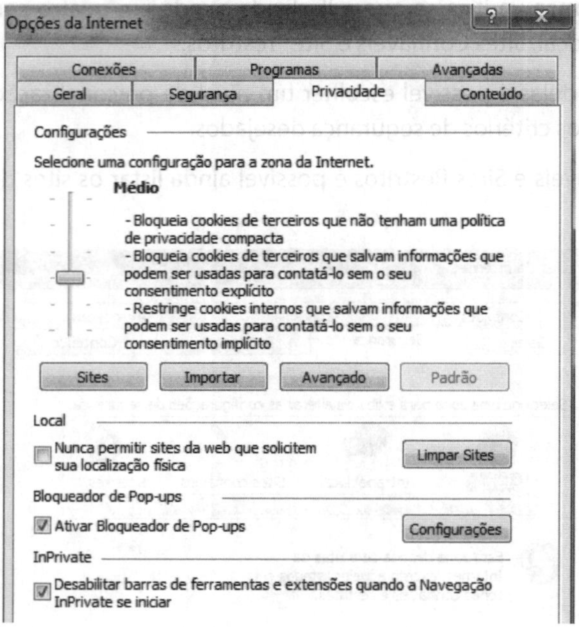

Na guia **Conteúdo** é possível:

- Ativar e configurar a ferramenta de proteção a família que permite aos pais gerenciar o uso da rede e do computador pelos filhos, impondo certas limitações de uso de aplicativos, páginas e horários.
- Gerenciar certificados digitais utilizados, inclusive o SSl que estudaremos melhor na parte de segurança da informação.
- Configurar oq eu será preenchido automaticamente e excluir dados armazenados por essa funcionalidade.
- Gerenciar os feeds.

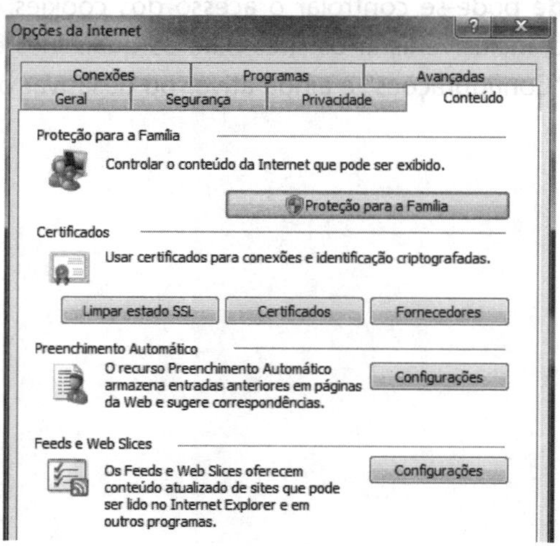

Na guia **Conexões** é possível configurara s conexões de redes disponíveis, inclusive com a configuração de recursos de VPN no botão "Adicionar VPN", e configurações de proxys no botão "Configurações da Lan".

E as principais teclas de atalho são:

Pressione	Para
Ctrl + N	Abre uma nova janela
Ctrl + A	Selecionar tudo
Esc	Parar
F5	Atualizar
Alt + Home	Abre a página Inicial
Alt + →	Ir para a próxima página
Alt + ←	Ir para a página anterior
Ctrl + E	Abrir pesquisar na barra do explorer
Ctrl + I	Abrir favoritos na barra do explorer
Ctrl + H	Abrir histórico
Ctrl + D	Adiciona a página atual aos favoritos

b) **Correio eletrônico (webmail e Microsoft Outlook 2013.**

È o serviço que permite a troca de mensagens entre usuários. Para utilizar o email é necessário ter um endereço de email que é formado por: identificador@servidor de email. A mensagem de email não é enviada para o usuário e sim para o servidor de email e depositada em sua caixa postal, onde será visualizada quando o usuário desejar;

Existem dois tipos de e-mails: o cliente de email (software instalado na máquina do usuário só para gerenciar contatos e mensagens) e o webmail (acessado através da Web).

Os protocolos usados são: POP, IMAP e SMTP

Por padrão as pastas encontradas normalmente são:

- **Rascunho:** mensagens que estão sendo redigidas.
- **Caixa de Saída:** mensagens cujo envio foi solicitado, mas, por um motivo qualquer, o envio ainda não foi realizado.
- **Itens Enviados:** mensagens enviadas.
- **Caixa de Entrada:** mensagens recebidas.
- **Itens Excluídos:** mensagens apagadas.

O usuário pode criar suas próprias pastas. Outra funcionalidade interessante é a criação de regras para mensagens que permite a manipulação da mensagem (pasta a ser colocada, cor, ordem na pilha) seja feita de acordo com uma regra pré-definida pelo usuário, que ainda pode criar vistas para personalizar a sua visão do ambiente.

Capítulo II. Conceitos de proteção e segurança da informação. Procedimentos, aplicativos e dispositivos para armazenamento de dados e para realização de cópia de segurança (backup)

2. SEGURANÇA DA INFORMAÇÃO

- Quando falamos em segurança da informação, temos cinco princípios ou objetivos básicos, que estão listados na tabela abaixo:

Princípio	Descrição
Confidencialidade	Garantir que só terá acesso útil aos dados quem deve ter
Integridade	Garantir que o estado do dado só será alterado com permissão
Autenticidade	Garantir que quem realiza a operação é quem diz ser
Não repudio	Garantir que a autoria da operação não poderá ser negada
Disponibilidade	Garantir que os dados e serviços estão disponíveis quando e para quem devem estar

2.1. Procedimentos de segurança

- Protegemos as redes para retirar as vulnerabilidades que são todos os fatores que podem causar danos aos dados e aos serviços. Elas podem ser Físicas (um prédio que cai, etc), Naturais (enchentes, terremotos, etc), de Hardware (o gerador não suportou, a máquina falhou, etc), de Software (uma falha de segurança no software, etc) ou Humana (um funcionário corrupto, entrega de dados indevidamente por telefone, etc). (Acho que o etc pode ser retirado, dá pra perceber que são só exemplos)

2.2. Noções de vírus, *worms* e pragas virtuais

- Os ataques, ameaças, formas de ataque mais conhecidos e suas ações são listados na tabela abaixo:

Ataques, ameaças e formas de ataques	Descrição
Virus	O vírus é um programa malicioso que tem esse nome em virtude da comparação com o ser vírus. Sendo assim, ele pode multiplicar, pode mutacionar, sempre causa dano e precisa de um programa hospedeiro para atuar. Dessa forma, ao se acoplar ao hospedeiro, quando o programa hospedeiro é executado o código de execução do programa é desviado para o código do vírus e a partir daí ele inicia sua ação e propagação.

Ataques, ameaças e formas de ataques	Descrição
Worm	O worm é um programa malicioso que tem esse nome em virtude da comparação com o verme. Sendo assim, ele pode ou não multiplicar, pode ou não causar um dano maior e não precisa de um programa hospedeiro para atuar.
Cavalo de Tróia	Trojans são os Cavalos de Tróia. Tipo de ataque que invade a máquina disfarçadamente e facilita a ação de outros ataques.
Spyware	Spyware é o programa espião. Armazena dados e hábitos de navegação do usuário para repassá-los a terceiros, sem, obviamente, o conhecimento do usuário
Adware	Adware é um programa que baixa e/ou executa automaticamente uma propaganda na máquina do usuário, sem a autorização prévia do mesmo
Hijacker	Hijackers são um tipo de spyware que podem alterar a página inicial de browsers, instalam barras de ferramentas suspeitas, impedem acesso a determinados sites e alguns deles invadem conexões, chegando até a impedir a atualização do antivírus.
Wabbit	Wabbit é o coelho. Tem um alto poder de se replicar. Não precisa de programa hospedeiro e termina inviabilizando o uso do computador pela quantidade de processos abertos que ele cria ao se replicar rapidamente.
Keylogger	Capturam os dados digitados do teclado.
Screenlogger	Capturam as coordenadas da tela.
Exploit	Exploits são programas que buscam vulnerabilidades na rede. Podem ser usados para invasões ou para que as vulnerabilidades, ao serem descobertas, possam ser corrigidas.
Backdoor	Buscam falhas de segurança, vulnerabilidades em programas, para que através deles, outros ataques possam ser realizados, ou até o domínio da máquina ser alcançado
Flood	Consiste no envio de pacotes repetidamente para um usuário ou servidor, buscando gerar a indisponibilidade de dados e serviços.
Spam	O Spam é o envio de mensagens, não autorizadas, em massa.
Phishing	O **phishing** é a "pescaria", ou seja, consiste em criar páginas falsas, muito semelhantes às páginas verdadeiras de bancos, operadoras de cartões de crédito e etc e através de mensagens tentam induzir o usuário a ir até a página falsa e lá digitar os dados financeiros e bancários que serão armazenados e posteriormente utilizados nos sites verdadeiros para desvios e roubos.
Pharming	O pharming é a invasão ao servidor de DNS da rede e tem o intuito de direcionar o usuário para o endereço de uma página falsa
Defacement	O defacement é um ataque que consiste em alterar o conteúdo de uma página.
Engenharia Social	Consiste em tentar obter informações privilegiadas através de contatos telefônicos, enganando funcionários, passando-se por outras pessoas ou subornando alguém.

2.3. Aplicativos para segurança (antivírus, firewall, antispyware etc.)

- As técnicas de proteção mais comuns são:

Ferramenta	Descrição
Antivírus	Software cuja função é monitorar o sistema tentando prevenir, detectar, identificar e remover vírus e outros malwares em geral.
Antispyware	Software cuja função é monitorar o sistema tentando prevenir, detectar, identificar e remover spyware.

Ferramenta	Descrição
Criptografia	È uma técnica matemática utilizada para codificação. A criptografia usada na informática é a criptografia de transposição que troca as posições dos dados no pacote. Para que os pacotes se tornem novamente legíveis devem ser descriptografados. Os programas que criptografam e descriptografam são as chaves e elas podem ser públicas ou privadas. A criptografia pode ser simétrica ou assimétrica. Garante a confidencialidade dos dados.
Certificado digital	Tem a função de autenticar o usuário, associando um par de chaves (pública e privada) a um usuário. Com o uso do certificado o usuário poderá cifrar, decifrar e assinar documentos. Garante a autenticidade, confidencialidade, integridade e não repudio dos dados.
Firewall	O firewall pode ser hardware, software ou a mistura dos dois. O firewall têm por função controlar os dados que entram e saem para que só circulem os dados permitidos. Sendo assim, controla o tráfego de dados baseado em um conjunto de regras de controle pré-definido. Existem dois tipos de Firewall: o firewall de host e o firewall de rede. O firewall de host está instalado em uma máquina e analisa a comunicação entre ele e a rede a qual está conectado (a Internet ou uma rede local) e o firewall de rede analisa a comunicação entre duas redes (a rede local e a Internet, por exemplo) aplicando nessa comunicação as regras de segurança pré-definidas.
SSL	É um certificado digital instalado na camada de aplicação que criptografa e descriptografa os dados enviados e recebidos na comunicação.
Honeynet	É uma rede de computadores criada para servir de estudo para possíveis formas de invasão. Muitas vezes servem para atrair atacantes e assim a equipe de segurança da rede verificar e estudar as formas de atuação dos atacantes.
Honeypot	É uma técnica que simula uma máquina com vulnerabilidades, para que ataques sejam realizados e assim a ação do ataque possa ser monitorada e estudada.
Politica de senha	Consiste em definir regras para a criação e manutenção de senhas na rede,visando com isso reduzir a vulnerabilidade humana.
Auditorias	São realizadas através da analise dos arquivos de log da rede, que registram as atividades realizadas pelos usuários.

2.4. Procedimentos de backup

Backup consiste na realização de cópia de segurança dos dados, ou seja, realizar uma cópia dos dados para que, em caso de sinistro com o repositório principal, eles possam ser recuperados sem perda. Tornou-se ainda mais importante nos últimos tempos porque os dados passaram a existir apenas em mídia digital.

A boa prática recomenda que devemos ter várias cópias e armazená-las em locais físicos distintos.

As cinco principais técnicas de backup são: de cópia, diário, completo (normal ou total), incremental e diferencial.

As duas principais formas são: frio e quente.

2.5. Armazenamento de dados na nuvem (cloud storage)

As principais vantagens são:

- O acesso a de qualquer lugar e a qualquer hora;
- O uso de softwares sem instalação e sem aquisição prévia;

- Independência de plataforma;
- Atualização automática dos softwares;
- Facilidade de compartilhamento de dados e informações coorporativas;
- Diminuição de custos com licenciamentos e infra-estrutura.

As grandes desvantagens são as limitações de uso da Internet em várias regiões do planeta e as questões de segurança que devem ser observadas como em qualquer outra disponibilização de dados em rede.

Atualmente os produtos mais conhecidos são

a) O google drive que oferece produtos como o google docs e o google maps nas nuvens

b) O Microsoft SkyDrive. O Microsoft Live oferece produtos como o Hotmail, Menssenger e versões on-line do Office. O Windows Live SkyDrive permite salvar documentos on-line ou baixa-los;

c) A apple oferece o ICloud

d) O UButun One

e) DropBox

Capítulo III. Conceitos de hardware e software. Conceitos de organização e de gerenciamento de arquivos, pastas e programas e funcionamento de periféricos no sistema operacional Windows 7

3.1. NOÇÕES BÁSICAS DE HARDWARE

O Hardware pode ser agrupado em: gabinete, periféricos e memórias.

3.1.1. Gabinete

O gabinete é a caixa, geralmente metálica, que armazena e protege as demais peças do computador. As principais peças que encaixaremos nele serão:

a) **Placa-mãe**: é a placa base do computador. Todos os itens importantes para o seu funcionamento ou já vêm com ela ou se encaixarão nela. Suas partes principais são:

Chipset	Conjunto de circuitos integrados que gerenciam o funcionamento da placa-mãe, sendo a sua peça mais importante
Barramentos	São as vias através das quais os dados são transferidos;
Slots e Soquetes	São os encaixes nos quais são postos as placas e componentes. Também são chamados de interface da placa-mãe
Portas	Encaixam os equipamentos. Também são chamadas de interface da placa-mãe

Os barramentos principais são:

ISA, EISA E VLB	Barramentos já obsoletos, porém suas siglas devem ser conhecidas pelo aluno.
PCI	Também já quase não é mais utilizado no mercado atualmente, porém na época em que foi lançado inovou com a alta taxa de transmissão oferecida e com a introdução de novas tecnologias no mercado, como a Plug And Play, que permite a instalação e configuração de equipamentos sem a intervenção do usuário;
AGP	Está associada a placas de vídeo 3D e armazena a textura na memória principal do computador. Também já está obsoleta.
PCI Express	Substituiu os barramentos já citados e agrega uma maior taxa de transmissão de dados, além de introduzir suporte a novas tecnologias;
USB	Muito utilizado atualmente. Permite a conexão de vários equipamentos em série. A tecnologia USB permite a detecção de equipamentos conectados ao micro já ligado sem precisar reiniciar.

FireWire	Oferece alta taxa de transmissão para os dados pesados (som e imagem)
AMR e CNR	Geralmente utilizados para placas de rede e modem
IRDA	Reconhece sinais de infravermelho.

As portas, como já dito anteriormente, encaixam equipamentos. As principais portas e os equipamentos que geralmente lhe são associados estão listadas na tabela abaixo:

Paralelas	Impressora, scanner, plotter, drive de CD e de DVD
Serial	Mouse, teclado, webcam, microfone, caixa de som
PS/2	Mouse e teclado
USB	Todos os equipamentos citados para as portas anteriores, o que não exclui a existência dos mesmos para as outras portas
IDE e suas variações	HD, drive de CD, Drive de DVD e Drive de disquete.

b) Processador, CPU ou UCP: é o responsável por realizar os processamentos no computador, sendo assim a sua peça mais importante. É encaixado nos slots ou soquetes da placa-mãe.

Suas partes principais estão listadas na tabela abaixo:

ULA (Unidade de Lógica e Aritmética)	Responsável por realizar os cálculos lógicos e aritméticos no processador
UC (Unidade de Controle)	Responsável por gerenciar o funcionamento do processador
Registradores	Ínfimas porções de memória que interagem diretamente com a ULA durante o processamento dos dados
Decodificador de Instruções	Decodifica as instruções que serão executadas, convertendo instruções complexas (CISC) em instruções simples (RISC)
Clock	Define a frequência de funcionamento do processador, ou seja, a quantidade máxima de ciclos de clock ou ciclos de instrução ou ciclos de CPU que um processador é capaz de executar em um determinado tempo
Barramentos	São as vias através das quais os dados são transferidos;

3.1.2. Periféricos

São os equipamentos responsáveis por levar e/ou trazer dados do processador. Os principais estão listados na tabela abaixo:

Entrada	Teclado, mouse, scanner, webcam, joystick (padrão), microfone e os leitores
Saída	Monitor (convencional), impressoras, plotter, caixa de som, gravadores
Entrada e saída	Drives, monitor touch screen, hard disk (disco rígido ou HD), pen drive, modem

3.1.3. Memórias

São os dispositivos capazes de armazenar dados de forma permanente ou temporária. Na tabela abaixo estão listadas as principais memórias e sua funcionalidades.

Principal	É subdividida em memória RAM e memória ROM. A memória RAM é a memória de acesso aleatório, é volátil, é vendida em pentes e encaixada na placa-mãe. É o terceiro nível regular de acesso, após os registradores e a memória cache. A memória ROM é a memória somente de leitura, é não volátil, possui acesso aleatório e guarda os firmwares responsáveis pela inicialização do computador.
Cache	A memória cache é uma pequena porção de memória extremamente rápida, cuja função é amenizar a diferença de velocidade entre o processador e a memória principal. Geralmente é fabricada com tecnologia SRAM, é volátil, possui acesso aleatório e armazena os dados que serão processados, já vem nos processadores atuais.
Virtual	Consiste em uma técnica do Sistema Operacional para simular no HD uma ampliação da memória RAM
Secundária, Auxiliar ou de Massa	São os dispositivos capazes de armazenar os dados permanentemente. Pode se subdividir em discos magnéticos (HD), fitas magnéticas e discos ópticos (CD, DVD e Blu-ray).

3.2. WINDOWS

O Windows é um Sistema Operacional gráfico. De uma maneira geral, o que costuma cair com mais frequência nas questões de Windows são o Painel de Controle, o Windows Explorer e as teclas de atalho.

Vamos revisar um pouco cada um deles.

Painel de controle

O Painel de Controle do Windows é uma forma conveniente de personalizar o computador. Os itens que aparecem com mais frequência em prova são:

Item	Função
Programas e Recursos	É a forma correta de apagar programas no Windows porque além de apagar apenas o que pode ser apagado, não interferindo no funcionamento de outros softwares, ainda atualiza o registro do Windows.
Gerenciador de Dispositivos	Permite adicionar, remover, configurar e diagnosticar itens de hardware em geral.
Região e Idioma	Aqui são ajustados (para todo o ambiente Windows) configurações, formato de apresentações de número, data, moeda e idioma.
Data e Hora	Nessa opção é possível alterar não o formato de apresentação, mas efetivamente a data e a hora do sistema.
Fontes	Nesse item é possível a instalação (**Arquivo\Instala fonte nova**) de novas fontes no Windows.
Central de Facilidade de Acesso	Oferece adaptações para pessoas com necessidades especiais. Apresenta recursos para deficientes auditivos, visuais e motores.
Teclado	Permite definir configurações para o teclado instalado.
Mouse	Permite configurar e adaptar o mouse ao gosto ou necessidade dos usuários.
Windows Defender	É o antispyware do Windows
Firewall	Firewall oferecido pelo Windows.
Windows Update	Permite atualizar a versão do Windows, desde que a máquina esteja conectada a Internet.
Barra de Tarefas e Menu Iniciar	Permite configurar a Barra de Tarefas e o menu Iniciar.

3.3. CONCEITOS DE ORGANIZAÇÃO E DE GERENCIAMENTO DE INFORMAÇÕES, ARQUIVOS, PASTAS E PROGRAMAS. E COMPARTILHAMENTO DE ARQUIVO

- É o gerenciador eletrônico de arquivos e diretórios do Windows.
- **Arquivo**: é uma informação salva em memória secundária. É a menor unidade manipulada pelo usuário.
- O nome do arquivo é dividido em duas partes, o **identificador** que é o nome dado pelo usuário, um ponto **"."** que é obrigatório, e a **extensão** que indica o tipo do arquivo. O nome de arquivo pode conter até 255 caracteres, incluindo espaços. Entretanto não é recomendável criar nomes de arquivos com 255 caracteres. A maioria dos programas não pode interpretar nomes de arquivos que sejam extremamente longos. Não esqueça que os nomes de arquivos não podem conter os seguintes caracteres;

\ / : ? " <>! *

Extensões mais utilizadas			
BMP, GIF, TIF, JPG, PCX, PCG, WMF,PCD, CPT	Imagens	**TXT, DOC, WRI, RTF**	Textos e documentos
AVI, QT	Vídeo Clip	**INF**	Informações
WAV, MP3	Som	**HTM, HTML**	Internet
FON	Fontes	**DOT**	Modelo do Word
MDB	Banco de Dados do Ms – Access	**INI**	Iniciação do Windows
HLP	Ajuda	**SCR**	Protetor de tela
ICO	Ícone	**XLS**	Planilha eletrônica
EXE	Executável	**GRP**	Grupo de programas
COM	Comando	**TTF**	Font True Type
BAT	Arquivo de Lote	**BAK**	Backup
PIF	Arquivo de Programa do DOS	**MPG, MP2, MPEG, MIV**	Clipe de filme
CUR	Cursor	**ANI**	Cursor animado

- **Pasta**: é um local criado para armazenar nossos arquivos, permitindo assim, organizá-los nos discos de nossos computadores.
  - As pastas podem conter subpastas.
  - As pastas também podem ser chamadas de diretórios e as subpastas de subdiretórios.
- **Unidade de disco:** É a representação de uma memória secundária
- **Árvore de Diretórios:** O Windows Explorer exibe os arquivos e pastas existentes em seu computador em uma estrutura hierarquizada, permitindo a navegação através deles, em uma única janela. Essa estrutura é chamada de árvore de diretórios.

As principais tarefas que realizamos no Windows Explorer são:

Função	Formas para Realização
Selecionar Itens	Pode selecionar vários itens **não sequenciais**, mantendo a tecla **CTRL** pressionada e clicando sobre os itens desejados. Pode selecionar arquivos **em sequência** de duas formas: → Seleciona uma extremidade da sequência, mantêm a tecla **SHIFT** pressionada e seleciona a outra extremidade da sequência. → Seleciona uma extremidade da sequência, mantêm a tecla **SHIFT** pressionada e movimenta-se com as setas de direção do teclado.
Excluir Itens	<u>*Enviando os itens para a Lixeira:*</u> 1. Selecione o item a ser excluído; Selecione a opção de menu **"Arquivo\Excluir";** Na tela de confirmação que surgirá, selecione "**OK**". 2. Selecione o item a ser excluído; Clique com o botão direito do mouse, e escolha a opção **"Excluir"**; Na tela de confirmação que surgirá, selecione "**OK**". 3. Selecione o item a ser excluído; Aperte a tecla **DEL** ou **DELETE** <u>*Apagando definitivamente*</u> 1. Combinando Shift Com qualquer uma das formas de exclusão
Renomear Itens	**1.** Selecione o item que será renomeado Selecione a opção **"Arquivo\Renomear"** Digite o novo nome desejado para o item. **2.** Selecione o item que será renomeado Clique com o botão direito do mouse, e escolha a opção **"Renomear"**; Digite o novo nome desejado para o item. **3.** Selecione o item que será renomeado Clique novamente sobre o item e observe que a área de edição é ativada. Digite o novo nome desejado para o item. 4. Selecione o item que será renomeado Clique na tecla **F2** e observe que a área de edição é ativada. Digite o novo nome desejado para o item.
Mover Itens	**1.** Selecione o item que será movido Selecione a opção **"Editar\Recortar"** Selecione o local de destino Selecione a opção **"Editar\Colar"** **2.** Selecione o item que será movido Clique com o botão direito do mouse, e escolha a opção **"Recortar"**; Selecione o local de destino Clique com o botão direito do mouse, e escolha a opção **"Colar"**; **3.** Selecione o item que será movido Aperte a combinação de teclas **CTRL + X** Selecione o local de destino Aperte a combinação de teclas **CTRL + V**

Função	Formas para Realização
	4. Selecione o item que será movido Arraste até o local de destino (o pressionamento da tecla SHIFT é opcional caso a movimentação seja na mesma unidade de disco. Se for entre unidades de discos diferentes o pressionamento da tecla SHIFT é obrigatório)
Copiar Itens	**1.** Selecione o item que será copiado Selecione a opção **"Editar\Copia9r"** Selecione o local de destino Selecione a opção **"Editar\Colar"** **2.** Selecione o item que será copiado Clique com o botão direito do mouse, e escolha a opção **"Copiar"**; Selecione o local de destino Clique com o botão direito do mouse, e escolha a opção **"Colar"**; **3**. Selecione o item que será copiado Aperte a combinação de teclas **CTRL + C** Selecione o local de destino Aperte a combinação de teclas **CTRL + V** **4**. Selecione o item que será copiado Arraste até o local de destino (o pressionamento da tecla CTRL é obrigatório caso a cópia seja na mesma unidade de disco. Se for entre unidades de discos diferentes, o pressionamento da tecla CTRL é opcional).

3.4. TECLAS DE ATALHO

As principais teclas de atalho são:

Atalhos de teclado gerais

Pressione	Para
CTRL+C	Copiar.
CTRL+X	Recortar.
CTRL+V	Colar.
CTRL+Z	Desfazer.
DELETE	Excluir.
SHIFT+DELETE	Excluir um item selecionado permanentemente sem colocá-lo na **Lixeira.**
CTRL ao arrastar um item	Copiar um item selecionado.
CTRL+SHIFT ao arrastar um item	Criar um atalho para um item selecionado.
F2	Renomear um item selecionado.
CTRL+SETA PARA A DIREITA	Mover o ponto de inserção para o início da próxima palavra.
CTRL+SETA PARA A ESQUERDA	Mover o ponto de inserção para o início da palavra anterior.
CTRL+SETA PARA BAIXO	Mover o ponto de inserção para o início do próximo parágrafo.
CTRL+SETA PARA CIMA	Mover o ponto de inserção para o início do parágrafo anterior.
CTRL+SHIFT com qualquer uma das teclas de direção	Realçar um bloco de texto.

Pressione	Para
SHIFT com qualquer uma das teclas de direção	Selecionar mais de um item em uma janela ou na área de trabalho, ou selecionar texto dentro de um documento.
CTRL+A	Selecionar tudo.
F3	Procurar um arquivo ou uma pasta.
ALT+ENTER	Exibir as propriedades do item selecionado.
ALT+F4	Fechar o item ativo ou sair do programa ativo.
ALT+Enter	Exibir as propriedades do objeto selecionado.
ALT+BARRA DE ESPAÇOS	Abrir o menu de atalho para a janela ativa.
CTRL+F4	Fechar o documento ativo em programas que permitem vários documentos abertos simultaneamente.
ALT+TAB	Alternar entre itens abertos.
ALT+ESC	Percorrer os itens na ordem em que foram abertos.
F6	Percorrer os elementos da tela em uma janela ou na área de trabalho.
F4	Exibir a lista da barra de endereços em **Meu computador** ou no Windows Explorer.
SHIFT+F10	Exibir o menu de atalho para o item selecionado.
ALT+BARRA DE ESPAÇOS	Exibir o menu **Sistema** para a janela ativa.
CTRL+ESC	Exibir o menu **Iniciar**.
ALT+Letra sublinhada em um nome de menu	Exibir o menu correspondente.
Letra sublinhada em um nome de comando de um menu aberto	Executar o comando correspondente.
F10	Ativar a barra de menus no programa ativo.
SETA PARA A DIREITA	Abrir o próximo menu à direita ou abrir um submenu.
SETA PARA A ESQUERDA	Abrir o próximo menu à esquerda ou fechar um submenu.
F5	Atualizar a janela ativa.
BACKSPACE	Exibir a pasta um nível acima em **Meu computador** ou no Windows Explorer.
ESC	Cancelar a tarefa atual.
SHIFT ao inserir um CD na unidade de CD-ROM	Evitar que o CD seja executado automaticamente.

Atalhos de teclado de caixas de diálogo

Pressione	Para
CTRL+TAB	Avançar pelas guias.
CTRL+SHIFT+TAB	Recuar pelas guias.
TAB	Avançar pelas opções.
SHIFT+TAB	Recuar pelas opções.
ALT+Letra sublinhada	Executar o comando correspondente ou selecionar a opção correspondente.
ENTER	Executar o comando para a opção ou o botão ativo.
BARRA DE ESPAÇOS	Marcar ou desmarcar a caixa de seleção caso a opção ativa seja uma caixa de seleção.

Pressione	Para
Teclas de direção	Selecionar um botão caso a opção ativa seja um grupo de botões de opção.
F1	Exibir a **Ajuda**.
F4	Exibir os itens na lista ativa.
BACKSPACE	Abrir uma pasta um nível acima caso uma pasta esteja selecionada na caixa de diálogo **Salvar como** ou **Abrir**.

Atalhos de teclado do Windows Explorer

Pressione	Para
END	Exibir a parte inferior da janela ativa.
HOME	Exibir a parte superior da janela ativa.
NUM LOCK+ASTERISCO no teclado numérico (*)	Exibir todas as subpastas da pasta selecionada.
NUM LOCK+SINAL DE MAIS no teclado numérico (+)	Exibir o conteúdo da pasta selecionada.
NUM LOCK+SINAL DE MENOS no teclado numérico (-)	Recolher a pasta selecionada.
SETA PARA A ESQUERDA	Recolher a seleção atual se estiver expandida ou selecionar a pasta pai.
SETA PARA A DIREITA	Exibir a seleção atual se estiver recolhida ou selecionar a primeira subpasta.

Você pode usar os seguintes atalhos de teclado com um Microsoft Natural Keyboard ou qualquer outro teclado compatível que inclua a tecla de logotipo do Windows e a tecla de aplicativo .

Pressione	Para
Windows	Exibir ou ocultar o menu **Iniciar**.
Windows +BREAK	Exibir a caixa de diálogo **Propriedades do sistema**.
Windows +D	Mostrar a área de trabalho.
Windows +M	Minimizar todas as janelas.
Windows + Shift + M	Restaurar as janelas minimizadas.
Windows+ E	Abrir **Meu computador**.
Windows+ F	Procurar um arquivo ou uma pasta.
CTRL + Windows + F	Procurar computadores.
Windows+ F1	Exibir a **Ajuda** do Windows.
Windows+ L	Bloquear o computador se você estiver conectado a um domínio de rede ou alternar usuários se você não estiver conectado a um domínio de rede.
Windows+ R	Abrir a caixa de diálogo **Executar**.
Tecla de Aplicativo	Exibir o menu de atalho para o item selecionado.
Windows+ U	Abrir o **Gerenciador de utilitários**.

Capítulo IV. Aplicativos para edição de textos e planilhas eletrônicas utilizando o Microsoft Office 2007

4.1. WORD

Exibiremos as guias do Word 2007 e as teclas de atalho mais importantes

4.1.1. Guias do Word 2007

a) 

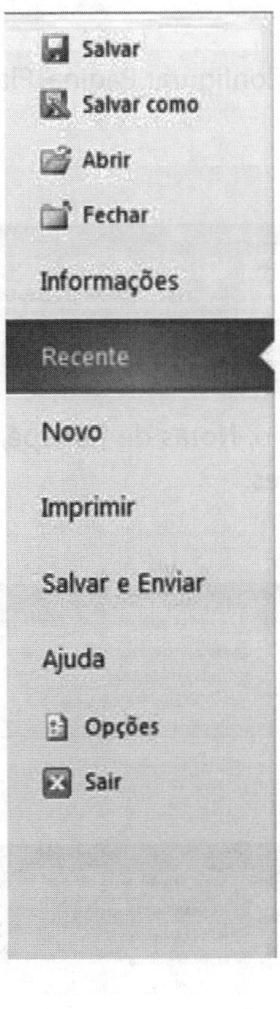

b) Guia Inicio

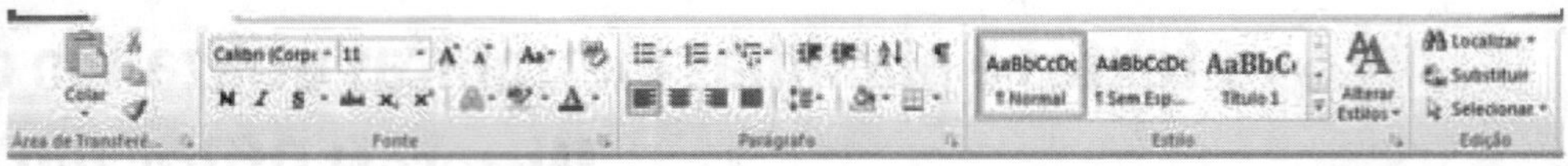

Apresenta as áreas : Área de transferência, Fonte, Parágrafo, Estilo e Edição:

c) Guia Inserir

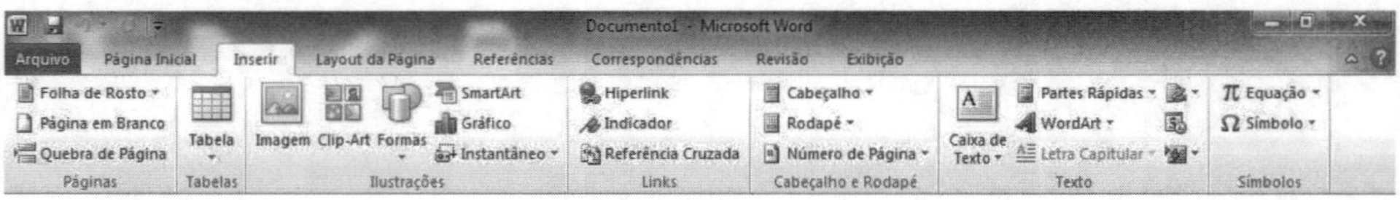

Apresenta as áreas : Páginas, Tabelas, Ilustrações, Links, Cabeçalho e Rodapé, Texto, Símbolos.

d) Guia Layout de Página

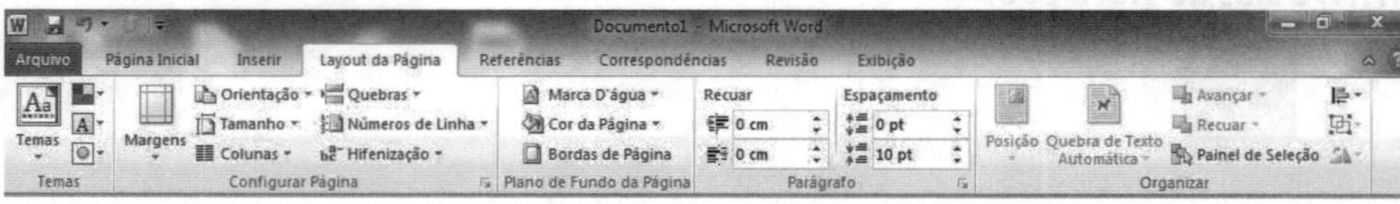

Apresenta as áreas: Tema, Configurar Página, Plano de Fundo da Página, Parágrafo, Organizar.

e) Referências

Apresenta as áreas: Sumário, Notas de Rodapé, Citações e Bibliografia, Legendas, Índice, Índice de Autoridades.

f) Correspondências

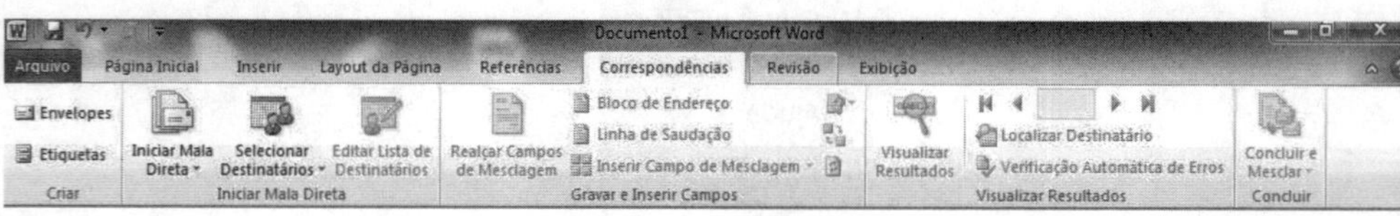

g) Revisão

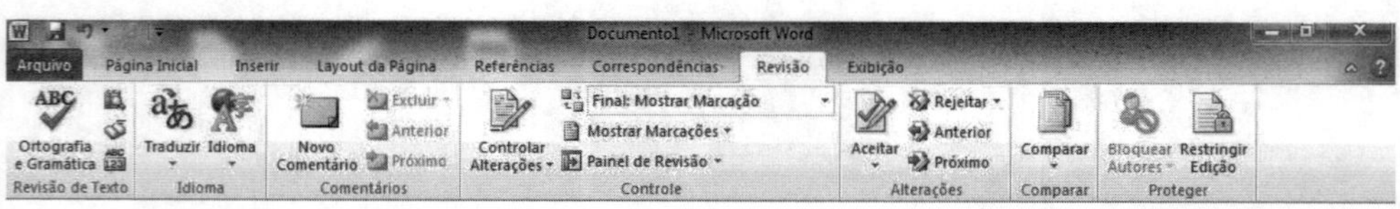

Apresenta as áreas: Revisão de textos, Idioma, Comentários, Controle, Alterações, Comparar, Proteger.

h) Exibição

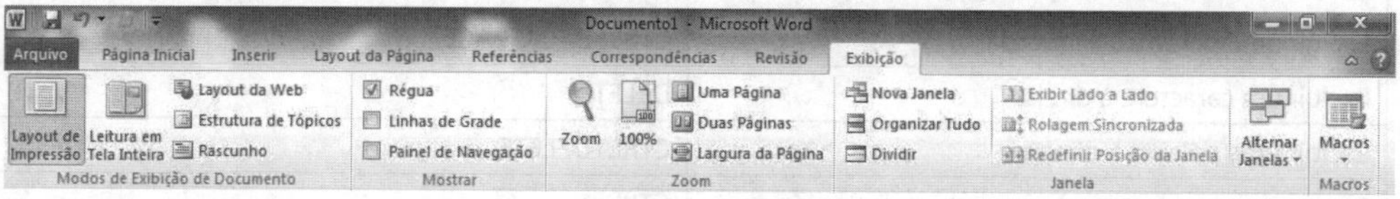

i) Apresenta as áreas: Modos de Exibição de Documentos, Mostrar, Zoom, Janela, Macros.

4.1.2. Teclas de atalho do Word

Selecionar textos e elementos gráficos usando o mouse

Para selecionar	Procedimento
Qualquer quantidade de texto	Arraste-o sobre o texto.
Uma palavra	Clique duas vezes na palavra
Um elemento gráfico	Clique no elemento gráfico.
Uma linha de texto	Mova o ponteiro para a esquerda da linha até que ele assuma a forma de uma seta para a direita e arraste para cima ou para baixo.
Várias linhas de texto	Mova o ponteiro para a esquerda das linhas até que ele assuma a forma de uma seta para a direita e arraste para cima ou para baixo.
Uma frase	Mantenha pressionada a tecla CTRL e clique em qualquer lugar da frase.
Um parágrafo	Mova o ponteiro para a esquerda do parágrafo até que ele assuma a forma de uma seta para a direita e clique duas vezes. Você também pode clicar três vezes em qualquer lugar do Parágrafo.
Vários parágrafos	Mova o ponteiro para a esquerda dos parágrafos até que ele assuma a forma de uma seta para a direita, clique duas vezes e arraste para cima ou para baixo.
Um bloco de texto grande	Clique no início da seleção, role até o fim da seção, mantenha pressionada a tecla SHIFT e clique.
Um documento inteiro	Mova o ponteiro para a esquerda de qualquer texto do documento até que ele assuma a forma de uma seta para à direita e clique três vezes.
Cabeçalhos e rodapés	No modo de exibição normal, clique cabeçalho e rodapé no menu Exibir; no modo de layout da página, clique duas vezes no texto de cabeçalho ou rodapé esmaecido. Mova o ponteiro para a esquerda do cabeçalho ou rodapé até que ele assuma a forma de uma seta para a direita e clique três vezes.
Comentários, notas de rodapé e notas de fim	Clique no painel, mova o ponteiro para a esquerda do texto até que ele assuma a forma de uma seta para a direita e clique três vezes.
Um bloco de texto vertical (exceto dentro de uma célula de tabela)	Mantenha pressionada a tecla ALT e arraste.

Usando o teclado em várias ações durante a digitação e formatação de um texto

Para excluir textos ou elementos gráficos:

Para	Pressione
Excluir um caractere à esquerda	BACKSPACE
Excluir uma palavra à esquerda	CTRL+BACKSPACE
Excluir um caractere à direita	DELETE
Excluir uma palavra à direita	CTRL+DELETE
Recortar texto selecionado para a área de transferência	CTRL+X
Desfazer a última ação	CTRL+Z
Recortar para o Auto Texto especial	CTRL+F3

Copiar e mover textos e elementos gráficos

Para	Pressione
Copiar texto ou elementos gráficos	CTRL+C
Mover texto ou elementos gráficos	F2 (e, em seguida mova o ponto de inserção pressione ENTER)
Criar Auto Texto	ALT+F3
Colar o conteúdo da Área de transferência	CTRL+V
Colar o conteúdo de Auto Texto especial	CTRL+SHIFT+F3

Inserir caracteres especiais:

Para	Pressione
Um campo	CTRL+F9
Uma quebra de linha	SHIFT+ENTER
Uma quebra de página	CTRL+ENTER
Uma quebra de coluna	CTRL+SHIFT+ENTER
Um hífen opcional	CTRL+HÍFEN
Um hífen não separável	CTRL+SHIFT+HÍFEN
O símbolo de copyright	ALT+CTRL+C
O símbolo de marca registrada	ALT+CTRL+R
O símbolo de marca	ALT+CTRL+T
Reticências	ALT+CTRL+PONTO

Selecionar textos e elementos gráficos : (Selecione o texto mantendo pressionada a tecla SHIFT e pressionando a tecla que move o ponto de inserção):

Para estender uma seleção	Pressione
Um caractere para a direita	SHIFT+SETA À DIREITA
Um caractere para a esquerda	SHIFT+SETA À ESQUERDA
Até o fim de uma palavra	CTRL+SHIFT+SETA À DIREITA
Até o início de uma palavra	CTRL+SHIFT+SETA À ESQUERDA

Para estender uma seleção	Pressione
Até o fim de uma linha	SHIFT+END
Até o início de uma linha	SHIFT+HOME
Uma linha para baixo	SHIFT+SETA ABAIXO
Uma linha para cima	SHIFT+SETA ACIMA
Até o fim de um parágrafo	CTRL+SHIFT+SETA ABAIXO
Até o início de um parágrafo	CTRL+SHIFT+SETA ACIMA
Uma tela para baixo	SHIFT+PAGE DOWN
Uma tela para cima	SHIFT+PAGE UP
Até o fim de uma janela	ALT+CTRL+PAGE DOWN
Até o início de um documento	CTRL+SHIFT+HOME
Para incluir o documento inteiro	CTRL+A
Até um bloco vertical de texto	CTRL+SHIFT+F8 e, em seguida, utilize as setas de direção; pressione ESC para cancelar o modo de seleção.
Até um local específico em um documento	F8+SETAS DE DIREÇÃO; pressione ESC para cancelar o modo de seleção
Ativar o modo de extensão	F8
Selecionar o caractere mais próximo	F8 e, em seguida, pressione a SETA À ESQUERDA ou a SETA À DIREITA
Aumentar o tamanho de uma seleção	F8 (pressione uma vez para selecionar uma Palavra; duas vezes para selecionar uma sentença e, assim, sucessivamente)
Reduzir o tamanho de uma seleção	SHIFT+F8
Desativar o modo de extensão	ESC

Selecionar textos e elementos gráficos em uma tabela:

Para	Pressione
Selecionar o conteúdo da célula seguinte	SHIFT+TAB
Estender uma seleção para células adjacentes	mantenha pressionada a tecla SHIFTe pressione repetidas vezes uma tecla de direção
Selecionar uma coluna	Clique na primeira ou na última célula da coluna. Mantenha pressionada a tecla SHIFT e pressione repetidas vezes a tecla SETA ACIMA ou SETA ABAIXO
Estender uma seleção (ou bloco)	CTRL+SHIFT+F8 e, em seguida, utilize as teclas de direção; pressione ESC para cancelar o modo de seleção
Reduzir o tamanho da seleção	SHIFT+F8
Selecionar uma tabela inteira	ALT+5 no teclado numérico (com NUMLOCK desativado)

Mover o ponto de inserção:

Para	Pressione
Um caractere para a esquerda	SETA À ESQUERDA
Um caractere para a direita	SETA À DIREITA

Para	Pressione
Uma palavra para a esquerda	CTRL+SETA À ESQUERDA
Uma palavra para a direita	CTRL+SETA ÀDIREITA
Um parágrafo para cima	CTRL+SETA ACIMA
Um parágrafo para baixo	CTRL+SETA ABAIXO
Uma célula para a esquerda (em uma tabela)	SHIFT+TAB
Uma célula para a (em uma tabela)	TAB
Uma linha para cima	SETA ACIMA
Uma linha para baixo	SETA ABAIXO
Para o fim de uma linha	END
Para o início de uma linha	HOME
Para o início da janela	ALT+CTRL+PAGE UP
Para o fim de uma janela	ALT+CTRL+PAGE DOWN
Uma tela para cima (rolando)	PAGE UP
Uma tela para baixo (rolando)	PAGE DOWN
Para o início da página seguinte	CTRL+PAGE DOWN
Para o início da página anterior	CTRL+PAGE UP
Para o fim de um documento	CTRL+END
Para o início de um documento	CTRL+HOME
Para o local em que o ponto de inserção se encontrava quando o documento foi fechado pela **última** vez	SHIFT+F5

Mover-se por uma tabela:

Para	Pressione
A célula seguinte em uma linha	TAB
A célula anterior em uma linha	SHIFT+TAB
A primeira célula da linha	ALT+HOME
A **última** célula da linha	ALT+END
A primeira célula da coluna	ALT+PAGE UP
A **última** célula da coluna	ALT+PAGE DOWN
A linha anterior	SETA ACIMA
A linha seguinte	SETA ABAIXO

4.2. EXCEL

Exibirei as guias do Excel 2007, as funções mais usadas e as teclas de atalho mais importantes.

4.2.1. Guias do Excel 2007

a) Arquivo: igual ao menu de mesmo nome já falado no Word 2007

b) Inicio:

Apresenta as áreas: Área de transferência, Fonte, Alinhamento, Número, Estilo, Células, Edição.

c) Inserir

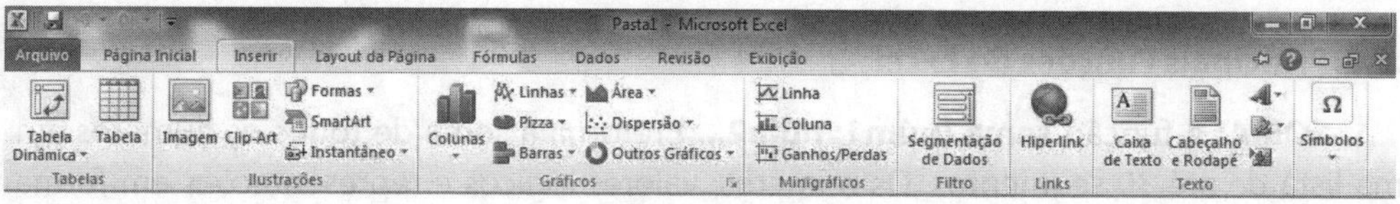

Apresenta as áreas: Tabelas, Ilustrações, Gráficos, Minigraficos, Filtro, Links, Texto, Símbolo.

d) Layout de Pagina

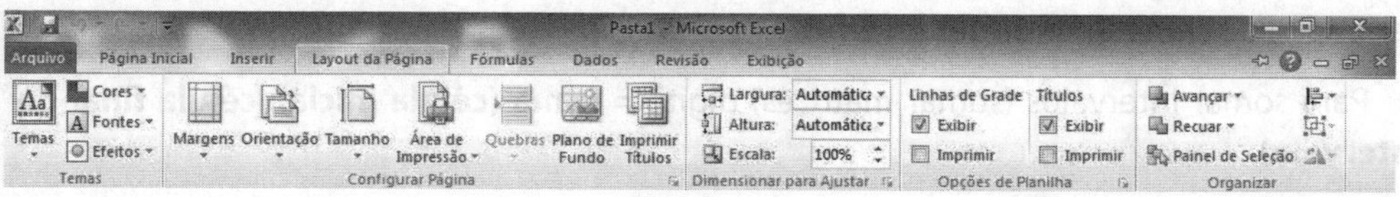

Apresenta as áreas: Tema, Configurar Página, Dimensionar Para ajustar, Opções de Planilha, Organizar.

e) Fórmulas

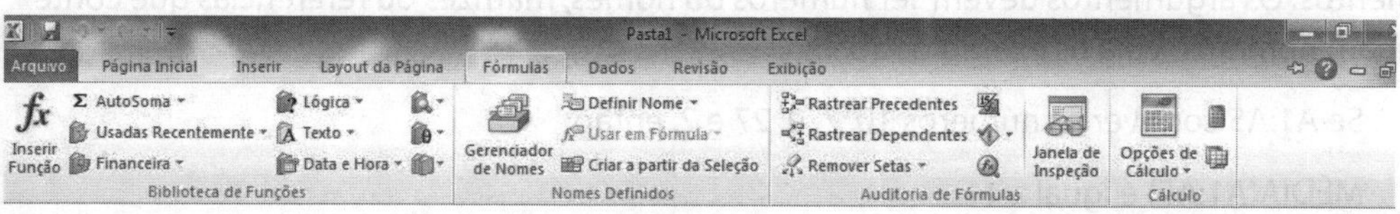

Apresenta as áreas: Biblioteca de Funções, Nomes definidos, Auditoria de Formulas.

f) Dados

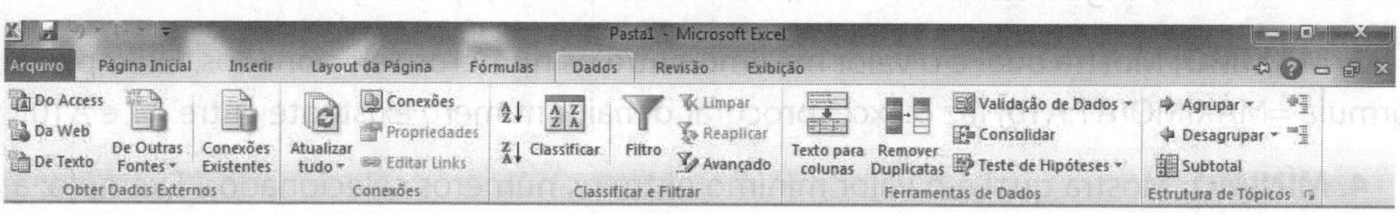

g) Revisão

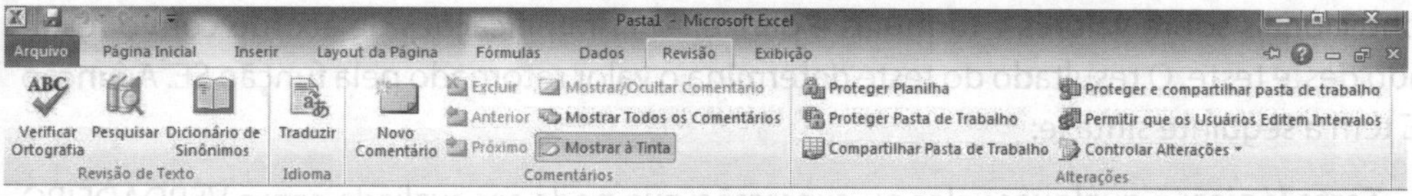

Apresenta as áreas: Revisão de Texto, Idioma, Comentários, Alterações.

h) Exibição

Apresenta as áreas: Modos de Exibição de Pasta de Trabalho, Mostrar, Zoom, Janela, Macros.

4.2.2. Principais Funções do Excel

1. SOMA: A função **soma (núm1; núm2,...)** retorna a soma de todos os números em uma lista de até 30 segmentos. Os números, valores lógicos e representações em forma de texto de números digitados diretamente na lista de argumentos são contados. Se um argumento for uma matriz ou referência, apenas os números nessa matriz ou referência serão contados. Células em branco, valores lógicos, texto ou valores de erro na matriz ou referência são ignorados. Os argumentos que são valores de erro ou texto que não podem ser traduzidos em números geram erros.

Para somar intervalos (somar matrizes) digite = **soma (célula inicial: célula final do intervalo)**

Outra maneira de somar: utilize o botão (Auto-Soma): selecione os valores que deseja somar e clique no botão "Auto-Soma", a soma será demonstrada automaticamente.

2. MÉDIA: A função média (núm1; núm2; ...) retorna a média aritmética de até 30 argumentos. Os argumentos devem ser números ou nomes, matrizes ou referências que contenham números. Veja os exemplos abaixo.

Se A1:A5 contiver os números 10, 7, 9, 27 e 2, então:

MÉDIA(A1:A5) é igual a 11

MÉDIA(A1:A5;5) é igual a 10

MÉDIA(A1:A5) é igual a SOMA(A1:A5)/CONT.NÚM(A1:A5) que é igual a 11

3. MÁXIMO: Mostra qual é o valor máximo entre os números selecionados. Exemplo: a fórmula =MÁXIMO(A1:A10) faz o Excel procurar o maior número existente entre A1 e A10.

4. MÍNIMO: Mostra qual é o valor mínimo entre os números selecionados. Exemplo: a fórmula =MÍNIMO(A1:A10) faz o Excel procurar o menor número existente entre A1 e A10.

5. SE: = SE(teste; valor se verdadeiro; valor se falso). Use a função SE para conduzir testes condicionais sobre valores e fórmulas e para efetuar ramificações de acordo com o resultado deste teste. O resultado do teste determina o valor retornado pela função SE. A função SE tem a seguinte sintaxe:

***Teste lógico*:** é qualquer valor ou expressão que pode ser avaliada como VERDADEIRO ou FALSO.

***Valor se verdadeiro*:** é o valor fornecido se o teste lógico for VERDADEIRO. Se o teste lógico for VERDADEIRO e valor se verdadeiro for omitido, o valor VERDADEIRO será fornecido.

***Valor se falso*:** é o valor fornecido se o teste lógico for FALSO. Se o teste lógico for FALSO e valor se falso for omitido, o valor FALSO será fornecido.

6. OU: Retorna VERDADEIRO se qualquer argumento for VERDADEIRO; retorna FALSO se todos os argumentos forem FALSOS. Ex: =OU(A1;A2).

7. CONT.SE: Calcula o número de células não vazias em um intervalo que corresponde a determinados critérios.

Sintaxe: CONT.SE(intervalo;critérios)

Exemplo prático: seja uma planilha com nome de alunos e suas médias. Para saber quantos alunos tiraram médias maior e igual a 9, temos: = CONT.SE(B2:B5;"=9")

Onde:

[(B2:B5)]: refere-se ao endereço das células que você deseja contar.

[;]: utiliza-se como parte da sintaxe para separar.

[".=9"]: refere-se à condição, ou seja, esta fórmula só irá contar as células que contêm valores maiores ou iguais a 9.

A condição também pode ser texto, porém, independente de ser texto ou valor numérico, deve-se colocar entre as aspas.

Ex.: =CONT.SE(C2:C5;"Aprovado"). Neste exemplo, o Excel contará apenas as células em que houver a palavra "Aprovado".

8. SOMASE: Adiciona as células especificadas de acordo com um determinado critério.

Sintaxe: SOMASE(intervalo;critérios;intervalo soma)

Exemplo prático: seja somar as faturas que foram pagas. Então na planilha, a coluna A tem os nomes dos clientes, a coluna B tem os valores das faturas e na coluna C, as situações (pago ou não).Neste exemplo, o Excel deve somar somente as faturas que estiverem pagas, assim podemos saber o quanto já foi recebido:

=SOMASE(C2:C7;"PG";"B2:B7)

Onde:

[C2:C7]: é o endereço inicial e final de células onde foi, ou não, digitado o texto "PG", especificando se foi pago ou não.

["PG"]: é o critério para somar, ou seja, só somará se neste intervalo de células de "C2" até "C7", e onde houver o texto"PG". O critério deverá ser sempre colocado entre aspas.

[B2:B7]: é o intervalo de células onde será somado, mediante a condição, ou seja, ele somará somente aqueles valores que na coluna "C" houver digitado o texto "PG".

9. MOD: Calcula o resto de uma divisão. Sintaxe: =MOD(valor1;valor2);

10. MULT: Multiplica os valores passados como parâmetros. Sintaxe: =MULT (valor1;valor2);

11. ABS: Calcula o valor absoluto de um número. Sintaxe: =ABS(célula);

12. AGORA: Mostra a data e a hora atuais. Sintaxe: =AGORA();

13. DATA: Exibe a data atual. Sintaxe: =DATA();

14. HORA: Exibe a hora atual. Sintaxe: =HORA();

15. ARRED: Arredonda o número em uma determinada quantidade de dígitos. Sintaxe: =ARRED(valor;número de dígitos);

16. SEN: Calcula o seno. Sintaxe: =SEN(ângulo);

17. COS: Calcula o coseno. Sintaxe: =COS(ângulo);

18. TAN: Calcula a tangente. Sintaxe: =TAN(ângulo);

19. FATORIAL: Calcula o fatorial de um número. Sintaxe: =FATORIAL(valor);

20. LOG: Calcula o logaritmo, do valor passado, em uma determinada base. Sintaxe: =LOG(valor;base);

21. RAIZ: Calcula a raiz quadrada do valor passado. Sintaxe: =RAIZ(valor);

22. HOJE: Mostra a data atual. Sintaxe: =HOJE();

23. TEXTO: Coloca as datas por extenso. Sintaxe:= TEXTO(data atual;"formato desejado"). EX: =TEXTO(DATA ATUAL;"MMM") - colocará a data atual, com os meses abreviados;

24. MÊS: Mostra a posição numérica de cada mês. Sintaxe: =MÊS(data);

25. MAÍSCULA: Coloca o conteúdo da célula passada em maiúsculo. Sintaxe: =MAIÚSCULA(célula);

26. MINÚSCULA: Coloca o conteúdo da célula passada em minúsculo. Sintaxe: = MINÚSCULA(célula);

27. CONCATENAR: Une o conteúdo de células. Sintaxe:=CONCATENAR(Célula1;celula2)

28. POTENCIA: Calcula a potência de um número em uma determinada base. Sintaxe:=POTÊNCIA(base;expoente);

29. CONT.NUM: Calcula a quantidade de células com valore numéricos em um intervalo. Sintaxe: =CONT.NUM(intervalo);

30. CONT.VALORES: Conta todas as células em um intervalo com valores de texto ou numéricos. Sintaxe: =CONT.VALORES(intervalo);

31. CONTAR.VAZIO: Conta quanta células vazias existem em um determinado intervalo. Sintaxe: =CONTAR.VAZIO(intervalo);

32. EXATO: Compara se o conteúdo de duas células são iguais. Sintaxe: =EXATO(célula1;célula2);

33. REPT: Repete o conteúdo de uma célula na quantidade de vezes especificada. Sintaxe: =REPT(célula, nºde vezes);

34. INT: Mostra apenas a parte inteira de um número. Sintaxe:=INT(célula);

35. E: Serve como elo entre funções; a resposta será verdadeira se todos os parâmetros de entrada forem verdadeiros. Sintaxe: =E(célula1;célula2).

4.2.3. Principais teclas de atalho do Excel

Antes de introduzir dados em uma célula da planilha, certifique-se qual a célula está ativa no momento. Para tornar uma célula ativa, você dá um clique sobre a mesma com o mouse, opcionalmente você pode usar o teclado, conforme tabela abaixo:

LOCAL DE DESTINO	TECLA
Mover uma célula em determinada direção	Tecla de direção
Mover para borda da região de dados atual	CTRL+Tecla de direção
Mover para o início da linha	HOME
Mover para o início da planilha	CTRL+HOME
Mover para **última** célula da planilha (no canto inferior direito)	CTRL+END
Mover uma tela para baixo	PAGE DOWN
Mover uma tela para cima	PAGE UP
Mover uma tela para direita	ALT+PAGE DOWN
Mover uma tela para a esquerda	ALT+PAGE UP
Move para a próxima planilha na pasta de trabalho	CTRL + PAGE DOWN
Move para a planilha anterior na pasta de trrabalho	CRTL + PAGE UP
Move o curso para uma célula qualquer, desde que que se dê o endereço.	F5

Para selecionar células, ou conjunto de células na planilha, podemos:

Para selecionar	Como fazer
Uma **única** célula	Clique sobre a célula ou pressione as teclas de direção para ir para a célula.
Uma linha inteira	Clique sobre o cabeçalho da linha. Ou, pelo teclado, pressione SHIFT + espaço.
Uma coluna inteira	Clique sobre o cabeçalho da coluna. Ou, pelo teclado, pressione CTRL+ espaço.
Intervalos de células ou células não adjacentes	Selecione a primeira célula ou o primeiro intervalo de células e, em seguida, mantenha pressionada a tecla CTRL e selecione as outras células ou os outros intervalos. Ou , pelo teclado, use as teclas SHIFT + F8.
Um intervalo de células	Clique sobre a primeira célula do intervalo e, em seguida, arraste até a **última.**

Para selecionar	Como fazer
Um intervalo de células extenso	Clique sobre a primeira célula do intervalo e, em seguida, mantenha pressionada a tecla SHIFT e clique sobre a **última** célula do intervalo. Você pode rolar para tornar a **última** célula visível.
Linhas ou colunas adjacentes	Arraste pelos títulos de linhas ou colunas. Ou selecione a primeira linha ou coluna e, em seguida, mantenha pressionada a tecla SHIFT e selecione a **última** linha ou coluna.
Linhas ou colunas não-adjacentes	Selecione a primeira linha ou coluna e, em seguida, mantenha pressionada a tecla CTRL e selecione as outras linhas ou colunas.
Todas as células da planilha	Clique sobre o botão no canto superior esquerdo da planilha, na interseção dos títulos das linhas e colunas. Ou no menu "Editar\Selecionar Tudo"
Um número maior ou menor de células do que o atualmente selecionado	Mantenha pressionada a tecla SHIFT e clique sobre a **última** célula que você deseja incluir na nova seleção. O intervalo retangular entre a célula ativa e a célula sobre a qual você clica passa a ser a nova seleção.

Temas de Redação

Rodolfo Gracioli

Perfil da banca examinadora
Fundação Carlos Chagas (FCC)

Temida por grande parte dos candidatos, a Fundação Carlos Chagas apresenta um perfil de temas de redação pouco corriqueiro até os últimos anos, porém, em alta. Os textos mobilizadores apresentam discussões de **caráter abstrato, subjetivo** e, de certa forma, com **tonalidade filosófica**. Dessa forma, os candidatos realmente passam por uma seleção para a produção textual, visto que a maior parte destes se prepara a partir de um perfil genérico dos temas de redação, o que não encontrarão na maior parte das provas FCC.

Os temas se consolidam como problematizações referentes ao ser humano, o que sugere um olhar atento para questões que envolvem um potencial crítico complexo. Dessa forma, entender o que se faz obscuro perante a realidade social é essencial para a amarração crítica dos temas da banca. No perfil de Tribunal Regional do Trabalho, na maior parte das vezes, a banca examinadora acaba por privilegiar algum de cunho realmente abstrato, que envolve questões comportamentais da sociedade, do indivíduo ou dos processos culturais.

Vale destacar que, para a prova do **Tribunal Regional do Trabalho da 24ª região**, a prova de redação (tema geral) será uma exigência apenas para os cargos de **Analista Judiciário** - Área **Judiciária e Analista Judiciário** – Área **Judiciária – Especialidade Oficial de Justiça Avaliador Federal**

Nesse sentido, algumas considerações são importantes com relação aos temas especificamente de Tribunais Regionais do Trabalho por parte da banca examinadora FCC:

- A banca tem se ocupado de discussões variadas. Dessa forma, é importante uma visão holística para os temas em questão. Isso sugere que o candidato deve estar preparado para escrever sobre a midiatização da tragédia, a mercantilização do humor, a ascensão do narcisismo ou ainda da dimensão política da internet.
- Os temas de redação da Fundação Carlos Chagas (FCC) sugerem um candidato flexível para diferentes discussões. Dessa forma, qualquer visão estática ou fincada em radicalismos pouco contribui para a análise crítica das situações problema apresentadas. Por isso, a ênfase maior deve se dar para o processo de edificação do pensamento, se distanciando de visões simplistas que a produção de texto possa sugerir.
- Grande parte dos candidatos que se deparam com um tema de TRT acabam por entrar em desespero por conta da dificuldade em aplicar os "esqueletos", "caveirões" ou "modelos" para uma produção de texto. Isso se dá pelo fato de os temas serem permeados por reflexões de cunho filosófico. Por isso, nem sempre será pos-

sível destacar um exemplo, dados estatísticos, alusão histórica, argumento de autoridade, citação, enfim, estruturas propositalmente apontadas para outros temas (no caso dos temas gerais, existe uma facilidade maior em promover o aprofundamento da discussão a partir desses modelos).

- A prova de redação tem sido o grande diferencial dos TRT's. Para isso, produzir um texto de caráter crítico que agrade o examinador da banca é garantir que sua leitura analítica estará distante do senso comum. Além disso, o embasamento conceitual garante uma evolução progressiva do texto, fortalecendo o olhar crítico e amplificando a análise reflexiva. Não é preciso "esgotar" o tema ao longo do seu texto. É preciso construir um texto encadeado, sem "achismos", com uma estrutura que se adeque aos critérios da banca e, principalmente, rico em potencial crítico.

Por isso, a melhor forma para se preparar para enfrentar a banca examinadora FCC é de maneira direcionada, olhando para reais possibilidades a partir de um estudo específico das provas anteriores (fato levado em consideração para a elaboração do material). Entendo que a escrita passa por um processo e que a absorção dos temas acontece de maneira paulatina, amadurecer os posicionamentos críticos e dominar exemplos, dados, conceitos e aprofundamentos teóricos garantirá uma escrita segura, independentemente do comando da proposta ou da interpretação dos fragmentos textuais que mobilizam para a produção textual.

1. REPRESENTAÇÃO DA MULHER NA ESFERA POLÍTICA E SOCIAL

A política é marcada por pontos relevantes para o debate. Toda proposta de redação que se ocupa da discussão política, por natureza, tende a apresentar ao candidato múltiplas possibilidades de análise. Em hipótese nenhuma, o candidato deve confundir exposição acerca da temática política, com a questão partidária. Nesse contexto, uma das discussões em alta nos últimos anos, como a mulher como protagonista do debate.

Que a mulher já enfrenta o preconceito e discriminação em diferentes segmentos da vida coletiva grande parte da população já sabe. O entusiasmo necessário para escrever sobre o tema se dá no método comparativo, ou seja, quando a realidade política com relação à mulher é analisada a partir de outros contextos.

Nessa lógica, o tema proporciona ao candidato uma visão holística sobre a crise de representatividade e a falência do conteúdo diversificado de alcance na esfera política – excluindo as mulheres, dentre outros grupos considerados minorias (aqueles que sofrem algum tipo de exclusão social e marginalização).

1.1. O que os dados dizem?

- Nas eleições de 2016 o Brasil contava com mais de **144 milhões de eleitores aptos ao exercício do pleito.**
- Do eleitorado apto a votar nas eleições de outubro,**75,2 milhões eram mulheres (53,2%),** 68,7 milhões (47,7%) homens e 95,2 mil não informaram o sexo.

- Do total do sexo feminino, **44 milhões tinham idade entre 21 e 49 anos**; 22,9 milhões, de 50 a 79 anos; 5,1 milhões, de 16 a 20 anos; e 2,2 milhões idade superior a 79 anos.
- Entre os eleitores do sexo masculino, 41,2 milhões tinham idade entre 21 e 49 anos; 19,9 milhões, 50 a 79 anos; 5,1 milhões estavam na faixa etária entre 16 e 20; e 1,7 milhão tinham mais de 79 anos de idade.
- Na comparação com o total de eleitores aptos a votar nas eleições municipais de 2012, o Brasil registrou **crescimento de 3,96%, passando de 138,5 milhões para 144 milhões eleitores.**
- O município paraense de Canaã dos Carajás teve o **maior crescimento do país no número de eleitores,** com evolução de 69%. Em 2012, eram 23.593 aptos a votar e esse número saltou para 39.832.
- Com relação à escolaridade, os dados também chamam a atenção. **41,1 milhões (28,5%) informaram** à **Justiça Eleitoral que não completaram o ensino fundamental,** que compreende as séries do 1º ao 9º ano. Segundo dados do Tribunal Superior Eleitoral (TSE), 27,39 milhões de eleitores (19%) completaram o ensino médio, enquanto 27,38 milhões disseram não ter concluído essa etapa.
- Em 3.815 municípios **apenas homens concorrem ao cargo de prefeito**, o que corresponde a **68% do total de 5.568 municípios**. Segundo o TSE, **52 cidades têm somente mulheres como candidatas a prefeita**, o que corresponde a menos de 1%. Nos 1.701 municípios restantes, candidatos e candidatas disputam o Executivo municipal.

Um dos pontos de destaque para uma produção textual bem articulada diz respeito ao **equilíbrio entre demonstração de domínio de conteúdo e explanação crítica**. Dessa forma, dominar alguns dados (ainda que não precisamente, ou seja, é possível falar que a maior parte do eleitorado brasileiro é representado por mulheres) facilita o aprofundamento dos tópicos frasais selecionados para a articulação das ideias.

Além disso, o domínio dos dados pode facilitar a compreensão de desafios para determinados assuntos. Esse é o caso do tema em questão. Se a maior parte do eleitorado são mulheres, automaticamente, a representatividade na esfera política deveria ser mais equilibrada. No caso, os dados da participação da mulher na política são alarmantes:

- O Brasil conta com **13,5% de vereadoras, 12% de prefeitas, 10% de deputadas (federais) e 15% de senadoras** (dados fechados em setembro de 2016).
- Quando a situação da mulher na política brasileira é comparada a outras realidades, o tema ganha novos contornos ainda mais problemáticos. No ranking da União Inter Parlamentar, composto por 193 países, o **Brasil aparece na 155º colocação.**
- Ocupando a 155º colocação, o Brasil aparece **atrás de países como Arábia Saudita (93º), Síria (136º), Sudão (45º), Libéria (149º) e Afeganistão (52º).**

Ranking União Inter Parlamentar (atualização de agosto de 216)

WORLD CLASSIFICATION									
Rank	Country	Lower or single House				Upper House or Senate			
		Elections	Seats*	Women	% W	Elections	Seats*	Women	% W
1	Rwanda	16.09.2013	80	51	63.8%	26.09.2011	26	10	38.5%
2	Bolivia	12.10.2014	130	69	53.1%	12.10.2014	36	17	47.2%
3	Cuba	03.02.2013	612	299	48.9%	---	---	---	---
4	Seychelles	29.09.2011	32	14	43.8%	---	---	---	---
5	Sweden	14.09.2014	349	152	43.6%	---	---	---	---
6	Senegal	01.07.2012	150	64	42.7%	---	---	---	---
7	Mexico	07.06.2015	500	212	42.4%	01.07.2012	128	43	33.6%
8	South Africa [1]	07.05.2014	397	166	41.8%	21.05.2014	54	19	35.2%
9	Ecuador	17.02.2013	137	57	41.6%	---	---	---	---
10	Finland	19.04.2015	200	83	41.5%	---	---	---	---
155	Brazil	05.10.2014	513	51	9.9%	05.10.2014	81	13	16.0%
"	Myanmar	08.11.2015	433	43	9.9%	08.11.2015	224	23	10.3%

- Com relação à América do Sul, o Brasil aparece atrás de países como Argentina (28º), Chile (121º), Paraguai (123º) e Venezuela (128º).
- Aparecer atrás da Arábia Saudita no ranking geral se desenha como um gravíssimo problema. No país, a segregação entre os sexos em locais públicos é imensa. Ainda assim, no início de 2013, em uma canetada, o rei saudita determinou uma cota de **20% de mulheres no Conselho Consultivo** do país

1.2. Qual gancho o examinador pode solicitar para a reflexão?

Uma das ramificações do tema que pode aparecer enquanto evolução teórica e conceitual é a questão do **direito ao voto para as mulheres brasileiras**. O debate envolve uma análise sobre a plenitude do exercício da cidadania alinhado com a mobilização da sociedade pela amplificação da participação política. Sendo assim, alguns pontos são importantes:

- O direito de voto feminino foi conquistado inicialmente no estado do **Rio Grande do Norte, em 1927** (por meio de lei estadual). Com a lei número 660, não havia "distinção de sexo" para o exercício eleitoral no estado nordestino. Na época, havia uma ausência de regulamentação dos possíveis conflitos entre a legislação do Estado e a Constituição Federal Brasileira. Nesse sentido, logo a Comissão de Poderes do Senado se articulou e **anulou todos os votos femininos daquela eleição.**

- Em 1932, com a publicação do primeiro Código Eleitoral Brasileiro é que a participação feminina tornou-se uma realidade nacional. Entretanto, a participação era restritiva. O Código Eleitoral no então governo de Getúlio Vargas dava o direito de participar das votações **somente para mulheres casadas (com autorização dos maridos) e** às **viúvas e solteiras com renda própria**. As coisas mudaram só dois anos mais tarde, em 1934: as restrições ao voto feminino foram eliminadas do Código Eleitoral, embora a obrigatoriedade do voto fosse um "dever masculino". Enfim, no ano de **1946, uma nova alteração no código também tornou obrigatória a votação pelas mulheres.**

- Foi no Rio Grande do Norte que também ocorreu a eleição da primeira prefeita. Em 1929, Alzira Soriano, aos 32 anos, elegeu-se na cidade de Lajes. Mas a administração da primeira mulher a frente de um município durou pouco: com a Revolução de 1930, a prefeita perdeu o mandato por não concordar com o governo de Getúlio Vargas. Somente com a redemocratização, em 1945, Alzira Soriano voltou à vida pública, como vereadora do município onde nasceu, em Jardim de Angicos, chegando até à Presidência da Câmara de Vereadores.

- A médica **Carlota Pereira de Queiroz foi a primeira deputada federal** da história do Brasil. Eleita pelo estado de São Paulo, em 1934, Carlota fez a voz feminina ser ouvida no Congresso Nacional, ao participar da Constituinte que aposentou a Constituição da República Velha.

- Em 1979, o arenista João Bosco era eleito senador pelo estado do Amazonas. Apenas dois meses depois de se consagrar nas urnas, sofreu um acidente vascular cerebral e faleceu. Ocupou o posto **Eunice Michiles,** entrando para a história como a **primeira senadora da era republicana.**

- A primeira mulher a governar um estado brasileiro não foi eleita diretamente para o cargo. Em 1983, **Iolanda Fleming foi eleita vice-governadora do Acre na chapa encabeçada por Nabor Junior**. Em 1986, quando o governador deixou o cargo para disputar uma vaga no Senado, Iolanda se tornou a **primeira mulher a governar um estado da federação.** Oito anos depois, em 1994, **Roseana Sarney se tornaria a primeira mulher a vencer uma eleição majoritária** estadual como cabeça de chapa, no Maranhão.

- Em 1985, na concorrida campanha eleitoral para a **prefeitura de Fortaleza,** Maria Luiza Fontenele ocupava o terceiro lugar, com pequenos 10% de intenções de voto. Abertas as urnas, a surpresa: Maria Luiza venceu o páreo, se tornando a **primeira mulher eleita para governar uma capital** de um estado brasileiro.

- Ainda que o Brasil seja considerado um país de atraso na participação eleitoral das mulheres, da América Latina, **somente Equador e Chile fizeram antes**. Outros países europeus, referências em diferentes aspectos, garantiram a participação feminina ainda mais tarde - a **França,** por exemplo, conhecida pela bandeira da **igualdade, liberdade e fraternidade, só autorizou o voto feminino em 1945** e Portugal só retirou todos os empecilhos ao voto das mulheres em 1976.

Uma comparação com a esfera mundial também se destaca para o entendimento do sufrágio universal e, consequentemente, a participação feminina na política. A **Nova Zelândia, país da Oceania, foi o primeiro a garantir o sufrágio universal**, em 1893. Porém, apenas em 1919, as mulheres adquiriram o direito às candidaturas.

Em 1907, a **Finlândia consolidou-se como o primeiro país a eleger mulheres** para seu parlamento. Na ocasião, das 62 candidatas, 19 foram eleitas. No Reino Unido, em 1918, na considerada 1ª onda do feminismo, as mulheres acima de 30 anos alcançaram o direito ao voto.

Vale destacar que em 1948, a **Declaração Universal dos Direitos Humanos** fortaleceu a participação política, estabelecendo esta como um direito de todos. O Paraguai, em 1961, foi o último país da América Latina a reconhecer o direito de voto às mulheres. Na África do Sul, onde as mulheres brancas votavam desde 1930, apenas com o fim do *apartheid*, em 1994, as mulheres negras puderam participar dos pleitos eleitorais.

1.3. O que já foi feito para diminuir essa discrepância na participação feminina na esfera política brasileira?

- A marca de aproximadamente 10% de mulheres na política (dados do Tribunal Superior Eleitoral) persiste desde a década de 1990. Desta forma, alguns mecanismos foram pensados para tentar reduzir essa desigualdade que ceifa as condições da representatividade feminina na sociedade como um todo.
- Em 1997, entrou em vigor **a lei número 9.504,** que determinou que "cada partido ou coligação preencherá o mínimo de 30% e o máximo de 70% para candidaturas de cada sexo", uma tentativa de estimular uma maior presença feminina nos cargos políticos. Se por um lado a obrigatoriedade estimulou o aparecimento de mais candidatas ao longo dos anos, o mesmo não aconteceu com o número de eleitas (Fonte: Nexo Jornal).
- Entre as novidades da **Reforma Eleitoral de 2015 (Lei nº 13.165)** há uma alteração na aplicação do Fundo Partidário que estipula um valor maior a ser investido no incentivo à participação feminina na política. De acordo com o novo texto do artigo 44, inciso V, da Lei nº 9.096/95, **pelo menos 5% do total do valor recebido por cada partido deve ser investido na criação e manutenção de programas que promovam a participação das mulheres no mundo da política.** Conforme prevê o texto da lei, esses programas devem ser geridos pela secretaria da mulher de cada agremiação partidária e, no caso de não existir essa secretaria no partido, o responsável deve ser o instituto ou fundação de pesquisa e educação política da legenda.
- Além disso, para as eleições de 2016, 2018 e 2020, os partidos deverão reservar no mínimo 5% e, no máximo, 15% dos recursos do Fundo **Partidário** às **campanhas eleitorais para aplicar nas campanhas das candidatas mulheres.** Esses valores também devem ser guardados em contas bancárias específicas.
- A Lei das Eleições (Lei nº 9.504/1997) determina, no artigo 93-A, que o TSE deve **promover propaganda institucional em rádio e televisão destinada a incentivar a participação feminina na política**, de 1º de abril a 30 de julho dos anos eleitorais.

Dica: o que é o Fundo Partidário?
O Fundo Partidário foi criado **pela Constituição Federal de 1988 com o objetivo de fortalecer os partidos políticos, garantindo a diversidade e a autonomia financeira das legendas**. Atualmente, existem 35 partidos registrados no Tribunal Superior Eleitoral (TSE). Todos eles recebem, mensalmente, os valores repassados pela Justiça Eleitoral. A verba do Fundo Partidário é constituída por **dotações orçamentárias da União, saldo de multas aplicadas pela Justiça Eleitoral, doações e outros recursos financeiros** que lhes forem atribuídos por lei. Os valores repassados aos partidos políticos, referentes aos duodécimos e multas (discriminados por partido e relativos ao mês de distribuição), são publicados mensalmente no Diário da Justiça Eletrônico. A consulta pode ser realizada por meio do Portal do TSE na opção Partidos – Fundo Partidário (Fonte: TSE – Tribunal Superior Eleitoral).

- Além das intervenções legislativas já realizadas, o Tribunal Superior Eleitoral encabeçou uma campanha que visa a construção de uma consciência sobre a importância da participação feminina na política. Dessa forma, por meio de vídeos educativos, a campanha convidava a população para o debate, refletindo sobre os ganhos sociais de tal ação. Intitulada de **"Igualdade na Política"**, a campanha se utilizava de veículos de comunicação como a televisão e o rádio, além da utilização de banners e folders como forma de divulgação.

- O processo de transformação no cenário político com relação ao debate de gênero passa por uma modificação cultural que envolve toda a conjuntura da realidade brasileira. Dessa forma, vale destacar que, em abril de 2016, foi sancionada a **lei 13.272/2016**, que institui o ano de 2016 como o **Ano do Empoderamento da Mulher na Política e no Esporte.**

- Em setembro de 2016, a ONU Mulheres, o Tribunal Superior Eleitoral (TSE), o Instituto Patrícia Galvão e o Grupo de Pesquisa sobre Democracia e Desigualdades da Universidade de Brasília (Demodê/UnB) lançaram a **plataforma online Cidade 50-50: Todas e Todos pela Igualdade**. Por meio da plataforma digital, candidatas e candidatos dos 5.568 municípios brasileiros poderão se cadastrar e assumir, publicamente, compromissos com a promoção dos direitos das mulheres, durante a campanha eleitoral. Os eleitores, ao acessarem a plataforma digital, poderão identificar as propostas de suas candidatas e candidatos para o tema da igualdade de gênero e, depois, cobrar a realização destes compromissos, caso sejam eleitos. A plataforma Cidade 50-50 tem como origem os Objetivos do Desenvolvimento Sustentável (ODS), 2015 pelos Estados-membros da ONU, e a iniciativa global *Por um Planeta 50-50 em 2030: um passo decisivo pela igualdade de gênero*, lançada pela ONU Mulheres. O ODS 5 visa a **alcançar a igualdade de gênero e o empoderamento das mulheres.**

  - Ao acessarem a plataforma, as **candidatas e os candidatos poderão assumir compromissos em seis grandes** áreas **de atuação:**

    - Governança e financiamento: trata sobre a gestão pública com perspectiva de gênero;

    - Empoderamento econômico: assegura que os talentos, habilidades e a experiência das mulheres possam ser desenvolvidos em sua plenitude;

    - Participação política: promove oportunidades e condições para que as mulheres participem da vida pública e da política das cidades em pé de igualdade com os homens;

    - Educação inclusiva: inclui temas relacionados à igualdade de gênero e raça na educação e no cotidiano social;

    - Enfrentamento à violência contra as mulheres: promove o fortalecimento da rede que atende mulheres em situação de violência, com qualidade e respeito, nos espaços públicos e privados;

– Saúde: chama a atenção para a implementação de serviços municipais que garantam atendimento adequado às mulheres e meninas em sua diversidade.

- Na cidade de São Paulo, as eleições municipais de 2016 trouxeram novos ares para a mulher na política. O número de mulheres na Câmara Municipal dobrou. A partir de 2017, **11 mulheres serão vereadoras na maior cidade do país, contra as 5 da atual legislatura.** A representação feminina, portanto, passará de 9% para 20% dos 55 parlamentares locais.

1.4. Intervenções para a proposta

O tema em si envolve um **aspecto emergencial para a intervenção**. Dessa forma, ao sugerir prováveis mecanismos que viabilizem o acesso da mulher ao ambiente político, é necessário pensar em curto prazo. Isso porque alterar toda uma **estrutura cultural para que a sociedade absorva melhor a situação e consiga reduzir, amenizar ou eliminar toda e qualquer forma de desigualdade** é trabalhoso e tende a se concretizar de maneira longitudinal.

Por isso, a fim de fugir de uma análise muito genérica e abstrata, alguns elementos podem ser destacados:

- Como pressuposto maior da Constituição Federal de 1988, a chamada "Constituição Cidadã", uma sociedade justa, igualitária e fraterna será alcançada quando a **igualdade de gênero for garantida**. Entretanto, para isso, é preciso evoluir no tema em diferentes segmentos da vida coletiva, **problematizando a ausência da mulher nas esferas políticas, oportunizando o debate e garantindo um amadurecimento das propostas**. Trata-se de uma intervenção que envolve o aspecto cultural e demanda tempo. Ainda assim, mesclando com outras ações o efeito pode ser positivo.

- A participação feminina na esfera política é uma temática internacional. Não é à toa que desde a década de 1980, o Brasil cumpre com discussões de cunho mundial acerca do tema. Dessa forma, muitos projetos de lei já foram discutidos e projetados para estabelecer uma equidade de ocupações políticas – fato que envolve uma demasia maior pelo tema. Entretanto, o mecanismo é questionável, visto que tende a sustentar uma "obrigação" maior – fator legal, o que pode não ser saudável por completo. Ainda assim, a possibilidade de **estabelecer um número idêntico para cargos designados aos homens e as mulheres** se constrói de maneira coerente e possível, já que a população estaria representada de maneira igualitária.

- De maneira holística, algumas discussões podem chegar ao aspecto educacional do país. A transformação social estaria atrelada a uma sociedade mais justa e igualitária. Dessa forma, o debate de gênero dentro das esferas educacionais, de todos os níveis, possibilitaria a existência de uma cultura contra o machismo e as disparidades de condições entre homens e mulheres (em todos os segmentos da vida coletiva). Por meio de uma estrutura de ensino, disciplina específica ou adaptação do currículo já existente, a evolução do tema seria concreta com tal preocupação e zelo.
- A evolução do tema tende a desmistificar uma proposição que penaliza a mulher socialmente: a maternidade. A sociedade penaliza a mulher por uma das ações mais nobres do ser humano. Vale destacar que grandes personagens do ambiente brasileiro elevam o tom do debate: deputadas e senadoras eleitas. No caso, o ano de 2016 se tornou simbólico ao apontar uma presidente para o Supremo Tribunal Federal (STF), a ministra Cármen Lúcia. No seu primeiro dia à frente do STF, a ministra **Cármen Lúcia reforçou o preconceito existente contra as mulheres no Brasil**. "Há, sim, discriminação contra mulher. Há, sim, discriminação mesmo como casos nossos de juízas que conseguimos chegar a posições de igualdade. Há, sim, enorme preconceito contra nós mulheres em todas as profissões. Eu convivo com mulheres que o tempo todo são discriminadas", afirmou a ministra. A ministra é conhecida por ações distintas de seus colegas: ela é a única integrante do colegiado que **não utiliza carro oficial com motorista.** Em 2007, ela também quebrou a tradição na Corte e foi à sessão usando calça comprida. Antes disso, uma regra interna determinava que mulheres só poderiam entrar no plenário usando saia. Em viagens oficiais, a ministra opta por não receber diárias (ainda que tenha direito). A ministra, símbolo do empoderamento da mulher, tem visões consideradas polêmicas:

  - A favor do fim do foro privilegiado;
  - Quando esteve na presidência do Tribunal Superior Eleitoral (TSE) em 2012, determinou a divulgação de seu contracheque, quando o STF discutia a validade da Lei de Acesso à Informação.
  - Proferiu decisões sobre casos de nepotismo e liminares que derrubaram pagamento de aumento a servidores públicos.
  - A ministra se declarou impedida para julgar a ação que pede o pagamento da correção de planos econômicos da década de 1990, porque o pai dela entrou na Justiça e seria beneficiado pela decisão do STF.

- Foi relatora de importantes processos julgados pelo plenário, como a ação penal do ex-deputado federal Natan Donadon, primeiro parlamentar preso por sentença condenatória, e da ação que pretendia barrar autorização prévia para publicação de biografias não autorizadas.

2. MERCANTILIZAÇÃO DO HUMOR NO AMBIENTE DO POLITICAMENTE CORRETO

Um dos emblemáticos debates da atualidade diz respeito ao humor e a liberdade de expressão que se chocam constantemente. No caso, um episódio do ano de 2015 elevou o potencial da temática. Em janeiro de 2015, o semanário francês "Charlie Hebdo" foi alvo de um atentado terrorista, de autoria da Al Qaeda do Iêmen. Na ocasião, dois homens entraram atirando na sala de reuniões da revista, entoando gritos de exaltação ao profeta Maomé. No episódio de extrema barbárie e acompanhado simultaneamente pelos noticiários, 12 foi o número de vítimas fatais. Este acontecimento, condenado pela comunidade islâmica e exaltado pelas organizações terroristas teve como motivação o entendimento de que as charges da revista demonstravam uma imagem distorcida, torpe e denegrida do profeta Maomé. Para tanto, a discussão ganhou força sobre os caminhos para limitar o humor, sendo possível, viável e concreta essa reflexão.

Obviamente que o acontecimento extrapolar a necessidade de discutir os caminhos que o terrorismo tem percorrido nos últimos anos, enfatizando a descentralização de suas ações que beiram o inesgotável. Porém, **relativizar sobre a questão da liberdade de expressão e a dosagem aceitável para que a harmonia social seja garantida** é, ao mesmo tempo, absorver um olhar crítico para o processo de intolerância que se propaga em diferentes contextos e localidades.

– Quais os diferentes posicionamentos frente ao acontecimento?

- Posição contrária à revista "Charlie Hebdo": a amplitude do acontecido atingiu diferentes países. Jornais da Rússia, China e Malásia afirmaram que o semanário parisiense cometeu erros ao construir suas charges com base no "humor negro". Outras análises exaltaram o fato de que o semanário francês teria atingido, nos últimos tempos, diferentes crenças religiosas, orientações partidárias e personalidades globais. Vários jornais asiáticos, sobretudo em países com uma ampla população muçulmana ou onde o governo exerce a censura, condenaram o massacre no Charlie Hebdo, mas argumentaram que a liberdade de imprensa tem limites. Na Malásia, por exemplo, um editorial de um dos veículos de comunicação mais influentes tratou o tema com a seguinte titulação: "Os riscos da liberdade de expressão". Assim como no contexto global, a própria França se viu dividida com relação ao acontecido. No caso, a essência da crítica direcionada a maneira como a revista se apropriou da imagem de religiões e demais temas abordados, centrou-se na libertinagem ao praticar o que é garantia democrática (expressão). Assim, teria havido um excesso, sendo necessário discutir a limitação do humor. Importante destacar que aqueles que criticaram o humor descrito nas charges, não justificavam a violência como forma de protesto.

- Posição favorável à revista "Charlie Hebdo": como apresentado anteriormente, a divergência de opiniões colocou uma ampla parcela da sociedade em defesa do humor praticado pelo semanário francês, tendo como base as garantias democráticas (no caso, a liberdade de se expressar). Sobre o panorama das fronteiras do humor e suas ações limítrofes, destaca-se o fato de que estes, na maioria das vezes, são estabelecidos pelos que defendem a liberdade sem limites. Outro destaque que agrava o acontecido é a onda islamofóbica acentuada na Europa. Ainda assim, para os que defendem o humor proposto pelo semanário francês, as ações violentas seriam motivadas por um fanatismo (no caso, uma leitura extremista dos escritos sagrados do Islã – já que a organização terrorista que reconheceu os atos foi a Al Qaeda do Iêmen). Somando a esta discussão, finca-se a lógica de que outros atentados (maiores em número, gênero e grau), ocorridos em diferentes realidades geográficas, não tiveram a repercussão do francês. No elemento crítico central seria uma forma de tratar a cultura europeia como "superior". Para evidenciar esse aprofundamento crítico, destaque para o fato de que, no mesmo dia do atentado francês, 37 jovens foram mortos no Iêmen num atentado. No verão de 2014, a invasão israelita causou a morte de 2000 palestinos, dos quais cerca de 1500 civis e 500 crianças. No México, desde 2000, foram assassinados 102 jornalistas por defenderem a liberdade de imprensa e, em novembro de 2014, 43 jovens, em Ayotzinapa.

Raio x do atentado à revista francesa "Charlie Hebdo"	
Paris, França	12 mortos
Autoria reconhecida pela organização terrorista Al Qaeda do Iêmen	Motivação: humilhação da imagem do profeta Maomé pelas charges publicadas
Defesa à revista	Ataque à revista
A liberdade de expressão deve ser garantida, como princípio democrático e sustentação de um cenário harmonioso, já que qualquer forma de censura freia o desenvolvimento intelectual da sociedade	É preciso limitar as ações do humor para que não existam interpretações desconectadas e que motivem o ódio. O respeito deve prevalecer em todos os segmentos.

Com isso, a proposta de redação pode exigir do candidato a análise crítica sobre a relação de liberdade de expressão e os limites do humor, oportunizando o mesmo de elucidar os acontecimentos recentes e maximizar seu viés crítico. Ainda assim, é preciso canalizar de maneira potencializada a bagagem de argumentos a serem desenvolvidos, para que o texto não se perca em divagações ou análises rasas, já que as propostas subjetivas tendem a ampliar o grau de complexidade.

Muito se fala de uma necessidade de limitar o humor. Para isso, a existência do politicamente correto acentua a tensão entre aqueles que fazem humor justificando praticarem a liberdade de expressão e os outros que se ofendem alegando que são formas veladas de alimentar o preconceito. É certo que o humor deve ser analisado contextualmente, ou seja, para cada período histórico, inclusive sendo o termômetro da sociedade. No passado, o humor era apelativo e atacava os grupos minoritários (mulheres, negros, comunidade LGBT, etc.) Atualmente, com o empoderamento dessas minorias, o contexto sofreu uma grande transformação e, exatamente nesse ponto, reside o desafio de equacionar as ações em defesa de um espaço democrático, livre e respeitoso. Intelectuais contemporâneos destacam que assistimos a uma "cidadania do mi", ou seja, um espaço onde as práticas que eram espontâneas podem gerar mobilizações de classes que se sentem ofendidas.

3. VOTOS BRANCOS E VOTOS NULOS COMO MECANISMOS DE PROTESTOS

Um dos temas sempre em voga para a política brasileira diz respeito ao manuseio dos votos brancos e nulos, sua funcionalidade, significado e consequência maior para o pleito eleitoral. Dessa forma, o exposto tem por objetivo **trazer a reflexão sobre o mecanismo em si, sem estimular ou desfavorecer essa possibilidade presente na realidade política brasileira**. Além disso, o processo crítico passa pelo entendimento de alguns dados estatísticos com relação ao tema.

Um dos entendimentos básicos para não cair em falácias das redes sociais é conhecer o protótipo da urna brasileira (circula pela rede a ideia de que a urna conta com a tecla "nulo"). A urna eletrônica conta com três teclas, além dos números: **branco, corrige e confirma**. Dessa forma, **não existe a tecla "nulo"**.

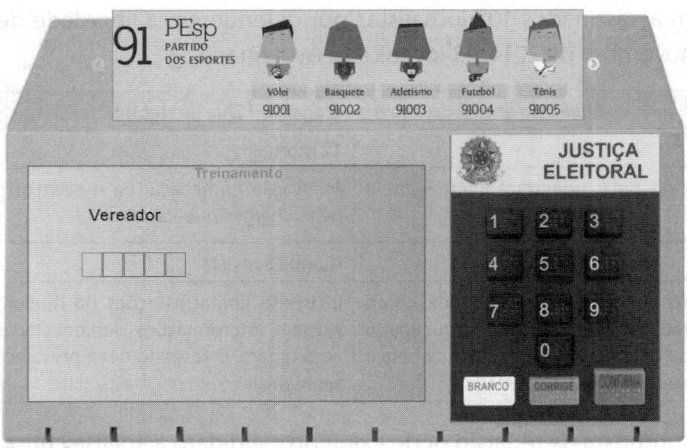

Um dos efeitos inclusivos do sistema eleitoral brasileiro é a disposição para que pessoas com deficiência possam exercer o direito à cidadania durante o pleito eleitoral. Para isso:

- Todas as urnas eletrônicas possuem teclado em braile.
- Toda a urna eletrônica tem a marca de identificação da tecla 5.
- As urnas eletrônicas instaladas nas seções especiais possuem recurso de áudio e fone fornecidos pela Justiça Eleitoral, se o eleitor preferir poderá conectar seu próprio dispositivo para fazer uso do recurso de áudio.
- O eleitor com deficiência ou mobilidade reduzida, ao votar, poderá ser auxiliado por pessoa de sua confiança, ainda que não tenha requerido antecipadamente ao Juiz Eleitoral.

- As Zonas Eleitorais dispõem de cédulas-guia para utilização pelo deficiente visual, caso exista necessidade de votação por meio de cédulas.
- A Justiça Eleitoral cadastra voluntários com conhecimento em Libras para auxiliar no atendimento às pessoas com deficiência auditiva no dia da votação.

Em 2016, pela primeira vez no processo eleitoral, o Ministério Público Federal orientou uma **fiscalização para saber se os locais de votação e as urnas eletrônicas eram acessíveis a pessoas com deficiência ou com mobilidade reduzida**. A medida atende à norma do Tribunal Superior Eleitoral sobre o programa de acessibilidade da Justiça Eleitoral (Resolução 23.381/2012). Além da fiscalização, os promotores ficaram encarregados de registrar queixas dos eleitores.

A **média dos votos brancos e nulos nas eleições municipais no Brasil vem sendo de 7%,** considerando os primeiros e segundos turnos de 2000, 2004, 2008 e 2012. Na análise desse mesmo período, o pico nacional de brancos e nulos se deu em 2012, quando o percentual nacional bateu em 11%.

3.1. Entendendo a questão do voto nulo e voto branco

- De acordo com o Tribunal Superior Eleitoral (TSE), esses dois tipos de voto servem de **opção para o eleitor que não quer escolher um candidato para votar**. "Apesar de o voto no Brasil ser obrigatório, o eleitor, de acordo com a legislação vigente, é livre para escolher o seu candidato ou não escolher candidato algum", diz o site do órgão
- O **voto nulo acontece quando** é **digitado e confirmado um número inexistente**, já o **voto em branco quando essa tecla específica** é **escolhida pelo eleitor.** Quando ainda não havia urna eletrônica, para votar em branco bastava não assinalar a cédula de votação, deixando-a em branco. Com isso, o eleitor não manifestava preferência por nenhum dos candidatos. Atualmente, o voto em branco continua sendo válido.
- "Antigamente, como o **voto branco era considerado válido** (isto é, era contabilizado e dado para o candidato vencedor), ele era tido como um voto de conformismo, na qual o eleitor se mostrava satisfeito com o candidato que vencesse as eleições", explica o site do TSE. Entretanto, a **partir da Constituição de 1988 (atual), determinou-se que não sejam computados os votos em branco para a verificação da maioria absoluta**. Ou seja, os votos em branco não são contabilizados para nenhum candidato. A diferença é que, hoje, para votar em branco é necessário que o eleitor pressione a tecla "branco" na urna e, em seguida, a tecla "confirma". Nem os votos brancos e nem os nulos são contabilizados para o vencedor ou o candidato mais votado.
- O TSE considera como voto nulo aquele em que o eleitor digita um número de candidato inexistente, como por exemplo, "00", e depois a tecla "confirma". Se antigamente o voto em branco servia como um "voto de conformismo", **o voto nulo**

era considerado um voto de protesto, indicando a insatisfação do eleitor, já que este não era atribuído a nenhum candidato. Hoje, como antigamente, os votos nulos não são contabilizados para nenhum candidato.

- Ambos votos são manifestações de não participação do eleitor, o que é chamado de abstenção funcional. O eleitor comparece à sessão, mas acaba não optando por nenhum candidato. Por meio do voto em branco, ele manifesta sua indiferença aos candidatos. É como se ele dissesse 'para mim tanto faz'. Com o voto nulo, ele manifesta o seu repúdio a todos os candidatos.
- Os votos válidos são apenas os votos nominais e os de legenda, ou seja, **votos em branco e nulos são desconsiderados nos cálculos eleitorais, conforme a Constituição**. "A contagem dos votos de uma eleição está prevista na Constituição Federal de 1988 que diz: 'é eleito o candidato que obtiver a maioria dos votos válidos, excluídos os brancos e os nulos'", explica o TSE.

3.2. O mito da anulação do pleito eleitoral

- Em período de eleição, circula pelas redes sociais a falsa informação de que uma maioria de votos nulos ou brancos invalidaria uma eleição, sendo obrigatória a realização de outro pleito, com candidatos diferenciados. Para isso, são importantes algumas considerações:
  - Uma eleição **pode ser anulada por outros motivos** (como a Justiça Eleitoral declarar nulos mais de 50% de votos por causa de denúncias de irregularidades na campanha dos candidatos), mas não por maioria dos votos nulos ou brancos. O efeito de haver muitos brancos e nulos é apenas o de se eleger candidatos com menos votos. Por exemplo, se 99% dos votos forem nulos e brancos, o 1% de votos válidos serão contabilizados e determinarão o vencedor do pleito.
  - O **TSE explica que uma eleição só é anulável "quando viciada de falsidade, fraude, coação, interferência do poder econômico, desvio ou abuso do poder de autoridade em desfavor da liberdade do voto, ou emprego de processo de propaganda ou captação de sufrágios vedado por lei".**
- Vale reforçar que o feito de disseminar informações falsas sobre o processo eleitoral acaba por explicitar um dos pontos de maior tensão da esfera política, que é a boataria da internet – por meio de informações falsas de candidatos, campanhas e partidos, ou do próprio sistema eleitoral em si.
- O mito sobre a anulação das eleições pela maioria de votos brancos ou nulos nasce de uma interpretação equivocada do Código Eleitoral (Lei 4.737/1965). No artigo 224, está descrita a possibilidade de nulidade das eleições. Em seu artigo 224, o Código Eleitoral diz que serão realizadas novas eleições "se a nulidade atingir a mais de metade dos votos". Acontece que o **termo nulidade não se refere aos votos nulos**, quando o eleitor confirma um número de candidato inexistente.

IMPORTANTE

Nulidade = votos válidos que são posteriormente anulados por decisão da Justiça Eleitoral. Nesse caso, se a Justiça Eleitoral determinar a anulação de mais da metade dos votos destinados aos candidatos (ou seja, dos votos válidos), serão realizadas novas eleições num prazo de 20 a 40 dias.

- **O portal Uol Eleições descreve situações que podem levar** à **anulação dos votos:**
  - A realização da votação em um local que não foi determinado pelo juiz eleitoral
  - A realização da votação em dia, hora ou local diferentes do estabelecido por lei
  - O encerramento da votação antes das 17 horas
  - A violação do sigilo da votação
  - O extravio de algum documento essencial para a eleição
  - O impedimento ou restrição do direito de fiscalização da eleição
  - O voto do eleitor em outra seção que não a designada no título
  - O uso de identidade falsa no lugar de outro eleitor
  - A comprovação de fraude na urna eletrônica
- Nas eleições de 2014, os votos brancos e nulos somaram quase 10% do total (destacando uma alta com a eleição anterior – quando o valor foi de

3.3. Qual o significado, portanto, dos votos brancos e nulos?

- Exatamente nessa esfera que a discussão se encorpa para a evolução crítica com relação ao tema, o que é ideal para uma produção de texto. Nesse sentido, ainda que para o resultado final os votos brancos e nulos não tenham significado ao ponto de alterar o resultado diretamente, para efeito de entendimento do exercício da cidadania em um país tomado pela descrença política, o sentido se torna relevante.

- Trata-se de assegurar o **direito de manifestação política do eleitor**. No caso do voto branco, esse é visto como um sentimento de negação à política. É o eleitor não quisesse participar do pleito eleitoral, sendo assim, há a indiferença com relação ao pleito. Já o voto nulo é tido como movimento de protesto do eleitor que, ao não se alinhar com nenhum candidato, afasta-se do processo eleitoral digitando um número incorreto na urna e confirmando.

- O ambiente político brasileiro tomado por diferentes problemáticas – escândalos que se somam, descaso dos parlamentares com sua função, estagnação econômica resultante de um desgaste político (ou vice e versa) acaba por amplificar esse sentimento de aversão à política. Entretanto, é importante salientar que os votos brancos e nulos seguem uma linha estatística similar nas eleições. Ainda assim, as pesquisas prévias realizadas em 2016, apontavam a possibilidade de uma ampliação dessa parcela de votos.

SÍNTESE

Voto em branco - De acordo com o Glossário Eleitoral do Tribunal Superior Eleitoral (TSE), o voto em branco é aquele em que o eleitor não manifesta preferência por nenhum dos candidatos. Antigamente, o voto branco era considerado válido e contabilizado para o candidato vencedor, como se o eleitor se declarasse satisfeito com qualquer candidato que vencesse as eleições. Isso mudou.

Voto nulo - O voto nulo, aquele em que o eleitor manifesta sua vontade de anular o voto como manifestação de protesto, não invalida a eleição, mesmo que mais de 50% dos eleitores votem desta forma. De acordo com informações do TSE, os votos nulos podem, sim, interferir no resultado da eleição, já que quando um eleitor vota desta forma, o candidato com mais votos fica mais perto de vencer a eleição no primeiro turno. Assim, quanto mais votos nulos ou brancos, menos votos válidos um candidato precisará para atingir mais de 50% dos votos e ser eleito.

Nulidade de voto - A anulação dos votos ocorre quando se verifica uma irregularidade (por exemplo, fraude ou coação) do candidato vencedor das eleições. Os votos só serão anulados se o candidato eleito for condenado por abusar do poder econômico, por comprar votos ou por interferir com o poder político ou da autoridade. Conforme o Código Eleitoral, neste caso, a eleição é anulada e o Tribunal Regional Eleitoral marca novas eleições no prazo de 20 a 40 dias.

Eleição majoritária e eleição proporcional - Enquanto os prefeitos são escolhidos por meio da eleição majoritária, os vereadores são eleitos pelo critério proporcional. No primeiro sistema, o candidato precisa alcançar a maioria absoluta dos votos válidos, isto é, 50% dos votos mais um - caso isso não aconteça, a disputa é definida no segundo turno entre os dois candidatos mais votados. No entanto, na eleição majoritária o segundo turno só ocorre em cidades com mais de 200 mil eleitores, conforme determinado no artigo 29 da Constituição Federal. Nas eleições proporcionais é permitido votar diretamente no candidato ou em algum partido. Assim, as vagas ao cargo de vereador são distribuídas de acordo com o número de votos recebidos por cada partido.

Data e horário da votação - De acordo com a Lei n. 9.504, de 30/9/1997, o primeiro turno das eleições deve ocorrer no primeiro domingo do mês de outubro do ano eleitoral, e o segundo turno no último domingo de outubro, que em 2016 serão nos dias 2 e 30 de outubro, respectivamente. A votação terá início às 8 horas e se estenderá até às 17 horas, sem intervalo.

(Retirado de: http://www.cnj.jus.br/noticias/cnj/83528-cnj-servico-entenda-a-diferenca-entre-votos-brancos-e-nulos) Acesso em setembro de 2016.

3.5. Argumentos favoráveis ao voto nulo e branco

- Enquanto direito adquirido pela população e ação legítima dentro do pleito eleitoral, a defesa do voto nulo ou branco parte de uma máxima: anular seu voto é uma forma de resposta ao atual sistema de governo e a obrigatoriedade de votar, pois se isso é um direito então nenhuma pessoa deveria ser obrigada a exercer o mesmo. Há também quem vote nulo como protesto, por não possuir nenhuma opção satisfatória para votar ou por discordar da atual organização política/social.
- As correntes que defendem a anulação do voto (ou o voto branco) sustentam um argumento alinhado com o âmbito democrático - se uma maior parte da população vota branco ou nulo, isso sugere uma pressão para que tal ação seja revista pelas autoridades competentes e, se necessário, que as disposições legais / constitucionais possam evoluir. Seria uma forma de buscar alterações, visto que a partir do momento que uma maior parte da população não se vê representada, a democracia rui. Vale lembrar que nessa análise consideramos uma "maioria de votos brancos ou nulos" - o que ainda não acontece segundo os dados estatísticos.

- Tanto o voto branco como o voto nulo podem ser entendidos como mecanismo de boicote a um sistema político considerado fracassado.
- É importante destacar que o voto branco ou nulo são dispositivos concretos do sistema eleitoral. Assim sendo, movimentos em defesa desse tipo de caminho para o processo eleitoral também se faz concreto na realidade democrática. O que é preciso filtrar com propriedade são as informações que abastecem as redes sociais e, na maior parte das vezes, estão alicerçadas a partir de grandes boatos e mitos da política brasileira.

3.6. Argumentos contrários ao voto nulo e branco

- O pilar crítico com relação ao fato de uma parcela da população votar branco ou nulo se constrói na efetividade "nula" no resultado final do pleito eleitoral. Dessa forma, seria um desperdício agregar uma somatória para votos que serão descartados e, sendo assim, pouco influenciarão no pleito eleitoral.
- Para alguns críticos, essa esquiva do pleito eleitoral favorece para que o sistema continue submerso em um colapso problemático, ou seja, não seria a forma mais racional de protesto diante da estrutura apresentada para a população.
- O cidadão deixa de exercer a cidadania em sua plenitude, ou seja, se afasta do tema e não enfrenta da maneira como deveria ser, a fim de produzir resultados satisfatórios para a vida coletiva. Dessa forma, o cidadão consciente se faz ausente do processo de construção de uma sociedade harmônica.
- Ao votar nulo ou em branco, o eleitor acaba "favorecendo", ainda que de maneira indireta, aqueles que estão na frente da corrida eleitoral. Isso se dá pelo fato que ele reduz a chance de candidatos com menor intenção de voto de alcançarem o mais pleiteado. Esse seria um benefício "metafórico", visto que a competitividade e a disputa são elementos que, em alguns casos, se decidem nos detalhes.

3.7. Intervenção para a questão

Certamente, a intervenção deve ser construída a partir da análise crítica do candidato, ou seja, de defesa desse instrumento legítimo do processo eleitoral, ou de contradição. Entretanto, para as duas situações, alguns denominadores comuns aparecem como possibilidade de análise:

- É preciso evoluir na discussão política, fazendo que o resultado dessa discussão alcance diferentes segmentos da vida coletiva e impulsione as pessoas para o diálogo saudável de questões técnicas (ainda que em linguajar limitado).
- O processo de transformação social tem como caminho prático a política. Dessa forma, a partir da problematização do tema, é preciso elevar o debate sobre a importância do voto, resgatando o sentido da política para a vida do indivíduo e, automaticamente, da sociedade.

- É preciso desmistificar situações relacionadas à política que são digeridas sem a mínima reflexão por grande parte da sociedade. Assim, conhecendo os efeitos práticos e o sentido do voto branco e nulo, o cidadão poderá exercer esse direito consciente do resultado a ser produzido.
- Revitalizar o debate político passa pelo encantamento emergencial da discussão para os jovens. A população de nativos digitais que convive com um amplo acesso à informação tem se demonstrado desinteressada quando a discussão versa sobre política. Dessa forma, mecanismos de estímulo, interação e operacionalização do tema para essa faixa etária devem ser criados e debatidos junto à sociedade.

3.8. Eleição municipal de 2016

Em nove capitais, o número de votos brancos, nulos e de eleitores que não compareceram foi **maior do que do candidato que ficou em primeiro lugar**. A situação aconteceu nos dois maiores colégios eleitorais do país. Em São Paulo, João Dória (PSDB) ganhou a eleição no 1º turno com 3.085.187 votos. O número é menor do que a soma de votos brancos e nulos e ausências: 3.096.304.

No Rio de Janeiro, a situação também se repetiu. Mesmo que fossem **somados os votos dos dois candidatos que passaram para o 2º Turno, o número ainda** é **menor do que votos inválidos e ausências**. O total de brancos, nulos e abstenções no Rio é 1.866.621. Marcelo Crivella (842.201) e Marcelo Freixo (553.424) somam 1.395.625 votos.

Além de São Paulo e Rio de Janeiro, Belo Horizonte (MG), Porto Alegre (RS), Curitiba (PR), Belém (PA), Cuiabá (MT), Campo Grande (MS) e Aracaju (SE) também tiveram mais votos inválidos do que o primeiro colocado nas eleições. Confira lista:

- Aracaju (SE)

  Eleitores: 397.228

  Soma de votos brancos, nulos e abstenções: 139.723

  1º lugar: Edvaldo Nogueira (PCdoB) 99.815

- Belém (PA)

  Eleitores: 1.043.219

  Soma de votos brancos, nulos e abstenções: 365.731

  1º lugar Zenaldo Coutinho (PSDB) 241.166

- Belo Horizonte (MG)

  Eleitores: 1.927.456

  Soma de votos brancos, nulos e abstenções: 741.915

  1º lugar João Leite (PSDB) 395.952

- Campo Grande (MS)

  Eleitores: 595.172

  Soma de votos brancos, nulos e abstenções: 167.922

  1º lugar Marquinhos Trad (PSD) 147.694

- Cuiabá (MT)

  Eleitores: 415.098

  Soma de votos brancos, nulos e abstenções: 127.987

  1º lugar Emanuel Pinheiro (PMDB) 98.051

- Curitiba (PR)

  Eleitores: 1.289.204

  Soma de votos brancos, nulos e abstenções: 360.348

  1º lugar Rafael Greca (PMN)356.539

- Porto Alegre (RS)

  Eleitores: 1.098.517

  Soma de votos brancos, nulos e abstenções: 382.535

  1º lugar Nelson Marchezan Júnior (PSDB) 213.646

- Porto Velho (RO)

  Eleitores: 319.941

  Soma de votos brancos, nulos e abstenções: 106.844

  1º lugar Dr. Hildon (PSDB) 57.954

- Rio de Janeiro (RJ)

  Eleitores: 4.898.044

  Soma de votos brancos, nulos e abstenções: 1.866.621

  1º lugar Crivella 842.201

- São Paulo (SP)

  Eleitores: 8.886.195

  Soma de votos brancos, nulos e abstenções: 3.096.304

  1º lugar João Dória 3.085.187

Edição: Noelle Oliveira (Portal EBC - http://agenciabrasil.ebc.com.br/politica/noticia/2016-10/soma-de-votos-brancos-nulos-e-abstencoes-venceria-1o-turno-em-nove-capitais) – Acesso em outubro de 2016.

A cidade que liderou as estatísticas de votos brancos e nulos e abstenções, em 2016, foi o Rio de Janeiro. Foi ainda a maior taxa desde a implementação das urnas eletrônicas, em 1996. Somados, **38,1% dos eleitores da cidade não confiou a nenhum candidato** o seu voto para a cidade. A capital carioca teve 3.708.857 votos e 1.189.187 abstenções - total de 4.898.044 eleitores. Somadas as abstenções aos brancos (204.110) e nulos (473.324), chega-se a 1.866.612 eleitores que não votaram em candidato algum.

4. OBRIGATORIEDADE DO VOTO: SAÚDE OU DESGASTE PARA O PLEITO

Um dos temas mais relevantes para as provas de TRT's é a questão da obrigatoriedade do voto. Tal fato acaba por edificar a possibilidade do candidato falar em democracia, cidadania e garantias (individuais e coletivas) De modo geral, a discussão acaba suscitando a questão da qualidade do voto, da responsabilidade do eleitor, da liberdade de expressão e participação política, dentre outros aspectos. Além disso, a comparação com outras realidades (no caso, desenvolvidas), é sempre destacada para refletir sobre a proposta.

Dessa forma, para sustentação crítica ao longo de uma produção textual, é importante conhecer os caminhos que os entendimentos divergentes possibilitam. Além disso, algumas informações servem como pré-requisito para a evolução do tema. Dentre elas, destaca-se:

- Desde a Constituição de 1934, o **voto** é **obrigatório para os cidadãos maiores de 18 anos.** A obrigatoriedade também foi confirmada no artigo 14 da Constituição Federal de 1988.
- Analfabetos, indígenas (são obrigados a votar se forem maiores de 18 anos e alfabetizados na língua portuguesa – com exceções para os que vivem em aldeias, preservando a cultura da tribo), jovens de 16 e 17 anos e idosos acima de 70 anos votam de maneira facultativa.
- Para as eleições de 2016, mais de **2,3 milhões de jovens de 16 e 17 anos estiveram aptos para votar** (número similar ao ano de 1992 – quando o acesso à informação era restrito e o ativismo entre os jovens, no espaço virtual, inexistente). O número **representava 1,60% do total do eleitorado apto para o pleito em questão.** Em 2012, o número de jovens de 16 e 17 anos foi maior - 2,9 milhões de jovens. Os dados alarmam a sociedade para a falta de engajamento do jovem para o exercício da cidadania.
- Nas eleições de 2016, dos 144,1 milhões de eleitores brasileiros, 20,6 milhões tinham o voto facultativo, de acordo com dados do Tribunal Superior Eleitoral (TSE). Isso corresponde a **14,3% dos eleitores.** Dos 20,6 milhões de brasileiros com voto facultativo, 833,3 mil têm 16 anos, 1,5 milhão tem 17 anos, 7,3 milhões têm de 70 a 79 anos e 4 milhões estão acima dos 79 anos. Os analfabetos são quase 7 milhões. De acordo com o TSE, o grau de instrução é baseado na informação prestada pelo eleitor à Justiça Eleitoral. Por isso, o número de analfabetos pode estar desatualizado devido a alterações não informadas ao longo dos anos.

Exatamente nessa linha de raciocínio que o debate se intensifica: **o voto** é **um dever cívico ou um direito subjetivo? Nessa conexão de ideias, a reflexão passa pela quali-**

dade do ambiente democrático e suas garantias para a população. No Brasil, a resposta está na Constituição – que prevê sanções para aqueles que não votarem e não justificarem a ausência no pleito eleitoral. Muitos partem de uma somatória de dados para a reflexão:

- Com a **soma de abstenções, votos nulos e em branco**, ocorre uma quebra de 25% no resultado geral, conforme tem ocorrido em eleições. No pleito de 2012, este número foi de 26% no segundo turno. E dos cerca de 31,7 milhões de eleitores aptos a votar nas 50 cidades que tiveram disputa de segundo turno, 19% não compareceram às urnas. Em São Paulo, capital, 19,99% não foram votar.

Ainda falando sobre a questão da representatividade, alguns dados chamam a atenção ao longo da história do Brasil:

- No final do Império, **1,5% do total da população participava das eleiçõe**s no Brasil.
- Na primeira eleição do período republicano, em 1894, Prudente de Morais foi eleito com 270 mil votos (o que representava **2% do eleitorado da** época).
- A ditadura de Vargas e a dos militares de 64 **privaram o eleitorado nacional** do voto para presidente por nove vezes.
- Até 1988, antes da promulgação da "Constituição Cidadã", o voto era negado aos analfabetos (excluindo uma parcela representativa).

4.1. Argumentos favoráveis ao voto facultativo

- De certa forma, o voto **facultativo significa a liberdade de escolha, o direito de ir e vir, de participar ou não do processo eleitoral,** abriga a decisão da consciência, cerceada pelo amadurecimento do indivíduo e do seu comprometimento para com a temática política. Assim sendo, o voto deve ser visto como um direito e não um dever.
- Grade parte dos países desenvolvidos de tradição democrática adota o modelo facultativo de voto. Dessa forma, não obrigar a população ao pleito eleitoral tem garantido estabilidade no processo de construção de uma democracia representativa eficiente. Diferente da ideia de pulverização da participação política.
- A garantia do sistema facultativo resulta em uma participação eleitoral de qualidade, com eleitores conscientes e aptos para o exercício da cidadania. Assim, votos brancos ou nulos devem desaparecer, visto que participaria do pleito eleitoral cidadãos interessados no debate político.
- Grande parte dos eleitores comparece às urnas por conta das sanções que podem ser impostas caso não esteja em dia com a justiça eleitoral. Dessa forma, o sistema entra em colapso e perde o sentido maior. Dessa forma, não participar do pleito gera um desconforto e constrangimento para o indivíduo que sofrerá sanções maiores.
- É um mito construir uma visão utópica de que o voto obrigatório promove o engajamento político do cidadão, seu entendimento acerca dos problemas da sua cidade, estado ou país.

- O voto facultativo é utilizado em esmagadora maioria dos países – quase 200 países, contra quase 20 países que utilizam o voto obrigatório. Cerca de **85% dos países adotam o voto facultativo atualmente**, de acordo com dados do ACE Project.
- A questão da obrigatoriedade do voto vem desde o Código Eleitoral de 1932 (vale destacar que já em 1824, com a Carta Outorgada, o voto era obrigatório mas censitário – baseado na renda - só tinham capacidade eleitoral os homens com mais de 25 anos de idade e uma renda anual determinada. Estavam excluídos da vida política nacional quem estivesse abaixo da idade limite, as mulheres, os assalariados em geral, os soldados, os índios e - evidentemente - os escravos.). Por isso, a revisão se faz necessária, visto que o contexto sofreu uma grande transformação.

IMPORTANTE

Sanções para aqueles que não participam do pleito e deixam de justificar: De acordo com o TSE, os eleitores que são obrigados a votar e **não comparecerem** às **urnas por três eleições consecutivas podem ter o título cancelado** – lembrando que cada turno é considerado uma eleição. Sem o documento, o eleitor fica impedido, por exemplo, de contrair empréstimos em instituições financeiras governamentais, tirar passaporte e tomar posse em cargo público, caso seja aprovado em concurso.

4.2. Argumentos favoráveis ao voto obrigatório

- Para muitos, o voto constitui-se como um dever, e não um direito. Dessa forma, a essência seria a responsabilidade do indivíduo para com a coletividade.
- A participação no pleito eleitoral tem um viés pedagógico para os cidadãos. Isso se dá pelo fato de que a população acaba sendo "forçada" a interagir com o tema e refletir sobre.
- O sistema obrigatório de votação garante a participação da maioria, ou seja, a representação da população como um todo pode ser visualizada com o resultado de um pleito eleitoral obrigatório (o que não acontece no sistema facultativo, visto que parcelas sociais podem ser excluídas por completo).
- O exercício do voto é fator de educação política, ou seja, com a periodicidade da eleição e a necessidade de exercer a cidadania, de certa forma, ainda que minimamente, o eleitor está exercendo sua educação política e se aprofundando nas propostas, linhas ideológicas, etc.
- O atual estágio da democracia brasileira, com elevado analfabetismo político, amnésia eleitoral e fragmentação partidária, o voto facultativo traria situações conflitantes dentro do processo dialógico que é a política. Assim sendo, a melhor alternativa ainda é o voto obrigatório.
- O voto obrigatório já está enraizado no processo eleitoral brasileiro e se constituiu como uma tradição latino-americana, o que demonstra a percepção do tema em um caráter regionalizado.

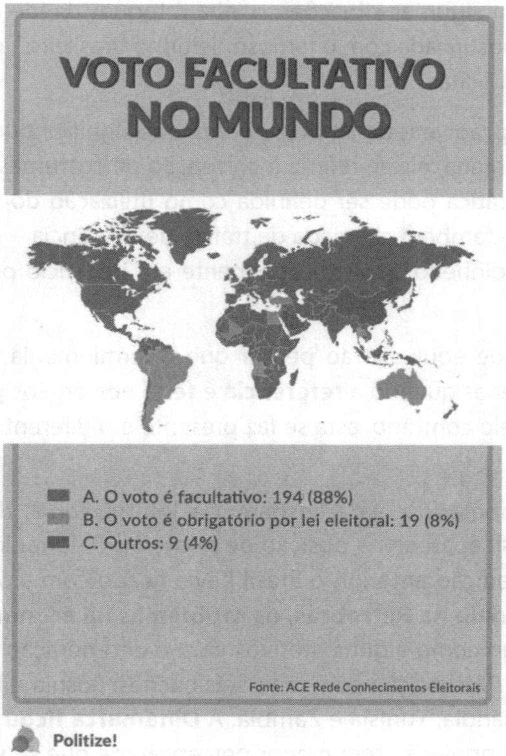

5. CORRUPÇÃO: DO COTIDIANO À ESFERA POLÍTICA

Ao longo dos últimos anos, um dos temas mais comentados no cenário nacional, certamente é a questão da corrupção. Os motivos são variados: uma série de escândalos tomou conta do país e os personagens envolvidos parecem se somar a cada dia. A teia de ações transgressoras deturpou a ordem moral da sociedade, colocando em xeque a efetividade da esfera política (aspecto já questionado com intensidade nos últimos anos).

Um dos destaques para o tema foi a questão da Operação Lava Jato, deflagrada em março de 2014, que desmantelou um amplo esquema de corrupção dentro da estatal Petrobrás, envolvendo diretores, congressistas de diversos partidos e grandes empreiteiras. Somado a este fato, o processo de impeachment da então presidente Dilma Rousseff contribuiu para que o tema ganhasse um potencial de efervescência.

Nesse amplo leque de debate sobre o tema, algumas considerações são relevantes para uma produção textual. É preciso fugir do senso comum e criar estereótipos sobre o que irá escrever, por exemplo, afirmando que "todo político é corrupto". Esse é um tipo de descrição textual que tem o valor rebaixado por conta do elevador teor genérico e superficial.

O tema exige o domínio de informações diversificadas:

- Existe um entendimento sobre a naturalização da corrupção, ou seja, encarar essa ação que **transgrida a ordem** ética **e moral de maneira natural e espontânea.**

- A corrupção, em algumas situações, ganha retoques da identidade cultural brasileira, ou seja, é justificada com o famoso "jeitinho brasileiro", como se tal fato amenizasse as ações ilícitas.
- A palavra corrupção vem do latim *corruptus*, que significa **quebrado em pedaços.** Na república romana, ela se referia à corrupção de costumes. No mundo contemporâneo, sua prática pode ser definida como utilização do poder, cargo público ou autoridade – também chamada de tráfico de influência -- para obter vantagens e fazer uso do dinheiro público ilegalmente em benefício próprio ou de pessoas próximas.
- Existe um grande equívoco ao pensar que a terminologia (corrupção) deve ser empregada apenas quando a **referência** é **feita aos** órgãos **públicos ou grandes instituições.** Pelo contrário, esta se faz presente em diferentes segmentos da vida coletiva.
- Em ranking elaborado pela Transparência Internacional, divulgado em janeiro de 2016, o Brasil aparece na posição de número 76 do ranking de percepção da corrupção. Na edição anterior, o Brasil havia ficado com a 69ª colocação. A ONG elenca o **escândalo na Petrobras, os problemas na economia e o crescimento do desemprego** como alguns motivos para a deterioração do Brasil no ranking. O país divide a 76ª posição com mais seis nações: Bósnia e Herzegovina, Burkina Faso, Índia, Tailândia, Tunísia e Zâmbia. A **Dinamarca ficou em 1º l**ugar, como o país em que a população tem menor percepção de que seus servidores públicos e políticos são corruptos. A nação mais transparente registrou um índice de 91 – a escala vai de 0 (extremamente corrupto) a 100 (muito transparente). A tabela de honestidade na América do Sul tem o **Uruguai como o país mais transparente no 21º**, com índice de 74. O país mais corrupto é a **Venezuela, com** índice **17, na 158ª posição**. O relatório é elaborado anualmente desde 1995, a partir de diferentes estudos e pesquisas sobre os níveis de percepção da corrupção no setor público de diferentes países. Os **países nas** últimas **posições, além de conflitos e guerras, se destacam pela governabilidade deficiente, por instituições públicas frágeis**, como a polícia e o Poder Judiciário, e pela falta de independência nos meios de comunicação.

5.1. Extensão de base argumentativa

- Nota-se que o tema exige uma visão holística e distante de intervenções ou argumentos puramente demagogos e retóricos. Ao contrário, é necessário que a reflexão parta do concreto. Dessa forma, é nítida a máxima de que o poder é capaz de corromper o indivíduo.
- Nesse leque de compatibilidades políticas, o engesso crítico do eleitor (muitas vezes sem condições para o pleno exercício da cidadania), agrava a situação econômico-social. O tema política ainda é visto pela população de maneira deslocada, ou seja, não se percebe o efeito estreito que a política tem com todas as demais dimensões da vida de um indivíduo.

- A polarização política assistida pelos debates rasos de teóricos virtuais (muitas vezes norteados por dados, conceitos e informações equivocadas), acaba intensificando a violência simbólica a partir de um tema que deveria gerar a evolução da sociedade como um todo. Dessa forma, a política perde seu sentido e cai na resistência ou afastamento do cidadão. Não é à toa que o sentimento de descrença política toma cada vez mais a vida do jovem.
- Um dos pontos de destaque para o entendimento do tema a partir de uma perspectiva histórica é a questão da sensação de "impunidade". Além de naturalizar que a política é feita de desvios de conduta – por isso, se o indivíduo se torna política, automaticamente, ele tem um período em potencial de se corromper), a falta de punições mais rígidas acaba gerando uma situação de conforto para aqueles que se voltam contra a ordem constitucional. Seja pela morosidade do judiciário ou a falta de institucionalização e legitimação das ações, o enfrentamento se torna mínimo.
- Entre as práticas mais frequentes, aparecem:
  - **Nepotismo** (quando o governante elege algum parente para ocupar um cargo público)
  - **Clientelismo** (compra de votos)
  - **Peculato** (desvio de dinheiro ou bens públicos para uso próprio
  - **Caixa dois** (acúmulo de recursos financeiros não contabilizados)
  - **Tráfico de influência**, **uso de "laranjas"** (empresas ou pessoas que servem de fachada para negócios e atividades ilegais)
  - **Fraudes** em obras e licitações
  - **Venda de sentenças**, **improbidade administrativa** e **enriquecimento ilícito**.
- O entendimento da corrupção enquanto algo cultural é uma realidade entre estudiosos. Por isso, o seu efeito endêmico se edifica a cada dia, ganhando novos traços (principalmente quando se olha para a realidade parlamentar brasileira – que carece de representatividade maior).
- Um dos desafios da população é se ver representada na leitura ideológica (com pseudoideologias) dos partidos e candidatos. O Brasil conta, atualmente, com 35 partidos políticos (fato destacado até o fechamento da edição do material). Entretanto, grande parcela da população não se vê representava por esses indivíduos – o que explicita o desalinhamento entre os representantes da população e a própria população. Certamente, no modelo pluripartidário que o Brasil vive hoje, sua estrutura e funcionamento são elementos questionáveis. Em "Raízes do Brasil" (1936), o autor Sérgio Buarque de Holanda discorre sobre a propensão do brasileiro para a informalidade, o que atingira sua relação existencial.
- É preciso olhar para a corrupção como um todo, ou seja, entender que as pequenas ações que são alimentadas e perpetuadas pela população, muitas vezes de maneira automática e sem reflexão, o que sustenta a propagação de desvios de condutas na

esfera política do país. O funcionamento das relações é um termômetro da coletividade – desta forma, se os atritos nascem, é preciso saná-los. Para tal, de nada adianta o indivíduo se apropriar de diferentes condutas que atingem o bom senso, a ética, moralidade e o respeito, mas em seguida criticar um parlamentar, empresário ou quem quer que seja, envolvido em escândalos de corrupção.

- Dessa forma, uma das bases mais importantes para a evolução do texto é apontar a conexão entre a corrupção do dia a dia e os mandos e desmandos no Congresso. Para tal, vale destacar ações cotidianas que esfacelam a vida coletiva:
  - Não dar nota fiscal
  - Vender produtos sem nota ou contrabandeados
  - Utilizar carteirinhas de identificação falsas
  - Comprar a Carteira Nacional de Habilitação
  - Parar em vagas reservadas para uma parcela específica da população
  - Assistir séries piratas
  - Furar a fila
  - Fazer "hora" no trabalho
- Nos últimos anos, pela relevância do tema, o mesmo ganhou enfrentamentos aperfeiçoados para a superação – fato ainda não conquistado e distante de tal concretude. Dessa forma, o **Estado possui mecanismos de controle como o TCU (Tribunal de Contas da União), os Tribunais de Contas dos Estados e de vários Municípios, e a CGU (Controladoria Geral da União), criada em 2003.**
- Outra ferramenta é a Lei 12.846/2013, **conhecida como lei anticorrupção**. De caráter não penal, institui e regula a responsabilidade objetiva e civil de empresas pela prática de atos de corrupção contra a administração pública nacional ou estrangeira. Já a **Lei da Ficha Limpa**, que entrou em vigor em 2010, impede a candidatura em eleições de políticos com condenações por órgãos colegiados, um passo importante para a ética na política.
- A Lei de Acesso à Informação Pública (Lei 12.527/2011), que determina **que qualquer cidadão tem o direito de examinar documentos produzidos ou custodiados pelo Estado**, desde que não estejam protegidos por sigilo ou se referirem a informações de caráter pessoal, também serve para acompanhar os gastos dos governos.
- A partir desse recorte emblemático que promove um olhar para a problemática da corrupção, é nítido que o tema nunca sai de "moda". Outros "itens" do imbróglio político também permanecem em alta. Um dos debates mais intensos diz respeito à mentira (no caso, transformada em "promessas" que não são cumpridas). Nessa lógica, algumas provocações são úteis:
  - Seria a mentira uma conduta ética? Uma proteção? Uma condição humana? Uma necessidade?

- De certa forma, é possível afirmar que a mentira nasceu junto com a sociedade. A vida coletiva proporcionou o surgimento das mentiras.
- Uma experiência da Universidade de Massachusetts mostrou que, **quando duas pessoas se conhecem, cada uma conta em média três mentiras** - nos primeiros dez minutos de conversa. Na política, a questão é emblemática.
- Quando as pessoas se comunicam via mensagens de texto, essas mentem **três vezes mais, em média, do que falando cara a cara.** Usando e-mail, cinco vezes mais. Foi o que concluíram os psicólogos Robert Feldman e Mattityahu Zimbler, da Universidade de Massachusetts Amherst.
- Além da política, outras esferas ganham uma referência importante no peso da mentira. Na economia, na política, na imprensa, na medicina, na propaganda, no consumo, nas relações humanas – em todos os cantos as mentiras existem.
- No segmento eleitoral e na visão corrompida que as mentiras ganham, os espaços virtuais são grandes responsáveis pelo alcance de boatos (boataria da internet é um tema relevante neste meio onde os seres humanos se tornam reféns da tecnologia e muitas vezes adquirem a necessidade da superexposição na sociedade do *selfie* e dos *likes*).

5.2. Números da corrupção

- Segundo o Fundo Monetário Internacional (FMI), a **corrupção move anualmente entre 1,5 bilhão e 2 bilhões de dólares em suborno tanto em países pobres como ricos**. As perdas com propina representam 2% do PIB (Produto Interno Bruto) mundial.
- O próprio FMI chegou a destacar que a corrupção tende a gerar instabilidade política no país onde esta se instaura. Em relatório divulgado, o FMI cita o caso da Guatemala, que vivenciou a queda do executivo nacional após escândalos de corrupção vazarem.
- Em fevereiro de 2016, após votação popular internacional, a ONG Transparência Internacional divulgou o resultado de uma pesquisa sobre casos de corrupção. O escândalo envolvendo a Petrobrás aparece como segundo maior do mundo. No caso, o escândalo ficou atrás do **ex-presidente ucraniano Viktor Yanukovych**, que responde pelo desvio milionário de recursos para sua conta privada.
- Em setembro de 2016, o portal de notícias Uol divulgou o resultado de uma enquete realizada sobre o principal problema da cidade. Denominado "Avalia Cidade", os internautas puderam escolher o principal problema da cidade que foi a corrupção. A **corrupção foi apontada como o principal problema em 341 cidades**. Entre as 26 capitais onde haverá eleições, em 12 a corrupção é vista como o maior problema da cidade. Os internautas avaliaram que a corrupção é o maior problema em 12 capitais: **Rio de Janeiro**, **São Paulo**, **Belo Horizonte**, **Porto Alegre**, **Cuiabá**, **Goiânia**, **Rio Branco**, **Manaus**, **Macapá**, **Palmas**, **Aracaju** e **Maceió**. Em segundo lugar, aparece a questão da segurança pública – um dos gargalos para o avanço social do país.

O destaque importante se dá para algumas justificativas (pouco concretas e simplesmente simbólicas) para a naturalização das ações transgressoras:

- Todos os indivíduos já fizeram algo do tipo (furar fila, roubar sinal de TV a cabo, usar internet sem fio do vizinho, baixar séries piratas, etc.). Sendo assim, o "peso" do erro parece inferiorizado. Esse é o efeito de se naturalizar algo incorreto.
- O fato dos políticos desviarem milhões / bilhões acaba possibilitando que os indivíduos, na sua plenitude, se apropriem destas práticas ilícitas interpretadas como "menos nocivas". O erro se encontra no aspecto da transgressão moral. Não se avalia o aspecto quantitativo necessariamente, mas sim o grau de respeito, comprometimento e intencionalidade de cada cidadão ao cometer uma infração propositalmente.
- A sensação de impunidade alarma, porém não impede tais ações. Um dos maiores desafios políticos do país é justamente o elemento que impulsiona tais práticas. A sensação de impunidade gera um efeito cíclico. Como poucos são responsabilizados por tais atos ou, quando acontece a responsabilização está é sutil e amena, a propagação destes atos torna-se corriqueira.
- A questão do monitoramento é outro ponto relevante para a discussão. Muitas pessoas se ocupam de ações ilícitas e transgressoras quando não estão sendo monitoradas. Essa necessidade pelo monitoramento para que a ação incorreta não seja cometida sugere uma constituição de valores inversos. O indivíduo que se preocupa com o coletivo e age dentro do bom senso, não precisa de monitoramento ou rastreamento para se ocupar de ações corretas.

6. ABSTENCIONISMO, AMNÉSIA ELEITORAL E ANALFABETISMO POLÍTICO: RECORTES DA POLÍTICA CONTEMPORÂNEA

6.1. Questão do Abstencionismo

- Abstencionismo é um conceito utilizado para explicitar a **não participação no ato de votar**. Para uma proposta de redação, o conceito ganha força, visto que os índices de abstenção são reflexos da sociedade na aproximação com a questão política e, por sua vez, podem desenhar causas prováveis para o afastamento da sociedade com o tema (descrença política, apatia, alienação, etc.), assim como pode explicar outros aspectos.
- Outro ponto de destaque diz respeito à resposta da população brasileira para os problemas relacionados à política. Os casos de corrupção que assolam o país há algum tempo (não direcionado para o partido X ou Y, mas como algo endêmico e geral) promovem como forma de **protesto a não participação no processo eleitoral**, o que por uma parcela da sociedade, é o julgamento correto para demonstração da indignação.
- É importante destacar que o abstencionismo se difere da prática do voto nulo ou branco (ainda que numa perspectiva mais filosófica, a ideia de protestar e se voltar contra o sistema possa ser similar).

- As **taxas de abstencionismo variam de país para país**, assim como se alteram ao longo da história. Ainda assim, podem servir de termômetro para o entendimento de fatores amplos que provocam a não participação no processo eleitoral. Nos EUA, por exemplo, a taxa de abstencionismo, na década de 70, foi de 45% (quase metade dos eleitores). Em países desenvolvidos (Holanda, Austrália, Áustria, por exemplo), a taxa chega aos 10%. Ainda assim, a média de abstenção dos regimes democráticos fica em torno dos 20%.

- Para efeito de comparação, em 2014, **19,4% do eleitorado brasileiro não compareceu** às **urnas - 27,7 milhões dos 142,8 milhões de eleitores no país**. No pleito de 1998, o percentual foi de 21,5%. Por isso, para efeito de base argumentativa de uma produção textual, o conceito pode aparecer permeado por possibilidades. Neste caso, o filtro crítico deve levar em consideração dados gerais (como os apresentados anteriormente), para definir as prováveis explicações para a realidade brasileira.

- A **média de abstenção nas eleições municipais brasileiras vem sendo de 16%,** quando computados os primeiros e segundos turnos das votações de 2000, 2004, 2008 e 2012. Em 2016, o presidente do Tribunal Superior Eleitoral, Gilmar Mendes, considerou o índice de abstenção 17% "relativamente baixo", embora tenha dito que o ideal deveria se situar ao redor dos 5% (Fonte: Nexo Jornal).

- Um dos efeitos debatidos no processo eleitoral brasileiro diz respeito à multa simbólica **aplicada pela não participação no pleito eleitoral**. A multa é de R$3,51 por turno faltante. Dessa forma, muitos eleitores – como mecanismo de protesto – não participam do pleito eleitoral de maneira proposital. Entretanto, quando ajustam sua situação junto à Justiça Eleitoral, ao pagar a multa, indiretamente repassam parte do valor ao Fundo Partidário (o mesmo que será distribuído de maneira proporcional entre os partidos) – ação dotada de paradoxo para o indivíduo que não votou como um protesto. Dessa forma, o título de eleitor que pode servir como uma ferramenta para redução das desigualdades e a construção de uma sociedade mais juntas, tem sentido inverso também, pode ser apropriado como uma arma nociva ao bem estar da coletividade.

- As eleições municipais de 2016 trouxeram dados que alargam a discussão acerca do abstencionismo. São Paulo, por exemplo, teve a maior quantidade de abstenções, votos brancos e nulos das últimas seis eleições. Cerca de **21,84% deixaram de votar para vereador e prefeito na capital paulista.** Até então, o maior percentual de abstenção registrado no primeiro turno de eleições municipais em São Paulo havia sido em 2012, quando 18,48% dos eleitores deixaram de comparecer, segundo os dados disponíveis na página do TSE (Tribunal Superior Eleitoral). Para se ter uma ideia do peso da abstenção, votos brancos e nulos, João Doria (PSDB), eleito no primeiro turno, **teve número menor de votos que a soma de brancos, nulos e ausentes.** O tucano alcançou 3,085 milhões de votos, enquanto 3,096 milhões de eleitores não escolheram um candidato ou não votaram.

6.2. Amnésia eleitoral

O cenário político brasileiro favorece o "esquecimento" em quem o cidadão confere o direito de lhe representar. A análise é simples: grande parte dos candidatos se vê distante da realidade dos cidadãos, reforçando a falta de representatividade na esfera legislativa, por exemplo. Dessa forma, o voto perde seu significado maior e a sociedade como um todo tende a sair prejudicada.

Nesse sentido, figuras como vereadores e deputados acabam caindo no esquecimento e falta de identificação. Para alguns, a obrigatoriedade do voto seria a grande responsável por essa desqualificação do processo. Para outros, a explicação é simples: o que falta é um entendimento político mínimo, comprometimento com a ação política e problematização do tema.

- As campanhas majoritárias se destacam com relação à lembrança do eleitor. As pesquisas do próprio Tribunal Superior Eleitoral apontam tal realidade. No caso do **sistema proporcional** (vereadores e deputados), o mesmo não acontece – justamente com parte importante da nossa realidade política, visto que estamos olhando para o legislativo.
- Outro ponto importante é a questão da votação em si – algo debatido durante o processo de reforma política (a unificação da eleição). A cada dois anos, o brasileiro participa de eleições. Dessa forma, no pleito a nível estadual e federal, quando vota em deputado estadual, deputado federal, governador, presidente e senador há uma **confusão do reconhecimento e da identidade de cada um dos candidatos**. Por isso, para muitos, unificar o processo eleitoral poderia facilitar a condensação da situação política. Entretanto, por outro lado, o cidadão passaria a "encontrar" o tema política de maneira mais pontual – o que poderia afastá-lo cada vez mais do debate tão importante para o desenvolvimento social.
- Outro aspecto relevante para o debate se dá com relação ao domínio das funções de cada um dos postos políticos. Muitas vezes, a falta de informação generalizada oportuniza o convívio com equívocos conceituais – é comum em campanha de candidatos ao Legislativo, serem apresentadas propostas que competem ao Executivo, por exemplo. Para tal, seria importante conhecer a estrutura e o funcionamento do ambiente político, reconhecendo as funções – direitos e deveres de cada um dos membros da política – assim como da questão burocrática que garante o funcionamento. Para tal, nesse ponto, surge uma reflexão destaque:
  - Em 2014, ao reeleger a então presidente Dilma Rousseff, a população acabou – de maneira automática – escolhendo Michel Temer como vice-presidente. Com o processo de impeachment em 2016, veio o debate sobre a **possibilidade de votos separados** (para o presidente e para o vice), a fim de buscar uma **representatividade maior – já que alguns indivíduos passaram a questionar a legitimidade do governo (reforça a ideia de que o objetivo central desta discussão não** é **apontar a legitimidade ou não do processo de impeachment, mas apenas apontar o debate sobre a eleição do vice-presidente de**

maneira automática – já que este representa papel importante). Enfim, em meio às questões partidárias que o tema sugere, a reflexão maior se constrói na esfera da dimensão de conscientização da temática política. O momento do voto é de elevada importância para a sociedade como um todo e, por isso, deve ser encarado com responsabilidade.

- No sistema pluripartidário, com 35 partidos políticos com registro no Tribunal Superior Eleitoral e tantos outros querendo "nascer", fica difícil falar em oxigênio para a política. Muitas vezes, essa ideia de que um sistema com vários partidos políticos garante a maior representatividade não passa de um grande discurso demagogo e retórico. Os projetos e planos de governo, que deveriam aparecer como destaque na averiguação dos eleitores, são pressupostos secundários nessa análise. Especialistas da ciência política apontam o **enxugamento do número de partidos como estratégia para aumentar** a consciência política e afastar o processo de esquecimento (amnésia eleitoral). Dessa forma, o questionamento seria: o pluripartidarismo seria um sistema mais democrático? Certamente a questão envolve a necessidade de se debater o contexto em questão – no Brasil, tomado pela corrida para fundar partidos políticos já que, além de tudo, quando registrado, as verbas garantidas pelo Fundo Partidário podem ser significantes.
- Outro aspecto que desfigura a realidade política é a questão da fidelidade partidária. Acima de qualquer disposição constitucional que exerça uma força contra os políticos, a reflexão substancial passa pela lógica racionalizada da ideologia seguida. Muitas vezes, candidatos **transitam por diferentes legendas, almejando o melhor caminho para o processo eleitoral.** Convicções pessoais, planos de governo, projetos, bagagem ideológica se tornam elementos irrelevantes para essa prática. No grande jogo de interesses que a política se desenha para os candidatos, migrar de um partido para o outro é tarefa fácil. Esse é talvez um dos pontos mais questionáveis da realidade brasileira, visto que o processo de coligação se constrói a partir dos interesses das partes. Assim sendo, essa troca arbitrária de legendas deslegitima ainda mais o pleito como um todo.
- No escopo de atribuições da política, alguns pontos se somam ao entendimento político como um todo. Destaque para:
  - **Idade mínima para ocupar os cargos;**
  - **Reeleição;**
  - **Tempo de mandato;**
  - **Modelo de financiamento de campanha**
- Outro ponto decisivo para as eleições que acabou por modificar o contato do eleitor com seus candidatos, foi a alteração quanto à campanha de 2016. Foi a **campanha mais curta dos** últimos **18 anos.** Dentre as alterações, destacaram-se:
  - **Em vez de 90 dias de campanha, foram 45.** Para alguns, um prejuízo ao passo que o tempo ficou restrito para o contato com as propostas dos candidatos. Para

outros, decisão pontual, visto que a campanha rebuscada pelo marketing pouco contribui para a realidade da escolha do voto. No caso, a justificativa maior para tal decisão foi o enxugamento de gastos com as campanhas começando mais tarde.

- **O tempo de propaganda na TV e no rádio também caiu de 45 para 35 dias.** A disposição utilizada foi a seguinte: dois blocos de dez minutos cada, duas vezes por dia, de segunda a sábado, para exibir as propagandas dos candidatos a prefeito – no rádio, a propaganda foi veiculada das 7h às 7h10 e das 12h às 12h10; enquanto na TV a peça foi veiculada das 13h às 13h10 e das 20h30 às 20h40. A questão da influência da TV pode ser observada no resultado das eleições municipais de 2016: das **13 coligações com mais de dois minutos de rádio e TV, 10 postulantes conseguiram prevalecer sobre oponentes com menos tempo** nas oito maiores capitais brasileiras em população --São Paulo, Rio de Janeiro, Salvador, Fortaleza, Belo Horizonte, Manaus, Curitiba e Recife. Em **São Paulo**, o candidato João Doria (PSDB), com o maior tempo de TV --três minutos e seis segundos--, garantiu substancial vantagem na exposição junto ao eleitorado. Fernando Haddad (PT) não conseguiu uma vaga para o segundo turno, mesmo com o segundo tempo na cidade --dois minutos e 35 segundos. Uma situação atípica se desenhou no Rio de Janeiro, onde dois candidatos com significativamente menos tempo de TV disputaram a prefeitura no segundo turno. Marcelo Crivella (PRB) tinha o **quinto maior tempo do horário eleitoral gratuito**, com um minuto e 11 segundos, e enfrentará Marcelo Freixo (PSOL), que teve **apenas 11 segundos de exposição em rádio e televisão.** Pedro Paulo (PMDB), com o maior tempo entre os candidatos cariocas (três minutos e 30 segundos), ficou em terceiro lugar e saiu da disputa.

- No caso das inserções de 30 e 60 segundos, destinadas aos candidatos a prefeito e a vereador, o total diário foi de 70 minutos de exibição, distribuídos ao longo da programação entre 5h e 0h – a proporção das propagandas foi de 60% para candidato a prefeito e 40% para candidato a vereador.

- Talvez o ponto mais marcante de todo o processo se deu com relação ao **financiamento das campanhas**. Já há alguns anos, o Brasil vem debatendo a questão das campanhas publicitárias que moldam candidatos a partir de rótulos bem arquitetados que persuadem a população por conta das estratégias abusivas e sedutoras do marketing político. Com uma solidificação econômica para investir em tal segmento, qualquer candidato conquistava um posto de destaque no cenário político. Entretanto, após decisão do Supremo Tribunal Federal, em setembro de 2015, a doação de empresas a campanhas foi considerada inconstitucional – fato já partilhado em quase 40 países mundo afora. A decisão do STF não foi unânime, sendo que três ministros votaram pela constitucionalidade. Segundo pesquisas na área, barrar esse tipo de financiamento é necessário para o funcionamento espontâneo do pleito, visto que as doações criavam "amarras" entre as empresas e o Estado, algo escandalizado pela Operação Lava Jato, no caso da Petrobrás.

- O banco de dados do Idea - organização intergovernamental que hoje tem status de observadora na ONU - revela que **39 países proíbem doações de empresas para candidatos, como México, Canadá, Paraguai, Peru, Colômbia, Costa Rica, Portugal, França, Polônia, Ucrânia e Egito.**
- Dessa forma, em 2016, contando apenas com a doação de pessoas físicas, os gastos com as campanhas reduziram drasticamente, mesmo porque os candidatos tiveram um limite estabelecido para doação. Até a eleição passada, **não havia restrições para os gastos de campanha e o valor era uma decisão dos próprios partidos políticos**. Em municípios com até 10 mil eleitores, o limite de gastos para campanha a prefeito na eleição de 2016 foi de R$ 108 mil e para vereador, de R$ 10,8 mil. No caso das cidades maiores, os candidatos a prefeito **puderam gastar até 70% do valor declarado pelo candidato que mais gastou no pleito anterior**, se tiver havido só um turno, e até 50% do gasto da eleição anterior se tiver havido dois turnos.
- Com a nova legislação sobre doação para campanhas, grandes legendas passaram a utilizar de **maneira mais intensa as redes sociais** para amplificar a militância. Ferramentas como o **Facebook, Twitter e Youtube** passaram a ser utilizados de maneira intensa para atrair a doação dos eleitores.
- Outra alteração de destaque que pode ser entendida como a possibilidade de **ampliar a representatividade da população na política**, haja vista que o cenário atual é de crise de identidade, é a utilização de "nota de corte" para eleição de vereadores.

Curiosidades das eleições municipais de 2016

- Em Cariús (CE), cidade de pouco menos de 20 mil habitantes, dois candidatos tiveram o **mesmo número de votos**: 5.811. Nizo (PMB) e Iran (PSDB) tiveram, cada um, 48,34% dos votos válidos. Com o empate, a **eleição foi decidida de modo inusitado: pelo critério "idade"**. O artigo 110 do Código Eleitoral diz: "em caso de empate, haver-se-á por eleito o candidato mais idoso". Iran, de 46 anos, desbancou Nizo, de 41.
- Maricleide (PSD) foi eleita para a Prefeitura de Algodão de Jandaíra (PB) ao obter 1.234 votos, o que corresponde a **50,04% dos votos válidos para a disputa na cidade do Agreste da Paraíba**. A vitória foi por **apenas dois votos de diferença em relação ao segundo colocado**, o candidato Cícero de Preto (PSB), que somou 1.232 votos, o equivalente a 49,96%. A disputa contou com apenas dois candidatos.
- A eleição para prefeito de Chapadão do Céu foi decidida por **uma diferença de apenas dois votos.** Rogério Graxa (PP) venceu com 2.899 votos, 50,02% do total. O adversário dele, Eduardo Peixoto (PMDB), teve 2.897, totalizando 49,98%. Saiba mais.
- Ponte Alta do Norte, no Vale do Itajaí, foi o **primeiro município do Brasil a concluir a apuração nas eleições 2016**. O resultado dos votos da cidade foi conhecido às 17h12. O prefeito eleito foi Beto, do PMDB, com 55,44% dos votos válidos. Tinco

(PSDB) teve 44,56% dos votos válidos. Tal situação confirma um dos aspectos defendidos como positivo, da urna eletrônica, a rapidez na apuração dos votos.

- Que as eleições no Brasil têm seu lado "cômico", todos já sabem. Mas e em 2016? Personagens famosos estiveram entre os candidatos, levantando a discussão sobre o sistema proporcional (que ainda que tenha estabelecido critério mais rígido exigindo 10% do coeficiente) tem a possibilidade de "puxar" outros candidatos, quando um personagem público alcança número expressivo (superando o quociente eleitoral). No caso, alguns "famosos" não conseguiram se eleger. Dentre eles:

Agnaldo Timóteo, cantor

O cantor, que já foi deputado federal e vereador pelo Rio e por São Paulo, teve 4.821 votos este ano e **não se elegeu vereador pelo PMDB no Rio de Janeiro**. Em 2012, ao perder a reeleição para vereador em São Paulo, ele chegou a passar mal e ir ao hospital.

Thammy Miranda, ator

Candidato a vereador pelo PP na cidade de São Paulo, o filho da cantora Gretchen teve 12.408 votos e não se elegeu.

Marcelinho Carioca, ex-jogador

Com 12.602 votos, não conseguiu se eleger vereador pelo PRB em São Paulo. O ex-jogador foi suplente de deputado federal em 2010, perdeu as eleições para vereador e deputado estadual em 2012 e 2014 e acabou tomando posse na Câmara quando o deputado Márcio França se licenciou em 2015.

Conde Chiquinho Scarpa, socialite

O playboy e socialite se candidatou a vereador pelo PRB em São Paulo. Com 5.140 votos, não se elegeu.

MC Vesga, funkeira

Com o slogan de campanha "Um olho nos problemas e outro nas soluções", Adriana Biacchi, a MC Vesga, teve apenas 118 e não elegeu para vereadora em Porto Alegre. A autora do hit "Ping Pong" foi candidata pelo Partido Verde (PV).

Roberto Dinamite, ex-jogador de futebol

O ex-jogador de futebol e ex-dirigente do Vasco da Gama teve 2.518 votos e não se elegeu vereador pelo Solidariedade no Rio de Janeiro. Em 2014, ele já havia tentado uma vaga de deputado estadual, mas perdeu a eleição.

Por outro lado, alguns "famosos" conseguiram a eleição. Dentre eles:

Dona Bill, mãe de Wesley Safadão

Mãe do famoso cantor, Maria Valmira Silva de Oliveira venceu a eleição para vice-prefeita da cidade de Aracoiaba, no CE. A chapa dela, do prefeito Antonio Claudio (PSDB), teve 40% dos votos válidos. A candidatura dos dois foi cassada, mas cabe recurso.

Lobão, músico

Eleito pelo PP com 24.969 votos, o cantor e compositor da banda "Cheiro de Calcinha" e produtor de filmes pornôs Anivaldo Luiz da Silva, o Lobão, foi o vereador mais votado em Maceió. Será o primeiro mandato dele, após perder votações para deputado estadual e vereador.

Fonte dos dados (Portal G1 – Acesso em outubro de 2016)

- A questão avaliada não reflete um posicionamento com relação à competência dos candidatos. Certamente, dentre esses, é provável que existam pessoas bem intencionadas e com propósitos reais para a política da cidade, estado e país. Entretanto, somando com fatos circenses das campanhas eleitorais, a sugestão crítica tangencia a maneira como a política é tratada (não só por eleitores, mas por uma parcela de candidatos). Dessa forma, eleva-se o debate da qualidade do exercício da cidadania e, principalmente, do afrouxamento das concepções conceituais referentes à esfera política.

6.3. Analfabetismo político como efeito sintomático da realidade brasileira

Uma das leituras mais reflexivas e atuais para a sociedade brasileira é a do texto "Analfabeto Político". Veja abaixo o recorte textual:

O Analfabeto Político

"O pior analfabeto é o analfabeto político. Ele não ouve, não fala, nem participa dos acontecimentos políticos. Ele não sabe o custo de vida, o preço do feijão, do peixe, da farinha, do aluguel, do sapato e do remédio dependem das decisões políticas. O analfabeto político é tão burro que se orgulha e estufa o peito dizendo que odeia a política. Não sabe o imbecil que, da sua ignorância política, nasce a prostituta, o menor abandonado, e o pior de todos os bandidos, que é o político vigarista, pilantra, corrupto e lacaio das empresas nacionais e multinacionais".

(Bertolt Brecht)

Nota: Autoria não confirmada. O texto é atribuído a Bertolt Brecht pela primeira vez em Terra Nossa: Newsletter of Project Abraço, North Americans in Solidarity with the People of Brazil, Vols. 1-7 (1988, p. 42).

Certamente, alguns fatos chamam a atenção na esfera política. Por isso, nos últimos tempos, temos acompanhado uma impulsão da questão política nos diferentes segmentos coletivos. Informações, dados, depoimentos, relatos, enfim, de tudo um pouco pode ser observado pelos veículos de comunicação em massa. Expressões como impeachment, Supremo Tribunal Federal, foro privilegiado, delação premiada, Constituição de 1988, inelegibilidade, direitos políticos, cassação, cleptocracia, "coxinha", "petralha", dentre outras, se tornaram inteligíveis a grande parte da população.

Uma leitura objetiva do texto do alemão Bertolt Brecht, considerado um dos principais dramaturgos do século XX, com textos que buscavam reforçar a conscientização política, permite apontar que a culpa / responsabilidade da existência de políticos corruptos e malfeitores está naquele grupo de indivíduos que se esquiva da política, muitas vezes, com orgulho de tal ação. Nesse ambiente de **negação e resistência** à **política**, o processo de problematização e evolução do tema se perde. Os indivíduos deixam de amadurecer um debate saudável e, em alguns casos, partem para a violência simbólica (ou até mesmo física), que pode resultar em efeitos irreversíveis – algo nada saudável para o sistema.

A opiniões divergentes são pouco aproveitadas pelo analfabeto político, haja vista que ele se camufla no meio de tantos cidadãos. Dessa forma, o desencanto com a política torna-se crescente. Certamente, os escândalos que são divulgados e a sensação de impunidade contribuíram de maneira efetiva para essa problemática. Assim, analistas se voltam para três indicadores a fim de perceber como evolui o debate político pela sociedade. São estes:

- **Votos brancos e nulos:** quando o eleitor vai à urna, mas decide não eleger candidato algum
- **Abstenções:** quando o eleitor simplesmente não comparece à urna no dia da eleição (e precisa justificar depois)
- **Títulos de eleitores jovens:** diz respeito ao número de eleitores com idade entre 16 e 18 anos (período em que o voto é facultativo) que tiram título de eleitor pela primeira vez

Em diálogo, esses **indicadores acabam reproduzindo uma constatação eficiente** sobre a evolução qualitativa do analfabetismo político. Não é à toa que a crise de representatividade na esfera democrática cresceu de maneira considerável nos últimos tempos. Com relação aos jovens, teoricamente, a facilidade em alcançarem a informação e o engajamento político virtual deveriam ser elementos de esperança, o que não se concretiza. Até junho de 2016, só **40% dos jovens brasileiros com idade entre 16 e 18 anos haviam tirado título de eleitor pela primeira vez**. Esse índice representa uma queda 9 pontos percentuais quando comparado com o mesmo período de 2012.

Em alguns casos, analistas políticos destacaram as eleições de 2016 como o pico da agressividade (no sentido de não se persuadir com simples amarrações do vocabulário refinado por parte dos candidatos) e indiferença do eleitor. Além disso, um dos maiores desafios apontados por especialistas da área é a questão da representatividade – fato que os jovens não conseguem visualizar na maior parte dos candidatos. Nesse ponto, as eleições municipais de 2016 apresentaram "novas" possibilidades:

- O Partido Ecológico Nacional (PEN), Partido da Mulher Brasileira (PMB), Partido Novo, Partido Republicano da Ordem Nacional (PROS), Rede Sustentabilidade e Solidariedade disputaram **pela primeira vez uma eleição municipal.** Juntos, os partidos contavam com 42.867 candidatos, ou 9% dos 475.839 que disputaram as eleições de 2016. A idade média de seus representantes foi de 42 anos, ligeiramente abaixo da média geral de 45 anos.
- Vale destacar que o sistema pluripartidário tem sido alvo de críticas. Dessa forma, alguns fatores contribuem para a proliferação de "novas" legendas (com posturas antigas). Em 2006, o Supremo Tribunal Federal (STF) **derrubou a cláusula de barreira, que restringia o acesso ao horário eleitoral gratuito e aos recursos do Fundo Partidário** das legendas que não obtivessem ao menos 5% dos votos para deputado federal no país. Dois anos depois, o STF confirmou a decisão do Tribunal Superior Eleitoral sobre a fidelidade partidária, segundo a qual o mandato pertence ao partido e não ao eleito. A troca de legenda implica na perda do cargo - a não ser que o ocupante do cargo migre para uma nova legenda. Em 2015, o STF disse que a **regra só se aplica a eleições proporcionais** (vereador, deputado estadual e deputado federal), mas não às majoritárias (prefeito, governador, senador e presidente da República).
- **Com relação** à **diversidade no perfil dos candidatos, alguns dados chamam a atenção:**
  - Segundo a ABGLT (Associação Brasileira de Lésbicas, Gays, Bissexuais, Travestis e Transexuais), a eleição de 2016 foi a com o **maior número de candidatos declarados gays, lésbicas, bissexuais, travestis e transexuais** da história (o que amplia a representatividade da comunidade LGBT). Os dados não são oficiais, visto que o dado não é levantado pelo Tribunal Superior Eleitoral.
  - Dentro do quadro total de concorrentes para cargos a prefeitos, vice e vereadores, esses candidatos **representaram 0,04%.**

DIVERSIDADE DAS URNAS

Candidatos declarados LGBT em eleições municipais

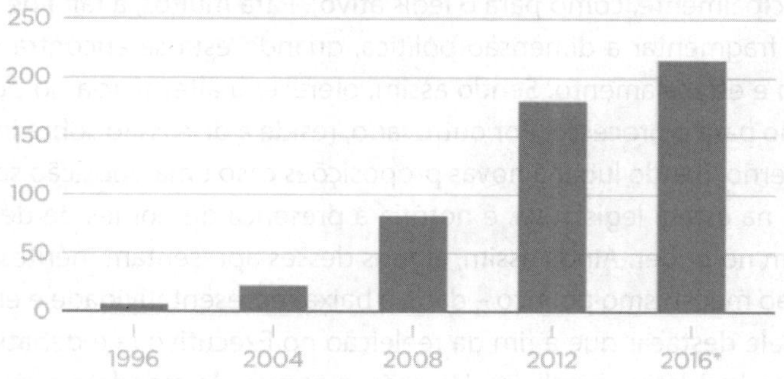

Fonte: ABGLT | *dados coletados até 30.09 NEXO

- O **PSOL foi o partido com mais candidatos LGBT e apoiadores**, com 70 no total. Na sequência, estão o PCdoB (54) e o PT (53). Há representantes ou aliados em **31 dos 35 partidos registrados no TSE,** mesmo nas legendas que se declaram mais conservadoras, como o PR (3).

6.4. Intervenções

O movimento de descrença política e a expansão do analfabetismo político são fatores que dispõe de mecanismos instrutivos de combate. Na ampla teia de lacunas e déficits atitudinais, éticos e morais, a construção de um espaço político justo depende do debate aprofundado, com clareza na execução e efetividade na articulação. Os discursos devem se afastam da vaste retórica e ampla demagogia. A população precisa se sentir representada, com direitos respeitos e voz ativa no processo da construção social.

Algumas medidas paliativas podem soar como positivas no cenário do marasmo político. Dentre elas, intensificar o debate em ambientes coletivos, iniciando o cunho para a temática desde os primeiros anos escolares, extrapolando um ambiente de conscientização sobre o tema. Nesse sentido, aplicar a função pedagógica da política a fim de edificar o conhecimento mínimo para o exercício da cidadania é um caminho hábil da superação dos problemas que já são encarados como espontâneos e culturais (como é o caso da corrupção).

Para a **reconstrução da política elementos como fim do foro privilegiado, intensificação de mecanismos de transparência, gestão participativa, redução dos partidos, restrição ao financiamento nascem como soluções mágicas**. Entretanto, na prática, o desafio é mais profundo e volumoso.

Verticalizando o tema, nota-se uma feição maior de grande parte da população para a chamada Reforma Política. Esse item em pauta na esfera legislativa e também nos diferentes segmentos da sociedade, oportuniza um amplo debate – desde as alterações estruturas, como por exemplo o mecanismo que efetiva a eleição de deputados e vereadores (sistema proporcional), até fatos como idade mínima para cada cargo ou a própria discussão com relação ao financiamento das campanhas. Alguns pontos são mais debatidos do que outros. Um destes de maior impacto é a questão da reeleição (tanto para executivo, principalmente, como para o legislativo). Para muitos, a falta de alternância no poder tende a fragmentar a dimensão política, quando esta se encontra em estágio de apodrecimento e esfacelamento. Sendo assim, oferecer a alternância no poder é garantir uma oxigenação para o processo. Por outro lado, reside a discussão sobre interromper um projeto de governo, dando lugar a novas proposições caso uma oposição se consolide. No caso brasileiro, na esfera legislativa, é notória a presença de nomes de destaque que há anos se afirmam no poder. Ainda assim, alguns desses apresentam méritos mínimos para se integrarem ao mecanismo político – dada a baixa representatividade e efetividade para a população. Vale destacar que a fim da reeleição no Executivo já é debatida de maneira mais íngreme no legislativo brasileiro. No caso, o tempo do mandato seria ampliado. Por natureza, o tema reeleição se configura como uma ótima discussão.

7. POLÍTICA, RELIGIÃO E SEXUALIDADE NA SALA DE AULA: NECESSIDADE OU FUTILIDADE?

A escola é uma das instituições sociais que comporta grandes desafios para cumprir seu papel de formar cidadãos críticos, aptos ao **entendimento de temas relacionados ao mundo e capazes de apresentar soluções reais e cabíveis para cada situação**. Além disso, a escola tem se demonstrado inoperante na condução moral dos indivíduos, com enorme dificuldade de socializá-los de maneira adequada, correta, sensata e com envolto harmônico. Óbvio que a visão neste caso é ampla, e bons exemplos podem ser constatados (de maneira inferiorizada na questão quantitativa).

Com isso, além de todos os desafios enfrentados pela escola, uma nova discussão ganhou espaço e traz à tona o **papel do professor e sua legitimidade no espaço escolar.** O professor, figura idolatrada em um passado não tão distante, carece de condições de trabalho, infraestrutura, preparo adequado para lidar com sua clientela, prestígio, reconhecimento financeiro e, principalmente, autonomia de trabalho. O tema é polêmico, envolve **posicionamentos divergentes** e, nesse caso, a produção textual deve sistematizar a sustentação crítica, argumentativa, conceitual e teórica para a defesa ou ataque a determinado ponto de vista.

Sendo assim, a discussão que se amplifica a cada dia recorta o seguinte significado: **o professor deve se posicionar sobre temas relacionados** à **política, sexualidade ou religião?** É **possível ser neutro? Existe uma potencialidade e intencionalidade de doutrinação? Quais os limites entre ensinar um conteúdo, transmitir um conhecimento, construir um conceito ou doutrinar e dogmatizar um aluno?**

São questionamentos como estes que delimitam a atual discussão sobre a questão da ideologia dentro das escolas. Não bastassem os desafios já discutidos: baixa qualidade de ensino, posicionamento do Brasil nos rankings de educação, máfia da merenda (em processo de investigação), greve nas universidades públicas, Plano Nacional de Educação (PNE) estagnado, os **duelos simbólicos tomaram as redes sociais onde pessoas defendem ou atacam o tema,** muitas vezes, sem o alicerce teórico ou processo crítico contundente.

Vale destacar que o tema tem sido discutido na esfera do **Congresso Nacional, em assembleias legislativas e Câmaras municipais.**

Abaixo, serão elucidados os pontos destacados de cada um dos posicionamentos:

- **Defensores do "Escola Sem Partido":**

  - Inicialmente, vale destacar que as **proposições estão dispersas pela rede**. Entretanto, alguns canais se notabilizaram por suplantar pontos comuns na defesa de projetos.

  - Segundo os articuladores dos movimentos que defendem a causa**, a doutrinação política e ideológica em sala de aula ofende a liberdade de consciência do estudante**; afronta o princípio da neutralidade política e ideológica do Estado; e ameaça o próprio regime democrático, na medida em que instrumentaliza o sistema de ensino com o objetivo de desequilibrar o jogo político em favor de um dos competidores. Por outro lado, a exposição, em disciplina obrigatória, de conteúdos que possam estar em conflito com as convicções morais dos estudantes ou de seus pais, viola o art. 12 da Convenção Americana sobre Direitos Humanos, segundo o qual **"os pais têm direito a que seus filhos recebam a educação religiosa e moral que esteja de acordo com suas próprias convicções."** Essas práticas, todavia, apesar de sua manifesta inconstitucionalidade e ilegalidade, tomaram conta do sistema de ensino. A pretexto de "construir uma sociedade mais justa" ou de "combater o preconceito", professores de todos os níveis vêm utilizando o tempo precioso de suas aulas para "fazer a cabeça" dos alunos sobre questões de natureza político-partidária, ideológica e moral (Trecho retirado de: http://www.programaescolasempartido.org/saiba-mais - Acesso em junho de 2016).

  - Para os defensores, **para impedir a doutrinação ideológica realizada por professores a proposta da Escola Sem Partido precisa ser levada adiante**. Autor do Projeto de Lei 867/2015, o deputado Izalci Lucas (PSDB-DF) defende a "neutralidade política, ideológica e religiosa do Estado, como reconhecimento da vulnerabilidade do educando como parte mais fraca na relação de aprendizado". "Não é mordaça, nada disso do que estão falando, muito pelo contrário. O que estamos propondo já está na Constituição, só reforçamos a ideia de pluralismo no ensino brasileiro". O pluralismo passa longe das salas de aula, segundo ele. Segundo o deputado Izalci, o projeto não pretende fiscalizar nem punir ninguém. Seria um alerta para o professor reconhecer os limites.

  - O anteprojeto **prevê cartazes nas salas de aula "reforçando" alguns pontos como:**

    - O professor **apresentará de forma justa as principais versões** ao tratar questões políticas, socioculturais e econômicas;

  - **Não favorecerá nem prejudicará** os alunos em razão de suas convicções políticas, morais ou religiosas;
  - **Não fará propaganda político-partidária** em sala de aula nem incitará os alunos a participarem de manifestações;
  - Respeitará o **direito dos pais de educarem os filhos** de acordo com suas próprias convicções.

- **Alagoas foi o primeiro estado a adotar tal política. O projeto foi aprovado por unanimidade dos deputados alagoanos.** O governador Renan Filho (PMDB) vetou o projeto, entretanto, o veto foi derrubado em abril de 2016, quando a lei entrou em vigor.
- **Alexandre Frota**, ator, diretor, ex-modelo, comediante, ex-jogador de futebol americano, apresentador, empresário e ex-ator pornográfico brasileiro, esteve **reunido com o Ministro da Educação** no mês de maio de 2016,onde discutiu sobre o projeto "Escola Sem Partido", além de tratar outros assuntos.
- Dentro das realidades extremistas da discussão está o **PL 1.411/2014, do deputado federal Rogério Marinho (PSDB-RN)**, que prevê até **pena de prisão para o professor acusado de "assédio ideológico".** Ou seja, tipifica esse tipo de assédio como crime.
- A **primeira iniciativa para instituir a Escola sem Partido** partiu do Legislativo fluminense, com um **projeto de lei do deputado estadual Flávio Bolsonaro**, filho do deputado federal Jair Bolsonaro (PP-RJ). O texto do PL 2.974/2014 proíbe a ideologização partidária na grade curricular e em materiais didáticos.

• **Opositores do "Escola Sem Partido":**

- Para aqueles que se posicionam de maneira contrário ao projeto "Escola Sem Partido", os argumentos são variados. De maneira geral, o **projeto atinge a liberdade e autonomia do professor, além de estabelecer pontos já tratados por outros documentos legais.**
- O senador Cristovam Buarque afirmou que o projeto é uma **tentativa de censurar o professor.** Para o senador, o doutrinamento é um problema evidente dentro das escolas, o que deve ser condenável. Entretanto, uma lei nesse sentido seria desproporcional, visto que a maioria dos professores não tem partido. Além disso, os alunos não são a parte mais "fraca" do sistema segundo o senador.
- A questão da doutrinação **não se configura como uma tendência.** O site "oficial" do Escola Sem Partido aponta para uma série de casos. Entretanto, cita um total de 33 (pensando na realidade escolar como abarcando cerca de 45 milhões de estudantes, o número seria irrisório).
- Outro ponto questionado por aqueles que se posicionam contrários é o fato da doutrinação de esquerda fracassar. Isso porque **uma pesquisa Datafolha de 2014 e o próprio mapa eleitoral** das últimas eleições registram **um avanço da direita e um recuo da esquerda.**

- Outro ponto questionável é o item "Sem Partido" do movimento. O levantamento dos projetos de lei inspirados nas ideias do movimento mostra um claro **predomínio dos partidos de direita e de centro.** O campeão é o PSC, com cinco proponentes. Outro aspecto que destaca a falta da neutralidade é o âmbito religioso: 11 dos 19 proponentes de projetos inspirados pelo ESP são **ligados a alguma igreja.**
- A questão da sexualidade e as discussões de gênero poderão sofrer um retrocesso caso o projeto ganhe corpo. Essa interdição do debate não é assistida em países desenvolvidos. **Estados Unidos**: alguns estados oferecem educação sexual desde o século 19). **Nova Zelândia, Suécia e Finlândia, França e Ontário, no Canadá**: tem currículo que discute relacionamento homoafetivo e identidade de gênero.
- Os argumentos de defesa são frágeis e insustentáveis. Seria uma grande cortina de fumaça que esvazia ainda mais o ambiente educacional e empobrece nosso cenário.
- O movimento "Escola Sem Partido" atribui aos escritos de Paulo Freire a grande doutrinação no meio escolar. Segundo o próprio movimento (trecho retirado do site - http://escolasempartido.org/artigos/382-paulo-freire-e-a-educacao-bancaria-ideologizada - Acesso em junho de 2016), Paulo Freire "não passava de um doutrinador ideológico dogmático e autoritário (mas de fala mansa)". Para os críticos do projeto, **Paulo Freire** é **uma das referências de maior importância para as Ciências Humanas** como um todo. "Pedagogia do Oprimido" (1968), **principal obra do pedagogo pernambucano Paulo Freire**, é a **terceira mais citada em trabalhos da** área **de humanas**, segundo um levantamento feito no Google Scholar - ferramenta de pesquisa dedicada à literatura acadêmica. O professor associado da London School of Economics, Elliott Green, analisou as obras mais citadas em trabalhos disponíveis na ferramenta, criada em 2004, que é desde então uma referência crescente para pesquisas, graças a sua acessibilidade. Freire é citado 72.359 vezes, atrás do filósofo americano Thomas Kuhn (81.311) e do sociólogo, também americano, Everett Rogers (72.780). Ele é mais referido do que pensadores como Michel Foucault (60.700) e Karl Marx (40.237).
- Com relação ao projeto aprovado em Alagoas, o Ministério da Educação enviou à Advocacia-Geral da União (AGU) **argumentos contrários** à **lei que instituiu o programa Escola Livre em Alagoas.** Segundo o MEC, **trata-se de uma lei inconstitucional. O Ministério da Educação destaca ainda que o professor acaba tendo sua liberdade afetada, além de sofrer censura.**

Olhando para as possibilidades argumentativas, nota-se um leque amplo de análise, o que deve partir da **concepção de cada autor da produção textual.** O que não se pode perder de vista é a **necessidade de alicerçar a base crítica em fundamentos que estejam encadeados e bem estruturados**, a fim de produzir um efeito persuasivo e nítido da concepção em análise.

Por fim, o que é denominador comum para ambos os posicionamentos, é a questão da necessidade de emergência dos embates referentes à educação. Se este projeto é ou não o mais importante, certamente cada texto que dirá. Mas a **realidade educacional brasileira como um todo enfrenta problemas**, o que exige um olhar atento e compromisso do Poder Público, esferas competentes e da sociedade civil. A educação pode não ser a reposta de todos os problemas, mas é o primeiro passo para o desenvolvimento econômico e social pautado na humanização das relações.

8. ATIVISMO VIRTUAL E A TECNOLOGIA NO ÂMBITO SOCIAL

O processo de globalização trouxe uma série de transformações para a sociedade. Nesse ritmo, o dinamismo passou a fazer parte da relação dos indivíduos, assim como a informação passou a transitar em velocidade nunca esperada pelos diferentes cantos do planeta. Dessa forma, a maneira da população protestar contra algum acontecimento também sofreu uma drástica modificação. Assim, com o avanço da tecnologia a partir da Revolução técnico-científica, os produtos tecnológicos foram se aperfeiçoando e, com essa ampla possibilidade de Tecnologias de Informação e Comunicação, as reinvindicações tornaram-se "virtuais".

Esse debate suscita elementos positivos e negativos. Isso por conta do resultado final de grande parte dos protestos – uma **ampla mobilização nos espaços virtuais e pouca contribuição na esfera "real"**. Para muitos, o fenômeno da tecnologia desperta uma sedução pela mobilização que acaba por ser efêmera. Além disso, existe um esforço muito grande que pressiona as pessoas para se posicionarem com relação aos acontecimentos – ainda que estas não dominem minimamente o assunto.

A ideia de participação social e o engajamento dos indivíduos pode ser potencializado pela esfera virtual. Os cybers ativistas, como são chamados, encontra um leque amplo de possibilidades pelas plataformas digitais para mobilizarem um grande número de pessoas, sendo estas de diferentes espaços geográficos. Para se ter uma ideia da **importância da internet, até a própria Organização das Nações Unidas (ONU) já reconheceu como direito humano.**

Dentre os aspectos do ativismo virtual, destacam-se:

- Atualmente, é possível estabelecer conexões com diferentes partes do globo. Dessa forma, a dimensão virtual acaba por romper barreiras geográficas.
- O ambiente virtual permite o intercâmbio informacional, ou seja, a troca constante (e simultânea) de informações. Destaque para a Primavera Árabe (onda de protestos contra os regimes ditatórias que foi mobilizada por ferramentas tecnológicas e se espalhou pelo Oriente Médio e norte da África, no final de 2010 e início de 2011, atingindo países como Tunísia, Líbano, Egito, etc.).
- Exemplos desse tipo de ativismo vão desde petições online, criação de sites denúncia sobre uma determinada causa, organização e mobilização de protestos e atos que aconteçam fora da rede, hackerativismo e o uso de games com uma função

política e social. Os hackers também ganharam um papel de destaque dentro do ciberativismo, no que é chamado de ativismo hacker -- ou hacktivismo, definido com uma prática de hacking, phreaking ou de criar tecnologias para alcançar um objetivo social ou político. Um dos principais grupos de hackers ativistas é o Anonymous, criado em 2003, e que ganhou vertentes por todo o mundo. O grupo, chegou a declarar guerra aos terroristas do Estado Islâmico (no caso, a discussão partiu para a esfera ética, visto que os hackers do Anonymous passaram a invadir perfis de terroristas para "derrubar") (Extraído de Uol).

- Dentro dessa lógica, com o intuito de se aproximar do jovem eleitor, nativo digital, muitos candidatos passaram a interagir com os mesmos por meio de redes sociais. Usando um linguajar específico (vale lembrar que existe uma variação linguística reconhecida no meio digital que é o "internetês"), a persuasão com relação aos jovens nem sempre tem caminho facilitado. Pela dimensão de informações, a população jovem tem condições de pesquisar de maneira prévia para construir uma base crítica – ainda assim, não é dessa maneira que a maioria se projeta perante algum tema.
- Segundo dados do PNAD (Pesquisa Nacional por Amostra de Domicílios), realizado pelo IBGE, (2014):
  - Mostraram que **36,8 milhões de casas estavam conectadas**, o que representa 54,9% do total. Em 2013, esse índice era de 48%.
  - A quantidade de internautas chegou a **54,4% das pessoas com mais de 10 anos em 2014.** Eram 95,4 milhões de brasileiros com acesso à internet.
  - A inclusão digital foi promovida pela **adoção do celular como aparelho preferencial para navegar**. A cada cinco casas, quatro usam telefone móvel para se conectar.
- Nessa linha de raciocínio, um questionamento se faz interessante para a evolução crítica: se a internet é uma ferramenta política, como ficam os excluídos digitais?
- Certamente, o questionamento envolve a análise do tema inclusão digital. Muitas áreas periféricas do globo, tomadas por um atraso econômico e na questão social, acabam por se afastar de qualquer interação tecnológica. Dessa forma, o meio virtual pouco agrega na formação dos indivíduos, dispersando a ideia de que há a democratização do acesso. Nesse sentido, pensamos a tecnologia como um meio e não um fim, que compete ao usuário o propósito intencionalmente construtivo de utilização.

Um ponto importante está no aspecto do celular. Na maior parte das vezes, é por meio deste aparelho que as pessoas se tornam ativas politicamente. Paira uma dúvida: estes artefatos tecnológicos podem ser considerados ferramentas de aperfeiçoamento da democracia? Nasce o debate sobre a chamada **"democracia digital".**

8.1. Democracia

Platão e Aristóteles, filósofos clássicos, definiam os regimes políticos conforme o número de pessoas no poder. Nesse sentido, a democracia era o regime em que o poder político era exercido pelo povo, isto é, por muitos. Entretanto, a questão do número de governantes da definição dos regimes políticos como um todo foi reelaborada na contemporaneidade.

Na Idade Moderna, o pensamento se posicionava contra a democracia e favorável à monarquia. Thomas Hobbes, John Locke, Barão de Montesquieu, Hegel e Kant eram entusiastas desse momento histórico em questão. Já Jean Jacques-Rousseau é considerado o pai da democracia moderna, justamente por defender a soberania popular ao identificar o governado com o governante. Para Rousseau, a liberdade política estava em cada indivíduo, respeitando as leis – projetas pelo povo. Por isso, liberdade e democracia fazem tanto sentido juntas na visão de Rousseau.

Dentro dessa visão expansiva de representatividade é que se busca a participação cada vez maior da população. Assim, com a participação de uma ampla maioria, fica impossibilitado o abuso de poder. Nesse meio, o conceito de cidadania é tão aplicável. Pensar em propósitos que envolvam os direitos e deveres do cidadão, é sustentar que na esfera política o indivíduo esteja ativo, não apenas votando, mas exercendo um monitoramento e impulsionando o debate político desde sempre.

Exatamente na aplicação do conceito democracia que nasce uma dicotomia tênue: **democracia direta x democracia representativa**. Na democracia direta, todo cidadão tem o direito de expor sua opinião e se posicionar abertamente sobre algum fato. Portanto, esse modelo de democracia direita se aplica em territórios pequenos com uma população reduzida (caso da Grécia Antiga, por exemplo, o berço da democracia).

Por outro lado, em territórios maiores com população numericamente ampla, o modelo adotado é a democracia representativa (ou democracia indireta) – a população elege seus representantes. Nesse sentido, olhando para a composição das esferas políticas é que nota-se o distanciamento com relação à população. Um ambiente de justiça social e igualdade, tende a equacionar essa distância entre governantes e governados.

8.2. Referências histórias ao termo democracia

É comum que uma produção de texto parta de alguma referência histórica para discutir e se aprofundar em algum tema. Nessa lógica, destacam-se alguns posicionamentos acerca da democracia:

- Para o filósofo Platão, a democracia não seria uma boa forma de governo, visto que apenas os filósofos teriam condições intelectuais necessárias ao bom governo. Para o filósofo, a democracia seria, na prática, demagogia, ou seja, manipulação e enganação política. Para ele, por natureza as pessoas são diferentes. Por isso, equiparar essas diferenças seria construir uma grande ilusão.
- Aristóteles entendia a democracia como uma corrupção da politeia (que seria um regime correto, ou seja, o governo da maioria). Na visão aristotélica, a democracia garante que todos participem de um processo político, mas cada um acaba defendendo um interesse particular.
- Na esfera do ativismo virtual, a "democratização" ganha força. O discurso político se vê respaldado em diferentes acepções, teoricamente, ideológicas. Entretanto, a

disputa maior se faz a partir dos embates vazios de significado e da proliferação de ódio e intolerância. O escritor e filósofo italiano Umberto Eco (intelectual de elevada contribuição para vários segmentos, inclusive a política, faleceu em 2016), crítico do processo de interação tecnológica na disseminação da informação, chegou a afirmar que as **redes sociais dão o direito à palavra a uma "legião de imbecis" que antes falavam apenas "em um bar e depois de uma taça de vinho, sem prejudicar a coletividade". Se aprofundando na fala, o filósofo afirmava que os "imbecis" tem o status / alcance de um "Prêmio Nobel da Paz".**

8.3. Caminhas para o ativismo virtual

De fato, no contexto atual, vários são os exemplos (bem sucedidos ou não) de articulações da população que culminou em uma frente de debate com relação a algum tema. Essa dimensão de articulação vai dos sites específicos para defender e atuar em alguma causa, até as campanhas de arrecadação virtual, as chamadas "vaquinhas virtuais".

Alguns mecanismos legais trouxeram avanço para a relação política. A Lei de Acesso à Informação, por exemplo, possibilitou uma maior transparência em determinados aspectos da sociedade.

Em 2016, por exemplo, o Tribuna Superior Eleitoral possibilitou o uso de um aplicativo para a denúncia de irregularidades na campanha. Com o aplicativo "Pardal" instalado, qualquer cidadão poderia denunciar a compra de votos e o uso da máquina pública, por exemplo. Vale destacar que o site da Justiça Eleitoral, há mais de dez anos, conta com uma área onde o eleitor pode realizar denúncias.

Com relação à pesquisa dos candidatos, vários são os sites que reúnem informações sobre os candidatos "Ficha Limpa", as promessas de campanha, a historiografia dos mesmos, enfim, um histórico que leva em consideração vários fatores.

No caso, as campanhas pela internet tiveram papel importante nas eleições de 2016. Isso se dá por conta da restrição dos gastos nas campanhas.

- De acordo com a norma, a **propaganda eleitoral na internet pode ser feita em site do candidato, do partido ou da coligação, com endereço eletrônico comunicado à Justiça Eleitoral.** O site deve estar hospedado em provedor de serviço de internet estabelecido no Brasil. Também é permitido o **envio de mensagens eletrônicas para endereços cadastrados gratuitamente pelo candidato, partido ou coligação.** Nesses casos, a comunicação deverá dispor de mecanismo que permita o descadastramento do cidadão.

- A legislação também permite a veiculação em blogs, redes sociais e sites de mensagens instantâneas de conteúdo gerado ou editado por candidatos, partidos ou coligações ou de iniciativa de qualquer pessoa.

- A legislação **proíbe a veiculação de qualquer tipo de propaganda eleitoral paga na internet e nas redes sociais.** Também é vedada a veiculação de propaganda eleitoral, mesmo que gratuitamente, em sites de pessoas jurídicas, com ou sem fins lucrativos, e em sites oficiais ou hospedados por órgãos ou entidades da Administração Pública direta ou indireta da União, dos estados, do Distrito Federal e dos municípios.

- A venda de cadastro de endereços eletrônicos e a realização de propaganda via telemarketing, em qualquer horário, também são proibidas. A legislação ainda impede a atribuição indevida de conteúdo a terceiro, inclusive candidato, partido ou coligação.

Com relação a um movimento crescente no espaço virtual, as vaquinhas virtuais – campanhas de arrecadação ou crowdfunding, o Tribunal Superior eleitoral vetou tal mecanismo para as campanhas. O tema levado à discussão no TSE em 2016, já havia sido abordado nas eleições de 2014.

Já algum tempo, a internet apresenta seu potencial de aglutinar interesses similares em uma causa. Entretanto, é novidade que as pessoas estejam dedicando seus fundos para a contribuição a respeito de alguma causa: auxiliar um artista a gravar um disco; juntar fundos para um político; incentivar um projeto cultural, esses são alguns dos exemplos que se tornaram corriqueiros nos últimos meses.

De onde surgiu o termo "vaquinha"?

- Tudo indica que ela tenha sido criada pela torcida do time de futebol do Vasco, durante a década de 20. Na época, os fãs do clube carioca adotaram uma tática bastante eficiente para estimular os jogadores em campo. A cada resultado positivo, os atletas recebiam um prêmio em dinheiro arrecadado pelos torcedores. O valor dependia do placar e era inspirado em números do jogo do bicho. Um empate, por exemplo, valia "um cachorro", que corresponde ao número 5 no bicho. Nesse caso, os boleiros embolsavam 5 mil réis. Uma vitória comum geralmente rendia "um coelho", o número 10 no jogo, ou o equivalente a 10 mil réis. Mas a recompensa mais cobiçada era justamente "uma vaca", o número 25 - ou seja, nada menos que 25 mil réis, pagos somente em vitórias históricas ou em conquistas de títulos.Com o tempo, a expressão "fazer uma vaca", ou "fazer uma vaquinha" passou a ser usada sempre que um grupo de pessoas rachava uma despesa comum. Décadas depois, a palavra "vaca" ou "vaquinha" também foi usada para apelidar as cédulas de 100 cruzeiros. "No jogo do bicho, ela representa também o grupo de números terminados em 00. A associação deve ter surgido daí", afirma o filólogo (estudioso da língua e das palavras) José Pereira da Silva, da Universidade Estadual do Rio de Janeiro (UERJ). (Fonte: Mundo Estranho).

- Atualmente, vários são os **mecanismos que facilitam a gestão das vaquinhas virtuais.** Existem sites específicos e até aplicativos que dialogam de maneira objetiva com os interessados e amplificam a possibilidade do sucesso de tais mobilizações. Em alguns casos, é notável a sensibilização da população para acontecimentos, o que sugere a doação. Em outros, o fanatismo de alguma forma acaba sendo explicitado.

- Vaquinha para empreendimentos imobiliários, para gravação de DVD de cantores amadores, para projetos de alunos de Ensino Médio, para investimento em projetos culturais, para pagar despesas de parlamentares. As motivações são variadas, mas as campanhas digitais alcançam um espaço amplo em curto período de tempo, o que facilita o potencial de arrecadação.

- Uma análise criteriosa sobre a legitimação de tal campanha virtual depende do contexto, dos propósitos e dos personagens envolvidos. Para tal, uma proposta de redação tende a sugerir a visão do candidato com relação à possibilidade de tal mecanismo. Nesse caso, é importante destacar que a estratégia tem abertura múltipla.
- Novamente, destaca-se a questão da praticidade possibilitada pela tecnologia como molde contemporâneo que permite ao indivíduo uma participação rápida. Usar esses mecanismos virtuais se tornou algo prático por já fazer parte da vida dos indivíduos. A tecnologia está por todas as partes e a interação com ela é praticamente absoluta e real.

Curiosidade: várias são as mobilizações via redes sociais de eleitores que desconsideram a ação de poluição da cidade (principalmente nos momentos que antecedem a eleição), com os chamados "santinhos" (pequenos recortes que munem o eleitor da informação acerca do candidato). Após as eleições de outubro de 2016, a Companhia de Urbanização de Goiânia recolheu **cerca de 60 toneladas de lixo eleitoral** (termo ambíguo para discorrer o ambiente político). São corriqueiros os acidentes envolvendo pessoas (principalmente idosos) que escorregam nesse tipo de lixo. Na capital do Acre, Rio Branco, cerca de **900 kg de lixo eleitoral foram recolhidos.** Cento e vinte e seis toneladas de material de campanha política foram recolhidas das ruas da cidade do Rio de Janeiro pela Companhia de Limpeza Urbana (Comlurb), pós eleição municipal de 2016 (exatamente um terço do que havia sido recolhido em 2012). Em 2015, o Superior Tribunal Eleitoral (STE) elaborou a resolução 23.457/2015 que determinou uma **multa entre R$ 2 a R$ 8 mil para quem espalhasse 'santinhos' perto dos locais de votação.** Para o STE, o ato configura-se como crime de propaganda irregular. Trata-se de uma ação que deve ser combatido de maneira mais intensa, visto que afeta o meio ambiente e pode ocasionar acidentes (em 2012, uma eleitora acabou morrendo na cidade de Bauru, após traumas de queda por conta dos santinhos).

8.4. Intervenções

O debate com relação ao ativismo virtual passa pelo entendimento da vida digital como sendo uma extensão da realidade. Assim, é preciso que todo esse aparato tecnológico preste um serviço para a população, informando sobre fatos importantes, promovendo o debate e, principalmente, sugerindo soluções concretas e reais. Dessa forma, a evolução para o tema reside no aspecto da conduta ética do internauta, entendendo que o espaço digital acaba por delimitar ações e garantir a liberdade de expressão dentro do âmbito democrático.

A política deve ser encarada com maior seriedade, principalmente na esfera virtual. Muitos são os indivíduos que tiram os créditos dos debates políticos nesses ambientes de ausência do contato físico, atrelados à visão tradicionalista de se fazer política ou de se debater política (como sendo obrigatório o contato físico). Dessa forma, regulados por uma ação construtiva, que priorize o bem estar de todos e garanta um debate produtivo, a sociedade tende a ganhar com os mecanismos tecnológicos. Se o caminho inverso continuar sendo adotado, os problemas tendem a se agravar, a intolerância deve se fortalecer e a sociedade continuará assistindo uma ampla desigualdade no que tange aos benefícios políticos.

9. DESAFIOS DA PROMOÇÃO DE UMA CULTURA INCLUSIVA

O tema inclusão social é, por natureza, complexo e envolve um emaranhado de situações. Isso porque a realidade **brasileira se demonstra afastada dos processos inclusivos,** sendo estes essenciais para uma sociedade que busca a igualdade e a justiça social. Estruturalmente ou operacionalmente, a sociedade brasileira apresenta elevados e intensos déficits com relação aos aspectos da inclusão.

Ainda assim, analisando a realidade brasileira nos últimos anos é possível notar um avanço no que diz respeito às políticas públicas e programas destinados a pessoas com deficiência. No Hemisfério Sul, a própria ONU reconheceu o Brasil como sendo ícone das políticas públicas que amparam a população de deficientes. Ainda assim, a própria ONU (Organização das Nações Unidas) reconheceu que as políticas brasileiras **são mais assistencialistas e menos voltadas para a perspectiva dos direitos humanos.**

Uma das críticas mais intensas para o tema parte da própria sociedade civil que assiste o descaso com essa parcela da população no que diz respeito ao atendimento em escolas, estabelecimentos comerciais, na esfera trabalhistas, etc. Esse fato pode ser facilmente notado quando se compara o acesso de uma pessoa com algum tipo de deficiência a determinados serviços e os demais integrantes da sociedade.

Abordagens importantes para a discussão:

- De fato, a legislação apresentou evolução importante nos últimos anos. Entretanto, algumas brechas ainda existem. Por exemplo: desde 2010, **todas as empresas de transporte público deveriam estar completamente adaptadas para atender portadores de deficiência.** Entretanto, na realidade, grande parte das empresas está distante dessa adequação.

- Na questão da construção civil o desafio também é gigantesco. **Os edifícios públicos deveriam ter sido adaptados até o ano de 2009**. Entretanto, não é isso que acontece. Atualmente, alguns prédios têm sido construídos sem as exigências legais para circulação de cadeirantes, por exemplo.

- Os desafios para os deficientes se reproduzem na educação e saúde. Segundo dados entregues à ONU por entidades que atuam na causa, de 241 unidades de saúde analisadas em 7 estados, **60% não estavam adequadas para receber deficientes.** Nas escolas, a falta de assistência especializada é um dos maiores desafios. Em 2008, 93 mil estudantes com deficiência foram matriculados na rede público. Em 2014, o número caiu para 61 mil.

- Segundo dados do IBGE (Instituto Brasileiro de Geografia e Estatística), do Censo Demográfico de 2010, o Brasil conta com **45,6 milhões de pessoas com algum tipo de deficiência (representando 23,91% do total da população).**
- Segundo dados da ONU (Organização das Nações Unidas), cerca de **10% da população mundial apresenta algum tipo de deficiência.** Destes, cerca de 80% vive em países em desenvolvimento. Ainda pelos dados da ONU, cerca de 30% dos meninos ou meninas de rua têm algum tipo de deficiência e, em países em desenvolvimento, 90% das crianças com deficiência não frequentam a escola. (UNIC, 2013). Hipossuficientes, mulheres e meninas com deficiência são particularmente mais sujeitas a abusos e têm muitas vezes o seu acesso à justiça ou cuidados preventivos consideravelmente reduzidos.
- Um dos pontos de destaque para a discussão da inclusão a nível global foi a **Convenção da ONU sobre os Direitos das Pessoas com Deficiência (2006).**

Um dos pontos importantes para ser abordado em uma proposta de redação é a **Lei Brasileira de Inclusão da Pessoa com Deficiência (Estatuto da Pessoa com Deficiência – Lei 13.146/15).** A lei entrou em vigor no mês de janeiro de 2016, trazendo avanços e apontando desafios.

- **No geral, o que pretende o Estatuto da Pessoa com Deficiência?**

A legislação trouxe **regras e orientações que visam a ampliação dos direitos e da liberdade** das pessoas com deficiência. Entretanto, o mesmo ainda passa por regulamentações e problematizações em alguns pontos.

- **Como o Estatuto define a pessoa com deficiência?**

Define da seguinte forma: "aquela que tem impedimento de longo prazo de natureza física, mental, intelectual ou sensorial, o qual, em interação com uma ou mais barreiras, pode obstruir sua participação plena e efetiva na sociedade em igualdade de condições com as demais pessoas".

- **Por si só, a lei suprime / erradica os problemas enfrentados pelos deficientes?**

Absolutamente não. Além da regulamentação que precisa ser pensada, discutida e legitimada, o debate sobre inclusão demanda o rompimento de estruturas e obstáculos que estão enraizados na cultura do país. Desta forma, criar **uma cultura pela inclusão** é **elemento central da discussão**, priorizando alguns segmentos da sociedade e levando o debate de maneira maximizada. Neste sentido, a punição pela discriminação prevista em lei, por exemplo, tende a apresentar um efeito pedagógico de se debater o tema.

- **Quais os principais pontos apontados pela nova lei?**

A lei se ocupa de variados aspectos da vida dos deficientes. Áreas como saúde, educação, trabalho, assistência social, esporte, previdência e transporte foram topicalizadas no texto da lei. Observe alguns dos pontos importantes:

- **Capacidade civil:** Garantiu às pessoas com deficiência o direito de casar ou constituir união estável e exercer direitos sexuais e reprodutivos em igualdade de condições com as demais pessoas. Também lhes foi aberta a possibilidade de aderir ao processo de tomada de decisão apoiada (auxílio de pessoas de sua confiança em decisões sobre atos da vida civil), restringindo-se a designação de um curador a atos relacionados a direitos de ordem patrimonial ou negocial.

- **Inclusão escolar:** Assegurou a oferta de sistema educacional inclusivo em todos os níveis e modalidades de ensino. Estabeleceu ainda a adoção de um projeto pedagógico que institucionalize o atendimento educacional especializado, com fornecimento de profissionais de apoio. **Proíbe as escolas particulares de cobrarem valores adicionais** por esses serviços. Em junho de 2016, o plenário do STF (Supremo Tribunal Federal), **julgou constitucionais as normas do Estatuto da Pessoa com Deficiência (Lei 13.146/2015)** que estabelecem a obrigatoriedade de as escolas privadas promoverem a inserção de pessoas com deficiência no ensino regular e prover as medidas de adaptação necessárias sem que ônus financeiro seja repassado às mensalidades, anuidades e matrículas. A decisão majoritária foi tomada no julgamento da Ação Direta de Inconstitucionalidade (ADI) 5357 e seguiu o voto do relator, ministro Edson Fachin. Na ocasião, o único ministro que divergiu do relator foi o ministro Marco Aurélio, que acabou votando pelo acolhimento da ADI. "O Estado não pode cumprimentar com o chapéu alheio, não pode compelir a iniciativa privada a fazer o que ele não faz porque a obrigação principal é dele [Estado] quanto à educação. Em se tratando de mercado, a intervenção estatal deve ser minimalista. A educação é dever de todos, mas é dever precípuo do Estado", afirmou o ministro. A esfera educacional é uma das mais afetadas pelos elementos que discutem inclusão. A considerada "Escola para Todos" vem sofrendo com a ausência de seu potencial socializar e aglutinador. O que se assiste é uma marginalização e exclusão de parcelas sociais, o que automaticamente reflete na vida adulta pulverizada de moralidade, aceitação, justiça e igualdade. Muitas vezes, a **invisibilidade social acaba produzindo efeitos irreversíveis** para estes indivíduos que são excluídos da participação na vida coletiva.

- **Auxílio inclusão:** Criou benefício assistencial para a pessoa com deficiência moderada ou grave que ingresse no mercado de trabalho em atividade que a enquadre como segurada obrigatória do Regime Geral de Previdência Social.

- **Discriminação, abandono e exclusão:** Estabeleceu pena de um a três anos de reclusão, mais multa, para quem prejudicar, impedir ou anular o reconhecimento ou exercício de direitos e liberdades fundamentais da pessoa com deficiência.

- **Atendimento prioritário:** Garantiu prioridade na restituição do Imposto de Renda aos contribuintes com deficiência ou com dependentes nesta condição e no atendimento por serviços de proteção e socorro.

- **Administração pública:** incluiu o desrespeito às normas de acessibilidade como causa de improbidade administrativa e criou o Cadastro Nacional de Inclusão da Pessoa com Deficiência (Cadastro-Inclusão), registro público eletrônico que irá reunir dados de identificação e socioeconômicos da pessoa com deficiência.

- **Esporte:** Aumentou o percentual de arrecadação das loterias federais destinado ao esporte. Com isso, os recursos para financiar o esporte paraolímpico deverão ser ampliados em mais de três vezes.

Desta forma, a análise do tema exige uma **desenvoltura humanística da reflexão**, reduzindo o abismo existente entre as considerações legitimadas por leis, políticas públicas e programas sociais e a realidade enfrentada por essa parcela da população. Trata-se de um desafio que envolve a mudança de postura, a alteração de uma estrutura cultural pouco inclusiva. O enfrentamento da problemática aproxima a **sociedade civil do Poder Público**, visto que não se faz útil a verticalização das responsabilidades.

Nesse âmbito, o esforço legal, a fiscalização e o monitoramento das ações implementadas junto com o esforço da sociedade que se debruce sobre o tema e passe a encarar a inclusão como algo necessário e humano, seria a receita ideal para o país erradicar a desigualdade existente e colocar fim às injustiças recorrentes com essa parcela da população.

ATENÇÃO!

Lembre-se que uma intervenção (proposta de solução) precisa fugir dos elementos genéricos de análise. Além disso, não se faz concreto delimitar uma solução utópica, distante da realidade. Por fim, é preciso que o texto se oriente a partir de "uma das possibilidades", visto que sua solução não será única e exclusiva para erradicar a problemática em destaque.

10. MIDIATIZAÇÃO DAS TRAGÉDIAS E A INDIGNAÇÃO SELETIVA

No contexto contemporâneo, diferentes tragédias têm comovido o planeta. Acontecimentos que acendem o alerta da solidariedade e despertam no ser humano sensações díspares (pessoas que conseguem ver graça em determinadas situações, explorando o humor, assim como muita gente que se mobiliza para causas maiores). Em meio ao leque de acontecimentos, chama a atenção a postura da mídia com relação aos fatos. Situações sensacionalistas e o manuseio midiático tem trazido à tona mais do que um olhar descritivo para as tragédias, mas também um processo distorcido da notificação.

As redes sociais potencializam tais manifestações. Seja campanhas de arrecadação virtual, "hashtags" ou a confecção de avatares e mensagens de apoio. O alcance do que é publicado não se mede. Nesse sentido, o impacto de tais ações acaba por potencializar a dor das pessoas e, em alguns momentos, o sentimento é banalizado em busca do ibope.

A "midiatização" pode ser entendida enquanto um processo em que as **tecnologias midiáticas, técnicas, lógicas, estratégicas, de linguagem, operações sóciotécnicas e demais protocolos das mídias,** até então exclusivos do campo das mídias, campo midiático ou campo dos media (RODRIGUES, 1997), tornam-se **parte das lógicas de funcionamento da malha social.** De outra forma, a "midiatização" pode ser entendida como inúmeros entrecruzamentos entre dispositivos técnicos midiáticos, campos e atores sociais, meios de comunicação social e sociedade.

Dessa forma, a discussão sobre o tema sugere alguns pontos em destaque:

- O debate acerca do viés da dor relacionado as tragédias não pode ser mensurado. Sendo o indivíduo alguém distante ou próximo da situação, esse não é o objetivo maior, refletir sobre qual das tragédias gera maior comoção. Em todo caso, a **exploração dos acontecimentos ganha impactos diferenciados** – seja a Guerra Civil da Síria, acidente em Mariana/MG ou a queda do avião com jogadores e dirigentes da Chapecoense (além de jornalistas e tripulantes).

- Dessa forma, a partir do momento que analisamos um acontecimento onde vidas foram ceifadas, a indignação deveria prevalecer – sendo um caso que envolva um grande número de pessoas, ou um caso isolado no noticiário policial. Entretanto, para efeito midiático, os acontecimentos que promovem um luto coletivo não aqueles selecionados para discussão – trata-se de algo seletivo que atrairá a atenção do espectador e, consequentemente, ampliará o ibope.
- O jornalismo tem seu escopo criterioso para a escolha das notícias. Diferentes são as escolas que se constroem a partir desse fato. Sendo assim, observa-se uma "régua" que tem sido posta em prática para que uma notícia se solidifique. Para isso, o peso do fato estaria centrado nos elementos: **novidade, proximidade geográfica, proeminência e negativismo. Tal fato se torna nítido a partir do momento que uma notícia ruim, de caráter negativo – sendo qualquer julgamento pejorativo** – ganha a frente de um acontecimento positivo. Dessa forma, olhar para a imprensa brasileira é acompanhar as notificações constantes de tragédias, o que tende a ser questionado pelos cidadãos.

> • Por isso, em vez de apontarmos o dedo uns aos outros, principalmente nas redes sociais, acusando-nos mutuamente de indignação seletiva, cabe entender como é construída tal seleção no nosso próprio imaginário. Qual o papel da mídia nesse processo, mesmo entre quem busca coberturas e veículos alternativos ao mainstream. Quais as consequências da grande concentração num setor que deveria ser regido pela pluralidade e pela diversidade de ideias, como preza qualquer boa democracia. E a quem serve a fragmentação da nossa indignação, que tem como pano de fundo, por mais clichê que seja a afirmação, um sistema mundial de opressões que pune e invisibiliza "minorias" sociais do Ocidente ao Oriente, nas grandes cidades, periferias, morros e favelas; no campo e nas reservas indígenas e ambientais; na esquina da nossa casa.
>
> (Mônica Mourão e Helena Martins são jornalistas e integrantes do Intervozes).

- Outra perspectiva observada diz respeito a **espetacularização do sofrimento**. sensacionalismo que hoje já não é mais um traço apenas das mídias tradicionais, mas também daquelas caracterizadas como interativas. As postagens de fotos de vítimas fatais em local de um incêndio ou acidente se tornou epidêmico, manifestações mórbidas que em nada ajudaram a aliviar as dores de parentes e amigos. Nesse meio existe um jogo com os sentimentos do público, explorando a tragédia de um modo desleal.
- A queda da aeronave que matou jogadores e dirigentes da Chapecoense, dentre outras pessoas, é um dos exemplos emblemáticos sobre o modo como tal fato de ordem trágica ganhou espaço nos noticiários a fim de produzir uma comoção amplificada. Com relação ao fato em si, campanhas tomaram as redes sociais (Facebook e Twitter, principalmente), solicitando que os usuários não compartilhassem fotos de vítimas do acidente. Essa espécie de campanha contra o "vilipêndio de cadáver" acendeu o debate sobre a utilidade desse tipo de material veiculado pelos usuários.

- Nessa ordem crítica sobre os fatos noticiados, alguns questionamentos promovem **diferentes entendimentos**:
  - É possível estabelecer um limite entre o que deve ser noticiado e o que excede o bom senso?
  - A notícia em si se constrói como um direito ou um dever das mídias?
  - As escolas de jornalismo – que ensinam sobre o cuidado com relação a alguns acontecimentos – tem delimitado tais ações que envolvam o luto coletivo? Ou o ceticismo tem sido algo homogêneo?
  - Onde reside a moralidade do jornalismo que tem espetacularizado tais tragédias? Do acidente na Boate Kiss à tragédia da Chapecoense?
  - Qual a contribuição de um programa de entretenimento realizar uma abordagem sobre alguma tragédia?
  - Os temas que envolvem essas tragédias (por exemplo, segurança em casas de shows ou a segurança nos voos) são objetivos de pauta dos programas em momentos futuros aos acidentes?

Com esse olhar mais holístico para a discussão sobre a abordagem das tragédias pela mídia contemporânea, fica evidente que existem interesses que sobrepõem-se ao caráter "humano" do jornalismo – algo que encontra-se em escassez no jornalismo e em outros segmentos da sociedade. Nesse meio nefasto de se fazer jornalismo, a repetição das reportagens tornou-se algo cabal, o que amplifica ainda mais o olhar de baixa contribuição com relação ao leque informativo de uma tragédia. Entrevista com familiares das vítimas em momento de total fragilização, questionamentos deslocados de qualquer sentido para uma pessoa próxima, do tipo, "como você está se sentindo?" ou entradas ao vivo em momentos ímpares são facilmente observados entre os mais variados veículos da imprensa.

O que chama a atenção ainda é o caráter massificado de tal postura. Por isso, o olhar reflexivo para o tema envolve o "todo" midiático. Ao discorrer sobre tal tema, o candidato estará analisando a imprensa/mídia como um todo, e não um ou outro canal (ainda que alguns destes utilizem as tragédias de maneira mais exaltada ainda).

- Os episódios trágicos que acontecem no Brasil e no mundo promovem análises bem intencionadas. Esse é o caso da solidariedade exaltada a níveis não assistidos em outros momentos. Por vivermos em uma sociedade cada vez mais egocêntrica e individualista, onde o "eu" se torna o ponto máximo e a ação de massagear o ego parece o grande objetivo da maioria, acompanhar a mobilização da população para um bem maior, surpreende. Tal fenômeno pode ser observado com a tragédia da Chapecoense, onde a sociedade civil se mobilizou para tentar amenizar a dor das famílias das vítimas. Da tomada de decisão do time rival que jogaria contra a Chapecoense, o Atlético Nacional, que decidiu abrir mão do título da competição em questão (Copa Sul Americana) desde o momento em que soube do acidente, até a cerimônia realizada pelo próprio time colombiano, no dia em que aconteceria o primeiro jogo da final, onde foram prestadas homenagens às vítimas, prevaleceu um caráter humano que as tragédias despertam. São episódios como esse que favorecem o olhar humano para causas coletivas, refazendo espaços que tenham deixado marcas profundas, amenizando a dor de pessoas envolvidas direta ou indiretamente, ou ainda produzindo o que o ser humano tem de maior, a resiliência Na área da psicologia, a resiliência (é a capacidade de uma pessoa lidar com seus próprios problemas, vencer obstáculos e não ceder à pressão, seja qual for a situação. A teoria diz que resiliência é a possibilidade do indivíduo de tomar uma decisão quando tem a chance de tomar uma atitude que é correta, e ao mesmo tempo tem medo do que isso possa ocasionar. A resiliência demonstra se uma pessoa sabe ou não funcionar bem sob pressão). Olhando para essa versão otimista que as tragédias oferecem, é possível notar como o ser humano ainda se solidariza com o outro. A emoção que tomou conta do Brasil e do mundo com o acidente da Chapecoense fez despertar um caráter de luto mundial, sendo uma digestão menos dura esta que envolve o todo e não "regionaliza" a dor.

11. CULTURA NO ÂMBITO DA INDÚSTRIA CULTURAL

As provas de TRT's tem uma forte tendência de solicitar por parte do candidato uma análise crítica acerca de elementos voltados para as representações artísticas e culturais. Nesse amplo leque, olhar o comportamento do cinema, da música, literatura, artes plásticas e demais formas de representação acaba sendo fundamental para compreender o processo de mercantilização da cultura nos dias de hoje.

Sendo assim, o conceito de indústria cultural torna-se expressivo para tal análise. A preservação da cultura brasileira em um ambiente de diversidade tem sido um grande desafio da contemporaneidade. Conservar **músicas, danças, festas típicas, esculturas, pinturas, gravuras, contos, romances, poesia, cordel, mitos**, dentre outros elementos é trabalhoso para um ambiente que tem pode tendência a importação de traços culturais e sincretismo constante (o que nem sempre é um problema).

A música, por exemplo, acompanha essa lógica de mercado suplantada pelo modelo de consumo. A banalização dos conteúdos e a massificação fincaram-se como elemento a priori daqueles que produzem esse tipo de material. Nessa lógica, as músicas precisam ganham a aceitação do mercado, muitas vezes pouco seletivo, e por isso recorrem a estruturas similares, para não afirmar identicidade.

É importante destacar que a cultura desempenha papel ímpar para a construção da identidade de uma localidade. Não é à toa que a produção musical brasileira, por exemplo, tem traços marcadamente africano, indígena, sertanejo e europeu (desmistificando a classificação hierárquica sobre o melhor ou pior, mais simples ou mais complexo). Ainda que a produção intelectual pontue alguns estilos e gêneros como originários de maneira autêntica do Brasil, como o maxixe, o chorinho, o frevo ou o samba, **nenhum destes apresenta total "exclusividade", já que foram originados a partir da fusões, hibridações, criações e intercâmbio de culturas adversas** (nesse ponto questiona-se, para fins de temática de redação, se existe, no contexto contemporâneo, a possibilidade de criar algo autêntico dentro da esfera cultural).

Sendo assim, pensar no modelo da Indústria Cultural na realidade brasileira se torna útil para compreender essa "fotografia" que é a cultura na atualidade. Destacam-se:

- A primeira transmissão de rádio no Brasil ocorreu em 1922, com atividades de predomínio não comercial. Recitais de poemas, música erudita, óperas e palestras científicas eram veiculadas (algo bastante diferente da programação atual).
- A televisão chegou ao Brasil no início da década de 1950, quando o jornalista Assis Chateaubriand inaugurou a TV Tupi. Em 1960, apenas 4,6% dos domicílios brasileiros contavam com televisão. Atualmente, a televisão configura-se como o principal veículo de difusão da cultura e da informação (por isso, compreender as grades, o conteúdo e a intenção das emissoras é tão relevante). Existe a propagação de estereótipos a partir da televisão, além desta ser responsável por promover debates de cunho sexual, político, consumo, etc.
- A televisão consegue ainda disseminar vocábulos específicos de personagens de novelas, por exemplo. Entretanto, alguns programas ganham destaque como formadores de opinião e, para uma parcela de especialistas, podem exaltar situações extrema (seria o caso de programas policiais onde a leitura sensacionalista ou exaltada, tende a gerar uma inflamação social e produzir efeitos degenerativos para a vida coletiva). Os programas de cunho jornalístico apresentam também formato padronizado: a informação é "descrita" de maneira rápida e superficial, visto que o mesmo precisa atender a acontecimentos globais (ou seja, não existe tempo suficiente para o aprofundamento crítico).
- Theodor Adorno, um dos teóricos responsáveis por refletir sobre esse processo da Indústria Cultural chegou a destacar que o entretenimento é utilizado para anestesiar a capacidade das pessoas de pensar e refletir sobre a vida e as condições reais da existência – fato facilmente observado em programas de domingo, sem qualquer função social ou contribuição para a disposição crítica dos indivíduos (certamente aqui nos debruçamos de maneira geral, já que existem canais bem intencionados e programas construtivos).
- Nesse ponto reside a principal crítica dos teóricos: a constatação atual da dimensão cultural é claramente algo idêntico. Essa homogeneização / padronização tende a distanciar o indivíduo do senso crítico apurado, produzindo comportamento modelados e tendenciosos para a lógica de um consumo cíclico. O cidadão torna-se um mero receptor passivo e de maneira automática repete aquele conteúdo.
- Por outro lado, no caso da televisão brasileira, existe uma dimensão importante de ser avaliada. O filósofo brasileiro Renato Janine Ribeiro destaca que a televisão oferece uma pauta de conversa. Como exemplo, pode-se recorrer aos temas "obscuros" que em alguns momentos são tratados em novelas (seria uma contribuição ou banalização?). Esse importante mecanismo, a partir dessa lógica, pode ser reconhecido como responsável por democratizar o acesso aos principais assuntos. Se a novela apresenta temas como preconceito racial, ascensão da mulher, integração da comunidade LGBT, questão dos portadores de deficiência e da inclusão, entende-se

como elemento que contribui (ainda que o debate seja realizado a partir de uma perspectiva muito simples e limitada).

- Outra esfera bem alocada na lógica da industrialização da cultura é a produção cinematográfica. Muitas vezes, as grandes bilheterias envolvem aspectos dotados de uma irracionalidade do enredo e distanciamento da realidade. As ficções se tornaram o grande algo dos espectadores.
- Em um texto clássico escrito em 1947, "Dialética do Iluminismo", Adorno e Horkheimer definiram **indústria cultural como um sistema político e econômico que tem por finalidade produzir bens de cultura - filmes, livros, música popular, programas de TV etc. - como mercadorias e como estratégia de controle social**. A ideia é a seguinte: os meios de comunicação de massa, como TV, rádio, jornais e portais da Internet, são propriedades de algumas empresas, que possuem interesse em **obter lucros e manter o sistema econômico** vigente que as permitem continuarem lucrando. Portanto, vendem-se filmes e seriados norte-americanos, músicas (funk, pagode, sertaneja) e novelas não como bens artísticos ou culturais, mas como produtos de consumo que, neste aspecto, em nada se diferenciariam de sapatos ou sabão em pó. Com isso, ao invés de contribuírem para formar cidadãos críticos, manteriam as pessoas "alienadas" da realidade. Como afirmam no texto: "Filmes e rádio não têm mais necessidade de serem empacotados como arte. A verdade, cujo nome real é negócio, serve-lhes de ideologia. Esta deverá legitimar os refugos que de propósito produzem. Filme e rádio se auto definem como indústrias, e as cifras publicadas dos rendimentos de seus diretores-gerais tiram qualquer dúvida sobre a necessidade social de seus produtos". Assim, o que se tem é uma grande quantidade de **vítimas dessa indústria**, que não tem instrumentos ou ferramentas para lutar contra.
- Com isso, olhando para a produção cultural atual, é fácil notar um ar de similaridade. No âmbito das liberdades dentro do espaço democrático, ilude-se o indivíduo que acredita ter à sua disposição uma variedade de possibilidades (no caso, distintas). É a ilusão contemporânea.
- O sociólogo alemão naturalizado norte-americano Herbert Marcuse, em A ideologia da sociedade industrial, desenvolve uma análise a respeito da falta de liberdade confortável, suave, razoável e democrática que prevalece nas sociedades industriais e avançadas, como também é testemunho de um progresso técnico que ocorre nos países da periferia do capitalismo (países emergentes). Para ele, os meios de informação em massa encontram pouca dificuldade em fazer aceitar interesses particulares como sendo de todos. Para tanto, o autor argumenta: "a tecnologia não pode, como tal, ser isolada do uso que lhe é dada; a sociedade tecnológica é um sistema de dominação que já opera no conceito e na elaboração das técnicas".
- Pensando em indústria cultural e sua relação com a busca incessante pelo consumo, aloca-se a discussão sobre a construção da felicidade no contexto contemporâneo. Para os teóricos da indústria cultural Adorno e Horkheimer, "A felicidade não deve chegar para todos, mas para quem tira a sorte, ou melhor, para quem é designado por uma potência superior – na maioria das vezes a própria indústria do prazer, que

é incessantemente apresentada como estando em busca dessa pessoa". Ao mesmo tempo, a indústria cultural nega o prazer que promete aos seus consumidores. A televisão é um bom exemplo disso, pois os momentos de maior excitação de um filme, por exemplo, são interrompidos pela propaganda, que impede a satisfação e o prazer do consumidor.

- Por isso, pensar nas músicas, livros ou filmes mais consumidos é relativizar por um campo homogeneizado, que tem atendido a uma lógica de mercado. Nesse deslocamento de conteúdos, muitos traços característicos de nossa identidade cultural e elementos que poderiam possibilitar o avanço crítico são deixados de lado e vistos de maneira inferiorizada. O agravamento maior se faz para a sociedade, refém de todo esse processo que tem estimulado o consumo gritante, sem qualquer preocupação com o intelecto e o potencial argumentativo da sociedade.

12. GLOSSÁRIO PARA TRT'S

Uma das enfáticas contribuições para os candidatos que enfrentam uma prova de Tribunal Regional do Trabalho é o domínio de alguns conceitos que podem ser aplicados em diferentes discussões. Empoderados dessa bagagem conceitual, atravessar os temas mais variados (principalmente aqueles de caráter subjetivo), torna-se tarefa fácil, visto que a articulação do pensamento se faz de maneira embasada. Dessa forma, seguem alguns conceitos importantes:

- **Alienação:** Etimologicamente vem do latim *alienare, alienus*, que significa "que pertence a um outro". Sob determinado aspecto alienar é tornar alheio. Há vários sentidos para o conceito de alienação. Juridicamente, significa a perda do usufruto ou posse de um bem ou direito pela venda, hipoteca, etc. Em relação ao sentido de alguém que é alienado mental, estamos nos referindo às pessoas com deficiência metal. No sentido da prática religiosa alienação, significa fanatismo. No sentido social amplo quer dizer alguém que não consegue fazer uma leitura crítica e reflexiva da realidade e é facilmente manipulado (a) seja por religiões, ou por propagandas, etc – para uma proposta de redação, esse seria o alcance de maior representatividade para analisar situações do cotidiano, a produção da cultura, o mundo do trabalho, etc.

- **Aculturação:** refere-se ao encontro de duas culturas diferentes e, segundo afirmações mais tradicionais, a sobreposição de uma cultura sobre a outra, o que tende a ser desgastante para a cultura "dominada" e tende a trazer prejuízos. Historicamente, a aculturação moderna tornou-se evidente a partir da colonização nas Américas, África e Oceania, quando padrões civilizatórios passaram a ser impressos para tais populações "dominadas". Nesse ambiente de aldeia global, o choque cultural torna-se corriqueiro e, por isso, a reflexão sobre cultura se faz tão necessária.

- **Alteridade:** É a percepção do diferente, faz com que você identifique melhor sua identidade, sendo essa percepção fundamental para a definição de nossa identidade. A prática da alteridade contribui para a desnaturalização atitudes, crenças, ideias fortes que parecem naturais. Por isso, o indivíduo se coloca na posição do outro, entendendo que essa relação de coexistência é substancial. Evidencia-se o fato de que a sociedade pratica cada vez menos a alteridade, por isso, tantos conflitos assolam o ordenamento geopolítico.

- **Cultura:** O conceito de cultura tem um sentido diferente do que é utilizado pelo senso comum. Sintetizando, simboliza tudo o que é aprendido e partilhado pelos indivíduos de um determinado grupo e que confere uma identidade dentro do seu grupo de pertença. Na sociologia não existem culturas superiores, nem culturas inferiores, pois a cultura é relativa, desenvolvendo-se o relativismo cultural, isto é, a cultura do Brasil não é igual à cultura portuguesa e nem pode ser escalonada dentro de comparações qualitativas. Por esse fato, a complexidade acerca da questão da cultura vai da sua definição, aos pretextos que rodeiam o conceito.
- **Demagogia:** O discurso demagogo é entendido como algo distante da realidade. Trata-se de uma forma de convencimento sem o real compromisso com que se discursa. De tal forma, notamos a presença de postura demagoga, de maneira vertiginosa, na esfera política. Entretanto, outros espaços tomados por discursos do "politicamente correto" também se solidificam a partir de uma teoria supostamente afinco com as paixões daqueles que recebem a mensagem. Trata-se de uma possibilidade abismal entre teoria e prática.
- **Diversidade:** Um dos conceitos mais genéricos para as produções de texto é o de diversidade. Inclusive, a diversidade de um contexto acaba por ser o pretexto para uma parcela da sociedade disseminar o ódio, a intolerância e propagar a violência. Por isso, compreender a dimensão da diversidade para além dos contextos simplistas é de grande valia para a articulação crítica, já que podemos falar de diversidade cultural, política, social ou cultural, por exemplo.
- **Efêmero:** Trata-se de um importante termo para as provas de redação e grande parte dos temas. Atualmente, a sociedade tem como marca maior o processo de efemeridade, ou seja, a rapidez das relações. Tudo se torna muito rápido e flexível, ao ponto de que tal pode apresentar problemas – por exemplo, quando o foco se volta para o ser humano e seus relacionamentos. Uma das importantes contribuições para o entendimento desse contexto (chamado de Modernidade Líquida), é do sociólogo polonês Zygmunt Bauman.
- **Egocentrismo:** Em uma cultura que pressiona os indivíduos cada vez mais a competirem entre si, o olhar para o "eu" acaba por se tornar o grande referencial. Dessa forma, a prática egocêntrica ganha espaço e sufoca o entendimento coletivo e a construção a partir das necessidades do "outro". Soma-se a este elemento o peso do "narcisismo" no contexto contemporâneo. Vivemos em uma era do egocentrismo, onde a imagem, o status e a condição individual tendem a prevalecer. A sociedade imediatista é a mesma que não consegue lidar com a frustração, o fracasso ou a derrota – isso porque se autoflagela.
- **Empoderamento:** A palavra "empoderamento" é descrita em dicionários da língua portuguesa como Aurélio e Houaiss. De acordo com eles, o termo conceitua o ato

ou efeito de promover conscientização e tomada de poder de influência de uma pessoa ou grupo social, geralmente para realizar mudanças de ordem social, política, econômica e cultural no contexto que lhe afeta. A ideia é dar a alguém ou a um grupo o poder de decisão em vez de tutelá-lo. O movimento feminista negro, por exemplo, trabalha para empoderar mulheres negras, promovendo conscientização, por meio de educação comunitária, palestras e produção de conteúdo. O objetivo é dar instrumentos necessários para que esse grupo reivindique políticas públicas que beneficiem ou diminuam suas dificuldades específicas.

- **Identidade:** O conceito de identidade diz respeito à individualidade do ser social, mas, ainda assim, é totalmente dependente do âmbito comum e da convivência social. De forma geral, entende-se por identidade aquilo que se relaciona com o conjunto de entendimentos que uma pessoa possui sobre si mesma e sobre tudo aquilo que lhe é significativo. Esse entendimento é construído a partir de determinadas fontes de significado que são construídas socialmente, como o gênero, nacionalidade ou classe social, e que passam a ser usadas pelos indivíduos como plataforma de construção de sua identidade.
- **Estratificação:** Trata-se de um conceito que pode ser aplicado em discussões de cunho social. Uma das marcas da realidade brasileira, muito bem representada por fotos da desigualdade, é a questão da estratificação, ou seja, a sociedade fragmentada em diferentes condições econômico-sociais. Dessa forma, muitos problemas se acentuam a partir da estratificação, como é a questão da saúde, educação, segurança, moradia, transporte, etc.
- **Gentrificação:** A palavra gentrificação (do inglês gentrification) pode ser entendida como o processo de mudança imobiliária, nos perfis residenciais e padrões culturais, seja de um bairro, região ou cidade. Esse processo envolve necessariamente a troca de um grupo por outro com maior poder aquisitivo em um determinado espaço e que passa a ser visto como mais qualificado que o outro. O termo é derivado de um neologismo criado pela socióloga britânica Ruth Glass em 1963, em um artigo onde ela falava sobre as mudanças urbanas em Londres (Inglaterra). Ela se referia ao "aburguesamento" do centro da cidade, usando o termo irônico "gentry", que pode ser traduzido como "bem-nascido", como consequência da ocupação de bairros operários pela classe média e alta londrina.
- ***Habitus*:** no entendimento de Pierre Bourdieu, os *habitus* são princípios geradores de práticas distintas e distintivas – o que o operário come e, sobretudo, sua maneira de comer, o esporte que pratica e a sua maneira de praticá-lo, suas opiniões políticas e sua maneira de expressá-las diferem sistematicamente do consumo ou das atividades correspondentes do empresário industrial; mas são também esquemas classificatórios, princípios de classificação, princípios de visão e de divisão e gostos diferentes. Eles estabelecem as diferenças entre o que é bom ou mau, distinto e vulgar. Por isso, um mesmo comportamento pode ser distinto pra um, pretensioso ou ostentatório para outro e vulgar para um terceiro.

- **Indústria Cultural:** Atualmente, a sociedade passa por uma intensa banalização e massificação da produção cultural (pensando essa no caráter mais abrangente). Cada vez mais, nota-se um pressuposto mercadológico no quesito cultura, o que acaba por dilacerar o sentido e a função social da arte e das demais representações artísticas. A produção de um material homogeneizado e sem conteúdo mais alargado e complexo emerge como uma demanda da própria sociedade, afastada com a interação crítica de maior peso. O peso das tecnologias de informação e comunicação é grande nessa "revolução" cultural, fato que garante a proliferação de conteúdos banalizados.
- **Hierarquização:** Uma das formas de escalonar diferentes discussões da vida cotidiana é a hierarquização das relações sociais. Para tudo é "possível" criar um parâmetro e selecionar critérios, a fim de sobrepor um hábito, cultura, gesto ou ideologia ao outro. Esse é o discurso que toma como partido a possibilidade de comparação entre diferentes aspectos.
- **Labor:** Segundo a filósofa alemã Hanna Arendt (1906-1975), os gregos usavam três concepções para a ideia de trabalho. Labor seria o esforço físico voltado para a sobrevivência do corpo, sendo, portanto, uma atividade passiva e submissa ao ritmo da natureza. O exemplo mais claro seria o cultivo da terra, pois depende de forças que o ser humano não pode controlar, como o clima e as estações. ***Poiesis*** correspondia ao ato de fazer, fabricar, criar algum produto mediante o uso de um instrumento ou mesmo das próprias mãos – trabalho do artesão ou escultor, por exemplo. A ***práxis*** seria a atividade que tem a palavra como principal instrumento, isto é, utiliza o discurso como meio para encontrar soluções voltadas para o bem-estar dos cidadãos. É o espaço da política, da vida pública.
- **Narcisismo:** No contexto contemporâneo, o comportamento da sociedade diz muito sobre problemas enfrentados pelos indivíduos (desde a esfera individual, até o aspecto coletivo – de maior abrangência). Nesse leque, o culto ao "eu" se torna mecanismo corriqueiro e, muitas vezes, a origem de práticas exacerbadas de colocar adiante de qualquer situação o orgulho próprio. Não **é** de hoje que as bancas examinadoras gostam da apropriação dessas questões para falar de estética, redes sociais, novos comportamentos, etc. Ainda que a psicanálise reconheça as potencialidades benéficas do narcisismo, para uma análise mais geral, pensar no apreço ao "eu" de maneira demasiada tende a tornar possível o surgimento de desafios (ainda não equacionados).
- **Modernidade Líquida:** o conceito de maior impacto para as últimas provas. A expressão ganha aplicabilidade em vultuosas discussões acerca da sociedade como um todo, ou ainda das individualidades que tanto desafiam a harmonia coletiva. De autoria do sociólogo polonês Zygmunt Bauman, o termo se apropria de um diagnóstico da sociedade contemporânea, marcada pela fluidez das relações, laços afetivo-sentimentais superficiais e uma efemeridade dos gestos e situações. De longe, discutir a questão dos gestos humanos no contexto atual passa pelo entendimento e aplicação do conceito.

"São esses padrões, códigos e regras a que podíamos nos conformar, que podíamos selecionar como pontos estáveis de orientação e pelos quais podíamos nos deixar depois guiar, que estão cada vez mais em falta. Isso não quer dizer que nossos contemporâneos sejam livres para construir seu modo de vida a partir do zero e segundo sua vontade, ou que não sejam mais dependentes da sociedade para obter as plantas e os materiais de construção. Mas quer dizer que estamos passando de uma era de 'grupos de referência' predeterminados a uma outra de 'comparação universal', em que o destino dos trabalhos de autoconstrução individual (...) não está dado de antemão, e tende a sofrer numerosa e profundas mudanças antes que esses trabalhos alcancem seu único fim genuíno: o fim da vida do indivíduo". (BAUMAN, 2001)

- **Retórica:** De fato, a capacidade de arguição oral da sociedade tem ido de mal a pior. Não é à toa que muitos discursos simplistas e carentes acabam conseguindo o manuseio do eleitor / cidadão, visto que o domínio das habilidades necessárias se vê distante da realidade. Na prática, trata-se de um conceito com submersão intensa no âmbito político do país, com garantias maiores de programas de marketing político que extrapolam a figura de indivíduos, em sua maioria, distantes da realidade nacional (destaque para as campanhas de candidatos intitulados "não políticos", no Brasil e no mundo). Vale lembrar que o estilo de vida, a falta de tempo para ações simples e a interação tecnológica promovem um afastamento das relações interpessoais no campo físico, onde o contato é essencial. Assim sendo, como efeito maior, temos pouco diálogo, habilidade oral e, quando estes ocorrem, nem sempre atendem às expectativas da crítica em geral.

- **Relativismo:** Um dos grandes tópicos abordados pelas provas de redação diz respeito ao contexto cultural. Dessa forma, compreender cada traço cultural de um espaço global marcado pelas diferenças exige um olhar para o contexto analisado. Essa é a faceta do relativismo, a atenção para o contexto de determinada cultura, a fim de se distanciar de visões preconceituosas e que motive o ódio e a intolerância. Ainda assim, poucas vezes os indivíduos constroem seus posicionamentos a partir de uma análise contextual. Geralmente, o processo crítico parte de achismos, senso comum e informações supérfluas e errôneas.

- **Sexismo:** Trata-se de uma forma desproporcional e preconceituosa de encarar um indivíduo por conta de seu sexo ou gênero. Além disso, as práticas assumem um caráter preconceituoso com relação à orientação sexual, tornando-se uma das maiores problemáticas em destaque no âmbito da sociedade brasileira.

- **Socialização:** A relação entre os indivíduos acaba por ser importante de maneira espontânea para qualquer tema de ordem social. Dessa forma, a compreensão das instituições sociais que promovem a interação do mesmo com regras é essencial para o desenvolvimento de uma reflexão concreta. Ao se tratar a questão da socialização, logo nota-se a preocupação em definir os mecanismos e espaços onde as crianças são inseridas socialmente. A família, responsável pela socialização primária, tem enfrentado dificuldades com relação ao cumprimento de sua postura. A escola, espaço de socialização secundária, a mesma coisa – vários são os déficits que já questionam o papel dessas instituições na vida dos jovens da geração X, Y ou

Z. Além disso, outra aflição contemporânea é a questão das TIC's – Tecnologias de Informação e Comunicação – influenciando o processo de socialização.

- **Utopia:** Um conceito que norteia diferentes análises. A construção utópica parte da ideia de uma civilização, espaço e territorialidade, ideal, imaginária e fantástica. A etimologia já sustenta o conceito "lugar que não existe", ou seja, um espaço onde a ilusão prevalece. Entretanto, para a questão poética/filosófica, a ilusão seria força essencial para manter os indivíduos acesos. Ainda assim, a crítica se faz a partir da impossibilidade de construir uma sociedade perfeita, ainda mais no atual estágio, com tamanha disparidade econômico, social, política e cultural. Utopia foi um país imaginário, criação de *Thomas Morus*, escritor inglês (1480-1535), onde um governo, organizado da melhor maneira, proporciona ótimas condições de vida a um povo equilibrado e feliz.

13. TEMAS GERAIS PARA A PROVA

1. Intolerância religiosa no Estado laico: desafios culturais, humanos e sociais
2. Influência da cultura estrangeira para a população brasileira
3. Ensino religioso enquanto obrigatoriedade: avanço ou retrocesso?
4. Biografias não autorizadas e a liberdade de expressão
5. Déficits educacionais do Brasil
6. Mobilidade urbana e a questão das ciclovias
7. Questões de gênero: ascensão da mulher na sociedade
8. Desafios para a adoção de crianças no Brasil: burocracia e dificuldades jurídicas
9. Assédio moral nas relações trabalhistas: como legislar?
10. Envelhecimento da população: desafios a longo prazo
11. Polêmica dos transgênicos
12. Políticas públicas para "erradicação" das drogas no Brasil
13. Regulamentação da doação de órgãos: instrumentos para fomentar o número de doadores
14. Brasil: campeão do uso de agrotóxicos
15. Home Office: adequações para o mundo globalizado
16. Regulamentação da publicidade infantil
17. Analfabetismo político no Brasil e seus reflexos
18. Problemática do trabalho infantil: luta geopolítica
19. Escravidão moderna: alteração histórica do conceito
20. Redução da maioridade penal: avanços e retrocessos
21. Busca pelo corpo ideal no país campeão em cirurgias plásticas
22. Ética nas relações trabalhistas

23. Adultização das crianças: efeitos da contemporaneidade
24. Estresse no mundo do trabalho e a qualidade de vida
25. Nova configuração da família brasileira com as relações homoafetivas
26. Erotização infantil e os impactos para a população jovem
27. Reforma política no cenário de corrupção endêmica
28. Bullying nas escolas: desafio de um processo educacional insatisfatório
29. Desafios para o país campeão em cesáreas
30. Crises globais: efeitos para a inserção dos jovens no mercado de trabalho
31. Eleições e o poder das redes sociais
32. Plano Nacional de Educação: investimentos apropriados ou gastos desnecessários?
33. Rolezinhos e a polêmica da exclusão social
34. Ostentação e luxo extrapolado pelas redes sociais
35. Meritocracia na ascensão do trabalho
36. Desafios do mundo do trabalho: como lidar com o desemprego
37. Terrorismo no mundo: desafio global
38. Problemática dos refugiados
39. Reforma ministerial no país com "excedente" de ministérios
40. Atuação dos Três Poderes na condução do país
41. Justiça com as próprias mãos: desafios no cenário de morosidade do judiciário
42. O aumento do número de usuários da internet e a disseminação de boatos pela rede
43. Grilagem de terras públicas na Amazônia
44. Políticas assistencialistas e a redução da pobreza
45. Depressão: doença mais incapacitante do mundo
46. Os impactos da terceirização nas relações trabalhistas
47. STF e as transmissões "ao vivo": democratização ou banalização?
48. Sistema prisional brasileiro: estratégias para alocação dos indivíduos
49. Atuação da ONU frente aos diferentes temas da sociedade
50. Greves e a atuação do sindicalismo no Brasil
51. Tecnologia utilizada dentro dos tribunais
52. Estatuto da família: discussão sobre a definição conceitual do eixo familiar
53. Medida Provisória, Decreto e Projeto de Lei: diferentes formas de ampliar o cenário democrático
54. Maus-tratos aos animais: desafios jurídicos para aplicação de penas mais rígidas
55. Desafios da matriz energética brasileira

56. Influência da tecnologia na vida das crianças e jovens
57. Dicotomia: geração selfie X resguardo da privacidade
58. Dinamismo no Direito do Trabalho: exigências e necessidades
59. Avanços ambientais e retrocessos ecológicos dos últimos tempos
60. Estado e o zelo pelos Direitos Humanos
61. Insatisfação no mundo do trabalho: causas e consequências
62. Crise da água e os desafios para a população
63. O avanço da tecnologia e a extinção das bibliotecas?
64. Estética ideal e a artificialidade dos traços
65. Trotes universitários e os limites necessários
66. Livre iniciativa e a questão do aplicativo UBER
67. Descriminalização das drogas: polêmica da vez
68. Corrupção no futebol (escândalos da FIFA)
69. Lixo: questão de cidadania e responsabilidade social
70. O aborto no Brasil
71. Felicidade e consumo: desafios de uma sociedade moldada
72. Banalização da expressão artística
73. Bioética e os entraves atuais
74. Intervenção militar em debate na atualidade
75. Nível de abstenção nas últimas eleições: insatisfação ou não entendimento do tema?
76. Voto facultativo x Voto obrigatório
77. Os grandes desafios para a população indígena brasileira
78. Questões de gênero em discussão nas esferas legislativas
79. Reação em cadeia da crise econômica mundial
80. Anomia social da população jovem
81. Legislação específica para a mulher (Lei do Feminicídio / Lei Maria da Penha)
82. Smartphones: a nova chupeta
83. Conectividade e comportamento: como equilibrar as relações sociais nesse aparato tecnológico
84. Cultura saudosista: como superar o passado idealizado
85. Ciência x religião: entrave ou visão associativa
86. Busca pelos profissionais polivalentes e altamente qualificados
87. Brasil: diversidade como eixo característico
88. Sociedade líquida e o potencial raso das relações

89. Desafios para as pesquisas com célula-tronco
90. Dicotomização das ações sociais (direita x esquerda; bom x ruim;)
91. Cibergeração e a participação política
92. Analfabetismo funcional no Brasil e os impactos para o futuro
93. Diplomacia mundial e o descongelamento das relações entre EUA e Cuba
94. Marco civil da internet e os avanços para a sociedade
95. Campanhas de vacinação pelo Brasil: entraves históricos
96. Espionagem no contexto de evolução tecnológica
97. Regulamentação do trabalho doméstico
98. Economia verde e a ideia de sustentabilidade
99. Benefícios do esporte para a sociedade
100. Vícios do motorista e a agressividade no trânsito
101. Desdobramentos da Primavera Árabe
102. Questão das cotas: polêmica que atravessa a história
103. Acordos nucleares e os avanços diplomáticos
104. Deepweb e os desgastes da rede
105. Novas formas de trabalho no contexto de globalização
106. Índice de gravidez na adolescência
107. Olimpíadas em 2016 no Brasil e o legado da infraestrutura
108. Oriente Médio em questão: berço das religiões e os conflitos religiosos
109. Esporte e o potencial de resolução de conflitos
110. A crise hídrica e as saídas empreendedoras
111. Despreparo policial e a violência endêmica
112. Desafios da força policial brasileira
113. Empreendedorismo no cenário de crise
114. Ensino interativo e os entraves da escola contemporânea
115. Os desafios da escola do século XXI
116. Lay-off enquanto saída para a crise econômica
117. Feminismo em alta: concepção ideológica e seus desafios
118. Estatuto do Desarmamento e seus maiores entraves
119. Avanço da ciência com relação a AIDS
120. Estratificação social e a questão das classes
121. Obsolescência programada na lógica Capitalista
122. Desafios do Sistema Único de Saúde

123. Tipificações da violência: como combater um dos maiores problemas brasileiro
124. Legislação que emana do povo: contrastes entre governantes e governados
125. Cidades: espaço de diversidade e riqueza cultural
126. Amizade no século XXI e as novas formas de relacionamento
127. Formação universitária no Brasil: desequilíbrios ou realidade diversificada?
128. Lógica do trabalho voluntário na sociedade contemporânea
129. Problemática dos resíduos sólidos no Brasil
130. Lixo e luxo: exemplos de sucesso e práticas empreendedoras
131. Democracia, justiça e igualdade: teoria ou prática?
132. Função social das novelas: compromisso ou fuga da realidade?
133. Solidariedade posta em pauta: fenômeno natural ou artificial?
134. Cultura do estupro e a violência generalizada
135. Importância da educação ambiental para os dias de hoje
136. Ensino a distância e suas funcionalidades
137. Segregação da cultura indígena no Brasil
138. Educação financeira para as crianças e os adultos conscientes
139. Sedentarismo x Qualidade de vida
139. Pílula do câncer e a reação do mercado
140. Profissão professor: entre a idealização e a realidade
141. Ridicularização dos espaços virtuais e a exposição da privacidade
142. Clássico em questão: releitura ou esgotamento?
143. Desigualdade social, estratificação e violência
144. Leitura e felicidade: realização e satisfação
145. Desafios dos moradores de rua e a invisibilidade social
146. Sincretismo e apropriação cultural no ambiente da diversidade
147. Lei da Palmada e a intervenção do Estado no âmbito familiar
148. Violência no futebol e as torcidas organizadas
149. Mundo do trabalho: entre a especialização e a polivalência
150. Civismo fragmentado na realidade brasileira
151. Tempo: o grande vilão da sociedade moderna
152. Sociedade imediatista e a questão da frustração
153. Moradores de rua: transitoriedade solidária e o agravamento social
154. Sociedade das manchetes e a superficialidade dos debates
155. Ativismo em defesa dos animais

156. Artificialidade dos zoológicos do século XXI
157. Alcoolismo, sexo, política e religião: tabus entre os jovens
158. Drogas lícitas X drogas ilícitas
159. Polícia brasileira e o cenário de violência
160. Desafios burocráticos do processo de adoção no Brasil
161. O brincar do século XXI
162. Homeschooling: uma alternativa para a crise da escola
163. Imposição de um olhar maniqueísta do mundo
164. A questão estética e o culto narcisista
165. Segurança da urna eletrônica e os entraves do processo eleitoral
166. Peso do marketing político no âmbito das eleições
167. Centenário do samba e a construção da identidade nacional
168. Mundo real x mundo virtual: dimensões dicotômicas ou similares?
169. O circo da atualidade e a mercantilização do humor
170. Democracia no ambiente de ascensão das visões extremas
171. Congresso Nacional e a crise de representatividade
172. Ideologia dentro da sala de aula
173. Sociedade do medo e a generalização da violência
174. Doação de órgãos: desafio brasileiro emergencial
175. Desafios da inclusão social no Brasil
176. Imediatismo da sociedade moderna e a dificuldade em lidar com a frustração
177. Sociedade do espetáculo e a falta de ídolos
178. Lei Rouanet e a real valorização da cultura
179. Aculturação, sincretismo e apropriação cultural no contexto da diversidade
180. Fluidez dos laços sentimentais e desconstrução do "eu"
181. Normose: patologia contemporânea

REFERÊNCIAS BIBLIOGRÁFICAS

O material produzido faz referência a uma reunião de temas comentados pelos principais noticiários, informativos e portais do país e do mundo.

- Disponível em: <www.uol.com.br> Acesso em: dezembro de 2016.
- Disponível em: <www.nexojornal.com.br> Acesso em: dezembro de 2016.
- Disponível em: <www.super.abril.com.br> Acesso em: dezembro de 2016.
- Disponível em: <www.g1.globo.com> Acesso em: dezembro de 2016.
- Disponível em: <www.ebc.com.br> Acesso em: dezembro de 2016.

- Disponível em: <www.globo.com> Acesso em: dezembro de 2016.
- Disponível em: <www.folha.com.br> Acesso em: dezembro de 2016.
- Disponível em: <www.terra.com.br> Acesso em: dezembro de 2016.
- Disponível em: <www.estadao.com.br> Acesso em: dezembro de 2016.
- Disponível em: <www.r7.com> Acesso em: dezembro de 2016.
- Disponível em: <www.brasil.elpais.com> Acesso em: dezembro de 2016.
- Disponível em: <https://www.unodc.org/> Acesso em: dezembro de 2016.
- Disponível em: <http://www.onu.org.br/> Acesso em: dezembro de 2016.

BIBLIOGRAFIA RECOMENDADA

BIBLIOGRAFIA BÁSICA

Gracioli, Rodolfo Muniz Alves. Temas de Redação para Tribunais. Coleção Tribunais e MPU. Salvador. Juspodivm, 2016. 304p.

GRACIOLI, Rodolfo Muniz Alves. **Atualidades:** Coleção Tribunais e MPU. Salvador: Juspodivm, 2014. 154 p.

UOL. **Universo Online:** O melhor conteúdo. 2016. Disponível em: <www.uol.com.br>. Acesso em 04 out. 2016.

G1. **G1:** O portal de notícias da Globo. 2016. Disponível em: <http://g1.globo.com/>. Acesso em 04 out. 2016.

TERRA. **Portal Terra:** Notícias, esportes, coberturas ao vivo, diversão e estilo de vida. 2016. Disponível em: <http://www.terra.com.br/>. Acesso em 04 out. 2016.

FOLHA DE S. PAULO (São Paulo). **Folha de S. Paulo:** Notícias, imagens, vídeos e entrevistas. 2016. Disponível em: <www.folha.uol.com.br>. Acesso em 04 out. 2016.

EL PAÍS (Brasil). **El País:** O jornal global. 2016. Disponível em: <http://brasil.elpais.com/>. Acesso em 04 out. 2016.

ESTADÃO. **Estadão:** As Últimas Notícias Do Dia no Portal do Estado de S. Paulo. 2016. Disponível em: <www.estadao.com.br>. Acesso em 04 out. 2016.

NEXO JORNAL. <http://www.nexojornal.com.br>. Acesso em 04 out. 2016.

TSE. Tribunal Superior Eleitoral. <www.tse.jus.br>. Acesso em 04 out. 2016.

Conhecimentos Específicos

Analista Judiciário – Área Judiciária
Analista Judiciário – Área Judiciária –
Especialidade Oficial de Justiça Avaliador Federal
Técnico Judiciário – Área Administrativa

Direito Constitucional

Edem Nápoli

Direito Constitucional – TRT-MS

SUMÁRIO: 1. Constituição; 1.1. Princípios Fundamentais; 2. Da aplicabilidade e interpretação das normas constitucionais; vigência e eficácia das normas constitucionais; 3. Controle de constitucionalidade (somente para analista judiciário); 3.1. Sistema difuso e concentrado; 3.2 Ação Direta de Inconstitucionalidade; 3.3 Ação Declaratória de Constitucionalidade; 3.4 Arguição de Descumprimento de Preceito Fundamental; 4. Dos Direitos e garantias fundamentais:; 4.1. Direitos e deveres individuais e coletivos; 4.2. Dos direitos sociais; 4.3. Da nacionalidade; 4.4. Dos direitos políticos; 4.5. Dos partidos políticos; 5. Da organização político-administrativa:; 5.1. Das competências da União, Estados e Municípios; 6. Administração Pública; 7. Da Organização dos poderes; 8. Do poder executivo; 8.1 Das atribuições e responsabilidades do Presidente da República; 9. Do poder legislativo; 9.1 Da fiscalização contábil, financeira e orçamentária; 10. Do poder judiciário; 10.1 Disposições gerais; 10.2 Do Supremo Tribunal Federal; 10.3 Do Conselho Nacional de Justiça: organização e competência; 10.4 Do Superior Tribunal de Justiça; 10.5 Dos Tribunais Regionais Federais e dos Juízes Federais; 10.6 Do Conselho Superior da Justiça do Trabalho: organização e competência; 10.7 Do Tribunal Superior do Trabalho, dos Tribunais Regionais do Trabalho e dos Juízes do Trabalho; 11. Funções essenciais à Justiça; 11.1. Ministério Público; 11.2. Advocacia Pública; 11.3. Advocacia; 11.4. Defensoria Pública.

1. CONSTITUIÇÃO

1.1. Princípios Fundamentais

PRINCÍPIOS CONSAGRADORES DAS BASES POLÍTICAS NACIONAIS

Neste capítulo será iniciada a análise da parte dogmática do texto constitucional. Como não poderia deixar de ser, esse estudo começa pelo título I da Constituição Federal de 1988, intitulado "Dos Princípios Fundamentais", que vai do art. 1º ao art. 4º da Magna Carta.

O art. 1º é responsável pela identificação dos fundamentos do Estado brasileiro. Todavia, não se deve perder de vista que antes mesmo de partir para o enfrentamento de tais fundamentos, a Lei Maior, logo no caput, consagra aqueles que podem ser chamados de princípios estruturantes das bases políticas nacionais.

E segundo esse dispositivo, a República Federativa do Brasil, formada pela união indissolúvel dos Estados, dos Municípios e do Distrito Federal, constitui-se em Estado Democrático de Direito.

A partir dessa previsão, de logo é possível identificar a consagração do Princípio Federativo, do Princípio Republicano e do Princípio do Estado Democrático de Direito.

O Princípio Federativo é responsável pela identificação da nossa forma de Estado, qual seja Estado federal, em sentido oposto a ideia de Estado unitário. Assim, tem-se que no Brasil a forma de Estado é a Federação.

Essa constatação é possível não só pela expressão República Federativa, como também pela expressão formada pela união indissolúvel dos Estados, dos Municípios e do Distrito Federal – que traduz a ideia da existência de um governo central e de vários governos locais.

Ainda com o caput do art. 1º, é possível identificar o chamado Princípio Republicano, consagrador da forma republicana de governo, em sentido oposto à Monarquia. Assim, no Brasil, a forma de governo é a República.

Como visto, a República no Estado brasileiro surge a partir do Decreto nº 1 de 15 de novembro de 1889, mesmo ato que instituiu a Federação. Suas principais características estão centradas na igualdade entre as pessoas, no exercício do poder mediante eleição, existência de mandatos com prazo determinado, governantes sujeito à responsabilização (os governantes devem prestar contas acerca da gestão da coisa pública) etc.

Por fim, o caput do artigo ainda cristaliza o princípio do Estado Democrático de Direito. Tal princípio tem por desiderato guiar o Estado de Direito para a consecução dos preceitos de Democracia. E este é o regime político brasileiro: regime de Estado Democrático de Direito.

É preciso atentar que nem todo Estado de Direito é democrático. Estado de Direito é aquele politicamente organizado e que obedece as suas próprias leis.

Para que um Estado seja considerado Democrático de Direito ele tem de estar pautado em premissas que potencializem o princípio da dignidade da pessoa humana, sobrelevando a condição dos cidadãos e orientando-os no sentido de concretizarem os seus ideais.

Vencida a análise do caput do art. 1º da CF/88, dispositivo que contempla os princípios consagradores das bases políticas nacionais, parte-se agora para o estudo dos fundamentos do Estado brasileiro, elencados nos incisos I a V deste mesmo artigo.

FUNDAMENTOS DA REPÚBLICA FEDERATIVA DO BRASIL

De saída, vale lembrar que em provas de concurso, com muita frequência, as bancas examinadoras costumam cobrar a literalidade dos cinco incisos que, no art. 1º da CF, consagram os fundamentos do Estado brasileiro.

Com esse dispositivo, tem-se que a República brasileira tem como fundamentos:

- a soberania;
- a cidadania;
- a dignidade da pessoa humana;
- os valores sociais do trabalho e da livre iniciativa;
- o pluralismo político.

Em face dessa realidade, já se tornou comum entre os estudantes a disseminação de um processo mnemônico – técnica de memorização – que permita ao aluno se lembrar, com facilidade, dos cinco fundamentos da República Federativa do Brasil.

ATENÇÃO!
O processo, formado pelas sílabas iniciais de cada um dos fundamentos que compõem os incisos do art. 1º, é: **SO CI DI VA PLU**.
SO – soberania;
CI – cidadania;
DI – dignidade da pessoa humana;
VA – valores sociais do trabalho e da livre iniciativa;
PLU – pluralismo político.

De mais a mais, para além da literalidade constitucional, deve-se atentar ainda para as principais características que marcam cada um desses fundamentos. É o que se passará a analisar agora.

- *Soberania*

É possível afirmar que o princípio da soberania pode ser percebido a partir de duas vertentes. Tanto sob o prisma da soberania externa, quanto sob a perspectiva da soberania interna.

Pela faceta da soberania externa, tem-se que nas relações recíprocas entre os Estados não deve haver hierarquia ou subordinação, mas sim igualdade. A ideia aqui é que um Estado não pode impor-se sobre o outro.

A noção que há de prevalecer neste cenário, portanto, é de independência na ordem internacional.

Do outro lado, tem-se que, pela soberania interna, a ideia é que dentro do Estado não pode haver nenhum poder que seja maior do que o próprio poder estatal, que é a própria potestade (poder supremo). Aqui a noção é de supremacia na ordem interna.

"Pegadinha" muito comum nas provas é a questão que visa saber se a União é soberana. Neste caso, a resposta é negativa.

ATENÇÃO!

A União, assim como as demais pessoas políticas, é um ente federado autônomo. Mas quem, de fato, é **soberana**, segundo entendimento assente das bancas examinadoras, é a República Federativa do Brasil.

- *Cidadania*

Já o fundamento republicano da cidadania, por sua vez, também pode ser analisado sob duas vertentes. A cidadania em sentido amplo (lato) e a cidadania em sentido restrito (estrito).

Em sentido amplo, ter cidadania significa ter aptidão para titularizar os direitos mais próximos da dignidade da pessoa humana, independentemente de qualquer requisito jurídico específico.

A partir desse sentido é possível afirmar que um recém-nascido é um cidadão que tem, dentre outros, o direito à vida, liberdade, segurança, maternidade, alimentação, direito à busca pela felicidade etc.

Já cidadania em sentido estrito significa a aptidão para ser titular de direitos políticos. Cidadão, sob essa ótica, é o nacional portador do título de eleitor e que está no pleno gozo dos direitos políticos.

Assim, nessa acepção mínima, ser cidadão é ser eleitor. É estar investido, pelo menos, da capacidade eleitoral ativa, vale dizer, do direito de votar.

Vale ressaltar que a legitimidade ativa para a propositura da ação popular está atrelada à noção de cidadania em sentido estrito. Com o art. 1º, § 3º, da Lei 4.717/65, o documento comprobatório dessa qualidade de cidadão é o título de eleitor.

ATENÇÃO!

Ainda nesse contexto, insta salientar que medida provisória, dentre outros assuntos, não pode versar sobre normas relativas à **cidadania**, nacionalidade, direitos políticos, partidos políticos e direito eleitoral.

- *Dignidade da pessoa humana*

Trata-se de princípio que tem origens no cristianismo e é anterior a qualquer criação jurídica. A dignidade da pessoa humana se apresenta, assim, como o fundamento maior do Estado brasileiro.

De todos os princípios, tem-se que este se apresenta como o "carro-chefe" dos direitos e garantias fundamentais. É o princípio meta, princípio fim de todo o ordenamento. E isso o distingue dos demais.

Lembre-se que o Estado não é um fim em si mesmo. Pelo contrário, o objetivo do Estado é ajudar o homem a encontrar o seu fim.

A despeito dessa constatação, não é possível afirmar que a dignidade da pessoa humana seja um princípio absoluto. Para prova, à luz dos comportamentos já exarados pelas bancas examinadoras, é assente o entendimento segundo o qual não existem direitos absolutos, da mesma forma que não existem princípios absolutos.

O fato de ser um princípio meta, fim do ordenamento, significa que em face de um eventual conflito de princípios, a solução deverá ser aquela que mais se aproxima da dignidade da pessoa humana.

E essa solução, longe de ser prévia e abstrata, dependerá sempre da análise criteriosa de cada caso concreto.

- *Valores sociais do trabalho e da livre iniciativa*

A valorização social do trabalho e da livre iniciativa apareceu pela primeira vez em sede constitucional com a Constituição Federal de 1946, tendo permanecido, em seguida, nos demais textos que a sucederam.

A importância da consagração desse fundamento em nível constitucional reside no fato de que o trabalho não pode mais ser encarado apenas e tão-somente como mero fator de produção.

Antes, porém, deve o trabalho servir de instrumento para a realização moral, material e espiritual do trabalhador.

Já a livre iniciativa, por seu turno, de modo muito pertinente foi colocada ao lado do valor social do trabalho no sentido de ser demonstrada a necessidade de compatibilização de tais preceitos.

Assim, tem-se que é plenamente possível o reconhecimento da livre iniciativa. Todavia, jamais o progresso e o desenvolvimento econômico (ou até mesmo científico e tecnológico) poderão servir de argumentos para a diminuição das condições de dignidade do trabalhador. Livre iniciativa e desenvolvimento sim, mas sempre respeitando os direitos dos cidadãos e, sobretudo, dos trabalhadores.

- *Pluralismo político*

Pluralismo político não se confunde com pluripartidarismo. Por este último se entende a pluralidade de agremiações partidárias, sistema que viabiliza a criação de vários partidos.

Numa perspectiva mais ampla, o princípio do pluralismo político pode ser identificado como o direito fundamental à diferença.

E essa multiplicidade admitida transcende os limites da política partidária. Aqui se tolera as diferenças que tocam as pessoas nas mais variadas dimensões.

Diferenças de orientação sexual, de crença, de consciência, de convicção filosófica ou política, de origem, de idade, de raça (para os que admitem a existência de mais de uma), ou seja, vedada está toda e qualquer forma de discriminação e preconceito.

Portanto, não só se consideram aqui apenas as diferenças políticas, mas também as religiosas, econômicas, sociais, culturais etc. Afinal, as dessemelhanças são inerentes à própria condição humana. Ou, como já se disse outrora, *o normal é ser diferente.*

PRINCÍPIO DA SOBERANIA POPULAR

O parágrafo único do art. 1º da Constituição Federal consagra que todo poder emana do povo, que o exerce por meio dos seus representantes eleitos ou diretamente, nos termos desta Constituição.

Neste momento, a Magna Carta consagra não só a chamada democracia direta, como também a democracia indireta ou representativa.

ATENÇÃO!

Por isso é correto afirmar que, a partir dessa combinação, a **democracia brasileira** é do tipo **semidireta** ou **participativa**.

A democracia representativa se caracteriza pelo exercício do poder por meio dos representes eleitos pela sociedade. O exercício dos mandatos eletivos tanto no âmbito do Poder Executivo, quanto no âmbito do Poder Legislativo consagra, por assim dizer, a democracia do tipo indireta.

Do outro lado, é possível encontrar, na mesma estrutura constitucional, hipóteses de participação direta do povo na condução do processo político. Seriam essas hipóteses as faces da democracia direta na atual Constituição.

Como exemplo desse exercício pelos próprios titulares do poder é possível elencar, de um modo geral, o plebiscito, o referendo e a iniciativa popular. Entretanto, é preciso cuidado para não confundir tais institutos.

Plebiscito nada mais é do que a consulta popular prévia acerca de determinada questão política ou programa governamental.

Referendo, por seu turno, é a consulta popular posterior destinada a obter do povo a confirmação (ou não) de programa já adotado ou de proposta legislativa já aprovada.

Finalmente, iniciativa popular é a prerrogativa (cristalizada no art. 61, § 2º, da CF/88) conferida aos cidadãos de apresentarem à Câmara dos Deputados projeto de lei subscrito por, no mínimo, um por cento do eleitorado **nacional**, distribuído por pelo menos **cinco Estados**, com não menos de **três décimos por cento** dos eleitores de cada um deles.

PRINCÍPIO DA SEPARAÇÃO DOS PODERES

O art. 2º da *Lex Fundamentallis*, de modo objetivo, consagra que são Poderes da União, independentes e harmônicos entre si, o Legislativo, o Executivo e o Judiciário. É a previsão constitucional da conhecida teoria da tripartição dos Poderes.

Ocorre que certa parcela da doutrina vem afirmando que o poder, assim como Direito, é uno e indivisível, vale dizer, indecomponível (incindível). Nesse sentido, para esses doutrinadores, o mais correto não seria se referir a uma separação dos poderes, mas sim a uma separação das funções estatais, que, diga-se de passagem, podem ser típicas ou atípicas.

Entretanto, para as provas, a expressão separação dos Poderes vem sendo amplamente aceita, portanto, deve ser considerada. Todavia, caso a questão faça alguma referência ao pensamento externado por essa corrente doutrinária, neste caso, tranquilamente, basta demonstrar o seu conhecimento.

De mais a mais, questão corriqueira nas provas e concursos diz respeito à origem da teoria da separação dos poderes.

ATENÇÃO!

Sem nenhuma dificuldade, a despeito da divergência doutrinária, é assente a ideia segundo a qual o grande precursor dessa tripartição foi o Barão Charles de **Montesquieu**, no ano de 1748, a partir da obra **"O Espírito das Leis"**.

De mais a mais, vale lembrar que a nova dogmática constitucional impõe a necessidade de uma revisão da teoria clássica da separação dos Poderes. Não só pelo fato de que essa visão acima apontada já se mostra, de há muito, obsoleta e ultrapassada, como também pela constatação de que uma separação de funções estatais a partir de uma estrutura rígida também já é algo que não se mostra atual.

Nos tempos atuais já resta superada aquela ideia de separação fechada. Hoje, dúvidas não restam que cada um dos poderes exerce não só funções típicas, como também funções atípicas.

É que o Estado mudou (já se disse que o Estado é processo). E acompanhando essas mutações, se tornou politicamente necessária a criação se um sistema que aproximasse os órgãos e funções, inclusive para que fosse possível o controle das respectivas atividades num verdadeiro "sistema de freios e contrapesos" (cheks and balances).

Assim, tipicamente, de modo elementar, tem-se que ao Poder Executivo coube a atividade executante, ao Poder Legislativo, a atividade legiferante, e ao Poder Judiciário, a atividade judicante. Entretanto, conforme sinalizado, cada um desses poderes também está autorizado a desempenhar **funções atípicas**.

OBJETIVOS FUNDAMENTAIS DA REPÚBLICA FEDERATIVA DO BRASIL

Os princípios objetivos fundamentais do Estado brasileiro foram consagrados no art. 3º, incisos I ao IV, da Constituição Federal de 1988. Com esse dispositivo, tem-se que constituem objetivos fundamentais da República Federativa do Brasil:

- construir uma sociedade livre, justa e solidária;
- garantir o desenvolvimento nacional;
- erradicar a pobreza e a marginalização e reduzir as desigualdades sociais e regionais;
- promover o bem de todos, sem preconceitos de origem, raça, sexo, cor, idade e quaisquer outras formas de discriminação.

Seguindo a trilha do brocardo matemático segundo o qual *a ordem dos fatores não altera o produto*, apresenta-se aqui (fora da ordem dos incisos, mas sem prejuízo da compreensão), um processo mnemônico – técnica de memorização – que trabalha com as iniciais de cada um dos verbos que inauguram os objetivos previstos no art. 3º. O processo é: **G P C E** (leia-se, *Grande Prêmio do Ceará*).

ATENÇÃO!

G – ***g****arantir* o desenvolvimento nacional;

P – ***p****romover* o bem de todos sem preconceitos de origem, raça, sexo, cor, idade e quaisquer outras formas de discriminação;

C – ***c****onstruir* uma sociedade livre, justa e solidária;

E – ***e****rradicar* a pobreza e a marginalização e reduzir as desigualdades sociais e regionais.

Os objetivos fundamentais constituem **normas programáticas**. Como identificado quando do estudo da aplicabilidade e eficácia das normas constitucionais, normas programáticas são aquelas que se revestem sob a forma de promessas ou programas (políticas públicas) a serem implementados pelo Estado para a consecução dos seus fins socais.

PRINCÍPIOS QUE REGEM A REPÚBLICA FEDERATIVA DO BRASIL NAS SUAS RELAÇÕES INTERNACIONAIS

À luz do **art. 4º** do Texto Maior, nas relações internacionais, a República Federativa do Brasil rege-se pelos seguintes princípios:

- independência nacional;
- prevalência dos direitos humanos;
- autodeterminação dos povos;
- não intervenção;
- igualdade entre os Estados;
- defesa da paz;
- solução pacífica dos conflitos;
- repúdio ao terrorismo e ao racismo;

- cooperação entre os povo para o progresso da humanidade;
- concessão de asilo político.

Já com o **parágrafo único** tem-se que a República Federativa do Brasil buscará a integração política, econômica, social e cultural dos povos da América Latina, visando à formação de uma comunidade latino-americana de nações.

Normalmente, a cobrança desses princípios regentes das relações internacionais nas provas tem uma abordagem bem voltada para a literalidade do dispositivo.

Por isso, recomenda-se aqui a memorização desses dez incisos que compõem o art. 4º da Magna Carta.

ATENÇÃO!

A dica, sempre atentando para as técnicas de memorização, é trabalhar com as letras iniciais de cada um dos princípios (CC DNA / II PRS).

- Assim, tem-se:

C – cooperação dos povos para o progresso da humanidade	**I** – independência nacional
C – concessão de asilo político	**I** – igualdade entre os Estados
D – defesa da paz	**P** – prevalência dos direitos humanos
N – não intervenção	**R** – repúdio ao terrorismo e ao racismo
A – autodeterminação dos povos	**S** – solução pacífica dos conflitos

Dessa forma, memorizadas as iniciais (CC DNA / II PRS), fica muito mais fácil completar o conteúdo de cada um dos princípios e reduzir, substancialmente, a margem de erro na hora da prova.

2. DA APLICABILIDADE E INTERPRETAÇÃO DAS NORMAS CONSTITUCIONAIS; VIGÊNCIA E EFICÁCIA DAS NORMAS CONSTITUCIONAIS

- **Aplicabilidade das normas constitucionais**

A ideia assente no constitucionalismo moderno é que não existem normas constitucionais desprovidas de eficácia jurídica. Entretanto, é plenamente admissível que tais normas se diferenciem pelo grau de sua eficácia e aplicabilidade.

Nesse sentido, é possível identificar que existem normas constitucionais que, desde a sua promulgação, possuem todos os elementos para serem aplicadas. Todavia, há outras cuja aplicabilidade depende da edição norma posterior. E ainda há aquelas que, em face de suas características, podem ter o seu campo de abrangência diminuído por outras normas.

De há muito se diz que o Direito existe para realizar-se, para ser aplicado produzindo efeitos práticos no mundo concreto. E que a aplicabilidade de uma norma seria, precisamente, a possibilidade da sua aplicação.

Todavia, para que uma norma possa ser aplicada, primeiro, ela precisa estar em vigor (estar em plena vigência). Além disso, ela precisa ser uma norma válida, ou seja, precisa ter legitimidade perante as demais regras no ordenamento jurídico. Por fim, tal norma ainda precisa ser eficaz (é dizer, precisar ter aptidão para produzir efeitos).

Assim, sintetizando, tais condições são: Vigência. Validade. Eficácia.

ATENÇÃO!

Em estreita análise é possível sintetizar que a vigência está relacionada com a ideia de obrigatoriedade, a validade se relaciona com a noção de conformidade e, por fim, a eficácia tem a ver com aplicabilidade.

ATENÇÃO!

Nas provas deve-se adotar o (seguro) entendimento segundo o qual **não existe norma constitucional completamente destituída de eficácia**. Isso porque, ainda que a norma não possua eficácia social, no mínimo ela possuirá a chamada eficácia jurídica, condicionando todo o ordenamento.

Sobre a aplicabilidade das normas definidoras de direitos e garantias fundamentais, não há como dispensar a análise do § 1º desse referido artigo. É que segundo essa previsão, os direitos e garantias fundamentais previstos na Constituição Federal possuem **aplicabilidade imediata.**

Majoritariamente se adota a classificação do professor **José Afonso da Silva**, para quem as normas podem ser divididas em normas constitucionais de eficácia plena, contida e limitada, esta última, por sua vez, dividida em normas de eficácia limitada de princípio institutivo ou organizativo e normas de eficácia limitada de princípio programático.

Norma constitucional de *eficácia plena* é aquela norma que possui aplicabilidade direta, imediata e integral. Sua aplicação é **direta** porque não depende de nenhuma norma regulamentadora. Além disso, é **imediata** pelo fato de que desde a sua promulgação e entrada em vigor a norma está apta a produzir todos os seus efeitos. Finalmente, é **integral** porque produz integrais efeitos, sem sofrer quaisquer limitações ou restrições.

A norma constitucional de *eficácia contida*, por sua vez, possui aplicabilidade direta, imediata, porém não integral. Sua aplicação também é **direta**, porque não depende de nenhuma norma regulamentadora. Também é **imediata**, pelo fato de que desde a sua promulgação e entrada em vigor a norma está apta a produzir todos os seus efeitos. Entretanto, é **não integral** porque poderá sofrer limitações ou restrições impostas por outras normas ou pela presença de conceitos abertos.

Por fim, a norma constitucional de eficácia limitada é aquela que, de aplicabilidade mediata, **desde a sua promulgação e entrada em vigor** não está **apta a produzir todos os seus efeitos, necessitando de regulamentação infraconstitucional**. Assim, pode-se dizer que tais normas possuem aplicabilidade mediata, indireta e reduzida.

É **mediata** porque apenas produzem seus efeitos essenciais posteriormente, após a regulamentação legal. É **indireta** porque não garantem, de modo direto, o pleno exercício do direito, carecendo, em igual sentido, de norma regulamentadora para tanto. Finalmente, é **reduzida**, já que com a promulgação do texto constitucional sua eficácia é meramente "negativa".

Segundo o professor José Afonso, tais normas podem ser dividas em normas de eficácia limitada de princípio institutivo ou organizativo, e normas de eficácia limitada de princípio programático.

As normas de eficácia limitada consagradoras **de princípio institutivo, orgânico ou organizativo** são aquelas que, longe de serem consagradoras de direitos fundamentais, apenas se relacionam com a estruturação de órgãos, instituições e entidades.

Exemplo deste tipo de norma apontado pela doutrina é o caso do art. 33 da Constituição Federal, segundo o qual a lei disporá sobre a organização administrativa e judiciária dos territórios.

Do outro lado, a norma de eficácia limitada de **princípio programático** (também chamada de **norma programática**), é aquela que se reveste sob a forma de promessas ou programas a serem concretizadas pelo Estado para a consecução dos seus fins sociais.

Olhando para a Constituição de 1988, um dos artigos mais recheados de normas programáticas é o art. 3º, que diz serem objetivos fundamentais da República Federativa do Brasil garantir o desenvolvimento nacional; promover o bem de todos sem preconceitos de origem, raça, sexo, cor, idade ou quaisquer outras formas de discriminação; construir uma sociedade livre justa e solidária; e erradicar a pobreza e a marginalização e reduzir as desigualdades sociais e regionais.

OBSERVAÇÃO

De mais a mais, insta salientar que à luz da jurisprudência mansa e pacífica do nosso Pretório Excelso, o fato de serem normas programáticas não significa que os preceitos nelas consagrados possam se converter em meras promessas constitucionais desprovidas de relevantes consequências jurídicas.

- **Interpretação das normas constitucionais**

A hermenêutica pode ser identificada como a ciência que revela e apresenta os princípios que norteiam e regem a atividade interpretativa. Com isso é possível notar que o objeto da hermenêutica é justamente o estudo da organização e **sistematização dos diversos processos** que podem ser aplicados para delimitar o sentido e o alcance das expressões do Direito.

Já a interpretação nada mais é do que a própria **atividade prática** que se presta a identificar, determinar e delimitar a essência dos preceitos normativos.

Nesse sentido, embora não se confundam, hermenêutica e interpretação jurídica se completam, numa relação de dependência recíproca, afinal, sem a primeira (hermenêutica) não é possível exercitar a segunda (interpretação). Da mesma forma, sem a segunda (interpretação) a primeira (hermenêutica) se torna despicienda, dispensável. Uma é o espelho invertido da outra. São o verso e o reverso de uma mesma moeda. Por isso se completam mutuamente.

ATENÇÃO!

Impende pontuar que todo texto normativo, por mais claro que se apresente, precisa ser interpretado, pois interpretar, além de *desvendar*, significa *concretizar*.

E somente aquele *ir-e-vir* da interpretação jurídica, aquele *balançar de olhos* entre o texto da norma e a realidade fática (do qual já falava Karl Larenz) é que permitirá a aplicação da disposição normativa (do enunciado normativo abstrato e geral) ao caso concreto (às diversas situações da vida particularizadas).

ATENÇÃO!

Por tudo isso, dúvidas não restam que a interpretação do texto da Constituição (e, por conseguinte, das normas constitucionais) não pode ser a mesma aplicável para o exercício da atividade interpretativa aplicável a demais normas meramente legais. É absolutamente indispensável uma interpretação que seja *especificamente* constitucional.

Assim como os legisladores criam abstratamente o Direito através do processo legislativo, os juízes, por meio dos processos judiciais, também podem criar judicialmente o Direito do caso concreto.

ATENÇÃO!

Cappelletti chega mesmo a afirmar que o processo judicial de criação do Direito é o mais democrático de todos, pois é aquele que permite a maior participação dos indivíduos, desde a provocação do seu início e delimitação do seu objeto, passando pelas garantias do contraditório e da ampla defesa (que a rigor não se vê no processo legislativo), até chegar na decisão que será aberta, transparente e fundamentada sob pena de nulidade.

É preciso partir da premissa central de que **regras** e **princípios** são espécies de **normas jurídicas**. Além disso, não se dever perder de vista também, ainda nesse início, que entre essas duas espécies normativas não há que se falar na existência de hierarquia. Cada uma dessas espécies de normas exerce importante papel no sistema jurídico. E esses papéis, embora distintos, se complementam, um não existindo sem o outro.

De um modo geral a doutrina costuma diferenciar as regras dos princípios a partir dos seguintes pontos. A primeira diferença está no campo da dimensão. Isso porque enquanto as regras estão na dimensão da validade, especificidade e vigência, os princípios, por sua vez, se encontram na dimensão da importância, peso e valor.

A segunda diferença está relacionada com o eventual conflito de regras ou colisão de princípios. No primeiro conflito uma das saídas será a aplicação do princípio da especialidade, que reclama o afastamento de uma das regras conflitantes. A outra saída será a declaração da invalidade dessa regra. Já no segundo caso, havendo, portanto, uma colisão de princípios, nenhum deles precisará ser declarado invalidado. Simplesmente, à luz do caso concreto, um princípio haverá de prevalecer sobre o outro.

Essa segunda diferença (relacionada aos eventuais conflitos e colisões) mostra que enquanto nas regras vale a máxima do tudo ou nada, porque apenas uma haverá de prevalecer diante da situação, no caso dos princípios o que vale é a aplicação da técnica da ponderação de interesses, do balanceamento e do sopesamento entre os valores colidentes.

A grande contribuição do professor Häberle na interpretação constitucional vem justamente no sentido de ampliar esse espaço de debate constitucional, convocando, assim, todos os seres e segmentos que protagonizam o contexto social para vivenciarem a Constituição, em uma verdadeira ***sociedade aberta de intérpretes***. Parte-se da premissa segundo a qual aquele que vive no ambiente disciplinado pela norma constitucional, e que vive esse ambiente, passa a ser também, de modo direto ou reflexo, um agente intérprete dessa norma.

ATENÇÃO!
As audiências públicas, bem como a figura do amigo da corte (*amicus curiae* – aquele que vem no sentido de pluralizar o debate constitucional) são exemplos típicos de expedientes institucionalizados que já permitem essa oxigenação de ideias torando a interpretação da Constituição mais aberta, democrática, plural, multifacetária e próxima da realidade.

Métodos, princípios e limites

MÉTODOS DE INTERPRETAÇÃO CONSTITUCIONAL

Segundo o constitucionalista português J. J. Gomes Canotilho, seis são os diferentes métodos através dos quais é possível realizar a intepretação constitucional, quais sejam: o método jurídico ou hermenêutico clássico; o tópico-problemático; o hermenêutico-concretizador; o científico-espiritual; o normativo-estruturante e o método da comparação constitucional.

Para ele, a interpretação das normas constitucionais nada mais é do que um conjunto de métodos, desenvolvidos pela doutrina e pela jurisprudência, com base em critérios ou premissas (filosóficas, metodológicas, epistemológicas) diferentes, mas, em geral, reciprocamente complementares.

Abaixo são listadas as principais características de cada um desses métodos apontados pelo jurista português.

MÉTODO JURÍDICO OU HERMENÊUTICO CLÁSSICO

O método jurídico ou hermenêutico clássico parte da premissa de que a **Constituição é uma lei**, de tal modo que a interpretação constitucional não deixa de ser, em igual sentido, uma interpretação legal, o que confirma a ***tese da identidade***.

Já que a atividade interpretativa da Constituição se traduz na própria noção de interpretação da lei, para o desempenho dessa tarefa o intérprete deverá se valer dos critérios clássicos de hermenêutica, tradicionalmente conhecidos como:

- Elemento gramatical (filológico, literal ou textual)
- Elemento histórico
- Elemento sistemático (ou lógico)
- Elemento teleológico (ou racional)
- Elemento genético

Este método se caracteriza por atribuir grande importância ao texto constitucional, isso porque será a partir dessa previsão textual que o intérprete buscará descobrir o verdadeiro significado da norma, o seu real sentido.

MÉTODO TÓPICO-PROBLEMÁTICO

A principal ideia que pode ser extraída deste método é que ele parte do problema concreto para a norma.

Assim, o seu objetivo será tentar adequar (a partir de um processo argumentativo aberto desempenhado por vários intérpretes) a norma da Constituição ao problema existente, ou seja, tentar fazer com que a solução do problema possa ser enquadrada e adaptada à norma constitucional.

A principal crítica disparada contra este método reside na noção de que a atividade interpretativa não deveria partir do problema concreto para a norma, ao revés, a norma constitucional que deveria servir de ponto de partida para a solução dos problemas.

MÉTODO HERMENÊUTICO-CONCRETIZADOR

Em sentido diametralmente oposto ao modelo tópico-problemático, o método hermenêutico-concretizador parte da norma da Constituição para o problema concreto.

De modo objetivo, é possível concluir que este método vem consolidar os seguintes pressupostos da atividade interpretativa, quais sejam:

- *Pressupostos subjetivos* – relacionam-se ao papel criador do intérprete que deverá valer-se da sua pré-compreensão da matéria com a finalidade de encontrar o real sentido da norma da constitucional.
- *Pressupostos objetivos* – estes, por sua vez, podem ser relacionados ao contexto, identificando a atuação do intérprete como alguém apto a promover a mediação entre o texto e a situação em que se aplica.
- *"Movimento de ir e vir"* – aqui identificado como o círculo hermenêutico que traduz a relação entre o texto e o contexto, indo do subjetivo para o objetivo, até que seja possível ao intérprete alcançar a melhor percepção da norma.

Em síntese, por meio deste método a interpretação constitucional passa a ser percebida como uma atividade por meio da qual é possível concretizar a Constituição, situação esta que habilita o intérprete a proceder à delimitação do próprio substrato material da norma.

MÉTODO CIENTÍFICO-ESPIRITUAL

Por este método, a interpretação da Magna Carta **não pode** estar adstrita apenas e tão-somente à previsão da literalidade textual de suas disposições.

Ao contrário, no desempenho de sua atividade o intérprete deve considerar os valores subjacentes ao texto da Constituição, compreendendo-a como uma ordem de valores e como elemento do processo de integração.

Isso porque, para além da letra "fria e crua" do texto, existe ali uma tábua axiológica (valorativa) que deve ser levada em consideração no processo interpretativo para a captação do real espírito de valores da comunidade.

Enfim, trata-se de um método através do qual as normas constitucionais são percebidas não apenas e tão-somente pela sua previsão textual, mas, principalmente, pelos **valores** que ali estão consagrados, tendo por objetivo proporcionar uma **integração** da **norma constitucional** com os **reais fatores espirituais da comunidade.**

MÉTODO NORMATIVO-ESTRUTURANTE

O método normativo-estruturante parte da premissa segundo a qual **inexiste** identidade entre a norma jurídica e o texto normativo.

Isso porque a norma jurídica não compreende apenas o texto, afinal de contas abrange também um "pedaço da realidade social", ou seja, além da atividade legislativa, para a compreensão da norma é indispensável analisar a sua conformação no desempenho da atividade jurisdicional e no exercício da atuação administrativa, ou seja, não só em um, mas em **todos os níveis**.

MÉTODO DA COMPARAÇÃO CONSTITUCIONAL

Por fim, com este método busca-se estabelecer uma **comparação** da própria evolução dos institutos nos **diversos** ordenamentos jurídicos no sentido de se alcançar a melhor percepção para a realidade concreta.

Seria o mesmo que, a partir de critérios comparativos, promover um intercâmbio constitucional no intuito de aperfeiçoar a compreensão dos institutos jurídicos, visando aplicá-los na resolução dos problemas concretos.

PRINCÍPIOS DE INTERPRETAÇÃO CONSTITUCIONAL

Além dos métodos apontados que sem prestam a concretizar a atividade hermenêutica, e com o objetivo de auxiliar a tarefa do intérprete, o constitucionalista lusitano Gomes Canotilho ainda apresenta os princípios específicos de interpretação constitucional.

Para a doutrina majoritária, estes princípios, que possuem natureza instrumental (pressupostos lógicos da aplicação das normas constitucionais), são: princípio da *unidade da Constituição*; do *efeito integrador*; da *máxima efetividade*; da *justeza* ou da *conformidade funcional*; da *concordância prática* ou da *harmonização*; da *força normativa da Constituição*; da *interpretação conforme a Constituição,* da *proporcionalidade* ou *razoabilidade,* da *presunção de constitucionalidade das leis* e da *supremacia da Constituição.*

PRINCÍPIO DA UNIDADE DA CONSTITUIÇÃO

Por este princípio, a Constituição deve ser interpretada de modo a evitar antinomias (conflito entre normas), bem como contradição envolvendo os seus princípios. Ou seja, primando por uma unidade do Texto Supremo, tem-se que as normas constitucionais devem ser interpretadas de modo global, objetivando-se harmonizar os possíveis espaços de tensão.

Nesse passo, o operador do Direito deve perceber as normas da Constituição não de maneira isolada ou estanque, ao revés, deve ele senti-las como enunciados que compõem um sistema uno de regras e princípios, dotado de harmonia e, por conseguinte, marcado pela ausência de conflitos.

PRINCÍPIO DO EFEITO INTEGRADOR

Trata-se de consectário natural do princípio da unidade da Constituição, com o qual guarda estreita semelhança.

Explicando o princípio do efeito integrador, Canotilho ressalta que na resolução dos problemas jurídico-constitucionais deve-se dar primazia aos critérios ou pontos de vista que favoreçam a **integração política e social** e o **reforço da unidade política**.

PRINCÍPIO DA MÁXIMA EFETIVIDADE

Também conhecido como princípio da **eficiência** ou princípio da **interpretação efetiva**, traduz a ideia segundo a qual o hermeneuta deve conferir à norma constitucional a interpretação que lhe conceda a **maior** eficácia, é dizer, a mais larga efetividade social possível.

Nesse sentido, em caso de eventual dúvida envolvendo a aplicação de um direito fundamental constitucionalmente previsto, a melhor exegese (interpretação), certamente, será aquela que esteja apta a conceder o **mais alto grau de eficácia** a este direito.

PRINCÍPIO DA JUSTEZA OU DA CONFORMIDADE FUNCIONAL

Também chamado de princípio da exatidão ou correção funcional, traduz a ideia de que o intérprete final da Constituição (na realidade brasileira, o Supremo Tribunal Federal), ao desempenhar as suas atividades, não poderá chegar a um resultado que subverta ou perturbe o esquema organizatório funcional que foi estabelecido pelo legislador constituinte.

A título de exemplo, não é dado ao STF, no exercício das suas atividades jurisdicionais, conferir uma interpretação à Constituição que venha subverter a clássica separação dos Poderes (Executivo, Legislativo e Judiciário), consagrada, inclusive, como cláusula pétrea no art. 60, § 4º, III, da CF/88.

Assim, a partir da aplicação deste princípio garante-se não só a observância da separação das funções estatais, como também a própria repartição de competências constitucionalmente estabelecidas para as pessoas políticas ou entes federados.

PRINCÍPIO DA CONCORDÂNCIA PRÁTICA OU DA HARMONIZAÇÃO

Pautado na noção de ausência de hierarquia entre os princípios e direitos fundamentais, caso ocorra algum conflito entres bens jurídicos igual e constitucionalmente protegidos, deve-se primar pela concordância prática ou harmonização de tais preceitos, justamente com o objetivo de impedir o sacrifício total de um princípio em relação ao outro com o qual esteja colidindo.

Nesse sentido, Canotilho chega mesmo a fazer referência ao estabelecimento de limites e condicionamentos recíprocos entre tais direitos envolvidos no conflito, de modo a conseguir uma harmonização ou concordância prática entre eles, e impedindo, dessa forma, como solução, o sacrifício de uns em relação aos outros.

PRINCÍPIO DA FORÇA NORMATIVA DA CONSTITUIÇÃO

Como norma jurídica que é a Constituição possui força normativa suficiente para, de modo coercitivo, impor as suas determinações.

Trata-se de princípio idealizado pelo jurista Konrad Hesse, para quem o operador do Direito deve, no exercício das suas atribuições, realizar a chamada vontade de Constituição, inclusive cuidando da atualização das suas normas.

Assim, na resolução dos diversos conflitos existentes, deve-se conferir máxima aplicabilidade às normas constitucionais. Com Canotilho, na solução dos problemas jurídico-constitucionais deve-se dar prevalência aos pontos de vista que, tendo em conta os pressupostos da Constituição (normativa), possam, efetivamente, contribuir para uma **eficácia ótima** da Lei Fundamental.

PRINCÍPIO DA INTERPRETAÇÃO CONFORME A CONSTITUIÇÃO

À luz deste princípio, sempre que o intérprete estiver diante das chamadas **normas polissêmicas** ou **plurissignificativas** (aquelas que admitem mais de uma interpretação), deve ser dada preferência ao sentido interpretativo que melhor seja compatibilizado com o texto constitucional e que mais se aproxime dos seus preceitos.

Assim, ao aplicar o Direito no caso concreto, dentre as várias possibilidades de interpretação existentes, deve o operador escolher aquela que não contrarie o texto constitucional.

Na trilha do mesmo raciocínio, não deve uma lei ser declarada inconstitucional quando, a partir da observância de suas finalidades, ela puder ser interpretada em consonância com a Constituição.

Com isso, à luz da jurisprudência do Supremo Tribunal Federal, percebe-se que mais do que um princípio de hermenêutica, a interpretação conforme a Constituição se apresenta com verdadeira espécie de decisão do controle de constitucionalidade das normas, podendo ser equiparada a uma declaração de inconstitucionalidade sem redução de texto.

PRINCÍPIO DA PROPORCIONALIDADE OU RAZOABILIDADE

Razoabilidade significa lógica, coerência, congruência.

Para a doutrina brasileira, dentro do princípio da razoabilidade é possível identificar o princípio da proporcionalidade, que, por sua vez, significa equilíbrio entre os meios empregados e os fins visados.

Conforme já foi cobrado em prova de concurso, um exemplo metafórico de aplicação da proporcionalidade é a ideia segundo a qual "não se abatem pardais com canhões".

Isso porque, conforme se percebe, a medida empregada é excessivamente desproporcional em realização ao fim pretendido.

Vale lembrar que razoabilidade e proporcionalidade são princípios implícitos na Constituição Federal, porém expressos na legislação infraconstitucional, qual seja a Lei n. 9.784/99, conhecida como Lei de Processo Administrativo no âmbito federal, mais especificamente em seu art. 2º.

A importância desses princípios ganhou no relevo do Direito Público brasileiro principalmente após a possibilidade conferida ao Poder Judiciário de controlar a legalidade dos atos administrativos discricionários.

É que antes desse reconhecimento, os atos discricionários, muitas vezes arbitrários, não eram submetidos a controle jurisdicional sob a justificativa de que o Estado-juiz não poderia imiscuir-se no mérito do ato administrativo, ainda que flagrantes ilegalidades estivessem sendo cometidas.

Hoje, porém, a despeito de continuar não podendo adentrar na análise dos requisitos de conveniência e de oportunidade que ensejam a prática do ato (elementos que compõem o próprio conceito de mérito), o Poder Judiciário não só pode, como deve, exercer o chamado controle de legalidade.

Essa legalidade aqui deve ser percebida em termos amplos, é dizer, não só a partir do direito positivado, mas também pela contemplação de princípios constitucionais implícitos, como a razoabilidade e a proporcionalidade.

Controlando a legalidade dos atos discricionários, tendo por parâmetro os princípios mencionados acima, com certeza há uma limitação da liberdade do administrador.

Não se trata (é preciso que se diga) de controle de mérito, entretanto, não há como negar que tal controle acaba, sim, por limitar o espectro de abrangência do mérito desse ato administrativo.

PRINCÍPIO DA PRESUNÇÃO DE CONSTITUCIONALIDADE DAS LEIS

Se as normas jurídicas são imperativas é porque, de fato, presumem-se constitucionais. Logo, é com base nessa presunção de constitucionalidade que se impõe a observância das normas pelas pessoas na sociedade.

O fundamento da presunção é justamente o fato de que os Poderes Públicos extraem as suas competências diretamente do texto constitucional. Por consequência, parte-se do pressuposto que que quando eles atuam o fazem em perfeita harmonia com as normas da Constituição.

De mais a mais, é preciso advertir que não estamos diante de uma presunção absoluta (jure et de jure). A presunção de constitucionalidade que recai sobre as normas – sejam elas infraconstitucionais ou ainda constitucionais derivadas, é dizer, fruto do poder constituinte derivado reformador – é uma presunção meramente relativa (juris tantum).

Por isso mesmo é que as diversas espécies normativas estão sujeitas ao chamado controle de constitucionalidade das leis e atos normativos do Poder Público.

A finalidade do controle será justamente fazer esse filtro para, com isso, manter a saúde do ordenamento jurídico e salvaguardar a supremacia da Constituição.

PRINCÍPIO DA SUPREMACIA DA CONSTITUIÇÃO

A Constituição é uma norma suprema. Essa é uma ideia indubitável e inarredável. Justamente por isso é chamada de norma das normas, Lex Legum, Lex Fundamentallis, Magna Charta, dentre outras tantas alcunhas designativas da sua preeminência.

Na atividade interpretativa esse reconhecimento é fundamental. Isso porque a partir da verticalidade hierárquica das normas, visualizada através da clássica pirâmide normativa, sabe-se que a Constituição está no topo, no cume, no ápice, portanto, na parte mais elevada do ordenamento.

E como consequência dessa constatação, tem-se que todas as demais leis a atos normativos do Poder Público devem obediência aos comandos constitucionais, de tal forma que somente serão considerados válidos se estiverem em conformidade com os seus preceitos e suas disposições.

DICA A SEGUIR SOMENTE PARA ANALISTA JUDICIÁRIO

3. CONTROLE DE CONSTITUCIONALIDADE

3.1. Sistema difuso e concentrado

Controle de Constitucionalidade pode ser entendido como a atividade de fiscalização da validade e conformidade das leis e atos normativos do poder público, à vista de uma Constituição.

CONCEITO E PRESSUPOSTOS

Para a existência do controle de constitucionalidade é necessário o atendimento de três pressupostos, a saber: existência de uma *Constituição formal*, existência de uma *Constituição rígida* e existência de, pelo menos, um órgão com competência para o exercício do controle.

> **ATENÇÃO!**
> No Brasil, por influência da teoria norte-americana da *judicial review of legislation* – revisão judicial dos atos legislativos –, desde o surgimento do controle difuso de constitucionalidade (Constituição Republicana de 1891), compete, como regra, a um órgão do Poder Judiciário o exercício desse controle.

ESPÉCIES DE INCONSTITUCIONALIDADE

a) *Ação x Omissão*

- A inconstitucionalidade por **ação** (também chamada de positiva ou por atuação) é aquela que pressupõe a existência de uma lei ou ato normativo que vá de encontro ao texto constitucional.
- De outra banda, a inconstitucionalidade por **omissão** (também chamada de negativa) é aquela ocasionada pela inexistência de uma lei ou ato normativo que deveria regulamentar a Constituição, mas que ainda não foi editada.

b) *Formal x Material x Por vício de decoro*

- Inconstitucionalidade **formal** é aquela cujo vício repousa sobre a forma, sobre o trâmite, sobre o processo legislativo constitucionalmente previsto para a elaboração da lei ou ato normativo.
- Do outro lado, a inconstitucionalidade **material** (também chamada de *nomoestática* no concurso supracitado), por seu turno, é o tipo de inconstitucionalidade que recai sobre o conteúdo, sobre a substância, sobre a matéria veiculada na lei ou ato normativo. Aqui todo o trâmite legislativo foi respeitado, mas a lei ou ato normativo traz previsão materialmente incompatível com o texto da Constituição.
- Finalmente, a inconstitucionalidade **por vício de decoro** é uma espécie ventilada pela doutrina (e ainda não reconhecida no âmbito da jurisprudência) que recai

sobre as leis ou atos normativos que tenham sido aprovados com quebra de decoro parlamentar.

c) *Orgânica x Propriamente dita x Por violação dos pressupostos objetivos do ato*

- A inconstitucionalidade **orgânica** é aquela cujo vício de forma repousa sobre a competência para iniciar o processo legislativo.
- Ao revés, a inconstitucionalidade **propriamente dita** é aquela cuja mácula recai sobre as demais fases de elaboração da lei ou ato normativo. Não mais sobre a fase de iniciativa legislativa, mas sobre as etapas posteriores como, por exemplo, *quórum* de aprovação ou até mesmo formalidades da promulgação.
- Finalizando, **por violação dos pressupostos objetivos do ato** é a espécie de inconstitucionalidade que, ventilada no Brasil pelo professor Clèmerson Merlin Clève, vicia atos normativos cuja prática dependia do atendimento de alguns pressupostos de índole objetiva, a exemplo da edição de medidas provisórias e das leis criadoras de Municípios.

MOMENTOS DE EXERCÍCIO DO CONTROLE

a) Prévio ou preventivo

O controle preventivo é aquele que recai sobre um projeto de lei ou proposta normativa. Assim, antes da aprovação deste projeto, é analisada a sua compatibilidade formal e material com o texto da Constituição.

- O **Poder Legislativo** realiza o controle preventivo de constitucionalidade, precipuamente, através das Comissões de Constituição e Justiça (CCJ). Estas comissões existem, no âmbito federal, tanto na Câmara dos Deputados, quanto no Senado Federal.
- O **Poder Executivo** desempenha o controle prévio por intermédio do veto presidencial. É que, recebido o projeto de lei aprovado pelas casas legislativas, o Presidente da República poderá sancioná-lo ou vetá-lo.
- Já o **Poder Judiciário**, por seu turno, só exerce o controle preventivo de constitucionalidade em uma única hipótese. Por esse motivo, você, candidato atento, não pode desmerecê-la. Trata-se da possibilidade de impetração de mandado de segurança, por parlamentar, para garantir o seu *direito-função* a um processo legislativo juridicamente hígido, é dizer, juridicamente probo, ético ou moral.

OBSERVAÇÃO

Vale lembrar que no MS 32033/DF (informativo 711), o STF sinalizou que a regra é a impossibilidade de exercício deste tipo de controle em caráter preventivo. Mas que essa regra comporta duas exceções: a) a proposta de emenda à Constituição manifestamente ofensiva à cláusula pétrea; e b) projeto de lei ou de emenda em cuja tramitação se verifique manifesta afronta à cláusula constitucional que discipline o correspondente processo legislativo (vício relacionado aos aspectos formais e procedimentais da atuação legislativa).

b) Posterior ou repressivo

- **Político** é o controle repressivo de constitucionalidade exercido por órgãos distintos dos três poderes. É o caso, por exemplo, de países como Portugal, Espanha,

França (que possui o Conselho Constitucional Francês), marcados pelas existências de Cortes ou Tribunais Constitucionais. Não é o caso do Brasil, já que, como se sabe, o controle aqui é exercido, de maneira precípua, pelo Poder Judiciário e, excepcionalmente, pelos demais poderes da República.

- **Jurídico** ou **jurisdicional** é o controle repressivo de constitucionalidade que é exercido, em regra, e com maior ênfase, pelo Poder Judiciário. É o caso do Brasil. Já se disse que desde a Constituição Republicana de 1891, texto que instituiu o controle difuso de constitucionalidade no ordenamento pátrio, por influência da teoria da *revisão judicial dos atos legislativos* (dos Estados Unidos da América), ordinariamente, compete ao Poder Judiciário o exercício do controle de constitucionalidade das leis e atos normativos de poder público.
- **Híbrido**, por sua vez, seria o controle que, ao mesmo tempo, pudesse ser desempenhado por órgãos distintos dos três poderes, bem como por órgãos do Poder Judiciário. Definitivamente, este não é o caso do ordenamento jurídico brasileiro.

Assim, conclui-se que no Brasil, a rigor, o controle repressivo de constitucionalidade é desempenhado pelo **Poder Judiciário**.

- O **Poder Legislativo**, segundo a doutrina, realiza o controle repressivo de constitucionalidade, por exemplo, na hipótese de rejeição de medida provisória.
- Já o **Poder Executivo**, por seu turno, desempenha o controle repressivo de constitucionalidade na hipótese de descumprimento de lei ou ato normativo, pelo chefe deste poder, por entendê-los inconstitucionais.

Pergunta comum em prova é se o Tribunal de Contas pode desempenhar o controle de constitucionalidade. Objetivamente, a resposta é positiva. E esse entendimento está cristalizado em entendimento sumulado do Supremo Tribunal Federal. É o que se extrai da leitura da **súmula 347 do STF**.

OBSERVAÇÃO

Segundo esse enunciado jurisprudencial, o **Tribunal de Contas**, no exercício de suas atribuições, **pode** apreciar a constitucionalidade das leis e dos atos do Poder Público.

Todavia, necessário registrar que o próprio Supremo Tribunal Federal vem mitigando a aplicação desta súmula no sentido de só admitir tal espécie de controle *in concreto* e com efeitos para as partes, jamais em abstrato e com eficácia *erga omnes,* sob pena de usurpação de sua competência constitucionalmente estabelecida.

Controle incidental ou concreto

CONTROLE DIFUSO

Quanto ao histórico do controle difuso de constitucionalidade, de maneira objetiva, tem-se que nasce nos **Estados Unidos da América**, no ano de **1803**, no célebre caso ***Marbury x Madison***, com a decisão do Chefe de Justiça *John Marshall*, se recusando a julgar o *writ* por entender que a lei que lhe atribuía competência para dirimir tal conflito era inconstitucional, já que a competência da Suprema Corte deveria ser ditada pela própria Constituição, e não pela legislação infraconstitucional.

DIFUSO	CONCENTRADO
CONCRETO	ABSTRATO
INCIDENTAL *INCIDENTER TANTUM*	PRINCIPAL *PRINCIPALITER TANTUM*
VIA DE EXCEÇÃO	VIA DE AÇÃO

Âmbito dos Tribunais. Não há dúvida que juiz pode declarar a inconstitucionalidade de leis e atos normativos do poder público.

Questão mais sinuosa, contudo, diz respeito à possibilidade de declaração de inconstitucionalidade no âmbito dos tribunais. Isso porque o **art. 97 da CF** consagrou aquilo que se convencionou chamar de ***cláusula de reserva de plenário*** (também intitulada cláusula constitucional do *full bench*).

Segundo esse dispositivo, somente pelo voto da **maioria absoluta** de seus membros – ou dos membros do respectivo órgão especial – poderão os tribunais declarar a **inconstitucionalidade** das leis e atos normativos do poder público.

ATENÇÃO!

Isso significa que, em regra, somente o plenário de um tribunal (ou seu órgão especial, onde houver) poderá – pelo *quórum* de maioria absoluta dos seus membros – decidir pela declaração de inconstitucionalidade de determinada espécie normativa, não podendo os seus órgãos fracionários (turmas, câmaras ou seções) fazê-lo.

Mas poderia órgão fracionário apenas afastar a incidência da norma no caso? A resposta é não, conforme orientação do Supremo Tribunal Federal, cristalizada na **súmula vinculante número 10**.

OBSERVAÇÃO

Com ela, viola a cláusula de reserva de plenário a decisão de órgão fracionário de tribunal que, embora não declare a inconstitucionalidade da lei ou ato normativo, afaste a sua incidência, no todo ou em parte.

Todavia, é preciso registrar que a cláusula de reserva de plenário é uma regra, e, como tal, admite exceção. Essa ressalva vem prevista no **art. 949**, **parágrafo único**, do **Novo Código de Processo Civil (Lei nº 13.105, de 16 de março de 2015).**

ATENÇÃO!

Segundo esse dispositivo, os órgãos fracionários de tribunais estarão dispensados de suscitar o incidente de inconstitucionalidade quando já tiver havido manifestação **do plenário do respectivo tribunal** ou **do plenário do Supremo Tribunal Federal**, noutra oportunidade, pela **inconstitucionalidade** da lei ou ato normativo em questão.

Neste caso, turmas câmaras e seções poderão declarar a inconstitucionalidade das normas sem ter que, antes, remeter a análise ao tribunal pleno.

Efeitos da decisão. Os efeitos da decisão em sede de controle difuso de constitucionalidade, em regra, podem ser sintetizados da seguinte forma:

- *Inter partes*
- *Ex tunc*
- *Não vinculante*

Todavia, conforme sinalizado, essa regra comporta exceções. É o que se passará a analisar agora. De saída, a jurisprudência do STF já vem admitindo, em caráter excepcional, uma modulação dos efeitos temporais da decisão. Assim, o que antes tinha eficácia retroativa (*ex tunc*), excepcionalmente poderá ter eficácia prospectiva (*ex nunc* ou pro futuro).

A outra grande ressalva à regra estabelecida para a eficácia da decisão no controle concreto diz respeito, também, à possibilidade de os efeitos *inter partes* se tornarem *erga omnes*.

Como no Brasil existe tanto o controle incidental quanto o principal, a regra é que os efeitos *erga omnes* só operem na segunda espécie (*principaliter tantum*), e os efeitos do controle *incidenter tantum* fiquem adstritos apenas às partes do caso concreto. Ocorre que essa determinação pode, eventualmente, ocasionar uma insegurança jurídica muito grande.

E é a partir desta ideia que surge a **exceção** prevista no **art. 52, X, da CF/88**, que permitirá a produção de efeitos ***erga omnes*** às decisões do **STF** proferidas em se de controle **difuso** e **concreto** de constitucionalidade.

Segundo esse dispositivo, compete, privativamente, ao **Senado Federal** suspender a execução, no todo ou em parte, da lei declarada inconstitucional por decisão definitiva do Supremo Tribunal Federal.

Assim, quando o Pretório Excelso, em sede de controle incidental (no âmbito de um recurso extraordinário, ou até mesmo de uma ação de sua competência originária), proferir decisão no sentido da declaração de inconstitucionalidade de uma lei ou ato normativo do poder público, poderá a Suprema Corte remeter o conteúdo deste *decisum* para o Senado Federal, visando fazer operar o comando descrito no art. 52, X, do Texto Maior.

Trata-se de mera faculdade do Senado. Todavia, caso os Senadores entendam por bem executar o quanto previsto no comando constitucional, deverão fazê-lo por intermédio de que instrumento? Resposta: por meio do instrumento da **resolução senatorial** (pergunta esta, também, muito frequente nas provas e concursos).

A par de tudo isso que foi dito, é necessário registrar que, em face da mera faculdade que assiste ao Senado Federal, alguns ministros do STF, capitaneados pelo pensamento do Min. Gilmar Ferreira Mendes, cogitaram uma mutação constitucional acerca do art. 52, X, da CF.

Conforme já mencionado nesta obra, por mutação constitucional se entende a mudança do alcance interpretativo da norma, sem a necessária mudança do seu texto.

Assim, não querendo ficar refém do livre arbítrio do Senado Federal, essa corrente que surgiu no âmbito do Pretório Excelso propôs que passasse a ser atribuição do próprio STF a decisão pela irradiação de efeitos *erga omnes* às decisões proferidas em sede de controle difuso, passando a caber ao Senado Federal, por usa vez, apenas e tão somente dar mera publicidade à decisão do Supremo.

ATENÇÃO!

Essa ideia recebeu o nome de **teoria da transcendência dos motivos determinantes**, também chamada de **objetivação** ou **abstrativização do controle difuso** de constitucionalidade.

Vale ressaltar que, até agora, essa teoria não passa de uma **mera tendência**, não se constituindo a posição definitiva da maioria dos membros da Corte Suprema, e que, por isso mesmo, ainda deve-se considerar em plena vigência o quanto prescrito no art. 52, X, da Magna Carta.

Controle abstrato de constitucionalidade

O controle abstrato surge na Áustria no ano de 1920 com Hans Kelsen.

3.1. Ação Direta de Inconstitucionalidade (genérica) – ADIN

A ação direta de inconstitucionalidade (originalmente intitulada *representação de inconstitucionalidade*) surgiu no ordenamento jurídico pátrio através da emenda constitucional n. 16, de 26 de novembro de 1965, à Constituição Federal de 1946 (EC n. 16 de 26/11/65, à CF/46).

Na época em que foi inaugurada, tinha como único legitimado ativo para sua propositura o Procurador-Geral da República, e, de lá pra cá, essa ação ganhou novos contornos, como se passará a estudar agora.

OBJETO

O objeto da ação direta de inconstitucionalidade, segundo o art. 102, I, "a", da CF/88, é uma lei ou ato normativo **federal** ou **estadual**, quando o parâmetro para controle for a própria **Constituição Federal**.

Isso porque, caso se trate de uma norma contestada em face de uma **Constituição Estadual**, aí, neste caso, o objeto será outro: lei ou ato normativo **estadual** ou **municipal**. Registre-se que a previsão para a ação direta de inconstitucionalidade em âmbito estadual está consagrada no art. 125, § 2º, da CF.

De logo, importante frisar que aqui será tomado como regra para análise o plano federal. E quando se tratar de alguma peculiaridade relacionada ao âmbito estadual será feita remissão expressa.

Nesse sentido, dentro da ideia de lei ou ato normativo, é preciso evoluir no raciocínio. Para tanto, serão listados abaixo os atos normativos que, eventualmente, podem ser objeto de ação direta de inconstitucionalidade, e aqueles que não podem.

Admitindo o ajuizamento de ADIN, tem-se:

- Espécies normativas do art. 59 da CF.

São elas: emenda constitucional, lei complementar, lei ordinária, lei delegada, medida provisória, decreto legislativo e resolução.

- Tradados internacionais.
- Regulamentos Autônomos.

Do outro lado, **não admitindo** o ajuizamento de uma ADIN tem-se:

- Súmulas, inclusive as vinculantes.
- Regulamentos executivos.
- Normas constitucionais originárias.

COMPETÊNCIA

A competência para o julgamento de uma ação direta de inconstitucionalidade, de lei ou ato normativo **federal** ou **estadual**, contestado em face da **Constituição Federal**, é do **Supremo Tribunal Federal**, conforme preconiza o já citado art. 102, I, "a", da CF/88.

LEGITIMIDADE

Antes do advento da Constituição da República Federativa do Brasil **de 1988**, o único legitimado para a propositura da ação direta de inconstitucionalidade (ADIN), desde a sua instituição no ordenamento jurídico pátrio, era o **Procurador-Geral da República**.

Hoje, contudo, na vigência da atual Constituição, o **art. 103**, a partir de um rol muito mais elástico, consagra, literalmente (e num só tempo), os mesmos legitimados ativos para a propositura da ação direta de inconstitucionalidade e da ação declaratória de constitucionalidade (posteriormente se verá que também são os mesmos legitimados à propositura da ADPF e da ADO).

Com o art. 103, da CF/88, podem propor a ação direta de inconstitucionalidade e a ação declaratória de constitucionalidade:

> I – o Presidente da República;
>
> II – a Mesa do Senado Federal;
>
> III – a Mesa da Câmara dos Deputados;
>
> IV – a Mesa de Assembleia Legislativa ou da Câmara Legislativa do Distrito Federal;
>
> V – o Governador de Estado ou do Distrito Federal;
>
> VI – o Procurador-Geral da República;
>
> VII – o Conselho Federal da Ordem dos Advogados do Brasil;
>
> VIII – partido político **com representação no Congresso Nacional**;
>
> IX – confederação sindical ou entidade de classe de âmbito nacional.

Nos diversos concursos, cabe ressaltar que muitas questões envolvendo a legitimidade para a propositura dessas ações do controle concentrado de constitucionalidade podem ser resolvidas com base apenas na literalidade do art. 103.

Em face dessa constatação, apresenta-se, neste momento, uma técnica de memorização que, certamente, poderá ser útil no intuito de lembrar-lhe destes nove incisos consagradores de doze legitimados.

A técnica se chama: ***3/4 MAE***. Leia-se: *três quatros, MÃE.*

Para totalizar 12 legitimados ativos, distribuem-se três blocos contendo, cada um, quatro legitimados. Seguindo a ordem das letras (M.A.E.), tem-se: 4 mesas, 4 autoridades e 4 entidades. Passa-se à análise:

4 Mesas:

- Mesa da Câmara dos Deputados;
- Mesa do Senado Federal;
- Mesa de Assembleia Legislativa;
- Mesa da Câmara Legislativa do Distrito Federal.

4 Autoridades:

- Presidente da República;
- Procurador-Geral da República;
- Governador de Estado;
- Governador do Distrito Federal.

4 Entidades:

- Conselho Federal da OAB;
- partido político com representação do Congresso Nacional;
- confederação sindical;
- entidade de classe de âmbito nacional.

Não se deve perder de vista, ainda, que o domínio da literalidade do art. 103 da CF é apenas um dos passos para o sucesso nas questões envolvendo a legitimidade ativa dessas ações do controle concentrado, mas não o único.

É que para além da literalidade constitucional, a doutrina ainda costuma trabalhar com a classificação desses legitimados em *universais* (ou neutros), de um lado, e *especiais* (ou interessados) do outro.

ATENÇÃO!

São **universais** aqueles legitimados cujo interesse subjetivo na causa já é presumido, não havendo necessidade, portanto, de demonstração da chamada pertinência temática.

Ao revés, classificam-se como legitimados **especiais** aqueles que têm a necessidade de comprovar esse interesse subjetivo, que têm de demonstrar pertinência temática na ação.

Nessa ótica, classificam-se como *universais*:

- Presidente da República;
- Procurador-Geral da República;
- Mesa da Câmara dos Deputados;
- Mesa do Senado Federal;

- Conselho Federal da OAB;
- Partido político com representação do Congresso Nacional.

De outra banda, consideram-se legitimados *especiais*:

- Governador de Estado;
- Governador do Distrito Federal;
- Mesa de Assembleia Legislativa;
- Mesa da Câmara Legislativa do Distrito Federal;
- Confederação sindical;
- Entidade de classe de âmbito nacional.

Nessa esteira, o Governador do Estado do Estado da Bahia, por exemplo, para poder ajuizar uma ação direta de inconstitucionalidade em face de uma lei do Estado do Acre, precisa conseguir demonstrar que possui algum interesse na causa, é dizer, precisa demonstrar a **pertinência temática** na ação.

Não é que o ajuizamento dessa ação seja impossível, apenas se exige a comprovação desse requisito.

Outra dica para você se lembrar, com mais facilidade, dessa classificação, é a seguinte: dos seis legitimados especiais que compõem o art. 103 da CF, quatro possuem atuação em âmbito estadual ou distrital. São eles: Governador de Estado; Governador do DF; Mesa de Assembleia Legislativa de Estado e Mesa da Câmara Legislativa do DF.

Por fim, os outros dois legitimados especiais são aqueles que estão previstos no inciso IX do art. 103 do Texto Supremo, último inciso deste rol. Eles são: confederação sindical e entidade de classe de âmbito nacional.

Ainda para além da literalidade constitucional, questão muito recorrente, também, diz respeito à necessidade de constituição de advogado por parte desses legitimados.

Sobre esse aspecto o que se pode afirmar é que alguns deles possuem uma capacidade postulatória atribuída diretamente pela própria Constituição, e que, justamente por isso, **não precisam constituir advogados**. São eles:

- Presidente da República;
- Procurador-Geral da República;
- Mesa da Câmara dos Deputados;
- Mesa do Senado Federal;
- Conselho Federal da OAB;
- Governador de Estado;
- Governador do Distrito Federal;

- Mesa de Assembleia Legislativa;
- Mesa da Câmara Legislativa do Distrito Federal.

Ao contrário, alguns outros legitimados **precisam constituir advogados** e apresentar o instrumento de outorga de poderes (procuração), caso queiram ajuizar essas ações. Nestes casos, a capacidade postulatória não decorre do próprio texto constitucional. Os que precisam constituir profissionais devidamente inscritos na Ordem dos Advogados do Brasil, portanto, são:

- Partido político com representação do Congresso Nacional;
- Confederação sindical;
- Entidade de classe de âmbito nacional.

AMICUS CURIAE

Amigo da corte, na tradução literal, é um terceiro *sui generis* que **tem por finalidade pluralizar o debate constitucional**.

ATENÇÃO!
Curiosamente, ao contrário do que pode parecer, nas provas (notadamente nas objetivas) deve-se adotar o entendimento segundo o qual a ação direta de inconstitucionalidade **não admite intervenção de terceiros**.

Esse entendimento pode ser extraído da simples leitura do ***caput* do art. 7º da Lei n. 9.868/99**, tradicionalmente conhecida como lei da ADIN e da ADC. Aqui, literalmente, tem-se que não se admitirá intervenção de terceiro no processo de ação direta de inconstitucionalidade.

Ocorre que, curiosamente, a despeito dessa previsão do *caput*, o § 2º do mesmo dispositivo consagra que o relator, **considerando a relevância da matéria e a representatividade dos postulantes, poderá**, por despacho irrecorrível, **admitir a manifestação de outros órgãos ou entidades** no sentido de oxigenar a discussão.

Além dos requisitos legais mencionados acima, o STF vem exigindo a demonstração de pertinência temática para a manifestação.

O fundamento dessa previsão reside na constatação de que muito embora os ministros conheçam o Direito, não necessariamente possuem a mesma destreza técnica em outras áreas do conhecimento, como medicina, teologia, biologia, genética, biotecnologia, antropologia etc.

Assim, como bem disse o Ministro Celso de Mello, o "amicus curiae" (ou amigo da corte) tem a precípua função de *pluralizar o debate constitucional*.

Mas já que o texto, expressamente, no *caput* do art. 7º, veda a intervenção de terceiros, qual seria a natureza jurídica do "amicus curiae"? A resposta, malgrado a polêmica existente, é que se trata de um **terceiro *sui generis***, já que, com alguns gabaritos, a resposta *terceiro interveniente* foi considerada equivocada.

Em verdade, a real função do "amicus curiae" é de auxiliar do juízo.

Vale lembrar que muito embora o comando normativo apenas tenha se referido à ação direta de inconstitucionalidade, o entendimento que prevalece é o de que não há óbice (impedimento) para a admissão desse instituto no âmbito da ação declaratória de constitucionalidade, bem como da arguição de descumprimento de preceito fundamental, inclusive com possibilidade de realizar **sustentação oral**.

EFEITOS DA DECISÃO

Do mesmo modo como foi trabalhado no estudo do controle difuso de constitucionalidade, aqui serão analisados os efeitos que são produzidos como regra, e, em seguida, aqueles que apenas se manifestam excepcionalmente.

- Na trilha desse raciocínio, pode-se afirmar que, em regra, os efeitos de uma decisão definitiva de mérito em uma ação direta de inconstitucionalidade são:

- *Erga omnes*
- *Ex tunc*
- *Vinculante*

São ***erga omnes*** porque produzem efeitos para todos. E esse resultado é reflexo das características de um processo objetivo, abstrato e cuja inconstitucionalidade se apresenta como a questão principal, repousando sobre o pedido da ação, e não sobre a causa de pedir.

São ***ex tunc*** porque, como regra, retroagem, atacando a norma desde o momento da sua promulgação. É como se aquela norma não tivesse existido no ordenamento jurídico.

E são ***vinculantes*** porque, conforme previsão do art. 102, § 2º, do Texto Supremo, inserido pela Emenda Constitucional nº 45/2004, as decisões definitivas de mérito, proferidas pelo **Supremo Tribunal Federal**, nas ações diretas de inconstitucionalidade e nas ações declaratórias de constitucionalidade, produzirão eficácia contra todos e **efeito vinculante**, relativamente **aos demais órgãos do Poder Judiciário** e à **administração pública direta e indireta, nas esferas federal, estadual e municipal**.

Insta salientar que o efeito vinculante **não atinge o Poder Legislativo**, mas, apenas e tão-somente, o Poder Executivo e **demais** órgãos do Poder Judiciário (**também não atingindo**, dessa forma, o próprio STF).

Nas palavras do Pretório Excelso, se o Poder Legislativo ficasse vinculado a essa decisão, esse fato ocasionaria o *inconcebível fenômeno de fossilização da Constituição.*

Conforme mencionado, esses são os efeitos que são produzidos em linha de princípio, ou seja, como regra. Todavia, **de modo excepcional**, especificamente no que tange à eficácia retroativa (*ex tunc*), é possível uma modulação da eficácia temporal da decisão.

É que, conforme previsão do art. 27 da Lei n. 9.868/99, ao declarar a inconstitucionalidade de lei ou ato normativo, e tendo em vista razões de segurança jurídica ou de excepcional interesse social, poderá o Supremo Tribunal Federal, por maioria de dois terços de seus membros, restringir os efeitos daquela declaração ou decidir que ela só tenha eficácia a partir do seu trânsito em julgado ou de outro momento que venha a ser fixado.

Assim, os requisitos do art. 27 que são comumente cobrados nas provas são: *quórum* de **dois terços** dos membros e **razões de segurança jurídica ou excepcional interesse social**.

Preenchidos esses requisitos, o STF poderá modular a eficácia temporal da decisão, operando aquilo que se convencionou chamar de *declaração de inconstitucionalidade sem pronúncia de nulidade*.

Deve-se lembrar, contudo, que quando o Supremo Tribunal Federal não se valer da prerrogativa conferida pelo art. 27 da Lei n. 9.868/99, e os efeitos da sua decisão forem retroativos, não havendo manifestação em sentido contrário, essa decisão também operará o chamado **efeito repristinatório**.

Por esse efeito, se o STF declara a inconstitucionalidade de uma lei que, anteriormente, havia revogado outra norma, essa declaração tem o poder de restabelecer os efeitos da norma que fora, inicialmente, revogada.

Aqui o efeito repristinatório ocorre como **regra** (seja na decisão definitiva de mérito, ou no pedido cautelar). Para que ele não opere, é necessária manifestação expressa do Supremo nesse sentido.

A ideia do efeito repristinatório se pauta na nulidade da norma. Se a lei é nula, é porque ela nunca produziu eficácia, logo, nunca revogou nenhuma norma. Assim, aquela norma que teria sido supostamente revogada, continua produzindo os seus efeitos normalmente.

PEDIDO CAUTELAR

No que tange ao pedido cautelar, tem-se que é admitida a concessão de medida liminar em ação direta de inconstitucionalidade, preenchidos os requisitos do *fumus boni iuris* e do *periculum in mora*.

O ***fumus boni iuris*** (fumaça do bom direito, na tradução literal), seria o juízo de probabilidade ou verossimilhança quanto a uma decisão favorável. O ***periculum in mora*** (perigo da demora, traduzindo) seria o próprio risco de dano grave.

Deve-se lembrar que concedida a medida liminar, suspensa estará a eficácia do ato normativo. Isso porque, à luz do § 1º do art. 11 da Lei n. 9.868/99, a medida cautelar, dotada de eficácia contra todos (***erga omnes***), será concedida com efeito ***ex nunc***, salvo se o Tribunal entender que deva conceder-lhe eficácia retroativa. Além, é claro, do efeito **vinculante**.

Ou seja, como se depreende da leitura, caso o STF entenda por bem e o faça expressamente (por maioria absoluta), uma decisão em sede de cautelar pode vir a ter efeito retroativo (*ex tunc*).

Assim, é possível sintetizar os efeitos produzidos pela concessão do pedido cautelar na ação direta de inconstitucionalidade da seguinte forma:

- *Erga omnes*
- *Ex nunc (salvo manifestação expressa em sentido contrário)*
- *Vinculante*

Não se deve perder de vista, ainda, conforme mencionado, que à luz do § 2º do mesmo dispositivo em comento, a concessão da medida cautelar em sede de ADIN torna aplicável a legislação anterior acaso existente, salvo expressa manifestação em sentido contrário. É o efeito repristinatório operando em sede de cautelar de ação direta de inconstitucionalidade.

Por último, cabe ressaltar que segundo a lei, **além do Procurador-Geral da República**, nos processos de ação direta de inconstitucionalidade também deverá se manifestar o **Advogado-Geral da União**.

Essa atuação está disciplinada no art. 103, § 3º da CF. À luz desse dispositivo, quando o Supremo Tribunal Federal apreciar a inconstitucionalidade, em tese, de norma legal ou ato normativo, citará, previamente, o Advogado-Geral da União, que defenderá o ato ou texto impugnado.

Segundo o Supremo, nesses acaso o AGU atua como um curador da presunção de constitucionalidade da lei atacada.

OBSERVAÇÃO!

Cabe ressaltar, porém, que **superando posicionamento anterior**, o **STF** vem entendendo atualmente que, caso ele já tenha se pronunciado anteriormente no sentido da inconstitucionalidade da lei, o Advogado-Geral da União **não mais está obrigado** a se manifestar a favor da norma legal, podendo, com base em sua autonomia, deixar de defender a constitucionalidade do ato normativo atacado.

3.2. Ação Declaratória de Constitucionalidade - ADC

A ação declaratória de constitucionalidade foi inserida no ordenamento jurídico pátrio com a Emenda Constitucional n. 3 de 1993, portanto, já na vigência da Constituição Federal de 1988.

Quando do seu surgimento, possuía como legitimados ativos apenas o Presidente da República, o Procurador-Geral da República, a Mesa da Câmara dos Deputados e Mesa do Senado Federal. Essa realidade sofreu alterações, conforme será enfrentado adiante.

Antes, porém, é preciso registrar que a ação declaratória de constitucionalidade guarda profundas semelhanças com a ação direta de inconstitucionalidade. Inclusive o próprio STF já teve a oportunidade de afirmar que tais ações podem ser consideradas **dúplices**, **ambivalentes**, ou **de "sinal trocado"**.

É que caso uma ação direta de inconstitucionalidade seja julgada improcedente, isso significa, a rigor, que a norma foi declarada constitucional. Do outro lado, caso seja ajuizada uma ação declaratória de constitucionalidade e esta, eventualmente, venha a ser julgada improcedente, noutras palavras é como se a lei ou ato normativo tivesse sido declarado inconstitucional.

Dessa forma, em face da semelhança existente, praticamente todos os institutos que aqui foram estudados em sede de ADI, ordinariamente, serão aplicados à ADC. Sem dúvida, não se pode perder de vista que, ainda assim, há diferenças, e elas serão apontadas. Mas, de um modo geral, o esquema organizatórios das ações é bem parecido.

OBJETO

A ação declaratória de constitucionalidade, à luz do disposto no art. 102, I, "a", da CF, tendo por parâmetro o Texto Maior, poderá ter por objeto **apenas lei ou ato normativo federal**. Lembrando que essa análise está adstrita ao âmbito federal.

É que, tomando por base a Constituição de um referido Estado-membro, a ação declaratória de constitucionalidade poderá ter por objeto lei ou ato normativo municipal e estadual (assim como ocorre na ADIN em face de uma Constituição Estadual).

Vale registrar que não existe previsão expressa na Constituição Federal para a ação declaratória de constitucionalidade em âmbito estadual. Todavia, essa admissibilidade é uníssona não só na doutrina, como na jurisprudência, por isso, pode ser adotada tranquilamente nas provas e concursos.

Ademais, praticamente todos os contornos traçados quando do estudo da ADIN, no que tange à natureza da lei ou ato normativo, aplicam-se aqui. Nesse sentido, todas as leis e atos dotados de indiscutível força normativa, desde que federais (tendo por parâmetro a Constituição Federal), podem ser objeto de uma ação declaratória de constitucionalidade.

Ainda no que se refere ao objeto, se todas as normas são presumidas constitucionais, qual seria o motivo do ajuizamento de uma ação que tenha por objetivo a declaração de constitucionalidade de uma lei ou ato normativo?

Essa pergunta que salta aos olhos pode ser respondida da seguinte forma: é porque a presunção de constitucionalidade que recai sobre as leis é uma presunção relativa, vale dizer, *juris tantum*, logo, admite prova em contrário.

Nesse sentido, com a ADC objetiva-se a **transformação da presunção relativa em presunção absoluta de constitucionalidade (*jure et de jure*)**. Mas é óbvio que essa transformação não pode ser um mero capricho teórico ou jurisprudencial.

Por isso, uma das condições especiais indispensáveis ao ajuizamento de uma ação declaratória de constitucionalidade é a existência de uma **controvérsia judicial relevante** envolvendo a lei ou ato normativo.

ATENÇÃO!

Muito cuidado! Não se trata de controvérsia doutrinária, tem de se ruma controvérsia judicial relevante envolvendo a aplicação da lei ou norma objeto da ação. Essa é uma grande "pegadinha" na qual, certamente, você (estudante atento!) não irá cair.

COMPETÊNCIA

A competência para o julgamento de uma ação declaratória de constitucionalidade de uma lei federal, tendo por parâmetro a **Constituição Federal**, é do próprio **STF**, consoante o já citado art. 102, I, "a", da CF/88.

Lembrando que, caso se trate de uma ADC em face de uma lei ou ato normativo estadual ou municipal, tendo como referência uma **Constituição Estadual**, aí a competência para o processamento e julgamento desta ação será do **Tribunal de Justiça** do respectivo Estado-membro.

LEGITIMIDADE

Conforme já sinalizado, quando do surgimento da ação declaratória de constitucionalidade, em 1993, quatro eram os legitimados à sua propositura.

Assim, com a Emenda Constitucional n. 3/93, apenas podiam ajuizar ADC:

- Presidente da República
- Procurador-Geral da República
- Mesa da Câmara dos Deputados
- Mesa do Senado Federal

Até que, mais de dez anos depois, com a reforma do Poder Judiciário, introduzida pela Emenda Constitucional n. 45 de 08 de dezembro de 2004, todos aqueles que eram **legitimados à propositura da ADIN** passaram, também, a poder propor **ADC**, seguindo-se, assim, o rol do art. 103 da CF.

AMICUS CURIAE

Consoante entendimento já ventilado, muito embora a previsão do "amicus curiae" seja expressa apenas e tão somente para a ADIN, doutrina e jurisprudência uníssonas sinalizam no sentido de **não haver impedimento** para essa admissibilidade também em sede de ADC, inclusive com possibilidade de sustentação oral.

EFEITOS DA DECISÃO

Do mesmo modo como previsto para a ação direta de inconstitucionalidade, os efeitos de uma decisão definitiva de mérito em sede de uma ação declaratória de constitucionalidade seguem o quanto disposto no art. 102, § 2º, da CF.

Com esse dispositivo, as decisões definitivas de mérito proferidas pelo Supremo Tribunal Federal, nas ações diretas de inconstitucionalidade e nas ações declaratórias de constitucionalidade, produzirão eficácia **contra todos** e efeito **vinculante**, relativamente aos **demais** órgãos do Poder Judiciário (não vincula o próprio STF) e à **administração pública** direta e indireta, nas esferas federal, estadual e municipal (não vinculando, também, o Poder Legislativo).

Portanto, assim como na ADIN, é possível sintetizar os efeitos da decisão de mérito em sede de ADC da seguinte forma:

- *Erga omnes*
- *Ex tunc*
- *Vinculante*

No que se refere aos efeitos *ex tunc*, tem-se que a decisão que julga procedente uma ADC, de um modo geral, nada mais faz do que confirmar uma situação de constitucionalidade preexistente.

Entretanto, vale lembrar que, caso o Supremo Tribunal Federal entenda que a ADC deva ser julgada improcedente (o que significa declarar a inconstitucionalidade da norma federal), aplica-se, por pertinente, o quanto disposto no art. 27 da Lei n. 9.868/99, ou seja, será permitida a modulação da eficácia temporal da decisão, estando presentes os requisitos (formal e material): *quórum* de **dois terços** e presente **razões de segurança jurídica ou excepcional interesse social**, respectivamente.

PEDIDO CAUTELAR

Conforme previsão do art. 21 da Lei n. 9.868/99, o Supremo Tribunal Federal, por decisão da **maioria absoluta** de seus membros (seis ministros), poderá deferir pedido de medida cautelar na ação declaratória de constitucionalidade, consistente na determinação de que os juízes e os Tribunais **suspendam o julgamento** dos processos que envolvam a aplicação da lei ou do ato normativo objeto da ação até o seu julgamento definitivo.

Esse é o chamado **efeito avocatório** em sede de cautelar de ADC.

O prazo da referida suspensão será de **180 dias**, contados da publicação do dispositivo da decisão no *DOU*. Durante esse período, os processos que tramitem nas instâncias inferiores deverão ficar paralisados aguardando a decisão definitiva do STF.

Findo tal prazo sem que tenha havido o julgamento definitivo pelo Pretório Excelso, cessa-se a eficácia da medida e os processos voltam a correr normalmente.

Ainda sobre a decisão no pedido cautelar em ADC, malgrado a existência de alguma polêmica, pode-se afirmar que é plenamente cabível, à luz da jurisprudência do STF, a atribuição de efeito vinculante e *erga omnes* em sede de liminar.

Em conclusão, cumpre ainda lembrar que ao contrário do que ocorre no âmbito da ação direta de inconstitucionalidade, em sede de ADC **não há que se falar em manifestação do Advogado-Geral da União**. Isso porque, a ação declaratória de constitucionalidade já tem por objetivo a defesa do ato normativo.

3.3. Arguição de Descumprimento de Preceito Fundamental – ADPF

Criação da Constituição Federal de 1988, a arguição de descumprimento de preceito fundamental tem guarida no art. 102, § 1º, do Texto Maior. Com o dispositivo, a ADPF, decorrente da Constituição de 88, será apreciada pelo **Supremo Tribunal Federal**, na forma da lei.

Ocorre que, embora a ação tenha surgido no Direito brasileiro junto com a atual Constituição, sua regulamentação só se deu mais de dez anos depois. E nesse interstício, o Pretório Excelso reconheceu que o comando do art. 102, § 1º, tratava-se de uma norma constitucional de eficácia limitada, e que, como decorrência desta constatação, não poderia apreciar nenhuma arguição enquanto não fosse editada a norma regulamentadora.

Apenas em 1999 foi promulgada a Lei n. 9.882, que traz o procedimento para processo e julgamento desta ação do controle concentrado de constitucionalidade.

OBJETO

De acordo com a referida lei, a ADPF será cabível tanto na modalidade de arguição **autônoma** (também chamada de sumária - art. 1º, *caput*), quanto na modalidade **por equiparação** (ou por equivalência - parágrafo único).

A **arguição autônoma**, prevista no art. 1º, *caput*, da Lei n. 9.882/89, tem por objetivo evitar (caráter preventivo) ou reparar (caráter repressivo) lesão a preceito fundamental resultante de ato do poder público.

Lembrando que este *ato do poder público* a que a lei se refere não se restringe apenas e tão-somente aos atos de caráter normativo, mas, ao contrário, abarca qualquer ato administrativo, inclusive decretos regulamentares.

Já a **arguição por equiparação**, com agasalho no parágrafo único do art. 1º da lei supracitada, trata-se de uma ação que tem por objeto uma relevante controvérsia constitucional sobre a aplicabilidade da lei ou do ato normativo **federal, estadual, municipal ou distrital, incluídos os anteriores à Constituição Federal**, violadores de preceito fundamental.

Questão corriqueiramente cobrada em provas e concurso se refere ao alcance da expressão *preceitos fundamentais*. Em verdade, tanto a Constituição da República, quanto a Lei n. 9.882/99 foram silentes nesse aspecto.

Assim, mais uma vez coube à doutrina e à jurisprudência estabelecer a definição do conteúdo jurídico da expressão. Para Uadi Lammêgo Bulos, em passagem já conhecida, preceitos fundamentais seriam "os grandes preceitos que informam o sistema constitucional, que estabelecem comandos basilares e imprescindíveis à defesa dos pilares da manifestação constituinte originária".

Como o Supremo Tribunal Federal ainda não trouxe uma definição una acerca do instituto, fixa-se, aqui, a noção que mais vem sendo aceita, no âmbito doutrinário e jurisprudencial, daquilo que se entende por preceitos fundamentais:

- Princípios fundamentais (CF, arts. 1º ao 4º)
- Princípios constitucionais sensíveis (CF, art. 34, VII)
- Preceitos constitucionais da administração pública (CF, art. 37, *caput*)
- Cláusulas pétreas (CF, art. 60, § 4º)
- Princípios gerais da atividade econômica (CF, art. 170)

Por fim, com alta incidência nas provas e concursos, o candidato atento deve sempre lembrar que em sede de ADPF vigora o **princípio da subsidiariedade**.

ATENÇÃO!

Segundo este princípio, não será cabível a arguição de descumprimento de preceito fundamental, quando houver outro meio eficaz de sanar a lesividade (art. 4º, § 1º, da Lei n. 9.882/99).

OBSERVAÇÃO

Lembrando, ainda, que o STF, como base na subsidiariedade, já admitiu a possibilidade do conhecimento de ADPF como ADIN (**princípio da fungibilidade**), desde que satisfeitos os requisitos exigidos para a propositura desta ação.

COMPETÊNCIA

A competência para processo e julgamento da ADPF, consoante a própria previsão do art. 102, § 1º, da CF/88, é do **Supremo Tribunal Federal**.

Lembrando que assim como ocorre nos processos de ADIN e de ADC, a decisão sobre a arguição de descumprimento de preceito fundamental somente será tomada pelo *quórum* de **maioria absoluta** (seis Ministros), e se pressentes na sessão pelo menos dois terços (oito Ministros) do total de membros da Suprema Corte.

Não se deve perder de vista, ainda, que a decisão que julgar procedente ou improcedente o pedido em ADPF é irrecorrível, não podendo, inclusive, ser objeto de ação rescisória. E contra o descumprimento dessa decisão proferida pelo Supremo Tribunal Federal, caberá reclamação, na forma do seu Regimento interno (arts. 12 e 13 da Lei n. 9.882/99).

LEGITIMIDADE

Os legitimados ativos à propositura da arguição de descumprimento de preceito fundamental são **os mesmo da ADIN genérica e da ADC**, ou seja, todos aqueles elencados nos incisos I a IX do art. 103 da CF/88. Essa também é a previsão constante do art. 2º, I, da Lei n. 9.882/99.

AMICUS CURIAE

Do mesmo modo como ocorre com a ADC, embora não haja previsão expressa para a admissão de "amicus curiae" no bojo da arguição de descumprimento de preceito fundamental, a doutrina e a jurisprudência caminham no sentido da **possibilidade**, inclusive podendo o *amigo da corte* se valer da **sustentação oral**.

EFEITOS DA DECISÃO

Segundo previsão do art. 10 da Lei em comento, julgada a ação, far-se-á comunicação às autoridades ou órgãos responsáveis pela prática dos atos questionados, fixando-se as condições e o modo de interpretação e aplicação do preceito fundamental que esteja sendo objeto de discussão.

Ainda, a decisão definitiva de mérito em sede de ADPF terá eficácia contra todos (***erga omnes***) e efeito **vinculante** relativamente aos demais órgãos do poder público, além de efeitos retroativos, ou seja, ***ex tunc***. Sintetizando, como regra, os efeitos são:

- *Erga omnes*
- *Ex tunc*
- *Vinculante*

Ademais, com o artigo 11 da Lei n. 9.882/99, do mesmo modo como ocorre no julgamento da ADIN (equivalente ao art. 27 da Lei n. 9.868/99), ao declarar a inconstitucionalidade de lei ou ato normativo, no processo de arguição de descumprimento de preceito fundamental, e tendo em vista **razões de segurança jurídica ou de excepcional interesse social**, poderá o Supremo Tribunal Federal, por maioria de **dois terços** de seus membros, restringir os efeitos daquela declaração ou decidir que ela só tenha eficácia a partir de seu trânsito em julgado (*ex nunc*) ou de outro momento que venha a ser fixado.

PEDIDO CAUTELAR

O art. 5º da Lei n. 9.882/99 consagra que o Supremo Tribunal Federal, por decisão da **maioria absoluta** de seus membros (seis Ministros, no mínimo), poderá deferir pedido de medida liminar na arguição de descumprimento de preceito fundamental.

Com o § 1º do mesmo dispositivo supramencionado, em caso de **extrema urgência ou perigo de lesão grave**, ou, ainda, em **período de recesso**, poderá o relator conceder a liminar, *ad referendum* do Tribunal Pleno.

Já com o § 2º, o relator poderá, ainda, ouvir os órgãos ou autoridades responsáveis pelo ato questionado, bem como o Advogado-Geral da União ou o Procurador-Geral da República, no prazo comum de cinco dias.

Por fim, com o § 3º, a liminar poderá consistir na determinação de que juízes e tribunais suspendam o andamento de processos ou o efeito de decisões judiciais, ou de qualquer outra medida que apresente relação com a matéria objeto da arguição de descumprimento de preceito fundamental, salvo se decorrentes de coisa julgada.

4. DOS DIREITOS E GARANTIAS FUNDAMENTAIS

EVOLUÇÃO: GERAÇÕES OU DIMENSÕES DOS DIREITOS FUNDAMENTAIS

O estudo da evolução dos direitos fundamentais é de alta relevância não só pela compreensão histórica do desenvolvimento de tais direitos, como também alta incidência que esse tópico possui nas provas e concursos em geral.

A primeira pessoa a sugerir uma divisão dos direitos humanos em gerações foi o jurista tcheco-francês Karel Vasak, no ano de 1979, em uma conferência no Instituto Internacional de Direitos Humanos em Estrasburgo.

No Brasil, o grande responsável pela disseminação da leitura histórico-evolutiva dos direitos fundamentais a partir de diversas gerações foi Paulo Bonavides.

De saída, até mesmo para facilitar uma melhor compreensão da matéria, importante ressaltar que, para cada uma das dimensões a ser estudada, indispensável se faz a compreensão das seguintes informações: momento, lema, gênero, espécies e características.

Todavia, antes mesmo de partir para o enfrentamento de cada um desses itens, cabe aqui algumas considerações no que diz respeito aos termos gerações ou dimensões.

De antemão, pode-se concluir que ambas as terminologias estão corretas, e, em igual sentido, são aceitas pelas bancas examinadoras.

Contudo, à luz do entendimento doutrinário consolidado, não há como deixar de reconhecer uma preferência existente por parte dos estudiosos do direito, qual seja, pelo termo dimensões.

Segundo a doutrina, a expressão gerações traduz uma (equivocada) ideia de hereditariedade.

Ou seja, passa uma mensagem no sentido de que os direitos de primeira geração foram suplantados pelos direitos de segunda, que os direitos de terceira, ao surgirem, excluíram os outros dois anteriores, e assim por diante.

Noutro giro, a expressão dimensões, por sua vez, passa a (correta) noção de complementaridade.

Com ela, o surgimento de uma nova dimensão de direitos fundamentais não tem o condão de excluir os direitos da dimensão anterior. Ao contrário, complementa-a.

Assim, caso a questão não faça nenhuma referência à predileção doutrinária, inclusive em provas objetivas, as duas expressões são tranquilamente aceitas.

Todavia, numa eventual dissertativa, tendo o candidato a opção de escolher, sugere-se a utilização do termo dimensões, por todos os motivos já aqui expostos.

Traçada essa distinção terminológica, passa-se agora para a análise específica de cada um dos momentos históricos.

- *Primeira dimensão*

Contextualizando, no período anterior ao surgimento dos direitos de primeira dimensão, o que se tinham era um Estado totalitário, também chamado de absolutista.

Um poder estatal que de nenhum modo se preocupava com os direitos dos cidadãos, e que tinha por finalidade a própria manutenção do poder político prevalecente, com a consequente diminuição dos anseios das pessoas que compunham a sociedade.

O ser humano estava oprimido, os indivíduos sentiam-se presos, a sociedade queria se libertar. Nesse contexto, muitas vezes marcado por grandes revoluções, surgiram os chamados direitos de primeira dimensão.

O momento, séculos XVIII e XIX, ficou marcado pela transição do Estado absolutista para o Estado liberal. Como não poderia deixar de ser, o lema dessa dimensão foi a própria liberdade.

Como gênero de direitos inerentes a esta dimensão, tem-se os direitos civis e direitos políticos.

Já como espécies, aqui será possível encontrar aqueles direitos para cuja realização o indivíduo não depende do Estado.

Como exemplo tem-se as liberdades (de consciência, de crença, de reunião, de associação, de expressão...) e as inviolabilidades (de domicílio, do sigilo das correspondências, de dados, das comunicações telegráficas, telefônicas...) como um todo.

Finalmente, traçando as características desses direitos é possível mencionar a existência de um Estado absenteísta, de direitos de defesa e liberdades negativas dos cidadãos, traduzidas em obrigações de não fazer por parte do Estado.

Por esses traços, é possível inferir que, neste primeiro momento, o que mais o indivíduo desejava era se livrar das opressões impostas pelo Estado.

Assim, o Estado que antes tinha uma grande ingerência na vida das pessoas, sai de cena para que agora o indivíduo, livre, possa exercer os seus direitos mais básicos e elementares.

Essa, portanto, era a marca do liberalismo: afastar a presença do Estado da vida dos indivíduos. Era a versão de um Estado mínimo. Um Estado que não se preocupava com a vida econômica e social.

A única preocupação era com a vida política e com a proteção das liberdades individuais clássicas.

Por isso mesmo se diz que esse era o Estado do *laissez faire et laissez passer*, que predominou durante o período dos séculos XVIII e XIX.

- *Segunda dimensão*

Ocorre que, a complexidade das relações sociais, agravada pelas desigualdades, fez perceber que não era só o Estado que oprimia o indivíduo.

Mas que o próprio sujeito, nas relações travadas com seus semelhantes, também podia ser responsável pela criação de embaraços para a própria convivência social.

Se de um lado a ausência de liberdade fez com que o sujeito se sentisse demasiadamente oprimido pelo Estado, do outro, com a pessoa estatal saindo totalmente de cena, a liberdade exacerbada sem a possibilidade de controle por parte do Estado fez com que inúmeros abusos fossem cometidos com base na *lei do mais forte.*

Para ilustrar, imagine um contrato celebrado por uma pessoa da grande experiência, com outro sujeito hipossuficiente.

Ainda que este contrato tenha sido excessivamente oneroso, o indivíduo que levou vantagem se valerá da teoria chamada pacta sunt servanda, é dizer, o contrato faz lei entre as partes, e se contratou, agora vai ter que cumprir.

Como o Estado saiu de cena, não havia como recorrer à pessoa estatal para buscar a anulação do negócio jurídico viciado.

Ainda com outro exemplo, pense na hipótese de determinado latifundiário ter adquirido mais uma propriedade rural de larga dimensão e, apesar da existência do grande problema relacionado à má distribuição de terras, o sujeito não deu nenhuma destinação ao imóvel e este, de maneira gritante, não vem cumprindo a sua função social.

Mais uma vez, tendo o Estado incorporado uma postura absenteísta, nenhuma atitude por parte do Poder Público poderia ser tomada no sentido de se promover uma reforma agrária.

E é a partir daí que o indivíduo começa a sentir falta de um auxílio estatal. Porque se a ausência completa de liberdade (que marcou o Estado absolutista) não se mostrou satisfatória para os indivíduos e até os oprimiu, a liberdade excessiva, que foi a marca do Estado liberal, já dava nítidos sinais de que também não iria corresponder satisfatoriamente aos anseios populares.

Aliás, o que se viu até aqui, nos exemplos arrolados, é que a liberdade em excesso foi capaz de gerar, isso sim, muita desigualdade.

Por isso, em curta síntese é possível dizer que a pretensão da segunda dimensão consiste em afastar a liberdade que oprime e defender a intervenção que liberta.

Assim, é neste cenário que surgem os direitos de segunda dimensão. O momento, séculos XIX e XX, Estado social.

O lema, por sua vez, igualdade. Afinal, o grande anseio aqui era pela redução das desigualdades sociais com a promoção da chamada justiça distributiva.

Como gênero de direitos desta dimensão é possível citar os sociais, econômicos e culturais.

Já como espécies há aqueles direitos para cuja realização os indivíduos dependem da atuação do Estado.

São eles: saúde, educação, trabalho, segurança etc. Como dica, vale lembrar as promessas de campanha dos candidatos a cargos eletivos.

Se o indivíduo eleito vai presentar o Estado (valendo-se aqui da teoria do saudoso alagoano Pontes de Miranda), logicamente, no período pré-eleitoral, ele irá lhe prometer direitos que contam com grande participação estatal.

Como exemplo de Constituições no mundo que se destacaram pelo reconhecimento de tais direitos é possível citar a Constituição mexicana de 1917, a Constituição russa de 1918, a Constituição da República de Weimar, de 11 de agosto de 1919 (na Alemanha) e a própria Constituição brasileira de 1934, que instituiu, entre nós, o moderno Estado intervencionista.

Finalizando, como características desse momento é possível identificar, agora, a presença de um Estado intervencionista, que possui **obrigações de fazer**, de **liberdades positivas** e de **direitos de prestação** (também chamados de direitos de caráter prestacional).

- *Terceira dimensão*

A terceira dimensão dos direitos fundamentais tem como *momento* os séculos XX e XXI, retratando o Estado Democrático de Direito.

Como lema desse período tem-se a fraternidade (ou solidariedade). Assim, fazendo uma análise das três primeiras dimensões, com seus respectivos lemas, fácil constatar que juntos eles formam a tríade da revolução francesa.

Como gênero de direitos aqui se apresentam os difusos e coletivos (transindividuais ou metaindividuais). São aquelas posições jurídicas de vantagens que transcendem a pessoa individualizada.

Já a título de espécies, aqui podem ser elencados o direito ao preservacionismo ambiental, ao progresso, ao desenvolvimento científico e tecnológico, o direito do consumidor, o direito à autodeterminação dos povos, à propriedade sobre o patrimônio comum da humanidade, à qualidade de vida, à proteção da infância e da juventude, o direito de comunicação, dentre outros.

Por fim, como característica dessa terceira dimensão tem-se que este momento foi o marco a partir do qual, pela primeira vez nesta evolução, o ser humano passou a ser visto como membro de uma coletividade, transcendendo a noção de pessoa individualizada, como antes já afirmado.

Aqui não se pretende tutelar a liberdade nem a igualdade, mas sim salvaguardar a própria existência do agrupamento humano.

- *Quarta dimensão*

Na doutrina já é conhecida a chegada da quarta dimensão. Quanto ao *momento*, não se sabe identificar, ao certo, a partir de quando ela começou, nem o seu lema próprio.

Como gênero desta gama de vantagens, é possível identificar, com alguns autores, os direitos relacionados à democracia direta, ao pluralismo e à informação.

Já como espécies aqui podem ser encontrados o direito de mudança de sexo (cirurgia tecnicamente chamada de transgenitalização ou redesignação do estado sexual), o direito contra manipulações genéticas, em geral os direitos relacionados à biotecnologia etc.

Finalmente, como característica dessa quarta dimensão pode-se afirmar que tudo isso é resultado de um fenômeno atual denominado **globalização** e da ideia de **universalização dos direitos fundamentais** para além do campo estatal, algo que se revela indispensável para a **formação de uma sociedade aberta do futuro**.

- *Quinta dimensão*

Conforme mencionado em momento anterior, durante algum tempo a doutrina vinha se referindo apenas até a quarta dimensão dos direitos fundamentais.

Entretanto, já começa aparecer em provas e concursos referência a uma quinta dimensão de tais direitos.

Isso porque, também no âmbito doutrinário, Paulo Bonavides (voz mais do que autorizada na matéria) já sinalizou que, em face da crescente onda de atentados terroristas em todo o mundo, o direito à paz (antes alocado na terceira dimensão, na classificação de Karel Vasak) se apresenta, de maneira autônoma, como a face da quinta dimensão dos direitos fundamentais.

Para o Professor Bonavides, a paz é o axioma da democracia participativa, é um supremo direito da humanidade.

Nesse sentido, caso alguma prova faça referência a esse novo posicionamento, deve o candidato mostrar-se atualizado com a doutrina.

Além disso, importante atentar para eventuais posicionamentos futuros do Supremo Tribunal Federal sobre o tema.

Sintetizando os principais pontos do quanto aqui foi dito, apresenta-se o seguinte quadro:

	1ª DIMENSÃO	2ª DIMENSÃO	3ª DIMENSÃO	4ª DIMENSÃO
Momento Histórico	Séc. XVIII e XIX Estado Liberal	Séc. XIX e XX Estado Social	Séc. XX e XXI Estado Democrático de Direito	x
Lema ou Ideal de Inspiração	Liberdade	Igualdade	Fraternidade / Solidariedade	x
Gênero de Direitos	Direitos civis e políticos	Direitos econômicos, sociais e culturais	Direitos difusos e coletivos – transindividuais	Democracia Direta, pluralismo e informação
Espécies de Direitos	Liberdade de reunião, associação, crença e consciência, inviolabilidade de domicílio...	Saúde, educação, trabalho, assistência, moradia, sindicalização, direitos de greve...	Meio ambiente, consumidor, progresso, desenvolvimento tecnológico...	Direito de mudança de sexo, contra manipulação genética...
Características	Absenteísmo, liberdades negativas, obri-gações de não fazer, direitos de defesa	Intervencionis-mo, liberdades positivas, obrigações de fazer, direitosde prestação	Pela primeira vez, o homem passa a ser visto como membro de uma coletividade	Resultado da globalização dos direitos fundamentais

ATENÇÃO!

Além das quatro dimensões previstas na tabela, não se deve perder de vista o direito à paz, enxergado por Paulo Bonavides como a face da quinta dimensão dos direitos fundamentais.

4.1. Dos direitos e deveres individuais e coletivos

DIREITOS E DEVERES INDIVIDUAIS E COLETIVOS NA CONSTITUIÇÃO FEDERAL DE 1988

O **art. 5º** da CF, ao prescrever os direitos individuais e coletivos, consagra **setenta e oito incisos**. De todos esses dispositivos, aqui serão analisados aqueles que mais têm aparecido nas provas e que, por isso mesmo, são os mais importantes no concurso, os principais.

De todo modo, tendo em vista que muitas bancas examinadoras ainda se vinculam muito à literalidade do texto constitucional, recomenda-se uma leitura acurada e reiterada de todos esses incisos, visando aumentar a margem de segurança na hora do exame.

DIREITO À VIDA

A Constituição Federal garante, logo no caput do art. 5º, o direito à vida. Trata-se, como não poderia deixar de ser, do mais importante direito fundamental do ser humano, afinal, o gozo dos demais direitos depende dessa condição.

De mais a mais, vale salientar que não só a Magna Carta, como também a legislação infraconstitucional cuidou de disciplinar este importante direito.

Segundo o Código Civil, a personalidade jurídica é adquirida a partir do nascimento com vida, porém o próprio Codex ressalta que a lei põe a salvo, desde a concepção, os direitos do nascituro.

Assim, percebe-se que no ordenamento jurídico pátrio a vida intrauterina também goza de proteção. Retrato dessa realidade é a própria vedação da prática de aborto, com as devidas ressalvas previstas no Código Penal e na jurisprudência do Supremo Tribunal Federal.

Registre-se, ainda, que com base no princípio maior da dignidade da pessoa humana, carro-chefe dos direito e garantias fundamentais, mais do que o direito à vida, a Constituição da República consagra o direito à vida digna.

E isso significa que, sendo a Lei Maior brasileira classificada como uma Constituição dirigente, o governo deve direcionar toda a sua atuação no sentido de programar as políticas públicas indispensáveis à realização dos anseios sociais.

Como corolário do direito à vida pode ser citado o direito à integridade física, consagrado no inciso III, do art. 5º, segundo o qual ninguém será submetido à tortura nem a tratamento desumano ou degradante.

De fato, não há como negar que o conceito de vida digna passa, inexoravelmente, pela própria integridade psicofísica do sujeito.

DIREITO À IGUALDADE

Com previsão no art. 5º, caput e inciso I, a Carta Magna consagra que todos são iguais perante a lei e que homens e mulheres são iguais em direitos e obrigações nos termos da Constituição.

Entretanto, necessário frisar que essa é a chamada igualdade formal, comumente utilizada pelo legislador quando da elaboração das diversas leis e atos normativos.

Não se confunde, por sua vez, com a igualdade material ou substancial (mais próxima do operador do Direito).

Esta última face desse princípio foi idealizada por Aristóteles, e, aqui no Brasil, foi disseminada por Ruy Barbosa.

Nesta acepção tem-se que o verdadeiro sentido da igualdade consiste não só em tratar os iguais igualmente, como também aquinhoar (contemplar) os desiguais na medida das suas desigualdades.

Tendo por parâmetro essa nova concepção foram idealizadas as chamadas ações afirmativas, que se destinam a realizar essa igualdade material.

São elas que viabilizam a inclusão social e a concretude do objetivo fundamental da República de reduzir as desigualdades sociais e regionais.

Na Europa elas são chamadas de políticas de discriminação positiva de natureza compensatória.

É aqui, por exemplo, que são adotadas as políticas de cotas para ingresso em universidades ou postos de trabalho.

A Constituição Federal, vale registrar, já adota expressamente essa política quando determina, no art. 37, VIII, que a lei reservará percentual dos cargos e empregos públicos para as pessoas portadoras de deficiência e definirá os critérios de sua admissão.

LIBERDADE DE AÇÃO À LUZ DO PRINCÍPIO DA LEGALIDADE

A liberdade de ação é o direito conferido às pessoas de determinarem suas condutas comissivas ou omissivas, desde que essa autodeterminação não viole o ordenamento jurídico.

Essa liberdade, na sistemática constitucional, deve ser percebida à luz do princípio da legalidade. É que conforme previsão do art. 5º, II, do Texto Supremo, ninguém será obrigado a fazer ou deixar de fazer alguma coisa, senão em virtude de lei.

Pela expressão lei ficam compreendidas todas as espécies normativas previstas no art. 59 da CF/88, quais sejam: I – emendas constitucionais; II – leis complementares; III – leis ordinárias; IV – leis delegadas; V – medidas provisórias; VI – decretos legislativos; e VII – resoluções.

ATENÇÃO!

No direito público, o princípio da legalidade traduz a ideia de que o administrador só poderá fazer aquilo que a lei efetivamente autoriza (atos discricionários) ou determina (atos vinculados) – **critério de subordinação.**

De outra banda, no âmbito do direito privado, é dado ao indivíduo o direito de, a rigor, fazer tudo, salvo aquilo que a lei proíbe – **critério de não contradição.**

Finalmente, cabe ainda distinguir o princípio da *legalidade* do princípio da *reserva legal*. Como visto, pela legalidade, numa perspectiva mais elástica, qualquer atuação estatal deve estar subsumida a alguma das espécies normativas, produto do processo legislativo constitucionalmente descrito.

Por outro lado, sob um prisma mais restrito, *reserva legal* (ou *reserva de lei*) significa separar determinada matéria e reservá-la a determinada espécie normativa (por exemplo, determinada matéria tributária será veiculada apenas por lei complementar).

LIBERDADE DE LOCOMOÇÃO

Declara o **art. 5º, XV**, da CF, que é livre a locomoção no território nacional em tempo de paz, podendo qualquer pessoa, nos termos da lei, nele entrar, permanecer ou dele sair com seus bens. É o famoso direito fundamental de ir, vir e ficar ou permanecer.

Entretanto, confirmando o direito de liberdade, ao tempo que se admite a sua restrição, o inciso LXI, também do art. 5º da CF, enuncia que ninguém será preso senão em flagrante delito ou por ordem escrita e fundamentada de autoridade judiciária competente, salvo nos casos de transgressão militar ou crime propriamente militar, definidos em lei.

Nesse sentido, conclui-se que a liberdade é um direito fundamental, e, como tal, caso seja violada, será possível a sua tutela por intermédio da garantia do *habeas corpus* (CF, art. 5º, LXVIII), instituto que será detalhado no capítulo referente aos remédios constitucionais.

LIBERDADE DE MANIFESTAÇÃO DO PENSAMENTO OU OPINIÃO

No art. **5º, IV**, a CF legitima o direito de manifestação de pensamento, mas **veda o anonimato** (a chamada manifestação apócrifa). Tal direito revela uma liberdade que, para ser exercida, não depende de qualquer providência estatal.

A vedação do anonimato existe, dentre outros motivos, para assegurar o direito de resposta contra a pessoa que eventualmente tenha causado um dano a outrem a partir da sua manifestação de pensamento.

Este direito, por sua vez, vem previsto no inciso **V** do mesmo dispositivo. Com ele, é assegurado o direito de resposta, proporcional ao agravo, além da indenização por dano material, moral ou à imagem.

LIBERDADE DE EXPRESSÃO DE ATIVIDADE INTELECTUAL, ARTÍSTICA, CIENTÍFICA E DE COMUNICAÇÃO

Consagrado no inciso **IX do art. 5º** da CF, esse direito é um consectário da liberdade de manifestação de pensamento, mas com ela não se confunde. O direito de manifestação é o que permite a pessoa emitir uma opinião, por mais que ela seja crítica.

Já o direito de expressão de atividade intelectual, artística, científica e de comunicação é o que investe a pessoa do poder de revelar a sua sensibilidade, a sua sensação, a sua criatividade, por exemplo, através de uma pintura, um livro, uma peça teatral, uma fotografia etc.

Ademais, o Texto Maior garante que o exercício dessa liberdade pelo indivíduo não depende de qualquer licença ou censura, típicas de um tempo remoto e pouco saudoso quando artistas e intelectuais não podiam expressar a sua arte livremente, sendo oprimidos pelo poder dominante.

LIBERDADE DE INFORMAÇÃO

Segundo a doutrina constitucionalista pátria, o direito de informação abrange três facetas no ordenamento jurídico pátrio. São elas: o direito de informar, o direito de se informar e o direito de ser informado.

Advirta-se que os confins divisórios de cada uma dessas faces do direito de informação são muito tênues. Por isso, é preciso lançar um olhar acurado para compreendê-las.

O direito de informar traduz-se na ideia de disseminação de informações através dos diversos instrumentos de comunicação, sem qualquer tipo de ingerência ou obstáculo.

Esse direito é agasalhado constitucionalmente no art. 220. Com ele, a manifestação do pensamento, a criação, a expressão e a informação, sob qualquer forma, processo ou veículo não sofrerão qualquer restrição, observado o disposto no próprio texto constitucional.

Já o direito de se informar, por sua vez, consiste na prerrogativa conferida ao sujeito de pleitear as informações desejadas sem nenhum impedimento.

Esse direito pode ser extraído do art. 5º, XIV, da CF, dispositivo esse segundo o qual é assegurado a todos o acesso à informação e resguardado o sigilo da fonte, quando necessário ao exercício profissional.

Por fim, no que se refere ao direito de ser informado, também no artigo 5º, é possível citar o inciso XXXIII.

Já com esse dispositivo, todos têm direito a receber dos órgãos públicos informações de seu interesse particular, ou de interesse coletivo ou geral, que serão prestadas no prazo da lei, sob pena de responsabilidade, ressalvada aquela cujo sigilo seja imprescindível à segurança da sociedade e do Estado.

Trata-se de um direito, nessa perspectiva, exercido com relação ao poder público, e que garante ao sujeito a possibilidade de manter-se completamente informado.

Em caso de desrespeito, caso a informação que tenha sido negada pelos poderes estatais seja de caráter pessoal, o indivíduo poderá valer-se da garantia constitucional do *habeas data* (CF, art. 5º, LXXIII), conforme será aprofundado mais à frente.

LIBERDADE DE CONSCIÊNCIA E CRENÇA E A ESCUSA DE CONSCIÊNCIA

Com previsão no inciso **VI do art. 5º** da CF, consciência e crença são liberdades diferentes, apesar de constarem do mesmo preceito constitucional.

A pessoa pode exercer seu direito de consciência, por exemplo, para não adotar nenhuma crença.

Nesse sentido, essa liberdade de consciência permite que as pessoas assumam diretrizes em suas vidas da forma que lhes for mais conveniente, se convençam daquilo em que acreditam e se orientem com base nessas convicções.

Já a liberdade de crença é o direito de assumir uma religião. Ele está inexoravelmente relacionado a uma escolha religiosa e se manifesta através dela.

Vale ressaltar que aqui está assegurado não só o direito de escolher uma religião, como também o direito de não mais permanecer com ela.

No inciso VIII do art. 5º, por sua vez, a CF consagrou o direito de escusa fundado na consciência e na crença. É o que a doutrina chama de escusa de consciência. É um direito de justificativa fundado nessas liberdades constitucionais.

Com o dispositivo, ninguém será privado de direitos por motivo de crença religiosa ou de convicção filosófica ou política, salvo se as invocar para eximir-se de obrigação legal a todos imposta e recusar-se a cumprir prestação alternativa fixada na lei.

Assim, se o ordenamento impõe uma obrigação a todos, não poderá o indivíduo ser privado dos seus direitos caso se recuse a cumprir essa determinação alegando crença religiosa ou convicção política ou filosófica.

Mas, para que efetivamente não haja essa privação, não poderá o indivíduo se recusar a cumprir a prestação alternativa que vier a ser fixada na lei.

Vale ressaltar, conforme será detalhado mais à frente, que caso o sujeito não cumpra a obrigação principal alegando do direito à escusa de consciência e, ainda assim, também se recuse a cumprir a prestação alternativa que vier a ser prevista na lei, essa negativa poderá ocasionar a **perda dos seus direitos políticos.**

LIBERDADE DE REUNIÃO

O inciso **XVI do art. 5º** da CF consagra que todos podem reunir-se pacificamente, sem armas, em locais abertos ao público, **independentemente de autorização**, desde que não frustrem outra reunião anteriormente convocada para o mesmo local, sendo apenas exigido **prévio aviso** à autoridade competente.

Essa necessidade de aviso prévio serve, justamente, para se garantir que a reunião que será exercida não irá frustrar outra anteriormente convocada para o mesmo local.

Além disso, é a partir deste aviso antecipado que o poder público irá tomar todas as medidas destinadas a assegurar que o direito será exercido de modo tranquilo e sem embaraços (trânsito e policiamento adequados, por exemplo).

Impende pontuar que a exigência de que a reunião seja pacífica, sem armas, engloba a proibição, inclusive, da utilização de armas brancas (cortantes e perfurantes).

Ainda, importante anotar que o direito de se reunir é um **direito coletivo**. A Carta Magna busca proteger as pessoas na sua coletividade e garantir sua liberdade de expressão coletiva.

LIBERDADE DE ASSOCIAÇÃO

O inciso **XVII do art. 5º** da CF, por seu turno, consagra o clássico direito à livre associação, sempre para fins lícitos, sendo vedada a de caráter paramilitar.

Já com o inciso XVIII tem-se que a criação de associações **não depende de autorização** do poder público, sendo, inclusive, vedada a interferência estatal no seu funcionamento.

> **ATENÇÃO!**
>
> O inciso **XIX**, por sua vez, de alta incidência nas provas e concursos, consagra que as associações só poderão ser compulsoriamente dissolvidas ou ter suas atividades suspensas por decisão judicial.
>
> Sendo que, em caso de **dissolução compulsória** (e somente neste caso), exige-se que esta decisão judicial tenha **transitado em julgado**.

Confirmando o próprio sentido da expressão *liberdade*, o inciso **XX** cristaliza que ninguém poderá ser compelido a associar-se ou a permanecer associado.

Estar associado ou não, portanto, é um ato fundado na livre e espontânea vontade do sujeito.

Ainda versando sobre esse amplo direito à liberdade de associação, o inciso XXI prescreve que as entidades associativas, **quando expressamente autorizadas**, têm legitimidade para representar os seus filiados judicial ou extrajudicialmente.

> **ATENÇÃO!**
>
> Ora, se o texto fala em necessidade de autorização, isso indica que, neste caso, se está diante da chamada **representação processual**, instituto a partir do qual se age em nome alheio, na defesa de direito ou interesse alheio.

Por oportuno, consoante será detalhado no capítulo atinente aos remédios constitucionais, vale advertir que em se tratando da impetração de **mandado de segurança coletivo** a associação age não mais como representante, mas sim como **substituto processual** (ou **legitimado extraordinário**).

> **ATENÇÃO!**
>
> É que à luz da **súmula 629 do STF**, a impetração de mandado de segurança coletivo por entidade de classe em favor dos seus associados **independe de autorização** destes.
>
> Se não há necessidade de autorização tem-se que a associação agirá em nome próprio, na defesa de direito ou interesse alheio (substituição processual).

LIBERDADE PROFISSIONAL

Dispositivo já citado quando do estudo do tema relacionado à aplicabilidade e eficácia das normas constitucionais, o art. 5º, XIII, da CF, consagra a liberdade de opção profissional.

Através da literalidade constitucional é possível afirmar que é livre o exercício de qualquer trabalho, ofício ou profissão, atendidas as qualificações profissionais que a lei estabelecer.

Naquela oportunidade, identificou-se aí a existência, segundo a classificação de José Afonso da Silva, de uma norma constitucional de eficácia contida.

É dizer, uma norma de aplicabilidade direta, imediata, porém não integral, que desde a sua promulgação e entrada em vigor está apta a produzir todos os seus efeitos, mas que poderá ter a sua abrangência reduzida por norma infraconstitucional ou por norma da própria Constituição.

> **ATENÇÃO!**
>
> Dada a importância, principalmente em face do conhecido julgamento, vale relembrar que o Supremo Tribunal Federal declarou a **constitucionalidade** do Exame da Ordem dos Advogados do Brasil, hoje nacionalmente unificado, e requisito previsto na lei instituidora do Estatuto da OAB para que o bacharel possa exercer a advocacia ou praticar demais atos privativos de advogados.

DIREITO À INTIMIDADE

O direito à intimidade (CF, art. 5º, X) é o direito fundamental que toda pessoa possui de reservar para si, com exclusividade, os seus segredos, a sua vida íntima, como por exemplo, a sua orientação sexual.

Trata-se de um valor de tamanha importância que este direito pode ser exercido, inclusive, em face da própria família, colegas de trabalho ou empresa na qual se trabalha.

De modo técnico, tem-se que intimidade nada mais é do que uma **espécie do gênero privacidade**. Esta, portanto, como gênero, desdobra-se nos direitos à intimidade e ao segredo, aspectos da integridade moral ou psíquica do indivíduo.

DIREITO À VIDA PRIVADA

Ainda com o mesmo dispositivo, não há que se confundir o direito à intimidade com o direito à vida privada, esta menos secreta do que aquela.

Aqui não estão em jogo os segredos mais íntimos do indivíduo. A vida privada, mais precisamente, está relacionada com **aspectos da convivência do sujeito com outras pessoas**, como por exemplo, sua família, amigos e colegas de trabalho.

DIREITO À HONRA

Continuando a análise do inciso **X do art. 5º** da CF, o ordenamento ainda protege o direito à honra, sendo esta um conjunto de qualidades que investem a pessoa de uma boa reputação, de um bom nome, de um conceito de dignidade perante ela mesma (honra subjetiva) ou perante a sociedade (honra objetiva).

O direito à honra, portanto, traduz-se no direito fundamental de preservar esses atributos que conferem à pessoa uma **respeitabilidade** pública nos diversos segmentos da sua convivência (casa, trabalho...), podendo esta violação, inclusive, vir a ser considerada criminosa à luz de tipificações do Código Penal identificadoras dos delitos de injúria, calúnia e difamação.

DIREITO À IMAGEM

Finalizando a abordagem do inciso **X do art. 5º**, o Texto Supremo ainda consagra, além da tutela da intimidade, da vida privada e da honra, a proteção da imagem das pessoas, sendo assegurado o direito à **indenização pelo dano material ou moral** decorrente de sua violação.

OBSERVAÇÃO

Por oportuno, válido mencionar que à luz da **súmula 37 do STJ**, são **cumuláveis** as indenizações por dano material e dano moral oriundos do mesmo fato.

O direito à imagem, dotado de grande elasticidade, abrange diferentes aspectos: imagem-retrato, imagem-atributo e imagem-voz.

A imagem-retrato está relacionada com a fisionomia da pessoa, com as características do seu aspecto visual. É algo como a estampa do indivíduo, tanto no aspecto estático (uma foto), quanto no dinâmico (um vídeo).

A imagem-atributo, por seu turno, que não se confunde com a imagem exterior, seriam as características que identificam a pessoa na vida em sociedade, os seus qualificativos a partir de comportamentos reiterados, algo como a imagem moral do sujeito que o particulariza socialmente.

Lembrando que pessoas jurídicas só podem ostentar essa vertente do direito à imagem.

Por fim, a ***imagem-voz*** se relaciona com o timbre sonoro que, assim como a imagem-retrato, muitas vezes, também serve para a identificação da pessoa, exemplo típico do que acontecia com o locutor Lombardi.

DIREITO À INVIOLABILIDADE DA CASA

Segundo previsão do **art. 5º, XI**, da CF/88, a casa é asilo inviolável do indivíduo, nela ninguém podendo penetrar sem o consentimento do morador, salvo em caso de flagrante delito, desastre, para prestar socorro, ou, **durante o dia**, por determinação judicial.

OBSERVAÇÃO

Casa, na forma desse dispositivo, deve ser compreendida como o espaço que a pessoa ocupa com exclusividade, **não só o domicílio ou residência da pessoa**, como também, por exemplo, um quarto de hotel, um escritório ou consultório profissional etc.

O Supremo Tribunal Federal já reconheceu que qualquer aposento de habitação coletiva, desde que ocupado, deve gozar da proteção jurídica a que se refere o art. 5º, XI, da CF/88.

Assim, conforme se extrai da própria leitura do texto constitucional, a regra é que a entrada na casa alheia depende de prévio consentimento.

Todavia, excepcionalmente, essa regra é mitigada em quatro hipóteses também previstas Texto Maior.

Dessas, três são ressalvas que permitem a entrada sem aquiescência do dono **independentemente do horário**. São elas:

- Flagrante delito
- Desastre
- Prestar socorro

A última hipótese, porém, só pode ser implementada **durante o dia**:

- Por determinação judicial

Alguns autores entendem que a expressão *durante o dia*, sobre a qual paira controvérsia doutrinária, pode ser entendida, pelo critério físico-astronômico, como o momento que vai da aurora ao crepúsculo (do amanhecer ao anoitecer).

Todavia, outra parcela da doutrina dispara crítica sobre essa teoria alegando a falta de objetividade e segurança quanto a essa identificação.

ATENÇÃO!

Assim, propondo um critério que atenda a estes pressupostos, essa corrente doutrinária (mais coerente, ao que tudo indica) propõe que a expressão *dia* seja identificada a partir do período compreendido **das 6 às 18 horas**.

Vale ressaltar que, também em caráter excepcional, é possível a realização de cumprimento de mandado judicial que ultrapasse às 18 horas, desde que fique devidamente comprovado que a respectiva diligência teve início dentro do horário e que, dada a sua complexidade, teve de se estender para além do período originalmente permitido.

No que se refere à escuta ambiental, para o STF, é plenamente válida ordem judicial que autoriza o ingresso de autoridade policial em recinto profissional durante a noite, para o fim de instalar equipamentos de captação acústica (escuta ambiental) e de acesso a documentos no ambiente de trabalho do acusado.

O entendimento do Supremo se funda na ideia segundo a qual essas medidas jamais poderiam ser implementadas com publicidade, sob pena de fracasso.

Sem dúvida, seria isso que ocorreria caso as mesmas fossem realizadas durante o dia, a partir da apresentação da ordem judicial.

DIREITO À INVIOLABILIDADE DAS CORRESPONDÊNCIAS E DAS COMUNICAÇÕES TELEGRÁFICAS, DE DADOS E DAS COMUNICAÇÕES TELEFÔNICAS

Consagra a Constituição no **art. 5º, XII**, que é inviolável o sigilo das correspondências e das comunicações telegráficas, de dados e das comunicações telefônicas, salvo, no último caso, por ordem judicial, nas hipóteses e na forma que a lei estabelecer, para fins de investigação criminal ou instrução processual penal.

Aqui a grande finalidade do dispositivo é garantir a privacidade de destinatários e remetentes de correspondências como cartas, telegramas ou outros meios afins.

Lembrando que, no que tange ao **sigilo bancário e fiscal**, entende a Corte Suprema que se trata de uma decorrência do direito à privacidade, previsto no inciso **X** do art. 5º.

Ademais, como toda e qualquer prerrogativa, não se trata, esse sigilo, de um direito absoluto.

É que a depender do interesse público em questão, pode o magistrado, pautado em critérios de conveniência e razoabilidade, determinar a sua quebra em determinada persecução penal.

Por fim, conforme se extrai do dispositivo, a Magna Carta ressalva, expressamente, a possibilidade de violação das comunicações telefônicas.

Entretanto, como **não existem direitos absolutos**, a depender do caso concreto, eventualmente os demais sigilos podem vir a ser quebrados a partir da utilização da técnica da ponderação de interesses.

Em face dessa constatação, na hora da prova é preciso muita tranquilidade para saber se o examinador está adstrito à literalidade da norma ou se está procedendo a uma interpretação extensiva e sistemática do texto constitucional.

Com a previsão expressa no texto, o que já é, de logo, admitida é a interceptação das comunicações telefônicas, vale dizer, a captação e gravação de conversa ao telefone por terceiro, sem o conhecimento de qualquer dos interlocutores.

Entretanto, para essa apreensão, a Carta de Outubro consagra três requisitos, quais sejam:

- Ordem judicial;
- Nas hipóteses e na forma que a lei estabelecer;
- Para fins de investigação criminal ou instrução processual penal.

OBSERVAÇÃO

Ocorre que o próprio **Supremo Tribunal Federal** vem mitigando essa última condição e passando a admitir, em algumas hipóteses excepcionais, a utilização de prova obtida mediante a interceptação telefônica em processos de natureza civil ou administrativa.

No que tange, especificamente, à hipótese com previsão expressa no texto, importante anotar que a Lei n. 9.296/96 regulamentou o dispositivo para admitir a interceptação das comunicações telefônicas quando:

- Houver indícios razoáveis da autoria ou participação em infração penal.
- A prova não puder ser feita por outros meios disponíveis.
- O fato investigado constituir infração penal punida com pena de reclusão.

Já no que se refere à gravação do telefonema por um dos interlocutores (ou por alguém com sua autorização), sem a ciência do outro, o **STF** já consagrou que tal conduta será considerada **lícita** quando houver investida criminosa deste último.

> **OBSERVAÇÃO**
>
> Para a Suprema Corte, seria desarrazoado (e feriria o próprio senso comum) falar-se em violação do direito à privacidade quando, por exemplo, o interlocutor grava diálogo com sequestradores, estelionatários ou qualquer outro tipo de chantagista.

DIREITO DE PROPRIEDADE

O direito de propriedade foi assegurado constitucionalmente no **art. 5º, XXII**, da Magna Carta. Porém, logo no inciso seguinte, a Constituição previu que essa propriedade deverá atender a sua função social.

A partir dessa identificação é possível concluir que entre dois incisos transcorreram anos na história.

É que à luz da evolução dos direitos fundamentais, num primeiro momento a propriedade aparece como um direito de defesa de primeira dimensão.

Uma liberdade negativa que traduzia, para o Estado, uma postura absenteísta marcada pela existência de obrigações de não fazer.

Num segundo momento, com a transição do Estado Liberal para o Estado Social de Direito, a grande tônica dos direitos de segunda dimensão era a redução das desigualdades sociais, com a consequente promoção da chamada justiça distributiva.

E foi justamente a partir daí que a o direito de propriedade ganhou novos contornos.

Isso porque, já neste momento, o Estado passou a assumir uma postura intervencionista, marcada pela existência de obrigações de fazer no sentido de implementar direitos de caráter prestacional.

Neste cenário é que surgiu a necessidade do direito de propriedade ser exercido com atendimento da sua função social.

Acompanhando a evolução de tal direito, ainda é possível identificar, agora na terceira dimensão, que para além da sua função social, não pode a propriedade violar as regras consagradoras de direitos relacionados à **preservação do meio ambiente**.

Também com o direito de propriedade, o constituinte optou por tutelar a pequena propriedade rural, assim definida em lei, desde que trabalhada pela família, de modo que não será objeto de penhora para pagamento de débitos decorrentes de sua atividade produtiva, dispondo a lei sobre os meios de financiar o seu desenvolvimento (CF, art. 5º, **XXVI**).

Ainda no catálogo específico dos direitos e garantias fundamentais, impende pontuar que a Constituição Federal tutelou o **direito de propriedade intelectual**.

De saída, ela consagrou que aos autores pertence o direito exclusivo de utilização, publicação e reprodução de suas obras, transmissível aos herdeiros pelo tempo que a lei fixar.

É a previsão do **direito autoral** na Carta de Outubro (art. 5º, **XVII**).

Em seguida, foi assegurada aos autores, nos termos da lei, a proteção às participações individuais em obras coletivas e à reprodução da imagem e voz humanas, inclusive nas atividades desportivas, bem como o direito de fiscalização do aproveitamento econômico das obras que criarem ou de que participarem (este último direito também estendido aos intérpretes e às respectivas representações sindicais e associativas – art. 5º, **XXVIII**).

Finalmente, tutelando o direito à propriedade industrial, ainda determina a Constituição que a lei assegurará aos autores de inventos industriais o privilégio **temporário** para sua utilização, bem como proteção às criações industriais, à propriedade das marcas, aos nomes de empresas e a outros signos distintivos, tendo em vista o interesse social e o desenvolvimento tecnológico e econômico do país (art. 5º, **XXIX**).

Já no que se refere ao direito de herança, além da sua garantia (pela primeira vez de modo autônomo em um texto constitucional) prevista no inciso **XXX** do art. 5º, o inciso **XXXI** enuncia que a sucessão de bens do estrangeiro situados no País será regulada pela **lei brasileira** em benefício do cônjuge ou dos filhos brasileiros, **sempre que não lhes seja mais favorável a lei pessoal do *de cujus*.**

DIREITO DE PETIÇÃO

Conforme já revelado quando do estudo da teoria geral dos direitos fundamentais, em verdade, o direito de petição trata-se de uma **garantia fundamental**, e não de um direito propriamente dito.

Isso porque, conforme foi identificado, direitos são posições jurídicas subjetivas de vantagens. Assim, caso essas posições sejam violadas, aí que se faz presente a necessidade de utilização das garantias como instrumento de tutela, é dizer, de proteção de tais direitos.

Nesse contexto é que está inserido o direito de petição. É que muito embora se apresente sob a alcunha designativa *direito*, trata-se, efetivamente, de uma *garantia*. Essa constatação pode ser extraída da própria leitura do **art. 5º, XXXIV, "a"**, da CF.

Segundo a previsão expressa desse dispositivo, são a todos assegurados, **independentemente do pagamento de taxas**, o direito de petição aos poderes públicos em defesa de direitos ou contra ilegalidade ou abuso de poder.

Ora, se a petição se apresenta como uma ferramenta, um instrumento de defesa de direitos, percebe-se, com facilidade, que esse delineamento a enquadra, com segurança, no conceito de garantias fundamentais (mecanismos que visam proteger, assegurar e efetivar os diversos direitos).

OBSERVAÇÃO

Por fim, interessante frisar que o **Supremo Tribunal Federal** já consolidou seu posicionamento advertindo que eventual **reclamação constitucional** que tenha por finalidade preservar não só a sua competência, como também a autoridade das suas decisões, tem natureza jurídica de **direito de petição**.

DIREITO DE CERTIDÃO

Ao lado do direito de petição, na alínea **"b" do inciso XXXIV do art. 5º**, o constituinte também assegurou a todos, **independentemente do pagamento de taxas**, a obtenção de certidões em repartições públicas, para a defesa de direitos e esclarecimento de situações de interesse pessoal.

ATENÇÃO!

Importante chamar a atenção especial dos candidatos, neste momento, para uma das maiores "pegadinhas" colocadas pelas bancas examinadoras envolvendo o direito em comento.

É que embora as certidões muitas vezes tragam informações pessoais, a violação deste direito dá ensejo à impetração do **mandado de segurança**, e não do *habeas data*, como se poderia imaginar.

DIREITO DE ACESSO À JUSTIÇA

O direito de acesso à justiça, também conhecido como garantia da **inafastabilidade da jurisdição**, ou princípio da **tutela jurisdicional**, está previsto no **art. 5º, XXXV**, da CF, e prevê que a lei não excluirá da apreciação do Poder Judiciário, lesão ou ameaça de lesão a direito.

Assim como o direito de petição, o acesso à justiça é, verdadeiramente, um exemplo de **garantia constitucional**.

Da mesma forma que ninguém peticiona aos órgãos públicos simplesmente por peticionar, não se ajuíza uma ação simplesmente por ajuizar.

O ajuizamento de uma ação, ao contrário, tem por objetivo levar ao Poder Judiciário uma pretensão, que é a força propulsora de todo o Direito.

Assim, dessa forma, a tutela jurídica tem por desiderato, por finalidade, a própria segurança, proteção e efetivação de um direito, de uma posição de vantagem.

No atual estágio evolutivo do Estado Democrático de Direito, a garantia do acesso à justiça se apresenta com um instrumento tão importante à disposição dos cidadãos que mesmo os atos discricionários não fogem à sua atuação.

Sem prejuízo das considerações aqui expostas, importante não perder de vista que a Constituição da República, no **art. 217**, em seu § 1º, prescreve que o Poder Judiciário somente admitirá ações relativas à disciplina e às competições desportivas, após esgotarem-se as instâncias da justiça desportiva, regulada em lei.

Já com o § 2º do mesmo dispositivo, tem-se que a justiça desportiva terá o prazo **máximo de sessenta dias**, contados da instauração do processo, para proferir decisão final.

OBSERVAÇÃO

Por último, no que se refere às ações constitucionais, vale citar a **súmula nº 2 do STJ**.

Segundo esse enunciado, não cabe *habeas data* se não houver recusa de informações por parte da autoridade administrativa. Assim, para que seja possível o ajuizamento desta ação será necessário comprovar a prévia provocação da autoridade administrativa.

DIREITO À SEGURANÇA JURÍDICA

A segurança jurídica na Constituição Federal de 1988 pode ser vislumbrada no ***caput* do art. 5º**, bem como no inciso **XXXVI** do mesmo dispositivo.

A partir desta última previsão tem-se que a lei não prejudicará o *direito adquirido*, o *ato jurídico perfeito* e a *coisa julgada*.

Por **direito adquirido** entende-se aquele que, atendidas as condições exigidas, já se incorporou em definitivo ao patrimônio jurídico do titular, e que – justamente por isso – poderá ser fruído a qualquer tempo, ainda que no futuro não mais subsistam as mesmas condições normativas existentes quando da sua consolidação.

Como exemplo é possível citar o direito à aposentadoria que já foi incorporado ao patrimônio jurídico de um determinado servidor por ter este preenchido todos os requisitos previstos na lei.

Ocorre que este sujeito, embora já pudesse, decidiu por não se aposentar. Isso não lhe retira, portanto, a possibilidade de exercer tal direito a qualquer tempo, ainda que as bases normativas da época em que o mesmo fora consolidado não sejam mais as mesmas, afinal, este já é um direito considerado adquirido.

O **ato jurídico perfeito**, por sua vez, seria aquele que, já efetivamente exercido, produziu todos os seus efeitos ao tempo da lei anterior.

Não se confunde com o direito adquirido porque aqui, além da previsão legal, houve a manifestação de vontade no sentido de implementar os efeitos oportunizados pelo Direito.

No exemplo acima colacionado, caso o servidor, preenchidas as condições legais, fizesse a opção por se aposentar, este ato de aposentadoria já poderia ser considerado um ato jurídico perfeito, pois como prescreve o conceito, é aquele ato que já foi efetivamente exercido, produzindo os seus efeitos ao tempo da lei anterior.

Finalmente, **coisa julgada** nada mais é do que uma qualidade. É a qualidade de que se reveste a sentença contra a qual não cabe mais recurso.

É esta garantia que torna não mais passível de recurso uma decisão judicial, evitando, dessa forma, a perpetuação do conflito.

DIREITO AO DEVIDO PROCESSO LEGAL

Também é chamado de direito fundamental a um processo devido, trata-se de uma cláusula geral que se preenche historicamente, de acordo com as circunstâncias da época.

Seu conteúdo, portanto, é indeterminado. A expressão foi cunhada no ano de 1215 e permanece até hoje.

Esse princípio está previsto na Constituição Federal no **art. 5º, LIV**, enunciando que ninguém será privado da liberdade ou de seus bens sem o devido processo legal.

Trata-se, efetivamente, de um texto antigo, por ser uma **cláusula geral**, ou seja, é uma norma composta por termos vagos, cujo conteúdo normativo é indeterminado.

A Constituição Federal não define o que é um processo devido. O conteúdo normativo deste princípio, portanto, é variável de acordo com o processo histórico.

Nesse sentido, pode-se afirmar que ser cláusula geral é ter o seu conteúdo preenchido de acordo com a história, de acordo com os valores de cada época.

Vale lembrar, conforme sinalizado no estudo da teoria geral dos direitos fundamentais, que em 2005 o STF reconheceu que a expulsão de associado (no caso, a associação era a UBC – União Brasileira de Compositores) depende de devido processo legal, assegurado o contraditório e a ampla defesa.

DIREITO AO CONTRADITÓRIO E À AMPLA DEFESA

Tais princípios compõem, ao lado do devido processo legal, as duas grandes estrelas do rol dos princípios da teoria geral do processo.

A previsão constitucional é a do **art. 5º, LV**, prescrevendo que aos litigantes, em processo judicial ou administrativo, e aos acusados em geral são assegurados o contraditório e ampla defesa, com os meios e recursos a ela inerentes.

Na via judicial, no estudo do direito processual, esses princípios já estão sedimentados há muito tempo, o que não acontecia na via administrativa.

Administrativamente, portanto, esses preceitos somente surgiram a **partir da Constituição Federal de 1988.**

DIREITO A GARANTIAS PENAIS E PROCESSUAIS PENAIS

A Constituição Federal, ainda no art. 5º, consagra uma série de garantias dos indivíduos que estão direta ou indiretamente relacionadas com as esferas do Direito Penal e Processual Penal.

Apenas a título de identificação, aqui serão apontados aqueles direitos que possuem uma maior incidência. São eles:

- Não haverá juízo ou tribunal de exceção (Art. 5º, XXXVII).
- Não há crime sem lei anterior que o defina, nem pena sem prévia cominação legal (Art. 5º, XXXIX).
- A lei penal não retroagirá, salvo para beneficiar o réu (Art. 5º, XL).
- A lei punirá qualquer discriminação atentatória dos direitos e liberdades fundamentais (Art. 5º, XLI).
- A prática de racismo constitui crime inafiançável e imprescritível, sujeito à pena de reclusão, nos termos da lei (Art. 5º, XLII).

- A lei considerará crimes inafiançáveis e insuscetíveis de graça ou anistia a prática da tortura, o tráfico ilícito de entorpecentes e drogas afins, o terrorismo e os definidos como crimes hediondos, por eles respondendo os mandantes, os executores e os que, podendo evitá-los, se omitirem (Art. 5º, XLIII).
- Constitui crime inafiançável e imprescritível a ação de grupos armados, civis ou militares, contra a ordem constitucional e o Estado Democrático (Art. 5º, XLIV).
- Nenhuma pena passará da pessoa do condenado, podendo a obrigação de reparar o dano e a decretação do perdimento de bens ser, nos termos da lei, estendidas aos sucessores e contra eles executadas, até o limite do valor do patrimônio transferido (Art. 5º, XLV).
- A pena será cumprida em estabelecimentos distintos, de acordo com a natureza do delito, a idade e o sexo do apenado (Art. 5º, XLVIII).
- É assegurado aos presos o respeito à integridade física e moral (Art. 5º, XLIX).
- Às presidiárias serão asseguradas condições para que possam permanecer com os seus filhos durante o período de amamentação (Art. 5º, L).
- Nenhum brasileiro será extraditado, salvo o naturalizado, em caso de crime comum, praticado antes da naturalização, ou de comprovado envolvimento em tráfico ilícito de entorpecentes e drogas afins, na forma da lei (Art. 5º, LI).
- Não será concedida a extradição de estrangeiro por crime político ou de opinião (Art. 5º, LII).
- Ninguém será processado nem sentenciado senão pela autoridade competente (Art. 5º, LIII).
- São inadmissíveis, no processo, as provas obtidas por meios ilícitos (Art. 5º, LVI).
- Ninguém será considerado culpado até o trânsito em julgado de sentença penal condenatória (Art. 5º, LVII).
- Vale lembrar que por 7 votos a 4 o STF decidiu admitir que um réu condenado em segunda instância da Justiça comece a cumprir pena de prisão, ainda que esteja recorrendo aos tribunais superiores.
- Assim, bastará uma sentença condenatória de um Tribunal de Justiça ou Tribunal Regional Federal para a execução da pena.
- Desde 2009 o STF entendia que o condenado poderia continuar livre até que se esgotassem todos os recursos no Judiciário. Naquele ano a Corte decidiu que a prisão só era definitiva após o trânsito em julgado do processo, por respeito ao princípio da presunção de inocência.
- O civilmente identificado não será submetido a identificação criminal, salvo nas hipóteses previstas em lei (Art. 5º, LVIII).

- Será admitida ação privada nos crimes de ação penal pública, se esta não for intentada no prazo legal (Art. 5º, LIX).
- A lei só poderá restringir a publicidade dos atos processuais quando a defesa da intimidade ou o interesse social o exigirem (Art. 5º, LX).
- Ninguém será preso senão em flagrante delito ou por ordem escrita e fundamentada de autoridade judiciária competente, salvo nos casos de transgressão militar ou crime propriamente militar, definidos em lei (Art. 5º, LXI).
- A prisão de qualquer pessoa e o local onde se encontre serão comunicados imediatamente ao juiz competente e à família do preso ou à pessoa por ele indicada (Art. 5º, LXII).
- O preso será informado de seus direitos, entre os quais o de permanecer calado, sendo-lhe assegurada a assistência da família e de advogado (Art. 5º, LXIII).
- O preso tem o direito de identificação dos responsáveis por sua prisão ou por seu interrogatório policial (Art. 5º, LXIV).
- A prisão ilegal será imediatamente relaxada pela autoridade judiciária (Art. 5º, LXV).
- Ninguém será levado à prisão ou nela mantido, quando a lei admitir a liberdade provisória, com ou sem fiança (Art. 5º, LXVI).
- Não haverá prisão civil por dívida, salvo a do responsável pelo inadimplemento voluntário e inescusável de obrigação alimentícia (Art. 5º, LXVII).

Lembrando que o texto ainda consagra, expressamente, a prisão do depositário infiel, contudo o **STF** já reconheceu que, como o Brasil é signatário do Pacto de São José da Costa Rica (tratado internacional de direitos humanos) e ele **não admite essa hipótese de prisão civil**, embora ocupe o tratado a posição de *direito supralegal* (acima da lei ordinária, porém abaixo da Constituição Federal), neste caso há de prevalecer o Pacto, já que do ponto de vista substancial ou axiológico, ele está materialmente mais afinado com o tom constitucional.

Vale registrar que isso não significa que o Pacto é superior à Constituição Federal. Na verdade, a prisão do depositário infiel se torna prejudicada pelo **efeito paralisante que o direito supralegal causa em relação à norma infraconstitucional**.

Paralisada a norma infra, não se visualiza como possível a operabilidade da prisão, que tem seu procedimento descrito na legislação infraconstitucional (Código de Processo Penal), já que isso implicaria em violação ao direito supralegal.

Dessa forma, o STF confirma a sua posição no sentido de que a única hipótese de prisão civil admitida pela mais alta Corte do Poder Judiciário brasileiro é a envolvendo os devedores de alimentos.

OBSERVAÇÃO

Nesse sentido, de suma importância para prova, vale a transcrição da **Súmula Vinculante nº 25 do STF**, segundo a qual: "É ilícita a prisão civil do depositário infiel, qualquer que seja a modalidade de depósito".

4.2. Dos direitos sociais

DIREITOS SOCIAIS

De início, vale registrar que em face da alta incidência de questões envolvendo esta temática nas provas de Direito do Trabalho, aqui será traçado apenas o **delineamento constitucional** da matéria.

Os direitos sociais, conforme pôde ser extraído do estudo acerca da teoria geral dos direitos fundamentais, constituem direitos de **segunda geração**, ou, na melhor técnica, **dimensão**.

Como tais, surgiram entre os séculos XVIII e XIX, assinalando o chamado Estado Social de Direito, caracterizado pela sua postura **intervencionista**, diferente daquela de abstenção que marcou o período do Estado Liberal.

Esses direitos vieram com o objetivo de tentar solucionar uma grave crise de desigualdade que assolou o mundo no período pós-guerra. Era a crise do Estado Liberal, ocasionada pelo crescimento desenfreado do capitalismo e pela nítida despreocupação com os problemas sociais.

E tudo porque a igualdade meramente formal, consolidada na primeira dimensão dos direitos fundamentais, já não se mostrava suficiente para assegurar um real equilíbrio na fruição dos mais diversos direitos, bens e serviços.

O que se fez naquele primeiro período foi maquiar uma desigualdade que, posteriormente, já não daria mais para disfarçar. Afinal, não adiantava nada do ponto de vista formal todos serem igualmente titulares dos mesmos direitos, se na prática (no aspecto substancial) nem todos possuíam as mesmas condições materiais de exercê-los.

Por isso, o grande lema dessa dimensão dos direitos fundamentais foi a **igualdade**, já que a tônica desse período de conquista de novas posições jurídicas subjetivas de vantagens era a redução das desigualdades com a consequente promoção da chamada **justiça social** ou **justiça distributiva**.

Assim, o grande desiderato, objetivo e finalidade dos direitos sociais, desde o seu surgimento, sem dúvida, era proteger os menos favorecidos para que todos (e não apenas alguns poucos privilegiados) pudessem usufruir de uma real qualidade de vida.

A própria Constituição Federal de 1988 traz, logo no Título I (que trata dos Princípios Fundamentais), em seu art. 3º, uma série de objetivos fundamentais que devem ser perseguidos pelo Estado brasileiro.

Nesse sentido, confirmando o seu caráter de Constituição dirigente, incrementada por diversas normas programáticas, esse art. 3º consagra como objetivos fundamentais da República Federativa do Brasil, dentre outros, a erradicação da pobreza e da marginalização e a redução das desigualdades sociais e regionais, a construção de uma sociedade solidária e a promoção do bem de todos sem nenhum tipo de preconceito ou discriminação.

E já se disse, com acerto, que a implementação da justiça social depende, de modo substancial, da maneira como se atribuem os diversos direitos e encargos, bem como das oportunidades de natureza econômica e das condições sociais que existem nas diversas camadas da sociedade.

Esses direitos sociais, econômicos e culturais, como gênero, trazem no rol das espécies o direito à saúde, à educação, ao trabalho, à moradia, à segurança, ao lazer, à sindicalização, dentre outros.

Como característica dessa nova postura de intervenção, surge para os indivíduos a titularidade de **liberdades positivas**, marcadas pela presença de **direitos de prestação** (ou de caráter prestacional), traduzindo agora **obrigações de fazer** (*facere*) por parte do Estado.

Assim, é correto afirmar que esses direitos autorizam o indivíduo a *exigir* do Estado uma *postura ativa* na implementação de direitos e políticas que melhorem a qualidade e as condições de vida das pessoas.

ATENÇÃO

Ora. Se os indivíduos podem *exigir* os direitos sociais da própria pessoa estatal, é porque a ela cabe o dever de implementá-los. E é justamente por isso que, a rigor, pode-se afirmar que o **sujeito passivo** de tais direito é próprio **Estado.**

Lembrando que o Estado não aparece isoladamente como o único responsável. É que por vezes essa responsabilidade é compartilhada, por exemplo, com a família (e com a sociedade, de um modo geral), como no caso do próprio direito à educação.

Perceba que essa é a grande marca distintiva dos direitos da primeira (considerados direitos de *defesa*) para os direitos da segunda dimensão (aqui identificados como direitos de *prestação*).

Lá no contexto do Estado Liberal (palco de surgimento dos direitos fundamentais de primeira dimensão), cuja tônica foi a própria liberdade, como primeiro postulado da revolução francesa que estava prestes a eclodir, o que se tinha era um Estado absenteísta.

O absenteísmo estatal da primeira dimensão traduzia justamente essa ideia de abstenção dos governantes no sentido de não se imiscuírem na esfera juridicamente protegida de cada indivíduo.

Por isso que, naquele momento, puderam ser identificadas como características da primeira dimensão a presença de direitos de defesa, liberdades negativas e, consequentemente, obrigações de não fazer (*non facere*) por parte do Estado.

O objetivo muito claro era justamente proteger o indivíduo contra as agruras perpetradas pelos Poderes Públicos, vale dizer, contra as investidas abusivas provenientes dos diversos órgãos estatais.

Diante desse contexto e dessas informações, fica muito fácil perceber que o time dos direitos sociais joga em um capo diametralmente oposto, como aqui já foi, inclusive, pontuado.

Assim, o que se nota é que os direitos sociais não podem ser apenas contemplados em um documento constitucional para os indivíduos, pois eles reclamam uma incessante atuação do Estado na concretização dos programas sociais.

ATENÇÃO!

Dessa forma, se na primeira dimensão a ordem era *se abstenha*, na segunda dimensão essa ordem passa a ser *intervenha*. Até porque aqui estamos diante de direitos que exigem prestações materiais positivas da pessoa estatal.

Não é por outro motivo que a doutrina sinaliza que os direitos sociais não são direitos *contra* o Estado, mas sim direitos *através* do Estado, justamente em face dessas prestações positivas de caráter material que por meio do Poder Público deverão ser implementadas.

A importância da conquista desses direitos foi tamanha que a própria Constituição consagrou, no art. 1º, IV, como fundamento da República Federativa do Brasil, a valorização social do trabalho e da livre iniciativa.

Essa elevação do primado do trabalho ao *status* constitucional se deu, em verdade, pela primeira vez, com a Constituição de 1946. E desde aquela época, até hoje, todas as outras constituições que a sucederam também caminharam no mesmo sentido.

Aqui no Brasil os direitos sociais começaram a surgir com a Constituição de 1934. Esse surgimento de certa forma foi um reflexo do chamado constitucionalismo social que se disseminou pelo mundo logo após a instituição da Constituição do México de 1917.

ATENÇÃO!

A despeito desse reconhecimento, não há como negar que a Constituição que mais influências trouxe para a Carta Magna brasileira de 1934 foi justamente a Constituição alemã de Weimar, de 1919.

Desde o surgimento desses direitos em sede constitucional, não houve, entre nós, uma Constituição sequer que não trouxesse, de modo expresso em seu texto, um espaço reservado para o reconhecimento dos direitos sociais.

Chegando na Constituição de 1988, não há como negar que o desenvolvimento de tais direitos foi mais significativo ainda.

A primeira grande contribuição do Texto de Outubro, sem dúvida, foi acabar com a infundada polêmica doutrinária acerca da natureza jurídica dos direitos sociais. Seriam eles direitos fundamentais? Claro que **sim**!

Espancando qualquer dúvida que eventualmente pudesse existir, o constituinte de 1988 alocou os direitos sociais logo no Capítulo II do Título II, que trata dos direitos e garantias fundamentais.

Com isso, o reconhecimento que já era existente nas Constituições pretéritas ficou mais nítido ainda a partir deste último documento constitucional.

Depois dele tornou-se de clareza meridiana a **força normativa e vinculante** dos direitos sociais, totalmente aptos a investir os indivíduos do **direito de exigir do ente estatal as prestações materiais positivas** indispensáveis à tutela daquilo que se convencionou chamar de *mínimo existencial*.

De mais a mais, vale registrar que muito embora o art. 60, § 4º, IV, da CF/88, apenas tenha se referido aos direitos e garantias individuais como cláusulas pétreas, dúvidas não restam que esse não é o melhor entendimento.

A partir de uma interpretação mais afinada com o tom constitucional, a melhor exegese é aquela que percebe não só estes, como também todos os demais direitos fundamentais – o que inclui, por certo, os direitos de caráter social – como cláusulas que não podem ser abolidas ou sequer ter o seu núcleo essencial atingido.

Nesse sentido, padecerá de vício de inconstitucionalidade, devendo ser invalidada e retirada do ordenamento jurídico, qualquer emenda constitucional que tenha abolido, ou que seja tendente a abolir qualquer direito social fundamental.

Ainda fixando as noções gerais, o art. 6º da Carta de Outubro consagra que são direitos sociais a educação, a saúde, a alimentação, o trabalho, a moradia, o transporte, o lazer, a segurança, a previdência social, a proteção à maternidade e à infância, a assistência aos desamparados, na forma estabelecida pela Constituição.

Desses direitos, educação, saúde, previdência social, assistência aos desamparados e proteção à maternidade e à infância estão disciplinados no Título VIII, que trata da Ordem Social. Já as normas relacionadas com o direito social do trabalho, por sua vez, viram sistematizadas no art. 7º.

ATENÇÃO!

Do rol de direitos que compõem o art. 6º chama-se a atenção para três, em especial, que vieram por último. O direito à moradia, inserido pela Emenda Constitucional nº 26/2000, o direito à alimentação, alçado ao rol do art. 6º por força EC 64/2010 e o direito ao **transporte**, o mais recente de todos, inserido pela **Emenda Constitucional nº 90**, de 15 de setembro de 2015.

4.3. Da nacionalidade

DIREITO DE NACIONALIDADE

Os Brasileiros na Constituição Federal de 1988

Neste momento, se passará à análise dos brasileiros na Constituição Federal de 1988, tanto dos natos (nacionalidade *originária*), quanto dos naturalizados (nacionalidade *adquirida*), bem como das possíveis distinções existentes entre eles.

Brasileiros natos

Analisando o histórico das Constituições brasileiras, percebe-se, facilmente, que todas elas dedicaram um tratamento específico à disciplina do direito de nacionalidade.

E fizeram muito bem, afinal de contas, conforme já sinalizado, o direito de nacionalidade, além de direito humano, é direito fundamental, o que exige e justifica esse tratamento constitucional.

Não há dúvida. Estamos tratando de matéria tipicamente constitucional, a reclamar essa disciplina normativa à altura da importância que o tema revela para os indivíduos.

Sendo assim, e possível concluir que as hipóteses de nacionalidade decorrerão, a rigor, do próprio texto da Constituição Federal brasileira, afinal, trata-se de questão que se sujeita, quanto à sua definição, ao poder soberano do Estado brasileiro.

Os brasileiros natos estão previstos na Constituição Federal de 1988 no art. 12, I, alíneas "a", "b" e "c". Segundo esse dispositivo, são natos:

a) Os nascidos na República Federativa do Brasil, ainda que de pais estrangeiros, desde que estes não estejam a serviço de seu país.

Tem-se aí, de logo, a consagração do critério **regra** no Brasil, qual seja, o critério **territorial**, afinal, o dispositivo está considerando brasileiro nato o sujeito nascido na própria República Federativa do Brasil.

Ademais, a partir da ressalva trazida pelo dispositivo, para que o filho de pais estrangeiros, nascido no Brasil, **não** seja considerado brasileiro, é preciso que ambos os pais sejam estrangeiros e **qualquer deles** (ou o pai, ou a mãe) esteja a serviço de seu país, não sendo necessário que ambos estejam em serviço ao mesmo tempo.

Como se percebe, pela própria literalidade do texto constitucional – e na trilha do raciocínio externado acima –, para que esse filho de pais estrangeiros que aqui tenha nascido **não** seja considerado brasileiro, é indispensável que qualquer dos pais esteja a serviço do seu **próprio país**!

Isso porque, caso um deles (ou até ambos) esteja a serviço de outro Estado soberano que não o seu, a criança será, naturalmente, considerada brasileira nata. Seria o caso, por exemplo, de casal de espanhóis, a serviço da Itália, tendo filho no Brasil. Sem dúvida, este filho poderia, tranquilamente, ostentar a nacionalidade de brasileiro nato.

b) Os nascidos no estrangeiro, de pai brasileiro ou mãe brasileira, desde que qualquer deles esteja a serviço da República Federativa do Brasil.

De saída, vale registrar que este dispositivo consagra o espelho invertido da regra anteriormente estudada na alínea "a". O verso e o reverso da mesma moeda.

Vejamos. Da mesma forma que a Constituição não aceita como brasileiro nato o filho nascido no Brasil quando ambos os pais são estrangeiros e pelo menos um deles está a serviço do seu próprio país, por outro lado ela reconhece a nacionalidade brasileira primária (originária) de filho de pais brasileiros que estejam a serviço do Brasil no exterior.

Neste caso, como é possível perceber, adotou o Brasil o critério sanguíneo (exceção). Isso porque está sendo considerado brasileiro nato alguém que sequer nasceu no território brasileiro.

Todavia, para que este sujeito, nascido no estrangeiro, seja considerado de nacionalidade brasileira nata, é indispensável que ou o pai brasileiro, ou a mãe brasileira (**qualquer deles**), esteja a serviço da República Federativa do Brasil.

Repita-se à exaustão. O regramento constitucional, aqui, apenas exige que um dos pais seja nacional e que ele esteja a serviço da República Federativa do Brasil.

Assim, caso um brasileiro, a serviço do Brasil, tenha um filho com uma estrangeira no exterior, esta criança já poderá ser considerada brasileira nata independentemente da necessidade de cumprimento de qualquer outro requisito.

Vale lembrar que esse pai brasileiro ou essa mãe brasileira podem ser tanto natos quanto naturalizados. Não importa. O importante é que sejam brasileiros, independentemente da forma de aquisição dessa nacionalidade, se originária (primária) ou adquirida (secundária). E tendo a nacionalidade brasileira, exige ainda a Constituição que esteja a serviço da República Federativa do Brasil.

Muito já se discutiu acerca do alcance dessa expressão. O que significa, de fato, estar a serviço da República brasileira? Conforme certa feita perguntou um aluno, jogador que esteja à disposição da Confederação Brasileira de Futebol (CBF), pode ser considerado a serviço do Brasil? A resposta, como não poderia deixar de ser, é negativa.

ATENÇÃO!

Hoje, o entendimento mais assente no âmbito da doutrina, e, consequentemente, mais seguro para a prova, é aquele segundo o qual são considerados a serviço da República Federativa do Brasil todos aqueles que estejam trabalhando tanto pela **Administração Pública direta**, quanto pela **Administração Pública indireta.**

c) Os nascidos no estrangeiro de pai brasileiro ou de mãe brasileira, desde que sejam registrados em repartição brasileira competente ou venham a residir na República Federativa do Brasil e optem, em qualquer tempo, depois de atingida a maioridade, pela nacionalidade brasileira.

De todas as alíneas deste inciso I do art. 12 da CF/88, é preciso pedir uma atenção especial para a "c". Isso porque esta foi a última alínea a ser objeto de alteração, com a Emenda Constitucional nº 54 de 20 de setembro de 2007.

Vale lembrar que antes mesmo da emenda de 2007, esse dispositivo originário da Constituição já havia sido alterado pela Emenda Constitucional de Revisão nº 3/94.

Com toda honestidade intelectual, e com o objetivo de evitar qualquer confusão no que se refere ao entendimento do tema, não precisa o candidato se preocupar com as previsões anteriores.

Conforme frisado, a probabilidade de ser feita uma confusão na hora da prova, envolvendo as três previsões (originária, de 1994 e de 2007) é muito grande. Por isso, vale repetir, recomenda-se aqui apenas uma atenção cuidadosa com o dispositivo **atual** da alínea "c" do inciso I do art. 12 da CF.

De saída, vale advertir que esse dispositivo, em verdade, consagra duas possibilidades através das quais uma criança poderá se tornar brasileira nata. Ambas as hipóteses, porém, trazem como pressuposto a necessidade de o filho nascido no estrangeiro ter ou o pai brasileiro, ou a mãe brasileira.

Atendida essa condição, a primeira hipótese que a Constituição consagra é a do **registro**. Segundo o Texto Maior, será considerado brasileiro nato o sujeito que, nas condições mencionadas, for registrado em repartição brasileira competente.

Vale registrar que a EC 54 inseriu o art. 95 ao ADCT para garantir àqueles nascidos no estrangeiro entre a promulgação da Emenda Constitucional de Revisão 3/94 (07 de junho de 1994), e a data de promulgação da EC 54/07 (20 de setembro de 2007), filhos de pai brasileiro ou mãe brasileira, o registro em repartição consular ou diplomática brasileira competente sem a necessidade de residirem no Brasil, ou, se vierem a residir no Brasil, o registro em ofício competente para registro de nascimento no Brasil.

A partir desse raciocínio, caso as crianças brasileiras nascidas nesse período venham a residir no Brasil, terão a possibilidade de realizar o registro nos cartórios de Registro Civil de Pessoas Naturais, não havendo necessidade de formalizarem a opção perante a Justiça Federal.

Por outro lado, caso pretendam permanecer no território estrangeiro, poderão fazer o registro em repartição consular ou diplomática brasileira competente.

Voltando para a parte dogmática do texto da Constituição, a primeira hipótese que ela consagra, na alínea "c" do art. 12, I, para aquisição da nacionalidade nata, é o registro na repartição brasileira competente.

A partir daí, surge logo uma pergunta: o que se entende por repartição brasileira competente? Resposta: **consulados**, **embaixadas** ou **repartições diplomáticas**.

Vale advertir que o mero registro já confere a nacionalidade nata à criança de modo **automático**. Isso porque a certidão extraída dos registros consulares constitui o próprio título de nacionalidade, pois o registro de nascimento lavrado por agente consular competente no exterior possui o mesmo valor jurídico e força dos registros realizados no Brasil pelos Oficiais do Registro Civil de Pessoas Naturais.

Essa possibilidade, de modo indisfarçável, tem como objetivo impedir que filhos de brasileiros nascidos no estrangeiro se tornem apátridas, condição esta combatida pela Declaração Universal dos Direitos Humanos da ONU, como já visto.

Ademais, além dessa possibilidade de registro, caso o filho não seja registrado pelos seus pais na repartição brasileira competente, ainda remanesce alguma possibilidade desse sujeito ser considerado brasileiro nato? Como já mencionado, sim, existe.

A possibilidade é este filho **vir a residir na República Federativa do Brasil e optar, a qualquer tempo, depois de atingida a maioridade, pela nacionalidade brasileira**.

Vale registrar que ao contrário de previsões anteriores, o atual texto da Constituição não mais exige que a fixação da residência no Brasil se dê antes da maioridade. Como não há essa exigência, na prática a residência pode ocorrer em qualquer período (antes ou depois da maioridade).

O que necessariamente deve ocorrer após a maioridade é a opção confirmativa, já que, por decorrer da vontade, ela tem caráter personalíssimo. Por conta desse caráter, essa vontade não poderá ser suprida pelos pais daquele que deseja obter a nacionalidade. Assim, apenas a própria pessoa, e após o alcance da sua plena capacidade civil (18 anos), poderá fazer essa opção.

Ainda sobre a opção, cabe mencionar que a mesma deverá ser feita em **processo judicial**, e não administrativo. Trata-se de procedimento de jurisdição voluntária que deverá tramitar na **justiça federal** e a decisão do juiz é meramente **homologatória**, ou seja, uma vez presentes os requisitos objetivos e subjetivos da sentença, o magistrado federal não poderá se recusar a conferir a nacionalidade ao sujeito.

Assim, é possível concluir que a segunda parte do art. 12, I, "c", da Constituição Federal de 1988, consagra hipótese de **nacionalidade originária protestativa.**

Voltando à análise dos requisitos, vimos que não há mais prazo para que o sujeito venha a residir no Brasil. Ou seja, conforme concluímos linhas acima, o indivíduo pode vir morar no território brasileiro antes ou depois de atingida a sua maioridade.

Essa constatação pode conduzir a duas situações diferentes na busca pela nacionalidade. A primeira, a da pessoa que vem residir no Brasil antes de se tornar maior. A segunda, do sujeito que vem morar aqui após a maioridade. Vejamos.

Na primeira situação, o sujeito, nascido no estrangeiro, filho de pai brasileiro ou de mãe brasileira, vem morar no Brasil antes de atingir a maioridade.

Como ele ainda não pode fazer a opção confirmativa (já que ainda não completou dezoito anos), uma pergunta – já cobrada numa questão subjetiva da magistratura federal – salta aos nossos olhos: como ficaria a nacionalidade deste sujeito que entra no Brasil ainda menor, enquanto durar a sua menoridade?

A Constituição Federal não responde. O Supremo Tribunal Federal responde. Para o STF este indivíduo passaria a ser considerado brasileiro nato para todos os efeitos, porém esta nacionalidade estaria sujeita à manifestação de vontade do interessado, mediante a opção confirmativa, depois de alcançada a maioridade.

Assim, quando ele atingisse a maioridade, enquanto não manifestasse a opção, esta passaria a constituir-se em *condição suspensiva* da nacionalidade brasileira. Nesta situação, a opção teria natureza meramente confirmativa, tendo em vista que a nacionalidade originária (também chamada de primária ou de primeiro grau) já tinha sido adquirida no momento da fixação da residência no Brasil.

Nesse sentido, essa fixação da residência no Brasil pode ser identificada como o fato gerador da condição de brasileiro nato.

OBSERVAÇÃO

Segundo o STF, caso o sujeito venha a residir no Brasil ainda menor, até a maioridade ele será considerado brasileiro nato sob **condição suspensiva**. Ou seja, assim que completar dezoito anos, se não fizer logo a opção confirmativa, deixará de ostentar a nacionalidade nata, só voltando a recuperá-la após a opção formal na justiça federal (RE 418.096, Rel. Min. Carlos Velloso, julgamento em 22-3-2005, Segunda Turma, DJ de 22-4-2005.). No mesmo sentido: RE 415.957, Rel. Min. Sepúlveda Pertence, julgamento em 23-8-2005, Primeira Turma, DJ de 6-9-2005.

No segundo caso, o sujeito, também nascido no estrangeiro, filho de pai brasileiro ou de mãe brasileira, vem residir no Brasil depois de atingir a maioridade.

Nesta hipótese, como ele já é maior e, portanto, não há mais nenhum impedimento jurídico para que ele faça a opção confirmativa, enquanto esta não for feita ele não poderá ser considerado brasileiro nato.

Como já dito, a opção passa a ter a eficácia de condição suspensiva da nacionalidade brasileira, sem nenhum prejuízo de operar efeitos retroativos (*ex tunc*) quando eventualmente forma realizada.

Assim, nessa situação, enquanto a opção não for feita, o indivíduo não poderá ser considerado brasileiro nato, já que a condição de brasileiro nato ficará suspensa até o momento da opção.

Brasileiros naturalizados

Conforme sinalizado no início do capítulo, os brasileiros naturalizados são aqueles cuja nacionalidade é classificada como adquirida. E essa aquisição da nacionalidade depende de uma manifestação bilateral de vontades. De um lado, o interessado (estrangeiro ou apátrida), do outro, o Estado.

Assim, com base no texto constitucional, os brasileiros naturalizados, por sua vez, estão previstos também no art. 12, porém agora no inciso II, alíneas "a" e "b", da Magna Carta. À luz dessa previsão, são naturalizados:

a) Os que, na forma da lei, adquiram a nacionalidade brasileira, exigidas dos originários de países de língua portuguesa apenas residência por um ano ininterrupto e idoneidade moral.

Esta primeira hipótese de aquisição da nacionalidade secundária, adquirida ou de segundo grau também se desdobra em duas possibilidades.

Primeiro, devem ser considerados brasileiros naturalizados aqueles que, **na forma da lei**, adquiram a nacionalidade brasileira. A lei em comento, conforme já ventilado, é a Lei n. 6.815/80, também conhecida como Estatuto do Estrangeiro.

Assim, direcionados para o cumprimento dos requisitos previstos na Lei 6.815/80 como etapa indispensável do processo de naturalização estão os apátridas ou estrangeiros que não são originários de países de língua portuguesa (já que para esteses a Constituição trouxe um tratamento diferenciado na segunda parte da alínea "a").

A outra hipótese, ainda no mesmo dispositivo (segunda parte da alínea "a"), diz respeito àqueles que são originários de países de língua portuguesa.

Para esses (originários de países como Portugal, Angola, Moçambique, Guiné Bissau, Goa, Gamão, Macao, São Tomé, Príncipe, Timor Leste, Cabo Verde, Açores), a própria Constituição consagra que será exigida, apenas, a comprovação da **residência por um ano ininterrupto no Brasil**, além da **idoneidade moral**.

Ou seja, todas as pessoas que forem originárias de países cujo idioma oficial seja o português, para se naturalizarem brasileiras não precisarão cumprir todos os requisitos previstos no Estatuto do Estrangeiro, bastando, apenas e tão-somente, atender às exigências constitucionais de residência por um ano ininterrupto no Brasil, e possuir idoneidade moral.

Cabe mencionar que esta primeira hipótese de aquisição de nacionalidade secundária prevista no inciso II do art. 12 da CF/88 é doutrinariamente classificada como naturalização **ordinária**.

Nesse sentido, conforme sinalizado, por mais que o sujeito preencha todos os requisitos para se naturalizar brasileiro (seja os da Lei n. 6.815/80, seja os da própria Constituição), não terá ele direito adquirido a essa nacionalidade, mas apenas uma expectativa de direito, já que é **mera discricionariedade** que assiste ao Estado brasileiro, em nome do princípio fundamental da soberania externa.

b) Quaisquer estrangeiros, residentes ininterruptamente no Brasil, há mais de quinze anos, requerendo a identidade nacional, desde que nesse período não tenha sofrido condenação penal.

A segunda alínea do art. 12, II, da CF, consagra que quaisquer estrangeiros podem, ainda, pleitear a nacionalidade brasileira, desde que comprovem residência ininterrupta no Brasil há mais de quinze anos, requeiram a nacionalidade brasileira, e neste período não tenham sofrido condenação penal.

Os requisitos, portanto, podem ser sintetizados da seguinte forma:

- **quaisquer** estrangeiros;
- residentes ininterruptamente no Brasil há **mais de quinze anos**;
- **requerendo** a identidade nacional;
- e desde que neste período **não tenham sofrido condenação penal**.

Sobre a necessidade de residência ininterrupta no Brasil há mais de quinze anos, cabe advertir que saídas meramente temporárias não têm o condão de quebrar essa continuidade.

Lembrando que não existe um prazo predefinido durante o qual o sujeito poderá ficar fora do Brasil. Aqui, mais uma vez, deverão ser analisadas as circunstâncias de cada caso concreto.

Assim, tem-se que o prazo é mais de quinze e não de dez anos ininterruptos.

Já no que se refere à necessidade de requerimento, essa exigência, vale advertir, só vem ressaltar a **inexistência**, no Direito brasileiro, da chamada *grande naturalização* ou *naturalização tácita ou automática*.

Trata-se de hipótese prevista em tempos remotos segundo a qual caso o sujeito estrangeiro permanecesse no território nacional por um determinado período e não manifestasse a sua vontade de não adquirir a nacionalidade brasileira, acabava por adquiri-la tacitamente.

Impende pontuar que essa segunda hipótese de aquisição da nacionalidade secundária prevista na alínea "b" do inciso II do art. 12 é comumente chamada pela doutrina de naturalização **extraordinária** ou **quinzenária** (em face da exigência de residência por mais de quinze anos ininterruptos).

Nessa hipótese, a partir de uma mitigação do princípio da soberania, preenchidos os requisitos, o Estado brasileiro **não poderá se recusar** a conferir a nacionalidade ao sujeito, estando afastada, pois, a discricionariedade. Aqui, sim, é possível falar na existência de um direito público subjetivo à naturalização extraordinária.

Entende a doutrina majoritária que nessa hipótese a Constituição concedeu um direito subjetivo ao estrangeiro que requeira a nacionalidade brasileira e cumpra as condições.

Com isso, conclui-se o estudo daqueles que podem naturalizar-se brasileiros à luz da literalidade da Constituição Federal de 1988.

DISTINÇÕES ENTRE NATOS E NATURALIZADOS

> **ATENÇÃO!**
> A **lei não pode** estabelecer **distinções** entre natos e naturalizados, mas **apenas a Constituição Federal**.

Nesse sentido, todas as hipóteses de distinção que serão aqui mencionadas, precisarão do agasalho constitucional que as ampare. Veja-se:

Cargos privativos – CF, art. 12, § 3º

Segundo o dispositivo supramencionado, são privativos de brasileiros natos os cargos:

- de Presidente da República e Vice-Presidente da República;
- de Presidente da Câmara dos Deputados;
- de Presidente do Senado Federal;
- de Ministro do Supremo Tribunal Federal;
- da carreira diplomática;
- de oficial das Forças Armadas;
- de Ministro de Estado da Defesa.

De mais a mais, sempre no intuito de ajudar os queridos alunos que se encontram obrigados, muitas vezes, a memorizar dispositivos para provas objetivas elaboradas por algumas bancas examinadoras que possuem este viés, apresenta-se aqui um processo mnemônico (técnica de memorização) que, certamente, lhe ajudará a recordar dos cargos privativos de brasileiros natos na hora da prova.

O processo é:

MP3.COM

M – Ministros do Supremo Tribunal Federal.

P – Presidente da República (e Vice-Presidente da República, naturalmente).

P – Presidente da Câmara dos Deputados.

P – Presidente do Senado Federal.

C – Carreira diplomática.

O – Oficial das Forças Armadas.

M – Ministro de Estado da Defesa.

Extradição – CF, art. 5º, LI

Segundo o dispositivo em comento, nenhum brasileiro será extraditado, salvo o naturalizado, em caso de crime comum, praticado antes da naturalização, ou de comprovado envolvimento em tráfico ilícito de entorpecentes e drogas afins, na forma da lei.

A distinção nítida, aí, é que o brasileiro nato **nunca** (sem exceção) poderá ser extraditado, enquanto que o brasileiro naturalizado poderá em caso de:

- Crime comum – praticado **antes** da naturalização; ou
- Comprovado envolvimento em tráfico ilícito de entorpecentes e drogas afins, na forma da lei – praticado **antes ou depois** da naturalização.

Composição do Conselho da República – CF, art. 89, VII

O Conselho da República é um órgão superior de consulta do Presidente da República e, dentre os seus componentes, o inciso VII do art. 89 prevê a presença de seis cidadãos brasileiros **natos**, com mais de trinta e cinco anos de idade, sendo dois nomeados pelo próprio Presidente da República, dois eleitos pelo Senado Federal e dois eleitos pela Câmara dos Deputados, todos com mandato de três anos, vedada a recondução.

Propriedade de empresas jornalísticas e de radiodifusão sonora e de sons e imagens – CF, art. 222

À luz dessa previsão constitucional, a propriedade de empresa jornalística e de radiodifusão sonora e de sons e imagens é privativa de brasileiros natos ou naturalizados há mais de **dez anos**, ou de pessoas jurídicas constituídas sob as leis brasileiras e que tenham sede no país.

Perda da nacionalidade – CF, art. 12, § 4º

As hipóteses de perda de nacionalidade serão estudadas em tópico apartado. De antemão, aqui cabe mencionar que tanto o brasileiro nato quanto o brasileiro naturalizado podem perder a nacionalidade brasileira.

A diferença é que enquanto o brasileiro nato só perde a nacionalidade em **uma** única hipótese, o brasileiro naturalizado, por sua vez, pode vir a perder essa nacionalidade em **duas** hipóteses constitucionalmente previstas. É o que se passará a estudar agora.

PERDA DA NACIONALIDADE BRASILEIRA

Conforme já sinalizado, tanto o brasileiro nato, quanto o naturalizado podem vir a perder a nacionalidade brasileira. Ocorre que enquanto o nato só perde a nacionalidade em uma hipótese constitucionalmente prevista, o brasileiro naturalizado pode perder a condição de nacional em duas hipóteses.

Evoluindo no raciocínio, é possível afirmar que a disciplina da perda de nacionalidade na Constituição Federal de 1988 vem prevista no art. 12, § 4º.

Segundo esse dispositivo, será declarada a perda da nacionalidade do brasileiro que:

> I – tiver cancelada sua naturalização, por sentença judicial, em virtude de atividade nociva ao interesse nacional;

II – adquirir outra nacionalidade, salvo nos casos:

a) de reconhecimento de nacionalidade originária pela lei estrangeira;

b) de imposição de naturalização pela norma estrangeira, ao brasileiro residente em Estado estrangeiro, como condição para permanência em seu território ou para o exercício de direitos civis.

A primeira hipótese de perda (**perda-punição**), consagrada no inciso I, se dá a partir do ajuizamento de uma ação denominada *ação de cancelamento de naturalização*, a ser movida pelo Ministério Público Federal, e que está disciplinada na antiga Lei nº 818/49.

Naturalmente, em se tratando de um cancelamento de naturalização, esta hipótese de perda não se aplica ao brasileiro nato, mas, **apenas,** ao brasileiro **naturalizado**.

ATENÇÃO

Perdida a nacionalidade por essa medida, a sua recuperação depende do julgamento procedente de uma **ação rescisória** (que visa desconstituir a coisa julgada), a ser intentada no prazo de dois anos contados do trânsito em julgado da decisão.

Pela própria observação feita acima, fácil constatar que essa sentença judicial a que se refere o dispositivo constitucional precisar ter transitado em julgado, embora não haja previsão expressa nessa parte do texto.

Já a hipótese de perda prevista no inciso II (por aquisição de outra nacionalidade, chamada de **perda-mudança**), se aplica **tanto ao** brasileiro **nato, quanto ao naturalizado**.

Nesta hipótese, ao contrário da previsão do inciso anterior que torna obrigatória a existência de processo judicial, a perda da nacionalidade ocorrerá por **mero procedimento administrativo**, que deverá tramitar no Ministério da Justiça, e se confirmará mediante Decreto Presidencial dotado de eficácia prospectiva, ou seja, ***ex nunc***.

Ocorre que para consolidação da perda, não basta a aquisição de outra nacionalidade, é preciso que o brasileiro não esteja amparado por nenhuma das duas ressalvas constitucionais.

Isso porque, com a **alínea "a"**, se o sujeito adquire outra nacionalidade apenas como reconhecimento de nacionalidade originária com base nas leis estrangeiras, certamente não perderá a brasileira.

É o caso típico das pessoas que possuem ascendentes de outros países que adotam o critério sanguíneo como determinante para a aquisição da nacionalidade.

Já com a **alínea "b"**, também não perderá a nacionalidade brasileira aquele que adquirir outra no caso de imposição de naturalização pela norma estrangeira, ao brasileiro residente no estrangeiro, como condição de permanência em seu território, ou para o exercício dos direitos civis.

Percebe-se que esta alínea, em verdade, consagra duas ressalvas, a saber:

- Imposição como condição de **permanência**
- Imposição como condição **para exercício dos direitos civis**

Insta salientar que essa previsão da alínea "b" apresenta aquilo que frequentemente acontece com os jogadores de futebol, que, muitas vezes, para jogar em times estrangeiros, precisam adquirir a nacionalidade do país desses times.

Para finalizar, caso o brasileiro adquira outra nacionalidade fora desses permissivos constitucionais e venha a perder a nacionalidade brasileira, poderá ele readquiri-la? A resposta é positiva.

ATENÇÃO!

Desta vez, a **reaquisição da nacionalidade** dependerá da formulação de um requerimento perante o Ministério da Justiça, para posterior decisão do Presidente da República, por decreto, e de estar o brasileiro domiciliado no Brasil.

Não existe consenso na doutrina, entretanto, em relação à espécie de nacionalidade que o indivíduo passará a possuir após a reaquisição.

A doutrina majoritária, em sentido diverso, entende que a reaquisição da nacionalidade se dará sob a forma derivada, ou seja, que essa reaquisição depende da submissão ao procedimento de naturalização.

Nesse sentido, se o sujeito era brasileiro nato e perdeu a nacionalidade na hipótese em comento, como a reaquisição agora (para a doutrina majoritária) dependerá de um processo de naturalização, ele até poderá voltar a ostentar a nacionalidade brasileira, porém desta vez na condição de brasileiro naturalizado, caso o procedimento se desenrole de modo satisfatório.

O PORTUGUÊS EQUIPARADO A BRASILEIRO OU "QUASE NACIONAL"

A Constituição consagra em seu art. 12, § 1º, que aos portugueses com residência permanente no país, se houver reciprocidade em favor de brasileiros, serão atribuídos os direitos inerentes aos brasileiros, salvo os casos previstos na própria Constituição.

Isso significa que, com essa reciprocidade, se lá em Portugal os brasileiros puderem titularizar os mesmos direitos inerentes aos portugueses, aqui no Brasil, os portugueses poderão titularizar os mesmos direitos inerentes aos brasileiros, ressalvados os casos previstos nesta Constituição.

A partir do raciocínio esposado, pergunta que tem aparecido com grande frequência nas provas objetivas é: casos lá em Portugal haja reciprocidade em favor de brasileiros, aqui no Brasil os portugueses poderão titularizar os mesmos direitos inerentes aos brasileiros natos ou apenas aqueles permitidos aos brasileiros naturalizados?

ATENÇÃO!

Embora a Constituição não tenha dito literalmente, a expressão 'ressalvados os casos previstos nesta Constituição' traduz a ideia segundo a qual os portugueses somente poderão gozar de direitos inerentes aos **brasileiros naturalizados**.

Impende pontuar, ainda, que a norma da Constituição consagradora da figura do *quase nacional*, conforme advertência do próprio STF, não opera de modo automático e imediato, seja quanto ao seu conteúdo eficacial, seja no que se refere a todas as consequências jurídicas que dela derivam.

Isso porque, para que haja incidência da norma, além da necessidade de aquiescência do Estado brasileiro (consectário natural da ideia de soberania), é preciso que haja ainda requerimento do súdito português interessado.

Mais ainda! É necessário que este português preencha os requisitos estipulados pela Convenção sobre Igualdade de Direitos e Deveres entre brasileiros e portugueses.

4.4. Dos direitos políticos

DIREITOS POLÍTICOS

Os direitos políticos estão disciplinados na Constituição Federal de 1988 no capítulo IV do título II, também no catálogo específico dos direitos e garantias fundamentais.

Esse regramento vai do **art. 14 até o art. 16** da CF. Lembrando que o art. 17 fecha esse título com o capítulo V, dedicado exclusivamente aos partidos políticos.

Todas essas normas, pelas suas características, podem ser identificadas como regras que definem o exercício da **soberania popular** no ordenamento jurídico pátrio.

Recebem o nome de direitos políticos exatamente por estarem relacionadas com a participação do povo na condução da vida política nacional.

DIREITOS POLÍTICOS POSITIVOS

Os *direitos políticos positivos* podem ser identificados a partir de normas constitucionais de ampliação, que fomentam o exercício da cidadania, habilitando o cidadão tanto para votar, quanto para ser votado.

Ativos – Capacidade eleitoral ativa

Os direitos políticos ativos são aqueles que investem o cidadão da capacidade eleitoral ativa, vale dizer, do **direito votar**.

Ocorre que para exercer o direito de voto, o sujeito precisa ter o documento comprobatório da sua condição de cidadão, qual seja o título de eleitor, que é adquirido mediante o alistamento.

Por isso, para que este direito possa efetivamente ser exercido o indivíduo precisa preencher as chamadas **condições de alistabilidade**.

Pela letra da Constituição Federal, tais condições são:

- nacionalidade brasileira;
- idade mínima de 16 anos; e
- não ser conscrito durante o serviço militar obrigatório.

Impende pontuar que a condição da nacionalidade brasileira é uma regra. É dizer, ordinariamente, brasileiros natos e naturalizados, apenas, podem alistar-se como eleitores perante a Justiça Eleitoral.

A regra, portanto, é que estrangeiros não podem exercer os direitos políticos, somente os nacionais.

Ocorre que toda regra possui exceção (que apenas vem no sentido de confirmá-la). E aqui nós temos uma única exceção, que é a figura do "quase nacional", estudada no capítulo referente ao direito de nacionalidade.

O "quase nacional" (expressão do próprio STF) é o português equiparado a brasileiro e amparado pelo pacto da reciprocidade, que tem amparo no art. 12, § 1º, da CF.

Assim, caso o português passe a residir de modo permanente no Brasil, querendo ser amparado pela reciprocidade, ele deverá dirigir requerimento ao Ministério da Justiça solicitando a equiparação de direitos.

Nesse sentido, preenchidos esses requisitos, e atendidas as demais condições fixadas pela lei eleitoral, poderá este estrangeiro (apenas equiparado a brasileiro) se alistar como eleitor, votar e, eventualmente, ser votado (para aqueles cargos que não sejam privativos de brasileiros natos).

Finalmente, não se deve esquecer que esta é a única hipótese em que um estrangeiro pode se alistar como eleitor. Além deste caso, não existe outra exceção.

Já em relação aos conscritos, aqueles que estão no serviço militar obrigatório, como visto, a Constituição proíbe que eles se alistem. Cuidado, apenas, para não generalizar e confundir o conscrito com qualquer militar.

Isso porque os militares de carreira (aqueles que não são conscritos, ou seja, que não fazem parte do serviço obrigatório), estes não só podem, como devem, se alistar perante a Justiça Eleitoral.

Lembrando que o Texto de Outubro coloca como **inalistáveis** (aqueles que não podem se alistar como eleitores) os **estrangeiros** e os **conscritos** (CF, art. 14, § 2º). A essa lista acrescenta-se também os menores de dezesseis anos.

Evoluindo no raciocínio, conforme já referido, ainda segundo a previsão do Texto Maior (art. 14, § 1º, I e II, "a", "b" e "c"), o alistamento eleitoral e o voto são obrigatórios para os maiores de dezoito anos, e facultativos para os analfabetos, os maiores de setenta e para os maiores de dezesseis e menores de dezoito anos.

Sintetizando, tem-se:

Obrigatórios:

maiores de 18 e menores de 70 anos de idade.

Facultativos:

- analfabetos;
- maiores de 70 anos de idade; e
- maiores de 16 e menores de 18 anos de idade.

Passivos. Capacidade eleitoral passiva

Os direitos políticos passivos, por sua vez, são aqueles que investem o cidadão da capacidade eleitoral passiva, é dizer, do **direito de ser votado**.

Ocorre que do mesmo modo que para o exercício da capacidade eleitoral ativa foi exigido o preenchimento das condições de alistabilidade, em igual sentido, para o exercício da chamada capacidade eleitoral passiva também será exigido o preenchimento de condições, só que, dessa vez, chamadas **condições de elegibilidade**.

Assim, para que determinado sujeito possa se eleger a um cargo público, além de ter de preencher todas as condições de elegibilidade, não poderá incidir em nenhuma das inelegibilidades, nem nas hipóteses de privação dos direitos políticos.

Nessa linha de raciocínio, à luz do art. 14, § 3º, da CF/88, são condições de elegibilidade, na forma da lei:

*I – **a nacionalidade brasileira;***

ATENÇÃO!

Lembrando que esta condição (nacionalidade brasileira) é uma regra que, como tal, comporta exceção, qual seja aquela relacionada ao português equiparado a brasileiro (*quase nacional*, nas palavras do próprio STF).

Registre-se que esta é a única exceção à condição de nacionalidade brasileira para o exercício da capacidade eleitoral passiva (direito de ser votado).

*II – **o pleno exercício dos direitos políticos;***

Estar na plenitude do gozo ou exercício dos direitos políticos é uma condição de elegibilidade extremamente importante, afinal, de nada adianta o sujeito ter título de eleitor, preencher todas as demais condições para ser eleito, se estiver com os seus direitos políticos perdidos ou suspensos.

*III – **o alistamento eleitoral;***

Segundo esta condição, um dos requisitos para ser eleito é **ser eleitor**. Assim, para poder ser votado, primeiro, é preciso poder votar.

ATENÇÃO!

A partir dessa constatação é possível concluir, com segurança, que nem todo eleitor pode ser eleito, muito embora todo eleito necessite, antes, ser um eleitor.

Exemplos de eleitores que não podem ser eleitos são os analfabetos e os jovens de dezesseis e dezessete anos. Isso porque, embora gozem da capacidade eleitoral ativa (direito de votar), não preenchem as demais condições para o exercício da capacidade eleitoral passiva (direito de ser votado) ou incidem em algumas das hipóteses de inelegibilidade.

Pela Constituição, não podem se alistar como eleitores os **estrangeiros**, e durante o serviço militar obrigatório os **conscritos**.

*IV – **o domicílio eleitoral na circunscrição;***

Sobre essa condição de elegibilidade, é preciso advertir que domicílio eleitoral não se confunde com domicílio civil.

Domicílio civil é o local onde a pessoa mantém residência com ânimo definitivo, vale dizer, com a intenção de morar. Já o domicílio eleitoral, por sua vez, é o local onde a pessoa está inscrita perante a justiça eleitoral, ou seja, é a **sede política do cidadão**.

> **OBSERVAÇÃO**
> Segundo o Tribunal Superior Eleitoral é possível que o domicílio eleitoral seja distinto do domicílio civil, desde que reste comprovada a existência de algum tipo de vínculo com a sede política.

*V – **a filiação partidária;***

A filiação partidária se apresenta como uma condição de elegibilidade já que no Brasil não se admite a chamada candidatura autônoma ou avulsa.

Entretanto, é necessário pontuar que este requisito também admite exceção. Trata-se de hipótese rara, é verdade, mas existe. É o caso do militar que conta com **mais** de dez anos de serviços.

Para não cortar o raciocínio, será dado seguimento às condições exigidas para que o cidadão possa ser eleito e, em tópico apartado, será retomada a análise da situação dos militares.

*VI – **a idade mínima de:***

- *trinta e cinco anos para Presidente e Vice-Presidente da República e Senador;*
- *trinta anos para Governador e Vice-Governador de Estado e do Distrito Federal;*
- *vinte e um anos para Deputado Federal, Deputado Estadual ou Distrital, Prefeito, Vice--Prefeito e juiz de paz;*
- *dezoito anos para Vereador.*

Essas idades mínimas com previsão no inciso VI do art. 14, § 3º, da CF, possuem uma alta incidência nas provas e concursos. As questões envolvendo esse assunto quase sempre aparecem com "pegadinhas".

Isso porque vários são os cargos previstos neste dispositivo. Porém, a melhor técnica de compreensão faz lembrar que apenas quatro são as idades, havendo, portanto, para cada uma delas, mais de um cargo previsto. Essa é a primeira dica: **atenção para as idades**, e não para os cargos.

A segunda dica é lembrar que a idade dos chefes do Poder Executivo (Presidente da República, Governador e Prefeito) é a mesma dos seus vices. Por isso, a Chefia e Vice-Chefia de cada âmbito da federação serão tratadas como se fosse um cargo só.

Como terceira dica, depois de já identificadas as quatro idades (35, 30, 21 e 18), percebe-se que duas delas (metade, portanto) só se aplicam a um único cargo:

- 30 anos – Governador (e Vice);
- 18 anos – Vereador.

A partir daí, sobram as idades de 35 e 21 anos. Com 35 anos (a maior de todas as idades **mínimas**), naturalmente, você irá identificar aqueles cargos cujos ocupantes já aparentam uma idade mais avançada, quais sejam:

- 35 anos – Presidente da República (e Vice) e Senador da República.

Finalmente, a partir da técnica da exclusão, na idade mínima de 21 anos serão inseridos todos os demais cargos que até agora aqui não foram citados. São eles:

- 21 anos – Deputado Federal, Deputado Estadual ou Distrital, Prefeito (e Vice) e juiz de paz.

Pergunta muito interessante e que já foi cobrada diversas vezes em provas e concursos, podendo voltar a aparecer novamente, diz respeito ao momento de comprovação da respectiva idade mínima.

Seria este a data do registro da candidatura, do dia da eleição, a data da posse, ou o dia da diplomação?

OBSERVAÇÃO

Segundo entendimento também consolidado pelo **Tribunal Superior Eleitoral**, a idade mínima para o cargo eletivo haverá de ser comprovada, em regra, no momento da **posse**. Essa previsão, inclusive, está consolidada na Lei federal n. 9.504/97 (que estabelece normas para as eleições), em seu art. 11, § 2º.

MAS ATENÇÃO!

Ocorre que no ano de 2015 essa lei foi alterada e, a partir dessa alteração, o momento de comprovação da idade mínima do cargo de vereador, agora, é na data do pedido do registro de candidatura.

A SITUAÇÃO DOS MILITARES

A situação de elegibilidade do militar foi disciplinada no texto da Constituição especificamente no art. 14, § 8º.

À luz desse dispositivo o militar alistável é elegível, atendidas as seguintes condições:

I – se contar com menos de dez anos de serviço, deverá afastar-se da atividade;

II – se contar com mais de dez anos de serviço, será agregado pela autoridade superior e, se eleito, passará automaticamente, no ato da diplomação, para a inatividade.

Antes mesmo de partir para o enfrentamento de cada uma das duas situações especificadas, é preciso esclarecer que, quando a Constituição diz que apenas o militar alistável é elegível, ela está afastando, de pronto, a possibilidade de militares inalistáveis tentarem concorrer a um pleito eleitoral.

Mas quem seriam os militares inalistáveis? Para saber, basta lembrar as condições de alistabilidade (aquelas indispensáveis para que o sujeito se aliste como eleitor perante a justiça eleitoral).

Dentre aquelas condições está a de não ser conscrito durante o serviço militar obrigatório. Assim, fácil identificar que caso o militar esteja no exercício do serviço compulsório, ela será inalistável, e, por conseguinte, inelegível.

Voltando para o dispositivo, conforme consagrou a Carta de Outubro, sendo o militar alistável, ele será também elegível, desde que atenda as condições constitucionalmente estipuladas.

Pela primeira condição, se ele contar com **menos de dez anos de serviço**, deverá **se afastar da atividade**. Essa não é a exceção à exigência de filiação partidária.

De fato, dúvidas não restam que o militar da ativa não pode se dedicar ao exercício de atividade político-partidária (**CF, art. 142, V**). Porém, neste primeiro caso, contando o militar com menos de dez anos de serviço, segundo a exigência constitucional, o mesmo deverá ir para a inatividade.

Não estando mais na ativa, não remanescerá nenhum impedimento para que este militar exerça a atividade político-partidária, e, inclusive, se filie a um partido político com o objetivo participar da disputa do pleito eleitoral.

Já na segunda situação, caso o militar alistável (não conscrito) conte com **mais de dez anos de serviço**, o dispositivo constitucional prevê que este sujeito seja **agregado** pela autoridade superior, só **passando para a inatividade no ato da diplomação, caso venha a ser eleito**.

Ora, pela própria ordem cronológica dos acontecimentos, percebe-se que este indivíduo somente passará para a inatividade depois de eleito, quando for diplomado. Ou seja, isso quer dizer que quando ele foi eleito ele ainda estava na atividade, tendo sido apenas agregado pela autoridade superior.

Segundo a lição de Manoel Jorge e Silva Neto, agregação é a situação na qual o militar da ativa deixa de ocupar a vaga na escala hierárquica de seu Corpo, Quadro, Arma ou Serviço, nela permanecendo sem o número (art. 80 da Lei n. 6.880/80).

Daí vem a indagação: se o militar da ativa não pode ser dedicar ao exercício de atividade político-partidária, como admitir que um militar que apenas foi agregado pela autoridade superior, mas que ainda está na ativa, possa ser eleito?

Resposta: admite-se por se tratar de uma ressalva promovida pelo próprio legislador constituinte.

ATENÇÃO!

Assim, pelo próprio raciocínio constitucional, a condição de elegibilidade da filiação partidária **não** é exigida do militar da ativa que conta com mais de dez anos de serviço.

ATENÇÃO!

Cuidado! Não é no ato da posse ("casca de banana" comumente colocada pelas diversas bancas examinadoras), mas no ato da **diplomação** que o sujeito será considerado da inativa.

Em conclusão, pode-se afirmar que a condição de elegibilidade atinente à filiação partidária **não** será exigida do militar que contar com **mais de dez anos de serviço**, conforme previsão do art. 14, § 8º, II, da Carta Magna de 1988.

DIREITOS POLÍTICOS NEGATIVOS

Direitos políticos negativos são normas constitucionais de restrição que **limitam** o exercício da cidadania. Tais direitos estão divididos nos institutos das inelegibilidades (afetando a capacidade eleitoral passiva do sujeito) e da perda e suspensão (inviabilizando o próprio exercício dos direitos políticos, atingindo tanto a capacidade eleitoral ativa, quanto a capacidade eleitoral passiva).

Passa-se agora para o estudo de cada uma dessas situações jurídicas.

INELEGIBILIDADES

Como o próprio nome sugere, as inelegibilidades são limitações constitucionais que impedem o cidadão do direito político de ser votado.

À luz do art. 14, § 9º, da *Lex Fundamentallis*, tais limitações têm por finalidade proteger a probidade administrativa, a moralidade para exercício de mandato considerada a vida pregressa do candidato, e a normalidade e legitimidade das eleições contra a influência do poder econômico ou o abuso do exercício de função, cargo ou emprego na administração direta ou indireta.

De mais a mais, não se deve confundir *inelegibilidade* com *inalistabilidade*. Pela *inelegibilidade* se impede a eleição do sujeito, a possibilidade dele vir a ser votado e eleito para assumir um cargo público eletivo.

Já pela *inalistabilidade*, o que se impede é a possibilidade do indivíduo se alistar como eleitor perante a justiça eleitoral.

Só a título de esclarecimento e complementação, a *incompatibilidade*, por seu turno, impede o exercício do mandato do candidato já eleito.

Por fim, cabe ressaltar que a Constituição consagra algumas hipóteses de inelegibilidades que serão aqui estudadas, porém abre margem para que **lei complementar** defina outras modalidades que assegurem o seu fim, consoante previsão do já citado art. 14, § 9º, da CF.

Pela própria disciplina do Texto Maior (art. 14, §§ 4º ao 7º), as inelegibilidades podem ser divididas em *absolutas* ou *relativas*. É o que se passará a estudar agora.

INELEGIBILIDADES ABSOLUTAS

As inelegibilidades absolutas são aquelas que vedam a eleição do sujeito para **qualquer cargo** eletivo. Além disso, como pode ser identificado pelo peso do próprio nome (absolutas), não podem ser previstas em lei, mas **apenas na própria Constituição**. A previsão é do art. 14, § 4º.

Segundo esse dispositivo, são inelegíveis (leia-se, absolutamente inelegíveis) os **inalistáveis** e os **analfabetos**.

Inalistáveis, conforme já estudado, são aqueles que não preenchem as condições de alistabilidade. Nesta linha de intelecção, à luz do art. 14, § 2º, da Lei Maior, não podem alistar-se como eleitores os estrangeiros e, durante o serviço militar obrigatório, os conscritos.

Assim, é possível concluir que são absolutamente inelegíveis os *estrangeiros*, os *conscritos* (esses dois primeiros inalistáveis), bem como os *analfabetos* (estes últimos inelegíveis, porém alistáveis).

INELEGIBILIDADES RELATIVAS

As inelegibilidades relativas, por sua vez, privam os cidadãos de serem eleitos apenas **para alguns cargos** eletivos. Além disso, como o próprio nome (mais suave do que o anterior) sugere, tais hipóteses podem tanto estar previstas no texto da **Constituição**, como serem ampliadas por **lei complementar**.

As espécies de inelegibilidades relativas constitucionalmente previstas estão disciplinadas nos parágrafos 5º, 6º e 7º da CF/88. Parte-se agora para o enfrentamento de cada uma delas. Lembrado que as duas primeiras se aplicam aos chefes do Poder Executivo, e a última se aplica ao parente do chefe deste Poder.

- *Vedação ao terceiro mandato consecutivo – CF, art. 14, § 5º*

À luz do dispositivo em comento, o Presidente da República, os Governadores de Estado e do Distrito Federal, os Prefeitos e quem os houver sucedido, ou substituído no curso dos mandatos poderão ser reeleitos para um único período subsequente.

A ideia aqui é que os chefes do Poder Executivo só podem ter dois mandatos **subsequentes**. Esta cláusula, portanto, admite apenas e tão-somente uma reeleição. O que não impede que estes agentes políticos possuam mais de dois mandatos, desde que seja de maneira alternada.

Além disso, confirmando o raciocínio, essa vedação ao terceiro mandato subsequente não se aplica aos titulares de cargos no Poder Legislativo. Não há que se falar, portanto, em limites para reeleição em relação aos cargos de Vereador, Deputado Estadual, Deputado Distrital, Deputado Federal e Senador da República.

Vale ressaltar que esta vedação ao terceiro mandato consecutivo, por outro lado, também se aplica ao Vice, que só poderá se reeleger, uma única vez, para o mesmo cargo.

Sobre essa inelegibilidade, necessário se faz enfrentar algumas outras questões que já foram ventiladas na jurisprudência e, por vezes, aparecem nas provas e concursos.

Poderia, por exemplo, um chefe de Executivo que já está no exercício do seu segundo mandato renunciar ao cargo com o objetivo de se candidatar ao terceiro mandato consecutivo?

A resposta é não. Isso porque a hipótese configuraria burla indireta ao sistema eleitoral que proíbe um mesmo indivíduo de ocupar a chefia do Executivo por mais de duas vezes consecutivas. A renúncia até seria considerada válida, mas não ao ponto de permitir a sua candidatura para o mesmo cargo nas eleições vindouras.

Outra questão diz respeito à possibilidade de um chefe de Executivo eleito e reeleito (já com dois mandatos subsequentes, portanto) se candidatar, no pleito seguinte, ao cargo de Vice. Isso seria possível?

Poderia, por exemplo, a atual Presidente do Brasil, que está no exercício do seu segundo mandato, para o qual foi reeleita no pleito de 2014, se candidatar ao cargo de Vice-Presidente da República nas eleições de 2018? Com certeza não poderia.

E não poderia por um motivo muito simples. Mais uma vez, para evitar fraude e burla ao sistema eleitoral que veda o exercício de três mandatos consecutivos no âmbito do Poder Executivo.

Afinal, bastaria o Presidente eleito renunciar ao cargo no primeiro dia do mandato que a Vice assumiria passando a exercer, pela terceira vez seguida, o cargo de Presidente da República Federativa do Brasil.

Outra questão interessante diz respeito à possibilidade do Vice se candidatar ao cargo do titular. Isso é plenamente possível. O que se deve advertir, no entanto, é que se no curso do mandato de Vice o sujeito assume a titularidade da chefia do Executivo de modo definitivo, essa assunção já contará como um mandato para fins de reeleição.

Ou seja, se no curso do mandato houver sucessão, vale dizer, assunção definitiva do cargo pelo Vice, por impossibilidade definitiva do titular de continuar exercendo a função (em caso de falecimento ou renúncia, por exemplo), caso ele se candidate no próximo pleito e venha a ser eleito, essa sua eleição já contará como um segundo mandato e corresponderá a uma reeleição.

- *Desincompatibilização – CF, art. 14, § 6º*

De acordo com a previsão constitucional que consagra essa inelegibilidade relativa, para concorrerem a **outros cargos**, o Presidente da República, os Governadores de Estado e do Distrito Federal e os Prefeitos devem renunciar aos respectivos mandatos até **seis meses** antes do pleito.

Assim, novamente Chefes do Poder Executivo, para se candidatarem a outros cargos eletivos, devem se desincompatibilizar num período de até seis meses antes das eleições.

Foi o que ocorreu com o ex-governador do Rio de Janeiro, Anthony Garotinho, que com o objetivo de disputar as eleições para Presidente da República no ano de 2002, teve de renunciar ao cargo de Governador que ocupava num prazo de seis meses antes do pleito.

Impende pontuar que o instituto da desincompatibilização só se aplica caso o Chefe do Poder Executivo deseje se candidatar a **outro cargo**, pois caso queira se reeleger (portanto, para o mesmo cargo que ocupa, obviamente), não precisará renunciar ao respectivo mandato no prazo mencionado.

Assim aconteceu com o ex-presidente Fernando Henrique Cardoso, com o ex-presidente Luiz Inácio Lula da Silva, com a atual Presidente Dilma Rousseff, dentre outros tantos.

Novamente, insta salientar que o instituto da desincompatibilização não se aplica aos Vices. Exemplo recente desta não aplicação ocorreu na cidade de Salvador, cujo Vice-Prefeito à época, o jurista Edvaldo Brito, para disputar as eleições de 2010, quando concorreu a uma vaga no Senado Federal, **não** teve que se desincompatibilizar do seu cargo na Prefeitura da capital baiana. Também em 2012, quando concorreu para Vereador ainda no cargo de Vice, não precisou se desincompatibilizar.

- *Inelegibilidade reflexa – CF, art. 14, § 7º*

Finalmente, passa-se agora para a análise da privação que não mais toca o Chefe do Poder Executivo, conforme já sinalizado, mas sim os seus **parentes**. É a chamada inelegibilidade reflexa.

Segundo o dispositivo supracitado, são inelegíveis no território de jurisdição do titular (melhor seria ter falado em "circunscrição"), o cônjuge e os parentes consanguíneos ou afins, até o segundo grau ou por adoção, do Presidente da República, de Governador de Estado ou Território, do Distrito Federal, de Prefeito ou de quem os haja substituído dentro dos seis meses anteriores ao pleito, salvo se já titular de mandato eletivo e candidato à reeleição.

Trata-se de previsão por demais extensa e que, justamente por isso, é mais bem visualizada a partir de exemplos concretos.

Antes de partir para o enfrentamento dos exemplos, para evitar confusão na hora da prova, notadamente envolvendo o livro das sucessões no campo do Direito Civil, listaremos abaixo quais são esses parentes até o segundo grau a que se refere o texto constitucional. São eles:

- Descendentes em linha reta: filhos e netos.
- Ascendentes em linha reta: pais e avós.
- Na linha colateral: irmãos.
- Descendentes por afinidade até o segundo grau: genro, nora, enteado(a) e cônjuges dos netos.
- Ascendentes por afinidade até o segundo grau: sogro, sogra, padrasto, madrasta e avós do cônjuge.
- Na linha colateral por afinidade: cunhados.

Vamos aos exemplos.

Imagine a situação do Município de Salvador vivenciada há alguns anos. O ex-prefeito, João Henrique, foi eleito no ano de 2004 e reeleito no ano de 2008.

Pergunta-se: sua esposa à época, Maria Luiza, poderia ter sido candidata à Vereadora da capital baiana no ano de 2008 quando João, sem sair do cargo de Prefeito, era candidato à reeleição.

A resposta é negativa. Pois, conforme previu o art. 14, § 7º, os cônjuges (dentre outros parentes de Chefes do Poder Executivo) são inelegíveis no território de jurisdição do titular.

Assim, no exemplo mencionado, o território de João Henrique era o Município de Salvador, portanto, os seus parentes mencionados no artigo não poderiam se eleger para nenhum cargo nesta cidade enquanto ele fosse o titular.

Nesse sentido, caso Maria Luiza quisesse disputar as eleições em 2008 para Vereadora – ou até para Prefeita – de Lauro de Freitas, Camaçari, Candeias, Simões Filho (algumas cidades da região metropolitana de Salvador, por exemplo), não haveria impedimento algum.

Outra pergunta: será que em 2006, Maria Luiza poderia ter sido eleita Deputada Estadual pelo Estado da Bahia? Não só poderia como, efetivamente, saiu candidata e foi eleita com amparo constitucional.

É que embora ela tenha recebido votos na cidade de Salvador, para ser eleita Deputada Estadual ela foi votada também eu outros municípios baianos, e não só na capital.

O que a Constituição veda é que o parente seja eleito para um cargo recebendo votos **apenas e tão-somente** no território de jurisdição do titular chefe de Poder Executivo.

Assim, poderia Maria Luiza ser eleita para qualquer cargo eletivo que não o de Vereadora do Município de Salvador.

Numa segunda situação, imagine agora o caso de Jaques Wagner, ex-governador do Estado da Bahia, e de sua esposa, Maria de Fátima.

Wagner foi eleito em 2006. Pergunta-se: poderia sua esposa, em 2008, candidatar-se à prefeitura de Salvador?

A resposta é negativa, pois o território de jurisdição do seu parente titular de chefia do Executivo é todo o Estado da Bahia, e a cidade de Salvador está localizada dentro desse território.

Assim, não poderia a primeira dama do Estado se eleger nem para Prefeita e nem para Vereadora de nenhum dos 417 municípios baianos.

Do mesmo modo, em 2010, Fátima não poderia ter sido candidata, pelo Estado da Bahia, a Deputada Estadual, a Deputada Federal, nem a Senadora da República, pois, pela Bahia, a candidata apenas receberia votos no território de jurisdição do seu parente titular do Executivo.

Confirmando o raciocínio esposado no exemplo acima, vale registrar que, à luz da Resolução nº 19.970/1997 do TSE, essa regra proibitiva quanto ao cônjuge e parentes do Governador alcança também os cargos de Deputado Federal e Senador nas vagas do próprio Estado, pois no que se refere às eleições para estes cargos, cada Estado e o Distrito Federal constituem uma circunscrição eleitoral.

Entretanto, caso desejasse, naquela época, sair candidata a qualquer desses cargos por outro Estado, não haveria impedimento algum, já que estaria fora da jurisdição do ex-governador Jaques Wagner, seu parente.

Importante registrar que essa regra também se aplica para aqueles que eventualmente tenham ocupado, em substituição, o cargo de chefe do Poder Executivo nos seis meses anteriores ao pleito.

Assim, os parentes daquele que substituiu o Prefeito, Governador ou Presidente nos seis meses que antecedem a eleição ficarão também inelegíveis no território de jurisdição do titular da chefia do Executivo.

Para concluir o raciocínio à luz do exemplo anterior, recebendo votos no Estado da Bahia, Fátima apenas poderia ser candidata a Presidente da República, pois, neste caso, a disputa pelos votos aconteceria também em todos os outros Estados-membros brasileiros.

Por último, vamos imaginar um exemplo envolvendo a Presidente da República Dilma Rousseff, eleita para chefiar o Poder Executivo federal no ano de 2010, e reeleita em 2014.

Pergunta-se: caso a filha da Presidente Dilma desejasse se candidatar ao cargo de Vereadora ou Prefeita de determinado município brasileiro em 2012 ou 2016, seria possível?

A resposta é negativa. Isso porque todos os municípios brasileiros estão dentro da jurisdição da Presidente.

Ainda, caso sua filha desejasse se candidatar, em 2014, a Governadora, Deputada Estadual, Deputada Federal ou Senadora da República, por qualquer Estado-membro brasileiro ou pelo Distrito Federal, seria possível?

A resposta aqui, como não poderia deixar de ser, também é negativa. O motivo é simples: todos os Estados da federação, assim como o Distrito Federal, estão contidos no território nacional.

Nesse sentido, **os parentes da Presidente da República não podem ser eleitos para nenhum cargo dentro do território brasileiro.**

Finalizando, após essas explicações, pergunta que comumente aparece é: por que Paulo Souto era Governador do Estado da Bahia e Fábio Souto (seu filho) foi eleito Deputado Federal por este mesmo Estado?

Na verdade, Fábio não foi eleito, mas sim reeleito, o que torna legítima a situação. Essa legitimidade, inclusive, pode ser comprovada pela própria leitura da parte final do § 7º do art. 14, quando, consagrando a inelegibilidade do parente, excepciona: ***salvo se já for titular de mandato eletivo e candidato à reeleição***.

Assim, a situação é admitida porque Fábio Souto se tornou Deputado Federal antes de seu pai, Paulo Souto, se eleger Governador do Estado da Bahia.

Nessa esteira, identifica-se que Fábio já era titular do mandato de Deputado, e apenas estava sendo candidato à reeleição.

Outra situação que também seria plenamente admitida consiste na hipótese de dois parentes se candidatarem **ao mesmo tempo**, um para a Chefia do Executivo, e o outro para um cargo no Poder Legislativo. Neste caso, não há nenhum impedimento porque ninguém ainda é titular de nada.

OBSERVAÇÃO

Ademais, já está assentado que a jurisprudência dos Tribunais brasileiros (STF e TSE, por exemplo) já reconhece as uniões homoafetivas como entidades familiares que gozam de ampla proteção constitucional (ADPF 132, Informativo 625 do STF).

Nesse sentido, o Tribunal Superior Eleitoral já impediu a candidatura de uma mulher em determinado município brasileiro, com base no instituto da inelegibilidade reflexa, pelo fato dela ser companheira da titular do Poder Executivo local.

Situação interessante diz respeito à possibilidade (ou não) dos parentes se candidatarem em um novo Município criado por desmembramento de outro anteriormente existente, nos termos do art. 18, § 4º, da CF/88.

O entendimento que prevalece é no sentido da impossibilidade. Assim, o cônjuge e os demais parentes listados na Constituição não poderão se candidatar, por exemplo, à chefia do Executivo no Município recém-criado.

Em igual sentido, aquele que já foi Prefeito do Município de origem por duas vezes (eleito e reeleito), também não poderia se candidatar para ser chefe do Poder Executivo deste novo Município, sob pena de exercer três mandatos de Prefeito seguidos, violando a Constituição Federal em seu art. 14, § 5º.

Essa proibição, inclusive, encontra amparo na posição do STF de não aceitação da figura do **"prefeito itinerante"** ou **"prefeito profissional"**.

Isso porque, no bojo do RE 637.485, cuja relatoria coube ao Ministro Gilmar Mendes, o Supremo Tribunal Federal decidiu que o sujeito que já tenha sido Prefeito por duas vezes, torna-se inelegível para um terceiro mandato, ainda que por um Município diferente.

OBSERVAÇÃO

Finalmente, com o objetivo de evitar a burla do sistema eleitoral, o **STF** editou a **súmula vinculante n. 18**, dispondo que a dissolução da sociedade ou do vínculo conjugal, no curso do mandato, não afasta a inelegibilidade prevista no § 7º do art. 14 da Constituição Federal.

Assim, no exemplo do Município de Salvador, tendo o Prefeito da época, João Henrique, se separado da sua ex-esposa Maria Luiza, e já estando no segundo mandato, não poderia ela, por exemplo, disputar as eleições para tentar assumir o cargo de Prefeita da capital baiana, pois encontraria obstáculo na súmula vinculante nº 18 do STF.

Vale salientar que no RE 446.999, o STF firmou entendimento no sentido de que se a separação de fato se consolida **antes** do início do mandato eletivo pelo chefe do Executivo, ainda que o divórcio seja posterior e ocorra no curso do mandato, não há incidência da chamada inelegibilidade reflexa, visto que não se trata de perpetuação de grupo familiar no poder.

Noutra situação, se o chefe do Poder Executivo vem a óbito no curso do mandato, a viúva, por força da súmula vinculante nº 18, também será inelegível no território de jurisdição do ex-titular do Executivo, agora falecido.

Demais de tudo isso, vale lembrar que o TSE passou a admitir, no mesmo território de jurisdição, a elegibilidade, para qualquer cargo, do cônjuge (ou companheiro) e dos parentes consanguíneos ou afins, até o segundo grau ou por adoção, dos titulares de chefias do Poder Executivo que renunciarem aos respectivos mandatos em até seis meses antes da eleição, **quando forem reelegíveis**.

De modo mais elucidativo, tem-se que: se o chefe do Executivo está no primeiro mandato (portanto ainda é reelegível) e se desincompatibiliza em até seis meses antes do pleito, os parentes se tornam elegíveis no mesmo território de circunscrição, inclusive para a chefia do Poder Executivo.

A ideia é: se o titular poderia ter mais um mandato e abre mão dessa prerrogativa, qualquer parente pode tentar exercer este mandato em seu lugar. Portanto, nessa situação os parentes podem ser candidatar a qualquer cargo dentro da circunscrição.

Por outro lado, se o chefe do Executivo já está no exercício do seu segundo mandato e não tem mais direito de ir à reeleição (não é mais reelegível), caso ele renuncie ao cargo seis meses antes do próximo pleito eleitoral, os seus parentes até se tornam elegíveis, porém não para o cargo de chefe do Poder Executivo.

Assim, poderão disputar os outros cargos da circunscrição, menos aquele que antes era ocupado pelo parente antes da renúncia.

Nesta última situação narrada acima, se isso acontece num Município, por exemplo, os parentes até poderiam disputar os cargos de Vereadores, mas não mais poderiam pleitear o cargo de Prefeito.

PRIVAÇÃO DOS DIREITOS POLÍTICOS: PERDA E SUSPENSÃO

Finalizando o estudo dos direitos políticos negativos (normas constitucionais de restrição que limitam o exercício da cidadania), será analisada agora a privação desses direitos através da perda e da suspensão.

Tais institutos, conforme já sinalizado, são limitações excepcionais que neutralizam tanto a capacidade eleitoral ativa, quanto a capacidade eleitoral passiva, anulando, assim, os direitos políticos positivos caracterizados pelo direito de sufrágio (votar e ser votado).

De mais a mais, curiosamente a doutrina aponta que tais privações ainda impedem o indivíduo de participar de eleições sindicais, de dirigir ou ser redator-chefe de jornal ou periódico, de ser investido em cargo público, de participar de atividade partidária, inclusive de comícios e atos de propaganda em recinto aberto ou fechado.

Não há que se confundir, porém, cassação, perda e suspensão dos direitos políticos.

Cassação seria uma privação arbitrária, perpetrada contra o indivíduo sem nenhuma base legal e ao arrepio da Constituição, como ocorreu em passado remoto e pouco saudoso (períodos de hiato constitucional, antidemocráticos) durante os anos de chumbo da ditadura militar.

A **perda**, por sua vez, é uma privação apontada pela doutrina como definitiva, permanente, que não pode ser afastada com o mero decurso do tempo, exigindo, pois, uma atitude por parte do sujeito.

Já a **suspensão** pode ser entendida como uma privação temporária, ou seja, que o simples passar do tempo tem o condão de afastar.

Ocorre que a Magna Carta não aponta, dentre as hipóteses arroladas, quais são os casos de perda, e quais os casos de suspensão. Por isso, a despeito da existência de alguma divergência, aqui será adotada a posição mais aceita na doutrina constitucionalista voltada à preparação para concursos públicos.

Evoluindo, a Constituição Federal consagra em seu art. 15 que é vedada a cassação dos direitos políticos, cuja perda ou suspensão se dará nos seguintes casos:

I – cancelamento da naturalização por sentença transitada em julgado;

Perda dos direitos políticos.

Trata-se de instituto que, inclusive, é também hipótese de perda de nacionalidade aplicada aos brasileiros naturalizados.

E como a nacionalidade é uma das condições de alistabilidade, ou seja, é um dos requisitos exigidos para que o sujeito possa adquirir a sua cidadania política, uma vez prejudicada a nacionalidade, prejudicados também ficam os próprios direitos políticos.

Lembrando que esse cancelamento só poderá ser declarado por uma autoridade judiciária federal, em face de uma *ação de cancelamento de naturalização* movida pelo Ministério Público Federal, em virtude da prática de uma atividade nociva ao interesse nacional.

Neste caso, se está diante de uma hipótese de perda, pois a recuperação desses direitos políticos perdidos depende da própria reaquisição da nacionalidade, o que, neste particular, só será possível mediante o ajuizamento de uma ação rescisória (já que o instrumento que privou o indivíduo da nacionalidade foi uma sentença judicial transitada em julgado).

Assim, como o sujeito deverá tomar uma iniciativa – ajuizar a ação rescisória –, não podendo os direitos políticos ser recuperados com o mero decurso do tempo, o caso é de perda, e não de suspensão.

A despeito do silêncio constitucional, a doutrina brasileira aponta, ainda, como mais uma hipótese de perda dos direitos políticos a segunda modalidade de perda de nacionalidade prevista na CF/88, qual seja, a aquisição de outra nacionalidade fora dos permissivos constitucionais (reconhecimento de nacionalidade originária com base nas leis estrangeiras e por imposição como condição de permanência ou exercício dos direitos civis – CF, art. 12, § 4º, inciso II).

Isso porque, conforme entendimento já sedimentado, a nacionalidade brasileira, como condição de alistabilidade que é, é indispensável para a plenitude do gozo dos direitos políticos. Na trilha desse raciocínio, a perda da nacionalidade, por quaisquer de suas hipóteses, implica, inexoravelmente, a perda dos direitos políticos.

E neste segundo caso, se uma decisão (agora administrativa) retira a nacionalidade do sujeito e ele passa à condição de não nacional, invariavelmente não mais poderá continuar no pleno gozo e exercício dos seus direitos políticos.

II – incapacidade civil absoluta;

Suspensão dos direitos políticos.

Não se tratava aqui, por óbvio, da incapacidade civil absoluta decorrente da idade inferior aos dezesseis anos. Até porque, esta mesma idade é o marco temporal mínimo para que alguém possa adquirir os direitos políticos, se alistando como eleitor perante a justiça eleitoral.

Ora, se com menos de dezesseis anos os direitos políticos ainda nem foram adquiridos, como então poderiam eles sofrer qualquer tipo de privação pelos institutos da perda e da suspensão? Não fazia sentido.

Justamente por isso, registrou-se, durante muito tempo, que a incapacidade civil absoluta aqui mencionada era aquela relacionada à interdição judicial do incapaz.

Alguém que sofreu um acidente, por exemplo, e ficou fora das suas faculdades mentais, não tendo capacidade para exprimir sua vontade, podia, naturalmente, com o decurso do tempo, recuperar a sua sanidade. Assim, do ponto de vista extrajudicial, não precisaria o indivíduo tomar qualquer iniciativa, o que caracteriza a hipótese de suspensão dos direitos políticos.

Juridicamente falando, a suspensão dos direitos políticos ocorria quando, através de uma sentença judicial, o absolutamente incapaz era interditado (CC, arts. 1.767 e 1.779), com base em alguma das hipóteses arroladas no art. 3º do Código Civil de 2002.

Ocorre que no dia 6 de julho de 2015 foi sancionada a lei 13.146/2015, que institui o Estatuto da Pessoa com Deficiência. A norma foi publicada no dia 7 de julho e entrou em vigor 180 dias após sua publicação, ao final do mês de dezembro de 2015.

Com a inovação, foram revogados todos os incisos do art. 3º do Código Civil, que tinha a seguinte redação: "São absolutamente incapazes de exercer pessoalmente os atos da vida civil: I – os menores de dezesseis anos; II – os que, por enfermidade ou deficiência mental, não tiverem o necessário discernimento para a prática desses atos; III – os que, mesmo por causa transitória, não puderem exprimir sua vontade". Também foi alterado o *caput* do comando, passando a estabelecer que "são absolutamente incapazes de exercer pessoalmente os atos da vida civil os menores de 16 anos".

Em suma, não existe mais, no sistema privado brasileiro, pessoa absolutamente incapaz que seja maior de idade. Como consequência, não há que se falar mais em ação de interdição absoluta no nosso sistema civil, pois os menores não são interditados. Todas as pessoas com deficiência, das quais tratava o comando anterior, passam a ser, em regra, plenamente capazes para o Direito Civil, o que visa a sua plena inclusão social, em prol de sua dignidade.

Assim, diante dessas novidades, parece não ter mais sentido a redação do inciso II do art. 15 da CF. Isso porque, como dito, se o absolutamente incapaz, agora, é só o menor de 16 anos (idade esta mínima para a aquisição dos direitos políticos), alguém que nunca adquiriu esses direitos (por não preencher o requisito da idade mínima) não poderia perdê-los ou tê-los suspensos. Resta, portanto, aguardar como a jurisprudência vai se comportar.

III – condenação criminal transitada em julgado enquanto durarem os seus efeitos;

Suspensão dos direitos políticos.

Trata-se aqui de hipótese que engloba toda e qualquer condenação penal definitiva (decisão transitada em julgado, que não desafia mais recurso) e os seus efeitos se estendem até a extinção da punibilidade.

Ora, se a privação dos direitos é apenas e tão-somente enquanto durarem os efeitos da condenação criminal transitada em julgado, percebe-se, com facilidade, que se trata de uma restrição temporária, o que confirma a hipótese de suspensão já que o mero decurso do tempo se encarrega de restabelecer a situação anterior.

Sobre o tema, oportuna é a transcrição da súmula nº 9 do TSE, segundo a qual a suspensão de direitos políticos decorrente de condenação criminal transitada em julgado só cessa com o cumprimento ou a extinção da pena, independendo de reabilitação ou de prova de reparação dos danos.

Vale lembrar, ainda, que esta hipótese de suspensão não se aplica aos presos provisórios, ou seja, àqueles que respondem ao processo presos.

Ademais, cumpre deixar claro que todas as modalidades de infrações penais são alcançadas pela hipótese em comento: crimes dolosos, culposos ou meras contravenções penais.

Pergunta que poderia ser feita é se medida de segurança teria o condão suspender os direitos políticos.

Embora seja caso de sentença absolutória imprópria, a Resolução nº 22.93/2006 do TSE possui orientação no sentido de que a decisão que impõe medida de segurança ostenta natureza condenatória, atribuindo sanção penal, e justamente por isso implica, sim, em suspensão dos direitos políticos.

IV – recusa de cumprir obrigação a todos imposta ou prestação alternativa, nos termos do art. 5º, VIII;

Perda dos direitos políticos.

Esta hipótese de perda dos direitos políticos está diretamente relacionada como o chamado direito de **escusa de consciência**, já detalhado nessa obra no capítulo atinente aos direitos individuais e coletivos.

Nesse sentido, se alguém alega motivo de crença religiosa ou de convicção filosófica ou política para eximir-se de cumprir obrigação legal a todos imposta, será privado dos seus direitos políticos pelo instituto da perda caso se recuse também a cumprir a prestação alternativa fixada na lei.

Como exemplo dessas obrigações legais é possível citar o serviço militar obrigatório (CF, art. 143, § 1º, regulamentado pela Lei n. 8.239/91) e o voto (CF, art. 14, § 1º, I).

Em relação ao serviço militar obrigatório, se o convocado invocar as alegações previstas na Constituição para se recusar a cumprir o serviço, a Lei nº 8.239/91, no seu art. 3º, § 1º, estabelece a possibilidade de ele cumprir uma prestação alternativa – serviço administrativo – com o objetivo de impedir a privação dos direitos.

Trata-se de competência legislativa privativa da União a edição da respectiva lei federal que venha disciplinar a hipótese de perda em comento (CF, art. 22, XIII).

Percebe-se, pois, que para haver privação de direitos, neste caso, é necessário que o indivíduo, primeiro, descumpra uma obrigação legalmente imposta a todos (alegando crença religiosa ou convicção filosófica ou política), e, segundo, que ainda assim se recuse a cumprir prestação alternativa fixada em lei.

Nesse passo, importante registrar que se não existir lei contemplando e disciplinando a prestação alternativa, não incidirá a hipótese de privação dos direitos políticos.

Vale dizer. Mesmo que o sujeito descumpra a obrigação legalmente imposta a todos, invocando o seu direito à escusa de consciência constitucionalmente assegurado, se não houver lei instituindo a prestação alternativa, isso não acarretará a perda dos seus direitos políticos, justamente pelo fato de que o Estado não conferiu a oportunidade de impedir a privação mediante a adimplência da prestação acessória.

Para a doutrina, essa previsão do art. 5º, VIII, da CF/88, consagradora do direito à escusa de consciência, trata-se de norma constitucional de eficácia contida, ou seja, é aquela norma que tem aplicação direta e imediata, pois desde a sua promulgação e entrada em vigor está apta a produzir todos os seus efeitos.

Por outro lado, possui eficácia não integral, isso porque pode ter o seu campo de abrangência reduzido por outras normas (sejam normas da própria Constituição ou até mesmo infraconstitucionais).

Assim, tem-se que a escusa de consciência pode livremente ser alegada, sem que isso implique prejuízo aos direitos políticos do sujeito, até que norma regulamentadora de contenção seja elaborada e passe a exigir, para que não ocorra nenhuma privação, o cumprimento da prestação alternativa.

Ainda sobre a escusa de consciência, cabe ressaltar que, normalmente, na área eleitoral costuma-se identificar essa hipótese como uma situação de suspensão, à luz da previsão do art. 4º, § 2º, da Lei n. 8.239/91.

Entretanto, no âmbito do Direito Constitucional, a escusa é tida, para boa parte da doutrina, como modalidade de perda dos direitos políticos, orientação que entendemos mais razoável seguir para as provas dessa disciplina. Nesse sentido, José Afonso da Silva e Pedro Lenza, dentre outros.

V – improbidade administrativa nos termos do art. 37, § 4º

Suspensão dos direitos políticos.

Segundo o art. 37, § 4º, da CF/88, os atos de improbidade administrativa importarão a suspensão dos direitos políticos, a perda da função pública, a indisponibilidade dos bens e o ressarcimento ao erário, na forma e gradação previstas em lei, sem prejuízo da ação penal cabível.

A lei à qual o dispositivo da Constituição se refere é a Lei n. 8.429/92, comumente chamada de Lei da Improbidade Administrativa.

Dentre outras sanções, o art. 12 dessa lei prevê a suspensão dos direitos políticos por um prazo que varia de três até dez anos, a depender da gravidade do tipo de ato de improbidade que tenha sido praticado.

Os arts. 9º, 10 e 11 da Lei anunciam esses tipos de atos, com as respectivas gradações. De um modo geral, são eles:

- Atos que importam enriquecimento ilícito – suspensão dos direitos políticos de oito a dez anos.
- Atos que causam prejuízo ao erário – suspensão dos direitos políticos de cinco a oito anos.
- Atos que atentam contra os princípios da Administração Pública – suspensão dos direitos políticos de três a cinco anos.

Neste caso, se o mero decurso desse prazo tem o condão de devolver os direitos dos quais o cidadão havia sido privado, acaba de ser confirmada mais uma hipótese de suspensão.

AÇÃO DE IMPUGNAÇÃO DE MANDATO ELETIVO

A Constituição contempla, no §§ 10 e 11 do art. 14, a chamada ação de impugnação de mandato eletivo.

Nos termos do § 10, o mandato eletivo poderá ser impugnado ante a Justiça Eleitoral no prazo de quinze dias contados da diplomação, instruída a ação com provas de abuso do poder econômico, corrupção ou fraude.

Trata-se de ação de conhecimento, de natureza desconstitutiva (ou constitutiva negativa), que possui rito ordinário, e que deve ser instruída com indícios e provas aptas a embasar a alegação.

O prazo de quinze dias a que se refere o dispositivo é decadencial e, como tal, não se suspende nem se interrompe. Assim, findo o prazo extingue-se o direito protegido pela ação caso não tenha existido a movimentação judicial em tempo hábil.

Trata-se de ação cuja legitimidade pertence ao Ministério Público Eleitoral, aos partidos políticos, às coligações e aos candidatos que tiverem concorrido nas eleições. Segundo a doutrina, os eleitores, por sua vez, não podem propor esta ação.

Por fim, o § 11 diz que a ação de impugnação de mandato tramitará em segredo de justiça, respondendo o autor, na forma da lei, se temerária ou de manifesta má-fé.

Este segredo de justiça é bastante criticado pela doutrina, haja vista não versar esta ação sobre nenhuma questão inerente à vida particular do candidato. Pelo contrário. Trata ela, sim, de questões de interesse público, sobre a vida pública do candidato, que devem ser de conhecimento de toda a coletividade.

PRINCÍPIO DA ANTERIORIDADE ELEITORAL

O *princípio da anterioridade eleitoral*, também chamado de *princípio da anualidade*, está consagrado no art. 16 da Constituição Federal de 1988.

Segundo a previsão deste dispositivo, a lei que altera o processo eleitoral entrará em vigor na data da sua publicação, não se aplicando à eleição que ocorra até **um ano** da data de sua vigência.

Vale salientar que muito embora o texto constitucional só tenha se referido, expressamente, a uma lei, o STF, por seu turno, se afastando da interpretação literal, já consolidou o entendimento no sentido de que **nem mesmo uma emenda constitucional** teria o condão de afastar a incidência do princípio da anterioridade eleitoral.

Não foi outro o posicionamento adotado pelo Pretório Excelso quando determinou que o afastamento da obrigatoriedade de adoção da verticalização nas coligações partidárias (novidade introduzida pela Emenda Constitucional nº 52/2006), só estaria apto à produção de efeitos depois de um ano da promulgação da referida emenda, não podendo ser aplicado, portanto, às eleições de 2006.

Por isso, importante anotar que este princípio constitui uma garantia individual dos cidadãos brasileiros. E por causa desse posicionamento do STF, esta garantia pode ser tida como cláusula pétrea, já que a regra é até mesmo oponível à atividade do legislador constituinte derivado.

4.5. Dos partidos políticos

DOS PARTIDOS POLÍTICOS

Os partidos políticos, consectários do *pluralismo político* (fundamento da República Federativa do Brasil e gênero do qual o pluripartidarismo constitui apenas uma espécie), são pessoas jurídicas de direito **privado** às quais os cidadãos devem estar filiados caso queiram concorrer a um pleito eleitoral, disputando um cargo público eletivo.

Essa natureza jurídica das agremiações partidárias pode ser encontrada, expressamente, no art. 44, V, do Código Civil. Com esse dispositivo, são pessoas jurídicas de direito privado, dentre outras, os partidos políticos.

A Lei 9.096/95, em seu art. 1º, define partido político como sendo a uma pessoa jurídica de direito privado que se destina a assegurar, no interesse do regime democrático, a autenticidade do sistema representativo e a defender os direitos fundamentais definidos na Constituição Federal.

A partir de um escorço histórico, tem-se que os partidos políticos possuem origem na Inglaterra, tendo se manifestado por volta dos séculos XVII e XIX em meio aos conflitos travados entre os conservadores e os liberais.

Os primeiros (conservadores) eram contrários à independência dos Estados Unidos da América, ao passo que os liberais eram totalmente a favor.

Na primeira metade do século XIX (década de 30) esses grupos posteriormente viriam a se tornar o Partido Conservador e o Partido Liberal.

Entretanto, o formato atual dos partidos políticos somente foi delineado a partir do início do século XX. Aqui no Brasil, apenas com a Constituição de 1946 é que os partidos foram institucionalizados, pois o que se tinha antes eram apenas agremiações regionais que não se enquadravam no atual conceito que se tem hoje.

A Magna Carta, por sua vez, só dedicou um único artigo para os partidos políticos no texto de 1988, qual seja o art. 17. Com ele tem-se que é livre a criação, fusão, incorporação e extinção de partidos políticos, resguardados a soberania nacional, o regime democrático, o pluripartidarismo, os direitos fundamentais da pessoa humana e observados os seguintes preceitos:

I – **caráter nacional**;

Nos termos do art. 7º, § 1º, da Lei nº 9.096/95, somente será admitido o registro do estatuto de partido político que tenha caráter nacional, considerando-se como tal aquele que comprove o apoiamento de eleitores correspondentes a, pelo menos, meio por cento dos votos dados na última eleição geral para a Câmara dos Deputados, não computados os votos em branco e os nulos, distribuídos por um terço, ou mais, dos Estados, com um mínimo de um décimo por cento do eleitorado que haja votado em cada um deles.

II – **proibição de recebimento de recursos financeiros de entidade ou governo estrangeiros ou de subordinação a estes**;

O objetivo aqui é proteger a soberania nacional, na sua perspectiva externa (que traduz a ideia de independência do plano internacional), e impedir que o partido que chegue ao poder tenha favores a pagar a organismos ou Estados estrangeiros.

III – **prestação de contas à Justiça Eleitoral**;

Essa norma tem por finalidade impedir o abuso do poder econômico nas eleições. Por isso, qualquer recurso, seja do fundo partidário, seja decorrente de doações, assim como todas as despesas realizadas nos processos eleitorais, devem ser objeto de prestação de contas pelos partidos políticos.

IV – **funcionamento parlamentar de acordo com a lei.**

Para a doutrina, esse requisito significa que para poderem efetivamente funcionar os partidos políticos devem possuir representação no Legislativo, a fim de que possam gozar do direito à estrutura de lideranças e até mesmo poder participar da divisão proporcional da composição das mesas de comissões, nos termos regimentais.

Já o § 1º desse mesmo artigo (alterado pela Emenda Constitucional n. 52/2006), consagra que é assegurada aos partidos políticos autonomia para definir sua estrutura interna, organização e funcionamento e para adotar os critérios de escolha e o regime de suas coligações eleitorais, **sem obrigatoriedade** de vinculação entre as candidaturas em âmbito nacional, estadual, distrital ou municipal, devendo seus estatutos estabelecer normas de disciplina e fidelidade partidária.

A partir desta mudança, deu-se por extinta a chamada regra da verticalização das coligações partidárias. O objetivo dessa regra era determinar que as coligações que viessem a ser formadas em âmbito federal, deveriam ser observadas, também, no âmbito das eleições estaduais e municipais.

Essa regra da verticalização foi instituída pelo TSE em 2002 (Resolução nº 21.002/2002) e valeu para as eleições daquele ano com o intuito de evitar a bicefalia (ou esquizofrenia) partidária que contrariava a consistência política das coligações. Em 2006, porém, a EC nº 52 a afastou de modo expresso ao alterar o § 1º do art. 17 da CF.

Entretanto, em respeito ao princípio da anterioridade ou anualidade eleitoral, essa modificação consistente no fim da regra de verticalização das coligações – que foi promulgada no dia 08.03.2006 – não pôde ser aplica para as eleições de outubro deste mesmo ano, passando a valer apenas para as eleições de 2010, quando a regra da verticalização já não mais foi aplicada.

Isso porque, par ao Supremo, o princípio da anualidade é uma garantia individual do cidadão-eleitor consistente em cláusula pétrea nos termos do art. 60, § 4º, IV, da CF/88, que reforça a ideia de segurança jurídica em face de alterações repentinas no processo político eleitoral.

Em relação à fidelidade partidária, a posição que prevalece é no sentido do dever de observância da mesma enquanto princípio jurídico.

Essa é a posição Tribunal Superior Eleitoral, ancorada na Resolução nº 22.610, que foi declarada constitucional pelo Supremo Tribunal Federal. Ademais, fixou-se, ainda, a competência da Justiça Eleitoral para decretar a perda do mandato do parlamentar que mudar de partido sem justa causa.

Assim, ficou estabelecido que apenas em situações pontuais será permitida a mudança de partido sem que isso ocasione a perda do mandato.

Ainda sobre o tema, a jurisprudência do Pretório Excelso já sinalizou que a vaga do titular do mandato pertence à coligação e não aos partidos políticos.

Além disso, ficou consolidado que o reconhecimento da justa causa para a mudança de partido político afasta a perda do mandato eletivo, mas não transfere ao novo partido o direito de sucessão à vaga.

Lembrando que a EC nº 91 altera a Constituição Federal para estabelecer a possibilidade, excepcional e em período determinado, de desfiliação partidária, sem prejuízo do mandato.

ATENÇÃO!

Evoluindo no raciocínio, como pessoa jurídica de direito privado que é, a aquisição dessa personalidade jurídica se dá com a **inscrição dos atos constitutivos no cartório de registro das pessoas jurídicas**.

Entretanto, nos termos do § 2º, determina a Constituição que **após adquirirem personalidade jurídica** os partidos políticos deverão **registrar os seus estatutos no Tribunal Superior Eleitoral**.

Já com o § 3º, é garantido a essas agremiações partidárias o direito a recursos do fundo partidário, bem como o acesso gratuito ao rádio e à televisão, na forma da lei (é o chamado direito de antena).

Por último, o § 4º enuncia que é vedada a utilização, pelos partidos políticos, de organização paramilitar. Nos mesmo sentido, o art. 6º da Lei dos Partidos Políticos preceitua que é vedado ao partido político ministrar instrução militar ou paramilitar, utilizar-se de organização da mesma natureza e adotar uniforme para seus membros.

5. DA ORGANIZAÇÃO POLÍTICO-ADMINISTRATIVA

5.1. Das competências da União, Estados e Municípios

- **União**

COMPETÊNCIA MATERIAL

A competência material (de natureza administrativa, que não se confunde com a competência para legislar) da União foi dividida, no texto constitucional de 1988, em: *exclusiva* e *comum*.

A primeira (competência material **exclusiva**) foi listada no art. 21. A segunda (competência material **comum**), por sua vez, foi enunciada no art. 23. Para as provas, deve o candidato ler, cuidadosamente, cada um desses dispositivos.

Evoluindo no raciocínio, vale registrar que essa lista de competências comuns toca, ao mesmo tempo, a União, os Estados, o Distrito Federal e os Municípios.

As matérias previstas no art. 23 da CF, portanto, podem ser tratadas paralelamente por todos os entes federados. Na esteira do pensamento acurado de Dirley da Cunha Júnior, essas entidades da federação têm, relativamente às matérias mencionadas, *responsabilidade solidária* para o seu cumprimento.

Não é por outro motivo que o próprio parágrafo único desse mesmo artigo dispõe que **leis complementares** fixarão normas para a cooperação entre a União e os Estados, o Distrito Federal e os Municípios, tendo em vista o equilíbrio e desenvolvimento e do bem estar em âmbito nacional.

COMPETÊNCIA LEGISLATIVA

A competência legislativa da União, por seu turno, também foi dividida. As espécies, à luz do Texto Maior, são: *privativa* e *concorrente.*

A competência legislativa **privativa** veio disciplinada no art. 22 da CF. Já a competência legislativa **concorrente** foi versada no art. 24. Também aqui se recomenda uma leitura atenta dos dispositivos por parte do candidato.

A lista dessas competências para legislar de modo concorrente abarca, além da União, os Estados e o Distrito Federal. Trata-se, assim, de uma atuação legislativa conjunta, porém em esferas diferentes.

Nesse sentido, no âmbito da legislação concorrente, a competência da União se limitará a estabelecer **normas gerais**. Entretanto, a competência da União para legislar sobre normas gerais não exclui a **competência suplementar** dos Estados.

Caso não haja lei federal sobre normas gerais, com o objetivo de atender a suas peculiaridades, os Estados exercerão a competência legislativa **plena**. Todavia, a superveniência de lei federal sobre normas gerais não tem o condão de revogar a lei estadual, mas apenas de **suspender a sua eficácia, no que lhe for contrário.**

DESCOMPLICANDO A COMPETÊNCIA DOS ENTES FEDERADOS

Neste tópico será apresentada uma técnica de memorização (e compreensão) das diversas competências dos entes federados listadas nos artigos 21 a 24 da Constituição Federal.

Trata-se de técnica que desenvolvi ainda na graduação e que, ao longo das aulas de Direito Constitucional nos cursos preparatórios, sempre procuro apresentar aos alunos, já que a acolhida tem sido satisfatória.

A ideia, basicamente, é listar dez palavras-chave (ou expressões correlatas) que, de modo abrangente, sintetizem todas as competências da União: administrativa exclusiva e legislativa privativa, previstas nos arts. 21 e 22, respectivamente.

Em seguida, são listadas mais dez palavras-chave (ou expressões correlatas) que, igualmente de modo genérico, sejam capazes de abarcar as competências administrativas comuns (da União, Estados, Distrito Federal e Municípios) e legislativas concorrentes (da União, Estados e Distrito Federal), enunciadas nos arts. 23 e 24, também de modo respectivo.

Na verdade, por exclusão, apenas as dez primeiras palavras, a rigor, já seriam suficientes para habilitar o candidato a acertar as questões. Isso porque, não estando inserida em nenhuma das competências exclusivas ou privativas da União, naturalmente, a hipótese só poderia se tratar de competência comum ou concorrente.

Vale lembrar que, em linha de princípio, as competências administrativas se apresentam sob a forma de verbos, ao passo que as legislativas se apresentam sob a forma de substantivos.

Por fim, antes de apresentar o esquema, advirta-se que é possível a existência de incisos que não se enquadrem em nenhuma das palavras-chaves. Essas hipóteses são raras, é verdade, mas mesmo assim, usando um pouco da criatividade, procurei apresentar, para estes casos, uma técnica auxiliar.

Com sua licença, apresento abaixo a técnica que intitulei: *descomplicando a competência dos entes federados.*

- **Art. 21 – Compete à União:**
  - Leia-se: compete, exclusivamente, à União.
  - Trata-se de competência administrativa.
  - Total de 25 incisos.
- **Art. 22 – Compete privativamente à União legislar sobre:**
  - *Pelo parágrafo único, Lei complementar poderá autorizar os Estados (e o DF na competência estadual) a legislar sobre questões específicas das matérias relacionadas neste artigo.*
  - Trata-se de competência legislativa.
  - Total de 29 incisos

- **PALAVRAS-CHAVE RELACIONADAS À COMPETÊNCIA DA UNIÃO** (administrativa exclusiva e legislativa privativa)
- 54 incisos sintetizados em 10 palavras-chave e expressões correlatas:

– **ESTRANGEIRO**: internacional, fronteira...

– **GUERRA**: paz, defesa nacional, material bélico...

– **FEDERAL**: plano nacional, sistema nacional, intervenção federal, estado de sítio e de defesa...

– **MOEDA**: câmbio, reservas cambiais, operações financeiras, crédito, capitalização, poupança...

– **POSTAL**: serviço postal, correio aéreo nacional...

– **"ÃO" DE UNIÃO**: autorização, concessão, permissão, telecomunicação, radiodifusão, instalação, navegação, emigração, imigração, naturalização, extradição, expulsão, desapropriação, norma geral de licitação...

– **TRANSPORTE**: aeroportuário, aquaviário, rodoviário, ferroviário...

– **ENERGIA**: elétrica, hidráulica, nuclear, minérios, metalurgia...

– **IBGE**: estatística, geografia, geologia, cartografia.

– **DFT**: organizar e manter o Poder Judiciário, o Ministério Público, a polícia, o bombeiro...

ATENÇÃO!

Cabe advertir, ainda, que a **Emenda Constitucional n. 69, de 29 de março de 2012**, alterou os arts. 21, 22 e 48 da Constituição Federal, para transferir da União **para o Distrito Federal** as atribuições de organizar e manter a **Defensoria Pública do Distrito Federal**.

Nesse sentido, organizar e manter a Defensoria Pública do Distrito Federal **não é mais uma atribuição de competência da União**, mas sim do próprio **Distrito Federal**.

Voltando para as palavras-chave que traduzem a competência da União, apresento abaixo alguns cuidados que devem ser tomados pelos candidatos.

CUIDADOS:

Art. 21:

- XVIII (calamidades públicas, secas e inund**ações**) – vem de inundaçÃO, que tem ÃO de UniÃO.
- XX (transportes) – tem inciso parecido na competência comum (inciso IX do art. 23), e o diferencial é a expressão ***transporte* (expressão nº 7)**.
- XXIV (inspeção no trabalho) – inspeçÃO tem ÃO de UniÃO.

Art. 22:

- I – Você pode utilizar este processo mnemônico – técnica de memorização –, que é muito mais prático: ***CAPACETE** de **PM***. Vejamos:

- ***C*** – civil, ***A*** – agrário, ***P*** – penal, ***A*** – aeronáutico, ***C*** – comercial, ***E*** – eleitoral, ***T*** – trabalho, ***E*** – *espacial*, ***P*** – processual, ***M*** – marítimo.
- XXIII (seg**U**ridade social – **U** de União) – na expressão *previdência social*, matéria concorrente (art. 24, XII), não tem U, de União.
- XXV (**RE**gistros **PÚBLIC**os) – formação da palavra República, que remete à União.
- XXIX (propaganda comercial) – você lembra que passa na televisÃO, que tem ÃO de UniÃO.

OBS nº 1 – SUGIRO QUE FAÇA UM TESTE: leia os 25 incisos do artigo 21 e os 29 incisos do artigo 22, um por um, atentando para os cuidados que apontei, e veja se as 10 palavras e expressões correlatas respondem.

OBS nº 2: SÓ ATÉ AQUI, POR EXCLUSÃO, TUDO O QUE NÃO SE RELACIONAR COM ESSAS EXPRESSÕES NÃO SERÁ COMPETÊNCIA SÓ DA UNIÃO, E VOCÊ JÁ ESTARÁ APTO A RESPONDER AS QUESTÕES.

- **Estados federados**

COMPETÊNCIA MATERIAL

Seguindo orientação doutrinária, a partir da análise do próprio texto constitucional, é possível identificar que a competência material dos Estados-membros pode ser dividida em: *privativa* e *comum*.

A competência material **privativa** foi consagrada nos §§ 1º e 2º do art. 25 do Texto Maior. De um modo geral, a ideia assente é que as atribuições que a Constituição conferiu aos Estados assumem um **caráter residual** (também chamada de competência remanescente).

Este entendimento, inclusive, pode ser extraído da própria leitura do § 1º do art. 25. Com ele, são reservadas aos Estados as competências que não lhe sejam vedadas por esta Constituição.

ATENÇÃO!

Entretanto, a despeito dessa previsão genérica, é possível identificar, no § 2º do mesmo dispositivo, ao menos uma competência que foi atribuída de modo expresso a essas pessoas políticas. Na trilha dessa previsão, cabe aos Estados explorar diretamente, ou mediante concessão, **os serviços locais de gás canalizado**, na forma da lei, **vedada a edição de medida provisória para a sua regulamentação.**

Registre-se que essa previsão do § 2º possui grande incidência nas provas e concursos.

De outra banda, a competência material **comum** foi prevista no art. 23 da Lei Maior. Vale relembrar que essa competência comum, conforme já analisado, é inerente a todos os entes federados, ou seja, não só aos Estados, como também à União, ao Distrito Federal e aos Municípios.

COMPETÊNCIA LEGISLATIVA

Da mesma forma que a competência material, a competência legislativa dos Estados também pode ser dividida. As duas espécies, aqui, são: *privativa* e *concorrente*.

A competência legislativa **privativa**, seguindo a técnica dos poderes reservados, residuais ou remanescentes, de um modo geral, também pode ser identificada pelo **critério da exclusão**.

Nesse sentido, na esteira do art. 25, § 1º, competirá privativamente aos Estados federados legislar sobre todas aquelas matérias que não tiverem sido elencadas na competência privativa da União (art. 22), nem no rol do interesse local dos Municípios (art. 30, I).

Ocorre que, mais uma vez, a Constituição optou por direcionar expressamente aos Estados algumas competências legislativas específicas.

Primeiro, consagrou que os Estados poderão, por meio de lei complementar, instituir regiões metropolitanas, aglomerações urbanas e microrregiões, constituídas por agrupamentos de municípios limítrofes, para integrar a organização, o planejamento e a execução de funções públicas de interesse comum (CF, art. 25, § 3º).

Noutra oportunidade, preenchidos os requisitos do art. 18, § 4º, da CF, o constituinte disse competir aos estados, por meio de lei, a criação de Municípios.

Por último, a competência legislativa **concorrente** veio enunciada no art. 24 da Magna Carta. Este dispositivo lista as matérias sobre as quais a União, os Estados e o Distrito Federal poderão legislar concorrentemente.

Vale lembrar que no âmbito dessa legislação concorrente, a competência da União se limitará a estabelecer normas gerais, o que não exclui a **competência suplementar** dos Estados (§§ 1º e 2º do art. 24 da CF).

Não havendo lei federal sobre normas gerais, a Constituição enuncia que os Estados poderão exercer a **competência legislativa plena**, com o objetivo de atender as suas peculiaridades.

Finalmente, apenas a título de lembrança, conforme já ventilado quando do estudo das competências da União, a superveniência de lei federal sobre normas gerais **suspende a eficácia** da lei estadual **naquilo que lhe for contrário**.

- **Municípios**

COMPETÊNCIA LEGISLATIVA

À luz do art. 30, incisos I e II da Constituição Cidadã, a competência legislativa dos Municípios pode ser dividida em duas espécies: *privativa* e *suplementar*.

Com o inciso I do artigo em comento, manifestando a competência **privativa**, fica estabelecido que compete aos Municípios legislar (com exclusividade) sobre assuntos de interesse local, é dizer, sobre assuntos de interesse predominante ou peculiar desta unidade federada.

Já nos termos do inciso II do mesmo dispositivo, externando, agora, a competência **suplementar**, o constituinte enuncia que compete aos municípios suplementar a legislação federal e a estadual naquilo que couber. Trata-se, portanto, de um complemento à competência legislativa concorrente da União, Estados e Distrito Federal, prevista no art. 24 da CF, apenas no que for pertinente.

COMPETÊNCIA MATERIAL

Também a competência material dos Municípios pode ser repartida. As espécies, desta vez, são: *privativa* e *comum*.

Complementando a ideia de se atribuir aos Municípios a função de cuidar do interesse local, a Constituição ainda enumera algumas competências materiais que são **privativas** deste ente federado.

No art. 30, essas atribuições podem ser identificadas nos incisos III – instituir e arrecadar tributos de sua competência, bem como aplicar suas rendas, sem prejuízo da obrigatoriedade de prestar contas e publicar balancetes nos prazos fixados em lei; IV – criar, organizar e suprimir distritos, observada a legislação estadual; V – organizar e prestar, diretamente ou sob o regime de concessão ou permissão, os serviços públicos de interesse local, incluído o transporte coletivo, que tem caráter essencial e VIII – promover, no que couber, adequado ordenamento territorial, mediante planejamento e controle do uso, do parcelamento e da ocupação do solo urbano.

No art. 144, § 8º, o constituinte ainda previu que os Municípios poderão constituir guardas municipais destinadas à proteção de seus bens, serviços e instalações, conforme dispuser a lei. E com o art. 182, ao Poder Público municipal compete a execução da política de desenvolvimento urbano, conforme diretrizes gerais fixadas em lei, que terá por objetivo ordenar o pleno desenvolvimento das funções sociais da cidade e garantir o bem-estar de seus habitantes.

Já a competência material **comum** dos municípios pode ser identificada, no art. 30, em seus incisos: VI – manter, com a cooperação técnica e financeira da União e do Estado, programas de educação infantil e de ensino fundamental; VII – prestar, com a cooperação técnica e financeira da União e do Estado, serviços de atendimento à saúde da população; e IX – promover a proteção do patrimônio histórico-cultural local, observada a legislação e a ação fiscalizadora federal e estadual.

Ainda compondo o rol da competência **comum** dos Municípios, podem ser citadas aqui todas aquelas que também são atribuídas à União, aos Estados e ao Distrito Federal no art. 23 do Texto Supremo. Essas competências vão desde a atividade de zelar pela guarda da Constituição, das leis e das instituições democráticas e conservar o patrimônio público (inciso I), até a função de estabelecer e implantar política de educação para a segurança no trânsito (inciso XII).

6. ADMINISTRAÇÃO PÚBLICA

- **Disposições gerais**

PRINCÍPIOS EXPRESSOS DO ART. 37

- Estão previstos expressamente no artigo 37 da CF/88, que abrange a administração direta e indireta, os três poderes e todos os entes da Federação.
- LIMPE (exemplificativamente).

LEGALIDADE

- A repetição desnecessária mostra a preocupação do constituinte com esse princípio.
- Art. 5º, II, 37 e 150. Veja que não havia necessidade disso. O art. 5º, II já era suficiente.
- Para o **direito público** a legalidade estabelece o ***CRITÉRIO DE SUBORDINAÇÃO À LEI***, assim o administrador público só pode fazer aquilo que a lei permite, aquilo que a lei autoriza (atos discricionários) ou determina (atos vinculados). Ex. sanção, gratificação, etc.
- Para o **direito privado** a legalidade estabelece o ***CRITÉRIO DE NÃO CONTRADIÇÃO À LEI***, ou seja, o particular pode tudo, desde que não esteja proibido por lei.

OBSERVAÇÃO

Hoje o princípio da legalidade é interpretado em sentido amplo, ou seja, em obediência à lei e à Norma Constitucional. Sempre que eu violo um princípio constitucional, ainda que implícito, eu violo o princípio da legalidade.

- Legalidade = é fazer o que a lei determina.
- Reserva de lei = situação onde o constituinte estabelece que determinada matéria será regulada por uma determinada espécie normativa (exemplo: determinada matéria tributária será regulada por LC).

IMPESSOALIDADE

- A ideia é que o administrador não poderá buscar interesses pessoais, dos parentes ou amigos = **ausência de subjetividade**.
- Os atos administrativos são impessoais, porque são da pessoa jurídica a que pertence o agente, e não do próprio agente. Tanto é impessoal, que a responsabilidade pelo ato do agente é da pessoa jurídica.
- QUAIS SÃO OS DOIS INSTITUTOS DO TEXTO CONSTITUCIONAL QUE REPRESENTAM O EXERCÍCIO DA IMPESSOALIDADE?
- **Concurso público** e a **licitação** (concurso público ≠ concurso modalidade de licitação).

> *O princípio da impessoalidade traduz a ideia de que a administração tem que tratar a todos os administrados sem discriminações benéficas ou detrimentosas, nem favoritismos, nem perseguições são toleráveis; simpatias ou animosidades pessoais, políticas ou ideológicas não podem interferir na atuação administrativa.* (conceito de CELSO ANTÔNIO).

- Isso reflete o princípio da impessoalidade, **muito embora também esteja ligado à isonomia**.
- Segundo o STF, a vedação ao nepotismo representa a aplicação dos princípios da **IMPESSOALIDADE, MORALIDADE, EFICIÊNCIA E ISONOMIA.** Com a súmula vinculante nº 13, o STF estendeu o nepotismo a todos os poderes.

MORALIDADE

- Era implícito até o advento da CF/88, quando passou a ser expresso.
- Possui difícil definição. Dificuldade essa reconhecida até pelo Judiciário.
- Para a prova, relacionar com outros princípios. Até porque, normalmente, o que é imoral é impessoal, ineficiente, ilegal, etc.
- Reforçando essa ideia, o próprio Judiciário não julga com base apenas na moralidade, e sim em conjunto com outros princípios.
- Conceituando: é a obediência aos princípios éticos da **HONESTIDADE**, **LEALDADE** e **BOA-FÉ**.
- CUIDADO PARA NÃO CONFUNDIR A MORALIDADE COMUM COM A MORALIDADE ADMINISTRATIVA.
- A moralidade administrativa é mais rigorosa do que a moralidade comum e vai além desse simples certo e errado.
- AQUI SE EXIGE DO ADMINISTRADOR A **BOA ADMINISTRAÇÃO = EFICIÊNCIA.**

PUBLICIDADE

- Significa conhecimento, dar ciência. É dar ao titular do direito (povo) o conhecimento do que está acontecendo com o seu direito.
- Os nossos atos só começam a **PRODUZIR EFEITOS** a partir do momento que se publica, que se dá ciência.
- Assim, publicidade também significa início de produção de efeitos, **CONDIÇÃO DE EFICÁCIA**.
- Então, como visto, nossa lei é expressa em atribuir eficácia aos contratos administrativos a partir da publicidade. Exemplo, artigo 61, parágrafo único, da lei 8.666/93.
- A publicidade também é o marco inicial para a **CONTAGEM DOS PRAZOS** (defesa de multa – não é da expedição) e também para o **CONTROLE DOS ATOS** administrativos. É a partir da publicidade que os atos passam a ser exigíveis.

OBSERVAÇÃO

Publicação não se confunde com publicidade. Publicação é uma das espécies, é uma das modalidades de publicidade.

- Exceções constitucionais à publicidade: art. 5º, X (comprometimento da privacidade, a intimidade, imagem e a honra da pessoa humana), XXXIII (necessidade de segurança da sociedade e do Estado), LX (atos processuais serão sigilosos na forma da lei).
- O artigo 37, em seu parágrafo 1º, está caindo muito em prova de concurso e estabelece:

  § 1º – A publicidade dos atos, programas, obras, serviços e campanhas dos órgãos públicos deverá ter caráter educativo, informativo ou de orientação social, ***dela não podendo***

constar nomes, símbolos ou imagens que caracterizem promoção pessoal de autoridades ou servidores públicos.

- Visa proibir a promoção pessoal, que também é reconhecida como improbidade administrativa e está na lei 8.429/92.
- **Jurisprudência do** STJ – O simples fato de constar o nome nem sempre significa que vai constar violação a princípio. Deve-se analisar o caso concreto para ver se houve intuito de promoção pessoal. Às vezes pode constar o nome, mas ter caráter informativo. Ex. a obra foi construída no ano tal, administração José da Silva.

EFICIÊNCIA

- Era princípio implícito na Constituição até o advento da EC 19/98, quando passou a ser expresso.
- Antes disso, vinha explícito na lei 8.987/95 (concessão e permissão de serviço público).
- Falar em eficiência é lembrar 4 elementos fundamentais que a caracterizam: 1º – **ausência de desperdícios.** 2º – **economia (economicidade).** 3º – **produtividade.** 4º – **agilidade (presteza).**
- **Servidores públicos**

São estáveis após três anos de efetivo exercício os servidores nomeados para cargo de provimento efetivo em virtude de concurso público.

O servidor público estável só perderá o cargo:

I – em virtude de sentença judicial transitada em julgado;

II – mediante processo administrativo em que lhe seja assegurada ampla defesa;

III – mediante procedimento de avaliação periódica de desempenho, na forma de lei complementar, assegurada ampla defesa.

Invalidada por sentença judicial a demissão do servidor estável, será ele reintegrado, e o eventual ocupante da vaga, se estável, reconduzido ao cargo de origem, sem direito a indenização, aproveitado em outro cargo ou posto em disponibilidade com remuneração proporcional ao tempo de serviço.

Extinto o cargo ou declarada a sua desnecessidade, o servidor estável ficará em disponibilidade, com remuneração proporcional ao tempo de serviço, até seu adequado aproveitamento em outro cargo.

Como condição para a aquisição da estabilidade, é obrigatória a avaliação especial de desempenho por comissão instituída para essa finalidade.

7. DA ORGANIZAÇÃO DOS PODERES

O art. 2º da *Lex Fundamentallis*, de modo objetivo, consagra que são Poderes da União, independentes e harmônicos entre si, o **Legislativo**, o **Executivo** e o **Judiciário**. É a previsão constitucional da conhecida teoria da tripartição dos Poderes.

Ocorre que certa parcela da doutrina vem afirmando que o poder, assim como Direito, é uno e indivisível, vale dizer, indecomponível (incindível). Nesse sentido, para esses doutrinadores, o mais correto não seria se referir a uma separação dos poderes, mas sim a uma separação das ***funções estatais***, que, diga-se de passagem, podem ser típicas ou atípicas.

Entretanto, para as provas, a expressão *separação dos Poderes* vem sendo amplamente aceita, portanto, deve ser considerada. Todavia, caso a questão faça alguma referência ao pensamento externado por essa corrente doutrinária, neste caso, tranquilamente, basta demonstrar o seu conhecimento.

De mais a mais, questão corriqueira nas provas e concursos diz respeito à origem da teoria da separação dos poderes.

ATENÇÃO!

Sem nenhuma dificuldade, a despeito da divergência doutrinária, é assente a ideia segundo a qual o grande precursor dessa tripartição foi o Barão Charles de **Montesquieu**, no ano de 1748, a partir da obra **"O Espírito das Leis"**.

Nesta obra que foi escrita em 1747, porém publicada apenas no ano seguinte, o filósofo francês deixa claro que liberdade não é exatamente fazer o que se quer, mas fazer "tudo o que as leis permitem".

Afirma ainda que liberdade política só é possível nos governos moderados, e apenas quando não há abuso de poder. Para ele, o sujeito investido de poder tende a dele abusar, enquanto não encontrar limites.

Conclui ainda que o poder somente pode ser limitado por outro poder. Por isso defende a ideia da existência de outro poder que seja capaz de limitar o próprio poder. Essa ideia pode ser extraída da sua célebre frase: *le pouvoir arrête le pouvoir*.

Necessário pontuar que o filósofo iluminista externava na sua teoria uma preocupação muito maior com os Poderes Legislativo e Executivo. O primeiro porque tem a incumbência de fazer as leis. O segundo porque as executa.

O Poder Judiciário, para ele, não era muito "visível" pelo fato de que sua função deveria se limitar a reproduzir o quanto disposto na lei. É deste pensador, portanto, a famosa frase que diz que *o juiz deve ser a boca através da qual a lei fala*.

De mais a mais, vale lembrar que a nova dogmática constitucional impõe a necessidade de uma revisão da teoria clássica da separação dos Poderes. Não só pelo fato de que essa visão acima apontada já se mostra, de há muito, obsoleta e ultrapassada, como também pela constatação de que uma separação de funções estatais a partir de uma estrutura rígida também já é algo que não se mostra atual.

- **Mecanismos de freios e contrapesos**

Nos tempos atuais já resta superada aquela ideia de separação fechada. Hoje, dúvidas não restam que cada um dos poderes exerce não só funções típicas, como também funções atípicas.

É que o Estado mudou (já se disse que o Estado é processo). E acompanhando essas mutações, se tornou politicamente necessária a criação se um sistema que aproximasse os órgãos e funções, inclusive para que fosse possível o controle das respectivas atividades num verdadeiro **"sistema de freios e contrapesos"** (*cheks and balances*).

Assim, tipicamente, de modo elementar, tem-se que ao Poder Executivo coube a atividade executante, ao Poder Legislativo, a atividade legiferante, e ao Poder Judiciário, a atividade judicante. Entretanto, conforme sinalizado, cada um desses poderes também está autorizado a desempenhar **funções atípicas**.

Para prova, é interessante guardar pelo menos um exemplo de cada situação. Eis algumas ilustrações:

Poder Executivo no exercício de função atípica legislativa:

- Edição de medida provisória, decretos regulamentares e leis delegadas.

Poder Executivo no exercício de função atípica judiciária:

- Julgamento de processos administrativos, multas de trânsito, processos no âmbito do CADE (Conselho Administrativo de Defesa Econômica), do Tribunal Marítimo (órgão responsável pelo julgamento de acidentes decorrentes de navegação) etc.

Poder Legislativo no exercício de função atípica administrativa:

- Organização da própria casa legislativa, instauração de procedimentos licitatórios.

Poder Legislativo no exercício de função atípica judiciária:

- Julgamento do Presidente da República (e demais autoridades), no âmbito do Senado Federal, pela prática de crime de responsabilidade.

Poder Judiciário no exercício de função atípica administrativa:

- Organização da própria estrutura interna, concessão de férias a servidor, realização de concurso público para provimento de cargos efetivos (que assim como a licitação é um procedimento administrativo).

Poder Judiciário no exercício de função atípica legislativa:

- Elaboração do regimento interno no âmbito do próprio tribunal, iniciativa legislativa.

8. DO PODER EXECUTIVO

8.1. Das atribuições e responsabilidades do Presidente da República

ATRIBUIÇÕES DO PRESIDENTE DA REPÚBLICA

As atribuições do Presidente da República foram previstas na Constituição de 1988 no art. 84. Neste dispositivo, portanto, é possível encontrar não só as competências caracterizadoras da chefia de Estado (marcadas pela representação internacional do Brasil), como também da chefia de Governo (relacionadas à direção da vida política nacional no âmbito interno).

ATENÇÃO!

De logo, insta salientar que tais atribuições não encerram um rol taxativo, vale dizer, *numerus clausus*. Ao contrário, a previsão específica dessas competências não exclui outras que decorrem do próprio texto constitucional. O rol, portanto, é meramente **exemplificativo**, é dizer, ***numerus apertus***.

Outro não é o entendimento que pode ser extraído do inciso XXVII desse mesmo artigo. Segundo esse dispositivo, também compete ao Presidente do Brasil exercer **outras atribuições** previstas na Constituição.

De fato, não seria razoável imaginar que todas as atribuições possíveis e imagináveis de um Presidente da República viessem taxativamente previstas em um texto contendo vinte e sete incisos.

Outro ponto digno de nota diz respeito à possibilidade de tais competências serem delegadas. Quem responde é o próprio art. 84 da CF, em seu parágrafo único.

ATENÇÃO!

Com essa previsão, tem-se que o Presidente da República poderá delegar as atribuições previstas nos incisos **VI**, **XII** e **XXV**, **primeira parte**, aos **Ministros de Estado**, ao **Procurador-Geral da República** ou ao **Advogado-Geral da União**, que deverão observar os limites traçados nas respectivas delegações.

Dada a especificidade, é indispensável que o candidato chegue à prova dominando, especialmente, essas três atribuições passíveis de delegação. São elas:

VI – dispor mediante decreto sobre:

- organização e funcionamento da administração federal, quando não implicar aumento de despesa nem criação ou extinção de órgãos públicos;
- extinção de funções ou cargos públicos, **quando vagos**;

XII – conceder indulto e comutar penas, com audiência, se necessário, dos órgãos instituídos em lei.

XXV – **prover** os cargos públicos federais na forma de lei.

Observe que no inciso XXV não é passível de delegação a competência para a extinção dos cargos públicos federais, mas só para provimento. Tudo isso porque o parágrafo único do artigo só se refere à primeira parte do dispositivo, e não à sua integralidade.

Ressalte-se, ainda, que essa extinção de cargos públicos federais, que não é passível de delegação, não se confunde com a extinção de funções ou cargos públicos do inciso VI, alínea "b", esta, por sua vez, possível de ser delegada.

ATENÇÃO!

Não se trata de paradoxo (contradição), é que a partir da leitura deste último dispositivo, o que se percebe é que só é possível a delegação da **extinção** de cargos públicos quando eles estiverem **vagos**, ressalva esta, como se percebe, que não foi feita no inciso XXV.

RESPONSABILIDADE DO PRESIDENTE DA REPÚBLICA

A partir de agora será analisada a responsabilização do Presidente da República quando da prática de crimes de responsabilidade e de crimes comuns.

CRIMES DE RESPONSABILIDADE

Crimes de responsabilidade são infrações de natureza política e administrativa que dão ensejo ao processo de *impeachment*.

Essas infrações podem ou não constituir tipos penais. Quando constituem, são chamadas de crimes de responsabilidade próprios (contando, inclusive, com previsão no Código Penal e na legislação especial).

Do contrário, ficando apenas na esfera extrapenal, são chamados de crimes de responsabilidade impróprios. Esses últimos, sim, objeto de presente estudo.

Na Constituição Federal de 1988 tais infrações políticas estão disciplinadas no art. 85. Com esse dispositivo, são crimes de responsabilidade os atos do Presidente da República que atentem contra a Constituição Federal e, **especialmente**, contra:

I – a existência da União;

II – o livre exercício do Poder Legislativo, do Poder Judiciário, do Ministério Público e dos Poderes constitucionais das unidades da Federação;

III – o exercício dos direitos políticos, individuais e sociais;

IV – a segurança interna do País;

V – a probidade na administração;

VI – a lei orçamentária;

VII – o cumprimento das leis e das decisões judiciais.

Com o parágrafo único tem-se que esses crimes serão definidos em lei especial, que estabelecerá as normas de processo e julgamento. Trata-se da Lei n. 1.079/50, que foi alterada pela Lei n. 10.028/2000, ampliando o rol das infrações político-administrativas, com ênfase em relação aos crimes contra a lei orçamentária.

Adentrando, agora, na seara do procedimento, de saída vale advertir que o mesmo é bifásico, ou seja, composto por duas fases: uma inicial e outra final.

- *Fase inicial*

A fase inicial se dá mediante o oferecimento de uma acusação, por qualquer **cidadão** no pleno gozo dos seus direitos políticos, no âmbito da **Câmara dos Deputados**, contra o Presidente da República, pela prática de uma das infrações político-administrativas arroladas como ensejadoras de crime de responsabilidade.

É a Câmara dos Deputados, portanto, que exercerá esse **juízo de admissibilidade**, funcionando como se fosse um **tribunal de pronúncia**, declarando ser a acuação procedente ou não.

Caso a Câmara entenda que a acusação preenche os requisitos de procedibilidade, o que dependerá da maioria qualificada de **2/3** dos seus membros, admitida estará a instauração do processo no âmbito do Senado Federal, dando início à segunda fase.

- *Fase final*

Como visto, a fase final ocorre no âmbito do **Senado Federal**, a quem, historicamente, coube o dever de instaurar o processo caso fosse admitida a acusação por 2/3 dos membros da Câmara dos Deputados, exercendo um **juízo de processamento**, atuando como **tribunal de julgamento**.

Ocorre que recentemente o Supremo Tribunal Federal entendeu, por oito votos a três, que o Senado também tem o poder de decidir pela instauração ou não do processo, contrariando o voto do relator. Assim, com esse novo entendimento do STF, pode também o Senado exercer um juízo de admissibilidade pelo voto da **maioria simples** de seus membros.

Essa sessão no âmbito do Senado será **presidida** pelo **Presidente do Supremo Tribunal Federal**, consoante disposição do art. 52, parágrafo único, da CF/88. Exercendo o julgamento, os Senadores da República poderão absolver o acusado ou condená-lo pela prática de crime de responsabilidade.

Lembrando que, assim como na aceitação da acusação pela Câmara dos Deputados, o *quórum* para a condenação, que terá a forma de **resolução** do Congresso Nacional, também é de **2/3** dos membros.

ATENÇÃO!

Ainda à luz do art. 52, parágrafo único, da CF, a condenação limitar-se-á à **perda do cargo**, com inabilitação, por **oito anos**, para o exercício de função pública, sem prejuízo das demais sanções judiciais cabíveis.

Sintetizando:

- *Condenação* – resolução do Senado Federal
- *Quórum* – 2/3
- *Sanção* – perda do cargo e inabilitação para a função pública por 8 anos, sem prejuízo das demais sanções judiciais cabíveis.

Também não se deve perder de vista a regra segundo a qual após a **instauração do processo** pelo Senado nos crimes de responsabilidade, o Presidente ficará **suspenso** de suas funções pelo prazo de **180 dias** (CF, art. 86, § 1º, II).

Se o julgamento não estiver concluído no referido prazo, cessará o afastamento do Presidente, sem prejuízo do regular seguimento do processo (CF, 86, § 2º).

CRIMES COMUNS

O procedimento de responsabilização do Presidente da República por crime comum também é bifásico.

- *Fase inicial*

A fase inicial também acontece no âmbito da **Câmara dos Deputados**, que exercendo um juízo de admissibilidade, atuando tal qual um tribunal de pronúncia, pode aceitar ou não a acusação contra o Presidente da República, também pelo *quórum* de **2/3** dos seus membros.

Essa acusação terá a forma de **denúncia**, em se tratando de crime de ação penal pública, ofertada pelo **Procurador-Geral da República**, ou poderá assumir a forma de **queixa-crime**, em se tratando de crime de ação penal privada, a ser oferecida pelo próprio **ofendido**.

- *Fase final*

Recebida a denúncia ou queixa-crime pelo pela Câmara dos Deputados, passa-se à próxima fase marcada pela **instauração do processo** no âmbito do **Supremo Tribunal Federal** (órgão competente para o julgamento do Presidente da República em decorrência da prática de crime comum).

Essa competência originária do STF para julgamento do Presidente da República abrange todas as modalidades de ilícitos penais, alcançando também os crimes eleitorais, os crimes dolosos contra a vida e, inclusive, as contravenções penais.

Vale ressaltar que, em nome do princípio da separação dos Poderes, o Pretório Excelso **não** está obrigado a receber a denúncia ou queixa-crime, ainda que tenha havido autorização por parte da Câmara dos Deputados, ao contrário do que ocorre nos crimes de responsabilidade.

O STF, portanto, exercerá o juízo de processamento, funcionando, normalmente, como um tribunal de julgamento, e poderá absolver ou condenar o Presidente pela prática do crime comum.

ATENÇÃO!

Caso a Corte Suprema entenda que ele seja culpado e julgue procedente o pedido, a condenação aqui será aquela prevista no próprio **tipo penal**, ocorrendo a perda do cargo apenas de modo **indireto** como uma consequência da **suspensão dos direitos políticos** operada por força do art. 15, III, da CF/88.

Vale lembrar que do mesmo modo como ocorre nos crimes de responsabilidade, recebida a denúncia ou queixa-crime, o Presidente da República ficará suspenso das suas funções pelo prazo de **180 dias** (CF, art. 86, § 1º, I).

Novamente aqui, findo esse prazo sem que tenha havido julgamento, cessará o afastamento do Presidente, sem prejuízo do regular prosseguimento do processo (CF, art. 86, § 2º).

ATENÇÃO!

Ainda nos termos do art. 86, § 3º, enquanto não sobrevier **sentença condenatória**, nas infrações comuns, o Presidente da República **não** estará sujeito à prisão.

IMUNIDADE PRESIDENCIAL (IRRESPONSABILIDADE PENAL RELATIVA)

A Constituição Federal consagra, em seu art. 86, § 4º, a chamada imunidade presidencial ou cláusula de irresponsabilidade penal relativa. Segundo esse dispositivo, durante a vigência do seu mandato, o Presidente da República não poderá ser responsabilizado por atos **estranhos** ao exercício de suas funções.

ATENÇÃO!

A partir da consagração desta imunidade, fica estabelecido que o Presidente, **enquanto durar o seu mandato**, apenas poderá ser responsabilizado pela prática de atos que guardem relação com o exercício das suas funções (*in officio* ou *propter officium*).

Noutras palavras, caso ele tenha praticado uma infração criminal (ilícito penal), antes de assumir o cargo de Presidente, ou depois dessa assunção, porém sem nenhuma relação funcional, gozará da cláusula de irresponsabilidade penal relativa.

Ou seja, enquanto estiver no cargo, não poderá ser responsabilizado, entretanto, por óbvio, durante este período, suspenso estará o prazo de prescrição do delito enquanto durar o mandato. Neste caso, só haverá que se falar em *persecutio criminis* depois do término do mandato, perante o órgão da justiça comum competente.

Vale lembrar que essa imunidade se restringe apenas aos **tipos penais** (não abrangendo as infrações de natureza civil, política, administrativa e fiscal) que tenham sido praticados antes do exercício do mandato, ou durante, porém sem qualquer relação funcional.

Se praticados **no exercício** do mandato e **guardando relação com as funções** de Presidente da República, naturalmente será **possível** a instauração da persecução criminal.

9. DO PODER LEGISLATIVO

9.1. Da fiscalização contábil, financeira e orçamentária

DA FISCALIZAÇÃO CONTÁBIL, FINANCEIRA E ORÇAMENTÁRIA

De um modo geral, a Constituição Federal de 1988 consagra duas formas de controle e fiscalização contábil, financeira e orçamentária das pessoas políticas e de suas entidades administrativas descentralizadas (administração direta e indireta): o **controle externo** e o **controle interno.**

Esse entendimento está afinado com o art. 70 da CF ao prever que a fiscalização contábil, financeira, orçamentária, operacional e patrimonial da União e das entidades da administração direta e indireta, quanto à legalidade, legitimidade, economicidade, aplicação das subvenções e renúncia de receitas, será exercida pelo Congresso Nacional, mediante controle externo, e pelo sistema de controle interno de cada Poder.

Fica estabelecido, ainda, que toda pessoa física ou jurídica, pública ou privada, que utilize, guarde, arrecade, gerencie ou administre dinheiros, bens e valores públicos ou pelos quais a União responda, ou que, em nome desta, assuma obrigações de natureza pecuniária, deverá prestar contas da sua utilização.

ATENÇÃO!

O controle interno, basicamente, é exercido por cada um dos Poderes da República, através de seus próprios membros e órgãos.

Consoante previsão do Texto Maior, os Poderes Legislativo, Executivo e Judiciário manterão, de forma integrada, sistemas de controle interno com a finalidade de: *i)* avaliar o cumprimento das metas previstas no plano plurianual, a execução dos programas de governo e dos orçamentos da União; *ii)* comprovar a legalidade e avaliar os resultados, quanto à eficácia e eficiência, da gestão orçamentária, financeira e patrimonial nos órgãos e entidades da administração federal, bem como da aplicação de recursos públicos por entidades de direito privado; *iii)* exercer o controle das operações de crédito, avais e garantias, bem como os direitos e haveres da União; *iv)* apoiar o controle externo no exercício de sua missão institucional.

ATENÇÃO!

Os responsáveis pelo controle interno, ao tomarem conhecimento de qualquer irregularidade ou ilegalidade, dela darão ciência ao Tribunal de Contas da União, sob pena de responsabilidade **solidária**.

Além disso, a Constituição garante a qualquer cidadão, partido político, associação ou sindicato a legitimidade para, na forma da lei, denunciar irregularidades ou ilegalidades também perante o TCU.

Tribunal de Contas da União (TCU)

Já o controle externo, no âmbito federal, ficará a cargo do Congresso Nacional (**Poder Legislativo**, portanto), e será exercido com **auxílio** do Tribunal de Contas da União, ao qual compete:

I – apreciar as contas prestadas anualmente pelo Presidente da República, mediante parecer prévio que deverá ser elaborado em sessenta dias a contar de seu recebimento;

II – julgar as contas dos administradores e demais responsáveis por dinheiros, bens e valores públicos da administração direta e indireta, incluídas as fundações e sociedades instituídas e mantidas pelo Poder Público federal, e as contas daqueles que derem causa a perda, extravio ou outra irregularidade de que se resulte prejuízo ao erário público;

III – apreciar, para fins de registro, a legalidade dos atos de admissão de pessoal, a qualquer título, na administração direta e indireta, incluídas as fundações instituídas e mantidas pelo Poder Público, excetuadas as nomeações para cargo de provimento em comissão, bem como a das concessões e aposentadorias, reformas e pensões, ressalvadas as melhorias posteriores que não alterem o fundamento legal do ato concessório;

IV – realizar, por iniciativa própria, da Câmara dos Deputados, do Senado Federal, de Comissão técnica ou de inquérito, inspeções e auditorias de natureza contábil, financeira, orçamentária, operacional e patrimonial, nas unidades administrativas dos Poderes Legislativo, Executivo e Judiciário, e demais entidades referidas no inciso II;

V – fiscalizar as contas nacionais das empresas supranacionais de cujo capital social a União participe, de forma direta ou indireta, nos termos do tratado constitutivo;

VI – fiscalizar a aplicação de quaisquer recursos repassados pela União mediante convênio, acordo, ajuste ou outros instrumentos congêneres, a Estado, ao Distrito Federal e a Município;

VII – prestar informações solicitadas pelo Congresso Nacional, por qualquer de suas Casas, ou por qualquer das respectivas Comissões, sobre a fiscalização contábil, financeira, orçamentária, operacional e patrimonial e sobre os resultados de auditorias e inspeções realizadas;

VIII – aplicar aos responsáveis, em caso de ilegalidade de despesa ou irregularidade de contas, as sanções previstas em lei, que estabelecerá, entre outras cominações, multa proporcional ao dano causado ao erário;

IX – assinar prazo para que o órgão ou entidade adote as providências necessárias ao exato cumprimento da lei, se verificada ilegalidade;

X – sustar, se não atendido, a execução do ato impugnado, comunicando a decisão à Câmara dos Deputados e ao Senado Federal;

XI – representar ao Poder competente sobre irregularidades ou abusos apurados.

Sobre o Tribunal de Contas da União, a Constituição prevê que ele é integrado por **9** Ministros, tem sede no Distrito Federal, quadro próprio de pessoal e jurisdição em todo território nacional.

Os Ministros do TCU serão nomeados dentre brasileiros que satisfaçam os seguintes requisitos: *i)* mais de **35** e menos de **65** anos de idade; *ii)* idoneidade moral e reputação ilibada; *iii)* notórios conhecimentos **jurídicos, contábeis, econômicos** e **financeiros** ou **de administração pública**; *iv)* mais de **10** anos de exercício de função ou de efetiva atividade profissional que exija os conhecimentos mencionados no inciso anterior.

Tais Ministros serão escolhidos:

- I – **1/3 pelo Presidente da República**, com aprovação do Senado Federal, sendo dois alternadamente dentre auditores e membros do Ministério Público junto ao Tribunal, indicados em lista tríplice pelo Tribunal, segundo os critérios de antiguidade e merecimento;
- II – **2/3 pelo Congresso Nacional.**

Os Ministros do TCU terão as mesmas garantias, prerrogativas, impedimentos, vencimentos e vantagens dos Ministros do **Superior Tribunal de Justiça**, aplicando-lhes, quanto à aposentadoria e pensão, as normas constantes do art. 40.

O auditor, quando em substituição a Ministro, terá as mesmas garantias e impedimentos do titular e, quando no exercício das demais atribuições da judicatura, as de juiz de Tribunal Regional Federal.

10. DO PODER JUDICIÁRIO

10.1. Disposições gerais

FUNÇÕES TÍPICAS E ATÍPICAS

O art. 2º da Carta Magna consagrou, ao lado do Legislativo e do Executivo, o Poder Judiciário, compondo a teoria da tripartição dos Poderes que, inclusive, segundo o art. 60, § 4º, III, é uma das cláusulas pétreas do sistema constitucional vigente.

A existência de um Poder Judiciário autônomo e independente, portanto, se faz indispensável para a tutela das liberdades públicas, para a garantia da proteção do ordenamento, para a preservação dos direitos fundamentais e da segurança nas relações jurídicas e para a manutenção do Estado Democrático de Direito.

Assim como nos demais Poderes, ao Judiciário foram atribuídas tanto funções típicas, quanto funções atípicas.

A função **típica** do Poder Judiciário é o próprio exercício da jurisdição (*juris dicere*), vale dizer, da função judicial ou jurisdicional. Em nome do princípio da inércia, a partir de uma provocação (como regra), o Poder Judiciário pode ser chamado a substituir a vontade das partes, de modo imparcial, para dirimir conflitos e aplicar – ou criar – o direito no caso concreto.

Atipicamente este Poder também exerce atividades legislativas e administrativas. A elaboração de um concurso público por um tribunal jurisdicional, por exemplo, para provimento de cargos efetivos, traduz uma hipótese de atuação de órgão jurisdicional no exercício da função atípica administrativa.

Noutra situação, atuando agora no desempenho de função atípica normativa, é possível citar a atividade de elaboração dos regimentos internos de cada um dos diversos tribunais que compõem a estrutura do Poder Judiciário.

ATENÇÃO!

Ademais, ainda no exercício de função atípica administrativa, não há como não lembrar o próprio Conselho Nacional de Justiça, inserido no art. 92, I-A, da CF, como órgão do Poder Judiciário, por intermédio da Emenda Constitucional n. 45 de 08 de dezembro de 2004.

Este Conselho, conforme será detalhado mais à frente, não possui ingerência sobre as atividades jurisdicionais de juízes e tribunais. Sua atividade precípua, portanto, é exercer o controle da atividade administrativa e financeira do Poder Judiciário, bem como fiscalizar o cumprimento dos deveres funcionais dos juízes.

ESTATUTO DA MAGISTRATURA

Conforme previsão do art. 93, *caput*, da Constituição Federal, lei complementar, de iniciativa do Supremo Tribunal Federal, disporá sobre o Estatuto da Magistratura. Trata-se da consagração do princípio de **reserva de lei complementar federal**.

ATENÇÃO!

Vale registrar que até o presente momento essa lei não foi editada. Em face desse silêncio legislativo, segundo a jurisprudência do próprio Supremo Tribunal Federal, fica valendo como Estatuto da Magistratura a LC n. 35/79, que foi recepcionada pelo Constituição de 1988.

GARANTIAS DO PODER JUDICIÁRIO

Com a finalidade de assegurar a independência e a imparcialidade do Poder Judiciário, a Constituição Federal de 1988 conferiu-lhe uma série de garantias preservadoras da sua autonomia.

Tais garantias podem ser divididas em: garantias institucionais e garantias funcionais.

GARANTIAS INSTITUCIONAIS

Tais garantias têm por finalidade preservar o Poder Judiciário globalmente, como instituição. Podem ser dividias em:

Garantias de autonomia orgânico-administrativa

Estão consagradas nas normas que tratam da **estrutura** e **funcionamento**, bem como naquelas que estabelecem competências para os tribunais, tais como: eleger seus órgãos diretivos, elaborar o regimento interno, organizar internamente a estrutura administrativa etc. (CF, art. 96).

Garantias de autonomia financeira

Estas, por sua vez, estão relacionadas à possibilidade de **elaboração e execução de suas propostas orçamentárias**, nos termos da Constituição e dentro dos limites estipulados junto com os demais Poderes na lei de diretrizes orçamentárias (CF, art. 99).

GARANTIAS FUNCIONAIS

Já as garantias funcionais (também chamadas garantias *de órgãos*) têm por objetivo assegurar aos membros do Poder Judiciário o livre desempenho de suas funções. Também podem ser divididas em:

Garantias de independência

- Vitaliciedade (art. 95, I)

No primeiro grau de jurisdição, só será adquirida após **dois anos** de exercício, dependendo a perda do cargo, nesse período, de deliberação do tribunal a que o juiz estiver vinculado, e, nos demais casos, de **sentença judicial transitada em julgado**.

Vale lembrar que os demais servidores públicos não gozam de vitaliciedade, mas sim de estabilidade, afinal, a perda do cargo poderá se dar por decisão judicial, processo administrativo assegurado o contraditório e a ampla defesa, e procedimento de avaliação periódica de desempenho.

Advirta-se, ainda, que, no âmbito dos tribunais, a garantia da vitaliciedade é adquirida no exato momento da **posse**, independentemente da forma de acesso.

- Inamovibilidade (art. 95, II)

É a garantia que assegura ao magistrado a **impossibilidade de remoção**, no âmbito da estrutura judiciária, sem o seu consentimento.

ATENÇÃO!

Ocorre que o próprio dispositivo que consagra a inamovibilidade também traz uma **ressalva**, prevista nos termos do art. 93, VIII. Com ele, tem-se que o ato de remoção, disponibilidade e aposentadoria do magistrado, por interesse público, fundar-se-á em decisão por voto da **maioria absoluta** do respectivo tribunal ou do Conselho Nacional de Justiça, assegurada ampla defesa.

- Irredutibilidade de subsídios (art. 95, III)

Com o objetivo de assegurar maior liberdade no desempenho das funções, a Carta Magna garante que o subsídio dos magistrados **não** poderá ser reduzido.

Vale ressaltar que essa garantia não é exclusiva dos magistrados, sendo hoje estendida também para todos os servidores públicos civis e militares.

Garantias de imparcialidade

Já no parágrafo único do art. 95, o legislador constituinte consagrou algumas **vedações** com o intuito de preservar a imparcialidade dos membros do Poder Judiciário.

Ei-las:

- exercer, ainda que em disponibilidade, outro cargo ou função, **salvo uma de magistério**;

- receber, a qualquer título ou pretexto, custas ou participações em processo;
- dedicar-se à atividade político-partidária;
- receber, a qualquer título ou pretexto, auxílios ou contribuições de pessoas físicas, entidades públicas ou privadas, ressalvadas as exceções previstas em lei (EC n. 45/2004);
- exercer a advocacia no juízo ou tribunal do qual se afastou, antes de decorrido **três anos** do afastamento do cargo por aposentadoria ou remuneração (é a chamada ***quarentena de saída*** – EC n. 45/2004).

QUINTO CONSTITUCIONAL

Segundo o art. 94 do Texto Maior, **1/5** (**um quinto**) dos lugares dos Tribunais Regionais Federais, dos Tribunais dos Estados e do Distrito Federal e Territórios será composto de membros do Ministério Público, com mais de 10 anos de carreira, e de advogados de notório saber jurídico e de reputação ilibada, com mais de 10 anos de efetiva atividade profissional, indicados em lista **sêxtupla** pelos órgãos de representação das respectivas classes.

O parágrafo único, por sua vez, conclui o raciocínio afirmando que recebidas as indicações, o tribunal formará lista **tríplice**, enviando-a ao Poder Executivo, que, nos **vinte dias** subsequentes, escolherá um de seus integrantes para a nomeação.

ATENÇÃO!

Vale ressaltar que embora a previsão do texto constitucional no art. 94 só tenha se referido expressamente aos Tribunais Regionais Federais, aos Tribunais dos Estados, e do Distrito Federal e Territórios, a Emenda Constitucional n. 45/2004 passou a estender a obrigatoriedade de observância da regra do *quinto constitucional* também para o **Tribunal Superior do Trabalho** e para os **Tribunais Regionais do Trabalho** (arts. 111-A, I e 115, I, da CF, respectivamente).

Lembrando, ainda, que nos termos do art. 104, parágrafo único, da CF, um terço da composição do Superior Tribunal de Justiça deve ser distribuído, em partes iguais, dentre advogados e membros do Ministério Público.

Impende pontuar, ainda, que no primeiro grau, como visto, a vitaliciedade é adquirida após dois anos de efetivo exercício (CF, art. 95, I). Entretanto, no âmbito dos tribunais, inclusive a partir da regra do quinto, o processo de vitaliciamento se dá de modo imediato, no momento da posse. Assim, tem-se que a regra do art. 95, I, vale apenas para os juízes de primeiro grau.

SÚMULAS VINCULANTES

À luz do art. 103-A da CF/88, inserido através da Emenda Constitucional n. 45/2004, o Supremo Tribunal Federal poderá, **de ofício ou por provocação**, mediante decisão de **2/3** de seus membros, **após reiteradas decisões sobre a matéria constitucional**, aprovar súmula que, a partir de sua publicação na imprensa oficial, terá **efeito vinculante** em relação aos **demais** órgãos do Poder Judiciário e à administração pública direta e indireta, nas esferas federal, estadual e municipal, bem como proceder à sua revisão ou cancelamento, na forma estabelecida em lei.

A Lei n. 11.417/2006 disciplinou o procedimento para a edição, a revisão e o cancelamento de enunciado de súmulas vinculantes, trazendo os seguintes requisitos:

Existência de reiteradas decisões sobre matéria constitucional.

Que estas decisões tenham por objeto a validade, a interpretação e a eficácia de normas determinadas.

Que haja, entre órgãos judiciários ou entre estes e a administração pública, **controvérsia atual** que acarrete **grave insegurança jurídica** e **relevante multiplicação de processos** sobre idêntica questão.

Que a decisão sobre a **edição**, a **revisão** e o **cancelamento** seja tomada por **2/3** dos membros do STF, em sessão plenária.

Oitiva (ouvida) prévia do PGR, quando a proposta não tiver sido formulada por ele.

Segundo a Constituição Federal, a súmula terá por objetivo a validade, a interpretação e a eficácia de normas determinadas, acerca das quais haja controvérsia atual entre órgãos judiciários ou entre esses e a administração pública que acarrete grave insegurança jurídica e relevante multiplicação de processos sobre questão idêntica.

ATENÇÃO!

Sem prejuízo do que vier a ser estabelecido em lei, fica estabelecido que a aprovação, revisão ou cancelamento de súmula poderá ser provocada por aqueles que podem propor a ação direta de inconstitucionalidade (**CF, art. 103**).

Vale ressaltar que o art. 3º a Lei n. 11.417/06 **ampliou** este rol, incluindo como legitimados o Defensor Público-Geral da União, os Tribunais Superiores, os TJs de Estado ou do Distrito Federal e Territórios, os TRFs, os TRTs, os TREs e os Tribunais Militares. É dizer, **todos os tribunais jurisdicionais**.

Município só poderá fazer proposta de edição, revisão ou cancelamento de súmulas de modo **incidental**, ou seja, no processo em curso do qual ele faça parte (art. 3º, § 1º, da Lei n. 11.417/06).

ATENÇÃO!

Por último, caberá **reclamação** ao Supremo Tribunal Federal do ato administrativo ou decisão judicial que contrariar a súmula aplicável ou que indevidamente a aplicar. Julgando procedente a reclamação, o STF anulará o ato administrativo ou a cassará a decisão judicial reclamada, e determinará que outra seja proferida com ou sem a aplicação da súmula, conforme o caso.

ORGANOGRAMA DO PODER JUDICIÁRIO

Já se disse que o Poder, assim como o Direito, é uno e indivisível, ou seja, indecomponível. Admite-se, porém, um abrandamento dessa ideia com a divisão do Direito em ramos (ou províncias jurídicas). Lembrando que essa distribuição possui fins eminentemente didáticos, é dizer, por questão de mera conveniência acadêmica.

Do mesmo modo, estudando o Legislativo, o Executivo e o Judiciário, o que se percebe, em verdade, é uma separação das **funções estatais**. Funções essas que, conforme aqui já sinalizado, podem ser divididas em funções típicas e funções atípicas.

Com o estudo do organograma ou estrutura do Poder Judiciário não é diferente. Apresentando sempre a mesma finalidade, o Poder Judiciário também é uno e indivisível. Mais ainda! É correto afirmar que não é ele, propriamente, nem federal e nem estadual, mas sim um Poder nacional.

É um só Poder que possui uma atuação distribuída por diversos órgãos, mais especificamente em duas esferas (aqui sim, federal e estadual), a partir de uma distribuição de competências.

Na trilha desse raciocínio, a Constituição da República elencou, no art. 92, os órgãos do Poder Judiciário. São eles:

> I – o Supremo Tribunal Federal;
>
> I-A – o Conselho Nacional de Justiça;
>
> II – o Superior Tribunal de Justiça;
>
> III – os Tribunais Regionais Federais e os Juízes Federais;
>
> IV – os Tribunais e Juízes do Trabalho;
>
> V – os Tribunais e Juízes Eleitorais;
>
> VI – os Tribunais e Juízes Militares;
>
> VII – os Tribunais e Juízes dos Estados e do Distrito Federal e Territórios.

Vale ressaltar que o Conselho Nacional de Justiça, embora seja órgão do Poder Judiciário, por ter natureza **administrativa** não compõe a estrutura dos órgãos jurisdicionais.

10.2. Do Supremo Tribunal Federal

- *Composição*: **11** Ministros.
- *Investidura*: os Ministros do Supremo Tribunal Federal serão nomeados pelo **Presidente da República**, depois de aprovada a escolha pela **maioria absoluta do Senado Federal**. É com a nomeação que se considera o Ministro vitaliciado.
- *Requisitos para ocupação do cargo de Ministro do STF*: *a)* ser brasileiro nato (CF, art. 12, § 3º, IV); *b)* ser cidadão, portanto, no pleno gozo dos seus direitos políticos; *c)* ter mais de **35** e menos de **65** anos de idade; *d)* ter notável saber **jurídico** e reputação ilibada (art. 101).
- Como visto, a Constituição elenca como um os requisitos o notável saber jurídico. Ocorre que, a despeito da ausência de previsão expressa, a doutrina sinaliza que o ocupante do cargo de Ministro do STF tem de ser, necessariamente, um jurista. Ou seja, entende-se plausível a exigência da conclusão de curso superior em Direito.
- *Competências*: *a)* originária (art. 102, I, "a" a "r"); *b)* recursal ordinária (art. 102, II); e *c)* recursal extraordinária (art. 102, III).

10.3. Do Conselho Nacional de Justiça: organização e competência

DO CONSELHO NACIONAL DE JUSTIÇA

O Conselho Nacional de Justiça, criado pela EC n. 45/2004, é um órgão integrante do Poder Judiciário que tem sede em Brasília e atuação em todo o território nacional.

Trata-se, conforme já mencionado, de um órgão cujas atribuições são **exclusivamente administrativas** (não jurisdicionais), e justamente por isso ele não aparece no quadro sinótico que estampa o organograma da estrutura do Poder Judiciário.

ATENÇÃO!

Além disso, não se deve perder de vista que o Conselho Nacional de Justiça se localiza em posição **inferior** ao Supremo Tribunal Federal, estando submetido ao seu controle. Nesse sentido, sua atividade de fiscalização é dirigida apenas e tão-somente aos juízes e tribunais situados abaixo do Pretório Excelso na estrutura hierárquica.

Assim, consolida-se o CNJ como um órgão colegiado, que integra o Poder Judiciário brasileiro, composto por membros da magistratura, da sociedade e por representantes do Ministério Público, cuja função primordial é o exercício do controle sobre a atuação administrativa, financeira, e sobre os deveres funcionais dos magistrados.

Já com o *caput* desse dispositivo, o Conselho Nacional de Justiça compõe-se **15 membros** com mandato de **2 anos, admitida uma recondução.**

Desses 15 membros, 9 são do Poder Judiciário, 2 são do Ministério Público, 2 são da advocacia e 2 são da sociedade.

Os 9 membros do Poder Judiciário são:

- o **Presidente do Supremo Tribunal Federal.**
- 1 **Ministro do Superior Tribunal de Justiça**, indicado pelo próprio STJ.
- 1 **Ministro do Tribunal Superior do Trabalho**, indicado pelo próprio TST.
- 1 **desembargador de Tribunal de Justiça**, indicado pelo Supremo Tribunal Federal.
- 1 **juiz estadual**, indicado pelo Supremo Tribunal Federal.
- 1 **juiz de Tribunal Regional Federal**, indicado pelo Superior Tribunal de Justiça.
- 1 **juiz federal**, indicado pelo Superior Tribunal de Justiça.
- 1 **juiz de Tribunal Regional do Trabalho,** indicado pelo Tribunal Superior do Trabalho.
- 1 **juiz do trabalho**, indicado pelo Tribunal Superior do Trabalho.

Os 2 membros do Ministério Público são:

- 1 **membro do Ministério Público da União**, indicado pelo Procurador-Geral da República.
- 1 **membro do Ministério Público estadual**, escolhido pelo Procurador-Geral da República dentre os nomes indicados pelo órgão competente de cada instituição estadual.

Os 2 **advogados** são indicados pelo Conselho Federal da Ordem dos Advogados do Brasil.

Por último, os 2 **cidadãos** de notável saber jurídico e reputação ilibada são indicados um pela Câmara dos Deputados e outro pelo Senado Federal.

Lembrando que não efetuadas as referidas indicações no prazo legal, a escolha caberá ao Supremo Tribunal Federal.

ATENÇÃO!

O Conselho será **presidido** pelo Presidente do Supremo Tribunal Federal e, nas ausências e impedimentos, pelo Vice-Presidente da Suprema Corte (CF, art. 103-B, § 1º, com redação dada pela EC n. 61/2009).

Todos os demais membros (o Presidente do Supremo Tribunal Federal, por já integrar o Conselho automaticamente, não se submete a essa regra) devem ser nomeados pelo **Presidente da República**, depois de aprovadas as indicações dos seus nomes pela **maioria absoluta do Senado.**

O **Ministro do STJ**, por sua vez, exercerá a função de **Ministro-Corregedor** e ficará excluído da distribuição de processo no Tribunal, competindo-lhe, além das atribuições que lhe foram conferidas pelo Estatuto da Magistratura, as seguintes:

I – receber as reclamações e denúncias, de qualquer interessado, relativas aos magistrados e aos serviços judiciários;

II – exercer funções executivas do Conselho, de inspeção e de correição geral; e

III – requisitar e designar magistrados, delegando-lhes atribuições, e requisitar servidores de juízos ou tribunais, inclusive nos Estados, Distrito Federal e Territórios.

Junto ao Conselho oficiarão o Procurador-Geral da República e o Presidente do Conselho Federal da Ordem dos Advogados do Brasil.

Fica estabelecido ainda que a União, inclusive no Distrito Federal e nos Territórios, criará ouvidorias de justiça, competentes para receber reclamações e denúncias de qualquer interessado contra membros ou órgãos do Poder Judiciário, ou contra seus serviços auxiliares, representando diretamente ao Conselho Nacional de Justiça.

A competência atribuída pela Constituição Federal ao CNJ está relacionada, basicamente, com o **controle da atuação administrativa e financeira do Poder Judiciário e do cumprimento dos deveres funcionais dos juízes**, cabendo-lhe, além de outras atribuições que forem conferidas pelo Estatuto da Magistratura, o seguinte:

I – zelar pela autonomia do Poder Judiciário e pelo cumprimento do Estatuto da Magistratura, podendo expedir atos regulamentares, no âmbito de sua competência, ou recomendar providências;

II – zelar pela observância do art. 37 e apreciar, de ofício ou mediante provocação, a legalidade dos atos administrativos praticados por membros ou órgãos do Poder Judiciário, podendo desconstituí-los, revê-los ou fixar prazo para que se adotem as providências necessárias ao exato cumprimento da lei, sem prejuízo da competência do Tribunal de Contas da União;

III – receber e conhecer das reclamações contra membros ou órgãos do Poder Judiciário, inclusive contra seus serviços auxiliares, serventias e órgãos prestadores de serviços notariais e de registro que atuem por delegação do poder público ou oficializados, sem prejuízo da competência disciplinar e correicional dos tribunais, **podendo avocar processos disciplinares em curso e determinar a remoção, a disponibilidade ou a aposentadoria com subsídios ou proventos proporcionais ao tempo de serviço e aplicar outras sanções administrativas**, assegurada a ampla defesa;

IV – representar ao Ministério Público, no caso de crime contra a administração pública ou de abuso de autoridade;

V – **rever, de ofício ou mediante provocação, os processos disciplinares de juízes e membros de tribunais julgados a menos de um ano**;

VI – elaborar semestralmente relatório estatístico sobre processo e sentenças prolatadas, por unidade da Federação, nos diferentes órgãos do Poder Judiciário;

VII – elaborar relatório anual, propondo as providências que julgar necessárias, sobre a situação do Poder Judiciário no País e as atividades do Conselho, o qual deve integrar mensagem do Presidente do Supremo Tribunal Federal a ser remetida ao Congresso Nacional, por ocasião da abertura da sessão legislativa.

ATENÇÃO!

Finalmente, cabe registrar que muito embora o Conselho Nacional de Justiça não possa determinar a perda de cargo de juízes, por outro lado **poderá** determinar a remoção, aposentadoria compulsória (com subsídios ou proventos proporcionais ao tempo de serviço) ou a punição administrativa de magistrados.

Caso entenda oportuno, poderá, ainda, **recomendar** a perda de cargo de juiz ao tribunal competente, o que somente poderá ocorrer por meio de **sentença judicial transitada em julgado**.

Concluído, portanto, o estudo acerca do Conselho Nacional de Justiça, passa-se agora para a análise das características gerais dos órgãos do Poder Judiciário, seguindo uma estrutura didática e organizada.

Vale registrar que em face da extensão das listas de competências, aqui serão apontados apenas os artigos da Constituição correspondentes, devendo o candidato, para as provas, realizar uma leitura cuidadosa dos dispositivos mencionados.

10.4. Do Superior Tribunal de Justiça

- *Composição*: **no mínimo, 33** Ministros (art. 104).
- *Investidura*: os Ministros do Superior Tribunal de Justiça serão nomeados pelo **Presidente da República**, depois de aprovada a escolha pela **maioria absoluta do Senado Federal** (EC n. 45/2004).
- *Requisitos para ocupação do cargo de Ministro do STJ*: *a)* ser brasileiro nato ou naturalizado; *b)* ter mais de **35** e menos de **65** anos de idade; *c)* ter notável saber **jurídico** e reputação ilibada (art. 104).
- *Composição dos Ministros*: **1/3** de juízes dos Tribunais Regionais Federais; **1/3** de desembargadores dos Tribunais de Justiça; **1/6** de advogados e **1/6** de membros do Ministério Público Federal, Estadual, do Distrito Federal e Territórios, alternadamente, indicados na forma do art. 94.

- *Procedimento*: no caso dos juízes dos Tribunais Regionais Federais e dos desembargadores dos Tribunais de Justiça, o STJ elaborará lista **tríplice**, enviando-a ao Presidente da República, que indicará um nome e o nomeará após aprovação do Senado Federal. Já no caso dos advogados e membros do Ministério Público, a indicação seguirá o procedimento do *quinto constitucional* previsto no art. 94 da CF.
- *Competências*: *a)* originária (art. 105, I, "a" a "i"); *b)* recursal ordinária (art. 105, II); e *c)* recursal especial (art. 105, III).

10.5. Dos Tribunais Regionais Federais e dos Juízes Federais

- No primeiro grau de jurisdição, a Justiça Federal é composta pelos Juízes Federais. No segundo grau, pelos Tribunais Regionais Federais.
- *Composição dos Tribunais Regionais Federais*: **no mínimo**, **7** Juízes, recrutados, quando possível, na respectiva região e nomeados pelo Presidente da República, observando-se a regra do *quinto constitucional* (CF, art. 94).
- *Requisitos para o cargo*: *a)* ser brasileiro nato ou naturalizado; *b)* ter mais de **30** e menos de **65** anos de idade.
- *Competência*: Art. 108 (competência dos Tribunais Regionais Federais) e art. 109 (competência dos juízes federais) da CF.
- Por se tratar de inovação trazida pela Emenda Constitucional n. 45/2004, vale mencionar, de modo enfático, o § 5º do art. 109 da CF. Com esse dispositivo, na hipótese de grave violação de **direitos humanos**, o **Procurador-Geral da República**, com a finalidade de assegurar o cumprimento de obrigações decorrentes de tratados internacionais de direitos humanos dos quais o Brasil seja parte, poderá suscitar, perante o **Superior Tribunal de Justiça**, em qualquer fase do inquérito ou processo, **incidente de deslocamento de competência para a Justiça Federal**.

10.6. Do Conselho Superior da Justiça do Trabalho: organização e competência

- O Conselho Superior da Justiça do Trabalho Funcionará junto ao TST e caberá a ele exercer, na forma da lei, a supervisão administrativa, orçamentária, financeira e patrimonial da Justiça do Trabalho de primeiro e segundo graus, como órgão central do sistema, cujas decisões terão efeito vinculante.

10.7. Do Tribunal Superior do Trabalho, dos Tribunais Regionais do Trabalho e dos Juízes do Trabalho

A Justiça do Trabalho é composta pelo Tribunal Superior do Trabalho (TST), pelos Tribunais Regionais do Trabalho (TRTs) e pelos Juízes do Trabalho.

Primeiro serão analisadas as principais características do Tribunal Superior do Trabalho (TST).

- *Composição*: **27** Ministros togados e vitalícios, sendo que **1/5** serão escolhidos dentre advogados com mais de 10 anos de efetiva atividade profissional e membros do

Ministério Público do Trabalho com mais de 10 anos de efetivo exercício, observado o disposto no art. 94; os demais (4/5 do total de 27 Ministros) serão escolhidos dentre juízes dos Tribunais Regionais do Trabalho, oriundos da Magistratura de carreira, indicados pelo próprio Tribunal Superior.

- *Investidura*: os Ministros do Tribunal Superior do Trabalho serão nomeados pelo **Presidente da República**, depois de aprovada a escolha pela **maioria absoluta do Senado Federal** (EC n. 45/2004).
- *Requisitos para o cargo*: *a)* ser brasileiro nato ou naturalizado; *b)* ter mais de **35** e menos de **65** anos de idade.
- *Competência*: nos termos do art. 111-A, § 1º, da CF, a lei disporá sobre a competência do Tribunal Superior do Trabalho.

Passa-se agora à análise das principais características relacionadas aos Tribunais Regionais do Trabalho (TRTs).

- *Composição*: **no mínimo, 7** juízes, recrutados, quando possível, na respectiva região.
- *Investidura*: os juízes dos Tribunais Regionais do Trabalho serão **nomeados pelo Presidente da República**.
- *Requisitos para o cargo*: *a)* ser brasileiro nato ou naturalizado; *b)* ter mais de **30** e menos de **65** anos de idade, sendo **1/5** dentre advogados com mais de 10 anos de efetiva atividade profissional e membros do Ministério Público do Trabalho com mais de 10 anos de efetivo exercício, observado o disposto no art. 94; os demais (4/5 restantes) serão escolhidos mediante promoção de juízes do trabalho por antiguidade e merecimento, alternadamente.
- *Competência da Justiça do Trabalho*: art. 114 da CF/88, introduzido pela Emenda Constitucional n. 45/2004.

11. FUNÇÕES ESSENCIAIS À JUSTIÇA

GENERALIDADES

As funções essenciais à justiça são atividades profissionais institucionalizadas pela Constituição Federal de 1988, e tem como finalidade tornar a prestação jurisdicional mais célere e efetiva.

Tais atividades são exercidas pelos órgãos do Ministério Público, da Advocacia Pública, da Defensoria Pública e também pela Advocacia.

11.1. Ministério Público

Princípios, garantias, vedações, organização e competências

Com previsão entre os arts. 127 e 130-A, o Ministério Público é instituição permanente, essencial à função jurisdicional do Estado, incumbindo-lhe a defesa da ordem jurídica, do regime democrático e dos interesses sociais e individuais indisponíveis.

A despeito da polêmica existente, o Ministério Público não integra nenhum dos poderes estatais. Trata-se de uma instituição independente e autônoma. Já se disse que o mais importante não é ser Poder, mas ter poder, e isso o órgão ministerial tem.

Assim, o que merece destaque, em verdade, é o relevo que a instituição possui perante a sociedade, principalmente a partir da Constituição Federal de 1988, que aumentou sobremaneira a sua relevância social, notadamente em relação à tutela dos direitos difusos, coletivos, individuais homogêneos.

Além disso, ao Ministério Público é assegurada **autonomia funcional e administrativa**, podendo, observado o disposto no art. 169, propor ao Poder Legislativo a criação e extinção de seus cargos e serviços auxiliares, provendo-os por concurso público de provas ou de provas e títulos, a política remuneratória e os planos de carreira.

Cumpre ao próprio Ministério Público elaborar a sua proposta orçamentária dentro dos limites estabelecidos na lei de diretrizes orçamentárias.

Consoante previsão constitucional no art. 128, o Ministério Público abrange os seguintes ramos:

I – o Ministério Público da União, que compreende:

1. o Ministério Público Federal;
2. o Ministério Público do Trabalho;
3. o Ministério Público Militar;
4. o Ministério Público do Distrito Federal e Territórios.

II – os Ministérios Públicos dos Estados.

O Ministério Público da União tem por chefe o **Procurador-Geral da República**, nomeado pelo **Presidente da República** dentre integrantes da carreira, maiores de **35** anos, após a aprovação de seu nome pela **maioria absoluta dos membros do Senado Federal**, para mandato de **dois anos, permitida a recondução.**

Os Procuradores-Gerais nos Estados e no Distrito Federal e Territórios poderão ser destituídos por deliberação da **maioria absoluta do Poder Legislativo**, na forma da lei complementar respectiva.

PRINCÍPIOS INSTITUCIONAIS

ATENÇÃO!

À luz do art. 127, § 1º, da CF/88, são princípios institucionais do Ministério Público a **unidade**, a **indivisibilidade** e a **independência funcional**.

Vale ressaltar que a previsão do art. 128, que consagra a abrangência do *Parquet* em diferentes ramos, não desnatura a noção de órgão uno e indivisível.

Unidade

Significa que os membros do Ministério Público devem ser considerados como integrantes de **uma só instituição**. Vale ressaltar que essa unidade está relacionada apenas ao **aspecto funcional**, já que do ponto de vista orgânico há, como visto, uma divisão com repartição de competências.

Nesse sentido, conclui-se que esta unidade está inserida em cada um dos órgãos ministeriais, não sendo possível um membro de determinado ramo do *Parquet*, por exemplo, exercer atribuições inerentes a outro ramo.

Indivisibilidade

De saída, é possível afirmar que o princípio da indivisibilidade é uma decorrência lógica e natural da própria unidade. À luz deste preceito, fica assegurado que os membros do Ministério Público, nos processos, podem ser substituídos uns pelos outros. Dessa forma, considera-se permitida a **substituição recíproca** entre membros de um mesmo ramo do *Parquet*, desde que observado o disposto em lei.

Independência funcional

Com este princípio garante-se aos membros do Ministério Público ampla independência no desempenho de suas funções, não tendo que estar subordinados a nenhuma pressão externa ou oriunda de algum Poder.

Assim, embora administrativamente se constate a existência de uma chefia, do ponto de vista funcional pode-se afirmar que não existe subordinação hierárquica entre os membros do Ministério Público.

Garante-se, portanto, a **autonomia de convicção**, ficando estes membros submetidos apenas à Constituição, às leis e à sua própria consciência.

GARANTIAS E IMPEDIMENTOS DOS MEMBROS DO MINISTÉRIO PÚBLICO

Com a previsão do art. 128, § 5º, I, da CF/88, é possível afirmar que os membros do Ministério Público gozam das seguintes garantias:

- *vitaliciedade*, após **dois anos** de exercício, não podendo perder o cargo senão por **sentença judicial transitada em julgado**;
- *inamovibilidade*, salvo por motivo de interesse público mediante decisão do órgão colegiado competente do Ministério Público, pelo voto da **maioria absoluta** de seus membros, assegurada a ampla defesa (EC n. 45/2004);
- *irredutibilidade de subsídio*, fixado na forma do art. 39, § 4º, e ressalvado o disposto nos arts. 37, X e XI, 150, II, 153, III, 153, III, 153, § 2º, I.

Já com o inciso II do mesmo dispositivo, os membros do Ministério Público ainda se submetem às seguintes vedações:

- receber, a qualquer título ou sob qualquer pretexto, honorários, percentagens ou custas processuais;
- exercer a advocacia;
- participar de sociedade comercial, na forma da lei;

- exercer, ainda que em disponibilidade, qualquer outra função pública, **salvo uma de magistério**;
- exercer atividade político-partidária;
- receber, a qualquer título ou pretexto, auxílios ou contribuições de pessoas físicas, entidades públicas ou privadas, ressalvadas as exceções previstas em lei (EC n. 45/2004).

ATENÇÃO!

Não se deve perder de vista, ainda, que por força do art. 128, § 6º, da CF (EC n. 45/2004), aplica-se aos membros do Ministério Público a vedação ao exercício da advocacia no juízo ou tribunal do qual se afastou, antes de decorridos **três** anos do afastamento do cargo por aposentadoria ou exoneração (CF, art. 95, parágrafo único, V).

FUNÇÕES INSTITUCIONAIS

As funções institucionais do Ministério Público estão previstas no art. 129. São elas:

- promover, privativamente, a ação penal pública, na forma da lei;
- zelar pelo efetivo respeito dos poderes públicos e dos serviços de relevância pública aos direitos assegurados nesta Constituição, promovendo as medidas necessárias a sua garantia;
- promover o inquérito civil e a ação civil pública, para a proteção do patrimônio público e social, do meio ambiente e de outros interesses difusos e coletivos;
- promover a ação de inconstitucionalidade ou representação para fins de intervenção da União e dos Estados, nos casos previstos neste Constituição;
- defender judicialmente os direitos e interesses das populações indígenas;
- expedir notificações nos procedimentos administrativos de sua competência, requisitando informações e documentos para instruí-los, na forma da lei complementar respectiva;
- exercer o controle externo da atividade policial, na forma da lei complementar mencionada no artigo anterior;
- requisitar diligências investigatórias e a instauração de inquérito policial, indicados os fundamentos jurídicos de suas manifestações processuais;
- exercer outras funções que lhe forem conferidas, desde que compatíveis com sua finalidade, sendo-lhes vedada a representação judicial e a consultoria jurídica de entidades públicas.

A legitimação do Ministério Público para as ações civis não impede a de terceiros, nas mesmas hipóteses, segundo o disposto na Constituição Federal e na lei.

Vale ressaltar que as funções do Ministério Público só podem ser exercidas por integrantes da carreira, que deverão residir na comarca da respectiva lotação, salvo autorização do chefe da instituição.

Ainda, registre-se que o ingresso na carreira do Ministério Público far-se-á mediante concurso público de provas e títulos, assegurada a participação da Ordem dos Advogados do Brasil em sua realização, exigindo-se do bacharel em direito, no mínimo, **três anos de atividade jurídica** e observando-se, nas nomeações, a ordem de classificação.

Conselho Nacional do Ministério Público

Outra grande inovação da Emenda Constitucional n. 45/2004 foi a previsão de um órgão colegiado formado por membros do Ministério Público, magistrados e representantes da sociedade, cuja finalidade primordial é o exercício do **controle da atuação administrativa e financeira do Ministério Público e do cumprimento dos deveres funcionais de seus membros**.

Este órgão é o Conselho Nacional do Ministério Público, com previsão no art. 130-A da CF, composto de **14** membros nomeados pelo **Presidente da República**, depois de aprovada a escolha pela **maioria absoluta do Senado Federal**, para um mandato de **dois anos**, **admitida uma recondução**, sendo:

- o Procurador-Geral da República, que o preside;
- 4 membros do Ministério Público da União, assegurada a representação de cada uma de suas carreiras;
- 3 membros do Ministério Público dos Estados;
- 2 juízes, indicados um pelo STF e o outro pelo STJ;
- 2 advogados, indicados pelo Conselho Federal da OAB;
- 2 cidadãos de notável saber jurídico e reputação ilibada, indicados um pela Câmara dos Deputados e outro pelo Senado Federal.

ATENÇÃO!

Cabe ressaltar que conforme previsão do § 1º do art. 103-A, os membros do Conselho oriundos do Ministério Público serão indicados pelos respectivos Ministérios Públicos, na forma da lei.

Ademais, como já se disse, compete ao CNMP o controle da atuação administrativa e financeira do Ministério Público e do cumprimento dos deveres funcionais de seus membros, cabendo-lhe:

I – zelar pela autonomia funcional e administrativa do Ministério Público, podendo expedir atos regulamentares, no âmbito de sua competência, ou recomendar providências;

II – zela pela observância do art. 37 e apreciar, de ofício ou mediante provocação, a legalidade dos atos administrativos praticados por membros ou órgãos do Ministério Público da União e dos Estados, podendo desconstituí-los, revê-los ou fixar prazo para que se adotem as providências necessárias ao exato cumprimento da lei, sem prejuízo da competência dos Tribunais de Contas;

III – receber e conhecer das reclamações contra membros ou órgãos do Ministério Público da União ou dos Estados, inclusive contra seus serviços auxiliares, sem prejuízo da competência disciplinar e correicional da instituição, **podendo avocar processos dis-**

ciplinares em curso, determinar a remoção, a disponibilidade ou a aposentadoria com subsídios ou proventos proporcionais ao tempo de serviço e aplicar outras sanções administrativas, assegurada a ampla defesa;

IV – **rever, de ofício ou mediante provocação, os processos disciplinares de membros do Ministério Público da União ou dos Estados julgados há menos de um ano**;

V – elaborar relatório anual, propondo as providências que julgar necessárias sobre a situação do Ministério Público no País e as atividades do Conselho, o qual deve integrar a mensagem prevista no art. 84, XI.

11.2. Advocacia Pública

Consagrada no art. 131, a Advocacia-Geral da União é a instituição que, diretamente ou através de órgão vinculado, representa a União, **judicial ou extrajudicialmente**, cabendo-lhe, nos termos da lei complementar que dispuser sobre sua organização e funcionamento, as atividades de consultoria e assessoramento jurídico do Poder Executivo.

Seu chefe é o Advogado-Geral da União, de livre nomeação pelo **Presidente da República** dentre cidadãos maiores de **35** anos, de notável saber jurídico e reputação ilibada.

O ingresso nas classes iniciais da carreira far-se-á mediante concurso público de provas e títulos.

Insta salientar que na execução de dívida ativa de natureza tributária, a representação da União caberá à Procuradoria-Geral da Fazenda Nacional, observado o disposto em lei.

Já consoante previsão do art. 132, os Procuradores dos Estados e do Distrito Federal, organizados em carreira, na qual o ingresso dependerá de concurso público de provas e títulos, com a participação da Ordem dos Advogados do Brasil em todas as suas fases, exercerão a representação judicial e a consultoria jurídica das respectivas unidades federadas.

ATENÇÃO!

Aos procuradores é assegurada estabilidade após **três anos** de efetivo exercício, mediante avaliação de desempenho perante os órgãos próprios, após relatório circunstanciado das corregedorias.

Não se deve esquecer, ainda, que os Municípios também poderão organizar a Advocacia Pública Municipal, e, por conseguinte, a carreira dos Procuradores Municipais.

11.3. Advocacia

Nos termos do art. 133 da CF, fica estabelecido que o advogado é **indispensável** à administração da justiça, sendo **inviolável** por seus atos e manifestações no exercício da profissão, nos limites da lei.

OBSERVAÇÃO:

Esse caráter fundamental inerente às atividades dos advogados, inclusive, já foi reconhecido por diversas vezes no âmbito do Supremo Tribunal Federal. Uma dessas manifestações pode ser encontrada na **súmula vinculante n. 14**, enunciando que é direito do defensor, no interesse do representado, ter acesso amplo aos elementos de prova que, já documentados em procedimento investigatório realizado por órgão com competência de polícia judiciária, digam respeito ao exercício do direito de defesa.

11.4. Defensoria Pública

DA DEFENSORIA PÚBLICA

ATENÇÃO!

A Emenda Constitucional nº 80 de 2014 deu nova redação ao art. 134 da Constituição Federal.

Com ele a Constituição consagra que a Defensoria Pública é instituição permanente, essencial à função jurisdicional do Estado, incumbindo-lhe, como expressão e instrumento do regime democrático, fundamentalmente, a orientação jurídica, a promoção dos direitos humanos e a defesa, em todos os graus, judicial e extrajudicial, dos direitos individuais e coletivos, de forma integral e gratuita, aos necessitados, na forma do inciso LXXIV do art. 5º desta Constituição Federal.

Conforme esse dispositivo constante do catálogo específico dos direitos e garantias fundamentais no texto constitucional (título II), o Estado prestará assistência jurídica integral e gratuita aos que **comprovarem** insuficiência de recursos.

Vale lembrar que quando da promulgação da Constituição Federal de 1988 ainda não existiam no Brasil as Defensorias Públicas. Em face dessa constatação, o legislador constituinte, no § 1º do art. 134, determinou que fosse editada lei complementar prevendo a organização da Defensoria Pública da União e do Distrito Federal e Territórios, bem como a instituição de normas gerais para sua organização nos Estados.

Além disso, no mesmo dispositivo previu-se que as Defensorias Públicas serão organizadas em cargos de carreira, providos, na classe inicial, mediante concurso público de provas e títulos, assegurada a seus integrantes a garantia da inamovibilidade e **vedado** o exercício da advocacia fora das atribuições institucionais.

Ainda como novidade introduzida pela Emenda Constitucional n. 45/2004, o § 2º do art. 134 previu um fortalecimento das Defensorias Públicas Estaduais a partir do momento em que lhe foram asseguradas **autonomia funcional e administrativa**, bem com a iniciativa de sua proposta orçamentária dentro dos limites estabelecidos na lei de diretrizes orçamentárias, devendo obediência também ao disposto no art. 99, § 2º.

ATENÇÃO!

Lembrando que a EC nº 74 de 2013 inseriu o § 3º nesse dispositivo, estendendo essa autonomia do § 2º também para as Defensorias Públicas da União e do Distrito Federal.

Muito cuidado! Não há dúvida de que essa alteração promovida pela EC nº 74 de 6 de agosto de 2013 tem alta probabilidade de incidência nas provas de concursos.

ATENÇÃO!

A mesma EC nº 80 de 4 de junho de 2014 inseriu o § 4º neste mesmo art. 134 passando a prever que são princípios institucionais da Defensoria Pública a unidade, a indivisibilidade e a independência funcional, aplicando-se também, no que couber, o disposto no art. 93 e no inciso II do art. 96 desta Constituição Federal.

Finalmente, com o art. 135, a Constituição determina que os integrantes das carreiras da Advocacia Pública e da Defensoria Pública serão remunerados na forma do art. 34, § 9º, é dizer, mediante pagamento

Direito Administrativo

Tiago Bockie e Marco Aurélio Prata

1. Administração pública: princípios básicos

SUMÁRIO: 1. Considerações Gerais. 2. Pedras de toque do Direito Administrativo. 3. Princípios constitucionais explícitos. 3.1. Princípio da legalidade. 3.2. Impessoalidade. 3.3. Moralidade. 3.4. Publicidade. 3.5. Eficiência. 4. Princípios constitucionais implícitos. 4.1. Finalidade. 4.2. Especialidade. 4.3. Autotutela. 4.4. Motivação. 4.5. Proporcionalidade/razoabilidade. 4.6. Continuidade do serviço público. 4.7. Segurança Jurídica.

1. CONSIDERAÇÕES GERAIS

O regime jurídico administrativo pode ser definido como um conjunto sistematizado de normas jurídicas (regras e princípios) que dão identidade ao Direito Administrativo. A ideia de autonomia do Direito Administrativo está atrelada à existência de princípios que lhe são peculiares e que guardam entre si uma relação lógica de coerência e unidade, compondo, assim, um sistema.

Por que razão os temas "agentes públicos", "atos administrativos" e "organização administrativa", por exemplo, são estudados em Direito Administrativo e não em Direito Civil? Diante da existência de normas que são próprias do Direito Administrativo e que compõem um regime jurídico administrativo.

Desta forma, os princípios que integram o regime jurídico administrativo, podem ser objetivamente conceituados como postulados fundamentais que inspiram o modo de agir da Administração Pública.

Importante ressaltar que hoje, para a sua prova de concurso público, o princípio, ao contrário do que dispõe a *Lei de Introdução* às *Normas do Direito Brasileiro*, muito mais do que um caráter interpretativo e supletivo, possui a natureza jurídica de **norma jurídica**. E o que isso representa?

Significa dizer que os princípios possuem uma força cogente/força normativa, capazes de determinar um comportamento da Administração Pública. Guardem essa frase! Alguns exemplos reforçam essa assertiva: 1) Por que a Administração Pública não pode nomear qualquer pessoa para ocupar um cargo público de provimento em comissão? Porque existem princípios, a exemplo do *princípio da moralidade*, que fundamenta a edição da Súmula Vinculante nº 13 (como será analisado mais adiante, ainda neste tópico); 2) Por que a Administração Pública realiza concursos públicos para o provimento de cargos públicos de provimento efetivo? Por que existem princípios, a exemplo do *princípio da impessoalidade*.

ATENÇÃO!

Todos os princípios da Administração Pública são PRINCÍPIOS CONSTITUCIONAIS, pois possuem um fundamento na Constituição Federal.

Existem, no entanto, princípios constitucionais explícitos, que estão escritos na Constituição Federal e princípios constitucionais implícitos (também denominados de reconhecidos ou decorrentes, já que a sua existência ocorre a partir do trabalho dos estudiosos - doutrina - e tribunais - jurisprudência). Importante ressaltar que, embora o princípio constitucional implícito que não esteja escrito na CF, como acabamos de apontar, a Administração Pública deve obediência da mesma forma.

Assim, cuidado com uma pegadinha muito comum de encontrarmos em provas de concursos públicos: em caso de choque (antinomia) entre um princípio constitucional explícito e um princípio constitucional implícito, o primeiro deve prevalecer, pois está escrito na CF? A resposta é NÃO!!! Isso porque, **não existe hierarquia entre princípio constitucional explícito e princípio constitucional implícito**. Nesta situação, deve ser analisado o caso concreto e, a partir da adoção da **técnica da ponderação**, verificado qual o princípio que deverá prevalecer.

CUIDADO

Alguns princípios são implícitos na Constituição Federal, mas, tendo em vista todo ordenamento jurídico, são considerados explícitosEx: proporcionalidade/ razoabilidade, segurança jurídica (Lei nº 9.784/99) e continuidade do serviço público (Lei nº 8.987/95). Esses princípios, embora implícitos na CF, estão escritos/expressos em leis (normas infraconstitucionais) que integram o ordenamento jurídico brasileiro.

Neste momento, de forma objetiva e resumida, podemos apresentar o seguinte panorama, para facilitar a nossa compreensão:

- Normas Jurídicas
  - Regras
  - **Princípios** (Constitucionais)
    - **Explícitos** (LIMPE)
      - Legalidade
      - Impessoalidade
      - Moralidade
      - Publicidade
      - Eficiência
    - **Implícitos** (Reconhecidos)
      - Finalidade
      - Especialidade
      - Autotutela
      - Motivação
      - Proporcionalidade/razoabil.
      - Continuidade do serviço públ.
      - Segurança jurídica.

2. PEDRAS DE TOQUE

O sistema administrativo é constituído a partir de dois grandes princípios, que são denominados de "PEDRAS DE TOQUE DO DIREITO ADMINISTRATIVO". Isso porque todos os princípios que integram o regime jurídico administrativo possuem fundamento nesses dois grandes princípios: SUPREMACIA do interesse público sobre o privado e INDISPONIBILIDADE do interesse público pela Administração Pública.

O interesse público presente nas duas pedras de toque, compreende a dimensão pública dos interesses pessoais, resultando do conjunto dos interesses que os indivíduos, pessoalmente, têm quando considerados em sua qualidade de membros da sociedade e pelo simples fato de o serem.

CUIDADO: o interesse público que integra o conteúdo das pedras de toque do Direito Administrativo é o **interesse público primário** ou interesse público que compreende os fins que cabe ao Estado proteger, como justiça, segurança pública, e bem-estar social. Não se confunde com o **interesse público secundário**, que corresponde ao interesse da pessoa jurídica de direito público de zelas pelos cofres públicos, maximizando-se a arrecadação e minimizando-se as despesas.

- SUPREMACIA DO INTERESSE PÚBLICO SOBRE O PRIVADO (BENEFÍCIOS): informa que os interesses públicos devem prevalecer sobre os interesses privados, sendo pressuposto de uma ordem social estável.

O princípio da supremacia compreende dois aspectos:

a) **Prerrogativas**: benefícios que a Administração Pública possui. **Exs**: prazos processuais ampliados e prazos prescricionais especiais.

b) **Supremacia propriamente dita**: fundamenta a posição de autoridade (poder de império) que tem o Poder Público frente ao particular. **Exs**: requisição administrativa; cláusulas exorbitantes nos contratos administrativos.

- INDISPONIBILIDADE, PELA ADMINISTRAÇÃO, DOS INTERESSES PÚBLICOS (RESTRIÇÕES): se, por um lado, a Administração Pública possuem algumas prerrogativas que decorrem da supremacia do interesse público sobre o interesse privado, por outro lado, a mesma Administração Pública está sujeita a sujeições/restrições/limitações que são impostas pelo ordenamento jurídico. Isso porque, o administrador público não pode tratar o interesse público como se fosse sua propriedade. Conclui-se, portanto, que o princípio da supremacia é mitigado pelo princípio da indisponibilidade, de modo que não pode ser considerado absoluto.

Podem ser citados como exemplos que decorrem desta segunda pedra de toque: a) Continuidade do serviço público; b) Controle administrativo de seus atos; c) Um determinado servidor público do TRT não pode renunciar uma receita sem previsão legal.

ATENÇÃO!

Por não estarem escritos na Constituição Federal, os princípios da supremacia do interesse público sobre o interesse privado e o da indisponibilidade do interesse público pela Administração Pública são considerados princípios constitucionais implícitos.

3. PRINCÍPIOS CONSTITUCIONAIS EXPLÍCITOS

Como citamos acima, tais princípios são aqueles que estão escritos/expressos na Constituição Federal. De acordo com o art. 37, *caput*, da CF, são os seguintes: Legalidade, Impessoalidade, Moralidade, Publicidade e Eficiência.

3.1. Princípio da legalidade

Inicialmente, é importante ressaltar que existe um significado do princípio da legalidade para o particular e para a Administração Pública. Para o particular, a legalidade (geral) representa a ideia de vinculação negativa à lei (não contradição à lei), de modo que o particular pode fazer tudo que não está proibido pela lei. Já para a Administração Pública, a legalidade (administrativa), representa a ideia de vinculação positiva à lei (subordinação à lei), impondo que a Administração Pública só pode fazer o que estiver prescrito em lei.

ATENÇÃO!
Com a evolução do modelo de Estado, a legalidade administrativa também passar por uma transformação, de modo que a Administração Pública, além de estar obrigada a cumprir um determinado dispositivo legal (**princípio da legalidade em sentido estrito**), deve obediência a todo Direito, incluindo os demais princípios constitucionais (**princípio da legalidade em sentido amplo** ou **princípio da juridicidade**). Assim, se um servidor do TRT pratica um ato contrário ao princípio da eficiência, poderá ser anulado pela Administração Pública ou pelo Poder Judiciário, por ofensa ao princípio da legalidade (em sentido amplo).

CUIDADO para não confundir:

1) Princípio da legalidade X **Princípio da reserva legal**: este significa que algumas matérias somente podem ser reguladas por uma espécie normativa específica denominada lei. Ex: Criação de cargos públicos dentro do Poder Executivo.
2) Princípio da Reserva Legal X **Princípio da Reserva da Administração**: para este princípio, algumas matérias somente podem ser reguladas pela própria Administração Pública, por meio de ato específico do chefe do Poder Executivo, denominado **decreto autônomo**. Tais matérias estão previstas no art. 84, inc. VI, da CF:
   a) Organização e funcionamento da Administração Pública, quando não implicar em aumento de despesa nem criação ou extinção de órgãos públicos;
   b) Extinção de funções ou cargos públicos, quando vagos.
3) Circunstâncias de **legalidade extraordinária**: medida provisória, lei delegada, Estado de Sítio e Estado de Defesa.

3.2. Princípio da impessoalidade

Impessoal é aquilo que não pertence a uma pessoa em especial, impondo que a Administração Pública atue com uma ausência de subjetividade, tratando os administrados sem discriminações, boas ou ruins.

Para a nossa prova de concurso público, deve-se entender que o princípio da impessoalidade possui um conteúdo jurídico próprio, tendo uma relação direta com dois outros princípios: finalidade (alcance do interesse público) e isonomia.

PEGADINHA DE PROVA! O princípio da impessoalidade não veda qualquer tratamento diferenciado na Administração Pública, mas apenas aqueles que não possuem respaldo no Direito. Assim, é possível que a Administração Pública publique um edital de concursos públicos apenas para mulheres, sem que tal restrição ofenda o princípio da impessoalidade. Basta que essa restrição **seja compatível** com as atribuições que são próprias do cargo público a serem ocupados. Exemplo: concurso público destinado ao provimento de cargos públicos, cujas atribuições compreendem a revista das presidiárias nos presídios femininos.

Por fim, ressalta-se que o princípio da impessoalidade também deve ser analisado sob a ótica do agente, de modo que o ato por ele praticado pertence à pessoa jurídica da qual ele faz parte. É o que fundamenta a responsabilidade civil objetiva do Estado, prevista no art. 37, § 6º, da CF.

3.3. Princípio da moralidade

A moralidade administrativa deve ser compreendida como um conjunto de regras de conduta (inspiradas nos valores morais sociais) que são retiradas da rotina e da disciplina existente internamente na Administração Pública, refletindo o seu modo de atuar e condicionando todo agir administrativo.

A moral que é protegida pelo princípio da moralidade não é a **moral comum ou social** (normas sociais de conduta), mas, sim, a moral **administrativa ou jurídica**, que é definida a partir da adoção de critérios objetivos extraídos das normas de conduta do agente público previstas no nosso ordenamento jurídico.

CUIDADO 01:

Nem todo ato imoral é ilegal. Ex: atual prefeito que, desejando inviabilizar o orçamento para a Administração seguinte, concede aumento excessivo aos servidores públicos antes dos 180 dias do término do mandato (prazo previsto na lei para que haja o referido aumento).

CUIDADO 02:

- Moralidade = probidade? Resp.: SIM (como princípios).
- Imoralidade = improbidade? Resp = NÃO (como infrações). Considerando que a Lei nº 8.429/92 prevê três espécies de atos de improbidade administrativa (enriquecimento ilícito, prejuízo ao erário e ofensa a princípios da Administração Pública), tem-se que a ofensa ao princípio da moralidade (imoralidade) constitui uma **espécie** de improbidade (art. 11 da Lei nº 8.429/92).

CUIDADO 03:

Súmula Vinculante nº 13 (vedação à prática do nepotismo): "A nomeação de cônjuge, companheiro ou parente em linha reta, colateral ou por afinidade, até o terceiro grau, inclusive, da autoridade nomeante ou de servidor da mesma pessoa jurídica investido em cargo de direção, chefia ou assessoramento, para o exercício de cargo em comissão ou de confiança ou, ainda, de função gratificada na administração pública direta e indireta em qualquer dos poderes da União, dos Estados, do Distrito Federal e dos Municípios, compreendido o ajuste mediante designações recíprocas, viola a Constituição Federal."

Observações importantes sobre a SV nº 13:

a) A vedação à prática do nepotismo independe de lei em sentido formal, pois os princípios constitucionais da Administração Pública, especialmente os princípios da moralidade, impessoalidade e eficiência, por si só, vedam tal prática.

b) De acordo com a orientação do STF, os agentes políticos, a exemplo dos Secretários de Estado, quando estes são os destinatários da nomeação, não são atingidos pela SV nº 13. Assim, o Governador do Estado pode nomear a sua esposa para o cargo de Secretária de Estado da Ação Social, sem que essa nomeação constitua nepotismo.

c) Também de acordo com a orientação do STF, os membros do Tribunal de Contas, não obstante a forma de investidura, não são considerados agentes políticos, mas, ao contrário, agentes administrativos, de modo que, a sua nomeação é atingida pelo teor da Súmula Vinculante nº 13.

3.4. Princípio da publicidade

O princípio da publicidade determina que as informações sejam, **como regra**, divulgadas, a fim de que haja a **transparência** do ato administrativo e facilite o **controle** do próprio ato. Estas são as duas finalidades que se destacam do princípio da publicidade e que você, concurseiro, precisa guardar: transparência + controle.

Para a nossa prova de concurso, devemos entender que o **princípio da publicidade** é **relativo**, pois algumas informações são protegidas pelo sigilo (informações relacionadas à intimidade das pessoas; à segurança da sociedade e do Estado).

A publicidade é condição para a eficácia do ato administrativo (aptidão para produzir efeitos e, como regra, ocorre com a publicação no Diário Oficial. "Como regra" porque eventualmente a informação é publicada em outro meio, como, por exemplo, jornal diário de grande circulação, quando não há imprensa oficial.

3.5. Princípio da eficiência

O princípio da eficiência exige que a Administração atue com economicidade (*fazer mais com o menos*), de modo que sejam eliminados processos considerados burocráticos.

Este princípio foi explicitado na Constituição Federal pela Emenda Constitucional nº 19/98, que teve por objetivo implantar na Administração Pública brasileira a figura do Estado Gerencial. Algumas decorrências do princípio da eficiência são comuns de serem cobradas em provas de concursos públicos: a) Estabelecimento de metas; b) Aferição de resultados; c) Ampliação de autonomia dos entes administrativos; d) Redução dos controles de atividades-meio; e) Contrato de gestão; f) Avaliação especial de desempenho; g) Avaliação periódica de desempenho; h) Gestão participativa dos usuários no serviço público (art. 37, § 3º, CF).

Importante ressaltar que o princípio da eficiência incide tanto no âmbito interno, quanto no âmbito externo, nos seguintes termos:

- **Eficiência**
  - Serviços Externos (usuários do SP)
    - Direitos dos usuários
    - Responsabilidade dos prestadores
  - Serviços Internos (agentes públicos)
    - Economicidade
    - Boa-qualidade

4. PRINCÍPIO CONSTITUCIONAIS IMPLÍCITOS

Como vimos acima, princípios constitucionais implícitos são aqueles que não estão escritos na Constituição Federal, mas que a Administração Pública também deve obediência, diante do reconhecimento que é feito pela doutrina e pela jurisprudência.

4.1. Princípio da finalidade

A lei, ao traçar uma conduta, tem em vista uma finalidade a ser alcançada, um objetivo a ser atingido. Existe, no entanto, uma **finalidade em sentido amplo ou genérica** (finalidade própria de todas as leis, que corresponde ao alcance do interesse público – todo ato administrativo tem por finalidade o alcance do interesse público) e uma **finalidade em sentido estrito ou específica** (é o resultado específico que cada ato deve produzir, conforme definido na lei).

Cuidado para não confundirem o significado de três expressões: abuso de poder, excesso de poder e desvio de poder. O **abuso de poder** corresponde a uma atuação contrária ao Direito e tem, como espécies, o **excesso de poder** (vício do elemento competência – Ex: a autoridade aplica penalidade mais grave do que tem competência) e o **desvio de poder** (vício do elemento finalidade – Ex: desapropriação de um bem de adversário político, sem os requisitos de utilidade e necessidade pública).

4.2. Princípio da especialidade

É o princípio que conduz a criação de entidades administrativas (autarquias, fundações públicas, sociedades de economia mista e empresas públicas), de modo que cada pessoa jurídica que integrará a estrutura da Administração Pública Indireta deve ser criada para o desenvolvimento de uma atividade específica. Tal princípio impõe que as atividades que serão desenvolvidas pelas entidades administrativas devem ser expressamente previstas em lei.

4.3. Princípio da autotutela

É o princípio que fundamenta o poder que tem a Administração Pública de controlar os seus próprios atos administrativos, seja anulado-os, no caso de ilegalidade, seja revogando-os, no caso de conveniência/oportunidade. Não confundam **autotutela** com **tutela administrativa** (ou tutela)! Esta corresponde à possibilidade que têm as entidades políticas de controlar os atos das entidades administrativas (controle finalístico).

4.4. Princípio da motivação

É o princípio que impõe à Administração Pública a exteriorização das razões que levaram à sua decisão. A motivação, como regra, é obrigatória, seja para atos administrativos vinculados, seja para atos administrativos discricionários. CUIDADO: **motivação** não se confunde com **motivo**. Os motivos são as razões de fato e de direito que justificam a prática do ato administrativo. Já a motivação representa a explicitação dos motivos. Todo ato administrativo tem motivo, mas nem todo ato administrativo será motivado (ex: ato de exoneração de ofício de servidor que ocupa cargo público de provimento em comissão). PEGADINHA DE PROVA: embora o princípio da motivação seja considerado, como regra, um princípio constitucional implícito, se a prova do concurso perguntar sobre o princípio da motivação em relação às decisões administrativas dos tribunais, tal princípio será considerado constitucionalmente explícito (diante da redação do art. 93, inc. X, da Constituição Federal).

4.5. Princípio da proporcionalidade/razoabilidade (proibição ao excesso)

A medida administrativa deve atender, ao mesmo tempo, três dimensões: a) Adequação: conformidade ou adequação dos meios empregados (relação entre meios e fins); b) deve ser adotada a medida menos gravosa; e c) Proporcionalidade em sentido estrito: mandado de ponderação: o ônus imposto pela medida do administrador público deve ser inferior ao benefício por ela desejado (vantagem > desvantagem). EXCEÇÃO: quando a prova se referir ao princípio da razoabilidade em relação à duração de um processo (judicial ou administrativo), devemos entender que, nesta hipótese, a razoabilidade será um princípio constitucional explícito, pois , de acordo com o art. 5º, inc. LXXXVIII, da CF, inserido pela Emenda Constitucional nº 45: "a todos, no âmbito judicial e administrativo, são assegurados a **razoável** duração do processo e os meios que garantam a celeridade de sua tramitação."

4.6. Princípio da continuidade do serviço público (permanência)

Determina que o serviço público deve ser prestado de forma adequada e contínua, sem interrupções. Tal princípio, considerado como uma das Leis de Rolland (igualdade, mutabilidade e continuidade) no entanto, é **relativo**, pois a Lei nº 8.987/95, que regula as concessões e permissões de serviço público, dispõe que o serviço público pode ser interrompido nas seguintes hipóteses: a) Interrupção em situação de emergência; b) Razões de ordem técnica ou de segurança das instalações– necessário o prévio aviso; c) Inadimplemento do usuário (necessário o prévio aviso ao usuário).

Em relação a este princípio, vale destacar que o servidor público civil tem **direito de greve** previsto no art. 37, inc. VII, da CF, nos seguintes termos: "o direito de greve será exercido nos termos e nos limites definidos em lei específica." Embora se trate de uma norma constitucional de eficácia limitada, o servidor público, de acordo com o entendimento do

STF, poderá gozar do direito de greve, aplicando-se a Lei Geral de Greve da iniciativa privada (Lei nº 7.883/89), enquanto não for editada lei específica. NOVIDADE: de acordo com recentíssima decisão do STF, admite-se a suspensão da remuneração durante o movimento grevista, salvo se o fundamento da greve for um comportamento ilícito da Administração Pública (ex: ausência do pagamento da remuneração).

4.7. Princípio da segurança jurídica (proteção à confiança)

Trata-se de uma garantia assegurada pela Constituição Federal ao administrado para que uma determinada situação concreta de direito não seja alterada. Busca-se uma estabilidade nas relações jurídicas, de modo que a Administração Pública tenha comportamentos que são esperáveis a médio e longo prazo. Destacam-se duas decorrências deste princípio, que são muito cobradas em provas de concursos: impossibilidade de aplicação retroativa de nova interpretação jurídica dada a um mesmo dispositivo legal (art. 2º, Lei nº9.784/99) e prazo para a anulação de um ato administrativo (art. 54, Lei nº9.784/99).

2. Organização administrativa

SUMÁRIO: 1. Administração pública: conceito, sentidos e princípios. 2. Administração direta, indireta, centralizada e descentralizada. 3. Autarquias, fundações, empresas públicas e sociedades de economia mista. 4. Outras nomenclaturas. 5. Órgãos públicos: conceito, natureza e classificação. 6. Entidades paraestatais (terceiro setor).

ATENÇÃO!

Inicialmente, uma observação importante! Embora o conteúdo do cargo de Técnico Judiciário – Área Administrativa seja bem sucinto ("organização administrativa: administração direta e indireta"), entendemos que os outros temas podem ser cobrados, dentro da rubrica prevista no edital. Assim, tanto para Técnico como para Analista, aconselhamos a leitura de todo capítulo de organização administrativa.

1. ADMINISTRAÇÃO PÚBLICA: CONCEITO, SENTIDOS E PRINCÍPIOS

Sinteticamente, pode ser apresentado o seguinte **conceito** de administração pública: gestão dos bens ou interesses da coletividade.

A expressão administração pública, no entanto, compreende alguns **sentidos**, que são muito comuns de encontrarmos em provas de concursos públicos:

a) **Sentido amplo**: compreende todos os poderes estruturais do Estado (órgãos administrativos + órgãos políticos).

b) **Sentido estrito**: compreende apenas os órgãos administrativos.

c) **Sentido objetivo, material ou funcional**: refere-se às **funções administrativas** que são exercidas.

d) **Sentido subjetivo, formal ou orgânico**: é o conjunto de órgãos **e pessoas** que foram o aparelhamento necessário para o desenvolvimento das atividades administrativas.

De acordo com o Decreto-lei nº 200/67, a administração pública deve ser regida pelos seguintes **princípios** básicos: a) Princípio do planejamento (dever de elaborar planos e programas); b) Princípio da coordenação (harmonizar as ações administrativas, visando evitar o desperdício de recursos financeiros e duplicidade de atuação); c) Princípio da descentralização administrativa (a partir da criação de entidades administrativas); d) Princípio da delegação de competência (transmissão de poderes decisórios); e) Princípio do controle (acompanhamento sistemático da execução dos planos e programas governamentais pelos órgãos e chefias competentes).

2. ADMINISTRAÇÃO DIRETA, INDIRETA, CENTRALIZADA E DESCENTRALIZADA

Didaticamente, a Administração Pública pode ser dividida em Administração Pública direta (composta pelas entidades políticas) e Administração Pública indireta (composta pelas entidades administrativas):

- **Entidades Políticas** ou Entidades Federativas: integram Administração Pública Direta ou Centralizada (Estado executa as suas atividades diretamente ou por meio de seus órgãos ou agentes, pressupondo, portanto, a existência de apenas uma pessoa jurídica): UNIÃO, ESTADOS, DISTRITO FEDERAL E MUNICÍPIOS

As entidades políticas possuem **autonomia política** (além da autonomia administrativa, financeira e técnica). Características da autonomia política: **auto-governo** (poder de eleger os seus representantes), **auto-administração** (poder de estruturar os seus serviços públicos) e **auto-organização** (poder de editar os seus atos constitutivos).

- **Entidades Administrativas**: integram a Administração Pública Indireta ou Descentralizada (o Estado realiza suas funções por meio de outras pessoas jurídicas, pressupondo, portanto, a existência de 02 pessoas jurídicas): AUTARQUIA, FUNDAÇÃO PÚBLICA, SOCIEDADE DE ECONOMIA MISTA E EMPRESA PÚBLICA.

- Centralização X Descentralização ADMINISTRATIVA (tema de Direito Administrativo): manutenção da execução da atividade administrativa dentro da mesma pessoa política ou transferência da execução da atividade administrativa a outra pessoa jurídica, com personalidade jurídica própria, que não a pessoa política, pública ou privada. Formas de descentralização administrativa:
  - **Territorial**: criação de territórios (pessoa jurídica de direito público interno de natureza administrativa – competência administrativa genérica). Para alguns autores, os territórios são denominados de *autarquias territoriais*.
  - **Funcional** ou **por serviço** ou **técnica** (outorga): a entidade política cria ou autoriza a criação de uma pessoa jurídica (pública ou privada) para descentralizar o serviço. Forma: LEI + transferência da <u>titularidade</u> e <u>execução</u> do serviço público a outra pessoa jurídica, que integrará a estrutura da Administração Pública indireta. Ex: autarquias, fundações públicas, empresas públicas e sociedades de economia mista.
  - **Por colaboração** (delegação): a entidade política descentraliza o serviço para uma pessoa jurídica já existente. Forma: CONTRATO ou ATO ADMINISTRATIVO + transferência da <u>execução</u> do serviço público a uma pessoa jurídica já existente no mercado. Ex: Concessionárias, permissionárias e autorizatárias de serviço público.

PS01: Parte da doutrina entende que a outorga somente pode ser efetivada para pessoas jurídicas com personalidade jurídica de direito público, ou seja, autarquias e fundações públicas de direito público. Assim, para esta corrente doutrinária, as fundações públicas de direito privado, as empresas públicas e as sociedades de economia mista receberiam o serviço público por meio de descentralização por colaboração ou delegação.

PS02: Para uma moderna corrente doutrinária, não existe a possibilidade da transferência da titularidade do serviço público, como explicitamos na outorga. Assim, para esta doutrina, subsistirá apenas a primeira diferença (em relação à forma) entre a outorga e a delegação, de modo que a descentralização passa a ser sinônimo de delegação, que pode ser LEGAL (AP Indireta) ou NEGOCIAL (concessionárias, permissionárias e autorizatárias de serviço público)– subsiste apenas a primeira diferença (lei ou contrato, a depender do caso).

CUIDADO!

NÃO existe hierarquia entre entidade política e entidade administrativa. Por esta razão, não podemos afirmar que, entre elas, existe uma relação de subordinação (as entidades administradas não estão subordinadas às entidades políticas). Ao contrário, entre elas, **existe uma relação de vinculação**, de modo que as entidades políticas possam exercer um controle de finalidade (controle finalístico) sobre os atos das entidades administrativas, com fundamento na tutela administrativa. Esse controle, no âmbito federal, recebe o nome de **supervisão ministerial**, pois a entidade administrativa da administração pública indireta federal está vinculada a um Ministério

3. AUTARQUIAS, FUNDAÇÕES PÚBLICAS, EMPRESAS PÚBLICAS E SOCIEDADES DE ECONOMIA MISTA

As **autarquias** são pessoas jurídicas com personalidade jurídica de **direito público** criadas para o desenvolvimento de atividades TÍPICAS DE ESTADO (típicas dos Entes Federativos). – serviços que exijam maior especialização do Estado sem que haja a burocracia do Estado. Trata-se de uma noção residual: estão excluídos do âmbito de atuação das autarquias os serviços de natureza econômica e industrial (atividades que serão desenvolvidas por pessoas jurídicas que possuem personalidade jurídica de direito privado). Exemplo: INSS.

As **fundações públicas** são entidades administrativas com personalidade jurídica de direito público ou de direito privado, que se originam a partir de um patrimônio público personalizado, segundo regras de Direito Público, destinado à persecução de finalidades de interesse da coletividade. Exemplo: IBGE. CUIDADO 01: as fundações públicas com personalidade jurídica de direito privado não se confundem com as fundações privadas. Enquanto as primeiras são entidades administrativas, as últimas não integram a estrutura da Administração Pública (Ex: Fundação Roberto Marinho). CUIDADO 02: as fundações públicas de direito público possuem a natureza jurídica de autarquias e, por esta razão, também são denominadas de "autarquias fundacionais" ou "fundações autárquicas".

As **empresas públicas** e **sociedades de economia mista** são pessoas jurídicas com personalidade jurídica de direito privado, responsáveis pela prestação de um serviço público (*prestadoras*) ou pela exploração de uma atividade econômica (*exploradoras*). Exemplos: Empresa Brasileira de Correios e Telégrafos (Correios), Petrobrás, Caixa Econômica e Banco do Brasil.

Pontos em comum da EP e SEM:

- São entidades administrativas;
- São denominadas de empresas estatais;
- Possuem personalidade jurídica de direito privado;
- O regime jurídico é de direito privado, derrogado, parcialmente, por normas de direito público, por integrarem a estrutura da administração pública, a exemplo da

necessidade de concurso público para a ocupação dos empregos públicos nos seus quadros de pessoal;

- A exploração de atividade econômica somente se justifica para o atendimento de interesse coletivo ou em caso de imperativo de segurança nacional;
- Criação a partir da edição de uma lei autorizadora;
- Decorrem da técnica da descentralização;
- Os seus atos estão sujeitos ao controle pelo Tribunal de Contas;
- As prestadoras de serviço público sujeitam-se à responsabilidade civil objetiva (independente da comprovação de dolo ou culpa);

Diferenças entre EP e SEM:

	EMPRESAS PÚBLICAS	SOC. ECON. MISTA
Forma de constituição	Qualquer forma	Apenas na forma de sociedade anônima.
Composição do capital	100% público	A maioria do capital pertente ao Poder Público
Foro competente para a propositura de ações em caso de empresas estatais federais	Justiça Federal	Justiça Estadual

CUIDADO: a Lei nº 13.303/2016 dispõe sobre o estatuto jurídico da empresa pública, da sociedade de economia mista e de suas subsidiárias, abrangendo toda e qualquer empresa pública e sociedade de economia mista da União, dos Estados, do Distrito Federal e dos Municípios, que explore atividade econômica de produção ou comercialização de bens ou de prestação serviços, ainda que a atividade econômica esteja sujeita ao regime de monopólio da União ou seja de prestação de serviços públicos. Dentre as novidades desta lei, destacam-se os seguintes pontos:

a) As empresas públicas e as sociedades de economia mista deverão elaborar um **estatuto** que deverá observar, necessariamente, **regras de governança corporativa**, de transparência e de estruturas, prática de gestão de riscos e de controle interno, composição da administração e, havendo acionistas, mecanismos para a sua proteção;

b) Dentre os requisitos de transparência que são obrigatórios nas empresas estatais, há a elaboração de uma **carta anual**, subscrita pelos membros do Conselho de Administração, com a explicitação dos compromissos de consecução de objetivos de política pública, em atendimento ao interesse coletivo ou ao imperativo de segurança nacional que justificou a autorização para suas respectivas criações, com definição clara dos recursos a serem empregados;

c) As empresas estatais deverão adotar **regras de estruturas e práticas de gestão de riscos e controle interno**. Com este fundamento, o estatuto social deverá prever a possibilidade de que a área **de compliance** se reporte diretamente ao Conselho de Administração, em situações em que se suspeite do envolvimento do diretor-presidente em irregularidades ou quando este se furtar à obrigação de adotar medidas necessárias em relação à situação a ele relatada;

d) A lei estabelece requisitos para a composição do conselho de administração (prazo de gestão não superior a 02 anos, sendo permitidas, no máximo, 03 reconduções consecutivas) e conselho fiscal (prazo de gestão não superior a 02 anos, permitidas duas reconduções consecutivas).

e) Regras específicas relacionadas ao processo licitatório, que serão analisadas no tópico próprio, mais adiante.

Os requisitos para a **criação** de uma entidade administrativa estão previstos no art. 37, incs. XIX, da Constituição Federal, que possui a seguinte redação: "somente por **lei específica** poderá ser **criada** autarquia e **autorizada** a instituição de empresa pública, de sociedade de economia mista e de fundação, cabendo à lei complementar, neste último caso, definir as áreas de sua atuação." Algumas observações importantes:

a) Autarquia: **lei criadora** ordinária específica (a existência da autarquia ocorre a partir da vigência da lei criadora).

b) Demais entidades administrativas: **lei autorizadora** ordinária específica (a existência das demais entidades ocorre a partir do registro dos seus atos constitutivos – se tiver natureza comercial, será o contrato social, que será registrado na Junta Comercial; se tiver natureza civil, será o estatuto, que será registrado no Cartório de Registro Civil de Pessoa Jurídica).

c) Fundação pública de direito público: lei criadora e não lei autorizadora, pois, como vimos acima, a fundação pública com personalidade jurídica de direito público é espécie de autarquia. ATENÇÃO: somente marcar desta forma na prova se a questão especificar que se trata de uma fundação pública com personalidade jurídica de direito público.

d) **Subsidiárias** são pessoas jurídicas que oferecem uma atividade de suporte à atividade-fim da entidade administrativa (ex: Transpetro). A criação de subsidiárias das entidades administrativas, de acordo com o art. 37, inc. XX, da CF, depende, em qualquer caso, de **lei autorizadora.** CUIDADO: de acordo com o STF, a autorização legislativa para a criação de subsidiárias é genérica, ou seja, se a própria responsável pela criação da entidade administrativa já prevê no seu texto a criação de subsidiárias, não há a necessidade de nova lei autorizando a criação das subsidiárias.

e) Em relação às fundações públicas, além da lei ordinária que é responsável pela autorização de sua criação, o art. 37, inc. XIX, 2ª parte, da CF, prevê a edição de uma lei complementar, responsável por definir as áreas de atuação das fundações públicas. Percebam que são duas leis distintas.

4. OUTRAS NOMENCLATURAS

São espécies de administrativas que recebem, diante de algumas peculiaridades, outras nomenclaturas ou qualificações. Tenham cuidado, pois não se tratam de novas entidades administrativas, mas, como veremos, espécies de uma das entidades administrativas que estudamos no tópico anterior: autarquia, fundação pública, sociedade de economia mista e empresa pública.

- **Associação Pública**: é a nomenclatura que é dada quando a pessoa jurídica criada para gerenciar um consórcio público possuir personalidade jurídica de direito público. São espécies de autarquias (*autarquias associativas*).

- **Autarquias de regime especial**: Rótulo dado a algumas autarquias para a ampliação da autonomia financeira e orçamentária. Exs: Banco Central, USP, Comissão Nacional de Energia Nuclear.

- **Agência reguladora:** são autarquias em regime especial criadas para regular um setor da economia ou regular um serviço público prestado por um particular (função regulatória). Exemplos: ANATEL, ANP, ANEEL, ANCINE, ANVISA. A Anatel (art. 21, XI, CF) e ANP (177, § 2º, III, CF) são as únicas agências reguladoras com fundamento constitucional expresso. O traço marcante das agências reguladoras é a sua autonomia reforçada, com destaque para as seguintes situações, previstas na Lei nº 9.986/2000:

  a) Forma específica para a nomeação dos dirigentes: os dirigentes serão escolhidos e nomeados pelo presidente da república, após a aprovação pelo Senado Federal;

  b) Os dirigentes possuem mandato fixo, com estabilidade reforçada, de modo que somente perderão o mandato em caso de renúncia, de condenação judicial transitada em julgado ou de processo administrativo disciplinar;

  c) A fim de se evitar o poder de captura pelo poder econômico, o ex-dirigente fica impedido para o exercício de atividades ou de prestar qualquer serviço no setor regulado pela respectiva agência, por um período de quatro meses, contados da exoneração ou do término do seu mandato. Tal período é denominado de período de quarentena e o ex-dirigente receberá a remuneração do cargo, mesmo sem exercer as suas atividades. Cuidado: a lei específica da agência reguladora pode estabelecer outro prazo, desde que seja superior a quatro meses.

  d) No que tange aos aspectos técnicos, não cabe recurso hierárquico impróprio em face dos atos técnicos das agências reguladoras.

- **Agências executivas** é um rótulo que é dado a uma autarquia ou fundação pública quando essas entidades celebram um contrato de gestão com o Poder Público e possuem um plano estratégico de reestruturação e desenvolvimento institucional em andamento. A qualificação é dada por DECRETO do Chefe do Poder Executivo. Ex: INMETRO

- **Conselhos de fiscalização profissional ou** órgãos **públicos**: são autarquias que têm por finalidade controlar o exercício de determinada categoria profissional. Atenção: para o STF, a OAB, embora seja qualificado como um conselho de fiscalização profissional, não tem a natureza jurídica de autarquia e sim de "serviço público independente" ou de "entidade sui generis".

5. ÓRGÃOS PÚBLICOS: CONCEITO, NATUREZA E CLASSIFICAÇÃO

Os órgãos **públicos** são centros de competência **despersonalizado** (sem personalidade jurídica), que se situam no âmbito interno das entidades políticas e administrativas, responsáveis pelo desenvolvimento da atividade administrativa de forma **desconcentrada**.

- Desconcentração: esta é uma divisão interna de competências (criação de órgãos públicos – são criados e extintos por meio de lei). Atenção: pode ocorrer no âmbito de uma entidade política ou de uma entidade administrativa. Relembrando: descEntralização (criação de Entidades administrativas) x descOncentração (criação de Órgãos públicos).
- A teoria que melhor explica a relação do órgão público com a Administração Pública é a **teoria do** órgão, também denominada de teria da imputação ou teoria da imputação da vontade ou teoria da imputação volitiva, concebida pelo jurista Otto Gierke. Segundo esta teoria, a atuação do órgão público é imputada à pessoa jurídica da qual ele faz parte, de modo que não haja uma relação de representação, mas, ao contrário, uma **relação de presentação** (a União, por exemplo, se faz presente na atuação de um determinado Ministério).
- **Características especiais**: Embora o órgão público não tenha personalidade jurídica, ele possui duas características especiais: a) **Capacidade contratual**: capacidade que têm os órgãos públicos de celebrar um contrato, que é o contrato de gestão, com previsão no art. 37, § 8º, da CF; b) **Capacidade processual**: capacidade que têm os órgãos públicos de alto escalão/de elevado nível, de propor ações judiciais na defesa de suas prerrogativas.
- **Classificação**:

a) Quanto à estrutura: **simples** (apenas 01 centro de competência – SEM divisão interna) e **compostos** (+ de 01 centro de competência – COM divisão interna)

b) Quanto à atuação funcional: **singular/unipessoal** (só um agente) e **colegiago/pluripessoal** (mais de um agente).

c) Quanto à posição estatal ou independência funcional: **independentes** (órgãos de cúpula de cada poder – os Tribunais, por exemplo, são órgãos públicos independentes, **autônomos** (logo abaixo dos órgãos independentes, colaboram com estes na tomada de decisão estatal. Ex: Ministérios), **superiores** (Ex: Departamentos) e **subalternos** (Ex: Portaria, protocolo, limpeza).

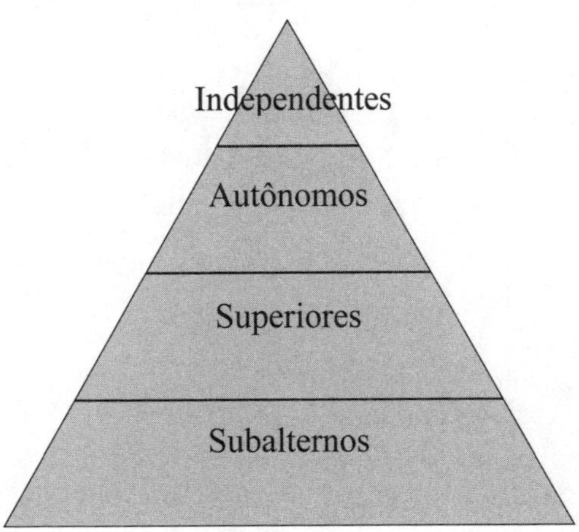

6. ENTIDADES PARAESTATAIS (TERCEIRO SETOR)

Entidades paraestatais são pessoas jurídicas de direito privado **não integrantes da estrutura da Administração Pública**, que, agindo ao lado do Estado, colaboram com este no desempenho de atividade **não lucrativa** (mas podem ter *superávit* = receita > despesa), recebendo, por isso, especial proteção estatal, a exemplo de subsídios oferecidos pelo Poder Público. Esta atividade de incentivo que o Estado desenvolve em benefício das entidades paraestatais é denominada de **fomento**, que é uma das funções administrativas. Espécies:

- **Serviços Sociais Autônomos**: LEI – atividade de assistência ou ensino a certas categorias sociais ou grupos profissionais. Ex: SESC, SEBRAE, SENAI, SENAC, SENAT.
- **Entidades de Apoio**: CONVÊNIO – fundações que funcionam dentro de universidades públicas ou hospitais públicos. Ex: Fundação Faculdade de Direito, FAPEX
- **Organização Social** (OS): CONTRATO DE GESTÃO (Lei nº 9.637/98) – desempenho de serviço público de natureza social
- **Organização da Sociedade Civil de Interesse Público** (OSCIP): TERMO DE PARCERIA (Lei nº 9.790/99) – desempenho de serviços sociais não exclusivos do Estado.

3. Atos administrativos

SUMÁRIO: 1. Conceito e natureza jurídica. 2. Elementos ou requisitos. 2.1. Vinculação e discricionariedade. 2.2. Mérito administrativo. 3. Atributos. 4. Classificação. 5. Espécies. 6. Extinção: revogação e anulação. 7. Convalidação.

1. CONCEITO E NATUREZA JURÍDICA

O **ato administrativo** pode ser conceituado como a manifestação de vontade da Administração Pública, ou de quem lhe faça as vezes (atos de concessionárias que estejam afetados à prestação do serviço público), que, sob um regime de direito público, tem por objetivo atender uma finalidade pública.

Não confundir com **atos da administração**, que são todos os atos que são praticados pela Administração Pública. Já atos administrativos correspondem a uma espécie de atos da administração (relação de gênero e espécie). Quais são os atos da administração?

1. **Atos políticos ou de governo**: expedidos pelo Estado no exercício de funções tipicamente políticas; são expedidos pelo Estado no desempenho de funções de governo. Ex: sanção, iniciativa de projeto de lei, deliberações dos órgãos legislativos.

2 **Atos de gestão**: são atos praticados pela Administração, mas que são regidos pelo Direito Privado (atos horizontais ou atos privados da administração). A Administração desenvolve uma atividade de gestão de seus bens e interesses. Nesses atos, a Administração Pública não dota de prerrogativa de autoridade, atuando em igualdade com o administrado. Ex: doação sem encargos legais; atos no âmbito da exploração de uma atividade econômica por uma empresa estatal.

3 **Atos materiais ou fatos administrativos**: são realizações materiais da Administração Pública. Não expressam qualquer declaração jurídica (embora possam produzir efeitos jurídicos), representando, apenas, atos de execução. Ex: derrubada de um muro, morte de um servidor público, ministério de uma aula.

4. **Atos administrativos**: conceito visto acima.

PEGADINHA DE PROVA: Questão comum de encontrarmos em provas de concurso público é a seguinte: "todo ato administrativo é um ato da administração, mas nem todo ato da administração é um ato administrativo."

Resposta: Em uma análise rápida, poderíamos entender que a questão está correta, diante da relação de gênero e espécie que apresentamos. Ocorre que, a questão está ERRADA, pois existem atos administrativos que não são atos da administração, pois não são praticados pela Administração Pública (atos das concessionárias, por exemplo, como apontamos logo no conceito de ato administrativo).

CUIDADO 01

O ato administrativo tem **natureza jurídica** de ato jurídico, pois ambos têm por objetivo produzir efeitos jurídicos (o ato administrativo também é um acontecimento pelo qual o direito se manifesta). Os atos administrativos, necessariamente, vão produzir efeitos jurídicos? Resposta: NÃO. Há uma potencialidade de produção de efeitos jurídicos.

CUIDADO 02

O silêncio administrativo (ausência de manifestação de vontade da Administração Pública), embora possa produzir efeitos jurídicos, não possuem a natureza jurídica de ato administrativo, mas de **fato jurídico administrativo**.

2. ELEMENTOS OU REQUISITOS

1) COMPETÊNCIA ou SUJEITO COMPETENTE poder atribuído pela lei ao agente para o desempenho de suas atribuições. A competência possui as seguintes **características**: **imprescritível** (não se extingue com a inércia do agente), **inderrogável** (não se transfere a outro órgão por vontade ou acordo entre as partes), **improrrogável** (a competência do órgão não pode ser ampliada, ou seja, não pode permanecer com o agente público incompetente que praticou o ato anteriormente e não teve a objeção de terceiros. Ex: "já que eu fiz e ninguém falou nada, deixa eu continuar fazendo") e **irrenunciável** (o agente que não pode abdicar de competência conferida pela lei). Embora com essas características, a competência é passível de delegação e avoacação:

- **Delegação**: extensão da competência para outro órgão ou agente. Observações importantes: a) Não é sinônimo de transferência de competência, pois a delegação é legal, parcial e por tempo determinado; b) não exige subordinação entre as partes, de modo que a competência pode ser delegada para um agente subordinado ou para um agente de mesma hierarquia. c) o art. 13 da Lei nº 9.784/99 prevê algumas matérias que não podem ser delegadas (matérias indelegáveis): edição de atos normativos, decisão de recursos administrativos e competência exclusiva; Praticado o ato por autoridade, no exercício de competência delegada, contra ela cabe o mandado de segurança ou a medida judicial.
- **Avocação**: atração de competência. Observações importantes: a) Exige relação de subordinação entre as partes: apenas autoridade superior pode avocar a competência de uma autoridade inferior; b) A revogação de delegação não é sinônimo de avocação de competência; c) Desonera o inferior de toda responsabilidade pelo ato invocado pela autoridade superior.

2) FINALIDADE: corresponde ao atendimento do interesse público (**finalidade em sentido amplo ou genérica ou mediata**), bem como aquilo que o ato administrativo visa diretamente, de acordo com a previsão legal(**finalidade em sentido estrito ou específica ou imediata**). Ex: demissão de um servidor público: finalidade mediata é o atendimento ao interesse público e a finalidade imediata é o rompimento do vínculo que o servidor público tem com a Administração Pública.

- **Abuso de Poder**: Excesso de poder (vício do elemento competência – sujeito que não é competente ou sujeito que é competente, mas excede a competência conferida pela lei) X Desvio de poder (vício do elemento finalidade – ex: remoção de servidor público como sanção. Ex: remoção do servidor público como sanção.
- Considerando que o elemento finalidade tem uma relação com o alcance do interesse público, a prova do concurso público dispõe que o elemento finalidade corresponde a um **efeito jurídico mediato** do ato administrativo.

3) FORMA: maneira pela qual se exterioriza o ato administrativo. Como regra, a forma é escrita (solenidade das formas no Direito Público), de modo que também existem atos administrativos que não são praticados na forma escrita, a exemplo da placa de trânsito, que também exprime uma manifestação de vontade da Administração Pública.

- Cuidado: o art. 22 da Lei nº 9.784/99 apresenta uma mitigação em relação aos atos administrativos que integram um processo administrativo: "os atos do processo administrativo não dependem de forma determinada senão quando a lei expressamente a exigir.
- Não confundir forma com **formalização**: esta é a solenidade exigida para a exteriorização de determinados atos administrativos. Ex: ato administrativo de nomeação de determinado servidor público – a forma é escrita, mas a formalização exige a edição de um decreto (solenidade específica para a prática deste ato).

4) MOTIVO: é o fundamento de fato (circunstâncias fáticas) e de direito (fundamentação jurídica – o que está descrito na norma e que serve de base para a prática do ato) que justifica a prática do ato administrativo. Ex: demissão de um servidor público federal – motivos: prática de falta funcional de natureza grave (fundamento de fato) + art. 132 da Lei nº 8.112/90 (este é o artigo do estatuto jurídico que prevê as hipóteses de demissão; este é o fundamento de direito).

- **Motivação**: é a exteriorização/explicitação dos motivos; é a indicação/demonstração de que os pressupostos autorizadores do ato realmente aconteceram. Normalmente se materializa por intermédio dos "considerandos". Observações importantes:

  a) A motivação, como regra, é obrigatória, seja em relação a um ato administrativo vinculado, seja em relação a um ato administrativo discricionário. Exceção: exoneração de servidor público ocupante de cargo público de provimento em comissão (neste caso, o ato administrativo tem motivo, mas não há a necessidade de ser explicitado, ou seja, não há a necessidade de motivação);

  b) A motivação de um motivo falto ou inexistente constitui vício do elemento motivo;

  c) A falta de motivação, quando obrigatória, constitui vício do elemento forma;

  d) **Teoria dos motivos determinantes**: vinculação da Administração Pública aos motivos exteriorizados. Atenção: integra o plano de validade do ato administrativo, ou seja, se não houver compatibilidade entre o motivo exteriorizado e a realidade fática, o ato é passível de anulação. Ex: Indeferimento de férias em virtude da falta de pessoal (o servidor demonstra que, ao invés de falta, existe um excesso de servidores no órgão público naquele período). Neste caso, o ato será anulado e o servidor público poderá gozar as férias no período desejado;

e) A existência de um motivo falso, dentre vários existentes, não invalida todo o ato administrativo;

f) **Móvel**: é a intenção subjetiva do administrador. Relevância na prática de atos discricionários.

g) **Motivação *aliunde***: quando há concordância com a fundamentação de ato administrativo anterior.

5) OBJETO ou CONTEÚDO: é a alteração no mundo jurídico que o ato visa praticar. O objeto deve ser lícito, determinado (ou determinável) e possível.

- O elemento objeto corresponde ao **efeito jurídico imediato** do ato administrativo.

PS: Causa: congruência entre o **motivo** e o resultado/**conteúdo**, tendo em vista a **finalidade** pública. Exemplo: ato que remove o servidor por necessidade do serviço – necessidade de correlação entre a remoção (conteúdo) e a necessidade do serviço (motivo), tendo em vista a melhoria do serviço público (finalidade pública).

PS: O doutrinador Celso Antônio Bandeira de Mello faz uma distinção entre elementos e pressupostos de um ato administrativo. Embora seja uma apresentação específica de um autor, considerada minoritária, algumas provas costumam cobrar essa nomenclatura:

a) Elementos ou Requisitos (realidades intrínsecas ao ato):

- Forma
- Conteúdo: disposição jurídica expressa pelo ato.

b) Pressupostos:

b.1) Pressupostos de existência:

- Objeto
- Pertinência do ato ao exercício da função administrativa

b.2) Pressupostos de validade:

- Pressuposto subjetivo: sujeito
- Pressupostos objetivos: motivo e requisitos procedimentais
- Pressuposto teleológico: finalidade
- Pressuposto lógico: causa
- Pressupostos formalísticos: formalização

2.1. Vinculação e discricionariedade

O elemento de um ato administrativo é **vinculado** quando está previsto, diretamente, na lei, cabendo ao administrador desenvolver uma atividade de **adequação** (verificar se a situação concreta se adequa àquela prevista na norma jurídica). Por outro lado, o elemento de um ato administrativo é **discricionário**, quando não está previsto, diretamente, na lei. Nesta hipótese, a lei estabelece, apenas, um limite para a valoração do administrador público de acordo com os critérios de conveniência e oportunidade, cabendo ao mesmo desenvolver uma atividade de **escolha**, dentro dos limites legais.

Quais são os elementos vinculados ou discricionários?

- C + Fi + Fo = elementos vinculados
- M + O = elementos vinculados ou discricionários (ambos serão vinculados ou discricionários)

Ato vinculado x **ato discricionário**: O ato será vinculado quando todos os elementos estão previstos em lei. Atendidas as condições o ato deve, obrigatoriamente, ser praticado. Ex: licença à gestante. O ato, por sua vez, será qualificado como discricionário quando os elementos motivo e objeto forem discricionários, oportunidade em que o administrador público praticará o ato com certa margem de escolha, nos termos da lei. Ex: licença para o trato de interesse particular. CUIDADO: E a licença? Se a prova do concurso público perguntar sobre a vinculação ou discricionariedade da licença, sem especificar qual é a licença, devemos entender que se trata de um ato que decorre do exercício do poder de polícia (licença para construir, por exemplo), devendo ser qualificado como ato administrativo vinculado.

A discricionariedade não se confunde com a arbitrariedade. Enquanto a primeira é admitida no nosso ordenamento, com a margem legítima de escolha do administrador público, de acordo com os limites da lei, a arbitrariedade corresponde a uma atuação que está fora ou que ultrapassa os limites da lei, sendo, portanto, vedada.

2.2. Mérito Administrativo

É o poder conferido pela lei para que o administrador pondere os aspectos relativos à conveniência e à oportunidade do ato, escolhendo seu objeto e valorando os seus motivos.

O Poder Judiciário poderá controlar o mérito administrativo? Para as provas de concurso público, ainda prevalece a tese de que, embora o Poder Judiciário possa controlar um ato administrativo discricionário (controle dos elementos vinculados do ato administrativo, pois competência, finalidade e forma também são elementos vinculados, inclusive em um ato administrativo discricionário; controle de legalidade em sentido amplo ou controle de juridicidade ou controle de princípios, por exemplo), não se admite que este Poder substitua a vontade do administrador público no âmbito do mérito administrativo.

3. ATRIBUTOS

1) PRESUNÇÃO DE LEGITIMIDADE: o ato presume-se compatível com a lei, permitindo a imediata execução do ato, mesmo que inválido ou questionado judicial ou administra-

tivamente (salvo recursos suspensivos e liminares). Tal presunção, no entanto, é relativa, admitindo-se prova em contrário. Vale ressaltar que o ônus da prova é do interessado que questiona a invalidade do ato administrativo.

– Para parte da doutrina, **presunção de veracidade** possui conteúdo próprio, informando que os **fatos** alegados pela Administração Pública presumem-se verdadeiros. Da mesma forma que a presunção de legitimidade, a presunção é relativa, admitindo prova em sentido contrário.

2) IMPERATIVIDADE ("Poder Extroverso"): força coercitiva do Estado na execução do ato. A produção de efeitos do ato administrativo independe da concordância do administrado. Não é atributo de todo ato administrativo, mas apenas dos atos cujo conteúdo consiste em uma imposição/obrigação. Ex: atos punitivos.

3) AUTOEXECUTORIEDADE: imediata e direta execução do ato pela AP, mesmo sem ordem judicial. Da mesma forma que o atributo da imperatividade, o atributo da autoexecutoriedade incide apenas sobre os atos cujo conteúdo consiste em uma imposição/obrigação.

- **Cuidado 01**: todo ato autoexecutório, é imperativo, mas nem todo ato imperativo é autoexecutório.
- **Cuidado 02**: Requisitos para a executoriedade: expressa previsão em lei (cassação de licença para dirigir) OU urgência (dissolução de uma reunião) OU situações que decorrem do exercício do poder de polícia.
- **Cuidado 03**: **Executoriedade** (coação direta – não exige a manifestação prévia do Poder Judiciário) x **exigibilidade** (coação indireta – exige a manifestação prévia do Poder Judiciário). Exemplo: a aplicação da penalidade de multa é executória, mas a cobrança da penalidade de multa é exigível.

4) TIPICIDADE: todo ato administrativo deve corresponder a uma figura prevista em lei, a fim de se impedir a prática de atos inominados.

4. CLASSIFICAÇÃO

a) **Quanto aos Destinatários**:

- Gerais: comandos gerais e abstratos.
- Individuais: destinatários determinados.

b) **Quanto à extensão de seus Efeitos/Quanto ao Alcance**:

- Internos: destinatários dentro da Administração Pública.
- Externos: destinatários fora da Administração Pública.

c) **Quanto ao Grau de Liberdade/Quanto ao Grau de Vinculação/Quanto à Liberdade de Ação**:

- Vinculados: sem liberdade de escolha pelo administrador público. Previsão legal de todos os seus elementos.
- Discricionários: o administrador público dota de certa liberdade de escolha, com fundamento na conveniência e na oportunidade. Essa liberdade é limitada pela lei.

d) **Quanto à Formação de Vontade/Quanto à Intervenção da Vontade Administrativa**:

- Simples: uma manifestação de vontade.
- Composto: duas manifestações de vontade, sendo que a segunda existe como condição para a produção de efeitos da primeira. Existem dois atos administrativos distintos: um principal e outro acessório.
- Complexo: duas manifestações de vontade. O ato administrativo somente se aperfeiçoa com a conjugação das duas vontades, que são essenciais à formação do ato.

e) **Quanto ao Objeto/Quanto às Prerrogativas**:

- Atos de império: atuação da Administração Pública com a prerrogativa da supremacia. Relação vertical.
- Atos de gestão: atuação da Administração Pública sem a prerrogativa da supremacia. Relação horizontal (igualdade com o particular).
- Atos de expediente: têm por objetivo a movimentação da máquina administrativa, dando andamento aos serviços desenvolvidos pelos órgãos administrativos

f) **Quanto aos Efeitos**:

- Ato constitutivo: cria situações jurídicas (exemplo: permissão)
- Ato declaratório: declara a existência de situação jurídica já existente.

g) **Quanto à Retratabilidade**:

- Atos revogáveis
- Atos irrevogáveis

5. ESPÉCIES

a) **Atos Normativos**:

- Decretos: atos da Chefia do Poder Executivo.
- Resoluções: atos emitidos por autoridades do alto escalão administrativo (outras autoridades que não o Chefe do Poder Executivo).
- Regulamentos: elaborados pelo corpo técnico de um ministério/secretaria e são aprovados por um decreto. Constituem, em verdade, apêndice de um decreto. São os regulamentos que colocam o decreto em vigência.
- Deliberações: atos de órgãos colegiados (conselhos, comissões, etc.).
- Regimentos: atos que têm por objetivo a organização e funcionamento de órgãos colegiados.
- Instruções Normativas: atos emitidos com a finalidade de dar fiel execução a uma lei, decreto ou regulamento. Na maioria das vezes, têm como parâmetro um ato administrativo superior.

b) **Atos Ordinatórios**:

- Instruções: orientações para os subalternos visando informar o procedimento para o exercício de certa função.
- Circulares: ordens internas e uniformes- uniformização do serviço
- Avisos: atos de Ministros de Estado.
- Portarias: atos emitidos por outras autoridades que não o Chefe do Poder Executivo. Normalmente, são utilizadas para a concessão de algum direito (férias, licença-prêmio) ou para a instauração de processos administrativos disciplinares.
- Ordens de Serviço: determinação para o cumprimento de atos materiais/fatos administrativos.
- Provimentos: atos que contém uniformização do serviço. Normalmente, emitidos por órgãos de correição.
- Despachos: decisões administrativas
- Ofícios: atos de comunicação entre órgãos distintos da Administração Pública (no âmbito do mesmo órgão, utiliza-se a CI – Comunicação Interna).

c) **Atos Negociais**:

- Licença: unilateral e vinculado (ato negocial- a vontade da Administração Pública coincide com a vontade do particular).
- Permissão: faculta a utilização de bem público ou prestação de serviço público (maior interesse da Administração Pública)- ato unilateral, discricionário e precário
- Autorização: faculta a utilização de bem público ou prestação de serviço público (maior interesse do utente)- ato unilateral, discricionário e precário
- Aprovação (discricionário): ato que efetua o controle de mérito ou de legalidade, seja a priori ou a posteriori, de ato administrativo ou de ato de particular.
- Admissão (vinculado): ato que reconhece ao particular o direito à prestação de determinado serviço.
- Visto (vinculado): ato que atesta a legitimidade formal de outro ato administrativo.
- Homologação (vinculado): a Administração Pública reconhece a legalidade de um ato jurídico já praticado.
- Dispensa (discricionário): ato que exime o particular de praticar determinada conduta que até então estava obrigado por lei.
- Renúncia: ato de liberação do particular, em virtude da extinção de um crédito pela Administração Pública.
- Protocolo: acordo celebrado entre a Administração Pública e o particular para o cumprimento de determinada atividade.
- Alvará: confere licença ou autorização

PS: A doutrina considera a permissão de serviço público como ato bilateral, em virtude da necessidade de processo licitatório e celebração de contrato de gestão.

d) **Atos Enunciativos/Meros atos administrativos**:

- Certidão: cópia de um registro constante em algum livro da Administração Pública
- Atestado: declaração emitida pela Administração Pública referente a uma situação fática ocorrida.
- Parecer: documento técnico emitido por pessoa ou equipe técnica especializada de caráter opinativo.
- Apostila: é um aditamento feito a um ato ou contrato administrativo, a fim de retificá-lo, atualiza-lo ou complementá-lo. Trata-se de um ato aditivo.

6. EXTINÇÃO: ANULAÇÃO E REVOGAÇÃO

A extinção do ato administrativo corresponde à sua supressão do mundo jurídico. A extinção pode ser natural ou forçada (retirada)

- **Extinção natural**:
  - Cumprimento dos efeitos
  - Desaparecimento da pessoa ou objeto infungível da relação jurídica
  - Renúncia: servidor que pede a exoneração do cargo (está renunciando à relação funcional que tem com a Administração Pública).
- **Extinção forçada**: há a prática de um ato que retira o ato do mundo jurídico ou o torna incompatível com uma situação anterior.
  a) Cassação: destinatário descumpre as condições
  b) Caducidade: incompatibilidade com NORMA posterior.
  c) Contraposição ou derrubada: incompatibilidade com ATO posterior.
  d) Revogação: conveniência e oportunidade
  e) Anulação: ilegalidade
- **Revogação**: ocorre quando Administração Pública retira o ato administrativo do mundo jurídico, com efeitos ex nunc, por não ser mais conveniente ou oportuno.
  - Natureza do ato: constitutivo.
  - Indenização: apenas se a revogação for ilícita.
  - O Poder Judiciário pode revogar o seu próprio ato administrativo.
  - Atos irrevogáveis (limites à revogação)
    a) Atos consumados
    b) Atos vinculados
    c) Atos que geram direitos adquiridos

d) Atos que integram um procedimento

e) Meros atos administrativos ou atos administrativos meramente enunciativos.

- **Anulação**: ocorre quando a Administração Pública ou o Poder Judiciário retira o ato administrativo do mundo jurídico, com efeitos ex tunc (retroativos), por razões de ilegalidade.
  - Natureza do ato: constitutivo.
  - Limites: ato ampliativo de direitos + decurso de tempo (art. 54 da Lei nº 9.784/99).
  - Prazo para a anulação do ato administrativo: 05 anos, salvo comprovada má-fé.
  - Mesmo com a produção de efeitos retrativos, preservam-se os efeitos em relação ao terceiro de boa-fé.

Resumindo:

	REVOGAÇÃO	ANULAÇÃO
Fundamento	Conveniência/Oportunidade	Ilegalidade
Legitimado	Administração Pública	Adm. Púb. / Poder Judiciário
Espécie do ato	Atos discricionários	Atos vinculados / Atos discricionários
Efeitos do ato	*Ex nunc* (pró-ativos)	*Ex tunc* (retroativos)

7. CONVALIDAÇÃO

É a correção dos vícios sanáveis do ato administrativo anulável. Os seguintes vícios são passíveis convalidação: a) Vício de competência em relação ao sujeito, salvo se a competência for exclusiva; b) Vício de forma, quando esta não for essencial à prática do Ato.

A convalidação produz efeitos retroativos (**ex tunc**) e tem previsão expressa no nosso ordenamento jurídico (art. 55 da Lei nº 9.784/99), nos seguintes termos: "Em decisão na qual se evidencie não acarretarem lesão ao interesse público nem prejuízo a terceiros, os atos que apresentarem defeitos sanáveis poderão ser convalidados pela própria Administração."

A lei e a doutrina estabelecem alguns limites à convalidação: a) Lesão ao interesse público; b) Prejuízo a terceiros; c) Decurso de tempo; d) Impugnação do ato, pelo seu destinatário, em processo judicial ou administrativo.

NÃO CONFUNDAM! a) Convalidação x **conversão**: nesta, o ato muda de categoria, a fim de ser validado. O ato produz, retroativamente, efeitos de outro ato. Há, na verdade, transformação em ato distinto (o ato muda de categoria). Ex: conversão de nomeação de servidor não concursado para cargo efetivo, para nomeação para cargo em comissão. b) Convalidação x **atos juridicamente inexistentes**: estes ocorrem quando há usurpação de função pública OU objetos juridicamente impossíveis (como características, os atos juridicamente inexistentes admitem resistência *manu militari*, de modo que não são dotados de imperatividade / não prescrevem / não precisam de pronunciamento judicial).

4. Poderes administrativos

SUMÁRIO: 1. Conceito. 2. Espécies de Poderes Administrativos. 2.1. Poder Vinculado 2.2. Poder Discricionário. 2.3. Poder Hierárquico. 2.4. Poder Disciplinar. 2.5. Poder de Polícia. 2.6. Poder Normativo ou Regulamentar. 3. Uso e abuso de Poder.

1. CONCEITO

Representam as prerrogativas inerentes à Administração Pública, que devem ser utilizadas em prol da coletividade. Em razão disso, os poderes administrativos são denominados de "poder-dever".

2. ESPÉCIES DE PODERES ADMINISTRATIVOS

2.1. Poder Vinculado

É o poder da administração de movimentar a máquina administrativa para a prática de determinado ato vinculado. Neste caso, **NÃO** existe margem de escolha para o agente público, pois todos os elementos do ato administrativo estão vinculados à lei.

Exemplo: Concessão de licença maternidade.

Perceba, querido leitor, que, neste caso, a administração está obrigada a movimentar a máquina administrativa para conceder a licença à servidora, inexistindo margem de escolha para o poder público.

2.2. Poder Discricionário

É o poder da administração de movimentar a máquina administrativa para a prática de determinado ato discricionário. Neste caso, existe margem de escolha para o agente público.

Exemplo: Concessão de licença para o trato de interesses particulares. Percebam, que a administração, no caso citado, **NÃO** está obrigada a conceder a licença, porque existe uma margem de escolha para o poder público de acordo com seu juízo de conveniência e oportunidade.

ATENÇÃO!

Em razão da legalidade administrativa, um agente público somente poderá fazer o que a legislação autorizar. Sendo assim, o Poder Judiciário exerce um controle de legalidade tanto sobre atos vinculados, como sobre os atos discricionários, já que estes apresentam uma margem de escolha limitada pela lei.

2.3. Poder Hierárquico

Representa o escalonamento de atribuições e funções dentro da estrutura interna da Administração Pública, surgindo, assim, a possibilidade de dar ordens; rever e fiscalizar atos de um subordinado; delegar e avocar competência.

DELEGAÇÃO DE COMPETÊNCIA	AVOCAÇÃO DE COMPETÊNCIA
Um órgão administrativo e seu titular poderão **delegar parte** da sua competência a outros órgãos ou titulares, **ainda que não lhes sejam hierarquicamente subordinados.**	Será admitida, **em caráter excepcional** e por motivos relevantes, devidamente justificados, a avocação **temporária** de competência **atribuída a** órgão **hierarquicamente inferior.**
Observe, caro concursando, que a delegação de competência poderá ocorrer de forma horizontal, mesmo nível hierárquico, enquanto a avocação de competência, somente poderá ocorrer de forma vertical, realizada necessariamente por superior hierárquico.	

ATENÇÃO!

Não existe hierarquia na estrutura externa da Administração, por entender estrutura externa como a relação da Administração Direta com as entidades administrativas. Neste caso, existe uma vinculação, controle finalístico em âmbito federal conhecido como supervisão ministerial, representado pelo princípio da tutela administrativa.

2.4. Poder Disciplinar

É o poder da Administração Pública de apurar e punir as faltas funcionais de seus agentes públicos ou de particulares que estejam sujeitos à disciplina administrativa.

Exemplos: Aplicação de advertência a servidor público do TRT da 24º região que descumpra seus deveres funcionais. Aplicação de multa à empresa particular contratada pela administração.

ATENÇÃO!

A regra de aplicação da penalidade a particular é baseada no fundamento do poder de polícia. Sua aplicabilidade_somente será mediante poder disciplinar quando o particular estiver sujeito ao regime administrativo (como no caso de um aluno de uma escola pública ou de uma empresa particular contratada pela administração).

2.5. Poder de Polícia

É a prerrogativa de o Estado condicionar e restringir o uso e gozo de bens, atividades e direitos individuais em prol do interesse público. O poder de polícia é dotado de características, sendo elas:

- **Imperatividade, coercibilidade ou poder extroverso** – O órgão ou o agente que detém o poder de polícia atua independentemente da vontade ou da concordância do particular.
- **Auto executoriedade** – O órgão ou o agente que detém o poder de polícia atua independentemente de prévia autorização judicial. Atenção, queridos, pois não são todos os atos que possuem tal caraterística, somente quando houver previsão legal ou situação de urgência e/ou emergência, o ato será autoexecutório.

- **Discricionariedade** – Representa a margem de escolha na atuação do órgão ou agente que detém o poder de polícia. Atenção, meus queridos, pois, apesar de a discricionariedade ser uma característica do poder de polícia, existem atos vinculados ligados a tal poder.

→ É **possível a delegação de poder de polícia a particulares?** Não, sendo admitida, apenas, a delegação da **execução de um ato material ligado ao poder de polícia**. O particular atua sem poder decisório sob comando da administração.

Exemplo: Uma empresa particular é contratada pela administração para guinchar veículos estacionados em local proibido. Tal empresa particular não possui poder de polícia, apenas executa um ato material, guinchar, a comando da administração pública, que detém o poder de polícia.

ATENÇÃO!
Prescreve em cinco anos a ação punitiva da Administração Pública Federal, direta e indireta, no exercício do poder de polícia, objetivando apurar infração *à* legislação em vigor, contados da data da prática do ato ou, no caso de infração permanente ou continuada, do dia de seu cessamento.

2.6. Poder Normativo ou Regulamentar

Poder concebido ao chefe do executivo para editar decreto regulamentar com a finalidade de esclarecer, regulamentar e garantir a fiel execução da lei. Não é possível alterar e contrariar a lei através desses decretos em razão da sua natureza jurídica de ato normativo secundário.

DECRETO REGULAMENTAR	DECRETO AUTÔNOMO
Ato normativo secundário.	Ato normativo primário.
Previsto no art. 84, inciso IV, da CF.	Previsto no art. 84, inciso VI, da CF.
É indelegável.	Pode ser delegado para Ministros de Estado, AGU E PGR.
Visa esclarecer, regulamentar e garantir a fiel execução da lei.	É possível mediante decreto autônomo dispor sobre a organização e funcionamento da administração federal, quando não implicar aumento de despesa, nem criação ou extinção de órgãos públicos, e dispor sobre a extinção de funções ou cargos públicos, quando vagos.

3. USO E ABUSO DE PODER

É gênero que compreende duas espécies:

- **Excesso de poder ou competência** – O agente público pratica determinado ato alheio à sua competência, extrapolando suas atribuições legais.
- **Desvio de poder ou de Finalidade** – O agente público possui competência para praticar o ato, porém observa fim diverso do interesse público.

ATENÇÃO!
A inércia da Administração poderá configurar Abuso de Poder por OMISSÃO.

5. Processo administrativo no âmbito da administração pública federal – Lei nº 9.784/1999

SUMÁRIO: 1– Das disposições gerais. 2– Direitos dos administrados. 3– Deveres dos administrados. 4– Do início do processo. 5– Dos interessados. 6 – Da competência. 7– Impedimentos e da suspeição. 8– Comunicação dos atos. 9 – Da instrução. 10 – Do dever de decidir. 11 – Da motivação. 12 – Da desistência e outros casos de extinção do processo. 13 – Da anulação, revogação e convalidação. 14 – Do recurso administrativo e da revisão.

1. DAS DISPOSIÇÕES GERAIS

Esta lei estabelece normas básicas sobre o **processo administrativo no** âmbito **da Administração Federal** direta e indireta, visando, em especial, à **proteção dos direitos dos administrados** e ao melhor cumprimento dos fins da Administração. Importante ressaltar que os preceitos desta Lei também se aplicam aos órgãos dos Poderes Legislativo e Judiciário **da União**, quando no desempenho de função administrativa.

Atenção, os processos administrativos específicos continuarão a reger-se por lei própria, aplicando-se-lhes apenas **subsidiariamente** os preceitos da lei 9784/99.

A Administração Pública obedecerá, dentre outros, aos princípios da **legalidade, finalidade, motivação, razoabilidade, proporcionalidade, moralidade, ampla defesa, contraditório, segurança jurídica, interesse público e eficiência.** Querido Leitor, observe que a lei 9784/99 elenca expressamente vários princípios que são implícitos no texto constitucional.

Nos processos administrativos serão observados, entre outros, os critérios de:

I – atuação conforme a lei e o Direito;

II – atendimento a fins de interesse geral, vedada a renúncia total ou parcial de poderes ou competências, salvo autorização em lei

III – objetividade no atendimento do interesse público, vedada a promoção pessoal de agentes ou autoridades;

IV – atuação segundo padrões éticos de probidade, decoro e boa-fé;

V – divulgação oficial dos atos administrativos, ressalvadas as hipóteses de sigilo previstas na Constituição;

VI – adequação entre meios e fins, vedada a imposição de obrigações, restrições e sanções em medida superior àquelas estritamente necessárias ao atendimento do interesse público;

VII - indicação dos pressupostos de fato e de direito que determinarem a decisão;

VIII - observância das formalidades essenciais à garantia dos direitos dos administrados;

IX - adoção de **formas simples**, suficientes para propiciar adequado grau de certeza, segurança e respeito aos direitos dos administrados;

X - garantia dos direitos à comunicação, à apresentação de alegações finais, à produção de provas e à interposição de recursos, nos processos de que possam resultar sanções e nas situações de litígio;

XI - proibição de cobrança de despesas processuais, ressalvadas as previstas em lei;

XII - impulsão, de ofício, do processo administrativo, sem prejuízo da atuação dos interessados;

XIII - interpretação da norma administrativa da forma que melhor garanta o atendimento do fim público a que se dirige, **vedada aplicação retroativa de nova interpretação**.

2. DIREITOS DOS ADMINISTRADOS

O administrado tem os seguintes direitos perante a Administração:

I - ser tratado com respeito pelas autoridades e servidores, que deverão facilitar o exercício de seus direitos e o cumprimento de suas obrigações. Essa direito ganha amparo no princípio da cortesia.

II - ter ciência da tramitação dos processos administrativos em que tenha a condição de interessado, ter vista dos autos, obter cópias de documentos neles contidos e conhecer as decisões proferidas. Esse direito ganha amparo no princípio do contraditório.

III - formular alegações e apresentar documentos antes da decisão, os quais serão objeto de consideração pelo órgão competente. Esse direito ganha amparo no princípio da ampla defesa.

IV - fazer-se assistir, facultativamente, por advogado, salvo quando obrigatória a representação, por força de lei. Esse direito encontra fundamento na Súmula Vinculante nº 05 do STF.

3. DEVERES DOS ADMINISTRADOS

São deveres do administrado perante a Administração:

I - expor os fatos conforme a verdade;

II - proceder com lealdade, urbanidade e boa-fé;

III - não agir de modo temerário;

IV - prestar as informações que lhe forem solicitadas e colaborar para o esclarecimento dos fatos.

ATENÇÃO!

Os tópicos abaixo do processo administrativo no âmbito da administração pública federal - lei nº 9.784/1999 somente serão cobrados para o cargo de Analista Judiciário!

4. DO INÍCIO DO PROCESSO

O processo administrativo pode iniciar-se **de ofício ou a pedido** de interessado. Quando os pedidos de uma pluralidade de interessados tiverem **conteúdo e fundamentos idênticos**, poderão ser formulados em um único **requerimento**, salvo preceito legal em contrário. É vedada à Administração a **recusa imotivada** de recebimento de documentos, devendo o servidor **orientar o interessado quanto ao suprimento de eventuais falhas.**

5. DOS INTERESSADOS

São legitimados como interessados no processo administrativo:

I – pessoas físicas ou jurídicas que o iniciem como titulares de direitos ou interesses individuais ou no exercício do direito de representação;

II – aqueles que, **sem terem iniciado o processo, têm direitos ou interesses que possam ser afetados** pela decisão a ser adotada;

III – as organizações e associações representativas, no tocante a direitos e interesses coletivos;

IV – as pessoas ou as associações legalmente constituídas quanto a direitos ou interesses difusos

6. DA COMPETÊNCIA

A competência é **irrenunciável** e se exerce pelos órgãos administrativos a que foi atribuída como própria, salvo os casos de delegação e avocação legalmente admitidos. Um órgão administrativo e seu titular poderão, se não houver impedimento legal, delegar **parte da sua competência** a outros órgãos ou titulares, ainda que estes não lhe sejam hierarquicamente subordinados, quando for conveniente, em razão de circunstâncias de índole técnica, social, econômica, jurídica ou territorial. O ato de delegação é **revogável a qualquer tempo pela autoridade delegante.**

A regra é a possibilidade da delegação de competência, porém existem **matérias INDELEGÁVEIS**, sendo elas:

I – a edição de atos de caráter normativo;

II – a decisão de recursos administrativos;

III – as matérias de competência exclusiva do órgão **ou autoridade.**

Será permitida, **em caráter excepcional** e por **motivos relevantes devidamente justificados**, a **avocação temporária** de competência atribuída a órgão hierarquicamente inferior.

7. IMPEDIMENTOS E DA SUSPEIÇÃO

É impedido de atuar em processo administrativo o servidor ou autoridade que:

I – tenha interesse direto ou indireto na matéria;

II – tenha participado ou venha a participar como perito, testemunha ou representante, ou se tais situações ocorrem quanto ao cônjuge, companheiro ou parente e afins até o terceiro grau;

III – esteja litigando judicial ou administrativamente com o interessado ou respectivo cônjuge ou companheiro.

Atenção, caro leitor, pois pode ser arguida a suspeição de autoridade ou servidor que tenha amizade íntima ou inimizade notória com algum dos interessados ou com os respectivos cônjuges, companheiros, parentes e afins até o terceiro grau.

8. COMUNICAÇÃO DOS ATOS

O órgão competente perante o qual tramita o processo administrativo determinará a intimação do interessado para **ciência de decisão ou a efetivação de diligências.** A intimação observará a **antecedência mínima de três dias** úteis quanto à data de comparecimento podendo ser efetuada **por ciência no processo, por via postal com aviso de recebimento, por telegrama ou outro meio que assegure a certeza da ciência do interessado.** No caso de interessados indeterminados, desconhecidos ou com domicílio indefinido, a intimação deve ser efetuada por meio de publicação oficial.

As intimações serão nulas quando feitas sem observância das prescrições legais, **mas o comparecimento do administrado supre sua falta ou irregularidade.** O desatendimento da intimação **não** importa o reconhecimento da verdade dos fatos, nem a renúncia a direito pelo administrado. Perceba, caro concursando que a revelia não produz os efeitos que costuma produzir nos processos judiciais, isso ocorre em razão do **PRINCÍPIO DA VERDADE REAL** que obriga a administração a buscar a verdade dos fatos nos processos administrativos. **No prosseguimento do processo, será garantido direito de ampla defesa ao interessado.**

9. DA INSTRUÇÃO

As atividades de instrução destinadas a averiguar e comprovar os dados necessários à tomada de decisão realizam-se de ofício ou mediante impulsão do órgão responsável pelo processo, sem prejuízo do direito dos interessados de propor atuações probatórias.

São **inadmissíveis** no processo administrativo as **provas obtidas por meios ilícitos, cabendo ao interessado a prova dos fatos que tenha alegado.** O interessado poderá, na fase instrutória e antes da tomada da decisão, juntar documentos e pareceres, requerer diligências e perícias, bem como aduzir alegações referentes à matéria objeto do processo.

Quando a matéria do processo envolver assunto de interesse geral, o órgão competente poderá, mediante despacho motivado, abrir período de consulta pública para manifestação de terceiros, antes da decisão do pedido, se não houver prejuízo para a parte interessada.

Quando dados, atuações ou documentos solicitados ao interessado forem necessários à apreciação de pedido formulado, o não atendimento no prazo fixado pela Administração para a respectiva apresentação **implicará arquivamento do processo**.

Os interessados serão intimados de prova ou diligência ordenada, com antecedência mínima de **três dias** úteis, mencionando-se data, hora e local de realização. Encerrada a instrução, o interessado terá o direito de manifestar-se no prazo máximo de dez dias, salvo se outro prazo for legalmente fixado.

Em caso de risco iminente, a Administração Pública poderá motivadamente adotar providências acauteladoras sem a prévia manifestação do interessado.

10. DO DEVER DE DECIDIR

A Administração **tem o dever** de explicitamente emitir decisão nos processos administrativos e sobre solicitações ou reclamações, em matéria de sua competência. Concluída a instrução de processo administrativo, a Administração tem o prazo **de até trinta dias para decidir**, salvo **prorrogação por igual período** expressamente motivada.

11. DA MOTIVAÇÃO

Os atos administrativos **deverão ser motivados**, com indicação dos fatos e dos fundamentos jurídicos, quando:

I – neguem, limitem ou afetem direitos ou interesses;

II – imponham ou agravem deveres, encargos ou sanções;

III – decidam processos administrativos de concurso ou seleção pública;

IV – dispensem ou declarem a inexigibilidade de processo licitatório;

V – decidam recursos administrativos;

VI – decorram de reexame de ofício;

VII – deixem de aplicar jurisprudência firmada sobre a questão ou discrepem de pareceres, laudos, propostas e relatórios oficiais;

VIII – importem anulação, revogação, suspensão ou convalidação de ato administrativo.

A motivação deve ser explícita, clara e congruente, **podendo consistir em declaração de concordância com fundamentos de anteriores pareceres, informações, decisões ou propostas,** que, neste caso, serão parte integrante do ato. Essa motivação por referência é denomina pela doutrina como **MOTIVAÇÃO ALIUNDE.**

12. DA DESISTÊNCIA E OUTROS CASOS DE EXTINÇÃO DO PROCESSO

Havendo **vários interessados**, a desistência ou renúncia atinge **somente** quem a tenha formulado. A desistência ou renúncia do interessado, conforme o caso, **não** prejudica o prosseguimento do processo, se a Administração considerar que o interesse público assim o exige.

13. DA ANULAÇÃO, REVOGAÇÃO E CONVALIDAÇÃO

A Administração deve anular seus próprios atos, quando eivados de vício de legalidade, e pode revogá-los por motivo de conveniência ou oportunidade, respeitados os direitos adquiridos. O direito da Administração de anular os atos administrativos de que decorram efeitos favoráveis para os destinatários **decai em cinco anos**, contados da data em que foram praticados, salvo comprovada má-fé. No caso de efeitos patrimoniais contínuos, o prazo de decadência contar-se-á da percepção do primeiro pagamento.

Em decisão na qual se evidencie não acarretarem lesão ao interesse público nem prejuízo a terceiros, os atos que apresentarem **defeitos sanáveis** poderão ser convalidados pela própria Administração.

14. DO RECURSO ADMINISTRATIVO E DA REVISÃO

Das decisões administrativas cabe recurso, em face de razões de legalidade e de mérito. O recurso **será dirigido** à **autoridade que proferiu a decisão**, a qual, se não a reconsiderar no **prazo de cinco dias**, o encaminhará à autoridade superior. Perceba, caro concursando, que o recurso **NÃO** é interposto para autoridade hierarquicamente superior aquela que proferiu a decisão.

Salvo exigência legal, a interposição de recurso administrativo **independe de caução.**

Quem tem legitimidade para interpor recurso administrativo?

> I – os titulares de direitos e interesses que forem parte no processo;
>
> II – aqueles cujos direitos ou interesses forem indiretamente afetados pela decisão recorrida;
>
> III – as organizações e associações representativas, no tocante a direitos e interesses coletivos;
>
> IV – os cidadãos ou associações, quanto a direitos ou interesses difusos.

Salvo disposição legal específica, é **de dez dias o prazo para interposição de recurso administrativo**, contado a partir da ciência ou divulgação oficial da decisão recorrida. Quando a lei não fixar prazo diferente, o recurso administrativo **deverá ser decidido no prazo máximo de trinta dias**, a partir do recebimento dos autos pelo órgão competente. Esse prazo **poderá ser prorrogado por igual período**, ante justificativa explícita.

Salvo disposição legal em contrário**, o recurso não tem efeito suspensivo. Atenção, havendo justo receio de prejuízo de difícil ou incerta reparação decorrente da execução, a autoridade recorrida ou a imediatamente superior poderá, de ofício ou a pedido, dar efeito suspensivo ao recurso.**

O recurso não será conhecido quando interposto:

> I – fora do prazo;
>
> II – perante órgão incompetente, nesse caso será indicada ao recorrente a autoridade competente, sendo-lhe devolvido o prazo para recurso.
>
> III – por quem não seja legitimado;
>
> IV – após exaurida a esfera administrativa.

6. Agentes Públicos e Lei nº 8.112/90

SUMÁRIO: 1. Conceito 2. Classificação. 3. Concurso público. 4. Estágio probatório. 5. Efetividade e estabilidade (ordinária e extraordinária). 6. Lei nº 8.112/90 – Considerações gerais. 6.1. Nomeação, posse e exercício. 6.2. Formas de provimento derivado. 6.3. Vacância. 6.4. Remoção e redistribuição. 6.5. Substituição. 6.6. Remuneração e vantagens pecuniárias. 6.7. Férias. 6.8. Licenças e afastamentos. 6.9. Direito de petição. 6.10. Deveres e proibições. 6.11. Acumulação de cargos, empregos e funções. 6.12. Responsabilidades. 6.13. Penalidades. 6.14. Processo administrativo disciplinar.

1. CONCEITO

O conceito de agente público é o mais amplo possível, englobando todas as pessoas que exercem função pública. Apresentamos o seguinte conceito de **agentes públicos**: todo aquele que exerce, com ou sem remuneração, a título precário ou definitivo, ocupante ou não de cargo público.

Do conceito apresentado, dois elementos são extraídos:

a) Elemento objetivo: natureza estatal da atividade desenvolvida.
b) Elemento subjetivo: investidura na atividade

2. CLASSIFICAÇÃO

Os agentes públicos correspondem a um gênero, que tem como espécies os agentes políticos, os servidores públicos, os empregados públicos, os contratados temporários e os particulares em colaboração com a Administração Pública.

1) AGENTES POLÍTICOS: são os agentes públicos que exercem função política, a exemplo dos chefes dos Poder Executivo (Presidente da República; Governadores e Prefeitos), incluindo os seus auxiliares diretos (Ministros e Secretários), e Congressistas (Senadores, Deputados Federais e Vereadores). Para o STF, os magistrados e os membros do Ministério Público também são considerados agentes políticas. Também para o STF, os membros dos Tribunais de Contas não são considerados agentes políticos.

2) SERVIDORES PÚBLICOS: de acordo com a Lei nº 8.112/90, são os agentes públicos **que ocupam cargos públicos.** Cargo público nada mais é do que um espaço na estrutura da Administração Pública. De acordo com o art. 3º da Lei nº 8.112/90, cargo público é definido, tecnicamente, como "o conjunto de atribuições e responsabilidades previstas na estrutura organizacional que devem ser cometidas a um servidor."

Para a ocupação de um cargo público, a pessoa não precisa, necessariamente, ser aprovada em um concurso público. Isso porque existem três tipos ou espécies de cargos públicos: cargo público de provimento **vitalício**, cargo público de provimento **efetivo** e cargo público de provimento em **comissão**. Algumas diferenças básicas podem ser estabelecidas entre eles, especialmente em relação aos requisitos para a investidura em cada um deles:

a) Vitalício: concurso público ou nomeação direta, a depender do caso.

b) Efetivo: concurso público

c) Comissão: livre nomeação

No que tange ao cargo público de provimento em comissão, é importante ressaltar o que dispõe o art. 37, inc. V, da Constituição Federal: "as funções de confiança, exercidas exclusivamente por servidores ocupantes de cargo efetivo, e os cargos em comissão, a serem preenchidos por servidores de carreira nos casos, condições e percentuais mínimos previstos em lei, destinam-se apenas às atribuições de direção, chefia e assessoramento." Verifica-se, desta forma, que, tanto o **cargo em comissão (ou cargo de confiança)** como a **função de confiança** destinam-se às atribuições de direção, chefia e assessoramento (esse é o ponto em comum entre eles). Entre eles, destacam-se duas diferenças: a) o cargo em comissão, ao contrário da função de confiança, como o próprio nome revela, são cargos, ou seja, são espaços que serão ocupados por pessoas; b) enquanto as funções de confiança somente podem ser exercidas por servidores público ocupantes de cargos públicos de provimento efetivo, os cargos em comissão podem ser ocupados por servidores públicos ocupantes de cargo público de provimento efetivo ou não.

Os servidores públicos estão sujeitos a um regime estatutário (regime legal - unilateral - de direito público - vertical). No âmbito federal, o estatuto que regula a relação funcional do servidor público, com a União, incluindo as autarquias e as fundações públicas de direito público federais é a Lei nº 8.112/90. Vejam a redação do art. 1º desta lei: "Esta Lei institui o Regime Jurídico dos Servidores Públicos Civis da União, das autarquias, inclusive as em regime especial, e das fundações públicas federais." Percebam que, na ementa da lei, não há referência a fundações públicas de *direito público* federais. Assim, se vir na prova fundações públicas federais, vocês devem marcar como correto. Mas, ao contrário, se a prova aprofundar o conteúdo e perguntar se a Lei nº 8.112/90 deve ser aplicada a qualquer fundação pública, a resposta deve ser negativa, pois se aplica apenas aos integrantes dos quadros de pessoal de uma fundação pública de direito público.

3) EMPREGADOS PÚBLICOS: ocupantes de empregos públicos, com sujeição a uma regime de emprego público, também denominado de regime celetista (regime contratual - bilateral - de direito privado - horizontal). Tal regime é de direito privado, derrogado (afastado parcialmente) por normas de direito público, já que que são espaços que se encontram na estrutura da Administração Pública (um exemplo de norma de direito público nessa relação contratual é a exigência de concurso público, nos termos do art. 37, inc. II, da Constituição Federal). Recentemente, entendeu o STF que não é possível a dispensa imotivada dos ocupantes de empregos públicos (os empregados públicos não têm estabilidade, mas somente serão dispensados de forma unilateral mediante motivação).

4) CONTRATADOS TEMPORÁRIOS: são pessoas que não ocupam cargo ou emprego público, exercendo função pública em caso de excepcional interesse público. O art. 37,

inc. IX, da CF apresenta a seguinte redação: "a lei estabelecerá os casos de contratação por tempo determinado para atender a necessidade temporária de excepcional interesse público". Requisitos da contratação temporária: a) os casos excepcionais devem estar previstos em lei; b) o prazo da contratação deve ser predeterminado; c) a necessidade deve ser temporária; d) o interesse público deve ser excepcional.

PS: os contratados temporários estão sujeitos a um REDA – Regime Especial de Direito Administrativo.

5) <u>PARTICULARES EM COLABORAÇÃO COM A ADMINISTRAÇÃO PÚBLICA</u>: são pessoas que também não ocupam cargo ou emprego público, mas exercem função pública. Espécies: a) **agentes honoríficos** (exercem função pública como um encargo público – *munus* público – diante da qualidade de cidadão, a exemplo dos jurados e mesários); b) **agentes delegados** (exercem função pública mediante delegação do poder público, a exemplo dos notários e registradores; leiloeiros; tradutores); e c) **agentes credenciados** (são aqueles que recebem a incumbência da Administração para representá-la em determinado ato ou praticar certa atividade específica, a exemplo de determinado artista que vai representar o Brasil em um congresso internacional).

Resumindo:

<table>
<tr><td rowspan="5">Agentes Públicos</td><td>Agentes políticos – cargo político</td></tr>
<tr><td>Servidores públicos – cargos públicos (vitalício, efetivo e comissão)</td></tr>
<tr><td>Empregados públicos – empregos públicos</td></tr>
<tr><td>Contratados temporários – função pública</td></tr>
<tr><td>Particulares em colaboração com a Adm. Púb. – função pública</td></tr>
</table>

3. CONCURSO PÚBLICO

O concurso público é o mecanismo objetivo e imparcial utilizado pela Administração Pública para a escolha das melhores pessoas que ocuparão cargos ou empregos públicos. O fundamento direto está no princípio da impessoalidade, que possui uma relação direta com os princípios da finalidade e da isonomia.

O art. 37, inc. II, da CF é o dispositivo constitucional que regula, genericamente, o concurso público. Eis a redação: "a investidura em **cargo ou emprego público** depende de aprovação prévia em **concurso público** de **provas ou de provas e títulos**, de acordo com a natureza e a complexidade do cargo ou emprego, na forma prevista em lei, **ressalvadas as nomeações para cargo em comissão declarado em lei de livre nomeação e exoneração**." Diante da exigência do concurso público, é vedada a ascensão funcional e a transferência

- Modalidades: provas ou provas e títulos. Atenção: algumas carreiras podem exigir concurso público apenas na modalidade provas e títulos.
- Prazo de Validade (art. 37, inc. III, CF): até dois anos, podendo ser prorrogado uma vez, por igual período (igual período àquele fixado inicialmente no edital). Tanto o

prazo de validade quanto a possibilidade ou não de prorrogação devem estar previsto no edital do concurso público. Se não houver previsão legal em sentido contrário, o prazo de validade ocorre a partir da homologação do concurso público.

- É possível a realização de novo concurso público, dentro do prazo de validade do concurso público anterior, para o provimento do mesmo cargo público? O art. 37, inc. IV, da CF não veda essa realização, mas estabelece que, dentro do prazo de validade do primeiro concurso, os aprovados neste certame tem prioridade em relação aos aprovados no segundo concurso. CUIDADO: se a questão da sua prova fizer referência à Lei nº 8.112/90, deve ser aplicado o disposto no art. 12, § 2º, da lei: "Não se abrirá novo concurso enquanto houver candidato aprovado em concurso anterior com prazo de validade não expirado."
- Candidato aprovado em concurso público tem direito a que? Como regra, a nada. Significa dizer que o candidato aprovado em concurso público tem, como regra, **mera expectativa de direito** à nomeação, posse e exercício. Exceções (hipóteses de **direito subjetivo**, estando a Administração Pública obrigada a nomear, empossar e dar exercício): a) desobediência da ordem classificatória do concurso; b) aprovação dentro do número de vagas previstas no edital, se não houver situação posterior impeditiva devidamente motivada; c) existência de vínculos precários, a exemplo de contratados temporários, exercendo as mesmas atribuições para os quais há candidato aprovado em concurso público; d) desistência do candidato nomeado (que estava dentro do número de vagas ou não) e que estava na posição imediatamente anterior. Ex: concurso público com 05 vagas – candidato que estava em 5º lugar desiste do provimento no cargo, por já ter passado em outro concurso público – o 6º colocado, que tinha expectativa de direito, passa a ter direito subjetivo. CUIDADO: a criação de **novas vagas** durante o prazo de validade do concurso público não enseja direito subjetivo.
- Exame psicotécnico: atualmente, admite-se que o psicoteste ou exame psicotécnico seja utilizado como etapa de um concurso público, desde que estejam presentes, cumulativamente, os seguintes requisitos: a) previsão legal; b) previsão no edital; c) adoção de critérios objetivos de escolha; d) possibilidade de interposição de recurso administrativo; e) compatibilidade da exigência com as atribuições inerentes ao cargo público. Ex: possível a exigência para o cargo de Delegado, mas não é possível para o cargo de auxiliar de serviços gerais.
- Requisitos de distinção: admite-se que a Administração Pública estabeleça condições específicas para a realização de um concurso público. Qualquer restrição somente será admitida se houver compatibilidade com o exercício das atribuições inerentes ao cargo ou emprego público, a exemplo das restrições de idade, altura, sexo, etc.

4. ESTÁGIO PROBATÓRIO

É um período de prova que deve ser cumprido pelo servidor público, no momento que ele inaugura uma relação funcional com a Administração Pública, no âmbito de um cargo público de provimento efetivo. Requisitos: a) **Prazo**: 03 anos (embora o art. 20 da Lei nº 8.112/90 estabeleça o prazo de 24 meses, o STF, o STJ e a AGU entendem que o prazo deve ser o mesmo que a Constituição Federal estabelece, no art. 41, para o alcance da estabilidade, ou seja, 03 anos). b) Aprovação na avaliação especial de desempenho: esta avaliação é realizada com o objetivo de verificar se o servidor público cumpriu os fatos de desempenho durante o prazo do estágio probatório – assiduidade, disciplina, capacidade de iniciativa, produtividade e responsabilidade (para ajudar a decorar: AS – DI – CA – PRO – RES).

Quatro meses antes de terminar o prazo do estágio probatório, a avaliação de desempenho, realizada por comissão constituída para essa finalidade, será submetida à homologação da autoridade competente. A inabilitação no estágio probatório deve ser precedida de processo administrativo, assegurado o contraditório e a ampla defesa.

Observações muito cobrada em provas: a) o estágio probatório tem início com o exercício; b) a inabilitação no estágio probatório ensejará a exoneração do servidor (e não demissão) ou, se estável, resultará na recondução ao cargo anteriormente ocupado; c) o estágio pode ser suspenso (ex: durante a licença à gestante); d) o servidor ocupante de cargo público de provimento efetivo que se encontrar em estágio probatório poderá exercer quaisquer cargos de provimento em comissão ou funções de direção, chefia ou assessoramento no órgão ou entidade de lotação, e somente poderá ser cedido a outro órgão ou entidade para ocupar cargos de natureza especial, cargos de provimento em comissão do Grupo-Direção e Assessoramento Superiores – DAS, de níveis 6, 5 e 4, ou equivalentes.

5. EFETIVIDADE E ESTABILIDADE (ORDINÁRIA E EXTRAORDINÁRIA)

Inicialmente vale registrar que **efetividade** e **estabilidade** não são expressões sinônimas. Enquanto a efetividade é uma qualidade do cargo público, exigindo a aprovação em concurso público de prova ou de provas e títulos para a sua investidura, a estabilidade é uma qualidade da pessoa que, eventualmente, ocupa o cargo público, e corresponde à garantia constitucional de permanência no serviço público. Em outras palavras: significa dizer que o servidor que alcança a estabilidade pode sair compulsoriamente do serviço público em menos hipóteses do que o servidor que não é considerado estável.

Existe dois tipos de estabilidade: **ordinária** e **extraordinária**. A estabilidade ordinária tem previsão no art. 41 da Constituição Federal e é própria dos servidores públicos ocupantes de cargos públicos de provimento efetivo, aprovados mediante concurso público, que possuam três anos de efetivo exercício e tenham sido aprovados na avaliação **especial** de desempenho (se a Administração Pública não realizar a avaliação dentro do prazo de três anos, o servidor se tornará automaticamente estável). Esta avaliação não se confunde com a avaliação **periódica** de desempenho: ambas tem por finalidade verificar se o servidor está cumprindo com os fatores de desempenho que apresentamos acima, sendo que, enquanto a avaliação especial de desempenho é realizada durante os três primeiros anos, para o alcance da estabilidade, a avaliação periódica de desempenho é realizada após o alcance da estabilidade.

Já estabilidade extraordinária está prevista no art. 19 do Ato das Disposições Constitucionais Transitórias, nos seguintes termos: "os servidores públicos civis da União, dos Estados, do Distrito Federal e dos Municípios, da administração direta, autárquica e das fundações públicas, em exercício na data da promulgação da Constituição, há pelo menos cinco anos continuados, e que não tenham sido admitidos na forma regulada no art. 37, da Constituição, são considerados estáveis no serviço público."

O servidor que alcança a estabilidade ordinária ou extraordinária somente pode sair compulsoriamente do serviço público nas seguintes hipóteses: aposentadoria compulsória (por idade ou por invalidez); decisão judicial transitada em julgado; processo administrativo (assegurado o contraditório e a ampla defesa); avaliação periódica de desempenho; e controle de despesa com gasto de pessoal (art. 169 da CF).

6. LEI Nº 8.112/90 – CONSIDERAÇÕES GERAIS

Como apresentamos anteriormente, a Lei nº 8.112/90 é o estatuto funcional que institui o regime estatutário dos servidores públicos civis da União, das autarquias federais e das fundações públicas (de direito público) federais. Percebemos que a diferença entre o regime estatutário e o regime contratual (celetista) não é a estabilidade no primeiro e a ausência de estabilidade no segundo, pois o regime estatutário se aplica tanto aos ocupantes de cargo público efetivo, quanto aos ocupantes de cargo público de provimento em comissão (embora não se aplique todos os direitos aos ocupantes dos dois cargos, diante da precariedade do segundo).

Não confundam essa informação com o destino da contribuição previdenciária de quem ocupa um cargo público de provimento em comissão. Se o ocupante de CC também for ocupante de CE, a contribuição previdenciária será para o RPPS. Se o ocupante de CC não tiver um vínculo prévio efetivo com a Administração Pública, a sua contribuição vai para o RGPS. Nas duas situações, no entanto, o regime será estatutário.

A diferença básica entre os dois regimes está na **unilateralidade** do regime estatutário e na **bilateralidade** do regime contratual/celetista.

6.1. Nomeação, posse e exercício

A **nomeação** constitui forma de provimento originário. É a única forma de provimento que enseja a posse posterior. A **posse** é a investidura no cargo público, ou seja, é nesse momento que a pessoa passa a ocupar um cargo público, passando a ser qualificado como servidor público. Já o **exercício** corresponde ao efetivo desempenho das atribuições do cargo.

NOMEAÇÃO --------- 30 dias --------- POSSE --------- 15 dias --------- EXERCÍCIO

Observações:

a) Os prazos entre a nomeação e a posse (30 dias) e entre esta e o exercício (15 dias) são improrrogáveis;

b) Se a pessoa for nomeada, mas não tomar posse no prazo legal, o ato de nomeação é **tornado sem efeito**. Se a pessoa for empossada, mas não entrar em exercício no prazo legal, o servidor será **exonerado**;

c) Admite-se que a posse seja realizada mediante procuração específica. Além disso, como condição para a posse, o servidor deverá apresentar declaração de bens e valores que compõem o seu patrimônio;

d) O servidor que deva ter exercício em outro município em razão de ter sido removido, redistribuído, requisitado, cedido ou posto em exercício provisório terá, no mínimo, dez e, no máximo, trinta dias de prazo, contados da publicação do ato, para a retomada do efetivo desempenho das atribuições do cargo, incluído nesse prazo o tempo necessário para o deslocamento para a nova sede.

6.2. Formas de provimento derivado

Provimento é a designação de uma pessoa para titularizar um cargo público. Como vimos, a nomeação é forma de provimento originário. O art. 8º da Lei nº 8.112/90 prevê, também, algumas formas de provimento derivado:

a) **Reversão** (aposentadoria) - art. 25. Existem duas hipóteses de reversão: uma obrigatória e outra facultativa. A **reversão obrigatória** ocorre quando são declarados insubsistentes, por junta médica oficial, os motivos que ensejaram a aposentadoria por invalidez. Já a **reversão facultativa** ocorre quando o servidor, aposentado voluntariamente, requer o seu retorno à atividade, desde que preenchidos os requisitos previstos no art. 25, inc. II, da Lei nº 8.112/90:

   - No caso da reversão obrigatória, se não houver cargo vago, atuará como **excedente de vaga**.

b) **Readaptação**: (incapacidade) - art. 24. Ocorre quando o servidor é acometido de uma incapacidade (parcial, pois ainda continua com força de trabalho), física ou mental posterior ao ingresso no serviço público.

   - Se não houver cargo vago, atuará como **excedente de vaga**.

c) **Reintegração** (demissão ilegal) - art. 28. Ocorre quando a demissão ilegal do servidor público estável é anulada por decisão administrativa ou judicial. Lembrem que a anulação produz efeitos retroativos,

   - Como consequência da reintegração, haverá o pagamento de todos os valores que o servidor deixou de receber durante o afastamento, de forma corrigida.
   - Se o cargo foi extinto, o servidor ficará em **disponibilidade**.

d) **Recondução** (03 hipóteses) - art. 29. Hipóteses: a) Reintegração do anterior ocupante; b) Inabilitação no estágio probatório relativo a outro cargo; c) Recondução a pedido.

   - A recondução, da mesma forma que a reintegração, somente se aplica ao servidor estável.

- Ao contrário da reintegração, na recondução não há o pagamento de indenização.
- A recondução a pedido não está prevista na Lei nº 8.112/90, tratando-se de uma construção jurisprudencial do STF.

e) **Aproveitamento** (disponibilidade) – art. 30. É o retorno à atividade do servidor que se encontrava em disponibilidade.

f) **Promoção** (carreira). É a progressão funcional entre cargos públicos que integram a mesma carreira.

- A promoção não interrompe o tempo de exercício, que é contado no novo posicionamento na carreira a partir da data de publicação do ato que promover o servidor.

PS: Duas formas de provimento também constituem formas de vacância: readaptação e promoção.

6.3. Vacância

Vacância é o ato de tornar vago o cargo público. A Lei nº 8.112/90 prevê as seguintes hipóteses de vacância:

> I – exoneração;
>
> II – demissão;
>
> III – promoção;
>
> VI – readaptação;
>
> VII – aposentadoria;
>
> VIII – posse em outro cargo inacumulável;
>
> IX – falecimento.

Destaca-se uma diferença importante no âmbito do regime estatutário. Embora ambas constituam formas de vacância, a exoneração não se confunde com a demissão. Esta tem natureza de penalidade/sanção e somente pode ser aplicada se o servidor praticou uma falta funcional de natureza grave. A exoneração pode ser dar **a pedido** ou **de ofício** (esta quando não satisfeitas as condições do estágio probatório ou quando o servidor, uma vez empossado, não entra em exercício no prazo legal).

6.4. Remoção e redistribuição

A **remoção** é o deslocamento do servidor, a pedido ou de ofício, no âmbito do mesmo quadro funcional, com ou sem mudança de sede. Já a **redistribuição**, ao contrário, é o deslocamento do cargo (ocupado ou vago), no âmbito do quadro geral de pessoal, para outro órgão ou entidade do mesmo Poder.

De acordo com a Lei nº 8.112/90, existem as seguintes espécies de remoção:

> I – **de ofício**, no interesse da Administração;
>
> II – **a pedido**, a critério da Administração;

III – **a pedido**, para outra localidade, independentemente do interesse da Administração:

a) para acompanhar cônjuge ou companheiro, também servidor público civil ou militar, de qualquer dos Poderes da União, dos Estados, do Distrito Federal e dos Municípios, que foi deslocado no interesse da Administração;

b) por motivo de saúde do servidor, cônjuge, companheiro ou dependente que viva às suas expensas e conste do seu assentamento funcional, condicionada à comprovação por junta médica oficial;

c) em virtude de processo seletivo promovido, na hipótese em que o número de interessados for superior ao número de vagas, de acordo com normas preestabelecidas pelo órgão ou entidade em que aqueles estejam lotados.

6.5. Substituição

A Lei nº 8.112/90 prevê o instituto da substituição para os casos de afastamentos ou impedimentos legais/regulamentares de ocupantes de cargos públicos de provimento em comissão. Trata-se de uma previsão que tem por objetivo a continuidade do serviço público. Os servidores investidos em cargo ou função de direção ou chefia e os ocupantes de cargo de Natureza Especial terão substitutos indicados no regimento interno ou, no caso de omissão, previamente designados pelo dirigente máximo do órgão ou entidade.

Questão importante, que é muito cobrada em concursos públicos, diz respeito ao pagamento da remuneração de quem está substituindo. A lei prevê duas hipóteses:

a) **Durante os trinta primeiros dias de substituição**: o substituto assumirá automática e cumulativamente, sem prejuízo do cargo que ocupa, o exercício do cargo ou função de direção ou chefia e os de Natureza Especial, nos afastamentos, impedimentos legais ou regulamentares do titular e na vacância do cargo, **hipóteses em que deverá optar pela remuneração de um deles durante o respectivo período**;

b) **Após trinta dias de substituição**: O substituto fará jus à retribuição pelo exercício do cargo ou função de direção ou chefia ou de cargo de Natureza Especial, nos casos dos afastamentos ou impedimentos legais do titular, **superiores a trinta dias consecutivos**, paga na proporção dos dias de efetiva substituição, que excederem o referido período.

6.6. Remuneração e vantagens pecuniárias

- **Remuneração** é a contraprestação pecuniária pelo exercício de uma função pública. Existem duas espécies de remuneração:

  a) **Subsídio** (previsão constitucional: art. 39, CF): pagamento em parcela única. Destinatários do subsídio: art. 37, § 4º (membro de poder, detentor de mandato eletivo, ministros de estados, secretários estaduais e secretários municipais), art. 128, § 5º, inc. I (membros do MP), art. 135 (AGU, PGE e Defensoria Pública), art. 73 (Ministros do TCU e Conselhos do TCE e TCM), art. 144, § 9º (policiais) e art. 39, §

8º (outros servidores organizados em carreira)- o regime de subsídio depende de lei para ser implementado (normas constitucionais de eficácia limitada). Exceções ao conceito de subsídio (vantagens pecuniárias que podem ser pagas, mesmo àqueles agentes públicos que recebem na forma de subsídio): vantagens de natureza indenizatória: o próprio bom senso já iria relativizar haveria enriquecimento sem causa da Administração Pública; vantagens previstas na CF (garantias constitucionais) – art. 39, § 3º, CF: gratificação natalina, adicional noturno, adicional de férias, etc.

b) **VencimentoS** (previsão legal: art. 40 e seguintes da Lei nº 8.112/90): Vencimento (retribuição pecuniária pelo exercício de cargo público, com valor fixado em lei), acrescido das vantagens pecuniárias permanentes. O vencimento do cargo efetivo, acrescido das vantagens de caráter permanente, é irredutível. Aqui, uma observação importante: a remuneração do servidor público não pode ser inferior a uma salário mínimo. Assim, é possível que o **vencimento** seja inferior a um salário mínimo se, com o pagamento de uma vantagem pecuniária, o valor final ultrapassar o valor do salário mínimo). Em resumo: os **vencimentoS** (plural) não podem ser inferiores a um salário mínimo, mas o **vencimento** (singular), em tese, pode.

- **Vantagens pecuniárias.**A Lei nº 8.112/90 prevê três espécies de vantagens pecuniárias: gratificações, adicionais e indenizações. Apenas as gratificações e os adicionais são passíveis de incorporação: a lei deverá informar qual o adicional e qual a gratificação que será passível de incorporação, devendo estabelecer, também, quais os requisitos para a incorporação. Vale ressaltar, também, que as vantagens pecuniárias não podem ser utilizadas como base de cálculo para o pagamento de outras vantagens pecuniárias.

a) **Gratificações**: em razão da prestação do serviço em condições anormais de segurança, salubridade ou onerosidade (gratificações de serviço) ou concedidas como ajuda aos servidores que reúnam as condições pessoais que a lei especifica (gratificações especiais).

b) **Adicionais**: em razão do tempo de serviço (adicional de tempo de serviço) ou em face da natureza peculiar da função.

c) **Indenizações**: "destinam-se a indenizar o servidor público por gastos em razão da função." – recompor o patrimônio do servidor público.

A Lei nº 8.112/90 prevê as seguintes **retribuições, gratificações** e **adicionais** (art. 61): retribuição pelo exercício de função de direção, chefia e assessoramento; gratificação natalina; adicional pelo exercício de atividades insalubres, perigosas ou penosas; adicional pela prestação de serviço extraordinário; adicional noturno; adicional de férias; outros, relativos ao local ou à natureza do trabalho; gratificação por encargo de curso ou concurso.

A Lei nº 8.112/90 também prevê as seguintes **indenizações** (art. 51): ajuda de custo; diárias; transporte; auxílio-moradia.

ATENÇÃO 01!

Muito importante que o candidato, quando estiver fazendo a leitura da Lei nº 8.112/90, fique atento a duas circunstâncias: hipótese de pagamento de cada vantagem pecuniária e se a lei prevê algum valor ou limite de valor para pagamento (ex: até três remunerações, no caso da ajuda de custo; acréscimo de 25% do valor da hora normal de trabalho, no caso do adicional noturno; acréscimo de 50% em relação à hora normal de trabalho, no caso do adicional por serviço extraordinário).

ATENÇÃO 02!

Duas súmulas importantes envolvendo as vantagens pecuniárias: **Súmula Vinculante nº 15**: "o cálculo de gratificações e outras vantagens do servidor público não incide sobre o abono utilizado para se atingir o salário mínimo. **Súmula Vinculante nº 16**: "os artigos 7º, IV e 39, § 3º (redação da EC 19), da Constituição, referem-se ao total da remuneração percebida pelo servidor público."

- **Limites remuneratórios**: art. 37, inc. XI, da CF: "a remuneração e o subsídio dos ocupantes de cargos, funções e empregos públicos da administração direta, autárquica e fundacional, dos membros de qualquer dos Poderes da União, dos Estados, do Distrito Federal e dos Municípios, dos detentores de mandato eletivo e dos demais agentes políticos e os proventos, pensões ou outra espécie remuneratória, percebidos cumulativamente ou não, incluídas as vantagens pessoais ou de qualquer outra natureza, não poderão exceder o subsídio mensal, em espécie, dos Ministros do Supremo Tribunal Federal, aplicando-se como limite, nos Municípios, o subsídio do Prefeito, e nos Estados e no Distrito Federal, o subsídio mensal do Governador no âmbito do Poder Executivo, o subsídio dos Deputados Estaduais e Distritais no âmbito do Poder Legislativo e o subsídio dos Desembargadores do Tribunal de Justiça, limitado a noventa inteiros e vinte e cinco centésimos por cento do subsídio mensal, em espécie, dos Ministros do Supremo Tribunal Federal, no âmbito do Poder Judiciário, aplicável este limite aos membros do Ministério Público, aos Procuradores e aos Defensores Públicos."
- **Vinculação e equiparação remuneratórias**: norma infraconstitucional (uma lei, por exemplo), não pode proceder à vinculação remuneratória (índices ou critérios automáticos de correção) ou à equiparação remuneratória (concessão de tratamento jurídico paralelo a cargos com funções distintas). Admite-se, no entanto, que norma constitucional vincule ou equipare remunerações. É o que ocorre, por exemplo, em relação aos Ministros do Tribunal de Contas da União: "Os Ministros do Tribunal de Contas da União terão as mesmas garantias, prerrogativas, impedimentos, vencimentos e vantagens dos Ministros do Superior Tribunal de Justiça" (art. 72, 3º, CF).

6.7. Férias

As férias correspondem a um período de descanso a que faz jus o servidor público. A Lei nº 8.112/90, nos arts. 77 a 80, traz alguns regramentos específicos em relação às férias no serviço público federal:

a) Período aquisitivo de 12 meses de efetivo exercício apenas para o 1º período aquisitivo;

b) Possibilidade de acumulação de 02 períodos de férias;

c) Possibilidade de parcelamento em até três etapas (na hipótese de parcelamento, o adicional de férias – vantagem pecuniária que é paga durante o período de férias – somente será pago quando do gozo da primeira etapa;

d) Não se admite o abono pecuniário ("venda de parte das férias"), como ocorre na iniciativa privada;

e) As faltas ao serviço não poderão ser abatidas do período de férias, como ocorre na iniciativa privada;

f) Por necessidade do serviço, as férias podem ser interrompidas (art. 80).

6.8. Licenças e afastamentos

- **Licenças** (arts. 81 a 92):

a) por motivo de doença em pessoa da família;

b) por motivo de afastamento do cônjuge ou companheiro;

c) para o serviço militar;

d) para atividade política;

e) para capacitação;

f) para tratar de interesses particulares;

g) para desempenho de mandato classista.

PS01: As quatro primeiras licenças podem ser concedidas ao servidor que se encontra em estágio probatório.

PS02: A licença concedida dentro de 60 (sessenta) dias do término de outra da mesma espécie será considerada como prorrogação.

- **Afastamentos** (93 a 96):

a) Afastamento para servir a outro órgão ou entidade (cessão);

b) Afastamento para exercício de mandato eletivo;

c) Afastamento para estudo ou missão no exterior;

d) Afastamento para Participação em Programa de Pós-Graduação Stricto Sensu no País

No caso da cessão, uma pergunta muito comum de encontrarmos em provas de concurso é a referente à responsabilidade pelo pagamento da remuneração do servidor que foi cedido. Existem três regrinhas básicas que você precisa fixar:

a) União → União: **cedente**;

b) União → Estados/Distrito Federal/Municípios: **cessionário**;

c) União → Empresa pública/Sociedade de economia mista: **cessionário** (**Cuidado!** Se o servidor optar pela remuneração do cargo efetivo ou pela remuneração do cargo efetivo acrescida de percentual da retribuição do cargo em comissão, a entidade cessionária efetuará o reembolso das despesas realizadas pelo órgão ou entidade de origem).

6.9. Direito de petição

É o direito que tem o servidor público de requerer ao Poder Público em defesa de direito ou interesse legítimo. Há, basicamente, três espécies:

a) **Requerimento**: será dirigido à autoridade competente para decidi-lo e encaminhado por intermédio daquela a que estiver imediatamente subordinado o requerente. Prazo prescricional para requerer: 5 (cinco) anos, quanto aos atos de demissão e de cassação de aposentadoria ou disponibilidade, ou que afetem interesse patrimonial e créditos resultantes das relações de trabalho; em 120 (cento e vinte) dias, nos demais casos, salvo quando outro prazo for fixado em lei;

b) **Pedido de reconsideração**: cabível à autoridade que houver expedido o ato ou proferido a primeira decisão, não podendo ser renovado. Prazo de interposição: 30 dias.

c) **Recurso**: será cabível em face do indeferimento do pedido de reconsideração; e das decisões sobre os recursos sucessivamente interpostos, devendo ser dirigido à autoridade imediatamente superior à que tiver expedido o ato ou proferido a decisão, e, sucessivamente, em escala ascendente, às demais autoridades. Prazo de interposição: 30 dias. Como regra, o recurso será recebido apenas no efeito devolutivo (mesmo com a interposição do recurso, a decisão produz efeitos), admitindo-se que, a juízo da autoridade competente, seja recebido com efeito suspensivo (os efeitos da decisão administrativa ficam suspensos até o julgamento do recurso).

6.10. Deveres e proibições

- **Deveres**:

I – exercer com zelo e dedicação as atribuições do cargo;

II – ser leal às instituições a que servir;

III – observar as normas legais e regulamentares;

IV – cumprir as ordens superiores, **exceto quando manifestamente ilegais**;

V – atender com presteza:

a) ao público em geral, prestando as informações requeridas, ressalvadas as protegidas por sigilo;

b) à expedição de certidões requeridas para defesa de direito ou esclarecimento de situações de interesse pessoal;

c) às requisições para a defesa da Fazenda Pública.

VI – levar as irregularidades de que tiver ciência em razão do cargo ao conhecimento da autoridade superior ou, quando houver suspeita de envolvimento desta, ao conhecimento de outra autoridade competente para apuração;

VII – zelar pela economia do material e a conservação do patrimônio público;

VIII – guardar sigilo sobre **assunto da repartição**;

IX – manter conduta compatível com a moralidade administrativa;

X – ser assíduo e pontual ao serviço;

XI – tratar com urbanidade as pessoas;

XII – representar contra ilegalidade, omissão ou abuso de poder.

- **Proibições**:

I – ausentar-se do serviço durante o expediente, **sem prévia autorização do chefe imediato**;

II – retirar, **sem prévia anuência da autoridade competente**, qualquer documento ou objeto da repartição;

III – recusar fé a documentos públicos;

IV – opor resistência injustificada ao andamento de documento e processo ou execução de serviço;

V – promover manifestação de apreço ou desapreço no recinto da repartição;

VI – cometer a pessoa estranha à repartição, **fora dos casos previstos em lei**, o desempenho de atribuição que seja de sua responsabilidade ou de seu subordinado;

VII – coagir ou aliciar subordinados no sentido de filiarem-se a associação profissional ou sindical, ou a partido político;

VIII – manter sob sua chefia imediata, em cargo ou função de confiança, cônjuge, companheiro ou parente **até o segundo grau civil**;

IX – valer-se do cargo para lograr proveito pessoal ou de outrem, em detrimento da dignidade da função pública;

X – participar de gerência ou administração de sociedade privada, personificada ou não personificada, exercer o comércio, exceto na qualidade de acionista, cotista ou comanditário;

XI – atuar, como procurador ou intermediário, junto a repartições públicas, **salvo quando se tratar de benefícios previdenciários ou assistenciais de parentes até o segundo grau, e de cônjuge ou companheiro**;

XII – receber propina, comissão, presente ou vantagem de qualquer espécie, em razão de suas atribuições;

XIII – aceitar comissão, emprego ou pensão de estado estrangeiro;

XIV – praticar usura sob qualquer de suas formas;

XV – proceder de forma desidiosa;

XVI – utilizar pessoal ou recursos materiais da repartição em serviços ou atividades particulares;

XVII – cometer a outro servidor atribuições estranhas ao cargo que ocupa, **exceto em situações de emergência e transitórias**;

XVIII – exercer quaisquer atividades que sejam incompatíveis com o exercício do cargo ou função e com o horário de trabalho;

XIX – recusar-se a atualizar seus dados cadastrais quando solicitado.

6.11. Acumulação de cargos, empregos e funções

A acumulação **remunerada** de cargos, empregos e funções públicas constitui exceção. A regra, diante do princípio da eficiência (qualidade do serviço a ser prestado), é que o agente público exerça as atribuições de apenas um cargo, emprego ou função pública.

Para a acumulação, devem ser preenchidos três requisitos:

a) Compatibilidade de horários;

b) Observância dos limites remuneratórios previstos no art. 37, inc. XI, da CF;

c) Hipóteses de acumulação:

c.1) 02 de professor;

c.2) 01 de professor + 01 técnico ou científico;

c.3) 02 privativos de profissionais de saúde com profissões regulamentadas.

No caso de servidor público que passa a exercer mandato eletivo, há previsão específica (art. 38 da CF e art. 94 da Lei nº 8.112/90):

a) **Mandato federal, estadual ou distrital**: afastamento do cargo, sem direito a opção (receberá apenas o subsídio do mandato);

b) **Mandato de prefeito**: afastamento do cargo, com direito à opção pela remuneração (embora afastado do cargo efetivo, poderá optar por receber a remuneração do cargo ou do mandato);

c) **Mandato de vereador**: havendo compatibilidade de horários, poderá acumular as atribuições e, consequentemente, as remunerações; não havendo compatibilidade de horários, aplica-se a regra do prefeito, ou seja, será afastado do cargo, sendo-lhe facultado optar pela sua remuneração.

Observações importantes:

1) Dispositivos constitucionais importantes: art. 37, inc. XVI; art. 37, inc. XVII; art. 37, § 10; art. 38. Dispositivos legais importantes: 94 e 118 a 120, todos da Lei nº 8.112/90;

2) Possibilidade de acumulação de vencimentos (valor pago ao servidor que se encontra em atividade) com proventos (valor pago ao servidor que se encontra na inatividade) – art. 37, § 10, CF;

3) É possível a acumulação de vínculos de natureza distinta (cargo com emprego, por exemplo), bem como de entidades federativas distintas (cargo federal com função municipal, por exemplo);

4) Regra específica da Lei nº 8.112/90 em relação ao ocupante de cargo público de provimento em comissão: o servidor vinculado ao regime desta Lei, que acumular licitamente dois cargos efetivos, quando investido em cargo de provimento em comissão, ficará afastado de ambos os cargos efetivos, **salvo na hipótese em que houver compatibilidade de horário e local com o exercício de um deles**, declarada pelas autoridades máximas dos órgãos ou entidades envolvidos (art. 120).

6.12. Responsabilidades

Existem três instâncias ou esferas de responsabilidade: penal, civil e administrativa. Diante da natureza específica de cada uma das esferas, com a aplicação de sanções próprias, o servidor poderá responder em cada uma delas, pela prática de um mesmo fato. Citemos um exemplo: se determinado servidor público federal for acusado de ter subtraído determinado bem pertencente à Administração Pública, responderá na esfera penal (pela prática de crime de peculato, aplicando-se uma sanção penal), na esfera civil (devendo ressarcir o valor do dano causado) e na esfera administrativa (podendo ser aplicada, se comprovada a sua responsabilidade, a penalidade administrativa de demissão, diante da gravidade da falta funcional).

A regra é que a decisão de um processo não interfere em outro processo, de modo que há uma independência de instâncias ou esferas de responsabilidade. Tal independência não é absoluta. Diz-se que é relativa, pois, em algumas hipóteses, a decisão de uma esfera interfere na decisão de outra esfera. Como estamos no âmbito do Direito Administrativo, cabe apontarmos quando a decisão do processo penal interfere, de algum modo, no processo administrativo disciplinar:

a) Reconhecimento de autoria e materialidade no processo penal: tal reconhecimento vincula a esfera administrativa;
b) Absolvição no processo penal por negativa de autoria ou inexistência do fato: o servidor também deverá ser absolvido na esfera administrativa.

Em relação à absolvição, uma observação importante. Percebam que não é qualquer absolvição no processo penal que ensejará a necessária absolvição no processo administrativo disciplinar. Ao contrário, haverá a absolvição apenas se o servidor for absolvido no processo penal por negativa de autoria ou inexistência do fato. Assim, se o servidor, por exemplo, for absolvido no processo penal por insuficiência de provas, ele poderá ser condenado ou absolvido no processo administrativo disciplinar, pois, nesta hipótese, não haverá vinculação entre as instâncias ou esferas de responsabilidade.

Vale ressaltar, ainda, que nenhum servidor poderá ser responsabilizado civil, penal ou administrativamente por dar ciência à autoridade superior ou, quando houver suspeita de envolvimento desta, a outra autoridade competente para apuração de informação concernente à prática de crimes ou improbidade de que tenha conhecimento, ainda que em decorrência do exercício de cargo, emprego ou função pública. Trata-se de uma recente alteração legislativa, a partir da publicação da lei de acesso à informação. Fiquem atentos!

6.13. Penalidades

a) **Advertência (sempre por escrito)**: violação de proibição constante do art. 117, incisos I a VIII e XIX + inobservância de dever funcional previsto em lei, regulamentação ou norma interna, que não justifique imposição de penalidade mais grave.

b) **Suspensão (até 90 dias)**: reincidência das faltas punidas com advertência + violação das proibições previstas no art. 117, inc. XVII e XVIII + recusa injustificada de ser submetido a inspeção médica determinada pela autoridade competente (nesta hipótese a suspensão é de até 15 dias).

c) **Demissão (faltas funcionais de natureza grave)**: violação das proibições previstas no art. 117, inc. IX a XVI + hipóteses do art. 132.

d) **Cassação de aposentadoria ou disponibilidade**: quando o servidor houver praticado, em atividade, falta punível com a demissão.

e) **Destituição de cargo em comissão ou função comissionada**: será aplicada quando a infração ensejasse a aplicação das penalidades de suspensão e de demissão (se fosse ocupante de cargo público de provimento efetivo).

A aplicação dessas penalidades deve observar o **prazo prescricional** da ação disciplinar: 180 dias (advertência), 02 anos (suspensão) e 05 anos (demais faltas funcionais).

6.14. Processo administrativo disciplinar

ATENÇÃO!

Este tópico somente será cobrado para o cargo de Analista Judiciário!

Por menor que seja a falta funcional praticada pelo servidor público, deve ser assegurado o devido processo legal, com a observância do **contraditório** e da **ampla defesa**, não devendo prevalecer nos dias atuais a figura da **verdade sabida** (esta ocorria antigamente quando a autoridade administrativa aplicava diretamente a sanção administrativa, sem que o servidor público tivesse direito de resposta). Por esta razão, para a sua prova de concurso, você deve entender que estamos no âmbito de uma **administração dialógica** e não monológica.

No âmbito disciplinar, o contraditório e a ampla defesa são assegurados mediante a instauração de um processo administrativo disciplinar que, para a Lei nº 8.112/90, pode ser instaurado no rito **sumário** ou **ordinário**. Qualquer que seja o rito, embora a ampla defesa seja obrigatória, é dispensável a defesa técnica (defesa feita por advogado ou defensor público) no processo administrativo disciplinar (Súmula vinculante nº 05).

- O **PAD sumário** será instaurado em três hipóteses: acumulação ilegal de cargos, abandono de cargo e inassiduidade habitual ao serviço. A acumulação de cargos foi analisada em tópico anterior. Vale a pena apontar a distinção entre abandono de cargo e inassiduidade habitual ao serviço. Na primeira (abandono), há a ausência, de forma injustificada (*animus abandonandi*), por **mais de trinta dias** consecutivos ao serviço. Já na segunda (inassiduidade), há a ausência, de forma injustificada (*animus abandonandi*), por, pelo menos, 60 dias alternados/interpolados, no prazo de 12 meses. Observações importantes:

a) Prazo: até 30 dias, com prorrogação por até 15 dias;

b) Comissão: dois servidores estáveis;

c) Fases: instauração, instrução sumária (que compreende indiciação, defesa e relatório) e julgamento.

- Já o **PAD ordinário** será instaurado nas demais hipóteses. Observações importantes:

a) Prazo: até 60 dias, admitida a sua prorrogação por igual prazo;

b) Comissão: três servidores estáveis;

c) Fases: instauração, inquérito administrativo (que compreende instrução, defesa e relatório) e julgamento.

- **Sindicância**: nem sempre há indícios de autoria e materialidade para a instauração de um processo administrativo disciplinar. Nesta hipótese, deverá ser instaurada uma sindicância para colher os indícios de autoria e materialidade, a fim de que seja instaurado o PAD e, ao final, se for o caso, o servidor público seja responsabilizado. Pode-se apresentar, desta forma, o seguinte conceito: instrumento investigatório, prévio ao PAD, porém não obrigatório. De acordo com a Lei nº 8.112/90, da sindicância, que terá o prazo de 30 dias, podendo ser prorrogado por igual período, poderá resultar:

a) Arquivamento do processo;

b) Instauração do PAD;

c) Aplicação de penalidade de advertência ou suspensão de até 30 dias. Nesta hipótese, a sindicância deixa de ter uma natureza meramente investigativa e passa a ter uma natureza punitiva/sancionadora, devendo ser observado o contraditório e a ampla defesa.

- **Afastamento preventivo**: como medida cautelar e a fim de que o servidor não venha a influir na apuração da irregularidade, a autoridade instauradora do processo disciplinar poderá determinar o seu afastamento do exercício do cargo, pelo prazo de até 60 (sessenta) dias, sem prejuízo da remuneração. O afastamento poderá ser prorrogado por igual prazo, findo o qual cessarão os seus efeitos, ainda que não concluído o processo.

- **Revisão do PAD**: o processo disciplinar poderá ser revisto, a qualquer tempo, a pedido ou de ofício, quando se aduzirem fatos novos ou circunstâncias suscetíveis de justificar a inocência do punido ou a inadequação da penalidade aplicada, devendo ser requerida por qualquer pessoa da família do servidor, em caso de falecimento, ausência ou desaparecimento deste. Importante observar que **da revisão do processo não poderá resultar agravamento de penalidade**.

7. Improbidade administrativa

SUMÁRIO: 1. Fundamento constitucional, fundamento legal, conceito e natureza jurídica. 2. Sujeitos 3. Atos de improbidade. 4. Sanções. 5. Procedimento

1. FUNDAMENTO CONSTITUCIONAL, FUNDAMENTO LEGAL, CONCEITO E NATUREZA JURÍDICA

A improbidade administrativa tem previsão constitucional no art. 37, § 4º, da Constituição Federal, nos seguintes termos: "os atos de improbidade administrativa importarão a suspensão dos direitos políticos, a perda da função pública, a indisponibilidade dos bens e o ressarcimento ao erário, na forma e gradação previstas **em lei**, sem prejuízo da ação penal cabível."

A lei que regulamente o dispositivo constitucional acima transcrito é a Lei nº 8.429/92 (Lei de Improbidade Administrativa), que tem a seguinte ementa: "Dispõe sobre as sanções aplicáveis aos agentes públicos nos casos de enriquecimento ilícito no exercício do mandato, cargo, emprego, ou função na administração pública direta, indireta ou fundacional e dá outras providências."

Diante dos textos acima transcritos, a natureza jurídica da ação de improbidade é CIVIL. Essa é a posição doutrinária e jurisprudencial dominante e que deverá ser utilizada na sua prova de concurso público. Cuidado: embora a ação de improbidade tenha natureza civil, a Lei nº 8.429/92 prevê duas sanções de natureza diversa, **mas que não serão aplicadas no bojo de uma ação de improbidade administrativa**: sanção administrativa disciplinar (art. 13, § 3º: quando o agente público se recusar a apresentar a declaração de bens – exige-se um processo administrativo disciplinar para a aplicação desta sanção); b) sanção penal (art. 19: constitui crime a representação por ato de improbidade contra agente público ou terceiro beneficiário, quando o autor da denúncia o sabe inocente – exige-se um processo penal para a aplicação desta sanção).

Feitas essas considerações, agora já podemos apresentar um conceito de improbidade administrativa: trata-se de um designativo técnico para definir corrução administrativa/desonestidade administrativa.

2. SUJEITOS

A lei de improbidade administrativa prevê quem pode praticar ato de improbidade (**sujeito ativo**) e contra quem pode ser praticado ato de improbidade (**sujeito passivo**). Aqui reside um cuidado importante: estamos nos referindo ao **sujeito do ato** e não a uma sujeito processual (quem propõe a ação de improbidade e contra quem se propõe a ação de improbidade).

- **Sujeito ativo**:

a) **Agente público**: todo aquele que exerce função pública, com ou sem remuneração, independente da forma de investidura, ocupante ou não de cargo público. **Cuidado**: o STF entende que os agentes políticos previstos na Lei nº 1.079 (Presidente da República, Ministros de Estado, Ministros do Supremo Tribunal Federal e Procurador Geral da República) não respondem pela prática de ato de improbidade nos termos da Lei nº 8.429/92, pois esses agentes estão sujeitos a um regime próprio de responsabilidade.

b) **Terceiro**: assim entendido aquele que não é qualificado como agente público. Neste caso, a lei estabelece que o terceiro será qualificado como sujeito ativo se ele induz ou concorre com a prática do ato ou tem algum benefício direto ou indireto. Diante desta peculiaridade, entende-se que, quando há uma terceiro envolvido, o **concurso de pessoas** é necessário.

ATENÇÃO!

O sucessor daquele que causar lesão ao patrimônio público ou se enriquecer ilicitamente está sujeito às cominações desta lei **até o limite do valor da herança.**

3. ATOS DE IMPROBIDADE

A Lei nº 8.429/92 prevê três tipos ou espécies de atos de improbidade: enriquecimento ilícito (art. 9º), prejuízo ao erário (art. 10) e ofensa a princípios (art. 11), que são independentes entre si. Assim, não constitui requisito essencial à configuração de um ato de improbidade administrativa o enriquecimento ilícito do agente ou o prejuízo financeiro aos cofres públicos, pois, autonomamente, o sujeito ativo pode ofender princípios da Administração Pública.

- **Enriquecimento ilícito** (art. 9º): somente podem ser praticados na modalidade **dolosa**. Consequência direta: perda dos bens ou valores acrescidos ilicitamente ao patrimônio. Espécies (rol exemplificativo):

I – receber, para si ou para outrem, dinheiro, bem móvel ou imóvel, ou qualquer outra vantagem econômica, direta ou indireta, a título de comissão, percentagem, gratificação ou presente de quem tenha interesse, direto ou indireto, que possa ser atingido ou amparado por ação ou omissão decorrente das atribuições do agente público;

II – perceber vantagem econômica, direta ou indireta, para facilitar a aquisição, permuta ou locação de bem móvel ou imóvel, ou a contratação de serviços pelas entidades referidas no art. 1° por preço superior ao valor de mercado;

III – perceber vantagem econômica, direta ou indireta, para facilitar a alienação, permuta ou locação de bem público ou o fornecimento de serviço por ente estatal por preço inferior ao valor de mercado;

IV – utilizar, em obra ou serviço particular, veículos, máquinas, equipamentos ou material de qualquer natureza, de propriedade ou à disposição de qualquer das entidades mencionadas no art. 1° desta lei, bem como o trabalho de servidores públicos, empregados ou terceiros contratados por essas entidades;

V – receber vantagem econômica de qualquer natureza, direta ou indireta, para tolerar a exploração ou a prática de jogos de azar, de lenocínio, de narcotráfico, de contrabando, de usura ou de qualquer outra atividade ilícita, ou aceitar promessa de tal vantagem;

VI – receber vantagem econômica de qualquer natureza, direta ou indireta, para fazer declaração falsa sobre medição ou avaliação em obras públicas ou qualquer outro serviço, ou sobre quantidade, peso, medida, qualidade ou característica de mercadorias ou bens fornecidos a qualquer das entidades mencionadas no art. 1º desta lei;

VII – adquirir, para si ou para outrem, no exercício de mandato, cargo, emprego ou função pública, bens de qualquer natureza cujo valor seja desproporcional à evolução do patrimônio ou à renda do agente público;

VIII – aceitar emprego, comissão ou exercer atividade de consultoria ou assessoramento para pessoa física ou jurídica que tenha interesse suscetível de ser atingido ou amparado por ação ou omissão decorrente das atribuições do agente público, durante a atividade;

IX – perceber vantagem econômica para intermediar a liberação ou aplicação de verba pública de qualquer natureza;

X – receber vantagem econômica de qualquer natureza, direta ou indiretamente, para omitir ato de ofício, providência ou declaração a que esteja obrigado;

XI – incorporar, por qualquer forma, ao seu patrimônio bens, rendas, verbas ou valores integrantes do acervo patrimonial das entidades mencionadas no art. 1° desta lei;

XII – usar, em proveito próprio, bens, rendas, verbas ou valores integrantes do acervo patrimonial das entidades mencionadas no art. 1° desta lei.

- **Prejuízo ao erário** (art. 10): podem ser praticados na modalidade **dolosa ou culposa**. Consequência direta: ressarcimento integral do dano. Espécies (rol exemplificativo):

I – facilitar ou concorrer por qualquer forma para a incorporação ao patrimônio particular, de pessoa física ou jurídica, de bens, rendas, verbas ou valores integrantes do acervo patrimonial das entidades mencionadas no art. 1º desta lei;

II – permitir ou concorrer para que pessoa física ou jurídica privada utilize bens, rendas, verbas ou valores integrantes do acervo patrimonial das entidades mencionadas no art. 1º desta lei, sem a observância das formalidades legais ou regulamentares aplicáveis à espécie;

III – doar à pessoa física ou jurídica bem como ao ente despersonalizado, ainda que de fins educativos ou assistências, bens, rendas, verbas ou valores do patrimônio de qualquer das entidades mencionadas no art. 1º desta lei, sem observância das formalidades legais e regulamentares aplicáveis à espécie;

IV – permitir ou facilitar a alienação, permuta ou locação de bem integrante do patrimônio de qualquer das entidades referidas no art. 1º desta lei, ou ainda a prestação de serviço por parte delas, por preço inferior ao de mercado;

V – permitir ou facilitar a aquisição, permuta ou locação de bem ou serviço por preço superior ao de mercado;

VI – realizar operação financeira sem observância das normas legais e regulamentares ou aceitar garantia insuficiente ou inidônea;

VII – conceder benefício administrativo ou fiscal sem a observância das formalidades legais ou regulamentares aplicáveis à espécie;

VIII – frustrar a licitude de processo licitatório ou de processo seletivo para celebração de parcerias com entidades sem fins lucrativos, ou dispensá-los indevidamente;

IX – ordenar ou permitir a realização de despesas não autorizadas em lei ou regulamento;

X – agir negligentemente na arrecadação de tributo ou renda, bem como no que diz respeito à conservação do patrimônio público;

XI – liberar verba pública sem a estrita observância das normas pertinentes ou influir de qualquer forma para a sua aplicação irregular;

XII – permitir, facilitar ou concorrer para que terceiro se enriqueça ilicitamente;

XIII – permitir que se utilize, em obra ou serviço particular, veículos, máquinas, equipamentos ou material de qualquer natureza, de propriedade ou à disposição de qualquer das entidades mencionadas no art. 1° desta lei, bem como o trabalho de servidor público, empregados ou terceiros contratados por essas entidades.

XIV – celebrar contrato ou outro instrumento que tenha por objeto a prestação de serviços públicos por meio da gestão associada sem observar as formalidades previstas na lei;

XV – celebrar contrato de rateio de consórcio público sem suficiente e prévia dotação orçamentária, ou sem observar as formalidades previstas na lei.

XVI – facilitar ou concorrer, por qualquer forma, para a incorporação, ao patrimônio particular de pessoa física ou jurídica, de bens, rendas, verbas ou valores públicos transferidos pela administração pública a entidades privadas mediante celebração de parcerias, sem a observância das formalidades legais ou regulamentares aplicáveis à espécie;

XVII – permitir ou concorrer para que pessoa física ou jurídica privada utilize bens, rendas, verbas ou valores públicos transferidos pela administração pública a entidade privada mediante celebração de parcerias, sem a observância das formalidades legais ou regulamentares aplicáveis à espécie;

XVIII – celebrar parcerias da administração pública com entidades privadas sem a observância das formalidades legais ou regulamentares aplicáveis à espécie;

XIX – agir negligentemente na celebração, fiscalização e análise das prestações de contas de parcerias firmadas pela administração pública com entidades privadas; (Incluído pela Lei nº 13.019, de 2014) (Vigência)

XX – liberar recursos de parcerias firmadas pela administração pública com entidades privadas sem a estrita observância das normas pertinentes ou influir de qualquer forma para a sua aplicação irregular.

XXI – liberar recursos de parcerias firmadas pela administração pública com entidades privadas sem a estrita observância das normas pertinentes ou influir de qualquer forma para a sua aplicação irregular.

- **Ofensa a princípios** (art. 11): somente podem ser praticados na modalidade **dolosa**. Espécies (rol exemplificativo):

I – praticar ato visando fim proibido em lei ou regulamento ou diverso daquele previsto, na regra de competência;

II – retardar ou deixar de praticar, indevidamente, ato de ofício;

III – revelar fato ou circunstância de que tem ciência em razão das atribuições e que deva permanecer em segredo;

IV – negar publicidade aos atos oficiais;

V – frustrar a licitude de concurso público;

VI – deixar de prestar contas quando esteja obrigado a fazê-lo;

VII – revelar ou permitir que chegue ao conhecimento de terceiro, antes da respectiva divulgação oficial, teor de medida política ou econômica capaz de afetar o preço de mercadoria, bem ou serviço.

VIII – descumprir as normas relativas à celebração, fiscalização e aprovação de contas de parcerias firmadas pela administração pública com entidades privadas.

IX – deixar de cumprir a exigência de requisitos de acessibilidade previstos na legislação.

ATENÇÃO!

Os tópicos abaixo de improbidade administrativa somente serão cobrados para o cargo de Analista Judiciário!

4. SANÇÕES

Aos agentes ímprobos, podem ser aplicadas, de forma isolada ou cumulativa, as sanções previstas no art. 12 da Lei nº 8.429/92, nos seguintes termos:

I – **na hipótese do art. 9º**: perda dos bens ou valores acrescidos ilicitamente ao patrimônio, ressarcimento integral do dano, quando houver, perda da função pública, suspensão dos direitos políticos de oito a dez anos, pagamento de multa civil de até três vezes o valor do acréscimo patrimonial e proibição de contratar com o Poder Público ou receber benefícios ou incentivos fiscais ou creditícios, direta ou indiretamente, ainda que por intermédio de pessoa jurídica da qual seja sócio majoritário, pelo prazo de dez anos;

II – **na hipótese do art. 10**: ressarcimento integral do dano, perda dos bens ou valores acrescidos ilicitamente ao patrimônio, se concorrer esta circunstância, perda da função pública, suspensão dos direitos políticos de cinco a oito anos, pagamento de multa civil de até duas vezes o valor do dano e proibição de contratar com o Poder Público ou receber benefícios ou incentivos fiscais ou creditícios, direta ou indiretamente, ainda que por intermédio de pessoa jurídica da qual seja sócio majoritário, pelo prazo de cinco anos;

III – **na hipótese do art. 11**: ressarcimento integral do dano, se houver, perda da função pública, suspensão dos direitos políticos de três a cinco anos, pagamento de multa civil de até cem vezes o valor da remuneração percebida pelo agente e proibição de contratar com o Poder Público ou receber benefícios ou incentivos fiscais ou creditícios, direta ou indiretamente, ainda que por intermédio de pessoa jurídica da qual seja sócio majoritário, pelo prazo de três anos.

Algumas observações importantes:

1) Pela totalidade das sanções que estão previstas em cada um dos incisos do art. 12, verifica-se que há uma ordem de gravidade do ato de improbidade, na seguinte ordem crescente: ofensa a princípios, prejuízo ao erário e enriquecimento ilícito. Assim, se um sujeito ativo praticar, ao mesmo tempo um ato que se enquadre em mais de uma espécie de improbidade, receberá as sanções correspondentes ao ato mais grave.

2) A suspensão dos direitos políticos atinge a capacidade eleitoral ativa e passiva (ao contrário da inelegibilidade, que atinge apenas a capacidade eleitoral passiva);

3) Apenas duas sanções exigem o trânsito em julgado da sentença condenatória: perda da função pública e suspensão dos direitos políticos;

4) Na hipótese do art. 12, inc. III, da Lei nº 8.429/92, caso o responsável pela prática do ato de improbidade administrativa não receba remuneração, a multa civil terá como referência o valor do salário mínimo;

5) De acordo com o STJ, não se admite que o magistrado, ao aplicar a sanção, fique fora do parâmetro legal. Ex: caso o agente pratique um ato de improbidade que ofenda princípios, deverá observar o limite de 03 a 05 anos para a suspensão dos direitos políticos;

6) Devem ser observados os prazos prescricionais previsto no art. 23 da lei de improbidade, de modo que as ações devem ser propostas: a) até cinco anos após o término do exercício de mandato, de cargo em comissão ou de função de confiança; b) dentro do prazo prescricional previsto em lei específica para faltas disciplinares puníveis com demissão a bem do serviço público, nos casos de exercício de cargo efetivo ou emprego; c) até cinco anos da data da apresentação à administração pública da prestação de contas final pelas entidades referidas no parágrafo único do art. 1º desta Lei.

5. PROCEDIMENTO

A ação de improbidade pode ser proposta pelo Ministério Público ou pela pessoa jurídica prejudicada. Caso a ação seja proposta pela pessoa jurídica prejudicada, o Ministério Público atuará como fiscal da lei (*custos legis*). Percebam o MP pode atuar como parte OU como fiscal da lei.

Considerando que a Medida Provisória nº 703/2015 teve a sua vigência encerrada, permanece a redação originária da Lei nº 8.429/92, no sentido de que é vedada a transação, acordo ou conciliação no âmbito das ações de improbidade.

Como peculiaridade do procedimento que deve ser observado, o primeiro ato processual não será o recebimento da inicial, com a promoção da citação para o oferecimento de contestação. Ao contrário, prevê a lei de improbidade que, estando a inicial em devida forma, o juiz mandará autuá-la e ordenará a **notificação do requerido**, para oferecer **mani-**

festação por escrito (espécie de defesa prévia), que poderá ser instruída com documentos e justificações, dentro do prazo de quinze dias.

Após a manifestação por escrito o juiz terá duas alternativas: **rejeição da ação** (nos casos de inexistência do ato de improbidade; improcedência da ação; ou inadequação da via eleita) ou **recebimento da inicial**, quando o réu será citado para o oferecimento de contestação. Da decisão que receber a petição inicial, caberá **agravo de instrumento**.

Por fim, vale ressaltar que, de acordo com a orientação do STF, não há foro especial por prerrogativa de função ("foro privilegiado") nas ações de improbidade.

8. Controle da administração

SUMÁRIO: 1 – Conceito e finalidade. 2 – Espécies de controle. 2.1 – Controle Administrativo. 2.2 – Controle Judicial. 2.3 – Controle Legislativo.

ATENÇÃO!
O tópico Controle da Administração Pública somente consta no conteúdo programático do cargo de Analista Judiciário"

1. CONCEITO E FINALIDADE

O controle da administração surge como uma necessidade de garantir que o Estado não atuará livremente. Conforme o Artigo 2º da Constituição Federal são poderes, independentes e harmônicos entre si, o Legislativo, o Executivo e o Judiciário. Este sistema da tripartição de funções criou mecanismos de controle recíproco, como garantia de perpetuidade do Estado Democrático de Direito, o qual denominamos de "**Sistema de Freios e Contrapesos**" ou "**Checks and Balances**"**.** Assim, surgem 03 (três) tipos de controle: o administrativo, o judicial e o legislativo. Passemos a analisar cada um deles.

2. ESPÉCIES DE CONTROLE

2.1. Controle Administrativo

Trata-se do controle exercido pela própria administração pública em relação às suas condutas. É um controle interno, pois é exercido dentro de um mesmo poder. Lembramos que os poderes legislativo e judiciário, atipicamente, também exercem função administrativa e, desta forma, também exercem um controle administrativo interno.

Quais são os meios de controle administrativo?

- Controle sobre os atos administrativos – Sabemos que a própria administração pode, de oficio ou a pedido, realizar um controle sobre seus próprios atos administrativos, anulando os ilegais e revogando os inconvenientes/inoportunos. Tal entendimento está consolidado na Súmula Vinculante 473 do STF, vejamos:

  > "A administração pode anular seus próprios atos, quando eivados de vícios que os tornam ilegais, porque deles não se originam direitos; ou revogá-los, por motivo de conveniência ou oportunidade, respeitados os direitos adquiridos, e ressalvada, em todos os casos, a apreciação judicial."

- Controle finalístico – Sabemos que não existe hierarquia ou subordinação entre a administração direita e as entidades administrativas, existindo, no entanto, um controle finalístico (tutela administrativa), que permite ao órgão controlador verificar se o órgão controlado está cumprindo com sua responsabilidade definida em lei. Esse tipo de controle em âmbito **federal** é denominado de **supervisão ministerial**, pois existindo uma entidade federal, existirá um respectivo ministério responsável por supervisioná-la.

- Fiscalização hierárquica– Sabemos que existe um escalonamento em níveis hierárquicos dentro da estrutura interna da administração, existindo assim um controle exercido entre órgãos e agentes de acordo com sua posição hierárquica.

Como órgãos internos de controle temos: as corregedorias, controladorias, o Conselho Nacional de Justiça (CNJ) e o Conselho Nacional do Ministério Público (CNMP).

2.2. Controle Judicial

O Brasil adotou o sistema inglês ou de jurisdição única em detrimento do sistema do contencioso administrativo (ou sistema francês ou sistema da dupla jurisdição). O sistema adotado pelo Brasil permite que todos os litígios possam ser levados ao Poder Judiciário.

A *coisa julgada administrativa* impede a revisão judicial da decisão prolatada? NÃO. Por mais que a esfera recursal administrativa tenha sido esgotada, é admitida a revisão judicial da decisão administrativa prolatada. Isso ocorre porque somente o poder judiciário tem o poder de emitir decisões que ensejem efeitos de coisa julgada material.

Sabemos que o poder judiciário somente atua mediante provação, analisando aspectos de legalidade, sendo vedado a tal poder analisar aspectos de conveniência e oportunidade. Desse modo, podemos afirmar que existe um controle de legalidade exercido pelo poder judiciário sobre os atos administrativos, permitindo a anulação desses atos diante de uma ilegalidade, mas não é admitido que o judiciário exerça um juízo de conveniência e oportunidade e revogue atos administrativos praticados por outro poder.

Existem vários instrumentos que podem ser utilizados para provocar o judiciário a exercer o controle judicial. Citemos alguns, a título exemplificativo:

- Ação Popular – Qualquer cidadão é parte legítima para propor ação popular que vise anular ato lesivo ao patrimônio público, ou de entidade de que o Estado participe, à moralidade administrativa, ao meio ambiente e ao patrimônio histórico e cultural.
- Mandado de Segurança – Visando proteger direito líquido e certo, não amparado por *habeas corpus* ou *habeas data*, é utilizado quando o responsável pela ilegalidade ou abuso de poder for autoridade pública ou agente de pessoa jurídica no exercício de atribuições do Poder Público.
- Ação Civil Pública – Para garantir a proteção a interesses difusos e coletivos.

2.3. Controle Legislativo

O poder legislativo brasileiro possui duas funções típicas. Além de legislar, também exerce fiscalização sobre o executivo, sem prejuízo de suas funções atípicas de natureza administrativa e jurisdicional. O legislativo conta com o auxílio do tribunal de contas que, além de exercer também controle legislativo, o auxilia na realização dos seus misteres. Desse modo podemos dividir o controle legislativo em dois tipos, vejamos:

Controle realizado diretamente pelo Poder Legislativo – É aquele realizado diretamente pelo parlamento, através de uma de suas casas ou mediante manifestação do congresso nacional. As hipóteses de controle direto têm que se limitar àquelas previstas na Constituição Federal, sob pena de violar a independência dos poderes, vejamos alguns exemplos:

> I – Competência do Congresso Nacional para autorizar o Presidente da República a declarar guerra, a celebrar a paz, a permitir que forças estrangeiras transitem pelo território nacional ou nele permaneçam temporariamente, ressalvados os casos previstos em lei complementar;
>
> II – Competência do Congresso Nacional para autorizar o Presidente e o Vice-Presidente da República a se ausentarem do País, quando a ausência exceder a quinze dias;
>
> III– Competência do Congresso Nacional para sustar os atos normativos do Poder Executivo que exorbitem do poder regulamentar ou dos limites de delegação legislativa;
>
> IV – Competência do Congresso Nacional para fiscalizar e controlar, diretamente, ou por qualquer de suas Casas, os atos do Poder Executivo, incluídos os da administração indireta;
>
> V– Competência do Congresso Nacional para julgar anualmente as contas prestadas pelo Presidente da República e apreciar os relatórios sobre a execução dos planos de governo;
>
> VI– Competência do Senado Federal para processar e julgar o Presidente e o Vice-Presidente da República nos crimes de responsabilidade, bem como os Ministros de Estado e os Comandantes da Marinha, do Exército e da Aeronáutica nos crimes da mesma natureza conexos com aqueles.

Controle realizado pelo Tribunal de Contas – É importante salientar que o tribunal de contas não é órgão do legislativo, ele é dotado de autonomia e auxilia o legislativo a exercer uma das suas funções típicas: a fiscalização contábil, financeira, orçamentária e patrimonial do Executivo. As decisões do tribunal de contas têm natureza administrativa e não vinculam o poder legislativo. O texto constitucional elenca expressamente as atribuições do Tribunal de Contas da União no artigo 71, vejamos:

> Art. 71. O controle externo, a cargo do Congresso Nacional, será exercido com o auxílio do Tribunal de Contas da União, ao qual compete:
>
> I – apreciar as contas prestadas anualmente pelo Presidente da República, mediante parecer prévio que deverá ser elaborado em sessenta dias a contar de seu recebimento;
>
> II – julgar as contas dos administradores e demais responsáveis por dinheiros, bens e valores públicos da administração direta e indireta, incluídas as fundações e sociedades instituídas e mantidas pelo Poder Público federal, e as contas daqueles que derem causa a perda, extravio ou outra irregularidade de que resulte prejuízo ao erário público;
>
> III – apreciar, para fins de registro, a legalidade dos atos de admissão de pessoal, a qualquer título, na administração direta e indireta, incluídas as fundações instituídas e mantidas pelo Poder Público, excetuadas as nomeações para cargo de provimento em comissão, bem como a das concessões de aposentadorias, reformas e pensões, ressalvadas as melhorias posteriores que não alterem o fundamento legal do ato concessório;

IV – realizar, por iniciativa própria, da Câmara dos Deputados, do Senado Federal, de Comissão técnica ou de inquérito, inspeções e auditorias de natureza contábil, financeira, orçamentária, operacional e patrimonial, nas unidades administrativas dos Poderes Legislativo, Executivo e Judiciário, e demais entidades referidas no inciso II;

V – fiscalizar as contas nacionais das empresas supranacionais de cujo capital social a União participe, de forma direta ou indireta, nos termos do tratado constitutivo;

VI – fiscalizar a aplicação de quaisquer recursos repassados pela União mediante convênio, acordo, ajuste ou outros instrumentos congêneres, a Estado, ao Distrito Federal ou a Município;

VII – prestar as informações solicitadas pelo Congresso Nacional, por qualquer de suas Casas, ou por qualquer das respectivas Comissões, sobre a fiscalização contábil, financeira, orçamentária, operacional e patrimonial e sobre resultados de auditorias e inspeções realizadas;

VIII – aplicar aos responsáveis, em caso de ilegalidade de despesa ou irregularidade de contas, as sanções previstas em lei, que estabelecerá, entre outras cominações, multa proporcional ao dano causado ao erário;

IX – assinar prazo para que o órgão ou entidade adote as providências necessárias ao exato cumprimento da lei, se verificada ilegalidade;

X – sustar, se não atendido, a execução do ato impugnado, comunicando a decisão à Câmara dos Deputados e ao Senado Federal;

XI – representar ao Poder competente sobre irregularidades ou abusos apurados.

Observem que o Tribunal de Contas da União não possui legitimidade para julgar as contas do presidente da república, ele apenas aprecia, elaborando parecer prévio e enviando para o congresso nacional exercer o julgamento. No entanto, é competência do TCU julgar as contas dos administradores e demais responsáveis por dinheiros, bens e valores públicos.

9. Responsabilidade civil do estado

SUMÁRIO: 1 – Noções introdutórias: responsabilidade objetiva, subjetiva e reparação do dano. 2 – Fundamento constitucional (direito positivo brasileiro). 3– Causas excludentes e atenuantes da responsabilidade civil do Estado. 3.1 Caso fortuito ou força maior. 3.2– Culpa exclusiva da vítima. 4 – Teorias sobre a evolução da responsabilidade civil do Estado. 4.1– Teoria da irresponsabilidade do Estado. 4.2– Teoria da culpa administrativa, da falta do serviço ou da culpa anônima. 4.3– Teoria do risco administrativo. 4.4– Teoria do risco integral. 5 – Outras observações importantes acerca do tema que podem ser cobradas na sua prova.

ATENÇÃO!

O tema responsabilidade civil do Estado somente será cobrado para o cargo de Analista Judiciário!

1. NOÇÕES INTRODUTÓRIAS: RESPONSABILIDADE OBJETIVA, SUBJETIVA E REPARAÇÃO DO DANO

É muito importante no estudo desse tema entender a diferença entre responsabilidade objetiva e subjetiva do Estado. Vejamos:

Responsabilidade Subjetiva do Estado	Responsabilidade Objetiva do Estado
Depende da comprovação de dolo (intenção) ou culpa (negligência, imperícia ou imprudência).	Independe de dolo ou culpa, bastando existir: 1. Ação; 2. Dano; 3. Nexo de causalidade

Sendo assim, quais hipóteses o Estado responderá de forma Objetiva? – Quando o dano for causado através de uma **AÇÃO** das pessoas jurídicas de direito público ou das pessoas jurídicas de direito privado prestadoras de serviços públicos, será aplicada a responsabilidade objetiva.

Caro concursando, observe que, se o dano for causado por pessoa jurídica de direito privado que explora atividade econômica, será aplicada responsabilidade subjetiva.

O agente público causador do dano responde de forma objetiva? **NÃO**, ele responderá perante a administração de forma subjetiva, haja vista que a ação de regresso é fundamentada no dolo ou na culpa do agente público.

Importante salientar, que de acordo com recente decisão do STF, a ação de regresso se sujeita a prazo prescricional.

2. FUNDAMENTO CONSTITUCIONAL (DIREITO POSITIVO BRASILEIRO)

Artigo 37, **§** 6º, da CF: "As pessoas jurídicas de direito público e as de direito privado prestadoras de serviços públicos responderão pelos danos que seus agentes, nessa qualidade, causarem a terceiros, assegurado o direito de regresso contra o responsável nos casos de dolo ou culpa".

3. CAUSAS EXCLUDENTES E ATENUANTES DA RESPONSABILIDADE CIVIL DO ESTADO

3.1. Caso fortuito ou força maior

Circunstância imprevista decorrente da força humana ou da força da natureza que causa dano ao particular. O Estado não tem como evitar ou minorar o dano, por isso não pode ser responsabilizado. **Exemplo:** Tsunami que atinge determinado estado, causando dano a estrutura das casas.

Observe que o Estado não tem como evitar ou minorar os danos causados, por isso não pode ser sua responsabilidade.

É importante ressaltar que se o Estado tem como evitar ou minorar os danos, mesmo assim é omisso, responderá de forma subjetiva. **Exemplo:** Tsunami que atinge determinado estado, matando particulares que poderiam ter sido salvos, se o Estado tivesse evacuado a área. No caso citado, o Estado será responsabilizado, não podendo alegar caso fortuito ou força maior para excluir sua responsabilidade.

3.2. Culpa exclusiva da vítima

Quando o dano ocorrer única e exclusivamente em razão do particular, o Estado não será responsabilizado. **Exemplo:** Particular que colide seu veículo com veículo da administração estacionado em local regular.

É importante ressaltar que, se o dano for fruto de uma culpa concorrente, o Estado responderá de forma atenuada, diminuída. **Exemplo:** Particular embriagado que colide seu veículo com veículo da administração estacionado em local Irregular. Nesse caso, fica evidenciada a culpa concorrente, assim, o Estado será responsabilizado de forma atenuada.

4. TEORIAS SOBRE A EVOLUÇÃO DA RESPONSABILIDADE CIVIL DO ESTADO

4.1. Teoria da irresponsabilidade do Estado

Aplicada na era do absolutismo, que tinha a figura do rei como o senhor maior das decisões estatais. Qualquer ação dele era tida como legítima, não passível de responsabilização, pois "o rei não pode errar" (do inglês: "the king can do no wrong"). Deste modo, o Estado não indenizava os danos causados a terceiros.

4.2. Teoria da culpa Administrativa, da falta do Serviço ou da culpa Anônima

Após o período de irresponsabilidade total do Estado, no que concerne aos prejuízos por ele causados, nasceu a Teoria da Culpa Administrativa, da Falta do Serviço ou da Culpa Anônima, fundamentada na responsabilidade subjetiva do Estado. Essa teoria é adotada no Brasil para danos causados por omissão.

4.3. Teoria do risco administrativo

Teoria majoritariamente adotada no Brasil. Afirma que o Estado responderá de forma objetiva. Mas, existem hipóteses que excluem a responsabilidade do Estado.

4.4. Teoria do risco integral

Afirma que o Estado responderá de forma objetiva, não sendo admitida excludentes da responsabilidade do Estado. Essa teoria é adotada no Brasil apenas em situações excepcionais, sendo elas:

- Dano decorrente de atividade nuclear.
- Dano ao meio ambiental.
- Crimes ocorridos a bordo de aeronaves que estejam sobrevoando o espaço aéreo brasileiro.
- Danos decorrentes de ataques terroristas.
- Seguro DPVAT decorrente de acidentes de trânsito.

5. OUTRAS OBSERVAÇÕES IMPORTANTES ACERCA DO TEMA QUE PODEM SER COBRADAS NA SUA PROVA

- O Estado é civilmente responsável pelos danos causados por legislação declarada inconstitucional.
- O Estado será responsabilizado em razão de erro do poder judiciário, ou da comprovada falta da prestação jurisdicional.
- O Estado somente será responsabilizado pelos danos causados por preso foragido, se o dano ocorrer **logo após** a fuga, já que, de acordo com o STF, o lapso temporal rompe o nexo de causalidade.
- De acordo com o STF, a omissão do Estado que permite a prática de homicídios dentro dos presídios acarreta responsabilidade objetiva em razão do dever de custódia, proteção. Pois em caso de inobservância de seu dever específico de proteção previsto no artigo 5º, inciso XLIX, da Constituição Federal, o Estado é responsável pela morte de detento.

10. Serviços Públicos

SUMÁRIO: 1 – Conceito. 2 – Princípios do serviço público. 2.1 – Princípio da modicidade. 2.2 – Princípio da generalidade/universalidade. 2.3 – Princípio da cortesia. 2.4 Princípio da mutabilidade/atualidade. 2.5 Princípio da continuidade do serviço público. 3– Delegação: concessão, permissão e autorização. 3.1 – Concessão Comum. 3.2 – Permissão. 3.3 – Autorização 3.4 – Parceria público privada (PPP)

1. CONCEITO

É uma atividade executada diretamente pelo Estado (serviço prestado de forma centralizada), ou através das entidades administrativas, ou por particulares (serviço prestado de forma descentralizada), visando atender às necessidades coletivas.

2. PRINCÍPIOS DO SERVIÇO PÚBLICO

2.1. Princípio da modicidade

As tarifas cobradas aos usuários devem ser as mais baixas possíveis. Cuidado, caro leitor, pois o princípio da modicidade não impede o fornecimento de serviços gratuitos.

2.2. Princípio da generalidade/universalidade

Possui duas acepções: 1– A prestação do serviço público deve ser estendida ao máximo de usuários. 2 – Os usuários devem ser tratados de forma igualitária.

Atenção, concursando, pois o princípio da generalidade/universalidade não impede a diferenciação na cobrança tarifária, tendo em vista sua aplicabilidade igualitária em sentido material.

2.3. Princípio da cortesia

O usuário do serviço deve ser tratado com educação, respeito.

2.4. Princípio da mutabilidade/atualidade

A sociedade está em constante evolução, logo o serviço também deve evoluir. Dessa forma, o prestador do serviço não tem direito adquirido na forma de prestação, devendo prestá-lo com as técnicas mais modernas.

2.5. Princípio da continuidade do serviço público

Conforme explicado anteriormente no capitulo dos princípios administrativos.

3. DELEGAÇÃO: CONCESSÃO, PERMISSÃO E AUTORIZAÇÃO

ATENÇÃO!

Este tópico somente será cobrado para o cargo de Analista Judiciário!

Representam formas de o particular prestar um serviço público. Nesses casos, a administração não transfere a titularidade do serviço, passando apenas a sua execução. Vejamos:

3.1. Concessão Comum

A administração transfere a execução de determinado serviço público à **pessoa jurídica ou a consórcios de empresas** mediante licitação na modalidade **concorrência** e através de contrato administrativo. A concessão **NÃO** é vinculo precário.

A concessão comum pode ser precedida de obra pública, a exemplo dos pedágios.

Querido concursando, atenção! A lei 9074/95 criou o programa nacional de desestatização e possibilitou a delegação do serviço a particular, mediante contrato de **concessão** realizado através da modalidade licitatória leilão.

3.2. Permissão

A administração transfere a execução de determinado serviço público **a pessoa jurídica ou a pessoa física** mediante licitação (**não tem obrigatoriedade de ser concorrência**) através de contrato administrativo. Atenção, querido leitor, pois a permissão, apesar de exigir licitação e ser formalizada por contrato administrativo de adesão, é **vinculo precário.**

3.3. Autorização

A administração transfere a execução de determinado serviço público a particular mediante **ato administrativo unilateral, discricionário e precário.**

3.4. Parceria público privada (PPP)

Com o advento da lei 11.079/04, que institui normas gerais para licitação e contratação de parceria público-privada no âmbito da administração pública, surgem dois novos tipos de concessão: as concessões patrocinada e administrativa. Vejamos as diferenças entre os 03 tipos de concessão:

CONCESSÃO COMUM LEI 8987/95	CONCESSÃO PATROCINADA (PPP) LEI 11.079/04	CONCESSÃO ADMINISTRATIVA (PPP) LEI 11.079/04
A administração contrata particular para prestar serviço ao povo sendo remunerado exclusivamente através da tarifa paga pela população.	A administração contrata particular para prestar serviço ao povo sendo remunerado através da tarifa paga pela população e de **patrocínio pago pelo poder público.**	A administração contrata particular para prestar serviço para própria administração, sendo remunerado **exclusivamente pelo poder público.**

ATENÇÃO!

É **vedada** a celebração de **parceria público-privada** que o valor do contrato seja **inferior a R$ 20.000.000,00** (vinte milhões de reais). Sendo importante salientar que o prazo de vigência do contrato, compatível com a amortização dos investimentos realizados, **não poderá ser inferior a 5 (cinco), nem superior a 35 (trinta e cinco) anos,** incluindo eventual prorrogação.

11. Licitações – Lei nº 8.666/93 e alterações posteriores

SUMÁRIO: 1 - Conceito, objeto e finalidades da Licitação. 2 - Princípios Licitatórios. 2.1- Princípio da Vinculação ao Instrumento Convocatório. 2.2- Princípio do Julgamento Objetivo. 2.3-Princípio do Procedimento Formal. 2.4- Princípio do Sigilo das Propostas. 3- Modalidades, procedimentos e fases licitatórias previstos na Lei nº 8666/93. 3.1. Concorrência. 3 2- Tomada de Preço. 3.3 Convite. 3.4. Concurso. 3.5. Leilão. 4 - Pregão (Lei 10520/02). 5- Pregão eletrônico (Decreto nº 5.450/2005). 6- Sistema de registro de preços (Decreto nº 7.892/2013). 7 - Tipos de Licitação. 8 - Prazos entre a publicação do instrumento convocatório e o dia do evento. 9 - Contratação direta: obrigatoriedade, dispensa, inexigibilidade e vedação. 9. 1. Inexigibilidade de Licitação. 9.2. Dispensa da Licitação. 10 - Revogação e invalidação da licitação. 11 - Da desistência e controle da licitação.

1. CONCEITO, OBJETO E FINALIDADES DA LICITAÇÃO

Caro leitor, a administração com frequência precisa adquirir bens e serviços, para realizar os seus misteres. Como uma forma de respeitar os princípios que regem a administração pública, surge a licitação que é um procedimento administrativo, junção de vários atos administrativos, que antecedem a celebração do contrato administrativo.

A licitação destina-se a **garantir a observância do princípio constitucional da isonomia, a seleção da proposta mais vantajosa** para a administração e a **promoção do desenvolvimento nacional sustentável.** Ela será processada e julgada em estrita **conformidade com os princípios básicos** da legalidade, impessoalidade, moralidade, da igualdade, publicidade, probidade administrativa, vinculação ao instrumento convocatório, julgamento objetivo e dos que lhes é correlata, visando à escolha da proposta mais vantajosa para o interesse público.

2. PRINCÍPIOS LICITATÓRIOS

Diversos princípios são aplicados às licitações, dentre eles os princípios da legalidade, impessoalidade, moralidade, publicidade e eficiência já estudados anteriormente em capítulo próprio. Todavia, é muito importante ressaltar que existem princípios licitatórios específicos, sendo eles:

2.1. Princípio da Vinculação ao Instrumento Convocatório

A Administração Pública e os licitantes interessados estão vinculados às regras contidas no instrumento convocatório (edital ou carta convite).

2.2. Princípio do Julgamento Objetivo

No momento em que a administração for proceder à classificação das propostas, esta somente observará critérios objetivos previstos no instrumento convocatório. Não sendo admitido que uma empresa seja declarada como vencedora em razão de critérios subjetivos não elencados no edital.

2.3. Princípio do Procedimento Formal

A licitação possui etapas, fases previamente definidas pela lei que devem ser obedecidas pela administração e por terceiros.

2.4. Princípio do Sigilo das Propostas

Na licitação, as propostas são encaminhadas em envelopes lacrados para serem abertos em momento apropriado. O desrespeito desse princípio representa ato de improbidade administrativa e crime definido na lei 8666/93.

3. MODALIDADES, PROCEDIMENTOS E FASES LICITATÓRIAS PREVISTOS NA LEI Nº 8666/93

SETAAAAA

- **Concorrência;**
- **Tomada de Preço;**
- **Convite;**
- **Concurso;**
- **Leilão;**

} Previstas no artigo 22º da Lei 8.666/93

- **Pregão** – Prevista no art. 1º da lei 10.520/02
- **Consulta** – Prevista na Lei nº 9.986/00 (própria das agências reguladoras)
- **Regime Diferenciado de Contratações Públicas** – Prevista na Lei nº 12.462/11

3.1. Concorrência

Destinada, como regra, para contratações de grande valor (obras e serviços de engenharia valores **acima de R$1.500.000,00**, compras e outros serviços valores **acima de R$ 650.000,00**). A Concorrência é a modalidade de licitação **entre quaisquer interessados** que, na fase inicial de habilitação preliminar, comprovem possuir os requisitos mínimos de qualificação exigidos no edital para execução de seu objeto.

Atenção, caro leitor, pois no caso de **concessão de direito real de uso, independente do valor da contratação será adotada a modalidade concorrência.**

Procedimento da modalidade licitatória concorrência

Publicação do Edital	Habilitação	Classificação ou Julgamento	Homologação	Adjudicação
Ato pelo qual é divulgada a abertura da concorrência, fixando os requisitos para a participação e definindo o objeto e as condições do contrato.	É a fase na qual se verifica se os participantes possuem os requisitos mínimos previstos no edital para participação no processo licitatório.	É o momento em que são abertos os envelopes das empresas habilitadas procedendo-se a análise e a classificação das propostas de acordo com o tipo de licitação adotado.	É a fase onde se verifica a regularidade de todo o processo licitatório.	Ato pelo qual a Administração, em vista do eventual contrato a ser travado, proclama satisfatória a proposta classificada em primeiro lugar.

Importante destacar que adjudicar não significa contratar, mas apenas declarar oficialmente o vencedor da licitação. A administração está obrigada a realizar a adjudicação para tornar oficial o vencedor da licitação, mas NÃO está obrigada a celebrar o contrato administrativo.

Existindo empate na licitação, o que será levado em consideração como critério de desempate? Em igualdade de condições, como critério de desempate, será assegurada preferência, sucessivamente, aos bens e serviços:

1. Produzidos no País;
2. Produzidos ou prestados por empresas brasileiras;
3. Produzidos ou prestados por empresas que invistam em pesquisa e no desenvolvimento de tecnologia no País;
4. Produzidos ou prestados por empresas que comprovem cumprimento de reserva de cargos prevista em lei para pessoa com deficiência ou para reabilitado da Previdência Social e que atendam às regras de acessibilidade previstas na legislação;
5. Sorteio.

É admitida a prorrogação do prazo para assinatura do contrato? Sim, o prazo de convocação poderá ser prorrogado uma vez, por igual período, quando solicitado pela parte durante o seu transcurso e desde que ocorra motivo justificado aceito pela Administração.

3.2. Tomada de Preço

Destinada para contratações de valor intermediário (obras e serviços de engenharia valores de **até R$1.500.000,00**, compras e outros serviços valores de **até R$650.000,00)**. A tomada de preços é a modalidade de licitação entre interessados **devidamente cadastrados** ou entre os que atenderem a todas as condições exigidas para cadastramento **até o terceiro dia anterior** à data do recebimento das propostas, observada a necessária qualificação. Perceba, prezado leitor, que somente pode participar da tomada de preço empresa cadastrada ou que realize seu cadastramento com antecedência de pelos menos 03 dias em relação à data do evento.

Procedimento da modalidade licitatória tomada de preços

Publicação do Edital	Habilitação	Classificação ou Julgamento	Homologação	Adjudicação
Ato pelo qual é divulgada a abertura da tomada de preços, fixando os requisitos para a participação e definindo o objeto e as condições do contrato.	É a fase na qual se verifica se os participantes **CADASTRADOS** possuem os requisitos mínimos previstos no edital para participação no processo licitatório.	É o momento em que são abertos os envelopes das empresas habilitadas procedendo-se a análise e a classificação das propostas de acordo com o tipo de licitação adotado.	É a fase onde se verifica a regularidade de todo o processo licitatório.	Ato pelo qual a Administração, em vista do eventual contrato a ser travado, proclama satisfatória a proposta classificada em primeiro lugar.

3.3. Convite

Destinado para contratações de pequeno valor (obras e serviços de engenharia valores de **até R$150.000,00**, compras e outros serviços valores de **até R$ 80.000,00).** O Convite é a modalidade de licitação entre interessados do ramo pertinente ao seu objeto, **cadastrados ou não,** escolhidos e convidados em **número mínimo de 3 (três)** pela unidade administrativa, a qual afixará, em local apropriado, cópia do instrumento convocatório e o estenderá aos demais cadastrados na correspondente especialidade que manifestarem seu interesse com **antecedência de até 24 (vinte e quatro) horas da apresentação das propostas.**

Procedimento da modalidade licitatória convite

Publicação do Edital	Habilitação	Classificação ou Julgamento	Homologação	Adjudicação
X	É a fase na qual se verifica se os participantes possuem os requisitos mínimos previstos no edital para participação no processo licitatório.	É o momento em que são abertos os envelopes das empresas habilitadas procedendo-se a análise e a classificação das propostas de acordo com o tipo de licitação adotado.	É a fase onde se verifica a regularidade de todo o processo licitatório;	Ato pelo qual a Administração, em vista do eventual contrato a ser travado, proclama satisfatória a proposta classificada em primeiro lugar.

Perceba, querido concursando, que o procedimento do convite é diferenciado, pois **não existe publicação de edital**! A administração deve afixar cópia da Carta-Convite em local apropriado, para atribuir divulgação à licitação e permitir que outros interessados participem desde que demonstrem seu **interesse pelo menos 24 horas antes do evento.**

É importante ressaltar que existindo na praça mais de 3 (três) possíveis interessados, a cada novo convite realizado para objeto idêntico ou assemelhado, é obrigatório o convite a, no mínimo, mais um interessado, enquanto existirem cadastrados não convidados nas últimas licitações.

É possível realizar a modalidade licitatória convite com apenas 02 interessados? **SIM**, quando, por limitações do mercado ou manifesto desinteresse dos convidados, for impossível a obtenção do número mínimo de licitantes exigidos para o convite, é possível proceder ao convite com apenas 02 interessados devendo essas circunstâncias ser devidamente justificadas no processo, sob pena de repetição do convite.

ATENÇÃO!

Nos casos em que couber convite, a Administração poderá utilizar a tomada de preços e, em qualquer caso, a concorrência. Perceba, concursando, que quando o valor for o do convite à administração poderá utilizar a tomada de preço ou a concorrência e quando o valor for da tomada de preço é possível utilizar a concorrência. O inverso não é admitido.

3.4. Concurso

É a modalidade de licitação entre quaisquer interessados para **escolha de trabalho técnico, científico ou artístico**, mediante a instituição de **prêmios ou remuneração** aos vencedores, conforme critérios constantes de edital publicado na imprensa oficial com antecedência mínima de 45 (quarenta e cinco) dias.

3.5. Leilão

É a modalidade de licitação entre **quaisquer interessados** para a venda de bens móveis **inservíveis para a administração** ou de **produtos legalmente apreendidos ou penhorados**, ou para a alienação de bens imóveis prevista no art. 19 da lei 8666/93 (bens cuja aquisição haja derivado de **procedimentos judiciais** ou de **dação em pagamento**) a quem oferecer o maior lance, igual ou superior ao valor da avaliação. Perceba, caro leitor, que o leilão é destinada para alienação de:

- Bens móveis inservíveis – Estão desafetados, não tem mais serventia pública.
- Bens legalmente aprendidos.
- Bens penhorados – Houve um equívoco do legislador ao falar penhora, pois na verdade ele queria se referir ao instituto do penhor.
- Bens Imóveis adquiridos por decisão judicial ou dação em pagamento.

Importante salientar que os bens móveis com valor igual ou acima a R$ 650.000,00, analisados de forma isolada ou global, bens como os demais bens imóveis, serão alienados utilizando a modalidade licitatória **concorrência.**

4. PREGÃO (LEI Nº 10.520/02)

O Pregão surgiu praticamente 10 anos após a edição da lei de licitações e contratos, lei 8666/93, para aperfeiçoar o regime de licitações buscando desburocratizar alguns procedimentos e criando uma maior competividade entre os participantes. Essa modalidade licitatória é utilizada para contratação de **bens e serviços comuns** de **qualquer valor**, sempre com o tipo de licitação de **menor preço**. Observe, prezado concursando, que a realização do pregão independe do valor da contratação, bastando que o bem ou serviço seja considerado comum. Consideram-se bens e serviços comuns aqueles cujos padrões de desempenho e qualidade possam ser objetivamente definidos pelo edital, por meio de especificações usuais no mercado.

Atenção ao procedimento da modalidade licitatória pregão

Existe inversão de fases no seu procedimento

Publicação do Edital	Classificação ou Julgamento	Habilitação	Adjudicação	Homologação
Ato pelo qual a Administração Pública divulga a abertura do pregão, fixando os requisitos para a participação e definindo o objeto e as condições do contrato.	É o momento em que são abertos os envelopes das empresas habilitadas procedendo-se a análise e o julgamento das propostas;	É a fase na qual se verifica se o participantes possuem os requisitos mínimos previstos para participação no pregão.	Ato pelo qual a Administração, em vista do eventual contrato a ser travado, proclama satisfatória a proposta classificada em primeiro lugar.	É a fase onde se verifica a regularidade de todo o processo licitatório;

Atenção, caro concursando, no pregão, **além de lances escritos, existem lances sucessivos e verbais**, pois o autor da oferta de valor mais baixo e os das ofertas com **preços até 10% (dez por cento) superiores** àquela poderão fazer novos lances verbais e sucessivos, até a proclamação do vencedor.

Não havendo pelo menos 3 (três) ofertas nas condições definidas acima, poderão os autores das melhores propostas, **até o máximo de 3 (três),** oferecer novos lances verbais e sucessivos, quaisquer que sejam os preços oferecidos.

5. PREGÃO ELETRÔNICO (DECRETO Nº 5.450/2005)

Com o avanço da tecnologia surge o pregão eletrônico, não existe comparecimento físico dos interessados a repartição que promove a licitação, tudo se passa virtualmente. O pregão, na forma eletrônica, como modalidade de licitação do **tipo menor preço**, realizar-se-á quando a disputa pelo fornecimento de bens ou serviços comuns for feita à **distância em sessão pública, por meio de sistema que promova a comunicação pela internet.**

CUIDADO!

A licitação na modalidade de pregão, na forma eletrônica, **não** se aplica às contratações de obras de engenharia, bem como às locações imobiliárias e às alienações em geral.

Importante ressaltar que, até dois dias úteis antes da data fixada para abertura da sessão pública, **qualquer pessoa** poderá impugnar o ato convocatório do pregão na forma eletrônica. Acolhida a impugnação contra o ato convocatório, será definida e publicada nova data para realização do certame.

Após a divulgação do edital no endereço eletrônico, os licitantes deverão encaminhar proposta com a descrição do objeto ofertado e o preço e, se for o caso, o respectivo anexo, até a data e hora marcadas para abertura da sessão, exclusivamente por meio do sistema eletrônico, quando, então, encerrar-se-á, automaticamente, a fase de recebimento de propostas. Para participação no pregão eletrônico, o licitante deverá manifestar, em campo próprio do sistema eletrônico, que cumpre plenamente os requisitos de habilitação e que sua proposta está em conformidade com as exigências do instrumento convocatório.

Atenção, caro leitor, pois no pregão eletrônico até a abertura da sessão, os licitantes **poderão retirar ou substituir a proposta** anteriormente apresentada.

6. SISTEMA DE REGISTRO DE PREÇOS (DECRETO Nº 7.892/2013)

Nesse caso a administração não licita com a finalidade imediata de contratação, pois realiza um conjunto de procedimentos para registro formal de preços relativos **à** prestação de serviços e aquisição de bens **para contratações futuras**.

Quando a administração irá adotar o registro de preços? O Sistema de Registro de Preços poderá ser adotado nas seguintes hipóteses:

I – quando, pelas características do bem ou serviço, houver necessidade de **contratações frequentes**;

II – quando for conveniente a aquisição de bens com previsão de **entregas parceladas** ou contratação de serviços remunerados por unidade de medida ou em regime de tarefa;

III – quando for conveniente a aquisição de bens ou a contratação de serviços para atendimento **a mais de um órgão ou entidade**, ou a programas de governo;

IV – quando, pela natureza do objeto, **não for possível definir previamente o quantitativo a ser demandado** pela Administração.

A licitação para registro de preços será realizada **na modalidade de concorrência, do tipo menor preço**, nos termos da Lei nº 8.666/93, ou **na modalidade de pregão**, nos termos da Lei nº 10.520/02, e será precedida de ampla pesquisa de mercado.

Atenção, pois o julgamento por **técnica e preço**, na modalidade concorrência, poderá ser **excepcionalmente adotado**, a critério do órgão gerenciador e mediante despacho fundamentado da autoridade máxima do órgão ou entidade.

É importante ressaltar que o prazo de validade da ata de registro de preços **NÃO** será **superior a doze meses**, incluídas eventuais prorrogações, conforme o inciso III do § 3º do art. 15 da Lei nº 8.666/93.

A existência de preços registrados **NÃO** obriga a administração a contratar, facultando-se a realização de licitação específica para a aquisição pretendida, assegurada preferência ao fornecedor registrado em igualdade de condições. Perceba, prezado leitor, que o vencedor não tem a garantia de que se o Estado for contratar, irá contratar com ele. O registro de preço não vincula a administração ao vencedor.

Homologado o resultado da licitação, o fornecedor **mais bem classificado** será convocado para assinar a ata de registro de preços, no prazo e nas condições estabelecidos no instrumento convocatório, podendo o prazo ser prorrogado uma vez, por igual período, quando solicitado pelo fornecedor e desde que ocorra motivo justificado aceito pela administração. É facultado à administração, quando o convocado não assinar a ata de registro de preços no prazo e condições estabelecidos, convocar os licitantes remanescentes, na ordem de classificação, para fazê-lo em igual prazo e nas mesmas condições propostas pelo primeiro classificado.

Atenção, prezado concursando, desde que devidamente justificada a vantagem, a ata de registro de preços, durante sua vigência, **poderá ser utilizada por qualquer órgão ou entidade da administração pública federal que não tenha participado do certame licitatório,** mediante anuência do **órgão** gerenciador. Os órgãos e entidades que não participaram do registro de preços, quando desejarem fazer uso da ata de registro de preços, deverão consultar o órgão gerenciador da ata para manifestação sobre a possibilidade de adesão. Caberá ao fornecedor beneficiário da ata de registro de preços, observadas as condições nela estabelecidas, optar pela aceitação ou não do fornecimento decorrente de adesão, desde que não prejudique as obrigações presentes e futuras decorrentes da ata, assumidas com o órgão gerenciador e órgãos participantes. Tal possibilidade é denominada pela doutrina de **LICITAÇÃO "CARONA"**

7. TIPOS DE LICITAÇÃO

Importante não confundir as modalidades com os tipos de licitação, estes estão compreendidos dentro da fase de classificação ou julgamento e determinam o que é levado em consideração para definir quem é o participante vencedor da licitação, sendo eles:

- Menor Preço;
- Melhor Técnica;
- Técnica e Preço;
- Maior Lance ou Oferta.

8. PRAZOS ENTRE A PUBLICAÇÃO DO INSTRUMENTO CONVOCATÓRIO E O DIA DO EVENTO

Prazos relativos às modalidades licitatórias: art. 21, § 2º, da Lei nº 8.666/93:

Concorrência	Tomada de Preços	Convite	Concurso	Leilão	Pregão
45 dias: quando o contrato para empreitada integral ou licitação for do tipo "Melhor Técnica" ou "Técnica e Preço"; 30 dias: nos casos do tipo de licitação Menor Preço.	30 dias: quando a licitação for do tipo "Melhor Técnico" ou "Técnica e Preço", e de 15 dias, nos casos do tipo de licitação "Menor Preço".	05 dias úteis;	45 dias;	15 dias;	08 dias úteis;

9. CONTRATAÇÃO DIRETA: OBRIGATORIEDADE, DISPENSA, INEXIGIBILIDADE E VEDAÇÃO

Sabemos que a regra é a necessidade da realização de licitação para aquisição de bens e serviços, porém existem hipóteses de a contratação ser realizada diretamente pela administração. A contratação direta pode ser realizada em razão da inexigibilidade de licitação ou da dispensa de licitação, vejamos:

9.1. Inexigibilidade de Licitação

Decorre da inviabilidade de competição, seja pela singularidade do objeto ou do fornecedor. Os casos de inexigibilidade de licitação estão previstos **em rol exemplificativo** no art. 25 da Lei nº 8.666/93, vejamos:

> Art. 25. É inexigível a licitação quando houver inviabilidade de competição, em especial:
>
> I – para aquisição de materiais, equipamentos, ou gêneros que só possam ser fornecidos por produtor, empresa ou representante comercial exclusivo, vedada a preferência de marca, devendo a comprovação de exclusividade ser feita através de atestado fornecido pelo órgão de registro do comércio do local em que se realizaria a licitação ou a obra ou o serviço, pelo Sindicato, Federação ou Confederação Patronal, ou, ainda, pelas entidades equivalentes;
>
> II – para a contratação de serviços técnicos enumerados no art. 13 desta Lei, de natureza singular, com profissionais ou empresas de notória especialização, vedada a inexigibilidade para serviços de publicidade e divulgação;
>
> III – para contratação de profissional de qualquer setor artístico, diretamente ou através de empresário exclusivo, desde que consagrado pela crítica especializada ou pela opinião pública.

9.2. Dispensa da Licitação

É gênero que compreende duas espécies, vejamos:

- **Licitação Dispensada** – Inexiste discricionariedade por parte do Administrador, não podendo ele realizar a licitação, pois assim, a lei determina. Trata-se de **rol taxativo** previsto no art. 17, incisos I e II da Lei nº 8.666/93. Nessas hipóteses, a legislação **veda** a realização do processo licitatório (**vedações**).
- **Licitação Dispensável** – A Licitação é juridicamente possível, mas a legislação atribuiu margem de escolha para o administrador decidir se realizará a licitação. Hipóteses previstas de **forma taxativa** no Art. 25 da Lei nº 8.666/93, vejamos:

> Art. 24. É dispensável a licitação:
>
> I – para obras e serviços de engenharia de valor até 10% (dez por cento) do limite previsto na alínea "a", do inciso I do artigo anterior, desde que não se refiram a parcelas de uma mesma obra ou serviço ou ainda para obras e serviços da mesma natureza e no mesmo local que possam ser realizadas conjunta e concomitantemente;
>
> II – para outros serviços e compras de valor até 10% (dez por cento) do limite previsto na alínea "a", do inciso II do artigo anterior e para alienações, nos casos previstos nesta Lei, desde que não se refiram a parcelas de um mesmo serviço, compra ou alienação de maior vulto que possa ser realizada de uma só vez;
>
> III – nos casos de guerra ou grave perturbação da ordem;
>
> IV – nos casos de emergência ou de calamidade pública, quando caracterizada urgência de atendimento de situação que possa ocasionar prejuízo ou comprometer a segurança de pessoas, obras, serviços, equipamentos e outros bens, públicos ou particulares, e

somente para os bens necessários ao atendimento da situação emergencial ou calamitosa e para as parcelas de obras e serviços que possam ser concluídas no prazo máximo de 180 (cento e oitenta) dias consecutivos e ininterruptos, contados da ocorrência da emergência ou calamidade, vedada a prorrogação dos respectivos contratos;

V – quando não acudirem interessados à licitação anterior e esta, justificadamente, não puder ser repetida sem prejuízo para a Administração, mantidas, neste caso, todas as condições preestabelecidas;

VI – quando a União tiver que intervir no domínio econômico para regular preços ou normalizar o abastecimento;

VII – quando as propostas apresentadas consignarem preços manifestamente superiores aos praticados no mercado nacional, ou forem incompatíveis com os fixados pelos órgãos oficiais competentes, casos em que, observado o parágrafo único do art. 48 desta Lei e, persistindo a situação, será admitida a adjudicação direta dos bens ou serviços, por valor não superior ao constante do registro de preços, ou dos serviços;

VIII – para a aquisição, por pessoa jurídica de direito público interno, de bens produzidos ou serviços prestados por órgão ou entidade que integre a Administração Pública e que tenha sido criado para esse fim específico em data anterior à vigência desta Lei, desde que o preço contratado seja compatível com o praticado no mercado;

IX – quando houver possibilidade de comprometimento da segurança nacional, nos casos estabelecidos em decreto do Presidente da República, ouvido o Conselho de Defesa Nacional;

X – para a compra ou locação de imóvel destinado ao atendimento das finalidades precípuas da administração, cujas necessidades de instalação e localização condicionem a sua escolha, desde que o preço seja compatível com o valor de mercado, segundo avaliação prévia;

XI – na contratação de remanescente de obra, serviço ou fornecimento, em conseqüência de rescisão contratual, desde que atendida a ordem de classificação da licitação anterior e aceitas as mesmas condições oferecidas pelo licitante vencedor, inclusive quanto ao preço, devidamente corrigido;

XII – nas compras de hortifrutigranjeiros, pão e outros gêneros perecíveis, no tempo necessário para a realização dos processos licitatórios correspondentes, realizadas diretamente com base no preço do dia;

XIII – na contratação de instituição brasileira incumbida regimental ou estatutariamente da pesquisa, do ensino ou do desenvolvimento institucional, ou de instituição dedicada à recuperação social do preso, desde que a contratada detenha inquestionável reputação ético-profissional e não tenha fins lucrativos;

XIV – para a aquisição de bens ou serviços nos termos de acordo internacional específico aprovado pelo Congresso Nacional, quando as condições ofertadas forem manifestamente vantajosas para o Poder Público;

XV – para a aquisição ou restauração de obras de arte e objetos históricos, de autenticidade certificada, desde que compatíveis ou inerentes às finalidades do órgão ou entidade.

XVI – para a impressão dos diários oficiais, de formulários padronizados de uso da administração, e de edições técnicas oficiais, bem como para prestação de serviços de informática a pessoa jurídica de direito público interno, por órgãos ou entidades que integrem a Administração Pública, criados para esse fim específico;

XVII – para a aquisição de componentes ou peças de origem nacional ou estrangeira, necessários à manutenção de equipamentos durante o período de garantia técnica, junto ao fornecedor original desses equipamentos, quando tal condição de exclusividade for indispensável para a vigência da garantia;

XVIII – nas compras ou contratações de serviços para o abastecimento de navios, embarcações, unidades aéreas ou tropas e seus meios de deslocamento quando em estada eventual de curta duração em portos, aeroportos ou localidades diferentes de suas sedes, por motivo de movimentação operacional ou de adestramento, quando a exiguidade dos prazos legais puder comprometer a normalidade e os propósitos das operações e desde que seu valor não exceda ao limite previsto na alínea "a" do inciso II do art. 23 desta Lei:

XIX – para as compras de material de uso pelas Forças Armadas, com exceção de materiais de uso pessoal e administrativo, quando houver necessidade de manter a padronização requerida pela estrutura de apoio logístico dos meios navais, aéreos e terrestres, mediante parecer de comissão instituída por decreto;

XX – na contratação de associação de portadores de deficiência física, sem fins lucrativos e de comprovada idoneidade, por órgãos ou entidades da Administração Pública, para a prestação de serviços ou fornecimento de mão-de-obra, desde que o preço contratado seja compatível com o praticado no mercado.

XXI – para a aquisição ou contratação de produto para pesquisa e desenvolvimento, limitada, no caso de obras e serviços de engenharia, a 20% (vinte por cento) do valor de que trata a alínea "b" do inciso I do **caput** do art. 23;

XXII – na contratação de fornecimento ou suprimento de energia elétrica e gás natural com concessionário, permissionário ou autorizado, segundo as normas da legislação específica;

XXIII – na contratação realizada por empresa pública ou sociedade de economia mista com suas subsidiárias e controladas, para a aquisição ou alienação de bens, prestação ou obtenção de serviços, desde que o preço contratado seja compatível com o praticado no mercado.

XXIV – para a celebração de contratos de prestação de serviços com as organizações sociais, qualificadas no âmbito das respectivas esferas de governo, para atividades contempladas no contrato de gestão.

XXV – na contratação realizada por Instituição Científica e Tecnológica – ICT ou por agência de fomento para a transferência de tecnologia e para o licenciamento de direito de uso ou de exploração de criação protegida.

XXVI – na celebração de contrato de programa com ente da Federação ou com entidade de sua administração indireta, para a prestação de serviços públicos de forma associada nos termos do autorizado em contrato de consórcio público ou em convênio de cooperação.

XXVII – na contratação da coleta, processamento e comercialização de resíduos sólidos urbanos recicláveis ou reutilizáveis, em áreas com sistema de coleta seletiva de lixo, efetuados por associações ou cooperativas formadas exclusivamente por pessoas físicas de baixa renda reconhecidas pelo poder público como catadores de materiais recicláveis, com o uso de equipamentos compatíveis com as normas técnicas, ambientais e de saúde pública.

XXVIII – para o fornecimento de bens e serviços, produzidos ou prestados no País, que envolvam, cumulativamente, alta complexidade tecnológica e defesa nacional, mediante parecer de comissão especialmente designada pela autoridade máxima do órgão.

XXIX – na aquisição de bens e contratação de serviços para atender aos contingentes militares das Forças Singulares brasileiras empregadas em operações de paz no exterior, necessariamente justificadas quanto ao preço e à escolha do fornecedor ou executante e ratificadas pelo Comandante da Força.

XXX – na contratação de instituição ou organização, pública ou privada, com ou sem fins lucrativos, para a prestação de serviços de assistência técnica e extensão rural no âmbito do Programa Nacional de Assistência Técnica e Extensão Rural na Agricultura Familiar e na Reforma Agrária, instituído por lei federal.

XXXI – nas contratações visando ao cumprimento do disposto nos arts. 3º, 4º, 5º e 20 da Lei nº 10.973, de 2 de dezembro de 2004, observados os princípios gerais de contratação dela constantes.

XXXII – na contratação em que houver transferência de tecnologia de produtos estratégicos para o Sistema Único de Saúde – SUS, no âmbito da Lei nº 8.080, de 19 de setembro de 1990, conforme elencados em ato da direção nacional do SUS, inclusive por ocasião da aquisição destes produtos durante as etapas de absorção tecnológica.

XXXIII – na contratação de entidades privadas sem fins lucrativos, para a implementação de cisternas ou outras tecnologias sociais de acesso à água para consumo humano e produção de alimentos, para beneficiar as famílias rurais de baixa renda atingidas pela seca ou falta regular de água.

XXXIV – para a aquisição por pessoa jurídica de direito público interno de insumos estratégicos para a saúde produzidos ou distribuídos por fundação que, regimental ou estatutariamente, tenha por finalidade apoiar órgão da administração pública direta, sua autarquia ou fundação em projetos de ensino, pesquisa, extensão, desenvolvimento institucional, científico e tecnológico e estímulo à inovação, inclusive na gestão administrativa e financeira necessária à execução desses projetos, ou em parcerias que envolvam transferência de tecnologia de produtos estratégicos para o Sistema Único de Saúde – SUS, nos termos do inciso XXXII deste artigo, e que tenha sido criada para esse fim específico em data anterior à vigência desta Lei, desde que o preço contratado seja compatível com o praticado no mercado.

10. REVOGAÇÃO E INVALIDAÇÃO DA LICITAÇÃO

O artigo 49 da Lei nº 8.666/93 prevê a obrigatoriedade da anulação do processo licitatório em razão de uma ilegalidade que macule a licitação. A anulação pode ser parcial, atingindo apenas determinado ato, como a classificação, ou pode recair sobre todo o processo licitatório.

A anulação pode ser realizada de ofício ou por provocação de terceiros, mediante parecer escrito e devidamente fundamentado. Está como regra, não gera obrigação de indenizar, salvo se a anulação for imputada a própria administração. A nulidade do processo licitatório induz a do contrato, hipótese que não exonera a Administração do dever de indenizar o contratado pelo que este houver executado até a data em que ela for declarada e por outros prejuízos regularmente comprovados.

Importante ressaltar que o mesmo dispositivo legal prevê a possibilidade da revogação da licitação por interesse público decorrente de **fato superveniente devidamente comprovado,** nesse caso, existindo prejuízo para o licitante deve o mesmo ser indenizado.

11. DA DESISTÊNCIA E CONTROLE DA LICITAÇÃO

A desistência da licitação como regra, pode ocorrer **em qualquer momento anterior** à **fase de habilitação.** Dessa forma, o licitante está livre de quaisquer obrigações desde que sua desistência aconteça antes de a habilitação das propostas se concretizarem. No caso da modalidade pregão, em que existe uma inversão de fases, o licitante pode desistir até momentos antes de sua classificação.

É importante ressaltar que após a fase de habilitação, não cabe desistência de proposta, salvo por **motivo justo decorrente de fato superveniente e aceito pela Comissão.** Perceba, caro leitor, què a desistência posterior a fase de habilitação deve ser solicitado pelo licitante com fundamento em **FATO SUPERVINIENTE**, que deve ser **ACEITO PELA ADMINISTRAÇÃO**.

Qual a penalidade para o licitante que desiste irregularmente da licitação? A resposta tem fundamento no Art. 7º da Lei nº 10.520/02, que afirma que este ficará proibido de participar de licitações pelo período de até 05 anos, vejamos:

> Art. 7º Quem, convocado dentro do prazo de validade da sua proposta, não celebrar o contrato, deixar de entregar ou apresentar documentação falsa exigida para o certame, ensejar o retardamento da execução de seu objeto, não mantiver a proposta, falhar ou fraudar na execução do contrato, comportar-se de modo inidôneo ou cometer fraude fiscal, ficará impedido de licitar e contratar com a União, Estados, Distrito Federal ou Municípios e, será descredenciado no Sicaf, ou nos sistemas de cadastramento de fornecedores a que se refere o inciso XIV do art. 4º desta Lei, pelo prazo de até 5 (cinco) anos, sem prejuízo das multas previstas em edital e no contrato e das demais cominações legais.

O controle das despesas decorrentes dos contratos e demais instrumentos regidos por esta lei será feito **pelo Tribunal de Contas competente**, na forma da legislação pertinente, ficando os órgãos interessados da Administração responsáveis pela demonstração da legalidade e regularidade da despesa e execução, nos termos da Constituição e sem prejuízo do sistema de controle interno nela previsto.

Esse controle pode ser exercido de três formas:

- Pelo regular exercício da função fiscalizadora atribuída ao Tribunal de Contas;
- Mediante provocação por qualquer pessoa física ou jurídica, licitante ou contratado, os quais poderão representar ou denunciar àquele Tribunal em face de irregularidades na aplicação da Lei nº 8.666/93, conforme § 1º do artigo 113 e § 2º do artigo 74 da Constituição Federal.
- Por meio da análise prévia dos instrumentos convocatórios realizado pelos tribunais de contas, conforme § 2º do artigo 113 da Lei nº 8.666/93.

12. Contratos administrativos

SUMÁRIO: 1 – Conceito. 2 – Características e formalização dos contratos administrativos. 2.1 – Obediência à forma (formalização). 2.2 – Onerosidade e bilateralidade. 2.3 – Natureza de adesão. 2.4 – Natureza *intuito personae*. 2.5 – Presença de cláusulas exorbitantes. 3 – Alteração do contrato administrativo. 4 – Execução do contrato administrativo. 5 – Inexecução e rescisão do contrato. 6 – Da aplicação das sanções administrativas

1. CONCEITO

Acordo de vontades, regido pelo direito público e marcado pela presença de cláusulas exorbitantes em favor da administração pública.

2. CARACTERÍSTICAS E FORMALIZAÇÃO DOS CONTRATOS ADMINISTRATIVOS

2.1. Obediência à forma (formalização)

O contrato administrativo deve ser celebrado na forma escrita, sendo nulo e de nenhum efeito o contrato verbal celebrado com a Administração, salvo o de pequenas compras de pronto pagamento, assim entendidas aquelas de valor não superior a 5% (cinco por cento) do limite estabelecido no art. 23, inciso II, alínea "a" da lei 8666/93 (R$ 4.000,00 reais), feitas em regime de adiantamento. Perceba, caro leitor, que existe a possibilidade da administração realizar contrato verbal, desde que o valor não ultrapasse R$ 4.000,00 reais.

2.2. Onerosidade e bilateralidade

O contrato administrativo possui cunho econômico e acarreta obrigações para as partes.

2.3. Natureza de adesão

Inexiste negociação das cláusulas contratuais, isso porque a administração elabora as cláusulas do contrato, cabendo ao particular apenas aderir ou não à avença.

2.4. Natureza *intuito personae*

O contrato administrativo tem caráter personalíssimo, logo este deve ser celebrado com o vencedor do processo licitatório, não podendo ser transferido a terceiros. Importante ressaltar que a subcontratação total ou parcial do seu objeto, bem como a associação do contratado com outrem, a cessão ou transferência, total ou parcial, assim também como a fusão, cisão ou incorporação, não admitidas no edital e no contrato, são hipóteses de rescisão unilateral.

É admitida subcontratação? Somente será admitida subcontratação de **PARTE** da obra, serviço ou fornecimento e desde que existe autorização no edital da licitação e no contrato. Querido leitor, observe, que **NÃO** é admitida a subcontratação **total** do objeto do contrato.

2.5. Presença de cláusulas exorbitantes

Colocam a administração em patamar de superioridade na relação contratual com o particular, sendo elas:

- **Exigência de garantia** – A administração possui a faculdade de exigir garantia nos contratos de obras, serviços ou de compras. Tal atitude objetiva tão somente coagir o particular a cumprir corretamente o contrato.

Qual o valor da garantia? A garantia será de **até 5%** (cinco por cento). Mas, atenção, caro concursando; para obras, serviços e fornecimentos de **grande vulto, envolvendo alta complexidade técnica e riscos financeiros** consideráveis, demonstrados através de parecer tecnicamente aprovado pela autoridade competente, o limite da garantia poderá ser elevado **até 10 % (dez por cento)** do valor do contrato.

Quais são as espécies de garantia? Caberá **ao contratado** optar por uma das seguintes modalidades de garantia: 1 – Caução em dinheiro ou em títulos da dívida pública; 2– Seguro-garantia; 3 – Fiança bancária.

- **Alegação da exceção do contrato não cumprido** – Somente é possível alegar a exceção do contrato não cumprido depois de transcorrido prazo superior a 90 dias. Logo, caso a administração não efetue pagamento devido ao contratado, este fica obrigado a continuar cumprindo sua parte no contrato por até 90 dias.
- **Poder de fiscalização** – A execução do contrato deverá ser acompanhada e fiscalizada por um representante da Administração especialmente designado.
- **Alteração unilateral do contrato** – Poder da administração de alterar o contrato sem a concordância do contratado. Essa cláusula exorbitante será estudada no tópico alteração do contrato.
- **Rescisão unilateral do contrato** – Poder da administração de rescindir o contrato sem a concordância do contratado. Essa cláusula exorbitante será estudada no tópico rescisão do contrato.
- **Poder de aplicar sanções administrativas** – Essa cláusula exorbitante será estudada no tópico sanções administrativas.

3. ALTERAÇÃO DO CONTRATO ADMINISTRATIVO

Os contratos administrativos poderão ser alterados, com as devidas justificativas, nos seguintes casos:

- Por acordo das partes;
- Unilateralmente pela administração. Essa alteração corresponde a uma cláusula exorbitante do contrato administrativo.

A administração poderá alterar o contrato unilateralmente, **sem a concordância do particular**, desde que observe os valores limites para alteração unilateral:

- **Até 25%** (vinte e cinco por cento) do valor inicial atualizado do contrato para acréscimos ou supressões que se fizerem nas obras, serviços ou compras.

- No caso particular de reforma de edifício ou de equipamento, até o limite **de 50%** (cinquenta por cento) para os seus acréscimos.

Atenção, prezado leitor, pois em todos os casos de alteração contratual deve ser mantido o equilíbrio econômico financeiro do contrato.

4. EXECUÇÃO DO CONTRATO ADMINISTRATIVO

O contrato deverá ser executado fielmente pelas partes, de acordo com as cláusulas avençadas e as normas legais, respondendo cada uma pelas consequências de sua inexecução total ou parcial. A execução do contrato deverá ser acompanhada e fiscalizada por um representante da Administração especialmente designado, permitida a contratação de terceiros para assisti-lo e subsidiá-lo de informações pertinentes a essa atribuição sendo que o contratado deverá manter preposto, aceito pela Administração, no local da obra ou serviço, para representá-lo na execução do contrato.

O contratado é responsável pelos encargos trabalhistas, previdenciários, fiscais e comerciais resultantes da execução do contrato. A inadimplência do contratado, no que diz respeito aos encargos trabalhistas, fiscais e comerciais, não transfere à Administração Pública a responsabilidade por seu pagamento, nem pode onerar o objeto do contrato ou restringir a regularização e o uso das obras e edificações, inclusive perante o Registro de Imóveis. Porém, a Administração Pública responde solidariamente com o contratado pelos encargos previdenciários resultantes da execução do contrato.

O contratado é responsável pelos danos causados diretamente à Administração ou a terceiros, decorrentes de sua culpa ou dolo na execução do contrato. Não se exclui ou se reduz essa responsabilidade caso haja fiscalização ou acompanhamento pelo órgão interessado.

5. INEXECUÇÃO E RESCISÃO DO CONTRATO

A inexecução total ou parcial do contrato enseja a sua rescisão, com as consequências contratuais previstas em lei ou regulamento. Os motivos para rescisão do contrato estão previstos no art. 78 da Lei nº 8.666/93, vejamos:

> Art. 78. Constituem motivo para rescisão do contrato:
>
> I – o não cumprimento de cláusulas contratuais, especificações, projetos ou prazos;
>
> II – o cumprimento irregular de cláusulas contratuais, especificações, projetos e prazos;
>
> III – a lentidão do seu cumprimento, levando a Administração a comprovar a impossibilidade da conclusão da obra, do serviço ou do fornecimento, nos prazos estipulados;
>
> IV – o atraso injustificado no início da obra, serviço ou fornecimento;
>
> V – a paralisação da obra, do serviço ou do fornecimento, sem justa causa e prévia comunicação à Administração;
>
> VI – a subcontratação total ou parcial do seu objeto, a associação do contratado com outrem, a cessão ou transferência, total ou parcial, bem como a fusão, cisão ou incorporação, não admitidas no edital e no contrato;

VII – o desatendimento das determinações regulares da autoridade designada para acompanhar e fiscalizar a sua execução, assim como as de seus superiores;

VIII – o cometimento reiterado de faltas na sua execução, anotadas na forma do § 1º do art. 67 desta Lei;

IX – a decretação de falência ou a instauração de insolvência civil;

X – a dissolução da sociedade ou o falecimento do contratado;

XI – a alteração social ou a modificação da finalidade ou da estrutura da empresa, que prejudique a execução do contrato;

XII – razões de interesse público, de alta relevância e amplo conhecimento, justificadas e determinadas pela máxima autoridade da esfera administrativa a que está subordinado o contratante e exaradas no processo administrativo a que se refere o contrato;

XIII – a supressão, por parte da Administração, de obras, serviços ou compras, acarretando modificação do valor inicial do contrato além do limite permitido no § 1º do art. 65 desta Lei;

XIV – a suspensão de sua execução, por ordem escrita da Administração, por prazo superior a 120 (cento e vinte) dias, salvo em caso de calamidade pública, grave perturbação da ordem interna ou guerra, ou ainda por repetidas suspensões que totalizem o mesmo prazo, independentemente do pagamento obrigatório de indenizações pelas sucessivas e contratualmente imprevistas desmobilizações e mobilizações e outras previstas, assegurado ao contratado, nesses casos, o direito de optar pela suspensão do cumprimento das obrigações assumidas até que seja normalizada a situação;

XV – o atraso superior a 90 (noventa) dias dos pagamentos devidos pela Administração decorrentes de obras, serviços ou fornecimento, ou parcelas destes, já recebidos ou executados, salvo em caso de calamidade pública, grave perturbação da ordem interna ou guerra, assegurado ao contratado o direito de optar pela suspensão do cumprimento de suas obrigações até que seja normalizada a situação;

XVI – a não liberação, por parte da Administração, de área, local ou objeto para execução de obra, serviço ou fornecimento, nos prazos contratuais, bem como das fontes de materiais naturais especificadas no projeto;

XVII – a ocorrência de caso fortuito ou de força maior, regularmente comprovada, impeditiva da execução do contrato.

Parágrafo único. Os casos de rescisão contratual serão formalmente motivados nos autos do processo, assegurado o contraditório e a ampla defesa.

XVIII – descumprimento do disposto no inciso V do art. 27, sem prejuízo das sanções penais cabíveis.

A rescisão do contrato poderá ocorrer de 03 (três) formas, vejamos:

I – determinada por ato unilateral e escrito da Administração, nos casos enumerados nos incisos I a XII e XVII do artigo 78 da Lei nº 8.666/93. Tal hipótese de rescisão é uma cláusula exorbitante do contrato, pois representa o poder da administração de rescindir unilateralmente o contrato sem a concordância do particular.

II - amigável, por acordo entre as parte e reduzida a termo no processo da licitação, desde que haja conveniência para a Administração;

III - judicial, nos termos da legislação;

Como fica o contratado diante da rescisão unilateral do contrato? - Se a rescisão foi fundamentada nos incisos XII a XVII do artigo 78 da lei 8666/93, o contratado, em razão de não ter dado causa a rescisão do contrato, terá direito ao ressarcimento, caso exista, dos prejuízos regularmente comprovados, à devolução de garantia, aos pagamentos devidos pela execução do contrato até a data da rescisão e ao pagamento do custo da desmobilização. Todavia, é importante ressaltar que, se a rescisão unilateral foi fundamentada nos demais incisos do artigo 78 e tendo o contratado dado causa a extinção do contrato, a administração poderá reter o valor da garantia e das parcelas em atraso até o limite dos prejuízos causados á administração e aplicar as sanções administrativas previstas na legislação. Segue quadro comparativo para facilitar a compreensão.

Quadro comparativo

Rescisão SEM CULPA do contratado **Art. 78, incisos XII a XVII.**	**Rescisão COM CULPA do contratado** **Art. 78, incisos I a XI e XVIII.**
A administração irá: 1- Devolver a garantia; 2- Pagar as parcelas em atraso; 3- Ressarcir os prejuízos regulamente comprovados; 4- Custear a desmobilização.	A administração poderá: 1- Executar o valor da garantia e das parcelas em atraso até o limite dos prejuízos causados a administração. 2 - Aplicar as sanções administrativas previstas na legislação.

6. DA APLICAÇÃO DAS SANÇÕES ADMINISTRATIVAS

A Lei nº 8.666/93 prevê 04 sanções que serão aplicadas de acordo com a gravidade da infração, sendo elas:

- Advertência - Será aplicada por escrito em razão da prática de infrações mais leves.
- Multa - Assim como as demais penalidades, a aplicação de multa exige processo administrativo, com contraditório e ampla defesa. A multa será descontada da garantia prestada pelo particular.

Se o valor da multa for superior ao da garantia? Nesse caso, o particular perderá a garantia prestada, o valor restante será descontado das parcelas em atraso devidas pela administração, ou cobradas judicialmente.

- Suspensão de contratar com o poder público e participar de procedimento licitatório por até 02 anos - Essa penalidade atinge apenas o ente federativo que aplicou a pena.
- Declaração de inidoneidade - Acarreta a proibição de licitar e de contratar com a administração. Nesse caso, a proibição atinge todos os entes da federação e perdura até a reabilitação da empresa.

Direito do Trabalho

Henrique Correia

Direito do Trabalho

Analista Judiciário -Área Judiciária Analista Judiciário – Área Judiciária – Especialidade Oficial de Justiça Avaliador Federal	
Itens do Edital	**Tópico do Livro**
1. Dos princípios e fontes do Direito do Trabalho	1 e 2
2. Dos direitos constitucionais dos trabalhadores (art. 7º, CF/88	3
3. Da relação de trabalho e da relação de emprego: requisitos e distinção	7 e 17.1
3.1. Relações de trabalho lato sensu: trabalho autônomo, trabalho eventual, trabalho temporário, trabalho terceirizado e trabalho avulso	14 e 15
4. Dos sujeitos do contrato de trabalho stricto sensu: do empregado e do empregador: conceito e caracterização	7 e 13
4.1. Dos poderes do empregador no contrato de trabalho	13.3
4.2. Trabalhador doméstico: conceituação, direitos e legislação. Lei Complementar nº 150, de 1º de junho de 2015 (Lei do Trabalhador doméstico).	9
5. Do grupo econômico; da sucessão de empregadores; da responsabilidade subsidiária; da responsabilidade solidária	13
5.1. Do grupo econômico	13.1
5.2. Da sucessão de empregadores	13.2
5.3. Da responsabilidade subsidiária; Da responsabilidade solidária	13.1.1
6. Do contrato individual de trabalho: conceito, classificação e características	17.2 a 17.4
7. Da alteração do contrato de trabalho: alteração unilateral e bilateral	17.5
7.1. O *jus variandi*	17.5
8. Da suspensão e interrupção do contrato de trabalho: caracterização e distinção	17.6
9. Da rescisão do contrato de trabalho	23
9.1. Das justas causas	23.2
9.2. Da despedida indireta	23.2
9.3. Da dispensa arbitrária	23.1
9.4. Da culpa recíproca	23.2
9.5. Da indenização	23.3
10. Do aviso prévio	22
11. Da estabilidade e garantias provisórias de emprego	19
11.1. Das formas de estabilidade	19.1 a 19.5
11.2. Da despedida e da reintegração de empregado estável	19.6
12. Da duração do trabalho	16
12.1. Da jornada de trabalho	16
12.2. Dos períodos de descanso	16.5 a 16.7
12.3. Do intervalo para repouso e alimentação	16.5
12.4. De descanso semanal remunerado	16.6
12.5. Do trabalho noturno e do trabalho extraordinário	16.2 e 16.3

Analista Judiciário -Área Judiciária Analista Judiciário – Área Judiciária – Especialidade Oficial de Justiça Avaliador Federal	
Itens do Edital	**Tópico do Livro**
12.6. Do sistema de compensação de horas	16.4
13. Do salário-mínimo: irredutibilidade e garantia	18.1
14. Das férias	16.7
14.1. Do direito a férias e da sua duração	16.7.1
14.2. Da concessão e da época das férias	16.7.2
14.3. Da remuneração e do abono de férias	16.7.3 e 16.7.4
15. Do salário e da remuneração	18
15.1. Conceitos e distinções	18
15.2. Composição do salário	18.3
15.3. Modalidades de salário	18.2
15.4. Formas e meios de pagamento do salário	18.8
15.5. 13º salário	18.5
16. Da Equiparação salarial	18.9
16.1. Do princípio da igualdade de salário	18.9
16.2. Do desvio de função	18.9.1
17. Do FGTS	20
18. Da prescrição e decadência	24
19. Da segurança e medicina no trabalho	21
19.1. Da CIPA	21.4
19.2. Das atividades insalubres ou perigosas	18.6.4 e 18.6.5
20. Proteção ao trabalho do menor	10 e 11
21. Proteção ao trabalho da mulher	12
21.1. Da estabilidade da gestante	12.2 e 19.5
21.2. Da licença-maternidade	12.1
22. Do direito coletivo do trabalho	25
22.1. Da liberdade sindical – Convenção nº 87 da OIT	25.1
22.2. Da organização sindical	25.2
22.2.1. Conceito de categoria	25.2
22.2.2. Categoria diferenciada	25.2
22.3. Das convenções e acordos coletivos de trabalho	25.3
23. Do direito de greve	25.4
23.1. Dos serviços essenciais	25.4.1
24. Das comissões de Conciliação Prévia	26
25. Da renúncia e transação	5
26. Súmulas do TST de Direito Material do Trabalho	3

Técnico Judiciário – Área Administrativa	
Itens do Edital	**Tópico do Livro**
1. Dos princípios e fontes do Direito do Trabalho	1 e 2
2. Dos direitos constitucionais dos trabalhadores (art. 7º, CF/88	3

Técnico Judiciário – Área Administrativa	
Itens do Edital	**Tópico do Livro**
3. Da relação de trabalho e da relação de emprego: requisitos e distinção	7 e 17.1
4. Dos sujeitos do contrato de trabalho stricto sensu: do empregado e do empregador: conceito e caracterização	7 e 13
4.1. Dos poderes do empregador no contrato de trabalho	13.3
4.2. Trabalhador doméstico: conceituação, direitos e legislação. Lei Complementar nº 150, de 1º de junho de 2015 (Lei do Trabalhador doméstico).	9
5. Do contrato individual de trabalho: conceito, classificação e características	17.2 a 17.4
6. Da alteração do contrato de trabalho: alteração unilateral e bilateral	17.5
6.1. O *jus variandi*	17.5
7. Da suspensão e interrupção do contrato de trabalho: caracterização e distinção	17.6
8. Da rescisão do contrato de trabalho	23
8.1. Das justas causas	23.2
8.2. Da despedida indireta	23.2
8.3. Da dispensa arbitrária	23.1
8.4. Da culpa recíproca	23.2
8.5. Da indenização	23.3
9. Do aviso prévio	22
10. Da duração do trabalho	16
10.1. Da jornada de trabalho	16
10.2. Dos períodos de descanso	16.5 a 16.7
10.3. Do intervalo para repouso e alimentação	16.5
10.4. De descanso semanal remunerado	16.6
10.5. Do trabalho noturno e do trabalho extraordinário	16.2 e 16.3
10.6. Do sistema de compensação de horas	16.4
11. Do salário-mínimo: irredutibilidade e garantia	18.1
12. Das férias	16.7
12.1. Do direito a férias e da sua duração	16.7.1
12.2. Da concessão e da época das férias	16.7.2
12.3. Da remuneração e do abono de férias	16.7.3 e 16.7.4
13. Do salário e da remuneração	18
13.1. Conceitos e distinções	18
13.2. Composição do salário	18.3
13.3. Modalidades de salário	18.2
13.4. Formas e meios de pagamento do salário	18.8
13.5. 13º salário	18.5
14. Da prescrição e decadência	24
15. Da segurança e medicina no trabalho	21
15.1. Das atividades insalubres ou perigosas	18.6.4 e 18.6.5
16. Proteção ao trabalho do menor	10 e 11
17. Proteção ao trabalho da mulher	12
17.1. Da estabilidade da gestante	12.2 e 19.5

Técnico Judiciário – Área Administrativa	
Itens do Edital	**Tópico do Livro**
17.2. Da licença-maternidade	12.1
18. Do direito coletivo do trabalho	25
18.1. Das convenções e acordos coletivos de trabalho	25.3
19. Das comissões de Conciliação Prévia	26

1. PRINCÍPIOS

- **Princípio da norma mais favorável**: entre duas ou mais normas possíveis de ser aplicadas, utiliza-se a mais favorável em relação ao trabalhador. A aplicação de uma norma leva à renúncia da outra.
- **Princípio da condição mais benéfica:** esse princípio assegura ao empregado as vantagens conquistadas durante o contrato de trabalho, conforme previsto no art. 468 da CLT. Diante disso, essas conquistas não poderão ser alteradas para pior.
- **Princípio da primazia da realidade:** a realidade se sobrepõe às disposições contratuais escritas. Deve-se, portanto, verificar se o conteúdo do documento coincide com os fatos. Exemplo: recibo assinado em branco no ato da contratação, posteriormente apresentado em juízo como prova de pagamento das verbas trabalhistas.

2. FONTES DO DIREITO DO TRABALHO

- **Fontes materiais:** são fatores ou acontecimentos sociais, políticos, econômicos e filosóficos que inspiram o legislador (deputados e senadores) na elaboração das leis. Esses movimentos influenciam diretamente o surgimento ou a modificação das leis.
- **Fontes formais**: são a exteriorização das normas jurídicas, ou seja, as fontes formais são normas de observância obrigatória pela sociedade. Todos devem cumpri-las, pois são imperativas. Exemplo: convenção, acordo coletivo e leis.
- Há 2 tipos de fontes formais: **1. Fontes formais autônomas**: são discutidas e confeccionadas pelas partes diretamente interessadas pela norma. Há, portanto, a vontade expressa das partes em criar essas normas. Exemplo: uma determinada negociação coletiva entre sindicato e empresa resulta em um acordo coletivo. **2. Fontes formais heterônomas**: nas fontes heterônomas não há participação direta dos destinatários, ou seja, essas fontes possuem origem estatal (Legislativo, Executivo ou Judiciário).

3. DIREITOS CONSTITUCIONAIS ASSEGURADOS AOS TRABALHADORES

Os direitos constitucionais dos trabalhadores estão previstos especialmente no art. 7º a 11 da CF/88. *É* imprescindível que o candidato faça a leitura prévia desses artigos antes de sua prova para o TRT da 11ª Região. Ressalta-se que os **direitos constitucionais e as Súmulas e OJs do TST** foram abordados ao longo dos demais capítulos.

4. FLEXIBILIZAÇÃO

***Lay off*:** Diante de retrações no mercado e crises econômicas, é comum que empresas reduzam o número de empregados para viabilizar a continuação da atividade produtiva. Nesse sentido, para evitar a ocorrência de demissões em massa de empregados e permitir maior qualificação profissional dos empregados, é necessário adotar medidas que garantam a manutenção dos contratos de trabalho mesmo em momentos de crise. Uma dessas hipóteses é o denominado *lay off*, que se refere ao afastamento temporário do empregado mediante recebimento de licença remunerada.

Nesse sentido, o art. 476 da CLT estabelece hipótese de suspensão do contrato de trabalho pelo período de 2 a 5 meses para que o empregado participe de curso de qualificação profissional, na qual não será devido o pagamento de salários.•

Programa de Proteção ao emprego (PPE). Recentemente (novembro/2015), foi promulgada a Lei nº 13.189/2015 prevendo nova hipótese de *lay off* como resposta ao aumento no número de desempregos diante de crise econômica. Nesse sentido, criou-se o **Programa de Proteção ao Emprego – PPE.**

De acordo com essa regulamentação, permite-se que a empresa reduza a jornada de trabalho de seus empregados em até 30% com a correspondente diminuição do salário. O valor pago pelo empregador após a redução não pode ser inferior ao salário mínimo. Para que essa redução seja válida, é necessária a celebração de acordo coletivo com o sindicato profissional. A redução pode ter duração de até 6 meses, prorrogáveis até o limite de 24 meses. O candidato deverá estar atento a essa nova legislação!

> **ATENÇÃO!**
>
> A dica a seguir somente consta no edital para Analista Judiciário. Diante da correlação com os demais assuntos da disciplina, recomenda-se a leitura para a prova de Técnico Judiciário.

5. RENÚNCIA E TRANSAÇÃO

- Em razão do Princípio da Irrenunciabilidade e da Indisponibilidade que vigora no direito do trabalho, há restrição da autonomia da vontade, isto é, limita-se a possibilidade de negociação de direitos trabalhistas entre empregado e empregador. Ressalta-se que nesse tópico não será tratada a negociação coletiva (com participação do sindicato), pois nela há ampla possibilidade de transação, inclusive redução de direitos dos trabalhadores.

- **Renúncia** é um ato unilateral que recai sobre direito certo e atual, por exemplo, o empregado conquistou o direito de férias após um ano de trabalho e abriria mão (renunciaria) desse direito já conquistado, o que não é válido no direito do trabalho (conforme previsto no art. 9º da CLT).

- A **transação**, por sua vez, recai sobre direito duvidoso e requer um ato bilateral das partes, concessões recíprocas. Na transação há direitos disponíveis, cujos interesses são meramente particulares. A única possibilidade de transação individual extrajudicial, **prevista em lei**, está no art. 625-E da CLT, que trata da Comissão de Conciliação Prévia. Nesse caso, é possível que o trabalhador, individualmente, transacione diretamente com seu empregador suas verbas trabalhistas. Fora essa hipótese da Comissão de Conciliação Prévia, nem mesmo com a presença de um representante sindical, a transação individual terá validade para o direito do trabalho.

- O **Programa de Demissão Voluntária - PDV** - ou programa de incentivo à demissão voluntária também é tratado, por alguns autores, como hipótese de transação individual de direitos trabalhistas. O PDV tem por objetivo conceder uma vantagem pecuniária ao empregado que se desligar do trabalho voluntariamente. É utilizado para reduzir os quadros da empresa e também para colocar fim ao contrato de trabalho. Importante destacar, entretanto, que o TST tem posicionamento no sentido de que a indenização paga no PDV não pode substituir as verbas trabalhistas decorrentes do contrato de trabalho. Aliás, o empregado que adere ao PDV não concede quitação geral do contrato, podendo, no futuro, discutir parcelas que não foram devidamente quitadas.

- **Quitação geral do contrato - PDV (Previsão em instrumento coletivo).** Recentemente (abril/2015), o plenário do STF[1] adotou posição contrária à OJ nº 270 da SDI-I do TST ao decidir pela **validade da cláusula de quitação geral ampla e irrestrita das verbas trabalhistas** decorrentes do contrato de trabalho, desde que **previstas em acordo coletivo** e nos demais instrumentos assinados pelo empregado. Sustentou-se que a igualdade existente entre os entes coletivos (sindicato da categoria profissional e a empresa) possibilitaria a quitação geral das verbas trabalhistas no PDV. Em resumo, a regra persiste, ou seja, o empregado que adere ao PDV não concede quitação geral do contrato, exceto se houver previsão dessa quitação em instrumento coletivo.

- **Posicionamento doutrinário sobre transação.** De acordo com o professor Maurício Godinho Delgado, para as normas de **indisponibilidade absoluta** não cabe transação individual por atingirem o patamar mínimo civilizatório, por exemplo, o direito à anotação da CTPS, ao salário mínimo, à incidência das normas de proteção à saúde e segurança do trabalhador[2]. As normas de **indisponibilidade relativa**, por sua vez, não atingem o patamar mínimo civilizatório, o interesse é meramente particular. Exemplo de possibilidade de transação individual: forma de pagamento do salário (salário fixo ou salário variável). As parcelas de indisponibilidade relativa não podem ser objeto de renúncia.

6. CARTEIRA DE TRABALHO E PREVIDÊNCIA SOCIAL

- **Documento obrigatório.** Não há formalidade específica para contratar o empregado, pois o contrato de trabalho poderá ser celebrado, inclusive, de forma verbal. Há, entretanto, exigência de um documento obrigatório do empregado, chamado de Carteira de Trabalho e Previdência Social - CTPS. Esse documento é utilizado para identificação do empregado, servindo como meio de prova na área trabalhista e

1 RE nº 590415/SC - Relator Min. Roberto Barroso - Data de julgamento: 30/04/2015.

2 DELGADO, Maurício Godinho. *Curso do Direito do Trabalho*. 9. ed. São Paulo: LTr, 2010. p. 201.

previdenciária. A falta de anotação da CTPS não afasta o vínculo empregatício, mas possibilita que a empresa seja autuada pela fiscalização.

- **Prazo para anotação na CTPS.** O prazo para assinatura da carteira é de 48 horas, sob pena de pagamento de multa. Nas localidades onde não for emitida a CTPS, o empregado poderá ser admitido para exercer as atividades, pelo prazo de 30 dias. A empresa fica obrigada a permitir o comparecimento do empregado ao posto de emissão mais próximo.
- **Anotações obrigatórias na CTPS.** Os acidentes de trabalho são obrigatoriamente anotados pelo INSS na carteira do acidentado, conforme previsto no art. 30 da CLT.
- **Anotações desabonadoras.** É proibido ao empregador efetuar anotações desabonadoras à conduta do empregado. Exemplo: empregado que é dispensado por justa causa, com suspeita de furto na empresa ou, ainda, o empregado que falta ao trabalho injustificadamente. O empregador, mesmo diante dessas condutas, não poderá descrevê-las na CTPS do empregado.
- **Prescrição e CTPS.** Na anotação da CTPS, para fins de comprovação perante o INSS, não se aplica o prazo previsto da Constituição Federal, ou seja, o prazo de 2 anos a partir do término do contrato de trabalho. Esse direito é imprescritível, conforme previsto no art. 11, § 1º, da CLT.

7. EMPREGADO

- **Importância de identificar o empregado.** A relação de emprego tem como principal característica a presença do empregado, parte mais fraca da relação jurídica. O Direito do Trabalho foi pensado e criado exatamente para proteger a figura desse trabalhador. Há necessidade, entretanto, de diferenciar o trabalhador em sentido amplo e o trabalhador com vínculo empregatício. A CLT e as demais normas trabalhistas são voltadas apenas à proteção dos direitos do empregado, ou seja, jornada de trabalho, FGTS, férias, descanso semanal remunerado, entre outros direitos, são direcionados aos empregados, por isso a importância de diferenciá-los dos trabalhadores autônomos, eventuais, estagiários etc. Veja o quadro a seguir, com os 4 requisitos para identificar o empregado:

PROTEÇÃO PREVISTA NA CF/88 E NA CLT

Princípios protetivos:
- Salário-mínimo
- Limitação da jornada (8 horas diárias)
- Intervalos
- Descanso semanal e férias
- Estabilidade
- Demais direitos trabalhistas

Empregado

Requisitos:
- Pessoa física (Pessoalidade)
- Não eventualidade
- Onerosidade
- Subordinação

**Importante diferenciá-lo dos demais trabalhadores, porque os direitos trabalhistas são direcionados ao empregado.*

- **Exclusividade.** Não há, na CLT, exigência de que o empregado preste serviços com exclusividade. Não é requisito para configurar o vínculo empregatício que ele trabalhe para apenas um único empregador. Há possibilidade de vários contratos de trabalho, com empresas diversas, simultaneamente.
- **Local da prestação de serviços.** O local da prestação de serviços também é irrelevante para configurar o vínculo empregatício. Veja, por exemplo, o trabalhador que presta serviços em domicílio desenvolvendo programas de computador; nessa situação, se houver a presença dos requisitos da relação empregatícia (habitualidade, onerosidade e subordinação), será configurada a relação de emprego, com o pagamento de todos os direitos trabalhistas.
- **Teletrabalho.** A CLT foi recentemente alterada, para prever o teletrabalho, ou seja, o trabalho executado a distância. Nesse caso, se as ordens são passadas pelo celular ou *e-mail*, configuram-se a subordinação e, consequentemente, o vínculo empregatício.
- **Experiência prévia (art. 442-A da CLT).** Recentemente, a CLT foi alterada para incentivar o ingresso de novos profissionais no mercado de trabalho. Como forma de proporcionar que trabalhadores, ainda sem experiência, possam ocupar novos postos de trabalho, o empregador está proibido de exigir do candidato comprovação de experiência prévia por tempo superior a 6 meses.

8. EMPREGADO RURAL (LEI Nº 5.889/73)

- **Direitos equiparados.** Inicialmente, o empregado rural não possuía os mesmos direitos dos empregados urbanos. Com a promulgação da Constituição Federal de 1988, ocorreu a equiparação de direitos entre empregados urbanos e rurais.
- **Prescrição para o empregado rural.** Houve alteração do art. 7º, XXIX, da CF/88, e o prazo prescricional do trabalhador rural passou a ser o mesmo do urbano: 2 anos para ingressar com a ação judicial, após a extinção do contrato, com possibilidade de pleitear os direitos trabalhistas dos últimos 5 anos, a contar da propositura da ação.

8.1. Peculiaridades dos Empregados Rurais

- **Aviso-prévio.** O aviso-prévio é dado pela parte (empregado ou empregador) que decidir pôr fim à relação empregatícia. Se a iniciativa partir do empregador, a legislação trabalhista prevê a redução da jornada de trabalho, como forma de proporcionar ao trabalhador a busca por um outro emprego. O empregado rural notificado da dispensa sem justa causa tem direito à redução de 1 dia por semana para buscar novo emprego, sem prejuízo da sua remuneração.
- **Intervalo intrajornada.** O intervalo concedido ao empregado rural para descanso e refeição, na jornada superior a 6 horas, será de acordo com os usos e costumes da região. Cabe frisar, entretanto, que o TST tem se posicionado no sentido de que o empregado rural que tenha jornada superior a 6 horas diárias possui o direito ao **intervalo de, no mínimo, 1 hora**. Caso não seja concedido esse intervalo mínimo, haverá o pagamento de horas extras, com base no art. 71, § 4º, da CLT.

- **Serviços intermitentes:** Outra particularidade diz respeito aos serviços intermitentes, em que há possibilidade de intervalos mais longos, como dos empregados que trabalham com gado leiteiro, que saem de madrugada para a primeira ordenha e voltam apenas no fim da tarde para a segunda. Esses intervalos de, no mínimo, 5 horas (art. 10, parágrafo único, Decreto nº 73.626/1974), não são computados na jornada de trabalho do empregado rural, mas devem estar expressamente ressalvados na CTPS do rural.

- **Trabalho noturno.** O ser humano não possui hábitos noturnos. Assim sendo, o trabalho noturno deve conter aspectos mais protetivos e possuir remuneração superior à do diurno. O horário noturno será de acordo com a atividade desenvolvida: a) na pecuária inicia-se às 20 horas e termina às 4 horas; b) na agricultura, a jornada será das 21 horas às 5 horas. A hora noturna rural, ao contrário do que acontece com o trabalhador urbano, não é reduzida, ou seja, a hora terá duração de 60 minutos. Durante a jornada noturna há necessidade de pagamento de adicional noturno de, no mínimo, 25% a mais que a hora diurna.

- **Salário-utilidade ou salário *in natura*.** O salário poderá ser pago em dinheiro ou, ainda, em utilidades, como alimentação e moradia. Essa forma de pagamento é chamada de salário *in natura* ou utilidades. Há possibilidade de desconto do salário mínimo para o pagamento das utilidades, respeitando os seguintes percentuais: a) até 20%, moradia; b) até 25%, pelo fornecimento de alimentação sadia e farta, atendidos os preços vigentes na região. Para esses descontos, há necessidade de prévia autorização do empregado rural; sem tal autorização, essas deduções serão nulas de pleno direito.

8.2. Contrato Temporário Rural (Art. 14-a da lei Nº 5.889/73)

- **Quem pode contratar?** Recentemente, houve alteração na lei para disciplinar a contratação por pequeno prazo do trabalhador rural, na tentativa de formalizar as contratações dos "diaristas do campo". Apenas o empregador pessoa física poderá contratar sob essa modalidade, o que exclui as empresas rurais, cooperativas e demais pessoas jurídicas.

- **Contrato por prazo determinado.** Esse contrato será por prazo determinado, com duração máxima de 2 meses dentro do período de um ano. Veja que esse contrato possibilita vários períodos descontínuos.

- **CTPS opcional.** O empregador rural é obrigado a recolher as contribuições previdenciárias e efetuar os depósitos do FGTS – Fundo de Garantia do Tempo de Serviço. Ademais, deverá anotar na CTPS – Carteira de Trabalho e Previdência Social – ou poderá fazer contrato escrito com o trabalhador rural.

- **Direitos trabalhistas.** O trabalhador rural contratado por curto período terá direito à remuneração equivalente à do trabalhador rural permanente, e todos os demais direitos de natureza trabalhista, relativos ao contrato por prazo determinado. Essas parcelas serão calculadas dia a dia e pagas diretamente ao trabalhador.

- **Para a semana antes da prova** segue o quadro de resumo sobre empregado rural:

EMPREGADO RURAL (Lei nº 5.889/73)	
Empregado rural	equiparação de direitos como os urbanos (art. 7º, CF/88).
	identificação: trabalha para empregador rural.
	prescrição: mesmo período dos trabalhadores urbanos (2 anos para ingressar na justiça/pedido dos últimos 5 anos).
Peculiaridades do trabalhador rural	aviso-prévio: redução de 1 dia por semana (iniciativa do empregador).
	intervalo: de acordo com usos e costumes da região.
	trabalho noturno (hora de 60 min): • pecuária 20 h às 4 h. • agricultura 21 h às 5 h. • adicional noturno: 25%.
	salário-utilidade (desconto sobre salário mínimo): • 20% moradia. • 25% alimentação. • prévia autorização.
Contrato temporário rural (art. 14-A, Lei Rural)	empregador: pessoa física.
	duração: 2 meses dentro do período de 1 ano.
	recolher FGTS e contribuições previdenciárias.
	mesmos direitos dos demais empregados permanentes.

9. EMPREGADO DOMÉSTICO

O Brasil deu um importante passo rumo à efetivação dos direitos fundamentais trabalhistas, reconhecendo direitos básicos do empregado doméstico via EC-72 – 2013. Essa alteração será objeto dos próximos concursos públicos.

Recentemente, em junho de 2015, foi promulgada a **Lei Complementar nº 150/2015**, que passou a regulamentar o trabalho doméstico a partir dos novos direitos assegurados pela EC nº 72/2013 e trouxe diversas mudanças na disciplina dessa relação de emprego. As alterações promovidas certamente serão objeto dos concursos públicos vindouros, nos próximos anos, na área trabalhista.

Requisitos específicos para identificar o empregado doméstico permanecem intactos, mesmo após a alteração constitucional (EC/72-2013). O empregado doméstico tem os 4 requisitos "clássicos" para configurar o vínculo empregatício (pessoa física, onerosidade, subordinação e *continuidade*). Entretanto, para esse trabalhador há duas particularidades que o candidato deve sempre lembrar:

1) **Finalidade não lucrativa.** É vedado que o empregado doméstico esteja inserido em uma atividade lucrativa da família, ou seja, não poderá prestar serviços a terceiros, mas apenas à família.

2) **Trabalho contínuo.** O art. 1º, *caput*, da recém-promulgada LC nº 150/2015 estabelece que será configurado o trabalho doméstico quando realizado por período **superior a 2 dias.**

Assim, não há dúvidas de que, se os serviços forem prestados em 1 ou 2 dias por semana, ficará configurada a "faxineira" ou a "diarista", que representam trabalhadoras autônomas, sem direitos trabalhistas.

Na tentativa de tornar mais didática essa nova matéria ligada ao empregado doméstico, vamos dividir o tema em **5 partes**. Isso tornará mais fácil a memorização para seu concurso público:

1. direitos clássicos previstos na CF e na Lei dos Domésticos antes da EC-72/2013;
2. novos direitos recentemente com a EC-72/2013, com aplicação imediata;
3. novos direitos concedidos, que agora são aplicados em razão da regulamentação efetuada pela Lei Complementar nº 150/2015;
4. direitos não estendidos aos domésticos;
5. discussão a respeito do instituto da prescrição; no entanto, com a LC nº 150/2015, a matéria está regulamentada.

1. Direitos clássicos previstos anteriormente à EC/72-2013, ou seja, eram assegurados desde a promulgação da Constituição Federal ocorrida em 5.10.1988:

a) Salário mínimo;
b) Irredutibilidade do salário;
c) Décimo terceiro salário;
d) Repouso semanal remunerado (regulamentado pela LC nº 150/2015);
e) Férias acrescidas de ⅓ a mais da remuneração (regulamentado pela LC nº 150/2015);
f) Licença-gestante de 120 dias (regulamentado pela LC nº 150/2015);
g) Licença-paternidade (5 dias);
h) Aviso-prévio (regulamentado pela LC nº 150/2015);
i) Aposentadoria.

2. Novos direitos, com eficácia IMEDIATA do empregado doméstico previstos no art. 7º, parágrafo único, da CF/88:

A partir de 3.4.2013, já estão assegurados aos empregados domésticos os novos direitos a seguir:

a) jornada de trabalho de até 8 horas diárias e 44 horas semanais (regulamentado pela LC nº 150/2015);
b) horas extras remuneradas com adicional mínimo de 50% (regulamentado pela LC nº 150/2015);
c) garantia de salário mínimo para os que recebem salário variável;
d) proteção legal ao salário;
e) redução dos riscos inerentes ao trabalho por meio de normas de higiene, saúde e segurança;
f) reconhecimento das convenções e dos acordos coletivos de trabalho;
g) proibição de diferença de salários, de exercício de funções e de critérios de admissão por motivo de sexo, idade, cor ou estado civil;

h) proibição de discriminação no tocante a salário e critérios de admissão de portadores de deficiência[3];

i) proibição de trabalho noturno, insalubre e perigoso ao menor de 18 anos e de qualquer trabalho ao menor de 16 anos (regulamentado pela LC nº 150/2015).

3. Outros direitos concedidos aos domésticos pela EC/72-2013, que agora se encontram em vigor em razão da regulamentação da LC nº 150/2015. São eles:

a) proteção da relação de emprego contra a dispensa arbitrária ou sem justa causa;

b) seguro-desemprego em caso de desemprego involuntário (regulamentado pela LC nº 150/2015);

c) obrigatoriedade do Fundo de Garantia do Tempo de Serviço (FGTS) (regulamentado pela LC nº 150/2015);

d) remuneração do trabalho noturno superior à do diurno (regulamentado pela LC nº 150/2015);

e) salário-família;

f) assistência gratuita aos filhos e dependentes até 5 anos de idade em creches e pré-escolas;

g) seguro contra acidentes do trabalho a cargo do empregador, sem excluir a indenização a que este está obrigado, quando incorrer em dolo ou culpa.

4. Alguns direitos constitucionalmente assegurados aos trabalhadores em geral não foram estendidos à categoria dos empregados domésticos. São eles:

a) piso salarial proporcional à extensão e à complexidade do trabalho;

b) participação nos lucros ou resultados (já que a sua atividade não tem fim lucrativo);

c) jornada de 6 horas em turnos ininterruptos de revezamento (já que essa condição não ocorre na residência familiar);

d) proteção do mercado de trabalho da mulher mediante incentivos específicos nos termos da lei;

e) adicional de insalubridade, penosidade e periculosidade;

f) proteção em face da automação, na forma da lei;

g) proibição de distinção entre o trabalho manual, técnico e intelectual ou entre os profissionais respectivos.

5. Existia a discussão sobre a aplicação do direito a seguir. No entanto, a LC nº 150/2015 regulamentou a prescrição aplicável aos empregados domésticos:

a) **PRESCRIÇÃO**: "ação quanto aos créditos resultantes das relações de trabalho, com prazo prescricional de 5 anos até o limite de 2 anos após a extinção do contrato de trabalho." Nesse caso, o instituto da prescrição, não se trata de direito trabalhista, mas norma ligada à paz social. O prazo prescricional, mesmo antes da EC/72-2013, era o previsto no art. 7º da CF. O art. 43 da LC nº 150/2015 pacificou a questão, uma vez que foram expressamente previstas as prescrições bienal e quinquenal para o empregado doméstico: "O direito de ação quanto a créditos resultantes das relações de trabalho prescreve em 5 (cinco) anos até o limite de 2 (dois) anos após a extinção do contrato de trabalho."

---

3 Com a promulgação da Lei nº 13.146/2015 (Estatuto da Pessoa com Deficiência) e sua entrada em vigor em janeiro de 2016, verificou-se mudança na terminologia adotada, uma vez que os termos "pessoa portadora de deficiência" e "pessoa com necessidades especiais" foram substituídos pelo termo mais apropriado, "pessoa com deficiência".

Para a semana antes da prova, segue o quadro de resumo sobre as principais diferenças entre a Nova Lei dos Domésticos e as regras celetistas previstas aos demais empregados:

	Empregado Doméstico (LC nº 150/2015)	**Demais empregados (CLT)**
Requisitos para configuração da relação de emprego	– Pessoalidade; – Subordinação; – Continuidade (mais de 2 vezes por semana); – Onerosidade; – Prestação de serviço para pessoa ou família; – Serviços prestados em âmbito residencial; – Finalidade não lucrativa.	– Pessoalidade; – Subordinação; – Não eventualidade; – Onerosidade.
Idade mínima para contratação	– 18 anos (art. 1º, parágrafo único).	– A partir de 16 anos (art. 7º, XXXIII, CF/88, e art. 403, CLT); – *Exceção*: aprendizes (maiores de 14 anos).
Hipóteses de contratação por prazo determinado	1) Contrato de experiência (art. 4º, I); 2) Atendimento de necessidades familiares de natureza transitória (art. 4º, II); 3) Substituição temporária de empregado doméstico com contrato de trabalho interrompido (art. 4º, II).	1) Contrato de experiência (art. 443, § 2º, III); 2) Atividades empresariais de caráter transitório (art. 443, § 2º, II); 3) Serviço cuja natureza ou transitoriedade justifique a predeterminação do prazo (art. 443, § 2º, I).
Cláusula assecuratória de direito recíproco	– Não há previsão de pagamento de aviso-prévio no contrato por prazo determinado (art. 9º).	– Faculta às partes estabelecerem a cláusula (art. 481, CLT).
Controle de jornada	– Obrigatório o controle para todos empregados domésticos (art. 12).	– Empresas com mais de 10 empregados (art. 74, § 2º).
Compensação de jornada	– Acordo escrito entre as partes. (art. 2º, § 4º); – Primeiras 40 horas devem ser remuneradas como extras, salvo compensação em outro dia da semana (art. 2º, § 5º, I e III); – Horas excedentes às primeiras 40 horas extras devem ser compensadas no prazo máximo de 1 ano (art. 2º, §5º, II).	– Acordo escrito: compensação das horas; trabalhadas no período de uma semana ou, no máximo, um mês (art. 59, § 2º); – Banco de horas: compensação das horas extras no prazo máximo de 1 ano. Necessidade de acordo ou convenção coletiva (Súmula nº 85, V, TST).
Jornada de Trabalho 12x36	– Suficiente a realização de acordo escrito entre as partes (art. 10, *caput*); – Necessidade de se respeitar ou de indenizar os intervalos para repouso e alimentação; – Descanso de 36 horas compensa o trabalho no DSR e nos **feriados**. Não há pagamento em dobro.	– Admitido apenas excepcionalmente, como nas atividades de vigilância e na área hospitalar; – Necessária previsão em lei ou em instrumento coletivo (Súmula nº 444 do TST); – Não é possível indenizar o intervalo intrajornada (almoço e descanso),

	Empregado Doméstico (LC nº 150/2015)	Demais empregados (CLT)
		devendo necessariamente, conceder a folga ao empregado (Súmula nº 437 do TST); – Descanso de 36 horas somente compensa o trabalho realizado no DSR. Se houver trabalho em **feriados** não compensados com folga, é necessário o pagamento em dobro do período.
Trabalho em regime de tempo parcial **(máximo de 25 horas semanais)**	– Possibilidade de realização de 1 hora extra diária, desde que respeitado o limite máximo de 6 horas diárias e mediante acordo escrito entre as partes (art. 3º, § 2º).	– Impossibilidade de realização de horas extras (art. 59, § 4º).
Intervalos	– Possibilidade de **redução** do intervalo intrajornada de 1 hora para 30 minutos mediante acordo escrito entre as partes (art. 13, *caput*); – Se o empregado residir no local de trabalho, é possível o **fracionamento** do intervalo intrajornada em 2 períodos de no mínimo 1 hora cada um (art. 13, § 1º); – **Prenotação**: Se houver fracionamento, é proibida a prenotação do intervalo no registro diário de horário (art. 13, § 2º).	Em regra, não é possível nem o **fracionamento** e nem a **redução** do intervalo intrajornada. Somente será possível a redução em 2 hipóteses: a) Motoristas do setor de transporte coletivo de passageiros (art. 71, § 5º); b) Autorização do Ministério do Trabalho , desde que atendidos os seguintes requisitos (art. 71, § 3º): 1) estabelecimento deve atender integralmente às exigências acerca de refeitórios; 2) empregados não estiverem prestando horas extraordinárias; 3) prévia autorização do Ministério do Trabalho e Emprego (Superintendência Regional do Trabalho); – Pré-assinalação do período de repouso é obrigatória para empresas com mais de 10 empregados (art. 74, § 2º, CLT).
Fracionamento das férias	– Fracionamento a critério do empregador por período não inferior a 14 dias. Não se exige a excepcionalidade (art. 17, § 2º);	– Caráter excepcional e o período não pode ser inferior a 10 dias (art. 134); – Pagamento em dobro se não houver fundamentação que justifique o fracionamento (Informativo nº 11 do TST).
Abono pecuniário de férias	– Deve ser requerido até 30 dias do término do período aquisitivo de férias (art. 17, § 3º).	– Deve ser requerido até 15 dias do término do período aquisitivo de férias (art. 143, § 1º).
Vale-transporte	– Permite o pagamento dos vales em dinheiro ao empregado mediante recibo (art. 19, parágrafo único).	– Não é possível o pagamento em dinheiro. É necessária a aquisição dos vales-transporte (art. 4º da Lei nº 7.418/1985).

	Empregado Doméstico (LC nº 150/2015)	Demais empregados (CLT)
Indenização compensatória da perda do emprego	– Obrigação do empregador doméstico de depositar mensalmente a quantia de 3,2% da remuneração devida ao empregado na conta vinculado do empregado doméstico em variação distinta dos depósitos do FGTS (art. 22). – Multa de 40% sobre os depósitos de FGTS não é devida ao doméstico.	– Pagamento de multa de 40% sobre os depósitos do FGTS nas hipóteses de dispensa sem justa causa ou rescisão indireta (art. 18, § 1º, Lei nº 8.036/1990); – Pagamento de multa de 20% para as hipóteses de término do contrato de trabalho por força maior ou culpa recíproca.
Dispensa por justa causa (falta grave do empregado)	– Nova hipótese de dispensa por justa causa que não é aplicada aos demais empregados diante da relação de estrita confiança do trabalho doméstico: 1) submissão a maus-tratos de idoso, de enfermo, de pessoa com deficiência ou de criança sob cuidado direto ou indireto do empregado (art. 27, I); – As hipóteses que dizem respeito ao resguardo da atividade econômica do empregador previstas na CLT não são reproduzidas na lei dos domésticos em razão da ausência de finalidade lucrativa inerente a essa relação de emprego.	– Art. 482, CLT.
Seguro-Desemprego	– Tem direito ao recebimento do seguro-desemprego no valor de 1 salário mínimo pelo período máximo de 3 meses, de forma contínua ou alternada a cada período aquisitivo de 16 meses (art. 26 da LC nº 150/2015 e art. 6º, Resolução Codefat nº 754/2015).	– A quantidade de parcelas a ser concedida ao segurado é variável de acordo com o número de solicitações do benefício e a quantidade de meses trabalhados: **1)** Se for a **1ª solicitação** do benefício: a) o empregado tem direito a 4 parcelas caso tenha trabalho, mínimo, 12 e, no máximo, 24 meses; b) o empregado tem direito a 5 parcelas caso tenha trabalhado, no mínimo, 24 meses. **2)** Se for a **2ª solicitação** do benefício: a) o empregado tem direito a 3 parcelas caso tenha trabalhado, no mínimo, 9 meses e no máximo 11 meses; b) o empregado tem direito a 4 parcelas caso tenha trabalhado, no mínimo, 12 meses e no máximo 23 meses; c) o empregado tem direito a 5 parcelas caso tenha trabalhado, no mínimo, 24 meses; **3)** A partir da **3ª solicitação** do benefício: a) o empregado tem direito a 3 parcelas caso tenha trabalhado, no mínimo, 6 meses e, no máximo, 11 meses;

	Empregado Doméstico (LC nº 150/2015)	Demais empregados (CLT)
		b) o empregado tem direito a 4 parcelas caso tenha trabalhado, no mínimo, 12 e no máximo 23 meses; c) o empregado tem direito a 5 parcelas caso tenha trabalhado, no mínimo, 24 meses; – Valor pago: 1) Salário de até R$ 1.360,70: Multiplica-se o salário médio por 0.8 (80%); 2) Salário de R$ 1.360,71 até 2.268,05: o que exceder a 1.360,70 multiplica-se por 0,5 (50%) e soma-se a 1.088,56; 3) Salário acima de R$ 2.268,05: o valor da parcela será de R$ 1.542,24.
Rescisão indireta (falta grave do empregador)	– Nova hipótese de rescisão indireta que não é aplicada aos demais empregados: 1) o empregador praticar qualquer das formas de violência doméstica ou familiar contra mulheres (Lei Maria da Penha).	– Art. 483, CLT.

10. PROTEÇÃO DO TRABALHO DO ADOLESCENTE

- **Hora extra.** De acordo com o art. 413 da CLT, o empregado menor de 18 anos poderá prorrogar a jornada somente em duas hipóteses excepcionais: a) compensação de jornada, desde que: 1. haja negociação coletiva; e 2. não ultrapasse 44 horas semanais; b) Força maior, desde que não ultrapasse 12 horas diárias e haja pagamento de adicional de serviço extraordinário de, no mínimo, 50%. Fora esses 2 casos excepcionais, o adolescente não poderá prestar serviços suplementares (horas extras).

- **Intervalo de 15 minutos.** Importante ressaltar que, entre a jornada normal e as horas extraordinárias, há necessidade de intervalo para descanso, com duração de 15 minutos, de acordo com o art. 413, c/c o art. 384, ambos da CLT. Esse intervalo não está inserido na jornada de trabalho. Se o intervalo de 15 minutos não for concedido, deverá ser remunerado como hora extra, e a empresa poderá ser autuada pela fiscalização. Recentemente (novembro/2014), o STF[4] havia decidido que o intervalo de 15 minutos para as mulheres e adolescentes previsto no art. 384 da CLT foi recepcionado pela Constituição Federal. Contudo, a decisão foi anulada por vício formal. Ressalta-se que o TST já vinha decidindo pela constitucionalidade desse intervalo antes da decisão do STF.

- **Jornadas somadas.** Caso o adolescente preste serviços a mais de uma empresa, ou seja, haja contratos de trabalho simultâneos, as horas de trabalho em cada uma

4 Veja RE 658312-SC – Relator: Min. Dias Toffoli – Data de Julgamento: 27/11/2014.

delas serão somadas, conforme previsto no art. 414 da CLT. Exemplo: empregado adolescente, 17 anos de idade, trabalha 4 horas diárias em um supermercado. Foi contratado para trabalhar em uma papelaria à tarde. Poderá cumular os contratos, desde que tenha jornada, na papelaria, de até 4 horas diárias, pois não poderá ultrapassar as 8 horas, somados os horários.

- **Declarações para a retirada da CPTS.** Inicialmente, compete aos representantes legais do menor de 18 anos prestar declarações para a retirada da Carteira de Trabalho e Previdência Social – CTPS.
- **Assistência para quitação.** Além disso, para a assinatura do recibo de quitação das verbas rescisórias, há a necessidade de assistência dos representantes legais, sob pena de nulidade, conforme previsto no art. 439 da CLT.
- **Prescrição.** Contra o menor de 18 anos não corre prazo prescricional, ou seja, há uma causa impeditiva de contagem do prazo. Exemplo: o término do contrato ocorreu quando o trabalhador completou 17 anos de idade. Não correrá o prazo prescricional até que ele complete 18 anos. Ao completar essa idade, inicia-se o prazo de 2 anos para ingressar com a ação na Justiça do Trabalho. Ressalta-se que não é vedado ao adolescente ingressar com a reclamação trabalhista antes de completar 18 anos.
- **Meio ambiente do trabalho.** As normas referentes ao meio ambiente de trabalho da mulher previstas na CLT são aplicadas subsidiariamente aos adolescentes. Nesse sentido, destacam-se o intervalo de 15 minutos no caso de prorrogação da jornada de trabalho (art. 413, parágrafo único, CLT) e a limitação de força muscular (art. 405, § 5º, CLT).

10.1. Das Férias do Empregado Adolescente

- **Fracionamento.** O menor de 18 anos não poderá fracionar as férias em 2 períodos. Assim sendo, deverá usufruir, de uma só vez, todo o período de descanso das férias;
- **Coincidência com as férias escolares.** O adolescente tem o direito de fazer coincidir as férias no trabalho com o período das férias escolares.
- **Para a semana antes da prova**, segue o quadro de resumo sobre empregado menor de 18 anos:

Trabalho do ADOLESCENTE	
Trabalho a partir dos 16 anos, exceto:	– |**N**|oturno – |**I**|nsalubre – |**P**|erigoso
A partir dos 14 anos:	– somente como aprendiz
Proibido trabalhar em horas extras, exceto:	– compensação – máximo 2 horas extras diárias – força maior – até 12 horas

Trabalho do ADOLESCENTE	
Intervalo de 15 minutos entre:	– jornada normal – horas extras
Trabalho em mais de uma empresa:	– 8 horas somadas
Representante legal:	– assistência na quitação das verbas rescisórias
Férias:	– impossibilidade de fracionar em 2 períodos – direito de coincidir férias no trabalho com as férias escolares

11. APRENDIZ

- **Idade.** A idade permitida para o contrato de aprendizagem é do maior de 14 anos e do menor de 24 anos. Esse limite máximo, 24 anos, não se aplica aos aprendizes com deficiência.

- **Requisitos indispensáveis para configurar o contrato de aprendizagem.** Esses requisitos estão previstos no art. 428 da CLT:

  > **Art. 428.** Contrato de aprendizagem é o contrato de trabalho especial, ajustado por **escrito** e por prazo determinado, em que o empregador se compromete a assegurar ao **maior de 14** (quatorze) e **menor de 24** (vinte e quatro) anos inscrito em **programa de aprendizagem** formação técnico-profissional metódica, compatível com o seu desenvolvimento físico, moral e psicológico, e o aprendiz, a executar com zelo e diligência as tarefas necessárias a essa formação (grifos acrescidos).

- **Requisitos para validade do contrato de aprendizagem para maiores de 18 anos.** A Lei nº 13.146/2015 (Estatuto da Pessoa com Deficiência) acrescentou o § 8º do art. 428 da CLT, que prevê a necessidade de anotação na CTPS e frequência em programa de aprendizagem desenvolvido por entidade qualificada em formação técnico-profissional metódica.

- **Prazo determinado.** O contrato de aprendizagem é por prazo determinado. Assim sendo, não poderá ser firmado por mais de **2 anos** com o mesmo empregador. Se extrapolado o limite de 2 anos, o contrato será automaticamente convertido em prazo indeterminado. Esse limite máximo de 2 anos não se aplica ao aprendiz com deficiência.

- **FGTS.** Os depósitos do FGTS – Fundo de Garantia do Tempo de Serviço – são suportados exclusivamente pelo empregador. A alíquota do aprendiz é de apenas 2% sobre a remuneração. O percentual dos demais empregados é de 8% sobre a remuneração.

- **Obrigatoriedade na contratação de aprendizes.** Como forma de incentivar a inserção de novos profissionais no mercado de trabalho, a CLT prevê obrigatoriedade na contratação desses profissionais. As empresas estão obrigadas a contratar, no mínimo, 5% e, no máximo, 15% do quadro de trabalhadores como aprendizes. Essa obrigatoriedade não se aplica aos empregadores sem fins lucrativos, às microempresas e às empresas de pequeno porte.

- **Extinção do contrato de aprendizagem.** A extinção poderá ocorrer normalmente, nos casos de término do prazo do contrato de dois anos, ou ainda se o aprendiz completar 24 anos, conforme o art. 428, *caput* e § 3º, da CLT.

Ocorre, entretanto, a possibilidade de rescisão antecipada (art. 433, CLT) nos casos de:

I. desempenho insuficiente ou inadaptação do aprendiz, salvo para o aprendiz com deficiência quando desprovido de recursos de acessibilidade, de tecnologias assistivas e de apoio necessário ao desempenho de suas atividades. Essa exceção ao aprendiz com deficiência foi acrescentada pelo Estatuto da Pessoa com Deficiência (Lei nº 13.146/2015);

II. falta disciplinar grave;

III. ausência injustificada à escola que implique perda do ano letivo;

IV. pedido do aprendiz.

- **Para a semana antes da prova**, segue o quadro de resumo sobre aprendiz:

Aprendiz

- Idade permitida: a partir de 14 anos até 24 anos, exceto deficiente
- Requisitos
  - → contrato escrito
  - → matrícula e frequência na escola
  - → inscrição em programa de aprendizagem
- Prazo do contrato: 2 anos, exceto deficiente
- FGTS: 2%
- Obrigatoriedade na contratação (Exceto: entidades sem fins lucrativos e pequenas e microempresas)
  - → mínimo 5%
  - → máximo 15%
- Jornada: 6 horas, exceto se completou o ensino fundamental, 8 horas

12. PROTEÇÃO DO TRABALHO DA MULHER

- **Proteção à maternidade.** Durante a gravidez é garantida à empregada gestante a dispensa do horário de trabalho pelo tempo necessário para a realização de, no mínimo, 6 consultas médicas e demais exames complementares. É assegurada, também, a transferência de função, quando as condições de saúde o exigirem, tendo garantida a retomada da função anteriormente exercida, logo após o retorno ao trabalho. E, ainda, mediante atestado médico, à mulher grávida é facultado romper o compromisso resultante de qualquer contrato de trabalho, desde que seja prejudicial à saúde.

- **Afastamento de atividades insalubres.** Recentemente (maio/2016), foi promulgada e publicada a Lei nº 13.287/2016, que acrescentou o art. 394-A à CLT para proibir o trabalho da gestante ou lactante em atividades, operações ou locais insalubres. O artigo está inserido na Seção V do Capítulo de Proteção do Trabalho da Mulher referente à proteção da maternidade.

- **Amamentação.** Outra garantia dada à mulher, mesmo após a gestação, é amamentar o próprio filho, até que este complete 6 meses de idade. Nesse caso, terá direito, durante a jornada de trabalho, a 2 descansos especiais de meia hora cada um. Aliás, nos estabelecimentos com pelo menos **30 mulheres com mais de 16 anos** de idade, estas terão local apropriado onde seja permitido guardar, sob vigilância e assistência, os seus filhos no período da amamentação. O empregador, entretanto, tem a opção de manter convênio com entidades públicas ou privadas para suprir a exigência da creche no próprio estabelecimento (art. 389, §§ 1º e 2º, da CLT).

- **Aborto não criminoso.** No caso de aborto não criminoso, devidamente comprovado por exame médico oficial, a mulher terá direito a um repouso remunerado de duas semanas, ficando-lhe assegurado o direito de retornar à função que ocupava antes de seu afastamento.

12.1. Licença-maternidade

- **Licença-maternidade.** A licença-maternidade compreende o afastamento remunerado da gestante, com duração de 120 dias. Sabe-se que, mesmo em caso de parto antecipado, a mulher terá direito à licença. Ademais, essa licença não está condicionada ao nascimento da criança com vida, porque, nesse caso, a empregada terá o repouso de 120 dias para se recuperar do trauma.

- Recentemente (27/06/2016), foi promulgada a Lei nº 13.301/2016, que **estendeu o prazo da licença-maternidade para 180 dias** para as mães de crianças acometidas por sequelas neurológicas de doenças transmitidas pelo *Aedes aegypti*, como a microcefalia.

- **Adoção.** Além da empregada gestante, tem direito à licença-maternidade a empregada que adotar ou obtiver guarda judicial para fins de adoção. Ressalta-se que essa licença somente será concedida mediante apresentação do termo judicial de guarda à adotante ou guardiã. Atualmente, após a recente alteração da lei, a duração de licença para essa empregada será também de 120 dias.

- **Guarda conjunta.** Se a guarda judicial for conjunta, apenas um dos adotantes terá direito à licença. Aliás, mesmo que o adotante seja do sexo masculino, passa a ter direito à licença remunerada de 120 dias. Lembre-se que a jurisprudência do STF não permite qualquer forma de discriminação para casais do mesmo sexo (união homoafetiva). Logo, o empregado que adotar uma criança, qualquer que seja sua opção sexual, solteiro ou casado, terá direito à "licença-maternidade".

- **Mulher que morre durante da licença.** Caso a empregada venha a falecer no parto ou durante a licença-maternidade, o marido ou companheiro poderá usufruir da licença integralmente (120 dias) ou pelo período restante.

- **Prorrogação da licença-maternidade.** Cabe ressaltar a prorrogação do período da licença-maternidade, por mais 60 dias, com a promulgação da Lei nº 11.770/2008. Nem todas as empregadas, entretanto, terão direito à prorrogação. Somente se preenchidos os 2 requisitos a seguir:

I. empregada da pessoa jurídica que tenha aderido ao Programa da Empresa Cidadã;

II. pedido de prorrogação deve ser feito, pela empregada, até o fim do 1º mês após o parto.

12.2. Estabilidade da gestante

- **Estabilidade da gestante.** A estabilidade, ou garantia provisória de emprego, veda que o empregador dispense arbitrariamente ou sem justa causa a empregada gestante, desde a confirmação da gravidez até 5 meses após o parto. A confirmação da gravidez não se confunde com a comunicação ao empregador, pois, mesmo se ele não tiver conhecimento da gestação, não poderá dispensar a trabalhadora.
- **Estabilidade durante o contrato por prazo determinado.** Recentemente, o TST mudou o posicionamento, para confirmar que a gestante adquire o direito à estabilidade se o contrato for por prazo determinado ou contrato de experiência. Aliás, há expressa previsão no art. 391-A, da CLT.
- **Reintegração e indenização.** Se a gestante for dispensada durante o período da gestação, a empregada poderá pleitear a **reintegração** ao trabalho, pois essa dispensa será irregular. Após o período da estabilidade, a empregada fará jus aos direitos trabalhistas, ou seja, à indenização do período.
- **Ingresso da ação trabalhista após o período de estabilidade.** O ajuizamento de ação trabalhista após decorrido o período de garantia de emprego não configura abuso do exercício do direito de ação, pois este está submetido apenas ao prazo prescricional inscrito no art. 7º, XXIX, da CF/1988, sendo devida a indenização desde a dispensa até a data do término do período estabilitário.
- **Morte da gestante.** Recentemente foi promulgada a Lei Complementar nº 146/2014, que estende a estabilidade provisória da gestante nos casos de morte desta a quem detiver a guarda de seu filho.
- **Para a semana antes da prova**, segue o quadro de resumo sobre **estabilidade**:

Estabilidade da Gestante	
Duração:	inicia-se com a confirmação da gravidez e permanece até 5 meses após o parto.
Desconhecimento da gravidez pelo empregador:	não afasta o direito à estabilidade.
Contrato por prazo determinado:	adquire estabilidade, inclusive no contrato previsto na Lei nº 9.601/98.
Gravidez durante o aviso-prévio:	Gera estabilidade (art. 391-A, CLT).
Dispensa sem justa causa:	**a) reintegração:** somente se a decisão ocorrer durante o período estabilitário; **b) indenização:** se a decisão for dada após o período estabilitário.

ESTABILIDADE

(Reintegração/Indenização/Abuso de direito)

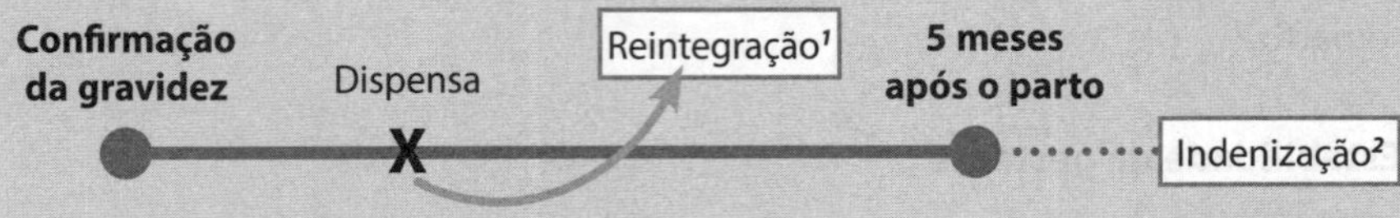

1. Somente ocorrerá a **reintegração** se a decisão ocorrer dentro do período estabilitário
2. Se a decisão ou ingresso da reclamação for posterior ao período de estabilidade, a empregada será **indenizada**
3. Não há **abuso de direito**, se a empregada ingressar com reclamação trabalhista após o período estabilitário (OJ 399)

12.3. Meio ambiente de trabalho

- **Trabalho das mulheres em locais insalubres e perigosos.** É permitido às mulheres prestar serviços em locais insalubres e perigosos e no período noturno, assim como aos demais trabalhadores do sexo masculino. A proibição desses trabalhos, para as mulheres, não mais existe. A única restrição diz respeito à empregada gestante ou lactante, que deve ser afastada de atividades, operações e locais insalubres (art. 394-A, CLT).

- **Discriminação.** É vedado qualquer tipo de discriminação em razão do sexo, cor, estado civil etc. A empregada, portanto, tem proteção pré-contratual, como a proibição da exigência de teste de gravidez como requisito para preenchimento da vaga de emprego. E, ainda, a mulher terá direito à reintegração ou indenização no caso de dispensa discriminatória.

- **Intervalo.** A empregada terá direito, entretanto, em razão de sua condição física, a tratamento diferenciado do dos homens. Dentre esses direitos destaca-se o **intervalo intrajornada de 15 minutos** concedido entre o horário normal de trabalho e horas suplementares, nos termos do art. 384 da CLT: "Em caso de prorrogação do horário normal, será obrigatório um descanso de 15 (quinze) minutos no mínimo, antes do início do período extraordinário do trabalho." Recentemente (novembro/2014), o STF[5] havia decidido que o intervalo de 15 minutos para as mulheres previsto no art. 384 da CLT foi recepcionado pela Constituição Federal. Contudo, a decisão foi anulada por vício formal. Ressalta-se que o TST já vinha decidindo pela constitucionalidade desse intervalo antes da decisão do STF.

- **Hipóteses de interrupção do contrato de trabalho.** A Lei nº 13.257/2016, que dispõe sobre as políticas públicas para a primeira infância, estabeleceu duas novas hipóteses de interrupção do contrato de trabalho para permitir o acompanhamento da gestante em consultas médicas e exames complementares, bem como para as

5 Veja RE 658312-SC – Relator: Min. Dias Toffoli – Data de Julgamento: 27/11/2014.

consultas médicas de filhos até os 6 anos de idade. Nesse sentido, seguem os prazos conferidos pela legislação:

a) 2 dias durante o período de gravidez da esposa ou companheira gestante para acompanhamento do cônjuge ou companheiro a consultas médicas e exames complementares (art. 473, X, CLT);

b) 1 dia por ano – para acompanhar filho de até 6 anos em consulta médica e é válido tanto para o empregado como para a empregada (art. 473, XI, CLT).

- **Força muscular.** No tocante à forma muscular, há previsão específica no art. 390 da CLT: "Ao empregador é vedado empregar a mulher em serviço que demande o emprego de força muscular superior a vinte (20) quilos, para o trabalho contínuo, ou vinte e cinco (25) quilos, para o trabalho ocasional. Não está compreendida na determinação deste artigo a remoção de material feita por impulsão ou tração de vagonetes sobre trilhos, de carros de mão ou quaisquer aparelhos mecânicos."
- **Para a semana antes da prova**, segue o quadro de resumo sobre **trabalho da mulher**:

Proteção do Trabalho da Mulher	
Proteção à maternidade	Empregada gestante terá direito à dispensa do horário para realização de, no mínimo, 6 consultas médicas.
	Transferência de função (motivo saúde).
	Afastamento de atividades, operações e locais insalubres (art. 394-A, CLT).
	Amamentação até 6 meses de idade: 2 intervalos de meia hora.
	Aborto não criminoso: 2 semanas de repouso.
Licença-maternidade	**Duração:** 120 dias.
	Prorrogação 60 dias: **(1)** Pessoa jurídica que aderiu ao Programa Empresa Cidadã; **(2)** Pedido de prorrogação até o final do 1º mês após o parto.
	Licença-maternidade de 180 dias para as mães de crianças acometidas por sequelas neurológicas de doenças transmitidas pelo *Aedes aegypti*, como a microcefalia (Lei nº 13.301/2016).
Estabilidade	**Duração:** início confirmação da gravidez até 5 meses após o parto.
	Terá direito à estabilidade nos contratos por prazo determinado e também durante o aviso-prévio (art. 391-A da CLT e Súmula n. 244 do TST).
	Se houver dispensa sem justa causa, a empregada terá direito à reintegração (Súmula 244 do TST).

13. EMPREGADOR

Empregador	**Grupo econômico**
	Sucessão trabalhista
	Poderes do empregador

Conceito. O conceito de empregador está previsto no art. 2º da CLT:

> Considera-se empregador a empresa, individual ou coletiva, que, assumindo os riscos da atividade econômica, admite, assalaria e dirige a prestação pessoal de serviços.

AM e RR p. 602

Princípio da alteridade. O empregado não divide os riscos da atividade econômica com o empregador. Assim sendo, momentos de crise mundial, baixa produtividade, vendas abaixo das expectativas não autorizam o empregador a reduzir ou descontar salários de seus empregados. Não poderia ser diferente, pois as empresas não estão obrigadas a dividir os lucros com seus trabalhadores, logo os prejuízos também não poderão ser repartidos. A responsabilidade exclusiva da empresa pelos prejuízos ou fracasso do empreendimento é chamada de princípio da alteridade.

ATENÇÃO!

A dica a seguir somente consta no edital para Analista Judiciário. Diante da correlação com os demais assuntos da disciplina, recomenda-se a leitura para a prova de Técnico Judiciário.

13.1. Grupo Econômico

Ocorre grupo econômico quando as empresas estão ligadas entre si, ou seja, quando há "empresa-mãe e empresas-irmãs"[6]. Nesse caso, cada uma dessas empresas possui personalidade jurídica própria, isto é, CNPJ próprio, quadro de pessoal próprio, exercem atividades econômicas diversas etc. Além disso, conforme previsto no § 2º do art. 2º da CLT, há necessidade de que uma das empresas esteja no controle ou administração[7] das demais. A consequência jurídica do reconhecimento do grupo econômico é a existência da **responsabilidade solidária** entre as empresas, ou seja, se uma delas não quitar os débitos trabalhistas, as demais são responsáveis integralmente pela dívida.

Documento para configurar o Grupo Econômico. Ressalta-se que a CLT não exige um documento ou prova específica para configuração do grupo econômico. Essa prova será feita levando em conta a análise do caso concreto, como sócios e administradores em comuns entre as empresas, utilização do mesmo imóvel, mesmo recursos humanos para contratação dos empregados etc.

Contrato único. Se o empregado for contratado por uma das empresas, mas seu trabalho estiver sendo aproveitado pelas demais, por exemplo, no período da manhã trabalha para empresa A, e, à tarde, presta serviços para a empresa B, do mesmo grupo, terá um único contrato de trabalho, ou seja, sua carteira de trabalho não será assinada pelas duas empregadoras, mas apenas uma delas. Assim sendo, mesmo prestando serviços para duas empresas, a jurisprudência do TST tem entendido tratar-se de empregador único, ou seja, o grupo é o empregador. Nesse mesmo sentido, se o empregado receber pagamento de outra empresa pertencente ao mesmo grupo, em razão de serviços executados durante a sua jornada de trabalho, o valor recebido deverá integrar a remuneração do trabalhador.

---

6 "No caso do grupo econômico, uma figura em zigue-zague, quase em formato das árvores genealógicas que aprendemos com as ciências biológicas (empregado-empregador em linha reta e empregador com as empresas-irmãs e com a empresa-mãe, se houver, dele se ramificando)." SILVA. Homero Batista Mateus da. *Curso de Direito do Trabalho aplicado*, vol. 1: *Parte Geral*. Rio de Janeiro: Elsevier, 2009. p. 142.

7 Note-se que a necessidade de controle de uma das empresas sobre as demais é muito discutida na doutrina e jurisprudência, pois atualmente é admitida apenas a cooperação entre as empresas do grupo. Há expressa previsão do grupo por coordenação em âmbito rural, art. 3º, § 2º, da Lei nº 5.889/1973. Para as provas objetivas, recomenda-se a memorização dos exatos termos da CLT.

13.1.1. Responsabilidade solidária e subsidiária

O candidato deve estar atento para não confundir responsabilidade solidária e responsabilidade subsidiária. Na primeira, todas as empresas são responsáveis integralmente pelo débito, podendo o trabalhador cobrar de apenas uma empresa ou de todas elas ao mesmo tempo; cabe ao empregado essa decisão. É a hipótese de configuração do grupo econômico, onde todas as empresas podem ser acionadas.

Por sua vez, na responsabilidade subsidiária, há uma ordem de preferência, isto é, aciona-se primeiro o devedor principal, somente se este não pagar, cobra-se dos demais, como ocorre na hipótese de inadimplemento das obrigações trabalhistas na terceirização, de acordo com a Súmula nº 331, IV, do TST. Nesse caso, somente após a cobrança do empregador (empresa prestadora), é possível cobrar do tomador dos serviços.

ATNEÇÃO!

A dica a seguir somente consta no edital para Analista Judiciário. Diante da correlação com os demais assuntos da disciplina, recomenda-se a leitura para a prova de Técnico Judiciário.

13.2. Sucessão de Empresas

O fundamento legal da sucessão trabalhista está previsto nos seguintes artigos da CLT:

> **Art. 10.** Qualquer alteração na estrutura jurídica da empresa não afetará os direitos adquiridos por seus empregados.
>
> **Art. 448.** A mudança na propriedade ou na estrutura jurídica da empresa não afetará os contratos de trabalho dos respectivos empregados.

Requisitos. Para que seja configurada a sucessão trabalhista, é necessária a presença de 2 requisitos:

a) **Transferência do estabelecimento**: há necessidade de transferência da parte produtiva (unidade econômico-jurídica), possibilitando que o sucessor (que adquiriu o estabelecimento) continue explorando a atividade econômica do sucedido. A transferência apenas de partes separadas da sucedida (venda de equipamentos isolados para diversos compradores, um carro para determinado comprador, equipamentos eletrônicos para outro etc.), sem que proporcione a continuidade da atividade, não configura a sucessão. A transferência da unidade produtiva ocorre com a cessão do ponto comercial e da clientela, equipamentos, marca, banco de dados etc. Essa transferência poderá ser realizada mediante venda, incorporação, arrendamento, cisão, fusão etc.

b) **Não ocorrência de paralisação da atividade:** após a sucessão, o sucessor deverá dar continuidade ao empreendimento, sem que fique paralisado por muito tempo[8].

8 De acordo com Délio Maranhão: "Para que exista a sucessão de empregadores, são os requisitos indispensáveis: a) que um estabelecimento, como unidade econômico-jurídica, passe de um para outro titular; b) que a prestação de serviço pelos empregadores não sofra solução de continuidade." SUSSEKIND, Arnaldo et al. Instituições de Direito do Trabalho, vol. I. 21. ed. São Paulo: LTr, 2004. p. 305.

Consequência da sucessão trabalhista. Preenchidos os requisitos anteriores, o sucessor responderá pelos débitos trabalhistas. O sucessor, portanto, assumirá o bônus (riquezas produzidas pela empresa sucedida) e o ônus (débitos trabalhistas) decorrentes da sucessão.

Grupo econômico e sucessão trabalhista. A formação do grupo econômico gera responsabilidade solidária entre as pessoas jurídicas que compõem o grupo. Desse modo, há discussão em torno da responsabilidade solidária entre o **sucessor** (novo empregador) que adquiriu apenas uma das empresas pertencentes ao grupo, e o **grupo econômico**, por débitos de empresas não adquiridas. O TST, recentemente, entendeu que não há responsabilidade solidária do novo empregador com o grupo econômico, exceto se comprovada má-fé ou fraude na sucessão (OJ nº 411 da SDI-I do TST).

Falência e sucessão trabalhista. A nova Lei de Falências[9] alterou profundamente o instituto da sucessão. Após a vigência dessa lei, a aquisição do estabelecimento em leilão ou hasta pública, seja no caso de recuperação judicial ou, ainda, na falência, não acarretará ônus ao comprador. Assim sendo, com fundamento na segurança jurídica para os compradores e na continuidade dos postos de trabalho, quando a transferência do empreendimento tiver origem na falência ou na recuperação judicial, não se configurará a sucessão trabalhista.

Entes de Direito Público. Não haverá sucessão trabalhista entre entes de direito público. Exemplo: no desmembramento de municípios, o novo município não assumirá os débitos trabalhistas decorrentes do desmembramento[10]. Dessa forma, o antigo município é o responsável pelos direitos trabalhistas dos empregados que lhe prestavam serviços antes do desmembramento.

Privatização. Cabe destacar que ocorrerá sucessão quando ocorrer a **privatização** de empresa pública da Administração Indireta. A privatização ocorre quando uma empresa pública é adquirida pelo setor privado. Esse fenômeno também é conhecido por desestatização. Exemplos: Vale do Rio Doce foi adquirida e se tornou a empresa Vale; o banco Banespa foi comprado pela Santander. Na hipótese de privatização, as antigas contratações sem o prévio concurso serão convalidadas, pois não se exige, na iniciativa privada, o requisito do concurso. Assim sendo, o servidor que antes estava trabalhando de forma irregular, por ausência do prévio concurso público, após a privatização, terá todos os direitos trabalhistas garantidos. Consequentemente, o novo adquirente (sucessor) assumirá todos os débitos trabalhistas do antigo proprietário (Estado). Deverá pagar os contratos de trabalho, inclusive dos empregados admitidos sem concurso público.

13.3. Poderes do Empregador

O poder do empregador está previsto no art. 2º da CLT, pois o empregador "dirige a prestação pessoal de serviços". Como ele assume exclusivamente os riscos da atividade econômica, há necessidade de organizar e controlar a prestação de serviços, mesmo que, para isso,

---

9 Lei nº 11.101/2005, ver artigo 60, parágrafo único, que trata da recuperação judicial, e art. 141, II, que prevê a venda do estabelecimento na falência livre de qualquer ônus ao comprador.

10 **Orientação Jurisprudencial nº 92 da SDI-I do TST:** "Em caso de criação de novo município, por desmembramento, cada uma das novas entidades responsabiliza-se pelos direitos trabalhistas do empregado no período em que figurarem como real empregador."

seja necessária a aplicação de penalidades aos trabalhadores. Se de um lado há presença do poder de direção, por parte do empregado há também a presença da subordinação.

Fiscalização do correio eletrônico. Há discussão sobre a possibilidade de fiscalizar o correio eletrônico (*e-mail*) do empregado. Prevalece o entendimento de que, se o *e-mail* é da empresa (corporativo), utilizado como ferramenta de trabalho, há possibilidade de fiscalização, pois é responsabilidade da própria empresa verificar o conteúdo dessas mensagens. O controle, entretanto, não pode recair sobre o correio eletrônico pessoal/particular do trabalhador, sob pena de configurar afronta à intimidade.

Revistas íntimas. Outra questão que poderá ser cobrada no concurso é a possibilidade de revistas íntimas e pessoais dos empregados. O(a) trabalhador(a) que lida com joias ou munição de armas poderá ser revistado? Há expressa previsão em lei vedando revistas íntimas nas mulheres, art. 373-A, VI, da CLT. Essa proibição à revista íntima tem sido estendida também aos empregados do sexo masculino, com fundamento no princípio da igualdade. Recentemente (abril/2016), foi promulgada a Lei nº 13.271/2016, que estabelece a proibição de revistas íntimas de funcionários e clientes do sexo feminino por empresas privadas e órgãos e entidades da Administração Pública:

> **Art. 1º** As empresas privadas, os órgãos e entidades da Administração Pública, Direta e Indireta, ficam proibidos de adotar qualquer prática de revista íntima de suas funcionárias e de clientes do sexo feminino.
>
> **Art. 2º** Pelo não cumprimento do art. 1º, ficam os infratores sujeitos a:
>
> I – multa de R$ 20.000,00 (vinte mil reais) ao empregador, revertidos aos órgãos de proteção dos direitos da mulher;
>
> II – multa em dobro do valor estipulado no inciso I, em caso de reincidência, independentemente da indenização por danos morais e materiais e sanções de ordem penal.

Revistas pessoais. Quando realizadas com razoabilidade, sem que envolvam nudez, têm sido admitidas, desde que a atividade exercida justifique esse controle. O TST tem aceito essas revistas pessoais, de bolsas, mochilas e sacolas, desde que não submeta o trabalhador a situação constrangedora. Aliás, a revista generalizada e impessoal desses pertences do empregado pode, segundo a jurisprudência do TST, ser realizada por pessoa do sexo oposto, por exemplo, segurança do sexo masculino fiscaliza a bolsa da empregada (sem que haja contato físico com a trabalhadora).

Segue quadro para facilitar a memorização sobre o tema: empregador.

EMPREGADOR	
Princípio da alteridade:	empregador assume exclusivamente os riscos da atividade econômica. Não divide os prejuízos com os empregados.
Empregador por equiparação	também são empregadores os profissionais liberais e outras instituições sem fins lucrativos.
Grupo econômico:	a) duas ou mais empresas estiverem sobre o comando único;
	b) consequência: responsabilidade solidária entre as empresas do grupo.

<table>
<tr><th colspan="2">EMPREGADOR</th></tr>
<tr><td rowspan="3">Sucessão trabalhista (arts. 10 e 448 da CLT):</td><td>a) transferência do estabelecimento;</td></tr>
<tr><td>b) não ocorrência de paralisação das atividades;</td></tr>
<tr><td>c) consequência: sucessor assume os débitos trabalhistas.</td></tr>
<tr><td rowspan="3">Poderes do empregador:</td><td>a) poder de organização:
– poder regulamentar.</td></tr>
<tr><td>b) poder de controle;</td></tr>
<tr><td>c) poder disciplinar:
– advertência verbal ou escrita;
– suspensão de até 30 dias;
– dispensa por justa causa, art. 482 da CLT.</td></tr>
</table>

ATENÇÃO!

A dica a seguir somente consta no edital para Analista Judiciário. Diante da correlação com os demais assuntos da disciplina, recomenda-se a leitura para a prova de Técnico Judiciário.

14. RELAÇÕES DE TRABALHO *LATO SENSU*

Trabalhador autônomo: O trabalhador autônomo é o prestador de serviços que atua como patrão de si mesmo[11], ou seja, é a pessoa física que presta serviços por conta própria, assumindo os riscos do empreendimento. Exemplos de trabalhadores autônomos: médico, pedreiro, taxista, veterinário, diarista etc.

Em geral, esse trabalhador é o dono das ferramentas e demais equipamentos indispensáveis para a realização das suas atividades, possui ampla liberdade para escolher o horário de trabalho e fixar o preço de seus serviços. Verifica-se, assim, que falta ao trabalhador autônomo o requisito da subordinação para que se configure a relação empregatícia.

Trabalhador eventual: O trabalhador eventual é aquele que presta serviços ocasionais, esporádicos. Ademais, outro critério para identificar o trabalhador eventual é que ele atue em atividades não permanentes da empresa. Exemplo: faculdade de direito contrata programador de sistemas por três dias, para atualização dos computadores. Veja que esse trabalho não é uma atividade permanente da faculdade, e, ainda, não há repetição das atividades desse profissional.

Verifica-se, no trabalho eventual, a ausência de expectativa de retorno ao local de trabalho, portanto falta o requisito da não eventualidade para configurar o vínculo empregatício.

Trabalhador avulso: A característica principal do trabalho avulso é a presença da intermediação de mão de obra, ou seja, o trabalhador avulso é colocado no local de trabalho com a intermediação do sindicato da categoria ou por meio do Órgão Gestor de Mão de Obra – Ogmo.

11 BARROS, Alice Monteiro. *Curso de Direito do Trabalho*. 2. ed. São Paulo: Ltr, 2006. p. 204.

Embora esse trabalhador não seja empregado, nem do sindicato, nem do Ogmo, uma vez que exerce a atividade a diversos operadores portuários (ausência do requisito de pessoalidade), o art. 7º, XXXIV, da CF/88 estendeu a ele todos os direitos previstos aos empregados. Diante disso, o trabalhador avulso terá direito a férias, décimo terceiro salário, depósitos do FGTS etc.

ATENÇÃO!

A dica a seguir somente consta no edital para Analista Judiciário. Diante da correlação com os demais assuntos da disciplina, recomenda-se a leitura para a prova de Técnico Judiciário.

15. TERCEIRIZAÇÃO

- **Pessoas envolvidas na terceirização.** Na terceirização, há 3 pessoas envolvidas na relação jurídica: trabalhador, empresa prestadora (ou intermediadora) de serviços e empresa tomadora de serviços. Verifica-se, assim, que a relação é triangular. O vínculo empregatício ocorre entre trabalhador e empresa prestadora de serviços, embora o trabalhador preste serviços em outro local, na empresa tomadora. Veja ilustração a seguir:

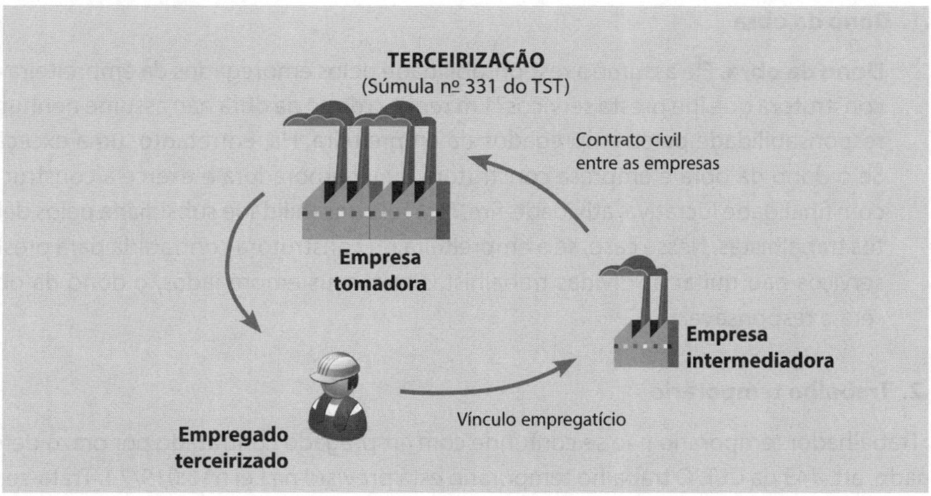

- **Requisitos para terceirização lícita.** Não há, na legislação brasileira, regra específica que regulamente a terceirização; os parâmetros para essa atividade se encontram na Súmula nº 331 do TST. Assim sendo, o empregador que deseje terceirizar serviços em sua empresa deverá observar os seguintes requisitos:
  - **a) Atividade-meio ou atividades secundárias da empresa.** Os serviços prestados pelos terceirizados devem ser ligados às atividades periféricas, secundárias, ou atividade-meio da empresa, como serviços de limpeza e vigilância.
  - **b) Ausência de pessoalidade e subordinação.** Entre trabalhador e empresa tomadora não haverá pessoalidade, ou seja, o trabalhador terceirizado não é contratado pela tomadora, esta contrata os **serviços** e não a pessoa. Ademais,

como o trabalhador é empregado da empresa intermediadora, é ela que possui poder de direção sobre os serviços. Logo, o empregado está subordinado à empresa intermediadora e não à tomadora. Se a empresa que contratou os serviços (tomadora) estiver insatisfeita com o trabalho prestado, deverá se reportar à empresa intermediadora e não ao trabalhador.

- **Responsabilidade da tomadora.** A empresa tomadora de serviços, como já visto, não é a empregadora, mas o trabalho realizado pelos terceirizados a beneficia diretamente. Logo, se a empresa prestadora de serviços não pagar aos trabalhadores, restará à tomadora os pagamentos dos encargos trabalhistas. Essa responsabilidade é chamada de subsidiária e ocorrerá apenas na hipótese de a empregadora não honrar com o pagamento dos direitos trabalhistas de seus empregados.
- **Terceirização na Administração Pública.** Se a empresa intermediadora não pagar os trabalhadores terceirizados, a Administração contratante não responde, em regra, pelo pagamento dos encargos trabalhistas, ou seja, a Administração não será a responsável subsidiária. Somente será responsável se comprovada culpa, isto é, se a Administração não fiscalizar o contrato de prestação de serviços.

15.1. Dono da obra

- **Dono da obra.** Ele assume a responsabilidade pelos empregados da empreiteira ou construtora que lhe presta serviços? Em regra, o dono da obra não assume nenhuma responsabilidade pelos empregados da empreiteira. Há, entretanto, uma exceção. Se o dono da obra é empresa construtora ou incorporadora e exerce a construção com finalidade lucrativa, atividade-fim, terá responsabilidade subsidiária pelos débitos trabalhistas. Nesse caso, se a empreiteira ou construtora contratada para prestar serviços não quitar as dívidas trabalhistas com seus empregados, o dono da obra será o responsável.

15.2. Trabalho temporário

Trabalhador temporário não se confunde com empregado contratado por prazo determinado, art. 443 da CLT. O trabalho temporário está previsto na Lei nº 6.019/74. Trata-se de modalidade de terceirização expressamente prevista em lei.

15.2.1. Características do trabalho temporário

a) **Contrato de trabalho escrito.** O contrato de trabalho entre empregado e empregador será necessariamente escrito, ou seja, solene. Ressalta-se que o vínculo empregatício ocorre entre trabalhador temporário e empresa de trabalho temporário. Ademais, o contrato civil entre empresa prestadora de mão de obra e empresa tomadora de serviços também deverá ser escrito e descrever os motivos da contratação.

b) **Contratação nas hipóteses expressamente previstas em lei.** A Lei nº 6.019/74 prevê apenas duas hipóteses para a contratação de trabalhador temporário; são elas:

b.1) Necessidade transitória de substituição de seu pessoal regular e permanente. Ocorre a contratação de trabalhadores temporários para substituir empregados permanentes da empresa tomadora de serviços.

b.2) Acréscimo extraordinário de serviços. Nesse caso, a empresa tomadora de serviços contratará trabalhadores temporários para situações excepcionais, como nos períodos festivos, em que há maior volume de trabalho.

c) Prazo de 3 meses. Como se trata de trabalho temporário, esse contrato é firmado por prazo certo de, no máximo, 3 meses. Deve-se ressaltar, entretanto, que há possibilidade de prorrogação dependendo da hipótese de contratação do temporário:

c.1) Por até 9 meses no caso de Substituição transitória de pessoal regular e permanente, desde que expressamente autorizada pelo Ministério do Trabalho e Emprego;

c.2) Por até 6 meses no caso de acréscimo extraordinário de serviços desde que se mantenha o motivo que justificou a contratação do temporário.

15.2.2. Diferenças existentes entre terceirização e trabalho temporário

Terceirização	Trabalho temporário
– não há prazo determinado para a realização dos serviços	– prazo do trabalho temporário: 3 meses Obs.: Possibilidade de prorrogação – Portaria MTE nº 789/2014
– trabalhador terceirizado presta serviços na atividade-meio da empresa tomadora	– trabalhador temporário presta serviços na atividade-fim ou na atividade-meio da empresa tomadora – a contratação somente poderá ocorrer nas 2 hipóteses expressamente previstas em lei
– não há legislação específica que regulamente a terceirização	– possui legislação específica, Lei nº 6.019/ 74
– terceirizados, em regra, não têm direito ao mesmo salário e jornada dos empregados da tomadora – se constatada identidade de funções, caberá equiparação salarial, OJ 383	– temporários têm direito à remuneração equivalente

16. DURAÇÃO DO TRABALHO E JORNADA DE TRABALHO

- **Limitação da jornada na CF/88.** A limitação da jornada de trabalho é uma das maiores vitórias conquistadas pelos empregados. Atualmente, a duração máxima é limitada a 8 horas diárias e 44 horas semanais, tanto aos homens quanto às mulheres.
- **Tempo de deslocamento (portaria – Local do trabalho).** Recentemente, o TST, embora não haja previsão em lei, trouxe uma inovação importante ao prever que deslocamento do trabalhador entre a portaria da empresa e o local de trabalho pode ser considerado tempo à disposição do empregador caso supere o limite de 10 minutos diários (Súmula nº 429 do TST). A interpretação dada pelo TST tem como fundamento o princípio da razoabilidade.

- **Prontidão.** O empregado permanece nas dependências da empresa aguardando ordens. Nesse caso, o trabalhador não prestará serviços, mas receberá 2/3 do horário normal em razão do tempo à disposição. Poderá permanecer em prontidão por, no máximo, 12 horas.

- **Sobreaviso.** Consiste na possibilidade de o empregado permanecer em sua residência ou outro local combinado aguardando ordens da empresa. Nesse caso, receberá apenas 1/3 da hora normal e poderá ficar nesse regime por, no máximo, 24 horas. A utilização de aparelhos eletrônicos (telefone celular, *pager*, *bip* etc.), por si só, não configura as horas de sobreaviso. Entretanto, configura horas de sobreaviso se a utilização dos instrumentos informatizados, como celular, *pager* etc.: a) mantiverem o empregado sob o controle do empregador; b) deixarem o trabalhador conectado e ligado à empresa, como responder *e-mails* durante a noite etc.; e c) submeterem o empregado a regime de plantão, podendo ser acionado a qualquer momento.

- **Empregados que exercem atividade externa incompatível com a fixação de horário de trabalho.** Para esses trabalhadores que exercem atividades externas não há limite de 8 horas, logo não terão direito às horas extras, adicional noturno e intervalos. Essa exclusão existe diante da impossibilidade de fiscalização da jornada.

- **Gerentes que exercem cargos de gestão e recebem gratificação de função não inferior a 40% do respectivo salário efetivo.** Há necessidade de o gerente exercer poderes de gestão, ou seja, contratar e dispensar empregados, dar ordens, controlar estoque de mercadorias etc. Em resumo, ter poderes de gestão significa representar a figura do empregador. Ademais, a lei equipara ao gerente, para exclusão da limitação de jornada, os diretores e chefes de departamento e/ou filial. Cabe ressaltar que a fiscalização do horário é incompatível com o cargo de gerente. Assim sendo, esses empregados devem ter ampla liberdade nos horários de chegada, saída etc. Para os gerentes que exercem poderes de gestão não há limite de 8 horas, logo não terão direito às horas extras, adicional noturno e intervalos.

- **Motoristas profissionais.** Os motoristas eram citados como exemplos de empregados sem direito à jornada de trabalho, em razão da prestação de serviços externos, art. 62 da CLT. Recentemente (março/2015), foi promulgada a nova Lei dos Motoristas Profissionais – Lei nº 13.103/2015 –, que alterou a regulamentação da profissão, especialmente no tocante à jornada de trabalho. De acordo com a nova redação da CLT, a jornada do **motorista profissional** será de 8 horas diárias, sendo permitida a prorrogação por até 2 horas extras. Se for celebrado acordo ou convenção coletiva, é possível a realização de até 4 horas extras diárias. Tendo em vista o estabelecimento de jornada de trabalho para esses profissionais, verifica-se que o art. 62, inciso I, CLT tornou-se incompatível com o art. 235-C, *caput*, CLT. Segue quadro resumindo as principais diferenças na disciplina jurídica dos motoristas profissionais em relação aos demais empregados:

	MOTORISTA PROFISSIONAL (arts. 235-A a 235-G da CLT)	Demais empregados (CLT)
Jornada de trabalho	– 8 horas diárias com possibilidade de prorrogação em (art. 235-C, *caput*): a) 2 horas extras; ou b) 4 horas extras, desde que celebrado acordo ou convenção coletiva de trabalho.	– 8 horas diárias e 44 horas semanais (art. 7º, XIII, CF/88), sendo possível a prorrogação em, no máximo, 2 horas diárias (art. 59, *caput*).
Flexibilização do tempo à disposição do empregador	– **Tempo de espera** (art. 235-C, § 9º, CLT): carga ou descarga do veículo, bem como fiscalização da mercadoria transportada. Indenização do período na proporção de 30% do salário-hora normal. Não computado na jornada de trabalho.	– **Sobreaviso:** aguardando ordens do em casa ou em outro local combinado. Recebimento de 1/3 da hora normal. Duração máxima de 24 horas. – **Prontidão:** aguardando ordens na empresa. Recebimento de 2/3 da hora normal. Duração máxima de 12 horas.
Jornada 12 x 36	– Previsão expressa dessa modalidade com o requisito de que seja instituído mediante acordo ou convenção coletiva (art. 235-F, CLT).	– Admitido pelo TST apenas excepcionalmente, como nas atividades de vigilância e na área hospitalar. – Necessária previsão em lei ou em instrumento coletivo (Súmula nº 444 do TST). **Obs.: Doméstico**: possibilidade de instituição mediante acordo escrito entre as partes.
Redução e fracionamento do Intervalo intrajornada	– Redução e fracionamento do intervalo intrajornada de 1 hora dos motoristas do setor de transporte coletivo de passageiros, desde que o intervalo seja concedido entre o término da primeira hora trabalhada e o início da última hora de trabalho (art. 71, § 5º, CLT).	– Intervalo somente pode ser reduzido por autorização do Ministério do Trabalho até o limite de 30 minutos, desde que observadas as exigências de refeitórios (art. 71, § 3º, CLT). – **Obs.: Empregados domésticos**: possibilidade de redução do intervalo de 1 hora para 30 minutos por acordo escrito entre as partes (art. 13, *caput*, LC nº 150/2015). Se o empregado doméstico residir no local de trabalho, é possível o fracionamento do intervalo em 2 períodos, desde que cada um deles tenha, no mínimo, 1 hora até o limite de 4 horas diárias (art. 13, § 1º, LC nº 150/2015).
Intervalo interjornada	– Intervalo interjornada de 11 horas, sendo possível seu fracionamento desde que garantidos o mínimo de 8 horas ininterruptas no primeiro período do fracionamento e o gozo do restante dentro das 16 horas seguintes ao final do primeiro período (art. 235-C, § 3º, CLT).	– Intervalo interjornada de 11 horas consecutivas, sendo vedados o fracionamento e a redução (art. 66 da CLT).
DSR	– Repouso semanal remunerado de 24 horas (art. 235-D, § 1º, CLT). – Possibilidade de fracionamento do DSR em 2 períodos, sendo um deles de, no mínimo, 30 horas ininterruptas cumulado com o intervalo interjornada diário. Além disso, é necessário que os 2 períodos sejam cumpridos na mesma semana (art. 235-D, § 1º, CLT).	– Repouso semanal remunerado de 24 horas concedido preferencialmente aos domingos (art. 7º, XV, CF/88). – Impossibilidade de redução ou fracionamento do DSR. – Pagamento em dobro se não concedido DSR ou se concedido após o 7º dia (Súmula nº 146 do TST e OJ nº 410 da SDI-I do TST).

- **Regime por tempo parcial.** Como forma de incentivar o aumento dos postos de trabalho, a CLT foi alterada, admitindo o regime em tempo parcial, com duração máxima de 25 horas semanais. Nesse regime de trabalho, o empregado não poderá prestar horas extraordinárias, pois irá contra o espírito da lei, que é aumentar o número de contratações. Além disso, a remuneração dos empregados submetidos a essa jornada reduzida será proporcional à remuneração recebida pelos empregados que cumprem, nas mesmas funções, tempo integral.
- **Abono pecuniário de férias.** Importante frisar, ainda, que o empregado submetido ao regime por tempo parcial não terá direito ao abono pecuniário de férias ("vender as férias"), ou seja, não poderá converter até 1/3 dos dias de férias em dinheiro.
- **Alteração para o regime por tempo parcial.** Por fim, para os atuais empregados, já contratados, a adesão ao regime por tempo parcial deverá ocorrer mediante seu consentimento, e, ainda, ser submetida à negociação coletiva (acordo ou convenção coletiva), porque há possibilidade de acarretar redução salarial. De acordo com o § 2º do art. 58-A da CLT: "Para os atuais empregados, a adoção do regime de tempo parcial será feita mediante opção manifestada perante a empresa, na forma prevista em instrumento decorrente de negociação coletiva."
- **Turnos ininterruptos de revezamento.** Ocorre quando há **alternância de horários** dos empregados. Exemplo: trabalhador presta serviços no horário **diurno** durante os primeiros 15 dias do mês de abril. Nos outros 15 dias, é transferido para o período **noturno**. Veja que não há obrigatoriedade de esse empregado laborar em todos os períodos disponíveis na empresa; a mera alternância – noturno e diurno – já caracteriza o turno ininterrupto.
- **Jornada reduzida.** Os empregados submetidos ao turno ininterrupto de revezamento têm desgaste biológico maior. Ademais, o convívio social e familiar fica diretamente prejudicado, em razão dessa alternância no horário.
- **Para a semana antes da prova** (importante memorizar essa parte geral de duração do trabalho, porque há grande chance de ser cobrada no seu concurso):

DURAÇÃO DO TRABALHO	
Limitação da jornada prevista na CF/88	– 8 horas diárias. – 44 horas semanais.
Controle da jornada	a) Obrigatório nas empresas com mais de 10 empregados. **Obs.:** Doméstico: controle obrigatório independentemente do número de empregados. b) Presunção relativa de veracidade nas declarações do empregado: – empresas não apresentam os controles de frequência; – horários de entrada e saída uniformes.
Prontidão	– Empregado permanece nas dependências da empresa. – Receberá 2/3 do horário normal. – Máximo de 12 horas.

DURAÇÃO DO TRABALHO	
Sobreaviso	– Permanece em sua residência, aguardando ordens. – Receberá 1/3 do horário normal. – Máximo de 24 horas.
Não possuem limitação ou jornada (art. 62 da CLT)	– Atividade externa e incompatível com a fiscalização: • Gerentes com poderes de gestão e gratificação 40%.
Regime tempo parcial	– Duração máxima de 25 horas semanais. – Vedação às horas extras e ao abono pecuniário de férias. – Atuais empregados – negociação coletiva.
Turnos ininterruptos de revezamento (alternância de horários)	– Jornada reduzida de 6 horas, exceto negociação coletiva (8 horas). – A mera alternância entre o período diurno e noturno gera a jornada reduzida de 6 horas (OJ 360). – Jornada reduzida de 6 horas é compatível com hora noturna reduzida de 52:30 (OJ 395).

16.1. Horas *In Itinere*

- **Trajeto de casa para o trabalho.** O tempo despendido entre casa e trabalho é considerado jornada de trabalho? Resposta: em regra, **não**. Veja a seguir a exceção, ou seja, a hipótese em que o trajeto será considerado hora trabalhada:
  - O tempo gasto pelo empregador de sua residência ao local de trabalho, e vice-versa, apenas é devido como tempo de prestação de serviço se: (**1**) o local for de difícil acesso ou não servido por transporte público; e (**2**) o empregador fornecer a condução (art. 58, § 2º, CLT).
- **Horas *in itinere*.** Uma vez configurado que as horas *in itinere* são computáveis na jornada de trabalho, o tempo que extrapola a jornada legal é considerado extraordinário e sobre ele deve incidir o adicional respectivo (Súmula nº 90 do TST).
- **Transporte público.** Para que seja considerada hora *in itinere*, o local deve ser de difícil acesso, ou seja, não atendido por transporte público regular. Sobre esse ponto, há 3 dicas importantes:
  a) A mera **insuficiência** de transporte público não enseja o pagamento de horas *in itinere* (Súmula nº 90, item III, TST);
  b) A **incompatibilidade** entre os horários de início e término da jornada do empregado e os do transporte público regular é circunstância que também gera o direito às horas *in itinere* (Súmula nº 90, II, TST);
  c) Se houver transporte público regular em **parte** do trajeto percorrido em condução da empresa, as horas *in itinere* remuneradas limitam-se ao trecho não alcançado pelo transporte público (Súmula nº 90, IV, TST).
- **Tempo médio das horas *in itinere*.** Recentemente, a CLT foi alterada para permitir que as microempresas e empresas de pequeno porte possam fixar, via acordo ou convenção coletiva, o tempo médio das horas *in itinere*, bem como a forma e a

natureza da remuneração (art. 58, § 3º, da CLT). Segue quadro que sistematiza as discussões quanto ao assunto:

TEMPO MÉDIO E NATUREZA DAS HORAS *IN ITINERE*
A) Fixação de tempo médio das horas *in itinere*
• **Previsão na CLT:** microempresas e empresas de pequeno porte (art. 58, § 3º, da CLT):
– Possibilidade de estabelecimento do tempo médio das horas *in itinere* desde que haja negociação coletiva.
• **Jurisprudência majoritária do TST:**
– Possibilidade de estabelecimento do tempo médio para todas as empresas.
– Tempo médio deve ser próximo ao efetivamente gasto pelo deslocamento (razoabilidade) – Inf. nº 10 do TST.
– Impossibilidade de quitação retroativa das horas *in itinere* por meio de negociação coletiva – Inf. 8 do TST.
B) Forma e natureza da remuneração:
• **Previsão na CLT:** permite que a norma coletiva fixe a forma e a natureza da remuneração das horas *in itinere*. Possibilidade, em tese, de fixação de parcela de natureza indenizatória (art. 58, § 3º, CLT).
• **Posicionamento majoritário do TST:** não se admite:
– Supressão da parcela referente às horas *in itinere*;
– Fixação desproporcional dos valores;
– Retirada do caráter salarial, do direito aos respectivos reflexos ou do adicional de horas extras.

16.2. Trabalho noturno

- Considera-se noturno o trabalho executado entre as 22 horas de um dia e as 5 horas do dia seguinte. Durante esse período, o empregado receberá adicional de, no mínimo, 20% sobre a hora diurna. Esse adicional possui natureza salarial, portanto reflete nas demais verbas trabalhistas.
- A hora noturna para o trabalhador urbano é reduzida, ou seja, uma hora noturna será computada como de 52 minutos e 30 segundos. Os empregados rurais e os petroleiros não têm direito à hora reduzida. No tocante ao rural, a jornada noturna inicia-se às 20h e termina às 4h na pecuária. Na lavoura, será das 21h até as 5h. Adicional noturno é de, no mínimo, 25% superior à hora diurna.
- ***Horários mistos:*** Ocorrerá o horário misto quando o empregado prestar serviços no período diurno e noturno. Exemplo: inicia o trabalho às 20 horas e vai até às 4 horas. Veja que nesse caso, o período entre 20 h e 22 h será pago como hora diurna. Ao ultrapassar as 22 horas, incide o adicional noturno e a redução da hora para 52 minutos e 30 segundos.
- **Prorrogação do horário noturno:** A prorrogação, por sua vez, ocorre quando houver a continuidade da prestação de serviços além do limite previsto em lei, ou seja, 5 horas da manhã. Nesse caso, o empregado continuará recebendo o adicional noturno e terá direito à hora reduzida.

16.3. Trabalho extraordinário

- O trabalho que ultrapassar a jornada normal será remunerado com adicional de, no mínimo, 50% sobre a hora normal.

- Cabe frisar que as variações no registro de ponto não excedentes a cinco minutos, observado o limite máximo de dez minutos, não serão descontadas, nem consideradas como jornada extraordinária (art. 58, § 1º, da CLT).
- **Acordo de prorrogação:** Nesse caso, para que a prestação de horas extraordinárias seja lícita, há necessidade de dois requisitos (art. 59, § 1º, da CLT):

1) **acordo escrito entre empregado e empregador**. Poderá ser autorizado via negociação coletiva (acordo ou convenção).
2) **prorrogação máxima de duas horas diárias.**Se houver prestação de horas suplementares sem a observância do acordo escrito, ou ainda, além das duas horas diárias, a empresa será autuada pela fiscalização.

16.4. Compensação

- **Compensação.** Nesse regime o empregado trabalhará além da jornada normal em alguns dias, para descansar em outros (art. 59, § 2º, da CLT). Para que a compensação seja lícita, é necessário cumprimento dos seguintes requisitos:

1) Acordo escrito. Conforme previsto na Constituição Federal, é permitida a compensação mediante "acordo ou convenção coletiva". Tem sido admitido, além da negociação coletiva, o acordo individual escrito, firmado diretamente entre empregado e empregador.

2) Observância do limite máximo de 10 horas diárias. A prestação de trabalho extraordinário acima do limite permitido desconfigura o sistema de compensação. Nesse caso, as horas extraordinárias compensadas, com descanso, serão pagas apenas acrescidas do adicional de 50%. Por outro lado, as horas que ultrapassarem a jornada semanal serão pagas como horas extras (paga-se a hora normal acrescida do adicional de 50%).

3) Compensação das horas trabalhadas no período de uma semana ou, no máximo, um mês. Se trabalhadas além do horário normal, deverão ser compensadas, com descanso, dentro do prazo de uma semana ou, no máximo, um mês. Dessa forma, a redistribuição de horas deverá respeitar o limite máximo de 44 horas semanais ou 220 horas mensais. Se não houver a compensação, ou, ainda, ocorrer o término do contrato de trabalho antes da folga compensatória, caberá ao empregador remunerá-las como hora extraordinária (pagamento da hora normal acrescida do adicional de 50%).

- **Diferença de banco de horas e compensação.** Na **compensação**, o descanso deve ocorrer na mesma semana, respeitando o módulo semanal de 44 horas. Nesse caso, a formalização poderia ocorrer individualmente, entre empregado e empregador, incidindo a Súmula nº 85 do TST. No tocante ao **banco de horas** (ou também chamado de compensação anual), a folga compensatória será concedida até um ano a contar da prestação de serviços. Aliás, por se tratar de situação mais gravosa ao trabalhador, haveria a necessidade, no banco de horas, de formalização via **negociação coletiva**, portanto com a participação obrigatória do sindicato dos trabalhadores.

- **Compensação de jornada em atividades insalubres.** Havia discussão quanto à aplicação do art. 60 da CLT que prevê requisito específico para autorizar a prestação de serviços extraordinários em atividades insalubres. De acordo com a CLT, deve-se obter a **prévia permissão da autoridade competente** em matéria de segurança e higiene do trabalho, no caso, o Ministério do Trabalho e Previdência Social. Aliás, prevê o art. 60 da CLT que "quaisquer prorrogações" nessas atividades insalubres somente poderão ser acordadas mediante prévia permissão. Com a edição do item VI da Súmula nº 85, o TST, felizmente, estabeleceu que é indispensável a realização da inspeção prévia e da autorização da autoridade competente para que seja válido o acordo de compensação de jornada em atividade insalubre. Além disso, mesmo mediante norma coletiva, não é possível afastar a exigência do art. 60 da CLT.
- **Compensação para menores de 18 anos.** Ainda sobre esse tópico, cabe destacar que o empregado **menor de 18 anos** poderá prestar serviços além das 8 horas para fins de compensação de jornada. Nesse caso, também é exigida norma coletiva para que o ajuste seja válido.
- **Semana espanhola.** O TST admite a chamada **semana espanhola**, em que há alternância de 40 h de trabalho numa semana e 48 h na semana seguinte. Esse sistema de compensação é utilizado para que o empregado não trabalhe aos sábados.
- **Jornada 12 x 36.** Recentemente o TST reconheceu a possibilidade da **jornada 12 x 36**. Nesse sistema de compensação, o empregado trabalha além das 8 horas permitidas, ficando 12 horas prestando serviços (o intervalo intrajornada de, no mínimo, 1 hora deve ser concedido). Por outro lado, goza de um descanso bastante prolongado de 36 horas consecutivas. Em razão disso, não há pagamento de horas extras. Esse regime 12 x 36 é admitido apenas excepcionalmente, como nas atividades de vigilância e na área hospitalar. Aliás, para que seja válido é necessário que tenha previsão em lei ou em instrumento coletivo (convenção ou acordo coletivo). Como o descanso é prolongado de 36 horas, o DSR – Descanso Semanal Remunerado já está incluído nessas 36 horas. Entretanto, os feriados devem ser respeitados. Se coincidir o trabalho com o feriado, o empregador deverá conceder folga compensatória em outro dia ou pagá-lo em dobro (Súmula nº 444 do TST).
- **Para a semana antes da prova**, segue quadro para memorização:

COMPENSAÇÃO DE JORNADA (RESUMO)
1. Compensação prevista na Súmula nº 85 do TST
• ***Conceito***: o empregado trabalhará além da jornada normal (8h) em alguns dias, para descansar em outros. Não há, portanto, o pagamento do adicional de, no mínimo, 50% sobre o valor da hora normal.
• ***Prestação de horas extras habituais*** (que ultrapassem as 44 horas semanais ou 220 mensais) descaracteriza o acordo de compensação.
• ***Requisitos para a validade do acordo de compensação:***
a) Mediante acordo individual (Súmula nº 85, I, TST) ou negociação coletiva;
b) Máximo 10 horas diárias;
c) Compensação/folga na mesma semana ou, no máximo, em um mês (respeitando sempre os módulos de 44 horas semanais ou 220 mensais).

COMPENSAÇÃO DE JORNADA (RESUMO)
Obs.: Se ocorrer o **término do contrato antes da compensação**: ocorrerá o pagamento das horas extras não compensadas (hora + adicional de 50%).
2. Banco de horas (art. 59, § 2º, CLT, e Súmula nº 85, V, TST)
• ***Conceito***: trabalho além da jornada normal com possibilidade de descanso em período de até um ano a contar da prestação dos serviços. Não há, portanto, o pagamento do adicional de, no mínimo, 50% sobre o valor da hora normal.
• ***Requisitos para a validade do banco de horas:*** a) Somente mediante negociação coletiva; b) Máximo de 10 horas diárias; c) Compensação anual: a folga compensatória deve ser concedida em até 1 ano da prestação do serviço.
Obs.: Término do contrato antes de usufruir do descanso: pagamento das horas extras não compensadas (hora + adicional de 50%).
3. Compensação prevista para empregados domésticos – LC nº 150/2015:
• Primeiras 40 horas extras mensais: a) Pagamento do valor das horas com adicional de, no mínimo, 50% sobre a hora normal; ou b) Compensação com folga na mesma semana ou, no máximo, 1 mês (art. 19 da LC nº 150/2015 – aplicação subsidiária do art. 59, § 2º, da CLT).
• Demais horas extras realizadas (após as primeiras 40 horas): a) Possibilidade de compensação no período de 1 ano (banco de horas); b) Pode ser realizado por acordo individual entre empregado e empregador doméstico; c) Término do contrato antes da compensação: pagamento das horas extras não compensadas com adicional de 50% calculado sobre o valor da remuneração na data da rescisão do contrato.
4. Compensação para o adolescente (art. 413, I, CLT)
• Somente mediante negociação coletiva (não cabe acordo individual); • Deve respeitar o limite de 44 horas semanais; • Compensação não pode ser anual (banco de horas).
5. Semana espanhola (OJ nº 323 da SDI-I do TST)
• Conceito: Alternância de 40h de trabalho numa semana e 48h na semana seguinte. Esse sistema de compensação é utilizado para que o empregado não trabalhe aos sábados. Trata-se de uma construção jurisprudencial. – Para que seja válido, há necessidade de instrumento coletivo.
6. Jornada 12 x 36 (Súmula nº 444 do TST)
• ***Conceito:*** o empregado trabalha além das 8 horas permitidas. Serão 12 horas prestando serviços (o intervalo intrajornada de, no mínimo, 1 hora deve ser concedido). Por outro lado, goza de um descanso bastante prolongado de 36 horas consecutivas. Em razão disso, não há pagamento de horas extras após a 8º hora, e o DSR já está inserido nessa compensação de 36 horas. • Admitida apenas excepcionalmente (previsão em lei ou via negociação coletiva). • Se o trabalho coincidir com o ***feriado***, deverá ter remuneração em dobro.
– *Domésticos:* admite estabelecimento da jornada 12 x 36 por acordo individual.

16.5. Intervalos

- **Intervalo intrajornada.** O intervalo intrajornada ocorre durante a jornada de trabalho. É o período destinado ao descanso e refeição. Em regra, os períodos destinados aos intervalos não são computados na jornada de trabalho, isto é, não são remunerados pelo empregador.

Jornada normal (8 h diárias)	=	4 h de trabalho	+	no mín., 1 h; no máx., 2 h de intervalo (não é remunerado)	+	4 h de trabalho

A duração do intervalo está intimamente ligada à jornada de trabalho. Tempo destinado ao intervalo para descanso e refeição:

a) **Jornada de até 4 horas:** não há previsão em lei de intervalo intrajornada.

b) **Jornada que excede 4 horas, com limite de 6 horas:** intervalo de 15 minutos. Se o empregador exigir horas extras habituais, excedendo a jornada de 6 horas diárias, deverá conceder intervalo mínimo de 1 hora.

c) **Jornada que excede 6 horas:** mínimo de 1 hora e máximo de 2 horas. Existe previsão no art. 71 da CLT de intervalo superior a 2 horas, mas haverá necessidade de prévia negociação coletiva (acordo ou convenção coletiva).

d) **Intervalos não previstos em lei:** serão considerados tempo efetivo à disposição do empregador. Nesse caso, se a empresa conceder intervalo de 15 minutos no período da manhã, e mais 15 minutos no período da tarde, e extrapolar as 8 horas em que o trabalhador está à disposição do empregador, o tempo referente aos intervalos concedidos, 30 minutos, deverá ser remunerado como hora extraordinária, acrescido do pagamento de adicional de, no mínimo, 50% sobre a hora normal.

Redução do intervalo e as consequências da sua supressão ou redução

- **Redução vedada.** Em regra, é vedada a redução do intervalo para descanso e refeição, cabendo à empresa observar os limites mínimos citados anteriormente (15 minutos e 1 hora), porque são normas ligadas à saúde do trabalhador. Nem mesmo via negociação coletiva (convenção ou acordo coletivo) é possível reduzir os intervalos intrajornadas. Desse modo, será inválida a cláusula do acordo ou convenção coletiva que suprimir ou reduzir o intervalo para descanso e alimentação.

- **Exceções à redução**. Existem 3 exceções que permitem a redução do intervalo, sendo que duas delas estão previstas na CLT:

  a) **Motoristas do setor de transporte coletivo de passageiros:** recentemente foi publicada a Lei nº 13.103/2015, que passou a permitir o fracionamento e a redução do intervalo intrajornada desses trabalhadores:

  Art. 71, § 5º, CLT: O intervalo expresso no *caput* poderá ser **reduzido e/ou fracionado**, e aquele estabelecido no § 1º poderá ser **fracionado**, quando compreendidos entre o término da primeira hora trabalhada e o início da última hora trabalhada, desde que previsto em convenção ou acordo coletivo de trabalho, ante a natureza do serviço e em virtude das condições especiais de trabalho a que são submetidos estritamente os motoristas, cobradores, fiscalização de campo e afins nos serviços de operação de veículos rodoviários, empregados no setor de transporte coletivo de passageiros, mantida a remuneração e concedidos **intervalos para descanso menores ao final de cada viagem** (grifos acrescidos).

É válido ressaltar, entretanto, que a Lei nº 13.103/2015 alterou a CLT para prever não somente a hipótese de fracionamento dos intervalos intrajornadas de 1 hora ou de 15 minutos, como também sua **redução no caso do intervalo de 1 hora**. Contudo, o intervalo de 15 minutos para os motoristas de transporte coletivo não pode ser reduzido, mas somente fracionado.

b) Autorização do Ministério do Trabalho: o art. 71, § 3º, CLT estabelece a possibilidade de reduzir o intervalo de 1 hora (redução do intervalo de 15 minutos não é permitida) desde que observados 3 requisitos:

1) estabelecimento deve atender integralmente às exigências acerca de refeitórios;

2) empregados não estiverem prestando horas extraordinárias;

3) prévia autorização do Ministério do Trabalho e Emprego (Superintendência Regional do Trabalho).

c) Empregado doméstico. Além dessas hipóteses, a LC nº 150/2015 trouxe a possibilidade de redução e fracionamento do intervalo intrajornada dos empregados domésticos. De acordo com a nova regulamentação, o empregado doméstico cuja jornada diária é superior a 6 horas tem direito ao intervalo de, no mínimo, 1 hora e, no máximo, 2 horas. Contudo, existe previsão no art. 13 da LC nº 150/2015 de **redução do intervalo** para 30 minutos desde que haja acordo escrito entre empregado e empregador. Não é exigida, portanto, negociação coletiva para a redução no intervalo.

Além disso, se o empregado doméstico residir no local de trabalho, é possível o **fracionamento do intervalo** intrajornada em 2 períodos, desde que cada um deles tenha, no mínimo, 1 hora até o limite de 4 horas diárias.

– **Consequências da supressão ou redução do intervalo.** A supressão total ou parcial do intervalo, mesmo que via negociação coletiva, acarretará duas consequências ao empregador. A primeira delas, multa administrativa imposta pela fiscalização do trabalho. Na segunda consequência, o empregador ficará obrigado a pagar todo o período do intervalo (e não apenas o suprimido) com adicional de 50%.

Para a semana antes da prova, segue quadro de memorização:

<table>
<tr><th colspan="2">Intervalo intrajornada</th></tr>
<tr><td colspan="2">• Ocorre durante a jornada de trabalho</td></tr>
<tr><td colspan="2">• Intervalo não é inserido na jornada de trabalho (suspensão do contrato)</td></tr>
<tr><td rowspan="3">Duração do intervalo dependerá da jornada</td><td>a) jornada de até 6 horas: no mínimo 15 minutos;</td></tr>
<tr><td>b) jornada superior a 6 horas: no mínimo 1 hora, no máximo 2 horas.</td></tr>
<tr><td>• Intervalo não previsto em lei: tempo à disposição do empregador (Súmula nº 118 do TST)</td></tr>
</table>

Intervalo intrajornada	
	a) em regra, não é admitida, mesmo que haja negociação coletiva.
	• Intervalo não previsto em lei: tempo à disposição do empregador (Súmula nº 118 do TST);
Redução do intervalo intrajornada	• **Redução do intervalo intrajornada:** a) em regra, não é admitida, mesmo que haja negociação coletiva; b) Há apenas 3 exceções que possibilitam a redução do intervalo para almoço: **1) Motoristas do setor de transporte coletivo de passageiros**: art. 71, § 5º, CLT; **2) Autorização do Ministério do Trabalho:** art. 71, § 3º, CLT. – Necessário atender 3 requisitos: a. estabelecimento atenda às exigências dos refeitórios; b. empregador não exija horas extras; c. autorização do Ministério do Trabalho (Superintendência Regional do Trabalho). **3) Lei dos Domésticos (LC nº 150/2015):** Redução do intervalo de 1 hora para 30 minutos por acordo escrito entre as partes; a) se houver a redução ou supressão do intervalo, fora das exceções anteriores, ocorrerá duas consequências: **(1)** empregador deverá pagar todo o período correspondente como hora extra; **(2)** esse pagamento tem natureza salarial; b) sobre o tema redução do intervalo, o candidato deve estar muito atento ao texto da Súmula nº 437 do TST.
Intervalos intrajornada remunerados	a) mecanografia e digitação (10 minutos); b) frigoríficos (20 minutos); c) minas de subsolo (15 minutos); d) amamentação (2 intervalos de meia hora cada um deles).

16.6. Descanso semanal remunerado (DSR)

Descanso semanal remunerado (DSR) ou repouso semanal remunerado (RSR) está previsto no art. 7º, XV, da CF, sendo garantido aos empregados urbanos e rurais e aos trabalhadores avulsos. Esse período é de, no mínimo, 24 horas consecutivas, e será concedido pelo menos uma vez por semana, **preferencialmente** aos domingos.

Para ter direito à remuneração durante o descanso semanal, é necessário que o empregado preencha 2 requisitos:

a) **Frequência no trabalho,** na semana em que ocorrer o descanso. Assim sendo, faltas injustificadas possibilitam o desconto do dia em que houve a falta e do DSR. Faltas justificadas, como doação de sangue, comparecimento a audiência judicial, falecimento do cônjuge, não autorizam nenhum desconto.

b) **Pontualidade do empregado.** Atrasos injustificados durante a semana possibilitam o não pagamento do DSR.

Consequências do trabalho no DSR: O descanso semanal foi criado para evitar o cansaço excessivo, constituindo norma de proteção à saúde do trabalhador. Assim sendo, se houver trabalho no dia destinado ao repouso, há necessidade de folga compensatória em outro dia da semana. Se o empregado descansar em outro dia, não há pagamento de nenhuma indenização.

Na ausência da folga compensatória, o empregador estará obrigado a pagar remuneração em dobro, ou seja, além da remuneração normal, já contratada, deverá pagar a hora trabalhada mais adicional de 100%. Essa regra é aplicada ao trabalho no DSR e também nos **feriados**. Aliás, se o descanso for concedido após o sétimo dia consecutivo de trabalho, também haverá pagamento em dobro.

16.7. Férias

O descanso durante o período de férias tem como objetivo evitar o cansaço excessivo e preservar a saúde do trabalhador. Nesse período de descanso prolongado, não há prestação de serviços, mas há pagamento de salário e o período de afastamento é contado para todos os efeitos.

16.7.1. Direitos às férias e sua duração

- ***Período aquisitivo:*** Para que o empregado tenha direito às férias, é necessário que preste doze meses de serviços. Após esse período terá adquirido o direito de férias. Esse intervalo de doze meses para aquisição do direito de férias é chamado de período aquisitivo.
- ***Duração do período de férias:*** A duração das férias estará intimamente ligada ***às*** faltas injustificadas cometidas pelo empregado ao longo do período aquisitivo. Segue quadro de memorização acerca da duração das férias do empregado:

DURAÇÃO DE FÉRIAS

JORNADA NORMAL	
Duração das férias	Faltas injustificadas
30 dias	5 faltas
24 dias	de 6 a 14 faltas
18 dias	de 15 a 23 faltas
12 dias	de 24 a 32 faltas

REGIME POR TEMPO PARCIAL	
Duração das férias	Duração semanal do trabalho
18 dias	superior a 22h até 25h
16 dias	superior a 20h até 22h
14 dias	superior a 15h até 20h
12 dias	superior a 10h até 15h
10 dias	superior a 5h até 10h
8 dias	igual ou inferior a 5h

O empregado contratado sob o regime de tempo parcial que tiver mais de 7 faltas injustificadas ao longo do período aquisitivo terá o seu período de férias reduzido à metade.

Obs1: Para fins de duração das férias, serão considerados dias corridos, não suspendendo durante domingos e feriados.
Obs2. Se o empregado ficar doente durante as férias, não há suspensão do período, correndo normalmente.
Obs3. O adicional de ⅓ de férias é proporcional aos dias conquistados, ou seja, se o empregado tem apenas 12 dias férias, somente nesses 12 dias terá o adicional de ⅓.

16.7.2. Concessão e época das férias

Período concessivo: é o ato exclusivo de o empregador determinar quando o trabalhador terá direito a gozar de suas férias. Há, entretanto, exceção no tocante ao empregado estudante menor de idade que terá **direito** de fazer coincidir suas férias com as férias escolares. Já os membros da mesma família que trabalharem na mesma empresa terão direito de gozar as férias no mesmo período, desde que não resulte prejuízo para o serviço.

12 meses de trabalho

Período aquisitivo

12 meses seguintes

Período concessivo

- Empregado irá desfrutar das férias
- A época de concessão será a que melhor consulte os interesses do empregador

16.7.3. Remuneração das férias

Remuneração das férias: O empregado receberá, durante as férias, a remuneração devida na data de sua concessão, e não aquela que recebia quando da aquisição do direito. O pagamento das férias vem acompanhado do adicional de ⅓ previsto na Constituição Federal. Assim, se o empregado possui salário de R$ 900,00, no mês das férias receberá R$ 1.200,00 (R$900,00 de salário acrescidos ⅓ constitucional de R$ 300,00).

Se o empregado receber adicionais legais como hora extra, adicional noturno, adicional de insalubridade e periculosidade, eles irão refletir no valor das férias. Se, no momento das férias, o empregado já não estiver mais recebendo o adicional ou, ainda, se o adicional não for uniforme, será feita a média dos doze meses do período aquisitivo.

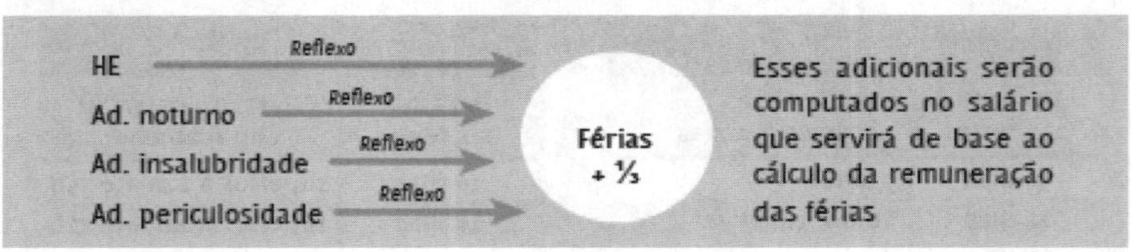

16.7.4. Abono pecuniário de férias

Abono pecuniário de férias: O empregado tem o direito de converter ⅓ de férias em abono pecuniário, no valor da remuneração que lhe seria devida nos dias correspondentes. Na prática, esse direito do empregado é chamado de "vender as férias". É importante frisar que o abono pecuniário não se confunde com o adicional de ⅓, previsto na Constituição.

O empregador não poderá se opor ao pagamento do abono pecuniário, desde que solicitado dentro do prazo de até **quinze dias** antes do término do período aquisitivo. O pagamento das férias, bem como do abono pecuniário, deverá ocorrer em até dois dias antes do início das férias. Para os empregados domésticos, a LC nº 150/2015 também previu a possibilidade de conversão de 1/3 das férias. No entanto, o pedido de conversão deve ser realizado até 30 dias antes do término do período aquisitivo.

Os empregados que trabalhem no regime de tempo parcial, duração do trabalho de no máximo vinte e cinco horas semanais, não têm direito ao abono de férias, pois o período de descanso desses trabalhadores é reduzido.

16.7.5. Férias coletivas

Férias coletivas: As férias coletivas poderão ser concedidas a todos os empregados da empresa ou apenas a setores da empresa, nos termos do art. 139 da CLT. Verifica-se que o empregador é quem decidirá sobre a concessão ou não das férias coletivas. Não há obrigatoriedade nessa forma de concessão.

O prazo para o pagamento, dois dias antes do início das férias, bem como a obrigatoriedade do adicional de um terço constitucional, segue a mesma sistemática das férias individuais.

A comunicação das férias também é realizada de forma diversa. Para férias coletivas, é necessário comunicação prévia, no **prazo de quinze dias**, ao Ministério do Trabalho e Emprego. Nessa comunicação, a empresa deverá informar as datas de início e fim das férias e quais estabelecimentos ou setores serão abrangidos pela medida. Nesse mesmo prazo de quinze dias, o empregador deverá comunicar o sindicato representativo da categoria profissional (sindicato dos trabalhadores) e afixar avisos nos locais de trabalho.

Os empregados admitidos a menos de doze meses gozarão férias *proporcionais* com os demais trabalhadores da empresa. Neste caso, o empregado terá direito ao pagamento do salário acrescido do adicional constitucional de um terço, apenas nos dias em que já conquistou o direito às férias. Nos demais, o empregador pagará salário normal, tornando-se licença remunerada ao trabalhador.

FÉRIAS

Memorização dos prazos

- Comunicação das férias: antecedência de 30 dias
- Prazo para pagamento das férias: 2 dias antes do seu início
- Prazo para pagamento do abono de férias: 2 dias antes do início
- Prazo para requerer o abono pecuniário: 15 dias antes de terminado o período aquisitivo
- Férias coletivas – comunicação prévia: 15 dias
- Fracionamento das férias:
  a) Individuais: um dos períodos não poderá ser inferior a 10 dias
  b) Coletivas: nenhum dos períodos poderá ser inferior a 10 dias

17. CONTRATO INDIVIDUAL DE TRABALHO

17.1. Relação de trabalho x Relação de emprego

- ***Relação de trabalho:*** O termo relação de trabalho é utilizado como gênero e trata da relação de trabalho de forma ampla. Todo trabalho humano (pessoa física) prestado ao tomador de serviços (pessoa física ou jurídica) é uma relação de trabalho. Exemplo: trabalho autônomo, atividade de estágio, trabalho eventual, temporário e o próprio vínculo empregatício.
- ***Relação de emprego:*** Por outro lado, relação de emprego é uma das espécies do gênero relação de trabalho. A característica principal daquela relação consiste na presença da subordinação jurídica exercida sobre a figura do empregado. A CLT e

demais leis trabalhistas foram criadas para proteger o empregado, que trabalha sob subordinação. Verifica-se, assim, que toda relação de emprego corresponde a uma relação de trabalho, mas nem toda relação de trabalho é uma relação de emprego.

17.2. Contrato de trabalho

Para identificar uma relação de emprego é formado o contrato de emprego. A expressão, entretanto, consagrada na prática e nos concursos públicos é contrato de trabalho (sinônimos: contrato de trabalho stricto senso, vínculo empregatício e relação de emprego). Assim sendo, o contrato de trabalho é o ajuste verbal ou escrito, tácito ou expresso, firmado entre o empregado, que assume a obrigação de prestar serviços não eventuais e subordinados, e o empregador, que assume a obrigação de pagar salário.

17.3. Características do contrato de trabalho

Dentre as características principais do contrato de trabalho, pode-se destacar que esse contrato é:

a) **bilateral ou sinalagmático**: envolve obrigações para ambas as partes. O empregado está obrigado a prestar serviços, o empregador possui a obrigação de pagar salário.

b) **consensual**: não há forma especial para o contrato de trabalho, podendo ser celebrado de forma tácita ou expressa.

c) **trato sucessivo**: continuidade no tempo, ou seja, não se esgota em um único ato, como contrato de compra e venda, por exemplo. Na relação de trabalho há um débito permanente, uma parte em prestar serviços e outra em pagar salário.

d) **oneroso**: no contrato de trabalho há necessidade de pagar contraprestação em virtude dos serviços prestados.

e) **comutativo**: as partes (empregado e empregador) conseguem verificar, no momento da contratação, as vantagens e os sacrifícios que terão de enfrentar durante a vigência do contrato de trabalho.

f) **personalíssimo ou *intuito personae***: essa característica é voltada apenas para o empregado, que foi contratado em razão das suas virtudes pessoais (eficiência, confiança, moral etc.).

17.4. Classificação dos contratos de trabalho

O contrato de trabalho será, em regra, firmado por prazo indeterminado. Dessa forma, com base no princípio da continuidade da relação de emprego, não há data certa para o fim do vínculo empregatício. Excepcionalmente, nas hipóteses expressamente previstas em lei, é possível o contrato firmado por prazo determinado.

Importante ressaltar que o contrato expresso é aquele que não deixa dúvidas para as partes envolvidas. Poderá ser firmado expressamente de forma verbal ou escrita. Já o contrato tácito, como já dito, decorre de um comportamento entre as partes envolvidas. E, ainda, o contrato poderá ser firmado por prazo indeterminado (regra) ou determinado (exceção).

Segue quadro de memorização acerca do contrato de trabalho por prazo determinado:

CONTRATO POR PRAZO DETERMINADO

- **Hipóteses previstas na CLT:**

a) Serviços cuja natureza justifique a predeterminação do prazo (prazo máximo: 2 anos);

b) Atividades empresariais de caráter transitório (2 anos);

c) Contrato de experiência (90 dias).

- **Hipóteses previstas na legislação do doméstico (LC nº 150/2015):**

a) Atendimento de necessidades familiares de natureza transitória (2 anos);

b) Substituição temporária de empregado doméstico com contrato de trabalho interrompido (2 anos);

c) Contrato de experiência (90 dias).

- **Prorrogação:** apenas uma única vez dentro do período máximo
- **Estabilidade:** não há, em regra, direito à estabilidade no contrato por prazo determinado (exceto: gestante e acidente do trabalho)
- **Nova contratação:** respeitar prazo de 6 meses, exceto:

a) execução de serviços especializados;

b) realização de certos acontecimentos.

- **Términos do contrato por prazo determinado na CLT:**

a) Extinção normal: não há pagamento de indenização;

b) Extinção antecipada:

1) Iniciativa **empregador**: pagamento de indenização no valor da **metade da remuneração** (art. 479 da CLT);

2) Iniciativa **empregado**: indenização dos **prejuízos** que esse desligamento causar à empresa (art. 480 da CLT).

c) Cláusula assecuratória de direito recíproco

1) rescisão antecipada será de acordo com os contratos por prazo indeterminado;

2) as partes ficam obrigadas a conceder aviso-prévio, se houver término antecipado.

- **Término do contrato por prazo determinado na legislação do doméstico:**

a) Extinção antecipada:

1) Iniciativa **empregador doméstico**: indenização no valor da **metade da remuneração** (art. 6º da LC nº 150/2015)

2) Iniciativa **empregado doméstico**: indenização dos **prejuízos** que causar ao empregador doméstico (art. 7º da LC nº 150/2015)

b) Impossibilidade de celebração de cláusula assecuratória de direito recíproco: segundo a LC não há direito ao recebimento de aviso-prévio nos contratos a termo (art. 9º da LC nº 150/2015)

- **Término antecipado do contrato de aprendizagem:**

a) desempenho insuficiente ou inadaptação do aprendiz, salvo para o aprendiz com deficiência quando desprovido de recursos de acessibilidade, de tecnologias assistivas e de apoio necessário ao desempenho de suas atividades (Redação dada pela Lei nº 13.146/2015);

b) falta disciplinar grave;

c) ausência injustificada à escola que implique perda do ano letivo;

d) pedido do aprendiz.

17.5. Alteração do Contrato de Trabalho

No âmbito individual, há necessidade de observar dois requisitos para que a alteração do contrato de trabalho seja válida (art. 468 da CLT):

a) Consentimento do empregado.

b) Essa alteração não pode acarretar prejuízos diretos ou indiretos ao trabalhador.

- ***Jus variandi.*** Com fundamento no poder diretivo, art. 2º da CLT, cabe ao empregador efetuar algumas alterações para mais bem organizar a atividade empresarial. Aliás, como é o empregador que assume os riscos da atividade econômica, nada mais justo que exerça algumas modificações no contrato de trabalho. Essas alterações promovidas pelo empregador são chamadas *jus variandi*.

- ***Jus resistentiae.*** Esse poder de modificar o contrato de trabalho, *jus variandi*, deverá ser exercido dentro dos limites impostos por lei, sob pena de configurar alteração abusiva. Caso fique comprovado que o empregador exigiu serviços alheios ao contrato, serviços ilegais, imorais ou abusivos, o empregado tem o direito de não cumprir a determinação imposta pelo empregador, e ainda poderá pleitear rescisão indireta, com fundamento no art. 483 da CLT. Essa recusa é chamada direito de resistência ou *jus resistentiae*.

- **Reversão.** O empregado que ocupa cargo de confiança poderá ser revertido ao cargo anterior, com a retirada da gratificação de função, sem que essa reversão acarrete nulidade. Nesse caso, quando o trabalhador não corresponde às expectativas do empregador e como envolve função de confiança, há previsão na própria lei que autoriza o retorno à função anterior, sem que esse ato seja nulo.

- **Retirada da gratificação de função de confiança.** Ainda no tocante à reversão, se o empregado exerceu a função de confiança por 10 anos ou mais, não poderá ser retirada a gratificação em razão da estabilidade financeira. O empregado, nesse caso, volta a exercer a função anterior, mas permanece com a gratificação. Ressalta-se que o valor da gratificação não poderá ser reduzido, sob pena de afrontar o princípio da irredutibilidade salarial.

- **Redução salarial do professor.** Há discussão sobre a possibilidade de redução do número de aulas do **professor**, em razão da diminuição do número de alunos. O TST, conforme OJ a seguir, tem o entendimento de que, se preservado o valor da hora-aula, é possível a redução do número de aulas. Tal mudança no contrato de trabalho não afronta o art. 468 da CLT, pois o valor da hora-aula não foi alterado.

Para a semana antes da prova, segue o quadro de resumo sobre alteração do contrato:

Alteração do Contrato		
1. A alteração é permitida apenas	**2. Possibilidade de reversão**	**3. *Jus variandi* – alteração unilateral do contrato**
a) com consentimento do empregado; **b)** se não acarretar prejuízos diretos e indiretos.	Reversão ao cargo de confiança ao cargo anteriormente ocupado é permitido por lei. Essa modificação não é considerada ilegal. Caso o empregado tenha ocupado a função por mais de 10 anos, o valor da gratificação não poderá ser retirado (Súmula nº 372 do TST).	Hipóteses de alteração unilateral do contrato (*jus variandi*): **a)** Transferência do horário noturno para o diurno; **b)** Alteração da data do pagamento, desde que respeitado o 5º dia útil; **c)** Transferência, desde que observados os limites impostos em lei.

17.6. Suspensão e interrupção do contrato de trabalho

- **Conceito.** A **interrupção** do contrato de trabalho consiste na ausência provisória da prestação de serviços, em que são devidos o pagamento de salário e a contagem do tempo. Cessa a obrigação do empregado, mas persiste a obrigação da empresa. Por outro lado, a **suspensão** do contrato de trabalho é a ausência provisória da prestação de serviços, sem que haja o pagamento de salário nem a contagem do tempo. Nesse caso, cessa a obrigação tanto da empresa como do empregado.
- **Para a semana antes da prova**, segue esse importante quadro de resumo com as hipóteses de interrupção e suspensão do contrato de trabalho (importantíssimo memorizar!):

Hipóteses de interrupção (pagamento de salário)	Hipóteses de suspensão (não há pagamento de salário)
• 2 dias – falecimento • 3 dias – casamento • 9 dias – professor (casamento e falecimento) • 1 dia a cada 12 meses – doação de sangue • 2 dias – alistamento eleitoral • 2 dias – acompanhamento de sua esposa ou companheira em consultas ou exames durante a gravidez • 1 dia por ano – acompanhar filho de até 6 anos em consulta médica • Tempo necessário: (1) serviço militar; (2) vestibular; (3) comparecimento em juízo; (4) reunião/organismo internacional (dirigente sindical) • Paralisação da empresa • Acidente nos primeiros 15 dias • Férias • RSR e feriados • Intervalos intrajornadas remunerados. • Licença-paternidade de 5 dias, com possibilidade prorrogação por mais 15 dias (total de 20 dias) se aderir ao Programa Empresa Cidadã • **Gestante:** consultas médicas • Participação nas comissões de conciliação prévia • Prontidão e sobreaviso • *Lock out* • Participação no Conselho Curador do FGTS	• Encargo público • Mandato sindical • Greve • Suspensão disciplinar • Benefícios previdenciários • Diretor de S.A. • Intervalos • Prisão (sem trânsito em julgado) • Violência doméstica • Inquérito para apuração de falta grave • Qualificação profissional
Casos controvertidos	
• Licença-maternidade (interrupção) • Aborto não criminoso (interrupção) • Serviço militar obrigatório (suspensão) • Acidente do trabalho após 15 primeiros dias (suspensão)	

18. SALÁRIO E REMUNERAÇÃO

- **Salário** é a contraprestação paga diretamente pelo empregador.
- **Remuneração** é a contraprestação paga diretamente pelo empregador e, ainda, por terceiros, por meio de gorjetas. As gorjetas são pagas de forma espontânea

ou obrigatória, não integrando o salário, mas a remuneração do empregado. Nesse sentido:

Remuneração	=	Salário	+	Gorjetas

- **Reflexo das gorjetas sobre as demais parcelas.** Esse valor, calculado sobre a média, reflete-se nas demais verbas trabalhistas, calculadas com base na remuneração, como: férias + 1/3, décimo terceiro salário e FGTS. Não integra, contudo, as seguintes verbas: aviso-prévio, adicional noturno, hora extra e descanso semanal remunerado.

18.1. Salário mínimo

Salário mínimo. O salário mínimo deverá ser previsto em **lei** e será **nacionalmente unificado**. Nada impede que seja fixado em valor superior ao mínimo fixado em lei, como ocorre em alguns estados da Federação onde existe o piso estadual. Ademais, é vedada a utilização do salário mínimo como **indexador**, ou seja, é "**vedada sua vinculação para qualquer fim**". Veja resumo a seguir, para memorização:

Salário mínimo	• Previsto em lei • Nacionalmente unificado • Reajustes periódicos • Vedada sua vinculação para qualquer fim • Irredutibilidade nominal
Necessidades básicas	• Moradia • Alimentação • Educação • Saúde • Lazer • Vestuário • Higiene • Transporte • Previdência Social

18.2. Modalidades de salário

- **Piso salarial.** Consiste no patamar mínimo para determinada categoria, previsto em norma coletiva (acordo ou convenção). O parâmetro para a fixação do piso salarial é a categoria a que pertence o trabalhador (metalúrgicos, por exemplo), e não a sua profissão. Nesse caso, o empregador somente estará obrigado a respeitar o valor do piso normativo se participou da negociação coletiva.

- **Salário normativo.** É aquele fixado em sentença normativa proferida em dissídio coletivo pelos Tribunais da Justiça do Trabalho. Essa Justiça especializada possui o poder de criar normas jurídicas em determinadas situações, chamado poder normativo.

- **Salário proporcional.** Se o trabalhador for contratado para trabalhar em jornada inferior à duração normal de 8 horas diárias e 44 horas semanais, ele receberá o **salário mínimo proporcional** ou o piso salarial proporcional às horas trabalhadas.

No entanto, recentemente (fevereiro/2016), o TST inseriu o item II à OJ nº 358 para prever que o empregado público da Administração Direta, autárquica e fundacional tem direito ao recebimento de remuneração nunca inferior ao salário mínimo, ainda que trabalhe em jornada reduzida.

- **Salário proporcional do professor.** O professor que trabalha a jornada máxima de 4 aulas consecutivas ou 6 aulas intercaladas (art. 318) deverá ter garantido um salário mínimo integral.
- **Salário complessivo.** O pagamento do salário deve ser realizado de forma clara e transparente. Desse modo, o empregado saberá exatamente o que está recebendo. É vedado o salário complessivo, ou seja, o pagamento sem que haja discriminação, detalhamento de cada uma das verbas recebidas.
- Em resumo, sobre o tema **salário**:

Salário (parcela paga diretamente pelo empregador)	
Salário profissional	fixado por lei (exemplos: médicos e engenheiros)
Piso salarial	fixado por instrumento coletivo (acordo ou convenção)
Salário normativo	fixado via sentença normativa (TRT ou TST)
Salário proporcional	salário mínimo ou piso salarial proporcional ao tempo trabalhado (OJ 358, I), exceto empregado público da Administração Direta, autárquica e fundacional (OJ 358, II)
Salário complessivo	pagamento realizado sem detalhar as parcelas. Não é cabível (Súmula 91)

18.3. Parcelas Salariais (composição do salário)

- **Reflexos.** Para o estudo da remuneração torna-se imprescindível a diferenciação das parcelas salariais e as verbas recebidas sem natureza salarial (parcelas indenizatórias). Essa diferença é importante porque as primeiras se refletem nas demais verbas trabalhistas. Segue quadro que facilita a memorização:

Parcelas salariais	Parcelas indenizatórias
Refletem nas demais verbas, como férias, 13º e aviso	Não há reflexo nas demais parcelas. Sobre o valor, não incidem depósitos do FGTS
• Comissões e porcentagens • Gratificações • Abonos • Quebra de caixa • Prêmios • Adicionais salariais: – Adicional de hora extra – Adicional noturno – Adicional de Transferência – Adicional de Insalubridade – Adicional de Periculosidade **Obs.:** Ao efetuar o pagamento dessas parcelas, o empregador deverá efetuar o respectivo depósito do FGTS.	• PLR – Participação nos Lucros e Resultados • Ajuda de custo • Diárias para viagem • Vale-transporte • Salário-família • Salário-desemprego • PIS/Pasep • *Stock Option*

- **Comissões.** As comissões são parcelas com valores fixos recebidas em razão da venda de determinado produto.

- **Comissionista puro.** É chamado de comissionista puro o empregado que recebe, exclusivamente, por comissão. Já o comissionista misto recebe parte do salário em comissão e a outra, em salário fixo. Para esses trabalhadores que recebem por produção também é garantido o direito ao descanso semanal remunerado e feriados.

- **Comissionista puro e horas extras.** Se o **comissionista puro** é sujeito ao controle de horários, o pagamento das suas horas extraordinárias é diferente do pagamento dos demais empregados. Como esse empregado continua recebendo as comissões durante as horas que ultrapassarem o horário normal, ele receberá apenas o adicional de, no mínimo, 50%, pois as horas trabalhadas já estão sendo pagas pelo valor da comissão. Lembre-se de que os demais empregados recebem: valor da hora normal + 50% de adicional. O comissionista, segundo o TST, recebe apenas o adicional de 50% (a hora trabalhada já estaria sendo paga com o valor das comissões).

- **Cortador de cana-de-açúcar.** Importante ressaltar que o **cortador de cana-de-açúcar** que é remunerado por produção (comissão) receberá horas extras (hora normal + adicional de 50%), pois seu trabalho é exaustivo.

- **Comissionista misto.** Se se tratar de **comissionista misto** (parte do salário fixo e a outra variável), o empregado receberá horas extras da seguinte forma: **a)** hora normal, acrescida de adicional de 50% relativa ao salário fixo; **b)** apenas o adicional, em relação ao salário variável (comissão).

18.4. Gratificações

- **Conceito e reflexos.** Trata-se de contraprestação paga pelo serviço prestado em certas condições, ou em ocasiões especiais diferenciadas, como a gratificação de função, a gratificação de tempo etc. As gratificações integram o salário. Se pagas mensalmente, não se refletem no descanso semanal remunerado, pois no pagamento dessas gratificações já está incluído o repouso semanal remunerado.

- **Gratificações ajustadas e firmadas de forma tácita.** Essas gratificações poderão ocorrer de forma expressa ou tácita. De forma expressa, é o pagamento realizado em razão do ajuste entre empregado e empregador. Exemplo: a empresa paga a todos os empregados o 14º salário em dezembro. Poderá ocorrer, ainda, o pagamento habitual de certa quantia, em razão de metas conquistadas, sem que haja qualquer menção prévia do empregador a respeito. Essa habitualidade no pagamento caracteriza a forma tácita.

- **Gratificação de função e integração permanente ao contrato de trabalho.** Caso ocorra o pagamento da gratificação, em razão de função de confiança na empresa (gerente, por exemplo), ela poderá ser retirada, com o retorno do empregado ao cargo anterior. A reversão não configura alteração ilícita do contrato, conforme o art. 468, parágrafo único, da CLT. Entretanto, caso o empregado ocupe a função de confiança por 10 anos ou mais, a gratificação incorpora-se permanentemente ao salário.

- **Gratificações por tempo de serviço.** A **gratificação ou adicional por tempo de serviço** não é prevista na CLT. Ela tem o objetivo de beneficiar o empregado que permanece por anos na empresa, retribuindo o tempo de serviço prestado ao empregador. Como essa gratificação é paga de forma habitual, por exemplo, acréscimo de 5% ao salário após 5 anos de trabalho na empresa, ela vai se refletir nas demais verbas trabalhistas, como férias, 13º salário, depósitos do FGTS e aviso-prévio.

- **Existência de duas gratificações.** Caso haja a existência ao mesmo tempo de duas gratificações por tempo de serviço, uma prevista no regulamento interno e outra em instrumento coletivo, caberá ao empregado **optar pela norma mais favorável**. A escolha de uma ocasionará a renúncia da outra gratificação, sob pena de o empregador pagar a mesma parcela duas vezes.

18.5. Décimo Terceiro Salário

- **Conceito e destinação.** O décimo terceiro salário é uma gratificação salarial obrigatória prevista na CF/88 e na Lei nº 4.090/1962. São destinatários dessa gratificação empregados urbanos e rurais, os trabalhadores avulsos e os empregados domésticos. De acordo com o art. 7º, VIII, da CF/88: São direitos dos trabalhadores urbanos e rurais, além de outros que visem à melhoria de sua condição social: décimo terceiro salário com base na remuneração integral ou no valor da aposentadoria.

- **Data do pagamento.** O pagamento deverá ocorrer até o dia 20 de dezembro, e corresponderá a um doze avos da remuneração devida em dezembro, por mês trabalhado ou fração igual ou superior a quinze dias.

- **Adiantamento.** Entre os meses de fevereiro e novembro, o empregador pagará, de uma só vez, em razão do adiantamento do décimo terceiro, metade do salário recebido pelo empregado no mês anterior. Esse adiantamento é obrigatório e não é necessário que seja pago a todos os empregados da empresa no mesmo mês. É possível, ainda, que o adiantamento seja pago juntamente com as férias, desde que o empregado requeira esse direito no mês de janeiro do correspondente ano.

18.6. Adicionais Salariais

- **Salário-condição.** Os adicionais descritos a seguir (horas extras, noturno, transferência, insalubridade e periculosidade) são pagos em razão de trabalho prestado em situações prejudiciais à saúde ou, ainda, que prejudiquem o convívio familiar e social. Esses adicionais são chamados salário-condição, isto é, paga-se o adicional enquanto o empregado estiver em condição prejudicial, por exemplo, prestando horas extras, ou trabalhando no período noturno. Cessada a condição gravosa, cessa o adicional sem que esse fato configure alteração prejudicial.

- **Reflexos.** Serão pagos sobre o salário do empregado e, quando os serviços nessas situações são prestados de forma habitual, irão se refletir nas demais verbas trabalhistas, como férias, décimo terceiro salário, depósitos do FGTS etc.

18.6.1. *Adicional de Hora Extraordinário*

- **Conceito de horas extraordinárias.** A duração normal do tempo de trabalho do empregado é de 8 horas diárias e 44 horas semanais. Se ultrapassado esse período, terá incidência de adicional, chamado de hora extraordinária ou suplementar. De acordo com o art. 7º, XVI, da CF/88: São direitos dos trabalhadores urbanos e rurais, além de outros que visem à melhoria de sua condição social: remuneração do serviço extraordinário superior, no mínimo, em cinquenta por cento à do normal.

18.6.2. *Adicional noturno*

- **Adicional noturno do empregado urbano:** jornada noturna inicia-se às 22 h e termina às 5 h. Adicional de, no mínimo, **20%** sobre a hora diurna. Ademais, a hora noturna será reduzida, ou seja, terá 52 minutos e 30 segundos.
- **Adicional noturno do empregado rural:** jornada noturna inicia-se às 20 h e termina às 4 h na pecuária. Na lavoura, será das 21 h até as 5 h. Adicional noturno é de, no mínimo, **25%** superior à hora diurna. Por fim, a hora noturna não é reduzida, ou seja, possui 60 minutos.
- **Reflexos do adicional noturno:** O adicional noturno possui natureza salarial, refletindo-se nas demais verbas trabalhistas. Assim sendo, o valor recebido em razão desse adicional irá integrar as parcelas demonstradas a seguir.

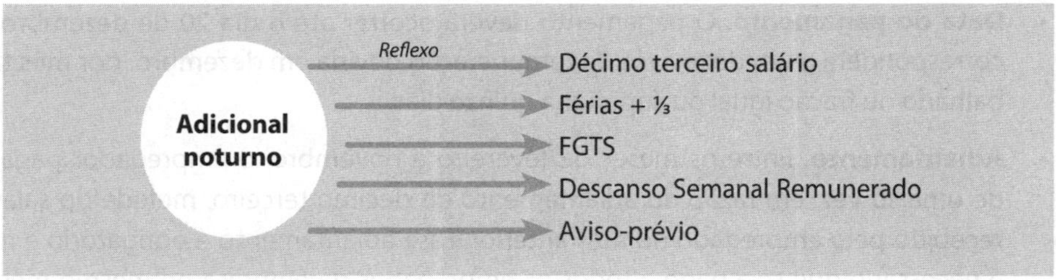

18.6.3. *Adicional de transferência*

- **Conceito.** Esse adicional é pago em razão da transferência **provisória** do empregado. Também é pago ao empregado que exerce cargo de confiança na empresa ou, ainda, se houver previsão de transferência no contrato de trabalho. O valor é de, no mínimo, **25%** do salário que o empregado recebia no local anterior.
- **Reflexos do adicional de transferência.** O adicional de transferência possui natureza salarial, refletindo-se nas demais verbas trabalhistas. Assim sendo, o valor recebido em razão desse adicional irá integrar as demais verbas.

18.6.4. *Adicional de periculosidade*

- **Previsão constitucional.** O pagamento dos adicionais de periculosidade e insalubridade tem previsão constitucional. De acordo com o art. 7º, XXIII, da CF/88: São direitos dos trabalhadores urbanos e rurais, além de outros que visem à melhoria de sua condição social: adicional de remuneração para as atividades penosas, insalubres ou perigosas, na forma da lei.

- **Conceito.** Atividade perigosa é aquela em que há contato permanente com explosivos ou inflamáveis em condições de risco acentuado. A atividade perigosa é comprovada mediante perícia (art. 195 da CLT). Exemplos: empregados em contato com energia elétrica, operadores de bomba de gasolina, instaladores de linhas e aparelhos de telefonia e exposição a substância radioativa e armazenamento de líquido inflamável no prédio.

- **Novas atividades de risco (incluídas na CLT).** Recentemente, com a edição das Leis n°s 12.740/2012 e 12.997/2014, o art. 193 da CLT foi alterado para prever que também serão consideradas atividades de risco aquelas que exponham o trabalhador ao perigo de roubos ou violência física e para aqueles que exerçam atividade em motocicleta ("motoboy"):

- **Quando o pagamento será devido?** O adicional de periculosidade é **devido** quando a exposição ao risco é permanente ou intermitente. É **indevido** se o contato for meramente eventual ou se, mesmo que habitual, ocorrer por tempo extremamente reduzido.

- **Valor do adicional.** O adicional de periculosidade é de **30% sobre o salário-base**, ou seja, o cálculo não leva em conta outros acréscimos.

- **Eletricitários:** Os eletricitários, tradicionalmente, tiveram o adicional de periculosidade calculado sobre o salário + adicionais, por expressa previsão na revogada Lei nº 7.369/1985. Tendo em vista que a energia elétrica passou a ser prevista como atividade perigosa no art. 193, I, da CLT, surgiu a discussão se deveria ou não incidir sobre o salário-base ou sobre o complexo salarial. Recentemente (30/11/2016), o TST alterou a redação da Súmula nº 191 e cancelou a OJ nº 279 da SDI-I do TST acerca da base de cálculo do adicional de periculosidade aos eletricitários. Segue a nova redação da Súmula:

> **Súmula nº 191 do TST:** Adicional de periculosidade. Incidência. Base de cálculo
>
> I – O adicional de periculosidade incide apenas sobre o salário básico e não sobre este acrescido de outros adicionais.
>
> II – O adicional de periculosidade do empregado eletricitário, contratado sob a égide da Lei nº 7.369/1985, deve ser calculado sobre a totalidade das parcelas de natureza salarial. Não é válida norma coletiva mediante a qual se determina a incidência do referido adicional sobre o salário básico.III – A alteração da base de cálculo do adicional de periculosidade do eletricitário promovida pela Lei nº 12.740/2012 atinge somente contrato de trabalho firmado a partir de sua vigência, de modo que, nesse caso, o cálculo será realizado exclusivamente sobre o salário básico, conforme determina o § 1º do art. 193 da CLT.

De acordo com a nova redação da Súmula nº 191 do TST, o adicional de periculosidade será calculado de forma distinta em relação aos empregados contratados antes e após a revogação da Lei nº 7.369/1985 da seguinte forma:

1) **Empregados contratados na vigência da Lei nº 7.369/1985:** o pagamento do adicional de periculosidade deve ser calculado sobre a totalidade das parcelas de natureza salarial (salário + acréscimos). Nesse caso, não é válida norma coletiva que restringe a incidência apenas ao salário básico;
2) **Empregados contratados após a inserção da energia elétrica como atividade perigosa no art. 193 da CLT (revogação da Lei nº 7.369/1985):** Nesse caso, o cálculo do adicional de periculosidade para os eletricitários é realizado sobre o salário-base, ou seja, o cálculo não leva em conta outros acréscimos. (art. 193, § 1º, CLT).

- **Perícia.** A atividade perigosa é comprovada **mediante perícia** (art. 195 da CLT). Assim sendo, a prova técnica é, em regra, um dos requisitos para o recebimento do adicional, pois nem o juiz nem os procuradores do trabalho e advogados têm condições de atestar, com certeza, se o ambiente coloca ou não em risco a integridade física do trabalhador.
- **Dispensa da perícia.** Quando o pagamento do adicional de periculosidade já vem sendo pago, de forma espontânea pelo empregador, torna-se incontroverso que o trabalho é realizado em condições perigosas. Dessa forma, dispensa-se a produção de perícia. Ademais, quando o estabelecimento já se encontra encerrado, a perícia também é dispensada. Segue quadro que facilita a memorização:

ADICIONAL DE PERICULOSIDADE	
Necessidade de prova técnica	Perícia (art. 195, CLT).
Em 2 casos a perícia é dispensada	– Pagamento espontâneo pelo empregador (Súmula nº 453 do TST); – Local desativado (OJ nº 278 da SDI-I do TST).

- **Reflexos do adicional de periculosidade.** Esse adicional integra as demais verbas trabalhistas. Assim sendo, o valor recebido em razão desse adicional irá integrar as demais parcelas, como férias, décimo terceiro, FGTS, aviso-prévio. Ressalta-se que o adicional de periculosidade não se reflete no DSR.
- **Cumulação dos adicionais: periculosidade + insalubridade.** Na hipótese de o empregado laborar em atividade insalubre e perigosa, prevalece o entendimento de que **não** há possibilidade de cumulação desses 2 adicionais. Dessa forma, cabe ao empregado optar por um deles. Ademais, se o empregado estiver em sobreaviso, ou seja, aguardando em sua casa eventual chamado da empresa, não está em situação de risco, logo não receberá o adicional de periculosidade.
- **Tempo de contato com atividades perigosas:** O adicional de periculosidade é devido quando a exposição ao risco é permanente ou intermitente (com intervalos). É indevido se o contato for meramente eventual ou se, mesmo que habitual, ocorrer por tempo extremamente reduzido, conforme prevê a Súmula nº 364, I, do TST.

- **Redução do adicional e pagamento proporcional ao tempo de exposição.** Recentemente (31/05/2016), foi acrescentado o item II à Súmula nº 364, estabelecendo expressamente a impossibilidade de redução do percentual de periculosidade em patamar inferior aos 30% do salário básico ou seu pagamento proporcional ao tempo de exposição.

Para a semana antes da prova, segue quadro para memorização:

Pagamento do Adicional de Periculosidade (30% sobre o salário básico)	
Tempo de contato com atividades perigosas	**Adicional de periculosidade**
Permanente	Adicional devido
Intermitente, desde que sujeito às condições de risco	Adicional devido
Eventual (fortuito)	Adicional não é devido
Habitual, mas com contato extremamente reduzido	Adicional não é devido
Obs. 1: A norma coletiva não tem o poder de fixar o pagamento do adicional proporcional ao tempo de exposição.	
Obs.2: Impossibilidade de fixação, via instrumento coletivo, de percentual inferior a 30%.	

18.6.5. Adicional de insalubridade

- **Atividades insalubres.** São aquelas que expõem o empregado a agentes nocivos à sua saúde e que ultrapassam o seu limite de tolerância. Exemplo: agentes **químicos** (chumbo), **biológicos** (bactérias) e **físicos** (ruídos).

- **Requisitos.** Para a obtenção do adicional de insalubridade, há necessidade de preencher 2 requisitos:

  a) Atividade nociva deverá ser constatada via **perícia** por profissional habilitado, médico ou engenheiro do trabalho;

  b) É necessário que o agente nocivo à saúde esteja incluído na **relação oficial do Ministério do Trabalho**. Se a atividade desenvolvida pelo empregado não estiver prevista nessa listagem, o empregado não terá direito ao adicional. Aliás, eventual reclassificação ou descaracterização da insalubridade, pelo Ministro do Trabalho (autoridade competente), repercutirá no recebimento do adicional, ou seja, o empregado somente receberá enquanto a atividade desenvolvida estiver enquadrada como insalubre.

- **Valor do adicional.** O adicional de insalubridade era calculado com base no salário mínimo, variando de acordo com a agressividade do agente nocivo. Está previsto no art. 192 da CLT:

  > **Art. 192 da CLT:** O exercício de trabalho em condições insalubres, acima dos limites de tolerância estabelecidos pelo Ministério do Trabalho, assegura a percepção de adicional respectivamente de 40% (quarenta por cento), 20% (vinte por cento) e 10% (dez por cento) do salário mínimo da região, segundo se classifiquem nos graus máximo, médio e mínimo.

- **Posicionamento do STF sobre a vinculação ao salário mínimo.** O Supremo Tribunal Federal proibiu que o salário mínimo sirva de base de cálculo (indexador) do adicional de insalubridade. Após essa decisão, o art. 192 da CLT não mais pode ser utilizado. Hoje, como não existe outro parâmetro, persiste o pagamento sobre o salário mínimo.

- **Reflexos do adicional de insalubridade.** Esse adicional integra as demais verbas trabalhistas. Assim sendo, o valor recebido em razão desse adicional irá integrar as demais parcelas, como férias, décimo terceiro, FGTS, aviso-prévio. Ressalta-se que o adicional de insalubridade não se reflete no DSR.
- **Contato intermitente.** Vale ressaltar que o trabalho eventual em condições insalubres não dá direito ao adicional. Entretanto, se executado em caráter intermitente (descontínuo, mas diário), terá direito à percepção do adicional de insalubridade, conforme previsto na Súmula nº 47.
- **Fornecimento de EPIs.** O mero fornecimento de EPIs – equipamentos de proteção individual – não exime o empregador de continuar pagando o adicional.
- **Para a semana antes da prova**, segue esse importante quadro de resumo com os adicionais e os respectivos percentuais (importantíssimo memorizar!):

Adicionais Pagos sobre o salário do empregado – salário-condição	
Adicional de hora extra	Adicional de, no mínimo, **50%** sobre a hora normal. Calculado sobre a globalidade salarial (hora normal acrescida de adicionais).
Adicional noturno	• Empregado urbano: **20%** sobre a hora diurna. • Empregado rural: **25%** sobre a hora diurna.
Adicional de transferência	Pago em razão da transferência provisória. Valor de, no mínimo, **25%** dos salários que o empregado recebia no local anterior.
Adicional de periculosidade	Condições de risco acentuado. Adicional de, no mínimo, **30%** do salário-base.
Adicional de insalubridade	Adicional calculado sobre o salário mínimo, variando de acordo com a agressividade do agente nocivo: 10% (grau mínimo), 20% (grau médio) e 40% (grau máximo) Requisitos para obtenção: a) perícia por profissional habilitado; b) agente deve constar da relação oficial do Ministério do Trabalho. A Súmula Vinculante nº 4 do STF proíbe que esse adicional seja calculado sobre o salário mínimo.

18.7. Parcelas sem natureza salarial (indenizatórias)

- **Conceito.** As parcelas a seguir não terão reflexo nas demais verbas trabalhistas, sendo pagas a título de indenização, ou seja, não integram outras parcelas nem se refletem nelas, como férias, décimo terceiro etc.

18.7.1. Participação nos lucros e resultados – PLR

- **Previsão constitucional e ausência de reflexos.** Há expressa previsão da participação nos lucros e resultados na Constituição Federal, inclusive prevendo a natureza indenizatória dessa parcela. Verifica-se que a PLR não substitui nem complementa a remuneração do empregado. Assim sendo, não a integra para nenhum efeito trabalhista (art. 7º, XI, CF/88).

- **Direito ao PLR.** Nem todos os empregados possuem direito ao pagamento da PLR. De acordo com a Lei nº 10.101/2000, que regulamentou essa matéria, há necessidade de negociação entre a empresa e seus empregados, mediante negociação coletiva (acordo ou convenção coletiva) ou comissão escolhida pelas partes, para que seja fixada a PLR.

- **Pagamento proporcional da PLR e princípio da igualdade.** O empregado que contribuiu com a empresa para a obtenção do resultado positivo terá direito à participação nos lucros, mesmo se extinto o contrato antes da data prevista para o pagamento da parcela. A negociação coletiva, segundo o TST, não poderá retirar do empregado o direito à PLR.

18.7.2. Ajuda de custo

- **Conceito e ausência de reflexos.** A ajuda de custo é outra parcela com natureza nitidamente indenizatória. Sua finalidade é reembolsar despesas efetuadas pelo empregado. Exemplo: despesas realizadas em razão da transferência, conforme previsto no art. 470 da CLT: As despesas resultantes da transferência correrão por conta do empregador.

18.7.3. Diárias para viagem

- **Conceito e ausência de reflexos.** Em regra, as despesas gastas pelo empregado com viagens serão pagas a título de ressarcimento (indenização), sem natureza salarial, portanto. Entretanto, com base no princípio da primazia da realidade, se as diárias excederem a 50% do salário do empregado, pressupõe-se que exista fraude, e nesse caso terá natureza salarial.

18.7.4. Vale-transporte

- **Conceito.** O vale-transporte é pago pelo empregador de forma antecipada e tem como objetivo cobrir as despesas de deslocamento da residência para o trabalho, por meio do sistema de transporte coletivo público. Todos os empregados urbanos e rurais têm direito de receber essa quantia. Cabe ressaltar que o empregado doméstico terá direito ao recebimento do vale-transporte previsto na Lei nº 7.418/1985 conforme estabelece o art. 19 da LC nº 150/2015. Contudo, é permitido ao empregador substituir a aquisição dos vales-transporte, obrigação prevista no art. 4º da Lei nº 7.418/1985, pelo **pagamento em dinheiro**, mediante recibo, dos valores necessários para a aquisição das passagens utilizadas para o deslocamento da residência ao trabalho e para seu retorno.

- **Ausência de reflexos.** Essa parcela, por expressa previsão em lei, não possui natureza salarial nem se incorpora à remuneração para quaisquer efeitos. Consequentemente, não é base de incidência de contribuição previdenciária ou de FGTS.

- **Para a semana antes da prova**, segue esse importante quadro de resumo com as parcelas sem natureza salarial:

Parcelas sem natureza salarial (não refletem nas demais verbas trabalhistas)	• Participação nos lucros e resultados • Ajuda de custo • Diárias para viagem • Vale-transporte • Salário família

18.8. Formas e meios de pagamento do salário

O salário poderá ser fixado de 3 formas:

a) **Salário por unidade de tempo.** O empregado receberá pelos minutos e horas que estiver à disposição do empregador, aguardando ou executando ordens. Nesse caso, o salário independe da produtividade do trabalhador.

b) **Salário por unidade de obra ou salário por produção**: empregado receberá de acordo com a quantidade produzida, ou seja, o salário estará intimamente ligado ao seu desempenho pessoal, independentemente do tempo gasto.

c) **Salário por tarefa**. Forma mista de pagamento. Receberá conforme o serviço prestado (produção) e em período previamente fixado (tempo).

Periodicidade do pagamento: deverá ocorrer em intervalos não superiores a um mês, exceto o pagamento das gratificações, comissões e percentagens. O salário poderá ser pago por dia, semana, quinzena ou mês. Se fixado por mês, o pagamento deve ser efetuado até o 5º dia útil subsequente ao mês vencido.

Segue importante quadro de resumo acerca das formas e meios de pagamento do salário do empregado.

SALÁRIO

- **Salário poderá ser fixado:**
- por tempo
- por produção
- por tarefa
- **Periodicidade:**
- prazo não superior a um mês, exceto comissões, percentagens e gratificações
- pagamento mensal: até 5º dia útil
- **Pagamento em moeda corrente – real**

ATENÇÃO!

A dica a seguir somente consta no edital para Analista Judiciário. Diante da correlação com os demais assuntos da disciplina, recomenda-se a leitura para a prova de Técnico Judiciário.

18.9. Equiparação salarial

- **Fundamento para equiparação.** Com base no princípio da igualdade, é vedado o tratamento diferenciado para trabalhadores que exerçam a mesma função. Há previsão do direito à equiparação salarial, nas hipóteses de tratamento diferenciado. Para tanto, é necessário que o empregado que pretenda adquirir a equiparação (trabalhador equiparando) preencha os seguintes requisitos cumulativamente:

  1) Trabalho exercido pelo empregado requerente (trabalhador equiparando ou paragonado) e o empregado paradigma (pessoa com quem se pretende a equiparação) deve ser prestado para o mesmo empregador.
  2) Trabalho na mesma localidade.
  3) Empregados possuam a mesma função.
  4) Tempo na função não poderá ser superior a 2 anos.
  5) Trabalhos de igual valor.
  6) Inexistência de quadro de carreira.

- **Identidade de empregadores.** É o primeiro requisito da equiparação. Assim sendo, o empregado terceirizado não terá direito à equiparação salarial se utilizar como paradigma o empregado da tomadora, pois equiparando e paradigma prestam serviços para empregadores diversos. Ademais, prevalece o entendimento de que o trabalho prestado para as mesmas empresas do grupo econômico é considerado mesmo empregador, ou seja, há possibilidade de se pleitear equiparação salarial.

- **Mesma localidade.** O conceito de mesma localidade para fins de equiparação refere-se ao mesmo município, ou a municípios distintos que pertençam à mesma região metropolitana. Diante disso, há possibilidade de equiparando e paradigma prestarem serviços em estabelecimentos distintos e em municípios diferentes, desde que pertençam ao mesmo empregador e estejam na mesma região metropolitana.

- **Funções idênticas.** É irrelevante que a terminologia utilizada pela empresa seja diversa. Exemplo: paradigma exerce a função de "encarregado de vendas", já o equiparando atua como "divulgador dos novos produtos", mas se verificado na prática que exercem a **mesma função**, há direito à equiparação salarial.

- **Diferença de tempo na mesma função de, no máximo, 2 anos.** Esse tempo é contado na mesma função e não no emprego. Será analisado não o momento de admissão dos empregados na empresa, mas o período em que passaram a exercer a mesma função. Deve-se ressaltar que o empregado que tenha mais de 2 anos na função possui, pelo menos em tese, maior experiência.

- **Trabalho de igual valor.** É necessário, ainda, que as mesmas funções sejam desempenhadas com a mesma perfeição técnica (qualidade) e produtividade (quantidade), isto é, que o trabalho exercido por equiparando e paradigma tenha **igual valor**.

- **Ausência de quadro de carreira.** Ademais, não será possível a equiparação salarial quando a empresa possuir **quadro de pessoal organizado em carreira**. Nesse caso, as promoções deverão obedecer aos critérios de antiguidade e merecimento. Esse quadro de carreira, para que tenha validade, é indispensável que seja homologado pelo Ministério do Trabalho e Emprego. A existência de quadro de carreira, devidamente homologado, impede que a equiparação salarial seja determinada pela Justiça do Trabalho.

- **Readaptado.** O empregado readaptado não poderá servir como paradigma, em razão das peculiaridades de suas condições pessoais.
- **Servidor público estatutário.** O instituto da equiparação salarial não é aplicado aos servidores da Administração Direta, autárquica ou fundacional, por força do art. 37, XIII, da CF/88. As regras da equiparação salarial, entretanto, são aplicáveis aos empregados públicos de sociedades de economia mista e empresas públicas. Essas empresas são organizadas com regras próprias das empresas privadas.
- **Equiparação por equivalência.** O art. 460 da CLT prevê a equiparação por equivalência, ou seja, trata-se de uma forma de arbitrar o valor da remuneração. De acordo com essa norma, diante da ausência de estipulação do salário, ou inexistência de prova sobre a importância ajustada entre as partes, paga-se o mesmo que outro trabalhador receber nas mesmas condições.
- **Salário-substituição.** Nesse caso, o empregado substituto terá direito ao salário contratual do substituído, como ocorre nas férias e outros afastamentos. A substituição não poderá, entretanto, ser meramente eventual, como substituição de apenas 2 ou 3 dias. Cabe frisar que, se o cargo estiver vago e for ocupado de forma definitiva, o trabalhador ocupante não terá direito ao salário-substituição.
- **Para a semana antes da prova**, seguem esses 2 importantes quadros de resumo com os principais temas de equiparação salarial:

Requisitos para Equiparação Salarial	
Mesmo empregador	equiparando e paradigma devem prestar serviços ao mesmo empregador.
Mesma localidade	município ou região metropolitana.
Mesma função	irrelevante a terminologia utilizada pela empresa, importante é que a atividade desempenhada seja a mesma.
Tempo na função	não poderá ser superior a **2 anos**.
Trabalho de igual valor	mesma perfeição técnica e mesma produtividade.
Inexistência de quadro de carreira	neste caso há necessidade de aprovação do quadro pelo Ministério do Trabalho.

Equiparação salarial (Resumo)	
Empregado readaptado	não poderá servir de paradigma.
Trabalho intelectual	cabe equiparação desde que haja critérios objetivos.
Prescrição	equiparação é parcial, renova-se mês a mês.
Administração Pública	a) não cabe equiparação de servidores públicos (OJ 297); b) cabe equiparação de empregados de economia mista e empresa pública (Súmula nº 455).

Equiparação salarial (Resumo)	
Cessão de empregados	cabe equiparação desde que o órgão cessionário seja o responsável pelos pagamentos.

18.9.1. Desvio de função

- Ocorre o **desvio de função** quando o empregado que deveria estar desempenhando uma determinada função está prestando serviços esporádicos em outra, com salário mais elevado. Uma vez comprovado o desvio, dará ao empregado remuneração mais elevada enquanto esteve desempenhando aquela atividade que não era originariamente sua. O empregado será designado, novamente, para a antiga atividade, sem que esse fato acarrete redução salarial ilícita.

ATENÇÃO!

A dica a seguir somente consta no edital para Analista Judiciário. Diante da correlação com os demais assuntos da disciplina, recomenda-se a leitura para a prova de Técnico Judiciário.

19. ESTABILIDADE

- **Conceito.** Estabilidade é o direito do trabalhador de permanecer no emprego, mesmo contra a vontade do empregador.

19.1. Dirigente sindical

- **Início e fim da estabilidade.** O art. 8º, VIII, da CF/88 prevê a estabilidade para o dirigente sindical. A estabilidade terá início com o registro da candidatura para o cargo de dirigente sindical. Se eleito, a estabilidade persistirá até um ano após o fim do mandato. Se o empregado não for eleito, não terá a garantia da estabilidade. O mandato do dirigente sindical é de 3 anos, conforme o art. 515, *b*, da CLT. Ademais, não persiste a estabilidade se houver extinção do estabelecimento.
- **Número de membros com estabilidade.** O suplente do cargo de direção ou representação sindical também terá direito à estabilidade. O número de dirigentes sindicais, com estabilidade, é limitado a 7 membros titulares e 7 membros suplentes. A estabilidade abrange apenas os membros que atuam na defesa da categoria, excluindo, portanto, os membros do conselho fiscal e delegados sindicais.
- **Contrato por prazo determinado.** Em regra, não gera direito à estabilidade o fato de a candidatura ser realizada durante o contrato por prazo determinado, exceto se se tratar do contrato por prazo determinado previsto na Lei nº 9.601/98. Nessa lei há expressa previsão de estabilidade para o dirigente sindical (art. 1º, § 4º), na vigência do contrato.
- **Aviso-prévio.** Se o registro da candidatura ocorrer durante o período de aviso-prévio, ainda que indenizado, não assegura a estabilidade do empregado.
- **Inquérito para apuração da falta greve.** O dirigente sindical somente poderá ser dispensado por falta grave mediante a apuração em inquérito judicial. Esse "inqué-

rito" é uma ação judicial que será proposta na Justiça do Trabalho, conforme prevê o art. 853 da CLT. De acordo com esse artigo, o prazo para ingressar com a ação é de trinta dias, a contar da suspensão do trabalhador. Sem a observância ao inquérito para apuração da falta grave, a dispensa é inválida.

- **Empresas com mais de 200 empregados.** Os representantes eleitos nas empresas com mais de 200 empregados não gozam de estabilidade, por ausência de previsão em lei estendendo-lhes essa garantia (art. 11, CF/88).

19.2. Empregado representante da Cipa

- **Conceito e estabilidade.** A Comissão Interna de Prevenção a Acidentes desempenha importante papel para manter um ambiente de trabalho saudável. Na constituição dessas comissões haverá representantes dos empregados (eleitos pelos demais trabalhadores da empresa) e dos empregadores (indicados). Os empregados eleitos para cargo de direção da Cipa possuem garantia provisória de emprego, desde o registro da candidatura até um ano após o mandato (art. 10, II, *a*, do ADCT).

- **Suplente.** O art. 10, II, *a*, do ADCT não estende o direito à estabilidade ao suplente do diretor eleito, mas o TST possui entendimento majoritário ampliando essa garantia de emprego ao suplente do empregado eleito para representar a Cipa.

- **Extinção do estabelecimento.** A estabilidade provisória do cipeiro não constitui vantagem pessoal, mas garantia para as atividades dos membros da Cipa, que somente tem razão de ser quando em atividade a empresa. Extinto o estabelecimento, não se verifica a despedida arbitrária, sendo impossível a reintegração e indevida a indenização do período estabilitário.

19.3. Empregado acidentado

- **Prazo da estabilidade.** Como forma de incentivar o retorno ao trabalho e garantir prazo para readaptação ao serviço, foi dado ao empregado acidentado o direito à estabilidade provisória de doze meses após a cessação do auxílio-doença. Esse período de doze meses não poderá ser reduzido via negociação coletiva.

- **Requisitos.** Para adquirir essa garantia provisória, há necessidade de preencher, cumulativamente, os seguintes requisitos:

  a) afastamento ser superior a 15 dias. Dessa forma, o empregado acidentado que retornou ao trabalho em menos de quinze dias não é detentor dessa garantia provisória de emprego;

  b) percepção de auxílio-doença acidentário.

- **Doenças decorrentes do trabalho.** Nesse caso, mesmo que o trabalhador não tenha recebido auxílio-doença, pois os afastamentos foram de poucos dias, terá direito à estabilidade. Isso porque a doença do trabalho ou profissional tem ligação com o trabalho desenvolvido na empresa.

- **Contrato por prazo determinado.** Atualmente o empregado submetido a contrato de trabalho por tempo determinado goza da garantia provisória de emprego, decorrente de acidente de trabalho (Súmula nº 378, III, do TST).

19.4. Empregado público

- **Estabilidade aos empregados públicos.** O posicionamento do TST é mais abrangente, estendendo a estabilidade aos celetistas que ingressam via concurso público na Administração Direta, autárquica ou fundacional. Por outro lado, os empregados públicos de empresas públicas (Infraero, por exemplo) ou sociedades de economia mista (Banco do Brasil, por exemplo) não terão direito à estabilidade, mesmo que admitidos via concurso público. Aliás, o TST entende que é possível a dispensa desses empregados sem justa causa.

19.5. Estabilidade gestante

- **Duração:** inicia-se com a confirmação da gravidez e permanece até 5 meses após o parto.
- **Desconhecimento da gravidez pelo empregador:** não afasta o direito à estabilidade.
- **Contrato por prazo determinado:** adquire estabilidade (Súmula nº 244 do TST e art. 391-A da CLT), inclusive no contrato previsto na Lei nº 9.601/98.
- **Gravidez durante o aviso-prévio, inclusive indenizado:** o TST já vinha decidindo que gerava estabilidade. Hoje a matéria está prevista no art. 391-A da CLT.
- **Morte da gestante:** Recentemente foi promulgada a Lei Complementar nº 146/2014, que estende a estabilidade provisória da gestante, nos casos de morte desta, a quem detiver a guarda de seu filho.

19.6. Despedida e reintegração do empregado estável

- **Dispensa sem justa causa:**
  a) reintegração: somente se a decisão ocorrer durante o período estabilitário;
  b) Indenização: se a decisão for dada após o período estabilitário;

Para a semana antes da prova, segue quadro referente à estabilidade:

Estabilidade	
Estabilidade decenal	Após 10 de efetivo serviço. Não optante pelo FGTS. Após CF/88 não está em vigor.
Empregada gestante	Início com a confirmação da gravidez até 5 meses após o parto. Empregadas domésticas também possuem esse direito.

Estabilidade	
Empregado acidentado	Estabilidade de 12 meses após o término do auxílio-doença. Requisitos: a) Afastamento superior a 15 dias. b) Percepção do auxílio-doença.
Empregado representante da Cipa	Apenas o representante dos empregados (eleitos). Início com o registro do candidato até 1 ano. Titulares e suplentes (Súmula nº 399).
Empregado representante da CCP	Apenas representantes dos empregados (eleitos). Início com a eleição até 1 ano após o mandato. Titulares e suplentes.

Estabilidade – DIRIGENTE SINDICAL
• **Início** da estabilidade ocorre com o registro da candidatura e permanece até **1 ano após o mandato**. – Estabilidade aos **titulares** e **suplentes**. – Dirigentes com estabilidade: **7 membros titulares e 7 suplentes**. – **Não gera direito à estabilidade** se a candidatura ocorre durante: **a)** contrato por prazo determinado; **b)** aviso-prévio. • Comunicação do registro da candidatura ao empregador: durante a vigência do contrato de trabalho. • Somente poderá ser dispensado se cometer falta grave. Há necessidade de prévio **inquérito para apuração dessa falta grave**.

ATENÇÃO!
A dica a seguir somente consta no edital para Analista Judiciário. Diante da correlação com os demais assuntos da disciplina, recomenda-se a leitura para a prova de Técnico Judiciário.

20. FUNDO DE GARANTIA DO TEMPO DE SERVIÇO – FGTS

- **Conceito.** O FGTS é uma "poupança forçada" suportada exclusivamente pelo empregador. Todos os meses, ao quitar o salário e demais adicionais, o empregador deverá depositar, numa conta vinculada do trabalhador, 8% da sua remuneração. Exemplo: empregado recebe R$ 1.000,00 de salário. Logo, o **empregador** deverá depositar R$ 80,00 na conta vinculada do trabalhador, a título de FGTS. Veja que, para fins de FGTS, não há desconto a ser suportado pelo trabalhador. Esses depósitos destinam-se à indenização por tempo de serviço do empregado.

20.1. Hipóteses de saque dos depósitos

- **Conta vinculada e hipóteses de saque.** A conta corrente do trabalhador, fruto dos depósitos do FGTS, é chamada de conta vinculada. Vinculada porque o empregado não tem a liberdade de sacar o dinheiro quando bem entender, mas somente nas hipóteses expressamente previstas em lei. Assim, não lhe é dada ampla disponibilidade sobre o dinheiro lá depositado, porém pode movimentar a conta nas seguintes hipóteses:

Art. 19-A:	– Contrato nulo (Súmula nº 363 do TST)
Art. 20:	– Aposentadoria pela Previdência Social. – Compra da casa própria. – Doenças graves do trabalhador e de seus dependentes (terminal, aids e câncer). – Compra de ações (disponíveis para esse fim – exemplo, ações da Vale do Rio Doce). – 70 anos ou mais. – Calamidades públicas – recuperar os bens perdidos. – Término do contrato de trabalho, exceto se ocorrer por justa causa ou pedido de demissão. – Conta inativa após 3 anos ininterruptos. – Falecimento do trabalhador. – Suspensão total do trabalho **avulso** por período igual ou superior a 90 dias, comprovada por declaração do sindicato. – Aquisição de órtese ou prótese por trabalhador com deficiência para promoção de acessibilidade e de inclusão social (Lei nº 13.146/2015).

- **Indenização pela perda do emprego doméstico:** Segue quadro com as hipóteses de levantamento do percentual de 3,2% pago ao empregado doméstico como indenização pela perda do emprego:

Hipóteses de saque da Multa de 3,2% do FGTS Empregado doméstico	
Forma do término do contrato de trabalho	**Responsável pelo levantamento dos depósitos**
Dispensa sem justa causa	Empregado doméstico (indenização devida)
Rescisão indireta	Empregado doméstico (indenização devida)
Término antecipado do contrato por prazo determinado por culpa do empregador	Empregado doméstico (indenização devida)
Pedido de demissão	Empregador
Dispensa por justa causa	Empregador
Término normal do contrato por prazo determinado	Empregador
Aposentadoria	Empregador
Falecimento do doméstico	Empregador
Culpa recíproca	½ Empregado e ½ Empregador

- **Para a semana antes da prova**, segue quadros referentes ao FGTS:

FGTS (Resumo)	
Conceito	poupança forçada. Suportada exclusivamente pelo empregador.
Direito ao FGTS	empregados urbanos e rurais e trabalhadores avulsos. – **Empregado doméstico:** foi garantido (obrigatório) pela Nova Lei dos Domésticos, que regulamentou os direitos prescritos aos domésticos após a EC nº 72/2013
FGTS facultativo	Diretor não empregado (art. 16, Lei nº 8.036/1990 e Súmula nº 269 do TST).
Alíquota	8% sobre a remuneração. Aprendiz, a alíquota é de 2% sobre a remuneração.
Prazo para o depósito	até o dia 7 de cada mês.

FGTS (Resumo)	
Indenização de 40% sobre o FGTS	dispensa sem justa causa e rescisão indireta.
Indenização de 20%	culpa recíproca e força maior.
Empréstimo consignado com o FGTS	Limites (Lei nº 13.313/2016): – 10% do saldo na conta vinculada do FGTS; e – Até 100% do valor da multa do FGTS paga pelo empregador na hipótese de despedida sem justa causa ou de despedida por culpa recíproca ou força maior.
Parcelas indenizatórias	não há incidência do FGTS, exceto aviso-prévio indenizado.
Prescrição	2 anos a contar da extinção do contrato para ingressar na justiça. Poderá pleitear os últimos 5 anos (Súm. 362 – nova redação). STF[14] (novembro/2014): reduziu o prazo de 30 anos para 5 anos (art. 7º, inciso XXIX, CF/88).

21. SEGURANÇA E MEDICINA DO TRABALHO (MEIO AMBIENTE DE TRABALHO)

- **Normas de indisponibilidade absoluta.** As normas que tratam da proteção à saúde e à segurança do trabalho são de ordem pública, portanto, são normas de indisponibilidade absoluta, e não cabe flexibilização para a redução de direitos dos empregados nesse aspecto de segurança. Essas normas representam cláusulas implícitas ao contrato de trabalho, não havendo a necessidade de previsão expressa no contrato.

21.1. Deveres do empregador

Compete ao empregador manter o ambiente de trabalho seguro e saudável. Deve, portanto, adotar todas as normas preventivas como forma de proteger a integridade física e psíquica dos trabalhadores.

- **Entrega de EPIs**: Conforme o inciso I do art. 157 da CLT, o empregador deverá cumprir as normas de saúde e medicina do trabalho. Uma dessas normas é entregar, gratuitamente, equipamentos de proteção. Cabe ressaltar que o simples fornecimento de EPI não afasta a obrigatoriedade do pagamento do adicional de periculosidade ou insalubridade. Para cessar o pagamento desses adicionais, o empregador deverá eliminar, por completo, o agente nocivo e perigoso (Súmula nº 289 do TST).

21.2. Deveres do empregado

Compete aos trabalhadores obedecer às normas de medicina e segurança e colaborar com a empresa para a aplicação dessas normas. Aliás, deverá utilizar os equipamentos de proteção fornecidos pelo empregador. Se o empregado se recusa, injustificadamente, ao cumprimento das normas de segurança e à utilização dos equipamentos de proteção, caberá dispensa por justa causa, como determina o art. 158 da CLT.

12 ARE 709.212/DF (repercussão geral). Relator: Ministro Gilmar Mendes. Data de Julgamento: 13/11/2014.

21.3. Interdição ou embargo e inspeção prévia

- **Inspeção prévia.** A inspeção prévia ocorre antes do início das atividades de qualquer estabelecimento, e é realizada pelo Ministério do Trabalho, nos termos do art. 160 da CLT. Todos os novos empreendimentos devem ser vistoriados pela autoridade competente. Novas inspeções devem ser realizadas quando ocorrer modificação substancial em sua estrutura.

- **Interdição ou embargo está previsto na NR 3.** A **interdição** ocorre em estabelecimentos ou setores da empresa, ao passo que os **embargos** são utilizados quando há obra em construção. Essas distinções entre interdição e embargos foram elaboradas pelo professor Sérgio Pinto Martins.

> **ATENÇÃO!**
>
> A dica a seguir somente consta no edital para Analista Judiciário. Diante da correlação com os demais assuntos da disciplina, recomenda-se a leitura para a prova de Técnico Judiciário.

21.4. CIPA – Comissão Interna de Prevenção de Acidentes

- A **Cipa** é órgão de caráter preventivo e está previsto no art. 163 da CLT e na NR nº 5. Em regra, todos os empregadores, sejam de natureza pública ou privada, estão obrigados a constituir a Cipa. Essa obrigatoriedade dependerá, entretanto, do número de empregados e do grau de risco da atividade desenvolvida, conforme previsão na NR nº 5 (empresas com menos de 20 empregados, em regra, não estão obrigadas a constituir esse órgão protetivo). Aliás, a Cipa também é obrigatória para as atividades rurais, conforme a NR nº 31.

- **Da composição da Cipa:** Esse órgão é presidido por empregado indicado pelo empregador, e o vice-presidente será empregado eleito pelos trabalhadores. A eleição é secreta e dela podem participar todos os empregados, independentemente de filiação sindical.

- **Mandato do Cipeiro.** O mandato tem duração de 1 ano, sendo permitida uma reeleição. Ao membro suplente que tiver participado de menos da metade de reuniões não será permitida a sua reeleição.

- **Estabilidade.** Os representantes dos empregados na Cipa, titulares e suplentes, gozam de estabilidade, desde o registro da candidatura até 1 ano após o mandato. Somente poderão ser dispensados por justa causa. Essa estabilidade não persiste no caso de extinção do estabelecimento. Com o término do estabelecimento, portanto, o empregado não tem direito a indenização pelo período remanescente do mandato.

22. AVISO-PRÉVIO

- **Conceito.** O aviso-prévio tem como finalidade indicar a data do término do contrato de trabalho. O período do aviso possibilita ao trabalhador procurar outro emprego, e, ainda, ao empregador buscar um substituto para o cargo vago. Dessa forma, torna-se possível que uma parte não seja surpreendida com a ruptura do contrato por ato unilateral da outra. Afasta-se, portanto, o evento-surpresa.

- **Formalidade.** A CLT não exige formalidade específica para concessão do aviso-prévio. Dessa forma, pelo menos em tese, caberia a notificação do aviso verbalmente. A concessão verbal, embora admitida, dificulta a comprovação de que ele tenha sido efetivamente dado.

- **Duração.** A parte que decidir colocar fim ao contrato deverá avisar a outra com **antecedência mínima de 30 dias.** Nesse sentido, estabelece o art. 7º, XXI, da CF/88: São direitos dos trabalhadores urbanos e rurais, além de outros que visem à melhoria de sua condição social: aviso-prévio proporcional ao tempo de serviço, **sendo no mínimo de 30 dias**, nos termos da lei (grifos acrescidos).

- **Proporcionalidade.** Em razão dessa previsão constitucional, o aviso-prévio é proporcional ao tempo de serviço. Para empregados com até um ano de contrato, o aviso-prévio será de 30 dias. A cada ano de contrato, serão acrescidos 3 dias na duração do aviso, até o limite de 60 dias. Assim sendo, a duração do aviso-prévio poderá ter até 90 dias (prazo mínimo de 30 dias + 60 dias do aviso proporcional). Esse dispositivo foi regulamentado recentemente pela Lei nº 12.506, de 11 de outubro de 2011.

- **Em resumo, antes da prova, sobre aviso-prévio:**

Aviso-prévio proporcional ao tempo de serviço (Lei nº 12.506/2011)	
Duração mínima	30 dias
Proporcionalidade	– A cada ano de contrato: acrescem-se 3 dias – Acréscimo máximo de 60 dias
Total do período	90 dias (30 dias iniciais + 60 dias da proporcionalidade)
Observação	Posicionamento majoritário de que a ampliação do prazo é apenas direito do empregado (não é direito do empregador)

AVISO-PRÉVIO

(Projeção)

A duração do aviso-prévio indenizado ou trabalhado projeta para todos os fins no contrato

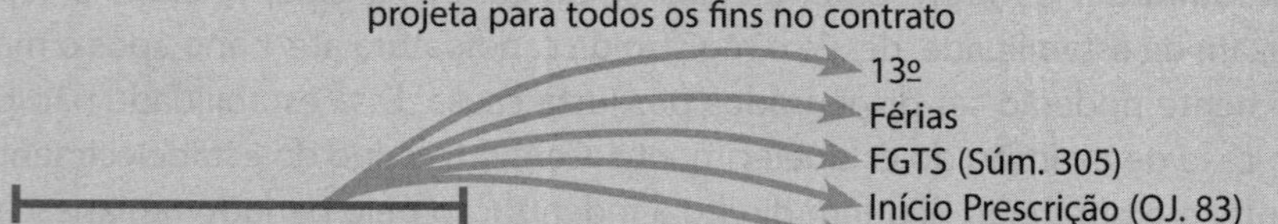

Obs. 1: Empregada gestante adquire estabilidade durante o aviso-prévio (art. 391-A da CLT)

Obs. 2: Aumento salarial coletivo beneficia empregado durante o curso do aviso prévio (art. 487, § 1º, CLT.

Obs.3: Indenização de 1 salário do Empregado se a dispensa ocorrer 30 dias antes da data base da categoria.

Hipóteses em que é devido o aviso-prévio
• Dispensa sem justa causa. • Rescisão indireta (art. 483 da CLT). • Pedido de demissão feito pelo empregado. • Extinção do estabelecimento (Súmula 44 do TST). • Contrato por prazo determinado com cláusula assecuratória de direito recíproco (art. 481 da CLT). • Culpa recíproca: empregado tem direito a 50% do valor do aviso (Súmula 14 do TST). **Obs.: Não será devido o aviso-prévio:** a) contratos por prazo determinado. b) dispensa por justa causa (art. 482 da CLT). c) morte do empregado.

Aviso-prévio (Resumo)	
Conceito	evitar que uma parte seja surpreendida com a ruptura do contrato por ato unilateral da outra.
Prazo	no mínimo, 30 dias.
Concedido pelo empregador	a) empregado urbano terá redução de 2 horas diárias ou 7 dias consecutivos; b) empregado rural terá direito a redução de 1 dia por semana.
Concedido pelo empregado	a) obrigado a conceder o aviso na hipótese de pedido de demissão; b) se não for concedido, possibilita desconto no salário do empregado.
Aviso-prévio indenizado	ocorre a substituição do período trabalhado por indenização pecuniária. Esse período é projetado no contrato para todos os fins.
Reconsideração	ato bilateral, depende do consentimento da parte contrária.

23. TÉRMINO DO CONTRATO DE TRABALHO

23.1. Dispensa sem justa causa

Ocorre quando o empregador é quem decide colocar fim ao contrato sem motivação. Salvo nos casos de garantia provisória de emprego (gestante, membro da Cipa etc.), o empregado não poderá se opor a essa decisão. Nesse caso, receberá a totalidade das verbas rescisórias:

- Saldo de salário (dias efetivamente trabalhados).
- Décimo terceiro salário proporcional.
- Férias + ⅓ vencidas, se houver.
- Férias + ⅓ proporcionais.
- Aviso-prévio.
- Saque dos depósitos do FGTS.
- Indenização de 40% sobre os depósitos do FGTS.
- Direito ao benefício do seguro-desemprego, desde que atenda aos requisitos próprios estabelecidos na legislação previdenciária.

23.2. Justa causa: dispensa por justa causa, rescisão indireta e culpa recíproca

Justa causa. O contrato poderá terminar em razão de conduta grave de uma das partes ou, ainda, de ambas as partes. Ocorrerá, portanto, a **dispensa por justa causa** (quando empregador cometer falta grave), **a rescisão indireta** (quando o empregador praticar conduta grave) ou, ainda, a **culpa recíproca**, quando ambos praticarem a conduta grave.

Resumo para a prova:

<table>
<tr><th colspan="2">Resolução (falta grave)</th></tr>
<tr><th>Dispensa por justa causa
(art. 482 da CLT)</th><th>Rescisão indireta
(art. 483 da CLT)</th></tr>
<tr><td>– Ato de improbidade
– Incontinência de conduta
– Mau procedimento
– Negociação habitual ou concorrência à empresa
– Condenação criminal sem suspensão da execução da pena
– Desídia
– Embriaguez
– Violação de segredo da empresa
– Indisciplina ou insubordinação
– Abandono de emprego
– Ato lesivo à honra e à boa fama
– Ofensa física, exceto legítima defesa
– Prática de jogos de azar
– Prática de atos atentatórios à segurança nacional</td><td>– Serviços:
• superiores às forças do trabalhador
• defesos em lei
• contrários aos bons costumes
• alheios ao contrato
– Rigor excessivo
– Possibilidade de perigo
– Descumprimento das obrigações do contrato
– Ato lesivo à honra e à boa fama
– Ofensa física, exceto legítima defesa
– Redução do trabalho pago por peça ou tarefa</td></tr>
<tr><th>Hipóteses de faltas graves do empregado não previstas no art. 482 da CLT</th><th>Hipótese de falta grave do empregador não prevista no art. 483 da CLT</th></tr>
<tr><td>– Empregado doméstico: maus-tratos de idoso, de enfermo, de pessoa com deficiência ou de criança sob cuidado direto ou indireto do empregado (art. 27, I, LC nº 150/2015);
– Greve: Abuso do direito de greve (art. 14, Lei nº 7.783/1989);
– Recusa em usar EPI: Empregado que se recusa a usar EPI ou a cumprir demais normas de segurança e medicina do trabalho (art. 158 da CLT);
– Motorista profissional: recusa em se submeter a testes e programa de controle de drogas e de bebida alcoólica (art. 235-B, VII e parágrafo único, CLT);
– Ferroviário: Recusa do ferroviário à realização de horas extras em situações de urgência e acidente (art. 240, caput, CLT).</td><td>– Empregador doméstico: empregador praticar qualquer das formas de violência doméstica ou familiar contra mulheres (art. 27, parágrafo único, VII, LC nº 150/2015. e art. 5º, Lei nº 11.340/2006).</td></tr>
<tr><th colspan="2">Culpa recíproca (art. 484 da CLT e Súmula nº 14 do TST)</th></tr>
<tr><td colspan="2">a) Empregado e empregador praticam, simultaneamente, falta grave (arts. 482 e 483 da CLT ao mesmo tempo);
b) Reconhecida pela Justiça do Trabalho;</td></tr>
</table>

Resolução (falta grave)
c) Empregado terá direito a 50% de:
• Aviso-prévio;
• 13º salário;
• Férias proporcionais;
• 20% indenização do FGTS.
Obs. 1: Nesse caso, o empregado saca os depósitos na conta vinculado do FGTS.
Obs. 2: *Não tem direito ao seguro*-desemprego.

23.3. Homologação das verbas trabalhistas

- O pedido de demissão ou recibo de quitação de rescisão do contrato de trabalho, firmado por empregado com **mais de um ano de serviço**, só será válido quando feito com a assistência do respectivo sindicato ou perante a autoridade do Ministério do Trabalho e Emprego. Logo, se o empregado tiver até 1 um ano de serviço, o recibo será feito pela própria empresa, sem a necessidade de assistência do sindicato ao Ministério do Trabalho. Se na localidade não houver sindicato da categoria ou Ministério do Trabalho, a assistência na homologação será prestada pelo representante do Ministério Público ou, onde houver, pelo defensor público e, na falta ou impedimento destes, pelo Juiz de Paz. Quanto ao MP, se na localidade houver Ministério Público do Trabalho – MPT, deve ser ele o legitimado para homologar as verbas rescisórias. Na falta do MPT, caberá ao Ministério Público Estadual.
- **Gratuidade na assistência.** De acordo com o art. 477, § 7º, CLT, o ato da assistência na rescisão contratual será sem ônus para o trabalhador e empregador. Assim, não é permitida aos sindicatos a cobrança de nenhum valor ao realizar a assistência na homologação das verbas rescisórias dos empregados. Destaca-se que o órgão do Ministério do Trabalho também deverá prestar os serviços de forma gratuita, uma vez que oferece um serviço público custeado por impostos.
- **Eficácia liberatória da homologação.** Com fundamento na transparência e lealdade contratual, o **recibo de quitação** deverá especificar a natureza de cada parcela paga ao empregado e, ainda, discriminar o seu valor. A quitação com a devida assistência em contrato com mais de um ano possibilita a eficácia liberatória em relação às parcelas expressamente previstas no recibo. No tocante a essas parcelas quitadas, não cabe, em regra, ação judicial. Por outro lado, as parcelas não consignadas no recibo ou expressamente ressalvadas poderão ser discutidas futuramente na Justiça do Trabalho.

Segue quadro que resume as hipóteses de eficácia liberatória do contrato de trabalho:

EFICÁCIA LIBERATÓRIA DO CONTRATO
– **Comissão de Conciliação Prévia:** eficácia liberatória geral, com exceção das parcelas expressamente ressalvadas (art. 625-E, parágrafo único, CLT, e Inf. 29, TST).
– **Programa de Demissão Voluntária (PDV):** eficácia liberatória somente em relação às parcelas expressamente consignadas (OJ nº 270 da SDI-I do TST).

EFICÁCIA LIBERATÓRIA DO CONTRATO
Obs.: Recentemente (abril/2015), o plenário do STF[15] adotou posição contrária à OJ nº 270 da SDI-I do TST ao decidir pela validade da cláusula de quitação geral ampla e irrestrita das verbas trabalhistas decorrentes do contrato de trabalho, **desde que previstas em acordo coletivo.**
– **Homologação das verbas rescisórias:** A homologação realizada pelo sindicato profissional ou pelo auditor-fiscal do trabalho tem eficácia liberatória em relação às parcelas expressamente previstas no recibo (Súmula nº 330 do TST).
– **Homologação em juízo:** É possível que, mediante acordo judicial, seja conferida eficácia liberatória geral das verbas trabalhistas. Nesse sentido, o acordo judicial em que o empregado dá plena e ampla quitação, sem nenhuma ressalva, alcança todos os direitos decorrentes do contrato de trabalho (OJ nº 132 da SDI-II do TST).

- **Prazo para pagamento das verbas rescisórias.** O pagamento das verbas rescisórias será efetuado no ato da homologação da rescisão do contrato em dinheiro ou cheque visado. O **prazo** para o pagamento das verbas rescisórias[14] será realizado até:

  a) o primeiro dia útil imediato ao término do contrato nas hipóteses de aviso-prévio trabalhado ou contrato por prazo determinado.

  b) o décimo dia, contado da data em que o empregado foi informado da dispensa, nas hipóteses de aviso-prévio indenizado[15], dispensa por justa causa ou no caso de o empregado que pede demissão ser liberado do cumprimento do aviso-prévio.

- **Multa do art. 477, § 8º, CLT.** Se o empregador descumprir os prazos para pagamento das verbas rescisórias, será obrigado ao pagamento de **multa** no valor equivalente ao salário do empregado, exceto se, comprovadamente, o trabalhador foi quem deu causa ao atraso do pagamento. Importante ressaltar que essa multa, prevista no art. 477 da CLT, incide nos contratos por prazo determinado e indeterminado, inclusive nos casos em que a rescisão contratual tenha-se operado por justa causa do trabalhador.

- **Reconhecimento judicial do vínculo empregatício.** Recentemente (31/05/2016), o TST editou a Súmula nº 462, que estabelece o pagamento da **multa do art. 477, § 8º, CLT, mesmo na hipótese de reconhecimento do vínculo de emprego pelo Judiciário Trabalhista.** O fato que enseja o pagamento da multa do art. 477 da CLT não depende da data de reconhecimento do vínculo de emprego, seja de forma judicial ou não, mas tão somente o desrespeito aos prazos para pagamento das verbas rescisórias.

13 RE nº 590415/SC – Relator Min. Roberto Barroso – Data de julgamento: 30/04/2015.

14 Em razão de eventual demora ou dificuldade de encontrar herdeiros, não se aplica a multa do art. 477 da CLT no pagamento das verbas rescisórias do trabalhador falecido. Para maiores informações, confira o Informativo nº 116 do TST no final do capítulo.

15 **Orientação Jurisprudencial nº 14 da SDI-I do TST:** "Em caso de aviso-prévio cumprido em casa, o prazo para pagamento das verbas rescisórias é até o décimo dia da notificação de despedida."

Resumo para a prova:

HOMOLOGAÇÃO DAS VERBAS RESCISÓRIAS

- Contrato com mais de **1 ano,** necessidade de assistência:
  - Sindicato
  - Ministério do Trabalho e Emprego
  - Ministério Público
  - Defensor Público
  - Juiz de Paz

  → *onde não houver os órgãos acima*

- **Recibo:**
  - Discriminar o valor e a natureza da parcela
  - Analfabeto – pagamento em dinheiro

- **Prazo:**
  - a) 1º dia útil imediato
    - → Aviso-prévio trabalhado
    - → Contrato por prazo determinado
  - b) Até o décimo dia
    - → Aviso-prévio indenizado
    - → Aviso-prévio cumprido em casa (OJ nº 14 da SDI-I do TST)
    - → Dispensa por justa causa
    - → Pedido de demissão do trabalhador quando o empregador dispensar o cumprimento do aviso-prévio

- **Multa prevista no art. 477 da CLT:**
  - Se não cumprido nos prazos acima, multa de 1 salário do empregado
  - Massa falida (Súm. 388): não está sujeito à multa do art. 477 da CLT. Obs.: A empresa em recuperação judicial permanece com a obrigação no pagamento da multa.
  - Administração Pública (OJ 238 SDI-I): deve respeitar os prazos para pagamento das verbas sob pena de pagamento de multa de 1 salário do empregado público.

24. PRESCRIÇÃO E DECADÊNCIA

- **Prazo.** O prazo para ingressar com a reclamação trabalhista está previsto no art. 7º, XXIX, da CF/88: "São direitos dos trabalhadores urbanos e rurais, além de outros que visem à melhoria de sua condição social: ação, quanto aos créditos resultantes das relações de trabalho, com prazo prescricional de **cinco anos** para os trabalhadores urbanos e rurais, até o limite de **dois anos** após a extinção do contrato" (grifos acrescidos).

- **Início do prazo prescricional.** O empregado poderá pleitear os direitos trabalhistas dos **últimos 5 anos a contar do ajuizamento da reclamação**. Ressalta-se que o pedido dos últimos 5 anos não conta da extinção do contrato, mas do ingresso da reclamação trabalhista. Assim sendo, se demorar para ingressar com a ação judicial, consequentemente estará deixando escoar o período pleiteado.

- **Causas que interferem na contagem do prazo.** A contagem do prazo prescricional poderá ser afetada em razão de causas impeditivas, suspensivas e interruptivas. **Causa suspensiva.** O prazo, nesse caso, ficará congelado, ou seja, haverá uma parada temporária até que seja cessado o obstáculo. Após o término do obstáculo, retoma-se a contagem. Exemplo: ingresso do empregado com pedido de conciliação na Comissão de Conciliação Prévia.

- **Suspensão do prazo prescricional.** Importante destacar que a suspensão do contrato de trabalho, por exemplo, o afastamento do empregado para o recebimento de auxílio-doença, não suspende a contagem do prazo prescricional, exceto se o trabalhador estiver impossibilitado, física ou mentalmente, de comparecer à Justiça do Trabalho.
- **Causa interruptiva.** Ocorre quando o prazo reinicia a contagem por inteiro. Exemplo: empregador, ao ingressar com a ação judicial (reclamação trabalhista) ou protesto judicial, interrompe o prazo prescricional.
- **Prescrição do FGTS.** Importante ressalvar que o prazo para requerer os depósitos do **FGTS** é de 2 anos para ingressar com a reclamatória, a contar do término do contrato. A antiga redação da Súmula nº 362 do TST dispunha que, se observado o prazo de 2 anos para ingresso com a reclamação trabalhista, o trabalhador poderá pleitear os últimos trinta anos. Era a chamada prescrição trintenária. Cabe ressaltar, entretanto, que, recentemente (novembro/2014), o STF[16] determinou, por maioria de votos, a redução do prazo de prescrição dos depósitos do FGTS para 5 anos. Abandonou-se, portanto, a tese da prescrição trintenária. Foi utilizado como argumento para defender a redução a discussão em torno da natureza jurídica do fundo. Para os ministros, os valores devidos ao FGTS apresentam natureza jurídica trabalhista, e deve ser aplicado prazo do art. 7º, inciso XXIX, da CF/88 (5 anos). Diante da nova posição assumida pelo STF, o TST alterou, recentemente (junho/2015), o teor da Súmula nº 362 do TST para também prever a prescrição quinquenal (5 anos) para o direito de reclamar o não recolhimento dos depósitos do FGTS.
- **Prescrição intercorrente.** Essa prescrição ocorreria no curso da execução, depois do trânsito em julgado, em razão da paralisação do processo por muito tempo. De acordo com a Súmula nº 114 do TST, é inaplicável na Justiça do Trabalho a prescrição intercorrente.

25. DIREITO COLETIVO

- **Principais pontos.** Recomenda-se ao candidato uma leitura atenta da matéria, e principalmente a memorização dos arts. 8º, 9º, 10 e 11 da Constituição Federal.

Em resumo, os pontos principais sobre Direito Coletivo:

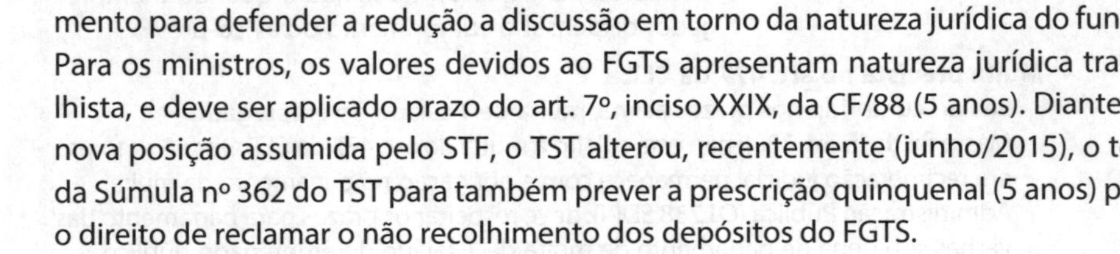

16 Ver ARE 709.212/DF. Relator: Ministro Gilmar Mendes. Data de Julgamento: 13/11/2014.

- **Sistema confederativo.** A organização sindical brasileira é dividida entre sindicatos e entidades de grau superior, que são as federações e as confederações. Essa divisão é chamada de sistema confederativo. Veja a seguir:

ORGANIZAÇÃO SINDICAL

ATENÇÃO!

A dica a seguir somente consta no edital para Analista Judiciário. Diante da correlação com os demais assuntos da disciplina, recomenda-se a leitura para a prova de Técnico Judiciário.

25.1. Liberdade sindical

A liberdade sindical é o princípio estruturante do direito coletivo do trabalho em um Estado Democrático de Direito. É pautada na democracia e no pluralismo das relações sindicais. De acordo com esse princípio, **o Estado não poderá intervir ou interferir na entidade sindical**. O sindicato é, portanto, livre quanto a sua fundação, organização e filiação.

Contudo, é necessário ressaltar que a liberdade sindical não é plena no Brasil. Ainda hoje, é aplicado o **princípio da unicidade** e exigida **contribuição sindical obrigatória**. O princípio da unicidade sindical restringe a liberdade sindical porque impede a criação de mais de um sindicato, seja representativo de categoria profissional (trabalhadores), seja da categoria econômica (empregadores) uma mesma base territorial. Limita, portanto, o direito de escolha dos trabalhadores. Do mesmo modo, a cobrança de contribuição sindical obrigatória impõe a um empregado, filiado ou não, um valor a ser pago anualmente de seu salário. Em razão desses dois pontos, o Brasil é criticado por não ter ratificado a Convenção nº 87 da OIT que prevê a plena liberdade sindical.

ATENÇÃO!

A dica a seguir somente consta no edital para Analista Judiciário. Diante da correlação com os demais assuntos da disciplina, recomenda-se a leitura para a prova de Técnico Judiciário.

25.2. Organização sindical brasileira

- **Divisão em categorias:** A organização dos sindicatos é feita com base no sistema de categorias. Há sindicatos que defendem interesses da categoria profissional (trabalhadores) e os que representam e defendem interesses da categoria econômica (empregadores). Existe ainda sindicatos que representam categorias profissionais diferenciadas. Para identificar a qual categoria pertence o trabalhador, é necessário identificar a atividade principal ou preponderante da empresa. Vale ressaltar:

a) **Categoria econômica (art. 511, § 1º, da CLT):** ocorre quando há solidariedade de interesses econômicos dos que empreendem atividades idênticas, similares ou conexas, constituindo vínculo social básico entre essas pessoas.

b) **Categoria profissional (art. 511, § 2º, da CLT):** ocorre quando há similitude de condições de vida oriunda da profissão ou trabalho em comum, em situação de emprego na mesma atividade econômica ou em atividades econômicas similares ou conexas. Para identificar a categoria profissional, é necessário, primeiro, verificar a categoria econômica, ou seja, qual a atividade da empresa.

c) **Categoria profissional diferenciada (art. 511, § 3º, da CLT)**: é a que se forma dos empregados que exerçam profissões ou funções diferenciadas por força do estatuto profissional especial ou em consequência de condições de vida singulares. Entendemos que somente é possível identificar uma categoria profissional diferenciada se houver sido criado, mediante aprovação de lei, estatuto profissional próprio. Em que pese a CLT estabelecer as condições de vida singulares como uma das hipóteses para o surgimento dessas categorias, observa-se que sua efetivação na prática se mostra incerta, uma vez que não existem parâmetros para se determinar que profissão apresenta condições de vida singulares.

- **Princípio da unicidade sindical.** Não poderá existir mais de um sindicato profissional (trabalhadores) ou sindicato da categoria econômica (empregadores) na mesma base territorial. O Brasil não ratificou a Convenção Internacional nº 87 da OIT. Essa convenção adota o princípio da pluralidade sindical, o que possibilitaria mais de um sindicato, representante da mesma categoria, na mesma base territorial.

- **Registro no órgão competente.** Em razão dessa obrigatoriedade de sindicato único, há necessidade de registro do sindicato no Ministério do Trabalho e Emprego, para que esse órgão fiscalize se a unicidade sindical está sendo cumprida. Apenas após o registro no Ministério do Trabalho é que o sindicato adquire natureza sindical, isto é, terá legitimidade para defender a categoria. Em resumo, a lei não pode exigir formalidade para a criação de sindicato, exceto o registro no órgão competente (MTPS).

- **Diretoria do sindicato.** A diretoria tem a função de administrar o sindicato e é composta por, no mínimo, 3 e, no máximo, 7 membros eleitos pela assembleia geral. A estabilidade alcança apenas os membros que representam a categoria, em número não superior a 7 membros titulares e mais 7 membros suplentes, conforme prevê o art. 522 da CLT e a Súmula nº 369, II, do TST.

- **Conselho fiscal do sindicato.** O conselho fiscal tem a atribuição de fiscalizar as contas e gastos do sindicato. Esse órgão é formado por 3 membros eleitos pela assembleia geral. De acordo com o posicionamento do TST (OJ 365), esses membros do conselho fiscal não gozam de estabilidade, pois não representam a categoria.

- Segue quadro com resumo acerca do processo eleitoral da diretoria e do conselho fiscal do sindicato:

PROCESSO ELEITORAL
• **Assembleia eleitoral**
– Eleição dos cargos: diretoria e conselho fiscal do sindicato
– CLT: parâmetro para os dispositivos do estatuto do sindicato
– Voto secreto por 6 horas contínuas – sede ou delegacias sindicais
– Impossibilidade de intervenção do Ministério do Trabalho e MPT no processo eleitoral (liberdade sindical)
– Presidência da mesa apuradora dos votos: indicação dos integrantes em estatuto
• **Quórum de instalação e votação**
– 3 convocações:
1ª: Presença de 2/3 dos associados
2ª: Presença de 50% dos associados
3ª: Presença de 40% dos associados
– Não alcançado quórum mínimo: impossibilidade de intervenção do Ministério do Trabalho
• **Quórum de eleição**
– Maioria absoluta dos associados
– Se não atingido o quórum, admite-se a eleição pela maioria relativa (maioria entre os presentes)
• **Condições de elegibilidade (art. 529 da CLT)**
a) 6 meses de inscrição no sindicato e 2 anos de atividade profissional ou econômica;
b) Idade mínima de 18 anos;
c) Gozo dos direitos sindicais;
d) Possibilidade de sucessivas reeleições;
e) Estatuto pode prever novas regras;

- **Contribuição sindical.** Era chamada, antigamente, de imposto sindical. É prevista em lei e no texto constitucional, sendo obrigatória para todos os empregados, profissionais liberais e, ainda, aos empregadores, conforme previsto nos artigos 578 a 610 da CLT. Essa contribuição compulsória tem natureza de tributo.
  - Segue quadro com informações acerca do rateio da contribuição sindical obrigatória recolhida dos empregados e do empregador:

RATEIO DA CONTRIBUIÇÃO SINDICAL OBRIGATÓRIA	
Empregados (art. 589, II, CLT)	**Empregador (art. 589, I, CLT)**
5% para as confederações	5% para as confederações;
10% para centrais sindicais[23];	15% para as federações;
15% para as federações;	60% para os sindicatos;
60% para os sindicatos;	20% para a "Conta Especial Emprego e Salário";
10% restantes para Conta Especial do Emprego e Salário[24].	

- **Contribuição confederativa.** A contribuição confederativa serve para custear o sistema confederativo, isto é, sindicatos, federações e confederações. Há expressa previsão constitucional que possibilita a contribuição confederativa, art. 8, IV, CF/88.

É fixada mediante decisão da assembleia geral, e o desconto é feito na folha de pagamento dos empregados. Diferentemente da contribuição sindical, a contribuição confederativa não tem natureza jurídica de tributo, portanto não pode ser cobrada de trabalhadores não associados ao sindicato, sob pena de grave violação à liberdade sindical (Súmula Vinculante nº 40 do STF). De acordo com a Constituição Federal e jurisprudência dominante nos tribunais:

- **Federações.** As federações são organizadas nos estados-membros, art. 534 da CLT. São entidades de segundo grau, compostas de, no mínimo, 5 sindicatos que representem a maioria absoluta de um grupo de atividades ou profissões idênticas, similares ou conexas. O objetivo da federação é coordenar interesses e reunir os sindicatos.

- **Confederações.** As confederações são entidades de âmbito nacional, com sede em Brasília. São formadas por, no mínimo, 3 federações. Têm como objetivo coordenar as federações e sindicatos do seu setor. Exemplo: Confederação Nacional da Indústria. Cabe frisar que a confederação possui legitimidade para propor ação direta de inconstitucionalidade, conforme previsto no art. 103, IX, da CF/88.

- **Centrais sindicais.** São entidades abrangentes, que não representam um grupo ou categoria específica, por exemplo, podem a elas se filiar sindicatos dos trabalhadores rurais e do comércio. Ademais, tanto os sindicatos como as federações e confederações poderão se filiar às centrais sindicais. Por fim, essas entidades representam apenas os trabalhadores, pois são formadas apenas por categorias profissionais. Não há, portanto, centrais sindicais de empregadores.

- **Estabilidade e negociação coletiva das centrais sindicais.** Os dirigentes das centrais sindicais não gozam de estabilidade, em razão da ausência de previsão em lei. Ademais, as centrais sindicais não têm legitimidade para celebrar acordos ou convenções coletivas, ingressar com ação de cumprimento ou instaurar dissídio coletivo.

Como forma de facilitar a memorização na semana da prova, segue quadro:

Entidades de grau superior	
Federações	organizadas nos estados-membros
	composta de, no mínimo, 5 sindicatos
	objetivo é coordenar e reunir os sindicatos
Confederações	entidade de âmbito nacional (sede em Brasília)
	compostas de, no mínimo, 3 federações
	possuem legitimidade para propor ADIn (art. 103, IX, da CF/88)
Órgãos internos das federações e confederações	conselho de representantes – formado por delegações dos sindicatos e das federações
	diretoria – no mínimo, 3 membros
	conselho fiscal – composto por 3 membros

Centrais sindicais

- Entidades abrangentes, formadas por sindicatos, federações e confederações.
- Representam apenas os trabalhadores.
- Atribuições:
  a) coordenar a representação dos trabalhadores;
  b) participar de negociação em que haja interesse dos trabalhadores.
- Não têm legitimidade para celebrar acordos e convenções coletivas.

25.3. Negociação coletiva (acordos e convenções coletivas de trabalho)

- **Acordo coletivo (AC).** Instrumento normativo que decorre da negociação coletiva, firmado pelo sindicato da categoria profissional (trabalhadores) com uma ou mais empresas.
- **Convenção coletiva (CC).** Instrumento normativo que decorre da negociação coletiva, firmado pelos **sindicatos** da categoria profissional e sindicato da categoria econômica.
- **O ponto em comum entre acordo e convenção.** Serão fixadas condições de trabalho a serem aplicadas aos contratos individuais de trabalho, como utilização de EPIs, reajuste salarial, estabilidades etc. Uma vez firmado o acordo ou convenção coletiva, os direitos, vantagens e obrigações serão aplicados a todos os trabalhadores, filiados e não filiados ao sindicado. O instrumento coletivo tem, portanto, efeitos *erga omnes*.
- **A diferença entre acordos e convenções** reside no fato de a convenção coletiva ser mais abrangente, pois envolve os sindicatos de ambas as categorias. Já o acordo tem abrangência mais restrita, envolvendo apenas os empregados da empresa ou empresas que o celebraram. No acordo coletivo são discutidas questões do dia a dia da empresa, como locais de amamentação, posicionamento das máquinas na empresa e uso do telefone e *e-mail*.
- Segue quadro com o resumo acerca da legitimidade para celebrar acordo ou convenção coletiva:

LEGITIMIDADE ACORDO OU CONVENÇÃO COLETIVA

Regra: Sindicato (art. 8º, VI, CF/88)

Exceções:

1) Recusa do sindicato (art. 617, § 1º, CLT, e Inf. 54 do TST) e prazo para assumir as negociações:

2) Ausência do sindicato (art. 611, § 2º, CLT, e Inf. 8 TST):

– Federação;

– Na ausência de federação, confederação.

- **Prazo de vigência.** O prazo de vigência dos acordos e convenções não poderá ser superior a **2 anos**, de acordo com o art. 614, § 3º, da CLT. O objetivo desse prazo é fomentar negociações periódicas, adequando os instrumentos à realidade econômica e regional. Recentemente, entretanto, houve mudança do posicionamento do TST (Súmula nº 277). O prazo máximo de 2 anos deve ser interpretado juntamente com a **teoria da aderência limitada por revogação**, ou seja, enquanto não houver um novo acordo ou convenção que modifique a situação do instrumento ajustado, este continua em vigor, mesmo após terminado o seu prazo de vigência de 2 anos. Recentemente, no julgamento da ADPF 323-DF, o STF concedeu medida liminar para suspender todos os processos e decisões judiciais proferidas pela Justiça do Trabalho acerca da Súmula nº 277 do TST, enquanto estiver pendente o julgamento de constitucionalidade de referida súmula. Na decisão monocrática, o Ministro Gilmar Mendes sustenta que a Súmula nº 277 do TST fere os princípios da legalidade e da separação dos poderes, pois ausente previsão legal ou constitucional que permita a ultratividade da norma coletiva (aderência limitada por revogação). Portanto, até julgamento pelo plenário do STF sobre a constitucionalidade as Súmula nº 277 do TST, não é possível exigir do Judiciário a permanência da norma coletiva após o final de sua vigência.

ATENÇÃO!

A dica a seguir somente consta no edital para Analista Judiciário. Diante da correlação com os demais assuntos da disciplina, recomenda-se a leitura para a prova de Técnico Judiciário.

25.4. Greve

- **Greve.** Greve consiste na paralisação coletiva, pacífica e temporária do trabalho com o objetivo de defender interesses profissionais. É uma arma poderosa de reivindicação dos direitos trabalhistas, sendo classificada também como forma de solução de conflitos, pois é um meio da pressão exercida sobre o empregador para atender aos pedidos dos trabalhadores e, consequentemente, colocar fim à discussão. A Lei nº 7.783/89 regulamenta o exercício de direito de greve.
- **Greve abusiva.** A greve poderá ser classificada como abusiva, contrária à legislação, ou não abusiva, exercida com razoabilidade e de acordo com a legislação. A greve **abusiva** não atende às necessidades básicas da população. Exemplo é a paralisação de 100% dos atendimentos do hospital ou, ainda, a falta de prévia comunicação à sociedade e ao empregador sobre o início da greve. Aliás, se a greve for declarada abusiva pela Justiça do Trabalho, não serão reconhecidos os direitos e vantagens pleiteados pelo movimento grevista. Também será considerada abusiva se iniciado o movimento grevista sem tentativa prévia de negociação. Ressalta-se que também será **abusiva** a manutenção da greve após a celebração de acordo, convenção coletiva ou decisão normativa. Com a assinatura do instrumento coletivo ou da decisão da Justiça do Trabalho, é necessário que os grevistas coloquem fim à paralisação, conforme previsto no art. 14 da Lei de Greve.

25.4.1. Greve em serviços essenciais

De acordo com a Constituição Federal, a lei definirá os serviços essenciais. Verifica-se, assim, que o próprio texto constitucional possibilitou a greve em serviços ou atividades essenciais. A Lei de Greve, no art. 10, elenca 11 atividades essenciais.

É obrigatório que sejam atendidos os serviços inadiáveis à população. Os serviços inadiáveis estão ligados à saúde, segurança e sobrevivência. Esse limite mínimo de atendimento não é fixado por lei, mas estipulado por comum acordo entre empregadores, empregados e sindicatos. Caso não seja garantido o mínimo de atendimento à população, a greve será considerada abusiva

GREVE	
Serviços das atividades essenciais previstas em lei (art. 10 da Lei de Greve)	– abastecimento de água, energia e gás; – assistência médica; – distribuição de alimentos e medicamentos; – funerários; – transporte coletivo; – esgoto e lixo; – telecomunicações; – substâncias radioativas; – tráfego aéreo; – compensação bancária; – processamentos de dados ligados a serviços essenciais.
Atendimento básico	será fixado em comum acordo entre sindicato, empresa e trabalhador.
Requisitos para a greve	a) convocação de assembleia geral; b) tentativa de solução amigável; c) comunicação prévia (72 h serviços essenciais e 48 h para os demais).

GREVE ABUSIVA (Resumo)
1. Lei de Greve (art. 14): Greve abusiva é aquela que não cumpre os requisitos previstos em lei.
2. Raimundo Simão de Melo: Conceito apresentado na Lei de Greve é insuficiente. Greve abusiva é aquela que não atende ao seu fim econômico e social, aos bons costumes e à boa-fé (art. 187 CC).
3. Principais hipóteses de abusividade da greve: **a)** Não atendimento das necessidades básicas da população na greve de serviços essenciais (OJ 38, SDC); **b)** Início da greve sem a tentativa prévia de negociação (OJ 11, SDC); **c)** Manutenção da greve após a celebração de acordo, convenção coletiva ou de sentença normativa (greve dos dissidentes), salvo quando se pretenda exigir o cumprimento de cláusula ajustada ou em razão de fatos supervenientes (art. 14, Lei de Greve); **d)** Prática de atos violentos pelos grevistas.
4. MPT: ajuizamento de dissídio coletivo de greve se houver lesão ao interesse público nas greves em atividades essenciais (art. 114, § 3º, CF/88).

26. COMISSÃO DE CONCILIAÇÃO PRÉVIA

- **Finalidade.** As Comissões de Conciliação Prévia foram criadas como forma de tentar solucionar os conflitos existentes entre empregados e empregadores. Poderão ser criadas pelas empresas ou pelos sindicatos e, caso existam, na mesma localidade e para a mesma categoria, Comissão de Empresa e Comissão Sindical, o interessado deve optar por uma delas. De acordo com o art. 625-A da CLT: "As empresas e os sindicatos podem instituir Comissões de Conciliação Prévia, de composição paritária, com representantes dos empregados e dos empregadores, com a atribuição de tentar conciliar os conflitos individuais do trabalho."

- **Conflitos individuais.** Essa comissão poderá conciliar apenas conflitos individuais de trabalho, ou seja, não tem atribuição para firmar acordos em dissídios coletivos. Aliás, é a única forma, prevista em lei, de transação individual (entre empregado e empregador) de verbas trabalhistas.

- **Composição e número de membros.** A composição dos membros da Comissão de Conciliação Prévia será paritária, ou seja, o mesmo número de representantes dos trabalhadores e de representantes do empregador. A composição da comissão em âmbito sindical terá sua constituição e normas definidas em acordo ou convenção coletiva. O número de membros, em **âmbito empresarial**, será de, no mínimo, 2 e, no máximo, 10 membros.

- **Representante dos empregados.** Importante destacar que os representantes dos trabalhadores serão eleitos em votação secreta. Em razão disso, para que não haja perseguição, titulares e suplentes possuirão garantia provisória de emprego (estabilidade) até um ano após o fim do mandato, salvo se cometerem falta grave. Nesse caso, o art. 625-B, § 1º, da CLT não prevê a estabilidade dos representantes dos empregados a partir do registro da candidatura; portanto, nas provas objetivas, importante memorizar nos exatos termos da lei.

- **Necessidade de submeter a demanda à Comissão de Conciliação Prévia.** Nas localidades onde houver Comissão de Conciliação Prévia, a demanda será submetida à tentativa de conciliação antes de ingressar com a reclamação trabalhista na Justiça do Trabalho (art. 625-D da CLT). Entretanto, o Supremo Tribunal Federal – STF – entende que é **facultativa** ao trabalhador a tentativa de conciliação perante a CCP, ou seja, ele poderá ingressar diretamente na Justiça do Trabalho.

- **Prazo e prescrição.** Ao submeter a demanda à comissão, há um prazo de 10 dias para realizar a sessão de tentativa de conciliação. Durante esse prazo, a prescrição ficará suspensa. Se não houver conciliação, será fornecida às partes declaração da tentativa conciliatória frustrada, que deverá ser juntada à futura reclamação trabalhista.

- **Termo de conciliação.** Se as partes aceitarem a conciliação, será lavrado termo de conciliação. Esse termo terá **eficácia liberatória geral**, ou seja, o empregado não poderá rediscutir as matérias objeto de conciliação na Justiça do Trabalho, pois já houve acordo entre as partes. Há exceção, entretanto, no tocante às parcelas expressamente ressalvadas.

- **Eficácia do termo de conciliação.** Esse documento terá força de **título executivo extrajudicial**, isto é, poderá ser executado diretamente na Justiça do Trabalho. A título de exemplo, o termo de conciliação vale como "cheque" dado pelo empregador: se não for pago, será executado. Na reclamação trabalhista, há necessidade de juntar provas (documentos, testemunhas etc.), por isso o processo é mais demorado. Já na execução, o processo é rápido, pois a instrução é realizada com o título executivo.

Para a semana antes da prova, segue o quadro de resumo sobre CCP:

Comissão de Conciliação Prévia

- Objetivo de solucionar conflitos entre empregados e empregadores
- Podem ser criadas em âmbito empresarial ou sindical

Composição da CCP:

- composição paritária → Representantes dos empregados / Representante dos empregadores
- mínimo 2 e máximo 10
- eleição: representantes dos empregados
- estabilidade titulares e suplentes (representantes dos empregados)
- mandato de 1 ano permitido uma recondução

Submeter a demanda à CCP:

- Art. 625-D: demanda "será submetida"
- Posicionamento do STF: opção do trabalhador
- Prazo de 10 dias: tentativa de conciliação
- Termo de conciliação:
  a) Eficácia liberatória geral
  b) Título executivo extrajudicial

Direito Processual do Trabalho

Élisson Miessa

Revisão Final – TRT-MS

Itens do Edital	Tópico do Livro
1. Da Justiça do Trabalho: organização e competência.	Tópicos 4 e 7
2. Das Varas do Trabalho, dos Tribunais Regionais do Trabalho e do Tribunal Superior do Trabalho: jurisdição e competência.	Tópico 4
3. Dos serviços auxiliares da Justiça do Trabalho: das secretarias das Varas do Trabalho; dos distribuidores; oficiais de justiça avaliadores.	Tópico 5
4. Do Ministério Público do Trabalho: organização.	Tópico 6
5. Do processo judiciário do trabalho: princípios gerais do processo trabalhista (aplicação subsidiária e supletiva do CPC).	Tópicos 2 e 3
6. Dos atos, termos e prazos processuais.	Tópico 9
7. Da distribuição.	Tópico 5, Item 5.2
8. Das custas e emolumentos.	Tópico 9
9. Das partes e procuradores; do *jus postulandi*; da substituição e representação processuais; da assistência judiciária; dos honorários de advogado.	Tópico 8
10. Das nulidades.	Tópico 10
11. Das exceções.	Tópico 13
12. Das audiências; da notificação das partes; do arquivamento do processo; da revelia e confissão.	Tópicos 9, 12
13. Das provas.	Tópico 14
14. Dos dissídios individuais: da forma de reclamação e notificação; da reclamação escrita e verbal; da legitimidade para ajuizar.	Tópico 11
15. Do procedimento ordinário e sumaríssimo.	Tópicos 16 e 17
16. Dos procedimentos especiais: inquérito para apuração de falta grave, ação rescisória, mandado de segurança.	Tópico 22
17. Da sentença e da coisa julgada; da liquidação da sentença: por cálculo, por artigos e por arbitramento.	Tópicos 15 e 19
18. Dos dissídios coletivos.	Tópico 21
19. Da execução: execução provisória; execução por prestações sucessivas; execução contra a Fazenda Pública; execução contra a massa falida.	Tópico 20, Itens 20.1, 20.5, 20.6 e 20.7
20. Da citação; do depósito da condenação e da nomeação de bens; do mandado e penhora; dos bens penhoráveis e impenhoráveis; da impenhorabilidade do bem de família (Lei nº 8.009/90).	Tópico 20.4
21. Dos embargos à execução; da impugnação à sentença; dos embargos de terceiros.	Tópico 20, item 20.4.1
22. Da praça e leilão; da arrematação; da remição; das custas na execução.	Tópico 20, itens 20.4.2, 20.4.3

Itens do Edital	Tópico do Livro
23. Dos recursos no processo do trabalho.	Tópico 18
24. Súmulas do TST de Direito Processual do Trabalho	
25. Do processo judicial eletrônico: Resolução CSJT nº 136/2014.	Tópico 23

1. EVOLUÇÃO HISTÓRICA

- **1932:** são criadas as Juntas de Conciliação e Julgamento. Contudo, a execução de suas decisões era feita perante a Justiça Comum.
- **Constituição Federal de 1934:** primeira Constituição a prever a Justiça do Trabalho, incumbindo-lhe de dirimir questões entre empregados e empregadores, embora ainda não integrante do Poder Judiciário, mas ligada ao Poder Executivo.
- **1939:** por meio dos Decretos-leis 1.237, de 2 de maio de 1939, e 1.346, de 15 de junho de 1939, foi institucionalizada a Justiça do Trabalho, sendo instalada em 1° de maio de 1941.
- **Constituição Federal de 1946:** inclui, constitucionalmente, a Justiça do Trabalho como integrante do Poder Judiciário.
- **Constituição Federal de 1988:** conserva a Justiça do Trabalho dentro do Poder Judiciário. Na sua redação original, era estruturada da seguinte forma: I – Tribunal Superior do Trabalho; II – Tribunais Regionais do Trabalho; III – Juntas de Conciliação e Julgamento.
- **Emenda Constitucional 24/99:** exclui-se a representação classista, deixando de participar do Judiciário trabalhista juízes leigos (classistas), sendo composto somente por juízes togados.
- **Emenda Constitucional n° 45/04:** ampliou a competência da Justiça do Trabalho, deixando de ser vinculada à relação de emprego, para contemplar as relações de trabalho em sentido amplo.

2. FONTES E INTEGRAÇÃO

Ordem	Fase de conhecimento	Fase de execução
1° (fonte principal)	CLT e legislação esparsa	CLT e legislação esparsa
2° (fonte subsidiária)	CPC (processo comum)	Lei de Execuções Fiscais
3° (fonte subsidiária)		CPC (processo comum)

A partir do NCPC, de forma expressa, passa a ser admitida a aplicação supletiva (complementar) do CPC, mantendo-se intactos os requisitos dos arts. 769 e 889 da CLT. Noutras palavras, o Novo CPC será aplicado ao processo do trabalho de forma subsidiária e supletiva, desde que presentes dois requisitos: omissão e compatibilidade. Nesse sentido, declina o art. 1º da IN nº 39/2016 do TST:

> **Art. 1°** Aplica-se o Código de Processo Civil, subsidiária e supletivamente, ao Processo do Trabalho, em caso de omissão e desde que haja compatibilidade com as normas e

princípios do Direito Processual do Trabalho, na forma dos arts. 769 e 889 da CLT e do art. 15 da Lei nº 13.105, de 17.03.2015.

3. PRINCÍPIOS DO PROCESSO DO TRABALHO

1) Princípio da proteção

O princípio da proteção, no processo do trabalho, tem incidência na função informadora, ou seja, inspira o legislador na criação da norma. Frisa-se, porém, que a doutrina não tem feito essa restrição, admitindo a aplicação desse princípio nas demais funções, especialmente na função interpretativa.

Assim, entende-se que o princípio da proteção deve ser aplicado de modo compatível com o princípio constitucional da igualdade, devendo o julgador simplesmente corrigir o desequilíbrio processual entre reclamante e reclamado, assegurando ao primeiro algumas prerrogativas processuais que compensem sua hipossuficiência econômica.

De qualquer modo, ele não poderá ser utilizado no campo probatório, inclusive para suprir deficiência probatória, observando-se, nessa hipótese, as regras pertinentes ao ônus da prova.

2) Princípio da conciliação

No **rito ordinário**, a CLT prevê dois momentos obrigatórios de tentativa de conciliação a ser conduzida pelo juiz:

1ª. Na abertura da audiência inicial e antes da apresentação da defesa (CLT, art. 846);

2ª. Depois das razões finais e antes da sentença, como declina o art. 850 da CLT.

Ademais, no **rito sumaríssimo**, o art. 852-E da CLT descreve que "aberta a sessão, o juiz esclarecerá as partes presentes sobre as vantagens da conciliação e usará os meios adequados de persuasão para a solução conciliatória do litígio, em qualquer fase da audiência".

3) Princípio do *jus postulandi*

O *jus postulandi* das partes, estabelecido no art. 791 da CLT, limita-se às Varas do Trabalho e aos Tribunais Regionais do Trabalho, não alcançando a ação rescisória, a ação cautelar, o mandado de segurança e os recursos de competência do Tribunal Superior do Trabalho (Súmula n° 425 do TST).

4) Princípio da oralidade

Embora o princípio da oralidade não seja próprio do processo do trabalho, ele tem maior incidência nessa seara processual. Isso porque, em regra, os atos praticados no processo trabalhistas são orais (verbais).

É interessante observar que o princípio da oralidade se subdivide em três princípios: identidade física do juiz[1], concentração dos atos processuais e irrecorribilidade imediata das decisões interlocutórias.

1 Antigamente, o TST não aplicava esse princípio na seara trabalhista, criando a Súmula n° 136, em razão da existência, na época, dos juízes classistas. Posteriormente, o C. TST cancelou referida súmula, ante

5) Princípio da irrecorribilidade imediata das decisões interlocutórias

Com o intuito de alcançar, de forma mais célere e efetiva, a resolução da pretensão colocada em juízo, a CLT, em seu art. 893, § 1°, estabeleceu que as decisões interlocutórias são irrecorríveis de imediato. Destaca-se que o C. TST reafirmou a aplicação da irrecorribilidade imediata das decisões interlocutórias no art. 1º, § 1º, da IN nº 39/2016, ao declinar que referido princípio deverá ser observado na aplicação supletiva e/ou subsidiária do NCPC à seara trabalhista.

De acordo com a Súmula nº 214 do TST, o princípio não é aplicado nas hipóteses de decisão:

a) de Tribunal Regional do Trabalho contrária à Súmula ou Orientação Jurisprudencial do Tribunal Superior do Trabalho;
b) suscetível de impugnação mediante recurso para o mesmo tribunal;
c) que acolhe exceção de incompetência territorial, com a remessa dos autos para Tribunal Regional distinto daquele a que se vincula o juízo excepcionado, consoante o disposto no art. 799, § 2°, da CLT.

6) Princípio da extrapetição

A jurisdição tem como característica essencial a inércia, de modo que o Judiciário somente atuará quando provocado. É o que se denomina de princípio dispositivo ou princípio da demanda. Excepcionalmente, admite-se a atuação sem provocação, observando-se a aplicação do princípio da extrapetição. Consigna-se que o juiz somente poderá agir de ofício nos casos expressos em lei.

7) Princípio da simplicidade

O princípio da simplicidade permite que o processo do trabalho tenha maior flexibilidade, buscando a facilidade no acesso à justiça, bem como na prestação jurisdicional. Desse modo, esse ramo processual preza pelo não formalismo. É o que se verifica, por exemplo, como os requisitos exigidos na petição inicial trabalhista (CLT, art. 840).

4. ORGANIZAÇÃO DA JUSTIÇA DO TRABALHO

A Justiça do Trabalho, nos termos do art. 111 da CF/88, possui os seguintes órgãos:

I – o Tribunal Superior do Trabalho;

II – os Tribunais Regionais do Trabalho;

III – Juízes do Trabalho.

as diretrizes do art. 132 do CPC/73. Com o NCPC, o posicionamento do TST deverá ser novamente alterado, uma vez que o novel código não reproduziu o teor do art. 132 do CPC/73, o qual disciplinava o princípio da identidade física do juiz. Com essa alteração, acreditamos que nas provas objetivas deverá ser adotada a tese de que referido princípio não é mais aplicado na seara processual, tanto civil, como trabalhista.

- **Composição do TST:**

- 27 ministros;
- escolhidos dentre brasileiros com mais de 35 anos e menos e 65 anos;
- de notável saber jurídico e reputação ilibada;
- nomeados pelo presidente da República;
- após aprovação pela maioria absoluta do Senado federal (sabatina).

Depois da Emenda Constitucional nº 45/04, também passaram a funcionar junto ao TST:

1) a Escola Nacional de Formação e Aperfeiçoamento de Magistrados do Trabalho (Enamat), cabendo-lhe, dentre outras funções, regulamentar os cursos oficiais para o ingresso e promoção na carreira e;

2) o Conselho Superior da Justiça do Trabalho – CSJT –, cabendo-lhe exercer, na forma da lei, a supervisão administrativa, orçamentária, financeira e patrimonial da Justiça do Trabalho de primeiro e segundo graus, como órgão central do sistema, cujas decisões terão efeito vinculante.

O Conselho Superior da Justiça do Trabalho atua apenas no âmbito administrativo, orçamentário, financeiro e patrimonial da Justiça do Trabalho, **não exercendo atividade jurisdicional.** Atenta-se, ainda, para o fato de que, nesses casos, a decisão do conselho terá efeito vinculante, ou seja, sua observância é obrigatória.

- **Composição do TRT:**

- no mínimo, 7 juízes;
- recrutados, quando possível, na respectiva região;
- nomeados pelo Presidente da República;
- dentre brasileiros com mais de **30 anos** e menos de 65 anos.

- **Vara do Trabalho**

A lei criará varas da Justiça do Trabalho, podendo, nas comarcas não abrangidas por sua jurisdição, atribuí-las aos juízes de direito, com recurso para o respectivo Tribunal Regional do Trabalho (CF/88, art. 112).

5. SERVIÇOS AUXILIARES DA JUSTIÇA DO TRABALHO

5.1. Secretarias das varas do trabalho

A secretaria das varas do trabalho é órgão auxiliar e permanente da primeira instância, destinado a manter e conservar os autos judiciais e realizar todos os serviços burocráticos, por meio de servidores nela lotados.

Cada vara do trabalho possui **uma secretaria**, que é **chefiada pelo diretor da secretaria**, antigamente denominado de chefe de secretaria ou secretário, o qual é indicado de forma discricionária pelo juiz.

Atribuições das secretarias:

CLT, art. 711 – Compete à secretaria das Juntas:

a) o recebimento, a autuação, o andamento, a guarda e a conservação dos processos e outros papéis que lhe forem encaminhados;

b) a manutenção do protocolo de entrada e saída dos processos e demais papéis;

c) o registro das decisões;

d) a informação, às partes interessadas e seus procuradores, do andamento dos respectivos processos, cuja consulta lhes facilitará;

e) a abertura de vista dos processos às partes, na própria secretaria;

f) a contagem das custas devidas pelas partes, nos respectivos processos;

g) o fornecimento de certidões sobre o que constar dos livros ou do arquivamento da secretaria;

h) a realização das penhoras e demais diligências processuais;

i) o desempenho dos demais trabalhos que lhe forem cometidos pelo Presidente da Junta, para melhor execução dos serviços que lhe estão afetos.

5.2. Serviços de distribuição de feitos

Nas localidades onde há mais de uma vara do trabalho é necessário o setor de distribuição de feitos, que tem a incumbência, como o próprio nome já indica, de distribuir os processos, de forma igual, entre as varas do trabalho local, conforme declina o art. 713 da CLT.

A distribuição será feita pela ordem rigorosa de sua apresentação ao distribuidor (CLT, art. 783). As reclamações serão registradas em livro próprio, rubricado em todas as folhas pela autoridade a que estiver subordinado o distribuidor (CLT, art. 784). Além disso, o distribuidor fornecerá ao interessado um recibo do qual constarão, essencialmente, o nome do reclamante e do reclamado, a data da distribuição, o objeto da reclamação e o Juízo a que coube a distribuição (CLT, art. 785). Há de se observar também que, na hipótese de reclamação verbal, esta será distribuída antes de sua redução a termo (CLT, art. 786).

Após a realização da distribuição, a reclamação será remetida pelo distribuidor ao Juízo competente, acompanhada do bilhete de distribuição (CLT, art. 788).

Atribuições do setor de distribuições de feitos:

CLT, art. 714 – Compete ao distribuidor:

a) a distribuição, pela ordem rigorosa de entrada, e sucessivamente a cada Junta, dos feitos que, para esse fim, lhe forem apresentados pelos interessados;

b) o fornecimento, aos interessados, do recibo correspondente a cada feito distribuído;

c) a manutenção de 2 (dois) fichários dos feitos distribuídos, sendo um organizado pelos nomes dos reclamantes e o outro dos reclamados, ambos por ordem alfabética;

d) o fornecimento a qualquer pessoa que o solicite, verbalmente ou por certidão, de informações sobre os feitos distribuídos;

e) a baixa na distribuição dos feitos, quando isto lhe for determinado pelos Presidentes das Juntas, formando, com as fichas correspondentes, fichários à parte, cujos dados poderão ser consultados pelos interessados, mas não serão mencionados em certidões.

5.3. Oficiais de Justiça Avaliadores

Os oficiais de justiça têm a incumbência de realizar os atos fora da sede da vara do trabalho ou dos tribunais. Estabelece o art. 721 da CLT:

> **CLT, Art. 721** – Incumbe aos Oficiais de Justiça e Oficiais de Justiça Avaliadores da Justiça do Trabalho a realização dos atos decorrentes da execução dos julgados das Juntas de Conciliação e Julgamento e dos Tribunais Regionais do Trabalho, que lhes forem cometidos pelos respectivos Presidentes.
>
> § 1° Para efeito de distribuição dos referidos atos, cada Oficial de Justiça ou Oficial de Justiça Avaliador funcionará perante uma Junta de Conciliação e Julgamento, salvo quando da existência, nos Tribunais Regionais do Trabalho, de órgão específico, destinado à distribuição de mandados judiciais.
>
> § 2° Nas localidades onde houver mais de uma Junta, respeitado o disposto no parágrafo anterior, a atribuição para o cumprimento do ato deprecado ao Oficial de Justiça ou Oficial de Justiça Avaliador será transferida a outro Oficial, sempre que, após o decurso de 9 (nove) dias, sem razões que o justifiquem, não tiver sido cumprido o ato, sujeitando-se o serventuário às penalidades da lei.
>
> § 3° No caso de avaliação, terá o Oficial de Justiça Avaliador, para cumprimento do ato, o prazo previsto no art. 888.
>
> § 4° É facultado aos Presidentes dos Tribunais Regionais do Trabalho cometer a qualquer Oficial de Justiça ou Oficial de Justiça Avaliador a realização dos atos de execução das decisões desses Tribunais.
>
> § 5° Na falta ou impedimento do Oficial de Justiça ou Oficial de Justiça Avaliador, o Presidente da Junta poderá atribuir a realização do ato a qualquer serventuário.

O oficial possui dois prazos para cumprir suas atribuições:

1) regra: 9 dias;

2) para a avaliação do bem penhorado: 10 dias.

Por fim, consigna-se que, não havendo oficial na localidade, o juiz do trabalho poderá designar qualquer outro serventuário para realizar suas atribuições.

> **ATENÇÃO!**
> Dica a seguir somente para analista judiciário

6. MINISTÉRIO PÚBLICO DO TRABALHO

Princípios	– Unidade – Indivisibilidade – Independência funcional – Promotor natural

- **Organização**

I – Ministério Público da União	– Ministério Público do Trabalho – Ministério Público Federal – Ministério Público Militar – Ministério Público do Distrito Federal e Territórios
II – Ministérios Públicos dos Estados	

- **Atribuições do MPT**

O art. 83, da LC nº 75/93, prevê as seguintes atribuições do Ministério Público do Trabalho:

> I – promover as ações que lhe sejam atribuídas pela Constituição Federal e pelas leis trabalhistas;
>
> II – manifestar-se em qualquer fase do processo trabalhista, **acolhendo solicitação do juiz ou por sua iniciativa**, quando entender existente interesse público que justifique a intervenção;
>
> III – promover a ação civil pública no âmbito da Justiça do Trabalho, para defesa de interesses coletivos, quando desrespeitados os direitos sociais constitucionalmente garantidos;
>
> IV – propor as ações cabíveis para **declaração de nulidade de cláusula de contrato, acordo coletivo ou convenção coletiva** que viole as liberdades individuais ou coletivas ou os direitos individuais indisponíveis dos trabalhadores;
>
> V – propor as ações necessárias à **defesa dos direitos e interesses dos menores, incapazes e índios**, decorrentes das relações de trabalho;
>
> VI – recorrer das decisões da Justiça do Trabalho, **quando entender necessário**, tanto nos processos em que for parte, como naqueles em que oficiar como fiscal da lei, bem como pedir revisão dos Enunciados da Súmula de Jurisprudência do Tribunal Superior do Trabalho;
>
> VII – funcionar nas sessões dos Tribunais Trabalhistas, manifestando-se verbalmente sobre a matéria em debate, **sempre que entender necessário**, sendo-lhe assegurado o direito de vista dos processos em julgamento, podendo solicitar as requisições e diligências que julgar convenientes;
>
> VIII – **instaurar instância em caso de greve**, quando a defesa da ordem jurídica ou o interesse público assim o exigir;

ATENÇÃO:

O art. 114, § 3°, da CF/88 estabelece que o Ministério Público do Trabalho poderá ajuizar dissídio coletivo, em caso de greve em atividade essencial, com possibilidade de lesão do interesse público, competindo à Justiça do Trabalho decidir o conflito.

> IX – promover ou participar da instrução e conciliação em dissídios decorrentes da paralisação de serviços de qualquer natureza, oficiando obrigatoriamente nos processos, manifestando sua concordância ou discordância, em eventuais acordos firmados antes da homologação, resguardado o direito de recorrer em caso de violação à lei e à Constituição Federal;

X – promover **mandado de injunção**, quando a competência for da Justiça do Trabalho;

XI – **atuar como árbitro**, se assim for solicitado pelas partes, nos dissídios de competência da Justiça do Trabalho;

XII – requerer as diligências que julgar convenientes para o correto andamento dos processos e para a melhor solução das lides trabalhistas;

XIII – intervir **obrigatoriamente** em todos os feitos no segundo e terceiro graus de jurisdição da Justiça do Trabalho, quando a parte for pessoa jurídica de Direito Público, Estado estrangeiro ou organismo internacional (LC nº 75/93, art. 83).

7. COMPETÊNCIA

A definição de qual juízo é competente ocorre por meio de cinco critérios:

1) em razão da matéria;

2) em razão da pessoa;

3) em razão da função (funcional);

4) em razão do lugar (territorial);

5) em razão do valor da causa.

No processo trabalhista, o valor da causa não é critério para delimitação da competência, mas serve tão somente para definir o rito processual (sumário, sumaríssimo ou ordinário).

Diferenças entre a competência absoluta e a competência relativa.

	Competência absoluta	Competência relativa
Espécies	Competência material; competência em razão da pessoa; competência funcional	Competência territorial; competência em razão do valor da causa
Momento de alegação	Qualquer tempo e grau de jurisdição, exceto instância superior que depende do prequestionamento	Prazo para resposta
Conhecimento *ex officio*	Pode ser conhecida *ex officio*	Não pode ser conhecida *ex officio*
Forma de alegação	Preliminar de contestação, qualquer petição e até mesmo oralmente na audiência	Preliminar de contestação (NCPC, art. 64, *caput*).
Modificação	Não pode ser modificada	Pode ser modificada pela: a) prorrogação; b) conexão; ou c) continência.
Nulidade	Gera nulidade absoluta	Gera nulidade relativa
Ação rescisória	Poderá ser objeto de ação rescisória	Não poderá ser objeto de ação rescisória

A Justiça do Trabalho, nos termos do art. 114 da CF/88, tem competência material para julgar:

I – as ações oriundas da relação de trabalho, abrangidos os entes de direito público externo e da administração pública direta e indireta da União, dos Estados, do Distrito Federal e dos Municípios;

II – as ações que envolvam exercício do direito de greve;

III – as ações sobre representação sindical, entre sindicatos, entre sindicatos e trabalhadores, e entre sindicatos e empregadores;

IV – os mandados de segurança, *habeas corpus* e *habeas* data, quando o ato questionado envolver matéria sujeita à sua jurisdição;

V – os conflitos de competência entre órgãos com jurisdição trabalhista, ressalvado o disposto no art. 102, I, *o*, da CF/88;

VI – as ações de indenização por dano moral ou patrimonial, decorrentes da relação de trabalho;

VII – as ações relativas às penalidades administrativas impostas aos empregadores pelos órgãos de fiscalização das relações de trabalho;

VIII – a execução, de ofício, das contribuições sociais previstas no art. 195, I, a, e II, e seus acréscimos legais, decorrentes das sentenças que proferir;

IX – outras controvérsias decorrentes da relação de trabalho

Após a Emenda Constitucional n° 45/04, a Justiça do Trabalho passou a ter competência para julgar não somente a relação de emprego, ou seja, as ações de empregado x empregador, mas também as ações decorrentes das relações de trabalho que incluem: relação de emprego; trabalho autônomo; trabalho eventual; trabalho avulso; trabalho voluntário; estágio etc.

O entendimento majoritário é no sentido de que a cobrança dos honorários advocatícios é competência da Justiça Estadual e não da Justiça do Trabalho.

A Justiça do Trabalho não tem competência para julgar e processar as ações penais (ADIN 3.684).

O entendimento predominante sobre a imunidade das entidades internacionais é o seguinte:

Estados estrangeiros	Organizações ou organismos internacionais
Não têm imunidade de jurisdição, ou seja, pode ser condenado pela Justiça do Trabalho.	Têm imunidade absoluta de jurisdição (fase de conhecimento e de execução).
Regra: Têm imunidade na fase execução, não podendo ter seus bens penhorados.	

Competência para julgamento dos servidores públicos

Competência da Justiça do Trabalho	Competência da Justiça Comum
Empregado público (celetista)	Servidor estatutário
	Cargo em comissão
	Servidor temporário

Na hipótese de o ente público alterar o regime celetista para estatutário, a competência da Justiça do Trabalho fica limitada ao período do regime celetista, inclusive restringindo a execução àquele período (OJ n° 138 da SDI-I do TST).

A Justiça do Trabalho é competente para processar e julgar ação possessória ajuizada em decorrência do exercício do direito de greve pelos trabalhadores da iniciativa privada (Súmula vinculante n° 23 do STF).

A Justiça do Trabalho é competente para processar e julgar as ações de indenização por danos morais e patrimoniais decorrentes da relação de trabalho (CF/88, art. 114, VI). Além disso, também são de competência da Justiça do Trabalho, as ações de indenização por danos morais e patrimoniais **decorrentes do acidente de trabalho** propostas por empregado contra empregador, inclusive aquelas que ainda não possuíam sentença de mérito em primeiro grau quando da promulgação da Emenda Constitucional n° 45/04 (Súmula vinculante n° 22 do STF). A competência estabelecida pela EC n. 45/2004 não alcança os processos já sentenciados na Justiça Comum (Súmula nº 367 do STJ).

A Justiça do Trabalho também é competente se a ação indenizatória por acidente de trabalho for ajuizada por sucessores e herdeiros do trabalhador que sofreu o acidente (Súmula nº 392 do TST).

As ações acidentárias, que derivam do acidente de trabalho, promovidas pelo trabalhador em face do INSS, são de competência da Justiça Comum Estadual, nos termos do art. 109, I, da CF, ficando na competência da Justiça do Trabalho apenas as ações promovidas pelo trabalhador em face do empregador em decorrência do acidente do trabalho.

A Justiça do Trabalho tem competência para executar apenas as contribuições sociais decorrentes de sentença condenatória em pecúnia que proferir ou objeto de acordo judicial homologado, o que não inclui o caso de decisões meramente declaratórias (Súmula 368, I, do TST; Súmula vinculante nº 53 do STF).

A Justiça do Trabalho também tem competência para executar as contribuições sociais referentes ao seguro de acidente de trabalho (Súmula n° 454 do TST). Contudo, não tem competência para as contribuições devidas a terceiros do sistema S (Sesi, Sesc, Senai etc.).

Compete à Justiça do Trabalho julgar as ações que tenham como causa de pedir o descumprimento de normas trabalhistas relativas à segurança, higiene e saúde dos trabalhadores (Súmula n° 736 do STF).

O STF decidiu que a competência para o julgamento dos processos relacionados à complementação da aposentadoria é da Justiça Comum, quando se tratar de entidade privada de previdência complementar, sob o fundamento de que a complementação de aposentadoria deriva de uma relação previdenciária autônoma, não sendo, portanto, decorrente da relação de trabalho a legitimar a competência da Justiça Laboral (RE nº 586453 e 583050).

Ressalta-se, contudo, que as ações de complementação de aposentadoria decorrentes de plano instituído, regulamentado e pago pelo empregador, por tratar-se de direito inserido no contrato de trabalho, incidindo inclusive o art. 468 da CLT, que veda a alteração lesiva ao empregado, como disposto pelo C. TST no item I da Súmula nº 288 do TST, a **competência** é **da Justiça do Trabalho**

A Justiça do Trabalho é o único ramo do Judiciário que tem competência para criar normas gerais e abstratas. Trata-se, pois, de função legislativa (função atípica) conferida ao Judiciário trabalhista, denominada de Poder Normativo. A criação de tais normas se dá por meio do dissídio coletivo (CF/88, art. 114, § 2º).

A **competência territorial** na Justiça do Trabalho tem como regra o local da prestação dos serviços (CLT, art. 651, *caput*), mesmo que a contratação tenha ocorrido em outro local ou no estrangeiro.

Excetuam-se os seguintes casos:

1) agente ou viajante comercial.

   Na hipótese, definem-se duas regras sucessivas:

   - Regra principal: competência da Vara do Trabalho que a empresa tenha agência ou filial e a ela o empregado esteja subordinado.
   - Regra secundária (subsidiária): na falta de agência ou filial ou se o empregado não estiver subordinado a qualquer uma delas, ele poderá optar entre ajuizar a ação no seu domicílio ou a localidade mais próxima.

2) empregado que trabalha no exterior (agência ou filial no estrangeiro), desde que o empregado seja brasileiro e não haja convenção internacional dispondo em contrário.
3) empregador que promove a prestação dos serviços fora do lugar da celebração do contrato. Nessa hipótese, a legislação confere a opção de o empregado escolher entre:
   - a Vara do Trabalho da celebração do contrato; ou
   - a Vara do Trabalho do local de prestação dos serviços.

No processo do trabalho, é majoritário o entendimento de que o **foro de eleição é inaplicável**, por ser incompatível com a ideologia desse ramo processual (TST-IN nº 39/2016, art. 2º, I).

Tratando-se de ação civil pública, a competência é definida de modo diverso. Assim, nos termos da OJ nº 130 da SDI-II do TST:

I – A competência para a Ação Civil Pública fixa-se pela extensão do dano.

II – Em caso de dano abrangência regional, que atinge cidades sujeitas à jurisdição de mais de uma Vara do Trabalho, a competência será de qualquer das varas das localidades atingidas, ainda que vinculadas a Tribunais Regionais do Trabalho distintos.

III – Em caso de dano de abrangência suprarregional ou nacional, há competência concorrente para a ação civil pública das varas do trabalho das sedes dos Tribunais Regionais do Trabalho.

IV – Estará prevento o juízo a que a primeira ação houver sido distribuída.

8. PARTES E PROCURADORES NO PROCESSO DO TRABALHO

De acordo com o art. 793 da CLT, a representação do menor de 18 anos é feita de forma **sucessiva**:

1º) representantes legais (ex., pais etc.);

2º) Ministério Público do Trabalho, antigamente denominado de Procuradoria da Justiça do Trabalho;

3º) sindicato da categoria;

4º) Ministério Público Estadual;

5º) curador nomeado pelo juiz.

As pessoas jurídicas de direito público são representadas em juízo da seguinte forma:

Pessoa jurídica de direito público	Representação
União	Advocacia-Geral da União
Estados e Distrito Federal	Procuradores
Municípios	Prefeito ou Procuradores
Autarquias e fundações	Por quem a lei do ente federado designar

De acordo com o TST, as autarquias não podem ser representadas pelos procuradores dos Estados ou municípios, porque possuem personalidade jurídica própria (OJ nº 318 da SDI-I do TST).

Nas audiências das reclamações trabalhistas, exige-se, como regra, a presença obrigatória das próprias partes (ex.: empregado e empregador). Existem, porém, as seguintes exceções:

1) Representação do empregado pelo sindicato nas reclamações plúrimas (ajuizada por diversos reclamantes).

2) Representação do empregado pelo sindicato nas ações de cumprimento.

3) Representação do empregado por outro empregado que pertença à mesma profissão ou pelo sindicato, nos casos de doença ou qualquer outro motivo ponderoso.

Em resumo, nos termos da CLT, percebe-se que o empregado pode ser representado em audiência nas seguintes hipóteses:

Sindicato	Empregado da mesma profissão
Reclamações plúrimas	Doença ou qualquer outro motivo ponderoso
Ações de cumprimento	
Doença ou qualquer outro motivo ponderoso	

4) Representação do empregador pelo preposto.

O empregador poderá ser representado na audiência por gerente ou preposto, devendo ser **empregado** da empresa (Súmula nº 377 do TST). Atenta-se para o fato de que somente não há necessidade de ser empregado da empresa o preposto de empregador doméstico e de pequena ou microempresa.

Destaca-se que a substituição difere da **representação**, porque nesta o representante age em **nome alheio** para defesa de direito alheio, enquanto na **substituição processual** age em **nome próprio** para tutelar direito de outrem.

No processo do trabalho, admite-se que o empregado e o empregador postulem em juízo pessoalmente, ou seja, sem a necessidade de advogado. É o que se denomina de *jus postulandi* das partes.

O jus postulandi se aplica aos empregados e empregadores, inclusive no dissídio coletivo (CLT, art. 839, a).

De acordo com a Súmula n° 425 do TST, **não** se admite o *jus postulandi*, ou seja, impõe-se a atuação obrigatória do advogado nos seguintes casos:

a) nos recursos de competência do TST;

b) na ação rescisória;

c) na ação cautelar[2];

d) no mandado de segurança.

Também não se aplica o *jus postulandi*:

- nos embargos de terceiros;
- nos recursos de peritos e depositários;
- nas relações de trabalho (tese majoritária); e
- quando extrapolada a seara trabalhista.

O mandato concedido ao advogado pode ser expresso ou tácito. Admite-se, ainda, a procuração *apud acta,* que ocorre quando a constituição de procurador com poderes para o foro em geral é efetivada mediante simples registro em ata de audiência, a requerimento verbal do advogado interessado, com anuência da parte representada (CLT, art. 791, § 3°).

O mandato tácito não admite o substabelecimento (OJ n° 200 da SDI-I do TST).

A União, Estados, Municípios e Distrito Federal, suas autarquias e fundações públicas, quando representadas em juízo, ativa e passivamente, por seus procuradores, estão dispensadas da juntada de instrumento de mandato e de comprovação do ato de nomeação. Nesse caso, é essencial que o signatário ao menos se declare exercente do cargo de procurador, não bastando a indicação do número de inscrição na Ordem dos Advogados do Brasil (Súmula n° 436 do TST).

8.1. Honorários advocatícios

No processo do trabalho, os honorários advocatícios, em regra, não decorrem da mera sucumbência. Exigem para sua concessão dois requisitos cumulativos: a) ser beneficiário da justiça gratuita; b) estar assistido pelo sindicato da categoria.

---

2 Com o advento do Novo CPC essa hipótese deverá ser excluída da Súmula, já que não existe mais processo cautelar autônomo.

Atenção: a mera sucumbência (ser vencido no processo) gera o pagamento dos honorários advocatícios, nos seguintes casos:

a) na ação rescisória;

b) quando o ente sindical figure como substituto processual;

c) nas lides que não derivem da relação de emprego;

d) nas ações de indenização por danos morais e materiais decorrentes de acidente de trabalho ou de doença profissional, remetida à Justiça do Trabalho após ajuizamento na Justiça comum, antes da vigência da Emenda Constitucional nº 45/2004 (OJ nº 421 da SDI-I do TST).

8.2. Benefício da Justiça gratuita

O benefício da justiça gratuita possui as seguintes características:

a) Pode ser deferido a requerimento ou de ofício;

b) Pode ser requerido e concedido em qualquer instância. No entanto, na fase recursal, o requerimento deve ser formulado no prazo alusivo ao recurso (OJ nº 269 da SDI-I do TST);

c) O deferimento independe de a parte estar assistida pelo sindicato ou advogado particular (NCPC, art. 99, §4º);

d) O requerente deve perceber salário igual ou inferior ao dobro do mínimo legal ou declarar que não está em condições de arcar com as custas do processo, sem prejuízo do sustento próprio ou de sua família (CLT, art. 790, §3º).

9. ATOS PROCESSUAIS

Os atos processuais serão públicos, salvo quando o contrário determinar o interesse social.

Eles serão realizados nos dias úteis das 6 horas às 20 horas. Admite-se, porém, que a penhora seja realizada em domingo ou dia feriado, mediante autorização expressa do juiz ou presidente (CLT, art. 770). De acordo com o NCPC, que as citações, intimações e a penhora poderão ser realizadas nos dias não úteis, o que incluem os sábados, domingos, feriados e dias sem expediente forense, **independentemente de autorização judicial** (NCPC, art. 212, § 2º).

Vê-se que a CLT impõe a necessidade de autorização, enquanto o NCPC a dispensa.

Regra	Exceções
Atos públicos	Segredo de justiça (interesse social)
Das 6h às 20h, em dias úteis	**CLT:** Penhora pode ser realizada em domingos e feriados, desde que **haja autorização do juiz.** **NCPC:** Citações, intimações e penhora podem ser realizadas nos sábados, domingos e feriados, **independentemente de autorização do juiz.**

No processo eletrônico, quando a petição for enviada para atender a prazo processual, serão consideradas tempestivas as transmitidas até as **24 horas** do seu último dia (art. 3°, parágrafo único, Lei n° 11.419/2006; NCPC, art. 213, *caput*).

Na fase de conhecimento, a regra é a notificação via postal.

Nessa fase, a notificação **não constitui ato pessoal**, podendo ser recebida por pessoa diversa das partes, sendo válida com a simples entrega do registro postal no endereço da parte.

Presume-se recebida a notificação 48 horas depois de sua postagem. O seu não recebimento ou a entrega após o decurso desse prazo constitui ônus de prova do destinatário (Súmula n° 16 do TST).

Na fase de conhecimento, se o reclamado **criar embaraços** para o recebimento da notificação postal ou na hipótese de **não ser encontrado**, a notificação será feita por edital (CLT, art. 841, § 1°).

Na fase de execução, é admitida a citação por edital, quando o executado é procurado por 2 vezes no espaço de 48 horas e não é encontrado (CLT, art. 880, § 3°).

Atenção: no procedimento sumaríssimo, **não** se fará citação por edital, incumbindo-se ao autor a correta indicação do nome e endereço do reclamado (CLT, art. 852-B, II).

A CLT prevê a notificação por oficial de justiça na fase de execução. Nessa fase, a citação é feita, primeiramente, pelo oficial de justiça. Atenta-se para o fato de que essa citação deve ser pessoal.

Havendo pedido expresso de que as intimações e publicações sejam realizadas exclusivamente em nome de determinado advogado, a comunicação em nome de outro profissional constituído nos autos é nula, salvo se constatada a inexistência de prejuízo (Súmula n° 427 do TST).

A notificação do Ministério Público, seja como parte, seja como fiscal da ordem jurídica, sempre será pessoal e nos autos, de modo que os autos deverão ser encaminhados à procuradoria para ciência do membro.

As partes serão consideradas intimadas das decisões na própria audiência em que elas forem proferidas (CLT, arts. 834 e 852).

No caso de revelia, haverá notificação pela via postal (CLT, art. 852).

Na contagem dos prazos processuais, o dia da ciência ("dia do susto") é excluído, incluindo-se o dia do vencimento.

Quando a intimação tiver lugar na sexta-feira, ou a publicação com efeito de intimação for feita nesse dia, o prazo judicial será contado da segunda-feira imediata, inclusive, salvo se não houver expediente, caso em que fluirá no dia útil que se seguir (Súmula n° 1 do TST).

Destacamos que o art. 219 do NCPC determina que na contagem dos prazos em dias, devem ser computados apenas os dias úteis. Esse dispositivo não se aplica ao processo do trabalho, uma vez que a CLT possui regra própria em seu art. 775, estabelecendo que os prazos são contínuos e irreleváveis (art. 15 do NCPC; art. 769 da CLT e art. 2º, III, da TST-IN nº 39/2016).

Designada audiência de julgamento, incumbe à parte comparecer para tomar conhecimento da decisão, sob pena de ser considerada intimada da sentença, mesmo diante de sua ausência, no dia da audiência (Súmula nº 197 do TST).

Caso seja marcada a audiência de julgamento, se o juiz não sentenciar na data da audiência de julgamento, ele (juiz) tem o prazo de 48 horas para a juntada da sentença nos autos. Não sendo juntada nesse prazo, deverá intimar a parte, posteriormente, da sentença, iniciando seu prazo recursal somente depois da intimação (Súmula nº 30 do TST).

Nas intimações por meio eletrônico, será considerada realizada no dia da consulta. Ocorrendo a consulta "em dia não útil, a intimação será considerada como realizada no primeiro dia útil seguinte" (Lei nº 11.419/2006, art. 5º, § 2º). É importante observar que, **não** havendo consulta no prazo de 10 dias, será presumida a intimação, isto é, sendo expedida a intimação via eletrônica e não tomando ciência dentro do prazo de 10 dias, a parte será considerada como intimada (art. 5º, § 3º), iniciando-se a contagem do prazo no dia seguinte. No entanto, havendo consulta dentro do prazo de 10 dias, considera-se realizada a intimação no dia da ciência (consulta).

É diferente a contagem do prazo na hipótese de publicação no Diário da Justiça eletrônica, como ocorre, em regra, com a intimação do advogado. Nesse caso, a data da publicação será considerada o primeiro dia útil seguinte ao da disponibilização da informação no Diário da Justiça eletrônico, começando a correr o prazo processual "no primeiro dia útil que seguir ao considerado como data da publicação" (Lei nº 11.419/2006, art. 4º, §§ 3º e 4º).

- **Principais prazos processuais**

Ato processual	Prazo
Encaminhamento da petição inicial ao reclamado	48 horas
Recebimento da notificação para comparecer na audiência inicial	5 dias antes da audiência
Redução a termo de reclamação verbal	5 dias
Contestação verbal	20 minutos
Duração máxima da audiência	5 horas seguidas, salvo quando houver matéria urgente
Razões finais	10 minutos
Recurso ordinário **Recurso de revista** **Agravo de petição** **Agravo de instrumento** **Embargos de divergência** **Embargos infringentes** **Recurso adesivo** **Agravo interno e regimental**	8 dias
Embargos de declaração	5 dias

Ato processual	Prazo
Recurso extraordinário (STF) **Recurso adesivo de RE**	15 dias
Depósito recursal	Pagamento e comprovação no prazo do recurso. A interposição antecipada do recurso não prejudica o prazo legal (Súmula nº 245 do TST). No caso de agravo de instrumento, porém, o depósito recursal deve ser feito no ato da interposição do recurso.
Pagamento ou nomeação de bens à penhora	48 horas
Embargos à execução	5 dias
Embargos à execução para a fazenda pública	30 dias
Ação rescisória	2 anos
Cumprimento das obrigações do oficial de justiça	9 dias

As pessoas jurídicas de direito público que não explorem atividade econômica, o Ministério Público do Trabalho e a Defensoria Pública possuem a prerrogativa de prazos diferenciados. O Ministério Público e a Defensoria Pública, na atual sistemática, sempre terão prazo em dobro, enquanto as pessoas jurídicas de direito público que não exploram atividade econômica possuem prazo quadriplicado para contestar e em dobrado para os demais atos processuais.

Quando existir litisconsórcio e as partes tiverem advogados diferentes, **não** há modificação do prazo processual, ou seja, não se aplica o art. 229 do NCPC ao processo do trabalho (OJ nº 310 da SDI-I do TST).

As despesas processuais correspondem a todos os gastos que as partes têm com o processo. Trata-se de gênero que tem como espécies as custas, os emolumentos, os honorários do perito, assistentes e advogados, dentre outros gastos com o processo.

As custas processuais têm natureza de taxa, sendo devidas ao Estado em decorrência da realização de sua atividade (exercício da jurisdição).

Já os emolumentos representam o reembolso dos gastos realizados pelo Estado em atividades **não jurisdicionais** prestadas como, por exemplo, autenticações, fotocópias etc.

Na fase de conhecimento, as custas são sempre no valor de 2%, calculados sobre o:

1) valor da condenação;

2) valor do acordo;

3) valor da causa
   - extinção do processo sem resolução do mérito
   - improcedência dos pedidos
   - no caso de procedência do pedido formulado em ação declaratória e em ação constitutiva

4) valor que o juiz definir (quando o valor for indeterminado);

5) o valor arbitrado na decisão, ou pelo Presidente do Tribunal, na hipótese de dissídio coletivo.

A parte vencedora na primeira instância, se vencida na segunda, está obrigada, independentemente de intimação, a pagar as custas fixadas na sentença originária, das quais ficara isenta a parte então vencida (Súmula nº 25, I, do TST).

No caso de inversão do ônus da sucumbência em segundo grau, sem acréscimo ou atualização do valor das custas e se estas já foram devidamente recolhidas, descabe um novo pagamento pela parte vencida, ao recorrer. Deverá ao final, se sucumbente, **reembolsar** a quantia (Súmula nº 25, II, do TST).

Não caracteriza deserção a hipótese em que, acrescido o valor da condenação, não houve fixação ou cálculo do valor devido a título de custas e tampouco intimação da parte para o preparo do recurso, devendo ser as custas pagas ao final (Súmula nº 25, III, do TST).

O reembolso das custas à parte vencedora faz-se necessário mesmo na hipótese em que a parte vencida for pessoa isenta do seu pagamento, nos termos do art. 790-A, parágrafo único, da CLT (Súmula nº 25, IV, do TST).

Nas ações plúrimas (litisconsórcio), as custas incidem sobre o valor total dos pedidos (Súmula n° 36 do TST).

No caso de acordo, o pagamento das custas será dividido em partes iguais entre os litigantes, exceto se convencionarem de forma diferente.

Na fase de execução das custas, o pagamento é em valor fixo, nos termos do art. 789-A da CLT, sendo ele de responsabilidade do executado.

No dissídio coletivo, as partes vencidas responderão solidariamente pelo pagamento das custas.

Tratando-se de empregado que não tenha obtido o benefício da justiça gratuita, ou isenção de custas, o sindicato que houver intervindo no processo responderá solidariamente pelo pagamento das custas devidas.

Estão isentos do pagamento das custas processuais:

1) o beneficiário da justiça gratuita (CLT, art. 790, § 3°);
2) a União, os Estados, o Distrito Federal, os Municípios e respectivas autarquias e fundações públicas federais, estaduais ou municipais que não explorem atividade econômica (CLT, art. 790-A, I);
3) o Ministério Público do Trabalho (CLT, art. 790-A, II);
4) Empresa Brasileira de Correios e Telégrafos (Decreto-Lei n° 509/69) e Hospital das Clínicas de Porto Alegre (Lei n° 5.604/70);
5) Estados estrangeiros, missões diplomáticas e repartições consulares (Convenções de Viena de 1961 e 1963).

A isenção não alcança as entidades fiscalizadoras do exercício profissional (exemplo, Crea), nem exime as pessoas jurídicas referidas no item 2 da obrigação de reembolsar as despesas judiciais realizadas pela parte vencedora (CLT, art. 790-A, parágrafo único). Ressalta-se que o TST isenta as entidades fiscalizadoras, por considerá-las como autarquias.

O pagamento dos honorários periciais é de responsabilidade da parte sucumbente na pretensão objeto da perícia (CLT, art. 790-b), salvo se for beneficiário da Justiça Gratuita, ocasião em que a responsabilidade passará para a União Federal.

A responsabilidade pelo pagamento dos honorários do assistente do perito é da parte que o nomeou, ainda que vencedora no objeto da perícia (Súmula n° 341 do TST).

ATENÇÃO!
Dica a seguir somente para analista judiciário

10. NULIDADES PROCESSUAIS

Princípios das nulidades processuais:

- Princípio do prejuízo (transcendência): não há nulidade sem prejuízo.
- Princípio da convalidação ou preclusão: a nulidade deve ser alegada na primeira oportunidade em que a parte tiver que se manifestar nos autos, sob pena de preclusão.

  A preclusão pode ser:

  a) **temporal:** quando a perda decorre da não realização do ato em determinado prazo;

  b) **consumativa:** realizado o ato (consumado), não se admite que seja novamente realizado;

  c) **lógica:** não se permite que a parte pratique um ato posterior incompatível com um ato anterior.

  d) ***pro iudicato***: quando a preclusão é para o juiz;

  e) **ordinatória**: quando a validade de um ato pressupõe a existência de um anterior. Exemplo: os embargos à execução somente podem ser recebidos depois de garantido o juízo pela penhora;

  f) **máxima**: quando ocorre a coisa julgada.
- Princípio da economia processual: a nulidade não será pronunciada quando for possível suprir-se a falta ou repetir-se o ato.
- Princípio do interesse: proibição da alegação da própria torpeza, ou seja, a nulidade não será pronunciada quando arguida por quem lhe tiver dado causa.
- Princípio da utilidade: o juiz que pronunciar a nulidade declarará os atos a que ela se estende. Ademais, a nulidade do ato não prejudicará senão os posteriores que dele dependam ou sejam consequência.
- Princípio da instrumentalidade das formas: se o ato processual atingiu sua finalidade ele será considerado válido, mesmo que não tenha observado a forma prescrita em lei.

11. PETIÇÃO INICIAL

A reclamação trabalhista pode ser verbal ou escrita.

Distribuída a reclamação verbal, o reclamante deverá, salvo motivo de força maior, apresentar-se, no prazo de 5 dias, ao cartório ou à secretaria, para reduzi-la a termo, sob a pena de perda, pelo prazo de 6 meses, do direito de reclamar perante a Justiça do Trabalho (art. 786 da CLT).

No inquérito para apuração de falta grave e no dissídio coletivo, obrigatoriamente, a reclamação será escrita (CLT, arts. 853 e 856).

Requisitos da petição inicial trabalhista:

I – designação do Juízo a quem for dirigida;

II – a qualificação do reclamante e do reclamado;

III – uma breve exposição dos fatos de que resulte o dissídio;

IV – o pedido;

V – a data; e

VI – a assinatura do reclamante ou de seu representante (CLT, art. 840).

Na reclamação trabalhista, não se exige a especificação de provas e a opção do autor pela realização ou não de audiência de conciliação ou mediação. Além disso, parte da doutrina também não exige o valor da causa. Atenção: para as provas objetivas, assinale a questão no sentido de que a petição inicial, no processo do trabalho, não exige o valor da causa.

No processo do trabalho, a impugnação ao valor da causa sempre foi realizada no bojo da própria contestação. O NCPC acompanhou essa sistemática e estabelece que a impugnação deve ser formulada como preliminar de contestação, sob pena de preclusão (art. 293). Aliás, o art. 292, § 3º, do NCPC, aplicável ao processo do trabalho (TST-IN nº 39/2016, art. 3º, V), descreve que "o juiz corrigirá, de ofício e por arbitramento, o valor da causa quando verificar que não corresponde ao conteúdo patrimonial em discussão ou ao proveito econômico perseguido pelo autor (...)".

No rito sumaríssimo, o pedido, além de ser certo e determinado, deverá ter, ainda, seu valor correspondente, ou seja, o pedido deve ser líquido, sob pena de arquivamento da reclamação e condenação ao pagamento de custas sobre o valor da causa (CLT, art. 852-B, I). Exemplo: horas extras excedentes à 8ª diária no valor de R$ 10.000,00 e aviso-prévio no valor de R$ 1.500,00.

Salvo nas hipóteses do art. 330 do NCPC (art. 295 do CPC/73), o indeferimento da petição inicial, por encontrar-se desacompanhada de documento indispensável à propositura da ação ou não preencher outro requisito legal, somente é cabível se, após intimada para suprir a irregularidade em 15 dias, mediante indicação precisa do que deve ser corrigido ou completado, a parte não o fizer (Súmula n° 263 do TST)

12. AUDIÊNCIAS

As audiências serão públicas e realizar-se-ão na sede do Juízo ou tribunal em dias úteis previamente fixados.

Horário de realização: das 8h às 18h horas, não podendo ultrapassar 5h seguidas, salvo quando houver matéria urgente (CLT, art. 813).

Em casos especiais, poderá ser designado outro local para a realização das audiências, mediante edital afixado na sede do Juízo ou tribunal, com a antecedência mínima de 24 horas (CLT, art. 813, § 1°).

Se até 15 minutos após a hora marcada o juiz ou presidente não houver comparecido, os presentes poderão retirar-se, devendo o ocorrido constar do livro de registro das audiências (CLT, art. 815, parágrafo único).

A tolerância de atraso de 15 minutos aplica-se tão somente ao juiz, ou seja, esta permissão não atinge as partes (OJ n° 245 da SDI-I do TST).

Nos tribunais, as sessões ocorrerão das 14h às 17h, podendo ser prorrogadas pelo presidente em caso de manifesta necessidade (CLT, art. 701).

Cabe ressaltar que, no processo civil, caso ocorra atraso injustificado do início da audiência em tempo superior a 30 minutos do horário marcado, a audiência pode ser adiada (NCPC, art. 362, III). Referido dispositivo não se aplica ao processo trabalhista, conforme art. 2º, VI, da IN nº 39/2016 do TST.

Tema importante que é cobrado com bastante frequência nas provas é o efeito da ausência das partes em audiência:

Partes	Audiência inaugural ou una	Audiência de instrução
Reclamante	Arquivamento	Confissão
Reclamada	Revelia e confissão quanto à matéria fática	Confissão
Ambas as partes	Arquivamento	Julga com as provas dos autos e pelo ônus da prova

Caso o reclamante dê causa a dois arquivamentos seguidos, pelo não comparecimento na audiência inaugural ou una, ficará impossibilitado, pelo prazo de 6 meses, de reclamar perante a Justiça do Trabalho, nos termos dos arts. 731 e 732 da CLT.

A reclamada, ausente à audiência em que deveria apresentar defesa, é revel, ainda que presente seu advogado munido de procuração, podendo afastar a revelia mediante a apresentação de atestado médico, que deverá declarar, expressamente, a impossibilidade de locomoção do empregador ou do seu preposto no dia da audiência (Súmula n° 122 do TST).

Para o TST, a pessoa jurídica de direito público se sujeita à revelia prevista no art. 844 da CLT (OJ n° 152 da SDI-I do TST).

No rito ordinário, a CLT prevê dois momentos obrigatórios de tentativa de conciliação a ser conduzida pelo juiz:

- 1ª tentativa de conciliação: após a abertura da audiência inicial e antes da apresentação da defesa (CLT, art. 846).
- 2ª tentativa de conciliação: depois das razões finais e antes da sentença (CLT, art. 850).

12.1. Conciliação

Uma vez firmada a conciliação, o termo lavrado valerá como decisão irrecorrível, salvo para a Previdência Social quanto às contribuições que lhe forem devidas (CLT, art. 831, parágrafo único).

O acordo celebrado após o trânsito em julgado da sentença ou após a elaboração dos cálculos de liquidação de sentença não prejudicará os créditos da União (CLT, art. 832, § 6°). Nessa hipótese, é devida a contribuição previdenciária sobre o valor do acordo celebrado e homologado após o trânsito em julgado de decisão judicial, respeitada a proporcionalidade de valores entre as parcelas de natureza salarial e indenizatória deferidas na decisão condenatória, e as parcelas objeto do acordo (OJ n° 376 da SDI I do TST).

A homologação de acordo constitui faculdade do juiz, inexistindo direito líquido e certo tutelável pela via do mandado de segurança (Súmula n° 418 do TST).

13. RESPOSTAS DO RÉU

No processo do trabalho, a defesa é apresentada na audiência no prazo de 20 minutos.

É possível, porém, que a defesa seja apresentada por escrito, o que tem ocorrido na prática jurídica. Nessa hipótese, tem-se entendido que o prazo para se confeccionar a contestação é de 5 dias, vez que o reclamado deve ser intimado com referida antecedência da audiência (CLT, art. 841). A compensação só poderá ser arguida com a contestação (Súmula n° 48 do TST), ficando restrita a dívidas de natureza trabalhista (Súmula n° 18 do TST).

As exceções são incidentes processuais divididos em: suspeição, impedimento e incompetência.

O NCPC não faz referência ao termo exceção, declinando que o impedimento e a suspeição devem ser alegados em petição específica dirigida ao juiz do processo (art. 146). No entanto, como a CLT utiliza-se dessa expressão, porque embasado no CPC de 1939, pensamos que as provas adotarão essa terminologia (exceção).

A decisão que resolve as exceções tem natureza de decisão interlocutória, razão pela qual não está sujeita a recurso de imediato, salvo quando terminativa do feito (CLT, art. 799, § 2°). Contudo, o C. TST permite a interposição de recurso imediatamente da decisão que acolhe exceção de incompetência territorial, com a remessa dos autos para Tribunal Regional distinto daquele a que se vincula o juízo excepcionado (Súmula n° 214 do TST).

A suspeição vem disciplinada no art. 801 da CLT, o qual estabelece que o juiz é obrigado a dar-se por suspeito, e pode ser recusado, por algum dos seguintes motivos, em relação à pessoa dos litigantes: a) inimizade pessoal; b) amizade íntima; c) parentesco por consanguinidade ou afinidade até o terceiro grau civil; d) interesse particular na causa. A doutrina é majoritária no sentido de que se aplicam os arts. 144 e 145, ambos do NCPC, ao processo do trabalho.

A CLT prevê algumas hipóteses em que a suspeição não poderá ser mais alegada:

1) se o recusante houver praticado algum ato pelo qual haja consentido na pessoa do juiz, salvo sobrevindo novo motivo;

2) se do processo constar que o recusante deixou de alegá-la anteriormente, quando já a conhecia;

3) depois de conhecida, aceitou o juiz recusado;

4) se procurou de propósito o motivo de que ela se originou (CLT, art. 801, parágrafo único).

A Corregedoria Geral da Justiça do Trabalho impõe a aplicação dos arts. 313 e 314 do CPC/73, para julgamento da suspeição e impedimento. Considerando que o art. 146 do NCPC, embora mais amplo, é o correspondente dos arts. 313 e 314 do CPC/73, pensamos que ele deve ser aplicado integralmente, inclusive quanto à suspensão descrita no § 2º.

Na hipótese de incompetência, apresentada a exceção, abrir-se-á vista dos autos ao exceto, por 24 horas improrrogáveis, devendo a decisão ser proferida na primeira audiência ou sessão que se seguir (CLT, art. 800).

14. PROVAS

São objetos de prova os fatos controvertidos, relevantes e pertinentes.

A prova de direito pode ocorrer quando o juiz determinar a comprovação do teor e vigência da legislação municipal, estadual, estrangeira ou consuetudinária (NCPC, art. 376).

Não dependem de prova os fatos: a) notórios; b) confessados; c) incontroversos; d) em cujo favor milita presunção legal de existência ou de veracidade (NCPC, art. 374).

O reclamante tem o ônus de provar os fatos constitutivos do seu direito.

O reclamado (réu) deve comprovar os fatos impeditivos, modificativos e extintivos do direito do reclamante (autor).

É ônus do empregador que conta com mais de 10 empregados o registro da jornada de trabalho na forma do art. 74, § 2°, da CLT. A não apresentação injustificada dos controles de frequência gera presunção relativa de veracidade da jornada de trabalho, a qual pode ser elidida por prova em contrário (Súmula n° 338, I, do TST).

Os cartões de ponto que demonstram horários de entrada e saída uniformes são inválidos como meio de prova, invertendo-se o ônus da prova, relativo às horas extras, que passa a ser do empregador, prevalecendo a jornada da inicial se dele não se desincumbir (Súmula n° 338, III, do TST).

Na prova testemunhal, para cada rito processual há um número limite de testemunhas a ser indicadas por cada parte, como se observa no quadro que segue:

Tipo de procedimento	Número máximo de testemunhas
Rito Sumaríssimo	2
Rito Ordinário	3
Inquérito para apuração de falta grave	6

Não torna suspeita a testemunha o simples fato de estar litigando ou de ter litigado contra o mesmo empregador. (Súmula n° 357 do TST).

As testemunhas não podem sofrer descontos no salário pelas faltas ao serviço, quando devidamente arroladas ou convocadas para prestar depoimento (CLT, art. 822).

As testemunhas devem comparecer em audiência, independentemente de intimação.

Quando as testemunhas não comparecerem em juízo, serão intimadas para comparecimento ficando sujeitas à condução coercitiva além de multa. Atenta-se para o fato de que, no rito sumaríssimo, somente será deferida a intimação se for devidamente comprovado o convite.

A prova documental apresentada em cópia pode ser declarada autêntica pelo próprio advogado sob sua responsabilidade (CLT, art. 830).

As cópias apresentadas pela pessoa jurídica de direito público dispensam autenticação (OJ n° 134 da SDI-I do TST).

O instrumento normativo (acordo coletivo e convenção coletiva) em cópia não autenticada possui valor probante, desde que não haja impugnação ao seu conteúdo, eis que se trata de documento comum às partes (OJ n° 36 da SDI-I do TST).

Para comprovação da insalubridade e periculosidade é obrigatória a prova pericial (CLT, art. 195, § 2°). Quando não for possível sua realização, como em caso de fechamento da empresa, poderá o julgador utilizar-se de outros meios de prova (OJ n° 278 da SDI-I do TST).

O pagamento de adicional de periculosidade efetuado por mera liberalidade da empresa, ainda que de forma proporcional ao tempo de exposição ao risco ou em percentual inferior ao máximo legalmente previsto, dispensa a realização da prova técnica exigida pelo art. 195 da CLT, pois torna incontroversa a existência do trabalho em condições perigosas (Súmula n° 453 do TST).

15. SENTENÇA E COISA JULGADA

15.1. Sentença

No processo do trabalho, a CLT não dispõe de um conceito de sentença, aplicando-se subsidiariamente o CPC, por força do art. 769 da CLT.

Nesse sentido, o legislador, conceituando-a, declinou que "ressalvadas as disposições expressas dos procedimentos especiais, sentença é o pronunciamento por meio do qual o juiz, com fundamento nos arts. 485 e 487, põe fim à fase cognitiva do procedimento comum, bem como extingue a execução" (NCPC, art. 203, § 1°).

Diante do supramencionado dispositivo legal, vê-se que o NCPC conjugou o conteúdo da decisão (extinção com ou sem resolução do mérito), com o momento em que é proferida (põe fim à fase cognitiva ou extingue a execução).

São elementos essenciais da sentença: a) relatório; b) fundamentação; dispositivo (conclusão).

No rito sumaríssimo, o relatório é dispensado.

A sentença sempre mencionará as custas que devam ser pagas pela parte vencida (CLT, art. 832, § 2°).

As decisões cognitivas ou homologatórias sempre deverão indicar a natureza jurídica das parcelas constantes da condenação ou do acordo homologado, inclusive o limite de responsabilidade de cada parte pelo recolhimento da contribuição previdenciária, se for o caso (CLT, art. 832, § 3°).

A União será intimada das decisões homologatórias de acordos que contenham parcela indenizatória, podendo recorrer quanto aos tributos que lhe forem devidos (CLT, art. 832, § 4°).

A União também será intimada da sentença, podendo interpor recurso para discutir as discriminações das verbas (CLT, art. 832, § 5°).

A sentença não pode proferir julgamento *extra petita* (fora do pedido), *ultra petita* (além do pedido) e *citra petita* (abaixo do pedido).

15.1.1. Julgamento antecipado

Como regra, o processo depende da fase instrutória para que possa ser proferida a decisão de mérito. No entanto, em alguns casos dispensa-se a fase instrutória já permitindo o julgamento do mérito, seja integralmente, seja de forma parcial.

Nos termos do art. 355 do NCPC, aplicável ao processo do trabalho, o juiz julgará antecipadamente o pedido (julgamento antecipado total), proferindo sentença com resolução de mérito, quando:

- não houver necessidade de produção de outras provas; ou
- quando o réu for revel, ocorrendo o efeito material da revelia, isto é, presumir-se verdadeiras as alegações de fato formulados pelo autor.

Além disso, pode acontecer de existir cumulação de pedidos em um determinado processo, verificando-se a possibilidade de julgar alguns deles ou até mesmo parcela deles antecipadamente (julgamento parcial do mérito). Com efeito, o art. 356 do NCPC estabelece a possibilidade de julgamento antecipado parcial do mérito quando um ou mais dos pedidos formulados ou parcela deles: mostrar-se incontroverso ou estiver em condições de imediato julgamento, ou seja, nos casos em que não há necessidade de produção de outras provas, bem como as situações em que o réu é revel e presumem-se verdadeiras as alegações de fato formuladas pelo autor.

O C. TST, no art. 5º, da Instrução Normativa nº 39/2016, define que a decisão que julga parcialmente o mérito tem natureza de sentença, cabendo recurso ordinário imediato.

15.2. Efeitos anexos da sentença

Como forma de dar efetividade à tutela jurisdicional, o ordenamento permite que a decisão gere o efeito da hipoteca judiciária, prevista no art. 167, I, 2, da Lei nº 6.015/1973 (Lei de Registros Públicos) e no art. 495 do NCPC, aplicável ao processo do trabalho (TST-IN nº 39/2016, art. 17), correspondendo a um dos principais efeitos secundários (anexos) da sentença condenatória.

Além disso, de acordo com o C. TST, a inclusão do nome do executado em cadastro de inadimplentes prevista no art. 782, §§ 3º ao 5º do NCPC, é aplicável ao processo do trabalho, tendo em vista a omissão da CLT e da legislação trabalhista e a compatibilidade com a seara processual do trabalho (TST-IN nº 39/2016, art. 17).

15.3. Coisa julgada

Não havendo mais recurso a ser interposto da decisão ou, havendo, a parte deixe ultrapassar o prazo alusivo para sua interposição, tem-se o trânsito em julgado da decisão, também chamada de coisa julgada.

A coisa julgada é dividida em:

1) **formal**: quando gera a imutabilidade da decisão para dentro do processo. Nessa hipótese, poder-se-á ajuizar novo processo para discutir o objeto do processo anterior. É o que ocorre nas sentenças terminativas (sem resolução de mérito).
2) **material**: torna imutável o conteúdo da sentença (ou acórdão) no processo em que foi prolatada e em eventuais processos futuros. É o que ocorre nas sentenças definitivas (com resolução do mérito), que impedem nova discussão do objeto do processo anterior.

Cumpre consignar que a sentença faz coisa julgada às partes entre as quais é dada, não prejudicando terceiros (NCPC, art. 506).

16. PROCEDIMENTO SUMARÍSSIMO

O rito sumaríssimo é aplicável nos dissídios individuais cujo valor não exceda 40 vezes o salário-mínimo vigente na data do ajuizamento da reclamação trabalhista (CLT, art. 852-A).

Esse rito não se aplica nas demandas em que é parte a administração pública direta, autárquica e fundacional (CLT, art. 852-A, parágrafo único).

O prazo para apreciação da reclamação nesse rito deverá ocorrer no prazo máximo de 15 dias, podendo constar de pauta especial (CLT, art. 852-B, III).

O pedido deverá ser certo ou determinado. Além disso, deverá indicar o valor correspondente (CLT, art. 852– B, I).

Não se fará citação por edital, incumbindo ao autor a correta indicação do endereço do reclamado (CLT, art. 852-B, II).

Não sendo o pedido certo ou determinado, não indicando o valor do pedido, ou não indicando o endereço correto, a reclamação será arquivada, condenando-se o reclamante ao pagamento de custas sobre o valor da causa (CLT, art. 852-B, parágrafo único).

As demandas nesse rito serão instruídas e julgadas em audiência única (CLT, art. 852-c). Na audiência, o juiz esclarecerá as vantagens da conciliação, podendo utilizar de meios adequados de persuasão para a solução conciliatória do litígio, em qualquer fase da audiência (CLT, art. 852-e).

Todos os incidentes e exceções que possam interferir no prosseguimento da audiência serão decididos de plano. As demais questões serão decididas na sentença (CLT, art. 852-G).

Todas as provas serão produzidas na audiência de instrução e julgamento, ainda que não requeridas previamente (CLT, art. 852-H).

Na hipótese de prova testemunhal, é permitida até o máximo de duas para cada parte (CLT, art. 852-H, § 2°).

A testemunha deve comparecer independentemente de intimação. Não comparecendo, poderá ser intimada, desde que comprovado o convite (CLT, art. 852-H, § 3°).

Somente quando a prova do fato o exigir, ou for legalmente imposta, será deferida prova técnica, incumbindo-se ao juiz, desde logo, fixar o prazo, o objeto da perícia e nomear perito (CLT, art. 852-H, § 4°).

As partes serão intimadas a manifestar-se sobre o laudo, no prazo comum de 5 dias (CLT, art. 852-H, § 6°).

Interrompida a audiência, o seu prosseguimento e a solução do processo dar-se-ão no prazo máximo de 30 dias, salvo motivo relevante justificado nos autos pelo juiz da causa (CLT, art. 852-H, § 7°).

A sentença dispensa o relatório, devendo mencionar os elementos de convicção do juízo, com resumo dos fatos relevantes ocorridos na audiência (CLT, art. 852-I).

As partes serão intimadas da sentença na própria audiência em que prolatada.

Nas reclamações sujeitas ao procedimento sumaríssimo, o recurso ordinário:

> I – será imediatamente distribuído, uma vez recebido no tribunal, devendo o relator liberá-lo no prazo máximo de 10 dias, e a secretaria do tribunal ou Turma colocá-lo imediatamente em pauta para julgamento, sem revisor;
>
> II – terá parecer oral do representante do Ministério Público presente à sessão de julgamento, se este entender necessário o parecer, com registro na certidão;
>
> III – terá acórdão consistente unicamente na certidão de julgamento, com a indicação suficiente do processo e parte dispositiva, e das razões de decidir do voto prevalente. Se a sentença for confirmada pelos próprios fundamentos, a certidão de julgamento, registrando tal circunstância, servirá de acórdão (CLT, art. 895, § 1°).

Nas causas sujeitas ao procedimento sumaríssimo, somente será admitido recurso de revista por:

1) contrariedade à súmula de jurisprudência uniforme do Tribunal Superior do Trabalho;
2) contrariedade à súmula vinculante do Supremo Tribunal Federal; e
3) violação direta da Constituição da República (CLT, art. 896, § 9°).

Observa-se que nesse rito processual, não cabe recurso de revista por violação à Orientação Jurisprudencial (Súmula n° 442 do TST).

17. PROCEDIMENTO ORDINÁRIO

Os procedimentos sumário e sumaríssimo possuem peculiaridades, com a finalidade de tornar a prestação jurisdicional mais célere e efetiva. Contudo, caso a demanda não se enquadre em tais procedimentos, seguirá o procedimento ordinário, que é o procedimento comum, incidindo todas as demais diretrizes estudadas, tais como, petição inicial, audiência, resposta do réu, provas etc.

18. RECURSOS

18.1. Teoria Geral dos Recursos

O juízo de admissibilidade é o momento em que se analisam os pressupostos recursais (intrínsecos e extrínsecos), a saber:

a) cabimento: decisão proferida é impugnável + adequação do recurso;
b) legitimidade para recorrer: partes, terceiros prejudicados e Ministério Público;
c) interesse de recorrer: vencido ou terceiro prejudicado;
d) tempestividade;
e) representação;
f) custas processuais (preparo);
g) depósito recursal (preparo);
h) inexistência de fato impeditivo ou extintivo do poder de recorrer – alguns doutrinadores incluem esse item como pressuposto recursal intrínseco;
i) regularidade formal.

Existem pelo menos dois juízos de admissibilidade:

1) feito pelo juízo *a quo* (juízo que proferiu a decisão impugnada);
2) realizado pelo juízo *ad quem* (juízo que irá julgar o recurso).

O juízo de admissibilidade poderá ser positivo ou negativo.

- **positivo**: quando presentes os pressupostos recursais;
- **negativo**: quando ausente qualquer um dos pressupostos recursais.

Pode ocorrer ainda de o juízo *a quo* declinar que apenas em relação a alguns capítulos o recurso preenche os pressupostos recursais, como, por exemplo, entende que o recorrente teria interesse recursal apenas no que se refere ao capítulo relacionado à equiparação salarial e não quanto ao capítulo das horas extras. Tem-se aqui o chamado **juízo de admissibilidade parcial**.

Nesse caso, constitui ônus da parte impugnar, mediante agravo de instrumento, o capítulo denegatório da decisão, sob pena de preclusão, inclusive a preclusão máxima que é a formação da coisa julgada (TST-IN nº 40/2016, art. 1º, *caput*).

O NCPC extinguiu o duplo juízo de admissibilidade para os juízos de natureza ordinária, mantendo-o apenas para os recursos extraordinário e especial. Contudo, no processo do trabalho, o advento do Novo CPC não produzirá impactos acerca do duplo juízo de admissibilidade, ante a existência de normas expressas na legislação trabalhista sobre o tema (IN nº 39/2016, art. 2º, XI).

18.1.1. Tempestividade

No processo do trabalho, em regra, os recursos têm o prazo de 8 dias, exceto:

1) embargos de declaração – 5 dias;
2) recurso extraordinário – 15 dias;
3) recurso de revisão – 48 horas;

Possuem prazo em dobro para recorrer:

1) o Ministério Público;
2) a Defensoria Pública
3) a Administração Pública Direta, autarquias e fundações públicas.

O prazo para apresentação de contrarrazões é o mesmo concedido ao recorrente (CLT, art. 900). Ademais, conforme os arts. 180, 183 e 186 do NCPC, o Ministério Público, a Fazenda Pública e a Defensoria Pública terão prazo em dobro para todas as suas manifestações processuais, o que engloba o prazo das contrarrazões.

18.1.2. Custas e depósito recursal

Na hipótese de recurso, o pagamento das custas processuais deve ocorrer no prazo alusivo ao recurso.

O depósito recursal deve ser feito no prazo do recurso. A interposição antecipada deste não prejudica o prazo para efetivação do depósito (Súmula n° 245 do TST). No caso de agravo de instrumento, porém, o depósito recursal deve ser feito no ato da interposição do recurso.

O depósito recursal somente é exigido do empregador.

O depósito recursal é exigido nas relações de trabalho. Nesse caso, é obrigatório para o tomador e prestador de serviços. Alguns doutrinadores entendem que, nessa hipótese, é devido apenas pelo tomador.

Estão dispensados do recolhimento do depósito recursal:

1) empregado;

2) os entes de direito público externo (TST-IN nº 3, X);

3) a União, os Estados, o Distrito Federal, os municípios, as autarquias e as fundações de direito público que não explorem atividade econômica (TST-IN nº 3, X);

4) o Ministério Público do Trabalho;

5) a massa falida (TST-IN nº 3, X; Súmula 86 do TST); e

6) a herança jacente (TST-IN nº 3, X).

A concessão do benefício da justiça gratuita ao empregador não afasta a necessidade de recolher o depósito recursal.

O depósito recursal tem cabimento apenas das decisões condenatórias em pecúnia (Súmula nº 161 do TST).

O depósito recursal deve ser realizado nos seguintes recursos:

a) ordinário;

b) de revista;

c) de agravo de petição, salvo quando já estiver garantido o juízo;

d) agravo de instrumento (50%);

e) embargos de divergência no TST;

f) extraordinário.

Quando o agravo de instrumento tem a finalidade de destrancar recurso de revista que se insurge contra decisão que contraria a jurisprudência uniforme do Tribunal Superior do Trabalho, consubstanciada nas suas súmulas ou em orientação jurisprudencial, não haverá obrigatoriedade de se efetuar o depósito recursal (CLT, art. 899, § 8º).

Assim, não se exige o depósito recursal nos seguintes recursos: pedido de revisão, embargos de declaração, agravo de petição (se já estiver garantido o juízo), agravo regimental e/ou interno, embargos infringentes no TST (CLT, art. 894, I) e recurso ordinário em dissídio coletivo (TST-IN nº 3, V).

É ônus da parte recorrente efetuar o depósito legal, integralmente, em relação a cada novo recurso interposto, sob pena de deserção. Atingido o valor da condenação, nenhum depósito mais é exigido para qualquer recurso (Súmula nº 128, I, do TST).

Garantido o juízo na fase executória, a exigência de depósito para recorrer de qualquer decisão viola os incisos II e LV do art. 5º da CF/1988. Havendo, porém, elevação do valor do débito, exige-se a complementação da garantia do juízo (Súmula nº 128, II, do TST).

Havendo condenação solidária de duas ou mais empresas, o depósito recursal efetuado por uma delas aproveita as demais, quando a empresa que efetuou o depósito não pleiteia sua exclusão da lide (Súmula nº 128, III, do TST).

18.1.3. Efeito do recurso trabalhista

Os recursos serão interpostos por simples petição.

No processo do trabalho, os recursos terão efeito meramente devolutivo, salvo as exceções previstas em lei, permitida a execução provisória até a penhora (CLT, art. 899).

18.1.4. Reexame necessário

As decisões total ou parcialmente desfavoráveis à União, aos Estados, ao Distrito Federal, aos municípios, às autarquias e às fundações de direito público federais, estaduais ou municipais que não explorem atividade econômica estão, obrigatoriamente, sujeitas ao duplo grau de jurisdição, sob pena de não produzirem efeitos práticos. Trata-se do chamado reexame necessário.

Conquanto seja previsto no Decreto-Lei nº 779/69, sua regulamentação nesse dispositivo é incompleta, impondo a aplicação supletiva do art. 496 e parágrafos do NCPC (TST-IN nº 39/2016, art. 3º, X).

O reexame necessário é dispensado nos seguintes casos:

a) quando a condenação não ultrapassar o valor correspondente a:

I - 1.000 salários mínimos para a União e as respectivas autarquias e fundações de direito público;

II - 500 salários mínimos para os Estados, o Distrito Federal, as respectivas autarquias e fundações de direito público e os Municípios que constituam capitais dos Estados;

III – 100 salários mínimos para todos os demais Municípios e respectivas autarquias e fundações de direito público (Súmula nº 303, I, do TST e NCPC, art. 496, § 3º).

b) quando a decisão estiver fundada em:

I - súmula ou orientação jurisprudencial do Tribunal Superior do Trabalho;

II - acórdão proferido pelo Supremo Tribunal Federal ou pelo Tribunal Superior do Trabalho em julgamento de recursos repetitivos;

III - entendimento firmado em incidente de resolução de demandas repetitivas ou de assunção de competência;

IV - entendimento coincidente com orientação vinculante firmada no âmbito administrativo do próprio ente público, consolidada em manifestação, parecer ou súmula administrativa (Súmula nº 303, II, do TST e NCPC, art. 496, § 4º)

Cabe observar que o reexame necessário também é aplicável na ação rescisória e no mandado de segurança, como prevê os itens III e IV da Súmula n° 303 do TST:

Súmula n° 303 do TST.

(...)

III - Em ação rescisória, a decisão proferida pelo Tribunal Regional do Trabalho está sujeita ao duplo grau de jurisdição obrigatório quando desfavorável ao ente público, exceto nas hipóteses dos incisos anteriores.

IV - Em mandado de segurança, somente cabe reexame necessário se, na relação processual, figurar pessoa jurídica de direito público como parte prejudicada pela concessão da ordem. Tal situação não ocorre na hipótese de figurar no feito como impetrante e terceiro interessado pessoa de direito privado, ressalvada a hipótese de matéria administrativa.

18.1.5. Juízo de retratação

Como regra, após proferida a decisão, o juiz não poderá alterá-la, salvo se interpostos os embargos de declaração.

No entanto, em três hipóteses será possível o juiz retratar-se. São elas:

1) indeferimento da petição inicial;

2) extinção do processo sem resolução do mérito;

3) improcedência liminar.

18.2. Recursos em Espécie

18.2.1. Embargos de declaração

Os embargos de declaração são regidos pelo art. 897-A da CLT e, supletivamente, pelos arts. 1.022 a 1.025 e §§ 2º ao 4º, do art. 1.026 do NCPC, ressalvada a garantia de prazo em dobro para os litisconsortes, prevista no art. 1.023, § 1º (TST-IN nº 39/2016, art. 9º; OJ nº 310 da SDI-I do TST).

Caberão embargos de declaração da sentença ou acórdão, no prazo de 5 dias, devendo seu julgamento ocorrer na primeira audiência ou sessão subsequente a sua apresentação, registrado na certidão (CLT, art. 897-A).

Os embargos de declaração têm cabimento para sanar:

a) omissão: quando a decisão deixar de apreciar ponto ou questão (ponto controvertido) sobre o qual devia pronunciar o juiz de ofício ou a requerimento (NCPC, art. 1.022, *caput*);

b) obscuridade: quando a decisão não for clara. Embora esse vício não esteja presente no art. 897-A da CLT, é majoritariamente aceita a sua incidência no processo do trabalho;

c) contrariedade: quando houver incoerência interna na decisão;

d) manifesto equívoco no exame dos pressupostos extrínsecos do recurso: serão cabíveis os embargos de declaração quando houver dois requisitos cumulativos: *a)* possuir manifesto equívoco e; *b)* tratar-se de **pressupostos extrínsecos** (tempestividade, representação, preparo, depósito recursal e regularidade formal[3]).

Admite-se efeito modificativo da decisão nos casos de omissão e contradição no julgado e manifesto equívoco no exame dos pressupostos extrínsecos do recurso. Os embargos

---

3 Parte da doutrina também inclui a inexistência de fato impeditivo ou extintivo do poder de recorrer.

de declaração com efeito modificativo ou infringente atualmente são admitidos expressamente no art. 897-A da CLT e nos arts. 1.023, § 2º e 1.024, § 4º, ambos do NCPC, aplicáveis supletivamente ao processo do trabalho (TST-IN nº 39/2016, art. 9º). No mesmo sentido, já previa a Súmula n° 278 do TST.

Eventual efeito modificativo dos embargos de declaração somente poderá ocorrer em virtude da correção de vício na decisão embargada e desde que ouvida a parte contrária, no prazo de 5 dias (CLT, art. 897-A, § 2°).

Os embargos de declaração têm o efeito de interromper o prazo para a interposição de outros recursos. Dessa forma, para que eles não sejam utilizados apenas para a interrupção do prazo recursal, o ordenamento prevê sanção processual ao recorrente que se utilizar dos embargos com objetivo protelatório, **revertendo a penalidade em favor do embargado.**

Desse modo, o art. 1.026, §§ 2º a 4º, do NCPC, aplicável ao processo trabalhista (TST-IN nº 39/2016, art. 9º), prevê uma gradação da sanção:

- **1º embargos de declaração protelatórios:** multa não excedente a 2% sobre o valor atualizado da causa;
- **2º embargos de declaração protelatórios, ou seja, reiteração dos embargos protelatórios:** elevação da multa a até 10% sobre o valor atualizado da causa;
- **3º embargos de declaração protelatórios:** não serão admitidos.

Destaca-se que não haverá efeito interruptivo quando se tratar de embargos de declaração: 1) intempestivos; 2) com irregularidade na representação da parte; ou 3) ausente de assinatura.

18.2.2. Recurso ordinário

O Recurso Ordinário é cabível nas seguintes hipóteses:

1) das decisões definitivas ou terminativas das Varas do Trabalho;
2) das decisões definitivas ou terminativas dos Tribunais Regionais, em processos de sua competência originária, quer nos dissídios individuais, quer nos dissídios coletivos.

O prazo para interposição do recurso ordinário é de 8 dias.

- Têm competência para julgar o recurso ordinário:

a) TRT – quando se tratar de sentença;
b) TST – quando for o caso de competência originária do TRT.

18.2.3. Agravo de petição

O agravo de petição é o recurso **destinado a impugnar as decisões proferidas na execução trabalhista** (CLT, art. 897, "a").

O prazo para interposição do agravo de petição é de 8 dias.

O agravo de petição só será recebido quando o agravante delimitar, justificadamente, as matérias e os valores impugnados, permitida a execução imediata da parte remanescente até o final, nos próprios autos ou por carta de sentença (CLT, art. 897, § 1°).

A competência para julgar o agravo de petição depende da competência originária para o processamento da execução. Desse modo, a competência para julgamento será da seguinte forma:

Competência para julgamento	Decisão impugnada
TRT (Turmas do TRT)	decisões proferidas pela Vara do Trabalho na fase de execução;
TRT (Tribunal Pleno, Órgão Especial ou Sessão Especializada do TRT, conforme dispuser o regimento interno)	decisões proferidas pelo Presidente do TRT na fase de execução dos processos de competência originária do TRT (CLT, art. 897, § 3°)
TST (SDI-I do TST, nos termos do art. 71, II, b, do regimento interno do TST)	decisões proferidas pelo Presidente do TST na fase de execução dos processos de competência originária do TST (CLT, art. 897, § 3º)

18.2.4. Agravo de instrumento

O agravo de instrumento é uma modalidade recursal restrita no processo do trabalho, vez que é destinado tão somente a destrancar o recurso não processado no juízo *a quo*. Noutras palavras, é o recurso que visa a impugnar decisão negativa do **primeiro** juízo de admissibilidade do recurso.

O Agravo de instrumento deve ser interposto no prazo de 8 dias.

Tem como pressuposto específico a formação do instrumento, devendo instruir o agravo:

> I – obrigatoriamente, com cópias da decisão agravada, da certidão da respectiva intimação, das procurações outorgadas aos advogados do agravante e do agravado, da petição inicial, da contestação, da decisão originária, do depósito recursal referente ao recurso que se pretende destrancar, da comprovação do recolhimento das custas e do depósito recursal do agravo de instrumento;
>
> II – facultativamente, com outras peças que o agravante reputar úteis ao deslinde da matéria de mérito controvertida.

Destaca-se que com o advento do processo eletrônico, realidade em todos os tribunais trabalhistas, a formação do instrumento deixa de ser pressuposto essencial para o agravo de instrumento. Isso porque, com a interposição do agravo de instrumento, o tribunal *ad quem* terá acesso integral aos autos (CSJT-Res. nº 136/2014, art. 34; NCPC, art. 1.017, § 5º).

O depósito recursal no agravo de instrumento corresponderá a 50% do valor do depósito do recurso, o qual se pretende destrancar (CLT, art. 899, § 7°).

Quando o agravo de instrumento tiver a finalidade de destrancar recurso de revista que se insurge contra decisão que contraria a jurisprudência uniforme do Tribunal Superior do Trabalho, consubstanciada nas suas súmulas ou em orientação jurisprudencial, **não haverá obrigatoriedade** de se efetuar o depósito recursal (CLT, art. 899, § 8°).

18.2.5. *Recurso de revista*

O recurso de revista é um recurso de natureza extraordinária e vinculada, sendo disciplinado no art. 896 da CLT.

Requisitos de cabimento do recurso de revista:

1) prazo de 8 (oito) dias;
2) serve para impugnar decisões dos Tribunais Regionais em grau de recurso ordinário;
3) aplica-se somente nos dissídios individuais;
4) exige a comprovação de:
   4.1) divergência jurisprudencial ou
   4.2) violação de lei federal ou
   4.3) violação da Constituição Federal

Entende-se por divergência jurisprudencial:

1) as decisões que derem ao mesmo dispositivo de lei federal interpretação diversa da que lhe houver dado outro Tribunal Regional do Trabalho, no seu Pleno ou Turma, ou a Seção de Dissídios Individuais do Tribunal Superior do Trabalho, ou contrariarem súmula de jurisprudência uniforme dessa Corte ou súmula vinculante do Supremo Tribunal Federal;
2) as decisões que derem ao mesmo dispositivo de lei estadual, Convenção Coletiva de Trabalho, Acordo Coletivo, sentença normativa ou regulamento empresarial de observância obrigatória em área territorial que exceda a jurisdição do Tribunal Regional prolator da decisão recorrida, interpretação divergente, na forma do item anterior;

Têm competência para julgar o recurso de revista as Turmas do TST.

No recurso de revista, não se admite o reexame de fatos e provas (Súmula n° 126 do TST).

No recurso de revista é exigido o prequestionamento, ou seja, quando na decisão impugnada haja sido adotada, explicitamente, tese a respeito (Súmula n° 297 do TST).

Quando a violação nasce na própria decisão recorrida é desnecessário o prequestionamento (OJ 119 da SDI-I).

Não cabe recurso de revista:

1) de decisões conflitantes dentro do mesmo TRT;
2) de acórdão prolatado em agravo de instrumento (Súmula n° 218 do TST);
3) quando o ente público não interpôs recurso ordinário voluntário da decisão de primeira instância, ressalvada a hipótese de ter sido agravada, na segunda instância, a condenação imposta (OJ n° 334 da SDI-I do TST).

Nas causas sujeitas ao procedimento sumaríssimo, somente será admitido recurso de revista por contrariedade à súmula de jurisprudência uniforme do Tribunal Superior do Trabalho ou a súmula vinculante do Supremo Tribunal Federal e violação direta da Constituição da República (CLT, art. 896, § 9°). Não cabe por violação à orientação jurisprudencial (Sumula n° 442 do TST).

Na fase de execução somente cabe recurso de revista por ofensa direta e literal de norma da Constituição Federal (CLT, art. 896, § 2°). Essa é a regra. Porém, é importante observar que a Lei n° 13.015/14 ampliou o cabimento do recurso de revista na fase de execução em duas hipóteses: 1) execução fiscal; 2) controvérsias da fase de execução que envolvam a Certidão Negativa de Débitos Trabalhistas (CNDT). Nesses dois casos, o recurso de revista será cabível quando:

a) por violação a lei federal;

b) divergência jurisprudencial;

c) por ofensa à Constituição Federal (CLT, art. 896, § 10).

Resumo das hipóteses de cabimento do recurso de revista:

Rito ordinário	Rito sumaríssimo	Fase de execução*
Afrontar a Constituição Federal	Afrontar a Constituição Federal	Afrontar a Constituição Federal
Contrariar súmula do TST	Contrariar súmula do TST	
Contrariar súmula vinculante do STF	Contrariar súmula vinculante do STF	
Violar lei federal Contrariar Orientação Jurisprudencial Divergência jurisprudencial		

*. Apenas nas hipóteses de execução fiscal e controvérsias da fase de execução que envolvam a Certidão Negativa de Débitos Trabalhistas (CNDT), o recurso de revista será cabível quando: violar a lei federal, por divergência jurisprudencial e por ofensa à Constituição Federal (CLT, art. 896, § 10).

18.2.5.1. Incidente de uniformização

O incidente de uniformização consiste em mecanismo de resolução das divergências jurisprudenciais existentes dentro do Tribunal (*interna corporis*).

Caberá aos regimentos internos dos tribunais definirem o incidente de uniformização de jurisprudência, observando especialmente as diretrizes do art. 926, § 2º, e do art. 927, § 1º a 5º, ambos do NCPC. No mesmo sentido, o art. 2º da IN nº 40/2016 do TST:

> Art. 2°. Após a vigência do Código de Processo Civil de 2015, subsiste o Incidente de Uniformização de Jurisprudência da CLT (art. 896, §§ 3º, 4º, 5º e 6º), observado o procedimento previsto no regimento interno do Tribunal Regional do Trabalho.

Caso o TRT não faça a uniformização de sua jurisprudência, espontaneamente, o TST, de ofício ou a requerimento da parte ou do Ministério Público do Trabalho, poderá determinar o retorno dos autos à origem para que se proceda à uniformização, quando existirem decisões atuais e conflitantes no âmbito do mesmo Tribunal Regional do Trabalho sobre o tema objeto de recurso de revista (CLT, art. 896, § 4º). Essa providência deverá ser determinada pelo Presidente do Tribunal Regional do Trabalho, ao emitir juízo de admissibilidade sobre o recurso de revista, ou pelo Ministro Relator, mediante decisões irrecorríveis (CLT, art. 896, § 5º).

No julgamento do incidente, e reconhecendo a divergência, o tribunal sedimentará seu entendimento de duas formas:

1) **súmulas**: quando o entendimento for tomado pela maioria absoluta dos membros que integram o tribunal;

2) **tese jurídica prevalente**: quando o entendimento decorrer da maioria simples. Nada obsta que o Tribunal Regional, em seu regimento interno, delibere de forma diferente, tendo em visto que o tema não tem mais previsão no CPC, como ocorria antigamente.

Após a aprovação da súmula e da tese jurídica prevalente e desde que estas não contrariem súmula ou orientação jurisprudencial do TST, elas servirão como paradigma para viabilizar o conhecimento do recurso de revista por divergência. Desse modo, a partir da Lei nº 13.015/14, a divergência entre decisões conflitantes de TRTs poderá ocorrer nas seguintes hipóteses:

1) súmula ou tese prevalente do TRT x súmula ou tese prevalente de outro TRT;

2) acórdão TRT x súmula ou tese prevalente de outro TRT;

3) acórdão TRT x acórdão de outro TRT (caso não exista súmula ou tese jurídica prevalente no TRT).

18.2.5.2. Recurso de revista repetitivo

O art. 896-C, *caput*, da CLT estabelece que a questão poderá ser afetada à Seção Especializada em Dissídios Individuais ou ao Tribunal Pleno, na hipótese de multiplicidade de recursos de revista fundados em idêntica questão de direito e considerando a relevância da matéria ou a existência de entendimentos divergentes entre os ministros da SDI ou das Turmas do TST.

A competência para o julgamento das causas repetitivas é da Seção de Dissídios Individuais ou do Tribunal Pleno.

O presidente da Turma ou da Seção Especializada (SDI-I) que propor a afetação de processo para julgamento sob o rito dos recursos repetitivos deverá expedir comunicação aos demais presidentes de Turma ou de Seção Especializada, que poderão afetar outros processos sobre a questão para julgamento conjunto, a fim de conferir ao órgão julgador visão global da questão (CLT, art. 896-C, § 2º). Sendo acolhida a proposta, o recurso repetitivo será distribuído a um dos ministros – membros da Seção Especializada ou do Tribunal Pleno e a um ministro revisor (CLT, art. 896-C, § 6º).

Acolhida a proposta de afetação, define-se se o processo será julgado pela SDI-I ou pelo Tribunal Pleno. Ato contínuo, será distribuído a um relator e a um revisor.

O relator não fica vinculado às propostas de afetação, podendo recusá-las por entender que os recursos representativos da controvérsia não são admissíveis ou não contenham abrangente argumentação e discussão a respeito da questão a ser decidida. Pode, ainda, selecionar outros recursos representativos da controvérsia (TST-IN nº 38, art. 4º).

Selecionados os recursos, o relator, constando a presença do pressuposto do *caput* do art. 896-C da CLT, proferirá decisão de afetação, na qual identificará com precisão a questão a ser submetida a julgamento (TST-IN nº 38, art. 5º, I; NCPC, art. 1.037, *caput*).

Considerando que a decisão a ser proferida no julgamento das causas repetitivas atingirá outros processos, o relator poderá determinar a suspensão dos recursos de revista ou de embargos que tenham como objeto controvérsia idêntica à do recurso afetado como repetitivo (CLT, art. 896-C, § 5°).

Por sua vez, o presidente do Tribunal Superior do Trabalho oficiará, por meio de carta de ordem, os presidentes dos Tribunais Regionais do Trabalho para que suspendam os recursos interpostos em casos idênticos aos afetados como recursos repetitivos, até o pronunciamento definitivo do Tribunal Superior do Trabalho (CLT, art. 896-C, § 3°);

Haverá suspensão dos recursos ordinários pendentes de julgamento no TRT, bem como dos processos em primeiro grau de jurisdição (Instrução Normativa nº 38 do TST, arts. 6º e 14, III).

Os recursos afetados deverão ser julgados no prazo de um ano e terão preferência sobre os demais feitos.

O relator do recurso repetitivo poderá solicitar, aos Tribunais Regionais do Trabalho, informações a respeito da controvérsia, a serem prestadas no prazo de 15 dias (CLT, art. 896-C, § 7°);

Julgado o recurso representativo da controvérsia, os processos porventura suspensos em primeiro e segundo graus de jurisdição retomarão o curso para julgamento e aplicação da tese firmada pelo Tribunal Superior do Trabalho (TST-IN nº 38, art. 14º, III; NCPC, art. 1.040, III).

Já os recursos sobrestados na origem:

1) terão seguimento denegado pelo presidente ou vice-presidente do TRT na hipótese de o acórdão recorrido coincidir com a orientação do Tribunal Superior do Trabalho; ou

2) serão novamente examinados pelo tribunal de origem na hipótese de o acórdão recorrido divergir da orientação do Tribunal Superior do Trabalho a respeito da matéria (CLT, art. 896-C, § 10).

18.2.6. Recurso de embargos para a SDI (embargos de divergência)

Os embargos de divergência vêm disciplinados no art. 894, II, da CLT, sendo cabível: das decisões das Turmas que divergirem entre si ou das decisões proferidas pela Seção de Dissídios Individuais, ou contrárias à súmula ou orientação jurisprudencial do Tribunal Superior do Trabalho ou súmula vinculante do Supremo Tribunal Federal.

Decisão recorrida		Decisão divergente
Turma do TST	X	Outra Turma do TST
Turma do TST		SDI
Turma do TST		Súmula e OJ do TST
Turma do TST		Súmula vinculante do STF

O prazo para a interposição dos embargos é de 8 dias.

No procedimento sumaríssimo, cabem embargos de divergência quando demonstrada a divergência jurisprudencial entre Turmas do TST, fundada em interpretações diversas acerca da aplicação de mesmo dispositivo constitucional ou de matéria sumulada (Súmula nº 458 do TST).

Contudo, com o advento da Lei n° 13.015/14, surge mais uma hipótese de cabimento dos embargos de divergência no rito sumaríssimo: quando contrariar súmula vinculante do STF. É que o § 9° do art. 896 da CLT passou a permitir o cabimento do recurso de revista nessa hipótese, de modo que poderá existir o prequestionamento acerca dessa matéria para se alcançar a SDI-I.

Com efeito, atualmente, cabem embargos de divergência, no rito sumaríssimo, quando houver:

1) divergência na interpretação na Constituição Federal;

2) confronto com súmula do TST; ou

3) confronto com súmula vinculante do STF.

Na fase de execução, a interposição dos embargos de divergência condiciona-se à demonstração de divergência jurisprudencial entre Turmas ou destas e a Seção Especializada em Dissídios Individuais do Tribunal Superior do Trabalho em relação à interpretação de dispositivo constitucional.

Contudo, atenta-se para o fato de que, por força do art. 896, § 10, da CLT, decorrente da Lei n° 13.015/14, nas execuções fiscais e nas controvérsias da fase de execução que envolvam a Certidão Negativa de Débitos Trabalhistas (CNDT) caberá o recurso de revista por violação a lei federal, por divergência jurisprudencial e por ofensa à Constituição Federal, o que significa que nesses casos também caberão os embargos para a SDI I, ou seja, nas duas hipóteses não há nenhuma restrição para o cabimento dos embargos de divergência.

18.2.7. Recurso adesivo

O recurso adesivo é compatível com o processo do trabalho e cabe, no prazo de 8 dias, nas hipóteses de interposição de recurso ordinário, de agravo de petição, de revista e de embargos no TST, sendo desnecessário que a matéria nele veiculada esteja relacionada com a do recurso interposto pela parte contrária (Súmula n° 283 do TST).

19. FASE DE LIQUIDAÇÃO DE SENTENÇA

A sentença condenatória ilíquida está sujeita à liquidação.

A liquidação de sentença pode ser por:

1) cálculos: quando depende apenas de cálculos aritméticos;

2) arbitramento: quando há necessidade de nomeação de perito;

3) artigos[4]: quando se busca provar fato novo na liquidação.

Na liquidação, não se poderá modificar, ou inovar, a sentença liquidanda nem discutir matéria pertinente à causa principal (CLT, art. 897, § 1º).

As partes deverão ser previamente intimadas para a apresentação do cálculo de liquidação, inclusive da contribuição previdenciária incidente.

Apresentados os cálculos, o juiz poderá:

1) homologá-los;

2) abrir às partes prazo sucessivo de 10 dias para impugnação fundamentada com a indicação dos itens e valores objeto da discordância, sob pena de preclusão. **Atenção:** trata-se de mera faculdade do juiz a abertura de prazo para impugnação nesse momento.

Elaborada a conta pela parte ou pelos órgãos auxiliares da Justiça do Trabalho, o juiz procederá à intimação da União para manifestação, no prazo de 10 dias, sob pena de preclusão.

Os juros de mora são computados desde o ajuizamento da ação, incidindo sobre a importância da condenação já corrigida monetariamente (Súmula n° 200 do TST).

Os juros e a correção monetária são incluídos na liquidação ainda que a inicial ou a decisão sejam omissas (Súmula n° 211 do TST).

A correção monetária não incide sobre o débito do trabalhador reclamante (Súmula n° 187 do TST).

A decisão de liquidação somente será impugnada depois de garantida a execução (nomeado ou penhorado os bens), sendo realizada pelo executado nos embargos à execução e pelo exequente na impugnação à liquidação (CLT, art. 884, § 3°). Da decisão dos embargos à execução e também da que decide a impugnação do exequente caberá agravo de petição.

4 O NCPC deixa de utilizar a denominação liquidação por artigos, apenas descrevendo que essa liquidação será realizada pelo procedimento comum (NCPC, art. 509, II).

20. EXECUÇÃO TRABALHISTA

Na fase de execução, aplicam-se, subsidiariamente à CLT, as seguintes normas em ordem sucessiva:

1) Lei de Execuções Fiscais (Lei nº 6.830/80);

2) Código de Processo Civil.

Essa ordem, porém, não será observada quando a própria norma celetista impuser qual a norma a ser aplicada como ocorre, por exemplo, na ordem preferencial de bens à penhora, que deve incidir diretamente o art. 835 do NCPC[5], segundo previsão expressa no art. 882 da CLT (TST-IN nº 39/2016, art. 3º, XVI).

A execução trabalhista pode ser iniciada:

1) a requerimento; ou

2) de ofício pelo juiz.

20.1. Execução definitiva e execução provisória

A **execução definitiva** é a que decorre de sentença transitada em julgado, podendo ir até a satisfação integral do exequente.

Por outro lado, a **execução provisória** é aquela embasada em título provisório, ou seja, passível de modificação. Nesse contexto, é suscetível de modificação a sentença (ou acórdão) submetida a **recurso sem efeito suspensivo**.

Execução provisória

1) sentença (ou acórdão) submetida a recurso sem efeito suspensivo;

2) seguirá até a penhora, nos termos do art. 899 da CLT;

3) depende de iniciativa do exequente;

4) responsabilidade objetiva do exequente pelos danos causados ao executado;

5) ficará sem efeito, sobrevindo acórdão que modifique ou anule a sentença, objeto da execução;

6) se a modificação ou anulação for apenas em parte, somente nessa parte ficará sem efeito a execução;

7) tem o mesmo procedimento da execução definitiva, no que couber;

20.2. Títulos extrajudiciais e judiciais

São títulos **extrajudiciais**:

1) os termos de ajuste de conduta firmados perante o Ministério Público do Trabalho (CLT, art. 876);

2) os termos de conciliação firmados perante as Comissões de Conciliação Prévia (CLT, art. 876);

5 Correspondente do art. 655 do CPC/73.

3) a certidão da dívida ativa da União referente às penalidades administrativas impostas ao empregador pelos órgãos de fiscalização do trabalho (CF/88, art. 114, VII);

4) o cheque e a nota promissória emitidos em reconhecimento de dívida inequivocamente de natureza trabalhista (TST-IN nº 39/2016, art. 13)[6].

São títulos **judiciais**:

1) as decisões passadas em julgado (CLT, art. 876);

2) as decisões das quais não tenha havido recurso com efeito suspensivo (CLT, art. 876);

3) os acordos, quando não cumpridos (CLT, art. 876);

4) os créditos previdenciários decorrentes de sentença.

20.3. Competência para a execução

1) títulos judiciais: o juiz ou presidente do tribunal que tiver conciliado ou julgado originariamente o dissídio (CLT, art. 877);

2) títulos extrajudiciais: o juiz que teria competência para o processo de conhecimento relativo à matéria (CLT, art. 877-A).

20.4. Execução por quantia certa de devedor solvente

Requerida a execução, o executado será citado para cumprir a obrigação, no prazo e no modo estabelecido na decisão, sob pena de incidir as cominações nela estabelecidas.

Realizada a citação, no prazo de 48 horas, o executado poderá adotar as seguintes alter-nativas:

a) **pagar**, inclusive as contribuições previdenciárias;

b) **garantir a execução**, mediante o depósito do valor da dívida, atualizada e acrescida das despesas processuais (CLT, art. 882);

c) **nomear bens à penhora**, observada a ordem do art. 835 do NCPC (CLT, art. 882);

d) **manter-se inerte**, caso em que será realizada a penhora pelo oficial de justiça.

Não pagando, nem garantindo a execução, será realizada a penhora dos bens, de tantos quantos bastem ao pagamento da importância da condenação, acrescida de custas e juros de mora.

Na fase de execução, a citação será feita por oficial de justiça.

A nomeação dos bens à penhora deverá observar a ordem preferencial estabelecida no art. 835 do NCPC (TST-IN nº 39/2016, art. 3º, XVI):

---

6 Atente-se para o fato de que a questão poderá questionar os títulos executivos descritos na CLT. Nesse caso, o candidato deverá considerar apenas os 2 títulos extrajudiciais citados na CLT.

I – dinheiro, em espécie ou em depósito ou aplicação em instituição financeira;

II – títulos da dívida pública da União, dos Estados e do Distrito Federal com cotação em mercado;

III – títulos e valores mobiliários com cotação em mercado;

IV – veículos de via terrestre;

V – bens imóveis;

VI – bens móveis em geral;

VII – semoventes;

VIII – navios e aeronaves;

IX – ações e quotas de sociedades simples e empresárias;

X – percentual do faturamento de empresa devedora;

XI – pedras e metais preciosos;

XII – direitos aquisitivos derivados de promessa de compra e venda e de alienação fiduciária em garantia;

XIII – outros direitos.

A carta de fiança bancária e o seguro garantia judicial, desde que em valor não inferior ao do débito em execução, acrescido de trinta por cento, equivalem a dinheiro para efeito da gradação dos bens penhoráveis, estabelecida no art. 835 do NCPC (OJ n° 59 da SDI-II do TST).

É admissível a penhora sobre a renda mensal ou faturamento de empresa, limitada a determinado percentual, desde que não comprometa o desenvolvimento regular de suas atividades (OJ n° 93 da SDI-II do TST).

Não fere direito líquido e certo do impetrante o ato judicial que determina penhora em dinheiro do executado para garantir crédito exequendo, pois é prioritária e obedece à gradação prevista no art. 835 do CPC de 2015 (Súmula nº 417, I, do TST).

Havendo discordância do credor, em execução definitiva, não tem o executado direito líquido e certo a que os valores penhorados em dinheiro fiquem depositados no próprio banco, ainda que atenda aos requisitos do art. 840, I, do CPC de 2015 (Súmula nº 417, II, do TST).

O art. 833 do NCPC, aplicável ao processo do trabalho (TST-IN nº 39/2016, art. 3º, XV), dispõe que determinados bens são impenhoráveis, sendo eles:

I – os bens inalienáveis e os declarados, por ato voluntário, não sujeitos à execução;

II – os móveis, os pertences e as utilidades domésticas que guarnecem a residência do executado, salvo os de elevado valor ou os que ultrapassem as necessidades comuns correspondentes a um médio padrão de vida;

III – os vestuários, bem como os pertences de uso pessoal do executado, salvo se de elevado valor;

IV – os vencimentos, os subsídios, os soldos, os salários, as remunerações, os proventos de aposentadoria, as pensões, os pecúlios e os montepios, bem como as quantias recebidas por liberalidade de terceiro e destinadas ao sustento do devedor e de sua família, os ganhos de trabalhador autônomo e os honorários de profissional liberal, ressalvado o § 2º;

V – os livros, as máquinas, as ferramentas, os utensílios, os instrumentos ou outros bens móveis necessários ou úteis ao exercício da profissão do executado;

VI – o seguro de vida;

VII – os materiais necessários para obras em andamento, salvo se essas forem penhoradas;

VIII – a pequena propriedade rural, assim definida em lei, desde que trabalhada pela família;

IX – os recursos públicos recebidos por instituições privadas para aplicação compulsória em educação, saúde ou assistência social;

X – a quantia depositada em caderneta de poupança, até o limite de 40 (quarenta) salários-mínimos;

XI – os recursos públicos do fundo partidário recebidos por partido político, nos termos da lei;

XII – os créditos oriundos de alienação de unidades imobiliárias, sob regime de incorporação imobiliária, vinculados à execução da obra.

§ 1º A impenhorabilidade não é oponível à execução de dívida relativa ao próprio bem, inclusive àquela contraída para sua aquisição.

§ 2º O disposto nos incisos IV e X do caput não se aplica à hipótese de penhora para pagamento de prestação alimentícia, independentemente de sua origem, bem como às importâncias excedentes a 50 (cinquenta) salários-mínimos mensais, devendo a constrição observar o disposto no art. 528, § 8º, e no art. 529, § 3º.

§ 3º Incluem-se na impenhorabilidade prevista no inciso V do caput os equipamentos, os implementos e as máquinas agrícolas pertencentes a pessoa física ou a empresa individual produtora rural, exceto quando tais bens tenham sido objeto de financiamento e estejam vinculados em garantia a negócio jurídico ou quando respondam por dívida de natureza alimentar, trabalhista ou previdenciária.

De acordo com o C. TST, é impenhorável a conta-salário, ainda que seja limitada a determinado percentual dos valores recebidos ou a valor revertido para fundo de aplicação ou poupança (OJ nº 153 da SDI-II do TST).

A Lei nº 8.009/90 previu que o devedor não pode ser privado de seu bem de família, ou seja, o imóvel residencial próprio do casal, ou da entidade familiar, é impenhorável e não responderá por qualquer tipo de dívida civil, comercial, fiscal, previdenciária, trabalhista ou de outra natureza, contraída pelos cônjuges ou pelos pais ou filhos que sejam seus proprietários e nele residam, salvo nas hipóteses previstas na lei em comento (art. 1º).

Salienta-se que o bem de família é impenhorável, inclusive para os créditos de trabalhadores da própria residência e das respectivas contribuições previdenciárias, contemplando a igualdade de direitos entre os empregados celetistas e o empregado doméstico (LC nº 150/15, art. 46).

20.4.1. Embargos à execução e embargos de terceiros

Garantida a execução ou penhorado os bens, terá o executado 5 dias para apresentar **embargos**, cabendo igual prazo ao exequente para impugnação.

A matéria de defesa nos embargos será restrita às alegações de cumprimento da decisão ou do acordo, quitação ou prescrição da dívida (CLT, art. 884, § 1°). A doutrina majoritária tem aplicado, subsidiariamente, ao processo do trabalho, o art. 525, § 1º, do NCPC.

Se na defesa tiverem sido arroladas testemunhas, poderá o juiz ou o presidente do tribunal, caso julgue necessários seus depoimentos, marcar audiência para a produção das provas, a qual deverá realizar-se dentro de 5 dias (CLT, art. 884, § 2°).

Julgar-se-ão, na mesma sentença, os embargos e as impugnações à liquidação apresentadas pelos credores trabalhista e previdenciário (CLT, art. 884, § 4°).

Para eliminar ou evitar a constrição de bens de terceiro que não participa do processo ou não responde patrimonialmente pela dívida são cabíveis os **embargos de terceiros.** Os embargos de terceiros podem ser opostos na fase de conhecimento (por exemplo, arresto) ou na fase de execução, sendo esse último caso mais comum.

Opostos os embargos de terceiro, o legitimado passivo terá o prazo de 15 dias para apresentação de resposta (NCPC, art. 679).

O C. TST, adequando-se às disposições do NCPC (art. 676, parágrafo único), definiu que, no caso de expedição de carta precatória para a apreensão de bens (quando os bens apreendidos não se localizarem no local do juiz que determina a constrição) os embargos de terceiros devem ser oferecidos no juízo deprecado, salvo se indicado pelo juízo deprecante o bem constrito ou se já devolvida a carta (Súmula nº 419 do TST).

20.4.2. Remição da execução

A **remição da execução** é o pagamento da dívida pelo executado. Ela só será deferida se o executado oferecer preço igual ao valor da condenação (art. 13 da Lei n° 5.584/70). Noutras palavras, a remição pressupõe o pagamento integral da dívida, devidamente atualizada, acrescida de juros, custas e honorários advocatícios (NCPC, art. 826).

A doutrina estabelece a seguinte ordem de preferência na execução:

1) remição da execução;

2) adjudicação;

3) arrematação.

20.4.3. Arrematação

A avaliação dos bens penhorados será feita pelo próprio oficial de justiça (CLT, art. 721).

Concluída a avaliação, dentro de 10 dias, contados da data da nomeação do avaliador, seguir-se-á a arrematação, que será anunciada por edital afixado na sede do juízo ou tribunal e publicado no jornal local, se houver, com a antecedência de 20 dias. (CLT, art. 888, *caput*).

A arrematação é a alienação do bem do devedor pelo Estado, realizada em hasta pública.

Antigamente, a doutrina entendia que hasta pública era gênero e que englobava as seguintes espécies:

a) praça; e

b) leilão.

Assim, a praça era utilizada para a venda de bens imóveis, enquanto o leilão, para bens móveis.

Contudo, o NCPC acabou com essa diferenciação, passando a admitir, seja para imóveis, seja para bens móveis, o leilão judicial eletrônico ou presencial (NCPC, art. 879, II), privilegiando o leilão judicial eletrônico (NCPC, art. 882, caput).

A arrematação far-se-á em dia, hora e lugar anunciados, e os bens serão vendidos pelo maior lance, tendo o exequente preferência para a adjudicação (CLT, art. 888, § 1°).

O arrematante deverá garantir o lance com o sinal correspondente a 20% do seu valor (CLT, art. 888, § 2°).

Não havendo licitante, e não requerendo o exequente a adjudicação dos bens penhorados, eles poderão ser vendidos por leiloeiro nomeado pelo juiz (CLT, art. 888, § 3°).

Se o arrematante, ou seu fiador, não pagar dentro de 24 horas, o preço da arrematação perderá, em benefício da execução, o sinal correspondente a 20%, voltando à praça os bens executados (CLT, art. 888, § 4°).

20.5. Execução de prestações sucessivas

A **execução das prestações sucessivas** será da seguinte forma:

1) quando for por prazo determinado, a execução pelo pagamento de uma prestação compreenderá as que lhe sucederem;

2) na hipótese de prazo indeterminado, a execução compreenderá inicialmente as prestações devidas até a data do ingresso na execução.

20.6. Execução das Contribuições Previdenciárias

A competência da Justiça do Trabalho é limitada às sentenças condenatórias em pecúnia que proferir e aos valores objeto de acordo homologado. Não inclui, portanto, as decisões meramente declaratórias.

Toda sentença ou acordo deve prever as contribuições previdenciárias.

O acordo judicial deve discriminar as parcelas sujeitas à incidência das contribuições previdenciárias. Não discriminando, as contribuições incidirão sobre valor total do acordo (OJ 368 da SDI-I do TST).

As contribuições previdenciárias no acordo judicial sem reconhecimento do vínculo serão da seguinte forma: 20% tomador + 11% prestador, sobre o valor total do acordo (OJ n° 398 da SDI-I do TST).

É permitido o acordo judicial realizado após trânsito em julgado da decisão. Nessa hipótese, as contribuições previdenciárias incidirão sobre o valor do acordo, devendo ser respeitada a proporcionalidade das verbas indenizatórias e salariais descritas na condenação (OJ nº 376 da SDI-I do TST).

20.7. Execução contra a Fazenda Pública

O regime da execução por quantia certa contra a Fazenda Pública é totalmente diferente da execução realizada em face das pessoas físicas e jurídicas de direito privado. Isso ocorre porque os bens públicos são inalienáveis e, consequentemente, impenhoráveis. Diante disso, a Fazenda Pública não é intimada para pagar ou nomear bens à penhora, mas sim para opor **embargos**, no prazo de **30 dias.**

Solucionados os embargos, ou não sendo apresentados no prazo legal, o pagamento será realizado de duas formas:

1) precatório; ou
2) requisição de pequeno valor.

O significado de pequeno valor leva em conta cada ente público, sendo definido da seguinte forma:

União	até 60 salários-mínimos (Lei nº 10.259/01, art. 17, § 1º)
Estados e Distrito Federal	até 40 salários-mínimos (ADCT, art. 87, I)
Municípios	até 30 salários-mínimos (ADCT, art. 87, II)

20.8. Execução contra a massa falida

Havendo condenação de empresa submetida à falência, as ações trabalhistas serão processadas perante a Justiça do Trabalho até a apuração do respectivo crédito, que será inscrito no quadro-geral de credores pelo valor determinado em sentença (Lei nº 11.101/05, art. 6º, § 2º). Noutras palavras, **a Justiça laboral tem competência até a decisão de liquidação**, remetendo-se, posteriormente, ao juízo falimentar para habilitação do crédito.

Porém, tem-se admitido procedimento diferente em dois casos específicos:

1) **se o bem for penhorado antes da decretação da falência**: a hasta pública será realizada na Justiça do Trabalho, revertendo-se ao juízo falimentar o que se alcançou com a alienação.
2) **se a decretação da falência ocorrer quando o bem já tiver sido alienado em hasta pública**: entende-se que o credor trabalhista será satisfeito na Justiça do Trabalho, remetendo-se ao juízo falimentar apenas o remanescente do bem expropriado, se existente.

ATENÇÃO!
Dica a seguir somente para analista judiciário

21. DISSÍDIO COLETIVO

O poder normativo consiste em função atípica do Judiciário de criar normas jurídicas, ou seja, atua exercendo função legislativa.

A criação de normas ocorre por meio do dissídio coletivo, o qual é entendido como o processo judicial destinado à solução de conflitos coletivos de interesses nas relações de trabalho, buscando criar e modificar normas e condições gerais de trabalho, além de declarar o alcance de uma norma jurídica.

A decisão proferida no dissídio coletivo é denominada de sentença normativa, tendo o condão, ao menos no dissídio econômico, de criar normas abstratas, diferenciando-se das leis apenas em seu aspecto formal.

- Os dissídios coletivos classificam-se em:
  1) dissídio coletivo econômico;
  2) dissídio coletivo jurídico;
  3) dissídio coletivo revisional;
  4) dissídio coletivo de greve;
  5) dissídio coletivo originário.
- Têm (Tem) legitimidade para instaurar o dissídio coletivo:
  1) sindicatos;
  2) empresas;
  3) comissões de trabalhadores, quando não houver sindicato no caso de greve (art. 4°, § 2° e 5° da Lei 7783/89);
  4) Ministério Público do Trabalho, na hipótese de greve em atividade essencial, com possibilidade de lesão do interesse público (CF/88, art. 114, § 3°).
- Não tem (têm) legitimidade para instauração do dissídio coletivo:
  1) presidente do TST (o art. 856 da CLT não foi recepcionado pela CF/88);
  2) centrais sindicais.

  A competência para julgamento do dissídio é definida pela extensão territorial do conflito. Desse modo, será de competência do:
  1) TRT, caso a extensão se restrinja à jurisdição de um TRT;
  2) TST, na hipótese de a extensão atingir mais de um TRT.

Existe uma única exceção: o Estado de São Paulo, que possui dois tribunais (TRT da 2ª e da 15ª Região). Nessa hipótese, se o conflito atingir a jurisdição de ambos os tribunais, o TRT da 2ª Região será o competente para o dissídio coletivo, nos termos do art. 12 da Lei n° 7.520/86.

No dissídio coletivo econômico, exige-se o comum acordo para a instauração do dissídio (CF/88, art. 114, § 2º).

- Início da vigência da sentença normativa (CLT, 867, parágrafo único):
  1) a partir do dia imediato ao termo final de vigência da CCT ou ACT: quando ajuizado 60 dias antes da data-base;
  2) a partir da data da publicação da sentença: quando ajuizado após o prazo do item 1;
  3) a partir do ajuizamento do dissídio: quando for o primeiro da categoria.

  O prazo máximo de vigência da sentença normativa é de 4 anos.

Decorrido mais de 1 ano de sua vigência, caberá revisão das decisões que fixarem condições de trabalho, quando tiverem modificado as circunstâncias que as ditaram, de modo que tais condições tenham se tornado injustas ou inaplicáveis.

Nessa modalidade de ação, admite-se que o presidente do Tribunal Superior do Trabalho possa conceder efeito suspensivo ao recurso da sentença normativa (art. 14 da Lei 10.192/01). A cassação de efeito suspensivo concedido a recurso interposto de sentença normativa retroage à data do despacho que o deferiu (Súmula nº 279 do TST).

21.1. Ação de Cumprimento

Na hipótese de descumprimento da sentença normativa, outra ação deverá ser ajuizada, denominada de ação de cumprimento (CLT, art. 872), de competência da Vara do Trabalho. Trata-se de ação de conhecimento.

A ação de cumprimento, além de possibilitar o cumprimento da sentença normativa, também pode ser utilizada para efetivar o cumprimento de acordo coletivo ou convenção coletiva de trabalho (Súmula nº 286 do TST).

A ação de cumprimento pode ser ajuizada individualmente ou de forma coletiva.

O sindicato da categoria tem legitimidade para ajuizar a ação de cumprimento

A sentença normativa poderá ser objeto de ação de cumprimento a partir do 20º dia subsequente ao do julgamento, fundada no acórdão ou na certidão de julgamento, salvo se concedido efeito suspensivo pelo presidente do Tribunal Superior do Trabalho (art. 7º, § 6º, Lei nº 7.701/88).

É dispensável o trânsito em julgado da sentença normativa para a propositura da ação de cumprimento (Súmula nº 246 do TST).

O prazo de prescrição com relação à ação de cumprimento de decisão normativa flui apenas da data de seu trânsito em julgado (Súmula nº 350 do TST).

A coisa julgada produzida na ação de cumprimento é atípica, pois dependente de condição resolutiva, ou seja, da não modificação da decisão normativa por eventual recurso. Assim, modificada a sentença normativa pelo TST, com a consequente extinção do processo sem resolução do mérito, deve-se extinguir a execução em andamento, uma vez que a norma sobre a qual se apoiava o título exequendo deixou de existir no mundo jurídico (OJ nº 277 da SDI-I do TST).

ATENÇÃO!

Dica a seguir somente para analista judiciário

22. PROCEDIMENTOS ESPECIAIS

22.1. Inquérito para apuração de falta grave

O inquérito para apuração de falta grave é uma ação judicial destinada a extinguir o contrato de trabalho de determinados empregados detentores de estabilidade ou garantia de emprego.

A doutrina diverge sobre quais empregados devem ser submetidos ao inquérito, havendo, pelo menos, duas correntes a respeito:

1ª corrente: apenas nos casos de:

- dirigente sindical (CLT, art. 543, § 3º e Súmula nº 379 do TST);
- estável decenal (CLT, art. 494).

2ª corrente: tem aplicação nas seguintes hipóteses:

- dirigente sindical (CLT, art. 543, § 3º e Súmula nº 379 do TST);
- estável decenal (CLT, art. 494);
- diretor de sociedade cooperativa, vez que o art. 55 da Lei nº 5.764/71 lhe concedeu as mesmas garantias do dirigente sindical;
- membros do Conselho Nacional de Previdência Social, **enquanto representantes dos trabalhadores em atividade, titulares e suplentes**, porque o art. 3º, § 7º, da Lei nº 8.213/91 impõe que eles, até um ano após o término do mandato de representação, somente serão demitidos "por motivo de falta grave, regularmente comprovada através de processo judicial";

No caso de suspensão do empregado, o empregador deverá ajuizar o inquérito para apuração de falta grave no **prazo de 30 dias,** contados da data da suspensão (CLT, art. 853).

O inquérito para apuração de falta grave será ajuizado na Vara do Trabalho, seguindo o mesmo rito de uma ação ordinária, tendo, porém, duas peculiaridades:

1) a petição inicial, obrigatoriamente, deverá ser escrita (CLT, art. 853);
2) poderão ser ouvidas 6 testemunhas (CLT, art. 821).

A sentença, proferida no inquérito para apuração de falta grave, produz efeitos diferentes, conforme verificamos a seguir:

Improcedência (não existiu falta grave)	**Com suspensão do emprego**	Sentença condenatória, determinando a reintegração de empregado
	Sem suspensão do empregado	Sentença declaratória, mantendo o vínculo normalmente
Procedência (ocorreu falta grave)	**Com suspensão do empregado**	Sentença desconstitutiva, extinguindo o contrato de trabalho na data da prolação da sentença. O período de afastamento será considerado como de suspensão do contrato
	Sem suspensão do empregado	Sentença desconstitutiva, extinguindo o contrato de trabalho na data da prolação da sentença

22.2. Ação Rescisória

No processo do trabalho, a ação rescisória vem prevista no art. 836 da CLT, sendo admitida nos casos descritos no CPC, que regula a matéria.

No processo trabalhista, a ação rescisória está sujeita ao depósito prévio de 20% do valor da causa, salvo prova de miserabilidade jurídica.

Não se aplica o *jus postulandi* na ação rescisória (Súmula n° 425 do TST)

Para o ajuizamento da ação rescisória exige-se:

1) o trânsito em julgado da decisão;
2) que a decisão seja de mérito ou que, embora não seja de mérito, impeça nova propositura da demanda ou a admissibilidade do recurso correspondente.

Sobre a comprovação do trânsito em julgado da decisão é necessário gravar as seguintes regras:

1) é obrigatória a comprovação no momento da interposição da ação rescisória;
2) verificando o relator que a parte interessada não juntou à inicial o documento comprobatório, abrirá prazo de 15 dias para que o faça, sob pena de indeferimento;
3) o trânsito em julgado deve ser anterior ao ajuizamento da ação rescisória (Súmula n° 299 do TST);

A competência para julgamento da ação rescisória sempre é originária de um tribunal, sendo definida, como regra, pela decisão de mérito que se busca rescindir. Assim, será competente:

1) o TRT:
   - para rescindir suas próprias decisões;
   - para rescindir as sentenças da Vara do Trabalho.
2) o TST:
   - para rescindir suas próprias decisões.

Destaca-se que o NCPC passou a permitir o ajuizamento da ação rescisória de decisão que, embora não seja de mérito, impeça:

I – nova propositura da demanda; ou

II – admissibilidade do recurso correspondente (art. 966, § 2º).

A ação rescisória pode ser ajuizada no prazo decadencial de 2 anos do trânsito em julgado da decisão. Cabe memorizar as seguintes diretrizes sobre o prazo decadencial (Súmula nº 100 do TST):

1) o prazo decadencial conta-se do dia imediatamente subsequente ao trânsito em julgado da última decisão proferida na causa, seja de mérito ou não;

2) a interposição de recurso intempestivo ou a interposição de recurso incabível não protrai o termo inicial do prazo decadencial, salvo se houver dúvida razoável;

3) havendo recurso parcial no processo principal, o trânsito em julgado dá-se em momentos e em tribunais diferentes, contando-se o prazo decadencial para a ação rescisória do trânsito em julgado de cada decisão, salvo se o recurso tratar de preliminar ou prejudicial que possa tornar insubsistente a decisão recorrida, hipótese em que flui a decadência a partir do trânsito em julgado da decisão que julgar o recurso parcial;

4) na hipótese de colusão das partes, o prazo decadencial da ação rescisória somente começa a fluir para o Ministério Público, que não interveio no processo principal, a partir do momento em que tem ciência da fraude;

5) prorroga-se até o primeiro dia útil, imediatamente subsequente, o prazo decadencial para ajuizamento de ação rescisória quando expira em férias forenses, feriados, fins de semana ou em dia em que não houver expediente forense.

Na ação rescisória, a revelia não produz os efeitos da confissão.

É cabível a condenação ao pagamento de honorários advocatícios em ação rescisória no processo trabalhista (Súmula nº 219, II, do TST).

22.3. Mandado de Segurança

O mandado de segurança é regulado pela Lei nº 12.016/09.

Não é aplicado o *jus postulandi* no mandado de segurança (Súmula nº 425 do TST).

A competência para o julgamento do mandado de segurança, no processo do trabalho, é definida da seguinte forma:

Competência	Autoridade coatora
TST	Atos dos ministros do TST
TRT	Atos dos juízes da Vara do Trabalho ou do TRT (desembargadores) e seus servidores
Vara do Trabalho	Atos de autoridades que não façam parte do Judiciário trabalhista (ex., delegado regional do trabalho)

O prazo decadencial para a impetração do mandado de segurança é de 120 dias.

Na contagem do prazo decadencial para ajuizamento de mandado de segurança, o efetivo ato coator é o primeiro em que se firmou a tese hostilizada e não aquele que a ratificou (OJ n° 127 da SDI-II do TST).

A impetração do mandado de segurança exige prova pré-constituída, de modo que não é admitida a emenda da inicial (Súmula n° 415 do TST).

- Não cabe mandado de segurança:
  1) de ato do qual caiba recurso administrativo com efeito suspensivo, independentemente de caução (art. 5°, I, da Lei 12.016/09);
  2) de decisão judicial da qual caiba recurso com efeito suspensivo (art. 5°, I, da Lei 12.016/09);
  3) de decisão judicial transitada em julgado (art. 5°, III, da Lei 12.016/09 e Súmula n° 33 do TST);
  4) contra decisão judicial passível de reforma mediante recurso próprio, ainda que com efeito diferido (OJ n° 92 da SDI-II do TST);
  5) para impugnar a concessão de liminar e homologação de acordo judicial (Súmula n° 418 do TST);
  6) em tutela antecipada concedida na sentença (Súmula n° 414, I, do TST);
  7) contra sentença homologatória de adjudicação (OJ n° 66 da SDI-II do TST);
  8) para obtenção de uma sentença genérica, aplicável a eventos futuros, cuja ocorrência é incerta (OJ n° 144 da SDI-II do TST).
- É cabível a impetração de mandado de segurança:
  1) da tutela antecipada concedida antes da sentença (Súmula n° 414, II);
  2) quando deferida reintegração de emprego em ação cautelar (OJ n° 63 da SDI-II do TST);
  3) quando exigido depósito prévio para custeio dos honorários periciais (OJ n° 98 da SDI-II do TST);
  4) de decisão que determina o bloqueio de numerário existente em conta-salário, para satisfação de crédito trabalhista, ainda que seja limitado a determinado percentual dos valores recebidos ou a valor revertido para fundo de aplicação ou poupança (OJ n° 153 da SDI-II do TST);
- Não fere direito líquido e certo a concessão de tutela antecipada ou liminar para:
  1) reintegração de empregado protegido por estabilidade provisória decorrente de lei ou norma coletiva (OJ 64 da SDI-II do TST);
  2) reintegração de dirigente sindical (OJ 65 da SDI-II do TST) – exceto no caso de suspensão até decisão final do inquérito para apuração de falta grave (OJ 137 da SDI-II do TST);

3) reintegração do empregado quando demonstrada a razoabilidade do direito subjetivo material, como nos casos de anistiado, aposentado, integrante de comissão de fábrica, dirigente sindical, portador de doença profissional, portador de vírus HIV ou detentor de estabilidade provisória prevista em norma coletiva. (OJ 142 da SDI-II do TST)

4) obstar transferência de empregado (OJ 67 da SDI-II do TST)

Não fere direito líquido e certo do impetrante o ato judicial que determina penhora em dinheiro do executado para garantir crédito exequendo, pois é prioritária e obedece à gradação prevista no art. 835 do CPC de 2015 (art. 655 do CPC de 1973) (Súmula 417, I, do TST). Havendo discordância do credor, em execução definitiva, não tem o executado direito líquido e certo a que os valores penhorados em dinheiro fiquem depositados no próprio banco, ainda que atenda aos requisitos do art. 840, I, do CPC de 2015 (art. 666, I, do CPC de 1973) (Súmula nº 417, II, do TST).

23. PROCESSO JUDICIAL ELETRÔNICO

No âmbito da Justiça do Trabalho, o processo judicial eletrônico é atualmente regulamentado pela Resolução n° 136/2014 do CSJT.

A implantação do sistema eletrônico (PJe-JT) poderá ocorrer:

> I – A partir da fase de conhecimento, hipótese em que implicará, para os processos novos, a superação dos atuais sistemas de gestão das informações processuais mantidos pelos Tribunais;
>
> II – A partir das fases de liquidação ou execução, após o trânsito em julgado do título, inclusive cartas precatórias executórias, execução de termo de ajuste de conduta e execuções fiscais. (CSJT, Res. 136/2014, art. 47)

O PJe-JT compreenderá o controle do sistema judicial trabalhista nos seguintes aspectos:

> I – a tramitação do processo;
>
> II – a padronização de todos os dados e informações compreendidas pelo processo judicial;
>
> III – a produção, registro e publicidade dos atos processuais; e
>
> IV – o fornecimento de dados essenciais à gestão das informações necessárias aos diversos órgãos de supervisão, controle e uso do sistema judiciário trabalhista (CSJT-Res. n° 136/2014, art. 2°).

No PJe-JT (processo judicial eletrônico), é obrigatória a utilização de assinatura digital, nas seguintes hipóteses: I– assinatura de documentos e arquivos; II – serviços com a exigência de identificação ou certificação digital; e III – consultas e operações que tramitem em sigilo ou em segredo de justiça. (CSJT-Res. n° 136/2014, art. 5°).

O acesso ao sistema PJe-JT mediante identificação de usuário (*login*) e senha, será exclusivamente para visualização de autos. Isso não se aplica, porém, nas hipóteses de sigilo ou segredo de justiça, em que se exige a assinatura digital (CSJT-Res. n° 136/2014, art. 6°, *caput*).

Os órgãos da Justiça do Trabalho manterão instalados equipamentos à disposição das partes, advogados e interessados para consulta aos autos digitais, digitalização e envio das peças processuais e documentos em meio eletrônico (CSJT-Res. n° 136/2014, art. 10).

Os usuários terão acesso às funcionalidades do PJe-JT, de acordo com o perfil que lhes for atribuído no sistema e definido em ato da Presidência do Conselho Superior da Justiça do Trabalho, observada a natureza de sua atuação na relação jurídico processual (CSJT-Res. n° 136/2014, art. 11). Assim, podem ser internos (magistrados, servidores da Justiça do Trabalho, estagiários e prestadores de serviço - CSJT-Res. n° 136/2014, art. 3, IX) ou externos (todos os demais usuários, incluídas as partes, os advogados, os membros do Ministério Público do Trabalho, os auxiliares da justiça e os terceiros intervenientes - CSJT-Res. n° 136/2014, art. 3, X).

O credenciamento de advogados não dispensa a juntada de mandato, para fins do disposto no art. 104 do Novo Código de Processo Civil (CSJT-Res. n° 136/2014, art. 8°, § 3°).

O PJe-JT estará disponível 24 horas por dia, ininterruptamente, ressalvados os casos de indisponibilidade do sistema (CSJT-Res. n° 136/2014, art. 14).

Considera-se indisponibilidade do sistema PJe-JT a falta de oferta ao público externo, diretamente ou por meio de *WebService*, de qualquer um dos seguintes serviços:

> I – consulta aos autos digitais;
>
> II – transmissão eletrônica de atos processuais;
>
> III – acesso a citações, intimações ou notificações eletrônicas feitas via sistema; ou
>
> IV – impossibilidade de utilização de equipamentos disponibilizados pelos Tribunais Regionais do Trabalho para acesso dos usuários externos ao sistema.

Os **prazos que vencerem no dia da ocorrência de indisponibilidade** serão prorrogados para o dia útil seguinte à retomada de funcionamento, quando:

> I – a indisponibilidade for superior a 60 minutos, ininterruptos ou não, se ocorrida entre 6h e 23h; ou
>
> II – ocorrer indisponibilidade entre 23h e 23h59 (CSJT-Res. n° 136/2014, art. 17).

A propósito, os **prazos fixados em hora ou minuto** serão prorrogados até às 24 horas do dia útil seguinte quando:

> I – ocorrer indisponibilidade superior a 60 minutos, ininterruptos ou não, nas últimas 24 horas do prazo; ou
>
> II – ocorrer indisponibilidade nos 60 minutos anteriores ao término (CSJT-Res. n° 136/2014, art. 17, § 2°).

Os documentos produzidos eletronicamente, os extratos digitais e os documentos digitalizados e juntados aos autos pelos órgãos da Justiça do Trabalho e seus auxiliares, pelos membros do Ministério Público do Trabalho, pelas procuradorias e por advogados **têm a mesma força probante dos originais**, ressalvada a alegação motivada e fundamentada de adulteração antes ou durante o processo de digitalização (Lei n° 11.419/06, art. 11, § 1° e CSJT-Res. n° 136/2014, art. 19, *caput*).

A consulta ao inteiro teor dos documentos juntados ao PJe– JT somente estará disponível pela rede mundial de computadores, para as respectivas partes processuais, advogados em geral, Ministério Público do Trabalho e para os magistrados, sem prejuízo da possibilidade de visualização nas secretarias dos órgãos julgadores. Para tal consulta será exigido o credenciamento no sistema (Lei 11.419/2006, art. 11, § 6° e CSJT-Res. n° 136/2014, art. 36).

Todas as citações, intimações e notificações, inclusive as destinadas à Fazenda Pública, serão feitas por meio eletrônico (Lei n° 11.419/06, art. 9°, *caput,* e CSJT-Res. n° 136/2014, art. 23, *caput*).

A postulação encaminhada será considerada tempestiva quando enviada, integralmente, até às 24 horas do dia em que se encerra o prazo processual, considerado o **horário do Município sede do órgão judiciário ao qual é dirigida a petição** (CSJT-Res. n° 136/2014, art. 33; NCPC, art. 213, parágrafo único).

Efetivada a consulta do teor da intimação dentro de 10 dias corridos da data de envio, será considerado intimado na data da consulta. Por outro lado, se não realizar a consulta, também será considerado intimado, mas depois de ultrapassado os 10 dias corridos.

Para efeito da contagem do prazo de 10 dias corridos será considerado:

> I – como dia inicial: o dia seguinte ao da disponibilização do ato de comunicação no sistema, independentemente de esse dia ser, ou não, de expediente no órgão comunicante;
>
> II – como dia da consumação da intimação ou da comunicação: o décimo dia a partir do dia inicial, caso seja de expediente judiciário, ou o primeiro dia útil seguinte, conforme previsto no art. 5°, § 2°, da Lei n° 11.419/2006 (CSJT-Res. n° 136/2014, art. 25).

A administração do PJe-JT caberá ao comitê gestor nacional da Justiça do Trabalho e aos comitês gestores regionais, compostos por usuários internos e externos do sistema (CSJT-Res. n° 136/2014, art. 39).

Direito Civil

Plínio Moura

I. Direito Civil – TRT-MS

EDITAL 001/2016 (05.12.16):
1. LEI DE INTRODUÇÃO ÀS NORMAS DO DIREITO BRASILEIRO (itens 1-5, do Edital): 1.1. A LEI E AS DEMAIS FONTES DO DIREITO; 1.2. APLICAÇÃO DA LEI NO TEMPO. VIGÊNCIA; 1.3. EFICÁCIA DA LEI. ULTRATIVIDADE E RETROATIVIDADE; 1.4. APLICAÇÃO DA LEI NO ESPAÇO; 1.5. INTEGRAÇÃO NORMATIVA; 1.6. INTERPRETAÇÃO NORMATIVA.
2. PESSOAS NATURAIS (item 6, do Edital): 2.1. PERSONALIDADE JURÍDICA x CAPACIDADE JURÍDICA; 2.2. INÍCIO E DIREITOS DA PERSONALIDADE. 2.3. INCAPACIDADES E EMANCIPAÇÃO.
3. PESSOAS JURÍDICAS (item 7, do Edital): 3.1. PERSONALIDADE JURÍDICA E REPRESENTAÇÃO; 3.2. DESCONSIDERAÇÃO E EXTINÇÃO DA PERSONALIDADE. 3.3. CLASSIFICAÇÃO.
4. DOMICÍLIO CIVIL (item 8, do Edital): 4.1. DOMICÍLIO DAS PESSOAS NATURAIS; 4.2. DOMICÍLIO DAS PESSOAS JURÍDICAS.
5. BENS (item 9, do Edital): 5.1. BENS CONSIDERADOS EM SI MESMOS: a) Imóveis x Móveis; b) Fungíveis x Infungíveis; c) Consumíveis x Inconsumíveis; d) Divisíveis x Indivisíveis; e) Singulares x Universalidades. 5.2. BENS RECIPROCAMENTE CONSIDERADOS: a) Principais x Acessórios; b) Espécies de Acessórios. 5.3. BENS PÚBLICOS.
6. FATOS JURÍDICOS (item 10, do Edital): 6.1. TEORIA GERAL DOS FATOS JURÍDICOS. ATOS LÍCITOS E ILÍCITOS; 6.2. NEGÓCIO JURÍDICO: a) Interpretação; b) Planos da Existência Validade e Eficácia; c) Defeitos; d) Invalidades.

EDITAL 001/2016 (05.12.16):
7. PRESCRIÇÃO E DECADÊNCIA (Item 11, do Edital): 7.1. DISTINÇÕES; 7.2. HIPÓTESES DE SUSPENSÃO; 7.3. HIPÓTESES DE INTERRUPÇÃO; 7.4. PRAZOS.
8. DIREITO DAS OBRIGAÇÕES (Item 12, do Edital): 8.1. CLASSIFICAÇÃO GERAL: a) Dar coisa certa; b) Dar coisa incerta; c) Fazer e Não Fazer. 8.2. CLASSIFICAÇÃO ESPECIAL: a) Alternativas; b) Divisíveis x Indivisíveis; c) Solidárias. 8.3. TRANSMISSÃO DAS OBRIGAÇÕES: a) Cessão de Crédito; b) Assunção de Dívidas. 8.4. ADIMPLEMENTO DAS OBRIGAÇÕES: a) Teoria Geral do Pagamento; b) Regras Especiais de Extinção. 8.5. INADIMPLEMENTO DAS OBRIGAÇÕES: a) Inadimplemento Absoluto x Relativo; b) Espécies de Mora e suas consequências; c) Cláusula Penal; d) Arras.
9. CONTRATOS (Itens 13 e 14, do Edital): 9.1. DISPOSIÇÕES GERAIS; 9.2. CONTRATOS EM ESPÉCIE: a) Compra e Venda; b) Prestação de Serviços; c) Empreitada; d) Mandato; e) Transação.
10. RESPONSABILIDADE CIVIL (Item 15, do Edital): 10.1. DISPOSIÇÕES GERAIS; 10.2. EXCLUDENTES DE RESPONSABILIDADE; 10.3. HIPÓTESES ESPECIAIS.
11. DIREITOS REAIS DE GARANTIA: PENHOR, HIPOTECA E ANTICRESE (Item 16, do Edital): a) Disposições Gerais; b) Penhor; c) Hipoteca; d) Anticrese.

II. Conteúdo

1. LEI DE INTRODUÇÃO ÀS NORMAS DO DIREITO BRASILEIRO – DL 4657/42 (ITENS 1-5, DO EDITAL)

1.1. A Lei e as Demais Fontes do Direito

As Fontes do Direito: São os fundamentos de Direito e servem de base para sua aplicação ao caso concreto:

Fonte FORMAL, DIRETA OU IMEDIATA + PRIMÁRIA	LEI
Fontes FORMAIS, DIRETAS OU IMEDIATAS + SECUNDÁRIAS	Analogia, Costumes e Princípios Gerais do Direito.
Fontes INFORMAIS, INDIRETAS OU MEDIATAS	Jurisprudência, Doutrina e Equidade

Conceito de Lei: é a norma imposta pelo Estado, devendo ser obedecida, assumindo forma imperativa (TARTUCE, 2016). É ***a principal fonte do Direito, devendo ser aplicada ao caso concreto (subsunção – art. 140, do CPC/15)***.

1.2. Aplicação da lei no tempo – início e fim da vigência da lei

Vigência de Lei e Vacatio Legis	A VIGÊNCIA da Lei é o momento em que ela passa a ser obrigatória, produzindo efeitos no ordenamento jurídico. A *VACATIO LEGIS* é o período entre a Publicação da Lei e sua entrada efetiva em vigor. Pode não ocorrer, quando a entrar em vigor na data da publicação, se assim o previr cláusula expressa, no caso de normas de pequena repercussão (art. 8°, da LC n. 95/1998).
Prazo geral de Vacatio Legis	No Brasil: 45 dias após a publicação na imprensa oficial (art. 1°, *caput*, da LINDB). No exterior: 03 meses após a publicação na imprensa oficial brasileira (art. 1°, § 1°). ***Obs.: 03 meses não significa 90 dias.***
Contagem do Prazo de Vacatio Legis	Art. 8°, § 1°, da LC n. 95/1998: A contagem do prazo para entrada em vigor das leis que estabeleçam período de vacância far-se-á com a inclusão da data da publicação e do último dia do prazo, entrando em vigor no dia subsequente à sua consumação integral. ***Obs.: O dia da publicação ou o dia da entrada em vigor pode ser sábado, domingo ou feriado, pois não há prorrogação na contagem do prazo de vacância da lei e sua vigência.***
Norma corretiva x Lei Nova	Considera-se NORMA CORRETIVA a lei *republicada* antes do fim da *vacatio*. O prazo de vacância da Lei será contado a partir da última publicação (art. 1°, § 3°). Considera-se LEI NOVA a norma publicada após a vigência da anterior, mesmo que seja exclusivamente para correção, nos termos do art. 1°, § 4°.
Princípio da Obrigatoriedade	Está no art. 3°: Ninguém se escusa de cumprir a lei, alegando que não a conhece. A doutrina aponta como flexibilizações a este princípio o art. 139, III, do CC e o erro de tipo, no direito penal.

Princípio da Continuidade	Está no art. 2°, *caput*: "Não se destinando à vigência temporária, a lei terá vigor até que outra a modifique ou revogue". As normas temporárias são excepcionais, como é o caso das leis orçamentárias e da lei de cotas para concursos (art. 6º, da Lei n. 12.990/14).
Revogação Expressa	(via direta), quando cláusula da lei nova afirma expressamente a revogação da anterior ou de dispositivos de leis anteriores (Ex.: art. 2045, do CC);
Revogação Tácita	(via oblíqua), quando a nova norma não anuncia a revogação, mas trata a mesma matéria da lei anterior de forma diferenciada, tornando incoerente e ilógico a manutenção das duas normas.
Revogação Total	Também chamada de *AB-ROGAÇÃO* – revoga a lei inteira.
Revogação Parcial	Também chamada de *DERROGAÇÃO* – implica na revogação ou modificação da redação de um ou mais dispositivos da lei, que se mantém vigente.
Leis Gerais e Leis Especiais	Convivem perfeitamente e não se revogam mutuamente: Art. 2°, § 2º: "A lei nova, que estabeleça disposições gerais ou especiais a par das já existentes, não revoga nem modifica a lei anterior".
Repristinação	A REGRA GERAL é a da IMPOSSIBILIDADE DE *REPRISTINAÇÃO*, mesmo que a lei revogadora venha a ser revogada (art. 2°, § 3°), salvo se a lei revogadora dispuser em sentido contrário. Exemplo: 1. A lei X, de 2010, entra em vigor; 2. A lei Y, de 2012, revoga a lei X; 3. A lei W, de 2014, revoga a lei Y. Pergunta-se: Neste caso, a lei X volta a ter vigência. Resposta: Não, salvo se a lei W, ao revogar a lei Y, determinar expressamente o retorno da vigência da lei X. ***Obs.: Distinção entre os Efeitos Repristinatórios decorrentes de Lei e da Declaração de Inconstitucionalidade: a doutrina compreende que a Declaração de Inconstitucionalidade de uma lei, pelo STF, em regra, também pode ter efeitos repristinatórios. Neste caso, se a lei Y for declarada inconstitucional, ela será considerada nula, e, portanto, a lei X jamais perdera a vigência.***

1.3. Eficácia da lei: ultratividade e retroatividade normativa

REGRA GERAL	Art. 6º, *caput*: a lei nova, *ao entrar em vigor*, produz efeito IMEDIATO e GERAL, ou seja, atinge os fatos pendentes e os futuros.
ULTRATIVIDADE	Ocorre quando uma lei é aplicada mesmo para fatos posteriores à sua revogação. Exemplos: * Falecimento de uma pessoa antes da entrada em vigor do Código Civil de 2002 – aplica-se o Código Civil de 1916, mesmo já revogado, conforme art. 1787, do CC/02; * Execução de Devedor não empresário insolvente – Seguirá o procedimento do CPC/73, mesmo já revogado, conforme art. 1.052, do CPC/15.
RETROATIVIDADE (art. 6.º, da LINDB) ***– ATENÇÃO: este é o assunto que mais vem sendo cobrado nas provas de analista judiciário, nos últimos concursos da FCC.***	Ocorre quando uma lei, ao entrar em vigor, atinge fatos pretéritos, que tiveram início na vigência de lei anterior. • FATOS PRETÉRITOS **NÃO ATINGIDOS** POR LEI QUE POSSUA EFICÁCIA RETROATIVA: a) **Direito Adquirido**: aquele que o seu titular, ou alguém por ele, *possa exercer, como aqueles cujo começo do exercício tenha termo pré-fixo, ou condição pré-estabelecida inalterável, a arbítrio de outrem.* * Ex.: Se Tício já preencheu todos os requisitos para sua aposentação de acordo com a lei A, a entrada em vigor da lei B, alterando os critérios, não atinge Tício, pois este já possuía direito adquirido;

	b) **Ato Jurídico Perfeito**: aquele *já consumado segundo a lei vigente ao tempo em que se efetuou.* * Ex.: Um contrato concluído sob a vigência Código Civil de 1916 não é atingido pela entrada em vigor do Código Civil de 2002; c) **Coisa ou Caso Julgado**: é a autoridade da decisão contra a qual não caiba mais recurso. * Ex.: Se Tício obteve a aposentadoria por decisão judicial transitada em julgado, novas regras após a coisa julgada não atingirão Tício. • FATOS PRETÉRITOS **ATINGIDOS** POR LEI QUE POSSUA EFICÁCIA RETROATIVA: a) **Mera Expectativa de Direito**: direito que ainda não se pode exercer, mas que se tem a expectativa de se adquirir no futuro. * Ex.: Se Tício não preencheu todos os requisitos para sua aposentação de acordo com a lei A, a entrada em vigor da lei B, alterando os critérios, atinge Tício, pois este tinha apenas expectativa de direito; b) **Negócio Jurídico sob condição suspensiva**: também não se considera direito adquirido o negócio vinculado a um evento futuro e incerto (art. 125, do CC/02). * Ex.: Tício firma contrato de doação com Mévio, condicionando a execução da doação ao casamento de Mévio com sua irmã. Como o casamento de Mévio com a irmã de Tício não é algo certo, pois pode ocorrer ou não, há apenas uma expectativa de direito; c) **Regime Jurídico decorrente exclusivamente da lei**: Segundo jurisprudência reiterada do STF e do STJ, não há direito adquirido a regime jurídico. * Ex.: Bem de família estabelecido por lei; regime das incapacidades; regime de remuneração de servidor público (conversão em subsídio); critérios para regime de tributação, etc.

ATENÇÃO!

Enquanto estiver na "vacatio legis", a lei não tem vigência nem eficácia, continuando a ser aplicada a lei anterior.
Ex.: Imagine que é publicada uma Lei que altera o Estatuto do Idoso, determinando que o maior de 60 anos terá direito a dois assentos gratuitos em viagens aéreas nacionais. Durante a vacância (45 dias, regra geral), não pode o idoso obrigar qualquer empresa aérea a fornecer-lhe passagem gratuita, pois ainda está vigente a regra anterior.

1.4. Aplicação da lei no espaço

Regras sobre a aplicação da lei brasileira ou da lei estrangeira para as situações de direito civil:

MATÉRIA	LUGAR DA LEI APLICÁVEL
Personalidade/ capacidade /direito de família	***LEX DOMICILII*** (Lei do domicílio da pessoa) – Art. 7º A lei do país em que domiciliada a pessoa determina as regras sobre o começo e o fim da personalidade, o nome, a capacidade e os direitos de família.
Qualificação dos bens	***LEX REI SITAE*** (Lei da localização da coisa) – Art. 8º Para qualificar os bens e regular as relações a eles concernentes, aplicar-se-á a lei do país em que estiverem situados.
Regulação das obrigações e negócios jurídicos	***LOCUS REGIT ACTUM*** (lei do local da constituição do ato) – Art. 9º Para qualificar e reger as obrigações, aplicar-se-á a lei do país em que se constituírem. **Obs.: Nos negócios executados no território nacional, aos quais se aplica a *LEX LOCI SOLUTIONIS* (lei do local do cumprimento do negócio), quanto aos requisitos intrínsecos, exige-se o respeito à forma essencial requerida pela lei brasileira.**

MATÉRIA	LUGAR DA LEI APLICÁVEL
Sucessão por morte ou ausência	*LEX DOMICILII* – Art. 10. A sucessão por morte ou por ausência obedece à lei do país em que domiciliado o defunto ou o desaparecido, qualquer que seja a natureza e a situação dos bens. **Obs.:** § **1º A sucessão de bens de estrangeiros, situados no País, será regulada pela lei brasileira em benefício do cônjuge ou dos filhos brasileiros, ou de quem os represente, sempre que não lhes seja mais favorável a lei pessoal do de cujus.**

1.5. Integração normativa

Consiste no cumprimento do Princípio da Obrigatoriedade / Inafastabilidade da Jurisdição, que impõe ao Poder Judiciário o dever de apreciar qualquer lesão ou ameaça de lesão a direito, mesmo que não exista lei específica para a solução do caso concreto. Como o Magistrado não pode se escusar do dever de julgar, na LACUNA da lei ele utilizará outras fontes do direito, de acordo com o quadro abaixo (art. 4º, da LINDB):

Analogia	Preenche-se a lacuna da lei, para a solução do caso concreto, utilizando-se outra norma que regule situação semelhante (*analogia legis*) ou um conjunto de normas e/ou princípios previstos para situações semelhantes (*analogia juris*). * Ex.: Utilizar a lei de greve do trabalhador celetista para julgar a legalidade de greve de serventuários de um Tribunal (não há lei que discipline greve de servidores públicos estatutários).
Costumes	Usos comuns das pessoas de uma determinada localidade, que se caracterizam como uma prática reiterada e repetitiva e tornam-se regra no consciente coletivo das pessoas (VENOSA, 2015). Classificam-se em: • Secundum legem: já foi transformado em lei e serve para interpretação; • Contra legem: contrário à lei – considera-se ato ilícito, sem poder revogatório; • **Praeter legem: (além da lei) refere-se a situação não prevista em lei. Serve para integração normativa, de acordo com o art. 4º, da LINDB.** * Ex.: Nos contratos atípicos, ou seja, não previstos em lei (art. 425, do CC/02), os costumes do local poderão balizar o julgamento de litígios judiciais existentes entre os contratantes (direitos e deveres das partes).
Princípios Gerais do Direito	São regras gerais reconhecidas no ordenamento jurídico, mesmo não existindo um dispositivo legal específico. Possuem força normativa, e servem tanto para integração quando para a interpretação. * Ex.: viver honestamente (*honeste vivere*), não lesar ninguém (*alterum non laedere*), etc.
Equidade	Não prevista no art. 4º da LINDB, **pode ser utilizada como meio de integração, mas apenas quando há autorização legal expressa, conforme art. 140, parágrafo** único, **do CPC/15.** A CLT (art. 8º), o art. 413, do CC/02 e a Lei 9.099/95 (art. 6º) são exemplos de normas que permitem expressamente o julgamento por equidade.
Jurisprudência	Já vinha sendo tratada de forma diferenciada desde a EC 45/2004, com a criação da Súmula Vinculante, e tornou-se ainda mais importante, para o direito processual civil, com o aumento das hipóteses de precedentes vinculantes (art. 927, do CPC/15).

1.6. Interpretação normativa

Ao contrário da integração, neste caso existe lei, não há lacuna. A atividade hermenêutica do Julgador, portanto, é aplicar a lei da melhor forma, e para tanto, as principais técnicas ou métodos empregados são:

Gramatical ou Literal	Desenvolvida pela Escola da Exegese, tem como método a análise dos vocábulos constante na norma, de modo a respeitar as regras do vernáculo, chegando-se à correta interpretação.
Lógica	Busca o alcance e sentido da norma através da utilização de raciocínio dedutivo, indutivo, silogismos e presunções, de acordo com o dispositivo, o texto da norma e/ou regras correspondentes.
Histórica	Análise da norma partindo da premissa dos seus antecedentes históricos, verificando as circunstâncias fáticas e jurídicas que lhe antecederam e o seu processo legislativo.
Sistemática	Analisa a norma dentro do ordenamento jurídico, comparando-a com outros textos similares ou leis anteriores. Evita a análise do artigo de forma isolada.
Finalística, Sociológica ou Teleológica	Interpreta a lei conforme sua finalidade (*MENS LEGIS – intenção ou espírito da lei*), adequando-a ao contexto social e à própria dinâmica dos fatos sociais. Neste sentido o **art. 5°, da LINDB:** ***Na aplicação da lei, o juiz atenderá aos fins sociais a que ela se dirige e*** às ***exigências do bem comum.***
Observação:	Esses critérios, segundo a majoritária doutrina e jurisprudência, não devem ser utilizados isoladamente, mas sim em conjunto, aproveitando-se, caso a caso, as suas vantagens. Parte da doutrina, porém, reconhece os métodos teleológico e sistemático como os mais relevantes.

2. PESSOAS NATURAIS (ITEM 6, DO EDITAL)

2.1. Personalidade jurídica x capacidade jurídica

A Pessoa Natural, Humana ou Física é o ser humano, o ente individual.

DISTINÇÃO ENTRE PERSONALIDADE E CAPACIDADE:

PERSONALIDADE JURÍDICA	CAPACIDADE JURÍDICA
Aptidão para ser sujeito de direitos e deveres que toda pessoa tem. Soma dos caracteres corpóreos e incorpóreos (sociais).	É o atributo específico de cada pessoa, que tem personalidade jurídica, porém nem sempre pode praticar os atos da vida civil por si só, necessitando de representação ou assistência de outrem.
Nomenclatura: também denominada de *personalidade civil (art. 2°); capacidade de direito (art. 1°), capacidade de gozo e de aquisição.*	Nomenclatura: também denominada de *capacidade de fato e capacidade de exercício.*

2.2. Início e direitos da personalidade

- AQUISIÇÃO DA PERSONALIDADE JURÍDICA: Como preceitua o art. 2º, do CC, *a personalidade civil da pessoa começa do nascimento com vida; mas a lei põe a salvo, desde a concepção, os direitos do nascituro.*

Teorias que discorrem sobre a aquisição da personalidade jurídica:

NATALISTA	A aquisição da personalidade se dá a partir do nascimento com vida. O CC adotou a Teoria Natalista (art. 2°), desde o CC/16, embora o seu criador, Clóvis Beviláqua, fosse adepto da Teoria Concepcionista. Embora tenha redação dúbia, o Código Civil adotou, predominantemente, a Teoria Natalista.

CONCEPCIONISTA	A aquisição da personalidade se dá a partir da concepção. Dessa forma o nascituro teria personalidade jurídica plena. A doutrina prefere a teoria concepcionista, ou, pelo menos, a teoria concepcionista mitigada, alegando que o nascituro tem Personalidade Formal (direitos extrapatrimoniais), ainda que não possua Personalidade Material (direitos patrimoniais).
PERSONALIDADE CONDICIONADA	A aquisição da personalidade se dá com a concepção, mas fica sob condição suspensiva até que ocorra o nascimento com vida. Neste caso, o natimorto não implementa a condição, e a sua personalidade jurídica não produz efeitos. Teoria sem respaldo atual na doutrina brasileira.

Exemplos de direitos reconhecidos ao nascituro:

a) Direito à vida (arts. 124-127, do CP – crime de aborto);

b) Direito à saúde e integridade física (arts. 7º e 8º, do ECA);

c) Direito a alimentos gravídicos, cujo titular é o nascituro (Lei 11.804/08);

d) Direito, quanto ao Seguro DPVAT, a indenização por morte, no caso de aborto provocado por acidente automobilístico (STJ);

e) Direito ao conhecimento da origem genética (STF);

f) Direito a danos morais por fato ocorrido durante a gestação (STJ);

g) Direito a nome, imagem e sepultura, ainda que natimorto (Enunciado n. 01, JDC/CJF).

- DIREITOS DA PERSONALIDADE – CONCEITO: São “direitos subjetivos da pessoa de defender o que lhe é próprio, ou seja, a sua integridade física (vida, alimentos, próprio corpo vivo ou morto, corpo alheio vivo ou morto, partes separadas do corpo vivo ou morto); a sua integridade intelectual (liberdade pensamento, autoria científica, artística e literária); e sua integridade moral (honra, recato, segredo profissional e doméstico, identidade pessoal, familiar e social)” (DINIZ, 2002).

- DIREITOS DA PERSONALIDADE: CARACTERÍSTICAS: Os Direitos da Personalidade formam um grupo especial, dentro do direito civil, pois, como destaca o Enunciado n. 274, JDC/CJF: *Os direitos da personalidade, regulados de maneira não-exaustiva pelo Código Civil, são expressões da cláusula geral de tutela da pessoa humana, contida no art. 1º, inc. III, da Constituição (princípio da dignidade da pessoa humana). Em caso de colisão entre eles, como nenhum pode sobrelevar os demais, deve-se aplicar a técnica da ponderação*. Eis as principais características:

a) absolutismo: são oponíveis contra todos (*erga omnes*);

b) generalidade: os direitos da personalidade são outorgados a todas as pessoas – direito *inato*;

c) extrapatrimonialidade; os direitos da personalidade estão FORA DO COMÉRCIO, pois não possuem conteúdo patrimonial direto;

d) intransmissibilidade ou indisponibilidade: o titular não pode dispor ou delegar a outrem os seus direitos personalíssimos (art. 11);

e) irrenunciabilidade: o titular pode até não exercê-lo, mas não é possível renunciar a tais direitos.

f) <u>imprescritibilidade</u>: não há prazo para seu exercício, não se extinguindo pelo não uso;

g) <u>impenhorabilidade</u>: os direitos da personalidade não são passíveis de penhora;

h) <u>perpetuidade ou vitaliciedade</u>: são permanentes, cessando apenas com a morte;

i) <u>exercício ilimitado</u>: *Com exceção dos casos previstos em lei, os direitos da personalidade são intransmissíveis e irrenunciáveis, não podendo o seu exercício sofrer limitação voluntária* (art. 11).

Exemplos de direitos reconhecidos pelo Código Civil e sua tutela jurídica:

Tutela Judicial – Inibitória e Reparatória	*Art. 12. Pode-se exigir que **cesse** a ameaça, ou a lesão, a direito da personalidade, e **reclamar perdas e danos**, sem prejuízo de outras sanções previstas em lei.* *Parágrafo* único. ***Em se tratando de morto, terá legitimação para requerer a medida prevista neste artigo o cônjuge sobrevivente, ou qualquer parente em linha reta, ou colateral até o QUARTO GRAU.***
Proteção da Integridade Física	*Art. 13. Salvo por exigência médica, é defeso o ato de disposição do próprio corpo, quando importar diminuição permanente da integridade física, ou contrariar os bons costumes.* *Parágrafo único. O ato previsto neste artigo será admitido para fins de transplante, na forma estabelecida em lei especial.* ***Obs.: Convém destacar a interpretação doutrinária, coerente com a jurisprudência atual sobre o tema, do art. 13:*** • ***En. 6, JDC/CJF: A expressão "exigência médica" contida no art. 13 refere-se tanto ao bem-estar físico quanto ao bem-estar psíquico do disponente.*** • ***En. 276, JDC/CJF: O art. 13 do Código Civil, ao permitir a disposição do próprio corpo por exigência médica, autoriza as cirurgias de transgenitalização, em conformidade com os procedimentos estabelecidos pelo Conselho Federal de Medicina, e a consequente alteração do prenome e do sexo no Registro Civil.*** *Art. 14. É válida, com objetivo científico, ou altruístico, a disposição gratuita do próprio corpo, no todo ou em parte, para depois da morte.* *Parágrafo* único. ***O ato de disposição pode ser livremente revogado a qualquer tempo.*** *Art. 15. Ninguém pode ser constrangido a submeter-se, com risco de vida, a tratamento médico ou a intervenção cirúrgica.*
Proteção do Nome	*Art. 16. Toda pessoa tem direito ao nome, nele compreendidos o prenome e o sobrenome.* *Art. 17. O nome da pessoa não pode ser empregado por outrem em publicações ou representações que a exponham ao desprezo público, ainda quando não haja intenção difamatória.* *Art. 18. Sem autorização, não se pode usar o nome alheio em propaganda comercial.* *Art. 19. O pseudônimo adotado para atividades lícitas goza da proteção que se dá ao nome.*
Proteção da Imagem, Privacidade e Intimidade	*Art. 20. **Salvo se autorizadas, ou se necessárias** à **administração da justiça ou** à **manutenção da ordem pública**, a divulgação de escritos, a transmissão da palavra, ou a publicação, a exposição ou a utilização da imagem de uma pessoa poderão ser proibidas, a seu requerimento e sem prejuízo da indenização que couber, se lhe atingirem a honra, a boa fama ou a respeitabilidade, ou se se destinarem a fins comerciais.* *Parágrafo único. Em se tratando de morto ou de ausente, são partes legítimas para requerer essa proteção o cônjuge, os ascendentes ou os descendentes.* *Art. 21. A vida privada da pessoa natural é inviolável, e o juiz, a requerimento do interessado, adotará as providências necessárias para impedir ou fazer cessar ato contrário a esta norma.*

	Obs.: ***No julgamento da ADI n. 4815, discutido no plenário em 10.06.15 e publicado em 01.02.16, o STF considerou que os arts. 20 e 21 são constitucionais, mas sua interpretação conforme a CF impede a censura ou autorização prévia da pessoa biografada e coadjuvantes da história, harmonizando os princípios da proteção à intimidade, imagem e privacidade aos princípios da liberdade de expressão, de pensamento e de criação artística.***

2.3. Incapacidades e emancipação

A Lei define os incapazes, num juízo de exclusão lógica, dividindo-os entre Absolutamente Incapazes e Relativamente Incapazes, conforme quadro a seguir, ALTERADO PELA LEI 13.146/15:

ABSOLUTAMENTE INCAPAZES	RELATIVAMENTE INCAPAZES
Art. 3º SÃO ABSOLUTAMENTE INCAPAZES DE EXERCER PESSOALMENTE OS ATOS DA VIDA CIVIL OS MENORES DE 16 (DEZESSEIS) ANOS.	Art. 4º São incapazes, relativamente a certos atos ou à maneira de os exercer: I – os maiores de dezesseis e menores de dezoito anos; II – os ébrios habituais e os viciados em tóxico; III – AQUELES QUE, POR CAUSA TRANSITÓRIA OU PERMANENTE, NÃO PUDEREM EXPRIMIR SUA VONTADE; IV – os pródigos. Parágrafo único. A capacidade dos indígenas será regulada por legislação especial.
Serão representados na prática dos atos da vida civil	Serão assistidos na prática dos atos da vida civil

ATENÇÃO!

Este tema ganha grande relevância, diante da repercussão em outros temas, como nulidade e anulabilidade de negócio jurídico e a suspensão da prescrição e da decadência.

A pessoa adquire capacidade, pelo critério de idade, aos 18 anos, mas é possível a EMANCIPAÇÃO (art. 5º), antes dos 18 anos, nas seguintes hipóteses:

VOLUNTÁRIA	Quando o menor conta com, no mínimo, 16 anos + os pais concedem em comum acordo (ou um deles, na falta do outro) + através de instrumento público + que deve ser levado a registro (art. 9°, II), **independentemente de homologação judicial**;
JUDICIAL	Quando o menor conta com, no mínimo, 16 anos + os pais não chegam a um consenso ou o menor vive sob tutela (o tutor não pode conceder a voluntária) + é necessária uma decisão judicial + que deve ser levada a registro (art. 9°, II);
LEGAL	Ocorre automaticamente, independente de registro, sentença ou instrumento público, nas hipóteses previstas no art. 5°, parágrafo único, incisos II a V: *II – pelo **casamento**;* *III – pelo exercício de emprego público **efetivo**;* *IV – pela colação de grau em curso de **ensino superior**;* *V – pelo **estabelecimento civil ou comercial**, ou pela existência de **relação de emprego**, desde que, em função deles, o menor com dezesseis anos completos que tenha **economia própria**.*

ATENÇÃO!

O Emancipado, em regra, é ***apto para todos os atos da VIDA CIVIL.*** Logo, não traz alterações para a responsabilidade criminal nem traz consequências para os atos de direito administrativo (carteira de motorista, por exemplo).

Outra dica importante: o Emancipado, em regra, é responsável, diretamente, por seus atos. Acontece que, para o STJ, se a emancipação foi voluntária, os paris continuam solidariamente responsáveis pelos danos causados pelo emancipado, enquanto este não completar 18 anos *(REsp 122573/PR).*

3. PESSOAS JURÍDICAS (ITEM 7, DO EDITAL)

3.1. Personalidade jurídica e representação

A Pessoa Jurídica é um conjunto de pessoas e/ou bens, com finalidade comum e personalidade jurídica própria, quando atendidos os requisitos legais para sua formalização (Teoria da Realidade Técnica). Eis as regras:

a) Início da Personalidade:	*Art. 45. Começa a existência legal das pessoas jurídicas de direito privado com a **inscrição do ato constitutivo no respectivo registro**, precedida, quando necessário, de autorização ou aprovação do Poder Executivo, averbando-se no registro todas as alterações por que passar o ato constitutivo.* *Parágrafo único. Decai em **três anos** o direito de anular a constituição das pessoas jurídicas de direito privado, por defeito do ato respectivo, contado o prazo da publicação de sua inscrição no registro.* ***Obs.: PRAZO DECADENCIAL.***
b) Direitos da Personalidade e Danos Morais:	*Art. 52. **Aplica-se** às **pessoas jurídicas, no que couber, a proteção dos direitos da personalidade**.* Observação: Alguns direitos da personalidade são compatíveis com a natureza das Pessoas Jurídicas, como o direito ao nome e à honra *objetiva*. Ofendidos tais direitos, é possível que sejam pleiteados danos materiais e também danos morais: ***Súmula n. 227, do STJ: A pessoa jurídica pode sofrer dano moral.***
c) Representação:	As Pessoas Jurídicas são representadas, para os atos da vida civil, por pessoas físicas que compõem seu quadro social ou são designadas como administradores, com poderes de gestão. Convém destacar que: *Art. 47. Obrigam a pessoa jurídica os atos dos administradores, exercidos nos limites de seus poderes definidos no ato constitutivo.* (**Teoria Ultra Vires Societatis**) *Art. 48. Se a pessoa jurídica tiver administração coletiva, as decisões se tomarão pela maioria de votos dos presentes, salvo se o ato constitutivo dispuser de modo diverso.* *Parágrafo único. Decai em **três anos** o direito de anular as decisões a que se refere este artigo, quando violarem a lei ou estatuto, ou forem eivadas de erro, dolo, simulação ou fraude.* ***Obs.: PRAZO DECADENCIAL.*** *Art. 49. Se a administração da pessoa jurídica vier a faltar, o juiz, a requerimento de qualquer interessado, nomear-lhe-á administrador provisório.*

3.2. Desconsideração e extinção da personalidade

- DESCONSIDERAÇÃO DA PERSONALIDADE DA PESSOA JURÍDICA x EXTINÇÃO DA PERSONALIDADE DA PESSOA JURÍDICA: São duas situações distintas, previstas nos arts. 50 e 51, que merecem uma análise esquematizada à luz da doutrina e jurisprudência sobre o tema:

Desconsideração da Personalidade da Pessoa Jurídica:

1. Requerimento e Legitimidade:	Não pode ser deferida *ex officio*, dependendo de requerimento expresso da **Parte ou do Ministério Público** – art. 50, do CC/02 + art. 133, do CPC/15.

2. Legitimidade Passiva:	O incidente processual ou pedido de desconsideração na petição inicial é direcionado, em regra, contra os **sócios e/ou administradores.**
3. Requisitos: – *ATENÇÃO: este assunto é muito cobrado nas provas de analista judiciário, nos últimos concursos da FCC.*	O pedido, que pode ser feito em qualquer fase do processo, só será deferido se comprovado o **abuso de personalidade, caracterizado pela CONFUSÃO PATRIMONIAL e o DESVIO DE FINALIDADE**. Neste sentido o art. 50, do CC/02 e entendimento doutrinário revelado pelos Enunciados das Jornadas de Direito Civil do CJF: • *En. 146 – Art. 50: Nas relações civis, interpretam-se restritivamente os parâmetros de Desconsideração da Personalidade Jurídica previstos no art. 50 (desvio de finalidade social ou confusão patrimonial).* • *En. 281 – Art. 50: A aplicação da teoria da desconsideração, descrita no art. 50 do Código Civil, prescinde da demonstração de insolvência da pessoa jurídica.* • *En. 282 – Art. 50: O encerramento irregular das atividades da pessoa jurídica, por si só, não basta para caracterizar abuso da personalidade jurídica.*
Art. 50, do CC/02 x Art. 28, CDC	O art. 28, do CDC, tem um regramento mais flexível e a regra é mais abrangente. O CDC adotou a TEORIA DA MENOR DESCONSIDERAÇÃO, e o **CC/02** adotou a **TEORIA DA MAIOR DESCONSIDERAÇÃO**, com disciplinamento mais rígido, exigindo estrito cumprimento dos requisitos legais.
Desconsideração INVERSA –	Ocorre quando o credor do sócio requer que tais obrigações sejam direcionadas à Pessoa Jurídica, quando demonstra que o sócio se valeu da pessoa jurídica para "esconder" patrimônio, caracterizando confusão patrimonial ou desvio de finalidade. Já era admitida pela jurisprudência do STJ, pela Doutrina (En. 283, da JDC/CJF), e, mais recentemente, foi admitida pelo CPC/15: ***Art. 133. (...)*** § 2º ***Aplica-se o disposto neste Capítulo à hipótese de desconsideração inversa da personalidade jurídica***.
Desconsideração INDIRETA	Pode ocorrer a **desconsideração indireta** da personalidade jurídica quando a P.J. utiliza outras empresas do mesmo grupo econômico para desviar patrimônio. É prevista no **art. 2°, § 2°, da CLT** e no **art. 28, §§ 2º a 4°, do CDC**. Doutrina: *En. 406 da JDC: A desconsideração da personalidade jurídica alcança os grupos de sociedade quando estiverem presentes os pressupostos do art. 50 do Código Civil e houver prejuízo para os credores até o limite transferido entre as sociedades.*

Extinção da Pessoa Jurídica:

Necessário o cumprimento de 03 etapas (art. 51, do CC):	1 – ENCERRAMENTO: Dissolução por ato dos sócios, da Administração ou do Poder Judiciário.
	2 – LIQUIDAÇÃO: Pagamento dos débitos, cobrança dos créditos e divisão do restante entre os sócios.
	3 – BAIXA: Cancelamento do Registro.

3.3. Classificação das pessoas jurídicas

Direito Público Externo:	Estados estrangeiros e todas as pessoas que forem regidas pelo direito internacional público (art. 42, do CC/02).
Direito Público Interno:	Possuem responsabilidade civil objetiva pelos atos de seus agentes (art. 43, do CC/02) e Código Civil traz alguns exemplos (art. 41): *I – a União;* *II – os Estados, o Distrito Federal e os Territórios;* *III – os Municípios;* *IV – as autarquias, inclusive as associações públicas;* *V – as demais entidades de caráter público criadas por lei.*

Direito Privado:	Instituídas pela vontade dos particulares, visando a atender os seus interesses. O Código Civil traz alguns exemplos (art. 44): *I – as associações;* *II – as sociedades;* *III – as fundações.* *IV – as organizações religiosas;* *V – os partidos políticos.* *VI – as empresas individuais de responsabilidade limitada.* *§ 1º São livres a criação, a organização, a estruturação interna e o funcionamento das organizações religiosas, sendo vedado ao poder público negar-lhes reconhecimento ou registro dos atos constitutivos e necessários ao seu funcionamento.* *§ 2º As disposições concernentes às associações aplicam-se subsidiariamente às sociedades que são objeto do Livro II da Parte Especial deste Código.* *§ 3º Os partidos políticos serão organizados e funcionarão conforme o disposto em lei específica.*
Principais regras das Associações:	• CONCEITO E FINALIDADE: *Art. 53. Constituem-se as associações pela união de pessoas que se organizem para fins não econômicos.* *Parágrafo* único. ***Não há, entre os associados, direitos e obrigações recíprocos.*** • DIREITOS DOS ASSOCIADOS: *Art. 55.* ***Os associados devem ter iguais direitos, mas o estatuto poderá instituir categorias com vantagens especiais.*** *Art. 56.* ***A qualidade de associado*** é ***intransmissível, se o estatuto não dispuser o contrário***. *Parágrafo único. Se o associado for titular de quota ou fração ideal do patrimônio da associação, a transferência daquela não importará, de per si, na atribuição da qualidade de associado ao adquirente ou ao herdeiro, salvo disposição diversa do estatuto.* *Art. 57. A exclusão do associado só é admissível havendo justa causa, assim reconhecida em procedimento que assegure direito de defesa e de recurso, nos termos previstos no estatuto.* *(...)* *Art. 60.* ***A convocação dos*** órgãos ***deliberativos far-se-á na forma do estatuto, garantido a 1/5 (um quinto) dos associados o direito de promovê-la***. • DISSOLUÇÃO E DESTINAÇÃO DO PATRIMÔNIO: *Art. 61. Dissolvida a associação, o remanescente do seu patrimônio líquido, depois de deduzidas, se for o caso, as quotas ou frações ideais referidas no parágrafo* único *do art. 56, será destinado à entidade de fins não econômicos designada no estatuto, ou, omisso este, por deliberação dos associados, à instituição municipal, estadual ou federal, de fins idênticos ou semelhantes.* *§ 1º Por cláusula do estatuto ou, no seu silêncio, por deliberação dos associados, podem estes, antes da destinação do remanescente referida neste artigo, receber em restituição, atualizado o respectivo valor, as contribuições que tiverem prestado ao patrimônio da associação.* *§ 2º Não existindo no Município, no Estado, no Distrito Federal ou no Território, em que a associação tiver sede, instituição nas condições indicadas neste artigo, o que remanescer do seu patrimônio se devolverá à Fazenda do Estado, do Distrito Federal ou da* União.

Principais regras das Fundações: ***Obs.: Alterações recentes promovidas pela Lei 13.151/15:***	• CONCEITO E FINALIDADE: *Art. 62. Para criar uma fundação, o seu instituidor fará, por escritura pública ou testamento, dotação especial de bens livres, especificando o fim a que se destina, e declarando, se quiser, a maneira de administrá-la.* ***Parágrafo*** único. ***A fundação somente poderá constituir-se para fins de:*** ***I – assistência social;*** ***II – cultura, defesa e conservação do patrimônio histórico e artístico;*** ***III – educação;*** ***IV – saúde;*** ***V – segurança alimentar e nutricional;*** ***VI – defesa, preservação e conservação do meio ambiente e promoção do desenvolvimento sustentável;*** ***VII – pesquisa científica, desenvolvimento de tecnologias alternativas, modernização de sistemas de gestão, produção e divulgação de informações e conhecimentos técnicos e científicos;*** ***VIII – promoção da*** ética, ***da cidadania, da democracia e dos direitos humanos;*** ***IX – atividades religiosas.*** • FISCALIZAÇÃO DO MINISTÉRIO PÚBLICO: *Art. 65. Aqueles a quem o instituidor cometer a aplicação do patrimônio, em tendo ciência do encargo, formularão logo, de acordo com as suas bases (art. 62), o estatuto da fundação projetada, submetendo-o, em seguida, à aprovação da autoridade competente, com recurso ao juiz.* *Parágrafo único. Se o estatuto não for elaborado no prazo assinado pelo instituidor, ou, não havendo prazo, em cento e oitenta dias, a incumbência caberá ao Ministério Público.* *Art. 66. Velará pelas fundações o Ministério Público do Estado onde situadas.* § ***1º Se funcionarem no Distrito Federal ou em Território, caberá o encargo ao Ministério Público do Distrito Federal e Territórios.*** *§ 2º Se estenderem a atividade por mais de um Estado, caberá o encargo, em cada um deles, ao respectivo Ministério Público.* *Art. 67. Para que se possa alterar o estatuto da fundação é mister que a reforma:* *I – seja deliberada por dois terços dos competentes para gerir e representar a fundação;* *II – não contrarie ou desvirtue o fim desta;* ***III – seja aprovada pelo*** órgão ***do Ministério Público no prazo máximo de 45 (quarenta e cinco) dias, findo o qual ou no caso de o Ministério Público a denegar, poderá o juiz supri-la, a requerimento do interessado.*** *Art. 68. Quando a alteração não houver sido aprovada por votação unânime, os administradores da fundação, ao submeterem o estatuto ao órgão do Ministério Público, requererão que se dê ciência à minoria vencida para impugná-la, se quiser, em dez dias.* • DISSOLUCÃO E DESTINAÇÃO DO PATRIMÔNIO: *Art. 63. Quando insuficientes para constituir a fundação, os bens a ela destinados serão, se de outro modo não dispuser o instituidor, incorporados em outra fundação que se proponha a fim igual ou semelhante.* *Art. 69. Tornando-se ilícita, impossível ou inútil a finalidade a que visa a fundação, ou vencido o prazo de sua existência, o órgão do Ministério Público, ou qualquer interessado, lhe promoverá a extinção, incorporando-se o seu patrimônio, salvo disposição em contrário no ato constitutivo, ou no estatuto, em outra fundação, designada pelo juiz, que se proponha a* fim igual ou semelhante.

4. DOMICÍLIO CIVIL (ITEM 8, DO EDITAL)

4.1. Domicílio das pessoas naturais

a) **Domicílio Voluntário**: é a regra geral do domicílio, com o elemento objetivo (estabelecimento da pessoa, onde passa a maior parte do tempo) e o elemento subjetivo (ânimo definitivo, exercício da autonomia privada). Observações importantes:

Domicílio Residencial (art. 70):	Local onde a pessoa habita com ânimo definitivo, mesmo que não seja proprietária do imóvel. Ex.: casa própria, apartamento alugado, casa dos pais, pensão de longa duração, casa de praia...
Domicílio Profissional (art. 72):	É também domicílio da pessoa natural, quanto às relações concernentes à profissão, o lugar onde esta é exercida.
Pluralidade de Domicílios (art. 71 + art. 72, parágrafo único):	É possível ter mais de uma residência ou mais de um emprego, simultaneamente, e todos são considerados domicílio. Ex.: A pessoa que tem apartamento e casa de praia.
Domicílio Ocasional, Eventual ou Aparente (art. 73):	*Ter-se-á por domicílio da pessoa natural, que não tenha residência habitual, o lugar onde for encontrada*. Ex.: circense, nômade, morador de rua... Portanto, ***toda pessoa tem domicílio***.
Mudança de Domicílio (art. 74)	*Muda-se o domicílio, transferindo a residência, com a intenção manifesta de o mudar.* *Parágrafo* único. *A prova da intenção resultará do que declarar a pessoa às municipalidades dos lugares, que deixa, e para onde vai, ou, se tais declarações não fizer, da própria mudança, com as circunstâncias que a acompanharem.*

b) **Domicílio Legal, Necessário ou Obrigatório**: é a situação excepcional em que a lei determina o domicílio da pessoa humana, embora não exclua do domicílio voluntário. Eis as hipóteses:

Domicílio do incapaz:	*É o do seu representante ou assistente*. Ex.: Domicílio dos pais, tutores ou curadores.
Domicílio do servidor público:	*O lugar em que exercer permanentemente suas funções*. Ex.: a lotação do servidor público.
Domicílio do militar	*Onde servir, e, sendo da Marinha ou da Aeronáutica, a sede do comando a que se encontrar imediatamente subordinado*. Ex.: Militar da marinha que estiver em serviço no Município de Corumbá, terá domicílio em Salvador, se estiver vinculado à Base Naval de Aratu.
Domicílio do marítimo	*Onde o navio estiver matriculado*. Ex.: Funcionário da TRANSPETRO, que trabalha em navio matriculado em Campos/RJ. Esta cidade será o seu domicílio necessário.
Domicílio do preso	*É o lugar em que cumprir a sentença*. Obs. Prisões não definitivas e de natureza cautelar não implicam em domicílio legal ou necessário.
Domicílio do agente diplomático, que, citado no estrangeiro, alegar extraterritorialidade sem designar onde tem, no país, o seu domicílio	*Poderá ser demandado no Distrito Federal ou no último ponto do território brasileiro onde o teve*. Obs.: As embaixadas são considerados territórios neutros, por isso é possível ao agente diplomático alegar extraterritorialidade.

c) **Domicílio de Eleição, Contratual ou Convencional**: Com reflexos processuais (art. 63, do CPC/15), esta espécie de Domicílio decorre da **CLÁUSULA DE FORO** dos negócios jurídicos, conforme art. 78, do CC/02: *Nos contratos escritos, poderão* *os contratantes especificar domicílio onde se exercitem e cumpram os direitos e obrigações deles resultantes.*

4.2. Domicílio das pessoas jurídicas

Além de possuírem Personalidade Jurídica própria, têm ainda seu próprio Domicílio, de acordo com o quadro esquemático abaixo (art. 75):

Regra Geral:	*Sua sede, domicílio especial fixado no seu estatuto ou atos constitutivos ou o lugar onde funcionarem as respectivas diretorias e administrações.*
Entes Públicos:	*I – da União, o Distrito Federal;* *II – dos Estados e Territórios, as respectivas capitais;* *III – do Município, o lugar onde funcione a administração municipal;*
Pessoa Jurídica Nacional ou Estrangeira com filiais:	§1º ***Tendo a pessoa jurídica diversos estabelecimentos em lugares diferentes, cada um deles será considerado domicílio para os atos nele praticados.*** §2º *Se a administração, ou diretoria, tiver a sede no estrangeiro, haver-se-á por domicílio da pessoa jurídica, no tocante às obrigações contraídas por cada uma das suas agências, o lugar do estabelecimento, sito no Brasil, a que ela corresponder.*

5. BENS (ITEM 9, DO EDITAL)

5.1. Bens considerados em si mesmos

Classificação do bem analisado individualmente:

a) Imóveis x Móveis (arts. 79-84):

IMÓVEIS	MÓVEIS
a) **Por sua natureza**: o solo (art. 79, 1ª parte). Ex.: fazenda, lote urbano; b) **Por acessão natural**: tudo o que adere ao solo naturalmente e que não pode ser removido sem dano (art. 79, 2ª parte). Ex.: plantações; c) **Por acessão artificial**: tudo o que adere ao solo artificialmente e que não pode ser removido sem dano (art. 79, 2ª parte). Ex.: construções, edifícios, pontes; d) **Por determinação legal**: de acordo com os arts. 80-81: *Art. 80. Consideram-se imóveis para os efeitos legais:* *I – os* ***direitos reais sobre imóveis e as ações que os asseguram*** (hipoteca, servidões); *II – o* ***direito*** *à* ***sucessão aberta****.* *Art. 81. Não perdem o caráter de imóveis:* *I –* ***as edificações que, separadas do solo, mas conservando a sua unidade, forem removidas para outro local*** (casa pré-fabricada retirada de um terreno e transportada para outro local); *II –* ***os materiais provisoriamente separados de um prédio, para nele se reempregarem****.* (abaixo)	a) **Por sua natureza**: suscetíveis de remoção sem dano (art. 82, 2ª parte). Ex.: carro, cadeira; b) **Semoventes**: têm movimento próprio (art. 82, 1ª parte). Ex.: animais; c) **Por antecipação**: quando o aproveitamento econômico da coisa implica na mobilização de bens naturalmente imóveis. Ex.: árvores para corte (eucalipto), frutos e minérios (art. 95); d) **Por determinação legal**: de acordo com os arts. 83-84: *Art. 83. Consideram-se móveis para os efeitos legais:* *I –* ***as energias que tenham valor econômico*** (por essa razão, o "gato" de energia constitui crime de furto – subtração de coisa alheia móvel); *II –* ***os direitos reais sobre objetos móveis e as ações correspondentes*** (penhor); *III –* ***os direitos pessoais de caráter patrimonial e respectivas ações*** (direito autoral, patente, etc.). *Art. 84. Os materiais destinados a alguma construção, enquanto não forem empregados, conservam sua qualidade de móveis; readquirem essa qualidade os provenientes da demolição de algum prédio.* (abaixo)

ATENÇÃO!

Os materiais de construção podem seguir o ciclo representado pela tabela abaixo:

Ex.: A **TELHA**

Na fábrica ou na loja de materiais para construção:	Adquirido pelo construtor e/ou empilhada no "pé da obra":	Inserida no telhado de um prédio:	Retirada provisoriamente para reparos no telhado.	Retirada definitivamente por força de demolição do prédio ou novo telhado.
MÓVEL: art. 82.	**MÓVEL**: art. 84, 1ª parte.	**IMÓVEL**: art. 79, 2ª parte.	**IMÓVEL**: art. 81, II.	**MÓVEL**: art. 84, 2ª parte.

b) Fungíveis x Infungíveis (art. 85):

FUNGÍVEIS	INFUNGÍVEIS
Móveis + Substituíveis por outros da mesma espécie, qualidade e quantidade.	• Imóveis OU • Móveis + Insubstituíveis por outros da mesma espécie, qualidade e quantidade.
Ex.: produtos industrializados de massa: livros, aparelhos eletrônicos, móveis, dinheiro, etc...	Ex.: terrenos, edificações, móveis de valor histórico, fósseis, obras de arte, etc...

c) Consumíveis x Inconsumíveis (art. 86):

CONSUMÍVEIS (dois critérios)	INCONSUMÍVEIS
• De Fato: móveis cujo uso importa destruição imediata da própria substância. Ex.: alimentos, bebidas, cigarro, etc. E • De Direito: móveis destinados à alienação. Ex.: produtos nas prateleiras das lojas, estoque, dinheiro, etc.	• Imóveis OU • Móveis que não se classifiquem em nenhum dos critérios anteriores (não sejam de destruição imediata e não estejam à venda). Ex.: pneu do carro particular, caneta pessoal, roupas da pessoa, etc.

d) Divisíveis x Indivisíveis (arts. 87-88):

DIVISÍVEIS	INDIVISÍVEIS
• Podem ser fracionados sem que ocorra: a) Alteração da substância; b) Diminuição considerável do valor; c) Prejuízo do uso a que se destinam.	• Não podem ser fracionados por: a) Sua natureza; b) Vontade das partes (art. 88); c) Força da lei (art. 88).
Ex.: carro, livro, dinheiro, carnes, terrenos, grãos, líquidos, óleos, etc...	Ex.: cédula de dinheiro, animal vivo, terreno negociado com cláusula de indivisibilidade, etc...

e) Singulares x Coletivos (arts. 89-91):

SINGULARES	COLETIVOS (duas classificações distintas)
• São singulares os bens que, embora reunidos, se consideram *de per si*, independentemente dos demais. Ex.: Bens vendidos no varejo, como em um supermercado.	• **Universalidades de Fato**: Constitui universalidade de fato a pluralidade de bens singulares que, pertinentes à mesma pessoa, tenham destinação unitária. Ex.: Bens vendidos no atacado; estabelecimento comercial (art. 1043, do CC); biblioteca; coleções; rebanho de gado; sempre que tratados como um todo unitário em negócio jurídico. • **Universalidades de Direito**: Constitui universalidade de direito o complexo de relações jurídicas, de uma pessoa, dotadas de valor econômico. Ex.: herança, massa falida.

5.2. Bens reciprocamente considerados

a) **Principais x Acessórios**: Art. 92. Principal é o bem que existe sobre si, abstrata ou concretamente; acessório, aquele cuja existência supõe a do principal.

b) **Espécies de Acessórios**:

Pertenças: Arts. 93-94:	a) CONCEITO: São pertenças os bens que, não constituindo partes integrantes, se destinam, de modo duradouro, ao uso, ao serviço ou ao aformoseamento de outro; **b) EXCEÇÃO AO PRINCÍPIO DA GRAVITAÇÃO JURÍDICA: Os negócios jurídicos que dizem respeito ao bem principal não abrangem as pertenças, salvo se o contrário resultar da lei, da manifestação de vontade, ou das circunstâncias do caso.** ***Enfim, a pertença*** é ***um acessório que, em regra, não segue o principal.***
Benfeitorias: Arts. 96-97:	a) CONCEITO: São benfeitorias os melhoramentos **realizados pelo proprietário, possuidor ou detentor (art. 97)** que se tornam parte integrante do bem principal; b) ESPÉCIES: *Art. 96. As benfeitorias podem ser voluptuárias, úteis ou necessárias.* § 1º ***São voluptuárias as de mero deleite ou recreio, que não aumentam o uso habitual do bem, ainda que o tornem mais agradável ou sejam de elevado valor.*** § 2º ***São*** úteis ***as que aumentam ou facilitam o uso do bem.*** § 3º ***São necessárias as que têm por fim conservar o bem ou evitar que se deteriore.***
Frutos: Art. 95:	a) CONCEITO: São utilidades retiradas do principal **sem** dano ou diminuição; b) REGRA GERAL: ***Art. 95. Apesar de ainda não separados do bem principal, os frutos e produtos podem ser objeto de negócio jurídico.*** c) CLASSIFICAÇÕES: 1 *Quanto à natureza:* • *Naturais: decorrem de um processo orgânico do principal (frutas, ovos, etc.);* • *Industriais: decorrem da atividade industrial humana (bens manufaturados);* • *Civis: rendimentos periódicos da coisa principal (juros, aluguel);* 2 *Quanto à posição em relação ao bem principal:* • *Colhidos: frutos naturais já destacados da coisa principal, mas ainda existentes;* • *Percebidos: frutos industriais/civis já destacados da coisa principal, mas ainda existentes;* • *Pendentes: aqueles que ainda não foram destacados da coisa principal;* • *Percipiendos: aqueles que ainda não foram destacados da coisa principal, mas já deveriam ter sido;* • *Estantes: frutos já destacados, e que se encontram estocados e armazenados para venda;* • *Consumidos: frutos já destacados e que não mais existem, pois foram devidamente utilizados ou comercializados;* • *Perdidos: frutos destacados que não foram aproveitados.*
Produtos: Art. 95:	a) CONCEITO: São utilidades retiradas do principal **com** dano ou diminuição (Ex.: Minérios); b) REGRA GERAL: ***Art. 95. Apesar de ainda não separados do bem principal, os frutos e produtos podem ser objeto de negócio jurídico.***

5.3. Bens públicos

Classificação de maior interesse para o Direito Administrativo, porém disciplinada de forma simples e resumida pelo Código Civil, nos arts. 98 a 103:

Conceito:	Art. 98. São públicos os bens do domínio nacional pertencentes às pessoas jurídicas de direito público interno; todos os outros são particulares, seja qual for a pessoa a que pertencerem (critério da titularidade). ***Obs.: Também** é **aceito pela doutrina o critério da afetação, ou seja, também são considerados públicos os bens particulares vinculados a um serviço público. Ex.:*** **casa de um particular alugada para a Prefeitura instalar uma secretaria.**
Espécies:	*Art. 99. São bens públicos:* *I – os de uso comum do povo, tais como rios, mares, estradas, ruas e praças;* *II – os de uso especial, tais como edifícios ou terrenos destinados a serviço ou estabelecimento da administração federal, estadual, territorial ou municipal, inclusive os de suas autarquias;* *III – os dominicais, que constituem o patrimônio das pessoas jurídicas de direito público, como objeto de direito pessoal, ou real, de cada uma dessas entidades.* *Parágrafo único. Não dispondo a lei em contrário, consideram-se dominicais os bens pertencentes às pessoas jurídicas de direito público a que se tenha dado estrutura de direito privado.*
Alienação:	a) Inalienáveis: bens de uso comum do povo e bens de uso especial; b) Alienáveis: bens dominicais, observadas as exigências legais. ***Obs.: Interpretando-se tais dispositivos, compreende a doutrina que os bens de uso especial só poderão ser alienados se forem "desafetados". Ex.: O prédio de uma escola pública, se deixa de ser uma escola e mais nada funciona no local, pode ser alienado (torna-se dominical).***
Usucapião:	*Art. 102. Os bens públicos não estão sujeitos a usucapião.*
Uso dos Bens Públicos:	*Art. 103. O uso comum dos bens públicos pode ser **gratuito ou retribuído**, conforme for estabelecido legalmente pela entidade a cuja administração pertencerem. **Obs.: O fato de ser retribuído (pago) não altera a classificação. Ex.: a estrada não deixa de ser de uso comum por conta de pedágio; a rua não deixa de ser de uso comum do povo porque tem zona azul, etc.***

6. FATOS JURÍDICOS (ITEM 10, DO EDITAL)

6.1. Teoria geral dos fatos jurídicos – atos lícitos e ilícitos

Introdução necessária à matéria, para compreensão e localização do Negócio Jurídico, principal objeto de estudo do Direito Civil na Parte Geral do Código (arts. 104-184), além de base fundamental para o Direito das Obrigações e para o Direito Contratual. Eis o resumo esquemático da Teoria do Fato Jurídico:

Fato Jurídico:	Em sentido amplo, é todo acontecimento natural ou humano capaz de criar, modificar, conservar ou extinguir relações jurídicas.
Espécies de Fato Jurídico:	• Fatos Naturais ou Fatos Jurídicos *stricto sensu* (não dependem do concurso da vontade humana). Ex.: decurso do tempo, tempestade, etc.; • Fatos Humanos ou Atos Jurídicos *lato sensu* (sua ocorrência se dá com o concurso da vontade humana). Ex.: contratos, testamento, protesto, etc.
Espécies de Fatos Humanos:	• Lícitos – admitidos pelo direito. • Ilícitos – serão estudados no tópico da responsabilidade civil.
Classificação do Ato Lícito:	• **Atos Jurídicos *stricto sensu* ou Atos Lícitos (art. 185)**: constitui manifestação de vontade, sem conteúdo negocial. A parte realiza o ato, mas não tem controle sobre

	suas consequências, que decorrem da lei. A doutrina traz diversos exemplos: Fixação de Domicílio; Quitação; Escolha das Prestações Alternativas; Confissão; Remissão; Interpelação, Protesto. • **Negócio Jurídico (arts. 104-184)**: manifestação de vontade que decorre da vontade das partes, cujos efeitos são aqueles pretendidos pelos negociantes, obedecidos os critérios e princípios legais. Ex.: testamento, contratos. • **Ato Fato Jurídico (não previsto no CC/02)**: ato humano cuja vontade não é relevante, pois é o fato, e não o ato, que goza de importância jurídica e eficácia social. Ex.: Quando um louco encontra um tesouro por acaso.

6.2. Negócio Jurídico

a) Interpretação: Eis as principais regras de INTERPRETAÇÃO do negócio jurídico:

*Art. 110. A manifestação de vontade subsiste ainda que o seu autor haja feito a reserva mental de não querer o que manifestou, **salvo se dela o destinatário tinha conhecimento**.*

Art. 111. O silêncio importa anuência, quando as circunstâncias ou os usos o autorizarem, e não for necessária a declaração de vontade expressa.

Obs.: Diante das circunstâncias apontadas, conclui-se que, em regra, o silêncio significa recusa.

Art. 112. Nas declarações de vontade se atenderá mais à intenção nelas consubstanciada do que ao sentido literal da linguagem.

Art. 113. Os negócios jurídicos devem ser interpretados conforme a boa-fé e os usos do lugar de sua celebração.

***Art. 114. Os negócios jurídicos benéficos e a renúncia interpretam-se estritamente.** (o CC/02, coerentemente, impõe interpretação estrita em diversos negócios em que há sacrifícios ou concessões. Ex.: Fiança (art. 819); Transação (art. 843), etc.*

b) Planos da Existência, Validade e Eficácia:

EXISTÊNCIA	VALIDADE	EFICÁCIA
Elementos Essenciais: • Agente; • Objeto; • Forma; • Vontade.	**Qualidades para ser válido**: • Agente CAPAZ E LEGITIMADO; • Objeto LÍCITO, POSSÍVEL, DETERMINADO OU DETERMINÁVEL; • Forma PRESCRITA OU NÃO DEFESA; • Manifestação de vontade LIVRE e de BOA FÉ.	**Elementos Acidentais**: • Condição; • Termo; • Encargo.

Elementos Acidentais: Condição, Termo e Encargo – Plano da Eficácia – Espécies de Condições:

SUSPENSIVA	É aquela que adia o início dos efeitos do negócio até que aquela aconteça. Segundo o art. 125, *subordinando-se a eficácia do negócio jurídico à condição suspensiva, enquanto esta se não verificar, não se terá adquirido o direito, a que ele visa.* Ex: Dou-te X quando casares.
RESOLUTIVA	É aquela que, implementada, resolve o negócio jurídico que vem produzindo efeitos. O negócio produz efeitos desde sua conclusão e só deixará de existir quando a condição vier a acontecer. Ex: Empresto-te X até casares.

LÍCITAS E ILÍCITAS	Lícitas são aquelas que não são contrárias à lei, à ordem pública e aos bons costumes. São consideradas ilícitas, dentre outras, as condições que privarem de todo o efeito o negócio jurídico; as puramente potestativas; as perplexas e as impossíveis.
PURAMENTE POTESTATIVA	É aquela que, para seu implemento, basta a vontade *exclusiva* e *arbitrária* de umas das partes, seja para produzir (suspensiva) ou para extinguir (resolutiva) os efeitos de um negócio jurídico. Ex: Dou-te X *se eu quiser* (fórmula *si volam*).
SIMPLESMENTE POTESTATIVA	Também chamada de meramente potestativa, é a condição que, embora subordinadas à vontade de umas das partes, não dependem tão somente de seu arbítrio unilateral. São consideradas LÍCITAS. Ex: Arras penitenciais (art. 420); venda a contento (art. 509); direito de preempção ou preferência (art. 513).
PERPLEXA	É a condição incompreensível ou contraditória, que não consegue exprimir a vontade das partes. A consequência dessa espécie é a INVALIDADE DO NEGÓCIO (art. 123, III), por nulidade (art. 166, VII).
IMPOSSÍVEL	A impossibilidade pode ser física ou jurídica e em regra é INVÁLIDA, quando suspensiva (art. 123, I). Se esta for resolutiva, o caso é de INEXISTÊNCIA (art. 124). É jurídica quando não permitida pelo direito (Ex: usucapir bem público – art. 102; negociar herança de pessoa viva – art. 426). É física quando exige um esforço sobrenatural ou qualquer fato impossível de se realizar na prática (Ex: correr 100m em 2 segundos).

A contagem dos prazos no direito civil obedece às regras do art. 132 (**não se aplica a contagem em dias** úteis **do CPC/15, seja porque o direito civil possui regra própria, seja porque o art. 219, do CPC/15, deixa claro que a contagem em dias** úteis **serve exclusivamente aos prazos processuais**):

> *Art. 132. Salvo disposição legal ou convencional em contrário, computam-se os prazos, excluído o dia do começo, e incluído o do vencimento.*
>
> § 1º *Se o dia do vencimento cair em feriado, considerar-se-á prorrogado o prazo até o seguinte dia* útil.
>
> § 2º *Meado considera-se, em qualquer mês, o seu décimo quinto dia.*
>
> § 3º *Os prazos de meses e anos expiram no dia de igual número do de início, ou no imediato, se faltar exata correspondência.*
>
> § 4º *Os prazos fixados por hora contar-se-ão de minuto a minuto.*

Comparando-se a condição suspensiva, o termo inicial e o encargo, pode-se resumir os seus efeitos de acordo com a tabela a seguir:

ELEMENTO ACIDENTAL	PRODUÇÃO DE EFEITOS DO NEGÓCIO	AQUISIÇÃO DO DIREITO PREVISTO NO NEGÓCIO
Condição Suspensiva (art. 125)	ADIA a produção de efeitos, enquanto não se concretizar.	ADIA a aquisição do direito, enquanto não se concretizar.
Termo Inicial (art. 131)	ADIA a produção de efeitos, enquanto não se concretizar.	NÃO ADIA a aquisição do direito, enquanto não se concretizar.
Encargo (art. 136)	Sua existência NÃO ADIA a produção de efeitos.	Sua existência NÃO ADIA a aquisição do direito.

c) Defeitos:

São vícios de consentimento: Erro (arts. 138-144); Dolo (arts. 145-150); Coação (arts. 151-155); Lesão (art. 157); Estado de perigo (art. 156).

São vícios sociais: Simulação (**art. 167 – embora não esteja mais no rol dos defeitos previstos no CC/02, mas apenas como causa de nulidade, a doutrina continua considerando a Simulação um vício social**); e Fraude contra credores (arts. 158-165).

Eis a análise dos DEFEITOS do negócio jurídico de forma esquemática:

- **ERRO:**

Conceito	Ocorre quando alguém age de forma contrária à sua vontade por ignorância acerca de uma informação relevante para o negócio, sendo que sua postura seria diversa se não estivesse equivocado.
Características essenciais	A teor do art. 138, o negócio jurídico é anulável por erro quando este é SUBSTANCIAL e ESCUSÁVEL. • **Erro escusável: (perdoável, desculpável, não grosseiro)** é aquele que não poderia ser percebido pelo homem de diligência normal. • **Erro substancial (relevante, essencial, determinante)**: está destacado no art. 139, sendo os dois primeiros incisos relativos ao erro de fato quanto ao negócio (natureza, objeto ou substância) ou a pessoa, e o terceiro quanto ao polêmico erro de direito.
Falso motivo	***Art. 140. O falso motivo só vicia a declaração de vontade quando expresso como razão determinante.***
Erros que não anulam o negócio	*Art. 142. O erro de indicação da pessoa ou da coisa, a que se referir a declaração de vontade, não viciará o negócio quando, por seu contexto e pelas circunstâncias, se puder identificar a coisa ou pessoa cogitada.* *Art. 143. O erro de cálculo apenas autoriza a retificação da declaração de vontade.* *Art. 144. O erro não prejudica a validade do negócio jurídico quando a pessoa, a quem a manifestação de vontade se dirige, se oferecer para executá-la na conformidade da vontade real do manifestante.*
Consequência	Anulação do negócio jurídico, consoante requisitos dos arts. 138-140.

- **DOLO:**

Conceito	É o ardil, artifício ou expediente usado para induzir alguém à prática de um ato que o prejudica e aproveita o autor do dolo ou a terceiro.
Dolo Positivo e Dolo Negativo	O dolo pode ser efetivado por ação (DOLO POSITIVO) ou pelo próprio silêncio do agente quanto a uma informação relevante e essencial para a ocorrência do negócio (DOLO NEGATIVO – art. 147).
De Terceiro	A ciência do interessado pode resultar em anulação: *art. 148: Pode também ser anulado o negócio jurídico por dolo de terceiro, se a parte a quem aproveite dele tivesse ou devesse ter conhecimento; em caso contrário, ainda que subsista o negócio jurídico, o terceiro responderá por todas as perdas e danos da parte a quem ludibriou.*
Representante	O legislador separou o dolo do representante legal (ex. pais de filhos menores) do representante convencional (ex. mandatário): *Art. 149. O dolo do representante legal de uma das partes só obriga o representado a responder civilmente até a importância do proveito que teve; se, porém, o dolo for do representante convencional, o representado responderá solidariamente com ele por perdas e danos.*
Dolo Acidental	É aquele que não influencia na realização de negócio, que ocorreria mesmo se uma das partes não agisse dolosamente (art. 146). ***Não anula o negócio, mas*** é ***possível a responsabilização civil.***
Dolo Bilateral	**Não anula o negócio nem gera responsabilidade, quando *ambas as partes procederem com dolo* (art. 150)**

Conceito	Representa toda ameaça ou pressão exercida sobre a pessoa ou familiar para obrigá-la, contra sua vontade, a praticar ato ou realizar negócio jurídico.
Espécies	Há a coação física ou direta (*vis absoluta*) e a coação psicológica, moral ou indireta (*vis compulsiva*). Para viciar a declaração da vontade, há de ser tal que incuta ao paciente fundado temor de dano iminente e considerável à sua pessoa, à sua família, ou aos seus bens.
Análise no caso concreto do caráter irresistível	Na análise do negócio, para caracterizar a coação levar-se-ão em conta o sexo, a idade, a condição, a saúde e todas as demais circunstâncias que possam influir na gravidade dela (art. 152). **Não se considera coação a ameaça do exercício normal de um direito, nem o simples temor reverencial (art. 153).**
De Terceiro	Segue raciocínio similar ao dolo de terceiro: *Art. 154. Vicia o negócio jurídico a coação exercida por terceiro, se dela tivesse ou devesse ter conhecimento a parte a que aproveite, e esta responderá solidariamente com aquele por perdas e danos.* *Art. 155. Subsistirá o negócio jurídico, se a coação decorrer de terceiro, sem que a parte a que aproveite dela tivesse ou devesse ter conhecimento; mas o autor da coação responderá por todas as perdas e danos que houver causado ao coacto.*
Consequência	Anulação do negócio jurídico, ressalvadas as exceções acima.

- **ESTADO DE PERIGO:**

Conceito	Configura-se quando alguém, premido da necessidade de salvar-se, ou a pessoa de sua família, de grave dano conhecido pela outra parte, assume obrigação excessivamente onerosa (art. 156). Ex.: Risco à saúde.
Elementos Subjetivos	**A *parte prejudicada* deve estar premido de NECESSIDADE relativa a saúde ou integridade física sua ou de ente próximo.** A *parte beneficiada* deve ter conhecimento dessa necessidade – a doutrina denomina esta ciência da parte beneficiada pelo negócio de **"dolo de aproveitamento"**.
Elemento Objetivo	A obrigação excessivamente onerosa.
Consequência	Anulação do negócio jurídico, embora a doutrina compreenda ser preferível a revisão do contrato em busca do seu reequilíbrio.

- **LESÃO:**

1. Conceito	Configura-se quando alguém, por inexperiência ou necessidade, obriga-se a prestação manifestamente desproporcional ao valor da prestação oposta. (art. 157). *Ex. Obter empréstimo por juros exorbitantes para quitar pensão alimentícia em atraso, com risco de execução:*
2. Elementos Subjetivos	A *parte prejudicada* deve ser INEXPERIENTE ou estar premido de NECESSIDADE ***patrimonial***. Não se exige a ciência da *parte beneficiada*.
3. Elemento Objetivo	A prestação manifestamente desproporcional.
4. Momento	A aferição da desproporcionalidade deve se dar no momento em que é realizado o negócio. A onerosidade superveniente não configura o vício de lesão (art. 157, § 2º, CC/02).
5. Consequência	Anulação do negócio jurídico, embora a doutrina compreenda ser preferível a revisão do contrato em busca do seu reequilíbrio, conforme art. 157, § 2º, CC/02, que positiva o PRINCÍPIO DA PRESERVAÇÃO OU CONSERVAÇÃO DOS NEGÓCIOS.

I. FRAUDE CONTRA CREDORES

1. Conceito	É vício social e corresponde a todo ato suscetível de diminuir ou onerar seu patrimônio, reduzindo ou eliminando a garantia que este representa para o pagamento de suas dívidas. É praticada pelo devedor insolvente ou por este ato reduzido à insolvência.

2. Requisitos	***a) Eventus damni: ELEMENTO OBJETIVO*** – *É o estado de insolvência do devedor que se desfaz do patrimônio ou que se torna insolvente diante da da alienação do bem de sua propriedade para terceiro. A insolvência é objetiva, ou seja, a dívida é superior a patrimônio restante.* ***b) Consilium fraudis: ELEMENTO SUBJETIVO*** – *É o conluio fraudulento, quando o alienante (devedor) e adquirente (comprador) têm ciência do prejuízo causado ao credor com o negócio, agindo de **má fé** para frustrar o cumprimento (pagamento) do negócio. A boa fé do adquirente impede a caracterização do consilium fraudis.*
3. Ato gratuito	Pode ocorrer nos negócios gratuitos, situação em que o negócio será anulado mesmo que a parte não soubesse da insolvência ou do dano que está causando aos credores. Enfim, aqui a má fé é presumida.
4. Ato oneroso	Também se configura nos negócios onerosos, mas aqui, além do dano, é necessário que o devedor tenha o ânimo de prejudicar os credores e o comprador tenha ciência disso (*consilium fraudis*). Logo, NÃO se presume a FRAUDE.
5. Ação cabível	O credor prejudicado pode utilizar a AÇÃO PAULIANA OU REVOCATÓRIA, para fins de reverter o prejuízo que advenha do negócio.
6. Consequência	**Anulação** do negócio jurídico, retornando o patrimônio para o acervo do devedor ou do concurso de credores, para análise da ordem de preferência. **Vale destacar que, na FRAUDE** À **EXECUÇÃO (art. 792, do CPC/15), a consequência jurídica** é **a *ineficácia* do auto, diferença esta que** é **muito explorada em provas de concursos públicos.**

d) Invalidades: o Plano da Validade é o mais explorado nas provas de concurso, seja em relação ao tópico anterior (Defeitos), seja para a análise do efeito do vício, ou seja, se resulta em NULIDADE (vícios considerados mais graves) ou ANULABILIDADE (vícios considerados de menor gravidade).

- Distinções entre NULIDADE E ANULABILIDADE:

NULIDADE	ANULABILIDADE
Hipóteses (dentre outras contidas no CC/02): *Art. 166. É nulo o negócio jurídico quando:* ***I – celebrado por pessoa absolutamente incapaz;*** *II – for ilícito, impossível ou indeterminável o seu objeto;* *III – o motivo determinante, comum a ambas as partes, for ilícito;* *IV – não revestir a forma prescrita em lei;* *V – for preterida alguma solenidade que a lei considere essencial para a sua validade;* *VI – tiver por objetivo fraudar lei imperativa;* *VII – a lei taxativamente o declarar nulo, ou proibir-lhe a prática, sem cominar sanção.* *Art. 167. É **nulo o negócio jurídico simulado, mas subsistirá o que se dissimulou, se válido for na substância e na forma**.* *§ 1º Haverá simulação nos negócios jurídicos quando:* *I – aparentarem conferir ou transmitir direitos a pessoas diversas daquelas às quais realmente se conferem, ou transmitem;*	Hipóteses (dentre outras contidas no CC/02): *Art. 171. Além dos casos expressamente declarados na lei, é anulável o negócio jurídico:* ***I – por incapacidade relativa do agente;*** *II – por vício resultante de erro, dolo, coação, estado de perigo, lesão ou fraude contra credores.* ***Obs.: Sempre importante relembrar que houve alteração do regime das incapacidades, a partir do Estatuto da Pessoa com Deficiência (Lei 13.146/15), razão pela qual esta questão pode ser explorada conjuntamente, para saber se o negócio** é **nulo (absolutamente incapaz sem representante) ou anulável (relativamente incapaz sem assistente).***

NULIDADE	ANULABILIDADE
II – contiverem declaração, confissão, condição ou cláusula não verdadeira; *III – os instrumentos particulares forem antedatados, ou pós-datados.* *§ 2º Ressalvam-se os direitos de terceiros de boa-fé em face dos contraentes do negócio jurídico simulado.*	
Matéria de ordem pública, que pode ser alegada pela parte, pelo Ministério Público ou mesmo de ofício, pelo Magistrado (art. 168).	Matéria que afeta, normalmente, interesses particulares das partes, sendo passível de alegação apenas pelo prejudicado (art. 177).
Não pode ser suprida pelo Juízo ou convalidada pelas partes (168 e 169). Só é possível a conversão (170).	Ressalvado o direito de terceiro, cabe confirmação do negócio pelas partes (arts. 172 e 173).
Ação Declaratória de Nulidade	Ação Anulatória ou Ação Pauliana (Fraude)
Alegável a qualquer tempo – Imprescritível	Prazos Decadenciais – arts. 119, 178 e 179.
Efeitos *erga omnes*, além de se considerar que o negócio jamais produzira efeitos.	Efeitos *inter partes* (177) até a sentença *(177) ex tunc* (182) depois da decisão que determina a anulação

Sobre a SIMULAÇÃO, uma das causas de NULIDADE, alguns apontamentos merecem destaque:

Conceito	É uma declaração enganosa da vontade, visando produzir efeito diverso do ostensivamente indicado.
Espécies	a) Simulação ABSOLUTA: só existe o negócio simulado, pois as partes não pretendem celebrar negócio algum; b) Simulação RELATIVA: existem dois negócios: o falso (simulado) e o verdadeiro, que não se expõe (dissimulado).
Configuração	*Art. 167.* É ***nulo o negócio jurídico simulado, mas subsistirá o que se dissimulou, se válido for na substância e na forma.*** *§ 1º Haverá simulação nos negócios jurídicos quando:* *I – aparentarem conferir ou transmitir direitos a pessoas diversas daquelas às quais realmente se conferem, ou transmitem;* *II – contiverem declaração, confissão, condição ou cláusula não verdadeira;* *III – os instrumentos particulares forem antedatados, ou pós-datados.* *§ 2º Ressalvam-se os direitos de terceiros de boa-fé em face dos contraentes do negócio jurídico simulado.*
Consequência	Nulidade do negócio Simulado. Se a simulação for relativa, aplica-se a regra do art. 167, *caput*, ou seja, preserva-se o negócio dissimulado (o verdadeiro).

7. PRESCRIÇÃO E DECADÊNCIA (ITEM 11, DO EDITAL)

7.1. DISTINÇÕES: Eis as principais distinções e semelhanças entre PRESCRIÇÃO e DECADÊNCIA

PRESCRIÇÃO	DECADÊNCIA
Atinge a pretensão (189)	Atinge o direito potestativo
Os prazos são fixados por lei, logo, NÃO podem ser alterados por acordo de vontade das partes (art. 192).	a) LEGAL: Os prazos não podem ser alterados. b) CONVENCIONAL: os prazos podem ser alterados.

PRESCRIÇÃO	DECADÊNCIA
Os prazos podem ser suspensos ou interrompidos (arts. 197 a 204), mas a prescrição iniciada contra uma pessoa continua a correr contra o seu sucessor (art. 196).	Os prazos não se suspendem ou se interrompem, salvo na hipótese do **art. 198, I. *Obs.: Importante destacar que tanto a prescrição quanto a decadência ficam SUSPENSAS, apenas, para o absolutamente incapaz titular do direito (menor de 16 anos, conforme novo regime das incapacidades – art. 3º, do CC/02 após Lei 13.146/15*.**
Pode haver RENÚNCIA expressa ou tácita da prescrição (art. 191).	a) LEGAL: Não é possível a renúncia (nulidade – art. 209). b) CONVENCIONAL: É possível a renúncia.
Pode ser alegada a qualquer tempo e em qualquer grau de jurisdição pela parte interessada (art. 193)	a) LEGAL: Pode ser alegada a qualquer tempo e em qualquer grau de jurisdição (art. 211); b) Convencional – Idem (art. 210).
O juiz pode conhecer de ofício (art. 487, parágrafo único, do CPC/15)	a) LEGAL: Pode ser conhecida de ofício (art. 211); b) CONVENCIONAL – Não pode ser suprida de ofício pelo Juízo (art. 210).
Os relativamente incapazes e as pessoas jurídicas têm ação contra os seus assistentes ou representantes legais, que derem causa à prescrição, ou não a alegarem oportunamente (Art. 195).	Essa regra também se aplica à decadência efetivada por negligência do assistente ou representante legal do titular do direito, nos termos do art. 208.

7.2. Hipóteses de suspensão

Na suspensão de um prazo, a contagem é estancada em um momento (causa de suspensão) e só volta a correr quando o motivo deixa de existir. Eis as **10** (dez) causas de suspensão, previstas entre os arts. 197 e 201, do CC/02, abaixo transcritos:

> *Art. 197. Não corre a prescrição:*
>
> *I – entre os cônjuges, na constância da sociedade conjugal;*
>
> *II – entre ascendentes e descendentes, durante o poder familiar;*
>
> *III – entre tutelados ou curatelados e seus tutores ou curadores, durante a tutela ou curatela.*
>
> *Art. 198. Também não corre a prescrição:*
>
> ***I – contra os incapazes de que trata o art. 3º;***
>
> *II – contra os ausentes do País em serviço público da União, dos Estados ou dos Municípios;*
>
> *III – contra os que se acharem servindo nas Forças Armadas, em tempo de guerra.*
>
> *Art. 199. Não corre igualmente a prescrição:*
>
> *I – pendendo condição suspensiva;*
>
> *II – não estando vencido o prazo;*
>
> *III – pendendo ação de evicção.*
>
> *Art. 200. Quando a ação se originar de fato que deva ser apurado no juízo criminal, não correrá a prescrição antes da respectiva sentença definitiva.*
>
> *Art. 201. Suspensa a prescrição em favor de um dos credores solidários, só aproveitam os outros se a obrigação for indivisível.*

ATENÇÃO!

Para exata compreensão do tema, veja-se exemplo próximo do padrão cobrado pela FCC: Tício, em **dezembro de 2016**, que havia completado **10 anos de idade** no mesmo mês, sofreu danos provocados por Mévio. Quando prescreverá a pretensão por perdas e danos? Como a *incapacidade absoluta* é causa de suspensão, o prazo não começa em dez/16, pois Tício, o titular do direito, conta com 10 anos. Vai começar a contar o prazo quando Tício completar **16 anos de idade**, ou seja, em **dezembro de 2022** (seis anos depois). Como o **prazo de prescrição** é **de 03 anos para reparação de danos (art. 206,** § **3º, V)**, ele se encerrará em **dezembro de 2025**.

7.3. Hipóteses de interrupção

Na interrupção de um prazo, a contagem é estancada em um momento (causa de interrupção) e volta a correr imediatamente, recomeçando *do zero*. Eis as **06** (seis) causas de suspensão, previstas entre os arts. 197 e 201, do CC/02, abaixo transcritos:

> *Art. 202. A interrupção da prescrição,* ***que somente poderá ocorrer uma vez****, dar-se-á:*
>
> *I – por despacho do juiz, mesmo incompetente, que ordenar a citação, se o interessado a promover no prazo e na forma da lei processual;*
>
> *II – por protesto, nas condições do inciso antecedente;*
>
> *III – por protesto cambial;*
>
> *IV – pela apresentação do título de crédito em juízo de inventário ou em concurso de credores;*
>
> *V – por qualquer ato judicial que constitua em mora o devedor;*
>
> *VI – por qualquer ato inequívoco, ainda que extrajudicial, que importe reconhecimento do direito pelo devedor.*
>
> *Parágrafo único. A prescrição interrompida recomeça a correr da data do ato que a interrompeu, ou do último ato do processo para a interromper.*
>
> *Art. 203. A prescrição pode ser interrompida por qualquer interessado.*
>
> *Art. 204. A interrupção da prescrição por um credor não aproveita aos outros; semelhantemente, a interrupção operada contra o co-devedor, ou seu herdeiro, não prejudica aos demais coobrigados.*
>
> § 1º *A interrupção por um dos credores solidários aproveita aos outros; assim como a interrupção efetuada contra o devedor solidário envolve os demais e seus herdeiros.*
>
> § 2º *A interrupção operada contra um dos herdeiros do devedor solidário não prejudica os outros herdeiros ou devedores, senão quando se trate de obrigações e direitos indivisíveis.*
>
> § 3º *A interrupção produzida contra o principal devedor prejudica o fiador.*

ATENÇÃO!

Para exata compreensão do tema, veja-se exemplo próximo do padrão cobrado pela FCC: João prestou serviços advocatícios a José, e cobrou R$ 5.000,00 de honorários advocatícios, com vencimento em **dezembro de 2015**. José não pagou o montante no vencimento, e João promoveu a interpelação extrajudicial do Devedor, através do Cartório de Notas, constituindo-o em mora no mês de **dezembro de 2016**. Quando prescreverá a pretensão pelos honorários? Como a *constituição em mora* é causa de interrupção, o prazo que começou em dezembro de 2015 foi *interrompido* em dezembro de 2016, devendo, a partir deste fato, recomeçar sua contagem. Como o **prazo** é **de 05 anos para o profissional liberal cobrar honorários (art. 206,** § **5º, II)**, ele se encerrará em **dezembro de 2021**.

7.4. Prazos

Por fim, além de trabalhar as causas de suspensão e interrupção, o concurseiro não pode perder de vista a lista de PRAZOS PRESCRICIONAIS, organizada pelo Código Civil entre os artigos 205 (regra geral) e 206 (prazos específicos):

> *Art. 205. A prescrição ocorre em dez anos, quando a lei não lhe haja fixado prazo menor.*
>
> *Art. 206. Prescreve:*
>
> § 1º *Em um ano:*
>
> *I – a pretensão dos hospedeiros ou fornecedores de víveres destinados a consumo no próprio estabelecimento, para o pagamento da hospedagem ou dos alimentos;*
>
> *II – a pretensão do segurado contra o segurador, ou a deste contra aquele, contado o prazo:*
>
> *a) para o segurado, no caso de seguro de responsabilidade civil, da data em que é citado para responder à ação de indenização proposta pelo terceiro prejudicado, ou da data que a este indeniza, com a anuência do segurador;*
>
> *b) quanto aos demais seguros, da ciência do fato gerador da pretensão;*
>
> *III – a pretensão dos tabeliães, auxiliares da justiça, serventuários judiciais,* árbitros e *peritos, pela percepção de emolumentos, custas e honorários;*
>
> *IV – a pretensão contra os peritos, pela avaliação dos bens que entraram para a formação do capital de sociedade anônima, contado da publicação da ata da assembléia que aprovar o laudo;*
>
> *V – a pretensão dos credores não pagos contra os sócios ou acionistas e os liquidantes, contado o prazo da publicação da ata de encerramento da liquidação da sociedade.*
>
> § 2º ***Em dois anos, a pretensão para haver prestações alimentares, a partir da data em que se vencerem.***
>
> § 3º ***Em três anos:***
>
> *I – a pretensão relativa a aluguéis de prédios urbanos ou rústicos;*
>
> *II – a pretensão para receber prestações vencidas de rendas temporárias ou vitalícias;*
>
> *III – a pretensão para haver juros, dividendos ou quaisquer prestações acessórias, pagáveis, em períodos não maiores de um ano, com capitalização ou sem ela;*
>
> *IV – a pretensão de ressarcimento de enriquecimento sem causa;*
>
> ***V – a pretensão de reparação civil;***
>
> *VI – a pretensão de restituição dos lucros ou dividendos recebidos de má-fé, correndo o prazo da data em que foi deliberada a distribuição;*
>
> *VII – a pretensão contra as pessoas em seguida indicadas por violação da lei ou do estatuto, contado o prazo:*
>
> *a) para os fundadores, da publicação dos atos constitutivos da sociedade anônima;*
>
> *b) para os administradores, ou fiscais, da apresentação, aos sócios, do balanço referente ao exercício em que a violação tenha sido praticada, ou da reunião ou assembléia geral que dela deva tomar conhecimento;*
>
> *c) para os liquidantes, da primeira assembléia semestral posterior à violação;*

VIII – a pretensão para haver o pagamento de título de crédito, a contar do vencimento, ressalvadas as disposições de lei especial;

IX – a pretensão do beneficiário contra o segurador, e a do terceiro prejudicado, no caso de seguro de responsabilidade civil obrigatório.

§ 4º Em quatro anos, a pretensão relativa à tutela, a contar da data da aprovação das contas.

§ 5º ***Em cinco anos:***

I – a pretensão de cobrança de dívidas líquidas constantes de instrumento público ou particular;

II – a pretensão dos profissionais liberais em geral, procuradores judiciais, curadores e professores pelos seus honorários, contado o prazo da conclusão dos serviços, da cessação dos respectivos contratos ou mandato;

III – a pretensão do vencedor para haver do vencido o que despendeu em juízo.

8. DIREITO DAS OBRIGAÇÕES (ITEM 12, DO EDITAL)

8.1. Classificação geral

a) **Dar coisa certa** (arts. 233-242): O objeto da obrigação é determinado e presumem-se incluídos os acessórios (Princípio da Gravitação Jurídica). No caso de inadimplemento:

<table>
<tr><td rowspan="2">PERDA antes da tradição:</td><td>Com Culpa do Devedor: cabe restituição do equivalente + perdas e danos.</td></tr>
<tr><td>Sem Culpa do Devedor: resolve-se, com prejuízo para o dono da coisa.</td></tr>
<tr><td rowspan="2">DETERIORIZAÇÃO antes da tradição:</td><td>Com Culpa do Devedor: a) Não aceitando o credor o bem deteriorado, cabe restituição do equivalente + perdas e danos; b) Aceitando o credor o bem deteriorado, cabe abatimento de preço + perdas e danos.</td></tr>
<tr><td>Sem Culpa do Devedor: a) Não aceitando o credor o bem deteriorado, resolve-se, com prejuízo para o dono da coisa; b) Pode o credor, ainda, aceitar o bem no estado em que se encontre.</td></tr>
</table>

b) **Dar coisa incerta** (arts. 243-246): O objeto da obrigação é determinável, antes da escolha ou concentração. Em regra, **a escolha cabe ao DEVEDOR**, salvo disposição em contrário, e, então, aplicam-se as regras da obrigação de dar coisa certa, pois o objeto passa a ser determinado.

c) **Fazer e Não Fazer**: pode ser uma prestação positiva (fazer) ou negativa (não fazer). Em ambos os casos, é importante destacar as consequências do inadimplemento:

<table>
<tr><td rowspan="2">Inadimplemento da obrigação FUNGÍVEL ou IMPESSOAL (não vinculada a uma única pessoa – pode ser cumprida por terceiro):</td><td>Com Culpa do Devedor – cabe ao credor:
a) É possível ao credor mandar executar (obrigação de fazer) ou mandar desfazer (obrigação de não fazer) por terceiro, ou por conta própria, às custas do devedor (tais providências independem de autorização judicial, em caso de urgência) + perdas e danos;
b) Adotar as medidas processuais de coerção do devedor (CPC/15);
c) Converter em perdas e danos.</td></tr>
<tr><td>Sem Culpa ou Impossível para o Devedor: resolve-se.</td></tr>
</table>

Inadimplemento da obrigação INFUNGÍVEL ou PESSOAL ou INTUITO PERSONAE (vinculada a uma única pessoa):	**Com Culpa** do Devedor – cabe ao credor: a) Adotar as medidas processuais de coerção do devedor (CPC/15); b) Converter em perdas e danos.
	Sem Culpa ou Impossível para o Devedor: resolve-se.

8.2. Classificação especial

a) **Alternativas**:

Conceito	Espécie de obrigação em que existe mais de uma opção de prestação para cumprimento da obrigação (pluralidade objetiva). **Ex.: compra que pode ser paga em dinheiro ou em cheque; obrigação de entregar mercadoria mercadorias, quando há mais de uma opção (feijão ou arroz).**
Escolha ou Concentração	Pode ser estipulado ao credor, ao devedor ou a terceiro, mas, no silêncio do negócio, a escolha é do **devedor**.
Vedação	*Art. 252. (...)* *§ 1º Não pode o devedor obrigar o credor a receber parte em uma prestação e parte em outra.*
Inadimplemento	*Art. 253. Se uma das duas prestações não puder ser objeto de obrigação ou se tornada inexeqüível, subsistirá o débito quanto à outra.* *Art. 254. Se, por culpa do devedor, não se puder cumprir nenhuma das prestações, não competindo ao credor a escolha, ficará aquele obrigado a pagar o valor da que por último se impossibilitou, mais as perdas e danos que o caso determinar.* *Art. 255. Quando a escolha couber ao credor e uma das prestações tornar-se impossível por culpa do devedor, o credor terá direito de exigir a prestação subsistente ou o valor da outra, com perdas e danos; se, por culpa do devedor, ambas as prestações se tornarem inexeqüíveis, poderá o credor reclamar o valor de qualquer das duas, além da indenização por perdas e danos.* *Art. 256. Se todas as prestações se tornarem impossíveis sem culpa do devedor, extinguir-se-á a obrigação.*

b) **Divisíveis x Indivisíveis**:

DIVISÍVEIS (art. 257)	INDIVISÍVEIS (arts. 258-263)
Conceito: A prestação tem como objeto um fato ou uma coisa suscetível de divisão ou parcelamento. Ex.: pagamento em dinheiro, entrega de líquidos, grãos, etc.	Conceito: A prestação tem como objeto um fato ou uma coisa insuscetível de divisão ou parcelamento, por sua natureza, por motivo de ordem econômica, ou dada a razão determinante do negócio jurídico. Ex.: entrega de um carro, um cavalo, etc.
Pluralidade de credores: cada credor só poderá cobrar sua quota, que se presume igual e distinta. Ex.: dois credores da quantia de R$ 1.000,00. Cada credor só pode cobrar R$ 500,00, individualmente.	Pluralidade de credores: cada credor poderá exigir a dívida toda. Os demais poderão exigir daquele, em dinheiro, a parte que lhe cabia. Ex.: dois credores da obrigação de entrega de um carro. Se um exige e recebe o automóvel, o outro terá direito à metade do valor do veículo, em dinheiro.
Pluralidade de devedores: cada devedor só é obrigado por sua quota, que se presume igual e distinta. Ex.: quatro devedores da quantia de R$ 4.000,00. Cada devedor só pode ser cobrado, individualmente, por R$ 1.000,00.	Pluralidade de devedores: Cada um será obrigado pela dívida toda. O devedor, que paga a dívida, sub-roga-se no direito do credor em relação aos outros coobrigados. Ex.: dois devedores da obrigação de entrega de um carro. Se um entrega o automóvel, o outro será obrigado a pagar-lhe à metade do valor do veículo, em dinheiro.

c) **Solidárias** => Regra Geral: Há solidariedade, quando na mesma obrigação concorre **mais de um credor, ou mais de um devedor, cada um com direito, ou obrigado, à dívida toda.** Destaque-se que a solidariedade não se presume, resulta da lei ou da vontade das partes (arts. 264-265). Assim:

Exemplo: João e Maria devem R$ 10.000,00 a José. Neste caso:

- Se a questão silenciar sobre a solidariedade, como a obrigação é divisível, será aplicada a regra do art. 257, ou seja, José terá que cobrar R$ 5.000,00 de João e R$ 5.000,00 de Maria (pois a solidariedade não se presume);
- Se a questão disser que a obrigação é solidária, José poderá cobrar a dívida toda de qualquer um dos devedores solidários, ou seja, pode cobrar os R$ 10.000,00 de João ou os R$ 10.000,00 de Maria, à sua escolha.

* DISTINÇÕES RELEVANTES ENTRE SOLIDARIEDADE ATIVA E PASSIVA:

Solidariedade Ativa (arts. 267-274)	Solidariedade Passiva (arts. 275-285)
Pluralidade de Credores Solidários	Pluralidade de Devedores Solidários
Cada credor pode cobrar a prestação integral	Cada devedor pode ser cobrado pela dívida toda
Se um dos credores solidários falecer deixando herdeiros, cada um destes só terá direito a exigir e receber a quota do crédito que corresponder ao seu quinhão hereditário, salvo se a obrigação for indivisível.	Se um dos devedores solidários falecer deixando herdeiros, nenhum destes será obrigado a pagar senão a quota que corresponder ao seu quinhão hereditário, salvo se a obrigação for indivisível; mas todos reunidos serão considerados como um devedor solidário em relação aos demais devedores.
O credor que tiver remitido a dívida ou recebido o pagamento responderá aos outros pela parte que lhes caiba.	O devedor que satisfez a dívida por inteiro tem direito a exigir de cada um dos co-devedores a sua quota, dividindo-se igualmente por todos a do insolvente, se o houver, presumindo-se iguais, no débito, as partes de todos os co-devedores.
A um dos credores solidários não pode o devedor opor as exceções pessoais oponíveis aos outros.	O devedor demandado pode opor ao credor as exceções que lhe forem pessoais e as comuns a todos; não lhe aproveitando as exceções pessoais a outro co-devedor.

ATENÇÃO!

O CPC/15 deu nova redação do art. 284, do CC/02: *O julgamento contrário a um dos credores solidários não atinge os demais, mas o julgamento favorável aproveita-lhes, sem prejuízo de exceção pessoal que o devedor tenha direito de invocar em relação a qualquer deles.*

II – DISTINÇÕES RELEVANTES ENTRE OBRIGAÇÕES SOLIDÁRIAS E INDIVISÍVEIS:

SOLIDÁRIAS	INDIVISÍVEIS
Decorre da lei ou da vontade das partes. A obrigação pode ter objeto divisível, por exemplo, dinheiro.	Decorre do fato da obrigação ter objeto indivisível, por força da lei, da vontade das partes, ou de sua própria natureza (como um carro ou um cavalo).
Art. 271. Convertendo-se a prestação em perdas e danos, subsiste, para todos os efeitos, a solidariedade.	Art. 263. Perde a qualidade de indivisível a obrigação que se resolver em perdas e danos.

SOLIDÁRIAS	INDIVISÍVEIS
Art. 272. O credor que tiver remitido a dívida ou recebido o pagamento responderá aos outros pela parte que lhes caiba.	Art. 262. Se um dos credores remitir a dívida, a obrigação não ficará extinta para com os outros; mas estes só a poderão exigir, descontada a quota do credor remitente. Parágrafo único. O mesmo critério se observará no caso de transação, novação, compensação ou confusão.

8.3. Transmissão das obrigações

a) **Cessão de Crédito**: O credor (**cedente**) transmite seu crédito a um terceiro (**cessionário**). Exemplo: uma operadora de telefonia transfere o direito de cobrar dívidas de clientes para empresas de cobrança. Principais regras aplicáveis ao instituto:

Inexistência de impedimento:	O credor pode ceder o seu crédito, se a isso não se opuser a natureza da obrigação, a lei, ou a convenção com o devedor.
Princípio da Gravitação Jurídica:	Salvo disposição em contrário, na cessão de um crédito abrangem-se todos os seus acessórios.
Plano da Eficácia:	A forma é livre, mas, para ter eficácia para terceiros, deverá ser realizada por instrumento público ou instrumento particular revestido das solenidades do § 1º do art. 654. **Para ter eficácia em relação ao Devedor, o mesmo deverá ser notificado. (*obs.*:** é ***falsa a questão que tratar a falta de notificação do devedor como inexistência, nulidade ou anulabilidade da cessão. Ocorre apenas a ineficácia do negócio, em relação ao devedor, sendo, inclusive, eficaz em relação*** às ***partes – cedente e cessionário*)**.
Múltiplas cessões:	Prevalece a que se completar com a tradição do título do crédito cedido.
Exceção pessoal relativa ao cedente:	O devedor pode opor ao cessionário as exceções que lhe competirem, bem como as que, no momento em que veio a ter conhecimento da cessão, tinha contra o cedente.
Responsabilidade do cedente pela EXISTÊNCIA do crédito:	a) Cessão onerosa ou gratuita, porém de má fé: o cedente **responde** pela existência do crédito perante o cessionário; b) Cessão gratuita, porém de boa fé: o cedente **não responde** pela existência do crédito perante o cessionário.
Responsabilidade do cedente pela SOLVÊNCIA do devedor:	**a) Cessão PRO SOLUTO: o cedente não responde pela insolvência do devedor, assumindo o cessionário o risco da inadimplência –** é **a REGRA, no silêncio do negócio (art. 296);** **b) Cessão PRO SOLVENDO: o cedente responde pela insolvência do devedor, no caso de insolvência do devedor, com as observações do art. 297:** *O cedente, responsável ao cessionário pela solvência do devedor, não responde por mais do que daquele recebeu, com os respectivos juros; mas tem de ressarcir-lhe as despesas da cessão e as que o cessionário houver feito com a cobrança.*

b) **Assunção de Dívidas**: O **devedor originário** transmite a dívida para um terceiro (**assuntor**). Exemplo: João quer comprar uma casa de José, porém José está devendo três meses de condomínio, e João assume essa dívida, abatendo tal valor no preço. Principais regras:

Anuência:	Em regra, é necessária a anuência expressa do credor, e seu silêncio, se notificado para manifestação, é considerado recusa (art. 299). ***Exceção:*** *Art. 303. O adquirente de imóvel hipotecado pode tomar a seu cargo o pagamento do crédito garantido; se o credor, notificado, não impugnar em trinta dias a transferência do débito, entender-se-á dado o assentimento.*

Garantias:	Salvo assentimento expresso do devedor primitivo, consideram-se extintas, a partir da assunção da dívida, as garantias especiais por ele originariamente dadas ao credor.
Exceção pessoal:	O novo devedor não pode opor ao credor as exceções pessoais que competiam ao devedor primitivo.

8.4. Adimplemento das obrigações

a) **Teoria Geral do Pagamento**: Regras gerais sobre o adimplemento das obrigações:

Quem deve pagar?	Devedor ou Terceiro. Destaque-se: a) **Terceiro Interessado: o pagamento importa em sub-rogação;** b) **Terceiro Não Interessado: o pagamento não importa em sub-rogação;** c) **Para ambos: *O pagamento feito por terceiro, com desconhecimento ou oposição do devedor, não obriga a reembolsar aquele que pagou, se o devedor tinha meios para ilidir a ação.***
A quem se deve pagar?	Ao credor ou a quem de direito o represente, sob pena de só valer depois de por ele ratificado, ou tanto quanto reverter em seu proveito. Destaque-se: ***Art. 309. O pagamento feito de boa-fé ao credor putativo*** é ***válido, ainda provado depois que não era credor.*** ***Art. 310. Não vale o pagamento cientemente feito ao credor incapaz de quitar, se o devedor não provar que em benefício dele efetivamente reverteu.***
O que se deve pagar:	A prestação pactuada, já que ninguém é obrigado a receber coisa diversa, ainda que mais valiosa, nem parcelar a prestação, se assim não ajustou. O pagamento deverá ser feito em moeda corrente, posto que somente com autorização de lei é válido o pagamento em ouro ou moeda estrangeira. Destaque-se: ***Art. 316.*** É ***lícito convencionar o aumento progressivo de prestações sucessivas.*** ***Art. 317. Quando, por motivos imprevisíveis, sobrevier desproporção manifesta entre o valor da prestação devida e o do momento de sua execução, poderá o juiz corrigi-lo, a pedido da parte, de modo que assegure, quanto possível, o valor real da prestação.***
Qual a prova do pagamento?	É a QUITAÇÃO (leia-se RECIBO). Algumas presunções importantes: ***Art. 322. Quando o pagamento for em quotas periódicas, a quitação da*** última ***estabelece, até prova em contrário, a presunção de estarem solvidas as anteriores.*** ***Art. 323. Sendo a quitação do capital sem reserva dos juros, estes presumem-se pagos.*** ***Art. 324. A entrega do título ao devedor firma a presunção do pagamento.***
Onde se deve pagar?	**a) Obrigação PORTABLE ou PORTÁVEL: Domicílio do Credor;** **b) Obrigação QUERABLE ou QUESÍVEL: Domicílio do Devedor (regra);**
Quando se deve pagar?	**No silêncio do negócio, imediatamente (à vista). Se pactuado, até o vencimento, salvo nas hipótese de *antecipação do vencimento*, as quais, como se observa a seguir, demonstram o risco de inadimplência da obrigação:** *Art. 333. Ao credor assistirá o direito de cobrar a dívida antes de vencido o prazo estipulado no contrato ou marcado neste Código:* *I – no caso de falência do devedor, ou de concurso de credores;* *II – se os bens, hipotecados ou empenhados, forem penhorados em execução por outro credor;* *III – se cessarem, ou se se tornarem insuficientes, as garantias do débito, fidejussórias, ou reais, e o devedor, intimado, se negar a reforçá-las.* *Parágrafo único. Nos casos deste artigo, se houver, no débito, solidariedade passiva, não se reputará vencido quanto aos outros devedores solventes.*

ATENÇÃO!

Regras principiológicas do Direito Obrigacional Constitucional, merece destaque a análise da SUPRESSIO (perda da vantagem contratual pela inércia) x SURRECTIO (obtenção da vantagem contratual pela boa fé). Regra do art. 330: O pagamento reiteradamente feito em outro local faz presumir renúncia do credor relativamente ao previsto no contrato.

b) **Regras Especiais de Extinção** – resumo esquemático:

Consignação (arts. 334-345)	Diante da *mora do credor*, o devedor promove o depósito judicial (ação de consignação em pagamento) ou em estabelecimento bancário (extrajudicial) da coisa devida, nos casos e forma legais.
Sub-rogação (arts. 346-351)	Aquele que paga a dívida de terceiro se sub-roga nos mesmos direitos do credor original, nas hipóteses de pleno direito (legal – art. 246) ou quando assim pactuado (convencional – art. 247)
Imputação (arts. 352-355)	A pessoa obrigada por dois ou mais débitos da mesma natureza, a um só credor, tem o direito de indicar a qual deles oferece pagamento, se todos forem líquidos e vencidos. Instituto que, em regra, beneficia o Devedor, conforme arts. 354 e 355: *Art. 354. Havendo capital e juros, o pagamento imputar-se-á primeiro nos juros vencidos, e depois no capital, salvo estipulação em contrário, ou se o credor passar a quitação por conta do capital.* *Art. 355. Se o devedor não fizer a indicação do art. 352, e a quitação for omissa quanto à imputação, esta se fará nas dívidas líquidas e vencidas em primeiro lugar. Se as dívidas forem todas líquidas e vencidas ao mesmo tempo, a imputação far-se-á na mais onerosa.*
Dação (arts. 356-359)	O credor pode consentir em receber prestação diversa da que lhe é devida. Se ocorrer a perda da coisa por evicção, restitui-se a obrigação original.
Novação (arts. 360-367)	Art. 360. Dá-se a novação: ***(sempre que houver animus novandi, caso contrário não será extinta a obrigação anterior)*** I – quando o devedor contrai com o credor nova dívida para extinguir e substituir a anterior; II – quando novo devedor sucede ao antigo, ficando este quite com o credor; III – quando, em virtude de obrigação nova, outro credor é substituído ao antigo, ficando o devedor quite com este.
Compensação (arts. 368-380)	Se duas pessoas forem ao mesmo tempo credor e devedor uma da outra, as duas obrigações extinguem-se, até onde se compensarem. A compensação efetua-se entre dívidas líquidas, vencidas e de coisas fungíveis.
Confusão (arts. 381-384)	Extingue-se a obrigação, desde que na mesma pessoa se confundam as qualidades de credor e devedor. Ex.: Fusão entre duas pessoas jurídicas.
Remissão (arts. 385-388)	É o PERDÃO da dívida, e pode ser parcial ou total. Destaque-se: ***Art. 388. A remissão concedida a um dos co-devedores extingue a dívida na parte a ele correspondente; de modo que, ainda reservando o credor a solidariedade contra os outros, já lhes não pode cobrar o débito sem dedução da parte remitida.***

8.5. Inadimplemento das obrigações

a) **Inadimplemento Absoluto x Relativo**: É **absoluto** quando a prestação principal torna-se impossível (acidente com perda total do veículo antes da entrega) ou não interessa mais ao credor (obrigação de entregar o bolo da noiva, se este não chegar no dia do casamento). É relativo quando a obrigação principal ainda interessa ao credor e, teoricamente, é possível (aluguel atrasado).

b) **Espécies de Mora e suas consequências**: A mora é o inadimplemento relativo. Destaque-se:

Mora do Credor ou *Accipiens*:	*Art. 400. A mora do credor subtrai o devedor isento de dolo à responsabilidade pela conservação da coisa, obriga o credor a ressarcir as despesas empregadas em conservá-la, e sujeita-o a recebê-la pela estimação mais favorável ao devedor, se o seu valor oscilar entre o dia estabelecido para o pagamento e o da sua efetivação.*
Mora do Devedor, ou *Debendi*, ou *Solvens* ou *Debitoris*:	*Art. 395. Responde o devedor pelos prejuízos a que sua mora der causa, mais juros, atualização dos valores monetários segundo índices oficiais regularmente estabelecidos, e honorários de advogado.* *Parágrafo único. Se a prestação, devido à mora, se tornar inútil ao credor, este poderá enjeitá-la, e exigir a satisfação das perdas e danos.*
Mora *ex re*:	*Art. 397, caput: O inadimplemento da obrigação, positiva e líquida, no seu termo, constitui de pleno direito em mora o devedor.*
Mora *ex personae*:	*Art. 397, parágrafo único: Não havendo termo, a mora se constitui mediante interpelação judicial ou extrajudicial.* ***Obs.: Também pode ser considerado o termo incial para mora a citação, se o Credor não constitui o Devedor em mora de outra forma (art. 405)***
Mora decorrente de Ato Ilícito:	*Art. 398. Nas obrigações provenientes de ato ilícito, considera-se o devedor em mora, desde que o praticou.* ***Obs.: No mesmo sentido, a Súmula n. 54, do STJ (os juros moratórios fluem a partir do evento danoso, em caso de responsabilidade extracontratual.)***

c) **Cláusula Penal**: Também chamada de pena convencional, é a MULTA, que pode ser cobrada no caso de inadimplemento contratual, se houver previsão expressa no pacto. Pode ser reduzida quando for excessivamente onerosa ou for cumprida parte da obrigação (art. 413). Espécies:

MORATÓRIA	COMPENSATÓRIA
Art. 411. Quando se estipular a cláusula penal para o caso de mora, ou em segurança especial de outra cláusula determinada, terá o credor o arbítrio de exigir a satisfação da pena cominada, juntamente com o desempenho da obrigação principal.	*Art. 410. Quando se estipular a cláusula penal para o caso de total inadimplemento da obrigação, esta converter-se-á em alternativa a benefício do credor.*
Algumas leis limitam o seu valor: CDC (2%); art. 1.336, § 1º, do CC/02 (2%).	*Art. 412. O valor da cominação imposta na cláusula penal não pode exceder o da obrigação principal.*
Sem referência.	*Art. 416. Para exigir a pena convencional, não é necessário que o credor alegue prejuízo.* *Parágrafo único. Ainda que o prejuízo exceda ao previsto na cláusula penal, não pode o credor exigir indenização suplementar se assim não foi convencionado. Se o tiver sido, a pena vale como mínimo da indenização, competindo ao credor provar o prejuízo excedente.*

d) **Arras**: é o sinal, adiantamento em dinheiro ou outro bem móvel, realizado no momento da conclusão do negócio, como reforço do compromisso firmado ou parte do pagamento. Eis as espécies de arras e suas consequências para a hipótese de inadimplemento:

CONFIRMATÓRIAS (regra)	PENITENCIAIS (se houver estipulação)
Não há direito de arrependimento em relação ao cumprimento da obrigação principal. Ex. promessa de compra e venda *irretratável*.	**Há direito de arrependimento** em relação ao cumprimento da obrigação principal. Ex. promessa de compra e venda *retratável*.
a) Inadimplemento de quem pagou as arras: perde o que pagou; b) Inadimplemento de quem recebeu as arras: devolve o que recebeu + o equivalente (ou seja, restitui em dobro).	a) Inadimplemento de quem pagou as arras: perde o que pagou; b) Inadimplemento de quem recebeu as arras: devolve o que recebeu + o equivalente (ou seja, restitui em dobro).
Cabe danos suplementares, se as arras forem insuficientes para ressarcir os prejuízos.	**Não cabe danos suplementares**, se as arras forem insuficientes para ressarcir os prejuízos.

9. CONTRATOS (ITENS 13 E 14, DO EDITAL)

9.1. Disposições gerais

Regras principiológicas, que servirão de base para os contratos que podem cair na prova, de acordo com o Edital 001/2016:

> *Art. 421. A liberdade de contratar será exercida em razão e nos limites da função social do contrato.*
>
> *Art. 422. Os contratantes são obrigados a guardar, assim na conclusão do contrato, como em sua execução, os princípios de probidade e boa-fé.*
>
> *Art. 423. Quando houver no contrato de adesão cláusulas ambíguas ou contraditórias, dever-se-á adotar a interpretação mais favorável ao aderente.*
>
> *Art. 424. Nos contratos de adesão, são nulas as cláusulas que estipulem a renúncia antecipada do aderente a direito resultante da natureza do negócio.*
>
> *Art. 425. É lícito às partes estipular contratos atípicos, observadas as normas gerais fixadas neste Código.*
>
> *Art. 426. Não pode ser objeto de contrato a herança de pessoa viva.*

9.2. Contratos em espécie

a) **COMPRA E VENDA**: Contrato bilateral, oneroso, informal, impessoal e consensual. Principais regras:

Conceito e Existência:	Pelo contrato de compra e venda, um dos contratantes se obriga a transferir o domínio de certa coisa, e o outro, a pagar-lhe certo preço em dinheiro. A compra e venda, quando pura, considerar-se-á obrigatória e perfeita, desde que as partes acordarem no objeto e no preço.
Validade:	*Art. 485. A fixação do preço pode ser deixada ao arbítrio de terceiro, que os contratantes logo designarem ou prometerem designar. Se o terceiro não aceitar a incumbência, ficará sem efeito o contrato, salvo quando acordarem os contratantes designar outra pessoa.* *Art. 486. Também se poderá deixar a fixação do preço à taxa de mercado ou de bolsa, em certo e determinado dia e lugar.* *Art. 487. É lícito às partes fixar o preço em função de índices ou parâmetros, desde que suscetíveis de objetiva determinação.*

	Art. 489. Nulo** é **o contrato de compra e venda, quando se deixa ao arbítrio exclusivo de uma das partes a fixação do preço. ***Art. 496.** É **anulável a venda de ascendente a descendente, salvo se os outros descendentes e o cônjuge do alienante expressamente houverem consentido.*** *Parágrafo* único. ***Em ambos os casos, dispensa-se o consentimento do cônjuge se o regime de bens for o da separação obrigatória.*** (**obs.: considera-se de 02 anos o prazo DECADENCIAL para promover a ação anulatória nesta hipótese, de acordo com o art. 179, do CC/02**) *Art. 497. Sob pena de nulidade, não podem ser comprados, ainda que em hasta pública:* *I – pelos tutores, curadores, testamenteiros e administradores, os bens confiados à sua guarda ou administração;* *II – pelos servidores públicos, em geral, os bens ou direitos da pessoa jurídica a que servirem, ou que estejam sob sua administração direta ou indireta;* *III – pelos juízes, secretários de tribunais, arbitradores, peritos e outros serventuários ou auxiliares da justiça, os bens ou direitos sobre que se litigar em tribunal, juízo ou conselho, no lugar onde servirem, ou a que se estender a sua autoridade;* *IV – pelos leiloeiros e seus prepostos, os bens de cuja venda estejam encarregados.* *Parágrafo* único. *As proibições deste artigo estendem-se à cessão de crédito.* ***Art. 499.** É **lícita a compra e venda entre cônjuges, com relação a bens excluídos da comunhão.*** (**obs.: bens particulares**)
Plano da Eficácia:	***Art. 483. A compra e venda pode ter por objeto coisa atual ou futura.** Neste caso, ficará sem efeito o contrato se esta não vier a existir, salvo se a intenção das partes era de concluir contrato aleatório.* (**obs.: no contrato aleatório, o comprador pode assumir o risco da existência da coisa futura, nos termos do art. 458, do CC/02**). ***Art. 490. Salvo cláusula em contrário, ficarão as despesas de escritura e registro a cargo do comprador, e a cargo do vendedor as da tradição.*** **Ex.: João comprou o carro de José. João arcará com as despesas de registro e licenciamento no Detran, enquanto José arcará com os riscos e as despesas para entregar o carro a João.**
Cláusulas Especiais:	a) RETROVENDA: direito do vendedor de recomprar o bem, independentemente da vontade do comprador, no prazo DECADENCIAL máximo de 3 anos; b) VENDA A CONTENTO ou SUJEITA A PROVA: presumem-se feitas sob condição suspensiva, enquanto o comprador não manifestar seu agrado ou não realizar a prova do bem; c) PREEMPÇÃO / PREFERÊNCIA / PRELAÇÃO: obrigação do comprador, no caso de resolver vender o bem adquirido, de oferecer primeiro ao vendedor, com as mesmas condições que o faria para terceiros. **O prazo decadencial para exercer o direito de preferência não poderá exceder a cento e oitenta dias, se a coisa for móvel, ou a dois anos, se imóvel**; d) VENDA COM RESERVA DE DOMÍNIO: direito do vendedor de reservar para si a propriedade, até que o preço esteja integralmente pago; c) VENDA SOBRE DOCUMENTOS: a tradição da coisa é substituída pela entrega do seu título representativo e dos outros documentos exigidos pelo contrato ou, no silêncio deste, pelos usos.

b) **PRESTAÇÃO DE SERVIÇOS**: Contrato bilateral, oneroso, informal, personalíssimo e consensual. Principais regras:

Conceito e Existência:	Será considerada prestação de serviços toda a espécie de serviço ou trabalho lícito, material ou imaterial, que pode ser contratada mediante retribuição, desde que não estiver sujeita às leis trabalhistas ou a lei especial.

Prazos:	*Art. 598. A prestação de serviço **não se poderá convencionar por mais de quatro anos**, embora o contrato tenha por causa o pagamento de dívida de quem o presta, ou se destine à execução de certa e determinada obra. Neste caso, decorridos quatro anos, dar-se-á por findo o contrato, ainda que não concluída a obra.* *Art. 599. Não havendo prazo estipulado, nem se podendo inferir da natureza do contrato, ou do costume do lugar, qualquer das partes, a seu arbítrio, mediante **prévio aviso**, pode resolver o contrato.* ***Parágrafo** único. **Dar-se-á o aviso:*** ***I - com antecedência de oito dias, se o salário se houver fixado por tempo de um mês, ou mais;*** ***II - com antecipação de quatro dias, se o salário se tiver ajustado por semana, ou quinzena;*** ***III - de véspera, quando se tenha contratado por menos de sete** dias.* *Art. 600. Não se conta no prazo do contrato o tempo em que o prestador de serviço, por culpa sua, deixou de servir.*
Justa causa:	*Art. 602. O prestador de serviço contratado por tempo certo, ou por obra determinada, não se pode ausentar, ou despedir, sem justa causa, antes de preenchido o tempo, ou concluída a obra.* *Parágrafo único. Se se despedir sem justa causa, terá direito à retribuição vencida, mas responderá por perdas e danos. O mesmo dar-se-á, se despedido por justa causa.* *Art. 603. Se o prestador de serviço for despedido sem justa causa, a outra parte será obrigada a pagar-lhe por inteiro a retribuição vencida, e por metade a que lhe tocaria de então ao termo legal do contrato.*
Pessoalidade:	***Art. 605. Nem aquele a quem os serviços são prestados, poderá transferir a outrem o direito aos serviços ajustados, nem o prestador de serviços, sem aprazimento da outra parte, dar substituto que os preste.***
Aliciamento:	*Art. 608. Aquele que aliciar pessoas obrigadas em contrato escrito a prestar serviço a outrem pagará a este a importância que ao prestador de serviço, pelo ajuste desfeito, houvesse de caber durante dois anos.* **(obs.: a Responsabilidade** é **do aliciador, e não do prestador do serviço)**

c) **EMPREITADA**: Contrato bilateral, oneroso, informal, impessoal e consensual. Principais regras:

Conceito e Existência:	Contrato pelo qual o tomar contrata um empreiteiro para realizar uma obra, ficando este vinculado à sua realização.
Espécies:	a) **De lavor**: o empreiteiro contribui apenas com o seu trabalho. **Se o empreiteiro só forneceu mão-de-obra, todos os riscos em que não tiver culpa correrão por conta do dono.** É **a regra, no silêncio do negócio**; b) **De lavor e materiais**: além da mão-de-obra, o empreiteiro também é responsável pelos materiais de construção, se assim estipularem as partes. **Quando o empreiteiro fornece os materiais, correm por sua conta os riscos até o momento da entrega da obra, a contento de quem a encomendou, se este não estiver em mora de receber. Mas se estiver, por sua conta correrão os riscos.** ***Obs.: O contrato para elaboração de um projeto não implica a obrigação de executá-lo, ou de fiscalizar-lhe a execução.***
Responsabilidade:	*Art. 613. Sendo a empreitada unicamente de lavor (art. 610), se a coisa perecer antes de entregue, sem mora do dono nem culpa do empreiteiro, este perderá a retribuição, se não provar que a perda resultou de defeito dos materiais e que em tempo reclamara contra a sua quantidade ou qualidade.*

	Art. 614. Se a obra constar de partes distintas, ou for de natureza das que se determinam por medida, o empreiteiro terá direito a que também se verifique por medida, ou segundo as partes em que se dividir, podendo exigir o pagamento na proporção da obra executada. § 1º *Tudo o que se pagou presume-se verificado.* § 2º *O que se mediu presume-se verificado se, em trinta dias, a contar da medição, não forem denunciados os vícios ou defeitos pelo dono da obra ou por quem estiver incumbido da sua fiscalização.* *Art. 615. Concluída a obra de acordo com o ajuste, ou o costume do lugar, o dono é obrigado a recebê-la. Poderá, porém, rejeitá-la, se o empreiteiro se afastou das instruções recebidas e dos planos dados, ou das regras técnicas em trabalhos de tal natureza.* *Art. 616. No caso da segunda parte do artigo antecedente, pode quem encomendou a obra, em vez de enjeitá-la, recebê-la com abatimento no preço.* *Art. 617. O empreiteiro é obrigado a pagar os materiais que recebeu, se por imperícia ou negligência os inutilizar.* *Art. 618. Nos contratos de empreitada de edifícios ou outras construções consideráveis, o empreiteiro de materiais e execução responderá, durante o prazo irredutível de cinco anos, pela solidez e segurança do trabalho, assim em razão dos materiais, como do solo.* ***Parágrafo*** único. ***Decairá do direito assegurado neste artigo o dono da obra que não propuser a ação contra o empreiteiro, nos cento e oitenta dias seguintes ao aparecimento do vício ou defeito.***
Variação de preço:	*Art. 619. Salvo estipulação em contrário, o empreiteiro que se incumbir de executar uma obra, segundo plano aceito por quem a encomendou, não terá direito a exigir acréscimo no preço, ainda que sejam introduzidas modificações no projeto, a não ser que estas resultem de instruções escritas do dono da obra.* *Parágrafo* único. *Ainda que não tenha havido autorização escrita, o dono da obra é obrigado a pagar ao empreiteiro os aumentos e acréscimos, segundo o que for arbitrado, se, sempre presente à obra, por continuadas visitas, não podia ignorar o que se estava passando, e nunca protestou.* *Art. 620. Se ocorrer diminuição no preço do material ou da mão-de-obra* ***superior a um décimo do preço global convencionado****, poderá este ser revisto, a pedido do dono da obra, para que se lhe assegure a diferença apurada.* **(variação maior que 10%)**

d) **MANDATO**: Contrato bilateral, bifronte (pode ser gratuito ou oneroso, a depender do interesse das partes), informal, personalíssimo e consensual. Principais regras:

Conceito e Existência:	Opera-se o mandato quando alguém recebe de outrem poderes para, em seu nome, praticar atos ou administrar interesses.
Forma:	Informal, pois pode ser expresso ou tácito, verbal ou escrito. Se for escrito, seu instrumento é a Procuração. Destaque-se: *Art. 654. Todas as pessoas capazes são aptas para dar procuração mediante instrumento particular, que valerá desde que tenha a assinatura do outorgante.* § 1º *O instrumento particular deve conter a indicação do lugar onde foi passado, a qualificação do outorgante e do outorgado, a data e o objetivo da outorga com a designação e a extensão dos poderes conferidos.* § 2º ***O terceiro com quem o mandatário tratar poderá exigir que a procuração traga a firma reconhecida.*** ***Art. 655. Ainda quando se outorgue mandato por instrumento público, pode substabelecer-se mediante instrumento particul***ar.

Poderes:	*Art. 661. O mandato em termos gerais só confere poderes de administração.* *§ 1º **Para alienar, hipotecar, transigir, ou praticar outros quaisquer atos que exorbitem da administração ordinária, depende a procuração de poderes especiais e expressos.*** *§ 2º **O poder de transigir não importa o de firmar compromisso.*** ***Art. 662. Os atos praticados por quem não tenha mandato, ou o tenha sem poderes suficientes, são ineficazes em relação** àquele **em cujo nome foram praticados, salvo se este os ratificar.*** ***Parágrafo** único. **A ratificação há de ser expressa, ou resultar de ato inequívoco, e retroagirá** à **data do ato**.*
Extinção:	*Art. 682. Cessa o mandato:* *I – pela revogação ou pela renúncia;* *II – pela morte ou interdição de uma das partes;* *III – pela mudança de estado que inabilite o mandante a conferir os poderes, ou o mandatário para os exercer;* *IV – pelo término do prazo ou pela conclusão do negóc**io.*** ***Art. 689. São válidos, a respeito dos contratantes de boa-fé, os atos com estes ajustados em nome do mandante pelo mandatário, enquanto este ignorar a morte daquele ou a extinção do mandato, por qualquer outra ca**usa.*

e) **TRANSAÇÃO**: Negócio Jurídico de natureza contratual, judicial ou extrajudicial, para fins de prevenir ou solucionar litígio, mediante concessões mútuas (art. 840, do CC/02). Principais regras:

Objeto:	*Art. 841. Só quanto a direitos patrimoniais de caráter privado se permite a transação.*
Forma:	*Art. 842. A transação far-se-á por escritura pública, nas obrigações em que a lei o exige, ou por instrumento particular, nas em que ela o admite; se recair sobre direitos contestados em juízo, será feita por escritura pública, ou por termo nos autos, assinado pelos transigentes e homologado pelo juiz.*
Interpretação e Eficácia:	*Art. 843. A transação **interpreta-se restritivamente**, e por ela **não se transmitem, apenas se declaram ou reconhecem direitos**.* *Art. 844. A transação não aproveita, nem prejudica senão aos que nela intervierem, ainda que diga respeito a coisa indivisível.* **(limites subjetivos)** *§ 1º **Se for concluída entre o credor e o devedor, desobrigará o fiador.*** *§ 2º **Se entre um dos credores solidários e o devedor, extingue a obrigação deste para com os outros credores.*** *§ 3º **Se entre um dos devedores solidários e seu credor, extingue a dívida em relação aos co-devedo**res.*
Validade:	***Art. 848. Sendo nula qualquer das cláusulas da transação, nula será esta**.* *Parágrafo único. Quando a transação versar sobre diversos direitos contestados, independentes entre si, o fato de não prevalecer em relação a um não prejudicará os demais.* ***Art. 849. A transação só se anula por dolo, coação, ou erro essencial quanto** à **pessoa ou coisa controversa**.* *Parágrafo único. A transação não se anula por erro de direito a respeito das questões que foram objeto de controvérsia entre as partes.* *Art. 850. É nula a transação a respeito do litígio decidido por sentença passada em julgado, se dela não tinha ciência algum dos transatores, ou quando, por título ulteriormente descoberto, se verificar que nenhum deles tinha direito sobre o objeto da transação.*

10 RESPONSABILIDADE CIVIL (ITEM 15, DO EDITAL)

10.1. Disposições gerais

Regras fundamentais para o Estudo da Responsabilidade Civil, com os seus elementos, sem olvidar as principais distinções para compreensão do tema:

Conceito de ATO ILÍCITO:	Art. 186. Aquele que, por ação ou omissão voluntária, negligência ou imprudência, violar direito e causar dano a outrem, ainda que exclusivamente moral, comete ato ilícito. ***Obs.: Este conceito abrange, genericamente, todos os elementos da responsabilidade civil, que, em regra*****, é** ***subjetiva:*** ***a) Conduta Ilícita: ação ou omissão que viola o direito;*** ***b) Culpa: dolo, negligência, imprudência ou imperícia;*** ***c) Nexo de causalidade: a conduta causa o dano;*** ***d) Dano: patrimonial (dano emergente + lucros cessantes) ou extrapatrimonial (moral + estético).***
Conceito de ABUSO DE DIREITO:	Art. 187. Também comete ato ilícito o titular de um direito que, ao exercê-lo, excede manifestamente os limites impostos pelo seu fim econômico ou social, pela boa-fé ou pelos bons costumes. ***Obs.: trata-se de conceito objetivo, pois* é *configurado o abuso de direito pela transgressão dos limites ali indicados, independentemente de culpa, ou seja, da intenção de prejudicar.***
Dever de REPARAÇÃO:	Art. 927. Aquele que, por ato ilícito (arts. 186 e 187), causar dano a outrem, fica obrigado a repará-lo.
Objetiva x Subjetiva:	A subjetiva é a regra, dependente da comprovação de culpa, salvo quando a lei impõe a responsabilidade objetiva, ou quando a pessoa exerce "atividade de risco" (art. 927, parágrafo único, do CC/02). ***Obs.: mesmo na responsabilidade objetiva, as excludentes de responsabilidade exoneram o agente do dever de indenizar, como se verá a seguir.***
Contratual x Aquiliana:	a) Contratual: quando as partes possuem uma relação contratual prévia, e os danos decorrem do inadimplemento de suas cláusulas (**Ex.: o plano de saúde recusa indevidamente a cobertura cirurgia urgente do segurado; erro médico; perda de prazo por advogado, etc.**); b) Aquiliana: quando as partes não possuem relação contratual anterior ao evento danoso (**Ex.: acidente de trânsito entre dois veículos; atropelamento; negativação indevida quando a pessoa inscrita sequer tinha contrato contra a empresa responsável pela informação da dívida, etc.**).
Restitutio in integrum	A indenização deve ser no valor exato do prejuízo experimentado. ***Obs.: Exceções (redução do valor ou juízo de equidade). Ex.:*** ***a) Grau de culpa (art. 944, parágrafo*** único); ***b) Culpa concorrente (art. 945);*** ***c) Responsabilidade civil do incapaz (art. 928);*** ***d) Indenização por danos morais.***

10.2. Causas excludentes de responsabilidade civil

Situações em que a pessoa sofre um dano, mas o agente não deverá repará-lo, pois existem causas que excluem a responsabilidade civil, senão vejamos:

• **Excludentes de Ilicitude**: Estado de Necessidade, Legítima Defesa e Exercício Regular de Direito: ***Art. 188. Não constituem atos ilícitos:*** ***I – os praticados em legítima defesa ou no exercício regular de um direito reconhecido;*** ***II – a deterioração ou destruição da coisa alheia, ou a lesão a pessoa, a fim de remover perigo iminente.*** *Parágrafo único. No caso do inciso II, o ato será legítimo somente quando as circunstâncias o tornarem absolutamente necessário, não excedendo os limites do indispensável para a remoção do perigo.*	***Obs.: Nas hipóteses de excludentes de ilicitude, devem ser observadas as regras abaixo:*** *Art. 929. Se a pessoa lesada, ou o dono da coisa, no caso do inciso II do art. 188, não forem culpados do perigo, assistir-lhes-á direito à indenização do prejuízo que sofreram.* *Art. 930. No caso do inciso II do art. 188, se o perigo ocorrer por culpa de terceiro, contra este terá o autor do dano ação regressiva para haver a importância que tiver ressarcido ao lesado.* *Parágrafo único. A mesma ação competirá contra aquele em defesa de quem se causou o dano (art. 188, inciso I).*
• **Excludentes de causalidade**: Caso Fortuito, Força Maior, Culpa Exclusiva da Vítima e Fato de Terceiro: *Art. 393. O devedor não responde pelos prejuízos resultantes de caso fortuito ou força maior, se expressamente não se houver por eles responsabilizado.*	***Obs.: Caso fortuito e força maior deixam de excluir a responsabilidade não só na hipótese de previsão expressa em contrário, mas também na situação de mora:*** *Art. 399. O devedor em mora responde pela impossibilidade da prestação, embora essa impossibilidade resulte de caso fortuito ou de força maior, se estes ocorrerem durante o atraso; salvo se provar isenção de culpa, ou que o dano sobreviria ainda quando a obrigação fosse oportunamente desempenhada.*

10.3. Hipóteses especiais de responsabilidade civil

Regras essenciais, que se repetem com frequência nas provas de direito civil para o cargo de Analista de TRT:

Responsabilidade civil do INCAPAZ:	*Art. 928. O incapaz responde pelos prejuízos que causar, se as pessoas por ele responsáveis não tiverem obrigação de fazê-lo ou não dispuserem de meios suficientes.* *Parágrafo único. A indenização prevista neste artigo, que deverá ser equitativa, não terá lugar se privar do necessário o incapaz ou as pessoas que dele dependem.* ***Obs.:*** é ***correta a questão que afirmar que a responsabilidade do incapaz*** é ***SUBSIDIÁRIA e EQUITATIVA.***
Responsabilidade civil INDIRETA ou por FATO DE OUTREM:	*Art. 932. São também responsáveis pela reparação civil:* *I – os pais, pelos filhos menores que estiverem sob sua autoridade e em sua companhia;* *II – o tutor e o curador, pelos pupilos e curatelados, que se acharem nas mesmas condições;* *III – o empregador ou comitente, por seus empregados, serviçais e prepostos, no exercício do trabalho que lhes competir, ou em razão dele;* *IV – os donos de hotéis, hospedarias, casas ou estabelecimentos onde se albergue por dinheiro, mesmo para fins de educação, pelos seus hóspedes, moradores e educandos;* *V – os que gratuitamente houverem participado nos produtos do crime, até a concorrente quantia.* *Art. 933. As pessoas indicadas nos incisos I a V do artigo antecedente, ainda que não haja culpa de sua parte, responderão pelos atos praticados pelos terceiros ali referidos.* ***Obs.:*** é ***correta a questão que afirmar que a responsabilidade civil dos pais, tutores, curadores, empregadores, donos de hotéis e escolas, e daqueles que receberam gratuitamente produto de crime, nestas hipóteses,*** é ***OBJETIVA, ou seja, independe da intenção de prejudicar o terceiro atingido.***

	Art. 934. Aquele que ressarcir o dano causado por outrem pode reaver o que houver pago daquele por quem pagou, salvo se o causador do dano for descendente seu, absoluta ou relativamente incapaz. ***Obs.:** é **correta a questão que afirmar que os pais e os avós NÃO têm direito de regresso contra filhos e netos, respectivamente, se forem relativa ou absolutamente incapazes.***
Responsabilidade civil pelo FATO DA COISA:	*Art. 931. Ressalvados outros casos previstos em lei especial, os empresários individuais e as empresas respondem independentemente de culpa pelos danos causados pelos produtos postos em circulação.* *Art. 936. O dono, ou detentor, do animal ressarcirá o dano por este causado, se não provar culpa da vítima ou força maior.* *Art. 937. O dono de edifício ou construção responde pelos danos que resultarem de sua ruína, se esta provier de falta de reparos, cuja necessidade fosse manifesta.* *Art. 938. Aquele que habitar prédio, ou parte dele, responde pelo dano proveniente das coisas que dele caírem ou forem lançadas em lugar indevido.* ***Obs.: a doutrina depreende que todas estas hipóteses tratam de responsabilidade OBJETIVA.***
Responsabilidade civil por COBRANÇA DE DÍVIDAS:	*Art. 939. O credor que demandar o devedor antes de vencida a dívida, fora dos casos em que a lei o permita, ficará obrigado a esperar o tempo que faltava para o vencimento, a descontar os juros correspondentes, embora estipulados, e a pagar as custas em dobro.* *Art. 940. Aquele que demandar por dívida já paga, no todo ou em parte, sem ressalvar as quantias recebidas ou pedir mais do que for devido, ficará obrigado a pagar ao devedor, no primeiro caso, o dobro do que houver cobrado e, no segundo, o equivalente do que dele exigir, salvo se houver prescrição.* *Art. 941. As penas previstas nos arts. 939 e 940 não se aplicarão quando o autor desistir da ação antes de contestada a lide, salvo ao réu o direito de haver indenização por algum prejuízo que prove ter sofrido.*
Responsabilidade Civil x Responsabilidade Criminal:	***Art. 935. A responsabilidade civil** é **independente da criminal, não se podendo questionar mais sobre a existência do fato, ou sobre quem seja o seu autor, quando estas questões se acharem decididas no juízo criminal.***

11. DIREITOS REAIS DE GARANTIA: PENHOR, HIPOTECA E ANTICRESE (ITEM 16, DO EDITAL)

a) **Disposições Gerais**: regras gerais e principiológicas que valem para os três direitos reais de garantia em comento:

Sequela (vinculação):	***Art. 1.419. Nas dívidas garantidas por penhor, anticrese ou hipoteca, o bem dado em garantia fica sujeito, por vínculo real, ao cumprimento da obrigação.*** ***Obs.: Se, por exemplo, o devedor vender um imóvel hipotecado, o comprador poderá ser executado pelo credor, pois a garantia real acompanha o bem, e o vincula, enquanto não houver o pagamento ou outra causa de extinção da garantia.***
Indivisibilidade:	***Art. 1.421. O pagamento de uma ou mais prestações da dívida não importa exoneração correspondente da garantia, ainda que esta compreenda vários bens, salvo disposição expressa no título ou na quitação.***
Alienabilidade:	***Recaem sobre bens móveis, imóveis ou direitos que sejam alienáveis.***
Preferência:	***Art. 1.422. O credor hipotecário e o pignoratício têm o direito de excutir a coisa hipotecada ou empenhada, e preferir, no pagamento, a outros credores, observada, quanto** à **hipoteca, a prioridade no registro.*** *Parágrafo único. Excetuam-se da regra estabelecida neste artigo as dívidas que, em virtude de outras leis, devam ser pagas precipuamente a quaisquer outros créditos.*

Vedação ao PACTO COMISSÓRIO:	***Art. 1.428.** É nula a cláusula que autoriza o credor pignoratício, anticrético ou hipotecário a ficar com o objeto da garantia, se a dívida não for paga no vencimento.* ***Parágrafo único.** Após o vencimento, poderá o devedor dar a coisa em pagamento da dívida.* ***Obs.**: o credor pode executar a dívida, e, consequentemente, penhorar e expropriar, judicialmente, o bem dado em garantia, mas é vedado o pacto comissório, ou seja, a simples inadimplência transferir a propriedade do bem onerado ao credor.*
Antecipação do vencimento:	***Art. 1.425.** A dívida considera-se vencida:* ***I – se, deteriorando-se, ou depreciando-se o bem dado em segurança, desfalcar a garantia, e o devedor, intimado, não a reforçar ou substituir;*** ***II – se o devedor cair em insolvência ou falir;*** ***III – se as prestações não forem pontualmente pagas, toda vez que deste modo se achar estipulado o pagamento. Neste caso, o recebimento posterior da prestação atrasada importa renúncia do credor ao seu direito de execução imediata;*** ***IV – se perecer o bem dado em garantia, e não for substituído;*** ***V – se se desapropriar o bem dado em garantia, hipótese na qual se depositará a parte do preço que for necessária para o pagamento integral do credor.*** *§ 1º Nos casos de perecimento da coisa dada em garantia, esta se sub-rogará na indenização do seguro, ou no ressarcimento do dano, em benefício do credor, a quem assistirá sobre ela preferência até seu completo reembolso.* *§ 2º Nos casos dos incisos IV e V, só se vencerá a hipoteca antes do prazo estipulado, se o perecimento, ou a desapropriação recair sobre o bem dado em garantia, e esta não abranger outras; subsistindo, no caso contrário, a dívida reduzida, com a respectiva garantia sobre os demais bens, não desapropriados ou destruídos.* *Art. 1.426. Nas hipóteses do artigo anterior, de vencimento antecipado da dívida, não se compreendem os juros correspondentes ao tempo ainda não decorrido.*

b) Penhor: Hipótese em que o devedor oferece um bem móvel, que fica onerado por garantia real. Ex.: empenhar joias na Caixa Econômica para garantir mútuo. Principais regras:

Objeto:	Coisas móveis.
Posse da coisa:	***Em regra, transfere-se a posse da coisa emprenhada para o credor.*** ***Exceções: No penhor rural, industrial, mercantil e de veículos, as coisas empenhadas continuam em poder do devedor, que as deve guardar e conservar.***
Formalização:	**a) Cartório de Títulos e Documentos: Penhor Comum; Penhor de Direitos e Títulos de Créditos; Penhor de Veículos.** **b) Cartório de Registro de Imóveis da circunscrição em que estiverem situadas as coisas empenhadas: Penhor Rural e Penhora Mercantil.**
Extinção:	*Art. 1.436. Extingue-se o penhor:* *I – extinguindo-se a obrigação;* *II – perecendo a coisa;* *III – renunciando o credor;* *IV – confundindo-se na mesma pessoa as qualidades de credor e de dono da coisa;* *V – dando-se a adjudicação judicial, a remissão ou a venda da coisa empenhada, feita pelo credor ou por ele autorizada.* *§ 1º Presume-se a renúncia do credor quando consentir na venda particular do penhor sem reserva de preço, quando restituir a sua posse ao devedor, ou quando anuir à sua substituição por outra garantia.*

	§ 2º *Operando-se a confusão tão-somente quanto a parte da dívida pignoratícia, subsistirá inteiro o penhor quanto ao resto.* *Art. 1.437. Produz efeitos a extinção do penhor depois de averbado o cancelamento do registro, à vista da respectiva* prova.

c) Hipoteca: Neste caso, o devedor oferece um bem imóvel, em regra, que fica onerado por garantia real. Ex.: hipotecar fazenda a um Banco para garantir financiamento rural. Principais regras:

Objeto:	*Art. 1.473. Podem ser objeto de hipoteca:* ***I - os imóveis e os acessórios dos imóveis conjuntamente com eles;*** ***II - o domínio direto;*** ***III - o domínio*** útil; ***IV - as estradas de ferro;*** ***V - os recursos naturais a que se refere o art. 1.230, independentemente do solo onde se acham;*** ***VI - os navios;*** ***VII - as aeronaves.*** ***VIII - o direito de uso especial para fins de moradia;*** ***IX - o direito real de uso;*** ***X - a propriedade superficiária.*** § *1º A hipoteca dos navios e das aeronaves reger-se-á pelo disposto em lei especial.* § *2º Os direitos de garantia instituídos nas hipóteses dos incisos IX e X do* ***caput*** *deste artigo ficam limitados à duração da concessão ou direito de superfície, caso tenham sido transferidos por período determinado.* *Art. 1.474. A hipoteca abrange todas as acessões, melhoramentos ou construções do imóvel. Subsistem os* ônus *reais constituídos e registrados, anteriormente à hipoteca, sobre* o mesmo imóvel.
Posse da coisa:	Continua com o proprietário devedor.
Formalização:	***Art. 1.492. As hipotecas serão registradas no cartório do lugar do imóvel, ou no de cada um deles, se o título se referir a mais de um.*** *Parágrafo* único. *Compete aos interessados, exibido o título, requerer o registro da hipoteca.*
Extinção	***Art. 1.499. A hipoteca extingue-se:*** ***I - pela extinção da obrigação principal;*** ***II - pelo perecimento da coisa;*** ***III - pela resolução da propriedade;*** ***IV - pela renúncia do credor;*** ***V - pela remição;*** ***VI - pela arrematação ou adjudicação.*** *Art. 1.500. Extingue-se ainda a hipoteca com a averbação, no Registro de Imóveis, do cancelamento do registro, à vista da respectiva prova.* *Art. 1.501. Não extinguirá a hipoteca, devidamente registrada, a arrematação ou adjudicação, sem que tenham sido notificados judicialmente os respectivos credores hipotecários, que não forem de qualquer modo partes na execução.*

d) Anticrese: Aqui, o devedor oferece um bem imóvel que fica onerado por garantia real, transferindo-se a posse e administração para o credor, a fim de que este obtenha, dos frutos colhidos da exploração do imóvel, valores suficientes para pagar a dívida. Principais regras:

Objeto:	Bens Imóveis.
Posse da coisa:	**Transfere-se ao Credor:** ***Art. 1.506. Pode o devedor ou outrem por ele, com a entrega do imóvel ao credor, ceder-lhe o direito de perceber, em compensação da dívida, os frutos e rendimentos.*** § 1º *É permitido estipular que os frutos e rendimentos do imóvel sejam percebidos pelo credor à conta de juros, mas se o seu valor ultrapassar a taxa máxima permitida em lei para as operações financeiras, o remanescente será imputado ao capital.*
Formalização:	**Cartório do lugar do imóvel.**
Extinção:	**Pagamento da dívida. Aplicam-se, por analogia, as regras de extinção da hipoteca.**

DIREITO PROCESSUAL CIVIL

Luciano Alves Rossato

Direito Processual Civil

OBSERVAÇÃO IMPORTANTE: a matéria constante do edital em Direito Processual Civil coincide para os dois cargos.

EDITAL SISTEMATIZADO – (segue a ordem do edital)

Novo Código de Processo Civil – Lei Federal nº 13.105/2015 e alterações e legislações especiais. Princípios gerais do processo civil. Fontes. Lei processual civil. Eficácia. Aplicação. Interpretação. Direito Processual Intertemporal. Critérios. Jurisdição. Conceito. Característica. Natureza jurídica. Princípios. Limites. Competência. Critérios determinadores. Competência originária dos Tribunais Superiores. Competência absoluta e relativa. Modificações. Meios de declaração de incompetência. Conflitos de competência e de atribuições. Direito de ação. Elementos. Condições. Classificação e critérios identificadores. Concurso e cumulação de ações. Conexão e continência. Processo: Noções gerais. Relação Jurídica Processual. Pressupostos Processuais. Processo e procedimento. Espécies de processos e de procedimentos. Objeto do processo. Mérito. Questão principal, questões preliminares e prejudiciais. Sujeitos Processuais. Juiz. Mediadores e Conciliadores. Princípios. Poderes. Deveres. Responsabilidades. Impedimentos e Suspeição. Organização judiciária federal e estadual. Sujeitos Processuais. Partes e Procuradores. Capacidade e Legitimação. Representação e Substituição Processual. Litisconsórcio. Da Intervenção de Terceiros. Da Assistência. Da Denunciação da Lide. Do Chamamento ao Processo. Do incidente de desconsideração da personalidade jurídica. Do Amicus Curiae. Advogado. Ministério Público. Auxiliares da Justiça. A Advocacia Pública. Prerrogativas da Fazenda Pública em juízo. Fatos e atos processuais. Forma. Tempo. Lugar. Prazos. Comunicações. Nulidades. Procedimento comum. Aspectos Gerais. Fases. Petição inicial. Requisitos. Indeferimento da petição inicial e improcedência liminar do pedido. Resposta do réu. Impulso processual. Prazos e preclusão. Prescrição. Inércia processual: contumácia e revelia. Formação, suspensão e extinção do processo. Contestação. Reconvenção. Das Providências preliminares e do Saneamento. Julgamento conforme o estado do processo. Provas. Audiências. Conciliação e Mediação. Instrução e julgamento. Distribuição do ônus da prova. Fatos que independem de prova. Depoimento pessoal. Confissão. Prova documental. Exibição de documentos ou coisas. Prova testemunhal. Prova pericial. Inspeção judicial. Exame e valoração da prova. Produção Antecipada de Provas. Da Tutela Provisória: Tutelas de Urgência e de Evidência. Fungibilidade. Princípios Gerais. Protesto, notificação e interpelação. Arresto. Sequestro. Caução. Busca e Apreensão. Exibição. Justificação. Sentença. Conceito. Classificações. Requisitos. Efeitos. Publicação, intimação, correção e integração da sentença. Do cumprimento da Sentença. Coisa julgada. Conceito. Espécies. Limites. Remessa Necessária. Meios de impugnação à sentença. Ação rescisória. Recursos. Disposições Gerais. Apelação. Agravos. Embargos de Declaração. Embargos de Divergência. Recurso Ordinário. Recurso Especial. Recurso Extraordinário. Recursos nos Tribunais Superiores. Reclamação e correição. Repercussão geral. Súmula vinculante. Recursos repetitivos. Liquidação de Sentença. Espécies. Procedimento. Cumprimento da sentença. Procedimento. Impugnação. Processo de Execução. Princípios gerais. Espécies. Execução contra a Fazenda Pública. Regime de Precatórios. Requisições de Pequeno Valor. Execução de obrigação de fazer e de não fazer. Execução por quantia certa. Embargos de Terceiros. Exceção de pré-executividade. Remição. Suspensão e extinção do processo de execução. Procedimentos Especiais. Generalidades. Características. Espécies. Ação de Consignação em Pagamento. Ação Monitória. Ação de Exigir Contas. Ações Possessórias. Restauração de autos. Ação Popular. Ação Civil Pública. Aspectos processuais. Mandado de Segurança. Mandado de Injunção. Mandado de Segurança Coletivo. Habeas Data. O Processo Civil nos sistemas de controle da constitucionalidade. Ação Direta de Inconstitucionalidade. Ação Declaratória de Constitucionalidade. Medida Cautelar. Declaração incidental de inconstitucionalidade. Ações Civis Constitucionais. Arguição de Descumprimento de Preceito Fundamental. Ação de Improbidade Administrativa. Jurisprudência dominante dos Tribunais Superiores em matéria de Processo Civil aplicáveis ao novo código de Processual Civil e demais procedimentos previstos em legislação processual específica.

1. NOVO CÓDIGO DE PROCESSO CIVIL - LEI FEDERAL N. 13.105/2015 E ALTERAÇÕES E LEGISLAÇÕES ESPECIAIS

Todo o estudo que se seguirá é voltado exclusivamente para a preparação do concurso promovido pelo Tribunal Regional do Trabalho - 24ª. edição - cargos de analista judiciário, área judiciária e área judiciária com especialidade oficial de justiça avaliador federal e observará, como não poderia deixar de ser, **o Novo Código de Processo Civil (Lei 13.105/2015), suas alterações e a legislação especial (como a Lei do Mandado de Segurança, por exemplo**), de forma sistematizada e em conformidade com ensinamentos doutrinários e posições jurisprudenciais dominantes.

2. PRINCÍPIOS GERAIS DO PROCESSO CIVIL

2.1. As Normas Fundamentais do Processo Civil

Sem qualquer dúvida, o ponto de partida para o estudo do Direito Processual Civil brasileiro consiste na análise das "Normas Fundamentais do Processo Civil", até porque "a percepção do uso cada vez mais recorrente de princípios como fundamento da aplicação do direito foi um dos pilares da elaboração do Novo CPC".[1]

A utilização dos princípios no Direito brasileiro é uma realidade desde a Constituição Federal de 1988 e que compreendeu todos os ramos da ciência jurídica, em especial, o processual.

O Novo Código de Processo Civil, instituído pela Lei n. 13.105, de 16.03.2015, determina que **o processo civil** será **ordenado, disciplinado e interpretado** conforme os valores e as normas fundamentais estabelecidos na Constituição Federal, observando-se o quanto é constante do próprio Código. A propósito, já se registrou que o Novo CPC há de ser interpretado como "um conjunto de normas orgânico e coerente", aplicando-se o "postulado interpretativo da unidade do código", tal como a lição de Eros Grau para as normas constitucionais.[2]

2.2. Princípios Expressos na Constituição Federal

2.2.1. Princípio do devido processo legal

Os princípios fundamentais decorrem de um núcleo comum, que é o princípio do devido processo legal.

1 THEODORO JÚNIOR, Humberto. NUNES, Dierle. BAHIA, Alexandre Melo Franco. PEDRON, Flávio Quinaud. Novo CPC – Fundamentos e Sistematização. Rio de Janeiro: GEN-Forense, 2015, p. 35.

2 Registro feito por Fredie Didier Júnior, que estendeu os estudos sobre a interpretação constitucional ao direito processual civil. DIDIER JR, Fredie. Curso de Direito Processual Civil. Salvador: Juspodivm, 17a. ed. 2015, p. 151-152. Os autores desta obra, a propósito, rendem as suas homenagens e o parabenizam por todo o esforço empreendido durante o trâmite legislative do Novo Código de Processo Civil e pela organização dos Fóruns Permanentes de Processualistas Civis.

Encontra-se previsto no art. 5º, LIV, da Constituição Federal e, genericamente, é caracterizado pelo trinômio vida-liberdade-propriedade.

O devido processo legal se caracteriza de duas formas: **material** (devido processo legal em sentido material) e **processual** (devido processo legal em sentido processual). No primeiro sentido, busca-se evitar o arbítrio do legislador e a discricionariedade do Poder Público, exigindo-se a edição de normas que observem a razoabilidade e a proporcionalidade. Em sentido processual, concretiza-se com a possibilidade efetiva de acesso à justiça, apresentando pretensão e defendendo-se da forma mais ampla possível.

2.2.2. Princípio da isonomia

O princípio da isonomia importará na necessidade de que os litigantes recebam o mesmo tratamento no processo.

2.2.3. Princípio do juiz natural

O princípio do juiz natural é tridimensional, pois significa que: a) não haverá juízo ou tribunal *ad hoc*; b) todos têm o direito de submeter-se ao juiz competente; c) que o juiz competente deve ser imparcial.

Para preservar essa imparcialidade do juiz, a Constituição Federal concede garantias (incisos I, II, e III, do art. 95), prevê vedações (parágrafo único do art. 95) e proíbe juízo ou tribunais de exceção (inciso XXXVII, do art. 5º – órgão julgadores criados posteriormente ao caso *sob judice*).

Ada Pellegrini Grinover, da mesma maneira, defende o triplo desdobramento do princípio, em três conceitos: "só são órgãos jurisdicionais os instituídos pela Constituição; ninguém pode ser julgado por órgão constituído após a ocorrência do fato; entre os juízes pré-constituídos vigora uma ordem taxativa de competências, que exclui qualquer alternativa deferida à discricionariedade de quem quer que seja".[3]

2.2.4. Princípio da inafastabilidade do controle jurisdicional

Não é possível que o legislador ou qualquer indivíduo impeça o jurisdicionado de ir ao juízo apresentando a sua pretensão. Por esse motivo, assegura-se o direito de ação, que se revela como um direito subjetivo à sentença, desde que observadas as condições da ação. Consectário deste princípio, deve-se garantir a assistência jurídica e integral aos necessitados, abrangendo a consultoria e a assistência extrajudicial. Da mesma maneira, não é possível impor valor da taxa judiciária sem que o seu cálculo leve em conta o valor da causa.

2.2.5. Princípio do contraditório

Em consonância com o disposto no art. 5º, LV, da Constituição Federal, "aos litigantes, em processo judicial ou administrativo, e aos acusados em geral são assegurados o contraditório e ampla defesa, com os meios e recursos a ela inerentes".

---

3 GRINOVER, Ada Pellegrini. Doutrinas. Wambier, vol. 1, p. 116.

Esse princípio tem ligação com a igualdade das partes e do direito de ação, que são manifestações do princípio do contraditório.

2.2.6. Princípio da proibição da prova ilícita

Em conformidade com o art. 5º, XII, CF, são inadmissíveis, no processo, as provas obtidas por meios ilícitos.

2.2.7. Princípio da publicidade dos atos processuais

Em conformidade com o art. 5º, LX, "a lei só poderá restringir a publicidade dos atos processuais quando a defesa da intimidade ou o interesse social o exigirem", enquanto o art. 93, IX, dispõe que "todos os julgamentos dos órgãos do Poder Judiciário serão públicos".

2.2.8. Princípio da motivação das decisões judiciais

Os pronunciamentos judiciais devem ser necessariamente motivados, sob pena de serem considerados nulos. No Novo CPC, houve sensível alteração do alcance da motivação, evoluindo para a fundamentação analítica.

2.2.9. Princípio do duplo grau de jurisdição

Pelo princípio do duplo grau de jurisdição, a matéria decidida pode ser objeto de reexame por meio de recurso, para possibilitar ao prejudicado nova chance de êxito e eventuais correções das ilegalidades e injustiças cometidas pelo julgador. Não é previsto expressamente pela Constituição Federal, embora o seja no Pacto de San José da Costa Rica, ratificado em 1992 pelo Brasil. A Constituição, contudo, disciplina a competência dos órgãos jurisdicionados e o sistema recursal, na Constituição Federal e normas infraconstitucionais.

2.3. Normas Fundamentais Contidas no Novo CPC

As Normas Fundamentais do Novo Código de Processo Civil compreendem princípios e regras jurídicas.

Sendo assim, será apresentado um quadro em que é possível relacionar o artigo do Novo CPC ao princípio ou regra respectivo.

Artigo	Princípio ou Regra
2º	Regras da instauração do processo por iniciativa da parte e do desenvolvimento processual por impulso processual.
3º	Princípio do Acesso à Justiça e Tribunal Multiportas.
4º	Princípio da Duração Razoável do Processo.
4º	Princípio da Preferência do Julgamento de Mérito.
4º	Princípio da Eficiência
5º	Princípio da Boa-fé Processual
6º	Princípio da Efetividade

Artigo	Princípio ou Regra
6º	Princípio da Cooperação
7º	Princípio da Paridade
7º, 9º e 10	Princípio do Contraditório Dinâmico
	Princípio da Adequação
11	Princípio da Publicidade
11	Princípio da Fundamentação Analítica
12	Regra Jurídica da Preferência da Observância da Ordem Cronológica.
190 e 191	Princípio do Respeito ao Autorregramento Processual

3. FONTES

O ordenamento jurídico conta com fontes, **designadas como fontes jurídicas**, objeto de análise da Teoria Geral do Direito, definidas por Bobbio como "aqueles fatos e aqueles atos dos quais o ordenamento jurídico faz depender a produção de normas jurídicas".[4] Correspondem à origem primária do direito, equiparada à sua fonte real ou material. Também se emprega a expressão para externar a forma de expressão, utilizando-se de modelos de manifestação, como fontes formais.[5]

As fontes formais são classificadas em estatais e não estatais. As primeiras subdividem-se em legislativas e jurisprudenciais, enquanto as não estatais abrangem o direito consuetudinário, a doutrina e as convenções em geral. As fontes formais não são normas, mas formas de tradução da norma em palavras.

As fontes do Direito Processual Civil seguem os parâmetros do direito em geral e são: a lei e os costumes (**fontes imediatas**), a doutrina e a jurisprudência (**fontes mediatas**).

4. LEI PROCESSUAL CIVIL

4.1. Eficácia e Aplicação

O Código de Processo Civil em vigor foi aprovado pela Lei n. 13.105/2015, posteriormente modificado pelas Leis n. 13.257/2016 e 13.363/2016. Aquela é uma das leis processuais civis em vigência no Brasil.

A Lei Processual Civil constitui toda aquela que "disciplina a função jurisdicional desenvolvida pelos juízes e tribunais, quando convocados pelos titulares de interesses jurídicos em conflito na órbita civil *lato sensu*".[6]

4 BOBBIO, Norberto. *Teoria do ordenamento jurídico.* São Paulo: Edipro, 2016, p. 55.

5 Maria Helena Diniz prefere a expressão "fonte jurídica" ao invés de fonte do direito, uma vez que esta seria empregada "metaforicamente, pois em sentido próprio *fonte* é a nascente de onde brota uma corrente de água. Justamente, por ser uma expressão figurativa tem mais de um sentido". DINIZ, Maria Helena. *Compêndio de Introdução à Ciência do Direito.* 24ª. ed. São Paulo: Saraiva, 2013, p. 301.

6 THEODORO JÚNIOR, Humberto. Curso de Direito Processual Civil. 56a. ed. Vol. I. Rio de Janeiro: Gen-Forense, 2015, p. 33.

Em conformidade com o art. 13 do NCPC, a "jurisdição civil será regida pelas normas processuais brasileiras, ressalvadas as disposições específicas previstas em tratados, convenções ou acordos internacionais de que o Brasil seja parte".

A lei processual terá eficácia imediata aos processos em curso, respeitando-se os atos processuais praticados e as situações jurídicas consolidadas sob a vigência da norma revogada.

4.2. Direito Processual Intertemporal. Critérios

As leis processuais civis, como dito anteriormente, são de efeito imediato, aplicando-se aos processos em andamento, respeitando-se, de outro lado, os atos já praticados.

O Novo Código de Processo Civil fez importantes previsões de direito intertemporal nos artigos 1.046, §§ 1º e 5º, 1.047, 1.054, 1.056 e 1.057, das quais se extrai que foi encampado o sistema de isolamento de atos processuais.

O CPC encampou o sistema de isolamento de atos processuais

IMPORTANTE!

A coisa julgada **abrangerá apenas a questão principal**. Porém, de acordo com o Novo CPC, poderá abranger também a questão prejudicial, desde que seja decidida expressa e incidentalmente no processo, observando-se os incisos do § 1º do art. 503 (independentemente de ação declaratória incidental, abolida no Novo CPC).

Esta regra, contudo, somente será aplicada aos processos iniciados após a vigência do Novo Código de Processo Civil. Aos anteriores, será necessário que a parte tenha se valido da ação declaratória incidental para que a questão prejudicial decidida faça coisa julgada.

Por esse sistema, aplicam-se de imediato as normas processuais, sendo proibida a retroatividade da lei para os atos já praticados.

Se praticado o ato processual sob a vigência do CPC de 1973 e este contar com efeitos pendentes, a eficácia do Código anterior continua até a sua consolidação. Por isso, iniciado anteriormente um prazo para interposição de recurso (10 dias para o agravo de instrumento), este será o prazo a ser contado, ainda que tenha ocorrido o advento de um novo CPC.

ATENÇÃO! DISPOSIÇÕES DE DIREITO PROBATÓRIO E DIREITO INTERTEMPORAL.

Tais disposições previstas no Novo CPC serão aplicadas **apenas às provas requeridas ou determinadas** de ofício a **partir da data de início de sua vigência.**

Portanto: ainda que em trâmite o processo, mas se a prova tiver sido requerida anterior ao Novo CPC, segue-se a sistemática do CPC de 1973 em relação às disposições de direito probatório.

5. JURISDIÇÃO

5.1. Conceito

A Jurisdição é o poder que detém o Estado de fazer atuar as regras jurídicas de forma concreta. Frise-se: só diante de casos concretos é que atuará a função jurisdicional. Essa atividade apresenta-se como secundária, instrumental, declarativa, desinteressada e provocada.

A jurisdição voluntária consiste na administração pública de negócios privados. Trata-se de uma atividade heterogênea do Poder Judiciário, pois não há propriamente um conflito de interesses a ser solucionado, mas o controle de determinados atos. Não obstante, é possível que ocorra litigiosidade no procedimento, como ocorre no caso de um dos interessados não concordar com a providência reclamada.

5.2. Características

Podem ser apontadas como características da jurisdição:

a) substitutividade: o Estado-Juiz substitui a vontade das partes, aplicando o direito ao caso concreto;

b) imparcialidade: o magistrado não poderá ter qualquer interesse no resultado do litígio;

c) lide: embora questionada atualmente, a doutrina clássica defendia que a lide era característica da jurisdição, na medida em que o seu papel seria solucioná-las;

d) monopólio do Estado: a atividade jurisdicional é monopólio do Estado. Não obstante, permite-se que as partes, em determinados casos, elejam pessoa que possa solucionar a lide que lhes é apresentada, ajustando a convenção de arbitragem;

e) inércia: não haverá atividade do Estado-Juiz sem a devida provocação pela parte interessada. Somente em casos excepcionalíssimos admite-se que a jurisdição atue sem ser previamente provocada;

f) unidade: o poder jurisdicional, embora possa ser repartido, é uno;

g) definitividade: o exercício da jurisdição implicará em se alcançar a decisão definitiva sobre o assunto.

5.3. Natureza Jurídica

Há várias teorias que tentam explicar a natureza jurídica da jurisdição.

- **Teoria organicista➔** que os atos jurisdicionais teriam essa natureza em razão do órgão de que provêm. Ocorre que mesmo tais órgãos também emitem atos administrativos, motivo pelo qual não pode ser aceita.

- **Teoria subjetiva➔** considera-se que a jurisdição tem a finalidade de tutelar direitos e aplicar a lei ao caso concreto. É criticável na medida em que é possível que haja necessidade da tutela ainda que não exista direito subjetivo violado.

- **Teoria objetiva→** a jurisdição asseguraria a vigência do direito, que é aplicável ao caso concreto. Não é capaz de separar os atos administrativos dos atos judiciais e, por isso, também criticável.
- **Teoria da substituição→** o Estado-Juiz substitui a vontade das partes por meio da atividade de seus órgãos jurisdicionais, fazendo com que haja a atuação da vontade concreta da lei.

Atualmente, a jurisdição já vem sendo vista como uma forma de inclusão social.

5.4. Princípios

A Jurisdição é informada por três princípios basilares:

(i) Princípio do Juiz Natural: somente exercerá a Jurisdição aquele devidamente investido na forma prevista pela Constituição Federal;

(ii) A Jurisdição é improrrogável: os limites do poder jurisdicional são traçados pela Constituição Federal;

(iii) A Jurisdição é indeclinável: não pode o Poder Jurisdicional recusar-se a cumprir a sua função, e nem delegá-la a quem quer que seja.

5.5. Limites da jurisdição nacional

O CPC 2015 corrigiu a imprecisão conceitual existente anteriormente, ao modificar o tratamento da antiga competência internacional para "limites da jurisdição nacional e da cooperação internacional". De fato, não se trata de um problema que envolva a competência, mas de jurisdição, porque se verifica quais são as causas ou que deverão ser submetidas à jurisdição nacional.

Dessa maneira, algumas matérias somente poderão ser submetidas à jurisdição brasileira, como ocorre, por exemplo, com aquelas relativas a imóveis situados no Brasil. Não será admissível decisão estrangeira a respeito desse tema.

Para outras matérias, no entanto, será admissível que haja decisão por jurisdição estrangeira, produzindo efeitos em território nacional se a decisão for homologada pelo Superior Tribunal de Justiça, por meio de procedimento específico.

Tem-se, então, hipóteses de **jurisdição exclusiva** e outras de **jurisdição concorrente**, consoante o seguinte quadro:

EXCLUSIVA	CONCORRENTE
Somente podem ser decididas pela jurisdição brasileira. Eventuais decisões estrangeiras não serão homologadas pelo Superior Tribunal de Justiça.	Podem ser decididas tanto pelo tribunal estrangeiro quanto pela jurisdição nacional, ressalvadas disposições em contrário de tratados internacionais e acordos bilaterais. Eventual decisão estrangeira deverá ser homologada pelo Superior Tribunal de Justiça. A ação proposta perante o Tribunal estrangeiro não induz litispendência.

As hipóteses de jurisdição exclusiva estão previstas no art. 23 do Novo Código de Processo Civil, segundo o qual compete à autoridade judiciária brasileira, com exclusão de qualquer outra: i) conhecer de ações relativas a imóveis situados no Brasil; ii) em matéria de sucessão hereditária, proceder à confirmação de testamento particular e ao inventário e à partilha de bens situados no Brasil, ainda que o autor da herança seja de nacionalidade estrangeira ou tenha domicílio fora do território nacional; iii) em divórcio, separação judicial ou dissolução de união estável, proceder à partilha de bens situados no Brasil, ainda que o titular seja de nacionalidade estrangeira ou tenha domicílio fora do território nacional.

O juízo estrangeiro poderá decretar o divórcio, hipótese em que estará dispensada a homologação da sentença no Brasil (art. 961 CPC). Porém, a decisão sobre a partilha somente poderá ser proferida pela autoridade judicial brasileira.

O divórcio poderá ser decretado pelo juiz estrangeiro, mas a partilha de bens somente pela autoridade brasileira.

De outro lado, determinadas matérias poderão ser objeto de decisão pela autoridade jurisdicional brasileira ou pela estrangeira. No caso de haver concomitância de ações, prevalecerá aquela que transitar em julgado em primeiro lugar.

Para todos os efeitos, transitará em julgado a decisão estrangeira tão somente após a sua homologação pelo Superior Tribunal de Justiça.

Como é possível verificar, o fato de existir uma demanda em trâmite perante a autoridade judiciária estrangeira não induz litispendência em relação à ação movida em território nacional, admitindo-se a concomitância de trâmite de ações.

Admite-se à autoridade judiciária brasileira processar e julgar as seguintes ações em que: i) o réu, qualquer que seja a sua nacionalidade, estiver domiciliado no Brasil; ii) no Brasil tiver de ser cumprida a obrigação; iii) o fundamento seja fato ocorrido ou ato praticado no Brasil; iv) de alimentos, se o credor tiver domicílio ou residência no Brasil ou o réu mantiver vínculos no Brasil, tais como posse ou propriedade de bens, recebimento de renda ou obtenção de benefícios econômicos; v) decorrentes de relações de consumo, quando o consumidor tiver domicílio ou residência no Brasil; vi) em que as partes, expressa ou tacitamente, se submeteram à jurisdição nacional.

Nas ações de jurisdição concorrente, se houver cláusula de eleição de foro exclusivo estrangeiro em contrato internacional e tal for arguido na contestação, não poderá a decisão ser proferida pela autoridade judiciária brasileira.

Admite-se a cooperação jurídica internacional que tenha por objeto: i) citação, intimação e notificação judicial e extrajudicial; ii) colheita de provas e obtenção de informações; iii) homologação e cumprimento de decisão; iv) concessão de medida judicial de urgência; v) assistência jurídica internacional; vi) qualquer outra medida judicial ou extrajudicial não proibida pela lei brasileira.

6. COMPETÊNCIA

6.1. Critérios determinadores

6.1.1. Competência em razão da matéria

Analisando-se a causa de pedir e o pedido chega-se à definição da **competência em razão da matéria,** e leva em consideração a repartição do trabalho por conta da previsão de especialização.

Nesse sentido, podem existir varas especializadas em falência, família, direito do consumidor e outras, todas com competência absoluta para o conhecimento da matéria proposta.

A competência determinada em razão da matéria, da pessoa ou da função **é inderrogável por convenção das partes.**

6.1.2. Competência em Razão do Valor e do Território

Admite-se a modificação da competência determinada em razão do valor e do território, **elegendo** foro onde será proposta ação oriunda de direitos e obrigações. Trata-se de negócio processual celebrado entre as partes, conhecido como foro de eleição.

Obrigatoriamente, **a sua celebração deverá ser por escrito e indicar expressamente a determinado negócio jurídico.**

> Não se admite foro de eleição fixado de forma genérica sem especificação do negócio jurídico a que relacionado.

Admite-se que o magistrado reconheça, de ofício, ser abusiva a cláusula de eleição de foro, antes de ser o réu citado. Nesse caso, será determinada a remessa dos autos ao juízo do foro do domicílio do réu.

Porém, se o réu já tiver sido citado, o juízo dependerá de alegação do réu para que reconheça a ineficácia da cláusula em razão de suposta abusividade.

Portanto, se o réu não a alegar, a matéria estará preclusa.

6.1.3. Competência funcional

O critério funcional considera a função do órgão jurisdicional e tem como subdivisões a vertical e a horizontal.

Em conformidade com a distribuição vertical, compete ao juízo de primeiro grau processar a demanda e sentenciá-la, enquanto ao Tribunal conhecer dos recursos inerentes. De outro lado, a distribuição horizontal não considera qualquer hierarquia entre os juízos, como ocorre na vertical, como ocorre com a hipótese de ser deprecada a prática de um ato processual.

6.1.4. *Competência territorial*

Como já visto, a competência territorial, em regra, será relativa, pois prevista no interesse das partes, que podem modificá-la por convenção (foro de eleição) ou por não terem apresentado a respectiva preliminar no tempo oportuno.

Constituem-se exceções à regra as ações fundadas em direito real sobre imóveis e ações possessórias, que devem ser processadas perante o foro da situação da coisa.

Admite-se que o autor opte pelo foro de domicílio do réu ou pelo foro de eleição se o litígio não recair sobre direito de propriedade, vizinhança, servidão, divisão e demarcação de terras e de nunciação de obra nova.

Questão interessante surge na hipótese de a demanda situar-se em localidade em que não há instalada vara da Justiça Federal e houver interesse da União. Nessa hipótese, prevalecerá a competência da Justiça Federal ou então a do foro da situação da coisa e, portanto, da Justiça Estadual?

Em conformidade com o Superior Tribunal de Justiça, a competência será da Justiça Federal, regra que predomina, pois não se está diante de competência delegada. A propósito, vide a Súmula 218 STJ: "é competente o juízo da fazenda nacional da capital do Estado, e não o da situação da coisa, para a desapropriação promovida por empresa de energia elétrica e a União intervém como assistente".

a) Regra geral: foro do domicílio do réu

A ação fundada em direito pessoal e a ação fundada em direito real sobre bens móveis serão propostas, em regra, no foro do domicílio do réu. Tendo este mais de um domicílio, poderá ser demandado em qualquer um deles. Essa é a regra geral, sem prejuízo da existência de regras subsidiárias, se acaso aquela não puder ser aplicada.

Assim, sendo incerto ou desconhecido o domicílio do réu, ele será demandado onde for encontrado ou no foro do domicílio do autor. Ou, se o réu não tiver domicílio nem residência no Brasil, a ação será proposta no foro do domicílio do autor. Se este também residir fora do Brasil, a ação será proposta em qualquer foro.

Havendo dois ou mais réus com diferentes domicílios, serão demandados no foro de qualquer deles, à escolha do autor.

O foro do domicílio do autor da herança, no Brasil, é o competente para o inventário, a partilha, a arrecadação, o cumprimento de disposições de última vontade, a impugnação ou anulação de partilha extrajudicial e para todas as ações em que o espólio for réu, ainda que o óbito tenha ocorrido no estrangeiro.

A ação em que o incapaz for réu será proposta no foro de seu representante ou assistente.

As causas movidas pela União serão processadas perante o foro do domicílio do réu. Se a União for a demanda, será competente o foro do domicílio do autor, no de ocorrência do ato ou fato que originou a demanda, no de situação da coisa ou no Distrito Federal.

b) Hipóteses de foro especial

As hipóteses de foro especial sobrepõem-se à regra geral, segundo a qual a ação deve ser ajuizada perante o domicílio do réu.

Ação de divórcio, separação, anulação de casamento e reconhecimento ou dissolução de união estável	a) de domicílio do casal, se não houver filho incapaz; b) do último domicílio do casal, se houver filho incapaz; c) de domicílio do réu, se nenhuma das partes residir no antigo domicílio do casal.
Ação de alimentos	Domicílio ou residência do alimentando.
Ré for pessoa jurídica	Lugar onde está a sede.
Quanto às obrigações assumidas pela pessoa jurídica	Lugar da agência ou sucursal
Ré pessoa jurídica ou associação sem personalidade jurídica	Lugar onde forem exercidas as suas atividades.
Ação em que for exigido o cumprimento	Lugar onde a obrigação deve ser satisfeita.
Direito previsto no Estatuto do Idoso	Residência do idoso.
Ação de reparação de dano praticado em razão de ofício notarial.	Local da sede da serventia notarial ou registral.
Reparação de dano e ação em que for réu administrador ou gestor de negócios.	Lugar do ato ou fato
Ação de reparação de dano sofrido em razão de delito ou acidente de veículos, inclusive aeronaves.	Domicílio do autor ou do local do fato.

6.1.5. Competência da Justiça Federal

A competência da Justiça Federal está prevista na Constituição Federal, sendo admitida a delegação da competência à Justiça Estadual em determinadas hipóteses.

> Serão julgadas pela Justiça Federal as causas em que a União, a entidade autárquica ou empresa pública federal forem interessadas na condição de autoras, rés, assistentes ou opoentes, salvo nos casos de recuperação judicial, falência, insolvência civil e acidente de trabalho e aquelas sujeitas à justiça eleitoral e à justiça do trabalho (art. 45 do CPC).

Além disso, compete à Justiça Federal julgar as causas fundadas em contratos internacionais ou tratados firmados pela União, que digam respeito a grave violação a direitos humanos, sobre disputas de terras indígenas e referentes à nacionalidade e à naturalização.

Assim, o critério "em razão das pessoas", leva em consideração o fato de atuarem nos processos, como parte ou interveniente, a União, entidades autárquicas federais (autarquias, agências reguladoras e fundações autárquicas), empresas públicas federais (excluídas as sociedades de economia mista), os Conselhos de fiscalização profissional, o Ministério Público Federal.

Também devem tramitar as causas envolvendo pessoa residente no Brasil ou município brasileiro em face de Estado estrangeiro ou organismo internacional.

É de competência da Justiça Federal julgar os mandados de segurança e *habeas data* contra ato de autoridade federal, salvo se for o caso de competência originária de tribunal.

IMPORTANTE

As execuções fiscais federais serão processadas perante a Justiça Federal. Até o ano de 2014, se o domicílio do executado não contasse com sede da Justiça Federal, a ação tramitaria perante a Justiça Estadual. Tratava-se de hipótese de delegação da competência. Porém, em virtude de alteração da Lei n. 5.021/1966, esta delegação foi revogada, de modo que todas aquelas ações tramitarão perante a Justiça Federal, **salvo aquelas que já tinham sido ajuizadas**.

Verificando existir interesse da União, de suas entidades autárquicas ou de suas empresas públicas, deverá o Juízo Estadual remeter os autos à Justiça Federal, competindo a esta fiscalizar a existência deste interesse.

Se o Juízo federal verificar que não há interesse da União ou de outras entidades que justificariam a competência da Justiça Federal, promoverá à devida exclusão do processo e encaminhará os autos à Justiça Estadual, sem suscitar conflito de interesse.

6.1.6. Competência originária dos Tribunais Superiores

A competência do Supremo Tribunal Federal e do Superior Tribunal de Justiça está prevista na Constituição Federal, consoante prevê respectivamente os artigos 102 e 105.

Aproveita-se a oportunidade para analisar alguns órgãos da estrutura judiciária nacional.

INTEGRANTES DO JUDICIÁRIO NACIONAL	NORMAS CONSTITUCIONAIS RESPECTIVAS
Supremo Tribunal Federal	arts. 101 a 103-A
Conselho Nacional de Justiça	art. 103-B
Superior Tribunal de Justiça	arts. 104 a 105
Tribunais Regionais Federais e Juízes Federais	arts. 106 a 110
Tribunais e Juízes do Trabalho	arts. 111 a 117
Tribunais e Juízes Eleitorais	arts. 118 a 121
Tribunais e Juízes Militares	arts. 122 a 124
Tribunais e Juízes dos Estados e do Distrito Federal e Territórios	arts. 125 a 126
Juizados Especiais	art.98, inc. I e § 1º
Justiça de Paz	art.98, inc. II

6.2. Competência absoluta e relativa

As regras de competência podem existir para atendimento do interesse público, quando então se diz que se está diante da **competência absoluta**, ou para comodidade das partes, hipótese em que será **relativa**.

A competência absoluta é um pressuposto de validade da relação processual, configurando-se matéria que pode ser conhecida de ofício pelo juiz. Aliás, em consonância com o **princípio da competência sobre a competência**, admite-se que o juiz analise se tem ou não competência para decidir sobre determinada questão que lhe foi apresentada. Admite-se que a parte alegue o vício da incompetência absoluta até mesmo após o trânsito em julgado, por meio da ação rescisória.

Diferentemente, a competência relativa não é um pressuposto de validade da relação processual. Não poderá ser conhecida de ofício pelo juiz, devendo ser alegada oportunamente pela parte interessada, na própria contestação, como preliminar.

A INCOMPETÊNCIA ABSOLUTA E A RELATIVA DEVEM SER ALEGADAS COMO PRELIMINARES, NA PRÓPRIA CONTESTAÇÃO.

COMPETÊNCIA ABSOLUTA	COMPETÊNCIA RELATIVA
Regras de interesse público	Conveniência das partes
São inderrogáveis	Podem ser modificadas pela vontade das partes
Pressuposto processual de validade	Não é pressuposto processual
Pode ser conhecida de ofício	Não pode ser conhecida de ofício.
Pode ser alegada a qualquer momento, mesmo após o trânsito em julgado (na ação rescisória).	Não pode ser alegada a qualquer momento.

Com o registro ou a distribuição da petição inicial estará fixada a competência, sendo irrelevantes as modificações do estado de fato ou de direito ocorridas posteriormente, salvo quando suprimirem órgão judiciário ou alterarem a competência absoluta.

Assim, as alterações supervenientes do estado de fato ou de direito são irrelevantes, de modo que não importarão na modificação da competência. A essa manutenção da competência deu-se o nome de *perpetuatio jurisdicionis*, prevista no art. 43 do NCPC.

A *perpetuatio jurisdicionais* (ou perpetuação da competência, como seria mais adequado) não prevalecerá em quaisquer situações, conforme a própria ressalva do Código. Assim, se houver supressão do órgão judiciário ou alteração da competência da competência absoluta em decorrência das modificações do estado de fato ou de direito, haverá a alteração da competência.

Por esse motivo, se uma Subseção da Justiça Federal for extinta, a ação passará a tramitar perante a Subseção que absorveu os processos daquela.

6.3. Modificações da Competência

A competência poderá ser alterada em decorrência de **previsão legal** (como ocorre com a conexão, por exemplo) ou por **vontade das partes** (foro de eleição ou não formulação de preliminar na contestação).

Prevê o art. 54 que a **competência relativa** poderá ser modificada pela conexão ou pela continência.

É possível estabelecer uma relação de afinidade entre ações, o que pode gerar vários efeitos práticos, como a reunião de processos para julgamento conjunto, a suspensão de um processo para se aguardar o julgamento de outro etc.

Consideram-se **conexas** duas ações quando lhes for comum o **pedido ou a causa de pedir**. Trata-se de hipótese mínima em que as causas serão conexas, porque é possível que exista esta relação muito embora não seja comum o pedido ou a causa de pedir.

EXISTIRÁ CONEXÃO ENTRE CAUSAS
Se houver comunhão entre elas em relação ao pedido OU a causa de pedir.

Para que não ocorram decisões conflitantes e se gere injustiça, determina o Código que, havendo conexão entre as causas, sejam elas reunidas para decisão conjunta. Dessa maneira, será proferida uma única sentença, solucionando as duas ações.

A reunião dos processos será feita em favor do juízo prevento, que os decidirá. A prevenção do juízo será estabelecida **pelo registro ou pela distribuição**. Não mais se trata de efeito da citação válida.

> **A prevenção não mais se trata de efeito da citação válida. O juízo prevento será estabelecido em razão do registro ou da distribuição.**

Para que ocorra a reunião dos processos haverá a necessidade de observância dos seguintes requisitos: i) juízo absolutamente competente para decidir as causas; ii) existência de liame entre as causas; iii) que uma das causas já foi sentenciada.

A reunião dos processos para julgamento conjunto também será possível à execução de título executivo extrajudicial e à ação de conhecimento relativa ao mesmo ato jurídico, bem como às execuções fundadas no mesmo título executivo.

Admite o CPC, ainda, **a reunião de processos para julgamento conjunto, ainda que não haja conexão**. Isso será permitido em relação aos processos que possam gerar risco de prolação de decisões conflitantes ou contraditórias caso decididas separadamente.

> ADMITE-SE A REUNIÃO DE PROCESSOS, AINDA QUE NÃO HAJA CONEXÃO ENTRE AS DEMANDAS.

Ocorrerá a **continência** entre duas ou mais ações quando houver identidade quanto às partes e à causa de pedir, mas o pedido de uma, por ser mais amplo, abrange o das demais (art. 57).

RELAÇÃO ENTRE CAUSAS
- **CONEXÃO**
  - REUNIÃO PROCESSOS
  - SUSPENSÃO DEPENDENTE
- **CONTINÊNCIA**

⇓

HARMONIZAÇÃO, SEGURANÇA JURÍDICA E ECONOMIA.

Havendo continência e a ação continente tiver sido proposta anteriormente, no processo relativo à ação contida será proferida sentença sem resolução de mérito. Caso contrário, as ações serão necessariamente reunidas. Assim, se a ação A (mais ampla – continente) for proposta anteriormente à ação B (menos ampla – contida), nesta (ação B) será proferida sentença sem resolução de mérito.

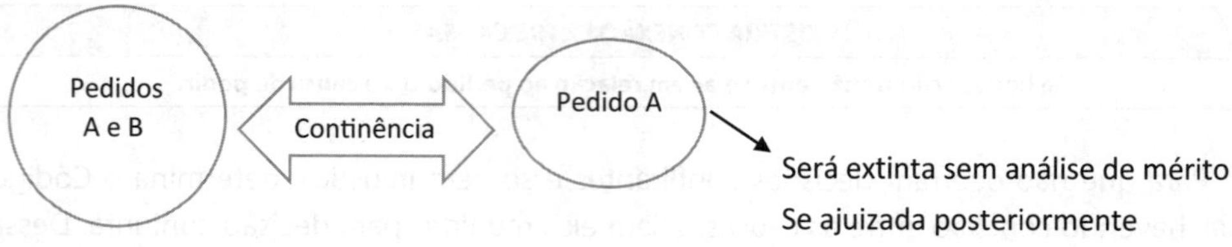

6.4. Meios de declaração de incompetência

A incompetência absoluta e a relativa poderão ser alegadas como preliminar em contestação. Não mais se admite (ou exige) que a incompetência relativa seja alegada por meio de exceção.

Estarão preservados os efeitos da decisão proferida pelo juízo incompetente até que outra seja proferida, se for o caso, pelo juízo competente, salvo se houver decisão judicial em sentido contrário.

Reiterando, em razão da importância: a incompetência relativa deverá ser alegada como preliminar na contestação. Se o réu não o fizer, o juízo passa a ser competente. Trata-se da **prorrogação da competência**.

6.5. Conflitos de competência e de atribuições

Será possível que, entre dois Juízos, haja divergência quanto à competência para o julgamento de determinada demanda, quando se está diante do **conflito de competência**, que poderá ser positivo ou negativo.

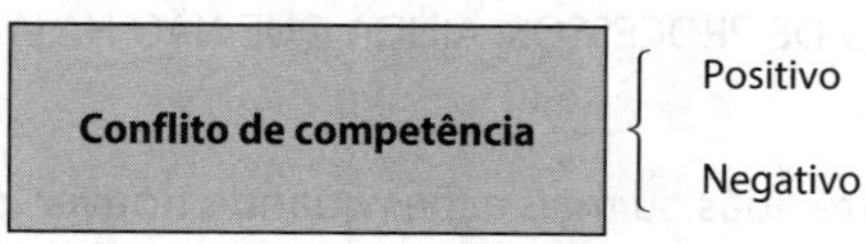

O **conflito positivo de competência** ocorrerá quando dois juízos se derem por competentes. Diferentemente, haverá o **conflito negativo** se houver a recusa entre eles, por entenderem não ser competentes, o que será possível se um atribuir ao outro a competência, ou se surgir controvérsia sobre a reunião ou separação de processos.

Se excluído do feito o ente federal, cuja presença foi fator preponderante para que o juízo estadual declinasse de sua competência, deverá o juízo federal restituir os autos e não suscitar o conflito (Súmula 224 STJ), não podendo o juízo estadual discutir sobre o interesse do ente federal.

O juiz que não acolher a competência declinada deverá **suscitar o conflito**, salve se a atribuir a outro juízo.

O conflito poderá ser suscitado por qualquer das partes, pelo Ministério Público ou pelo juiz. A parte, contudo, não poderá suscitá-lo se já alegou a incompetência relativa.

A competência para o julgamento do conflito segue as seguintes regras: – entre dois juízos do mesmo Tribunal: julgamento pelo próprio Tribunal; – entre dois juízos federais da mesma Região: julgamento pelo respectivo Tribunal Regional Federal; entre juízo de primeiro grau e tribunal a que está subordinado: julgamento pelo próprio tribunal; entre juízo estadual com competência delegada e juízo federal, da mesma região: julgamento pelo respectivo Tribunal Regional Federal; entre quaisquer tribunais e entre os tribunais e juízos a eles não vinculados, e, ainda, entre juízos vinculados a tribunais diversos: ao Superior Tribunal de Justiça; entre o STJ e quaisquer tribunais, entre tribunais superiores ou entre esses e qualquer outro tribunal: ao Supremo Tribunal Federal.

O conflito poderá ser decidido por decisão monocrática ou pelo colegiado.

Permite-se ao relator julgar de plano o conflito quando sua decisão estiver baseada em súmula do STF, do STJ ou do próprio tribunal, ou se a tese estiver firmada em julgamento de casos repetitivos ou em incidente de assunção de competência.

Ao decidir o conflito, o Tribunal não só reconhecerá o juízo competente (que poderá ser até um terceiro, que não tenha participado do conflito), como também se pronunciará sobre a validade dos atos do juiz incompetente.

O conflito de atribuições entre o Ministério Público Federal e o Ministério Público Estadual será decidido pelo Procurador Geral da República e não pelo STF.

Trata-se de matéria administrativa e não jurisdicional.

7. DIREITO DE AÇÃO

7.1. O Direito de Ação ou Direito à Jurisdição

- Como o Estado-juiz é o detentor do monopólio jurisdicional, o cidadão possui o direito à jurisdição ou o direito de ação, que se apresenta como um direito subjetivo distinto.
- Trata-se de um direito que não é vinculado ao direito material da parte, motivo pelo qual o direito de ação é abstrato, tal como prevalece doutrinariamente na atualidade.
- A ação é um direito público subjetivo, abstrato, autônomo e instrumental.
- Direito público subjetivo → pode ser exercitado pela parte.
- **Abstrato** → há o direito à prestação jurisdicional, independentemente de seu resultado.
- **Autônomo** → não necessita de um direito subjetivo material.
- **Instrumental** → há o exercício da pretensão para a obtenção de uma decisão.

7.2. Elementos

Os elementos da ação proporcionam a sua individualização. São três: partes, pedido e causa de pedir.

7.3. Condições da ação

A Constituição Federal assegura o direito de ação, mas é a lei processual que estabelece as condições necessárias para a devida prestação jurisdicional necessitada. No modelo de Liebman, adotado pelo CPC de 1973, para que se obtivesse a sentença de mérito, deveriam estar presentes as condições da ação, indicadas como sendo três: interesse processual, legitimidade de agir e possibilidade jurídica do pedido.

Dividiu-se a doutrina ao interpretar o Novo Código de Processo Civil, sendo possível vislumbrar a existência de dois posicionamentos principais. Pelo primeiro, ainda persiste a categoria jurídica processual das condições da ação, sendo, porém, limitada a duas, quais sejam, **interesse de agir e a legitimidade ad causam**. Pelo segundo, não mais persiste esta categoria processual, sendo o interesse processual e a legitimidade tratadas entre os pressupostos processuais.

Dessa maneira, deve ser novamente enfatizado que as condições da ação, por essa concepção, **resumem-se a duas, que são o interesse de agir e a legitimidade ad causam. A possibilidade jurídica do pedido deixou de ser tratada como condição da ação para ser enfrentada como matéria de mérito**.

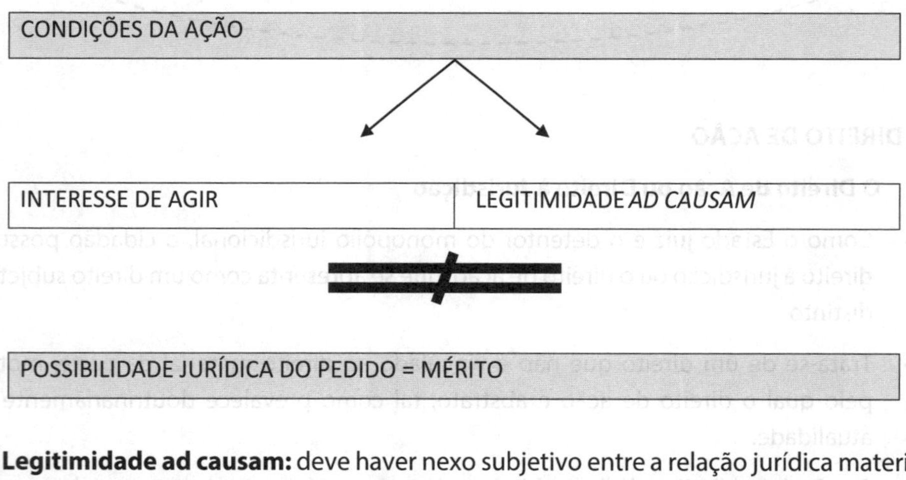

Legitimidade ad causam: deve haver nexo subjetivo entre a relação jurídica material e as partes no processo. O autor, em princípio, deve ser o titular da situação jurídica, e o réu deve estar em uma situação de sujeição. Portanto, o autor é aquele que se apresenta como titular da relação jurídica afirmada em juízo. Quando não houver essa correspondência, estar-se-á diante da legitimidade extraordinária.

Pela **Teoria da Asserção**, o magistrado verifica se estão presentes as condições da ação no momento em que a demanda é proposta. Nesta oportunidade, é possível a extinção do processo. Posteriormente, já estando adiantado o procedimento, se verificada a ausência de uma das condições, o magistrado não mais promoveria a extinção sem análise de mérito, mas julgaria o pedido improcedente justamente pela falta da condição. Parcela considerável da doutrina rejeita tal teoria, seguindo entendimento capitaneado por Dinamarco.

Interesse de agir: compreende dois aspectos, representados pelo binômio necessidade-utilidade (ou necessidade-adequação). A provocação da atividade jurisdicional deve ser necessária para a obtenção do resultado pretendido. Isso decorre de lei ou de ato do réu. Ademais, o instrumento deve ser adequado (útil) à obtenção do resultado.

Deve haver a diferenciação entre o interesse processual (ou secundário) do interesse substancial (primário).

O interesse substancial é aquele que o autor afirma ser o titular. É o interesse resistido, que não foi satisfeito pela parte contrária. Em decorrência da necessidade de proteção desse interesse, surge o interesse processual ou secundário.

Retoma-se aqui o tema da legitimidade ordinária e extraordinária. Como visto, a parte exercerá o seu direito de ação para tutelar a satisfação de um interesse substancial. Terá interesse processual para amparar um direito que afirma ser titular. Visto dessa maneira, tem-se a legitimidade ordinária, prevista no art. 18, *caput* do NCPC nos seguintes termos: "Ninguém poderá pleitear direito alheio em nome próprio, salvo quando autorizado pelo ordenamento jurídico".

Ocorre que, por vezes, a lei admite que alguém, embora não seja o titular do interesse substancial, tem o interesse processual (secundário), de modo que lhe é facultado assegurar o direito. Tem-se como exemplo a propositura de ação civil pública para a proteção ambiental pelo Ministério Público.

> Portanto, na legitimação extraordinária, terá legitimidade aquele que não é titular do interesse substancial, embora a lei lhe confira interesse processual.

Dessa maneira, o substituído deve ser parte legítima, bem como o substituto deverá atuar somente em virtude de autorização legal. Admite-se, de toda forma, a intervenção do substituído como assistente litisconsorcial.

Caso típico de substituição processual: Tício e Mévio litigam, aduzindo aquele que é o proprietário de um imóvel e, por isso, busca a tutela da propriedade. Mévio aliena o imóvel no curso da ação a Maria. Se Tício não concordar com o ingresso de Maria e exclusão de Mévio, este continuará no polo passivo da ação. Maria, por sua vez, poderá atuar como assistente litisconsorcial. Note-se que, neste caso, Maria será a titular do interesse substancial, ao passo que Mévio terá interesse processual.

O interesse do autor poderá consistir no exercício de uma pretensão com preponderância declaratória. Nesse sentido, indica o art. 19 que o interesse do autor pode limitar-se à declaração: i) da existência, da inexistência ou do modo de ser de uma relação jurídica, ou ii) da autenticidade ou da falsidade de documento. Tem-se, então, a ação meramente declaratória. Como é possível dessumir, não será pertinente ingressar com uma ação apenas para que haja uma consulta jurídica. Não se pode buscar a declaração de fatos, salvo relativos à autenticidade ou falsidade documental.

De toda forma, admite o Superior Tribunal de Justiça o ajuizamento de ação declaratória para obtenção de certeza quanto à exata interpretação de cláusula contratual (Súmula 181 STJ).

O Novo Código de Processo Civil foi enfático no sentido de dirimir uma velha questão: admite-se a ação meramente declaratória, ainda que tenha ocorrido a violação do direito. Admite-se a ação para declaração da existência de obrigação de pagar. Vide art. 20.

7.4. Classificação e critérios identificadores

A ação poderá ser declaratória, condenatória, constitutiva e, encampando-se a teoria quinária, pode ser também mandamental e executiva lato sensu. Para evitar repetição, sugere-se que seja vista a classificação das sentenças, quando o tema foi abordado com mais profundidade.

7.5. Concurso e cumulação de ações

Como regra, tem-se a cumulação de ações se, em um único processo, forem exercidas várias pretensões.

A cumulação poderá ocorrer desde o início do processo, já na petição inicial, quando o autor apresentar vários pedidos. Ou também poderá ser ulterior, se o réu apresenta pedido na reconvenção.

Também poderá englobar terceiros, como ocorre na denunciação da lide, em que o denunciante exerce sua pretensão regressiva em face do denunciado.

8. CONEXÃO E CONTINÊNCIA

Foi tratada anteriormente no item 6.3.

9. PROCESSO

9.1. Noções gerais

Há várias teorias sobre a natureza jurídica do processo, podendo ser destacadas:

a) Processo como contrato: haveria um contrato entre as partes no sentido de se submeter à decisão judicial;

b) Processo como quase-contrato: as obrigações são determinadas com base na lei, pressupondo-se a existência de um acordo entre as partes;

c) Processo como relação jurídica: identifica-se uma relação jurídica entre as partes e o Estado-Juiz, chamada de relação jurídica processual. Esta relação se caracteriza quanto aos sujeitos, objeto e pelos seus pressupostos.

d) Processo como situação jurídica;

e) Processo como instituição;

f) Processo como mero procedimento;

g) Processo como categoria complexa;

h) Processo como categoria jurídica autônoma.

Para todos os fins, deve-se considerar como adequada a teoria que considera o processo como uma relação jurídica.

9.2. Relação Jurídica Processual

Antes de ingressar propriamente no estudo dos pressupostos processuais, há necessidade de ser analisada a relação jurídica processual.

Essa relação jurídica é estabelecida entre autor, juiz e réu. Esse é o entendimento atual doutrinário, que entende essa relação jurídica como sendo triangular ou trilateral.

Em contrapartida, há aqueles que entendem ser a relação processual angular, estabelecendo-se relações entre autor e juiz, e réu e juiz.

É certo que, antes da citação, a relação jurídica processual não está completada e não há, propriamente, o processo. Tanto é assim que a citação vem sendo considerada como pressuposto processual de existência.

Essa ideia de relação processual surgiu na segunda metade do século XIX, a partir dos estudos da doutrina alemã. Antes disso, não se concebia o direito processual como uma ciência autônoma, mas como um apêndice do direito material.

Diante dessas observações, percebe-se que a relação processual possui as seguintes características: **é autônoma, trilateral, pública, complexa e dinâmica**.

Percebe-se, então, que os estudos da doutrina alemã, o direito processual foi concebido como uma ciência autônoma, com princípios e requisitos próprios, verificando-se a existência dos pressupostos processuais.

Estes pressupostos processuais, ao lado das condições da ação, compõem os pressupostos de admissibilidade da atividade jurisdicional.

9.3. Pressupostos processuais

Várias são as **classificações** dos pressupostos processuais existentes em sede doutrinária.

Registre-se que o processo existirá ainda que faltem os pressupostos processuais. Assim, é no próprio processo que há o exame da existência ou inexistência deles.

Focando o estudo na relação processual, formada a partir do vínculo trilateral autor, réu e juiz, percebe-se a existência de pressupostos processuais que estão dentro dessa relação, ou seja, que são intrínsecos a ela, e pressupostos processuais que estão fora dessa relação.

Os primeiros são os pressupostos intrínsecos, que alguns doutrinadores indicam como sendo pressupostos de constituição e de desenvolvimento válido da relação processual. Devem estar presentes para que aquela relação processual exista e se desenvolva validamente.

Paralelamente, há os **pressupostos externos à relação processual (extrínsecos)**. Estes não devem incidir, chamados, por isso, de **negativos**.

Para que o processo exista (no mundo jurídico) devem estar presentes os pressupostos de existência:

JUIZ	→	JURISDIÇÃO
AUTOR	→	PETIÇÃO INICIAL
RÉU	→	CITAÇÃO

Jurisdição: deve existir um órgão jurisdicional devidamente investido consoante determinam as normas constitucionais pertinentes.

Petição inicial: o processo civil começa por iniciativa da parte. Não se inicia a relação processual sem a provocação do autor, por meio do instrumento adequado, denominado petição inicial. Entende-se por demanda a provocação do Estado Juiz e a petição inicial é o instrumento da demanda. Excepcionalmente, verifica-se que existem processos que se iniciam sem a petição inicial.

Citação: é o ato pelo qual são convocados o réu, o executado ou o interessado para integrar a relação processual.

9.4. Pressupostos processuais de desenvolvimento (ou de validade)

Partindo-se da hipótese em que a relação processual existe (porque presentes os pressupostos de existência), verifica-se se estão presentes os pressupostos de desenvolvimento válido do processo (ou só de desenvolvimento ou só de validade). Esses pressupostos completam os de existência.

São pressupostos de validade ou de desenvolvimento válido: competência (absoluta), imparcialidade, capacidade e legitimidade processual, petição inicial válida e citação válida.

9.5. Pressupostos processuais negativos

Os pressupostos processuais negativos estão fora da relação processual. Não podem estar presentes, sob pena de extinção do processo, sem resolução do mérito.

Será reconhecida a existência da litispendência quando for proposta ação idêntica a outra já pendente, considerando essa identidade a partir dos elementos da ação.

A coisa julgada impede a repropositura da mesma ação quando já existir sentença transitada em julgado a respeito.

A perempção importará na extinção quando o autor der causa ao abandono da ação por três vezes. Na quarta, não poderá ser proposta a demanda.

Também se aponta a convenção de arbitragem como um dos pressupostos negativos, muito embora não possa ser a matéria conhecida de ofício pelo juiz.

10. PROCESSO E PROCEDIMENTO

10.1. O Processo Sincrético

Já com o Código de Processo Civil de 1973, adotou-se o princípio do sincretismo, pelo qual houve a fusão dos processos de conhecimento e de execução. Concebeu-se, então, o processo sincrético, com a fase de conhecimento e a fase de cumprimento sentença. Houve continuidade do modelo no Novo Código de Processo Civil, com algumas particularidades, que serão examinadas adiante.

Deve ser registrado que o processo sincrético, no Código de Processo Civil de 2015, também alcança as demandas promovidas em face da Fazenda Pública.

Por esse motivo, o Livro I da Parte Especial do NCPC trata do "Processo de Conhecimento e do Cumprimento de Sentença". A rigor científico, o tema deveria ser tratado em um único capítulo, mas, para fins didáticos, haverá a cisão em dois. Um para o processo de conhecimento e outro para o cumprimento de sentença.

Por meio do processo de conhecimento (ou fase de conhecimento), buscará a parte que o juiz profira uma sentença declaratória, constitutiva (ou desconstitutiva), condenatória, mandamental e/ou executiva. Trata-se da oportunidade em que se busca a certificação do direito. Para tanto, deverá ser observada a Norma Fundamental da primazia do julgamento do mérito (art. 4º), por meio da qual têm as partes direito à solução integral do mérito.

Desse modo, iniciado o processo por atividade da parte, aquele se desenvolverá por impulso oficial do juiz, buscando-se a solução de mérito, incluída a atividade satisfativa. Encerrada a fase de certificação do direito, passa-se ao cumprimento da sentença.

A adoção do processo sincrético não significa a extinção do processo de execução autônomo. Este ainda persevera em relação aos títulos executivos extrajudiciais, que darão ensejo ao início de novo processo. Excepcionalmente também será admitida a execução autônoma para alguns títulos executivos judiciais, como será visto oportunamente.

10.2. Do Procedimento

O procedimento corresponde ao rito, ao conjunto de atos que devem ser seguidos para se alcançar a solução da demanda apresentada.

O Novo Código de Processo Civil, de um modo geral, fez previsão dos procedimentos COMUM e ESPECIAIS, rompendo-se com o modelo constante do CPC de 1973, que previa os procedimentos comum ordinário e sumário, além dos especiais. Dessa maneira, atualmente, aplicam-se a todas as causas o procedimento comum, salvo disposição em contrário do Código ou prevista em outras leis. Da mesma forma, as suas disposições também serão aplicadas de forma subsidiária aos procedimentos especiais e também ao processo de execução.

O CPC não prevê o procedimento sumário, tal como fazia o CPC de 1973. Porém, para as ações propostas antes do Novo CPC, continuarão em vigência aquelas indicadas no CPC anterior em relação a tal procedimento.

10.3. Do Procedimento Comum

Como é enfatizado no art. 318, o procedimento comum é aplicado a todas as causas, salvo disposição em contrário prevista no CPC ou em outra lei. Aplica-se, ainda, de forma subsidiária, aos demais procedimentos especiais e ao processo de execução.

A previsão de procedimentos especiais decorre da necessidade de proporcionar a tutela jurisdicional diferenciada, justificada em razão do bem jurídico que é tutelado. A depender do bem jurídico, justifica-se a previsão de um procedimento mais célere, com fases processuais que se concentram. A título de exemplo, tem-se a ação de alimentos, que conta com um procedimento com atos processuais concentrados em audiência e, por isso, mais célere. Tal celeridade se justifica em razão da própria natureza da obrigação.

É possível identificar a seguintes fases no procedimento comum: i) postulatória; ii) saneadora; iii) instrutória; e, iv) decisória.

É interessante notar que, embora cada fase tenha alguns atos que lhe são específicos, nem sempre essa ordem será observada.

Será possível, por exemplo, que o magistrado determine que o autor emende a petição inicial, quando então estará determinando o saneamento do processo, embora ainda na fase postulatória. Então, embora existam atos que são característicos de uma fase, é possível que eles sejam praticados também em outro momento.

Um outro exemplo, é a possibilidade de ser proferida decisão interlocutória de mérito, em julgamento antecipado parcial da lide, prosseguindo-se o processo de conhecimento em relação a outros pedidos. Verifica-se que o magistrado poderá, então, na fase de saneamento, deferir a produção futura de provas em relação a um dos pedidos, e desde já julgar outro que esteja em condições de fazê-lo.

10.4. Espécies de processos e de procedimentos

Diante do que foi exposto, conclui-se pela existência de duas espécies de tutela. Uma a ser proporcionada pelo processo de conhecimento (sincrético), no qual são desenvolvidas várias fases (entre elas, a de cumprimento de sentença) e a relativa ao processo de execução.

A tutela provisória deixou de ser objeto de um processo autônomo, tal como ocorria no CPC de 1973. Atualmente, será requerida de forma antecedente ou incidentalmente no processo de conhecimento ou de execução.

Em relação ao procedimento, remete-se o(a) leitor(a) às observações acima.

10.5. Objeto do Processo

O objeto do processo **é a prestação jurisdicional**. Trata-se de um ponto que distingue a relação jurídica processual da relação jurídica de direito material.

11. MÉRITO. QUESTÃO PRINCIPAL, QUESTÕES PRELIMINARES E PREJUDICIAIS

O magistrado proferirá pronunciamento com resolução do mérito nas hipóteses mencionados no art. 487 do CPC e que serão individualmente tratadas quando do estudo dos pronunciamentos do juiz.

Não obstante, tem-se que a resolução do mérito poderá ocorrer por meio de decisão interlocutória, como ocorre no julgamento antecipado parcial da lide, ou por meio de sentença e acórdão. Tanto é assim que o art.487 simplesmente se refere à resolução de mérito sem dar destaque à natureza do pronunciamento jurisdicional.

A **questão prejudicial** é aquela que **influenciará no próprio resultado do mérito.** Percebe-se a existência da **questão principal** (dependente) e da **questão prejudicial** (condicionante).

A **prejudicialidade poderá ser externa** (a questão prejudicial será decidida em outro processo, quando haverá a possibilidade de suspensão do processo principal), **ou interna** (a ser decidida no mesmo processo).

NOVIDADE:

Somente a questão principal fará coisa julgada, já que os fundamentos da sentença não estão abrangidos.

Porém, admite-se que a questão prejudicial também faça coisa julgada quando decidida expressa e incidentemente no processo, se:

i) dessa resolução depender o julgamento do mérito;

ii) a seu respeito tiver havido contraditório prévio e efetivo, não se aplicando no caso de revelia;

iii) o juízo tiver competência em razão da matéria e da pessoa para resolvê-la como questão principal.

A questão preliminar, por sua vez, é aquela que deve ser decidida antes do mérito. Refere-se às preliminares, que serão analisadas com mais atenção no item dedicado à contestação.

12. SUJEITOS PROCESSUAIS

12.1. Observações Preliminares

Os sujeitos principais do processo são as partes e o juiz, que fazem parte da relação jurídica trilateral estabelecida.

Para que o juiz possa realizar as suas atribuições ele conta com os auxiliares do juízo, que podem ser permanentes (como o escrivão ou chefe de secretaria) e os eventuais (como geralmente o são o perito e o intérprete).

12.2. Juiz

O juiz atuará como presidente do processo, sendo de sua atribuição dirigi-lo (princípio do impulso oficial), como um verdadeiro gestor para a garantia da ampla defesa, contraditório e com o objetivo de ser alcançada uma sentença de mérito justa e efetiva.

Para tanto, terá as incumbências indicadas no art. 139, além de outras. Entre elas, destaca-se a possibilidade de dilatar quaisquer prazos processuais e alterar a ordem de produção dos meios de prova, adequando-os às necessidades do conflito de modo a conferir maior efetividade à tutela jurisdicional.

12.3. Mediadores e Conciliadores

Os mediadores e os conciliadores foram incluídos como auxiliares do juízo, constando do Código alguns dispositivos que regulam a sua atividade.

O Novo CPC enfatizou o princípio do tribunal multiportas, por meio do qual, uma vez provocado o Poder Judiciário, admitem-se outros meios de solução do conflito que não só por meio de decisão adjudicada pelo juiz. Admite-se a mediação e a conciliação como meios alternativos de resolução, a serem presididos por mediadores ou conciliadores.

A conciliação ocorrerá, preferencialmente, nos casos em que não houver vínculo anterior entre as partes, podendo ser sugeridas soluções para o litígio, sendo não admitida a utilização de qualquer tipo de constrangimento ou intimidação para que as partes se conciliem.

A mediação, por sua vez, atuará preferencialmente nos casos em que houver vínculo anterior entre as partes, auxiliando aos interessados a compreender as questões e os interesses em conflito, de modo que eles possam, pelo restabelecimento da comunicação, identificar, por si próprios, soluções consensuais que gerem benefícios mútuos.

A conciliação e a mediação são informadas pelos princípios da independência, da imparcialidade, da autonomia de vontade, da confidencialidade, da oralidade, da informalidade e da decisão informada.

Os conciliadores e mediadores judiciais cadastrados, se advogados, estarão impedidos de exercer a advocacia nos juízos em que desempenhem suas funções.

O conciliador e o mediador ficam impedidos, pelo prazo de um ano, contado do término da última audiência em que atuaram, de assessorar, representar ou patrocinar qualquer das partes.

12.4. Princípios. Poderes. Deveres. Responsabilidades do Juiz

O exercício da judicatura observará a Lei Orgânica da Magistratura, o Novo CPC e outras leis pertinentes.

Não se admite o *non liquet*, devendo o magistrado decidir, ainda que exista lacuna ou obscuridade no ordenamento jurídico.

A decisão judicial deverá observar o princípio da congruência, tratado com mais vagar quando do estudo dos pronunciamentos jurisdicionais.

O juiz responderá civil e regressivamente por perdas e danos quando: i) no exercício de suas funções, proceder com dolo ou fraude; ii) recusar, omitir ou retardar, sem justo motivo, providência que deva ordenar de ofício ou a requerimento da parte (art. 143).

12.5. Impedimentos e Suspeição

A imparcialidade é essencial para a validade da relação processual. Porém, esta imparcialidade poderá estar comprometida em determinadas situações.

No art. 144 há a previsão do impedimento do juiz, sendo-lhe vedado exercer suas funções no processo nas hipóteses mencionadas nos incisos. Para estes casos, o impedimento poderá ser conhecido de ofício pelo magistrado ou alegado pelas partes. Como regra, deverão fazê-lo no prazo de 15 dias contados da ciência do fato, muito embora se admita a alegação posterior. Poderá ser objeto até mesmo de ação rescisória.

De outro lado, o art. 145 prevê as hipóteses de suspeição, que poderão ser conhecidas de ofício pelo juiz e as partes poderão alegá-las no prazo de 15 dias contados da ciência. Porém, se não o fizerem, ocorre a preclusão.

O impedimento e a suspeição poderão ser apresentados por meio de petição que será juntada aos autos, não havendo mais a exigência da exceção.

12.6. Organização judiciária federal e estadual

Este subitem já foi analisado anteriormente quando do estudo da competência dos Tribunais Superiores.

12.7. Partes e Procuradores

Há dois sentidos para o conceito parte: sentido material e o sentido processual. Por meio do primeiro, traça-se correlação para com o negócio jurídico de direito material discutido em juízo. Porém, é possível que o demandante ou demandado não seja esse titular, mas ainda assim possa postular ou ser postulado. Tem-se aqui o conceito de parte em sentido processual, pois não se identifica com a lide.

A titularidade, como regra, será daquele que tem relação com o direito material em discussão. Nesse sentido, "ninguém poderá pleitear direito alheio em nome próprio, salvo quando autorizado pelo ordenamento jurídico" (art. 18). Terá, então, a legitimação ordinária.

Porém, como ressalvado na lei, há certas hipóteses em que o legislador autoriza que terceiro possa demandar ou ser demandado em nome próprio, mas para a defesa de direito de terceiro. Ou seja, a parte não é titular do direito material em jogo, ocorrendo a substituição processual.

A substituição processual não se confunde com a sucessão de parte. Naquela, terceiro demanda em seu nome na defesa de direito de outrem. Na sucessão, de outro lado, altera-se o polo da ação (por exemplo, o cessionário do crédito na execução).

12.8. Capacidade Processual e Legitimação

O entendimento do que seja a capacidade processual parte da diferenciação entre **capacidade civil de direito** e **capacidade civil de exercício**.

CAPACIDADE CIVIL DE DIREITO ➔ APTIDÃO PARA TER DIREITOS
CAPACIDADE CIVIL DE EXERCÍCIO èPOSSIBILIDADE DE PRATICAR ATOS DA VIDA CIVIL.
CAPACIDADE DE AGIR NO PROCESSO ➔ CAPACIDADE CIVIL DE EXERCÍCIO

Alguns exemplos ajudarão no entendimento:

➔ Não tem personalidade jurídica. Logo, não tem capacidade civil de direitos e, naturalmente, possibilidade de praticar atos da vida civil. Não tem capacidade processual.

➔ Tem personalidade jurídica. Tem aptidão para ter direitos, mas não pode exercê-los. Logo, **tem capacidade civil de direito, mas não tem capacidade civil de exercício. Não tem capacidade processual.**

➔ Tem personalidade jurídica. Tem aptidão para ter direitos e pode exercê-los. Logo, **tem capacidade civil de direito e capacidade civil de exercício. Tem capacidade processual.**

Como se vê, as pessoas físicas maiores (salvo as emancipadas) e as pessoas jurídicas possuem capacidade civil de direito e de ser parte. Tem aptidão para ter direitos e podem praticar os atos da vida civil. Tendo possibilidade de exercício, terão capacidade processual.

Nesse sentido, o art. 70 do CPC: "toda pessoa que se encontre no **exercício** de seus direitos tem capacidade para estar em juízo".

Se o indivíduo, embora tenha capacidade civil de direito, não puder exercê-la, deve ter a capacidade de agir ou processual integrada. Por isso, o incapaz será representado ou assistido por seus pais, por tutor ou por curador, na forma da lei.

> **LEGITIMAÇÃO PROCESSUAL** também é um pressuposto processual de desenvolvimento regular. Verifica-se se está presente a **partir de uma situação específica**. Exemplo: cada um dos conviventes poderá ter capacidade processual para acionar o Poder Judiciário e promover ação sobre direitos reais imobiliários, em conformidade com a lei civil. Porém, para que tenham legitimidade processual, deverão agir em conjunto, não individualmente.

12.9. Regularização do vício

Na esteira do que decorre do **princípio da primazia do julgamento do mérito**, o magistrado deverá oportunizar à parte a regularização do vício decorrente da falta de capacidade processual.

Para tanto, deverá o juiz suspender o processo e designar prazo razoável para que o vício seja sanado. Se tal correção não ocorrer, se o processo estiver na instância originária (e não em grau recursal), deverá ser extinto, se a providência competir ao autor, o réu será considerado revel, se a providência lhe couber ou o terceiro será considerado revel ou excluído do processo, dependendo do polo que se encontre no processo.

De outro lado, se a não correção verificar-se na fase recursal, o relator não conhecerá do recurso, se a providência não foi realizada pelo recorrente, ou determinará o desentranhamento das contrarrazões, se a providência for de atribuição do recorrido.

12.10. Curatela especial

Prevê a lei que, em certas ocasiões, deverá o juiz nomear **curador especial**:

i) ao incapaz, se não tiver representante legal ou se os interesses deste colidirem com os daquele, enquanto durar a incapacidade, bem como

ii) ao réu preso revel, bem como ao réu revel citado por edital ou com hora certa, enquanto não constituído advogado.

A curatela especial será exercida pela Defensoria Pública (que tem essa atribuição institucional). O curador especial tem a obrigatoriedade de oferecer a resposta, o que poderá fazer por negativa geral, não lhe sendo aplicado o ônus da impugnação especificada. De outro lado, não estará obrigado a recorrer.

12.11. Representação de pessoas jurídicas e de entes despersonalizados

O artigo 75 trata da representação em juízo, ativa e passivamente, de determinadas pessoas jurídicas e também de entes despersonalizados. Não se trata de buscar suprir a capacidade processual, mas tornar possível a atuação dessas pessoas.

Nesse sentido, serão representados em juízo, ativa e passivamente:

I – a União, pela Advocacia-Geral da União, diretamente ou mediante órgão vinculado;

II – o Estado e o Distrito Federal, por seus procuradores;

III – o Município, por seu prefeito ou procurador;

IV – a autarquia e a fundação de direito público, por quem a lei do ente federado designar;

V – a massa falida, pelo administrador judicial;

VI – a herança jacente ou vacante, por seu curador;

VII – o espólio, pelo inventariante;

VIII – a pessoa jurídica, por quem os respectivos atos constitutivos designarem ou, não havendo essa designação, por seus diretores;

IX – a sociedade e a associação irregulares e outros entes organizados sem personalidade jurídica, pela pessoa a quem couber a administração de seus bens;

X – a pessoa jurídica estrangeira, pelo gerente, representante ou administrador de sua filial, agência ou sucursal aberta ou instalada no Brasil;

XI – o condomínio, pelo administrador ou síndico.

12.12. Representação e Substituição Processual.

Tratam-se de institutos jurídicos diversos, cada qual com o seu significado.

O representante age em nome alheio defendendo direito alheio. De outro lado, o substituto processual age em nome próprio defendendo direito alheio.

13. LITISCONSÓRCIO

13.1. Conceito e Classificação

Tem-se o litisconsórcio quando duas ou mais pessoas litigarem em conjunto, no mesmo processo, em um dos polos da ação. Todos integrarão a relação jurídica processual na condição de **partes**.

O litisconsórcio comporta diversas classificações, com suas consequências práticas.

a) Quanto à posição dos sujeitos

A reunião de pessoas poderá ocorrer no polo ativo, no polo passivo, ou até nos dois. Desse modo, identifica-se o litisconsórcio ativo, passivo e misto.

b) Quanto ao momento de sua formação

Em relação ao **momento** de sua formação, tem-se o litisconsórcio inicial, quando o autor, na sua postulação, já indica a existência de mais de um componente do polo ativo, ou mais de um réu.

Porém, se tal indicação ocorrer supervenientemente, por determinação do juiz ou pela própria vontade da parte, tem-se o litisconsórcio ulterior.

c) Quanto à obrigatoriedade de sua formação

A formação do litisconsórcio poderá ser uma opção do autor ou uma necessidade imposta pela lei. Tem-se, dessa maneira, o litisconsórcio facultativo e o necessário.

O litisconsórcio **facultativo** decorre exclusivamente da iniciativa do autor, que ao invés de propor várias ações contra réus diferentes, apresenta uma única demanda. Poderá ocorrer nas hipóteses indicadas no art. 113: **I – entre elas houver comunhão de direitos ou de obrigações relativamente à lide; II – entre as causas houver conexão pelo pedido ou pela causa de pedir; III – ocorrer afinidade de questões por ponto comum de fato ou de direito (litisconsórcio impróprio).**

Ocorre, contudo, que o número de litisconsortes poderá comprometer a rápida solução do litígio ou dificultar a defesa ou o cumprimento da sentença, hipótese em que se admite a sua limitação. Trata-se do que foi denominado de litisconsórcio facultativo multitudinário.

> Litisconsórcio facultativo multitudinário é aquele em que o número de litisconsortes poderá comprometer a rápida solução do litígio ou dificultar a defesa ou o cumprimento da sentença. Poderá ser determinada a sua limitação pelo juízo, de ofício, ou atendendo a requerimento da parte contrária.

A parte poderá requerer a limitação do litisconsórcio multitudinário, quando então o prazo para manifestação ou resposta será interrompido, retomando-se da intimação do pronunciamento que decidir o requerimento.

Se, apresentado o requerimento de limitação do litisconsórcio, não for o mesmo acolhido pelo magistrado, poderá o prejudicado interpor recurso de agravo de instrumento (art. 1.015, VII).

Paralelamente, o litisconsórcio também poderá ser obrigatório ou necessário, quer em razão de disposição legal ou por conta da natureza da relação jurídica. Para tais hipóteses, a eficácia da sentença depende da citação de todos os litisconsortes.

A formação do litisconsórcio necessário deverá ser fiscalizada pelo juiz que, detectando a falha, determinará a regularização pelo autor, indicando prazo para tanto, sob pena de extinção do processo.

Note-se que o Código elencou consequências diferentes para a inobservância do litisconsórcio necessário, a depender se a decisão deveria ou não ser uniforme em relação a todos os que deveriam ter integrado o processo.

Como adiante se verá, o litisconsórcio será unitário se a decisão for obrigatoriamente uniforme em relação a todos os litisconsortes e será simples se tal uniformidade não for obrigatória.

Adianta-se tal informação justamente para que seja possível analisar, com mais precisão, a consequência advinda da inobservância da citação de todos os litisconsortes. Não se pode, com essa informação, confundir as modalidades de litisconsórcio.

Com efeito, litisconsórcio necessário não é a mesma coisa que unitário. No primeiro, há obrigatoriedade de sua formação. Por este, a formação do litisconsórcio não é obrigatória, mas, se ocorrer, a decisão deverá ser uniforme para todos os litisconsortes, não se admitindo pronunciamentos de teor diferentes.

Nesse sentido, tratando-se de litisconsórcio necessário e unitário, ao mesmo tempo, proferida sentença de mérito sem a citação de todos os litisconsortes, tem-se que esta é nula. Por outro lado, não havendo necessidade de tal uniformidade, a sentença não produzirá efeitos em relação àqueles que não foram citados.

Consequências decorrentes da não citação de todos os litisconsortes

Litisconsórcio necessário e unitário	Litisconsórcio necessário e simples
Sentença nula	Ineficaz em relação aos litisconsortes não citados

d) Quanto à uniformidade da decisão

Analisa-se, nesse ponto, se a decisão proferida deverá ser uniforme para todos os litisconsortes, ou se não há essa necessidade de identidade (muito embora ela possa ocorrer).

A propósito de tal critério, tem-se o litisconsórcio simples e o unitário, cada qual com seu regime jurídico.

No litisconsórcio simples, a decisão não precisa necessariamente uniforme em relação a todos os litisconsortes, sendo tratados como litigantes distintos. Consequentemente, os atos e omissões não beneficiarão ou prejudicarão os demais litisconsortes.

> No litisconsórcio simples, a contestação apresentada por um dos litisconsortes não afastará a incidência do efeito material da revelia em relação aos demais.

Diferentemente, no litisconsórcio unitário, a decisão há de ser uniforme em relação a todos os litisconsortes. Por essa razão, estes serão considerados como integrantes de um bloco único, motivo pelo qual o ato praticado por um deles a todos aproveitará, embora as omissões não prejudicarão aos demais.

> No litisconsórcio unitário, a contestação apresentada por um dos litisconsortes afastará a incidência do efeito material da revelia em relação aos demais.

A propósito, dispõem os artigos 116 e 117 do NCPC:

> Art. 116. O litisconsórcio será unitário quando, pela natureza da relação jurídica, o juiz tiver de decidir o mérito de modo uniforme para todos os litisconsortes.
>
> Art. 117. Os litisconsortes serão considerados, em suas relações com a parte adversa, como litigantes distintos, exceto no litisconsórcio unitário, caso em que os atos e as omissões de um não prejudicarão os outros, mas os poderão beneficiar.

13.2. Litisconsórcio eventual, alternativo e sucessivo

Deve-se diferenciar, ainda, as figuras do litisconsórcio eventual, alternativo e sucessivo.

Litisconsórcio eventual: são colocadas em juízo duas pessoas, estabelecendo-se uma **ordem de preferência entre elas**. Ocorre, por exemplo, na desconsideração da personalidade jurídica.

Litisconsórcio alternativo: o autor postula contra dois réus, pois se encontra em dúvida sobre quem deve ocupar o polo passivo. Exemplo típico é o da ação de consignação em pagamento. E outro exemplo é o do pedido postulado em face da seguradora e do intermediário do seguro, pois, se aquele se livrar da responsabilização, requer que este seja obrigado a reparar.

Litisconsórcio sucessivo: o segundo litisconsorte somente terá reconhecido o seu direito se, antes, o primeiro também o tiver. É o exemplo da ação de alimentos com indenização de ressarcimento de despesas do parto.

14. DA INTERVENÇÃO DE TERCEIROS

14.1. Noções gerais

A intervenção de terceiros é caracterizada pelo ingresso de um sujeito em processo pendente. Ele não participava do processo, sendo provocado para tanto, ou comparecendo e requerendo o seu ingresso espontaneamente.

O CPC 2015 trouxe algumas alterações em relação ao tema. A primeira delas foi incluir a assistência entre as modalidades interventivas, corrigindo falha do CPC de 1973. Pode ser citada, ainda, a exclusão da nomeação à autoria, enquanto modalidade interventiva, bem como da oposição. Foram inseridos, entretanto, o incidente de desconsideração de personalidade jurídica e a intervenção do *amicus curiae*.

A nomeação à autoria foi excluída. A oposição, por sua vez, foi prevista como modalidade de procedimento especial.

Dessa maneira, o CPC de 2015 fez previsão das seguintes modalidades de intervenção de terceiros:

i) Assistência (art. 119 ao 124);
ii) Denunciação da lide (art. 125 ao 129);
iii) Chamamento ao processo (art. 130 ao 132);
iv) Incidente de desconsideração da personalidade jurídica (art. 133 ao 137);
v) Amicus Curiae (art. 138);
vi) Recurso de terceiro prejudicado (art. 996, parágrafo único).

Além dessas modalidades interventivas, é possível também indicar a intervenção anômala, que poderá ser requerida pelas pessoas jurídicas de direito público, desde que portem interesse econômico (art. 5º, parágrafo único, da Lei n. 9.469/1997).

14.2. Classificação: intervenção voluntária e provocada

Algumas modalidades de intervenção são **voluntárias**, ingressando o terceiro por vontade própria, sob o crivo do juiz, enquanto em outras o terceiro é chamado ao processo, citado para compor o processo, motivo porque são denominadas de **provocadas**.

No quadro a seguir, pretende-se distinguir as modalidades interventivas:

Forma de Intervenção	Modalidade
Assistência	Modalidade voluntária, pois o assistente requer o ingresso no processo, demonstrando que possui interesse jurídico. Há entendimento no sentido de que é possível a assistência provocada, denominada de intervenção *iussu iudicis*. Ocorre na hipótese em que o juiz determina a intimação de terceiro que tenha interesse na causa, a fim de que participe na condição de assistente.
Denunciação da lide	Modalidade provocada, tendo em vista que o terceiro é citado para compor a ação de regresso (ação secundária) instaurada pelo denunciante.
Chamamento ao processo	Modalidade provocada pelo réu.
Incidente de desconsideração da personalidade jurídica	Modalidade de intervenção provocada pelo autor.
Amicus curiae	Modalidade de intervenção que poderá ser voluntária ou provocada, seja a requerimento ou de ofício pelo juiz.
Recurso de terceiro prejudicado	Modalidade de intervenção voluntária.

Embora o art. 109, I, da Constituição Federal não tenha feito referência à denunciação da lide e ao chamamento ao processo, o Superior Tribunal de Justiça entende que, havendo provocação para incluir na demanda a União, suas autarquias ou empresas públicas, competirá à Justiça Federal examinar se há interesse que justifique o seu ingresso.[7]

O benefício da prioridade na tramitação processual, em que figure como parte ou interessado pessoa com idade igual ou superior a 60 anos, ou portadora de doença grave, abrange também a intervenção de terceiros.[8]

14.3. Da assistência

14.3.1. Apontamentos gerais

A assistência é uma modalidade de intervenção de terceiros. Por meio dela, tem-se o ingresso voluntário de terceiro que demonstra possuir um interesse jurídico.

Como se vê, não é qualquer interesse que justifica a intervenção como assistente, mas somente o **interesse jurídico**, que não se confunde com o econômico.

A assistência não importa na ampliação do objeto do processo, sendo que o juiz julgará a demanda inicial do autor.

Ingressando no processo, o assistente estará impedido de discutir a justiça da decisão (art. 123 CPC 2015), vinculando-se a ela por conta da eficácia da intervenção atribuída pela lei. Nesse sentido, dispõe o Código que, transitada em julgado a sentença no processo em que interveio o assistente, este não poderá, em processo ulterior, discutir a justiça da decisão.

Contudo, não estará vinculado à justiça da decisão se alegar e provar que: i) pelo estado em que recebeu o processo ou pelas declarações e pelos atos do assistido, foi impedido de produzir provas suscetíveis de influir na sentença; e, ii) desconhecia a existência de alegações ou de provas das quais o assistido, por dolo ou culpa, não se valeu.

Tal modalidade de intervenção será admitida em qualquer procedimento e em todos os graus de jurisdição, recebendo o assistente o processo no estado em que se encontre.

---

7 (...). 3. Muito embora o art. 109, I, da Constituição Federal não faça referência à denunciação da lide, à nomeação à autoria e ao chamamento ao processo, a jurisprudência do STJ se firmou no sentido de que, havendo provocação para incluir na demanda a União, suas autarquias ou empresas públicas, à Justiça Federal cumpre examinar se há interesse que justifique o seu ingresso, aplicando-se, por analogia, a Súmula 150/STJ. (..). (REsp 1181954/PR, Rel. Ministra NANCY ANDRIGHI, TERCEIRA TURMA, julgado em 27/08/2013, DJe 04/09/2013).

8 PROCESSUAL CIVIL – PRIORIDADE NA TRAMITAÇÃO PROCESSUAL – IDOSOS (MAIORES DE 65 ANOS) – ABRANGÊNCIA DO BENEFÍCIO – INTERVENÇÃO DE TERCEIRO – ASSISTÊNCIA. 1. O art. 1.211-A do CPC, acrescentado pela Lei nº 10.173/2001, contemplou, com o benefício da prioridade na tramitação processual, todos os idosos com idade igual ou superior a sessenta e cinco anos que figurem como parte ou interveniente nos procedimentos judiciais, abrangendo a intervenção de terceiros na forma de assistência, oposição, nomeação à autoria, denunciação da lide ou chamamento ao processo. 2. Recurso especial provido. (REsp 664.899/SP, Rel. Ministra ELIANA CALMON, SEGUNDA TURMA, julgado em 03/02/2005, DJ 28/02/2005, p. 307).

14.3.2. Modalidades de assistência

Há duas modalidades de assistência: **simples** e **litisconsorcial**.

Na assistência simples, o terceiro intervém no processo para auxiliar o assistido, uma vez que sua esfera jurídica será afetada de forma reflexa. Deve demonstrar a existência de **interesse jurídico**. O assistente, ao ingressar na ação, não poderá manifestar-se contrariamente aos interesses do assistido.

Nessa hipótese, sendo revel o assistido, o assistente será considerado seu substituto processual.

A assistência simples não obsta que a parte principal reconheça a procedência do pedido, desista da ação ou transija sobre direito controvertido, estando a atividade do assistente subordinada à vontade do assistido.

Em princípio, os poderes do assistente são os mesmos do assistido. Porém, não terá eficácia o que fizer o assistente em contraste com a vontade manifesta do assistido.

De outro lado, há assistência litisconsorcial (ou qualificada) quando a sentença houver de influir na relação jurídica entre ele o adversário do assistido. Nessa hipótese, o assistente poderia ser parte no processo.

Os seus poderes são os mesmos de um litisconsorte. Ainda que o assistido renuncie à pretensão ou transija, pode o assistente litisconsorcial atuar de forma contrária a essas atitudes. Somente com anuência do assistente litisconsorcial terá efeito a desistência da ação, transação, renúncia etc. O direito discutido é de todos, ao mesmo tempo.

> Como é possível de se ver, na assistência simples, se o assistido manifestar-se no sentido da desistência da ação, não poderá se opor o assistente, pois estará vinculado à vontade deste. Porém, na assistência litisconsorcial, o assistente poderá até mesmo manifestar-se contrariamente aos interesses de seu assistido.

14.3.3. Procedimento de ingresso do assistente

O procedimento para ingresso do assistente tem o mesmo trâmite, independentemente de sua modalidade.

Assim, havendo o requerimento de ingresso de terceiro como assistente, as partes serão ouvidas. Se qualquer delas alegar que falece ao assistente interesse jurídico para intervir a bem do assistido, o juiz decidirá o incidente, sem suspensão do processo.

14.3.4. Requerimento de assistência formulado pela União

Tramitando o processo perante a Justiça Estadual e requerendo a União, suas autarquias, fundações e empresas públicas, o seu ingresso como assistente, deverá o juiz determinar a remessa dos autos à Justiça Federal, oportunidade em que será decidido se a União possui, de fato, interesse jurídico.

14.4. Da denunciação da lide

14.4.1. Considerações Iniciais

Tem-se a denunciação da lide quando uma das partes promove, no mesmo processo, ação regressiva contra terceiro, dito denunciado. Pressupõe-se que o denunciante tenha uma pretensão própria contra o denunciado.

São requisitos indispensáveis para o deferimento da denunciação: a) pretensão própria do denunciante *versus* o denunciado; e b) existência de direito de regresso do denunciante frente ao denunciado.

Trata-se de espécie de intervenção de terceiros provocada, que possui natureza jurídica de ***ação condenatória eventual***. Diz-se que é eventual, pois somente será julgada se o responsável pela denunciação (denunciante) for vencido no mérito da ação principal. Nesse sentido, dispôs o parágrafo único do art. 129: "Se o denunciante for vencedor, a ação de denunciação não terá o seu pedido examinado, sem prejuízo da condenação do denunciante ao pagamento das verbas de sucumbência em favor do denunciado".

Percebe-se que a denunciação da lide cria uma nova relação jurídica processual, com lide própria.

14.4.2. A provocação da denunciação da lide

Têm legitimidade à denunciação as partes da ação principal (autor e réu, além dos que já figurem como denunciados), desde que exista uma **pretensão de regresso.**

DENUNCIAÇÃO DA LIDE PELO AUTOR	DENUNCIAÇÃO DA LIDE PELO RÉU
O autor requer a denunciação na própria petição inicial. Ela somente será julgada se a ação principal, movida em face do réu, for julgada improcedente.	O réu a requer no prazo de resposta. Somente será julgada se a ação principal, movida em face do denunciante, for julgada procedente.
Requerida a citação do denunciado, o processo principal permanecerá paralisado. Realizada a citação, poderá o denunciado assumir a posição de litisconsorte do denunciante e acrescentar novos argumentos à petição inicial, procedendo-se em seguida à citação do réu.	Oferecida a denunciação, podem surgir três situações distintas: i) se o denunciado contestar o pedido formulado pelo autor, o processo prosseguirá tendo, na ação principal, em litisconsórcio, denunciante e denunciado; ii) se o denunciado for revel, o denunciante pode deixar de prosseguir com a sua defesa e abster-se de recorrer, restringindo sua atuação à ação regressiva; iii) se o denunciado confessar os fatos alegados pelo autor, o denunciante poderá prosseguir com sua defesa ou, aderindo a tal reconhecimento, pedir apenas a procedência da ação de regresso.

Independentemente da modalidade de denunciação – requerida pelo autor ou pelo réu –, será a ação regressiva julgada na mesma sentença em que analisada a ação principal.

De toda maneira, estando prejudicada a denunciação da lide por conta de ser a ação principal favorável ao denunciante, deverá este ser condenado ao pagamento dos honorários devidos ao advogado do denunciado.

Denunciação da lide pelo autor

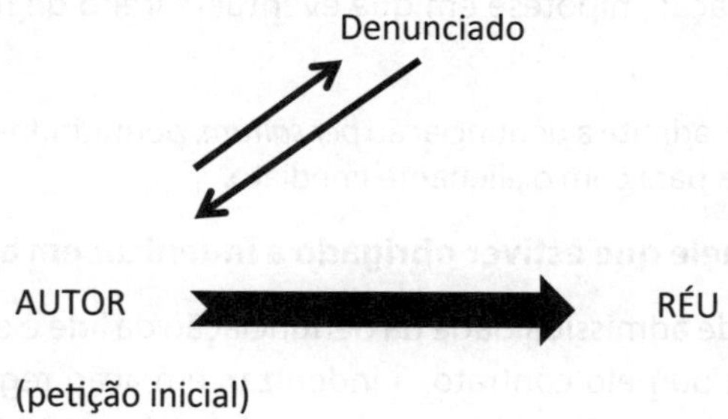

Denunciação da lide pelo réu

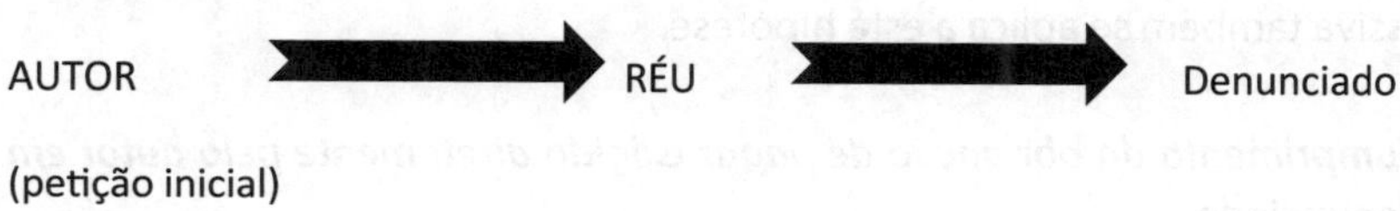

14.4.3. Cabimento da Denunciação da Lide

Será **admissível** a denunciação da lide, promovida por qualquer das partes:

I – ao alienante imediato, no processo relativo à coisa cujo domínio foi transferido ao denunciante, a fim de que possa exercer os direitos que da evicção lhe resultam;

II – àquele que estiver obrigado, por lei ou pelo contrato, a indenizar, em ação regressiva, o prejuízo de quem for vencido no processo.

Em primeiro lugar, deve ser destacado que, **em nenhuma hipótese, a denunciação da lide será obrigatória**. Já não o era no CPC de 1973, de acordo com último entendimento do Superior Tribunal de Justiça, e não o será agora por conta da expressão "admissível", contida no art. 125 do CPC 2015.

Assim, a parte poderá exercer o seu direito de regresso por meio da denunciação da lide, ou, optando diferentemente, ou pela sua inaplicabilidade, o fará por meio de ação autônoma.

Passa-se à análise das particularidades em relação a cada uma das modalidades interventivas.

a) Denunciação para exercício do direito que da evicção resulta

A hipótese do inciso I do art. 125, traz duas importantes alterações.

A primeira delas é constar que será admitida a denunciante exclusivamente ao alienante imediato, de modo que não poderá ser escolhido qualquer integrante da cadeia contratual, mas unicamente aquele que alienou o bem ao denunciante.

Também é digno de nota que houve a revogação do art. 456 do Código Civil e, como mencionado expressamente no § 2º do art. 125, somente será admitida uma única denunciação sucessiva, promovida pelo denunciado, contra seu antecessor imediato na cadeia dominial ou quem seja responsável por indenizá-lo, não podendo o denunciado sucessivo promover nova denunciação, hipótese em que eventual direito de regresso será exercido por ação autônoma.

> Portanto, não se admite a denunciação *per saltum*, permitindo-se apenas uma denunciação sucessiva para com o alienante imediato.

b) Denunciação àquele que estiver obrigado a indenizar em ação regressiva

A segunda hipótese de admissibilidade da denunciação da lide é em relação àquele que estiver obrigado, por lei ou pelo contrato, a indenizar, em ação regressiva, o prejuízo de quem for vencido no processo. Trata-se de hipótese típica do contrato de seguro.

A inadmissibilidade da denunciação *per saltum* e a possibilidade apenas uma denunciação sucessiva também se aplica a esta hipótese.

14.4.4. Cumprimento da obrigação de pagar exigido diretamente pelo autor em face do denunciado

Como dito acima, a denunciação da lide poderá ser exercida pelo autor ou pelo réu, promovendo-se ação de regresso em face do denunciado.

Interessa, neste momento, trazer um detalhe interessante em relação à denunciação promovida pelo réu.

Imagine-se o seguinte exemplo: João promoveu ação reparatória em face de Pedro. Este, por sua vez, tem contrato de seguro em relação à Companhia de Seguros Jesus. Neste caso, o réu denunciará à lide a empresa de seguros, exercendo, de imediato, a sua pretensão regressiva.

Têm-se, então, no mesmo processo, duas ações: a principal e a secundária.

Ao final do processo, o pedido apresentado por João, na ação principal, é acolhido e o juiz, na mesma sentença, já analisa a pretensão regressiva, também acolhida, para que a seguradora responda pelo montante total da condenação.

Nesse caso, o autor, no momento oportuno, é claro, poderá exigir o cumprimento da obrigação consubstanciada na sentença em face do réu, ou, se preferir, diretamente em face do denunciado, nos limites da condenação deste na ação regressiva (art. 128, parágrafo único).

Tal possibilidade já era admitida, pelo Superior Tribunal de Justiça, nos contratos de seguro, mas, agora, foi ampliada para outras situações.

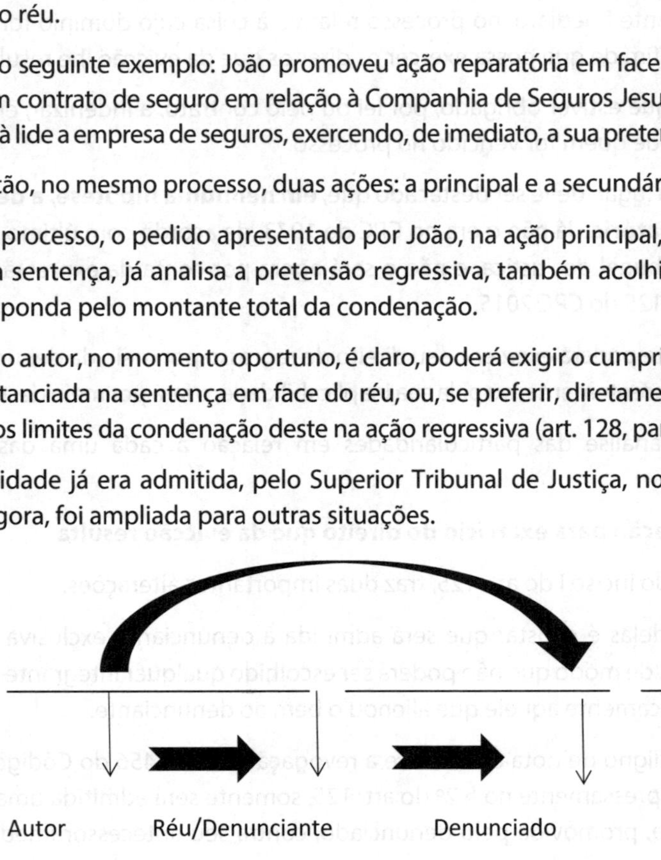

14.4.5. *Vedação da Denunciação da Lide no Código de Defesa do Consumidor ligada à indenização por fato do produto*

O Código de Defesa do Consumidor vedou a possibilidade da denunciação da lide no seu art. 88, que assim se pronuncia: "Na hipótese do art. 13, parágrafo único deste código, a ação de regresso poderá ser ajuizada em processo autônomo, facultada a possibilidade de prosseguir-se nos mesmos autos, vedada a denunciação da lide". O art. 13, parágrafo único, por sua vez, determina que "aquele que efetivar o pagamento ao prejudicado poderá exercer o direito de regresso contra os demais responsáveis, segundo sua participação na causação do evento danoso".

Nesse passo, e isso é importante, o fornecedor não poderá exercer direito de regresso no processo que demandado. Não obstante, permite-lhe o mesmo Código de Defesa do Consumidor, em seu art. 101, II, ampliar o polo passivo da ação, formando-se litisconsórcio entre ele e o segurador, na hipótese de existir contrato de seguro, vedada a integração do contraditório pelo Instituto de Resseguros do Brasil.

Ocorre que a vedação à denunciação da lide está restrita às hipóteses da existência de fato do produto, não se aplicando em relação ao fato de serviço.

> Portanto, **não está vedada a denunciação da lide nos casos de defeito na prestação de serviços**.

14.5. Do chamamento ao processo

14.5.1. *Considerações iniciais e natureza jurídica*

O chamamento ao processo é modalidade de intervenção de terceiros provocada pelo réu, que deverá exercer tal direito na contestação.

Existem **duas teses** a respeito da natureza do chamamento ao processo.

a) Trata-se de **ação condenatória** requerida pelo devedor solidário que, acionado sozinho para responder pela totalidade da dívida, pretende acertar, na ação secundária de chamamento, a responsabilidade do devedor principal ou dos demais codevedores solidários, na proporção de suas cotas. De acordo com os autores adeptos desta teoria, tese contrária ofenderia a opção do litisconsórcio facultativo para o autor nos casos de solidariedade.
b) Outros autores defendem tratar-se de forma de ampliação subjetiva passiva da relação processual.

O Novo CPC, ao que parece, adotou a segunda tese, como se pode extrair do que está previsto no art. 131, *caput*, ao mencionar que "a citação daqueles que devam figurar em litisconsórcio passivo (...)".

14.5.2. *Da Admissibilidade do Chamamento ao Processo*

O chamamento ao processo poderá ser requerido réu, na sua contestação, quando: i) o fiador for réu, hipótese em que chamará o afiançado; ii) os demais fiadores, na ação proposta contra um ou alguns deles; iii) os demais devedores solidários, quando o credor exigir de um ou de alguns o pagamento da dívida comum.

Nessas hipóteses, o réu foi citado para responder sozinho pela obrigação. Então, buscando fixar a responsabilidade do devedor principal ou dos demais devedores, poderá chamá-los ao processo, com quem formará litisconsórcio passivo.

Após requerer a citação do chamado e sendo a intervenção deferida pelo juiz, o réu deverá providenciar a sua citação, disponibilizando o que for necessário. Deverá tomar tal providência no prazo de trinta dias, sob pena de ficar sem efeito o chamamento. Porém, se o chamado residir em outra comarca, seção ou subseção judiciária, ou ainda em lugar incerto, o prazo será de dois meses.

14.5.3. Da Sentença de Procedência

O réu, ao promover o chamamento ao processo, tem o interesse, como já foi dito, de ver reconhecida a responsabilidade do chamado em responder total ou parcialmente pela dívida. E, em conformidade com o art. 132 do CPC 2015, a sentença de procedência valerá como título executivo judicial em favor do réu que satisfizer a dívida, a fim de que possa exigi-la, por inteiro, do devedor principal, ou de cada um dos codevedores, na proporção que lhes tocar.

14.5.4. Chamamento ao processo e o Código de Defesa do Consumidor

O Código de Defesa do Consumidor prevê uma hipótese de chamamento ao processo no art. 101, II, indicando que, nas ações de responsabilidade do fornecedor de produtos e serviços, o réu que houver contratado seguro de responsabilidade poderá chamar ao processo o segurador, vedada a integração do contraditório pelo Instituto de Resseguros do Brasil.

Sendo o réu falido, será o administrador intimado para indicar se há contrato de seguro de responsabilidade e, sendo positiva a resposta, poderá o autor demandar diretamente à seguradora, sendo novamente vedada a denunciação da lide ao Instituto de Resseguros.

14.6. Do Incidente de Desconsideração da Personalidade Jurídica

14.6.1. Considerações Iniciais

Com a finalidade de resguardar os princípios do contraditório dinâmico e da ampla defesa, o legislador fez previsão do incidente de desconsideração da personalidade jurídica, por meio do qual o sócio ou a própria pessoa jurídica (desconsideração invertida) serão previamente ouvidos, antes de se decidir pela possibilidade de desconsiderá-la.

A lei processual não fez previsão das hipóteses em que será admitida a desconsideração, reservando tal regulação para o direito material, como é possível verificar no Código Civil, Código de Defesa do Consumidor etc.

Trata-se de novidade inserida pelo Novo CPC, pois, embora o ordenamento jurídico admitisse a desconsideração em algumas hipóteses, não se preocupava com aspectos processuais.

14.6.2. A Desconsideração Requerida na Própria Inicial

O pedido de desconsideração da personalidade jurídica não depende propriamente da instauração de um incidente próprio, pois poderá ser requerido na própria petição inicial, ou em reconvenção (apresentada na contestação).

Optando por tal procedimento, o demandante requererá a formação de litisconsórcio passivo entre a pessoa jurídica e o sócio (ou, o sócio e a pessoa jurídica, no caso da desconsideração invertida).

14.6.3. Legitimidade para requerer a instauração do incidente

O incidente de desconsideração da personalidade jurídica será instaurado a pedido da parte ou do Ministério Público, quando lhe couber intervir no processo.

Aquele que demandar no processo poderá requerer a instauração do incidente de desconsideração da personalidade jurídica. Nesse sentido, poderão fazê-lo: i) autor; ii) o réu, por meio de reconvenção; iii) o autor ou o réu, quando requererem a denunciação da lide; iv) o réu, quando valer-se do chamamento ao processo; v) o assistente litisconsorcial também poderá requerer, até porque poderia ser parte na relação processual.

O Ministério Público também poderá fazê-lo, atuando como parte no processo, ou como fiscal da ordem jurídica.

14.6.4. Admissibilidade do Incidente

O incidente de desconsideração da personalidade jurídica é cabível em todas as fases do processo de conhecimento, no cumprimento de sentença ou na execução fundada em título executivo extrajudicial.

14.6.5. Procedimento

O incidente será requerido por meio do interessado, em petição dirigida ao juízo. Uma vez instaurado, haverá comunicação ao distribuidor para as anotações devidas, acarretando a imediata suspensão do processo.

Trata-se, como se vê, de suspensão imprópria, na medida em que, enquanto outros atos processuais não serão praticados, o incidente tramitará, com a citação do sócio ou da pessoa jurídica para manifestar-se e requerer as provas cabíveis no prazo de quinze dias.

Terminada a instrução, se acaso for necessário, o incidente será solucionado por meio de decisão interlocutória, podendo ser impugnada pelo recurso de agravo de instrumento. Se a decisão for proferida pelo relator, caberá o recurso de agravo interno.

Sendo acolhido o incidente, o juiz determinará que os bens do sócio ou da pessoa jurídica também responderão pela dívida. Além disso, a alienação ou a oneração de bens, havida em fraude de execução, será ineficaz em relação ao requerente.

14.7. Intervenção do *Amicus Curiae*

14.7.1. Quem é o Amicus Curiae?

O *amicus curiae* não é parte no processo, pois não tem qualquer interesse no resultado da ação. Tem unicamente interesse em auxiliar o órgão judicial. Terá legitimidade recursal limitada, pois somente poderá recorrer para opor embargos declaratórios e para impugnar o pronunciamento que julgar o incidente de resolução de demandas repetitivas (art. 138, § 3º do Novo CPC).

14.7.2 Limitação à Legitimação Recursal do Amicus Curiae

Se, de um lado, o Novo CPC prevê a intervenção do *amicus curiae* em quatro dispositivos, restringe a possibilidade de interposição de recurso a apenas um deles – incidente de resolução de demandas repetitivas – e admite a apresentação de embargos declaratórios em todos (art. 138, §§ 1º e 3º).

15. ADVOGADO, MINISTÉRIO PÚBLICO E ADVOCACIA PÚBLICA. PRERROGATIVAS DA FAZENDA PÚBLICA EM JUÍZO

15.1. Advogado

A parte será representada em juízo por advogado regularmente inscrito na OAB.

Para que o advogado possa postular, há de apresentar a respectiva procuração, salvo se estiver postulando em causa própria, ou, ainda, para evitar preclusão, decadência ou prescrição, ou para praticar ato considerado urgente.

Nestas últimas situações deverá o advogado apresentar procuração no prazo de 15 dias, prorrogável por igual período por despacho do juiz.

Se não for ratificado o ato será considerado ineficaz relativamente àquele em cujo nome foi praticado, respondendo o advogado pelas despesas e por perdas e danos.

Poderá o advogado examinar, ainda que sem procuração, autos de qualquer processo, salvo na hipótese de segredo de justiça.

Nas causas de segredo de justiça, somente o advogado constituído poderá ter acesso aos autos.

Sendo comum o prazo processual, poderá o advogado retirar os autos para obter cópias, pelo prazo de duas a seis horas, independentemente de ajuste e sem prejuízo da continuidade do prazo.

Admite-se que o procurador renuncie ao mandato a qualquer tempo, devendo comunicar o mandante. Durante os dez dias seguintes, o advogado continuará a representar o mandante, desde que necessário para lhe evitar prejuízo.

Estará dispensada a comunicação se a procuração for firmada em benefício de vários advogados e a parte continuar a ser representada por outro.

15.2. Do Ministério Público

O Ministério Público atuará na defesa da ordem jurídica, do regime democrático e dos interesses e direitos sociais e individuais indisponíveis, conforme determina a Constituição Federal, a sua Lei Orgânica e o art. 176 do CPC.

Atuação do Ministério Público no Processo Civil	Parte Fiscal da Ordem Jurídica

Atuará como fiscal da ordem jurídica nas hipóteses previstas na Constituição e na lei e, também nos processos: i) que envolvam interesse público ou social; ii) interesse de incapaz; iii) litígios coletivos pela posse de terra rural ou urbana.

> É de se ter atenção com a mudança ocorrida. O Ministério Público não mais atuará nas causas de divórcio, por exemplo, se não existir interesse de incapaz. Além disso, a participação da Fazenda Pública (pessoa jurídica de direito público) não importa na necessidade de participação do MP.

O Ministério Público, no exercício de suas funções, contará com determinadas prerrogativas. Dessa maneira, gozará de prazo em dobro para manifestar-se nos autos e fará jus à intimação pessoal.

O Ministério Público será civil e regressivamente responsável quando agir com dolo ou fraude no exercício de suas funções.

15.3. Advocacia Pública

É missão da Advocacia Pública a defesa e promoção dos interesses públicos da União, dos Estados, do Distrito Federal e dos Municípios, por meio de representação judicial, em todos os âmbitos federativos, das pessoas jurídicas de direito público que integram a administração direta e indireta.

É integrada por profissionais que ingressam por meio de concurso.

Para a observância do interesse público em juízo há a previsão de determinadas prerrogativas, que serão examinadas na sequência.

15.4. Prerrogativas da Fazenda Pública em Juízo

15.4.1. O princípio constitucional da isonomia e o interesse público

As prerrogativas processuais da Fazenda Pública se legitimam na aplicação do princípio constitucional da isonomia que reclama tratamento instrumental condizente com a defesa do interesse público em juízo. Assim, mesmo que a norma não identifique todos os destinatários das prerrogativas processuais, elas são extensíveis se o direito material em litígio for de interesse público, conforme já decidiu o Supremo Tribunal Federal (v.g. RE n.º 220.906, Relator Ministro MAURÍCIO CORRÊA, Plenário, sessão de 17.11.2000).

O princípio constitucional da isonomia previsto no caput e inciso I, do art.5º, da Constituição Federal fora reforçado e especializado sob o enfoque processual no inciso I do art.139, do Novo Código de Processo Civil, e consiste no dever do legislador e do aplicador do direito (juiz) assegurarem às partes tratamento condizente com suas necessidades, com o fito de possibilitar igualdade de condições e instrumentos pertinentes para construção de elementos probatórios a serem utilizados em decisões mais justas reclamadas pelos bens jurídicos tutelados.

15.4.2. A citação do Estado para compor a relação processual

A citação da União, dos Estados, do Distrito Federal, dos Municípios e de suas respectivas autarquias e fundações de direito público, será realizada perante o órgão de Advocacia Pública responsável por sua representação judicial (CPC/15, art.242, §3º).

15.4.3. Prazos diferenciados para a prática de atos processuais

Inicialmente, será apresentado quadro comparativo entre os artigos 188 do CPC 73 e 183 do CPC 2015:

QUADRO COMPARATIVO	
CPC/73	**CPC/15**
Art. 188. Computar-se-á em quádruplo o prazo para contestar e em dobro para recorrer quando a parte for a Fazenda Pública ou o Ministério Público.	Art. 183. A União, os Estados, o Distrito Federal, os Municípios e suas respectivas autarquias e fundações de direito público gozarão de prazo em dobro para todas as suas manifestações processuais, cuja contagem terá início a partir da intimação pessoal. § 1º A intimação pessoal far-se-á por carga, remessa ou meio eletrônico. § 2º Não se aplica o benefício da contagem em dobro quando a lei estabelecer, de forma expressa, prazo próprio para o ente público.

Como se vê, o Novo CPC inseriu como regra geral o prazo em dobro para todas as manifestações processuais da União, dos Estados, do Distrito Federal, dos Municípios e de suas respectivas autarquias e fundações de direito público. Já o CPC/73 delimitava o prazo diferenciado para certo ato (v.g. contestar, recorrer, defesa em execução etc.) se fosse a Fazenda Pública, não especificando quais pessoas jurídicas ou entidades que estariam incluídas neste conceito e diferenciando o lapso temporal do prazo diferenciado.

EXCEÇÕES AO PRAZO EM DOBRO NO NOVO CPC
Art. 535. A Fazenda Pública será intimada na pessoa de seu representante judicial, por carga, remessa ou meio eletrônico, para, querendo, no prazo de 30 (trinta) dias e nos próprios autos, impugnar a execução, podendo arguir: (...)
Art. 629. A Fazenda Pública, no prazo de 15 (quinze) dias, após a vista de que trata o art. 627, informará ao juízo, de acordo com os dados que constam de seu cadastro imobiliário, o valor dos bens de raiz descritos nas primeiras declarações.
Art. 910. Na execução fundada em título extrajudicial, a Fazenda Pública será citada para opor embargos em 30 (trinta) dias.

Além das exceções elencadas no quadro acima, se outras leis previrem prazos próprios para o ente público se manifestar nos autos, não se aplica a regra de multiplicação em dobro do lapso temporal para a prática do ato, nos termos do § 2º, do art. 183, do CPC/15.

A intimação do órgão de representação do ente público será sempre pessoal e far-se-á por meio de: a) carga ou remessa dos autos físicos; b) intimação eletrônica nos autos digitais. O CPC/73 não tinha igual previsão, e os Procuradores dos Estados e Municípios não tinham a prerrogativa de intimação pessoal (salvo em execuções fiscais), que era concedida aos integrantes da Advocacia Geral da União.

15.4.4. Do não adiantamento de despesas processuais e dos honorários advocatícios

De acordo com o que dispõe o art. 91 do CPC/2015, "as despesas dos atos processuais praticados a requerimento da Fazenda Pública, do Ministério Público ou da Defensoria Pública serão pagas ao final pelo vencido".

Por despesas processais devem ser entendidos "todos os itens do custo do processo que de algum modo e em algum momento serão devidos aos agentes estatais (Poder Judiciário, auxiliares da Justiça), mas não abrange os honorários advocatícios".[9]

A regra geral do nosso regime processual é que as partes adiantem as despesas dos atos realizados a seu requerimento, ao longo do processo e "até a sentença final" (art. 82, *caput*, CPC/2015), sendo certo que, ao final, a parte sucumbente será responsabilizada pelo pagamento, total ou parcial, das despesas processuais e honorários advocatícios, ainda que pela via do ressarcimento da parte contrária, tal como deflui do parágrafo 2º do dispositivo antes citado, combinado com o artigo 85, *caput*.

No tocante à especial condição da Fazenda Pública, o citado art. 91 do CPC/2015, prevê que esta não deve arcar com o pagamento de tais despesas, a não ser ao final, se vencida na demanda. Ou seja, o Estado não está obrigado a *adiantar* o pagamento de tais despesas, e apenas nesse ponto reside a prerrogativa em questão.

Se sucumbente, ao final do processo, a Fazenda Pública efetuará o pagamento das despesas, como qualquer pessoa, não estando obrigada unicamente a adiantá-las no curso do processo.

Os honorários sucumbenciais fixados contra a Fazenda Pública também foram objeto de regulamentação específica (e bastante detalhada), em novo modelo, reduzindo a esfera de atuação discricionária dos magistrados nesse particular.

A distinção vem na determinação de que serão observados percentuais diversos daquele limite fixo de 10% a 20%, aplicado o escalonamento previsto nos incisos desse mesmo parágrafo 3º, da seguinte forma:

Percentual incidente sobre o valor da condenação ou do proveito econômico obtido.	Limites.
Mínimo de 10% e máximo de 20%.	Até 200 salários-mínimos
Mínimo de 8% e máximo de 10%.	Acima de 200 até 2.000 salários mínimos .
Mínimo de 5% e máximo de 8%.	Acima de 2.000 até 20.000 salários mínimos.

9 DINAMARCO, Candido Rangel. *Instituições de Direito Processual Civil*. v. II. 6ª ed. Malheiros: São Paulo, 2009, p. 651.

Percentual incidente sobre o valor da condenação ou do proveito econômico obtido.	Limites.
Mínimo de 3% e máximo de 5%.	Acima de 20.000 até 100.000 salários mínimos.
Mínimo de 1% e máximo de 3%.	Acima de 100.000 salários mínimos.

A fixação, que pode ocorrer desde logo (se líquida a sentença), ou posteriormente, quando liquidada, em qualquer caso observado o valor do salário mínimo então em vigor (§ 4º, I, II e IV), é feita de modo *escalonado*, variando o percentual dos honorários advocatícios de acordo com a extensão de sua base de cálculo, que pode ser o valor da causa se não houver condenação e não for possível mensurar o total do proveito econômico obtido (§ 4º, III).

Além disso, o CPC/2015 impõe a possibilidade de fixação *fracionada*, pois sendo o conteúdo econômico da demanda muito alto "a fixação do percentual de honorários deve observar a faixa inicial e, naquilo que a exceder, a faixa subsequente, e assim sucessivamente" (§ 5º).

15.4.5. Da remessa necessária

A remessa necessária é condição de eficácia da sentença proferida contra o Poder Público, de modo que, neste caso, aquela não produzirá efeitos depois de revista pelo tribunal.

De acordo com o art. 496 do Novo Código de Processo Civil, existem algumas regras importantes quanto à incidência ou não da remessa necessária, assim enumeradas:

i) Incidência da remessa necessária quando o valor da condenação ou o proveito econômico obtido na causa for de valor certo e líquido superior a 1.000 salários mínimos para a União; 500 salários mínimos para os Estados e o Distrito Federal e os Municípios que forem capitais; e, 100 salários mínimos para os demais municípios. A mesma regra vale para as respectivas autarquias e fundações públicas.

ii) Aplicação dos precedentes:

Também não haverá a remessa oficial se a sentença proferida estiver em conformidade com súmula de tribunal superior, acórdão proferido pelo Supremo Tribunal Federal ou pelo Superior Tribunal de Justiça em julgamento de recursos repetitivos, ou, ainda, entendimento firmado em incidente de resolução de demandas repetitivas ou assunção de competência.

Ora, não se mostra razoável exigir-se que a sentença seja revista pelo Tribunal a que o juízo estiver vinculado, se o pronunciamento jurisdicional de primeiro grau já for fundado em precedente obrigatório, principalmente pela observância da coerência da jurisprudência.

iii) Entendimento coincidente com orientação vinculante firmada no âmbito administrativo do próprio ente público, consolidada em manifestação, parecer ou súmula administrativa:

No âmbito da Advocacia Geral da União, está a Procuradoria-Geral da Fazenda Nacional dispensada a interpor recurso em determinadas situações, prestigiando os precedentes e a própria orientação emanada da Administração Federal (Lei 10.522/2002, art. 19).

O Novo CPC, ao referir-se à dispensa da remessa necessária quando a sentença estiver fundada em súmula de tribunal superior, acórdão proferido pelo STF ou STJ, também deve estar incluído o Tribunal Superior do Trabalho, guardando-se o devido paralelismo.

16. FATOS E ATOS PROCESSUAIS

16.1. Conceito de atos processuais

São **atos processuais** aqueles que se destinam à criação, modificação, conservação ou extinção da ***relação jurídica processual***.[10] Podem ser praticados pelas partes, pelos auxiliares do juízo e pelo magistrado.

Diferenciam-se dos fatos processuais, que são fatos humanos ou não que tenham repercussão no processo.

16.2. Forma

Os atos processuais não dependem de prova determinada, salvo quando a lei expressamente o exigir.

Princípio da instrumentalidade das formas: consideram-se válidos os atos processuais que, embora realizados de outro modo, tenham preenchido a finalidade essencial.

Deve ser observado, ainda, os princípios da primazia do julgamento do mérito e do máximo aproveitamento do ato processual.

Como regra, os atos processuais são públicos. Porém, correrão em segredo de justiça: i) aqueles em que se exija o interesse público ou social; ii) que versem sobre casamento, separação de corpos, divórcio, separação, união estável, filiação, alimentos e guarda de crianças e adolescentes; iii) em que constem dados protegidos pelo direito constitucional à intimidade; iv) que versem sobre arbitragem, inclusive sobre cumprimento de carta arbitral, desde que a confidencialidade estipulada na arbitragem seja comprovada perante o juízo.

16.3. Do Tempo dos Atos Processuais

Os atos processuais serão praticados em horário autorizado por lei, qual seja, das 6 às 20 horas. Se iniciados antes, podem ser concluídos após as 20 horas, se o adiamento prejudicar a diligência ou causar grave dano.

As citações, intimações e as penhoras podem ser realizadas no período de férias forenses, nos feriados ou dias úteis fora do horário estabelecido, desde que se observe a impossibilidade de ingresso em domicílio em horário noturno sem a autorização do morador.

10 WAMBIER, Luiz Rodrigues. TALAMINI, Eduardo. ALMEIDA. Flávio Renato Correia. *Curso Avançado de Processo Civil*. VOL. 1. 10ª ed. São Paulo: RT, 2008.

O ato eletrônico poderá ser praticado até as 24 horas do último dia do prazo.

Durante as férias forenses e nos feriados não serão praticados atos processuais, salvo as citações, intimações e penhoras, como acima afirmado, bem como a tutela de urgência.

> Citação, intimação e penhora poderão ser praticadas nas férias, nos feriados e após as 20 horas, desde que se observe que o domicílio é o asilo inviolável do indivíduo.

A tutela de urgência é uma espécie da **tutela provisória**. Há o fundamento urgência, o que a distingue da tutela da evidência (de alta probabilidade). Comporta a **tutela antecipada** (em que se antecipa o mérito que seria analisado ao final) e a **tutela cautelar** (com análise do *fumus boni iuris* e do *periculum in mora*).

Logo, poderão ser praticados atos processuais relacionados à tutela antecipada e à tutela cautelar. Não estão abrangidos os que disserem respeito à tutela da evidência.

Durante as férias serão processuais determinadas demandas, continuando o trâmite ainda pela que pela superveniência delas: i) os procedimentos de jurisdição voluntária e os necessários à conservação de direitos, quando puderem ser prejudicados pelo adiamento; ii) a ação de alimentos e os processos de nomeação ou remoção de tutor e curador; iii) os processos que a lei determinar.

Consideram-se feriados, para efeito forense, os sábados, domingos, os dias em que não haja expediente forense, bem como os declarados por lei.

16.4. Lugar

Os atos processuais, como regra, serão praticados na sede do juízo. Excepcionalmente, poderão ser praticados em outro lugar em razão de deferência, interesse da justiça, da natureza do ato ou de obstáculo arguido pelo interessado e acolhido pelo juiz.

16.5. Dos Prazos Processuais

A lei prescreverá os prazos em que serão realizados os atos processuais. Prazo pode ser entendido como o período de tempo entre um termo inicial e um termo final.

Se a lei não fizer previsão do prazo, o juiz o fixará, levando em consideração a sua complexidade.

CONTAGEM DOS PRAZOS PROCESSUAIS NO PROCESSO CIVIL: SOMENTE SERÃO CONTADOS OS DIAS ÚTEIS!

Suspende-se o prazo processual no período de 20 de dezembro a 20 de janeiro, inclusive, o que não retira a necessidade de exercício da atribuição pelos juízes, membros do MP, Defensoria Pública, Advocacia Pública e os auxiliares da Justiça.

Entende-se por prazo peremptório, em conformidade com o Novo CPC, aqueles nos quais o juiz não poderá diminuir sem a concordância das partes. Verifica-se que o juiz poderá dilatar quaisquer prazos, ainda que processuais, como ocorre com o prazo para oferecimento de contestação. Ele poderá ser aumentado por decisão judicial. Porém, para diminuí-lo, deverá o magistrado contar com a concordância das partes.

O MAGISTRADO PODERÁ DILATAR QUAISQUER PRAZOS. PARA DIMINUI-LOS, PORÉM, PRECISA DA CONCORDÂNCIA DAS PARTES.

Na esteira do **princípio da preclusão**, o CPC repetiu que decorrido o prazo extingue-se o direito de praticar ou de emendá-lo.

A preclusão comporta as seguintes espécies: i) temporal; ii) lógica; iii) consumativa; iv) elástica.

A preclusão temporal decorre do escoamento do prazo para a prática do ato processual, com o que se extingue o direito de praticá-lo ou de emendá-lo. Deve ser levada em consideração a possibilidade de se verificar a justa causa decorrente de evento alheio à vontade da parte e que a impediu de praticar o ato por si ou por mandatário.

A preclusão lógica, por sua vez, decorre da prática de ato incompatível. Exemplo: pagamento da obrigação reconhecida em sentença condenatória. Tem-se a preclusão lógica em relação à possibilidade de interpor recurso.

A preclusão consumativa decorre da prática do ato processual. Uma vez praticado, não poderá ser renovado. Se oferecida contestação, não poderá ser posteriormente apresentada outra defesa. Se interposto recurso de apelação, não poderá ser ampliado o objeto recursal. Isso não significa vedar-se o aperfeiçoamento do ato processual em decorrência do princípio do máximo aproveitamento dos atos processuais e da primazia do julgamento do mérito.

A preclusão elástica decorre da necessidade de se aguardar para verificar se determinado ato será praticado em período posterior. Exemplo: a impugnação de questão incidental decidida por meio de decisão interlocutória quando da interposição do recurso de apelação, em que será necessário apresentar preliminar nas razões recursais. Se esta não for apresentada, tem-se a preclusão.

Para todos os fins, os prazos serão contados excluindo o dia do começo e incluindo o dia do vencimento. Tais dias serão prorrogados para o primeiro dia útil seguinte, se coincidirem com dia em que o expediente forense for encerrado antes ou iniciado depois da hora normal ou houver indisponibilidade da comunicação eletrônica.

Se a intimação do ato processual se der pelo Diário da Justiça eletrônico, considera-se como data de publicação o primeiro dia útil seguinte ao da disponibilização da informação.

O magistrado contará com prazo impróprio para a prática de atos processuais. A sua inobservância não acarretará em consequência processual, mas disciplinar. Dessa maneira, deverá o juiz proferir os despachos em cinco dias, as decisões interlocutórias em dez dias e as sentenças em trinta dias.

PRONUNCIAMENTO	PRAZO
DESPACHO	5 DIAS
DECISÃO INTERLOCUTÓRIA	10 DIAS
SENTENÇA	30 DIAS

O escrivão, por sua vez, deverá remeter os autos conclusos no prazo de um dia e executar os atos processuais em cinco dias.

Em certas hipóteses o prazo processual será contado de forma diferenciada. Podem ser citados: i) para os litisconsortes com diversos procuradores; ii) para o Ministério Público, Defensor Público e integrantes da Advocacia Pública.

Litisconsortes: serão litisconsortes aqueles que litigarem lado a lado em um dos polos da ação. Tais pessoas podem contar com um único advogado, ou então cada um deles poderá ter o patrocínio de um causídico. Neste último caso, têm-se os litisconsortes com diversos procuradores, que contarão com o prazo em dobro para a prática de atos processuais desde que preenchidos determinados requisitos, resumidos no quadro a seguir.

> Requisitos para a contagem em dobro do prazo para os litisconsortes com diversos procuradores:
>
> i) serem os Advogados dos litisconsortes integrantes de escritórios de advocacia distintos;
>
> ii) que não se trate de processo eletrônico.

A contagem em dobro cessará se, havendo apenas dois réus, for oferecida defesa apenas por um deles.

Exercício de contagem de prazo processual

A propôs ação em face de "B" e de "C". Os dois foram citados. B ofereceu contestação, mas C permaneceu revel. Nesse caso, será contado em dobro o prazo para que B pratique os atos processuais? E para a contestação?

Em primeiro lugar, para a contestação o prazo será contado em dobro, porque ainda havia a expectativa de que os réus teriam procuradores diversos. Contudo, após oferecida a resposta por apenas um dos réus, o prazo não mais será contado em dobro.

O Código **disciplina o dia do começo do prazo**, que será, salvo disposição em sentido contrário:

I – a data de juntada aos autos do aviso de recebimento, quando a citação ou a intimação for pelo correio;

II – a data de juntada aos autos do mandado cumprido, quando a citação ou a intimação for por oficial de justiça;

III – a data de ocorrência da citação ou da intimação, quando ela se der por ato do escrivão ou do chefe de secretaria;

IV – o dia útil seguinte ao fim da dilação assinada pelo juiz, quando a citação ou a intimação for por edital;

V – o dia útil seguinte à consulta ao teor da citação ou da intimação ou ao término do prazo para que a consulta se dê, quando a citação ou a intimação for eletrônica;

VI – a data de juntada do comunicado de que trata o art. 232 (comunicação de cumprimento da carta precatória) ou, não havendo esse, a data de juntada da carta aos autos de origem devidamente cumprida, quando a citação ou a intimação se realizar em cumprimento de carta;

VII – a data de publicação, quando a intimação se der pelo Diário da Justiça impresso ou eletrônico;

VIII – o dia da carga, quando a intimação se der por meio da retirada dos autos, em carga, do cartório ou da secretaria.

O prazo da intimação será contado individualmente. De outro lado, no caso de citação, o prazo se iniciará com a última das datas, ressalvado se houver pedido de dispensa da realização da audiência de conciliação ou de mediação, quando então será contado de cada protocolo de petição.

16.6. Da Comunicação dos Atos Processuais

Citação é o ato pelo qual são convocados o réu, o executado ou o interessado para integrar a relação processual. Para que a relação processual seja válida, é imprescindível a citação do réu ou do executado, salvo nas hipóteses de indeferimento da petição inicial ou de improcedência liminar do pedido.

→ Atenção ao conceito de citação.

Portanto, o réu, o executado e o interessado serão convocados para integrar a relação processual por meio da citação. Não obstante, é possível que haja o comparecimento espontâneo, quando então o prazo para resposta ou embargos se inicia desta data.

Poderá o réu/executado/interessado comparecerem unicamente para alegar a nulidade da citação. Se rejeitada a alegação, o réu será considerado revel, no processo de conhecimento, ou a execução prosseguirá.

Decorrem certos efeitos da citação válida, ainda que o ato tenha sido ordenado por juiz incompetente.

Efeitos da citação válida

i) induzir litispendência;

ii) tornar litigiosa a coisa;

iii) constituir em mora o devedor, ressalvadas excepcionalidades previstas no Código Civil.

→ Tornar prevento o juízo não é mais efeito da citação válida.

A interrupção da prescrição ocorrerá por força do despacho judicial, conforme prevê o art.202, I do Código Civil. Tal interrupção vai retroagir à data da propositura da ação, desde que o autor providencie as providências necessárias para viabilizar a citação. Se isso não ocorrer, não irá retroagir.

O efeito retroativo aplica-se à prescrição, decadência e também a outros prazos extintivos.

A citação poderá ser realizada: por correio; por oficial de justiça; pelo escrivão ou chefe de secretaria, se o citando comparecer em cartório; por edital; por meio eletrônico.

Deverão as empresas públicas e privadas manter cadastro nos sistemas de processo em autos eletrônicos, para efeito de recebimento de citações e intimações, que serão realizadas de forma preferencial por este meio. Tal regra se aplica às pessoas jurídicas de direito público e também de direito privado integrantes da Administração Pública. Estão excluídas as microempresas e as empresas de pequeno porte.

Como regra, a citação será realizada pelo correio. Contudo, em determinadas situações, será realizada por oficial de justiça nas seguintes hipóteses: nas ações de estado, quando o citando for incapaz, quando o citando for pessoa jurídica de direito público, quando o citando residir em local não atendido pela entrega domiciliar de correspondência e quanto o autor, justificadamente, a requerer de outra forma.

IMPORTANTE:
No caso de condomínio edilícios ou nos loteamentos com controle de acesso, admite-se como válida a entrega do mandado a funcionário da portaria responsável pelo recebimento de correspondência. Admite-se, porém, a recusa, se o funcionário atestar, por escrito, que o destinatário da correspondência está ausente.

Citação com hora certa: poderá ser realizada pelo oficial de justiça quando, tendo procurador o citando em seu domicílio ou residência sem o encontrar, por duas vezes, havendo suspeita de ocultação, deverá intimar qualquer pessoa da família ou, em sua falta, qualquer vizinho de que, no dia útil imediato, voltará a fim de efetuar a citação, na hora que designar. Será admitida a entrega a funcionário de portaria nos condomínios ou nos loteamentos com controle de acesso.

No dia e hora designados, o oficial de justiça, de ofício (sem precisar de decisão judicial), comparecerá ao domicílio ou à residência do citando a fim de realizar a diligência. Estando este não presente, será apurado o motivo da ausência, dando por feita a citação, ainda que a ocultação tenha ocorrido em outra comarca.

A citação com hora certa será feita ainda que a pessoa anteriormente intimada não esteja presente, ou se esta se recursar a receber o mandado.

Uma vez efetivada tal citação, o escrivão enviará ao réu, executado ou interessado, em dez dias, carta, telegrama ou correspondência eletrônica, dando-lhe de tudo ciência.

Nas comarcas contínuas, de fácil comunicação ou na mesma região metropolitana, o oficial de justiça poderá efetuar, em qualquer delas, citações, intimações, notificações, penhoras e quaisquer outros atos executivos.

Será feita a citação por edital quando desconhecido ou incerto o citando, quando ignorado, incerto ou inacessível o lugar em que se encontrar o citando e nos casos expressos em lei.

Intimação é o ato pelo qual se dá ciência a alguém dos atos e dos termos do processo.

As intimações do Ministério Público, da Defensoria Pública e da Advocacia Pública são pessoais.

As intimações, sempre que possível, serão realizadas por meio eletrônico, na forma da lei.

Presumem-se válidas as intimações dirigidas ao endereço constante dos autos, ainda que não recebidas pessoalmente pelo interessado, se a modificação temporária ou definitiva não tiver sido comunicada em juízo.

16.7. Das Nulidades

O Código de Processo Civil encampou a Norma Fundamental do máximo aproveitamento processual e da primazia do julgamento do mérito, bem como o princípio da instrumentalidade, de modo que o vício somente importará em nulidade se houver prejuízo. Em outros termos, o ato não será repetido nem sua falta será suprida quando não prejudicar a parte. Dá-se o aproveitamento dos atos praticados desde que não resulte prejuízo à defesa de qualquer parte.

A primazia do julgamento do mérito e o máximo aproveitamento do ato processual impõem que, **quando puder decidir o mérito a favor da parte a quem aproveite a decretação da nulidade, o juiz não a pronunciará nem mandará repetir o ato ou suprir-lhe a falta.**

Ou seja, o juiz poderá até desconsiderar o vício existente e decidir o mérito em favor da parte a quem se aproveite a decretação da nulidade.

O prejuízo é exigido na nulidade absoluta e também na relativa.

A nulidade absoluta é aquela que pode ser conhecida de ofício pelo juízo e as partes podem alegá-la a qualquer tempo. Na nulidade relativa, por sua vez, haverá a necessidade de que seja alegada na primeira oportunidade em que couber à parte falar nos autos, sob pena de preclusão.

Reconhecida a nulidade do ato, consideram-se sem efeito aqueles que forem atingidos, por serem dependentes.

17. PROCEDIMENTO COMUM

17.1. Aspectos Gerais

Já tratados quando da análise do procedimento.

17.2. Fases

São identificadas as seguintes fases do procedimento comum: i) postulatória; ii) saneadora e de organização; iii) instrutória; iv) decisória, que serão adiante esmiuçadas.

17.3. Da Petição Inicial

17.3.1. Instrumento da Demanda

Em observância ao princípio da inércia da jurisdição (ou princípio da ação), o Estado--Juiz somente poderá agir se for devidamente provocado, ressalvadas exceções especialmente previstas, como ocorre a arrecadação de bens de ausentes.

Portanto, o Estado-Juiz não poderá agir de ofício. Carecerá de provocação da parte, que exercerá a demanda. Demanda é o ato de ir a juízo e provocar a atividade jurisdicional. E o instrumento da demanda é a petição inicial.

Portanto, a petição inicial é o meio pelo qual a parte provoca a atividade jurisdicional. Constitui-se em um pressuposto processual de existência da relação processual e, em razão dessa importância vital, carece de observar alguns requisitos específicos.

17.3.2. Requisitos da Petição Inicial

É possível a identificação de requisitos intrínsecos e extrínsecos da petição inicial. Aqueles devem estar constantes do próprio corpo da petição inicial, ao passo que estes se revelam como documentos que devem acompanhar a peça, por serem imprescindíveis à propositura da ação.

A falta dos requisitos intrínsecos acarretará a necessidade de emenda da petição inicial. De outro lado, a inobservância dos requisitos extrínsecos importará em atividade da parte para completá-la.

Classificação dos Requisitos da Petição Inicial	
Intrínsecos	**Extrínsecos**
Contidos no corpo da petição inicial	Documentos indispensáveis à propositura da ação
Ausência: o juiz determinará a emenda.	Ausência: o juiz determinará que a peça seja completada

Ausentes os requisitos intrínsecos e/ou extrínsecos, ou ainda se o juiz verificar que a petição inicial apresenta defeitos e irregularidades capazes de dificultar o julgamento de mérito, determinará ao autor que, no prazo de 15 dias, promova a emenda ou a complete, indicando com precisão o que deverá ser corrigido ou completado.

Importante é a previsão contida na parte final do *caput* do art. 321 do Código de Processo Civil, por meio da qual se determina ao juiz que indique com precisão o que deve ser corrigido ou completado. Trata-se de uma consequência da aplicação dos princípios processuais da primazia do julgamento do mérito, do máximo aproveitamento dos atos processuais, do contraditório dinâmico e da fundamentação analítica.

Por isso, não poderá o magistrado determinar que a parte emende ou complete a petição inicial, de forma genérica, sem indicar com precisão o que precisa ser ajustado. Ora, isso é natural de toda reforma ocorrida, pois o que se pretende é o julgamento do mérito, com celeridade, ao invés da simples extinção e deixar que a parte percorra todo o caminho processual novamente.

Porém, embora tenha o magistrado indicado com precisão o que precisa ser corrigido ou emendado, e a parte não o fizer, então não restará outra alternativa ao juiz senão a de indeferir a petição inicial.

O art. 319 do CPC indica quais são os requisitos intrínsecos da petição inicial. São eles:

I – o juízo a que é dirigida;

II – os nomes, os prenomes, o estado civil, a existência de união estável, a profissão, o número de inscrição no Cadastro de Pessoas Físicas ou no Cadastro Nacional da Pessoa Jurídica, o endereço eletrônico, o domicílio e a residência do autor e do réu;

Caso não disponha das informações previstas neste inciso, poderá o autor, na petição inicial, requerer ao juiz diligências necessárias a sua obtenção. A petição inicial não será indeferida se, a despeito da falta destas informações, for possível a citação do réu. O indeferimento por esse motivo também não ocorrerá se a obtenção de tais informações tornar impossível ou excessivamente oneroso o acesso à justiça.

III – o fato e os fundamentos jurídicos do pedido;

IV – o pedido com as suas especificações;

V – o valor da causa;

VI – as provas com que o autor pretende demonstrar a verdade dos fatos alegados;

VII – a opção do autor pela realização ou não de audiência de conciliação ou de mediação.

Podem ser apontadas, como novidades, as previsões contidas no inciso II, como a exigência da indicação da existência de união estável, por exemplo, e a opção do autor pela realização ou não da audiência de conciliação ou de mediação.

O Código indica, em seu artigo 320, que a petição inicial será instruída com os documentos indispensáveis à propositura da ação. Portanto, refere-se aos requisitos extrínsecos. Entre estes documentos, tem-se a procuração *ad judicia*, pela qual a parte outorga poderes ao Advogado para representá-la em juízo, podendo patrocinar a sua causa.

Retornando aos requisitos intrínsecos, pela sua própria importância e extensão, passa-se à análise do pedido.

17.3.3. Do Pedido

O pedido corresponde ao objeto do processo. A parte, ao provocar a atividade jurisdicional, pretende ver proferida uma decisão declaratória, condenatória, constitutiva (ou desconstitutiva), mandamental e/ou executiva. Essa é a primeira face do pedido. Pede-se a tutela jurisdicional. Além disso, naturalmente, também é de seu interesse obter o bem da vida perseguido. Não lhe interessa apenas a condenação, como também a quantia em dinheiro. Não lhe interessa apenas a sentença executiva de reintegração de posse, como mais ainda o próprio bem esbulhado.

Verifica-se, então, a existência do PEDIDO IMEDIATO, que é a providência jurisdicional pretendida. Paralelamente, há o PEDIDO MEDIATO, que é o bem da vida perseguido.

O juiz estará atrelado ao pedido apresentado pela parte, por força do princípio da inércia. Estará adstrito ao que foi requerido pelo demandante. A essa adstrição correspondente o princípio da congruência, da correlação ou da adstrição.

Deve-se verificar que o princípio da inércia é a justificativa do princípio da adstrição. Como o magistrado deverá ser provocado, sem o que não poderá exercer da jurisdição, ressalvadas situações excepcionalíssimas.

A inobservância ao princípio da adstrição gerará a nulidade da sentença, que poderá ser sanada em grau recursal, se houver possibilidade de análise do mérito.

VÍCIOS DA INOBSERVÂNCIA DO PRINCÍPIO DA ADSTRIÇÃO SENTENÇA		
ULTRA PETITA	**EXTRA PETITA**	**CITRA PETITA**
Vai além do pedido. Exemplo: o autor pede a condenação do réu em R$ 100,00 e o juiz defere R$ 200,00.	O magistrado defere pedido diverso do que foi requerido.	A sentença não analisa todos os pedidos apresentados.

Portanto, o pedido da parte deverá ser certo. Admite-se, contudo, o pedido implícito em algumas situações.

Por pedido implícito deve-se entender aquele que, muito embora não tenha constado da petição inicial, pode ser deferido pelo juiz. Por isso, o § 1º do art. 322 indica que se compreende no principal os juros legais, a correção monetária e as verbas de sucumbência, inclusive os honorários advocatícios.

Os honorários advocatícios, então, além de algumas verbas específicas, podem ser deferidos ainda que não haja pedido nesse sentido na petição inicial. Anteriormente ao Novo CPC, via a regra jurisprudencial que, embora admitisse a condenação dos honorários sem pedido expresso, não permitia a cobrança posterior se, uma vez transitada em julgado a sentença, a condenação ao pagamento dos honorários não constasse da sentença. Essa regra, contudo, foi alterada, conforme se vê do art. 85, § 18 do Código de Processo, que permite seja ajuizada ação de cobrança específica para tal fim.

O pedido apresentado na petição inicial deverá ser interpretado. Esta interpretação seguirá alguns parâmetros. Em primeiro lugar, deverá ser observado o conjunto da postulação e não de forma isolada. Além disso, ser observado o princípio da boa-fé processual, que, aliás, deve reger todos os atos do processo.

Surge a questão das prestações sucessivas, como ocorre, por exemplo, na ação para fixação de valor a título de alimentos por conta da prática de ato ilícito. Nesse caso, a parte requer que o magistrado certifique a obrigação de pagar os alimentos, bem como o seu respectivo valor. O pagamento de tal parcela prosseguirá nos meses seguintes e, por isso, constituem-se em prestações sucessivas.

Estas prestações sucessivas serão consideradas como incluídas no pedido. Não há necessidade de que haja pedido de condenação das prestações posteriores. Por isso, estará incluída na condenação, enquanto durar a obrigação, se o devedor, no curso do processo, deixar de pagá-las ou de consigná-las.

Além de certo, o pedido também deve ser determinado. Isso significa que deve estar bem delimitado. Não se pode pugnar pela condenação, há de ser indicado o seu valor.

Admite o Código que haja a formulação de pedido genérico em certas situações, o que se aplica também à reconvenção. Nestes casos, a sentença poderá ser ilíquida e, oportunamente, haverá a respectiva liquidação.

Poderá ser formulado pedido genérico nas seguintes situações (art. 324, § 1º): I – nas ações universais, se o autor não puder individuar os bens demandados; II – quando não for possível determinar, desde logo, as consequências do ato ou do fato; III – quando a determinação do objeto ou do valor da condenação depender de ato que deva ser praticado pelo réu.

Em casos como estes, em que formulado pedido genérico, na ação relativa à obrigação de pagar quantia certa, **deverá a decisão judicial definir desde logo a extensão da obrigação, o índice de correção monetária, a taxa de juros, o termo inicial e a periodicidade da capitalização dos juros** (art. 491), a não ser que: i) não for possível determinar, de modo definitivo, o montante devido; ii) a apuração do valor devido depender da produção de prova de realização demorada ou excessivamente dispendiosa, assim reconhecida na sentença.

Portanto, pode-se extrair a seguinte sequência:

➔ **PEDIDO DETERMINADO**

➔ **EXCEPCIONALMENTE: PEDIDO GENÉRICO**. Mesmo neste caso, na ação relativa à obrigação de pagar quantia certa, deve **a sentença definir desde logo** a extensão da obrigação, salvo se: i) não for possível determinar de imediato o valor da obrigação; ii) a apuração do valor depende da produção da prova de realização demorada ou excessivamente dispendiosa.

Em resumo, deverá o pedido ser: **CERTO e DETERMINADO**.

Poderá o autor apresentar PEDIDO ALTERNATIVO, quando, pela natureza da obrigação, o devedor puder cumprir a prestação de mais de um modo.

A escolha do modo de cumprimento da prestação poderá competir ao autor ou ao réu. No primeiro caso, o autor já fará tal indicação na inicial. Competindo ao réu, de outro lado, o juiz lhe facultará o direito de cumprir a prestação de um ou de outro modo, ainda que o autor não tenha formulado pedido alternativo.

A petição inicial poderá contar com um único pedido, ou com mais de um pedido. Neste último caso, tem-se a cumulação de pedidos.

A cumulação de pedidos comporta a seguinte classificação:

CUMULAÇÃO DE PEDIDOS	
PRÓPRIA	**IMPRÓPRIA**
Haverá a formulação de mais de um pedido e o demandante requer que todos eles sejam acolhidos.	Haverá a formulação de mais de um pedido e o demandante requer que apenas um deles seja acolhido.
Poderá ser simples e sucessiva.	Poderá ser subsidiária e alternativa.

Na cumulação própria, como afirmado, o demandante apresenta mais de um pedido na petição inicial e requer que todos eles sejam acolhidos. É o caso, por exemplo, do pedido de condenação ao pagamento de indenização por dano moral e também à entrega de determinado bem. Também pode ser citada a ação de investigação de paternidade cumulada com alimentos.

Na cumulação própria simples, o autor requer que mais de um pedido seja acolhido e a improcedência de um não refletirá diretamente no outro pedido. No caso de pedido de condenação ao pagamento de indenização em virtude de danos materiais e morais, o juiz poderá não acolher o primeiro pedido, pois não comprovados os danos, mas condenar a parte contrária em virtude do dano moral, por reconhecer que o seu ato causou sofrimento à parte.

De outro lado, na cumulação própria sucessiva, para que o juiz possa analisar o segundo pedido, deverá ter acolhido o primeiro. Na investigação de paternidade, como regra, o magistrado condenará ao pagamento de alimentos, se for reconhecida a paternidade do réu. Se improcedente este pedido (paternidade), não haverá a condenação ao pagamento de alimentos.

Por sua vez, na sua cumulação imprópria, o autor apresentará mais de um pedido, mas não requererá que todos eles sejam acolhidos.

O *caput* do art. 327 do Código de Processo Civil determina que é possível a cumulação de vários pedidos, contra o mesmo réu, em um único processo, ainda que entre eles não haja conexão. Para tanto, deverão os pedidos serem compatíveis entre si, o juízo ser competente para deles conhecer (competência absoluta) e o procedimento seja também adequado.

Duas observações são importantes para o art. 327, exigindo-se a máxima atenção do leitor. A compatibilidade dos pedidos deve ocorrer na cumulação própria, pois não é possível ao juiz deferir pedidos incompatíveis. De outro lado, aquela compatibilidade não é exigida para a cumulação imprópria, quer seja alternativa, quer seja subsidiária.

A COMPATIBILIDADE DOS PEDIDOS NÃO É REQUISITO NA CUMULAÇÃO SUBSIDIÁRIA E NA ALTERNATIVA.

Quando, para cada pedido, corresponder tipo diverso de procedimento, será admitida a cumulação se o autor empregar o **procedimento comum**, podendo ser empregadas as técnicas processuais diferenciadas previstas nos procedimentos especiais a que se sujeitam um ou mais pedidos cumulados, que não forem incompatíveis com as disposições sobre o procedimento comum.

Será subsidiária quando o autor formular mais de um pedido e estipular uma ordem entre eles. Assim, requererá o acolhimento do primeiro e, se acaso for improcedente o pedido, que se passe à análise do segundo e assim por diante. Pede-se a anulação do contrato e, se não for possível, a invalidade de uma das cláusulas.

A cumulação imprópria será alternativa na hipótese em que forem apresentados mais de um pedido e a parte não estipular uma ordem entre eles, podendo o juiz acolher o que entender correto. Nesse passo, o autor apresenta os pedidos 1 e 2 e pede que o magistrado julgue procedente um deles, sem estabelecer qualquer ordem de preferência. Se o magistrado julgar procedente o de número 1, não poderá o réu recorrer posteriormente.

Trata o Código de Processo Civil da pluralidade de credores de obrigação indivisível, em que um ou mais não tenham participado do processo. Um exemplo poderá auxiliar no entendimento. Imagine-se que existam dois credores de uma obrigação de entregar, consistente na entrega de uma máquina de colher grãos. No contrato estabelecido, firmou-se que se tratam de credores solidários, de modo que qualquer um deles poderá exigir o cumprimento da obrigação, sem necessidade da participação do outro. Em tal situação, aquele que não participou do processo deverá receber sua parte, mas serão abatidas as despesas de forma proporcional.

17.3.4. Alteração do pedido ou da causa de pedir

Até a citação do réu, poderá o autor aditar ou alterar o pedido ou a causa de pedir (que correspondem aos elementos objetivos da ação), independentemente de concordância daquele.

Posteriormente à citação, as alterações dependerão da concordância do réu e somente poderão ser requeridas até o **saneamento do processo**, assegurando-se o contraditório e o requerimento de prova suplementar.

Em razão disso, diz-se que com o saneamento ocorre a estabilização do processo, não podendo mais haver a modificação do pedido ou da causa de pedir.

Estas regras se aplicam também à reconvenção.

17.3.5. Indeferimento da Petição Inicial

O indeferimento da petição inicial consiste na manifestação do juiz no sentido de que, a partir dos elementos indicados naquela peça, a ação não poderá prosseguir. Poderá ocorrer de forma parcial, com relação a algum dos pedidos, ou total, o que refletirá na natureza do pronunciamento jurisdicional (decisão interlocutória ou sentença).

Houve uma sensível diferença no tratamento da matéria pelo Novo Código de Processo Civil. No CPC anterior, o indeferimento da inicial poderia consistir em um pronunciamento com ou sem análise de mérito. No CPC 2015, por sua vez, **o indeferimento decorrerá de pronunciamento sem análise de mérito.**

INDEFERIMENTO DA INICIAL (CPC 2015) **PRONUNCIAMENTO SEM ANÁLISE DE MÉRITO**

Há de ser lembrado que, em razão do princípio da primazia do julgamento do mérito, o ideal é que não ocorra o indeferimento da petição inicial. Esta medida somente ocorrerá se eventual vício não puder ser sanado, ou se a parte, intimada, não promoveu ao devido ajuste.

A petição inicial será indeferida quando: I – for inepta; II – a parte for manifestamente ilegítima; III – o autor carecer de interesse processual; IV – não atendidas as prescrições dos arts. 106 e 321.

A inépcia da inicial decorrerá de algum problema em relação ao discorrer dos fatos ou da causa de pedir. Nesse sentido, prevê o art. 301, § 1º, que se considera inepta a petição quando: I – lhe faltar pedido ou causa de pedir; II – o pedido for indeterminado, ressalvadas as hipóteses legais em que se permite o pedido genérico; III – da narração dos fatos não decorrer logicamente a conclusão; IV – contiver pedidos incompatíveis entre si.

17.3.6. Da Improcedência Liminar do Pedido

Entende-se por liminar o pronunciamento proferido no início do processo, no seu limiar. A liminar poderá consistir em uma decisão interlocutória (tutela antecipada), em uma sentença (sentença de indeferimento da inicial), decisão monocrática proferida por relator e, porque não, até por decisão colegiada em Tribunal.

Como regra, uma vez iniciado o procedimento, haverá a citação da parte contrária e o andamento regular dos atos processuais, para que o magistrado possa, ao final, proferir a sentença de mérito.

Contudo, como visto no item anterior, será possível que o magistrado entenda que a petição inicial não reúne condições para que haja o desenrolar do processo, hipótese em que poderá indeferir a petição inicial, com pronunciamento sem análise de mérito.

Em outros casos, faculta o Novo CPC que o juiz analise o mérito desde já, independentemente de citação da parte contrária, **proferindo pronunciamento de improcedência liminar do pedido**.

Há uma diferenciação a ser feita que é vital para o entendimento. Na improcedência liminar, o magistrado analisa o mérito. Julga-o desde já, com possibilidade de formação da coisa julgada material, se não houver a interposição de recurso. No indeferimento da inicial, contudo, não há análise de mérito.

Assim, o autor postula os seus pedidos e o magistrado, quando da análise da inicial, profere julgamento de improcedência liminar.

O Novo CPC permite que tal julgamento ocorra, em suma, quando a pretensão apresentada pela parte contrária encampar tese jurídica contrária ao já decidido em determinados precedentes, quais sejam: I – enunciado de súmula do Supremo Tribunal Federal ou do Superior Tribunal de Justiça; II – acórdão proferido pelo Supremo Tribunal Federal ou pelo Superior Tribunal de Justiça em julgamento de recursos repetitivos; III – entendimento firmado em incidente de resolução de demandas repetitivas ou de assunção de competência; IV – enunciado de súmula de tribunal de justiça sobre direito local.

Nestes casos, o magistrado funcionará como porta-voz do Tribunal e, considerando que os juízes e tribunais devem observar os precedentes (art. 927 do NCPC), autoriza-se que o pedido seja julgado improcedente desde já.

É claro que a procedência do pedido não será admitida de imediato, havendo necessidade da formação do contraditório e da ampla defesa. Tal julgamento somente será admitido na improcedência.

Também será admitida a improcedência liminar se o magistrado verificar, desde logo, **a prescrição e a decadência**.

> Vale a pena enfatizar que a prescrição e a decadência, no CPC anterior, eram causas de indeferimento da inicial. Atualmente, não são mais motivos de indeferimento, mas justificam a liminar improcedência.

17.4. Resposta do réu

17.4.1. Princípios que regem a contestação

Alinhado com a ideia de exercício da ampla defesa e do contraditório, o polo passivo da ação será devidamente citado e, no tempo oportuno, poderá oferecer resposta. E o exercício da defesa pelo réu será efetivado por meio de um instrumento específico, denominado contestação, a ser oferecido de forma escrita.

Será na contestação que o réu concentrará toda a sua matéria de defesa, sob pena de preclusão. Uma vez apresentada, não será possível complementá-la, como regra.

O NOVO CPC AUMENTOU A QUANTIDADE DE MATÉRIAS QUE PODEM SER ALEGADAS NA CONTESTAÇÃO

Alegação de incompetência territorial, impugnação ao valor da causa, impugnação à assistência judiciária (pelo réu) e a reconvenção **constarão da própria contestação**, como preliminares, e não mais em separado.

A contestação é regida pelos seguintes princípios:

a) concentração: deverá o réu concentrar em sua defesa toda a matéria de defesa, ainda que contraditória. Trata-se do momento oportuno para que isso seja feito. Uma vez apresentada, não poderá ser posteriormente complementada, uma vez que verificada a preclusão consumativa.

Há, porém, matérias que o réu poderá alegar posteriormente. Estão elencadas no art. 342 do CPC: i) relativas a direito ou a fato superveniente; ii) competir ao juiz conhecer delas de ofício; iii) por expressa autorização legal, puderem ser formuladas em qualquer tempo e grau de jurisdição.

Nestes casos, admite-se que a matéria seja alegada posteriormente. Imagine-se, por exemplo, o tema prescrição. Como sabido, dele o juiz poderá conhecer, de ofício, a qualquer momento. Por isso, o réu poderá alegá-la posteriormente, ainda que já oferecida contestação. A decadência contém uma particularidade, em razão de suas duas espécies. A decadência legal poderá ser alegada e conhecida a qualquer momento. De outro lado, a decadência convencional poderá ser alegada a qualquer tempo, muito embora somente poderá ser conhecida se houver requerimento nesse sentido. O juiz não poderá dela conhecer de ofício.

A regra, portanto, é de que toda a matéria de defesa seja alegada na contestação, ainda que ela seja contraditória.

b) ônus da impugnação especificada: a contestação é a oportunidade para que o réu impugne os fatos apresentados pelo autor na petição inicial. Algumas explicações preliminares são importantes para o entendimento correto deste princípio.

Na petição inicial, o autor apresenta os fatos dos quais extrai determinadas consequências jurídicas. O réu, ao ser citado, terá oportunidade de impugnar cada um destes fatos por meio da contestação, quando, então, passa-se a ter uma questão controvertida sobre a qual incidirá a prova. De outro lado, se o fato não for impugnado, será presumida a sua veracidade. Trata-se do ônus da impugnação especificada.

Porém, não haverá a presunção de veracidade, se não for admissível, a seu respeito, a confissão; se a petição inicial não estiver acompanhada de instrumento que a lei considerar da substância do ato; se os fatos estiverem em contradição com a defesa, considerada em seu conjunto.

Tal ônus não será aplicado ao defensor público, ao advogado dativo e ao curador especial. Dessa maneira, pela previsão contida no art. 341, parágrafo único do CPC, se a parte for assistida por Defensor Público, ainda que não apresente resposta, tem-se que não serão presumidos como verdadeiros os fatos articulados na petição inicial.

17.4.2. Da Forma e do Prazo da Contestação

A contestação deverá ser apresentada por meio de petição, no prazo de 15 dias, sendo aplicáveis os prazos especiais previstos na lei.

> **Têm prazos especiais**: Ministério Público, Defensoria Pública, Fazenda Pública e litisconsortes com diversos procuradores, que não sejam do mesmo escritório jurídico e não seja processo eletrônico.

No CPC de 1973, o prazo para o oferecimento de resposta era contado da juntada do mandado de citação aos autos. No CPC de 2015, porém, como houve previsão da necessidade de ser designada a audiência de conciliação ou de mediação, o prazo de resposta terá outro termo inicial.

Nesse sentido, prevê o art. 335 do Código de Processo Civil que o termo inicial será a data:

i) da audiência de conciliação ou de mediação, ou da última sessão de conciliação, quando qualquer parte não comparecer ou, comparecendo, não houver autocomposição: uma vez designada a audiência para tentativa conciliação ou de mediação, deverão as partes comparecer para a composição. Se esta ocorrer, será o ajuste homologado por sentença judicial. Porém, se a composição não ocorrer e houver necessidade de continuação do procedimento, será iniciado o prazo para que o réu possa apresentar a sua contestação. Importante que o (a) candidato(a) esteja bem atento à forma de contagem deste prazo, pois é possível que haja questionamento para indicação de seu termo final em um determinado problema. A título de exemplo, examina-se a seguinte hipótese.

> O autor propôs ação de cobrança. Foi designada audiência de conciliação. As partes compareceram à audiência, oportunidade em que foi tentada a composição entre elas, que restou infrutífera. Nesse caso, haverá necessidade de continuidade do processo, abrindo-se prazo para que o réu ofereça resposta. Considerando-se que a audiência foi realizada no dia 23.09.2016, assinale o prazo final para que o réu possa oferecer resposta.

ii) do protocolo do pedido de cancelamento da audiência de conciliação ou de mediação apresentado pelo réu, quando ocorrer a hipótese do art. 334, § 4º, inciso I: poderá o autor ter indicado na petição inicial que não pretende conciliar-se, tendo o réu feito o mesmo no prazo legal. Dessa maneira, não há motivo para que seja realizada a audiência, que será dada como prejudicada. Nesse caso, o prazo para que o réu possa oferecer a sua resposta será na data do protocolo do pedido de cancelamento apresentado pelo réu.

Se houver litisconsórcio passivo, o prazo será contado a partir de cada pedido de cancelamento da audiência. Registre-se que, nesta hipótese, o prazo não será iniciado conjuntamente para todos os réus. Será contado de uma maneira para aqueles que requererem o cancelamento da audiência e da audiência para os demais, se ela ainda assim for realizada.

iii) prevista no art. 231, de acordo com o modo como foi feita a citação, nos demais casos: no inciso III estão incluídas várias situações, como, por exemplo, o caso em que o magistrado vislumbrou, de imediato, que não deverá ser designada audiência de conciliação ou de mediação, uma vez que o direito é indisponível. Dessa forma, desde já, dispensa a audiência e determina a citação do réu para oferecer resposta. Assim, o prazo para a contestação será iniciado: a) da data de juntada aos autos do aviso de recebimento, quando a citação for pelo correio; b) da data de juntada aos autos do mandado cumprido, quando a citação for por oficial de justiça; c) da data da citação, se esta for promovida pelo escrivão ou chefe de secretaria; d) do dia útil seguinte ao fim da dilação assinada pelo juiz, quando a citação for por edital; e) do dia seguinte à consulta ao teor da citação ou ao término do prazo para que a consulta se dê, quando a citação for eletrônica; f) da data da juntada do comunicado de que houve a citação pelo juízo deprecado, ou, não havendo tal, da data de juntada da carta aos autos de origem devidamente cumprida.

Tratando-se de prazo processual, naturalmente, o prazo de resposta será contado em dias úteis.

17.4.3. Conteúdo da Resposta

O Código de Processo Civil de 2015 acarretou na concentração das matérias que podem ser alegadas na contestação, se comparado com o Código anterior.

Nesse sentido, podem ser alegadas e apresentadas as seguintes matérias processuais e substanciais. Além disso, será também possível apresentar pedido na própria contestação, como adiante será visto.

CONTEÚDO DA CONTESTAÇÃO		
DEFESA PROCESSUAL	**DEFESA DE MÉRITO**	**EXERCÍCIO DE PRETENSÃO**

Defesa processual: poderá o réu alegar determinadas matérias, que são indicadas como processuais, por não se referirem ao mérito. Tratam-se das preliminares, que podem ser ainda classificadas em dilatória ou peremptórias.

A defesa processual dilatória importa no prolongamento da relação processual, como ocorre com a incompetência absoluta. Nesse caso, o juiz não encerra o processo, mas determina o seu encaminhamento para o juízo competente, o que importa em uma demora na solução da questão.

De outro lado, a defesa processual peremptória importará na extinção do processo, como ocorre com o reconhecimento da existência de coisa julgada.

O art. 337 do Código de Processo Civil elenca as preliminares. Em comum, já poderiam ser conhecidas de ofício pelo juiz, ou seja, independentemente de serem alegadas na contestação, com exceção da incompetência relativa e da convenção de arbitragem, que dependem de ser alegadas pela parte.

> Há duas preliminares que tratam de matérias que **não podem ser conhecidas de ofício pelo juiz**. São elas: **incompetência relativa e a convenção de arbitragem**.

São preliminares:

i) inexistência ou nulidade da citação: a realização da citação é de suma importância para a relação processual, bem como seu desenvolvimento válido. Por isso, poderá o réu alegar que a citação não ocorreu, ou que o ato foi inválido.

ii) incompetência absoluta e relativa: como já foi afirmado, a competência é a delimitação da jurisdição. É a divisão do trabalho entre os juízes. É a lei quem define qual juízo será competente para conhecer determinada matéria. As regras de competência podem ser fixadas tendo em vista o interesse público, ou apenas o interesse (comodidade) das partes. A inobservância de tais regras poderá ser alegada na própria contestação, o que se observa para a incompetência absoluta, como também para a relativa. Note-se que o Novo CPC não mais exige a chamada exceção para que a incompetência relativa seja alegada. Ela poderá ser mencionada como preliminar na contestação. Como se trata da inobservância de regra vinculada ao interesse das partes, não poderá ser conhecida de ofício pelo juiz. Não alegada, ocorrerá a preclusão e o juízo, antes incompetente, passa a ser competente. Havendo incompetência absoluta ou relativa, a contestação poderá ser protocolada no foro do domicílio do réu, fato que será imediatamente comunicado ao juiz da causa, preferencialmente por meio eletrônico. Neste caso, a contestação será submetida a livre distribuição ou, se o réu houver sido citado por meio de carta precatória, juntada aos autos dessa carta, seguindo-se a sua imediata remessa para o juízo da causa. Se reconhecida a competência do foro indicado pelo réu, o juízo para o qual for distribuída a contestação ou a carta precatória será considerado prevento. Alegada a incompetência, nesses termos, será suspensa a realização da audiência de conciliação ou de mediação, se tiver sido designada.

iii) incorreção do valor da causa: o valor da causa é um dos requisitos da petição inicial. A toda causa, ainda que não tenha conteúdo econômico imediato, será atribuído um valor da causa, que se apresenta como importante por vários aspectos, como, por exemplo, para a fixação da verba honorária devida. Se o valor da causa for indicado de forma incorreta, poderá o réu impugná-lo como preliminar na contestação. De toda forma, também poderá o juiz determinar a correção de ofício.

iv) inépcia da petição inicial: as causas de inépcia da petição inicial já foram vistas e, uma vez presentes, poderão ser arguidas na própria contestação. Mas é preciso ter cuidado com um detalhe: o indeferimento da inicial, ante a inépcia, somente ocorrerá quando do juízo de admissibilidade da ação. Posteriormente, o juízo poderá extinguir o processo, mas não será caso de indeferimento da inicial. Por isso, se o réu alegar a inépcia da petição inicial na contestação e o juiz conhecer dessa alegação, tem-se que será possível a extinção sem o indeferimento da inicial.

v) perempção: trata-se de um dos pressupostos negativos e consiste na perda do direito de demandar sobre determinado objeto. Persiste a pretensão, muito embora ela não possa ser exercida por meio de ação. Isso não prejudica a possibilidade de que seja alegada como matéria de defesa. Nesse sentido, dispõe o § 3º do art. 486: "se o autor der causa, por três vezes, a sentença fundada em abandono da causa, não poderá propor nova ação contra o mesmo réu com o mesmo objetivo, ficando-lhe ressalvada, entretanto, a possibilidade de alegar em defesa o seu direito".

vi) litispendência: a litispendência é um pressuposto negativo. Poderá ser alegada quando se reproduzir uma ação anteriormente ajuizada e que estiver em curso, o que ocorrerá quando possuir as mesmas partes, a mesma causa de pedir e o mesmo pedido.

vii) coisa julgada: também se trata de um pressuposto negativo. Poderá ser alegada quando se reproduzir uma ação anteriormente ajuizada e que já foi decidida por decisão transitada em julgado.

O estudo da litispendência, da coisa julgada e também da conexão pode ser objeto de infindáveis páginas, sobretudo diante de sua complexidade e das suas consequências. Por ora, deve ser ressaltado que pressupõem uma ligação entre duas ou mais demandas. Entre a litispendência e a coisa julgada verifica-se um aspecto em comum, qual seja, que ocorre a repetição de ajuizamento de uma ação antes já proposta. Porém, na litispendência, a ação está em trâmite, ao passo que na coisa julgada, já houve o trânsito em julgado. As duas hipóteses acarretarão na extinção do processo sem análise de mérito. Diferenciam-se da conexão, como será visto, porque nesta, embora haja relação, não se repete ação já ajuizada, por faltar identidade ao menos com um dos elementos da ação.

viii) conexão: entre duas ou mais demandas é possível de se estabelecer a existência de uma relação ou afinidade, que pode justificar, por exemplo, o julgamento em conjunto a fim de que não haja decisões contraditórias. Imagine-se, por exemplo, uma ação de cobrança proposta por uma das partes e outra ação de desconstituição de negócio jurídico proposta pela outra parte. Verifica-se que há relação entre as demandas, podendo ser identificada, então, a conexão. De acordo com o Código de Processo Civil, haverá a conexão quando entre duas ações for comum o pedido ou a causa de pedir (art. 113, II). O réu poderá alegar a existência de conexão na contestação, como preliminar, e requerer que ocorra o julgamento conjunto dos processos, ou, a suspensão de um deles, aguardando-se a análise do outro.

ix) incapacidade da parte, defeito de representação ou falta de autorização: havendo vício nesse sentido, poderá o réu alegá-lo na contestação;

x) convenção de arbitragem: a jurisdição poderá ser pública ou privada. No primeiro caso, tem-se que o conflito será solucionado pelo Poder Judiciário. Na jurisdição privada, porém, as partes entenderam por bem escolher um árbitro para resolvê-lo. Não obstante tenha ocorrido a convenção, é possível que uma das partes opte por propor ação perante o Poder Judiciário, abrindo mão da jurisdição privada. Feito isso, o magistrado não poderá negar o recebimento da ação e a continuidade do processo, aguardando-se a manifestação pelo réu. Se este, por sua vez, nada alegar a respeito, tem-se que a ação prosseguirá, estando preclusa a oportunidade de requerer que a demanda seja julgada pelo árbitro. Diferentemente, poderá o réu alegar a matéria como preliminar, na contestação, o que acarretará na impossibilidade de análise do mérito pelo juiz. Como se vê, trata-se de uma preliminar que não poderá ser conhecida de ofício pelo juiz.

xi) ausência de legitimidade ou de interesse processual: parcela considerável da doutrina Código de Processo Civil encampou as condições da ação como categoria processual. Para esta, porém, as condições da ação resumem-se a duas (ao contrário do que ocorria anteriormente), quais sejam: a legitimidade ad causam e o interesse de agir. A possibilidade jurídica do pedido deixou de ser uma das condições da ação para ser alegada como matéria de mérito. Para outra parcela, porém, as condições da ação não mais existem. De uma forma ou de outra, o fato é que o réu poderá alegar a falta de legitimidade ou de interesse processual como matéria preliminar, ao passo que a impossibilidade jurídica do pedido deverá ser tratada como matéria de mérito. Alegada a ilegitimidade, deverá o réu indicar o sujeito passivo da relação jurídica discutida sempre que tiver conhecimento, sob pena de arcar com as despesas processuais e de indenizar o autor pelos prejuízos decorrentes da falta de indicação.

xii) falta de caução ou de outra prestação que a lei exige como preliminar: para o exercício de determinadas pretensões, poderá a lei exigir que o autor preste caução ou efetue o depósito de determinada quantia. Assim ocorre, por exemplo, para o ajuizamento da ação rescisória, quando deverá ser depositado o valor correspondente a 5% do valor da causa.

xiii) indevida concessão do benefício da gratuidade de justiça: por vezes, a parte não terá condições de demandar e efetuar o pagamento das custas processuais sem prejuízo para o seu próprio sustento e o de sua família. Por isso, admite-se a concessão da gratuidade de justiça pelo juiz. Esta gratuidade poderá ser deferida ao autor e ao réu. Se requerida pelo autor, na petição inicial, competirá ao réu impugná-la na própria contestação. Verifica-se, mais uma vez, uma mudança considerável em relação ao CPC anterior, uma vez que tal alegação dependia de apresentação de peça em separado.

Defesa de mérito:

Além das preliminares, naturalmente, também será na contestação que o réu alegará a sua defesa de mérito, quando então apresentará os motivos que entende que o pedido do autor não poderá ser acolhido. A defesa de mérito, por sua vez, poderá ser dividida em defesa direta e defesa indireta.

Por meio da defesa de mérito direta, o réu nega os fatos alegados pelo autor na petição inicial. De outro lado, na defesa de mérito indireta, o réu não nega tais fatos, mas apresenta outros modificativos, suspensivos ou impeditivos do direito do autor. Consiste em defesa de mérito indireta a alegação da prescrição da pretensão do autor.

Exercício de pretensão: poderá o réu, ainda na contestação, exercer pretensão em face do autor, ou mesmo de terceiro. E assim ocorrerá na reconvenção ou mesmo na denunciação da lide.

17.5. Da Reconvenção

17.5.1. Conceito

A reconvenção é o contra-ataque exercido pelo réu (identificado como réu-reconvinte), ou, no mínimo este e mais pessoas, em face do autor ou também autor e outras pessoas. Trata-se de ação promovida no mesmo processo, que será exercida na própria contestação, quando então deverá o réu indicar o valor da causa (art. 292 *caput* CPC), devendo o pedido ser certo e determinado, admitindo-se também o pedido genérico nas hipóteses legais (art. 324 § 2º).

Por ser ação autônoma, a desistência da ação principal ou a ocorrência de causa extintiva que impeça o exame de seu mérito não obsta ao prosseguimento do processo quanto à reconvenção.

Oferecida a reconvenção, o magistrado determinará que se proceda à respectiva anotação pelo distribuidor (art. 286, parágrafo único).

Na reconvenção não se exigirá caução para que o brasileiro ou estrangeiro, que resida fora do Brasil ou que deixar de residir no país ao longo da tramitação de processo, ainda que não tenha bens imóveis no Brasil que assegure o pagamento das custas e dos honorários de advogado da parte contrária (art. 83, III do CPC).

17.5.2. Momento para o exercício

Como visto, diferentemente do CPC anterior, a reconvenção será exercida na própria contestação. Se o réu optar por não apresentar a contestação, poderá oferecer reconvenção no prazo de que dispõe para protocolar a defesa.

A reconvenção poderá ser apresentada para o exercício de pretensão própria, conexa com a ação principal ou com o fundamento da defesa.

17.5.3. Partes na reconvenção

A reconvenção contará com, no mínimo, as partes da relação processual. O polo ativo será ocupado pelo réu da ação inicial, enquanto o polo passivo pelo seu autor. Não obstante, é possível que ocorra a acréscimo de partes, sendo permitida a formação de litisconsórcio.

Assim, se A propõe ação em face de B, tem-se que B poderá oferecer reconvenção em face de A.

Porém, admite-se também que B ofereça reconvenção em face de A e também de C, assim como, também é possível que B e D ofereçam reconvenção em face de A.

Enfim, é possível o acréscimo subjetivo do processo na reconvenção. Porém, esta deverá contar, no mínimo, com as partes originárias do processo inicial (principal).

Sendo o autor substituto processual, ou seja, demandando em seu nome para a defesa de interesses de outrem, em virtude de permissivo legal, será admitida a reconvenção se o reconvinte afirmar ser titular de direito em face do substituído, figurando o réu-reconvindo como substituto processual.

Admite-se a ampliação subjetiva na reconvenção!!

17.5.4. Formação do contraditório na reconvenção

O contraditório na reconvenção será formado a partir de intimação do autor, na pessoa de seu advogado, para apresentar resposta no prazo de 15 dias. Não há necessidade de citação do autor, conforme previsto no art. 343, § 1º.

17.5.5. A decisão da reconvenção

Como regra, a ação inicial e a reconvenção serão julgadas pela mesma sentença. Trata-se de hipótese de cumulação objetiva de demandas. Haverá um capítulo para a ação inicial e outro para a reconvenção.

Contudo, é possível verificar hipóteses excepcionais, como pode ocorrer, a título de exemplo, com o julgamento antecipado em relação à ação inicial e a continuidade do processo no que toca à ação reconvencional.

17.5.6. Honorários Advocatícios na reconvenção

Em conformidade com o art. 85, § 1º, do CPC, serão devidos honorários advocatícios na reconvenção, cumulativamente. Constituem-se em direito do advogado e têm natureza alimentar, com os mesmos privilégios dos créditos oriundos da legislação do trabalho, sendo vedada a compensação em caso de sucumbência parcial.

17.5.7. Reconvenção à reconvenção

É admitida, como regra, a reconvenção à reconvenção. Assim, o réu apresenta o seu contra-ataque, o que também será exercido agora pelo autor-reconvindo, em razão da existência de conexão com o fundamento da defesa ou com a ação principal.

Porém, por expressa disposição legal, não se admite a reconvenção à reconvenção na ação monitória (art. 702 § 6º).

17.6. Impulso processual

O processo é desenvolvido por impulso oficial do magistrado, conforme já analisado nos princípios processuais.

17.7. Prazos e preclusão

Os prazos e a preclusão já foram examinados anteriormente por conta do estudo dos atos processuais.

17.8. Prescrição

A prescrição é matéria de mérito, que pode ser conhecida de ofício pelo juiz depois de garantido o contraditório dinâmico. Admite-se o seu conhecimento de ofício, liminarmente, como hipótese de improcedência liminar.

17.9. Inércia processual: contumácia e revelia

17.9.1. Contumácia

A contumácia advém da inércia processual do autor ou do réu.

Assim, se o autor não comparecer à audiência designada de conciliação ou de mediação, haverá a sua contumácia.

17.9.2. Da revelia

A revelia é um fato e decorre da falta de oferecimento de resposta. Como visto anteriormente, para que o réu possa oferecer contestação, deverá observar o prazo previsto em lei.

Desse fato extraem-se determinados efeitos, conhecidos como efeitos material e processual da revelia.

É efeito material da revelia a presunção de veracidade dos fatos articulados pelo autor na inicial. Não decorre a lógica procedência do pedido, mas apenas a presunção de que os fatos indicados na petição inicial são verdadeiros.

Porém, não haverá a produção deste efeito se: i) havendo pluralidade de réus, algum deles contestar a ação; ii) o litígio versar sobre direitos indisponíveis; iii) a petição inicial não estiver acompanhada de instrumento que a lei considere indispensável à prova do ato; iv) as alegações de fato formuladas pelo autor forem inverossímeis ou estiverem em contradição com a prova constante dos autos.

Como é visto, não é sempre que haverá a incidência do efeito material da revelia. Este não se produzirá nas hipóteses mencionadas no art. 345 do CPC.

Entre as hipóteses, destaca-se a primeira prevista, no sentido de que, havendo pluralidade de réus, algum deles contestar a ação. A situação requer muito cuidado.

O litisconsórcio constitui-se na reunião de partes em um dos polos ou nos dois polos da ação. Admite várias classificações do litisconsórcio, sendo a mais importante a que se refere ao simples e ao unitário.

Pelo litisconsórcio simples, a decisão judicial a ser proferida não precisa ser uniforme para todos os litisconsortes. Poderá até ocorrer de ser, mas não é obrigatória a situação. Neste caso, cada litisconsorte é considerado como um litigante distinto.

No litisconsórcio unitário, por sua vez, a decisão a ser proferida obrigatoriamente deverá ser uniforme para todos os litisconsortes. Neste caso, todos eles são considerados como integrantes de um bloco único.

Pois bem. No litisconsórcio simples, uma vez apresentada a resposta por um dos litisconsortes, como eles são considerados como litigantes distintos, os demais não serão beneficiados ou prejudicados. Porém, no litisconsórcio unitário, como há necessidade de que a demanda seja julgada de modo uniforme para todos os litisconsortes, o ato processual praticado por um deles a todos se aproveita, ao passo que as omissões não prejudicam aos demais.

Por isso, a previsão contida no art. 345, I do CPC, refere-se exclusivamente ao litisconsórcio unitário, pois, apresentada a resposta por um dos litisconsortes, afasta-se a incidência do efeito material da revelia em relação aos demais, o que, contudo, não ocorrerá no litisconsorte simples.

Mas, muito cuidado ao resolver a questão, porque o examinador poderá não fazer qualquer distinção e exigir apenas conhecimento sobre o texto legal.

Também é digna de nota a situação das ações promovidas em face da Fazenda Pública (pessoas jurídicas de direito público). Nesses casos, questiona-se se esta estará sujeito ao efeito material da revelia. A questão vem sendo solucionada da seguinte maneira: como estas pessoas defendem interesses indisponíveis em juízo, a falta de resposta não acarretará a incidência de efeito material da revelia. Contudo, se a pessoa jurídica de direito público estiver defendendo interesse privado em juízo, então incidirá este efeito. Trata-se, em síntese, do posicionamento do Superior Tribunal de Justiça a respeito do tema.

Consiste o efeito processual da revelia na desnecessidade de intimação do réu dos demais atos processuais praticados no processo. A propósito, prevê o art. 346, caput do CPC, que, contra o revel que não tenha patrono constituído nos autos, os prazos fluirão da data de publicação do ato decisório no órgão oficial.

Portanto, revel o réu, este não será intimado dos demais atos processuais, salvo se constituir posteriormente advogado, caso em que este poderá interver em qualquer fase, recebendo-o no estado em que se encontrar.

Na fase de cumprimento de sentença, contudo, sendo o réu citado por edital e não oferecer resposta, será intimado também por edital para cumprir a sentença (art. 513, § 2º, IV CPC).

17.10. Da Formação, da Suspensão e da Extinção do Processo

17.10.1. Da formação do processo

A ação será considerada proposta quando a petição inicial for protocolada, ou seja, quando der entrada perante o Poder Judiciário, ainda que seja posteriormente distribuída e despachada.

17.10.2. Da Suspensão do Processo

Como regra, o processo será iniciado por iniciativa da parte e desenvolvido por impulso oficial do juiz. O ideal é que tenha início e se desenvolva até o seu encerramento. Porém, em determinadas situações, o trâmite processual será suspenso, deixando de tramitar por certo lapso de tempo.

Nesse sentido, o art. 313 do CPC indica, em rol exemplificativo, as hipóteses de suspensão do processo. A partir delas, o prazo deixa de correr para que, posteriormente, seja retomado pelo que faltava. São elas:

I. Morte ou pela perda da capacidade processual de qualquer das partes, de seu representante legal ou de seu procurador:

Havendo a morte de qualquer uma das partes, será necessária a regularização da relação processual, com a habilitação dos respectivos herdeiros, salvo em relação às ações personalíssimas, em que haverá a extinção do processo. Nesse sentido, em uma ação de divórcio, se houver o falecimento do autor, em razão da natureza personalíssima, tem-se a extinção, ao invés da suspensão do processo.

Ocorrente também o falecimento de qualquer um dos Advogados, o processo será suspenso para que haja a regularização da representação processual, com a constituição de novo causídico.

II. Pela convenção das partes:

Poderão as partes ajustar a suspensão do processo. Trata-se de direito subjetivo das partes, motivo pelo qual não poderá ser indeferido pelo juiz. Há a celebração de negócio processual.

III. Pela arguição de impedimento ou de suspeição:

Para que o juiz possa julgar a causa, a sua imparcialidade não poderá estar comprometida. Nesse sentido, não poderá atuar se for suspeito ou impedido. Tais causas não mais serão alegadas por meio de exceção, mas por simples petição, que será juntada aos autos. Ao receber a petição, automaticamente estará suspenso o processo.

A petição em que se alega impedimento e a suspeição será juntada aos autos. O magistrado analisará as razões e, concordando, encaminhará os autos ao seu substituto legal. Se discordar, mandará desentranhá-la e, após manifestar-se, encaminhará para o tribunal.

No tribunal será designado relator que, por sua vez, poderá atribuir o efeito suspensivo ou, então, determinar o processamento sem tal efeito.

IV. Pela admissão do incidente de resolução de demandas repetitivas

O incidente de resolução de demandas repetitivas se processa diretamente no tribunal e tem por finalidade a uniformização da jurisprudência daquele órgão e de seus juízes em torno de uma tese jurídica. Uma vez admitido o incidente, será possível que o relator determine a suspensão dos processos que digam respeito a mesma tese jurídica, a fim de que se aguarde o seu julgamento.

V. Quando a sentença de mérito:

a) depender do julgamento de outra causa ou da declaração de existência ou da inexistência de relação jurídica que constitua o objeto principal de outro processo pendente: nesse caso, há necessidade de se suspender o processo e aguardar-se o julgamento de questão prejudicial. A questão prejudicial é aquela que influenciará no mérito da ação.

b) tiver de ser proferida somente após a verificação de determinado fato ou a produção de certa prova, requisitada a outro juízo: tendo sido expedida carta de ordem ou carta precatória, será possível a suspensão do processo para aguardar o seu retorno.

VI. Por motivo de força maior;

VII. Quando se discutir em juízo questão decorrente de acidentes e fatos da navegação de competência do Tribunal Marítimo;

VIII. Em outros casos regulados pelo Código.

IX – pelo parto ou pela concessão de adoção, quando a advogada responsável pelo processo constituir a única patrona da causa;

X – quando o advogado responsável pelo processo constituir o único patrono da causa e tornar-se pai.

ATENÇÃO!

Os dois últimos incisos foram inseridos pela Lei n. 13.363/2016.

Pelo parto ou pela concessão de adoção, quando a advogada responsável pelo processo constituir a única patrona da causa, o período de suspensão será de 30 dias, contado a partir da data do parto ou da concessão da adoção.

Quando o advogado responsável pelo processo constituir o único patrono da causa e tornar-se pai, o período de suspensão será de oito dias.

17.10.3. Da Extinção do Processo

A extinção do processo se dará por sentença, uma vez que encerrada a fase de conhecimento, o cumprimento de sentença ou a execução.

Não são todas as hipóteses de sentença que acarretam na extinção do processo.

A extinção ocorrerá em sentenças com ou sem análise de mérito. Ver, a propósito, os artigos 485 e 487 do CPC.

Antes de proferir decisão sem resolução do mérito, em atenção ao princípio do máximo aproveitamento dos atos processuais e também da primazia do julgamento do mérito, e ainda ao contraditório dinâmico, deverá o magistrado conceder à parte oportunidade para, se possível, corrigir o vício.

17.11. Contestação. Reconvenção

Temas já tratados nos itens 17.4 e 17.5.

17.12. Das Disposições Preliminares

Tendo o réu apresentado a sua resposta, poderá o magistrado tomar algumas providências, indicadas como preliminares. E assim são identificadas, porque objetivam preparar o processo para a fase processual seguinte.

Nesse sentido, verificando o magistrado que o réu não ofereceu resposta, mas que não haverá a incidência do efeito material da revelia, abrirá oportunidade para que o autor possa especificar as provas que pretende produzir, se ainda não as tiver indicado (art. 348).

Poderá o réu, que não ofereceu resposta, também requerer a produção de provas, desde que se faça representar nos autos a tempo de praticar os atos processuais indispensáveis a essa produção.

Também deverá o magistrado dar oportunidade para que o autor se manifeste, no prazo de 15 dias, se o réu oferecer defesa de mérito indireta, ou seja, se alegar fato impeditivo, modificativo ou extintivo do direito do autor (art. 350).

Ou, então, se o réu alegar qualquer uma das preliminares (defesa processual), deverá o juiz também oportunizar a manifestação pelo autor, no prazo de 15 dias.

Como preparação, verificando o magistrado que existem vícios sanáveis, determinará a sua correção em no máximo 30 dias.

Se o magistrado entender que não é o caso de extinção do processo ou de promover ao julgamento antecipado do mérito, então, deverá proferir decisão de saneamento e de organização do processo, por meio da qual: i) resolverá as questões processuais pendentes, se houver; ii) delimitará as questões de fato sobre as quais recairá a atividade probatória, especificando os meios de prova admitidos; iii) definirá a distribuição do ônus probatório; iv) delimitará as questões de direito relevantes para a decisão do mérito; v) designará, se necessário, audiência de instrução e julgamento.

Uma vez saneado o feito, poderão as partes pedir esclarecimentos ou mesmo pedir ajustes, no prazo comum de cinco dias, a partir do que a decisão se torna estável.

As questões de fato e de direito poderão ser delimitadas pelas partes, por meio de convenção consensual, o que, se homologado, as vinculará, assim como também ao juiz.

Por vezes, a causa poderá apresentar complexidade em matéria de fato ou de direito, quando então o magistrado designará audiência para que o saneamento seja feito em cooperação com as partes, oportunidade em que o juiz, se for o caso, convidará as partes a integrar ou esclarecer suas alegações. Trata-se do saneamento compartilhado.

Se for realizada a produção de prova testemunhal, o magistrado fixará prazo para que as partes arrolem as suas testemunhas, não superior a quinze dias.

17.13. Julgamento Conforme o Estado do Processo

Verificando o magistrado que poderá proferir pronunciamento sem a análise de mérito por incidir uma das hipóteses do art. 485, ou então, ser possível a análise de mérito com fundamento nos incisos II e III do art. 487 do CPC, proferirá sentença e extinguirá o processo (se decidir sobre a decadência ou a prescrição, ou, ainda, se homologar o reconhecimento da procedência do pedido formulado na ação ou na reconvenção, a transação ou a renúncia à pretensão formulada ou na reconvenção).

Admite-se também pronunciamento sobre parcela do processo, quando então proferirá decisão interlocutória, impugnável pelo recurso de agravo de instrumento.

Portanto:

> A extinção do processo poderá ocorrer por meio de sentença, ou, se for parcial, de agravo de instrumento.

Se não for o caso de promover a extinção do processo, com ou sem decisão de mérito, poderá o magistrado julgar antecipadamente o pedido, proferindo sentença com resolução de mérito, quando não houver necessidade de produção de outras provas, ou, sendo o réu revel, incidir o efeito material da revelia e não houver requerimento de prova.

Admite-se, também, o julgamento antecipado parcial do mérito, quando então apenas um ou parcela dos pedidos será decidido, prosseguindo-se o processo em relação aos demais. Trata-se de decisão interlocutória de mérito, que poderá ser impugnada por meio do recurso de agravo de instrumento.

Será admitido o julgamento antecipado parcial do mérito quando um ou mais dos pedidos formulados ou parcela deles apresentar-se incontroverso (não impugnado), ou se não houver necessidade de produção de outras provas, ou, ainda, se o réu for revel, incidir o efeito material da revelia e não houver requerimento de prova.

O julgamento antecipado parcial do mérito dependerá, como dito, de decisão interlocutória de mérito e, por isso, se não impugnada, formará a coisa julgada material, podendo ser objeto de cumprimento de sentença. A sua impugnação, contudo, poderá ser realizada por meio do recurso de agravo de instrumento.

Proferido o julgamento antecipado parcial do mérito, se ilíquida a decisão, admite-se desde já a sua liquidação e, também, a suja execução, independentemente de caução.

Note-se que a lei menciona a possibilidade do cumprimento provisório de decisão interlocutória de mérito, embora o condicione, para a sentença, que eventual apelação tenha apenas efeito devolutivo. E isso ocorre porque o agravo, como regra, tem apenas o efeito devolutivo, podendo o relator conceder o efeito suspensivo.

Se o magistrado entender que não é o caso de extinção do processo ou de promover ao julgamento antecipado do mérito, então, deverá proferir decisão de saneamento e de organização do processo, por meio da qual: i) resolverá as questões processuais pendentes, se houver; ii) delimitará as questões de fato sobre as quais recairá a atividade probatória, especificando os meios de prova admitidos; iii) definirá a distribuição do ônus probatório; iv) delimitará as questões de direito relevantes para a decisão do mérito; v) designará, se necessário, audiência de instrução e julgamento.

Uma vez saneado o feito, poderão as partes pedir esclarecimentos ou mesmo pedir ajustes, no prazo comum de cinco dias, a partir do que a decisão se torna estável.

As questões de fato e de direito poderão ser delimitadas pelas partes, por meio de convenção consensual, o que, se homologado, as vinculará, assim como também ao juiz.

Por vezes, a causa poderá apresentar complexidade em matéria de fato ou de direito, quando então o magistrado designará audiência para que o saneamento seja feito em cooperação com as partes, oportunidade em que o juiz, se for o caso, convidará as partes a integrar ou esclarecer suas alegações. Trata-se do saneamento compartilhado.

Se for realizada a produção de prova testemunhal, o magistrado fixará prazo para que as partes arrolem as suas testemunhas, não superior a quinze dias.

17.14. Das Provas

17.14.1. Apontamentos Gerais

A doutrina prevê o direito constitucional à prova como decorrência do acesso à justiça. A parte também tem o direito de provar os fatos alegados.

Por meios de prova compreendem-se os procedimentos adequados para a obtenção da informação e o seu registro. Há vários meios de prova, como a pericial, a testemunhal. Não se confunde com fonte de prova.

A prova é extraída de uma fonte de prova. Uma pessoa pode ser uma fonte de prova, sendo aquela examinada por um perito médico, por exemplo. Tem-se, então, uma fonte de prova, que não se confunde com os meios de prova.

Serão admitidos todos os meios de prova moralmente legítimos, ainda que atípicos.

Admite-se, também, que o magistrado determine a produção da prova que entenda pertinente como decorrência do dever-poder instrutório do juiz (art. 370 do CPC).

Em consonância com o princípio da comunhão das provas, uma vez sendo produzida, poderá qualquer uma das partes dela se aproveitar, ainda que não tenha a requerido. A prova não pertence à parte que a produziu.

Ônus probatório: a propósito do tema, deve haver prévia análise da carga estática e da carga dinâmica do ônus probatório. Pela carga estática do ônus probatório, que ainda é a regra, há a prévia distribuição daquilo que cada parte no processo deverá comprovar. Desse modo, incumbe ao autor o ônus da prova quanto ao fato constitutivo de seu direito e ao réu, por sua vez, quanto ao fato impeditivo, modificativo ou extintivo do direito do autor.

Admite-se que as partes, por convenção, modifiquem o ônus da prova. Contudo, tal convenção não será admitida quando recair sobre direito indisponível da parte ou se tornar excessivamente difícil a uma parte o exercício do direito (art. 373, § 3º).

O NCPC inovou ao prever, também, a carga dinâmica do ônus probatório. Diferentemente do que foi anteriormente analisado, será possível que o juiz atribua o ônus da prova de modo diverso, desde que o faça por decisão fundamentada, justificada nos casos previstos em lei ou diante de peculiaridades da causa decorrentes da excessiva dificuldade de cumprir o encargo. Enfim, terá o ônus de provar aquele que tiver melhores condições de fazê-lo.

O objeto da prova são os fatos. Estes devem ser demonstrados. Porém, não dependem de prova os fatos notórios, afirmados por uma parte e confessados pela parte contrária, admitidos no processo como incontroversos ou em cujo favor milita presunção legal de existência ou de veracidade.

O direito não precisa ser demonstrado (*iura novit cúria*). Ocorre que, se a parte alegar direito municipal, estadual, estrangeiro ou consuetudinário, poderá o juiz determinar que se prove o teor e a vigência.

Como já foi visto, poderá a carta precatória ou a carta de ordem importarem em suspender o processo. E isso ocorrerá quando for atribuído efeito suspensivo ao documento. Para tanto, deverão ser requeridas antes da decisão de saneamento, bem como que a prova nela produzida seja imprescindível.

O Código fez previsão da denominada **ação probatória, que tem por finalidade exclusiva a produção antecipada de prova que poderá ser utilizada posteriormente em procedimento arbitral, judicial ou administrativo. Será admitida se:** houver fundado receio de que venha a tornar-se impossível ou muito difícil a verificação de certos fatos na pendência da ação; a prova a ser produzida seja suscetível de viabilizar a autocomposição ou outro meio adequado de solução de conflito; o prévio conhecimento dos fatos possa justificar ou evitar o ajuizamento de ação.

Note-se que nem sempre haverá necessidade do elemento urgência.

A ação probatória não admitirá defesa ou recurso, salvo contra decisão que indeferir totalmente a produção da prova pleiteada pelo requerente originário.

Uma vez deferida e produzida a prova, os autos permanecerão durante um ano para extração de cópias e certidões.

Admite-se a arguição de falsidade documentação na própria contestação, na réplica no prazo de 15 dias, contado a partir da intimação da juntada. Uma vez arguida, dessa maneira, a falsidade, constando como questão principal, constará da parte dispositiva da sentença e sobre ela incidirá também a autoridade da coisa julgada.

17.14.2. Distribuição do ônus da prova

Ônus probatório: a propósito do tema, deve haver prévia análise da carga estática e da carga dinâmica do ônus probatório. Pela carga estática do ônus probatório, que ainda é a regra, há a prévia distribuição daquilo que cada parte no processo deverá comprovar. Desse modo, incumbe ao autor o ônus da prova quanto ao fato constitutivo de seu direito e ao réu, por sua vez, quanto ao fato impeditivo, modificativo ou extintivo do direito do autor.

Admite-se que as partes, por convenção, modifiquem o ônus da prova. Contudo, tal convenção não será admitida quando recair sobre direito indisponível da parte ou se tornar excessivamente difícil a uma parte o exercício do direito (art. 373, § 3º).

O NCPC inovou ao prever, também, a carga dinâmica do ônus probatório. Diferentemente do que foi anteriormente analisado, será possível que o juiz atribua o ônus da prova de modo diverso, desde que o faça por decisão fundamentada, justificada nos casos previstos em lei ou diante de peculiaridades da causa decorrentes da excessiva dificuldade de cumprir o encargo. Enfim, terá o ônus de provar aquele que tiver melhores condições de fazê-lo.

O objeto da prova são os fatos. Estes devem ser demonstrados. Porém, não dependem de prova os fatos notórios, afirmados por uma parte e confessados pela parte contrária, admitidos no processo como incontroversos ou em cujo favor milita presunção legal de existência ou de veracidade.

O direito não precisa ser demonstrado (*iura novit cúria*). Ocorre que, se a parte alegar direito municipal, estadual, estrangeiro ou consuetudinário, poderá o juiz determinar que se prove o teor e a vigência.

Como já foi visto, poderá a carta precatória ou a carta de ordem importarem em suspender o processo. E isso ocorrerá quando for atribuído efeito suspensivo ao documento. Para tanto, deverão ser requeridas antes da decisão de saneamento, bem como que a prova nela produzida seja imprescindível.

17.14.3. Fatos que independem de prova

As provas buscam demonstrar os fatos. Porém, nem todos os fatos precisam ser demonstrados.

Nesse sentido, o art. 374 dispensa a prova dos fatos: i) notórios; ii) afirmados por uma parte e confessados pela parte contrária; iii) admitidos no processo como incontroversos; iv) em cujo favor milita presunção legal de existência ou de veracidade.

17.14.4. Depoimento Pessoal

O depoimento pessoal é um meio de prova consistente na colheita do depoimento do autor e do réu. Será produzido na audiência de instrução e julgamento, com possibilidade de que haja a formulação de reperguntas pelo advogado da parte contrária.

Não obstante, admite-se que, se a parte residir em comarca, seção ou subseção judiciária diversa daquela onde tramita o processo poderá ser colhida por meio de videoconferência ou outro recurso tecnológico de transmissão de sons e imagens em tempo real, o que poderá ocorrer, inclusive, durante a realização da audiência de instrução e julgamento.

Se a parte não comparecer, apesar de pessoalmente intimada, ser-lhe-á aplicada a pena de confesso. Da mesma forma, se recusar a depor.

A parte não é obrigada a depor sobre fatos criminosos ou torpes que lhe forem imputados, a cujo respeito, por estado ou profissão, deva guardar sigilo, acerca dos quais não possa responder sem desonra própria, de seu cônjuge, de seu companheiro ou de parente em grau sucessível, que coloquem em perigo a vida do depoente ou das pessoas antes indicadas. Esta regra, contudo, não se aplica às ações de estado e de família.

Difere o depoimento pessoal do interrogatório, que poderá ser colhido a qualquer momento. Porém, no interrogatório a parte não está obrigada a depor e, se deixar de fazê-lo, não lhe será aplicada a pena de confesso.

17.14.5. *Confissão*

Haverá a confissão quando a parte admite a verdade de fato contrário ao seu interesse e favorável ao do adversário.

Ela poderá ocorrer no âmbito judicial ou extrajudicial. Pode ainda ser espontânea ou provocada.

A confissão é irrevogável, mas poderá ser anulada se decorreu de erro de fato ou de coação. A legitimidade para a propositura desta ação é exclusiva do confitente e pode ser transferida a seus herdeiros se ele falecer após a propositura.

17.14.6. *Prova documental*

De todos os aspectos da prova documental, merecem ser destacados pela própria incidência em provas e concursos, alguns aspectos importantes.

O réu manifestar-se-á na contestação sobre os documentos anexos à inicial, e o autor na réplica sobre os documentos anexados na contestação.

A parte poderá requerer a juntada de documento aos processos e a outra poderá arguir a sua falsidade na contestação, na réplica ou no prazo de 15 dias contados da intimação da juntada dos documentos aos autos.

Arguida a falsidade como questão incidental, assim será decidida e não fará coisa julgada. Porém, poderá ser resolvida como questão principal, desde que haja requerimento da parte e seja o juiz competente, hipótese em que fará coisa julgada.

A propósito, indica o art. 433: "A declaração sobre a falsidade do documento, quando suscitada como questão principal, constará da parte dispositiva da sentença e sobre ela incidirá também a autoridade da coisa julgada".

Em regra, a prova documental deve ser apresentada juntamente com a petição inicial e contestação, sendo lícito às partes, porém, em qualquer momento, juntar aos autos documentos novos, se destinados a fazer prova de fatos ocorridos depois dos alegados, ou para contrapô-los aos que foram produzidos nos autos.

Sendo assim, se o réu apresenta fatos modificativos do direito do autor, poderá o autor apresentar novos documentos, afastando as alegações trazidas.

Os documentos podem ser públicos ou privados.

Competirá à parte impugnar a autenticidade da assinatura e a veracidade do contexto, o que presumir-se-á tendo em vista o seu silêncio. Tal eficácia cessa, contudo, se o documento foi obtido por erro, dolo ou coação, que podem ser alegados em momento posterior.

17.14.7. *Exibição de documentos ou coisas*

A exibição poderá ser determinada pelo juiz, estando o documento ou coisa sob poder da parte ou de terceiro.

Se estiver em poder da parte contrária, esta será intimada para responder no prazo de cinco dias contados de sua intimação. Instaura-se um incidente processual. Poderá o requerido afirmar que não possui o documento. Se o juiz não admitir a sua recusa, admitirá como verdadeiros os fatos que, por meio do documento ou da coisa, a parte pretendia provar se: i) o requerido não efetuar a exibição e nem fizer nenhuma declaração no prazo de cinco dias; ii) a recusa for havida por ilegítima.

Estando o documento ou coisa em poder de terceiro, será instaurado processo incidente. Nesse sentido, o terceiro será citado para responder no prazo de 15 dias. Não havendo motivo justo, o juiz ordenará o depósito em cartório, podendo haver a expedição de mandado de busca e apreensão.

17.14.8. Prova testemunhal

A testemunha é a fonte da prova testemunhal. É a pessoa que, não sendo parte, será chamada a depor sobre fatos tratados no processo, sendo indeferida a sua oitiva sobre fatos já provados por documento ou confissão da parte, ou que só por documento ou por exame pericial puderem ser provados.

Todas as pessoas podem ser acionadas como testemunhas, havendo ressalva, contudo, em relação às incapazes, impedidas e suspeitas.

Sendo necessário, o magistrado poderá ouvir as testemunhas menores, impedidas ou suspeitas, sem tomar-lhes o compromisso de dizer a verdade.

A testemunha é obrigada a depor e a dizer a verdade, sob pena de praticar o crime de falso testemunho. Porém, não é obrigada a depor sobre fatos: (i) que lhe acarretem grave dano, bem como ao seu cônjuge e aos seus parentes consanguíneos ou afins, em linha reta, ou na colateral em segundo grau; (ii) a cujo respeito, por estado ou profissão, deva guardar sigilo.

Nos casos em que a lei exigir prova escrita da obrigação, é admissível a prova testemunhal quando houver começo de prova por escrito, emanado da parte contra a qual se pretende produzir a prova.

Também se admite a prova testemunhal quando o credor não pode ou não podia, moral ou materialmente, obter a prova escrita da obrigação, em casos como o de parentesco, de depósito necessário ou de hospedagem em hotel ou em razão das práticas comerciais do local onde contraída a obrigação.

O juiz fixará, na decisão saneadora, o prazo comum não superior a 15 dias para que as partes apresentem rol de testemunhas. No caso de saneamento compartilhado, as partes devem levar consigo o rol de testemunhas.

O número de testemunhas não pode ser superior a dez, sendo 03 no máximo para a prova de cada fato.

Admite-se que o juiz limite o número de testemunhas levando em conta a complexidade da causa e dos fatos individualmente considerados.

17.14.9. Prova pericial

A prova pericial consiste em exame, vistoria ou avaliação. Trata-se de meio de prova em que se necessita dos conhecimentos de *expert* nomeado pelo Juízo.

A prova pericial poderá ser substituída pela prova técnica simplificada, se o ponto controvertido for de menor complexidade, consistindo apenas na inquirição de especialista pelo juiz.

Ao nomear o perito, o juiz fixará prazo para a entrega do laudo.

Uma vez intimada, a parte terá o prazo de quinze dias para arguir o impedimento ou a suspeição do perito, indicar assistente técnico ou apresentar quesitos.

Ciente da notificação, o perito apresentará proposta de honorários, currículo com comprovação de especialização e contatos profissionais, sendo as partes intimadas, podendo manifestar-se a respeito em cinco dias.

Ultrapassado o prazo, com ou sem manifestação, o juiz arbitrará o valor, intimando-se as partes.

É admissível a apresentação de quesitos suplementares durante a diligência, que poderão ser respondidos pelo perito previamente ou na audiência de instrução e julgamento.

É admissível também que as partes escolham o perito, indicando-o mediante requerimento, desde que sejam plenamente capazes e a causa possa ser resolvida por autocomposição.

17.14.10. Inspeção judicial

A inspeção judicial consiste na possibilidade de o juiz, sem intermediários, constatar determinado fato indicado na inicial ou na contestação.

Assim, o juiz, de ofício ou a requerimento da parte, poderá, em qualquer fase do processo, inspecionar pessoas ou coisas, com a finalidade de esclarecer sobre fato.

Realizada a inspeção, será lavrado autocircunstanciado.

17.14.11 Exame e valoração da prova

Deverá o magistrado apreciar a prova constante dos autos, independentemente do sujeito que a tiver promovido, e indicará na decisão as razões da formação de seu convencimento (art. 371).

17.14.12 Produção Antecipada de Provas

O Código fez previsão da denominada **ação probatória, que tem por finalidade exclusiva a produção antecipada de prova que poderá ser utilizada posteriormente em procedimento arbitral, judicial ou administrativo. Será admitida se:** houver fundado receio de que venha a tornar-se impossível ou muito difícil a verificação de certos fatos na pendência da ação; a prova a ser produzida seja suscetível de viabilizar a autocomposição ou outro meio adequado de solução de conflito; o prévio conhecimento dos fatos possa justificar ou evitar o ajuizamento de ação.

Note-se que nem sempre haverá necessidade do elemento urgência.

A ação probatória não admitirá defesa ou recurso, salvo contra decisão que indeferir totalmente a produção da prova pleiteada pelo requerente originário.

Uma vez deferida e produzida a prova, os autos permanecerão durante um ano para extração de cópias e certidões.

17.15. Audiências

17.15.1. Da Audiência de Conciliação ou de Mediação

O Novo Código de Processo Civil encampou o que foi denominado de Tribunal Multiportas (art. 3º), de modo que será verificada a possibilidade de solução da questão por meio da composição via conciliação ou mediação. Resultando infrutífera a tentativa, o processo será decidido por meio de sentença judicial.

Por esse motivo, foi enfatizada esta audiência de conciliação ou de mediação, bem como incluídos os conciliadores e mediadores no rol dos auxiliares do juízo, conforme adiante será visto.

É preciso bem entender a dinâmica do processo (ou o procedimento comum) para visualizar o momento em que se insere a audiência.

PETIÇÃO INICIAL ➔ Distribuição ➔ Juiz ➔
- Emendada / Completada
- Improcedência liminar
- Citação e audiência
- Citação para resposta

Portanto, estando a petição inicial em ordem e não entendendo o magistrado ser o caso de ser proferida sentença de improcedência liminar, será designada audiência de conciliação ou de mediação com **antecedência mínima de 30 dias**, devendo o réu ser citado com pelo menos **vinte dias de antecedência**.

No entanto, esta audiência não será realizada se ambas as partes manifestarem, expressamente, **desinteresse na composição consensual ou se o litígio não admitir a autocomposição**.

O autor poderá manifestar o seu desinteresse na realização da audiência já na petição inicial. O réu, por sua vez, terá oportunidade para fazê-lo por meio de petição, que deverá ser apresentada com dez dias de antecedência, contados da data da audiência.

Se houver mais de um autor ou réu (litisconsórcio), o desinteresse deverá ser manifestado por todos os litisconsortes.

Se não houver a dispensa da realização da audiência, o comparecimento da parte será obrigatório, importando a ausência injustificada em ato atentatório à dignidade da justiça

17.16. Da Audiência de Instrução e Julgamento

Tem a audiência de instrução e julgamento a finalidade de ser colhida a prova oral a ser produzida.

Esta prova será produzida com observância da seguinte ordem: i) oitiva do perito e de assistentes técnicos, que responderão a quesitos de esclarecimentos previamente apresentados; ii) o autor e o réu em depoimentos pessoais; iii) as testemunhas arroladas pelo autor e pelo réu, que serão inquiridas.

Admite-se a flexibilização dessa ordem, de modo que o juiz poderá alterá-la (art. 139, VI).

A audiência será adiada por convenção das partes, se não puder comparecer qualquer pessoa que dela necessariamente deveria participar, por motivo justiçado, e por atraso injustificado de seu início em tempo superior a 30 minutos do horário marcado.

Se acaso o advogado da parte que requereu a prova não comparecer, o juiz poderá dispensar a sua produção.

Terminada a instrução, será aberta oportunidade para as alegações finais, abrindo-se a palavra aos autos advogados e Ministério Público, se for necessária a sua intervenção. Tais alegações podem ser substituídas por razões finais escritas, a ser apresentadas no prazo sucessivo de 15 dias.

A audiência de instrução é una e contínua, podendo ser cindida se houver concordância das partes.

Terminados os debates, o juiz proferirá sentença, ou o fará em 30 dias.

18. DA TUTELA PROVISÓRIA: TUTELAS DE URGÊNCIA E DE EVIDÊNCIA

18.1. Fungibilidade

A fungibilidade, na atualidade, é tratada como tema ligado à teoria geral do processo. Fala-se em fungibilidade de meios, de modo que o ato é recebido como ato, passando a gerar os mesmos efeitos.

Se requerida a tutela cautelar quando cabível a antecipada, por ser mais apropriada, poderá o magistrado deferir esta última.

18.2. Princípios Gerais

ALTERAÇÕES IMPORTANTES	
CPC 1973	**CPC 2015**
Previsão do Processo Cautelar Autônomo	Não há mais previsão do Processo Cautelar
Tutela da evidência não era prevista como tal. Tratada como tutela antecipada.	Tutela da evidência foi sistematizada
Não havia previsão expressa da possibilidade de ser deferida a tutela antecipada em caráter antecedente, embora admitida na prática.	A tutela de urgência – antecipada ou cautelar – poderá ser deferida de forma antecedente ou incidental, sempre na mesma relação processual.

ALTERAÇÕES IMPORTANTES	
CPC 1973	**CPC 2015**
Havia uma sentença para decidir-se o processo cautelar.	Haverá decisão interlocutória para decidir sobre a tutela cautelar, pois proferido o pronunciamento na própria relação processual em que haverá o acertamento da situação subjetiva (solução do mérito).

O Código de Processo Civil de 2015 denominou de **provisória** a tutela sumária, revogável, que pode ser deferida para em razão da existência de fundamentos relevantes e de risco de dano grave ou de difícil reparação, ou por conta da alta probabilidade de acolhimento da pretensão, não se justificando a necessidade de aguardar-se pelo final da caminhada processual.

Para tanto, tentou abreviar o procedimento para deferimento dessa medida.

Portanto, diferentemente do modelo anterior, o Novo Código de Processo Civil, ao mesmo tempo em que bem diferenciou a tutela satisfativa, cautelar e da evidência, as inseriu em dois grandes grupos: **i) tutela de urgência; ii) tutela da evidência**, **conforme o seu fundamento**.

Tutela Provisória ➔ Fundamentos ➔ { Urgência / Evidência }

A tutela provisória sob o fundamento da **urgência** (antecipada e cautelar) poderá ser requerida de forma **antecedente ou de forma incidental**. Explica-se o significado de cada uma dessas situações.

Por vezes, pode ser difícil para a parte já apresentar a sua petição inicial completa, demandando mais tempo para que isso ocorra. Ocorre que, não obstante, a parte não pode aguardar por mais prazo para que tenha deferida uma medida de urgência, motivo pelo qual o Código admite a tutela provisória de urgência antecedente.

Entenda-se bem o sentido da palavra **antecedente.** Note-se que, neste caso, não se trata da instauração de relação processual para, unicamente, conhecer e deferir a tutela provisória. Pelo contrário, a parte provoca o Poder Judiciário e requer que haja o deferimento da tutela provisória de forma imediata, por exemplo, suspendendo-se a possibilidade de protesto de título, **apresentando a petição inicial antecedente que, posteriormente, será complementada**. As duas petições são apresentadas no mesmo processo. A primeira implica na provocação do Poder Judiciário, em conformidade com o princípio da ação e já pleiteia o deferimento de tutela provisória. Posteriormente, para a continuidade do processo e possibilidade de exercício pleno da pretensão, o autor completa a sua inicial, apresentando a petição complementar.

Nesses casos, a tutela provisória será requerida ao juízo competente para conhecer o **pedido** principal (e não a causa principal), que será apresentado posteriormente. Como regra, será o mesmo juízo, salvo se for reconhecida a incompetência absoluta e remetidos os autos ao juízo competente enquanto não completada a inicial.

Não obstante, se a parte já apresentou a petição inicial completa, sem que haja necessidade de posterior complementação, a **tutela provisória se apresenta como incidental** (ou, então, contemporânea à inicial e, se requerida posteriormente, como incidental), que independerá do pagamento de custas.

Independentemente de seu fundamento, a tutela provisória conservará a sua eficácia na pendência do processo, mas poderá ser revogada ou modificada a qualquer tempo. Até por conta disso, diz-se que é provisória.

18.3. Da Tutela de Urgência

18.3.1. Requisitos Comuns para a Tutela de Urgência

Independentemente do fundamento, a tutela de urgência será concedida quando houver elementos que evidenciem a probabilidade do direito (*fumus boni iuris*) e o perigo de dano ou o risco ao resultado útil do processo (*periculum in mora*).

Como visto, o Novo CPC não diferencia os requisitos para o deferimento da tutela antecipada ou da tutela cautelar, exigindo-se a probabilidade do direito e a urgência da medida para os dois. Nos casos concretos, deverá ser identificada a providência necessária, que pode consistir em antecipar o mérito que seria acolhido apenas ao final da fase de conhecimento (antecipação dos efeitos da tutela), quando o magistrado proferirá pronunciamento que versa sobre o mérito (ou mesmo de mérito, se o fizer concomitantemente à sentença), ou então em servir como instrumento para o sucesso do processo (tutela cautelar).

Sem dúvida nenhuma, houve significativa facilitação, uma vez que não há mais necessidade de, nas hipóteses de tutelas cautelares, verificar se estavam ou não presentes os requisitos específicos. Agora, para todas elas, bastam o *periculum in mora* e o *fumus boni iuris*.

18.3.2. Prévia Garantia para a Tutela Provisória de Urgência de Caráter Antecedente

Considerando-se que o deferimento da tutela provisória poderá ocasionar prejuízos à parte que dela suportará, há previsão da responsabilidade objetiva em indenizar a parte contrária pelos prejuízos ocasionados se a sentença lhe for desfavorável, se obtida a medida em caráter antecedente, não forem fornecidos os meios necessários para a citação do requerido em cinco dias, ocorrer a cessação da eficácia da medida ou for acolhida a alegação de decadência ou prescrição da pretensão autoral (art. 302 do NCPC).

Tal indenização será liquidada nos autos em que a medida tiver sido concedida, sempre que foi possível, não havendo necessidade de que se dê em ação autônoma, muito embora não haja propriamente a vedação.

Assim, com a finalidade de garantir eventual prejuízo, bem como a efetividade da reparação decorrente da responsabilidade objetiva, garante o § 1º, do art. 300, a possibilidade de que o magistrado, para o deferimento da tutela de urgência, exija caução real ou fidejussória idônea para ressarcir os danos que a outra parte possa vir a sofrer, podendo, no entanto, ser dispensada a garantia se a parte economicamente hipossuficiente não puder oferecê-la.

Há de ser considerado que, em certas hipóteses, não se pode exigir que a parte preste a caução, até por não ter meios econômicos para tanto. Nesse caso, a razoabilidade há de prevalecer no sentido de que determinados direitos não estejam condicionados à existência de recursos para a sua satisfação.

18.3.3. Comprovação dos Requisitos da Tutela de Urgência

Para o deferimento da tutela de urgência, o seu requerente deverá demonstrar que se encontram presentes os seus requisitos. Para tanto, poderá valer-se de justificação prévia, que consiste em oportunidade na qual serão inquiridas testemunhas.

A justificação prévia será deferida nos próprios autos em que pleiteada a concessão da tutela provisória.

18.3.4. Condição para o Deferimento da Tutela Provisória

É condição para o deferimento da tutela provisória que não haja perigo de irreversibilidade dos efeitos da decisão.

De fato, não é possível que a parte suporte os efeitos da tutela provisória, se há possibilidade de que os mesmos não possam ser posteriormente revertidos. Da mesma forma, não é possível que a parte suporte os efeitos da tutela se tais são desproporcionais para com os benefícios por ela obtidos por aquele que a requereu.

Tem-se, então, como condição para o deferimento da tutela provisória a reversibilidade dos efeitos da decisão. E, também existe a proibição da concessão da tutela provisória se houver o *periculum in mora* invertido, em que a tutela é deveras onerosa para a parte que deve suportá-la, em total descompasso com aquilo que se beneficiará a parte contrária.

É verdade que tal condição dever ser analisada casuisticamente, verificando-se aspectos relativos à sua razoabilidade e proporcionalidade. Há situações em que a tutela deve ser deferida, apesar de os efeitos da tutela serem totalmente irreversíveis.

O exemplo clássico é a tutela antecipada que determina ao Estado o fornecimento de medicamento de altíssimo custo, a ser importado, em benefício de pessoa desprovida de qualquer recurso financeiro que possa suportar arcar com reembolso financeiro se acaso fosse desacolhido o seu pedido ao final.

Nesses termos, faz-se ponderação entre os bens jurídicos envolvidos: de um lado, a segurança jurídica, de outro lado, a vida, entre outros bens. A partir dessa ponderação, calcula-se se é possível ou não deferir de imediato a medida.

18.3.5. Fundamentos, Requisitos e Condição para o Deferimento da Tutela de Urgência

Levando-se em consideração tudo o que foi até aqui dito, há condição para uma tentativa de sistematização do tema tutela provisória de urgência, fechando um quadro em que se apresente os seus fundamento, requisitos e condição.

Tutela Provisória de Urgência	**Fundamento**: **risco** de dano grave/difícil reparação **Requisitos**: *fumus boni iuris* e *periculum in mora*. **Condição**: reversibilidade dos efeitos da decisão.

18.3.6. A Tutela Antecipada Requerida de Forma Antecedente

Inovou o Novo Código de Processo Civil ao permitir que a tutela antecipada seja requerida de forma antecedente à instauração da relação processual.

Diferentemente do CPC de 1973, as medidas requeridas de forma antecedente não serão objeto de processo próprio, mas importarão na própria provocação do Poder Judiciário, que aguardará a vinda de futura complementação, a ser juntada nos próprios autos.

Dessa maneira, não haverá uma ação para a tutela de urgência e outra para análise do pedido principal. Tudo será analisado em um único processo, no contexto de uma única relação processual.

Ocorre que, na tutela de urgência satisfativa requerida de forma antecedente, o Poder Judiciário será provocado por meio de uma petição que, muito embora possua importantes elementos, ainda poderá ser completada futuramente.

Nesse passo, o autor apresenta a sua petição inicial, que poderá ser limitada ao requerimento da tutela antecipada e à indicação do pedido de tutela final, com a exposição da lide, do direito que se busca realizar e do perigo de dano ou do risco ao resultado útil do processo.

Se o autor já puder apresentar a sua petição inicial de forma integral, naturalmente, não haveria necessidade de pleitear a tutela antecipada antecedente.

Deverá o autor observar a necessidade de fazer a petição inicial estar acompanhada dos requisitos extrínsecos necessários, como a comprovação do recolhimento das custas, bem como da procuração.

A petição inicial será distribuída (observando-se as regras de competência) e o juízo analisará se estão presentes os requisitos para a concessão da tutela antecipada requerida.

Em caso negativo, o juiz determinará que o autor emende a inicial no prazo de cinco dias, sob pena de extinção e arquivamento. Diferentemente, em caso positivo, o magistrado deferirá a medida de urgência e determinará o prosseguimento do processo.

Competirá ao autor, então, completar a inicial, deixando-a apta à compreensão de seus argumentos e ao exercício do direito de defesa do réu, que será citado.

Concomitantemente à citação para comparecimento à audiência de conciliação, o réu será também intimado dos termos da liminar concedida, abrindo-se o prazo para que possa interpor o seu recurso **de agravo de instrumento** (art. 1.015, I do NCPC).

18.3.7. *Da Estabilização da Medida*

Como regra, é possível afirmar que a parte procura o Poder Judiciário para dele obter o acertamento de uma situação subjetiva, ou seja, que seja certificado o seu direito, formada a coisa julgada e efetivada a tutela jurisdicional pretendida.

E justamente para essa efetividade, a parte conta com a tutela provisória, que, como o próprio nome indica, não é definitiva, podendo ser modificada ou revogada se não mais estiverem presentes os seus requisitos.

Pode a parte pretender, no entanto, apenas uma decisão com utilidade prática. Basta-lhe o deferimento da tutela provisória para que a sua vida se altere, para que haja a sua satisfação. Não lhe é preciso aguardar por todo o desenrolar do processo e obter uma solução do litígio.

Pensando em tal ponto, o Novo Código de Processo Civil importou uma técnica já prevista em outros ordenamentos jurídicos, no sentido de buscar abreviar o andamento processual e, ao invés de sujeitar as partes ao longo debate processual, resumir a atividade processual ao deferimento da tutela de urgência, que já contém providência prática que atendará às necessidades do jurisdicionado.

O exemplo a seguir poderá elucidar melhor a questão. Imagine-se que a parte requeira, em tutela antecipada antecedente, que o magistrado defira a tutela provisória para determinar que o plano de saúde custeie o tratamento de seu consumidor. Uma vez efetivada a medida, não é de interesse da parte que ocorra o acertamento da situação substancial. Em outras palavras, não interessa ao autor que seja proferida sentença de acolhimento do pleito inicial. Bastou-lhe, em termos práticos, a tutela provisória efetivada. Não é necessário que este autor se sujeite a todos os custos decorrentes da continuidade do processo, o que pode ocorrer também em relação ao réu e, indiretamente, ao próprio Poder Judiciário.

Pensando nessa situação, o Novo Código de Processo Civil previu a **estabilização da tutela provisória,** conforme se vê do *caput* do art. 304, **que é restrita à tutela antecipada concedida em caráter antecedente.**

A estabilização da tutela antecipada concedida em caráter antecedente a torna irrevogável no mesmo processo, exigindo que a parte ajuíze **nova ação** para o fim de rever, reformar ou invalidá-la.

Perceba-se que a estabilização da tutela não forma a coisa julgada. A propósito, não houve sentença de mérito sobre a questão, de modo que o magistrado não emitiu juízo de acertamento da situação subjetiva. Em outras palavras, não analisou se o pedido é procedente ou improcedente. Desse modo, o mérito continuará em aberto. De outro lado, foi estabilizada a tutela provisória, que permanecerá viva, mas somente modificável por meio de outra ação.

Haverá a estabilização da tutela se o réu não impugnar, por meio do recurso de agravo de instrumento (art. 1.015, I do NCPC), a decisão interlocutória que, versando sobre o mérito, deferir a medida.

Fernando da Fonseca Gajardoni defende que "não haverá a estabilização se adotado pelo interessado qualquer expediente processual tendente a cassar a decisão que deferiu a tutela antecipada".[11] Por isso, defende-se que a interposição de embargos declaratórios com efeitos infringentes, por exemplos, possa afastar a estabilização.

Não interessa saber se o recurso foi ou não conhecido. O simples fato de recorrer, por si só, já afasta a estabilização, salvo, naturalmente, se o recurso for intempestivo. O recurso não precisa ser interposto exclusivamente pelo réu. Também poderá ser oferecido pelo terceiro prejudicado ou pelo próprio Ministério Público, importando, em verdade, tão somente que o ato judicial seja atacado de forma conveniente.

18.3.8. Ação para Rever, Reformar ou Invalidar a Tutela Antecipada Estabilizada

Conforme já foi dito, a revisão, reforma ou invalidação da tutela antecipada estabilizada somente ocorrerá por meio de **ação própria**, estando o juízo que a proferiu prevento para o seu julgamento. A ação deverá ser proposta no prazo de dois anos, contados da intimação do ato que julgar extinto o processo.

18.3.9. Decisões que não podem ser estabilizadas (família, parciais etc.)

Há medidas antecipatórias que tratam de situações que não comportam estabilização, ao nosso ver.

Imagine-se, por exemplo, se a parte requerer, em tutela antecipada antecedente, a suspensão de poder familiar dos genitores em relação a determinada criança, indicando que o seu pedido será o de destituição do poder familiar cumulado com adoção. Deferida a medida, a parte contrária é intimada e não interpõe qualquer recurso.

A despeito de não ser tratada essa situação no Novo Código de Processo Civil, tem-se que em situações como essa não se pode dizer que é possível deixar a situação sem o acertamento, sem a solução da situação subjetiva, de modo que é de se impor a continuidade do processo e que o juízo proferira sentença, decidindo a situação da criança e afastando qualquer possibilidade de prejuízo ao seu superior interesse.

Por isso, para determinadas situações, sobretudo ligadas a questões familiares, de interesses de crianças e adolescentes, defende-se que não há a estabilização da tutela.

Não é atingida pela estabilização as tutelas antecipadas antecedentes parciais, nas quais a tutela não corresponde ao pedido total. Assim, por exemplo, se a parte requerer, em caráter antecedente, a concessão de tutela antecipada para suspender a exigibilidade de crédito tributário, e já indicar que o seu pedido será a declaração da inexistência da relação jurídica tributária, ainda que a parte contrária não recorra, não haverá a estabilização.

A tutela estabilizada projeta os seus efeitos no tempo, ainda que o processo seja extinto, sem resolução do mérito e sem formação da coisa julgada material.

---

11 GAJARDONI, Fernando da Fonseca. DELLORE, Luiz. ROQUE, Andre Vasconcelos. OLIVEIRA JR., Zulmar Duarte de. Teoria Geral do Processo Comentários ao CPC de 2015. Parte Geral. São Paulo: Forense, 2015, p. 899.

18.4. Da Tutela Cautelar

18.4.1. Medidas Cautelares Típicas e Atípicas

Muito embora o Novo CPC não tenha indicado requisitos específicos para as medidas cautelares, que podem ser deferidas se presentes os *fumus boni iuris* e o *periculum in mora*, menciona que a "tutela de urgência de natureza cautelar pode ser efetivada mediante arresto, sequestro, arrolamento de bens, registro de protesto contra alienação de bem e qualquer outra medida idônea para asseguração do direito". Ou seja, de um lado, tipifica algumas medidas, mas deixa aberta a possibilidade da adoção de qualquer medida atípica para salvaguardar o direito.

E, como o Novo CPC não se aprofunda de forma específica em qualquer medida cautelar, é necessário tomar emprestado do Código Revogado (1973) a finalidade de cada uma das medidas mencionadas, o que será apresentado no quadro seguinte:

MEDIDA CAUTELAR	FINALIDADE
Arresto	É medida cautelar de apreensão de bens que tem por fim garantir execução por quantia certa. Quaisquer bens penhoráveis podem ser objeto de arresto. Tem como efeito imediato a afetação do bem apreendido.
Sequestro	É medida cautelar específica para assegurar execução para entrega de coisa certa, ou para garantir a eficácia de uma sentença executiva. Consiste na apreensão de objeto determinado.
Arrolamento de Bens	É a medida cautelar a ser utilizada quando ocorra fundado receio de extravio ou dissipação dos bens e interesse na sua conservação. Ou seja: conservação dos bens existentes. Pode ter por objeto somente coisas corpóreas de valor econômico.
Registro de Protesto contra Alienação de Bem	Dar publicidade geral à comunidade contra a alienação de bem específico.

18.4.2. Tutela Cautelar Antecedente

O procedimento da tutela cautelar requerida em caráter antecedente segue o disposto no art. 305 e seguintes do Novo Código de Processo Civil.

A parte apresentará petição inicial antecedente, na qual indicará a lide e seu fundamento, a exposição sumária do direito que se objetiva assegurar e o perigo de dano ou o risco ao resultado útil do processo.

Entendendo o magistrado que a situação demanda tutela antecipada, aplicará a fungibilidade e processará o requerimento com observância das regras pertinentes.

Apresentado o pedido, o réu será citado para, no prazo de cinco dias, contestar o pedido e indicar as provas que entender pertinentes.

Não contestado o pedido, presumem-se verdadeiros os fatos articulados pelo autor e o juiz decidirá. De outro lado, oferecida contestação, será observado o procedimento comum. Muito embora o art. 307 CPC 2015 indique que o juiz decidirá após oportunizar que o réu se manifeste, tem-se a possibilidade de que a medida cautelar seja deferida liminarmente, postergando-se o contraditório.

Concedida e efetivada a medida cautelar, o pedido principal deverá ser formulado pelo autor no prazo de trinta dias, nos próprios autos, sendo possível o aditamento da causa de pedir.

Uma vez apresentado o pedido principal, as partes serão intimadas para a audiência de conciliação ou de mediação, seguindo-se o procedimento em seus ulteriores termos.

Cessará a eficácia da tutela cautelar concedida em caráter antecedente: i) se o autor não apresentar o pedido principal no prazo legal; ii) se a medida não for efetiva em trinta dias; iii) se o juiz julgar improcedente o pedido principal formulado pelo autor ou extinguir o processo sem resolução do mérito (art. 309 do NCPC).

É de ser destacado que não será possível que a parte apresente o seu pedido principal no prazo legal em alguns casos. Com efeito, se apresente pedido de tutela cautelar antecedente para o arresto de bens do devedor e a dívida somente vencer-se em sessenta dias, o pedido principal não poderá ser apresentado de imediato, de modo que a regra deve ser ponderada no caso concreto.

Da mesma forma, se deferida medida cautelar antecedente em caso que envolva Direito de Família, por certo, o magistrado não reconhecerá que a tutela perdeu a eficácia, em razão do interesse envolvido.

Ainda que indeferida a tutela cautelar, como o juízo realizado foi exclusivamente da presença dos seus requisitos, não haverá prejuízo para a análise do mérito da questão, salvo se o juiz reconhecer a decadência ou a prescrição.

18.5. Tutela da Evidência

18.5.1. Diferenciação para com a Tutela de Urgência

Para o deferimento da tutela de urgência, deve haver a demonstração da probabilidade do direito, de modo que tutela provisória, nesses casos, exige-se a urgência.

Porém, em outras situações, é evidente o direito, de modo que não é necessário aguardar-se todo o trâmite processual para antecipar a tutela requerida pelo autor.

Em casos como este, admite o sistema uma hipótese de antecipação de tutela em que o requisito urgência é desnecessário. Não se trata de novidade legislativa, pois o CPC de 1973 já o previa. No entanto, o CPC de 2015 inova ao sistematizar a tutela da evidência, que somente poderá ser deferida nas hipóteses legais.

18.5.2. Hipóteses Legais de Tutela da Evidência

A tutela da evidência – antecipação de tutela sem o requisito exigência – poderá ser deferida nas hipóteses indicadas **no art. 311, 558, 563, 678 e 701 do CPC 2015, bem como na indisponibilidade de bens na ação de improbidade administrativa e liminar de busca e apreensão de bem alienado fiduciariamente (DL nº 911/69)**.

O art. 311 do NCPC demonstra a **ampliação das hipóteses** em que a tutela da evidência poderá ser deferida, se comparada com o regime anterior. São elas:

I – se ficar caracterizado o abuso do direito de defesa ou o manifesto propósito protelatório da parte: a tutela da evidência, na hipótese, é concedida em razão do comportamento abusivo da parte, contrário à boa-fé processual;

II – se as alegações de fato puderem ser comprovadas apenas documentalmente e houver tese em julgamento de casos repetitivos ou em súmula vinculante: se os fatos puderem ser comprovados por meio de documentos, não haverá necessidade de produção de outras provas. Além disso, a pretensão tem amparo jurídico em precedente que pode ser extraído de julgamento de casos repetitivos ou em súmula vinculante, o que permite afirmar que está em conformidade com precedente vinculante, conforme orienta o art. 927 do NCPC;

III – se tratar de pedido reipersecutório fundado em prova documental adequada de contrato de depósito, caso em que será decretada a ordem de entrega do objeto custodiado, sob cominação de multa: é ação reipersecutória aquela em que se reivindica a posse ou a propriedade de uma coisa. Em tais ações, havendo prova documental adequada do contrato de depósito, será decretada a ordem de entrega do objeto custodiado, independentemente de urgência;

IV – se a petição inicial for instruída com prova documental suficiente dos fatos constitutivos do direito do autor, a que o réu não oponha prova capaz de gerar dúvida razoável: neste caso, a contestação não é suficiente para provocar qualquer dúvida no juízo. Note-se que é desnecessário que a tese esteja embasada em entendimento consubstanciado em precedente.

Nas hipóteses dos incisos II e III, o juiz poderá deferir liminarmente a tutela da evidência, pois, nesses casos, não há que se esperar pela conduta do réu.

18.6. Protesto, notificação e interpelação. Arresto. Sequestro. Caução. Busca e Apreensão. Exibição. Justificação

Em conformidade com o art. 301 do NCPC, "a tutela de urgência de natureza cautelar pode ser efetivada mediante arresto, sequestro, arrolamento de bens, registro de protesto contra alienação e qualquer outra medida idônea para assegurar o direito".

Muito embora haja essa previsão, o Código não esmiúça cada uma das medidas mencionadas, de modo que a finalidade de cada uma é obtida a partir do conhecimento herdado do CPC de 1973, conforme tratado no item 18.4.1.

Como foi visto, não há mais previsão da existência de um processo apenas para a obtenção da tutela cautelar. Esta será requerida de forma antecedente ou incidente no próprio processo. Ocorre que, para alguns casos, ainda será possível ter-se a cautelar satisfativa, como ocorre com o protesto, a notificação e a interpelação, que são medidas consertivas de direito.

A exibição de documento pode ser compreendida como uma ação probatória, ajuizada exclusivamente com a finalidade de garantir a lisura na produção da prova. A atividade do juiz será a de fiscalizar que a prova foi produzida de forma lícita.

19. SENTENÇA

19.1. Conceito

Embora o conceito de sentença já tenha sido trabalhado quando da análise dos pronunciamentos judiciais, vale à pena reiterá-lo para aprofundar os seus demais aspectos.

O Código de Processo Civil de 1973 elencava, entre os atos praticados pelos órgãos judiciais, as sentenças, as decisões interlocutórias, os despachos e acórdãos (arts. 162 e 163).

Os dispositivos que elencavam tais atos eram objeto de crítica da doutrina, pelo fato de que os atos do juiz não se resumiam unicamente aos indicados. Na verdade, o órgão judicial pratica outros, como a condução da audiência, a colheita de depoimentos, a inspeção judicial, por exemplo. Assim, os atos indicados se tratavam de pronunciamentos judiciais e não dos atos do juiz.[12]

O Novo Código de Processo Civil corrigiu a imprecisão terminológica, conforme se vê do art. 203, ao prever que os "os pronunciamentos do juiz consistirão em sentenças, decisões interlocutórias e despachos" (*caput*), e que acórdão é "o julgamento colegiado proferido pelos tribunais".

Conforme dispõe o parágrafo primeiro do art. 203, "ressalvadas as disposições expressas dos procedimentos especiais, sentença é o pronunciamento por meio do qual o juiz, com fundamento nos arts. 485 e 487, põe fim à fase cognitiva do procedimento comum, bem como extingue a execução".

A definição adotada pelo legislador levou em consideração os reclamos da doutrina, para o fim de unir os critérios de conteúdo e de efeito do ato.

O conceito, então, adotado pelo Novo CPC, leva em conta os **critérios do conteúdo,** de modo que será sentença o ato judicial que incidir em uma das hipóteses indicadas nos arts. 485 e 487, **bem como do efeito**, **pois propiciará o encerramento de uma fase procedimental do procedimento comum, ou mesmo da execução**.

CONCEITO DE SENTENÇA ➔ Critérios { Conteúdo / Finalidade

Relevante foi a ressalva levada a cabo na parte inicial do parágrafo primeiro do art. 203, no sentido de ser levada em consideração as particularidades dos procedimentos especiais.

---

12 "Em verdade, dentre os atos que o juiz pratica no processo, há muitos outros – alguns de superlativa importância – que não consistem nem em sentenças, nem em decisões interlocutórias, nem em despachos: por exemplo, a inquirição de testemunha (art. 416) ou da parte (art. 344), a inspeção de pessoa ou coisa (art. 440), a tentativa de conciliação das partes (art. 331 e 448, *principio*), a audiência dos cônjuges sobre os motivos da separação consensual (art. 1.122, *caput*, com a redação dada pelo art. 39 da Lei nº 6.515), a abertura de testamento cerrado (art. 1.125), a arrecadação dos bens da herança jacente (art. 1.145), o exame do interditando (art. 1.181) e assim por diante". MOREIRA, José Carlos Barbosa. *Comentários ao Código de Processo Civil.* 13. ed. Forense: Rio de Janeiro, 2006, p. 241.

E isso, pois: "há procedimentos especiais em que haverá sentenças não correspondentes, exatamente, ao conceito do artigo 203, § 1º, do CPC/2015, pois não terão o condão de pôr fim à fase cognitiva do procedimento comum, ou de extinguir a execução. É o caso da ação de exigir contas (artigo 550, §§ 4º e 5º, CPC/2015), cuja sentença que julga a 1ª. fase (apelável) e reconhece a obrigação de prestar as contas, não impede a 2ª fase (julgamento das contas), haja nova cognição, inclusive para eventual declaração de saldo (art. 552 do CPC/2015)".[13]

Da mesma forma, Fredie Didier também exemplifica: "A ressalva do § 1º do art. 203 teve por objetivo chamar atenção de que alguns processos que tramitam sob rito especial estão divididos em mais de uma fase. O procedimento de demarcação de terras, por exemplo, prevê que, considerando procedente o pedido, o juiz proferirá sentença determinando o traçado da linha demarcanda (art. 581, CPC); transitada em julgado, a linha demarcanda será, então, efetivamente demarcada; após, será proferida nova sentença homologatória da demarcação (art. 587, CPC)".[14]

O Novo Código de Processo Civil também dividiu as **sentenças em terminativas e definitivas.**

As sentenças terminativas são aquelas em que, além de não haver a resolução do mérito, também ocorreu a extinção da fase procedimental.

A sentença terminativa enseja o que Dinamarco denominou de extinção anômala, em que não houve "a produção do provimento para o qual ele foi instaurado e, portanto, sem oferta de tutela jurisdicional plena e nenhuma das partes (...)".[15] Tal pronunciamento conduz à crise do processo[16] e está na contramão de direção do sentido do princípio da primazia do julgamento do mérito (art. 4º do Novo CPC). A depender da hipótese extintiva, também vai de encontro com o contraditório efetivo, uma vez que é dever do magistrado indicar às partes o que for necessário para o aperfeiçoamento dos atos processuais, conforme adiante será visto.

A sentença extintiva importará em desgaste da máquina judiciária, pois haverá um processo com utilidade reduzida (ou nenhuma), que ocupou o tempo e recursos necessários para a análise de outros casos relevantes, em que se deve buscar a tutela jurisdicional adequada.

Muito embora não seja um fim em si mesma (e, muitas vezes, até dispensáveis porque uma decisão sem cognição exauriente pode ter utilidade prática à parte), o procedimento tramita com a finalidade de que, em primeiro lugar, tenha-se a sentença de mérito, bem como de que tal sentença seja efetiva.

---

13 GAJARDONI, Fernando da Fonseca; DELLORE, Luiz; ROQUE, Andre Vasconcelos; OLIVEIRA JR., Zulmar Duarte de Oliveira. *Teoria Geral do Processo Comentários ao CPC de 2015. Parte Geral.* São Paulo: Método, 2015, p. 663.

14 DIDIER JÚNIOR, Fredie. BRAGA, Paula Sarno. OLIVEIRA, Rafael Alexandria de. *Curso de Direito Processual Civil.* Vol. II. 10. ed. Salvador: Juspodivm, 2015, p. 305.

15 DINAMARCO, Cândido Rangel. *Instituições de Direito Processual Civil.* 6. ed. Vol. II. São Paulo: Malheiros, 2009, p. 646.

16 DINAMARCO, Cândido Rangel. *Instituições de Direito Processual Civil.* 6. ed. Vol. II. São Paulo: Malheiros, 2009, p. 644.

A sentença de mérito acarretará o encerramento de uma fase procedimental ou da execução e será proferida nas hipóteses indicadas no art. 487 do Novo CPC. Com o trânsito em julgado, formará a coisa julgada material.

Em atenção ao princípio da correlação, deverá a sentença observar os limites que foram impostos pelos pedidos apresentados no processo.

A decisão interlocutória é todo pronunciamento judicial de natureza decisória que não se enquadre nas hipóteses de sentença (art. 203, § 2º do NCPC). Comparando-se a definição do Novo CPC com a do CPC de 1973, não se tem impactante mudança, até porque "os pronunciamentos judiciais não sentenciais, mas com carga decisória, continuarão sendo os que, no curso do processo, resolvem as questões apresentadas pelas partes".[17]

Admitem-se **decisões interlocutórias (portanto, com carga decisória) com ou sem análise de mérito**. Pode-se dizer que serão com análise de mérito todas as decisões proferidas e que, muito embora não encerrem uma fase procedimental, tenham como conteúdo uma das hipóteses indicadas no art. 487 do Novo Código de Processo Civil. A interlocutória que prefere julgamento antecipado parcial da lide é uma hipótese de decisão interlocutória de mérito.

Desse modo, admitem-se as **decisões interlocutórias típicas**, em que não há análise de mérito, e **decisões interlocutórias atípicas**, que dizem respeito ao próprio mérito.

Serão interlocutórias típicas aquelas, como foi dito, em que não há análise de mérito. Mesmo essas poderão ter conteúdo de sentença (embora sejam interlocutórias), como ocorre, por exemplo, com a exclusão de um dos litisconsortes.

As decisões interlocutórias atípicas, por sua vez, comportam a seguinte divisão: i) **decisões interlocutórias que versam sobre o mérito; e, ii) interlocutórias de mérito, com conteúdo de sentença**. Para explicar a diferença entre as duas situações, parte-se do exemplo da decisão antecipatória de mérito (tutela provisória de urgência antecipatória). Neste caso, profere-se "**decisão *sobre o mérito,*** embora **não seja decisão de mérito**, no sentido do art. 485 do NCPC. É decisão *sobre o mérito* e, quando se afirma isto, se leva em conta o objeto sobre o qual recai a cognição do juiz".[18]

Portanto, a decisão antecipatória de tutela, ou mesmo a decisão que defere a tutela da evidência, são **decisões interlocutórias que versam sobre o mérito**, mas não propriamente interlocutórias de mérito.

Será **decisão interlocutória de mérito (com conteúdo de sentença)** a que, por exemplo, promover o julgamento antecipado parcial da lide (art. 356 do Novo CPC), ou então julgar improcedente liminarmente um dos pedidos (art. 332 do NCPC). Nestes

---

17 GAJARDONI, Fernando da Fonseca; DELORE, Luiz; RQOUE, Andre Vasconcelos; OLIVEIRA JR, Zulmar Duarte de. *Teoria Geral do Processo. Comentários ao CPC de 2015. Parte Geral*. São Paulo: Método, 2015, p. 664.

18 WAMBIER, Teresa Arruda Alvim; CONCEIÇÃO, Maria Lúcia Lins; RIBEIRO, Leonardo Ferres da Silva; MELLO, Rogério Licastro Torres de. *Primeiros Comentários ao Novo Código de Processo Civil. Artigo por Artigo*. São Paulo: RT, 2015, p. 370.

casos, a decisão resolve o mérito, mas não coloca fim ao procedimento. Nesse sentido, "haverá decisões – que sempre consideramos serem verdadeiras sentenças – que a nova lei chama de **interlocutórias**, mas que **transitam em julgado** e podem, eventualmente, ser **rescindidas**".[19]

Em conformidade com o art. 203, § 3º, do Novo Código de Processo Civil, são despachos todos os demais pronunciamentos do juiz praticados no processo, de ofício ou a requerimento da parte.

O acórdão é o julgamento colegiado proferido pelos tribunais.

19.2. Classificações

Em primeiro lugar, tem-se que as sentenças poderão ser terminativas (sem resolução do mérito) ou definitivas (com resolução do mérito).

Quanto à espécie de tutela jurisdicional concedida à parte, tem-se que as sentenças podem ser declaratórias, constitutivas e condenatórias. Para os adeptos da teoria quinária da ação, também podem ser mandamentais e executivas lato sensu.

- **Sentença declaratória➔** tem a finalidade de declarar a existência, a inexistência ou o modo de ser de uma relação jurídica. De se lembrar que toda sentença possui uma carga declaratória, mas há algumas em que isso prevalece. A improcedência de qualquer pedido gera uma sentença declaratória.
- **Sentença condenatória➔** neste pronunciado, será certificado o direito da parte vencedora. Por meio dela, verifica-se a existência do direito e impõe o seu cumprimento.
- **Sentença constitutiva➔** por meio dela, o pronunciamento criará, modificará ou extinguirá um estado ou uma relação jurídica. Exemplo: sentença de divórcio.

É possível que uma sentença encampe uma multiplicidade de efeitos. Poderá ter predominância em relação a um dos efeitos, mas imponha também outro.

- **Sentenças mandamental e executiva lato sensu➔** para aqueles que defendem a sua existência, tem-se que na primeira haverá a imposição de um ordem, de um mandamento, a ser cumprido pelo próprio obrigado. Diferentemente, na executiva lato sensu, impõe-se uma ordem que será cumprida independentemente da vontade daquele que tem o dever de fazê-lo. Exemplo: mandado de reintegração de posse. A ordem será cumprida ainda que o ocupante não concorde ou não o permita.

Também se admite outra classificação, que relaciona a tutela pretendida com o ilícito e a necessidade de reparação do dano. Assim, tem-se:

19 WAMBIER, Teresa Arruda Alvim; CONCEIÇÃO, Maria Lúcia Lins; RIBEIRO, Leonardo Ferres da Silva; MELLO, Rogério Licastro Torres de. *Primeiros Comentários ao Novo Código de Processo Civil. Artigo por Artigo*. São Paulo: RT, 2015, p. 369.

Tutela	Ilícito	Dano
Inibitória	Visa impedir a ocorrência do ilícito	Não pressupõe o dano.
Remoção do ilícito	Visa remover o ilícito. O dano ainda não ocorreu.	
Reparatória		Tem a finalidade de reparar o dano. Não pressupõe que tenha ocorrido o ilícito.

19.3. Requisitos

Os pronunciamentos do juiz em que houve ou não a resolução do mérito já foram analisados anteriormente, quando do estudo dos pronunciamentos judiciais.

A sentença possui uma estrutura orgânica, devendo ser composta pelo relatório, pelos fundamentos e pelo dispositivo.

- **Relatório➔** conterá os nomes das partes, a identificação do caso, com a suma do pedido e da contestação, e o registro das principais ocorrências havidas no andamento do processo;
- **Fundamentação➔** por meio dos fundamentos o juiz analisará as questões de fato e de direito.
- **Dispositivo➔** o juiz resolverá as questões principais que as partes lhe submeterem.

Em observância ao princípio da fundamentação analítica, não será considerada fundamentada qualquer decisão judicial, seja ela interlocutória, sentença ou acórdão, que: I – se limitar à indicação, à reprodução ou à paráfrase de ato normativo, sem explicar sua relação com a causa ou a questão decidida; II – empregar conceitos jurídicos indeterminados, sem explicar o motivo concreto de sua incidência no caso; III – invocar motivos que se prestariam a justificar qualquer outra decisão; IV – não enfrentar todos os argumentos deduzidos no processo capazes de, em tese, infirmar a conclusão adotada pelo julgador; V – se limitar a invocar precedente ou enunciado de súmula, sem identificar seus fundamentos determinantes nem demonstrar que o caso sob julgamento se ajusta àqueles fundamentos; VI – deixar de seguir enunciado de súmula, jurisprudência ou precedente invocado pela parte, sem demonstrar a existência de distinção no caso em julgamento ou a superação do entendimento.

19.4. Efeitos

Podem ser apontados os seguintes efeitos da sentença em que ocorra a análise de mérito:

i) colocar fim à fase cognitiva e na execução;

ii) a sentença que impuser obrigação se constituirá em título executivo judicial;

iii) a hipoteca judiciária, como previsto no art. 495: "a decisão que condenar o réu ao pagamento de prestação consistente em dinheiro e a que determinar a conversão de prestação de fazer, de não fazer ou de dar coisa em prestação pecuniária valerão como título constitutivo de hipoteca judiciária". Por isso, a decisão (pode ser sentença ou mesmo decisão interlocutória de mérito) produzirá hipoteca judiciária: a) ainda que a condenação seja genérica, exigindo futura liquidação; b) ainda que submetida a cumprimento provisório apenas; c) ainda que impugnada com recurso com efeito suspensivo.

> A possibilidade de interposição de recurso com efeito suspensivo não retira a possibilidade da hipoteca judiciária.

A hipoteca judiciária, uma vez constituída, implicará, para o credor hipotecário, o direito de preferência, quanto ao pagamento, em relação a outros credores, observada a prioridade no registro. Responderá a parte de forma objetiva (sem necessidade de demonstração de dolo ou culpa) pelos prejuízos causados se acaso houver reforma ou invalidação da decisão que impôs o pagamento de quantia. Os danos serão apurados no próprio processo, onde também serão executados.

A hipoteca judiciária constitui efeito secundário da sentença.

19.5. Publicação, intimação, correção e integração da sentença

Constitui a publicação o ato de tornar pública a sentença. Trata-se da entrega do pronunciamento ao escrivão. A partir de então, o magistrado somente poderá alterar a sentença para corrigir-lhe, de ofício ou a requerimento da parte, inexatidões materiais ou erros de cálculo ou por meio dos embargos de declaração.

Para a correção de inexatidões materiais ou erros de cálculo, como foi dito, a correção poderá se dar de ofício, a qualquer tempo.

Tem os embargos declaratórios natureza mista, na medida em que se constituem em recursos, mas também em meio de correção e integração da sentença.

Uma vez publicada a sentença (tornada pública), providenciará o escrivão (e os demais agentes – auxiliares da justiça) a intimação das partes, seguindo-se as regras gerais para tanto.

20. DO CUMPRIMENTO DA SENTENÇA

Para fins didáticos, o cumprimento da sentença será tratado mais adiante.

21. COISA JULGADA

21.1. Conceito e espécies

Quer seja por ter decorrido o prazo para interposição de recursos, quer seja porque houve o esgotamento das vias recursais possíveis, a sentença passa a conter uma qualidade especial, da *res judicata*, garantia constitucional (art. 5º, XXXVI, CF), que impede a discussão eterna da questão, propiciando segurança jurídica. É gerada, assim, a imutabilidade da sentença.

A coisa julgada, no entanto, não é uma garantia absoluta, devendo conviver com outras garantias e bens jurídicos de igual importância. Sendo assim, muito embora presente a coisa julgada, a lei permite, em casos excepcionais, a rescisão de tal qualidade, por meio da ação rescisória, apta a ser ajuizada nos casos mencionados no art. 966, do Código de Processo Civil.

Formada a coisa julgada, não se permitirá a rediscussão da sentença.

Porém, é preciso verificar se essa impossibilidade de rediscussão ocorrerá no mesmo ou em outro processo.

E a resposta a essa indagação variará consoante tenha ocorrido ou não a resolução do mérito.

Com efeito, **se proferida sentença extintiva processual, será permitido ao autor repropor a demanda em outra oportunidade**, motivo pelo qual se diz que foi formada a coisa julgada exclusivamente formal. Trata-se da chamada preclusão máxima.

De outro lado, porém, se proferida **sentença com resolução do mérito, será formada não só a coisa julgada formal, mas também a material**, impedindo-se a sua rediscussão não só no mesmo, mas também em outro processo, tendo a sentença força de lei nos limites da lei e das questões decididas.

Nestas sentenças com resolução do mérito, a coisa julgada formal e a material formam-se no mesmo momento, que é o do trânsito em julgado. Ou seja, somente depois de decidido o último recurso interposto é que será formada, ainda que ele seja intempestivo.

21.2. Efeitos da coisa julgada

A coisa julgada produz três efeitos distintos: **negativo, positivo e preclusivo**.

Em razão do **efeito negativo**, impede-se que a questão seja decidida novamente em outro processo.

Por conta do **efeito positivo**, porém, havendo necessidade de retorno da questão principal ao Poder Judiciário, esta não poderá ser decidida de maneira diversa. Por esse motivo, por exemplo, havendo necessidade de liquidação da sentença, não poderá o magistrado decidir pela desnecessidade da indenização porque o autor não praticou o ato ilícito que lhe foi imputado. Estará impedido de fazê-lo, pois, deverá respeitar a coisa julgada formada.

Note-se, porém, que não há impedimento para a revisão da sentença pelo magistrado, desde que provocado por processo próprio, nas causas em que a modificação do estado das coisas poderá importar na alteração da própria obrigação, como ocorre na ação revisional de alimentos. Ou seja, um julgamento *rebus sic stantibus*, encampado em sentença determinativa, permite que a questão seja reanalisada, porque projeta a sua eficácia à frente.

Por conta do **efeito preclusivo**, reputam-se **deduzidas e repelidas todas as alegações e defesas** que a parte poderia opor assim ao acolhimento como à rejeição do pedido. A coisa julgada, dessa maneira, abrangerá aquilo que foi deduzido e aquilo que era deduzível, o que não afasta a possibilidade de ajuizamento de nova ação, fundada em elementos diversos.

Nelson Nery Júnior aponta a existência de um **efeito especial, que é o substitutivo**. Segunda ensina, "a sentença de mérito transitada em julgado substitui todas as atividades das partes e do juiz praticadas no processo, de sorte que as nulidades e anulabilidades porventura ocorridas durante o procedimento terão sido substituídas pela sentença, que as abarca".[20]

O estudo do regime jurídico da coisa julgada compreende a análise de seus **limites objetivos**, **limites subjetivos** e também de seu **modo de produção**.

a) *Limites objetivos*: verifica-se o que é atingido pela coisa julgada material, se toda a sentença, ou se parte dela.

Como sabido, a sentença é constituída por três elementos essenciais: *o relatório, a fundamentação e a parte dispositiva (dispositivo)*, mas somente a última é atingida pela coisa julgada, excluindo-se os motivos, ainda que importantes para determinar o alcance da parte dispositiva da sentença, assim como também a verdade dos fatos, estabelecida como fundamento da sentença.

Por esse motivo, "a decisão que declara indevida a cobrança do imposto em determinado exercício não faz coisa julgada em relação aos posteriores" (súmula 239, do Supremo Tribunal Federal).

A questão prejudicial, decidida incidentalmente no processo, também não fará coisa julgada material. Trata-se de antecedente lógico da sentença e, por isso, não abrangida pela coisa julgada. Porém, se a parte o requerer por meio da ação declaratória incidental, apresentará a eficácia de coisa julgada material.

Questão interessante refere-se à sentença omissa em relação à condenação ao pagamento de honorários advocatícios. Como tal condenação não constou do dispositivo da sentença, não será possível que tal verba seja posteriormente incluída na execução do julgado, e nem mesmo cobrada em outro processo.

b) *Limites subjetivos*: nesse ponto, verifica-se quem será atingido pela coisa julgada formada.

Em um primeiro momento, a coisa julgada estará adstrita às partes do processo e, por isso, é denominada de ***inter-partes***.

Contudo, admitem-se exceções.

Na primeira, verifica-se a coisa julgada ***ultra partes***, que vai além das partes do processo, para atingir também determinados terceiros. É o que ocorre nos casos de substituição processual, em que o substituído, apesar de não ter participado do processo, terá sua esfera jurídica atingida.

Outra exceção é a **coisa julgada *erga omnes***, que atingirá a todos os jurisdicionados, sendo eles partes ou não. A ação de usucapião é um exemplo, assim como a procedência da ação civil pública para a tutela de interesses difusos.

---

20 Nery, princípios, p. 40-41.

c) Quanto ao modo de produção: de acordo com esse critério, a coisa julgada será *pro et contra*, *secundum eventum litis* e *secundum eventum probationis*.

Em regra, a coisa julgada forma-se independentemente do resultado do processo. Sendo o pedido procedente ou improcedente, havendo ou não o esgotamento das provas, haverá a coisa julgada.

Portanto, se o autor propuser a sua demanda e o magistrado julgá-la improcedente em decorrência da ausência de comprovação dos fatos apresentados na inicial, ainda assim, será formada a coisa julgada.

Nesse contexto, surgem as técnicas que se passa a expor.

Haverá a coisa julgada *secundum eventum litis* (segundo o resultado do processo), em casos específicos e previstos em lei. Assim, na procedência da ação civil pública em que se busca a tutela de interesses difusos, poderão as vítimas buscar, individualmente, a liquidação do julgado.

Já a coisa julgada *secundum eventum probationis* (segundo a prova produzida) existirá quando houver o esgotamento das provas. Assim, se a ação popular, por exemplo, for julgada improcedente, porém, sem o esgotamento das provas, admite-se a nova ação sobre a mesma matéria. Note-se que se trata de exceção à regra.

22. REMESSA NECESSÁRIA

A remessa necessária constitui em condição de eficácia da sentença proferida contra a fazenda pública, que somente produzirá efeitos depois de revista pelo Tribunal. Foi tratada no item relativo às prerrogativas da fazenda pública.

23. MEIOS DE IMPUGNAÇÃO À SENTENÇA

Constituem-se em meios de impugnação das decisões judiciais: i) os recursos; ii) os sucedâneos recursais; e, iii) as ações impugnativas.

- Recursos➔ prolongam a relação processual e impedem a formação da coisa julgada. Somente serão assim considerados se previstos na lei processual como tal.
- Sucedâneos recursais➔ não estão elencados como recursos, mas fazem as vezes destes.
- Ações impugnativas➔ estabelece-se nova relação processual para impugnar uma decisão judicial.

24. AÇÃO RESCISÓRIA

24.1. Conceito

A **coisa julgada** é uma garantia assegurada pela Constituição Federal, fundada na necessidade de proporcionar a **segurança jurídica**. Com efeito, como decorrência da soberania de um país, compete ao seu Poder competente a aplicação da ordem jurídica vigente, dirimindo os conflitos existentes.

Não obstante, a coisa julgada não é um bem jurídico intangível, pois deve ser harmonizado com outros bens de igual de grandeza equivalente ao da segurança jurídica.

Por esse motivo, a mesma ordem jurídica assegura a possibilidade de o interessado valer-se de um importante instrumento, que busca rescindir a coisa julgada formada, a fim de que possa não se submeter ao seu derivado comando.

E esse instrumento é a ação rescisória, que pode ser definida como a **ação que tem por finalidade a rescisão da coisa julgada formada, bem como e, se o caso, que a demanda seja rejulgada pelo mesmo órgão jurisdicional rescindente**.

24.2. Objeto da Ação Rescisória

Por **objeto** da ação rescisória, busca-se definir o seu **pedido**, que sempre será o de **rescindir** a coisa julgada formada, bem como, em alguns casos, o de ser **rejulgada** a causa. Diz-se, então, que há o **juízo rescindente (rescindir)** e o **juízo rescisório (rejulgamento da causa)**.

OBJETO DA AÇÃO RESCISÓRIA
- Pedido rescindente
- Pedido rescisório

Tem-se, então, a possibilidade de cumulação desses pedidos, que pode ser classificada como **cumulação própria sucessiva de pedidos**, na medida em que o segundo pedido somente será analisado se o primeiro for procedente. Devem ambos constarem expressamente da petição inicial da ação rescisória, observando-se que o acórdão deverá observar o princípio da congruência.

Passa-se, inicialmente, à análise do pedido **rescindente**, sugerindo-se que tal estudo parta do seguinte quadro:

DECISÃO A SER RESCINDIDA (Quadro 1 – Novo CPC)

RESCISÃO
- Regra: decisão de mérito transitada em julgado.
- Exceção: decisão sem mérito.
  - Impede-se nova propositura
  - Impede-se a admissibilidade do recurso correspondente

Decisão interlocutória
Sentença
Acórdão
(não proferida nos Juizados)

A ação rescisória tem por finalidade rescindir a coisa julgada formada a partir de decisão de mérito, que pode ter sido proferida em sede de decisão interlocutória, sentença ou em acórdão.

Como se vê, o Novo CPC admitiu, expressamente, a decisão interlocutória de mérito, que, não impugnada, ou esgotados os recursos pertinentes, fará coisa julgada material.

> A propôs ação em face de B, formulando dois pedidos. O juiz, na decisão inicial, indefere a petição inicial em relação ao primeiro pedido, por conta da prescrição, proferindo decisão interlocutória de mérito. No mesmo ato, determina o prosseguimento da ação em relação ao outro pedido.
>
> Não sendo a decisão interlocutória atacada por recurso (ou esgotados os recursos pertinentes), tem-se a formação da coisa julgada material parcial.

Não importa o motivo da formação da coisa julgada, se decorrente da falta de impugnação, ou por conta do esgotamento dos recursos pertinentes (Súmula 514 do STF).

Porém, a ação rescisória não se destina unicamente à rescisão da coisa julgada material, ao contrário da impressão que poderia surgir a partir da leitura do art. 966 do NCPC.

Ao contrário, também pode buscar rescindir a coisa julgada formal, conforme prevê o inciso I, do parágrafo segundo, do art. 966 do NCPC, segundo o qual será rescindível a decisão transitada que, embora não seja de mérito, **impeça nova propositura da demanda**.

EXEMPLO:

O juiz julga extinto o processo, sem resolução do mérito, mas impõe condenação do autor ao pagamento de elevada verba honorária. Nesse caso, será possível ao autor, tendo em vista o trânsito em julgado, verificando-se a flagrante desproporcionalidade, ajuizar a respectiva ação rescisória, com a finalidade de reduzir o montante de verba honorária. É de se ver que foi proferida sentença sem análise de mérito, mas tal *decisum* irradia efeitos que somente podem ser rescindidos pela ação rescisória.

Além dessas situações, a ação rescisória pode ter por objeto **decisão que impeça a admissibilidade do recurso correspondente. Trata-se de inovação inserida no Novo CPC** (art. 966, § 2º, II Novo CPC), voltada exclusivamente a rescindir tal decisão em que tenha sido proferido juízo negativo de admissibilidade de recurso (juízo de prelibação).

Por esse motivo, se o Tribunal de Justiça negar a subida de recurso extraordinário, proferindo juízo negativo de admissibilidade, com trânsito em julgado, poderá esta decisão ser objeto da ação rescisória, com a finalidade de, sendo rescindida, seja determinada a remessa dos autos ao Supremo Tribunal Federal.

Não se pretende, com tal remédio, **que o mérito do recurso antes interposto seja julgado na ação rescisória, mas que simplesmente a matéria seja devolvida ao Tribunal *ad quem* para análise**. Portanto, o pedido da ação rescisória, nesse caso, é o de dar plena efetividade ao efeito devolutivo, para que o tribunal competente possa conhecer do recuso antes interposto.

> **Em suma**: tem-se que a ação rescisória poderá rescindir:
>
> i) a coisa julgada material (formada por meio de decisão interlocutória, sentença ou acórdão);

ii) a coisa julgada formal, desde que haja impedimento à propositura de nova ação;

iii) decisão que não admita recurso, desde que já transcorrido o prazo para que tal *decisum seja* impugnado pelo meio adequado.

Passa-se, agora, ao estudo do **pedido rescisório**.

A parte, ao mesmo tempo em que busca rescindir a coisa julgada formada, também pode pretender que seja proferida nova decisão em seu lugar. Trata-se do **pedido rescisório**, que não estará presente em todas as situações.

Por exemplo, se o autor ajuíza a ação rescisória com fundamento em ofensa à coisa julgada, é porque ele pretende que a primeira decisão transitada em julgado prevaleça. Portanto, nesse caso, não há motivo para o pedido rescisório.

Ingressando no juízo rescisório, o Tribunal estará adstrito ao pedido formulado pelo autor, observando-se a princípio da congruência. Mas tal adstrição deve referir-se quer ao pedido constante da petição inicial da ação rescisória, quanto à vestibular da própria ação em que formada a coisa julgada que se pretende rescindir.

O NCPC encampou a ideia dos capítulos de decisão, admitindo-se a coisa julgada parcial. Assim, se a sentença contar com dois capítulos e apenas um deles for impugnado, tem-se a formação da coisa julgada em relação ao capítulo recorrido e, nesse passo, a possibilidade de rescisão por meio da ação rescisória.

Nesse sentido, previu o Novo CPC que a ***"ação rescisória pode ter por objeto apenas 1 (um) capítulo da decisão"*** (art. 966, § 3º).

Na hipótese de coisa julgada parcial, tal como o tratado no dispositivo mencionado, o prazo para o ajuizamento da ação rescisória somente terá termo inicial a **data do trânsito em julgado da última decisão proferida nos autos**, não sendo encampada a orientação do Supremo Tribunal Federal vigente anteriormente ao Novo Código de Processo Civil.

24.3. Competência para Julgamento

Para a fixação da competência do Tribunal competente para o julgamento da ação rescisória, devem ser observadas **três regras cumulativas**:

i) trata-se de ação originária dos tribunais;

ii) cada tribunal é competente para o julgamento das rescisórias de seus próprios julgados;

iii) Aplicação das Súmulas 249 e 515 do STF.

i) Trata-se de ação originária dos tribunais:

Somente os tribunais possuem competência para o julgamento de ações rescisória. Nesse sentido, poderão fazê-lo os Tribunais de Justiça, Tribunais Regionais Federais, Tribunais Regionais do Trabalho, Superior Tribunal de Justiça, Supremo Tribunal Federal, entre outros.

Cabe aqui registrar que a Turma Recursal não se equivale a Tribunal, de modo que não poderá julgar ação rescisória (aliás, o art. 59 da Lei 9.099/1995 veda a possibilidade de ser ajuizada ação rescisória em sede de juizados especiais[21]).

ii) Cada tribunal é competente para o julgamento das rescisórias de seus próprios julgados:

Excluída automaticamente a competência dos juízos de primeiro grau, deve-se saber quais tribunais são competentes para conhecer e julgar tal ação. Nesse passo, os Tribunais de Justiça serão competentes para tais demandas quando a coisa julgada for formada a partir de sentença ou de recurso por eles julgado.

Se interposto recurso especial, sendo ele conhecido, por conta do efeito substitutivo, prevalecerá a decisão do Superior Tribunal de Justiça, de modo que este será o competente para conhecer da ação.

Da mesma maneira, se conhecido o recurso extraordinário, será o Supremo Tribunal Federal o competente para o julgamento da rescisória.

Essa competência dos Tribunais Superiores, contudo, não ocorrerá, se os recursos não tiverem sido conhecidos, **pois não houve substituição da decisão anterior**;

iii) Súmulas 249 e 515 do Supremo Tribunal Federal:

Se o Supremo Tribunal Federal ou o Superior Tribunal de Justiça, **embora não tenham conhecido do recurso extraordinário ou especial**, ou havendo negado provimento ao agravo, **tiverem apreciado a questão constitucional ou federal controvertidas**, serão competentes para o julgamento da ação rescisória (Súmula 249 do STF).

E, **se a matéria discutida na rescisória não foi objeto de análise quando dos recursos** extraordinário ou especial, a competência para o julgamento da ação rescisória não será do STF ou do STJ, mas dos Tribunais de Justiça ou Tribunais Regionais Federais (Súmula 515 do STF).

Da junção das duas súmulas do Supremo Tribunal Federal, tem-se que:

> O Supremo Tribunal Federal e o Superior Tribunal de Justiça **somente serão competentes para o julgamento da ação rescisória** se, tendo conhecido ou não do recurso da decisão que transitou em julgado, apreciaram a questão constitucional ou federal respectiva.

24.4. Ajuizamento da Ação Perante Tribunal Incompetente

Na linha do princípio da primazia do julgamento do mérito, determina o Novo Código de Processo Civil (art. 968, § 5º), que, reconhecida a incompetência do tribunal para julgar a

21 Leonardo Greco sustenta, se acaso o procedimento do juizado for insuficiente para a cognição adequada da causa, a sentença poderá ser atacada por ação autônoma de anulação, competindo ao interessado demonstrar o cerceamento à prova ou a inobservância de algum aspecto do devido processo legal. In Os Juizados Especiais Como tutela Diferenciada: Theodoro Júnior, Humberto; LAUAR, Maira Terra. Tutelas Diferenciadas como Meio de incrementar a efetividade da prestação jurisdicional. Rio de Janeiro: GZ, 2010, p. 711 e s.

ação rescisória, **o autor será intimado para emendar a petição inicial**, a fim de adequar o objeto da ação rescisória, quando a decisão apontada como rescindenda:

a) não tiver apreciado o mérito e não se tratar de decisão que impeça nova propositura da demanda ou a admissibilidade do recurso correspondente: nesses casos, o legislador permitiu que o autor da rescisória ajuste a inicial, uma vez que o objeto indicado não a admite.

b) tiver sido substituída por decisão posterior:

Nestes casos, após a emenda da inicial, será permitido ao réu complementar os fundamentos da defesa, e, em seguida, os autos serão remetidos ao Tribunal competente. Note-se que, nestes casos, permitiu-se a adequação da inicial e da defesa, pois o conteúdo das mesmas poderá ser modificado. De toda forma, admite-se que o Tribunal reconheça a incompetência absoluta e determine a remessa dos autos ao competente, de ofício.

24.5. Requisitos de admissibilidade da ação rescisória

Por importar no nascedouro de uma nova relação jurídica processual, devem ser atendidos requisitos gerais (de toda e qualquer demanda) e também requisitos específicos de admissibilidade.

São requisitos específicos:

(i) decisão (de mérito) transitada em julgado (já analisado quando do estudo do objeto da ação rescisória);

(ii) observância do prazo legal;

(iii) depósito da multa de 5%;

(iv) presença de uma das hipóteses do art. 966 do NCPC.

- **Observância do prazo decadencial**

Sobre o prazo para o ajuizamento da ação rescisória, devem ser observadas as seguintes regras:

a) Regra geral: extinção do direito no prazo de dois anos contados do trânsito em julgado da última decisão proferida no processo.

Como regra geral, tem-se que o **direito** ao ajuizamento da ação rescisória se extingue (demonstrando-se a natureza de prazo decadencial) no prazo de **dois anos do trânsito em julgado** da última decisão proferida no processo (art. 975 NCPC).

Foi solucionada discussão existente no âmbito jurisprudencial, que admitia soluções diferentes pelo Supremo Tribunal Federal e pelo Superior Tribunal de Justiça, no sentido de que, apesar de formada a coisa julgada parcial (em decorrência de decisão interlocutória de mérito ou em razão de capítulo não impugnado), **o direito ao ajuizamento da ação rescisória se extingue em um único momento, qual seja, do trânsito em julgado da última decisão proferida nos autos.**

Se o termo final cair durante as férias forenses, recesso, feriados ou em dia em que não houver expediente forense, **o prazo será prorrogado até o primeiro dia útil imediatamente subsequente**.

b) Termo inicial na data de descoberta da prova nova:

Se a ação rescisória tiver por fundamento a existência de prova cuja falsidade tenha sido apurada em processo criminal ou venha a ser demonstrada na própria ação rescisória, **o termo inicial será a da data da descoberta da prova nova**, observado o prazo de cinco anos, contado do trânsito em julgado da última decisão proferida no processo.

Trata-se, sem dúvida, de exceção à regra geral, pois o termo inicial, para fins de contagem do prazo, **não é a data do trânsito em julgado, mas a da descoberta da prova nova**.

Porém, esse direito não é eterno, tendo a lei feito a restrição para o prazo de cinco anos, contado do trânsito em julgado da última decisão proferida no processo.

c) Termo Inicial no Caso de Simulação ou Colusão das Partes

Se a ação rescisória tiver por fundamento a simulação ou a colusão das partes, o prazo começa a contar, para o terceiro prejudicado e para o Ministério Público, que não interveio no processo, a partir do momento em que têm ciência da simulação ou da colusão (art. 975, § 3º NCPC).

Para esta exceção à regra geral, o prazo para o ajuizamento da ação rescisória se inicia quando da **ciência da simulação ou da colusão, pois somente a partir deste momento é que se teve possibilidade de exercício da pretensão rescindente**. Podem valer-se do termo inicial diferenciado o terceiro prejudicado e o Ministério Público, que não interveio no processo.

d) Termo Inicial com a Declaração de Inconstitucionalidade pelo Supremo Tribunal Federal

Poderá o executado, na fase de cumprimento de decisão que reconheça a exigibilidade de obrigação, alegar, em impugnação, a sua inexigibilidade por ser fundada em lei ou ato normativo considerado inconstitucional pelo Supremo Tribunal Federal, ou fundado em aplicação ou interpretação da lei ou do ato normativo tido pelo STF como incompatível com a Constituição Federal, em controle de constitucionalidade concentrado ou difuso.

Para tanto, no entanto, a decisão do Supremo Tribunal Federal deverá ter sido anterior à decisão exequenda.

E isso porque, se a decisão proveniente do STF for posterior ao trânsito em julgado da decisão exequenda, caberá ação rescisória, com fundamento no art. 966, V do NCPC (violar manifestamente norma jurídica), **cujo prazo será contado do trânsito em julgado da decisão proferida pelo Supremo Tribunal Federal.**

Portanto, o termo inicial para essa hipótese, não será o trânsito em julgado da decisão que se pretende rescindir, mas do trânsito da decisão em que realizado o controle de constitucionalidade pelo Supremo Tribunal Federal.

É óbvio que, se o fundamento da ação rescisória for outro, então o termo inicial observará qualquer uma das demais regras apresentadas.

e) Depósito do valor correspondente a 5% do valor da causa

Deverá o autor da ação rescisória providenciar o depósito de 5% do valor da causa, a título de multa, caso a ação seja, por unanimidade de votos, declarada inadmissível ou improcedente. Se por decisão monocrática, o valor será devolvido ao autor.

Será também, obviamente, devolvido ao autor, se a demanda for julgada procedente ou se não acolhida (ou não conhecida) por maioria de votos.

O Novo CPC reiterou a necessidade do depósito de 5% sobre o valor da causa, limitando-o, porém, a mil salários mínimos.

A comprovação do recolhimento do valor é requisito da petição inicial, devendo a parte, em caso de omissão, ser devidamente intimada para demonstração do pagamento.

Estarão isentos de recolhimento as pessoas jurídicas de direito público, o Ministério Público, a Defensoria Pública e os beneficiários da gratuidade processual.

24.6. Hipóteses indicadas no art. 966 CPC

O cabimento da ação rescisória está adstrito às hipóteses indicadas no art. 966, ou seja, se a decisão:

I – se verificar que foi proferida por força de prevaricação, concussão ou corrupção do juiz: não é necessário que exista processo criminal em que fique reconhecida a autoria das ações delituosas pelo juiz, pois a prova poderá ser produzida nos próprios autos da ação rescisória;

II – proferida por juiz impedido ou absolutamente incompetente: comprometida a parcialidade do juiz por conta do impedimento, tem-se que a coisa julgada poderá ser rescindida, ainda que tal matéria não tenha sido alegada anteriormente. O mesmo ocorre em relação à incompetência absoluta do juiz. De outro lado, a sentença proferida por juiz suspeito ou relativamente incompetente não comprometerá a coisa julgada formada.

III – resultar de dolo ou coação da parte vencedora em detrimento da parte vencida, ou, ainda, de simulação ou colusão entre as partes, a fim de fraudar a lei: nesse caso, o resultado final da demanda deve-se ao dolo, coação, simulação ou colusão;

IV – ofender a coisa julgada: se a sentença ofendeu coisa julgada formada, poderá ser rescindida por meio da ação rescisória.

V – violar manifestamente norma jurídica: a expressão "norma jurídica" é bem mais ampla do que lei, antes prevista no inciso V do art. 485 do CPC de 1973, e se refere a ato normativo em sentido geral, bem como a princípios.

A propósito do tema, a súmula 343 do STF dispõe que "não cabe ação rescisória por ofensa a literal disposição de lei, quando a decisão rescindenda se tiver baseado em texto legal de interpretação controvertida nos tribunais".

Assim, havendo sobre a aplicação da lei interpretação controvertida nos tribunais, há de prevalecer a interpretação razoável oferecida, de modo que não será cabível a ação rescisória.

De outro lado, porém, se a ofensa for à Constituição Federal (ou à interpretação oferecida pelo Supremo Tribunal Federal), será admitida a ação rescisória, com fundamento na melhor interpretação (proveniente do STF).

VI – for fundada em prova cuja falsidade tenha sido apurada em processo criminal ou venha a ser demonstrada na própria ação: deve existir um nexo entre a falsidade da prova e o resultado do processo.

VII – obtiver o autor, posteriormente ao trânsito em julgado, prova nova cuja existência ignorava ou de que não pôde fazer uso, capaz, por si só, de lhe assegurar pronunciamento favorável: o documento novo, de que a parte não dispunha, deve ser capaz de alterar o resultado do processo.

VIII – for fundada em erro de fato verificável do exame dos autos: há erro de fato quando a sentença admitir um fato inexistente, ou quando considerar inexistente um fato efetivamente ocorrido.

24.7. Legitimidade para a propositura da ação rescisória

Possuem **legitimidade** para a propositura da ação rescisória quem foi parte no processo ou seu sucessor a título universal ou singular, o terceiro juridicamente interessado, o Ministério Público e aquele que não foi ouvido no processo em que lhe era obrigatória a intervenção.

i) Parte no processo ou seu sucessor

Qualquer um que tenha figurado como parte no processo poderá ingressar com a ação rescisória, ainda que revel.

ii) Terceiro juridicamente interessado

O terceiro deverá demonstrar o interesse jurídico na rescisão da coisa julgada.

iii) Ministério Público

O Ministério Público poderá ingressar com a ação rescisória quando não foi ouvido no processo em que lhe era obrigatória a intervenção, quando a decisão rescindenda é o efeito de simulação ou de colusão das partes, a fim de fraudar a lei e em outros casos em que se imponha sua atuação.

iv) Aquele que não foi ouvido no processo em que lhe era obrigatória a intervenção:

Há processos em que a oitiva de determinadas entidades é obrigatória, como ocorre, por exemplo, com o CADE e a Comissão de Valores Mobiliários (art. 118, da Lei nº 12.529/2011 e art. 31 da Lei nº 6.385/1976).

Se tal oitiva não ocorreu no processo originário, terão as entidades legitimidade para o ajuizamento de ação rescisória.

24.8. Polo Passivo

O polo passivo da ação rescisória será ocupado por todos aqueles que participaram da relação processual oriunda da ação cuja coisa julgada se pretende rescindir. Forma-se, então, litisconsórcio passivo necessário, que, em parte, será unitário (juízo rescindente), em parte, será simples (juízo rescisório).

24.9. Não impedimento à execução

Ressalvada a concessão de tutela provisória, o ajuizamento da rescisória não constitui óbice à execução do julgado.

24.10. Indeferimento da petição inicial

A petição inicial da ação rescisória será indeferida nas hipóteses dos artigos 330, se não comprovado o depósito exigido.

24.11. Improcedência Liminar do Pedido

Admite-se, também na ação rescisória, a improcedência liminar do pedido nas hipóteses indicadas no art. 332.

24.12. Resposta do réu

O relator fixará prazo que variará entre 15 e 30 dias para o oferecimento de resposta, não havendo que se falar em revelia. A partir daí, será observado o procedimento comum.

24.13. Prescrição intercorrente

Consoante indicado na súmula 264, do STF, se a ação rescisória permanecer parada por mais de 5 anos, verifica-se a prescrição intercorrente. Ressalte-se que o prazo, atualmente, não é de cinco, mas de dois anos.

25. RECURSOS

25.1. Disposições Gerais

Os requisitos, pressupostos ou condições de admissibilidade são aqueles necessários para que seja analisado o mérito do recurso. Constituem-se em matéria de ordem pública, que pode ser conhecida de ofício. Trata-se do objeto do juízo de admissibilidade ou de prelibação.

Os requisitos intrínsecos "são aqueles que dizem respeito à decisão recorrida em si mesma considerada".[22] Consideram "o conteúdo e a forma da decisão impugnada. De tal modo que, para proferir o juízo de admissibilidade, toma-se o ato judicial impugnado no momento e da maneira como foi prolatado".[23] Constituem-se requisitos intrínsecos de admissibilidade: o cabimento, a legitimação para recorrer e o interesse recursal.

---

22 NERY JÚNIOR, Nelson. *Teoria Geral dos Recursos*. 7. ed. São Paulo: RT, 2013, p. 266.

23 NERY JÚNIOR, Nelson. *Teoria Geral dos Recursos*. 7. ed. São Paulo: RT, 2013, p. 266.

a) Cabimento

A recorribilidade e a adequação são dois fatores que compõem o requisito do cabimento. Para que seja cabível, o "recurso precisa estar previsto na lei processual contra determinada decisão judicial"[24], bem como que seja o correto para impugnar o pronunciamento judicial.

O Novo CPC elenca os recursos no art. 994. São eles: I – apelação; II – agravo de instrumento; III – agravo interno; IV – embargos de declaração; V – recurso ordinário; VI – recurso especial; VII – recurso extraordinário; VIII – agravo em recurso especial ou extraordinário; e, IX – embargos de divergência.

Além destes recursos, merece registro a previsão de outros em leis especiais, como os recursos inominados (art. 49, da Lei 9.099/95), os incidentes de uniformização de interpretação de lei (Leis n. 10.259/2001 e 12.153/2009) e os embargos infringentes de alçada (art. 34 da Lei n. 6.830/1980).

Encampou-se, assim, o princípio da taxatividade dos recursos, por meio do qual somente serão recursos aqueles assim previstos em lei federal.

b) Legitimidade para recorrer

Para a admissibilidade do recurso, deverá o recorrente ter legitimidade para a sua interposição, prevista de forma genérica. Nesse sentido, o art. 996 do NCPC dispõe que tem legitimidade a parte, o terceiro prejudicado e o Ministério Público, como parte ou como fiscal da ordem jurídica.

c) Interesse Recursal

Passa-se ao exame do interesse em recorrer.

Haverá interesse em recorrer quando presentes os requisitos do binômio necessidade e utilidade.

Para que haja a necessidade recursal, deverá o recorrente demonstrar que o recurso é o único meio de obter "o que pretende contra a decisão impugnada".[25]

Em relação à utilidade, o recurso será útil se puder importar em situação de melhora ao recorrente, em decorrência da sucumbência ou prejuízo imposto pelo pronunciamento jurisdicional.

d) Tempestividade

Os requisitos extrínsecos referem-se a fatores externos ao pronunciamento judicial impugnado. São eles: tempestividade, a regularidade formal, a inexistência de fato impeditivo ou extintivo do poder de recorrer e o preparo recursal.

---

24 NERY JÚNIOR, Nelson. *Teoria Geral dos Recursos*. 7. ed. São Paulo: RT, 2013, p. 267.

25 NERY JUNIOR, Nelson; NERY, Rosa Maria de Andrade. *Comentários ao Código de Processo Civil. Novo CPC – Lei 13.105/2015*. São Paulo: RT, p. 300.

Se o CPC de 1973 já importou em unificação da maioria dos prazos, o CPC de 2015 avançou ainda mais neste ponto, ao prever expressamente que, excetuados os embargos de declaração, o prazo para interpor os recursos e para responder-lhes é de quinze dias (art. 1.003, § 5º do Novo CPC).

Ainda persistem prazos especiais para alguns recursos, em razão de previsão contida em lei extravagante. Em comum entre eles, o recurso deverá ser interposto no prazo de dez dias e a diferenciação decorre da aplicação do princípio da especialidade. É o que acontece com os recursos de: i) apelação e agravo de instrumento nos procedimentos que tramitam perante a Vara da Infância e da Juventude, com exceção das ações coletivas (art. 198, II do Estatuto da Criança e do Adolescente); ii) recurso inominado, previsto na Lei dos Juizados Especiais (art. 42, *caput*, da Lei n. 9.099/95); iii) incidente de uniformização de interpretação de lei para a Turma Regional de Uniformização dos Juizados Especiais Federais (art. 2º, § 1º da Resolução n. 347/2015); iv) embargos infringentes de alçada em processo de execução fiscal (art. 34, § 2º da Lei n. 6.830/80).

e) Regularidade formal

Outro requisito extrínseco é a regularidade formal, exigindo-se que o recorrente observe a forma prevista pela lei, como imprescindível para que o recurso seja conhecido.

A primazia do julgamento do mérito e o máximo aproveitamento dos atos processuais são princípios encampados pelo Novo Código de Processo Civil (art. 283), no contexto do formalismo constitucional democrático.

Por esse motivo, sempre que possível, deverá o julgador determinar a regularização de vício formal, mas, ao fazê-lo, não poderá comprometer a sua imparcialidade ou substituir a atividade que deveria ser praticada pela parte recorrente.

f) Inexistência de fato impeditivo ou extintivo do poder de recorrer

Constitui requisito intrínseco dos recursos a inexistência de fato impeditivo ou extintivo do poder de recorrer.

São fatos impeditivos a desistência do recurso (art. 998), o reconhecimento jurídico do pedido e a renúncia ao direito sobre o que se funda a ação. De outro lado, são fatos extintivos a renúncia e a aquiescência da parte.

A desistência do recurso interposto é negócio jurídico unilateral não receptício, pois, poderá ser manifestado unilateralmente pela parte, sem necessidade de concordância da parte contrária, produzindo efeitos desde que é efetuada.

O parágrafo único do art. 998 do NCPC prevê que a desistência do recurso não impede a análise da questão cuja repercussão geral já tenha sido reconhecida e daquela objeto de julgamento de recursos extraordinário ou especiais repetitivos.

g) Preparo recursal

Por fim, o último requisito extrínseco é da exigência de comprovação do recolhimento de preparo recursal, que compreendem custas e também as despesas processuais com o porte e o retorno dos autos processuais.

De acordo com o Novo CPC, o pagamento do preparo recursal, incluindo-se o porte e o retorno (dispensado em autos eletrônicos), deverá ser comprovado quando da interposição do recurso. Se, posteriormente, for provado justo impedimento, o relator poderá relevar a pena de deserção, fixando-se prazo de cinco dias para efetuar o preparo. Admite-se, ainda, muito embora não previsto legalmente, a continuidade do entendimento encampado na súmula 484 do STJ, de modo que, se interposto o recurso fora do horário do expediente bancário, será possível comprovar o seu recolhimento no primeiro dia útil seguinte.

Sendo insuficiente o valor recolhido, será o recorrente intimado para regularizar o vício, compreendendo-se tanto as custas, quanto a própria despesa de porte e retorno. Se não o fizer, tem-se a deserção.

Como novidade, tem-se a previsão de que, independentemente de justo motivo, é possível ao recorrer livrar-se da deserção advinda da não comprovação do recolhimento do preparo recursal, impondo-lhe, como sanção e condição de admissibilidade, o recolhimento em dobro (art. 1.007, § 4º).

Assegura-se a dispensa de preparo, inclusive porte de remessa e de retorno, aos recursos interpostos pelo Ministério Público, pela União, pelo Distrito Federal, pelos Estados, pelos Municípios, e pelas respectivas autarquias, e pelos que gozam de isenção legal.

No âmbito da Justiça Federal, em razão da alteração do inciso II do art. 14 da Lei n. 9.289/1996, ao interpor o recurso, o recorrente deverá comprovar o recolhimento do preparo recursal (e este consistirá no pagamento da outra metade das custas devidas).

25.3. Efeitos dos recursos

Estudo importante para entender-se a dinâmica dos recursos compreende a análise de seus efeitos.

(i) **Efeito devolutivo:** o efeito devolutivo é aquele em virtude do qual a matéria é devolvida ao órgão judicante, seja ele superior àquele que proferiu a decisão, seja ao próprio órgão prolator da decisão. Compreende o princípio do *tantum devolutum quantum appellatum*. Todo recurso conta com esse efeito.

Tal efeito deve ser analisado quanto à sua extensão e quanto à sua profundidade.

Sob o primeiro aspecto (quanto à extensão), tem-se a delimitação da matéria objeto do recurso. Trata-se da ***dimensão horizontal*** do efeito devolutivo.

Assim, se o réu é condenado ao pagamento de indenização por danos materiais e morais e somente recorre em relação a estes últimos, ele delimita o seu recurso, a sua irresignação, e o Tribunal estará vinculado a essa vontade.

Sob o segundo aspecto (quanto à profundidade), tem-se que ficam devolvidas todas as questões suscitadas e discutidas no processo, ainda que a sentença não as tenha julgado por inteiro, desde que relativas ao capítulo impugnado. Trata-se da ***dimensão vertical*** do efeito devolutivo.

Em decorrência da preferência pelo julgamento do mérito, se o processo estiver em condições de imediato julgamento, o tribunal deve decidir desde logo o mérito quando: I – reformar sentença fundada no art. 485; II – decretar a nulidade da sentença por não ser ela congruente com os limites do pedido ou da causa de pedir; III – constatar a omissão no exame de um dos pedidos, hipótese em que poderá julgá-lo; IV – decretar a nulidade de sentença por falta de fundamentação.

(ii) Efeito translativo: apesar do efeito devolutivo, algumas matérias, poderão ser conhecidas de ofício, independentemente de requerimento ou arguição da parte. São as matérias de ordem pública.

(iii) Efeito suspensivo: pelo efeito suspensivo, impede-se a produção imediata de efeitos da decisão, situação essa que durará até o julgamento do recurso. Essa suspensividade não advém da interposição do recurso, mas da simples previsão de que terá tal efeito por força de lei.

O efeito suspensivo poderá existir por força de lei (*ope legis*) ou em razão de decisão judicial a respeito (*ope judicis*).

A apelação, como regra, tem duplo efeito – devolutivo e suspensivo. Terão somente efeito devolutivo a sentença que: I – homologa divisão ou demarcação de terras; II – condena a pagar alimentos; III – extingue sem resolução do mérito ou julga improcedentes os embargos do executado; IV – julga procedente o pedido de instituição de arbitragem; V – confirma, concede ou revoga tutela provisória; VI – decreta a interdição.

Em tais situações, o apelado poderá promover o pedido de cumprimento provisório de sentença.

Não obstante, o apelante poderá pleitear a concessão de efeito suspensivo em tais casos, se for demonstrada a probabilidade de provimento do recurso ou se, sendo relevante a fundamentação, houver risco de dano grave ou de difícil reparação. Este requerimento será dirigido ao: I – tribunal, no período compreendido entre a interposição da apelação e sua distribuição, ficando o relator designado para seu exame prevento para julgá-la; II – relator, se já distribuída a apelação.

Da mesma forma, os recursos extraordinário e especial também não são dotados de efeito suspensivo. Tal efeito, contudo, poderá ser requerido ao tribunal superior, no período compreendido entre a publicação da decisão de admissão do recurso e sua distribuição, ficando o relator designado para seu exame prevento para julgá-lo; ao relator, se já distribuído o recurso; ou, então, ao presidente ou ao vice-presidente do tribunal recorrido, no período compreendido entre a interposição do recurso e a publicação da decisão de admissão do recurso, assim como no caso de recurso ter sido sobrestado.

(iv) Efeito expansivo ou extensivo: em decorrência desse efeito, consideram-se sem efeito os atos ou decisões dependentes da decisão recorrida, naquilo em que forem incompatíveis com o julgamento do recurso. Se o julgamento do recurso afetar outras decisões que não a recorrida, estar-se-á diante do **efeito expansivo externo**; se, porém, o recurso fizer referência apenas a um dos capítulos da decisão, que examina questão preliminar ou prejudicial, e o acolhimento do recurso repercutir no capítulo relacionado à questão subordinada, estar-se-á diante de **efeito expansivo interno**.

(v) Efeito substitutivo: o julgamento proferido pelo tribunal substituirá a sentença ou a decisão recorrida no que tiver sido objeto de recurso.

Portanto, não existirão dois atos ou decisões sobre a mesma matéria, mas apenas um, fato esse que é relevante para se saber a competência para conhecimento da ação rescisória, como adiante será visto.

26. APELAÇÃO

26.1. Cabimento

O recurso de apelação será cabível com a finalidade de reformar sentença.

Porém, nem todas as sentenças são apeláveis.

Nesse sentido, a sentença proferida no âmbito dos Juizados Especiais não será impugnada pelo recurso de apelação, mas pelo recurso inominado. Também a sentença proferida nas execuções fiscais de valor inferior ao de alçada será objeto dos embargos infringentes de alçada.

26.2. Forma

A apelação será interposta por petição dirigida ao juízo da causa, acompanhada das respectivas razões recursais, nas quais o apelante poderá alegar vício da atividade (*error in procedendo*), assim como vícios de juízo (*error in judicando*). Trata-se, portanto, de um recurso de cognição ampla e não vinculada.

26.3. Efeito

A apelação é dotada de efeitos devolutivo e suspensivo, de modo que a sentença não produzirá efeitos enquanto não julgado o recurso.

Contudo, em determinadas situações, a apelação será recebida somente em seu efeito devolutivo, permitindo-se o cumprimento provisório da sentença. Assim, a apelação será recebida apenas em seu efeito devolutivo quando interposta de sentença que: homologar a divisão ou a demarcação de terras, condenar a pagar alimentos, extingue sem resolução do mérito ou julga improcedentes os embargos do executado, julga procedente o pedido de instituição de arbitragem, confirma, concede ou revoga tutela provisória e decreta a interdição.

Ainda nestes casos, será possível buscar-se a concessão do efeito suspensivo junto ao tribunal, por meio de petição específica, que se apresentada anteriormente à distribuição do recurso, tornará prevento o relator.

26.4. Juízo de admissibilidade

A admissibilidade do recurso de apelação será realizado exclusivamente perante o Tribunal (juízo ad quem). Houve alteração nesse sentido, de modo que o seu juízo de admissibilidade não é mais desdobrado, mas único, no tribunal.

26.5. Juízo de retratação

Admite-se que, uma vez interposta a apelação, o juízo se retrate. Isso ocorrerá se o juiz proferir pronunciamento sem resolução do mérito, bem como nos casos de improcedência liminar.

27. AGRAVOS (AGRAVO DE INSTRUMENTO E AGRAVO INTERNO)

27.1. Agravo de Instrumento

O Novo CPC, inovando em relação ao anterior, fixou a regra de que as questões decididas por meio de decisões interlocutória não são recorríveis de imediato, salvo quando admitido o agravo de instrumento para a hipótese.

Constitui-se o agravo de instrumento no recurso apropriado para impugnar decisão interlocutória que versar sobre matérias específicas elencadas no art. 1.015 e em outros dispositivos.

Nesse sentido, caberá a interposição de agravo de instrumento quando a decisão interlocutória versar sobre: i) tutela provisória; ii) mérito do processo; iii) rejeição da alegação de convenção de arbitragem; iv) incidente de desconsideração da personalidade jurídica; v) rejeição do pedido de gratuidade da justiça ou acolhimento do pedido de sua revogação; vi) exibição ou posse de documento ou coisa; vii) exclusão de litisconsorte; viii) rejeição do pedido de limitação do litisconsórcio; ix) admissão ou inadmissão de intervenção de terceiros; x) concessão, modificação ou revogação do efeito suspensivo aos embargos à execução; xi) redistribuição do ônus probatório (carga dinâmica) e em outros casos admitidos na lei.

Também será cabível o agravo contra decisões interlocutórias proferidas na fase de liquidação de sentença ou de cumprimento de sentença, no processo de execução e no processo de inventário. A lógica, nesses casos, é a de que não haverá sentença em um espaço curto de tempo, de modo que não se poderia aguardar por tanto tempo.

O recurso de agravo de instrumento deverá ser interposto no prazo de 15 dias, diretamente no Tribunal, acompanhado das peças obrigatórias e facultativas. Admite-se também que o seu protocolo seja feito na própria comarca, seção ou subseção judiciária, por postagem, sob registro, com aviso de recebimento ou por meio de transmissão de dados tipo fac-símile, ou ainda de acordo com outra forma prevista na lei.

Uma vez recebido o agravo de instrumento, poderá o relator decidi-lo monocraticamente nas hipóteses do art. 932, III e IV. Se não for o caso, mandará intimar o agravado e, oportunamente, solicitará prazo para julgamento.

27.2. Agravo Interno

Contra as decisões proferidas pelo relator será cabível a interposição do agravo interno, nos termos do regimento interno do tribunal.

É vedado ao relator limitar-se à reprodução dos fundamentos da decisão agravada para julgar improcedente o agravo interno.

Se o agravo interno for declarado manifestamente inadmissível ou improcedente em votação unânime, o órgão colegiado, em decisão fundamentada, condenará o agravante a pagar ao agravado multa fixada entre um e cinco por cento do valor atualizado da causa, estando a interposição de outro recurso condicionada ao seu recolhimento, salvo em relação à Fazenda Pública e dos beneficiários da gratuidade da justiça.

28. EMBARGOS DE DECLARAÇÃO

Os embargos de declaração possuem natureza mista ou híbrida. Reconhece-se a natureza de recurso, porque é previsto do Código de Processo Civil. Ao mesmo tempo, também é um meio de integração e de correção de omissão e de contradição da decisão proferida.

Cabem embargos de declaração quando: I – esclarecer obscuridade ou eliminar contradição; ii – suprir omissão de ponto ou questão sobre o qual devia se pronunciar o juiz de ofício ou a requerimento; iii– corrigir erro material.

Os embargos de declaração devem ter a petição dirigida ao juízo que proferiu a decisão, que terá competência para o seu julgamento. Podem ser interpostos em face de qualquer pronunciamento jurisdicional (decisões interlocutórias, sentenças e acórdãos).

interposição dos embargos de declaração interrompe o curso do prazo para a interposição de outros recursos. Essa interrupção alcança todas as partes do processo, e não só o recorrente, muito embora não albergue o prazo para interposição dos embargos declaratórios.

Poderão opor os embargos não só a parte sucumbente, mas também o vencedor da ação e o Ministério Público.

São isentos de preparo recursal, muito embora se admita a fixação de multa para os embargos manifestamente protelatórios (e assim não são considerados aqueles que têm a finalidade de prequestionamento), não excedente a 1% sobre o valor da causa. Na reiteração de embargos protelatórios, a multa é elevada a até 10%, ficando condicionada a interposição de qualquer outro recurso ao depósito do valor respectivo.

29. EMBARGOS DE DIVERGÊNCIA

O recurso de embargos de divergência tem a finalidade de buscar a uniformização de entendimento nos tribunais superiores. Assim, poderão ser interpostos contra acórdão de órgão fracionário do STF ou do STJ que: i) em recurso extraordinário ou em recurso especial, divergir do julgamento de qualquer outro órgão do mesmo tribunal, sendo os acórdãos embargado e paradigma, de mérito; ii) em recurso extraordinário ou em recurso especial divergir do julgamento de qualquer outro órgão do mesmo tribunal, sendo um acórdão de mérito e outro que não tenha conhecido do recurso, embora tenha apreciado a controvérsia.

A divergência que justifica a interposição dos embargos de divergência pode ser de direito material e de direito processual.

Ainda que proveniente da mesma turma, serão cabíveis os embargos de divergência quando a sua composição tiver sofrido alteração em mais da metade de seus membros.

30. RECURSOS ORDINÁRIO, ESPECIAL E EXTRAORDINÁRIO

30.1. Recurso Ordinário

DOS RECURSOS PARA O STF E PARA O STJ (Art. 1.027 e seguintes)

Recursos cabíveis

- Recurso ordinário
- Recursos extraordinário e especial
- Agravo nos recursos extraordinário e especial
- Embargos de divergência

Será cabível o recurso ordinário ao: i) I – pelo Supremo Tribunal Federal, os mandados de segurança, os *habeas data* e os mandados de injunção decididos em única instância pelos tribunais superiores, quando denegatória a decisão; II - pelo Superior Tribunal de Justiça: a) os mandados de segurança decididos em única instância pelos tribunais regionais federais ou pelos tribunais de justiça dos Estados e do Distrito Federal e Territórios, quando denegatória a decisão; b) os processos em que forem partes, de um lado, Estado estrangeiro ou organismo internacional e, de outro, Município ou pessoa residente ou domiciliada no País.

Nos processos referidos no inciso II, alínea "b", contra as decisões interlocutórias caberá agravo de instrumento dirigido ao Superior Tribunal de Justiça, nas hipóteses do art. 1.015.

Aplica-se também ao recurso ordinário. Por isso, estando o processo em condições de imediato julgamento, o tribunal deve decidir desde logo o mérito quando: i– reforma sentença proferida sem análise de mérito; ii– decretar a nulidade da sentença por não ser ela congruente com os limites do pedido ou da causa de pedir; iii-contestar a omissão no exame de um dos pedidos, hipótese em que poderá julgá-lo; iv-decretar a nulidade de sentença por falta de fundamentação.

Contra sentença proferida pelo Juízo Federal de 1º grau (art. 1.027, II, b): ao invés de ser impugnada por meio do recurso de apelação, será cabível o recurso ordinário, observando-se, em tudo, as regras de admissibilidade e de procedimento da própria apelação, bem como o Regimento Interno do Superior Tribunal de Justiça.

30.2. Disposições Gerais quanto ao Recurso Extraordinário e Recurso Especial

O recurso extraordinário e o recurso especial, nos casos previstos na Constituição Federal, serão interpostos perante o presidente ou o vice-presidente do tribunal recorrido, em petições distintas que conterão:

I – a exposição do fato e do direito;

II – a demonstração do cabimento do recurso interposto;

III – as razões do pedido de reforma ou de invalidação da decisão recorrida.

Quando o recurso fundar-se em dissídio jurisprudencial, o recorrente fará a prova da divergência com a certidão, cópia ou citação do repositório de jurisprudência, oficial ou credenciado, inclusive em mídia eletrônica, em que houver sido publicado o acórdão divergente, ou ainda com a reprodução de julgado disponível na rede mundial de computadores, com indicação da respectiva fonte, devendo-se, em qualquer caso, mencionar as circunstâncias que identifiquem ou assemelhem os casos confrontados.

Quando o recurso estiver fundado em dissídio jurisprudencial, é vedado ao tribunal inadmiti-lo com base em fundamento genérico de que as circunstâncias fáticas são diferentes, sem demonstrar a existência da distinção.

O Supremo Tribunal Federal ou o Superior Tribunal de Justiça poderá desconsiderar vício formal de recurso tempestivo ou determinar sua correção, desde que não o repute grave.

O pedido de concessão de efeito suspensivo a recurso extraordinário ou a recurso especial poderá ser formulado por requerimento dirigido:

I – ao tribunal superior respectivo, no período compreendido entre a interposição do recurso e sua distribuição, ficando o relator designado para seu exame prevento para julgá-lo;

II – ao relator, se já distribuído o recurso;

III – ao presidente ou vice-presidente do tribunal local, no caso de o recurso ter sido sobrestado, nos termos do art. 1.037.

O juízo de admissibilidade será desdobrado. Diferentemente do que ocorre em relação à apelação.

Na hipótese de interposição conjunta de recurso extraordinário e recurso especial, os autos serão remetidos ao Superior Tribunal de Justiça. Concluído o julgamento do recurso especial, os autos serão remetidos ao Supremo Tribunal Federal para apreciação do recurso extraordinário, se este não estiver prejudicado. Se o relator do recurso especial considerar prejudicial o recurso extraordinário, em decisão irrecorrível, sobrestará o julgamento e remeterá os autos ao Supremo Tribunal Federal. Se o relator do recurso extraordinário, em decisão irrecorrível, rejeitar a prejudicialidade, devolverá os autos ao Superior Tribunal de Justiça para o julgamento do recurso especial.

Questão constitucional constatada pelo Superior Tribunal de Justiça: se o relator, no Superior Tribunal de Justiça, entender que o recurso especial versa sobre questão constitucional, deverá conceder prazo de 15 (quinze) dias para que o recorrente demonstre a existência de repercussão geral e se manifeste sobre a questão constitucional.

Ofensa reflexa à Constituição: se o Supremo Tribunal Federal considerar como reflexa a ofensa à Constituição afirmada no recurso extraordinário, por pressupor a revisão da interpretação de lei federal ou de tratado, remetê-lo-á ao Superior Tribunal de Justiça para julgamento como recurso especial.

Efeito devolutivo no recurso extraordinário ou no especial: admitido o recurso extraordinário ou o recurso especial, o Supremo Tribunal Federal ou o Superior Tribunal de Justiça julgará o processo, aplicando o direito.

30.3. Recursos Extraordinário e Especial Repetitivos

Multiplicidade de recursos extraordinários ou especiais: sempre que houver multiplicidade de recursos extraordinários ou especiais com fundamento em idêntica questão de direito, haverá afetação para julgamento de acordo com as disposições desta Subseção, observado o disposto no Regimento Interno do Supremo Tribunal Federal e no do Superior Tribunal de Justiça.

A escolha dos recursos representativos da controvérsia: o presidente ou o vice-presidente de tribunal de justiça ou de tribunal regional federal selecionará 2 (dois) ou mais recursos representativos da controvérsia, que serão encaminhados ao Supremo Tribunal Federal ou ao Superior Tribunal de Justiça para fins de afetação, **determinando a suspensão do trâmite** de todos os processos pendentes, individuais ou coletivos, que tramitem no Estado ou na região, conforme o caso.

Decisão de afetação: selecionados os recursos, **o relator, no tribunal superior**, constatando a presença do pressuposto do *caput* do art. 1.036, **proferirá decisão de afetação**, na qual: I – identificará com precisão a questão a ser submetida a julgamento; II – determinará a suspensão do processamento de todos os processos pendentes, individuais ou coletivos, que versem sobre a questão e tramitem no território nacional; III – poderá requisitar aos presidentes ou aos vice-presidentes dos tribunais de justiça ou dos tribunais regionais federais a remessa de um recurso representativo da controvérsia.

Requerimento de destravamento – caso distinto: demonstrando distinção entre a questão a ser decidida no processo e aquela a ser julgada no recurso especial ou extraordinário afetado, a parte poderá requerer o prosseguimento do seu processo. O requerimento será dirigido: I – ao juiz, se o processo sobrestado estiver em primeiro grau; II – ao relator, se o processo sobrestado estiver no tribunal de origem; III – ao relator do acórdão recorrido, se for sobrestado recurso especial ou recurso extraordinário no tribunal de origem; IV – ao relator, no tribunal superior, de recurso especial ou de recurso extraordinário cujo processamento houver sido sobrestado.

Extensão da decisão proferida nos recursos afetados: decididos os recursos afetados, os órgãos colegiados declararão prejudicados os demais recursos versando sobre idêntica controvérsia ou os decidirão aplicando a tese firmada.

Parágrafo único. Negada a existência de repercussão geral no recurso extraordinário afetado, serão considerados automaticamente inadmitidos os recursos extraordinários cujo processamento tenha sido sobrestado.

30.4. Agravo em Recurso Especial e em Recurso Extraordinário

Cabe agravo contra decisão do presidente ou do vice-presidente do tribunal recorrido que inadmitir recurso extraordinário ou recurso especial, salvo quando fundada na aplicação de entendimento firmado em regime de repercussão geral ou em julgamento de recursos repetitivos.

31. RECLAMAÇÃO

A reclamação possui natureza jurídica de ação e poderá ser ajuizada para preservar a competência de tribunal, garantir a autoridade das decisões do tribunal, garantir a observância de enunciado de súmula vinculante e de decisão do Supremo Tribunal Federal em controle concentrado de constitucionalidade e para garantir a observância de acórdão proferido em julgamento de incidente de resolução de demandas repetitivas ou de incidente de assunção de competência.

Não será cabível a reclamação se a decisão já tiver transitado em julgado. Também não será admissível para garantir a observância de acórdão de recurso extraordinário com repercussão geral reconhecida ou de acórdão proferido em julgamento de recursos extraordinário ou especial repetitivos, quando não esgotadas as vias ordinárias.

Sendo julgada procedente a reclamação, o tribunal cassará a decisão exorbitante de seu julgado ou determinará medida adequada à solução da controvérsia.

32. REPERCUSSÃO GERAL

A Emenda Constitucional n. 45/2004, entre outras importantes alterações, inseriu o requisito da repercussão geral para a admissibilidade do recurso extraordinário, de modo a preservar a função da Corte Suprema como garantidora da unidade do direito. No mesmo sentido, o CPC 2015 indicou que o STF não conhecerá, em decisão irrecorrível, de recurso extraordinário quando a questão constitucional nele versada não tiver repercussão geral (art. 1.035, *caput*).

Como corolário da repercussão geral, exige-se que a questão reflita conteúdo relevante do ponto de vista econômico, político, social ou jurídico que ultrapasse os interesses subjetivos das partes do processo (art. 1.035, § 1º do NCPC).

Diante desses dados, reconhece-se relevância e transcendência aos julgados proferidos pelo STF em controle difuso, motivo pelo qual emite a Corte precedentes constitucionais de eficácia vinculante.[26]

33. SÚMULA VINCULANTE

Os incisos II e IV do art. 927 do NCPC estabelecem que os juízes e Tribunais devem observar as súmulas vinculantes, bem como as súmulas do STF em matéria constitucional e do STJ em matéria infraconstitucional.

As súmulas foram introduzidas no Brasil com a finalidade de facilitar o trabalho do Tribunal, sem preocupação com a coerência da ordem jurídica ou mesmo de buscar a segurança jurídica.[27]

Não há propriamente uma diferenciação, em sua substância, entre as súmulas vinculantes e as demais súmulas. A real diferença entre elas consiste na admissibilidade, na súmula

---

26 MARINONI, Luiz Guilherme. *Precedentes obrigatórios. Op. Cit.*, p. 307.

27 MARINONI, Luiz Guilherme. *Precedentes obrigatórios. Op. Cit.*, p. 309.

vinculante, da reclamação contra os atos da Administração Pública e das decisões judiciais (art. 103-A, § 3º, da CF/88).

Importante verificar, no entanto, que as súmulas, geralmente, foram editadas após a formação de um precedente. Estão ligadas diretamente a ele. Ou, como afirmado doutrinariamente, "observar tais enunciados é observar a *ratio decidendi* dos precedentes que os originaram".[28]

Portanto, enquanto a súmula se apresenta como uma condensação da tese jurídica, sem demonstração dos elementos fáticos e desenvolvimento da argumentação que conduzisse a uma determinada concepção, tem-se que ela não se constitui propriamente em um precedente. Este consistirá, na verdade, no pronunciamento jurisdicional emitido no caso concreto, cuja regra jurídica pode ser aplicada aos casos futuros, desde que haja coerência fática entre eles.

Por isso, no sentir de Marinoni, as súmulas não se constituem em precedentes, mas em "mero guia de interpretação", desprovidas de qualquer compromisso com a unidade do direito.[29] De outro lado, Fredie Didier, Rafael Alexandria de Oliveira e Paula Sarno Braga, embora também afirmem que a vinculação existe para com o precedente, destacam que se fala em "observância do enunciado apenas por uma opção pela brevidade e pela facilitação do discurso".[30]

34. RECURSOS REPETITIVOS

Para os fins do Código, considera-se julgamento de casos repetitivos a decisão proferida em: i) incidente de resolução de demandas repetitivas; ii) recursos especial e extraordinário repetitivos. Tais casos podem ter por objeto questão de direito material ou processual.

35. LIQUIDAÇÃO DE SENTENÇA – ESPÉCIES E PROCEDIMENTO

35.1. Os Pronunciamentos Ilíquidos que Reconhecem a Existência de Obrigação

O pronunciamento jurisdicional que reconhece a existência de obrigação e impõe o seu cumprimento, como regra, deverá indicar a sua **extensão**, o índice de correção monetária, a taxa de juros, o termo inicial de ambos e a periodicidade da capitalização dos juros, se for o caso.

Ocorre, porém, que se o juiz não puder determinar, **de modo definitivo, o montante devido, ou a apuração depender da produção de prova demorada ou excessivamente dispendiosa**, assim reconhecida no pronunciamento, poderá proferir **sentença ilíquida**.

EXEMPLO:

Em razão de acidente automobilístico, ao qual o réu deu causa, o autor sofreu determinados danos materiais e morais. Ocorre que, de imediato, não é possível precisar a extensão da obrigação, havendo necessidade de se averiguar se o autor terá sequelas definitivas ou não.

---

28 DIDIER JÚNIOR, Fredie. BRAGA, Paula Sarno. OLIVEIRA, Rafael Alexandria de. *Op. Cit.*, p. 464.

29 MARINONI, Luiz Guilherme. *Precedentes obrigatórios. Op. Cit.*, p. 310.

30 DIDIER JÚNIOR, Fredie. BRAGA, Paula Sarno. OLIVEIRA, Rafael Alexandria de. *Op. Cit.*. 464.

Como se vê, o pronunciamento judicial ilíquido é aquele que, embora certifique a existência de uma obrigação, não delimita a sua extensão, **carecendo-se de nova manifestação do Poder Judiciário para complementação.**

E, a partir da liquidação, a obrigação passa a preencher o requisito da **liquidez, passível, então, de ter início a respectiva fase de cumprimento de sentença.**

A esta atividade de individualização do objeto dá-se o nome de liquidação, e deve estar adstrita aos limites do comando judicial, sendo proibido discutir de novo a lide ou mesmo a sentença. Esta permanece incólume, restando à liquidação apenas **complementá-la,** devendo haver **fidelidade** ao título executivo formado (princípio da fidelidade ao título).

Sendo assim, a liquidação não poderá impor obrigação não contida na sentença. Se esta foi silente em relação à verba honorária, não se poderá buscar tal condenação na via da liquidação, sob pena de ofensa à coisa julgada.

Isso não quer dizer que não possa a liquidação seguir método diferente daquele determinado na sentença, consoante a **súmula 344 do STJ**. Ou seja, não foi porque a sentença determinou a liquidação por artigos que não se possa optar pela liquidação por arbitramento, sendo esta a mais adequada. O que se proíbe é a inserção de obrigações novas, estendendo-se o comando judicial além dos limites fixados na sentença, sendo que a discussão sobre fatos impeditivos, modificativos ou extintivos supervenientes à sentença devem dar-se na impugnação e não na liquidação.[31]

> **Súmula 344, STJ**: A liquidação por forma diversa da estabelecida na sentença não ofende a coisa julgada.

Não obstante, apesar de não indicados na condenação, devem ser incluídos os juros moratórios na liquidação, assim como outros acessórios devidos, ainda que não pedidos na inicial (como a correção monetária).[32]

> **Súmula 254, STF**: Incluem-se os juros moratórios na liquidação, embora omisso o pedido inicial ou a condenação.

35.2. Liquidação Provisória e Definitiva

A liquidação **poderá ser iniciada** apesar de estar pendente de julgamento o recurso interposto para impugnar o pronunciamento judicial, ainda que tenha efeito suspensivo.

Trata-se da **liquidação provisória**, que será processada em autos apartados, em que o credor busca adiantar-se. Poderia aguardar o julgamento do recurso, mas prefere já buscar delimitar o valor devido.

Não havendo modificação da decisão em execução, será iniciada a fase de cumprimento de sentença, bastando ao credor atualizar os cálculos. De outro lado, se houver modifica-

---

31 REsp 1312526/SP, Rel. Ministro BENEDITO GONÇALVES, Rel. p/ Acórdão Ministro FRANCISCO FALCÃO, PRIMEIRA TURMA, julgado em 07/08/2012, DJe 03/10/2012.

32 REsp 1423027/PR, Rel. Ministro HUMBERTO MARTINS, SEGUNDA TURMA, julgado em 06/02/2014, DJe 17/02/2014)

ção do pronunciamento, o valor da obrigação deverá ser ajustado ao novo desenho traçado com o julgamento do recurso.

35.3. Concomitantes liquidação e cumprimento de sentença em relação ao mesmo título

É possível que o mesmo título executivo judicial contenha uma parte líquida, permitindo-se o cumprimento de sentença imediato, e outra parte ilíquida, a exigir a devida apuração do valor. Nesse caso, poderá o credor, de imediato, iniciar a fase de cumprimento, em relação à primeira, e promover a liquidação no que tange à segunda.

35.4. Apuração do Valor Dependente de Cálculos Aritméticos

Não carecerá de liquidação o cumprimento de pronunciamento que reconheça obrigação, cujo montante poderá ser delimitado com a apresentação **de cálculos aritméticos**.

Tais cálculos deverão ser apresentados pelo credor ao requerer o início da fase de cumprimento de sentença, observando-se estritamente o que foi fixado no título judicial, sendo vedado discutir de novo a lide ou modificar a sentença que a julgou.

A propósito, o Superior Tribunal de Justiça admite a utilização da ação rescisória para **rescindir** a sentença que homologa a liquidação, **se esta não respeitar a coisa julgada.**[33]

35.5. Fixação de Honorários na Liquidação Proposta em Face da Fazenda Pública

O Novo CPC inovou ao fixar uma série de regras para a fixação dos honorários devidos pela Fazenda Pública nas ações em que for vencida.

Para tanto, estabelece faixas de valores, estabelecidos em salários mínimos, bem como os respectivos percentuais máximos e mínimos. Por meio de tal regra, por exemplo, se o valor da condenação sofrida pela Fazenda Pública corresponder a 150 salários mínimos, os honorários serão fixados no percentual de 10 a 20%.

Ocorre, no entanto, que nem sempre será possível fixar, de imediato, o montante da condenação. Em tal hipótese, poderá o montante devido a título de honorários advocatícios ser fixado na **própria liquidação**.

35.6. Liquidação Incidental e Autônoma

Inicialmente, deve ser lembrado que o Código de Processo Civil adota a ideia do processo sincrético.

Nesse contexto, insere-se a liquidação como integrante de tal processo, uma fase específica para a delimitação do valor da obrigação.

33 REsp 1513261/RS, Rel. Ministro PAULO DE TARSO SANSEVERINO, TERCEIRA TURMA, julgado em 22/09/2015, DJe 28/09/2015.

Existem outras situações em que a liquidação não ocorre como fase no processo sincrético. Em verdade, o processo se inicia com a própria liquidação (incisos VI a IX, do art. 515 do CPC/2015), quando o devedor será citado no juízo cível para o cumprimento da sentença ou para a liquidação no prazo de 15 dias.

E assim ocorre nas seguintes hipóteses: a) sentença penal condenatória transitada em julgado; b) sentença arbitral; c) sentença estrangeira homologada pelo Superior Tribunal de Justiça; e, d) decisão interlocutória estrangeira, após a concessão do exequatur à carta rogatória pelo STJ.

A sentença penal condenatória transitada em julgado configura-se como título executivo judicial apto à execução. Porém, em regra, a sentença circunscreve-se à condenação do réu pela prática criminosa, bem como na fixação da pena a ser cumprida.

É certo que Código de Processo Penal determina que o juiz fixe, sempre que possível, o valor da reparação devida em razão da prática delituosa. Contudo, tal valor configura-se em um mínimo, e nada impede que a parte busque, em processo autônomo, a complementação. Na maioria dos casos, simplesmente não há essa fixação de valor, porque o juiz, no processo penal, não possui elementos suficientes para a sua fixação.

Diante disso, compete à vítima ingressar no juízo cível e buscar executar o título executivo, passando, antes, pela liquidação da obrigação.

Dessa maneira, como a liquidação não se processará perante o juízo criminal, haverá necessidade da formação de nova relação processual, que tramitará no juízo cível competente para a execução.

Também enseja a liquidação autônoma a sentença arbitral, aquela decorrente da convenção de arbitragem, desde que, obviamente, não tenha sido fixado o objeto devido, o mesmo ocorrendo com os casos que exigem homologação pelo STJ.

Note-se que, neste caso, não houve anterior processo civil de conhecimento em trâmite no Poder Judiciário brasileiro, exigindo-se o início de uma ação para a apuração do valor, na qual, posteriormente, correrá o cumprimento de sentença.

35.7. Iniciativa da Liquidação

A liquidação poderá ser iniciada pelo próprio **credor** ou pelo **devedor** (liquidação invertida).

O credor, tendo-se em vista o pronunciamento judicial que lhe é favorável, requer a apuração do valor, fixando-se a extensão da obrigação.

Ocorre que o devedor, por sua vez, também terá interesse em requerer a liquidação, principalmente para ver-se livre o mais rápido possível daquela obrigação, propiciando o seu cumprimento imediato, sem precisar aguardar pelas diligências do credor.

35.8. Procedimentos para Apuração do Valor

O valor poderá ser apurado de duas formas: ou por **arbitramento**, ou por meio do **procedimento comum**.

35.8.1. Liquidação por Arbitramento

Quando determinado pelo pronunciamento, convencionado pelas partes ou exigido pela natureza do objeto, esta poderá ser realizada por **arbitramento.**

É certo que, embora fixado na sentença que a liquidação deva ocorrer de uma determinada maneira, não há óbice à utilização de técnica diversa se isso for adequado ao procedimento.

Na liquidação por arbitramento, o juiz intimará as partes para a apresentação de seus **pareceres ou documentos elucidativos**, no prazo que fixar e, no caso de não poder decidir de plano, **nomeará perito**, observando-se, no que couber, o procedimento da prova pericial.

35.8.2. Liquidação pelo Procedimento Comum

Admite-se, também, que a liquidação pelo procedimento comum, quando houver necessidade de alegar e provar fato novo. Trata-se da já conhecida liquidação por artigos.

Nesta modalidade de liquidação, o juiz determinará a intimação do requerido, na pessoa de seu advogado ou de sociedade de advogados, para, querendo, oferecer **contestação no prazo de 15 dias.**

35.9. Natureza do Pronunciamento que Julga da Liquidação

A liquidação será decidida por meio de **decisão interlocutória**, que poderá ser impugnada pelo **recurso de agravo de instrumento** (art. 1.015, parágrafo único do CPC de 2015).

35.10. Condenação em Verba Honorária na Liquidação

Neste último item, deve ser analisado se o juiz deverá condenar o devedor ao pagamento de verba honorária em sede de apuração do valor devido (liquidação).

A propósito, já decidiu o Superior Tribunal de Justiça que são cabíveis honorários advocatícios em sede de liquidação de sentença por arbitramento, quando houver resistência da parte ré.[34]

O Novo Código de Processo Civil silencia a respeito, indicando o § 1º, do art. 85, que serão devidos honorários advocatícios na reconvenção, no cumprimento de sentença, provisório ou definitivo, na execução, resistida ou não, e nos recursos interpostos, cumulativamente. Não há menção à liquidação de sentença.

Ocorre, porém, que o silêncio não foi propositado, devendo ser considerado o trabalho adicional do causídico ao pleitear a liquidação da obrigação, motivo pelo qual, havendo oposição da parte contrária, serão devidos honorários advocatícios.

34 AgRg no REsp 1155885/SP, Rel. Ministro MARCO BUZZI, QUARTA TURMA, julgado em 16/02/2016, DJe 24/02/2016.

35.11. Inviabilidade das Sentenças Ilíquidas no Âmbito dos Juizados

Nos Juizados Especiais Cíveis não se admite sentença condenatória por quantia ilíquida, ainda que tenha a parte formulado pedido genérico.

O mesmo se aplica, por extensão, aos Juizados Especiais Federais e aos Juizados Especiais da Fazenda Pública.

35.12. Liquidação Imprópria

Nas ações coletivas, é possível que ocorra a condenação genérica, competindo a cada uma das vítimas ajuizar as respectivas liquidações e execuções individuais. Trata-se, como dito acima, da liquidação imprópria, por meio da qual não se apura tão somente a extensão da obrigação, como também deverá o requerente demonstrar que pode se aproveitar do comando condenatório existente.

Ocorre, por exemplo, na ação civil pública em que é proferida sentença condenatória genérica. Nesse caso, a vítima poderá valer-se da sentença e promover a liquidação do valor que lhe é devido, demonstrando, em juízo, que faz jus ao recebimento do valor.[35]

Importante salientar que, nestes casos, o devedor será citado, correndo a liquidação como autônoma. E, a partir da citação, haverá a incidência dos juros moratórios.

A liquidação (e também a execução individual) de sentença condenatória genérica proferida em ação civil coletiva pode ser ajuizada no foro do domicílio do beneficiário.[36]

36. CUMPRIMENTO DA SENTENÇA – PROCEDIMENTO E IMPUGNAÇÃO

36.1. Títulos executivos

São títulos executivos judiciais:

Títulos executivos judiciais
I – as decisões proferidas no processo civil que reconheçam a exigibilidade de obrigação de pagar quantia, de fazer, de não fazer ou de entregar coisa;
II – a decisão homologatória de autocomposição judicial;
III – a decisão homologatória de autocomposição extrajudicial de qualquer natureza;

35 "(...). 1. "A sentença de procedência na ação coletiva tendo por causa de pedir danos referentes a direitos individuais homogêneos, nos moldes do disposto no artigo 95 do Código de Defesa do Consumidor, será, em regra, genérica, de modo que depende de superveniente liquidação, não apenas para apuração do *quantum debeatur*, mas também para aferir a titularidade do crédito, por isso denominada pela doutrina 'liquidação imprópria'" (AgRg no REsp 1.348.512/DF, Relator o Ministro LUIS FELIPE SALOMÃO, QUARTA TURMA, DJe de 4/2/2013). 2. Com relação ao termo inicial dos juros moratórios, a jurisprudência desta Corte perfilha entendimento de que, em caso de cumprimento de sentença oriunda de ação civil pública, os juros de mora devem incidir a partir da citação na liquidação de sentença. (...). AgRg no REsp 1374761/MS, Rel. Ministro RAUL ARAÚJO, QUARTA TURMA, julgado em 20/02/2014, DJe 26/03/2014)".

36 REsp 1243887/PR, Rel. Ministro LUIS FELIPE SALOMÃO, CORTE ESPECIAL, julgado em 19/10/2011, DJe 12/12/2011.

Títulos executivos judiciais
IV – o formal e a certidão de partilha, exclusivamente em relação ao inventariante, aos herdeiros e aos sucessores a título singular ou universal;
V – o crédito de auxiliar da justiça, quando as custas, emolumentos ou honorários tiverem sido aprovados por decisão judicial; [**antes previstos como título executivo extrajudicial**].
VI – a sentença penal condenatória transitada em julgado;
VII – a sentença arbitral;
VIII – a sentença estrangeira homologada pelo Superior Tribunal de Justiça; e,
IX – a decisão interlocutória estrangeira, após a concessão do exequatur à carta rogatória pelo Superior Tribunal de Justiça.

36.2. Cumprimento de sentença enquanto fase do cumprimento de sentença

Adotando-se o princípio do sincretismo, tem-se que, como regra, o cumprimento da sentença se apresenta como uma fase do processo de execução.

Portanto, **o título executivo judicial acarretará no início da fase de cumprimento de sentença, com a intimação do devedor**. Nos casos dos incisos VI a IX, o devedor será citado no juízo cível para o cumprimento da sentença ou para a liquidação no prazo de 15 (quinze) dias (execução autônoma).

> **Regra (pressupõe-se anterior fase de conhecimento perante o Poder Judiciário brasileiro):** intimação do devedor
> **Situações excepcionais:** citação do devedor

A intimação do devedor se dará:

I – pelo Diário da Justiça, na pessoa de seu advogado constituído nos autos, salvo se o requerimento de início da fase de execução ocorrer após um ano do trânsito em julgado, quando a intimação será realizada na pessoa do devedor;

> Como regra, o devedor será intimado na pessoa de seu advogado, que o representou na fase de conhecimento ou que ingressou nos autos posteriormente. Porém, se já transcorrido prazo de um ano do trânsito em julgado, a intimação será realizada diretamente na pessoa do devedor e não mais do advogado.

II – por carta com aviso de recebimento, quando representado pela Defensoria Pública ou quando não tiver procurador constituído nos autos, ressalvada a hipótese do inciso IV;

> Se o devedor será intimado por meio de carta com aviso de recebimento e não na pessoa do Defensor Público.

III – por meio eletrônico, quando, no caso do § 1º do art. 246, não tiver procurador constituído nos autos;

IV – por edital, quando, citado na forma do art. 256, tiver sido revel na fase de conhecimento.

> Tendo sido o réu **revel na fase de conhecimento**, o **devedor será intimado por edital** na fase de execução.

A obrigação certificada em título executivo judicial poderá ser de pagar quantia certa, de fazer e de entregar.

36.3. Competência

O cumprimento da sentença efetuar-se-á perante: I – os tribunais, nas causas de sua competência originária; II – o juízo que decidiu a causa no primeiro grau de jurisdição; III – o juízo cível competente, quando se tratar de sentença penal condenatória, de sentença arbitral, de sentença estrangeira ou de acórdão proferido pelo Tribunal Marítimo. Nas hipóteses dos incisos II e III, o exequente poderá optar pelo juízo do atual domicílio do executado, pelo juízo do local onde se encontrem os bens sujeitos à execução ou pelo juízo do local onde deva ser executada a obrigação de fazer ou de não fazer, casos em que a remessa dos autos do processo será solicitada ao juízo de origem.

36.4. Cumprimento de sentença que reconhece o dever de pagar quantia certa

Esta fase de cumprimento de sentença será iniciada por meio de requerimento do exequente, o que não veda a chamada execução invertida (iniciada pelo devedor).

Cumprimento de sentença por iniciativa do devedor: poderá o devedor, antes de ser intimado para o cumprimento da sentença, comparecer em juízo e oferecer em pagamento o valor que entender devido, apresentando memória discriminada do cálculo. O autor será ouvido no prazo de 5 (cinco) dias, podendo impugnar o valor depositado, sem prejuízo do levantamento do depósito a título de parcela incontroversa. Concluindo o juiz pela insuficiência do depósito, sobre a diferença incidirão multa de dez por cento e honorários advocatícios, também fixados em dez por cento, seguindo-se a execução com penhora e atos subsequentes. Se o autor não se opuser, o juiz declarará satisfeita a obrigação e extinguirá o processo.

Cumprimento de sentença por iniciativa do credor: o credor apresentará o respectivo requerimento, acompanhado de cálculo pormenorizado do valor da dívida, individualizado para cada devedor.

A fase de cumprimento de sentença será direcionada em face do devedor. Não poderá ser promovida em face do fiador, do coobrigado ou do corresponsável que não tiver participado da fase de conhecimento.

A decisão judicial transitada em julgado poderá ser levada a protesto, nos termos da lei, depois de transcorrido o prazo para pagamento voluntário.

36.5. Cumprimento provisório

Se a decisão judicial for impugnada por recurso desprovido de efeito suspensivo, será admissível o cumprimento provisório da sentença, que seguirá algumas regras.

> **Cumprimento provisório**: não ocorreu o trânsito em julgado da sentença e pende de julgamento recurso que possui apenas efeito devolutivo.
>
> **Cumprimento definitivo**: sentença com trânsito em julgado.

Será realizada da mesma forma que o cumprimento definitivo, sujeitando-se ao seguinte regime: I – corre por iniciativa e responsabilidade do exequente (responsabilidade objetiva); II – fica sem efeito, sobrevindo decisão que modifique ou anule a sentença objeto da execução, restituindo-se as partes ao estado anterior e liquidando-se eventuais prejuízos nos mesmos autos; III – se a sentença objeto de cumprimento provisório for modificada ou anulada apenas em parte, somente nesta ficará sem efeito a execução; IV – o levantamento de depósito em dinheiro e a prática de atos que importem transferência de posse ou alienação de propriedade ou de outro direito real, ou dos quais possa resultar grave dano ao executado, dependem de caução suficiente e idônea, arbitrada de plano pelo juiz e prestada nos próprios autos.

36.6. Procedimento do cumprimento definitivo da sentença que reconhece a exigibilidade de obrigação de pagar quantia certa

O credor apresentará requerimento para o início da fase de cumprimento de sentença, acompanhado de cálculo.

O devedor será intimado para pagar o débito, no prazo de **quinze dias**, acrescido de custas, de houver.

Intimação do Devedor	➔ Pagamento = Extinção. ➔ **Sem pagamento**: valor é acrescido de multa e de honorários advocatícios, ambos de 10%, com expedição de mandado de penhora e avaliação. Será iniciado prazo para a apresentação de impugnação ao cumprimento de sentença.

36.7. Impugnação ao cumprimento de sentença

O devedor poderá apresentar impugnação ao cumprimento de sentença. Constitui-se em defesa endoprocessual (apresentada na própria execução).

Pontos importantes sobre a impugnação

Prazo	Decorridos os 15 dias para o cumprimento de sentença, inicia-se o prazo para o oferecimento de impugnação.
Garantia	O oferecimento de impugnação não depende de prévia garantia.
Efeito suspensivo	Como regra, a impugnação não suspenderá a prática de atos na fase de execução. O juiz poderá conceder efeito suspensivo se seus fundamentos forem relevantes e se o prosseguimento da execução for manifestamente suscetível de causar ao executado grave dano de difícil ou incerta reparação. A concessão de efeito suspensivo não impedirá a efetivação dos atos de substituição, de reforço ou de redução da penhora e de avaliação dos bens.
Matérias alegáveis:	O devedor poderá alegar na impugnação: I – falta ou nulidade da citação se, na fase de conhecimento, o processo correu à revelia; II – ilegitimidade de parte; III – inexequibilidade do título ou inexigibilidade da obrigação; IV – penhora incorreta ou avaliação errônea; V – excesso de execução ou cumulação indevida de execuções; VI – incompetência absoluta ou relativa do juízo da execução; VII – qualquer causa modificativa ou extintiva da obrigação, como pagamento, novação, compensação, transação ou prescrição, desde que supervenientes à sentença.

Inexigibilidade da obrigação em decorrência da coisa julgada inconstitucional

Se a sentença em execução estiver fundada em lei ou ato normativo tido pelo Supremo Tribunal Federal como incompatível com a Constituição Federal, em controle de constitucionalidade concentrado ou difuso, será possível que o devedor alegue a inexigibilidade da obrigação.

Diferentemente será a situação se a decisão do Supremo Tribunal Federal for posterior à sentença exequenda. Neste caso, não é possível alegar-se a inexigibilidade em sede de impugnação ao cumprimento de sentença, podendo o interessado buscar a sua rescisão por meio de ação rescisória, cujo biênio será iniciado com a decisão do STF.

Há necessidade de análise de dois dispositivos conjuntamente: artigos 518 e 525 § 11.

As questões supervenientes ao término do prazo para a apresentação de impugnação, bem como aquelas relativas à validade e à adequação da penhora, da avaliação e dos atos executivos posteriores, poderá ser arguida por meio de simples petição, no prazo de 15 dias da ciência do fato ou da intimação do ato.

A alegação de avaliação errônea ocorrerá no prazo de 15 dias contados da intimação do ato ou da sua ciência.

37. PROCESSO DE EXECUÇÃO. PRINCÍPIOS GERAIS E ESPÉCIES

37.1. Atos Executivos

Na execução de obrigação de pagar quantia certa: o juiz despachará a inicial, fixando os honorários advocatícios em 10%, a serem pagos pelo executado. Este será citado para que dê integral cumprimento ao pagamento no prazo de três dias. Se o fizer, a verba honorária será reduzida de metade.

A penhora é o ato executivo destinado à apreensão de bens do devedor, vinculando-os à execução. Com a penhora, o credor também passa a ter preferência em relação a outros credores, da mesma categoria, que futuramente penhorem o mesmo bem. Trata-se do **direito de prelação ou de preferência.**

O auto de penhora é considerado ato complexo, pois engloba tanto a apreensão dos bens, sua avaliação, descrição e nomeação de depositário, como a intimação do devedor.

A intimação do devedor constitui formalidade essencial do ato de penhora, tanto para lhe dar conhecimento do ato como para lhe proporcionar oportunidade para que a impugne ou solicite a substituição do bem penhorado.

Chama-se de expropriação a fase da execução em que se praticam atos destinados à transferência da propriedade ou da posse do bem penhorado ao credor ou visando à conversão em dinheiro do bem penhorado, sempre buscando a satisfação do credor.

O executado poderá oferecer embargos à execução, independentemente de penhora, depósito ou caução. O prazo para tanto será de quinze dias.

No prazo de embargos, poderá o devedor reconhecer o crédito do exequente e comprovando o depósito de 30% do valor em execução, acrescido de custas e de honorários do advogado, requerer que lhe seja permitido pagar o restante em até seis parcelas mensais, acrescidas de correção monetária e de juros de um por cento ao mês.

Os embargos à execução não terão efeito suspensivo. Poderá o juiz concedê-lo, no entanto, a requerimento do embargante, quando verificados os requisitos para a concessão da tutela provisória e desde que a execução já esteja garantida por penhora, depósito ou caução suficientes.

Admite-se que o executado ou outros legitimados pugnem pela adjudicação do bem penhorado, observando-se o valor da avaliação.

A penhora consiste em um ato executivo, por meio do qual se concentra a execução em um bem específico do executado. Em razão do princípio da dignidade da pessoa humana, há determinados bens que não podem ser objeto de constrição.

São absolutamente impenhoráveis:

> I – os bens inalienáveis e os declarados, por ato voluntário, não sujeitos à execução;
>
> II – os móveis, os pertences e as utilidades domésticas que guarnecem a residência do executado, salvo os de elevado valor ou os que ultrapassem as necessidades comuns correspondentes a um médio padrão de vida;
>
> III – os vestuários, bem como os pertences de uso pessoal do executado, salvo se de elevado valor;
>
> IV – os vencimentos, os subsídios, os soldos, os salários, as remunerações, os proventos de aposentadoria, as pensões, os pecúlios e os montepios, bem como as quantias recebidas por liberalidade de terceiro e destinadas ao sustento do devedor e de sua família, os ganhos de trabalhador autônomo e os honorários de profissional liberal, ressalvado o § 2º;
>
> V – os livros, as máquinas, as ferramentas, os utensílios, os instrumentos ou outros bens móveis necessários ou úteis ao exercício da profissão do executado;
>
> VI – o seguro de vida;
>
> VII – os materiais necessários para obras em andamento, salvo se essas forem penhoradas;
>
> VIII – a pequena propriedade rural, assim definida em lei, desde que trabalhada pela família;
>
> IX – os recursos públicos recebidos por instituições privadas para aplicação compulsória em educação, saúde ou assistência social;
>
> X – a quantia depositada em caderneta de poupança, até o limite de 40 (quarenta) salários-mínimos;
>
> XI – os recursos públicos do fundo partidário recebidos por partido político, nos termos da lei;
>
> XII – os créditos oriundos de alienação de unidades imobiliárias, sob regime de incorporação imobiliária, vinculados à execução da obra.

- Obrigação de pagar alimentos: admite-se a penhora em alguns casos, como, por exemplo, da caderneta de poupança.
- Haverá a impenhorabilidade relativa em relação aos frutos e os rendimentos dos bens inalienáveis, à falta de outros bens.
- Poderá ocorrer a alienação do bem por iniciativa particular ou em leilão judicial eletrônico ou presencial.

37.2. Meios Expropriatórios

A execução por quantia certa será realizada por meio da expropriação de bens do executado, salvo as execuções especiais (como, por exemplo, a execução de alimentos, em que será possível a prisão do executado).

A expropriação consistirá em: i) adjudicação; **ii) alienação**; iii) apropriação de frutos e rendimentos de empresa ou de estabelecimentos e de outros bens, conforme o quadro a seguir:

Meios Expropriatórios
- Adjudicação
- Alienação
  - Iniciativa Particular
  - Leilão judicial eletrônico ou presencial
- Apropriação de frutos e rendimentos

A expressão adjudicação é utilizada em vários ramos da ciência jurídica. Em comum a todos eles, tem o significado de atribuição.

Por meio da **adjudicação** (enquanto modalidade de expropriação na execução por quantia certa) atribui-se determinado bem ao credor ou a terceiros legitimados. Não se trata de transferir de imediato a propriedade, mas de atribui-la, levando o título (auto de adjudicação) a registro no Serviço de Registro de Imóveis ou sendo expedido mandado de entrega. Efetuado o registro ou entregue o bem (respectivamente), ocorrerá a transferência da propriedade.

São legitimados a requerê-la: o credor e determinados terceiros.

O credor poderá manifestar-se no sentido de que pretende a adjudicação do bem, para que o mesmo lhe seja atribuído, observando-se, para todos os fins, o **valor da avaliação**. Se o valor do bem for superior ao da dívida, deverá depositar em juízo a diferença. De outro lado, se for inferior, a execução prosseguirá em relação a outros bens.

Também poderão requerer a adjudicação aqueles indicados nos incisos II a VII do art. 889 e, ainda, credores concorrentes que tenham penhorado o mesmo bem, cônjuge, companheiro, descendentes e ascendentes do executado. Havendo mais de um interessado, abre-se licitação entre eles, sendo vencedor o que estiver disposto a pagar o maior valor, havendo preferência assegurada ao cônjuge, ao companheiro, ao descendente e ao ascendente, nesta ordem.

A sogra não pode adjudicar! ☺

Na adjudicação deferida em favor de terceiro, este efetuará o depósito do valor que o bem foi avaliado, cuja quantia será revertida, como regra, ao credor. Propicia-se a liquidez de valor para a satisfação do direito do credor. Por isso, é denominada de adjudicação liquidativa.

> **Adjudicação liquidativa**: deferida em favor de terceiro que, ao efetuar o depósito do valor do bem, promove a satisfação do direito do credor.

A adjudicação será requerida pelo credor ou pelo terceiro e, na sequência, o executado será intimado para se manifestar. Essa intimação será realizada: i) pelo Diário da Justiça, na pessoa do advogado constituído nos autos; ii) por carta com aviso de recebimento, se acaso representado por Defensor Público ou se não tiver advogado constituído nos autos; iii) por meio eletrônico aqueles que podem receber tal intimação não tiverem advogado constituído nos autos (art. 246, § 1º).

O prazo para manifestação do executado será de cinco dias. Decididas eventuais questões, o magistrado determinará que haja a lavratura do auto de adjudicação.

No caso de penhora de bem hipotecado, admite-se ao executado remi-lo até a assinatura do auto de adjudicação, desde que ofereça preço igual ao da avaliação, se não tiver havido licitantes, ou ao do maior lance ofertado. No caso de falência ou insolvência do devedor hipotecário, tal direito será deferido à massa ou aos credores em concurso, não podendo o exequente recusar o preço da avaliação do imóvel.

Feitas as intimações de praxe e decorrido o prazo de cinco dias, o juiz decidirá e determinará a lavratura do auto de adjudicação.

Considera-se perfeita e acabada a adjudicação com a assinatura do auto pelo juiz, pelo adjudicatário, pelo escrivão ou chefe de secretaria e, se estiver presente, o executado.

Se não for efetivada a adjudicação de bens, admite-se que seja requerida a sua alienação por **iniciativa particular** ou em **leilão judicial eletrônico ou presencial**.

> **O Novo CPC não fez diferenciação entre leilão ou praça. Pelo contrário, refere-se apenas ao leilão, que pode ser (i) judicial eletrônico ou (ii) judicial presencial.**

A alienação do bem penhorado poderá ocorrer por meio de **iniciativa do próprio credor, ou por meio de corretor ou leiloeiro público credenciado perante o** órgão **judiciário**.

Dá-se preferência para que o credor possa providenciar a alienação do bem penhorado, o que se fará por sua própria iniciativa, podendo valer-se de corretor ou leiloeiro público, que devem estar credenciados, exigindo-se, no mínimo, três anos de exercício profissional.

> Percebe-se que a utilização de leiloeiro pode ocorrer quer seja na alienação por iniciativa particular ou em leilão judicial eletrônico ou presencial.

Nesta situação, a autoridade judiciária fixará as condições mínimas para a alienação (prazo em que a alienação deverá ser efetivada, a forma de publicidade, o preço mínimo, as condições de pagamento, as garantias e, se for o caso, a comissão de corretagem).

Se acaso a localidade não contar com leiloeiro público credenciado, admite-se corretor de livre escolha do exequente, motivo pelo qual se defende que a inobservância da regra do prévio cadastramento apenas ensejará a nulidade se houver prejuízo demonstrado.

A alienação judicial poderá ser realizada por dois meios: de forma eletrônica ou de forma presencial, no local designado pelo juiz. Compete ao magistrado designar o leiloeiro público, que poderá ser indicado pelo exequente.

Competirá ao juiz da execução fixar o preço mínimo, as condições de pagamento e as garantias que deverão ser prestadas pelo arrematante. **Se o juiz não fixar aquele valor, a arrematação não poderá se realizar por quantia inferior a 50% do valor da avaliação.** A propósito, o Novo CPC assim definiu o preço vil:

> **Preço Vil** = valor inferior ao estipulado pelo juiz e constante do edital ou, no silêncio, preço inferior a 50% do valor da avaliação.
>
> ➔ Gerará **a invalidade de eventual arrematação**, a ser alegada no prazo de 10 dias, contados do aperfeiçoamento da alienação.

De se registrar que não será admitido lance que ofereça preço vil.

Pode ser indicada como uma **sequência lógica que vai culminar no sucesso da alienação judicial**:

i) requerimento do credor;

ii) deferimento da realização da alienação judicial, com a fixação das condições;

iii) publicidade por meio da publicação de edital (art. 886), com antecedência mínimo de cinco dias e indicação, entre outros pontos, a indicação do dia e hora do segundo leilão presencial, para a hipótese de não haver interessado no primeiro;

iv) cientificação de pessoas e entes específicos indicados no art. 889, entre eles o executado;

v) oferecimento de propostas para aquisição do bem em prestações;

vi) realização do primeiro leilão, com apresentação dos lances, não podendo a arrematação ocorrer por valor inferior ao da avaliação;

vii) realização do segundo leilão, podendo a arrematação ocorrer por valor inferior ao da avaliação, desde que não seja preço vil;

viii) análise das propostas apresentadas e decisão do juiz;

ix) lavratura do auto de arrematação;

x) pagamento do preço pelo arrematante;

xi) prazo de 10 dias para que se alegue que a arrematação é inválida, ineficaz ou resolvida;

xii) decisão do magistrado e expedição da carta de arrematação ou mandado de entrega.

Passa-se à explicação sucinta de todas essas providências.

Requerida a alienação judicial pelo credor, o magistrado deferirá que tal ato ocorra e, concomitantemente, fixará as condições para que a efetivação da medida. Nesse sentido, estabelecerá o preço mínimo, as condições de pagamento e as garantias que poderão ser prestadas pelo arrematante. Também designará o leiloeiro público, que poderá ser indicado pelo exequente e será remunerado pela comissão estabelecida em lei ou arbitrada pelo juiz.

Incumbirá ao leiloeiro público publicar o edital, anunciando a alienação, como requisito prévio para a alienação judicial. Para que tal ato se efetive, há necessidade de que se promova ampla publicidade. Esta publicação deve ocorrer com antecedência mínima de cinco dias à data da alienação, pela rede mundial de computadores, podendo o juiz, atendendo às particularidades existentes, determinar que o edital seja afixado em local de costume e publicado de forma resumida, por uma vez, em jornal de ampla circulação local.

Deverão ser cientificados, com antecedência mínima de cinco dias, entre outros, o executado, por meio de seu advogado ou, não tendo constituído advogado nos autos, por carta registrada, mandado, edital ou outro meio idôneo. Admite-se que esta cientificação do executado se realize no próprio edital de leilão se for revel, não tiver constituído advogado nos autos, não constando dos autos o seu endereço atual.

> A União, o Estado e o Município, no caso de alienação de bem tombado, deverão ser cientificados com antecedência mínima de cinco dias, tendo, na ordem indicada, preferência na arrematação, em igualdade de oferta.

Até a data do leilão, será admitida a apresentação de lances para pagamento parcelado, o que não importará na suspensão do ato, já que se prefere a alienação com pagamento à vista.

No dia e hora designados, serão colhidos os lances. Procedida a análise, o magistrado fixará prazo para o pagamento do preço pelo oferecedor do lance vencedor e determinará a lavratura do auto de arrematação.

A arrematação constará de auto que será lavrado de imediato, **podendo abranger bens penhorados em mais de uma execução.**

> **Auto de Arrematação** poderá abranger mais de um processo executivo.

Como será visto mais adiante, sabe-se que o executado poderá ter oferecido os seus embargos à execução e que estes não possuem efeito suspensivo automático. Tal efeito deverá ser deferido pela autoridade judiciária.

Se o efeito suspensivo não for deferido, admite-se que a execução prossiga normalmente, com a prática de atos executivos e até de atos expropriatórios, como a alienação judicial.

Para que seja assegurada a segurança jurídica, principalmente em relação a eventuais lançadores e arrematantes, registrou o Novo CPC que assinado o auto, considera-se a arrematação perfeita, acabada e irretratável, ainda que pendente de julgamento os embargos à execução e estes venham a ser acolhidos.

Dessa maneira, ainda que julgados procedentes os embargos à execução, a alienação ocorrida permanecerá íntegra, resolvendo-se a questão em perdas e danos.

Não obstante seja considerada perfeita, acabada e irretratável com a assinatura do auto de arrematação, poderão ser alegadas, no prazo de dez dias, as situações indicadas no art. 903, § 1º do CPC. Nesse passo, a arrematação poderá ser **invalidada, considerada ineficaz ou resolvida**, conforme explicado no seguinte quadro:

Invalidação	**Se realizada por preço vil ou com outro vício.**
Ineficácia em relação a determinadas pessoas.	Alienação sem a intimação prévia: i) dos respectivos credores pignoratício, hipotecário e anticrético; ii) do promitente comprador ou do cessionário de bem objeto de promessa de compra e venda ou de cessão registrada; iii) concedente ou concessionário de direito de superfície; iv) enfiteuta ou concessionário na alienação de imóvel sobre o qual tenha sido instituída a enfiteuse, concessão de uso especial para fins de moradia ou concessão de direito real de uso; do proprietário do imóvel no caso de alienação de direitos do enfiteuta, do concessionário de direito real de uso ou do concessionário de uso especial para fins de moradia; titular do direito de usufruto, uso ou habitação.
Resolvida	Se não for pago o preço ou não for prestada a caução.

Não será expedida a carta de arrematação nesse período e a alegação dessas matérias será óbice para tanto até que a questão seja solucionada pela autoridade judiciária.

É importante notar que o Novo CPC não mais admite os chamados embargos de segunda fase, ou embargos à arrematação, que eram previstos no CPC de 1973. Na atualidade, eventuais nulidades ou matérias posteriores aos embargos poderão ser alegadas na própria execução.

Porém, os vícios inerentes à arrematação poderão ser alegados pelo executado no prazo de dez dias contados do aperfeiçoamento do ato.

Se antes de expedida a carta ou a ordem de entrega, o executado alegar que a arrematação é inválida, ineficaz ou que deve ser resolvida, poderá o arrematante desistir da arrematação, sendo-lhe devolvido o depósito que tiver feito.

Expedida a carta de arrematação, **ocorre a preclusão**, de modo que a invalidação não poderá ser requerida nos próprios autos.

> Com a expedição da carta de arrematação ou da ordem de entrega, tem-se a inviabilidade de que o executado possa alegar a invalidação da arrematação nos próprios autos. Opera-se **a preclusão**.

Esta preclusão, contudo, inviabiliza o exercício desse direito nos próprios autos, podendo o executado fazê-lo em ação autônoma.

Por esse motivo, admite-se o ajuizamento da ação com pedido de invalidação da arrematação, figurando o arrematante como litisconsórcio necessário.

Como foi dito anteriormente, os lançadores necessitam de que lhes seja garantida a segurança jurídica necessária para a participação em tais atos, de modo a ser preservados de eventuais questões surgidas no processo.

Assim, muito embora se diga que o executado poderá ajuizar a **ação autônoma para a invalidação da arrematação**, tem-se que o ato expropriatório será considerado **perfeito, acabado e irretratável pelo magistrado**, ainda que venha a ser julgada aquela ação, aduzindo o Código que deve ser **"assegurada a possibilidade de reparação pelos prejuízos sofridos"** (art. 903, caput do CPC).

Deverá haver análise do caso concreto pelo juiz, mas é possível vislumbrar o reconhecimento da invalidade e ser determinado o desfazimento da arrematação nos casos em que o vício for muito grave, como, por exemplo, se o arrematante é uma das pessoas indicadas nos incisos do caput do art. 890, que são aqueles proibidos de fazê-lo por questões éticas.

De outro lado, em decorrência dos princípios da segurança jurídica, boa-fé processual e máximo aproveitamento dos atos processuais, é possível que o juiz reconheça existir a situação que poderia gerar a invalidade, mas, ainda assim, reconheça que deve permanecer preservada a arrematação, assegurando ao executado a possibilidade de reparação dos prejuízos sofridos.

De toda forma, poderá o arrematante desistir da arrematação quando citado para responder à ação autônoma referida, desde que o faça no prazo de resposta da ação.

> Uma vez citado na ação autônoma proposta pelo executado, poderá o arrematante, no prazo de resposta, desistir da arrematação.

Tem o executado, então, o direito de desistir da arrematação, desde que o faça no prazo de resposta da ação autônoma ajuizada pelo executado.

Também poderá desistir da arrematação se provar, nos dez dias seguintes, a existência de ônus real ou gravame não mencionado no edital.

> Portanto, poderá o arrematante desistir da arrematação em três situações:
>
> i) se provar, no prazo de 10 dias, a existência de ônus real ou gravame não mencionado no edital;
>
> ii) se, antes de expedida a carta de arrematação ou a ordem de entrega, o executado alegar que a arrematação deve ser invalidada, é ineficaz ou que foi resolvida;
>
> iii) se citado para a ação autônoma, faça o requerimento de desistência no prazo de que dispõe para responder à ação.

37.3. Suspensão e extinção do processo de execução

A execução será suspensa:

I) nas hipóteses gerais de suspensão do processo;

II) no todo ou em parte, quando recebidos com efeito suspensivo os embargos à execução;

III – quando o executado não possuir bens penhoráveis, pelo prazo de um ano, durante o qual se suspenderá a prescrição. Ultrapassado esse prazo, inicia-se a prescrição intercorrente.

IV – se a alienação dos bens penhorados não se realizar por falta de licitantes e o exequente, em 15 (quinze) dias, não requerer a adjudicação nem indicar outros bens penhoráveis;

V – quando concedido o parcelamento judicial.

Uma vez suspensa a execução, não serão praticados atos processuais, podendo o juiz, entretanto, salvo no caso de arguição de impedimento ou de suspeição, ordenar providências urgentes.

A execução será extinta:

I – a petição inicial for indeferida;

II – a obrigação for satisfeita;

III – o executado obtiver, por qualquer outro meio, a extinção total da dívida;

IV – o exequente renunciar ao crédito;

V – ocorrer a prescrição intercorrente.

A extinção só produz efeito quando declarada por sentença.

37.4. Embargos à Execução

Natureza Jurídica

Os embargos à execução possuem natureza jurídica de ação. Também são mencionados com defesa incidental (por meio de ação incidental), que pode ser apresentada pelo executado.

Como sabido, existem três tipos de defesa disponíveis ao executado: i) endoprocessual (nos próprios autos, como a impugnação ao cumprimento de sentença, já vista), a incidental (ação incidente – embargos) e a defesa heterotópica (que consiste no ajuizamento de outras ações, uma via diferente, paralela, que pode ser utilizada, como a ação anulatória de título, por exemplo).

Requisitos para a Admissibilidade dos Embargos

Vários são os requisitos para a admissibilidade dos embargos. Podem ser assim destacados, em particular:

Regularidade formal: os embargos à execução serão oferecidos de forma escrita, por meio de petição (que deverá observar os requisitos da petição inicial), instruída com as cópias das peças processuais relevantes, que poderão ser declaradas autênticas pelo próprio advogado, sob sua responsabilidade pessoal. Sendo alegado excesso de execução, deverá o embargante declarar o valor que entende correto. A petição deverá ser distribuída por dependência. Será competente o juízo da execução, ainda que se trata de execução por carta, quando a competência será do juízo deprecante, salvo se a matéria alegada versar sobre vícios ou defeitos da penhora, da avaliação ou da alienação dos bens efetuadas no juízo deprecado, quando então por este serão julgados. Tais procedimentos, porém, não impedem que os embargos sejam oferecidos no juízo deprecante ou no juízo deprecado, mas a competência para julgá-lo observará as regras acima.

> É interessante que o art. 914, § 2º do CPC aluda à competência do juízo deprecado para conhecer de embargos em que se alegue vícios ou defeitos da alienação de bens efetuadas no juízo deprecado, pois, **quando da expropriação de bens, não mais haverá oportunidade para se oferecer embargos**. Como foi dito anteriormente, não mais se admitem os embargos à arrematação.
>
> Dessa maneira, é **possível extrair que o pedido de invalidação da arrematação será julgado pelo juízo deprecado, se perante este foi praticada a alienação. Da mesma forma, será competente para julgar eventual ação autônoma em que se pede a invalidação do ato.**

O art. 917 do CPC há indicação das matérias que podem ser alegadas pelo executado, como, por exemplo, a incompetência absoluta ou relativa.

Portanto, a incompetência relativa, na execução, deve ser alegada nos embargos à execução e, decorrido o prazo sem que isso tenha acontecido, prorroga-se a competência do juízo relativamente incompetente.

Indica o CPC que a incorreção da penhora ou da avaliação poderá ser impugnada por simples petição, **no prazo de 15 dias, contado da ciência do ato.**

Tempestividade: os embargos poderão ser oferecidos no prazo de **quinze dias**, contado da juntada do mandado (ou observando-se a regra do art. 231 em relação a todos os meios de citação possíveis). O prazo será contado individualmente para cada executado, salvo no caso de cônjuges ou companheiros, quando então será contada a partir da juntada do último. Tratando-se de execução por carta precatória, o prazo será contado da juntada, na carta, da cientificação da citação, se versarem apenas sobre vícios ou defeitos da penhora, da avaliação ou da alienação dos bens, ou, versando sobre outras matérias, da data da juntada da comunicação da citação expedida pelo juízo deprecado.

Admissibilidade ou não dos embargos

O juiz poderá rejeitar liminarmente os embargos se intempestivos, nos casos de indeferimento da petição inicial e de improcedência liminar do pedido e se forem manifestamente protelatórios.

Se admitidos, porém, decidirá sobre a concessão de efeito suspensivo, se requerido, e determinará a oitiva do exequente, para se manifestar no prazo de 15 dias, podendo, na sequência, julgar o pedido ou designar audiência e, encerrada a instrução, proferir sentença.

Efeito Suspensivo

Os embargos não importarão automaticamente na concessão de efeito suspensivo. Para que isso ocorra, há necessidade de que haja requerimento da parte, bem com o que estejam presentes os requisitos para a concessão da tutela provisória e ainda que a execução esteja garantida.

> Portanto, a garantia da execução não é condição de sua admissibilidade, mas é para a concessão de efeito suspensivo.

Dessa maneira, o efeito suspensivo poderá ter por fundamento a urgência (relevantes fundamentos e risco de dano grave) ou a evidência (alta probabilidade de acolhimento da pretensão em razão de comportamento da parte contrária ou se aquela estiver fundada em tese em conformidade com precedente), o que ensejará, como regra, que seja proferida decisão interlocutória.

Como o efeito suspensivo é uma medida fundada em tutela provisória, poderá ser modificada ou revogada, por decisão fundamentada, desde que se reconheça que cessaram as circunstâncias que a motivaram.

A concessão do efeito suspensivo importará na impossibilidade de prosseguimento da execução, salvo em relação a **atos de substituição, reforço ou redução de penhora, ou, ainda, de avaliação de bens**, que poderão ser praticados.

Da mesma forma, também poderão ser praticados em relação à parte da execução que não for abrangida pelo efeito suspensivo, bem como em relação àqueles que não embargaram a execução, se a matéria alegada disser respeito exclusivamente ao embargante.

Pronunciamento que decide os embargos

Os embargos à execução, como regra, serão decididos por meio de sentença, impugnável por apelação.

As decisões interlocutórias não serão objeto de recurso de agravo de instrumento, salvo se a questão decidida estiver referida no art. 1.015 do CPC, como, por exemplo, a concessão, modificação ou revogação do efeito suspensivo aos embargos à execução (art. 1.015, X).

38. EXECUÇÃO CONTRA A FAZENDA PÚBLICA. REGIME DE PRECATÓRIOS. REQUISIÇÕES DE PEQUENO VALOR

Em conformidade com o Novo CPC, há necessidade de diferenciar a execução contra a fazenda pública fundada em título executivo judicial da fundada em título extrajudicial.

Título judicial: segue-se a regra do processo sincrético, tendo-se a fase de cumprimento de sentença. A fazenda pública será intimada, na pessoa de seu advogado público, para, querendo, oferecer impugnação (e não mais embargos). A impugnação consiste em defesa endoprocessual, que poderá ser oferecida, com alegação de uma das matérias indicadas no art. 535 do CPC, conforme já tratado no item das Prerrogativas da Fazenda Pública.

Título extrajudicial: a fazenda pública será citada para, no prazo de 30 dias, opor embargos à execução. Neste caso, ainda estará preservada a possibilidade de ajuizamento dos embargos.

Se não houver o oferecimento de impugnação ou de embargos, ou se estes já tiverem sido julgados, será expedida a documentação necessária para a formação do precatório ou ocorrerá a expedição da requisição de pequeno valor.

Precatório: será formado no âmbito da Presidência do Tribunal, que exercerá atividade de natureza administrativa. Haverá a inscrição em ordem cronológica de inscrição. Os débitos inscritos até o mês de julho devem ser pagos no exercício financeiro seguinte.

Requisição de pequeno valor: lei do ente devedor fixará o montante da obrigação considerada de pequeno valor. Para estes casos, uma vez requisitada, a fazenda pública deverá cumprir a obrigação no prazo de 60 dias, independentemente de observância de ordem cronológica de inscrição, como ocorre no precatório. Não havendo o cumprimento da obrigação, haverá o sequestro de verba pública, determinada pelo próprio juízo da execução.

39. EXECUÇÃO DE OBRIGAÇÃO DE ENTREGAR, DE FAZER E DE NÃO FAZER

Obrigação de entregar: o executado será citado para, em 15 dias, satisfazer a obrigação.

Obrigação de fazer: o juiz fixará multa por período de atraso no cumprimento da obrigação e a data a partir da qual será devida.

40. EMBARGOS DE TERCEIROS

Destinam-se os embargos de terceiro a levantar constrição ou ameaça de constrição de bens que possua ou sobre os quais tenha direito incompatível com o ato constritivo.

Poderão ser ajuizados por terceiro proprietário, inclusive fiduciário, ou possuidor. Também é admissível o ajuizamento por cônjuge ou companheiro quando defender a posse de bens próprios ou de sua meação, o adquirente de bens cuja constrição decorreu de decisão que declara a ineficácia da alienação realizada em fraude à execução, quem sofre constrição judicial de seus bens por força de desconsideração da personalidade jurídica, de cujo incidente não fez parte e o credor com garantia real para obstar expropriação judicial do objeto do direito real de garantia, caso não tenha sido intimado.

O terceiro poderá ajuizar os embargos a qualquer tempo no processo de conhecimento enquanto não transitada em julgado a sentença e, no cumprimento de sentença ou no processo de execução até cinco dias depois da adjudicação, da alienação por iniciativa particular ou da arrematação.

No polo passivo figurará o sujeito a quem o ato de constrição aproveita, como também o seu adversário no processo principal quando for sua a indicação do bem para a constrição judicial.

Uma vez ajuizados, os embargos serão distribuídos por dependência ao juízo que determinou a constrição e autuados em apartado.

O polo passivo poderá oferecer resposta no prazo de quinze dias e, se for acolhido o pedido final, o ato de constrição será cancelado, com o reconhecimento do domínio, da manutenção da posse ou da reintegração definitiva do bem ou do direito ao embargante.

41. EXCEÇÃO DE PRÉ-EXECUTIVIDADE

Consiste em defesa endoprocessual que poderá ser apresentada pelo executado para alegar matéria de ordem pública que não dependa da produção de provas.

42. REMIÇÃO

Antes de adjudicados ou alienados os bens, o executado pode, a todo tempo, remir a execução, pagando ou consignando a importância atualizada da dívida, acrescida de juros, custas e honorários advocatícios.

Na hipótese de:

- penhora de bem hipotecado, o executado poderá remi-lo até a assinatura do auto de adjudicação, oferecendo preço igual ao da avaliação, se não tiver havido licitantes, ou ao do maior lance oferecido;
- de falência ou de insolvência do devedor hipotecário, o direito de remição será deferido à massa ou aos credores em concurso, não podendo o exequente recusar o preço da avaliação do imóvel.

43. SUSPENSÃO E EXTINÇÃO DO PROCESSO DE EXECUÇÃO

A execução será suspensa:

I – nas hipóteses gerais de suspensão do processo;

II – no todo ou em parte, quando recebidos com efeito suspensivo os embargos à execução;

III – quando o executado não possuir bens penhoráveis, pelo prazo de um ano, durante o qual se suspenderá a prescrição. Ultrapassado esse prazo, inicia-se a prescrição intercorrente.

IV – se a alienação dos bens penhorados não se realizar por falta de licitantes e o exequente, em 15 (quinze) dias, não requerer a adjudicação nem indicar outros bens penhoráveis;

V – quando concedido o parcelamento judicial.

Uma vez suspensa a execução, não serão praticados atos processuais, podendo o juiz, entretanto, salvo no caso de arguição de impedimento ou de suspeição, ordenar providências urgentes.

A execução será extinta:

I – a petição inicial for indeferida;

II – a obrigação for satisfeita;

III – o executado obtiver, por qualquer outro meio, a extinção total da dívida;

IV – o exequente renunciar ao crédito;

V – ocorrer a prescrição intercorrente.

A extinção só produz efeito quando declarada por sentença.

44. PROCEDIMENTOS ESPECIAIS

44.1. Generalidades, Características e Espécies

O processo civil moderno é um processo que exige resultados. Não adianta apenas conseguir o acertamento da situação subjetiva por meio de uma sentença de mérito. O que a parte precisa é que tal sentença seja efetiva e justa. Em outras palavras, seja proferida em tempo adequado e possa corrigir o desvio causado que justifica a atuação do Poder Judiciário.

E, para que o acesso à Justiça seja pleno, o ordenamento jurídico tipifica procedimentos especiais, diferenciados do comum, que contam com a celeridade e efetividade e que podem ser utilizados em casos específicos.

Nesse passo, o Novo Código de Processo Civil, paralelamente ao procedimento comum, também fez previsão dos procedimentos especiais, cada qual com suas particularidades, tendo-se em vista a situação de direito material tutelada.

Da mesma forma, também existem procedimentos especiais previstos em leis especiais, como ocorre com a ação popular, ação civil pública, ação de alimentos etc.

Os procedimentos especiais são de jurisdição contenciosa e também de jurisdição voluntária, conforme, aliás, se viu quando do estudo da jurisdição.

45. DA AÇÃO DE CONSIGNAÇÃO EM PAGAMENTO

45.1. Finalidade do Procedimento

O Novo Código de Processo Civil se preocupa com o processo de consignação em pagamento e não propriamente com as hipóteses em que ele é cabível. De tanto, ocupa-se o Código Civil em seu artigo 335.

Tem a ação de consignação em pagamento a finalidade de proporcionar ao devedor ou a terceiro liberar-se de determinada obrigação de pagar ou de entregar coisa. Para tanto, deverá depositar o respectivo valor ou coisa e pleitear que seja proferida **sentença de natureza declaratória**, pela qual o juiz declara extinta a obrigação.

Em outros termos: como o devedor ou o terceiro não conseguiram efetuar o pagamento, meio ordinário de cumprimento da obrigação, valem-se da ação de consignação.

45.2. Interrupção da Prescrição

O ajuizamento da ação consignatória importará na interrupção da prescrição da respectiva **ação de cobrança**, pois acarreta no reconhecimento inequívoco, por parte do devedor, do direito do credor em relação às prestações consignadas.

45.3. Consignação Extrajudicial

Permite o Novo CPC que, tratando-se de obrigação em dinheiro, poderá o valor ser depositado em estabelecimento bancário, oficial onde houver, situado no lugar do pagamento, **cientificando-se o credor por carta com aviso de recebimento**, assinado o prazo de dez dias para a manifestação de recusa. Trata-se da **consignação extrajudicial**, buscada diretamente junto à instituição financeira, que não é obrigatória.

> A **consignação extrajudicial** somente tem cabimento para **depósito de dinheiro** e não é obrigatória.

Como foi dito, uma vez notificado o credor, aguarda-se pelo prazo de dez dias, contados do retorno do aviso de recebimento.

Decorrido o prazo, sem manifestação de recusa, estará o devedor liberado da obrigação, permanecendo o valor à disposição do credor. De outro lado, havendo manifestação de recusa, que deverá ser por escrito, **poderá ser proposta ação de consignação**, no prazo de um mês, instruindo-se a inicial com a prova do depósito e da recusa.

Ajuizada a ação, deverá o autor comprovar o ajuizamento à instituição financeira, para que a correção monetária tenha índice diverso. Com efeito, os depósito extrajudiciais são atualizados pela TR, ao passo que os judiciais seguem as regras da caderneta de poupança (art. 6º, parágrafo único, da Resolução n. 2.814 do Bacen).

Se não ajuizada a ação no prazo de um mês, ficará sem efeito o depósito, podendo levantar o valor o depositante.

Embora a Lei de Locações não faça qualquer previsão a respeito da consignação extrajudicial, prevaleceu a tese segundo a qual poderá ser buscada a liberação do cumprimento da obrigação por esse meio.[37]

45.4. Legitimidade

Poderá propor a ação de consignação o devedor, que busca liberar-se da obrigação. Também poderá fazê-lo o terceiro, independentemente de ser interessado, como admite a lei civil.

45.5. Competência Territorial

A ação consignatória deverá ser ajuizada no lugar do pagamento, consoante preveem os artigos 540 CPC/2015 e art. 337 do Código Civil. Tratando-se, de outro lado, de consignação de alugueres, será competente o foro da situação da coisa.

---

37 LOCAÇÃO. ALUGUÉIS. CONSIGNAÇÃO EXTRAJUDICIAL. CREDOR. NOTIFICAÇÃO. PESSOAL. I– O depósito extrajudicial dos aluguéis tem o efeito de desonerar o locatário da obrigação. II – É necessário que o locatário comprove o efetivo conhecimento do depósito pelo locador, o que se perfaz com a notificação pessoal deste. Interpretação sistemática do §1º do art. 890 com o art. 223, parágrafo único do CPC. Recurso especial desprovido. (REsp 618.295/DF, Rel. Ministro FELIX FISCHER, QUINTA TURMA, julgado em 06/06/2006, DJ 01/08/2006, p. 514).

Conforme noticiado no Informativo n. 543 do STJ, contudo, competirá ao foro do local em que situado o imóvel o julgamento de ação consignatória e de ação de rescisão de contrato cumulada com retificação de escritura pública, reunidas para julgamento conjunto por conexão.

45.6. Efeitos da Consignação

Efetuada a consignação, cessará para o devedor, à data do depósito, os juros e os riscos, se acolhido o pedido ao final, com a prolação de sentença declaratória. Contudo, se o pedido for julgado improcedente, naturalmente, não haverá a liberação.

45.7. Depósito das Prestações Sucessivas

Tratando-se de prestações sucessivas, consignada uma deles, permite-se ao autor continuar a depositar as que forem vencendo, no mesmo processo, observando-se o prazo de cinco dias contados do vencimento. O inadimplemento de uma das parcelas, contudo, não levará à improcedência da ação.

A previsão contida no art. 541 do NCPC (que correspondia ao art. 892 do CPC 1973), no sentido de permitir que o depósito se faça em até cinco dias contados da data do respectivo vencimento, não é aplicável à consignatória tributária, pois, para a extinção de tal obrigação, o crédito deverá ser depositado dentro do prazo de vencimento.[38]

45.8. Petição Inicial: requisitos intrínsecos

Os requisitos intrínsecos são aqueles que devem estar contidos, indicados, na própria petição inicial. Existem aqueles de ordem geral, previstos nos artigos 319 e 320 do NCPC, bem como específicos para cada procedimento.

Nesse sentido, dispõe o art. 542 do NCPC, que, na petição inicial, o autor **requererá**: I – o depósito da quantia ou da coisa devida, a ser efetivado no prazo de cinco dias contados do deferimento, ressalvada a hipótese de prévia consignação extrajudicial; e, II – a citação do réu para levantar o depósito ou oferecer contestação.

Uma vez sendo deferido o depósito pelo juiz, deverá o autor da consignatória promovê-lo em **cinco dias**, sob pena de extinção do processo sem resolução do mérito. Tratando-se de consignatória de alugueres, **o prazo para efetuar o depósito é de vinte e quatro horas (art. 67, II da Lei n. 8.245/1991)**.

Admite-se que haja a cumulação de pedidos, no sentido de se permitir a discussão sobre o débito, especialmente o exame de validade de cláusulas contratuais, bem como a própria consignação do valor que entende ser devido.

38 AgRg no Ag 1.239.917-SP, Segunda Turma, DJe 17/5/2010.

45.9. Consignação de coisa indeterminada

Se o autor buscar a liberação de cumprimento de coisa indeterminada, competindo a escolha ao credor, deverá requerer a sua citação para exercer tal direito no prazo de cinco dias, salvo se houver outro prazo previsto em lei ou em contrato, ou para que aceite eventual escolha pelo devedor.

Competindo a escolha ao devedor, pelo não exercício pelo credor, o juiz designará dia e hora em que se fará a entrega, sob pena de depósito.

45.10. Contestação

Sendo o credor citado, poderá, no prazo de quinze dias, oferecer a sua contestação, que compreenderá defesa processual e de mérito.

Como se nota, há de se admitir a possibilidade de o réu apresentar as suas preliminares, como, por exemplo, a falta de interesse de agir. E, apesar da especificidade do procedimento, permite-se que o réu alegue as matérias indicadas no art. 544 CPC/2015, além de outras.

Deve ser notado que o procedimento da consignatória diferenciará conforme a matéria alegada. Se indicada uma das hipóteses dos incisos I a III, seguirá a ação um caminho. Alegada a matéria indicada no inciso IV, outro será o percurso a ser seguido.

Em conformidade com o art. 544, aludido, poderá o réu alegar que:

> I – não houve recusa ou mora em receber a quantia ou a coisa devida;
>
> II – foi justa a recusa;
>
> III – o depósito não se efetuou no prazo ou no lugar do pagamento.

Indicadas essas matérias, o processo seguirá, sem maiores novidades, em conformidade com o procedimento comum.

Porém, o artigo 544 também permite seja alegado que:

> IV – o depósito não é integral.

E complementa no parágrafo único, que tal alegação somente será admissível se o réu indicar o montante que entende devido.

Uma vez alegado que o depósito não é integral, permite-se ao autor complementá-lo, no prazo de dez dias, a não ser que corresponda à prestação cujo inadimplemento acarrete a rescisão do contrato.

De toda maneira, aceita-se que o réu promova ao levantamento da quantia ou da coisa depositada, com a consequente liberação parcial do autor, prosseguindo-se o processo em relação à parte incontroversa.

Alegado que o depósito não é integral, a discussão no processo se dirigirá a especificar o montante suficiente para a liberação da obrigação, o que refletirá na sentença.

Dessa forma, a sentença: i) ou reconhecerá que o depósito inicial é suficiente, liberando-se o devedor (sentença declaratória), condenando-se o réu ao pagamento de custas e honorários advocatícios; ii) ou reconhecerá que o depósito não é integral e condenará o autor ao pagamento do valor restante, formando-se título executivo judicial, com possibilidade de exigir-se o cumprimento da obrigação nos próprios autos (cumprimento de sentença).

45.11. Reconvenção em Consignatória de Alugueres

Consoante o disposto no inciso VI, do art. 67, da Lei de Locações, além de contestar, **o réu poderá, em reconvenção**, pedir o despejo e a cobrança dos valores objeto da consignatória ou da diferença do depósito inicial, na hipótese de ter sido alegado não ser o mesmo integral.

Note-se que, consoante o § 2º do art. 545 do NCPC, a consignatória é ação de natureza dúplice. Portanto, tendo sido apurada a diferença entre o valor efetivamente devido e o consignado, o juízo proferirá sentença condenatória, cujo cumprimento poderá ser exigido nos próprios autos. Assim, tal condenação independerá de reconvenção, apesar do disposto na Lei de Locações.

No entanto, será possível a reconvenção para que se determine o despejo. Por isso, poderá o réu, na sua própria contestação, como determina o NCPC, além de alegar as matérias de defesa, pugnar também pelo decreto de despejo do autor.

45.12. Litisconsórcio Passivo Alternativo

Como regra, o autor formula o seu pedido e espera que o mesmo seja acolhido para acertamento da situação subjetiva ligada a um réu específico. Porém, existem situações em que o autor pode apresentar o pedido e deixar que o juiz escolha em face de qual dos litisconsortes passivos ele será acolhido.

> O autor deste capítulo já teve oportunidade de, em nome de autarquia estadual, demandar dois sindicatos de trabalhadores, rogando que a Justiça do Trabalho declarasse em face de qual deles haveria a existência de relação jurídica decorrente da representatividade da categoria de empregados públicos. Trata-se de hipótese de litisconsórcio passivo alternativo, pois não importava ao autor em face de quem o pedido seria acolhido.

A consignatória, nesse passo, poderá ser ajuizada em face de possíveis titulares do crédito, pois há dúvida de quem tem legitimidade para receber o pagamento.

Em tal caso, se, uma vez citados, não comparecer pretendente algum, converter-se-á o depósito em arrecadação de coisas vagas. De outro lado, comparecendo apenas um, o juiz decidirá de plano. E, por fim, comparecendo mais de um, o magistrado poderá declarar efetuado o depósito e extinta a obrigação, continuando o processo a correr unicamente entre os presuntivos credores, segundo o procedimento comum.

45.13. Consignatória de Aluguel e Férias Forenses

Por força do disposto no art. 58, I, da Lei n. 8.245/1991, nas ações de despejo, consignação em pagamento de aluguel e acessório da locação, revisionais de aluguel e renovatórias de locação, os processos tramitam durante as férias forenses e não se suspendem pela superveniência delas.

46. AÇÃO MONITÓRIA

46.1. Finalidade

Poderá valer-se da ação monitória aquele que afirmar ter o direito de exigir do devedor capaz, com base em prova escrita sem eficácia de título executivo, pagamento de quantia em dinheiro, a entrega de coisa fungível ou infungível ou de bem móvel ou imóvel ou o adimplemento de obrigação de fazer ou de não fazer.

O objetivo deste procedimento especial é o de constituir um título executivo judicial, de modo que o credor, com prova documental (ainda que seja testemunhal documentada), busca satisfazer a obrigação que lhe é devida.

46.2. Prova oral documentada

Note-se uma importante novidade. A possibilidade de valer-se o autor da prova oral documentada, produzida antecipadamente.

46.3. Polo passivo

Diante de tais documentos, será requerida a citação do polo passivo. O juiz deferirá a expedição de mandado de pagamento, de entrega de coisa ou para execução de obrigação de fazer ou de não fazer, concedendo ao réu o prazo de 15 dias para cumprimento e o pagamento de honorários advocatícios de 5% do valor atribuído à causa.

46.4. Constituição de título executivo judicial

Se não oferecidos os embargos, haverá a constituição do título executivo judicial, hábil ao cumprimento de sentença, sendo cabível ação rescisória para rescindir a sentença.

Poderá a ação ser promovida também em face da Fazenda Pública.

46.5. Embargos à ação monitória

Poderá o réu apresentar embargos à ação monitória, alegando matéria que poderia ser aduzida em defesa no procedimento comum. Alegando excesso de execução, deverá declarar de imediato o valor que entende correto, apresentando demonstrativo discriminado e atualizado da dívida.

Uma vez apresentados os embargos, estará suspensa a eficácia da decisão monitória até o julgamento em primeiro grau. O autor será intimado, podendo apresentar reconvenção, sendo vedada a reconvenção da reconvenção.

Da sentença que acolhe ou rejeita os embargos caberá o recurso de apelação.

47. DA AÇÃO DE EXIGIR CONTAS

47.1. Fim da Ação de Prestar Contas

Ao iniciar-se o estudo deste procedimento especial, nota-se, de antemão, a alteração da denominação em relação ao paradigma previsto no CPC de 1973. Com efeito, o art. 550 e seguintes do CPC 2015 trata do procedimento de **exigir contas, pois não mais se admite que o devedor preste contas em juízo**.

Por isso, de acordo com as novas disposições, a ação poderá ser prestada unicamente pelo **credor** pugnando pela imposição do dever de prestá-las em juízo por aquele que administrou interesses alheios.

Há de se verificar a legitimidade para a propositura da ação. Nesse sentido, o condômino não pode, isoladamente, ajuizar ação de exigir contas em face do condomínio. E isso, pois, nos termos do art. 22, §1º, *f*, da Lei 4.591/1964, o condomínio, representado pelo síndico, não tem obrigação de prestar contas a cada um dos condôminos, mas a todos, perante a assembleia dos condôminos. No mesmo sentido, o art. 1.348, VIII, do CC dispõe que compete ao síndico, dentre outras atribuições, prestar contas à assembleia, anualmente e quando exigidas.[39]

Tal direito transmite-se aos herdeiros do credor, como pode ocorrer, por exemplo, com os herdeiros do mandante.[40]

O advogado poderá ser réu na ação de exigir contas.

47.2. Procedimento da Ação de Exigir Contas

Procedimento com **duas fases**, encerradas cada qual por **SENTENÇA**, que pode ser objeto de **APELAÇÃO**.

Primeira fase: verifica-se o dever de prestar contas.

Segunda fase: apura-se se existe saldo.

O autor, em sua petição inicial, deverá especificar as razões pelas quais exige as contas, instruindo-a com documentos comprobatórios dessa necessidade.

O réu será citado e, no prazo de quinze dias, poderá prestar as contas ou contestar o pedido. O exercício de uma das opções, automaticamente, exclui a outra, por conta da preclusão lógica.

Prestadas as contas, o autor terá quinze dias para se manifestar, competindo-lhe, se o caso, impugná-las de forma precisa, seguindo-se a produção das provas.

Poderá o réu, no entanto, contestar o dever de prestar as contas, o que será objeto de análise pelo magistrado.

---

39 REsp 1.046.652-RJ, *Rel.* Min. Ricardo Villas Bôas Cueva, julgado em 16/9/2014.

40 REsp 1.122.589-MG, Rel. Min. Paulo de Tarso Sanseverino, julgado em 10/4/2012.

A ação de exigir contas conta com **duas fases distintas**, cada qual encerrada por **sentença** (note-se a exceção prevista na primeira parte do § 1º do art. 203 do NCPC, pois se terá sentença sem encerramento da fase cognitiva), que pode ser impugnada pelo recurso de **apelação.**

Dessa maneira, **na primeira fase do procedimento, será analisado se existe ou não o dever de prestar contas.** Convencido disso, o magistrado proferirá sentença, que poderá ser impugnada pelo recurso de apelação, que contará com duplo efeito.

Assim, apenas após o trânsito em julgado, poderá ser exigida coercitivamente a prestação de contas, a partir do cumprimento de sentença.

Nesse passo, competirá ao réu prestar as contas no prazo de quinze dias, seguindo-se a apuração do valor devido. Se não o fizer, o autor poderá apresentá-las, sem possibilidade de o réu impugná-las.

Na segunda fase, porém, as contas serão julgadas e, se apurado saldo, será constituído título executivo judicial, a ser exigido em cumprimento de sentença, nos próprios autos.

47.3. Contas do Inventariante, Tutor, Curador, Depositário e de Qualquer Outro Administrador

As contas do inventariante, tutor, curador, depositário e de qualquer outro administrador serão prestadas em apenso aos autos do processo em que tiver sido nomeado.

48. DAS AÇÕES POSSESSÓRIAS

48.1. A Fungibilidade das Ações Possessórias

A fungibilidade não é matéria restrita aos recursos, mas, em verdade, aplica-se à teoria geral do processo. Consiste na admissão de um meio ao invés de outro, que seria o mais adequado.

Em relação às ações possessórias, o Novo CPC prevê a aplicabilidade do princípio da fungibilidade, de modo que a propositura de uma ação possessória em vez de outra não obsta a que o juiz defira a proteção necessária.

Dessa maneira, se ajuizada ação com pedido de interdito proibitório, porém, já verificado que houve o esbulho, deverá ser deferida a medida que conferir a tutela necessária – reintegração de posse.

48.2. Espécies de Ações Possessórias

A depender da proteção necessária, admite-se três tipos diferentes de ações possessórias: i) o interdito proibitório – que tem finalidade preventiva, em razão ser iminente a invasão; ii) a reintegração de posse – que pressupõe a perda total da posse (esbulho); iii) a manutenção de posse – que pressupõe a inexistência de privação integral.

Há de ser relembrado, porém, que o erro na indicação da ação ou a alteração dos fatos no transcorrer do processo, não acarreta a inviabilidade do deferimento da tutela possessória adequada, em razão do princípio da fungibilidade.

INTERDITO PROIBITÓRIO	REINTEGRAÇÃO DE POSSE	MANUTENÇÃO DE POSSE
Natureza Preventiva	Esbulho	Turbação

48.3. Ações Possessórias e Invasões Coletivas

Não é incomum que existam ações possessórias de áreas ocupadas por uma coletividade, geralmente com a finalidade de fixar residência, em comunidades de baixa renda, embora não necessariamente.

Há uma preocupação constante nestas ações, notadamente diante do interesse social presente. Por isso, para estas ações a intervenção do Ministério Público, na condição de fiscal da ordem jurídica, é imprescindível. Envolvendo pessoas em situação de hipossuficiência econômica, ainda, deverá ser intimada a Defensoria Pública, para o cumprimento de sua missão institucional.

Proposta ação nessas condições, serão feitas a citação pessoal dos ocupantes que forem encontrados no local e a citação por edital dos demais. Para tais demandas, o juiz deverá determinar que se dê ampla publicidade de sua existência.

Ainda como diferencial, prevê o Novo CPC, em seu artigo 565, requisito para o deferimento de liminar na ação com posse de força velha, conforme se verá adiante.

48.4. Pedidos na Ação Possessória

Além da tutela possessória (inibitória, reintegratória ou de manutenção), poderá o autor cumular outros pedidos. São eles: i) condenação em perdas e danos; ii) indenização dos frutos. Trata-se de cumulação própria de pedidos, pois se requer o acolhimento de todos eles, lembrando que o rol do art. 555 do CPC 2015 é exemplificativo.

Além disso, poderá solicitar, ainda, a imposição de medida necessária para evitar-se nova turbação ou novo esbulho, bem como para cumprir-se a tutela provisória ou final.

48.5. Contestação

Poderá o réu, em sua contestação, **pugnar a proteção possessória** e a indenização pelos prejuízos resultantes da turbação ou do esbulho cometido pelo autor, **independentemente de reconvenção**.

Dessa forma, a mesma sentença que nega o pedido do autor, reconhece a legitimidade da pretensão apresentada pelo réu.

48.6. Inviabilidade de Ajuizamento de Ação Petitória Durante o Curso de Ação Possessória

Uma vez ajuizada a ação possessória, está vedado o ajuizamento de ação petitória destinada ao reconhecimento do domínio, salvo se for proposta em face de terceira pessoa (que não o autor da possessória).

48.7. Procedimento da Ação Possessória: posse nova

Se a ação for proposta dentro do prazo de ano e dia a partir da turbação ou do esbulho, adota-se procedimento especial tratado no artigo 560 e seguintes do CPC 2015. No entanto, tratando-se de posse velha, será adotado o procedimento comum.

Como característica principal do procedimento especial, tem-se a possibilidade de deferimento de medida liminar *inaudita altera parte*, sem que se comprove o elemento urgência. Regendo-se pelo procedimento comum, no entanto, embora se admita – e como não poderia deixar de ser – a tutela provisória, deverão ser observados os seus requisitos (tutela provisória com fundamento na urgência, com comprovação do *periculum in mora*, ou tutela da evidência nas hipóteses do art. 311).

48.8. Exigência de Caução

Se o réu provar que o autor provisoriamente mantido ou reintegrado na posse não tem idoneidade financeira para, no caso de sucumbência, responder por perdas e danos, o juiz lhe concederá o prazo de cinco dias para requerer caução, real ou fidejussória, sob pena de ser depositada a coisa litigiosa, salvo a impossibilidade da parte economicamente hipossuficiente.

48.9. Posse com força nova e os requisitos da tutela possessória

Em conformidade com o art. 561, para o deferimento da tutela possessória na posse com força nova, competirá ao autor provar a sua posse, a turbação ou o esbulho e a sua data, a continuação da posse, embora turbada, na ação de manutenção, ou a perda da posse, na ação de reintegração.

Tais requisitos serão exigidos quer para o deferimento da tutela provisória e para o acolhimento da pretensão ao final.

Estando a petição inicial em ordem, o juiz deferirá a tutela possessória. Contudo, sendo necessária a comprovação de qualquer fato, designará audiência de justificação.

48.10. Contraditório Prévio e as Liminares contra as Pessoas Jurídicas de Direito Público

Em conformidade com o princípio do contraditório dinâmico, evita-se a decisão surpresa, de modo que deve ser permitido às partes influenciarem o magistrado, a partir de suas alegações.

Contudo, em determinadas situações, como para o deferimento da tutela provisória, permite-se que o contraditório seja exercido posteriormente, de modo que o juiz poderá deferir a liminar sem ouvir a parte contrária.

Ocorre, no entanto, que, em relação às pessoas jurídicas, considerando-se o impacto que a medida poderá causar à Administração Pública, exige-se que não será deferida a manutenção ou a reintegração liminar sem prévia audiência dos respectivos representantes judiciais.

48.11. Citação do Requerido e Prazo para Resposta

O réu deverá ser citado para oferecer resposta no prazo de quinze dias, contados da juntada do mandado de citação.

Porém, se o juiz designar audiência de justificação prévia, deverá o réu ser citado para comparecer ao ato judicial, contando-se o prazo de 15 dias para oferecimento de defesa da intimação da decisão que deferir ou não a medida liminar.

48.12. Posse Velha e Litígio Coletivo

Tratando-se de litígio coletivo pela posse de imóvel, quando o esbulho ou a turbação afirmado na petição inicial houver ocorrido há mais de ano e dia, deverá o juiz **preocupar-se em equacionar a questão consensualmente, evitando-se conflitos**. Para tanto, impõe o art. 565 que o juiz designe audiência de mediação, com a participação do Ministério Público, da Defensoria Pública e dos órgãos responsáveis pela política agrária e pela política urbana, como providência prévia à concessão de liminar.

Se deferida a medida liminar, se essa não for executada no prazo de um ano, a contar da distribuição, deverá o magistrado designar audiência de mediação, considerando que o fator tempo poderá alterar o ânimo das pessoas envolvidas, bem como poderão existir particularidades antes não constatadas.

48.13. Ocupação Indevida de Bem Público

Consoante jurisprudência do Superior Tribunal de Justiça, restando configurada ocupação indevida de bem público, não há que se falar de posse, mas de mera detenção, afastando-se o direito de retenção por benfeitorias.[41]

48.14. Exercício do Direito de Retenção

Também consoante jurisprudência do STJ, o exercício do direito de retenção deve ser exercido na própria contestação, sob pena de preclusão.[42]

49. RESTAURAÇÃO DE AUTOS

Destina-se este procedimento à restauração de autos desaparecidos, quer sejam físicos ou eletrônicos.

Constatando o desaparecimento, se existirem autos suplementares, nestes haverá a continuidade do processo.

Requerida a instauração do procedimento, a parte contrária será citada para contestar o pedido no prazo de cinco dias e, se houver concordância, será lavrado auto. Havendo discordância, será observado o procedimento comum.

---

41 AgRg no AREsp 824.129/PE, Rel. Ministro MAURO CAMPBELL MARQUES, SEGUNDA TURMA, julgado em 23/02/2016, DJe 01/03/2016.

42 REsp 1278094/SP, Rel. Ministra NANCY ANDRIGHI, TERCEIRA TURMA, julgado em 16/08/2012, DJe 22/08/2012.

Se acaso o desaparecimento ocorrer no âmbito do tribunal, nele tramitará o procedimento de restauração.

50. AÇÃO POPULAR

50.1. Definição

Trata-se de ***remédio constitucional*** que tem por finalidade **corrigir atos lesivos ao patrimônio público ou de entidade de que o Estado participe, à moralidade administrativa, ao meio ambiente e ao patrimônio histórico e cultural.**

A Constituição Federal foi responsável pela ampliação de seu objeto, voltando-se também **à defesa de interesses metaindividuais, dentre eles, o meio ambiente.**

A ação popular pode ser estudada sob três enfoques: constitucional, administrativo e processual. Isto porque, a um só tempo, é uma ***garantia constitucional***, que efetiva o ***controle*** dos atos administrativos pelo cidadão, sendo uma *ação civil*.

50.2. Legitimação para a propositura da ação popular

A legitimação para a propositura da ação popular é constante da Constituição Federal (art. 5º, LXXIII) e nos arts. 1º e 4º, da Lei 4.717/65. Portanto, somente o ***brasileiro*** (nato ou naturalizado), que ostente a condição de ***eleitor***, poderá ajuizá-la.

O autor popular agirá como substituto processual da coletividade e, por isso, se acaso abandonar a causa, poderá o polo ativo ser ocupado por outro legitimado. Supletivamente, poderá o Ministério Público assumir o polo ativo, se nenhum outro legitimado o fizer.[43]

Exclui-se a possibilidade de ser ajuizada por pessoa jurídica (súmula 365, STF). Somente poderá ser ajuizada por aquele que se encontre no exercício pleno do direito político de eleger os representantes do povo.

O Superior Tribunal de Justiça também admite que a ação popular seja ajuizada pelo **Ministério Público**, legitimando-o a toda e qualquer demanda que vise à defesa dos interesses difusos e coletivos, sob ângulo material ou imaterial.[44]

50.3. Polo passivo

De acordo com o art. 6º, da Lei 4.717/65, o polo passivo da ação popular é bem abrangente, devendo constar: a pessoa jurídica lesada, o agente causador ou produtor direto do ato sindicado e ainda o beneficiado direto. O polo passivo é subjetivamente complexo.

Trata-se, portanto, de ***litisconsórcio necessário*** e, pelo menos em um ponto, *unitário*, na medida em que a desconstituição do ato alcançará a todos.

---

43 REsp 638.011/RJ, Rel. Ministro LUIZ FUX, PRIMEIRA TURMA, julgado em 25/04/2006, DJ 18/05/2006, p. 182.

44 AgRg no AREsp 746.846/RJ, Rel. Ministro HERMAN BENJAMIN, SEGUNDA TURMA, julgado em 15/12/2015, DJe 05/02/2016.

A Administração Pública, embora conste necessariamente no polo passivo da ação como ré, poderá, a seu critério: i) contestar; ii) não contestar e assistir o autor; iii) quedar-se inerte. Fator determinante da escolha: ***o interesse público.***

O STJ já decidiu pela possibilidade da modificação da situação da Administração.[45]

50.4 Do Procedimento da Ação Popular

O polo passivo será citado para oferecer resposta no prazo comum de vinte dias. Tal prazo será contado em dias úteis. Ainda que existam litisconsortes com diversos procuradores de escritórios distintos e não se trate de processo eletrônico, o prazo para oferecimento de resposta não será contado em dobro. Porém, o prazo diferenciado será aplicado para o caso de recurso.

A pessoa jurídica de direito público lesada será citada em litisconsórcio passivo necessário (não unitário). Nesse caso, tal como ocorre na ação de improbidade administrativa, poderá escolher o polo da ação que ocupará.

Nesse passo, poderá defender o ato administrativo praticado, quando permanecerá no polo passivo da ação. De outro lado, poderá optar por integrar o polo ativo da demanda, para que o pleito apresentado seja acolhido. Ou, então, permanecerá inerte.

A escolha compete ao representante da Administração Pública e terá por fundamento o interesse público. Uma vez ocorrida a escolha, porém, será possível modificá-la posteriormente.

Uma vez citados os réus e apresentadas as respostas, determinará o magistrado a produção de provas, se necessário for.

Admite-se na ação popular o julgamento antecipado parcial da lide, hipótese em que o magistrado acolherá, de imediato, por meio de decisão interlocutória de mérito, um dos pedidos, prosseguindo-se a demanda em relação aos demais. Tem-se, também, a possibilidade do julgamento antecipado da lide (total).

Sendo desnecessária a prova, ou, se já produzida, proferirá o magistrado a sua sentença, acolhendo ou rejeitando o pedido formulado pelo autor popular.

50.5 Da Sentença na Ação Popular

A sentença de procedência desconstituirá o ato administrativo praticado e determinará que o Erário Público seja ressarcido dos prejuízos sofridos, se houver danos.

50.6. Da Coisa Julgada

A sentença de procedência fará coisa julgada erga omnes, podendo ser executada pelo próprio autor popular, outro legitimado ou, ainda, pelo Ministério Público. Trata-se de coisa julgada *secundum eventum litis*.

45 STJ, 2ª T., REsp 1185928/SP, Rel. Ministro Castro Meira, j. 15.06.2010, DJe 28.06.2010.

Em relação à sentença de improcedência, por sua vez, deve ser verificado o seu fundamento. Como se vê, constitui-se exceção à regra da coisa julgada, que é *pro et contra*. Desse modo, se a sentença reconhecer a ausência de provas, será admitido o ajuizamento de nova ação popular, desde que existam outras provas. De outro lado, se reconhecido que houve o esgotamento das provas, em tese, não é possível o ajuizamento de nova ação popular.

Defende-se que, independentemente da manifestação do juiz na sentença, a análise quanto à existência ou não de prova nova seja feita em um segundo processo, quando será possível fazer uma comparação entre a prova já produzida e aquela proposta no novo processo ajuizado.

50.7. Remessa Necessária

Como já foi visto, a remessa necessária é condição de eficácia da sentença proferida contra as pessoas jurídicas de direito público. O Novo CPC alterou de forma significativa os valores das condenações que ensejarão a remessa obrigatória aos Tribunais, o que reduzirá, e muito, a sua incidência.

Ocorre, porém, que a remessa necessária não ocorrerá somente nos casos mencionados no NCPC, mas também nas hipóteses indicadas na legislação esparsa. Nesse sentido, o art. 14, da Lei do Mandado de Segurança, indica que, no caso de concessão de ordem, estará a sentença sujeita a remessa necessária.

Também ocorre essa previsão na ação popular. Assim, no caso de reconhecimento de carência ou de improcedência desta ação, será obrigatória a remessa dos autos ao Tribunal, para reanálise da questão.

Note-se que, nesse caso, a remessa necessária não é justificada por ser a sentença proferida contra a pessoa jurídica de direito público, mas porque o interesse público não foi amparado, na medida em que a ação popular não foi conhecida ou foi julgada improcedente.

Amparado nesse entendimento e aplicando-se o Sistema Único Coletivo, derivado do complexo de leis que tratam das ações coletivas, já se aplicou o entendimento às ações civis públicas. Por isso, reconhecida a falta de condição da ação ou a improcedência da ação civil pública, estará a sentença sujeita à remessa necessária, ainda que não tenha o poder público em um dos polos da ação. A ideia, nesse caso, é que o interesse metaindividual pode não ter sido tutelado.

51. AÇÃO CIVIL PÚBLICA

51.1. Denominação de Ação Civil Pública e interesses tutelados pela lei da Ação Civil Pública

Sustenta Teori Albino Zavascki que Ação Civil Pública é a denominação para o procedimento instituído pela Lei 7.347/1985, que tem por finalidade promover a tutela de direitos transindividuais,[46] que podem ser compreendidos como difusos, coletivos e individuais homogêneos.

46 ZAVASCKI, Teori Albino. *Processo Coletivo – Tutela de Direitos Coletivos e Tutela Coletiva de Direitos*. 3ª ed. São Paulo: RT, 2008, p. 63.

Nos termos do art. 81, parágrafo único, I, do Código de Defesa do Consumidor, direitos ou interesses difusos são aqueles "transindividuais, de natureza indivisível, de que sejam titulares pessoas indeterminadas e ligadas por circunstâncias de fato". Compreendem grupos menos determinados de pessoas, sendo que entre elas não existe vínculo jurídico preciso.[47] O objeto desses interesses é indivisível, de modo que não é possível ser dividido entre os membros da coletividade.[48]

A expressão *interesses coletivos* possui mais de um significado. Em sentido amplo, encampado pelo art. 129, III, da Constituição Federal, os interesses coletivos são aqueles transindividuais, de grupos, classes ou categorias de pessoas.[49] Em sentido restrito, os interesses coletivos referem-se aos *interesses transindividuais indivisíveis de um grupo determinado ou determinável de pessoas, reunidas por uma relação jurídica básica comum*, conforme definição constante do art. 81, II, do Código de Defesa do Consumidor.

Os interesses individuais homogêneos, por sua vez, "são aqueles de grupo, categoria ou classe de pessoas determinadas ou determináveis, que compartilhem prejuízos divisíveis, de origem comum, normalmente oriundos da mesma circunstância de fato" (art. 82, III, CDC).

Sobre a relação entre tais interesses, Hugo Nigro Mazzilli apresenta didático quadro para compreensão:[50]

Interesses	Grupo	Objeto	Origem
Difusos	Indeterminável	Indivisível	Situação de fato
Coletivos	Determinável	Indivisível	Relação jurídica
Ind. Homog.	Determinável	Divisível	Origem comum

51.2. Dos entes legitimados

A legitimação para a defesa dos interesses metaindividuais de crianças e adolescentes decorre da integração da Lei da Ação Civil Pública, do Código de Defesa do Consumidor, do Estatuto da Criança e do Adolescente, entre outras leis.

Nesse sentido, possuem legitimação para a propositura da ação civil pública:

I – o Ministério Público;

II – a Defensoria Pública;

III – a União, os Estados, o Distrito Federal e os Municípios;

IV – a autarquia, empresa pública, fundação ou sociedade de economia mista;

V – a associação que, concomitantemente: a) esteja constituída há pelo menos um ano e, b) inclua entre suas finalidades institucionais a proteção ao meio ambiente, ao

47 MAZZILLI, Hugo Nigro. *A Defesa dos Interesses Difusos em Juízo*. São Paulo: Saraiva, 2006, p. 50-51.

48 Idem, ibidem, p. 52.

49 MAZZILLI, Hugo Nigro. Op. cit., p. 52.

50 MAZZILLI, Hugo Nigro. Op. cit., p. 58.

consumir, à ordem econômica, à livre concorrência ou ao patrimônio artístico, estético, histórico, turístico e paisagístico.

O Ministério Público tem missão especial em relação à ação civil pública, competindo-lhe a tutela dos interesses difusos, coletivos e individuais homogêneos, além de direitos individuais indisponíveis.

A Defensoria Pública é indicada na Constituição Federal como instituição essencial à função jurisdicional do Estado, cabendo-lhe a orientação jurídica e a defesa, em todos os graus, dos necessitados, na forma do seu art. 5º, LXXIV. A expressão "necessitados" não está adstrita ao plano econômico, abrangendo, também, os necessitados do ponto de vista organizacional, que são os socialmente vulneráveis.[51]

Esse foi o entendimento encampado pelo Superior Tribunal de Justiça, conforme se vê do voto proferido pela Ministra Nancy Andrighi:

> A esse respeito, de se notar, ainda, que, ao contrário do que afirmam as recorridas (F.F.C.LTDA e S.N.F.C.LTDA), nos respectivos memoriais a mim apresentados, não é pelo fato dos seus consumidores terem adquirido automóveis que não podem ser considerados necessitados para fins do art. 134 da CF; porquanto o conceito jurídico de *necessitado*, contido no parágrafo único do artigo 2º, da Lei 1.060/50, é mais amplo do que o de "pobre" ou "miserável", não está vinculado a determinado limite de valor de renda mensal ou de patrimônio e, sim, à impossibilidade de pagamento das despesas processuais sem prejuízo do próprio sustento ou da família.[52]

Valendo-se de sentido ainda mais amplo, sustenta Marina Mezzavilla Verri que a legitimação da Defensoria Pública para o ajuizamento das ações civis públicas é universal, não restrita à defesa de interesses dos necessitados, possuindo legitimidade para atuar frente a quaisquer direitos transindividuais,[53] surgindo para a Defensoria uma nova demanda, baseada no exercício das ações coletivas, conforme já pregava Boaventura de Souza Santos.[54]

Reconhecendo-se a importância das Defensorias Públicas, no contexto de defesa dos direitos fundamentais individuais e coletivos, o legislador inseriu esse órgão dentre os legitimados à propositura da ação civil pública, conforme se vê da atual redação do art. 5º, da Lei 7.347/1985. Do mesmo modo, a Lei Complementar 80/1994, com redação alterada pela Lei Complementar 132/2009, enfatizou a atuação das Defensorias Públicas para a tutela dos interesses individuais e coletivos (no art. 4º, VII e VIII).

No que tange à União, os Estados, o Distrito Federal, os Municípios e seus órgãos paraestatais, legitimados ao ajuizamento da ação civil pública, tem-se que paulatinamente vêm assumindo, na esfera da tutela coletiva, o seu papel de gestores de interesses coletivos, não

---

51 Disponível em http://www.anadep.org.br/wtksite/cms/conteudo/4820/Documento10.pdf

52 STJ, Resp 555.111-RJ, rel. Ministro Castro Filho, j. 05.09.2006, DJ 18.12.2006.

53 VERRI, Marina Mezzavilla. *Legitimidade da Defensoria Pública na Ação Civil Pública: limites*. Ribeirão Preto: Ribeirão Gráfica e Editora, 2008, p. 126.

54 SANTOS, Boaventura de Souza. Introdução à sociologia da administração da justiça. *In*: *Revista de Processo*. São Paulo, n. 37, jan-mar. 1985, p. 150.

existindo qualquer dúvida sobre a possibilidade de buscarem a tutela dos interesses metaindividuais de crianças e adolescentes, principalmente em assuntos relacionados às políticas públicas gerais, ao redirecionamento de verbas públicas e a outros fatores estruturais.

A legitimação das associações para a defesa de interesses metaindividuais deve ser entendida no contexto como "participação popular na boa gestão da coisa pública, sob a égide da democracia participativa, incentivada pela Constituição Federal (art. 1º, parágrafo único), como se dá com a defesa do meio ambiente (art. 225, *caput*) e do patrimônio cultural (art. 216 e § 1º)".[55]

De acordo com Mancuso, com suporte em balizada doutrina, podem ser identificados três mecanismos de intervenção popular.[56] Transportando a lição para as questões afetas à infância e à juventude, podem ser assim identificados: a) nos processos de criação do direito da criança e do adolescente; b) na participação popular na formulação e execução de políticas públicas; e, c) na participação judicial, que se concretiza por intermédio do Poder Judiciário.

As associações, ao promoverem a defesa de interesses metaindividuais, colocam-se, na expressão de Mancuso, como uma *longa manus* da coletividade.[57]

Dentre os legitimados à propositura da ação civil pública, estão enumerados órgãos despersonalizados, que podem defender não só os direitos dos consumidores, como também qualquer direito difuso, coletivo e individual homogêneo (art. 82, III, do CDC e art. 2º, da Lei 7.347/1985),[58] ostentando personalidade judiciária.[59]

51.3. Coisa julgada

O Código de Defesa do Consumidor disciplinou a coisa julgada nas ações coletivas, relacionando-a ao interesse tutelado, o que pode ser resumido no seguinte quadro:

Interesse	Coisa julgada
Difuso	*Erga omnes*, salvo se a improcedência decorrer da falta de provas.
Coletivo	*Ultra partes*, limitada ao grupo, categoria ou classe de lesados, salvo se a improcedência se der por falta de provas.
Individuais homogêneos	*Erga omnes* em caso de procedência, beneficiando vítimas e sucessores.

55 MANCUSO, Rodolfo de Camargo. *Ação Civil Pública – Em defesa do meio ambiente, do patrimônio cultural e dos consumidores*. 10ª ed. São Paulo: RT, 2006, p. 138-139.

56 Idem, ibidem, p. 139.

57 Idem, ibidem, p. 139.

58 GOMES JUNIOR, Luiz Manoel. *Curso de Direito Processual Civil Coletivo*. 2ª ed. São Paulo: SRS Editora, 2008, p. 133.

59 NERY JUNIOR, Nelson. O Processo Civil no Código de Defesa do Consumidor. *In: Revista de Processo*. n.º 61. São Paulo: RT, 1991, p. 29.

Como é possível observar do quadro, identifica-se também a coisa julgada segundo o resultado o processo, destacando-se a técnica da coisa julgada *secundum eventum litis*.

Desse modo, **no caso de sentença de procedência**, todos os lesados são beneficiados, salvo se tratar de interesses coletivos em sentido estrito, quando o aproveitamento estará restrito ao grupo, categoria ou classe de pessoas atingidas.

De outro lado, **na sentença de improcedência**, há de ser feita uma importante distinção, segundo haja ou não esgotamento das provas.

Por falta de provas	Outros legitimados poderão propor a ação civil pública, desde que fundada em nova prova.
Por outro motivo	Outros legitimados não poderão propor a ação civil pública, ainda que fundada em nova prova.

52. MANDADO DE SEGURANÇA (LEI N. 12.016/2009)

52.1. Introdução

O mandado de segurança é um remédio constitucional, por meio do qual o impetrante buscará proteger direito líquido e certo, não amparado por habeas corpus ou habeas data, sempre que, ilegalmente ou com abuso de poder, qualquer pessoa física ou jurídica sofrer violação ou houver justo receio de sofrê-lo por parte de autoridade, seja de que categoria for e sejam quais forem as funções que exerça.

Independentemente da competência para o seu julgamento, o mandado de segurança se tratará de uma ação de natureza civil, como ocorre com aquelas ações em que se discute matéria eleitoral.

Na atualidade, o mandado de segurança é regido pela Lei 12.016/09, que prevê um procedimento diferenciado das ações de conhecimento em geral, tipificando uma via rápida para a obtenção da tutela jurisdicional. Essa lei teve como mérito fundir o tratamento legislativo do *writ*, incorporando-se posicionamentos doutrinários e jurisprudenciais existentes, sem prejuízo da inserção de inovações.

Ao procedimento do mandado de segurança serão aplicáveis as normas fundamentais estabelecidas na Constituição Federal e no Código de Processo Civil de 2015, como ocorre com qualquer procedimento judicial, sem prejuízo da aplicabilidade subsidiária das regras existentes no Novo CPC.

52.2. Prazo para o ajuizamento

> O direito de requerer mandado de segurança extinguir-se-á decorridos 120 (cento e vinte) dias, contados da ciência, pelo interessado, do ato impugnado. A contagem será de forma contínua e não em dias úteis.

Por se tratar de uma ação de rito célere, previsto para correção de ato ilegal ou praticado com abuso de poder por autoridade, o impetrante somente poderá se utilizar dessa via se não transcorrido período superior a cento e vinte dias contados da ciência do fato impugnado. Vide o art. 23 da Lei n. 12.016/2009 e a Súmula n. 632 do STF.

Se impugnada lei de efeito concreto, o prazo de cento e vinte dias se inicia com a publicação da norma, ante a configuração de ato comissivo, único e de efeitos permanentes, afastando-se a tese de que se trata de relação jurídica de trato sucessivo.

O prazo, como tem natureza decadencial, será contado **em dias corridos** e não em dias úteis.

Se impugnado ato omissivo, não é necessária a observância do prazo de cento e vinte dias.

52.3. Legitimidade Ativa

A legitimidade é ampla, podendo ser ajuizada por pessoas físicas e jurídicas, nacionais ou estrangeiras. Essa legitimação estende-se, também, a entes desprovidos de personalidade jurídica, muito embora possuam personalidade judiciária, como ocorre com a Câmara de Vereadores, condomínios, o Conselho Municipal do Meio Ambiente. As próprias pessoas jurídicas de direito público podem ingressar com o mandado de segurança.

Os art. 1º, § 3º, e 3º, da Lei 12.016/09, encerram hipóteses de substituição processual, pois o impetrante postulará direito, em seu nome, porém, em favor de terceiro. Não obstante, há uma particularidade: concomitantemente, o impetrante também postula interesse seu.

Registra o art. 24 da nova lei que são aplicados ao mandado de segurança, o disposto nos artigos 46 a 49, do Código de Processo Civil de 1973, que correspondem aos artigos 113, 114, 115, 117 e 118 do Novo Código de Processo Civil.

52.4. O polo passivo no mandado de segurança

O polo passivo no mandado de segurança é ocupado pela pessoa jurídica de direito público, que tem interesse imediato na composição da lide e no resultado do julgamento, pois será quem arcará com as consequências patrimoniais advindas da decisão judicial.

De fato, não é correto afirmar que o polo passivo é ocupado pela autoridade apontada como coatora, até porque esta não arcará com quaisquer ônus ou efeitos decorrentes da sentença judicial. Todos os ônus serão suportados pela pessoa jurídica de direito público que deverá figurar no polo passivo da ação.

52.5. A autoridade apontada como coatora

A autoridade é a aquela que tenha praticado o ato impugnado ou da qual emane a ordem para a sua prática (art. 6º, § 3º, da Lei n. 12.016/2009) e que ocupa determinado cargo ou função, quer em pessoa jurídica de direito público, quer em pessoa jurídica de direito privado. Não se confunde com o mero executor do ato.

Se a parte indicar, de forma incorreta, a autoridade apontada como coatora, deve ser determinada a emenda da petição inicial e, se o caso, determinada a remessa dos autos ao juízo ou Tribunal que for competente. Não mais prevalece o antigo entendimento – que aos poucos já estava sendo superado – no sentido de que a indicação errônea da autoridade apontada como coatora importava na extinção do processo, notadamente diante do princípio da preferência pelo julgamento de mérito (art. 4º do Novo CPC).

O § 1º, do art. 1º, da Lei n.º 12.016/2009, equipara às autoridades, para os efeitos da lei, os representantes ou órgãos de partidos políticos e os administradores de entidades autárquicas, bem como os dirigentes de pessoas jurídicas ou as pessoas naturais, no exercício de atribuições do poder público, somente no que disser respeito a essas atribuições.

> Os representantes ou órgãos de partidos políticos são equiparados a autoridade para fins de correção do ato por mandado de segurança.
>
> Conforme dispõe a letra "e", do inciso I, do art. 22, do Código Eleitoral, compete ao Tribunal Superior Eleitoral processar e julgar originariamente mandado de segurança, em matéria eleitoral, relativos a atos do Presidente da República.

52.6. O direito líquido e certo como requisito específico de admissibilidade

O mandado de segurança tem um requisito específico de admissibilidade que é o direito líquido e certo.

Trata-se de condição da ação do *writ* que, se ausente, inviabiliza o exame do mérito. O direito líquido e certo não se refere ao direito subjetivo da parte, mas se refere à comprovação dos fatos.

Estando ausente o direito líquido e certo, o juiz não concederá a ordem pleiteada. Porém, poderá o impetrante ajuizar outro mandado de segurança, desde que o faça com observância do prazo decadencial (art. 6º, § 6º, da Lei n. 12.016/2009) e valer-se de outros meios de prova para a demonstração dos fatos.

> Ausente direito líquido e certo, a ordem será denegada, podendo a matéria ser discutida em outro processo, com fundamento em novas provas.
>
> **Ementa de julgado importante**: MANDADO DE SEGURANÇA – "WRIT" MANDAMENTAL IMPETRADO COM O OBJETIVO DE ASSEGURAR, AO SEGUNDO SUPLENTE, A INVESTIDURA NO MANDATO DE SENADOR – ALEGADA OCORRÊNCIA "DE SIMULAÇÃO E FRAUDE NO PROCESSO ELEITORAL DE 2006" – SITUAÇÃO DE CONTROVÉRSIA OBJETIVA E ILIQUIDEZ DOS FATOS – IMPETRAÇÃO QUE BUSCA, AINDA, REDISCUTIR ATO TORNADO IRRECORRÍVEL CONCERNENTE AO FUNDO DA CONTROVÉRSIA QUE JÁ FOI OBJETO DE RESOLUÇÃO JUDICIAL, COM TRÂNSITO EM JULGADO, NO ÂMBITO DO TRIBUNAL SUPERIOR ELEITORAL – IMPOSSIBILIDADE – O MANDADO DE SEGURANÇA NÃO CONSTITUI SUCEDÂNEO DA AÇÃO RESCISÓRIA – SÚMULA 268/STF – PRECEDENTES – PARECER DA PROCURADORIA-GERAL DA REPÚBLICA PELO NÃO PROVIMENTO – RECURSO DE AGRAVO IMPROVIDO. – Refoge, aos estreitos limites da ação mandamental, o exame de fatos despojados da necessária liquidez, não se revelando possível a instauração, no âmbito do processo de mandado de segurança, de fase incidental de dilação probatória. Precedentes. – A noção de direito líquido e certo ajusta-se, em seu específico sentido jurídico-processual, ao conceito de situação decorrente de fato incontestável e inequívoco, suscetível de imediata demonstração mediante prova literal pré-constituída. Precedentes. – **A simples existência de matéria de fato controvertida revela-se bastante para tornar inviável a utilização do mandado de segurança, que pressupõe, sempre, direito líquido e certo resultante de fato incontestável, passível de comprovação de plano pelo impetrante**. – O remédio constitucional do mandado de segurança não tem cabimento quando utilizado com o objetivo de desconstituir a autoridade da coisa julgada. O ordenamento jurídico brasileiro contempla, para esse efeito, um meio processual específico: a ação resci-

sória. (MS 30523 AgR, Relator(a): Min. CELSO DE MELLO, Tribunal Pleno, julgado em 09/10/2014, PROCESSO ELETRÔNICO DJe-216 DIVULG 03-11-2014 PUBLIC 04-11-2014).

52.7. Vedação da utilização do mandado de segurança

Não se concederá mandado de segurança quando se tratar: I – de ato do qual caiba recurso administrativo com efeito suspensivo, independentemente de caução; II – de decisão judicial da qual caiba recurso com efeito suspensivo; III – de decisão judicial transitada em julgado.

52.8. Vedação da concessão de liminar

Não será concedida medida liminar que tenha por objeto a compensação de créditos tributários, a entrega de mercadorias e bens provenientes do exterior, a reclassificação ou equiparação de servidores públicos e a concessão de aumento ou a extensão de vantagens ou pagamento de qualquer natureza.

52.9. Competência para o julgamento do mandado de segurança

O quadro a seguir sintetiza as regras de competência para o julgamento de mandado de segurança, que variará conforme a autoridade impetrada.

Esta competência poderá ser originária dos Tribunais.

Autoridade impetrada	Competência	Fundamento e referências
Presidente da República Ministro do STF Presidente da Mesa da Câmara Presidente da Mesa do Senado Presidente do Tribunal de Contas da União Procurador-geral da República	Supremo Tribunal Federal	Art. 102, I, d, CF Súmula 623 do STF[60]
Ministro de Estado (salvo se for ato de órgão colegiado, Súmula 177 do STJ)[61] Comandante da Marinha, Aeronáutica e Exército Ministro do STJ	Superior Tribunal de Justiça	Art. 105, I, b, da CF Súmula 624 do STF[62]

60 Súmula 623 do STF – NÃO GERA POR SI SÓ A COMPETÊNCIA ORIGINÁRIA DO SUPREMO TRIBUNAL FEDERAL PARA CONHECER DO MANDADO DE SEGURANÇA COM BASE NO ART. 102, I, "N", DA CONSTITUIÇÃO, DIRIGIR-SE O PEDIDO CONTRA DELIBERAÇÃO ADMINISTRATIVA DO TRIBUNAL DE ORIGEM, DA QUAL HAJA PARTICIPADO A MAIORIA OU A TOTALIDADE DE SEUS MEMBROS.

61 Súmula 177 do STJ – O SUPERIOR TRIBUNAL DE JUSTIÇA É INCOMPETENTE PARA PROCESSAR E JULGAR, ORIGINARIAMENTE, MANDADO DE SEGURANÇA CONTRA ATO DE ÓRGÃO COLEGIADO PRESIDIDO POR MINISTRO DE ESTADO.

62 Súmula 630 do STF – NÃO COMPETE AO SUPREMO TRIBUNAL FEDERAL CONHECER ORIGINARIAMENTE DE MANDADO DE SEGURANÇA CONTRA ATOS DE OUTROS TRIBUNAIS.

Autoridade impetrada	Competência	Fundamento e referências
Desembargador federal ou estadual (membro de Tribunal)	Competência do próprio Tribunal a que pertence o magistrado	Súmula 41 do STJ[63]
Juiz de primeira instância	Competência do Tribunal ao qual o magistrado estiver vinculado	
Governador de Estado Mesa de Assembleia Legislativa Procurador-geral de Justiça	Tribunal de Justiça do Estado	Como regra, nas Constituições dos Estados Por exemplo, art. 74, III da Constituição de SP
Atos relacionados com a jurisdição da Justiça do Trabalho	Justiça do Trabalho	Art. 114, IV, da CF
Autoridade federal – ato suportado pela União ou entidade por ela controlada	Juízo Federal	Art. 109, VIII da CF
Ato de presidente ou de órgão de partido político	Justiça Eleitoral, desde que a decisão puder afetar direitos políticos	
Autoridade estadual ou municipal	Juízo de Direito (Justiça estadual)	Constituições Estaduais
Juiz do Juizado Especial	Colégio Recursal ou Turma recursal	Súmula 376 do STJ, com observação da RE n.º 576.847, no sentido do não cabimento de MS contra ato judicial dos Juizados.
Ato do Juizado contestando a competência desse órgão jurisdicional	Tribunal de Justiça do Estado	REsp 17.524/BA

52.10. Sentença proferida no mandado de segurança

A sentença poderá ser concessiva de ordem, quando o mérito terá obrigatoriamente sido analisado, ou denegatória de ordem. Neste último caso, o mérito poderá ou não ter sido analisado.

SENTENÇA
- CONCESSIVA DE ORDEM.
- DENEGATÓRIA DE ORDEM.
  - COM RESOLUÇÃO MÉRITO.
  - SEM RESOLUÇÃO MÉRITO.

52.11. Coisa julgada e Cumprimento de Sentença

Em conformidade com o art. 19, da Lei 12.016/09, "a sentença ou o acórdão que denegar mandado de segurança, sem decidir o mérito, não impedirá que o requerente, por ação própria, pleiteie os seus direitos e os respectivos efeitos patrimoniais".

Formando-se a coisa julgada, é possível o cumprimento do julgado, especialmente com relação **aos seus efeitos patrimoniais**, podendo ser objeto de execução, contra a pessoa

63 Súmula 41 do STJ – O SUPERIOR TRIBUNAL DE JUSTIÇA NÃO TEM COMPETENCIA PARA PROCESSAR E JULGAR, ORIGINARIAMENTE, MANDADO DE SEGURANÇA CONTRA ATO DE OUTROS.

jurídica, nos próprios autos do mandado de segurança, seguindo-se o regime de cumprimento de obrigação consubstanciada em título executivo judicial (art. 535 e seguintes do Novo CPC).

A propósito, sempre prevaleceu o entendimento de que poderiam ser englobadas no cumprimento de sentença unicamente as prestações que vencessem após a data de ajuizamento da inicial, não englobando valores anteriores, que deverão ser objeto de ação de conhecimento própria (art. 14, § 4º). Porém, este entendimento também está sendo modificado, admitindo-se o cumprimento de sentença em relação aos valores devidos anteriormente ao ajuizamento da ação.

> **Informativo n. 578 do Superior Tribunal de Justiça:**
>
> **Em mandado de segurança impetrado contra redução do valor de vantagem integrante de proventos ou de remuneração de servidor público, os efeitos financeiros da concessão da ordem retroagem à data do ato impugnado.** Não se desconhece a orientação das Súmulas n. 269 e 271 do STF, à luz das quais caberia à parte impetrante, após o trânsito em julgado da sentença mandamental concessiva, ajuizar nova demanda de natureza condenatória para reivindicar os valores vencidos em data anterior à impetração do mandado de segurança. Essa exigência, contudo, não apresenta nenhuma utilidade prática e atenta contra os princípios da justiça, da efetividade processual, da celeridade e da razoável duração do processo. Ademais, essa imposição estimula demandas desnecessárias e que movimentam a máquina judiciária, de modo a consumir tempo e recursos de forma completamente inútil, e enseja inclusive a fixação de honorários sucumbenciais, em ação que já se sabe destinada à procedência. Corroborando esse entendimento, o STJ firmou a orientação de que, nas hipóteses em que o servidor público deixa de auferir seus vencimentos ou parte deles em razão de ato ilegal ou abusivo do Poder Público, os efeitos financeiros da concessão de ordem mandamental devem retroagir à data do ato impugnado, violador do direito líquido e certo do impetrante. Isso porque os efeitos patrimoniais são mera consequência da anulação do ato impugnado que reduz o valor de vantagem nos proventos ou remuneração do impetrante (MS 12.397-DF, Terceira Seção, DJe 16/6/2008). Precedentes citados: EDcl no REsp 1.236.588-SP, Segunda Turma, DJe 10/5/2011; e AgRg no REsp 1.090.572-DF, Quinta Turma, DJe 1º/6/2009. EREsp 1.164.514-AM, Rel. Min. Napoleão Nunes Maia Filho, julgado em 16/12/2015, DJe 25/2/2016.

52.12. Mandado de Segurança Coletivo

O mandado de segurança também poderá ser espécie de ação coletiva para a tutela de determinados interesses.

Nesse sentido, assegura-se a possibilidade de ajuizamento do mandado de segurança coletivo por partido político com representação no Congresso Nacional ou por organização sindical, entidade de classe ou associação legalmente constituída e em funcionamento há pelo menos um ano, em defesa dos interesses de seus membros ou associados (art. 5º, LXX, da Constituição Federal).

O Superior Tribunal de Justiça também admite a legitimação ativa do Ministério Público para ao ajuizamento de mandado de segurança coletivo, defendendo-se que o Parquet pode valer-se da ação necessária para a defesa de interesses metaindividuais.

A Lei n. 12.016/2009, em seu artigo 21, regulamenta tal possibilidade, contudo, restringe o seu alcance à defesa de direitos líquidos e certos da totalidade, ou de parte, dos membros ou associados, na forma dos seus estatutos e desde que pertinentes às suas finalidades, dispensada, para tanto, autorização especial.

A partir de tal redação, defendeu-se, não sem críticas, que o mandado de segurança coletivo não tutela interesse difusos, estando restrito aos interesses coletivos e individuais homogêneos. As críticas a tal entendimento são várias e podem ser resumidas no fato de que a lei importaria em restringir o alcance da própria Constituição Federal.

O entendimento, porém, foi objeto de análise do julgamento da medida cautelar em mandado de segurança nº 34.070-DF, Relatoria do Ministro Gilmar Mendes, quando se reconheceu que o mandado de segurança coletivo poderá ser utilizado para a tutela de interesses difusos, sendo que, até o lançamento desta obra, o mérito do writ não havia sido julgado.

53. MANDADO DE INJUNÇÃO

53.1. Observações Prévias

Em conformidade com o art. 5º, LXXI, da Constituição Federal, conceder-se-á mandado de injunção sempre que a falta de norma regulamentadora torne inviável o exercício dos direitos e liberdades constitucionais e das prerrogativas inerentes à nacionalidade, à soberania e à cidadania.

A Lei n. 13.300/2016 disciplina o processo e o julgamento dos mandados de injunção individual e coletivo, propiciando celeridade ao controle constitucional de omissões normativas do poder público.

O advento desta lei era há muito esperado, notadamente depois que o Supremo Tribunal Federal reconheceu o caráter normativo-concretizados da ação, notadamente após o julgamento dos MI n. 670, 708 e 712, quando a Corte tutelou direito subjetivo até então de exercício impossibilitado.

Vê-se que o mandado de injunção é remédio constitucional destinado a sanar a ausência de norma regulamentadora que torne inviável o exercício dos direitos e liberdades constitucionais e das prerrogativas inerentes à nacionalidade, à soberania e à cidadania.

53.2. Legitimidade

São partes legítimas as pessoas naturais ou jurídicas que se afirmarem titulares dos direitos, das liberdades ou das prerrogativas e, como impetrado, o Poder, o órgão ou a autoridade com atribuição para editar a norma regulamentadora.

53.3. Reconhecimento da mora legislativa

Uma vez reconhecida a mora legislativa, será deferida a injunção para: i) determinar prazo razoável para que o impetrado promova a edição da norma regulamentadora; ii) estabelecer as condições em que se dará o exercício dos direitos, das liberdades ou das prerrogativas reclamados ou, se for o caso, as condições em que poderá o interessado promover ação própria visando a exercê-los, caso não seja suprida a mora legislativa no prazo determinado.

53.4. Efeitos da decisão

A decisão gerará efeitos limitados à parte. Contudo, terá eficácia ultra partes ou erga omnes quando isso for inerentes ou indispensável ao exercício do direito, da liberdade ou da prerrogativa objeto da impetração.

Admite-se que a decisão transitada em julgado estenda os seus efeitos aos casos análogos por decisão monocrática do relator.

A norma regulamentadora superveniente produzirá efeitos ex nunc em relação aos beneficiados por decisão transitada em julgado, a não ser que a aplicação da norma editada lhes for mais favorável.

53.5. Mandado de injunção coletivo

O mandado de injunção coletivo pode ser promovido: I – pelo Ministério Público, quando a tutela requerida for especialmente relevante para a defesa da ordem jurídica, do regime democrático ou dos interesses sociais ou individuais indisponíveis; II – por partido político com representação no Congresso Nacional, para assegurar o exercício de direitos, liberdades e prerrogativas de seus integrantes ou relacionados com a finalidade partidária; III – por organização sindical, entidade de classe ou associação legalmente constituída e em funcionamento há pelo menos 1 (um) ano, para assegurar o exercício de direitos, liberdades e prerrogativas em favor da totalidade ou de parte de seus membros ou associados, na forma de seus estatutos e desde que pertinentes a suas finalidades, dispensada, para tanto, autorização especial; IV – pela Defensoria Pública, quando a tutela requerida for especialmente relevante para a promoção dos direitos humanos e a defesa dos direitos individuais e coletivos dos necessitados, na forma do inciso LXXIV do art. 5º da Constituição Federal.

53.6. Aplicação subsidiária do procedimento do mandado de segurança

Aplicam-se subsidiariamente ao mandado de injunção as normas do mandado de segurança disciplinado na Lei n. 12.016/2009 e do CPC.

54. HABEAS DATA

54.1. Previsão constitucional e regulamentação procedimental

O *habeas data* foi previsto na Constituição Federal como um remédio constitucional destinado a (i) assegurar o conhecimento de informações relativas à pessoa do impetrante, constantes de registros ou bancos de dados de entidades governamentais ou de caráter público, ou, então (ii) para a retificação de dados, quando não se prefira fazê-lo por processo sigiloso, judicial ou administrativo.

Como se pode ver, tem a ação a função de conhecimento, retificação ou assentamento, que podem estar concentradas em uma única ação.[64]

O seu procedimento está regulado pela Lei 9.507/97.

54.2. Legitimidade

Podem propor o *habeas data* as pessoas físicas, nacionais e estrangeiras, bem como as pessoas jurídicas.

No polo passivo figurarão as instituições públicas e as privadas que tenham caráter público (assim identificadas aquelas que disponibilizam informações a terceiros).

54.3. Condições específicas para a ação

Há uma condição específica para o ajuizamento do *habeas data*: a necessidade de provar a negativa da Administração Pública ou da pessoa jurídica de direito privado quanto ao pleito do autor.

Além disso, tal como ocorre com o mandado de segurança, também há necessidade do direito líquido e certo, conforme discorreu Walber de Moura Angra:

> Uma especificidade do instituto ora analisado é a exigência de direito líquido e certo como requisito para a sua admissão, implicando que o direito pleiteado deve ser certo na sua existência e limitado em seu conteúdo, sem possibilidade de dilação probatória. Mesmo a Lei 9.507/97 não expressamente a prevendo, o motivo maior não é de razão positiva, mas de razão lógica, em decorrência de que o procedimento célere previsto nesse dispositivo não comporta produção de prova.[65]

54.4. Aspectos procedimentais

A petição inicial deve ser instruída com a (i) recusa ao acesso às informações ou do decurso do prazo de **10 dias** sem decisão; (ii) recusa em fazer-se a retificação ou do decurso de mais de **15 dias**, sem decisão; (iii) ou, então, da recusa em fazer-se a anotação possibilitada pelo assentamento ou o decurso do prazo de **15 dias**.

Ajuizada a ação, a autoridade impetrada será notificada para apresentar informações no prazo de 10 dias, seguindo-se o parecer do Ministério Público em 05 dias, proferindo o magistrado a sentença.

Sendo de procedência a sentença, eventual apelação será recebida apenas em seu efeito devolutivo.

---

64 AGRA, Welber de Moura. *Comentários à Constituição Federal.* (Org. CANOTILHO, JJ. Gomes e outros), p. 486. São Paulo: Saraiva, 2014.

65 AGRA, Welber de Moura. *Comentários à Constituição Federal.* CANOTILHO, JJ. Gomes e outros (orgs.). São Paulo: Saraiva, 2014, p. 488.

54.5. Competência

Em conformidade com o art. 20, da Lei 9.507/97, o julgamento do *habeas data* compete:

I – originariamente:

a) ao Supremo Tribunal Federal, contra atos do Presidente da República, das Mesas da Câmara dos Deputados e do Senado Federal, do Tribunal de Contas da União, do Procurador-Geral da República e do próprio Supremo Tribunal Federal;

b) ao Superior Tribunal de Justiça, contra atos de Ministro de Estado ou do próprio Tribunal;

c) aos Tribunais Regionais Federais contra atos do próprio Tribunal ou de juiz federal;

d) a juiz federal, contra ato de autoridade federal, excetuados os casos de competência dos tribunais federais;

e) a tribunais estaduais, segundo o disposto na Constituição do Estado;

f) a juiz estadual, nos demais casos;

II – em grau de recurso:

a) ao Supremo Tribunal Federal, quando a decisão denegatória for proferida em única instância pelos Tribunais Superiores;

b) ao Superior Tribunal de Justiça, quando a decisão for proferida em única instância pelos Tribunais Regionais Federais;

c) aos Tribunais Regionais Federais, quando a decisão for proferida por juiz federal;

d) aos Tribunais Estaduais e ao do Distrito Federal e Territórios, conforme dispuserem a respectiva Constituição e a lei que organizar a Justiça do Distrito Federal;

III – mediante recurso extraordinário ao Supremo Tribunal Federal, nos casos previstos na Constituição.

55. O PROCESSO CIVIL NOS SISTEMAS DE CONTROLE DA CONSTITUCIONALIDADE. AÇÃO DIRETA DE INCONSTITUCIONALIDADE. AÇÃO DECLARATÓRIA DE CONSTITUCIONALIDADE. MEDIDA CAUTELAR. DECLARAÇÃO INCIDENTAL DE INCONSTITUCIONALIDADE

55.1. Observações Gerais

A Lei n. 9.868/1999 dispõe sobre o processo e julgamento da ação direta de inconstitucionalidade e da ação declaratória de constitucionalidade perante o STF.

55.2. Procedimento da Ação Direta de Inconstitucionalidade

A petição inicial indicará: I – o dispositivo da lei ou do ato normativo impugnado e os fundamentos jurídicos do pedido em relação a cada uma das impugnações; II – o pedido, com suas especificações.

Competirá ao relator indeferir a petição inicial inepta, não fundamentada ou manifestamente improcedente, cabendo agravo da decisão.

Não se admite a desistência da ação direta de inconstitucionalidade. Também não se admite a intervenção de terceiros, muito embora seja admita a manifestação de outros órgãos ou entidades como *amicus curiae.*

Serão requisitadas informações à autoridade, ouvidos o Advogado-Geral da União e o Procurador-Geral da República. Ao final, o relator lançará seu voto e pedirá dia para julgamento.

55.3. Medida Cautelar

Com exceção do período de recesso, a medida cautelar na ação direta de inconstitucionalidade poderá ser concedida apenas por decisão da maioria absoluta dos membros do Tribunal, após a audiência dos órgãos ou autoridades dos quais emanou a lei ou o ato normativo impugnado (salvo em caso de excepcional urgência).

A medida cautelar torna aplicável a legislação anterior acaso existente, salvo expressa manifestação em sentido contrário. Além disso, tem efeito ex nunc, salvo se o Tribunal deliberar de maneira diversa.

55.4. Ação Declaratória de Constitucionalidade

A petição inicial indicará: I – o dispositivo da lei ou do ato normativo impugnado e os fundamentos jurídicos do pedido em relação a cada uma das impugnações; II – o pedido, com suas especificações; III – a existência de controvérsia judicial relevante sobre a aplicação da disposição objeto da ação declaratória.

Competirá ao relator indeferir a petição inicial inepta, não fundamentada ou manifestamente improcedente, cabendo agravo da decisão.

Não se admite a desistência da ação direta de inconstitucionalidade. Também não se admite a intervenção de terceiros, muito embora seja admita a manifestação de outros órgãos ou entidades como *amicus curiae.*

Serão requisitadas informações à autoridade, ouvidos o Advogado-Geral da União e o Procurador-Geral da República. Ao final, o relator lançará seu voto e pedirá dia para julgamento.

A decisão sobre a constitucionalidade ou a inconstitucionalidade da lei ou do ato normativo somente será tomada se presentes na sessão pelo menos oito Ministros. Proclamada a constitucionalidade, julgar-se-á improcedente a ação direta ou procedente eventual ação declaratória; e, proclamada a inconstitucionalidade, julgar-se-á procedente a ação direta ou improcedente eventual ação declaratória.

A decisão que declara a constitucionalidade ou a inconstitucionalidade da lei ou do ato normativo em ação direta ou em ação declaratória é irrecorrível, ressalvada a interposição de embargos declaratórios, não podendo, igualmente, ser objeto de ação rescisória.

Admite-se a modulação dos efeitos ou atribuir-lhe efeitos prospectivos por decisão da maioria de dois terços de seus membros.

55.6. Ações Civis Constitucionais

Dá-se o nome de ações civis constitucionais aos instrumentos previstos na Constituição: mandado de segurança, mandado de injunção, Habeas Data, ação popular, Habeas Corpus e a ação civil pública.

55.7. Arguição de Descumprimento de Preceito Fundamental

A Lei n. 9.882/1999 dispõe sobre o processo e julgamento da arguição de descumprimento de preceito fundamental (art. 102, § 1º da CF).

A petição inicial será indeferida liminarmente pelo relator quando não for o caso de arguição de descumprimento de preceito fundamental, faltar algum dos requisitos prescritos na lei ou for inepta. Desta decisão caberá agravo, no prazo de cinco dias.

O pedido de liminar poderá ser deferido por decisão de maioria absoluta dos membros do STF, o que também será admissível ao relator, de forma monocrática, em caso de extrema urgência ou perigo de lesão grave, ou, ainda, em período de recesso.

Após apreciado o pedido de liminar, serão requisitadas informações às autoridades responsáveis pela prática do ato questionado, no prazo de 10 dias.

A decisão sobre a arguição de descumprimento de preceito fundamental somente será tomada se presentes na sessão pelo menos dois terços dos Ministros.

Ao declarar a inconstitucionalidade de lei ou ato normativo, no processo de arguição de descumprimento de preceito fundamental, e tendo em vista razões de segurança jurídica ou de excepcional interesse social, poderá o Supremo Tribunal Federal, por maioria de dois terços de seus membros, restringir os efeitos daquela declaração ou decidir que ela só tenha eficácia a partir de seu trânsito em julgado ou de outro momento que venha a ser fixado.

A decisão que julgar procedente ou improcedente o pedido em arguição de descumprimento de preceito fundamental é irrecorrível, não podendo ser objeto de ação rescisória.

58. AÇÃO DE IMPROBIDADE ADMINISTRATIVA

58.1. Aspectos de direito material

Os atos de improbidade administrativa poderão implicar na "suspensão dos direitos políticos, a perda da função pública, a indisponibilidade dos bens e o ressarcimento ao erário, na forma e gradação previstas em lei, sem prejuízo da ação penal cabível" (art. 37, § 4º, CF).

Para tanto, há necessidade da instauração de uma ação própria, a fim de que haja a apuração da autoria desses atos, aplicando o juiz, ao final, a respectiva sanção prevista. Trata-se, em verdade, de uma espécie de ação coletiva, com rito específico.

O disposto no § 4º do art. 37 foi regulamentado pela Lei 8.429/1992, ato normativo este que dispôs, basicamente, de quatro aspectos: a) sujeitos do ato de improbidade; b) tipologia; c) sanções; d) procedimento administrativo e judicial.[66]

a) Sujeitos do ato de improbidade

Podem ser apontados os sujeitos ativos e passivos do ato de improbidade administrativa, assim identificados pelo art. 3º, da LIA: (i) agentes públicos, servidores ou não; (ii) terceiros que, mesmo não sendo agentes públicos, induzam ou concorram para a prática do ato ou dele se beneficiem sob qualquer forma direta ou indireta.[67]

No que tange aos **agentes políticos**, registre-se a problemática envolvendo a possibilidade ou não de estarem sujeitos ao regime da improbidade administrativa, ou aos crimes de responsabilidade, **prevalecendo a tese de que tais agentes estão sujeitos aos dois regimes, concomitantemente.**[68]

Tema que ainda não possui uma diretriz segura nos Tribunais Superiores[69] é o de se saber a **competência para o julgamento da ação de improbidade administrativa quando acionados agentes políticos.**

Em regra, a competência será do juízo de primeira instância, havendo ou não foro privilegiado para a ação penal. No entanto, a questão, em relação aos agentes políticos, não é tão simples.

---

66 DONIZETTI, Elpídio. CERQUEIRA, Marcelo Malheiros. *Curso de processo coletivo*. São Paulo: Atlas, 2010, p. 497.

67 Op. cit., p. 498

68 Administrativo. Ação de improbidade. Lia. Aplicabilidade a agentes políticos.

1. O STJ firmou entendimento no sentido de que os agentes políticos se submetem aos ditames da Lei de Improbidade Administrativa, sem prejuízo da responsabilização política e criminal estabelecida no Decreto-Lei 201/1967.

2. Agravo Regimental não provido.

(STJ, 2ª T., AgRg no AREsp 426.418/RS, Rel. Min. Herman Benjamin, j. 06.02.2014, DJe 06.03.2014).

E também: Agravo regimental no agravo de instrumento. Prequestionamento implícito. Impossibilidade. Alegada existência de ofensa direta a normas constitucionais, a permitir o conhecimento do recurso. Decisão atacada que apreciou adequada e exaustivamente as questões em debate nos autos. Eventuais ofensas concernentes ao plano infraconstitucional. Precedentes. 1. Não admite a Corte a existência de prequestionamento implícito. Se a análise das alegadas violações às normas constitucionais em que fundamentado o recurso extraordinário depende, para sua verificação, da apreciação de normas infraconstitucionais e dos fatos em debate nos autos, tal como aqui ocorre, cuida-se de ofensa meramente reflexa, de insuscetível constatação, em recurso extraordinário. 2. A ação de improbidade administrativa, com fundamento na Lei nº 8.429/92, também pode ser ajuizada em face de agentes políticos. Precedentes. 3. A análise da legalidade de ato administrativo pelo Poder Judiciário não implica a violação do princípio da separação de poderes, sendo certo que a apreciação de contas de detentor de mandato eletivo pelo órgão do Poder Legislativo competente não impede o ajuizamento de ação civil pública com vistas ao ressarcimento de danos eventualmente decorrentes desses mesmos fatos. Precedentes. 4. Agravo regimental não provido". (STJ, 1ª T., AI 809338 AgR, rel. Min. Dias Toffoli, j. 29.10.2013, DJe 21.03.2014)

69 "Devemos admitir que o tema ainda não possui uma diretriz segura nos Tribunais Superiores, mas a tendência é admitir, a nosso ver, o foro por prerrogativa de função em se tratando de agentes públicos submetidos à jurisdição originária dos Tribunais Superiores em outras situações, como em ações penais". GAJARDONI, Fernando da Fonseca. CRUZ, Luana Pedrosa de Figueiredo. CERQUEIRA, Luís Otávio Sequeira. GOMES JÚNIOR, Luiz Manoel. FAVRETO, Rogério. *Comentários à Lei de Improbidade Administrativa*. São Paulo: RT, 2014, p. 265.

Na Recl. 2.138/SP, o STF firmou entendimento de que "em relação aos agentes políticos há de prevalecer a prerrogativa de foro por exercício de função pública",[70] muito embora existam outras decisões emanadas do Superior Tribunal de Justiça, segundo as quais deve a ação ser julgada em primeira instância, ainda que o agente tenha foro privilegiado para a ação criminal e nos crimes de responsabilidade.[71]

Sujeitos passivos dos atos de improbidade administrativa são as pessoas jurídicas lesadas: União, Estados, Distrito Federal, Municípios, autarquias, fundações, empresas públicas e sociedades de economia mista, entidades para cuja criação ou custeio o erário haja concorrido ou concorra com mais de 50% do patrimônio ou da receita anual, bem como entidades que recebam subvenção, benefício ou incentivo, fiscal ou creditício, entidades para cuja criação ou custeio o erário haja concorrido ou concorra com menos de 50% do patrimônio ou da receita anual.

b) tipologia

São atos de improbidade administrativa aqueles que:

(i) importem em enriquecimento ilícito do autor;

(ii) causem prejuízo ao erário;

(iii) atentem contra os princípios da Administração Pública.

c) sanções

O art. 12, da Lei de Improbidade, estabelece as seguintes sanções:

Tipo	Sanção
Atos que importem em enriquecimento ilícito	Perda dos bens ou valores acrescidos ilicitamente ao patrimônio, ressarcimento integral do dano, quando houver, perda da função pública, suspensão dos direitos políticos de oito a dez anos, pagamento de multa civil de até três vezes o valor do acréscimo patrimonial e proibição de contratar com o Poder Público ou receber benefícios ou incentivos fiscais ou creditícios, direta ou indiretamente, ainda que por intermédio de pessoa jurídica da qual seja sócio majoritário, pelo prazo de dez anos.

70 DONIZETTI, Elpídio. CERQUEIRA, Marcelo Malheiros. *Curso de Processo Coletivo*. São Paulo, Atlas, p. 498 e 99.

71 Processual civil. Agravo regimental no agravo em recurso especial. Destrancamento do apelo nobre interposto contra decisão interlocutória. Requisitos. Ausência. Ação de improbidade administrativa. Competência.

1. O destrancamento de recurso especial interposto contra decisão interlocutória pressupõe, além da comprovação do risco de dano irreparável, que o interessado demonstre a forte probabilidade de êxito do recurso especial.

2. Na espécie, contudo, a preliminar de incompetência do juízo de primeiro grau foi afastada pelo Tribunal de origem, sob o argumento de que o foro por prerrogativa de função não se estende ao processamento das ações por improbidade administrativa, o que se compatibiliza com a orientação pacificada nesta Corte.

3. "A ação de improbidade administrativa deve ser processada e julgada nas instâncias ordinárias, ainda que proposta contra agente político que tenha foro privilegiado no âmbito penal e nos crimes de responsabilidade" (AgRg na Rcl 12.514/MT, Rel. Ministro Ari Pargendler, DJe 26/9/2013).

4. Ausente a plausibilidade do direito, fica prejudicada a análise do periculum in mora.

5. Agravo regimental a que se nega provimento.

(STJ, 2ª T., AgRg no AREsp 422.394/DF, Rel. Min. Og Fernandes, j. 20.02.2014, DJe 14.03.2014)

Tipo	Sanção
Atos que causem prejuízo ao erário	Ressarcimento integral do dano, perda dos bens ou valores acrescidos ilicitamente ao patrimônio, se concorrer essa circunstância, perda da função pública, suspensão dos direitos políticos de cinco a oito anos, pagamento de multa civil de até duas vezes o valor do dano e proibição de contratar com o Poder Público ou receber benefícios ou incentivos fiscais ou creditícios, direta ou indiretamente, ainda que por intermédio de pessoa jurídica da qual seja sócio majoritário, pelo prazo de cinco anos;
Atos que atentem contra os princípios da Administração Pública	Ressarcimento integral do dano, se houver, perda da função pública, suspensão dos direitos políticos de três a cinco anos, pagamento de multa civil de até cem vezes o valor da remuneração percebida pelo agente e proibição de contratar com o Poder Público ou receber benefícios ou incentivos fiscais ou creditícios, direta ou indiretamente, ainda que por intermédio de pessoa jurídica da qual seja sócio majoritário, pelo prazo de três anos.

58.2. Legitimidade

Podem propor a ação de improbidade administrativa o **Ministério Público e a pessoa jurídica interessada** (art. 17, *caput*, da LIA).

Proposta a demanda pelo Ministério Público, a pessoa jurídica lesada será citada para, segundo o interesse público o exigir, contestar o pedido ou decidir se atua ao lado do autor. Trata-se do que foi denominado de **intervenção móvel**.[72]

58.3. Procedimento de Improbidade Administrativa

a) Procedimento administrativo

Qualquer pessoa poderá representar à autoridade administrativa competente para que seja instaurada investigação apta a apurar ato de improbidade administrativa.

Havendo conhecimento de ato de improbidade, a comissão processante disciplinar deverá dar conhecimento de tal fato ao Ministério Público e também ao Tribunal de Contas, representando àquele ou à procuradoria jurídica do órgão para que requeira a decretação do arresto de bens.

b) Procedimento judicial

O procedimento judicial é iniciado a partir de petição inicial apresentada pelo Ministério Público ou pela pessoa jurídica, que deve ser ajuizada no prazo de 30 dias contados da efetivação de eventual medida cautelar preparatória.

Estando a inicial em termos, o magistrado promoverá uma cognição prévia. Para tanto, o juiz ordenará a notificação do réu para, no prazo de 15 dias, oferecer manifestação escrita e apresentar documentos.

Recebida a manifestação – ou decorrido o prazo para o seu oferecimento – o magistrado fará a análise e, convencido da inexistência do ato improbidade administrativa, de

72 DONIZETTI, Elpídio. CERQUEIRA, Marcelo Malheiros. *Curso de Processo Coletivo*. São Paulo: Atlas, 2010, p. 505.

improcedência do pedido ou da inadequação da via eleita, poderá, em decisão fundamentada, analisar ou não o mérito. Porém, convencido da verossimilhança das alegações, receberá a inicial e determinará a citação do réu para oferecimento de resposta. Tal decisão poderá ser impugnada pelo recurso de agravo de instrumento.

Ofertada a contestação, inicia-se a fase instrutória e ao final o juiz proferirá sentença.

58.4. A possibilidade de celebrar transação em ação de improbidade administrativa

O § 1º, do art. 17, da Lei n. 8.429/1992, veda a transação, acordo ou conciliação nas ações de improbidade administrativa.

Vários aspectos devem ser levados em consideração em relação a tal revogação. Em primeiro lugar, a urgência de tê-lo feito por meio de medida provisória. Em segundo lugar, a própria indisponibilidade do interesse em litígio. De toda forma, a transação não poderá ser total, não podendo englobar, por exemplo, a suspensão de direitos políticos, mas será viável em relação a aspectos patrimoniais, como a forma de cumprimento da obrigação de indenizar o erário.

58.5. Sequestro e Arresto de Bens

Em conformidade com o art. 16 da Lei nº 8.429/1992, será possível requerer o sequestro dos bens do agente ou terceiro que tenha enriquecido ilicitamente ou causado dano ao patrimônio público. Tal pedido, em consonância com o dispositivo legal, será processado de acordo com o previsto nos artigos 822 e 825 do CPC de 1973.

Algumas observações são importantes a respeito do dispositivo.

Em primeiro lugar, que poderá ser deferido não somente o sequestro, mas também o arresto, a depender da providência necessária.

E, também, de que deve ser compreendida a medida no regime da tutela provisória do Novo Código de Processo Civil.

Com efeito, conforme já foi visto, a tutela provisória (que pode ser revogada) poderá ter dois fundamentos: i) urgência, em que há necessidade de demonstração da existência de fundamentos relevantes e de risco de dano grave ou de difícil reparação, podendo ser deferida como tutela antecipada ou tutela cautelar; ii) evidência, em que não há necessidade do elemento "risco".

As tutelas de urgência poderão ser deferidas em caráter antecedente ou incidental. Em outras palavras, embora na mesma relação processual, poderá o autor requerê-la por meio de petição antecedente, que será posteriormente completada no mesmo processo, ou, então, poderá ser requerida quando já iniciado o processo.

A medida cautelar de arresto apresenta-se como uma hipótese de tutela de urgência cautelar, a ser requerida em caráter antecedente ou incidentalmente no processo.

Tratando-se de medida em caráter antecedente, devem ser observadas as regras constantes dos artigos 305 a 310 do Novo Código de Processo Civil, que podem ser assim resumidas:

a) será apresentada petição inicial antecedente, com indicação da lide e seu fundamento, a exposição sumária do direito que se objetiva assegurar e o perigo de dano ou o risco ao resultado útil do processo;

b) o réu será citado para, no prazo de cinco dias, contestar o pedido e indicar as provas que pretende produzir;

c) o juiz decidirá, sem prejuízo de, ante a urgência, já haver deferido a medida em caráter liminar;

d) uma vez efetivada a tutela cautelar, o pedido principal terá de ser formulado no prazo de 30 dias, nos mesmos autos.

58.6. Afastamento Provisório

Será possível, também, determinar o **afastamento provisório** do agente público do exercício do cargo, emprego ou função, sem prejuízo da remuneração, quando a medida se fizer necessária **à instrução processual** (art. 20, parágrafo único, da Lei n. 8.429/1992).

É possível refletir: qual a natureza de tal afastamento? Trata-se de medida cautelar, pois tem a finalidade de assegurar o resultado útil do processo.

Assim sendo, questiona-se: se a prova for produzida em ação ajuizada exclusivamente para a sua colheita (ação probatória). Nesse caso, seria possível o afastamento do agente se isso for necessário à instrução processual?

É de ser registrado, inicialmente, que a produção antecipada de prova poderá ser deferida em sede de ***ação probatória autônoma***, que não prevenirá o juízo (artigos 381 a 383 do Novo CPC).

Nesse caso, a pretensão é unicamente a de produzir antecipadamente a prova, não havendo discussão quanto, por exemplo, ao ato de improbidade administrativa.

Por isso, segundo aqui se defende, ao menos em tese, apresenta-se temeroso que o magistrado defira o afastamento provisório do agente, ainda que tal medida seja necessária à instrução processual, quando sequer houve admissibilidade da inicial da ação de improbidade administrativa, devendo ser levado em consideração o aspecto excepcional do afastamento.

58.7. Indisponibilidade de Bens

A Lei n. 8.429/1992, como visto nos dois últimos subitens, prevê a possibilidade de mais de uma hipótese de tutela provisória. E também o fez em relação à decretação da indisponibilidade de bens do autor do ato de improbidade.

Nesse sentido, indica o art. 7º que, quando o ato de improbidade causar lesão ao patrimônio público ou ensejar enriquecimento ilícito, caberá a autoridade administrativa responsável pelo inquérito representar ao Ministério Público, para a indisponibilidade dos bens do indiciado.

Tal indisponibilidade recairá sobre bens que assegurem o integral ressarcimento do dano, ou sobre o acréscimo patrimonial resultante do enriquecimento ilícito, e pode ser considerada uma hipótese de **tutela provisória da evidência**, sendo desnecessária a comprovação da dilapidação do patrimônio.[73]

58.8. Prevenção do Juízo

A propositura da ação prevenirá a jurisdição para todas as ações posteriormente ajuizadas e que disserem respeito ao mesmo pedido ou causa de pedir. Note-se que o disposto no § 5º, do art. 17, da Lei n. 8.429/1992, está em consonância com o previsto no art. 59 do NCPC (o registro ou a distribuição da petição inicial torna prevento o juízo).

58.9. Da Sentença

A sentença que julgar procedente a ação civil de reparação de danos ou decretar a perda dos bens havidos ilicitamente determinará o pagamento ou a reversão dos bens, conforme o caso, em favor da pessoa jurídica prejudicada pelo ilícito.

58.10. Da Prescrição

As ações destinadas a levar a efeitos as sanções previstas na Lei de Improbidade Administrativas prescreverão: i) em cinco anos após o término de mandato, de cargo em comissão ou de função de confiança, prevalecendo a tese de que tal prazo se conta do término do segundo mandato no caso de reeleição do agente[74]; ii) dentro do prazo prescricional previsto em lei específica para faltas disciplinares puníveis com demissão a bem do serviço público, nos casos de cargo efetivo ou emprego; iii) cinco anos da data da apresentação à administração pública da prestação de contas final pelas entidades que tenham tal obrigação.

Questiona-se em relação à prescrição da pretensão de ressarcimento do erário público, em razão do que é previsto no § 5º do art. 37 da Constituição Federal, segundo o qual "a lei estabelecerá os prazos de prescrição para ilícitos praticados por qualquer agente, servidor ou não, que causem prejuízo ao erário, ressalvadas as respectivas ações de ressarcimento".

A partir de tal disposição constitucional, defende-se a tese da imprescritibilidade de tal reparação.

---

73 "(...) A Primeira Seção desta Corte Superior firmou a orientação no sentido de que a decretação de indisponibilidade de bens em improbidade administrativa dispensa a demonstração de dilapidação do patrimônio para a configuração de periculum in mora, o qual estaria implícito ao comando normativo do art. 7º da Lei 8.429/92, bastando a demonstração do fumus boni iuris que consiste em indícios de atos ímprobos. (...). (AgRg no REsp 1541598/RJ, Rel. Ministro MAURO CAMPBELL MARQUES, SEGUNDA TURMA, julgado em 05/11/2015, DJe 13/11/2015).

74 STJ, AgRg no AREsp 161.420/TO, Rel. Ministro HUMBERTO MARTINS, SEGUNDA TURMA, DJe de 14/04/2014). No mesmo sentido: STJ, AgRg no REsp 1.510.969/SP, Rel. Ministra REGINA HELENA COSTA, PRIMEIRA TURMA, DJe de 11/11/2015; STJ, Resp .414.757/RN, Rel. Ministro HUMBERTO MARTINS, SEGUNDA TURMA, DJe de 16/10/2015; STJ, REsp 1.290.824/MG, Rel. Ministra ELIANA CALMON, SEGUNDA TURMA, DJe de 29/11/2013.

O Supremo Tribunal Federal analisou a tese da imprescritibilidade sob o viés da pretensão de reparação geral, chegando à conclusão de que não se trata de pretensão imprescritível. E assim o fez no Recurso Extraordinário n. RE 669069/MG, rel. Min. Teori Zavascki, 3.2.2016, do qual é possível extrair o precedente da prescritibilidade da pretensão indenizatória a ser exercida pela Fazenda Pública. Porém, conforme se verifica da fundamentação e dos debates, o Supremo não se manifestou em relação à pretensão de reparação para as ações de improbidade administrativa e decorrentes de ilícitos penais.

Nesse sentido, por ora, ainda prevalece o precedente que pode ser extraído da jurisprudência do Superior Tribunal de Justiça, segundo o qual a pretensão reparatória na ação de improbidade é imprescritível (AREsp 79268/MS, Rel. Ministra Eliana Calmon).

58. JURISPRUDÊNCIA DOMINANTE DOS TRIBUNAIS SUPERIORES EM MATÉRIA DE PROCESSO CIVIL APLICÁVEIS AO NOVO CÓDIGO DE PROCESSUAL CIVIL E DEMAIS PROCEDIMENTOS PREVISTOS EM LEGISLAÇÃO PROCESSUAL ESPECÍFICA

Todas as dicas acima já levaram em consideração A jurisprudência dominante dos Tribunais Superiores.